U0136685

簡明聖經史地圖解

華人自行繪編中文聖經史地圖集

簡明聖經史地圖解

梁天樞 著

橄欖基金會 出版

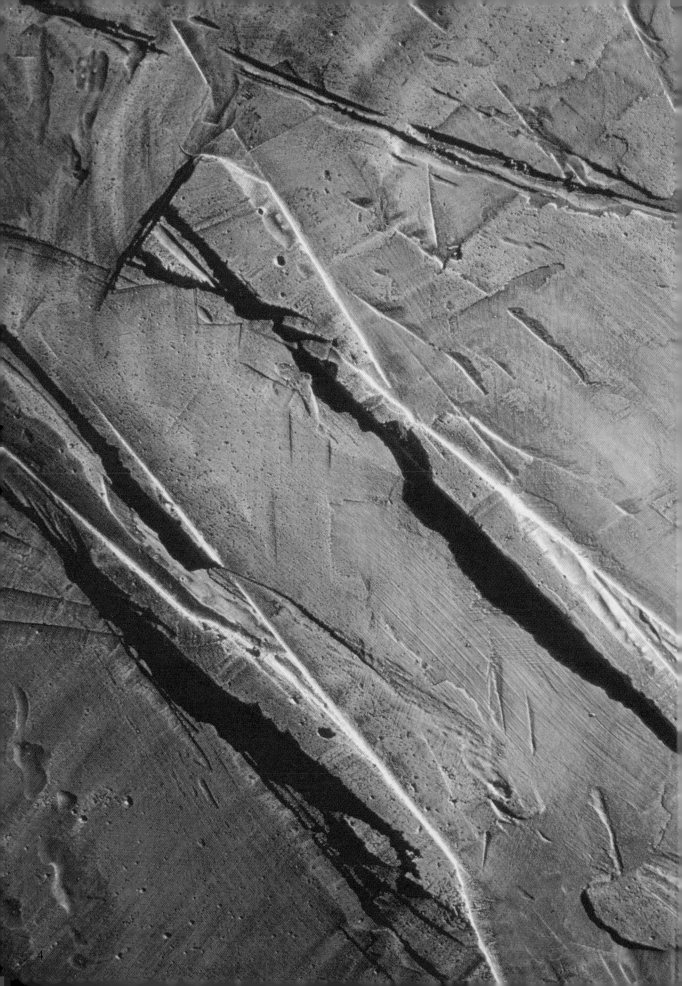

一本「心」書

「無論作甚麼，都要從心裡作，像是給主作的。」————歌羅西書三章23節

　　經由橄欖基金會董事蕭東海弟兄及鄔金華牧師之引薦，我們得以有幸出版屬於中國人的第一本聖經史地圖解，提供華人研讀聖經之參考，我們十分感恩，也在此分享一些「心」事。

　　這是一部「信心」之書，作者梁天樞弟兄原為榮工處高層主管，為便於詳細查考聖經，竟自行花費近十年時間蒐集資料，自繪地圖編成此書，更為了專心完成此書，就提前退休。

　　這是一部「勞心」之作，作者為此幾乎買回了所有有關中英文聖經地理和歷史書籍，以其專業素養作有系統之記錄整理，為因應電腦時代之效率，學習最新電腦繪圖及影像處理技術，而親自完成內含一百二十張彩色地圖，九十萬字地名詳解的工具書。

　　這是一部「用心」的書，因著作者如此之信心與勞心，橄欖基金會出版此書需要秉持謹慎、認真的態度，以編輯出版此書。在徵詢教會牧者、前輩賢達之意見審核之後，更為慎重起見，首次出版試讀本，以提供教會信徒全面了解與方便使用，使此書真正成為一部「簡明」之工具書，並且為個人研讀、聖經教學、小組查經、講道輔助之需，更精心製作圖集光碟配合電腦輸出使用。

　　橄欖基金會為貫徹出版者的角色與任務，以讀者與使用者之需求為要，傾力出版這部傾心之作。作者親身體會研讀聖經之艱苦，知道有人也有同樣的困難和需要，因著個人在其中得到了極大的幫助，也深信對每位弟兄姊妹在靈修查經上必有助益，於是在其全家人的支持和幫助之下，就有了一個夢想，要向神獻上「感恩的心」，將這多年勞心費力的筆記整理出書，供大家一起使用，並求神成就這夢想、悅納這奉獻，這份「奉獻之心」也是令我們足為感動的。更因著我們在出版過程中就已先蒙受到祝福，就更確切的盼望與更多有需要的人分享！

　　真正的禮物是從「心底」送出來的。我們期許出版此部「用心」的書，給用心的人使用，更願此部「信心」之書與信心的人一起分享。

李正一

（現任橄欖基金會董事長）

序之 ● 一 ●

橄欖基金會出版梁天樞弟兄所撰寫的《簡明聖經史地圖解》，梁弟兄邀筆者寫序，筆者欣然答應。因為撰寫此類的工具書，也是筆者曾經想過要作的。現在梁弟兄已經作了，並且比筆者想作的更多。知道這本書即將出版，心裡非常欣慰。願作者、讀者以及橄欖基金會都同蒙上帝賜福。

一九七○年代中，筆者在美國地理協會(The Association of American Geographers)，呼籲應開始研究該會自創始以來，所忽視之「地理與聖經」。那時曾發現美國許多基督徒，在讀聖經時對聖經中所提之「史事記載」(historical records)，僅僅當做是故事(stories)而已;有人甚至懷疑其真實性。即使是在今日，許多人在讀聖經時，也與本書作者當年的作風類似，一遇到人名地名，總是一節一節、一段一段的跳過去。

對於一般的聖經讀者而言，這些史事所涉及的，僅是一些自己不很熟悉的人物，在某些自己很難確定的年代中，所作出的一些自己難以想像的事，只好把它們當作不一定實在的故事來看待。至於呈現這些故事的地理舞臺 (Stages)，更是「莫名其實」。筆者曾稱這種莫名其實的態度為 ἀτόπια （自譯之為亞托邦)，乃仿「烏托邦」（ὑτόπια）這個字而立義。

希臘人的造字，如同中國古人一樣的聰明。他們把一個名詞字，加上一個前置(perfix)字母u或 a，就把該名詞字的意義變為反面了！希臘字的 （τοπια），轉成英文時即為topia，意為「地」或「地方」。例如Topography即「地的描述」，一般中譯為「地形」。在 （τοπια ） 前加上一個u字，變成 ὑτόπια 2)，意思是「沒有這個地方」。但中文常把Utopia這個字譯成「烏托邦」，好像是一個很理想的地方或國度。其實希臘人的意思是，「沒有這種理想的國度」或是「沒有這個地方」的意思。

但是聖經中所記載的史事，都曾經在確有的地理舞臺上扮演過。只是有些地理舞台的確實地點，因為當時沒有詳細記載，並且年代已久，目前尚難稽考。難怪這些聖經的讀者，會把這多年以前的史事，因為發生於那好像「飄

渺難確(或莫名其實)的地方」（ἀτόπια），而當作神話(Legend)或故事來看待。

　　然而本書的作者，因爲「深信聖經是神所默示的」，沒有把這些史事的舞臺當作「ὑτόπια」看待。他立志要先「弄清楚聖經中所有地名」，再把所蒐集的資料「整合起來」，並自己繪製地圖，「按書卷和章節秩序排列」。作者曾見證說:在整個過程中，真正「經歷了神的帶領和預備」，現在作者願意把這原爲了自己方便而勞力的成果，提出來與大家分享，是很難能可貴的！筆者在此向上帝獻上感謝。

　　本人研究聖經地理(Geography of the Bible)多年。平生有兩個意願:一爲重新整理、更正，並補充陳瑞庭牧師的《聖經人地名意義彙編》的地名部份;二是要給每章聖經附上一張簡單地圖。由於過去教學及行政事務的繁忙，這兩個意願都只作到一小部份而已。然而這兩個意願，由於本書的問世，大致上可說是已由梁天樞弟兄代爲達成了。感謝主！

　　第二個意願是本人曾經向英國的一個出版社建議過，但未被採納，原因之一是每章一地圖不太適合實際需要。梁弟兄在本書第二部份的作法顯得比較實際。事實上，兩年前出版的《The Quest Study Bible》(Grand Rapids， MI: Zondervan Publishing House， 1994)，其地圖選插的作風，頗與梁弟兄的原則相符。

　　本書第一部份的地圖集，是作者「逐一按照聖經中凡涉有地名的歷史內容詳細繪製」的。例如《創世記》這一卷聖經，作者共爲之繪製了十二圖，各圖均附簡略聖經內容及簡單歷史背景；並另附有索引。索引中列出：(1)本卷聖經中所提起過的地名(中英對照)；(2)該地名在本卷中最首先出現的經文出處；(3)各地名在全部「地名詳解」中之編號；(4)它們在各自圖中之位置的座標；(5)各地名之簡單解說。聖經讀者如果對經文中某些地名有特別的興趣，可按索引之資料，在第一部份之有關的地圖中，或在第二部份的「地名詳解」中，既方便又節省時間地找到答案。

　　本書的上述特點，據筆者所知，乃中、英語出版界有關此類書籍之創舉；很適合對研究聖經歷史和地理初讀者的需要。本人有幸得先睹初稿，覺得是一部很有創見、很有價值的工具書，因此在本書付梓前夕，特別向讀者、同道推薦，盼能同獲彰益。

呂榮輝

一九九七、七、廿八於Cedar Rapids,Iowa 長女陋居
（ 地理學博士，現任聖光神學院院長 ）

序之二

簡明聖經史地圖解是作者梁天樞弟兄經過多年的辛勞，嘔心瀝血的一大傑作；甚至為了能專心從事著述工作，他提前自令人欣羨的工作中退休，其為神奉獻忠心服事的心，令本人深感佩服。

《簡明聖經史地圖解》乃梁弟兄多年辛苦的成果，本書的誕生無疑的將造福全球所有華人基督徒及對聖經研究有興趣者，尤其對信徒的靈修生活的靈命成長有相當大的助益。對我個人來說，更是獲益匪淺，同時它更是我個人研經及傳講信息的最佳輔佐工具書。

《簡明聖經史地圖解》的最大特色，也最叫我折服的地方是，它乃依照聖經篇章、經節，順序編排，從創世記開始一章一圖，仔細繪製，直到啟示錄最後一章；並且編製中英對照索引及地名詳解，方便讀者閱讀，對初信者或不熟悉聖經的基督徒而言，均能在最短的時間內快速翻查到所需的地圖，明瞭各地名的地理狀況及歷史背景，對基督徒靈命上的造就有相當的幫助。

為了繪製精美準確的地圖，梁弟兄以六十五歲的高齡，開始學習電腦，用最新的 Win95 及影像處理技術來繪圖，以求對讀者視覺提供較佳效果及精確之內容。其好學精神及講求完美的態度真是令人敬佩。對熟悉聖經的人而言，「出埃及記」地名的繁複往往使信徒困惑而陷於其中無法跳脫，或乾脆跳過不看，如今這本書的出爐可讓你不再視「出埃及記」為畏途。

最後，對橄欖基金會願意精心出版此書，也深為此感恩，相信因此得到幫助的不只是你我，而是所有為神做工的人。謹此祝福每一位弟兄姊妹透過本書的輔助，靈命更進一層。

周神助
（現任台北靈糧堂主任牧師）

梁天樞 弟兄於民國四十三年十月十日在北市南京東路禮拜堂，由吳勇長老施洗歸入主的名下，台大土木工程系畢業後即於榮工處工作。

梁弟兄受洗後即每日養成靈修習慣，但每每在讀經時，一遇到人名、地名時，因陌生或查詢不易，會不自覺的一節或一段的跳過，無法完全了解聖經歷史的來龍去脈，在研經上產生了極大的挫折感。

後為解決讀經的困擾，民國七十八年他乃決定著手搜集有關聖經地理歷史的資料，甚至包括天主教和一般書局出版的西洋史類，幾乎與聖經有關的任何資料全都買回。他開始仔細查詢，但發覺有關許多聖經的地圖無法找著，逐決定自己動手，從創世記開始一筆一劃的將之完成，時過六、七年，深覺時間有限，便與妻子商量提早從榮工處退休，更全心地參照各方資料，仔細繪圖，隨著電腦的普遍化，六十五歲的他又決定開始學習電腦，使用windows及影像處理技術來繪製地圖;其中過程十分艱辛，但卻也幫助他對聖經的地理有更全面性的了解，而且對聖經的歷史也有相當的認識，並忠實地寫出每處聖經地名的詳解，此為《簡明聖經史地圖解》的寫作創始動機及製作概況。

我深信聖經是神向我們述說祂對人類所定的偉大救贖計劃具體的實現。祂用了數千年、幾十個民族和幾乎半個地球廣大的地域來實地演出，如果這不是杜撰的神話，那麼，聖經中所提到的城鎮和地區，現今都必然會有遺跡可尋，也都可以一一的在地圖上找出來。

本書分爲三大部份：一爲「**地圖與解說**」，主要的是地圖，乃逐一按照聖經中凡涉有地名的歷史內容詳細繪製，並按書卷和章節秩序排列。本書備有一個更快速簡單的查法，就是按該地名在聖經中所出現的章節，經由附在第一部份「**地圖集**」中查得，同時在每頁地圖之後必有一「**地圖解說**」作更詳細之說明。一爲「**地名詳解**」，包含所有在聖經中出現的地名，如鄉鎮、地區、山脈、河海等，同時也包含與該地區有關的民族，每一地名都有中、英文名字、地名的含意、該地的相關位置、地理條件、考古資料、該地其它的名字等。**另外，每部份都附有索引**，是按章節的秩序排列，內有中、英對照的地名，繪有該地名地圖的圖號、在圖中位置的座標。如此可以節省查圖和在地圖上尋找的時間。

自己先得益處

我現今六十四歲，自退休三年多來以來，每天工作八、九小時，使用電腦在六小時以上，未曾感覺腰酸背痛，在一般人看來，也許並沒有太特別之處。只是我確實有如一根從火中抽出來的柴。在我十歲前曾患致命的瘧疾、腦膜炎、淋巴腺炎，後又患登革熱、肺結核、肝

病，而且咳嗽和腸胃病纏擾我三、四十年，但現今僅餘些許的高血壓，這都是神在我這軟弱人的身上所顯出特別的恩典。每天工作時，都好像有見證人如雲彩環繞，使我心情愉快，力量不斷的湧出，就已經得到了神的賜福。此外，潔心和潔恩兩個可愛的小孫女，經常強迫我休息片刻，使我重新得力，這也是神隨時賜給我的福分。

我半生都是從事巨型的工程管理，凡事都講求計畫。惟有這本書，卻是完全沒有明確的目標，也沒有進度管制，更沒有去想這本書該用什麼名字，只知埋首全力投入工作，實在是與

我所受的訓練不符。但是，這卻是神帶領的方法，因為神雖然沒有指引遙遠的路程，卻是我腳前的燈、路上的光，祂確曾一步一步帶領。

我是第一個得到這本書的好處的人，由於我原本對聖經相當生疏，從來沒有認真的讀過一遍，但現在可以說是整整讀了三遍以上，尤其是舊約的歷史部份，至少是讀了近二十遍。但是在自我檢討之後，我發現我往日的讀經是偏重在「學術性的研經」，而這本書同樣是介紹學術性的資料。然而聖經是本偉大屬靈的經典，萬不可忽略了祂屬靈的寶藏，歷史和地理只是祂的背景而已。所以我決定從今以後改掉，而以「靈修式讀經」的態度來研讀，這也是我最初研究史地的目的，我原來的想法是「先弄清楚聖經中所有的地名」。現在目的已經達成，卻是另一個新的開始，就是要認真的追求屬靈的生命，努力吸取聖經中屬靈的寶藏。事實上我在年前已經開始用心的按照台北靈糧堂所編印的《每日靈修》課本研讀聖經。

感謝述說不盡

我是在同學羅惠臨帶領下，幾次參加吳勇長老和沈保羅牧師的佈道會而信主的，並在台北市南京東路禮拜堂由吳勇長老施洗，隨著兩年多接受吳勇和王長淦兩位長老的教導，其間也得到熊恩德將軍和夫人、張靜愚夫人的關懷、摯友林本立、羅惠臨、主內廖加恩、熊固盈、林秀明兄長、南京東路禮拜堂詩班和十字園諸弟兄姊妹的扶持，都是我成長中最重要的力量來源。自進入社會之後，因著工作關係，在國內外東奔西跑，所去之

處盡屬落後地區，少有機會到教會受教，就開始了三十餘年不冷不熱的日子，只有在休假時間偶而到台北靈糧堂、台中思恩堂參加主日崇拜。幸有賴岳父母和內人的代禱，在中非時特別受到保羅牧師(很抱歉忘記了他的姓)的照顧，方不致迷失。從民國六十五年開始在都市工作，但仍由於工作忙碌，也只是間或的在鳳山文山循理教會、新店中央新村教會、高雄武昌教會聚會。七十九年起才穩定地在台北靈糧堂聚會，這些教會逐漸的給了我再度成長的力量。

最要感謝的是我的妻子蕭庭珍，三十多年來分多聚少，有賴她全心的扶持我，養育三個孩子各自成家立業，特別是能支持我提前退休寫這本書。她始終都讓我從無後顧之憂，好叫我能放手專心的工作。

要感謝的人很多。內弟蕭東海、姨妹蕭貴珍和連襟黃錦聯博士都給我鼓勵並幫助收集資料。小兒治平從聖德書院的教授Mr.Terry Racher處借得一本Oxford Bible Atlas，是我最重要的參考書，解決了很多的困難，使得我的勇氣大增。將完稿前後，兒媳胡亞倫為找出版商和校核等瑣碎事，給我出了很多主意，並請林美娜姊妹為我校對了部份的說明。在幾個出版社因故婉拒了之後，內弟東海將稿件送交橄欖基金會，鄔金華牧師立刻就應允接受出版發行事宜。鄔牧師離職後，由董事長李正一弟兄親臨主執，立刻展開籌劃的工作，數次召開會議研討，組織了以林秋香為總編的堅強編輯陣容，邀集陳唐立娟姊妹為特約主編，及負責美編設計、排版之鄭貴恆、陳聆智伉儷協助，又發行「試讀本」，以讀者使用為主作為試讀及出版前之修正，都是非常特別的做法，他們對本書的重視和謹慎，都使我萬分的感謝。

再要感謝呂榮輝院長和周神助牧師，他們能在百忙之中為此書寫序。我非常敬佩他們對此書的深入看見，也對他們的誇讚感覺十分的汗顏。

更待眾教會的成全

本書的索引並沒有列入所有的地名，因為聖經中常有些地名會在一小段的經文中一再出現，如耶路撒冷、埃及等。如果發現查不到的地名，就請從該節往前查，就可以查到。

聖經中仍有很多的地名仍未能找

出現今確實的位置，例如伊甸、所多瑪等，又有一些地名是否就是那個地方，至今仍沒有確切的考古證據，諸如亞拉臘、立拿等。又有一些城鎮的位置有兩個或更多的可能，至今也無定論，如以馬忤斯、瑪哈念等。這些問題，在地名詳解中都有說明，有待考古學者進一步的努力。

有關現今的地名，因為巴勒斯坦經回教統治了十餘世紀，所以地名都是伊斯蘭文，音譯成英文之後，不同版本的書中，譯名往往有些許的差異，如eh 與a、yi與je等，本書是以Oxford一書為主，再參考其他的書籍。英文譯名也因版本的不同，KJV、TEV、NIV等而有不同。本書乃是以前者為主，書末附有對照表參考。

在「地名詳解」中第1181項以前的，都是出自聖經中的地名，1182以後的則是常見到有關的地名，如巴勒斯坦、馬撒大、示非拉等。八十四年七月，吾曾參加浸信宣道會聯合會主辦的聖地旅習團，並請聖光神學院院長呂榮輝擔任指導教授，以十九天的時間遊歷了以色列、希臘、塞浦路斯、克里特島等地，沿途得以一面看、一面向院長請益，收獲良多。途中照了一些幻燈片，也用在本書之中。回國之後將所收集和所見到新的資料均加以整理，並經呂院長修

改，現都收錄在書中的尾段，可供讀者前往聖地遊覽時之參考。

最後要再次強調，這是一本歷經多年彙編整理而成的書。它的資料十分豐富深廣，在編輯過程中，經橄欖眾同工反復不停的查索、校對，仍唯恐有疏漏之處。在此懇請眾教會不吝指正，盼經過眾人齊心的整合，它將是華人一本最完整的「簡明聖經史地圖解」。

本書使用方法

首先介紹內容，本書分為三大部份：

一、地圖與解說。二、地名詳解。三、地名索引。

現敘述如下：

一、地圖與解說

　　此一地圖集是按聖經的次序排列，共有一百二十幅地圖，每幅圖的左上角為地圖名稱，右下角為地圖編號，亦即光碟之檔號，附有地圖索引，可資使用。每幅圖敘述一段包含有地名在內的歷史，可說是「地理中有歷史、歷史中有地理」，每卷書的圖又分成數幅，如約書亞記有十一幅圖，分別編成書圖一、書圖二等。在書圖一中敘述的是第二章到第十章，內容是約書亞從什亭差遣探子窺探耶利哥、攻取耶利哥、艾城直到占領南方諸地。至於地圖的用法，請參見圖示說明。

　　每幅地圖均附有解說，解說又分兩部份，前面的是詳列記載每件事的起迄聖經章節，以及內容的摘要。在前面標有數字的，是表示在地圖上相應所繪的行動路線。接著的一部份則是時代的背景和一些相關的資料。

　　為豐富本書史地之特色，此部份加入一些聖地相關圖片，並特別延聘專業人士全面經電腦影像合成處理，作為版面上的藝術陪襯，僅供欣賞參考，圖說見附錄三，若有未竟完美之感，希請原諒。

二、地名詳解

　　此一部份收集了全本聖經中的地名，包括城鎮、河海、溪谷、山岳、地區、國家，以及與地名相關的民族，如亞摩利人、赫人、亞納人等，總計約有一千四百餘個，可說相當的完整。每一地名說明之內容如下：

1．第一列是編碼、中文地名及英文地名。

2．第二列是該一地名的含意，並附有英文的解釋。

3．從第三列起，是資料整合的說明，首先是該一地名現今用英文拼出的阿拉伯文名字，在括號內的則是希伯來文的名字。接著的是該地的地理位置和特點。再下來是聖經中未提到的一些歷史和考古資料。

4．接著的是所有關於此一地名的聖經章節以及內容，此部份因係以地名及發生的過程為主體之摘要，並非逐字逐句登上，希請留意。您可以輕鬆的從中了解此一地名前後的歷史，不必再一一去翻閱，省了許多查考、比較的時間。這也是本書的一個特色。

5．將此地名不同的名稱與出處列出，如希崙在書21:15中稱為何崙。

三、地名索引

索引是編有八個欄位的表格，現選大家都熟悉的約書亞記中記載之以色
列人攻打耶利哥的故事作為例子，說明每一欄的功用：

| 008 | 2:1 | 耶利哥 | Jericho | 0785 | 書圖一 | H5 |

1．第一欄是列的編號，可按約書亞記出現之第8個地名之序號。

2．第二欄是聖經的章節，「2:1」表示約書亞記二章一節。

3．第三欄是中文的地名耶利哥、第四欄是英文地名Jericho。

4．第五欄是耶利哥城在「地名詳解」中的編號0785，按筆劃之順序。

5．第六欄是敘述這段歷史所繪地圖的編號，「書圖一」表示約書亞記的第一張地圖，可以
　　從地圖與解說的書眉上很容易即翻到。

6．第七欄是耶利哥在「書圖一」地圖中的位置，英文字「H」表示橫向的座標，均寫在地圖
　　的上方及下方，數字「5」表示縱座標，均註明在地圖的左右兩側，「H5」即是指耶利哥
　　是在「H」和「5」所組成的方框中。（為避免與1的阿拉伯數字混淆，故取消i的編號）

7．第八欄是備註，一般只對地區、河海，和未能繪入圖中的地名加以簡單的說明。

　　本書的特點之一就是「讀到那裡、資料就在那裡」，當您讀到約書亞記二章1節，發現有
個地名叫「耶利哥」，您就可以翻到約書亞記的索引，按章節的秩序很快就可以在第二欄中
找到「2:1」，又在第三欄看見「耶利哥」，這表示您找對了。如果您是要查看地圖，就可
從第六欄查到繪有耶利哥的地圖。至於耶利哥在地圖中的位置，只要從第七欄中找到
「H5」，就可先在圖的上方找出「H」，再往下找出「5」，耶利哥就在那一個方框之中，過
程十分容易。如果您要查耶利哥其他的資料，就可按編號「地名詳解」中去查看。耶利哥
在詳解中的編號是「0785」，這可以經由傳統的方法，分別從中文和英文的編碼中查得，
但是很費事，尤其是中文查法更是不易。本書則是提供了一個簡單的方法。就是凡在有
「耶利哥」索引的第五欄就記有「0785」，例如民22:1、書3:16、王上16:34等。所以本書
將節省您很多的時間和精力，也符合「讀到那裡，資料就在那裡」的特點。

　　索引並沒有列入所有地名，同書卷已出現之地名不再作重覆的說明，故在編號上會偶有
跳號的情形。

　　本書附錄有英文地名索引、英文地名對照表及參考書目。英文地名對照表乃因聖經地名
多自原文英譯而來，在不同版本之參考書籍中，有拼法上之差異，為提供讀者查詢資料的
方便，特別附上。

中文地名目錄

21

中文地名目錄

0076	比多寧	Betonim
0077	比利洗(人)	Perizzites
0078	比利提(人)	Pelethites
0079	比伯實	Pibeseth
0080	比拉頓	Pirathon
0081	比拉迦	Berachah
0082-1	比亞綠	Bealoth
0082-2	比亞綠	Bealoth
0083-1	比羅他	Berothai
0083-2	比羅他	Berothah
0084	比尼比拉	Bene-berak
0085	比尼亞干	Bene-jaakan
0086	比哈希錄	Pi-hahiroth
0087	比珥以琳	Beer-elim
0088	比斯提拉	Be-eshterah
0089	比斯約他	Bizjothiah
0090	比羅比尼亞干	Beeroth-bene-jaakan

五劃

0091	他巴	Tabbath
0092	他拉	Terah
0093-1	他泊(山)	Tabor
0093-2	他泊(城)	Tabor
0093-3	他泊(城)	Tabor
0093-4	他泊(橡樹)	Tabor
0094	他哈	Tahath
0095	他施	Tarshish
0096	他納	Taanach
0097	他瑪	Tamar
0098	他拉拉	Taralah
0099	他毘拉(人)	Tarpelites
0100	他革們(人)	Tachmonite
0101	他備拉	Taberah
0102-1	他普亞	Tappuah
0102-2	他普亞	Tappuah
0103	他納示羅	Taanath-shiloh
0104	他停合示	Tahtim-hodshi
0105	以力	Erech
0106	以色	Ezel
0107	以米(人)	Emin
0108	以瓦	Ivah
0109	以因	Iim
0111	以東(地)	Edom
0112	以拉(谷)	Elah
0113-1	以坦(磐)	Etam
0113-2	以坦	Etam
0113-3	以坦	Etam

0114	以法	Ephah
0115-1	以帖	Ether
0115-2	以帖	Ether
0115-3	以帖(人)	Ithrite
0116	以珊	Eshan
0117	以倘	Etham
0118	以倫	Elon
0119-1	以得(台)	Edar
0119-2	以得	Eder
0120	以掃 (山)	Esau
0121	以森	Ezem
0122	以琳	Elim
0123	以雲	Ijon
0124	以楠	Enam
0125	以祿	Eloth
0126	以諾	Enoch
0127-1	以攔(地)	Elam
0127-2	以攔	Elam
0128	以土買	Idumea
0129	以大拉	Idalah
0130	以巴路	Ebal
0131-1	以色列	Israel
0131-2	以色列(山)	Israel
0132	以弗倫	Ephron
0133	以弗崙(山)	Ephron
0134	以弗所	Ephesus
0135-1	以利沙(地)	Elishah
0135-2	以利沙(島)	Elishah
0136	以利弗	Eleph
0137	以利穩	Iron
0138	以伯蓮	Ibleam
0139	以拉他	Elath
0140	以拉撒	Ellasar
0141-1	以法他	Ephrath
0141-2	以法他	Ephrath
0142-1	以法蓮(城)	Ephraim
0142-2	以法蓮(樹林)	Ephraim
0142-3	以法蓮(地)	Ephraim
0142-4	以法蓮(山地)	Ephraim
0142-5	以法蓮(人)	Ephraim
0142-6	以法蓮(山)	Ephraim
0143	以革倫	Ekron
0144	以哥念	Iconium
0145-1	以得來	Edrei
0145-2	以得來	Edrei
0146	以基蓮	Eglaim
0147	以提楠	Ithnan

0148	以實各(谷)	Eshcol
0149	以實陶	Eshtaol
0150	以薩迦(地)	Issachar
0151	以土利亞(省)	Ituraea
0152	以弗大憫	Ephes-dammim
0153	以旬迦別	Ezion-geber
0154	以利亞利(省)	Elealeh
0155	以利哩古(省)	Illyricum
0156	以法拉音	Ephrain
0157-1	以便以謝	Eben-ezer
0157-2	以便以謝	Eben-ezer
0158	以特加汛	Ittah-kazin
0159	以馬忤斯	Emmaus
0160	以實提莫	Eshtemoh
0161	以實瑪利(人)	Ishmaelite
0162	以伯蓮姑珥	Gur Nr Ibleam
0163	以耶亞巴琳	Ije-abarim
0164	以倫伯哈南	Elon-beth-hanan
0165	加他	Kattath
0166	加各	Karkor
0167	加們	Camon
0168-1	加拿(河)	Kanah
0168-2	加拿	Kanah
0169-1	加略(人)	Iscariot
0169-2	加略	Kerioth
0170	加大拉	Gadara
0171-1	加利利(湖)	Galilee
0171-2	加利利(地)	Galilee
0171-3	加利利(人)	Galilee
0172	加低斯	Kadesh
0173	加拉太(地)	Galatia
0174	加珥他	Kartah
0175	加珥坦	Kartan
0176	加帕多加(省)	Cappadocia
0177	加略希斯崙	Kerioth-hezron
0178	加低斯巴尼亞	Kadesh-bernea
0179	加低斯米利巴	Meribah at Kadesh
0180	可拉(人)	Korahites
0181	古巴(地)	Chub
0182	古他	Cuthah
0183	古示(地)	Cushite
0184	古珊(地)	Cushan
0185-1	古實(地)	Cush
0185-2	古實(地)	Cush
0185-3	古實(地)	Ethiopia
0185-4	古實(河)	Ethiopia
0186	古利奈	Cyrene
0187-1	尼波(山)	Nebo
0187-2	尼波	Nebo
0187-3	尼波	Nebo
0188	尼亞	Neah
0189	尼悉	Nezib
0190	尼業	Neiel
0191	尼羅(河)	Nile
0192	尼八拉	Neballat
0193	尼他應	Netaim
0194	尼尼微	Nineveh
0195	尼希蘭(人)	Nehelamite
0196	尼陀法	Netophah
0197	尼拜約(地)	Nebaioth
0198	尼弗多亞(泉)	Nephtoah
0199	尼亞波利	Neapolis
0200	尼哥波立	Nicopolis
0201	布西(人)	Buzites
0202	布特(人)	Puhites
0203	布斯(人)	Buz
0204	本都(地)	Pontus
0205	末必	Magbish
0206	甲加	Karkaa
0207-1	甲尼	Calneh
0207-2	甲尼	Calneh
0208	甲薛	Kabzeel
0209	甲摩尼(人)	Kadmonites
0210-1	示巴(地)	Sheba
0210-2	示巴(地)	Sheba
0210-3	示巴(人)	Sabean
0210-4	示巴(地)	Shebah
0210-5	示巴(地)	Sheba
0211	示按	Shion
0212	示拿(地)	Shinar
0213	示班	Shebam
0214	示番	Shepham
0215	示瑪	Shema
0216	示劍	Shechem
0217	示羅	Shiloh
0218	示巴琳	Shebarim
0219	示尼珥(山)	Senir
0220	示米押(人)	Shimeathites
0221	示沙克	Sheshach
0222-1	立拿	Libnah
0222-2	立拿	Libnah
0223	立加米	Leb-kamai

六劃

0224	伊坦(曠野)	Etham
0225-1	伊甸(園)	Eden
0225-2	伊甸(國)	Eden
0225-3	伊甸(城)	Eden
0226	伊突(人)	Jetur
0227	伊胡得	Jehud
0228	伊拿印	Enaim
0229	伊基拉	Eglah
0230	伊斯尼(人)	Eznite
0231	伊斯拉(人)	Izrahite
0232	伊提拉	Jethlah
0233	伊磯倫	Eglon
0234	伊利多拉	Eltolad
0235	伊利毘勒	Irpeel
0236	伊利提基	Eltekeh
0237	伊珥示麥	Ir-shemesh
0238	伊勒巴蘭	El-paran
0239	伊勒多臘	Eltolad
0240	伊勒提君	Eltekon
0241	伊勒歌斯(人)	Elkoshite
0242	伊麥基悉	Emek-keziz
0243	伊弗他伊勒(谷)	Jiphtah-el
0244	伊基拉施利施亞	Eglath-shelishiyah
0245	印度(地)	India
0246	各各他	Golgotha
0247-1	吉甲	Gilgal
0247-2	吉甲	Gilgal
0247-3	吉甲	Gilgal
0247-4	吉甲	Gilgal
0247-5	吉甲	Gilgal
0248	吉珥	Kir
0249	吉罷珥	Gibbar
0250	吉珥哈列設	Kir-haraseth
0251	吉斯綠他泊	Chisloth-tabor
0252	多坍	Dothan
0253	多珥	Dor
0254	多單(人)	Dodanim
0255	多利買	Ptolemais
0256	安	On
0257-1	安提阿(敘利亞)	Antioch
0257-2	安提阿(彼西底)	Antioch
0258	安密巴	En-mishpat
0259	安提帕底	Antipatris
0260	弗(人)	Put
0261	弗呂家(省)	Phrygia
0262	汛(曠野)	Sin

0263	米尼(地)	Minni
0264	米甸(人,地)	Midian
0265	米沙	Mesha
0266-1	米倫(水)	Merom
0266-2	米倫(人)	Meronoth
0267	米崙(人)	Meronoth
0268	米匿	Minnith
0269	米設(地)	Meshech
0270	米薩	Mizar
0271-1	米羅(人)	Beth-millo
0271-2	米羅	Millo
0272-1	米吉多	Megiddo
0272-2	米吉多(水)	Megiddo
0272-3	米吉多(平原)	Megiddo
0273	米何拉(人)	Meholathite
0274	米利大(島)	Melita
0275	米利都	Miletus
0276-1	米利巴	Meribah
0276-2	米利巴	Meribah
0277	米沙勒	Mishal
0278	米努哈(人)	Manuhoth
0279	米底巴	Medeba
0280	米底亞	Media
0281	米法押	Mephaath
0282	米亞拉	Mearah
0283	米基拉(人)	Mecherathite
0284	米烏尼(人)	Meunites
0285-1	米斯巴	Mizpah
0285-2	米斯巴(平原)	Mizpah
0285-3	米斯巴	Mizpah
0285-4	米斯巴	Mizpah
0285-5	米斯巴	Mizpah
0285-6	米斯巴	Mizpah
0286	米斯迦	Misgab
0287	米哥拿	Meconah
0288	米瑣八(人)	Mezobaite
0289-1	米磯崙	Migron
0289-2	米磯崙	Migron
0290	米羅斯	Meroz
0291	米拉大翁	Merathaim
0292	米推利尼	Mitylene
0293	米惡尼尼	Meonenim
0294	米所波大米(地)	Mesopotamia
0295	米利巴加低斯	Meribah-kadesh
0296	米斯利弗瑪音	Misrephoth-maim
0297	老底嘉	Laodicea
0298	色弗尼	Syene

0299	艾	Ai
0300	艾雅	Ayyah
0301	西丁	Ziddim
0302-1	西乃(山)	Sinai
0302-2	西乃(曠野)	Sinai
0302-3	西乃(半島)	Sinai
0303	西巴(人)	Seba
0304-1	西尼(人)	Sinites
0304-2	西尼	Seneh
0305-1	西弗	Ziph
0305-2	西弗	Ziph
0306-1	西拉(井)	Sirah
0306-2	西拉	Sela
0306-3	西拉	Sela
0307	西沽(井)	Sechu
0308-1	西曷(河)	Sihor
0308-2	西曷(河)	Sihor
0309	西訂(谷)	Siddim
0310	西拿	Senaah
0311-1	西珥(山,地)	Seir
0311-2	西珥(山)	Seir
0312	西連(山)	Sirion
0313	西發(地)	Sephar
0314	西雲(山)	Sion
0315	西頓	Sidon
0316	西緬(人,地)	Simeon
0317	西比瑪	Shibmah
0318	西古提(人)	Scythian
0319	西布倫(人,地)	Zebulun
0320	西伊拉	Seirah
0321	西伊伯	Zeeb
0322	西伯蓮	Sibraim
0323	西利拉	Zererah
0324	西法拉	Sepharad
0325	西迦迦	Secacah
0326	西流基	Seleucia
0327	西提拿	Sitnah
0328	西斐崙	Ziphron
0329	西達達	Zedad
0330-1	西羅亞(池)	Siloah
0330-2	西羅亞(樓)*	Siloam
0331	西法瓦音	Sepharvaim
0332	西拉哈瑪希羅結	Sela-hammahlekoth

七劃

| 0333 | 伯甲 | Beth-car |
| 0334 | 伯夙 | Beth-zur |

0335	伯拉(河)	Prath
0336	伯珊	Beth-shan
0337	伯善	Beth-shan
0338-1	伯大袞	Beth-dagon
0338-2	伯大袞	Beth-dagon
0339-1	伯大尼	Bethany
0339-2	伯大尼	Bethany
0340	伯比利	Beth-birei
0341	伯巴拉	Beth-barah
0342	伯以墨	Beth-emek
0343	伯以薛	Beth-ezel
0344-1	伯示麥	Beth-shemesh
0344-2	伯示麥	Beth-shemesh
0344-3	伯示麥	Beth-shemesh
0344-4	伯示麥	Beth-shemesh
0345	伯吉甲	Beth-gilgal
0346	伯米恩	Beth-meon
0347	伯伊甸	Beth-eden
0348	伯利合	Beth-rehob
0349-1	伯利恆	Bethlehem
0349-2	伯利恆	Bethlehem
0350-1	伯亞文	Beth-aven
0350-2	伯亞文	Beth-aven
0350-3	伯亞文	Beth-aven
0350-4	伯亞文	Beth-aven
0351	伯亞納	Beth-anath
0352	伯亞蘭	Beth-haram
0353	伯亞諾	Beth-anoth
0354	伯和崙	Beth-horon
0355	伯帕列	Beth-pelet
0356	伯帕薛	Beth-pazzez
0357	伯法其	Beth-phage
0358	伯哈干	Beth-haggan
0359	伯哈蘭	Beth-haran
0360	伯曷拉	Beth-hoglah
0361	伯約押(人)	Beth-joab
0362	伯毘珥	Beth-peor
0363	伯迦末	Beth-gamul
0364-1	伯特利	Bethel
0364-2	伯特利(山)	Bethel
0364-3	伯特利	Bethel
0365	伯寧拉	Beth-nimrah
0366	伯瑪迦	Beth-maachah
0367	伯墨哈	Beth-merhak
0368-1	伯賽大	Bethsaida
0368-2	伯賽大	Bethsaida
0369	伯巴力勉	Beth-baal-meon

中文地名目錄

0370	伯他普亞	Beth-tappuah
0371	伯利巴勿	Beth-lebaoth
0372	伯亞弗拉	Beth-le-aphrah
0373	伯亞拉巴	Beth-srabah
0374	伯亞比勒	Beth-arbel
0375	伯哈基琳	Beth-haccerem
0376	伯哈示他	Beth-shittah
0377	伯耶西末	Beth-jesimoth
0378	伯耶施末	Beth-jesimoth
0379	伯瑪加博	Beth-marcaboth
0380	伯瑪嘉博	Beth-marcaboth
0381	伯亞斯瑪弗	Beth-azmaveth
0382	伯低比拉太音	Beth-diblathaim
0383	伸崙	Shimron
0384	伸崙米崙	Shimron-meron
0385-1	但(地)	Dan
0385-2	但(地,城)	Dan
0386	但雅安	Dan Jaan
0387	低加波利	Decapolis
0388	何把	Hobah
0389	何利(人)	Horites
0390-1	何倫	Holon
0390-2	何倫	Holon
0391	何薩	Hosah
0392-1	何烈 (山)	Horeb
0392-2	何烈 (石)	Horeb
0393-1	何珥 (山)	Hor
0393-2	何珥 (山)	Hor
0394	何崙	Holon
0395	何珥瑪	Hormah
0396	何羅念	Horonaim
0397	別加	Perga
0398	別是巴	Beersheba
0399	別迦摩	Pergamum
0400	利未(人)	Levi
0401-1	利合	Rehob
0401-2	利合	Rehob
0401-3	利合	Rehob
0402	利色	Rezeph
0403	利希	Lehi
0404	利門	Rimmon
0405	利堅	Rekem
0406	利善	Lesham
0407	利法(人)	Riphath
0408	利篾	Remeth
0409	利鮮	Resen
0410	利巴勿	Lebaoth
0411-1	利巴嫩(山,地)	Lebanon
0411-2	利巴嫩(平原)	Lebanon
0412-1	利比拉	Riblah
0412-2	利比拉	Riblah
0413-1	利乏音 (人)	Rephaim
0413-2	利乏音 (谷)	Rephaim
0414-1	利河伯	Rehoboth.Ir
0414-2	利河伯	Rehoboth
0414-3	利河伯	Rehoboth
0415	利波拿	Lebonah
0416	利非訂	Rephidim
0417	利哈比(地)	Lehabim
0418	利基翁	Rhegium
0419	利提瑪	Rithmah
0420	利百地拿	Libertines
0421-1	含(地)	Ham
0421-2	含	Ham
0422	吾珥	Ur
0423	呂大(省)	Lydda
0424	呂家(省)	Lycia
0425	呂彼亞(地)	Libya
0426	呂高尼(省)	Lycaonia
0427	均	Cun
0428	宏他	Humtah
0429	希未(人)	Hivites
0430	希尼	Sinim
0431	希弗	Hepher
0432	希伯(地)	Eber
0433	希拿(國)	Hena
0434	希烈山	Heres
0435	希崙	Hilen
0436	希臘(地)	Greece
0437	希蘭	Helam
0438	希列斯	Heres
0439	希伯來(人)	Hebrew
0440	希伯崙	Hebron
0441	希利弗	Heleph
0442	希利尼(人)	Greek
0443	希特倫	Hethlon
0444	希斯崙	Hezron
0445	希實本	Heshbon
0446	希拉波立	Hierapolis
0447	希底結(河)	Hiddekel
0448	希曷立納(河)	Shihor-libnath
0449	希利甲哈素林	Helkath-hazzurim
0450	庇哩亞	Berea
0451	庇推尼(省)	Bithynia

0452	庇耳拉海萊	Beer-lahai-roi
0453	杜拉	Dura
0454	每拉	Myra
0455	每西亞(省)	Mysia
0456	沙本(人)	Shaalbonite
0457	沙列(地)	Sheleph
0458	沙拉(地)	Salah
0459-1	沙密	Shamir
0459-2	沙密	Shamir
0460-1	沙崙(地)	Sharon
0460-2	沙崙(地)	Sharon
0461	沙琳(地)	Shalim
0462-1	沙斐(山)	Shepher
0462-2	沙斐	Shaphir
0463	沙微(谷)	Shaveh
0464	沙賓	Shaalbim
0465	沙利沙(地)	Shalisha
0466-1	沙拉音	Shaaraim
0466-2	沙拉音	Shaaraim
0467	沙拉賓	Shaalabbin
0468	沙魯險	Sharuhen
0469	沙哈洗瑪	Shahazimah
0470	沙微基列亭	Shaveh-kiriathaim
0471	汲淪(溪)	Kidron
0472	谷哥大	Gudgodah
0473	匠人之谷	V.of Craftsmen

八劃

0475	亞乃	Aner
0476	亞巴(人)	Arbite
0477-1	亞文	Avim
0477-2	亞文	Aven
0477-3	亞文(平原)	Aven
0478	亞瓦	Ava
0479-1	亞甲(人,國)	Accad
0479-2	亞甲(人)	Agagites
0480	亞末	Amad
0481	亞合(人)	Ahohite
0482-1	亞弗	Aphek
0482-2	亞弗	Aphek
0482-3	亞弗	Aphek
0482-4	亞弗	Aphek
0483-1	亞因	Ain
0483-2	亞因	Ain
0483-3	亞因	Ain
0483-4	亞因	Ain
0484	亞年	Anem

0485	亞別	Abez
0486	亞拉	Arab
0487	亞念	Anim
0488	亞述	Assyria
0489	亞延	Ain
0490	亞衲(人)	Anak
0491-1	亞柯	Acco
0491-2	亞柯(平原)	Acco
0492-1	亞珊	Ashan
0492-2	亞珊	Ashan
0493	亞珥	Ar
0494	亞捫(地)	Ammon
0495	亞挪	Janoah
0496	亞朔	Assos
0497	亞曼	Amam
0498-1	亞基(人)	Arkites
0498-2	亞基	Archite
0499	亞設(地)	Asher
0500-1	亞割(谷)	Achor
0500-2	亞割(谷)	Achor
0501	亞達	Atad
0502	亞祿	Aloth
0503	亞雅	Aija
0504	亞頓	Addon
0505	亞葉	Aiath
0506	亞發(島)	Arvad
0507	亞當	Adam
0508	亞瑪	Ammah
0509	亞嫩(河)	Arnon
0510	亞撻	Athach
0511	亞衛	Avim
0512	亞錄	Alush
0513	亞薩	Azal
0514	亞蘭(地)	Aram
0515	亞大利	Attalia
0516	亞大瑪	Adamah
0517	亞大達	Adadah
0518	亞大錄	Ataroth
0519	亞巴琳(山)	Abarim
0520	亞比拉	Abel
0521	亞比烏	Appii Forum
0522	亞瓦底(島)	Arvad
0523	亞未得	Avith
0524	亞他林(路)	Atharim
0525-1	亞他綠	Ataroth
0525-2	亞他綠	Ataroth
0525-3	亞他綠	Ataroth

0526	亞他錄	Ataroth
0527	亞西亞(省)	Asia
0528	亞西加	Azekah
0529	亞弗革	Aphik
0530	亞杜蘭	Adullam
0531-1	亞法撒(地)	Arphaxad
0531-2	亞法撒(人)	Apharsites
0532	亞底亞(海)	Adria
0533	亞非加	Aphekah
0534	亞拉得	Arad
0535	亞拉伯(地)	Arabia
0536-1	亞拉巴(地區)	Arabah
0536-2	亞拉巴(海)	Arabah
0536-3	亞拉巴(人)	Arbathites
0536-4	南亞拉巴(地)	Arabah
0537-1	亞拉臘(山)	Ararat
0537-2	亞拉臘(地)	Ararat
0538	亞哈瓦(河)	Ahava
0539	亞哈希(人)	Ahohite
0540-1	亞革悉	Achzib
0540-2	亞革悉	Achzib
0541	亞馬他	Achmetha
0542	亞拿米(人)	Anamim
0543	亞拿伯	Anab
0544	亞拿突	Anathoth
0545	亞書利	Ashurite
0546	亞珥拔	Arpad
0547	亞基衛	Archevites
0548	亞勒們	Almon
0549	亞都冥(坡)	Adummim
0550-1	亞雅崙	Aijalon
0550-2	亞雅崙	Aijalon
0550-3	亞雅崙(谷)	Aijalon
0551	亞雅倫	Aijalon
0552	亞黑拉	Ahlab
0553	亞該亞(省)	Achaia
0554	亞達珥	Adar
0555-1	亞實拿	Ashnah
0555-2	亞實拿	Ashnah
0556	亞實突	Ashdod
0557	亞瑪力(人)	Amalek
0558	亞摩利(人)	Amorites
0559	亞摩答(人)	Almodad
0560	亞罷拿(河)	Abana
0561	亞瑪拿(山峰)	Amana
0562	亞魯泊	Arubboth
0563	亞魯瑪	Arumah
0564	亞鎖都	Azotus
0565-1	亞羅珥	Aroer
0565-2	亞羅珥	Aroer
0565-3	亞羅珥	Aroer
0565-4	亞羅珥	Aroer
0566	亞難雅	Ananiah
0567	亞力山太	Alexandria
0568	亞大米田	Adramyttium
0569	亞比利亞(省)	Abilene
0570	亞比瑪利(人)	Abimael
0571	亞多萊音	Adoraim
0572	亞伯什亭	Abel-shittim
0573	亞伯瑪音	Abel-maim
0574	亞利伊勒	Ariel
0575	亞利馬太	Arimathea
0576	亞克拉濱(坡)	Akrabbim
0577	亞法撒迦(人)	Apharsachite
0578	亞底他音	Adithaim
0579	亞拉米勒	Alammelech
0580	亞施他拉	Ashterathite
0581	亞拿哈拉	Anaharath
0582	亞珥歌伯(地)	Argob
0583	亞略巴古(山)	Areopagus
0584	亞斯他錄	Ashtaroth
0585	亞斯瑪弗	Azmaveth
0586	亞實基倫	Ashkelon
0587	亞實基拿(地)	Ashkenaz
0588	亞蘭瑪迦(地)	Aram-maachah
0589	亞大米尼吉	Adami-nekeb
0590	亞他綠亞達	Ataroth-addar
0591	亞他錄朔反	Atroth-shophan
0592	亞伯伯瑪迦	Abel-beth-maachah
0593	亞伯米何拉	Abel-meholah
0594	亞法薩提迦(人)	Apharsathchites
0595	亞波羅尼亞	Apollonia
0596	亞特律加寧	Ashteroth-karnaim
0597	亞斯納他泊	Aznoth-tabor
0598	亞備勒基拉明	Abel-keramim
0599	亞門低比拉太音	Almon-diblathaim
0600	佳澳	Fair Havens
0601	和倫(人)	Horonite
0602	和璉	Horem
0603	姑珥	Gur
0604	姑珥巴力	Gur-baal
0605	居比路(島)	Cyprus
0606	帖撒羅尼迦	Thessalonica
0607	帕弗	Paphos

0608	帕大喇	Patara
0609	帕勒提(人)	Paltite
0610	帕提亞(地)	Parthians
0611	帕斯魯細(地)	Pathrusim
0612-1	底本	Dibon
0612-2	底本	Dibon
0613	底亥	Dehavites
0614-1	底但(地)	Dedan
0614-2	底但	Dedan
0614-3	底但(島)	Dedan
0615	底們	Dimon
0616	底拿(地)	Dinaite
0617	底連	Dilean
0618-1	底壁	Debir
0618-2	底壁	Debir
0618-3	底壁	Debir
0619	底摩拿	Dimonah
0620	底撒哈	Dizahab
0621	底本迦得	Dibon-gad
0622	彼土利	Bethuel
0623	彼西底	Pisidia
0624	所多瑪	Sodom
0625	拔摩(島)	Patmos
0626	押但	Addan
0627	押們	Azmon
0628	押頓	Abdon
0629	押煞	Achshaph
0630	押瑪	Admah
0631	押利提(人)	Japhlet
0632	押瑪弗	Azmaveth
0633-1	拉巴	Rabbah
0633-2	拉巴	Rabbah
0634-1	拉末	Ramoth
0634-2	拉末	Ramoth
0634-3	拉末	Ramoth
0635	拉甲	Rakkath
0636	拉共	Lakkum
0637	拉吉	Lachish
0638	拉沙	Lasha
0639	拉昆	Rakkon
0640	拉班	Laban
0641-1	拉瑪	Raamah
0641-2	拉瑪	Ramah
0641-3	拉瑪	Ramah
0641-4	拉瑪	Ramah
0641-5	拉瑪	Ramah
0641-6	拉瑪	Ramah

0642	拉幔	Lahmam
0643	拉億	Laish
0644	拉壁	Rabbith
0645	拉西亞	Lasea
0646	拉沙崙	Lasharon
0647	拉哈伯	Rahab
0648	拉哈勒	Rachal
0649	拉末利希	Ramath-lehi
0650	拉瑪瑣非	Ramathaim-zophim
0651	拉抹米斯巴	Ramath-mizpeh
0652	抹大拉	Magdalene
0653	欣嫩,欣嫩子(谷)	Hinnom
0654	泄撒	Zelzah
0655	河西省	Beyond the river
0656	波罕	Bohan
0657	波金	Bochim
0658	波斯(地)	Persia
0659	波斯加	Bozkath
0660-1	波斯拉	Bozrah
0660-2	波斯拉	Bozrah
0661	法勒(人)	Peleg
0662	法珥法(河)	Pharpar
0664	阿伯	Oboth
0665	阿斐(地)	Ophir
0666	阿挪	Ono
0667	阿博拿	Abronah
0668	阿勒篾	Alemeth
0669	陀弗	Tophel
0670	陀伯	Tob
0671	陀健	Tochen
0672	陀臘	Tolad
0673	陀迦瑪(地)	Togarmah
0674	陀斐特	Topheth
0675	非尼基	Phoenix
0676-1	非利士(人地)	Philistia
0676-2	非利士(路)	Philistia
0677	非拉鐵非	Philadelphia

九劃

0678-1	亭拿	Timnah
0678-2	亭拿	Timnah
0679-1	亭納	Timnah
0679-2	亭納	Timnah
0680	亭哈巴	Dinhabah
0681	亭拿他	Timnah
0682	亭拿希烈	Timnath-heres
0683	亭拿西拉	Timnath-serah

0684	便雅憫(人,地)	Benjamin
0685	俄立(大石)	Oreb
0686	俄斐(地)	Ophir
0687	俄巴路(地)	Obal
0688	俄弗尼	Ophni
0689-1	俄弗拉	Ophrah
0689-2	俄弗拉	Ophrah
0690	俄斐勒(山)	Ophel
0691	南地	Negeb
0692	哈末	Hammath
0693	哈門	Harmon
0694	哈利	Hali
0695	哈忽	Halhul
0696-1	哈拉(山)	Halak
0696-2	哈拉(人)	Hararite
0696-3	哈拉(地區)	Halak
0697-1	哈們	Hammom
0697-2	哈們	Hammom
0698	哈律(泉)	Harod
0699	哈烈(樹林)	Hareth
0700	哈馬	Hamath
0701	哈麥	Ham
0702	哈博(河流)	Habor
0703	哈第	Hadid
0704	哈臘	Halah
0705	哈疊	Hadid
0706	哈蘭	Haran
0707	哈大沙	Hadashah
0708	哈內斯	Hanes
0709	哈多蘭(地)	Hadoram
0710	哈弗連	Haphraim
0711	哈拉大	Haradah
0712	哈洗錄	Hazeroth
0713	哈律弗	Haruphite
0714	哈拿頓	Hannathon
0715	哈珥西(門)	Harsith
0716	哈馬口	Hamath
0717	哈得拉	Hadrach
0718	哈基拉(山)	Hachilah
0719-1	哈腓拉	Havilah
0719-2	哈腓拉	Havilah
0719-3	哈腓拉	Havilah
0719-4	哈腓拉	Havilah
0720	哈摩拿	Hashmonah
0721	哈摩那	Hamonah
0722	哈末多珥	Hammoth-dor
0723	哈門歌革(谷)	Hamon-gog
0724	哈馬瑣巴(地)	Hamath-zobah
0725	哈達臨門	Hadad-rimmon
0726	哈薩以難	Hazar-enan
0727	哈薩亞達	Hazar-addar
0728	哈薩迦大	Hazar-gaddah
0729	哈薩書亞	Hazar-shual
0730	哈薩瑪非(地)	Hazarmaveth
0731	哈薩蘇撒	Hazar-susah
0732	哈米吉多頓	Armageddon
0733-1	哈洗遜他瑪	Hazazon-tamar
0733-2	哈洗遜他瑪	Hazazon-tamar
0734	哈倭特睚珥(地)	Havoth-jair
0735	哈撒哈提干	Hazar-hatticon
0736	哇哈伯(河)	Waheb
0737	哀嫩	Aenon
0738	威但(地)	Wedan
0739	客西馬尼	Gethsemane
0740-1	度瑪	Dumah
0740-2	度瑪	Dumah
0741	敘加	Sychar
0742	敘利亞(省)	Syria
0743	敘拉古	Syracuse
0744	施基崙	Shicron
0745	施利施亞	Shelishiyah
0746	曷哈及甲	Hor-hagidgad
0747	柳樹(河)	Willow
0748	洗拉	Zelah
0749-1	洗法	Zephath
0749-2	洗法(谷)	Zephathah
0750	洗扁	Zeboiim
0751	洗珥	Zior
0752	洗斯(坡)	Ziz
0753	洗楠	Zenan
0754	洗編	Zeboim
0755	洗利達	Zereda
0756	洗波音(谷)	Zeboim
0757	洗革拉	Ziklag
0758	洗瑪利(人)	Zemarite
0759-1	洗瑪臉	Zemaraim
0759-2	洗瑪臉	Zemaraim
0760	毘珥	Peor
0761	毘奪	Pethor
0762	毘拉心(山)	Perazim
0763	毘斯迦(山)	Pisgah
0764	毘努伊勒	Penuel
0765	毘列斯烏撒	Perez-Uzzah
0766-1	紅海	Red Sea

0766-2	紅海	Red Sea
0766-3	紅海	Red Sea
0767	約巴(地)	Jobab
0768	約但(河)	Jordan
0769	約坍(地)	Joktan
0770	約帕	Joppa
0771-1	約帖	Joktheel
0771-2	約帖	Joktheel
0772	約念	Jokneam
0773	約甸	Jokdeam
0774	約緬	Jokmeam
0775-1	約巴他	Jotbathah
0775-2	約巴他	Jotbathah
0776	約比哈	Jogbehah
0777	約沙法(谷)	Jehoshaphat
0778	約提巴	Jotbah
0779	美耶昆	Me Jarkon
0780-1	耶末	Jarmuth
0780-2	耶末	Jarmuth
0781	耶拉(地)	Jerah
0782	耶琳(山)	Jearim
0783	耶布斯	Jebus
0784	耶沙拿	Jeshanah
0785	耶利哥	Jericho
0786	耶拉篾	Jerahmeel
0787	耶書崙	Jeshurun
0788	耶書亞	Jeshua
0789-1	耶斯列	Jezreel
0789-2	耶斯列	Jezreel
0789-3	耶斯列(平原)	Jezreel
0790	耶路撒冷	Jerusalem
0791	耶魯伊勒(曠野)	Jeruel
0792	迦巴	Geba
0793	迦本	Cabbon
0794	迦立	Gareb
0795	迦米(人)	Garmite
0796	迦拉	Calah
0797	迦南(地)	Canaan
0798	迦拿	Cana
0799	迦特	Gath
0800-1	迦得(地)	Gad
0800-2	迦得(谷)	Gad
0801	迦勒(地)	Caleb
0802-1	迦密	Carmel
0802-2	迦密(山)	Carmel
0803	迦琳	Gallim
0804-1	迦實(山)	Gaash

0804-2	迦實(溪)	Gaash
0805	迦薩	Gaza
0806-1	迦巴勒(人)	Gebal
0806-2	迦巴勒	Gebal
0807	迦巴魯(河)	Chebar
0808	迦百農	Capernaum
0809-1	迦步勒	Cabul
0809-2	迦步勒(地)	Cabul
0810	迦勒挪	Calno
0811	迦勒底(地)	Chaldea
0812	迦斐託(島)	Caphtor
0813	迦西斐雅(地)	Casiphia
0814	迦特希弗	Gath-hepher
0815-1	迦特臨門	Gath-rimmon
0815-2	迦特臨門	Gath-rimmon
0816	迦基米設	Carchemish
0817	迦基米施	Carchemish
0818	迦斯路希(地)	Casluhim
0819	迦勒以法他	Caleb-ephratah
0820	除皮山	Hill of Skin
0821	革尼土	Cnidus
0822	革迦撒(人)	Girgashite
0823	革哩底(島)	Crete
0824-1	革尼撒勒(湖)	Gennesaret
0824-2	革尼撒勒(城)	Gennesaret
0825	革夏納欣(人)	Ge-harashim
0826	音麥	Immer
0827	音臨門	En-rimmon
0828	閃(族)	Shem

十劃

0829	哥士(島)	Cos
0830	哥亞	Koa
0831	哥蘭	Golan
0832	哥西巴	Chozeba
0833	哥拉汎	Chorazin
0834	哥林多	Corinth
0835-1	埃及(國)	Egypt
0835-2	埃及(河)	R. of Egypt
0835-3	埃及(地)	Egypt
0836	埃色	Esek
0837	埃提阿伯(人)	Ethiopia
0838	夏甲(人)	Hagrites
0839-1	夏瑣	Hazor
0839-2	夏瑣	Hazor
0839-3	夏瑣	Hazor
0839-4	夏瑣	Hazor

0840	夏羅設	Harosheth
0841	夏瑣哈大他	Hazor-hadattah
0842	息末	Siphmoth
0843	拿因	Nain
0844	拿艮	Nachon
0845	拿拉	Naarah
0846	拿約	Naioth
0847-1	拿瑪	Naamah
0847-2	拿瑪(人)	Naamathite
0848	拿蘭	Naaran
0849	拿非施(地)	Naphish
0850	拿哈拉	Nahallal
0851	拿哈列(河)	Nahaliel
0852	拿撒勒	Nazareth
0853	拿弗土希(地)	Naphtuhim
0854	拿弗他利(地)	Naphtali
0855	拿鶴的城	City of Nahor
0856	挪	No
0857-1	挪巴	Nobah
0857-2	挪巴	Nobah
0858	挪弗	Noph
0859	挪伯	Nob
0860	挪法	Nophah
0861	挪得	Nod
0862	挪答(人)	Nodab
0863	挪亞們	No-amon
0864	旁非利亞(省)	Pamphylia
0865-1	書亞	Shoa
0865-2	書亞	Shual
0865-3	書亞(人)	Shuhite
0866	書念	Shunem
0867	書珊	Susa
0868-1	書珥(路)	Shur
0868-2	書珥(曠野)	Shur
0869	書拉密	Shulamite
0870	書珊迦	Susanchites
0871	格拉森	Gadarenes
0872	浩蘭(地)	Hauran
0873-1	流便(地)	Reuben
0873-2	流便的溪水	Reuben
0874	流淚谷	V.of Baca
0875	流便的溪水	Reuben
0876	烏法	Uphaz
0877	烏萊(河)	Ulai
0878-1	烏斯(地)	Uz
0878-2	烏斯(地)	Uz
0878-3	烏斯(地)	Uz

0878-4	烏斯(地)	Uz
0879	烏瑪	Ummah
0880	烏薩	Uzal
0881	烏羨舍伊拉	Uzzen-sherah
0882	特庇	Derbe
0883	特拉(人)	Tirathite
0884	特米拉	Tel Melah
0885	特哈薩	Tel Harsha
0886	特羅亞	Troas
0887	特拉可尼(省)	Trachonite
0888	益弗他	Jiphtah
0889	秦國	Sinim
0890	訓	Sin
0891	馬雲(人)	Maonites
0892	馬其頓(省)	Macedonia
0893	馬加丹	Magadan
0894	馬利迦巴	Maareh-geba
0895	高大(島)	Clauda

十一劃

0896	側耳	Zer
0897	勒撒	Rissah
0898	匿珊	Nibshan
0899	基尼(人)	Kenites
0900	基失	Chesil
0901	基立(溪)	Cherith
0902-1	基多(地)	Gedor
0902-2	基多(人)	Gedor
0903-1	基色	Gezer
0903-2	基色(人)	Girzites
0904-1	基列(山,地)	Gilead
0904-2	基列(人)	Gilead
0904-3	基列(城)	Kirjath
0904-4	基列(山)	Mount Gilead
0904-5	基列(城,地)	Gilead
0904-6	基列(城)	Gilead
0905	基亞	Giah
0906	基帖	Gether
0907	基順(河)	Kishon
0908	基阿(島)	Chios
0909-1	基抹	Chemosh
0909-2	基抹(人)	Chilmad
0910	基柄	Gebim
0911	基突	Gedor
0912	基珥	Kir
0913-1	基述(國)	Geshur
0913-2	基述(人)	Geshuri

0914	基拿	Kinah
0915	基倫	Kitron
0916-1	基訓(河)	Gihon
0916-2	基訓(泉)	Gihon
0917	基納	Kenath
0918	基孫(人)	Gizonite
0919	基悉	Chezib
0920	基提(島)	Chittim
0921	基善	Kishion
0922-1	基遍	Gibeon
0922-2	基遍(谷)	Gibeon
0923-1	基頓	Gidom
0923-2	基頓(禾場)	Chidon
0924	基達	Kedar
0925	基德	Geder
0926	基綠	Cherub
0927	基羅	Giloh
0928	基尼洗(人)	Kenizzites
0929	基他音	Gittaim
0930	基伊拉	Keilah
0931	基得拉(人)	Gederathite
0932	基低羅	Gederoth
0933	基底拉	Gederah
0934	基底莫	Kedemoth
0935-1	基低斯(加)	Kedesh
0935-2	基低斯(猶)	Kedesh
0935-3	基低斯(以薩迦)	Kedesh
0936	基提利	Kitlish
0937	基伯先	Kibzaim
0938	基第利(人)	Gederite
0939	基撒崙	Chesalon
0940	基拉耳(城,谷)	Gerar
0941-1	基比亞(猶)	Gibeah
0941-2	基比亞(便)	Gibeah
0942	基比頓	Gibbethon
0943	基蘇律	Chesulloth
0944	基非拉	Chephirah
0945	基利提(人)	Cherethites
0946-1	基列亭(流)	Kirjathaim
0946-2	基列亭(拿)	Kirjathaim
0947	基利家	Cilicia
0948	基利心(山)	Gerizim
0949	基利波(山)	Gilboa
0950	基利綠	Geliloth
0951-1	基尼烈(湖)	Chinnereth
0951-2	基尼烈(城)	Chinnereth
0951-3	基尼烈(地)	Chinnereth

0952	基列亞巴	Kirjath-arba
0953	基列胡瑣	Kirjath-huzoth
0954	基列耶琳	Kirjath-jearim
0955	基列薩拿	Kirjath-sannah
0956	基列巴力	Kirjath-baal
0957	基列西弗	Kirjath-sepher
0958	基列雅比	Jabesh-gilead
0959	基希拉他	Kehelathah
0960	基底羅他音	Gederothaim
0961	基法阿摩尼	Chephar-haammoni
0962	基羅特金罕	Geruth-chimham
0963	基博羅哈他瓦	Kibroth-hataavah
0964	密丁	Middin
0965	密加	Mithcah
0966	密來(人)	Mishraite
0967	密抹	Michmash
0968-1	密奪	Migdol
0968-2	密奪	Migdol
0969	密米他	Michmethah
0970	密大伊勒	Migdal-el
0971	得撒	Tirzah
0972	悉拉	Silla
0973	推羅	Tyre
0974	推雅推喇	Thyatira
0975-1	梭哥	Socoh
0975-2	梭哥	Socoh
0975-3	梭哥	Socoh
0976	梭烈(谷)	Sorek
0977	淤他	Juttah
0978	異象谷	V. of Vision
0979	畢倫	Bithron
0980	畢士大	Bethesda
0981	第伯拉他	Diblath
0982	細步綸	Zebulun
0983	細列哈沙轄	Zereth-shahar
0984	脫加	Dophkah
0985	部丟利	Puteoli
0986	散送冥	Zamzummims
0987	麥西(地)	Mizraim
0988	麥瑪拿	Madmannah
0989	麥比拉	Machpelah
0990	麥大迦得	Migdal-gad

十二劃

0991	善	Shen
0992	堅革哩	Cenchrea
0993	尋(曠野)	Zin

0994	提巴	Tibhath
0995	提拉(地)	Tiras
0996	提洗(人)	Tizite
0997	提瑪	Tema
0998	提幔	Teman
0999	提鍊	Telem
1000	提弗薩	Tiphsah
1001	提拉因	Telaim
1002	提拉撒	Telassar
1003	提哥亞	Tekoa
1004	提備斯	Thebez
1005	提斯比	Tishbe
1006	提斐薩	Tiphsah
1007-1	提比哩亞(湖)	Tiberias
1007-2	提比哩亞(城)	Tiberias
1008	提勒亞畢	Tel Abib
1009	棕樹城	City of Palm trees
1010	猶大(國,地,人)	Judah
1011	猶太(國,地,人)	Judea
1012	疏弗	Suph
1013-1	疏割	Succoth
1013-2	疏割	Succoth
1013-3	疏割(谷)	Succoth
1014	答比匿	Tahpanhes
1015	腓立比	Philippi
1016	腓尼基(地)	Phoenicia
1017	舒瑪(人)	Shumathites
1018	萊煞	Laishah
1019	雅比	Jabesh
1020	雅弗(地)	Japheth
1021	雅完(地)	Javan
1022	雅典	Athens
1023	雅博(河)	Jabbok
1024	雅農	Janum
1025-1	雅謝(地)	Jazer
1025-2	雅謝(湖)	Jazer
1026	雅雜	Jahaz
1027	雅比尼	Jabneh
1028	雅比斯	Jabez
1029-1	雅比聶	Jabneel
1029-2	雅比聶	Jabneel
1030	雅姑珥	Jagur
1031	雅非亞	Japhia
1032	雅哈撒	Jahzah
1033	雅挪哈	Janohah
1034	雅提珥	Jattir
1035	黑巴	Helbah

1036	黑本	Helbon
1037	黑甲	Helkath
1038	黑門(山)	Hermon
1039	黑實門	Heshmon

十三劃

1040	愛	Ai
1041	普勒	Pul
1042	普嫩	Punon
1043	暗妃波里	Amphipolis
1044	義大利(國)	Italy
1045	義伯崙	Ebron
1046	蛾摩拉	Gomorrah
1047	辟拉	Bilhah
1048	葉甲薛	Jekabzeel
1049	睚珥	Jair
1050	該隱	Kain
1051	該撒利亞	Caesarea
1052	該撒利亞腓立比	Caesarea-philippi
1053	路比(人)	Lubims
1054	路低(人)	Ludim
1055-1	路斯	Luz
1055-2	路斯	Luz
1056	路德(地)	Lud
1057	路司得	Lystra
1058	達莫	Tadmor

十四劃

1059	寧林(溪)	Nimrim
1060	寧拉	Nimrah
1061	寧錄(地)	Nimrod
1062	幔利	Mamre
1063	實忻	Shilhim
1064	實弗米(人)	Shiphmite
1065	瑣巴(地)	Zobah
1066-1	瑣安	Zoan
1066-2	瑣安(田)	Zoan
1067	瑣拉	Zorah
1068	瑣利(人)	Zorite
1069	瑣珥	Zoar
1070	瑣腓(田)	Zophim
1071	瑣希列(石)	Zoheleth
1072	瑪律	Maroth
1073	瑪拉	Marah
1074-1	瑪代(族)	Madai
1074-2	瑪代(國)	Medes
1075	瑪各(地)	Magog

1076	瑪吉(地)	Machir
1077	瑪沙	Mashal
1078	瑪施	Mash
1079	瑪迦(國)	Maachath
1080	瑪雲	Maon
1081	瑪頓	Madon
1082	瑪撒	Massah
1083	瑪臘	Maarath
1084	瑪他拿	Mattanah
1085	瑪利沙	Mareshah
1086	瑪拉拉	Maralah
1087	瑪哈未	Mahavite
1088	瑪哈念	Mahanaim
1089	瑪迦斯	Makaz
1090	瑪拿轄	Manahath
1091	瑪拿哈(人)	Manahathies
1092-1	瑪拿西(東)(地)	Manasseh
1092-2	瑪拿西(西)(地)	Manasseh
1093	瑪得緬	Madmen
1094	瑪基大	Makkedah
1095	瑪黑拉	Mahalah
1096	瑪士利加	Masrekah
1097	瑪吉希錄	Makheloth
1098-1	瑪哈尼但	Mahaneh-dan
1098-2	瑪哈尼但	Mahaneh-dan
1099	瑪革提施	Maktesh
1100	瑪得米那	Madmenah
1101	歌伯	Gob
1102	歌亞	Goath
1103-1	歌珊(地)	Goshen
1103-2	歌珊(城,地)	Goshen
1104	歌散	Gozan
1105	歌篾(地)	Gomer
1106	歌拉珊	Chorashan
1107	歌羅西	Colosse
1108	赫(人)	Hittites

十五劃及以上

1109	瑾鎖	Gimzo
1110	摩弗	Moph
1111-1	摩利(橡樹)	Moreh
1111-2	摩利(崗)	Moreh
1112-1	摩押(人,國)	Moab
1112-2	摩押(平原)	Moab
1112-3	摩押(城)	Moab
1113	摩撒	Mozah
1114	摩西拉	Mosera

1115	摩西錄	Moseroth
1116	摩利亞	Moriah
1117	摩利沙(人)	Moresheth
1118	摩拉大	Moladah
1119	摩利設迦特	Moresheth-gath
1120	播薛	Bozez
1121	撒分	Zaphon
1122	撒立	Sarid
1123-1	撒冷	Salem
1123-1	撒冷	Salim
1124	撒狄	Sardis
1125	撒南	Zaanan
1126-1	撒們(山)	Zalmom
1126-2	撒們	Zalmom
1127	撒迦	Salcah
1128	撒烈(溪)	Zered
1129	撒益	Zair
1130	撒摩(島)	Samos
1131	撒弗他(地)	Sabtah
1132	撒利但	Zaredah
1133	撒拉米	Salamis
1134	撒拉但	Zaretan
1135-1	撒挪亞	Zanoah
1135-2	撒挪亞	Zanoah
1136	撒拿音	Zaanannim
1137	撒勒法	Zarephatn
1138	撒摩尼(島)	Salmone
1139	撒摩拿	Zalmonah
1140	撒弗提迦(地)	Sabtechah
1141	撒拉他拿	Zaretan
1142	撒瑪利亞(城,地)	Samaria
1143	撒摩特喇(島)	Samothrace
1144	德拉(地)	Diklah
1145	魯希	Luhith
1146	魯瑪	Rumah
1147	錫安(山)	Zion
1148	橄欖(山)	Olives
1149	默瑪	Michmas
1150	撻馬太(地)	Dalmatia
1151	賽耳底(灘)	Syrtis
1152-1	隱干寧	En-gannim
1152-2	隱干寧	En-gannim
1153	隱示麥	En-shemesh
1154	隱多珥	En-dor
1155	隱哈大	En-haddah
1156	隱夏瑣	En-hazor
1157-1	隱基底	En-gedi

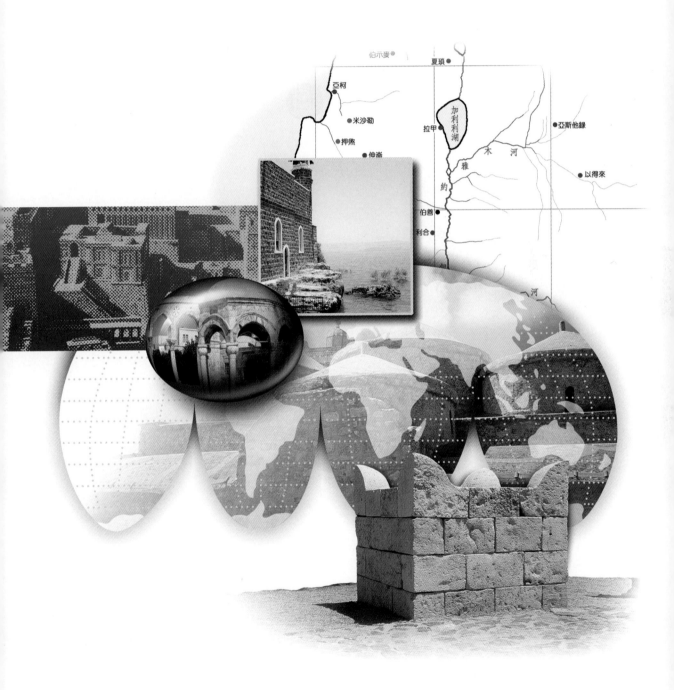

伯示麥 ● 　　　　　夏瑣 ●

亞柯 ●

● 米沙勒 　　　　　拉甲 ● 加利利湖 　　● 亞斯他錄

押煞 ●

● 伸崙 　　　　　　雅 木 河

約

伯善 ●

利合 ●

河

地圖與解說

使用說明

此一地圖集是按聖經的次序排列，共有一百二十幅地圖，每幅圖

的左上角為地圖名稱，右下角為地圖編號，亦即光碟之檔號，附有地圖

索引，可資使用。每幅圖敘述一段包含有地名在內的歷史，可說是「地

理中有歷史、歷史中有地理」，每卷書的圖又分成數幅，如約書亞記有

十一幅圖，分別編成書圖一、書圖二等。在書圖一中敘述的是第二章到

第十章，內容是約書亞從什亭差遣探子窺探耶利哥、攻取耶利哥、艾城

直到占領南方諸地。至於地圖的用法，請參見圖示說明。

　　每幅地圖均附有解說，解說又分兩部份，前面的是詳列記載每件

事的起迄聖經章節，以及內容的摘要。在前面標有數字的，是表示在地

圖上相應所繪的行動路線。接著的一部份則是時代的背景和一些相關的

資料。

　　為豐富本書史地之特色，此部份加入一些聖地相關圖片，並特別

延聘專業人士全面經電腦影像合成處理，作為版面上的藝術陪襯，僅供

欣賞參考，圖說見附錄三，若有未竟完美之感，希請原諒。

經緯線：垂直的直線是經線，水平的直線是緯線。經線以A、B、C等分區。並寫在圖的上下方。緯線以 1、2、3、等分區，並寫在左右兩側。在索引的第七欄註有A1、B34、CD5、EG69，是表示其位置。A1多指出一個城鎮位於該一方塊的區內。其他三種則是說明地區和海洋、河流的位置，例如EG69所表示的是該地區是包括了從 E、F、G及 6，7，8，9這一個大方塊內的地區。

城鎮：以小圓點表示，紅色的是代表該圖所敘述的經文中提到的城鎮，深藍色表示經文中未有者。其他不同顏色圓點所代表者，均在各圖中分別註明。圓點旁的字，即是該城的城名。括號內的則是它另外的一個名字。

山峰：用紅色小三角形代表，旁邊註山名。

山脈：用黑色的字涵蓋其大約的位置。

海洋和湖泊：以黑色粗線與陸地分隔，並用淺藍色表示海水和湖水。海和湖的名字都用藍色字註在其內。

河流：用深藍的曲線表示，旁邊註有藍色的河名。

溪谷：常年乾涸，只有在豪雨之時才有水之旱溪，用青色的線表示。線側藍色字是該溪谷之名。

 **地區**：盡量以不同色的色塊區分，有時亦用
黑色虛線劃分，各區地的區名都用
紫色隸書體註在區域之內。

 **行動線**：用不同色的粗線表示，箭頭表示行動
的終點，另一端則是起點，兩頭都有箭頭的表示往
返。粗線旁繪有連接著寫有數字的圓圈的細線箭
頭，圓圈內的數字與說明中數字相應。

 說明指示箭頭：用一個標有數字的圓圈加一個粗線的箭頭，
來表示在一地所發生的事情，數字和說明中
的數相應，箭頭處則是事情發生之位置。

 指示箭頭細線：凡無足夠空間可寫的地名，則用箭頭和細線
來補助，箭頭處表示地之位置，線的起點則
寫有地名。

 **里程比例尺**：按各地圖的比例而繪，單位均用公尺、公里和
百公里。

 指北線：箭頭所指的，即是該一地圖中北方的方向。

※其他特別的符號，則分別在各圖中註明。

地圖解說

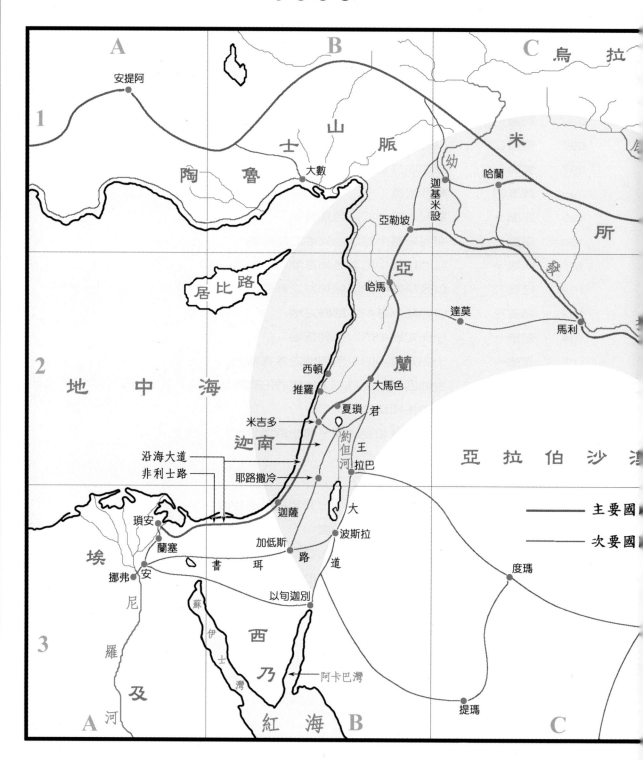

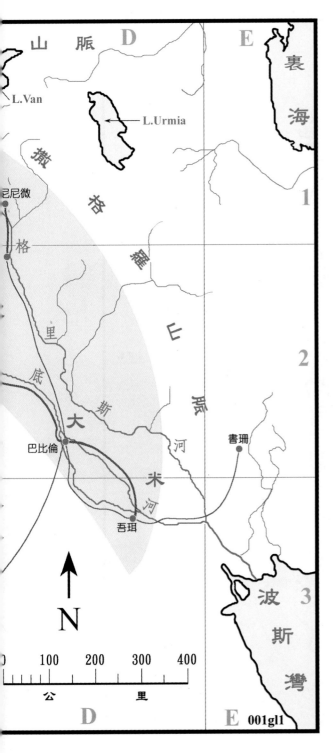

地 圖 解 說

〈總圖一〉迦南的地理位置和古代對外交通

聖經中所敘述的歷史，約有數千年之久，所包括的地區也非常的廣大，東是起自現今的伊朗，西到西班牙，其間計有中東、西亞、北非和南歐。這一片廣大地區的中心就是以色列，舊約的世界常用「肥沃月灣」來表示，就是圖中黃色的地區，這片新月形的土地，東部和中間是兩河流域，即聖經中的米所波大米，西端是現今的以色列，就是舊約中的迦南地。舊約另一個常提到的國家就是埃及，它在迦南地的西南方，只隔著西乃半島的沙漠地帶。

早在四、五千年以前，世界上已有兩大古文明分別在埃及和兩河流域產生，迦南地儼然的成為他們往來的通道和文化匯合之地。因為埃及北方是大海，其他三面都是廣大的沙漠，只有東北角可沿著海岸線，經由迦南地通往兩河流域。在兩河流域方面，在它的北方和東方有撒格羅、烏拉圖和陶魯士三大山脈相連接，在東南則有波斯灣；在南還有亞拉伯大沙漠，這些都妨礙他們向外發展，所以迦南地也是他們的唯一通往埃及之路。處在這樣的地理位置，使得迦南地的民族眾多、文化高、宗教混雜，也使得迦南地自古就成為商務的要道，軍事和政治的要衝，在歷史上扮演了重要的角色，是列強必爭之地，至今仍是如此。

以今日的眼光來看，遠古時代的大道，都是十分的簡陋，可說是人畜所走出來的。人們選擇平順而險阻少之處，隨時清除障礙，走的時間長了，就成小路，用的人多了就成了大道，這是一種很自然的現象。古代迦南地區對內和對外的道路網已無遺跡可考，本圖則是就聖經上之記載參考地理情形而繪，故並不準確，只能供作參考之用。

迦南地主要對外的一條道路稱為主幹道，大部份路線是沿地中海東岸而行，故又稱「沿海大道」(Via Maris)，是起自埃及東北的大城瑣安，沿海岸通到迦薩，這一段路在〈創世記〉中稱為非利士的路。再由迦薩沿海岸北上經米吉多和夏瑣通往大馬色，再由大馬色經哈馬到亞勒坡，然後轉向東，沿幼發拉底河經馬利和巴比倫到達吾珥。

另外一條主幹道稱為「君王大道」(The King's Highway)，是起自阿卡巴灣的以旬迦別，往北經西珥山區、波斯拉、吉珥哈列設、底本、希實本、拉巴、基列拉末等，到大馬色後即銜接大幹道去吾珥。君王大道在死海以南，又有兩條大道自埃及的

49

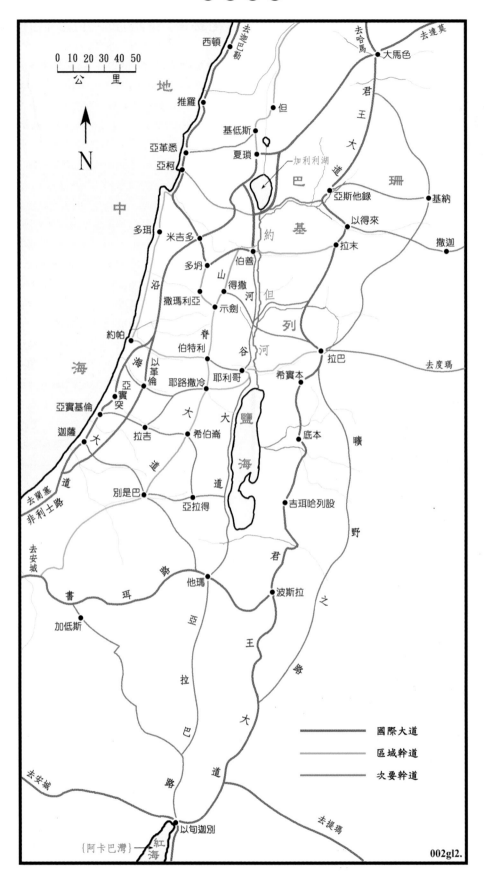

002gl2.

地圖解說

安城通來連接，其一是從波斯拉經加低斯去安城，稱爲書珥路；另一條從以旬迦別去安城。

沿著腓尼基的海岸，也有一條國際大道，南起自米吉多，往北可到小亞細亞。

迦南地的海岸平直，沒有好的港灣，所以海上的交通微不足道。在聖經中只提到在所羅門王的時代中，曾由利巴嫩將木料紮成的筏子，浮海運到約帕。另外尚有南方阿卡巴灣的以旬迦別和以祿兩個港口，可以作遠洋的航行。但是在腓尼基卻有推羅和西頓兩個良好的港口，可停泊大型船隻，可以航行遠達地中海各重要港口。

其他有關之道路請參看圖，不再用文字介紹。

〈總圖二〉古代迦南地之範圍和交通情形

上帝所賜給亞伯拉罕和他的後裔之地，稱爲應許之地，在聖經中多次提到，但是有好幾種不同的範圍，詳細的情形請參看「地名詳解0797」條的說明。只是每個不同的範圍中，都包括了內約但，即是約但河和地中海、利巴嫩和埃及小河間的地區，這塊地可說才是迦南地的主要部分。迦南地在以色列人佔領之後(1406 BC)，改稱以色列地，待猶大覆亡之後(586 BC)，逐漸改稱爲巴勒斯坦，到以色列復國之後(1948)又稱爲以色列。以色列國和巴勒斯坦所指之地，約與迦南地之主要部份相若。

本圖和以下三幅圖中所說明的範圍，都是按以色列人進迦南後，十二個支派所分得之地爲主，約是約但河兩岸之地，西界地中海，東界阿拉伯沙漠，北界利巴嫩和敘利亞，南界埃及小河、以東、摩押。由於迦南地與摩押，亞捫和以東地等地的關係密切，所以也一併說明。

迦南地有兩條國際大道通過，一條是沿海大道，一條是君王大道，分別在東西兩側，已經在〈總圖一〉中說明。此外最重要的就是南北向的山脊大道，是行經中央山脈山脊上的各大城市的大路，北起至伯善，經得撒、示劍、示羅、伯特利、耶路撒冷、希伯崙直到別是巴，再往西南行與通往埃及的書珥路相連，在這條路上發生許多的大事，所以重要性相對地提高。

耶路撒冷城是一個重要的交通樞紐，南北向有山脊大道通過，東向的大路經耶利哥渡約但河後通往拉巴，連接君王大道，是連接外約但地區的主要通道之一。向西北的大路可達約帕，使約帕成爲耶路撒冷的港口，西南向的大道可達非利士地，是條重要的軍事道路。

米吉多是另一個重要軍事重鎮，除沿海大道通過之外，尚有另一大道從亞柯灣沿基順河而來，再往東經伯善，渡約但河到基列和巴珊，也是一條重要的橫向的大道。而且這條大道在亞柯灣連接沿海自約帕來的大道，再沿海岸北上經亞柯、推羅、西頓、迦巴勒，可通往小亞細亞，這也是一條重要的國際大道。

在山脊大道上的示劍也是一個交通重鎮，向東經撒瑪利亞和沿海大道衛接，向東沿法瑞阿河渡過約但河後，向東沿雅博河與君王大道連接。在雅博河沿岸有許多重要的城市，如疏割、毘努伊勒、瑪哈念等。向東南可達拉巴，這也是一條重要的橫向通道。

別是巴是南部重鎮，是山脊大道的起點，又有橫向的大道西通迦薩，向西經亞拉得通往死海和摩押，向南可到他瑪。

從以旬迦別經他瑪往北有一條可稱爲河谷大道的，是沿死海和約但河的西岸，經耶利哥、伯善、夏瑣通往哈馬，特別是伯善以北的一段最爲重要，可視爲國際大道。

地圖解說

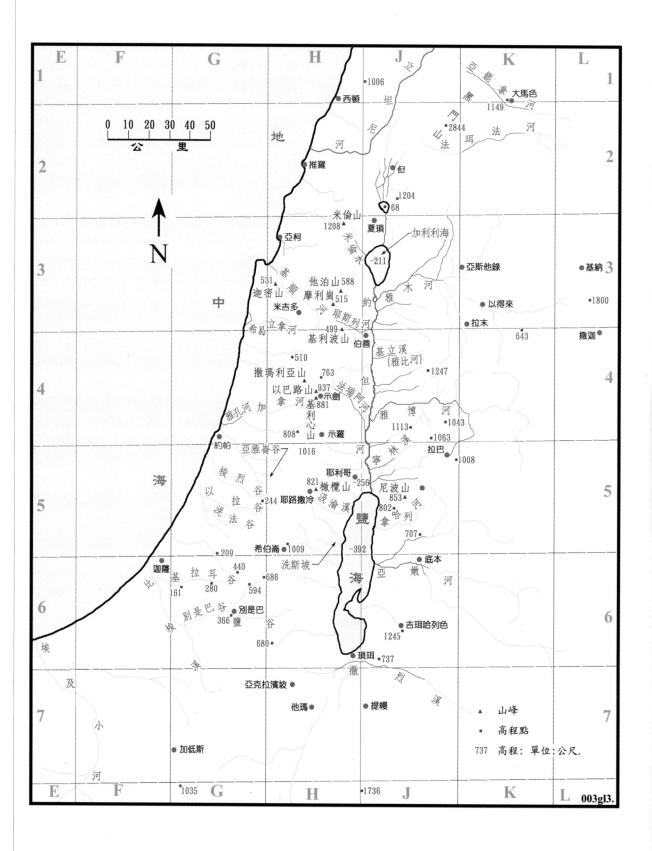

地 圖 解 說

〈總圖三〉迦南地的山峰和河流

約但河西或內約但(Cis-Jordan)的地形，雖然有山地、盆地和平原之分，但整體來說，仍然是中央高、東西兩側低的情形，故沿中心線之狹長地區可稱之為中央山地，也是內約但的分水嶺。西側的雨水就從東向西流入地中海，東側的水則向東流入約但河谷。只是這個地區內，可說都是常年乾旱的乾溪，只有在下大雨的時候才偶而有流水。

約但河東或外約但(Trans-Jordan)的河流則都是自東向西流入約但河。其東是沙漠地帶。此一地區內有三條常年有水流的小河，還有四、五條經常有水的小溪，注入的水約占約但河的四分之一。

聖經中所稱之河、溪和谷是很難明確的區分，因為迦南地地形陡竣，河流短而水流湍急，有些常年有水，可稱為河，希伯來文稱Nahar。但是有些在旱季或常年都是乾涸的，只有在大雨時才會有流水，所以只能稱為谷或旱溪，阿拉伯文稱窪底(Wadi)，希伯來文稱Nahal。在本書的各圖中，均是以深藍色實線代表常年有流水的江河，以淺藍色的細線代表窪底，即是溪和谷等旱溪。

又本書中之各圖所繪，多是根據現況繪成，與遠古之實況難免有些差異。

迦南地地面的高差起伏極大，而本書之各地圖都很小，所以很難用等高線或顏色來表示地面之高低情形，因此就省略不畫，為補其不足，就詳細的畫出河流和溪谷的位置，如此不但可以大致的了解地形的變化，也可作為城鎮等位置參考用的地標。

圖中繪有聖經中所提到的諸山峰和河流，另以紅點表示該一位置和山峰的高度(公尺)。

各山峰之詳細資料請按下表中所列的說明編號參看「地名詳解」部份中的說明：

名　稱	位置	高度(公尺)	說明編號
黑門山	J2	2,844	1038
米倫山	H3	1,208	
迦密山	H3	531	0802-2
他泊山	H3	588	0093-1
摩利岡	H3	515	1111-2
基利波山	H3	499	0949
撒瑪利亞山	H4		1142-1
以巴路山	H4	937	0130
基利心山	H4	881	0948
橄欖山	H5	821	1148
尼波山	J5	853	0187-1

迦南地最大的河流是約但河,是約但裂谷的一部份,約但裂谷是迦南地的一個重要地區,包括有加利利湖和死海等,其詳細資料請參看說明第0768條,其他各河谷之詳細資料請按照下表中所列的說明編號參看「地名詳解」中的說明：

區域編號	名稱	位置	說明編號
A1	立坦尼河	HJ12	
A2	基順河	H3	0907
A3	希曷立納河	GH3	0448
A4	雅孔河	G4	
A5	加拿河	GH4	0168-1
A6	亞雅崙谷	GH5	0550-3
A7	梭烈谷	G5	0976
A8	以拉谷	G5	0112
A9	洗法谷	G5	0749-2
A10	比梭溪	FG6	0070
A11	基拉耳谷	G6	0940
A12	別是巴谷	G6	0070
A13	鹽谷	GH6	1179
A14	埃及小河	EF67	0835-2

區域編號	名稱	位置	說明編號
B1	米倫水	H3	0266-1
B2	耶斯列河	H3	0789-3
B3	法瑞阿河	HJ4	
B4	汲淪溪	H5	0471
B5	洗斯坡	H5	0752
C1	約但河	J25	0768
D1	亞罷拿河	K12	0560
D2	法珥法河	JK2	0662
D3	雅木河	JK3	
D4	基立溪(雅比河)	J4	0901
D5	雅博河	JK4	1023
D6	寧林溪	J5	1059
D7	拿哈列河	J5	0851
D8	亞嫩河	JK56	0509
D9	撒烈溪	HJ7	1128

地圖解說

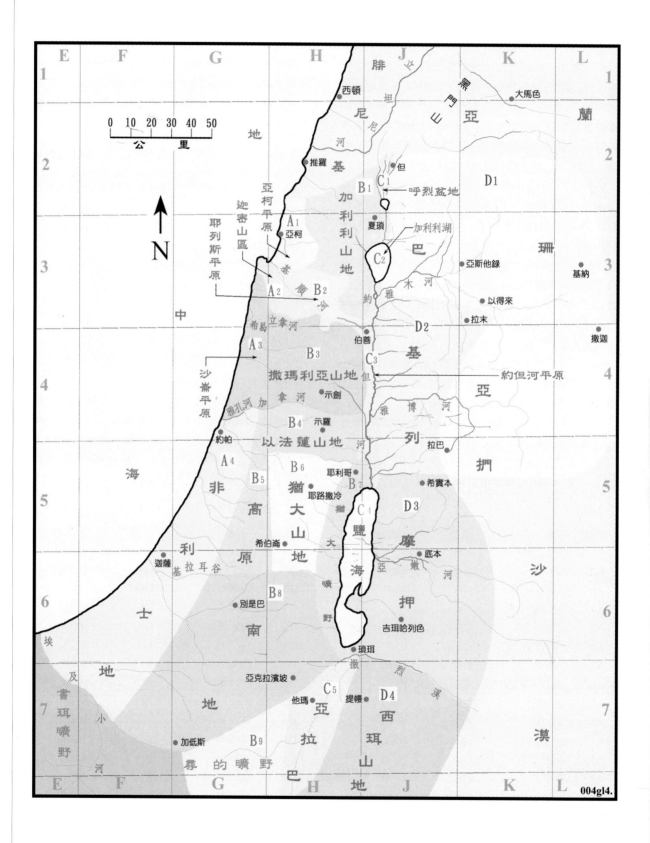

〈總圖四〉迦南地的自然區域

區域的劃分有自然地區和行政地區兩種，本圖中所繪的是自然地區，是按照聖經所提到的名稱和它的含意劃分，所以並不完全符合按自然地理區分的原則。但是如果是以查考聖經歷史為目的，相信是會較為直接和貼切的。

行政地區中常見到的是十二支派的疆域，請參考〈書圖十一〉。

自然區域的名字很多與政治區域的名字相同，但範圍常有差異，請加以注意。

本圖之大分區是從西向東，依次為沿海平原、中央山地、約但河裂谷和東部山地。然後由上往下排列，並請按下表中所列的說明編號參看「地名詳解」中的說明：

區域編號	名稱	位置	說明編號	區域編號	名稱	位置	說明編號
A1	亞柯平原	H23	0491-2	B9	尋的曠野	GJ78	0993
A2	迦密山區	GH34	0802-2	C1	呼烈盆地(上亞拉巴)	J23	0786之一
A3	沙崙平原	G34	0460-1	C2	加利利湖	J3	0171-1
A4	非利士地	EG57	0676-1	C3	約但河平原(中亞拉巴)	J35	0768之三
B1	加利利山地	HJ23	0171-2	C4	鹽海(死海、亞拉巴海)	HJ56	1180
B2	耶斯列平原及耶斯列谷	HJ34	0789-3	C5	亞拉巴(南亞拉巴)	H78	0536-4
B3	撒瑪利亞山地	H4	1142之二	D1	巴珊	JL23	0032
B4	以法蓮山地	H45	0142-4	D2	基列	JK35	0904-1
B5	高原(示非拉)	G56	1182	D3	摩押	JK56	1112-1
B6	猶大山地(猶太山地)	GH56	1010之三	D4	西珥山地	J78	0311-1
B7	猶大曠野(猶太曠野)	H56	1010之四	D5	亞捫	KL45	0494
B8	南地	FH67	0691				

地圖解說

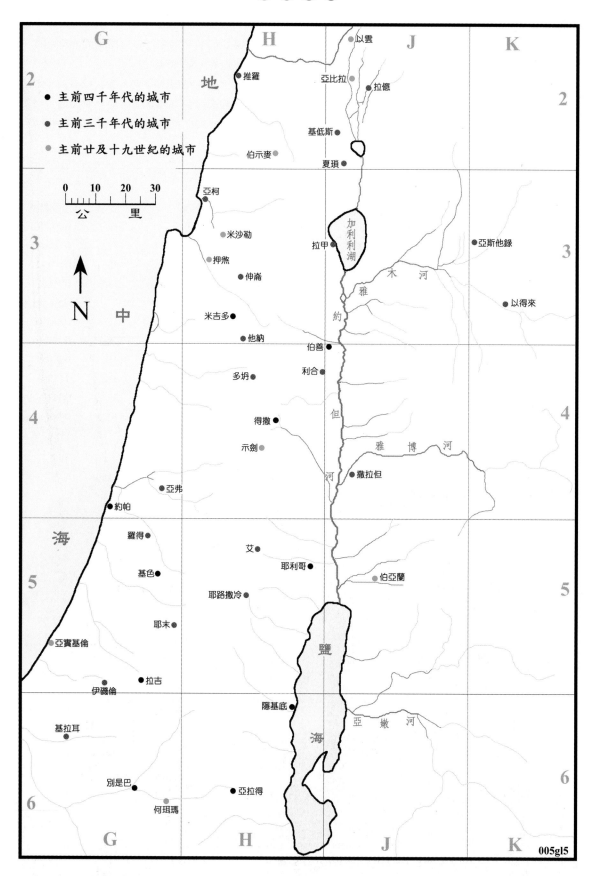

地圖解說

〈總圖五〉迦南地遠古的大城邦

　　因為迦南地處於埃及和兩河流域這兩大古文明發源地之間，又是兩者之間的往來唯一必經之路，所以就成了兩大文明的匯合處，故其文化的水準很高，很早就有了好一些大的城鎮。從近代考古所發現有關文件之記載，諸如許多的碑銘、泥版、埃及的咒文陶器碎片等，得以知道迦南地在主前三、四千年代中許多城邦的名字。再經考古學者不斷實地的發掘，都定出了它們現今的位置，也證明了在該地所發生的事。根據在耶利哥城的考古發現，早在一萬年以前，耶利哥人就已經從游牧進化到定居的農業社會了，在主前九千年代已是一個典型石器時代的城市。

　　本圖將聖經中提及的一些城市繪出，但聖經中未有記載的、而且也沒有關係的，就都省略未繪。

　　這些城市都是由小聚落發展而成，其位置多選在安全、容易取得水和食物之處，如果交通方便，更能控制鄰近地區，則會發展成為商業中心或是軍事要衝。在一、二千年的歷史中，這些城市或因天災或因戰爭而一再被毀，日後則在其廢墟上一再重建，層層重疊的結果，往往就成了一個高出地面甚多的土堆，希伯來文稱其為Tel，是最佳的考古素材。從每層的遺物中，特別是陶器碎片、骨骸和金屬等不易腐蝕之物，就可以推測到其存在的年代和人民生活的情形。近代考古學不斷的發現許多聖經中所提及的城市，就證實聖經之記載正確無誤。

　　在聖經中所謂的城，除了幾個大城如尼尼微、巴比倫、夏瑣、米吉多等之外，其規模都很小，往往只有數千或數百居民。此外還有一些只是一座碉堡、一塊石頭或一個水泉等類的地標，有的只是一處暫時停留的營地等等，在聖經中都給了一個地名，所以在本書中，城鎮的標示，都只用一個圓點表示，請仔細分辨。各地名的詳細資料，請按照下表中所列的說明編號參看「地名詳解」中的說明：

主前四千年代的城市		主前三千年代的城市		主前三千年代的城市		二十及十九世紀的城市	
米吉多	0272-1	推羅	0973	多坍	0252	以雲	0123
伯善	0337	拉億	0643	利合	0401-4	亞比拉	0520
得撒	0971	基低斯	0935-1	撒拉但	1134	伯示麥	0344-3
約帕	0770	夏瑣	839-4	羅得	1169	米沙勒	0277
基色	0903-1	亞柯	0491-1	耶末	0780-1	押煞	0329
耶利哥	0785	拉甲	0635	艾	0299	示劍	0216
拉吉	0637	伸崙	0383	耶路撒冷	0790	亞實基倫	0586
隱基底	1157-1	他納	0096	伊磯倫	0233	伯亞蘭	0352
別是巴	0398	亞斯他錄	0584	基拉耳	0940	何珥瑪	0395
亞拉得	0534	以得來	0145-1				
		亞弗	0482-1				

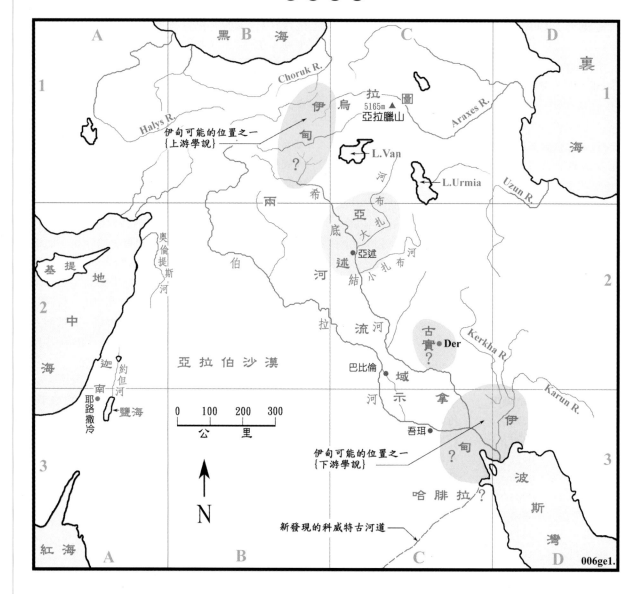

〈創圖一〉伊甸和洪水前之地

* 創 2:8～15，3:23

  耶和華神在東方伊甸立了一個園子，把人安置在那裡。神因亞當犯罪，就把他們趕出園子。

* 創 4:16～17

  該隱被趕走，去住在東方的挪得之地，又為子建以諾城。

* 創 6:13～8:4

  挪亞建方舟，洪水後，方舟停留在亞拉臘山上。

　伊甸和園子的位置，至今仍是一個未能解決的問題。在創世記二章十至十四節中，共用了七個地名

來說明，只是在古代和現今的地圖中都未能找到一處能完全符合聖經條件的地方來，其原因可能是洪水已經改變了原有的地形，因此也就已超過了我們所能研究的範圍，為了找出伊甸究竟是在何處，長久以來已有著眾說紛紜的意見，有人說是在現今的兩河流域，也有的說是在衣索比亞，或是在北極、北非、印度、北美等地方，但是都不能完全符合聖經的條件。

　現今在傳統上則接受是在兩河流域的某一處，可能在它的發源地，也可能是其下游出海之處。這可以從英文聖經上看出來，因為主要的英文聖經譯本把伯拉河譯成幼發拉底河，把希底結河譯成底格里斯河，由這兩條河形成的兩河流域，就是聖經上的

米所波大米，是人類最古老的文明發源地之一，這是無可質疑的事。此外除了亞述是眾所周知的文明古國之外，其他的四個地名則無答案。所以這種說法雖然仍很牽強，也不能完全符合聖經，但是要比其他的理論合理得多。至於它是在兩河流域的上游或是下游？各自的理由如下：

1. 上游說：即是兩條大河的發源地，位於北方的亞拉臘山和烏拉圖地區之西，其地是這兩條大河和另兩條較小河流的源頭，一條是 Araxes River，向東流入裡海；另一條是 Choruk River，向北流入黑海。

2. 下游說：即是兩條大河的匯合和入海之處，位於波斯灣的北岸，就是古時的示拿和蘇美地區。除了兩大河之外，還有一條是是發源於撒格羅山脈的 Karun River，也是流入波斯灣；另一條也是發源於撒格羅山脈，名叫 Kerkha River，但它是消失在底格里斯河以東的平原中。在數年以前，又在阿拉伯的中部又發現了一條六千年以前的古代水道，它發源自沙烏地，自東南部漢志山區北流了約 850 公里，在科威特的附近入海，因為那裡是哈腓拉可能的所在地，所以此一已消失了的古河道，很可能就是環繞哈腓拉全地的比遜河，但仍有待進一步的查考。

挪得之地和該隱所建之以諾城，均在伊甸園之東，其位置亦因伊甸之位置未能確定而不明。

在傳統上，學者都認同現今土耳其東北方的亞拉臘山就是聖經中的亞拉臘山，峰高5165公尺，山頂終年積雪，很難接近，故至今都未能有正式的考古行動，但是它的位置和高度尚稱符合聖經之條件。此外也有很多非正式的記錄，敘述在山中等地所見到可能是方舟的物體，都有待考古學家去證實。

〈創圖二〉挪亞後代的國族圖(參下頁)

* 創 10:2～4　　雅弗的後代。
* 創 10:6～14　　含的後代。
* 創 10:8～12　　寧錄所建之城。(見圖 B)
* 創 10:15～19　迦南的後代。(見圖 A)
* 創 10:21～30　閃的後代。
* 創 11:1～9　　建巴別城和塔。(見圖 B)

創世記十章五節提到這些人(挪亞的子孫)的後裔，各自按宗族立國，分開居住，各隨各的方言，因此創世記第十章就是一個最早的國族名單，名單中包括有人名、城市、民族、地區和國家等，只是定義並不明顯。按理說，我們可以按照此一名單繪出一張當時國族完整的地圖來，但是由於資料的不全，經整理後所繪出的圖僅能作參考之用。資料不足的原因很多，除了聖經本身對各地區的分界並沒有任何的說明之外，大部份名字只出現過一次，考證困難。而且國族長期以來的消長和遷徙，也都缺乏記錄所致。本圖則是參考 The Moody Atlas of Bible Lands 和 Baker's Bible Atlas 兩書中之圖，以及其他書籍之說明所繪製，雖然已盡可能的收集資料，但圖中存疑之處仍甚多。

挪亞的三個兒子各成一個大族，他們分佈的情形是不很規則，但是根據傳統的說法，我們可以有一個概略的觀念，就是以耶路撒冷為中心，向北、向東和向西南各劃一個圓弧，各族各佔有一個圓弧內之地。雅弗的後裔是定居在黑海和裡【因中文系統之故，本書內文全部採用此字】海的附近，再向西延伸到西班牙，就是圖中黃色圓弧以北的地區，所以希臘人、印歐語系的人和其他相關的族系，都是從雅弗而來。含的三個兒子則是移往非洲和阿拉伯半島的東部，包括地中海東岸的迦南地，即是紅色圓弧向西南所包圍的地區，唯有寧錄一支則分散到示拿和亞述等地。閃和他的後裔則定居在兩河流域、阿拉伯半島和裡海南方，就是綠色圓弧以東的地區。

本圖所示各族之位置，僅表示各族的發源地，並未包括以後的情形，因為民族會擴張、遷移或是消滅，所以在後面的一些地圖中，有些民族的位置會與此圖有所不同。

巴別城即是日後的巴比倫城，塔應是建在城內。

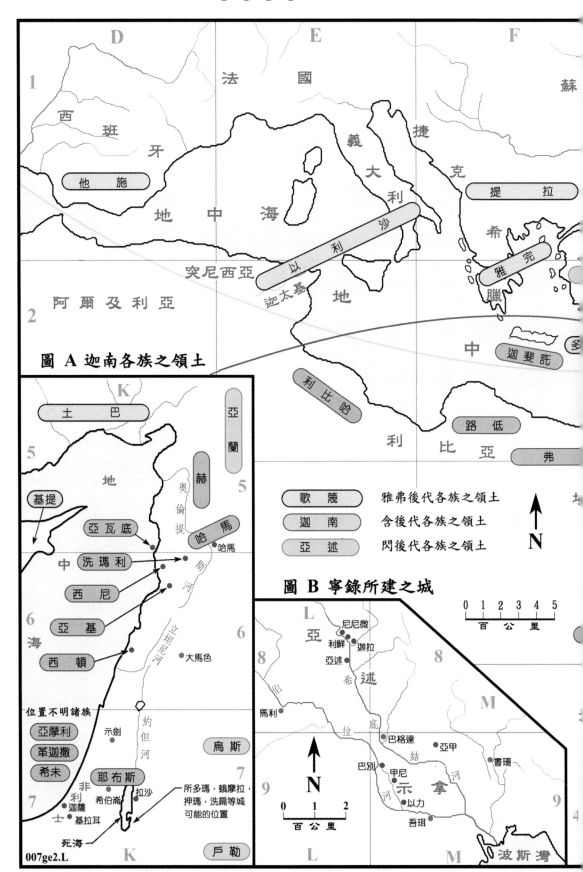

圖 A 迦南各族之領土

D
1　法　國
　西　班　牙
　　　　地　中　海
　　　　　　　　以利沙
他　施
E　義大利　捷克　F　蘇
　　　　　　　　　　提　拉
　　　　　　　　　　　　希　雅　完
　　　突尼西亞　迦太基　　　　臘
2　阿爾及利亞　　　　　地　　　　　　多
　　　　　　　　　　　　中　迦斐託
　　　利比哈
利　比　亞　路　低
　　　　　　　　　　　　弗

K
土　巴
　　　　亞蘭
地
　　　赫
基提
　　亞瓦底
洗瑪利　　哈馬　哈馬
中　西尼
亞基
西頓　　大馬色
5
6
海

位置不明諸族
亞摩利　示劍
革迦撒
希未　耶布斯
非利士　迦薩
　基拉耳　希伯崙　拉沙
死海
K

約但河
烏斯
所多瑪，蛾摩拉，
押瑪，洗扁等城
可能的位置
戶勒
7

歌篾　雅弗後代各族之領土
迦南　含後代各族之領土
亞述　閃後代各族之領土

N

圖 B 寧錄所建之城

L　亞
尼尼微
利鮮　迦拉
亞述
希　述
馬利　底
巴格達　亞甲
格　結　書珊
巴別　河　拿
甲尼　示
以力
吾珥
M
波斯灣

0 1 2 3 4 5
百　公　里

N
0　1　2
百　公　里

007ge2.L

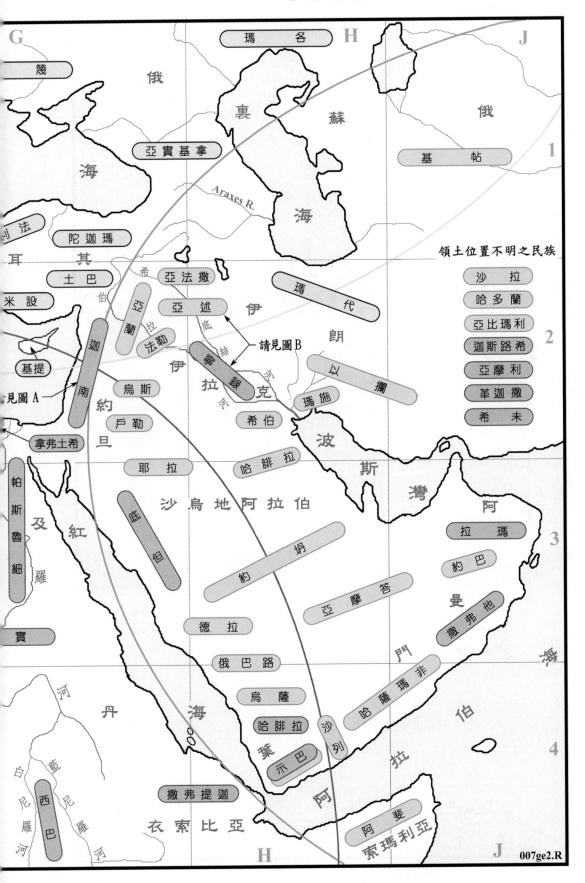

G

瑪　各　　　　　H　　　　　　　　　J

簽

俄

裏

蘇

俄

亞實基拿

基　帖　　　1

海

Araxes R.

海

領土位置不明之民族

法

陀迦瑪

沙　拉

耳其

哈多蘭

亞法撒

土巴

亞比瑪利

米設

亞蘭

亞述

瑪　代

迦斯路希　　2

基提

法勒

伊

朗

亞摩利

見圖A

請見圖B

以

攔

革迦撒

拿弗土希

烏斯

希　未

約

戶勒

瑪施

旦

希伯

帕斯魯細

耶拉

哈腓拉

波

阿

拉　瑪

及

沙烏地阿拉伯

斯

3

實

底

瑪施

灣

約巴

曼弗他

約　坍

撒弗他

德拉

亞摩答

哈薩瑪非

俄巴路

門

阿

海

烏薩

拉

伯

哈腓拉

沙列

丹

示巴

西巴

撒弗提迦

衣索比亞

阿斐

索瑪利亞

H

J

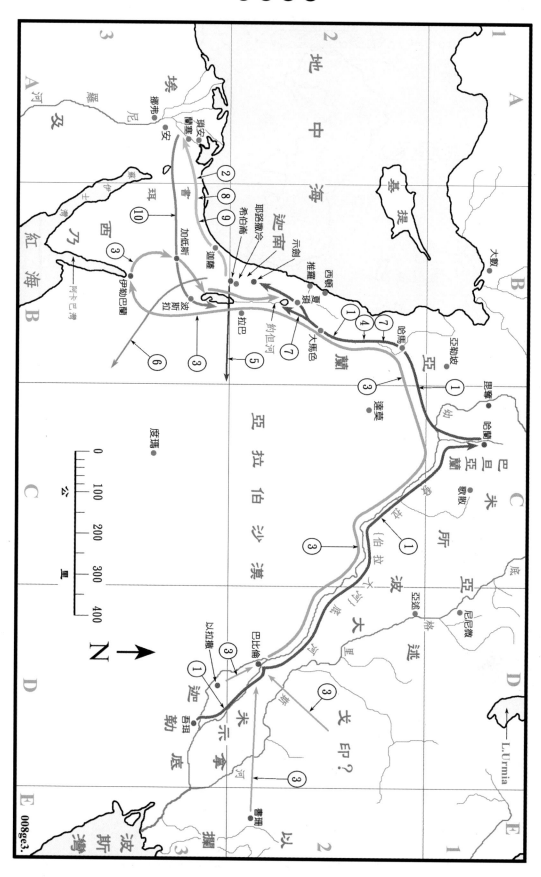

〈創圖三〉族長們在迦南地以外之活動
(2100～1805BC約300年)

1. 創 11:27～12:9
   亞伯蘭離開吾珥去哈蘭，再去迦南。
   (參看創圖四)

2. 創 12:10～13:3
   亞伯拉罕去埃及再回迦南。(參看創圖四)

3. 創 14:1～5
   北方四王攻打南方五王。(參看創圖六)

4. 創 24 章
   亞伯拉罕差人到米所波大米為以撒娶妻。
   (參看創圖八)

5. 創 25:6
   亞伯拉罕打發他的六個庶子往東方去居住。

6. 創 25:17～18
   以實瑪利後裔的住處。

7. 創 27:43～31:21
   雅各去哈蘭後攜眷返。(參看創圖九)

8. 創 37:12～28
   約瑟被賣至埃及。(參看創圖十一)

* 創 39 章至 41
   約瑟在埃及，受到法老王的重用。

* 創 42:1～45:15
   迦南地因饑荒，雅各令兒子們去埃及糴糧，
   在埃及與約瑟重逢。

9. 創 46:1～47:12
   雅各全家到埃及，受法老的厚待。
   (參看創圖十一)

* 創 47:27
   以色列人住在埃及的歌珊地，他們在那裡置
   了產業，並且生養眾多。

10. 創 50 章
    雅各遺體運回希伯崙。(參看創圖十一)

　　本圖將創世記內族長們在迦南地以外活動的地點繪出，主要有迦勒底、哈蘭和埃及。 吾珥是一個早在 5000BC 以前就已存在的文明古城，也是示拿地的政治、文化、宗教和貿易的中心，其文化水準在其他各地之上，當亞伯蘭離開之時，約是 2100BC，正是吾珥王朝和蘇美文化最鼎盛的時期，所以要離開這種最繁榮之地，而去落後地區，的確是一個很大的犧牲，也要有極為大的信心和勇氣。

　　亞伯蘭一家人，可能是沿著幼發拉底河西岸的商業大道前往迦南，沿途經過巴比倫城、利馬、哈蘭和大馬色等大都市，旅程約在1600公里以上，在當時的交通條件下，雖然是分為兩段，但仍然不是一件輕易的事。

　　當時的埃及，大約是在第一居間期(2200～2000BC)，它的首都可能是在孟斐斯或是安城，其中央政府的權勢正日漸衰退，但仍然對迦南地保有相當的控制力。到了中王國(2000～1780BC)第十二王朝時，再度興起一個強有力的中央政府，分別建都在底比斯和孟斐斯，對外與赫帝國和亞蘭爭雄，其勢力直達敘利亞，迦南地也包括在內。

　　北方四王攻打南方五王的故事，也顯示了當時米所波大米地區和迦南地之間的關係，雖然兩者相隔有兩千餘公里之遠，但卻已有了頻繁的商業和軍事的活動，也顯示了當時的一些國際關係的模式。

地圖解說

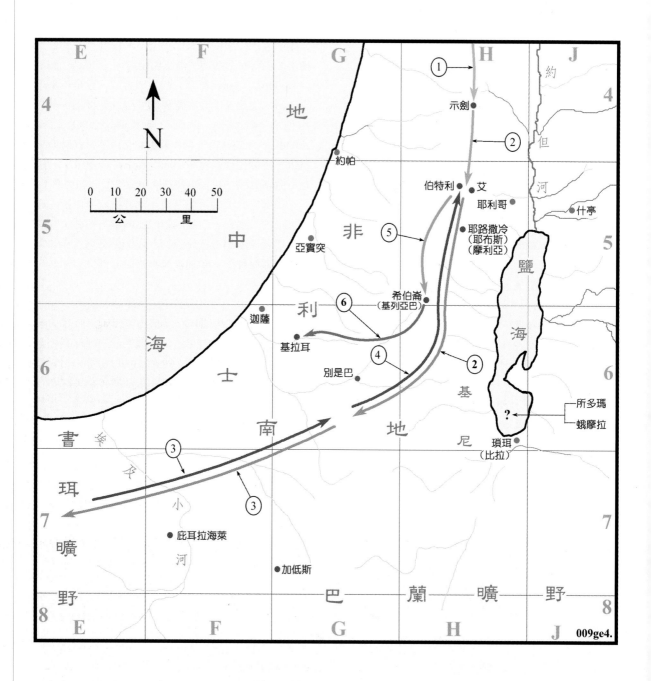

〈創圖四〉亞伯拉罕的生平
(2091～1991BC)

1. 創 12:5
   亞伯蘭從吾珥經哈蘭到迦南。(參看創圖三)

2. 創 12:6～9
   先到了示劍，再到伯特利和艾的中間，又漸遷往南地去。

3. 創 12:10～13:1
   因饑荒就去埃及，不久再回南地。
   (參看創圖三)

4. 創 13:3～13
   又漸遷往伯特利，在伯特利時羅得離去。
   (參看創圖五)

5. 創 13:18
   亞伯蘭回希伯崙居住。

* 創 14:13～24
   亞伯蘭追擊北方四王，將羅得救回。
   (參看創圖六)

* 創 16:15～16
   夏甲生以實瑪利。(參創圖七)

* 創 17:1～21
   耶和華與亞伯蘭立約，令他改名叫亞伯拉罕，撒萊改名叫撒拉，並應許他們生一個兒子。

* 創 18:1～15
   亞伯拉罕接待三個天使，天使預言次年撒拉必生一子。

* 創 18:16～33
   天使奉命要毀滅所多瑪等城,亞伯拉罕為他們祈求。(參看創圖五)

6. 創 20 章
   亞伯拉罕遷往基拉耳。

* 創 21:2～4
   生以撒。(參看創圖八)

* 創 21:14
   夏甲和以實瑪利被逐。(參看創圖七)

* 創 21:22～34
   亞伯拉罕與亞比米勒立約。

* 創 22:1～20
   神試驗亞伯拉罕，在摩利亞獻以撒為燔祭。
   (參看創圖八)

* 創 23 章
   撒拉去世，葬在希伯崙的麥比拉。

* 創 24 章 亞伯拉罕差遣僕人往拿鶴的城去為以撒娶妻。(參看創圖三)

* 創 25:1～4 亞伯拉罕又娶基土拉為妻，又生了六個兒子，後來打發眾庶子往東方去居住。
   (參看創圖三)

* 創 25:7～11
   亞伯拉罕去世，葬在希伯崙的麥比拉洞。

　　亞伯拉罕約於2166BC出生，75歲時(2091BC)到迦南，隔了11年86歲的亞伯拉罕(2080BC)生以實瑪利，在100歲時(2066BC)生以撒，於(991 BC)175歲去世。

　　迦南地是一片起伏不平的山地，各城之間的交通很不方便，故易於防守，但卻不利於統一，所以適合一些小的城邦國家獨立發展。在亞伯拉罕到達之前的幾個世紀，迦南地由於處在埃及和兩河流域之間，而且是他們唯一的通道，文化深受兩者之影響，所以一直都是一處文化水平甚高的地方，僅次於蘇美和埃及。區內早已有示劍、艾城、耶利哥、伯特利、希伯崙、拉吉、伯善、米吉多等城市存在，大都有建造得很好、很厚的城牆。從出土的文物可得知，他們是在一種城邦型的政治下各自發展。但是在 2200BC 的左右，迦南地在入侵的半游牧民族，可能是在亞摩利人的手下，經歷了一場大災難，毀滅了幾乎所有的大城鎮，人口銳減，並且形成數個世紀的政治和人文的真空。所以當亞伯拉罕到達迦南之時，迦南已有相當高的文化水準，但人口稀少，在政治上似仍受埃及的轄制，只是影響力已大不如以往。當時似乎可隨處搭建帳蓬及任意的放牧，並無人管制，足以證明土地空曠，居民不多。亞伯拉罕等常去的南地，就是希伯崙以南的地區，在今日，特別是別是巴以南的地帶，既乾旱又炎熱，不適於居住和農作，但是根據考古學家的證實，在主前十九世紀以前，南地有許多的城市，雨量也足，也就是說在那時的前後，確實是一處頗具吸引力的地方。

　　在另一方面，亞伯拉罕等人在迦南的兩百年間，他們活動的範圍多是在中部的山區的高地上，並未到加利利等地區去發展。

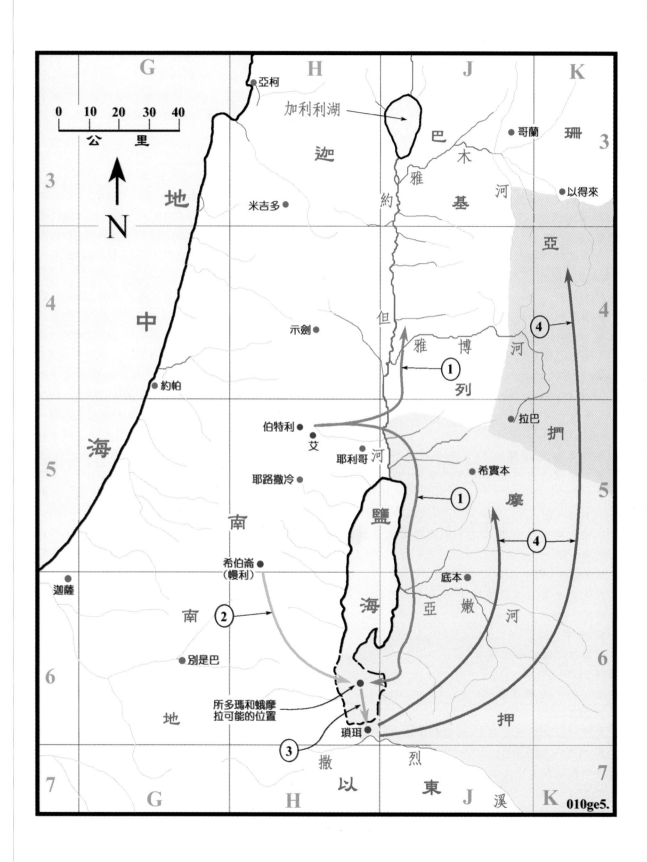

所多瑪和蛾摩
拉可能的位置

010ge5.

〈創圖五〉羅得和他的後代—摩押和亞捫
(2091〜2020BC?)

1. 創 13:4〜13
   羅得離開亞伯蘭，往東遷移，直到所多瑪。
   (2085?BC)

* 創 14:12〜16
   羅得被北方四王所擄，但被亞伯蘭救回。
   （參看創圖六）

2. 創 19:1〜14
   天使自希伯崙來所多瑪，羅得接待天使。

* 彼後 2:6〜9
   羅得是一個義人。

3. 創 19:15〜22
   天使救羅得等出城後，耶和華毀所多瑪等城
   (2067 BC)。羅得和兩個女兒逃到小城瑣珥。

4. 創 18:30〜19:38，申 2:10〜21
   羅得從他兩個女兒生摩押和便亞米
   (2066?BC)。他們去建了摩押和亞捫兩個國家
   (2020BC?)。

羅得所選的約但河平原，就是約但河谷，當時那裡確實是滋潤有如同埃及地和耶和華的園子，根據考古學家的證實，河谷中的耶利哥平原和疏割等地，早在主前七、八千年前時，就已有了人類的活動，而且推斷已被湮沒了的所多瑪諸城，也已進步到有了相當可觀「罪惡」的文明，這些都足以說明約但平原的富饒，遠優於河的西岸。

所多瑪等四個城市的位置已不可考，大部份的學者都認為是被淹沒在死海的南部，漓三半島的南方，淹沒的時間應該是在2067BC以後，現今該處的海水很淺，僅有數公尺深，但至今仍沒有去發掘過。

羅得被北方四王所擄及獲救一節，另繪在〈創圖六〉中。

羅得的兩個兒子分別建立了摩押和亞捫兩個國家，算起來應該是2020BC前後的事了，他兩人除滅了當地原有的住民利乏音人，得了他們的地接著居住。他們的父親雖然曾數度受惠於亞伯拉罕，但是日後卻經常與亞伯拉罕的後代為敵。

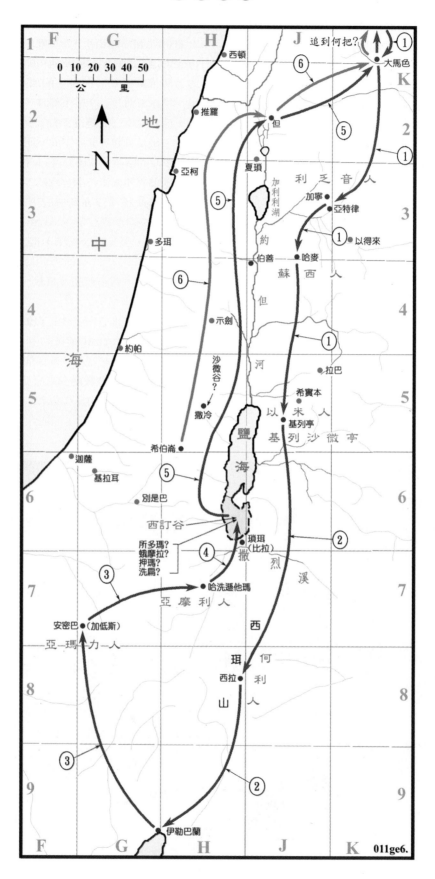

〈創圖六〉北方四王攻打南方五王
(2080BC前後)

1. 創 14:1～4

   北方四王攻打南方五王，在南征的途中殺敗了利乏音人和蘇西人。

2. 創 14:6

   殺敗了以米人和何利人。

3. 創 14:7

   殺敗了亞瑪力人和亞摩利人。

4. 創 14:8

   在西訂谷擊敗南方五王。

5. 創 14:11～12

   把五個城中的財物和羅得一家都擄掠了去。

6. 創 14:13～16

   亞伯蘭追擊北方四王，將羅得救回。

* 創 14:17～24

   撒冷王麥基洗德為亞伯蘭祝福。

　　這一段歷史述說明了早在主前兩千餘年，兩河流域有四個強大的民族結盟，其勢力已入侵到達了遠在二千餘公里外的阿卡巴灣地區，而且共同控制死海附近的五個富裕的城邦達十二年之久。在其背叛後，又組織了一支聯軍去遠征並在沿途擄掠。這說明了當時國際關係的兩種模式，也可看出遙遠的兩地已有了相當頻繁的商業和軍事活動，至於這種侵略行動的目的何在，又被壓迫者是如何事奉，則未見有說明，推想可能是爲了當地所產的食鹽和石漆，以及富裕城市中的財物。

　　亞伯蘭領了三百十八人追擊北方四王，救回了羅得一家人和財物，足證他是一個非常英勇強壯的人，也可發現他善於經營，其家業之大，需要數百人來管理。以他具有如此優越的條件，仍能在神前謙卑順服，不以自己爲大，不愧是信心之父。

〈創圖七〉夏甲和以實瑪利
(2080～1943BC)

1. 創 16 章

   亞伯蘭的妾夏甲懷孕後被撒萊苦待，出走後在曠野遇見神的使者，蒙了神的祝福，就回至亞伯蘭的家中不久之後就生了以實瑪利。

2. 創 21:14～21

   夏甲和以實瑪利被逐，在別是巴曠野蒙神祝福後，去到巴蘭曠野成長。

* 創 25:12～18

   以實瑪利的後裔和其住處。(見創圖三)

以實瑪利約於2080BC出生，於2065BC離開亞伯拉罕，137 歲(1943 BC)時去世。

以實瑪利是亞伯拉罕從妾埃及人夏甲所生的兒子，大約在十五歲時就離開了亞伯拉罕。他最初居住在巴蘭曠野，他的十二個兒子則往東發展，「他子孫的住處在他眾弟兄的東邊，從哈腓拉直到埃及前的書珥，正在亞述的道上」，在〈創圖三〉中可見，大約是在阿拉伯沙漠的北部，日後他們成為沙漠中首要的民族，而他們的名字以實瑪利人也可作為沙漠民族的總稱。他們再又與阿卡巴灣東岸的米甸人融合，所以這兩個民族的名字常常可以通用。

012ge7.

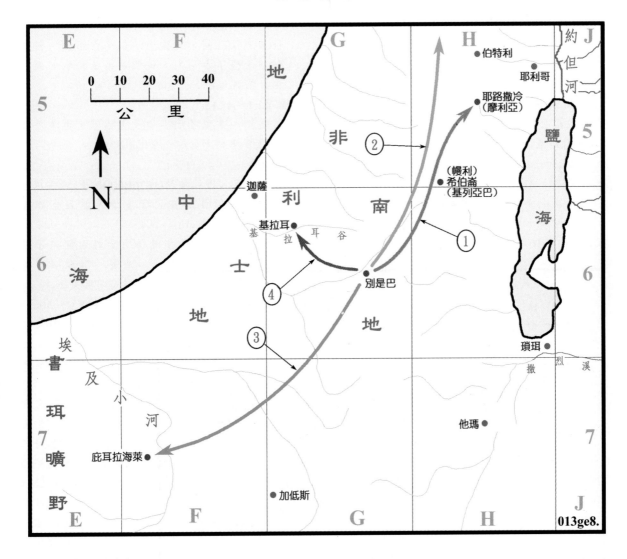

〈創圖八〉以撒的生平 (2066～1886BC)

* 創 21:2～4 以撒出生。(2066BC)

1. 創 22:1～20

   神試驗亞伯拉罕，要他帶以撒到摩利亞去，獻以撒為燔祭。

2. 創 24 章

   他的父親遣僕人往拿鶴的城去為他娶回利百加為妻。(參看創圖四)

3. 創 25:11

   以撒遷往庇耳拉海萊的附近居住。

* 創 25:24～26 生以掃和雅各 (2006 BC)。

4. 創 26 章

   以撒去基拉耳，耶和華使他昌大，與非利士人有衝突後又結盟。

* 創 35:28

   以撒在希伯崙去世(1886 BC 180 歲)。

　　以撒的活動範圍有限，僅是在希伯崙以南的南地，以及其東之非利士地的基拉耳地區，也曾有一次被他的父親亞伯拉罕帶去摩利亞地，可能就是耶路撒冷。他的妻子利百加，則是遠從巴旦亞蘭所娶來。

地圖解說

〈創圖九〉雅各的生平 (2066〜1859BC)

* 創 25:26　雅各出生(2006BC)。
* 創 27 章　雅各騙得父親對長子以掃的祝福。

1. 創 27:43〜29:1
   雅各逃去哈蘭(1929BC)，在哈蘭娶妻生子。
   (參看創圖三)

2. 創 31:3〜32:1　雅各攜眷返迦南(1909BC)。

* 創 32:24〜31
   雅各在毘努伊勒與天使摔跤後，改名叫以色列，並受天使的祝福。

3. 創 33:1〜16　以掃從西珥來和雅各相會。

4. 創 33:17〜35:27
   雅各遷往疏割，又搬去示劍，在示劍、西緬和利未殺了示劍人，他們再去伯特利，最後在希伯崙定居。

* 創 42:1〜45:15
   因饑荒，令兒子們去埃及去糴糧，在埃及弟兄們相遇。

5. 創 46:1〜7，47:11〜12
   雅各一家人遷往埃及(1876BC130 歲)，住在歌珊地，他們在那裡置了產業，並且生養眾多。(參看創圖三)

* 創 48:1〜20　雅各祝福約瑟的兩個兒子以法蓮和瑪拿西，使成為兩個支派。

* 創 49:33〜50:13　雅各去世(1859B147歲)，遺體運回希伯崙安葬。(參看創圖十一)

　　雅各是以撒的次子，他用計買了他哥哥以掃長子的名分，又設法騙得到父親給長子的祝福，因此以掃要殺他，於是他在三十五歲時去哈蘭，在那裡娶了利亞和拉結為妻，生了十一個兒子，五十五歲時帶全家回迦南，在毘努伊勒時，神令他改名叫以色列。在以法他的路上又生了一子，在一百三十歲時移居埃及，十七年後去世，遺體運回希伯崙安葬，(往返的路線繪在〈創圖十一〉)。當他在迦南時，多在南地一帶活動。

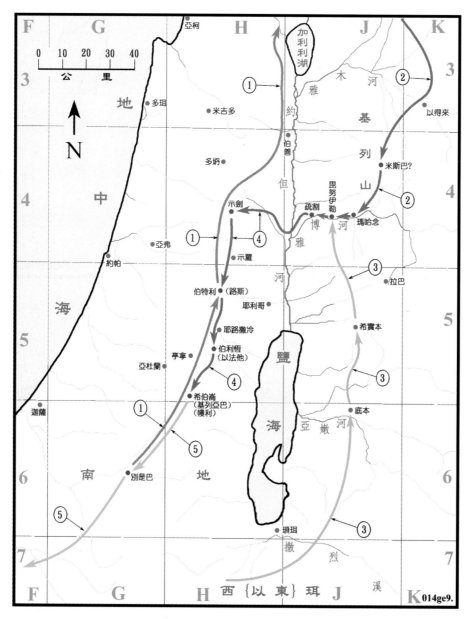

〈創圖十〉以掃的生平(2006～1909BC)，以東、亞瑪力和米甸

* 創 25:25 以掃出生。
* 創 27 章 以掃被雅各騙去父親對長子的祝福。
* 創 33:1～16
  以掃從西珥來和雅各相會。(參看創圖九)
* 創 36 章 以東的歷史。

2006BC 以掃出生，1909BC 以後移往西珥山裡，將原來住在那裡的何利人逐出，改名為以東。以東地位於亞拉巴谷的兩側，在東邊的是西珥山區，北起自撒烈溪，南與米甸交界(米甸是亞伯拉罕的庶子)，東為沙漠。西側則呈一三角形，東邊的尖端在加低斯，西北與南地為鄰，西南與亞瑪力人為鄰。以東很早就有王國的組織，他們雖然與以色列人是兄弟，但長期與以色列人為敵，他們後來稱為以土買人。

以掃的孫子亞瑪力，他佔據了原亞瑪力人之地，日後的亞瑪力人可能是他們與原地的人種混合而成。他們主要的集中地可能是在以東和埃及小河之西，一片略似菱形的山地，他們也經常在南地出現。

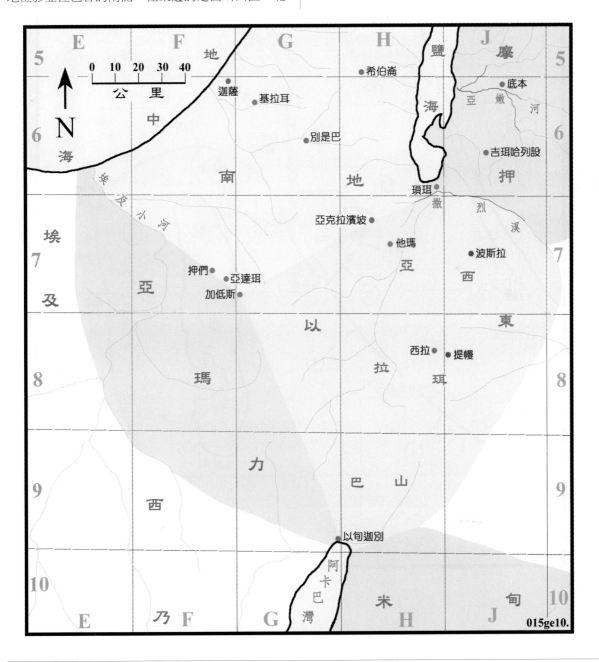

015ge10.

地圖解說

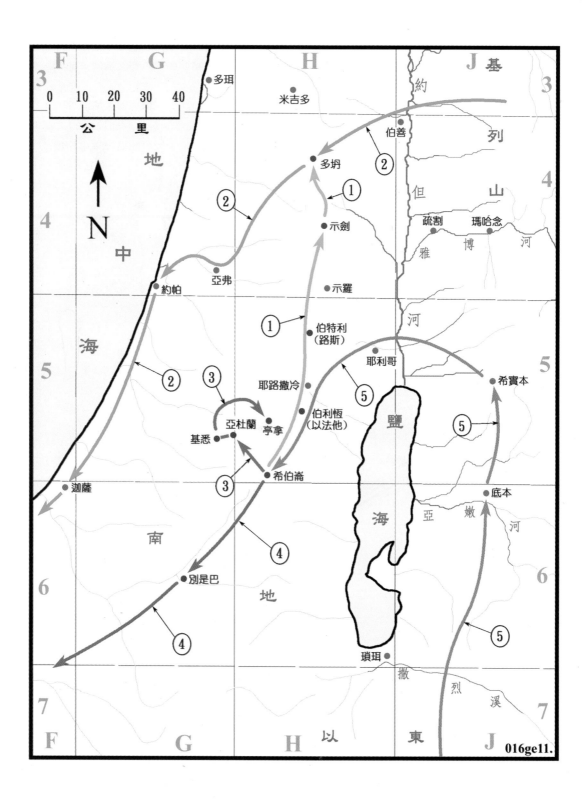

地圖解説

〈創圖十一〉約瑟(1915～1805BC) 和猶大的生平

1. 創 37:13

　約瑟被差遣到示劍去查看他的兄長們牧羊，到多坍才會見他們，但被他們丟在坑裡。

2. 37:25～36

　約瑟被他的兄長賣給從基列來的米甸商人，再被米甸人帶去埃及，賣給埃及的大臣波提乏為奴。

3. 創 38 章 猶大的故事。

* 創 41:39～49

　約瑟被法老王重用，政績斐然。法老將安城祭司的女兒給他為妻，生了兩個兒子，一個叫瑪拿西，一個叫以法蓮。

* 創 42:1～45:15

　迦南地因饑荒，雅各令兒子們去埃及去糴糧，在埃及與約瑟重逢。

4. 創 46:1～47:12

　約瑟接父親雅各全家到埃及，受法老的厚待。(參看創圖三)

* 創 47:13～26 約瑟的政績。

5. 創 50:7～14

　約瑟將雅各的遺體運回希伯崙。(參看創圖三)

* 創 50:20，出 13:19書24:19 約瑟在一百一十歲時去世，在摩西帶以色列人出埃及的時候，將他的骸骨，帶回示劍安葬。

　1915 BC 約瑟出生，17 歲 (1898 BC)被賣到埃及， 1885 BC 約瑟高陞，於110歲(1805 BC) 時去世。

　雅各一家是長期定居在希伯崙的，但他們曾遠至一百餘公里以外的多坍放牧，可見他們活動範圍之廣。以實瑪利人和米甸人在〈創圖七〉的說明中已有介紹。

　約瑟約是在埃及第十二王朝、法老王西奴色二世(1894至1878BC)時到達埃及的，他任官直到西奴色三世(1878至1841BC)或更久。當時是埃及中王國(1991至1778BC)的初期，在此兩百餘年間，是埃及的黃金時代，自十二王朝起，定都孟斐斯，大興建設，曾大量開掘水井，建築渠道和大蓄水池作灌溉之用，又挖掘開通尼羅河和紅海間之運河，如此就化大量荒蕪的沙漠為良田，增加了人民的財富。又因建築的活動眾多，就在西乃半島開採銅礦和石材。又開闢商路和海運，商務遠至索馬利亞、革哩底、敘利亞和迦南等地，軍事方面則擴至尼羅河第三瀑布，使努比亞成為他們在南方要塞， 也是貿易的殖民地。在文學方面，也留下一些偉大的作品，教育方面也有一些技術學校的設立。約瑟必然也參與了這些偉大的建樹，而有不少的功績。

　歌珊地疆界和大小不明，大約是在尼羅河三角洲的東部，農牧皆宜，非常富庶，是埃及最好的地。

　約瑟活了110歲，他的骸骨在四百年後，以色列人出埃及時帶回示劍安葬。

地圖解說

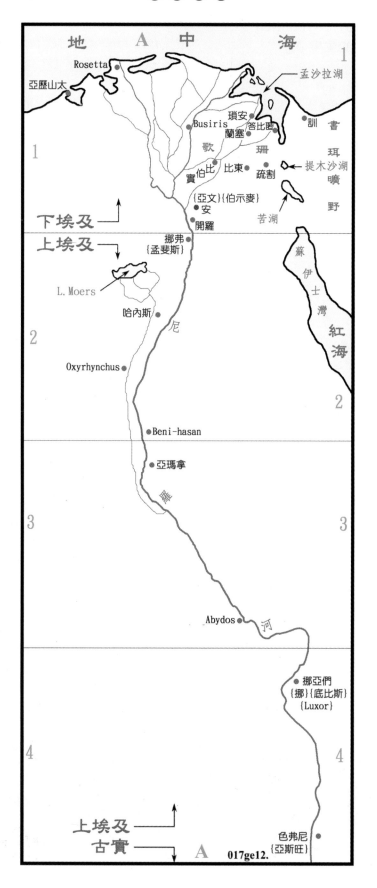

地 A 中 海

1

亞歷山太

Rosetta

孟沙拉湖

瑣安
Busiris
蘭塞
答比匿
訓
書

1

歌
比
伯
珊
珥

實
比東
疏割

提木沙湖
曠
野

{亞文} {伯示麥}
安
苦湖

開羅

下埃及

上埃及

挪弗
{孟斐斯}

蘇
伊
士
灣

紅

L. Moers

哈內斯

尼

海

2

Oxyrhynchus

2

Beni-hasan

亞瑪拿

歷

3

3

Abydos

河

挪亞們
{挪} {底比斯}
{Luxor}

4

4

上埃及

古實

A

色弗尼
{亞斯旺}

017ge12.

〈創圖十二〉埃及全圖

* 創 12:10～13:1
  因南地有饑荒，亞伯蘭帶著家人去埃及，不久再回到伯特利。(參看創圖四)

* 創 16:1
  亞伯蘭的妾夏甲是埃及人。

* 創 37:25
  約瑟被賣給以實瑪利人，又被帶到埃及，再給人為奴。(參看創圖十一)

* 創 41:41
  法老派約瑟治理埃及全地。

* 創 41:45
  法老將安城祭司的女兒給約瑟為妻。

* 創 41:48
  埃及地的七個豐年一完，七個荒年就來了。

* 創 46:27
  雅各全家從迦南地來到埃及，共有七十七人。(參看創圖十一)

* 創 47:11
  法老王將歌珊地賜給雅各一家，他們在那裡置產，並生養眾多。

埃及是我們都十分熟悉的一個文明古國，聖經中時常提到它，它一直都與以色列人有十分密切的關係，它的勢力經常到達迦南地，有時視迦南為其屬國，有時直接統治，在迦南有他們長期的據點，如迦薩、米吉多、伯善等。埃及也經常收容迦南地的難民，有時也支持迦南的叛黨。

古代的埃及可以說就是尼羅河，人民集中河的兩岸，因河谷外都是沙漠，故不易有外敵的侵擾。國土南從亞斯旺起，北迄至三角洲，因可全程通航，交通方便，故有利於統一，而且尼羅河每年定期泛濫，帶來了肥沃的泥土，所以農產豐富，是有名的穀倉，因有這些得天獨厚的條件，所以早在五、六千年前，就已有了高度的文明產生，埃及除了著名的建築和古文化之外，他的武力有時到達幼發拉底河岸，並與亞述、美尼坦和赫等帝國爭雄。

埃及常分裂成南北兩個王國，下埃及就是尼羅河三角洲，上埃及就是現今開羅以南，北到第一瀑布處的亞斯旺城間的尼羅河河谷。

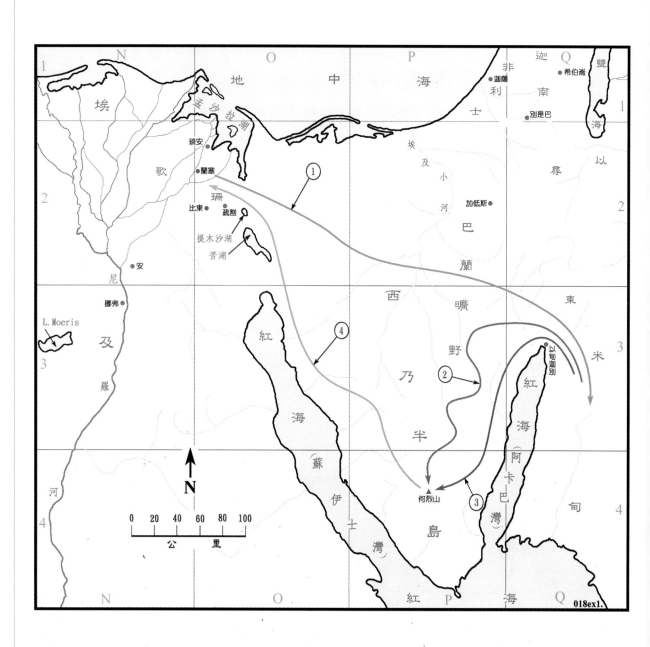

〈出圖一〉摩西早年 (1526～1446BC)

* 出 1 章
  以色列人在埃及生養眾多,極其強盛,但受法老王的虐待。

* 出 2:1～10
  摩西出生,被法老的女兒收養。

* 徒 7:21、22
  摩西學會了埃及人的一切學問,說話行事,都有才能。

1. 出 2:11～2:22
   摩西逃往米甸,與祭司流珥(後來都稱為葉忒羅)的女兒西坡拉結婚。

2. 出 3:1～4:17
   摩西到何烈山牧羊時,神的使者向他顯現,遣他領以色列人出埃及。

3. 出 4:18～26
   摩西一家啓程回埃及,到了何烈山。

4. 出 4:27～31
   亞倫到何烈山迎接摩西,一同回到埃及。

* 出 5:1～12:36
  摩西求法老許以色列人出埃及,法老不許,神在埃及降十災。

1526BC摩西出生,40歲(1486BC)時去米甸,80歲(1446BC)時領以色列人出埃及,120 歲(1406BC)時去世。

自雅各全家七十餘人在1876BC移居埃及,到摩西領他們於1446BC出埃及,以色列人共在埃及住了四百三十年。在此間期,埃及經歷了中王國時期(1991～1778BC)的黃金時代,到了第十三王朝(約是1790～1700BC),則漸衰微和分裂,歷史也糢糊不清。

隨後埃及被來自亞洲的喜克索人統治(1720～1584BC),是埃及的黑暗時期,他們建都在亞華里斯(可能即是蘭塞),但仍准許埃及人在底比斯維持虛有其表的政權,以色列人在此期間備受奴役。後來喜克索人被底比斯的法老逐往迦南,即開始了第十八王朝。

當摩西在1526BC出生之時, 埃及的法老是杜得模西士一世(1539～1514BC), 他曾進軍到達幼發拉底河, 但無功而返。收留摩西的公主名叫哈雪蘇,在1504～1482BC年間與杜得模西士三世共同主政,但在實際上是哈雪蘇擁有完全的統治權, 由於她英明和堅強的領導,國勢日強,成為埃及最傑出的統治者之一。摩西得到她的照顧,必然是受到良好的教養,身分也一定是非常的特殊, 但也會受到一些的排擠。

米甸是在紅海阿卡巴灣東側的一個地區,和西乃及以東很相像,也是半沙漠和崎嶇的山地,乾燥荒僻,它的疆界及範圍都無從考證。米甸人可能是亞伯拉罕從基土拉所生第四個兒子的後代,是游牧民族,他們四出放牧,西乃也是他們常去的一個地方。

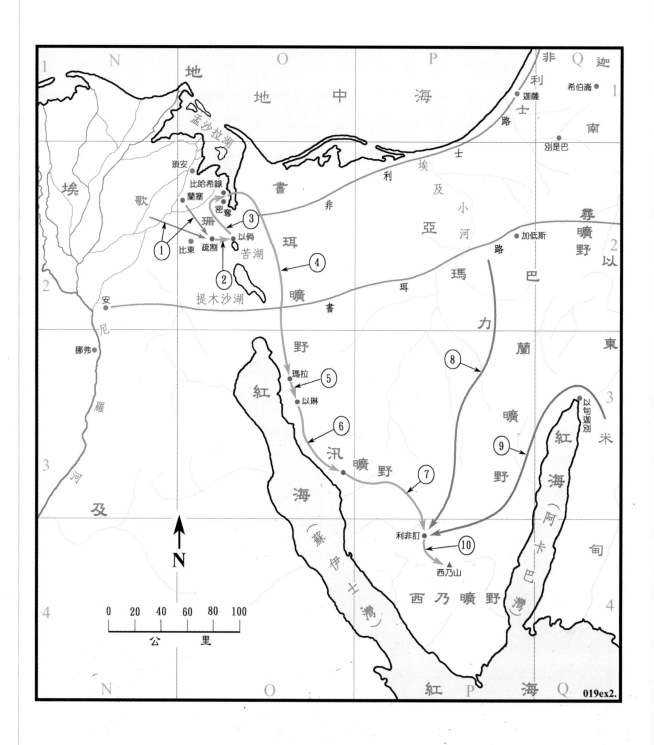

〈出圖二〉以色列人出埃及到西乃山
(1446BC)

1. 出 12:37
   以色列人從蘭塞起行往疏割去。

2. 出 13:20
   從疏割起行到以倘安營。

3. 出 14:2
   以色列人轉回，在比哈希錄前、密奪和海的中間，對著巴力洗分安營。

4. 出 14:21～22、15:20
   以色列人過海，又在曠野中走了三天，到了瑪拉。

5. 出 15:27　　從瑪拉到以琳。

6. 出 16:1
   從以琳到汛的曠野。

7. 出 17:1
   從汛到利非訂安營。

8. 出 17:8～16
   亞瑪力人來攻擊以色列人，但被擊敗。

9. 出 18:1～5
   摩西的岳父帶了摩西的妻子和兩個兒子從米甸前來。

10. 出 19:1
   以色列人從利非訂到了西乃的曠野。

* 出 20 章至 31 章　傳十誡。

摩西於1486BC逃亡去米甸後不久，哈雪蘇去世，由杜得模西士三世(1482～1450BC)正式主政，當年想要殺摩西的可能就是他。他在軍事方面，經過十八次的戰役，將勢力擴展到敘利亞，直到幼發拉底河，他的軍隊穿越巴勒斯坦，船隻渡過地中海而到達腓尼基海岸。他的第一次戰役是他戰勝迦南諸王，這是一次決定性的勝利，這次戰役是靠近米吉多，打敗了集結在基低斯的喜克索人。此後三個世紀中，巴勒斯坦成為埃及的一省，迦薩、約帕、伯善、烏力茲諸城都已成為埃及的基地。但是埃及人並未干涉其他迦南城市國家的國際結構，只是要他們接受埃及的權勢，向埃及納貢，防護經過他們境內的道路，供應戰車，提供埃及軍隊之輔助部隊、食物及其他補給品等等。當埃及強盛之時，這種形式的統治相當的有效，一旦埃及內部有了問題，這個制度就會崩潰。由於戰事都是在夏天進行，在冬季則進行大規模的建築工程，主要的有方尖石碑的亞孟神廟。

待摩西從米甸回到埃及，要領以色列人出埃及(1446BC)的時候，當時的法老是亞門侯提二世(1450～1424BC)，他為了平定迦南地的暴亂，曾兩次發動戰役，第一次是鎮壓加利利南部的示瑪，並且軍隊一直到達了幼發拉底河邊，但未成功的入侵美坦尼。在南方則擴張領土到了尼羅河第四瀑布附近的拿巴達。當時埃及的勢力到達頂峰，所以摩西要求他讓以色列人出埃及一事，實在是在向他蓋世的權威挑戰，自是非常的困難。

待法老王准許以色列人離開埃及，以色列人就從歌珊地，也就是蘭塞地向疏割結集，先到以倘，再轉向北到北部的一處海邊安營。這一處的海實際上是地中海南岸的孟沙拉湖南方的一個湖汊，並不是紅海，因為紅海是在南方，現在學者都同意這是一個翻譯上的錯誤，英文的Red Sea應該是Sea of Reed，就是蘆葦海。紅海的海水有鹽分，不能生長蘆葦，但孟沙拉湖的湖水是淡的，長有茂盛的蘆葦。過海後經過書珥曠野和伊坦曠野，路上幾個安營處的位置也有相當高的可信度，所以以色列人是在北部渡海，而不是在南方的蘇伊士灣或紅海渡海的。

出埃及的路線有幾種不同的說法，傳統上認為是沿紅海的東岸南下，到西乃半島南端的西乃山，然後再轉向北行到加低斯。所以主要的活動地區是在西乃半島。

西乃半島位於紅海的蘇伊士灣和阿卡巴灣之間，幾乎全是沙漠和崎嶇陡峭的山嶺，僅有少數的綠洲，至今仍少有居民。但是在埃及一些興盛的時代中，特別是第十二、十八和十九王朝，這個半島曾被視為埃及帝國的重要地區，或是極具價值的屬地，他們在此大量採取銅、鐵礦、藍寶石等，極為成功，又從西部眾多的石礦坑中採取埃及巨大建築和雕刻所需的花崗石和粉紅片麻岩。所以此地區雖然不適人居住，卻因採礦需大量人力，所以有些區域曾被高度的開發，同時也有良好的道路配合大量的運輸。從聖經上看到，摩西在米甸的四十年中，曾到何烈山，就是西乃山下牧羊，他回埃及時，又取道經過西乃山，而且他的哥哥亞倫從埃及來迎接他時，也是在西乃山，他們行經的路線，與日後以色列人所走的路線十分接近，所以對埃及人和米甸人來說，西乃半島都不是一處陌生的地方。

地圖解説

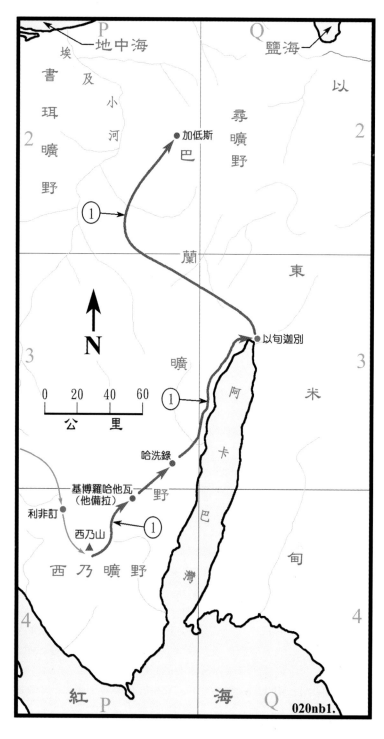

埃及
書珥曠野
地中海
小河
加低斯
巴
尋曠野
以
東
蘭
曠
以旬迦別
阿卡巴灣
米
甸
哈洗錄
基博羅哈他瓦
（他備拉）
利非訂
西乃山
西乃曠野
紅海
鹽海

P 2 3 4
Q 2 3 4
P Q

020nb1.

〈民圖一〉從西乃山到加低斯
(1445BC)

* 民 1:1～47
  摩西在西乃山點數以色列人。
1. 民 10:11～12:16
  自西乃山到巴蘭曠野。

　　此段旅途中只有巴蘭曠野、他備拉、基博羅哈他瓦、哈洗錄和加低斯等駐營之處，其中僅有哈洗錄和加低斯兩地的位置可以確定，其他的則難以考證。如根據民卅三章所述，中間尚經過約他巴和以旬迦別兩個可以確定位置的地方。今參照地形，可以大致的定出他們所走的路線，以供參考。

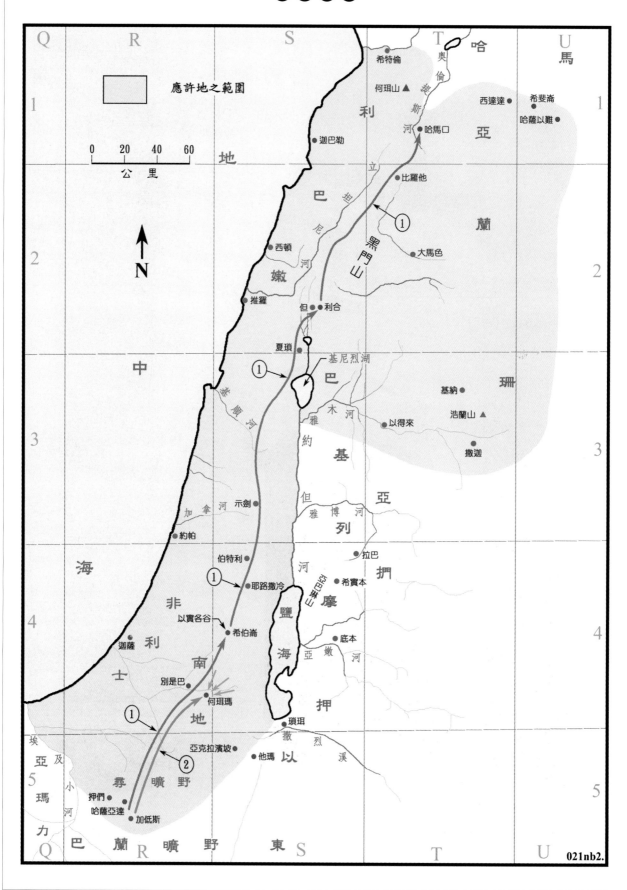

應許地之範圍

0　20　40　60
公里
N

Q R S T U

哈
馬
希特倫
奧倫
利 何珥山 ▲ 黑 西達達 希斐崙
巴 斯 哈薩以難
尼 立 哈馬口
河 比羅他 亞
迦巴勒
黑 蘭
門 大馬色 ①
地 嫩 西頓
山
中 珊
推羅 基尼烈湖 基納
但 利合 浩蘭山 ▲
夏瑣 ① 巴 木 河
① 以得來 撒迦
基 雅
加 示劍 河 約 亞
拿 約帕 但
河 雅博河 列 拉巴
伯特利 摩 希實本
海 ① 耶路撒冷 鹽 押
以實各谷 亞
非 希伯崙 底本 嫩
利 迦薩 海 河
士 別是巴 南
① 何珥瑪 押
地 瑣珥 撒
亞克拉濱坡 烈
① 野 他瑪 以 溪
② 曠
埃 亞
及 尋 押們
小 哈薩亞達 加低斯
力 瑪
巴 蘭 曠 野 東

Q R S T U

021nb2.

84

〈民圖二〉探看應許地和應許地之範圍
(1445～1407BC)

1. 民 13:17～29
   派探子窺探迦南地，從南地直到哈馬口。
2. 民 14:43～44
   擅自攻打迦南人，但被迦南人擊敗。
* 民 14:25
   神令以色列人轉回，從紅海的路往曠野去，
   就開始在曠野中飄盪了卅八年。
* 民 27:12～14
   摩西上亞巴琳山。(參看申圖三)
* 民 34:1～12
   應許地四境之邊界。

　　摩西在巴蘭曠野打發十二個探子去窺探迦南地。
探子們從尋的曠野直走到哈馬口，再回到加低斯，
往返共四十天，但聖經中並沒有說明其所走之路線
和詳情，圖中所繪的只是主線，是當時的國際大
道，沿線只有幾個大城，想必他們也去窺探了主線
以外的一些城市，經上並未說明或記載。以色列人
從他們所帶回的水果，確知迦南果然是流奶與蜜、
極為富庶之地，然而那裡的人民卻強壯高大，城邑
也堅強寬廣。當時是 1445 BC，埃及是迦南地名義
上的大封主，控制力仍很強，而且迦南人也是強大
的，雖然沒有中央政府，但有諸多的城邦，各有其
王，城與城間常聯合或互相攻打，所以他們經常備
戰，戰鬥力強，軍備優良，城防也很堅固，有的甚
至可以抵抗數個月的圍攻，這是只有成軍不足兩年
的以色列人所可望其項背的，從以色列人攻擊南地
的亞瑪力人和迦南人失敗看來，此時沒有進攻迦
南，在軍事上是相當明智的。

　　探子回來報告迦南地的情形後，民眾十分的惶
恐，當下全會眾發怨言，要另立一個首領回埃及，
因此耶和華發怒，令以色列人轉回從紅海的路往曠
野去，於是以色列人開始了卅八年在曠野中的飄
流。

　　探子所窺探的地區，就是民卅四章中耶和華對摩
西所說，給與九個半支派的應許之地，與日後以西
結所預言的相同，南北和西方的界限都很清楚，只
是東北部有欠明確。

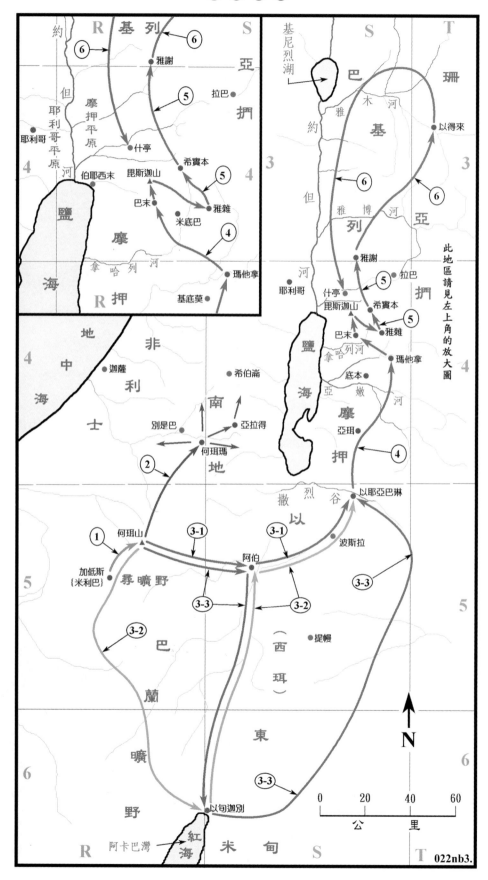

此地區請見左上角的放大圖

022nb3.

〈民圖三〉從何珥山到摩押平原 (1407BC)

* 民 20:1～13

  結束飄盪，起行到了加低斯。

* 民 20:14～21

  摩西派使者去見以東王，要求從以東經過，但以東王不許，於是他們轉去離開他。

1. 民 20:22

   從加低斯起行，到了何珥山，亞倫去世。

2. 民 21:1～3，33:40

   迦南人攻擊以色列人，但為以色列人所擊敗。

* 民 21:4～9

  他們從何珥山起行，往紅海那條路走，要繞過以東地，百姓又起怨言。

3. 民 21:10

   他們經阿伯、以耶亞巴琳，安營在撒烈谷，這段路程可能有三種不同的路線，現用3-1表示向東直接穿過以東，3-2表示先向南到以旬迦別，再去阿伯；3-3表示向東到了阿伯，然後轉南到以旬迦別，再去撒烈谷。

4. 民 21:13～20

   再過亞嫩河，經亞珥、瑪他拿、拿哈列、巴末、摩押地的谷，就到了毘斯迦的山頂。

5. 民 21:21～32

   擊敗住西實本的亞摩利王西宏，奪取了他的城邑。

6. 民 21:33～22:1

   在以得來擊敗巴珊的王噩，奪取了他的土地。然後南返，安營在摩押平原。

卅八年之後，他們結束了在曠野中的飄流，以色列人到了何珥山，住南地的亞拉得王就來攻擊他們，但被擊敗，然而以色列人並沒有乘勝追擊，也沒有從南地進入迦南。

本段經文中並沒有記載四十年中飄流的路程，直到第二十章說到了加低斯，才開始了進迦南的行程，旅途中前段的安營處計有何珥山、阿伯、以耶亞巴琳、撒烈谷等，其位置尚未能得到全然的肯定。尤其是阿伯一地，雖然其位置經考證無誤，但因位於以東的中心，與所述以東王不允許以色列人經過以東，以色列只得轉去離開，而最後是繞過以東的屬地有所不符，所以這一段路程有幾種不同的說法：最直接的是從何珥山向東到阿伯，再向東北行到以耶亞巴琳；另一條是自何珥山向南，繞過以東的西南到阿卡巴灣後，再沿亞拉巴谷北上到阿伯，再去以耶亞巴琳。第三條則是自何珥山直接到阿伯，再往南沿亞拉巴谷南下到阿卡巴灣，然後繞過以東的東南到撒烈溪後再到以耶亞巴琳。在圖中各以3-1、3-2及3-3來分別表示。

到了以耶亞巴琳之後，進迦南的路線相當的明確，包括征服亞摩利人的兩個王的領土，直到巴珊後再折返摩押平原。

當以色列人在曠野之時(1446～1407BC)，法老王是杜得模西士四世(1424～1414BC)，他建了獅身人面獸的大雕像，並與美坦尼的公主聯姻。隨後的亞門侯提三世(1414～1378BC)他覺得不需要再靠遠征來鞏固國力，因而轉向追求享樂，生活奢侈，推展前所未有、大規模建築計劃，因而逐漸鬆弛了對外的控制，有利於以色列人進迦南的征服行動。

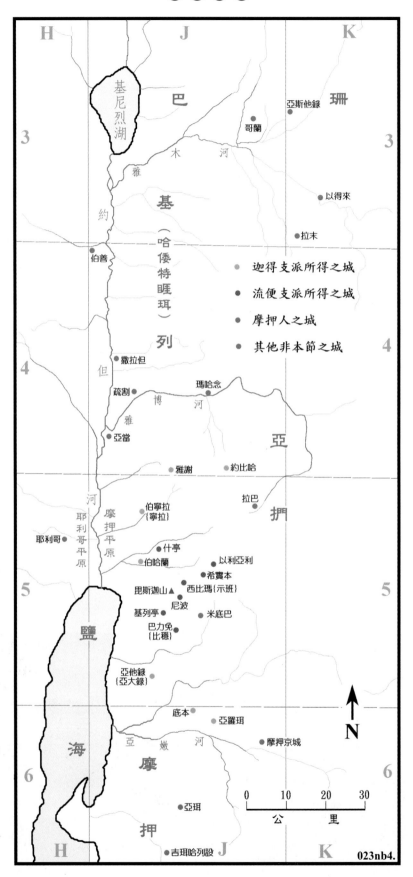

〈民圖四〉 分地給兩個半支派 (1407BC)

* 民 22:2～24:25
  摩押王請巴勒咒詛以色列人。

* 民 25章
  以色列人在什亭行淫亂，引發了瘟疫。

* 民 26章
  點數以色列人。

* 民 31:1～12
  以色列人攻打米甸人。

* 民 32:1～42
  分地給兩個半支派。

摩押人遠至幼發拉底河邊去請巴蘭回來咒詛以色列人，可見當時兩地的交通頻繁，消息流傳之廣。從巴蘭所作之歌中，也可以看出當時的人對當時的世界有很正確和豐富的知識。

當時亞嫩河之北是被亞摩利王西宏所據，但居民仍以摩押人為主，同時也有很多的米甸人散居其間，而且是摩押地很有權勢的民族。以色列人奉命攻擊米甸人一節，並沒有說明細節，也無地名之記載，所以可想見的是，除了攻擊摩押地的米甸人之外，很有可能也直搗其老巢，就是阿卡巴灣的東岸的地區。

流便和迦得要求分地業，並自行建造城邑，但從圖上可以看見，兩支派的城邑相互混雜，並無規則的界線，但是在後來重新分地時，曾作交換，就有了完整的疆域，請參看〈書圖五〉。

瑪拿西半支派的地業是在基列，他們建了二、三十個村莊，統稱為哈倭特睚珥。另外有一個城原名基納，後改名叫挪巴，是在巴珊的極東地區。

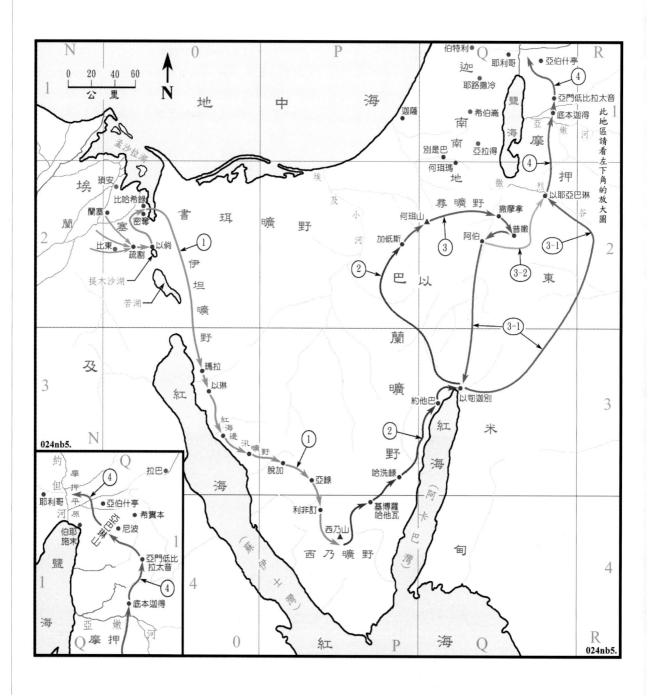

地圖解說

〈民圖五〉出埃及和進迦南的旅程
(1446～1406BC)

1. 民 33:5～15

  出埃及到西乃山。

2. 民 33:16～36

  從西乃山到加低斯。

* 民 33:36

  以色列人在曠野飄流四十年。

3. 民 33:41～44

  從何珥山到以耶亞巴琳。其中自阿伯到以耶
  亞巴琳的一段，可能有兩條不同的路線，分
  別用3-1和3-2來表示。

4. 民 33:45～49

  從以耶亞巴琳到亞伯什亭。

  民數記的第卅三章，記載了全部自埃及到迦南的
安營地，共有四十二處。現將全部的路線分為四
段，出埃及到西乃山為第一段，用綠色線表示；從
西乃山到加低斯為第二段，用紅色線表示：然後在
曠野飄流三十八年，再從加低斯起到以耶亞巴琳為
第三段，以藍色線表示；最後一段是從以耶亞巴琳
到亞伯什亭，用咖啡色線條表示。在西乃半島的旅
途中，大多數地名的位置不明，仍有待繼續查考，

不明的原因計有：

  1. 因係短暫駐留，故不可能留下千餘年後尚可查
考的痕跡。

  2. 地名常因政治或宗教的原因更改，而且不易考
證。

  3. 地名因城鎮荒蕪而失傳。

  其中仍然有些地點的地名和位置仍然是可靠的，
不但能得到多數學者的認同，也經考古學的證實，
諸如加低斯、以旬迦別、普嫩等。另外也有一些地
方是相當的可靠，部份學者也能認同，諸如瑪拉、
以琳、利非訂、哈洗錄、約他巴、阿伯及以耶亞巴
琳等。在撒烈溪以北地區的各安營處，其位置都十
分的明確。

  第一、二段的路程，如按傳統和大多數學者的意
見，把西乃山定在西乃半島的南端，則問題不多。
至於第三段，也有如〈民圖三〉同樣的問題，其中
的普嫩的位置已有考古學家的證實，也經絕對多數
的學者認同。所以其路線可能有兩條：其一是到阿
伯後沿亞拉巴谷南下到阿卡巴灣，再繞過以東的東
境到撒烈溪；另一條則是從阿伯往東，直接到以耶
亞巴琳。

  過撒烈谷之後，進行的路線與〈民圖三〉不同，
並未記載征服兩個亞摩利王的國的事。

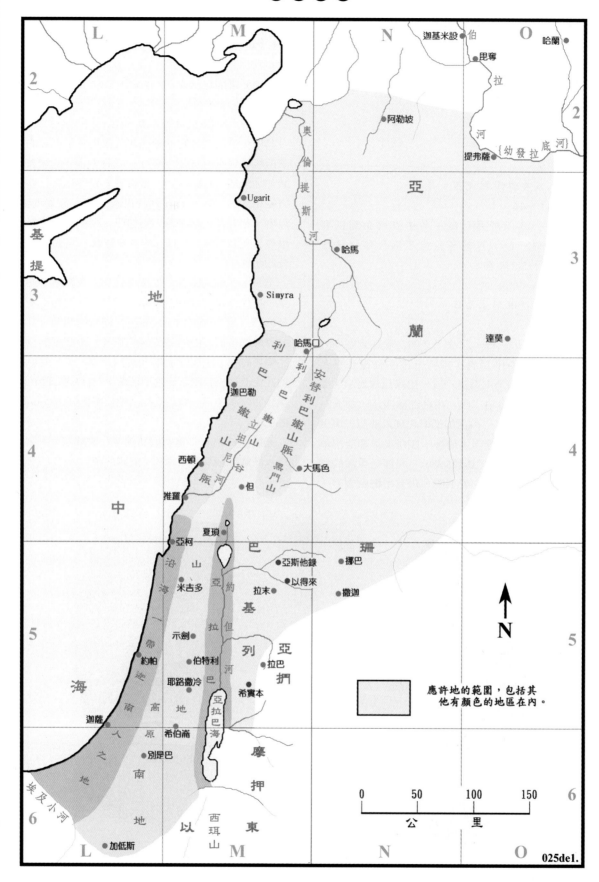

地圖解說

〈申圖一〉 應許之地全圖

* 申 1:1～2
  意思不明確，無法繪出。
* 申 1:4
  征服兩個亞摩利王之事，已繪在〈民圖三〉
  中。
* 申 1:7，11:24
  應許之地的範圍。

　　本圖主要表示摩西在臨終前，兩次所述應許地之
範圍。其中所指的「亞拉巴、山地、高原、南地、
和沿海一帶迦南人的地」，它們的位置和範圍都很
明顯，已在圖中繪出並著色，至於從利巴嫩山到伯
拉大河地區，因東界的說明不夠，本圖則是按民數
記卅四章7至11節的說明所繪。此外也未提到巴珊
和基列兩地區，因當時以色列人已經佔有，並且分
給了河東的兩個半支派為業，故也一併繪入。此次
所應許的面積比在民卅四章中所述者更大，只有在
所羅門王的時代中才有如此大之領土。

地圖解說

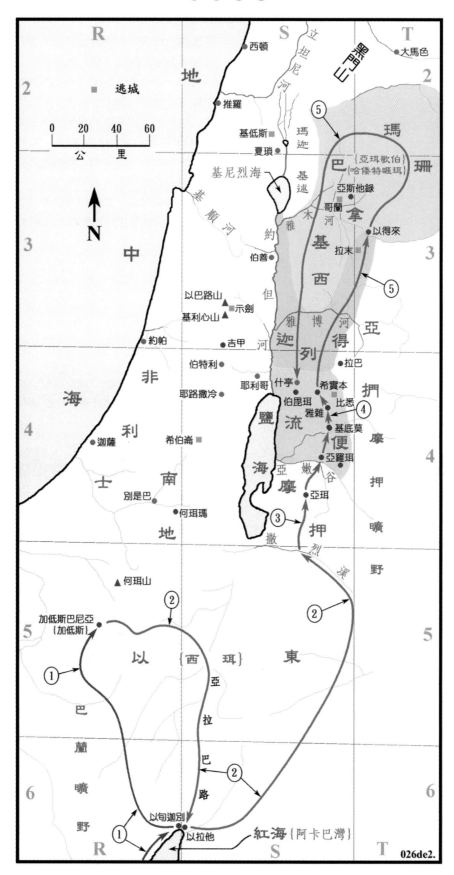

 地圖解說

〈申圖二〉 進迦南和分地給兩個半支派
(1406BC)

1.申 1:19
從何烈山到加低斯巴尼亞。

* 申 1:23～25
遣探子窺探迦南地。(參看民圖二)

* 申 1:26～40
以色列人發怨言，神就發怒，命他們轉回，
從紅海的路往曠野去。

* 申 1:43～46
突擊亞摩利人。(參看民圖二)

* 申 2:1～2
在曠野飄流卅八年。

2.申 2:8～13
再開始進迦南的行程，自西珥山從亞拉巴的
路，經過以旬迦別，轉向摩押曠野的路去，
到撒烈溪。

3.申 2:16～19
從撒烈溪經摩押到亞嫩谷。

4.申 2:24～36
擊敗希實本王西宏，取得他的地為業。

5.申 3:1～11
擊敗巴珊王噩，取得他們的地。

* 申 3:12～17
分地給河東的兩個半支派。

* 申 4:41～44
設立三座逃城。

* 申 10:6～8
亞倫去世前後之站口，因位置皆不明，故未
繪。

* 申 11:29～30 ， 27:11～14
令將祈福的話陳明基利心山，將咒詛的話陳
明在以巴路山。(參看書圖一)

此段是複述出埃及到進迦南的事，但與民數記廿
一章和卅三章兩處所述者並不一樣，請比較。離開
西珥到以拉他和以旬迦別，先從亞拉巴的路，就是
從加低斯先向東行，穿過以東中部，待到了亞拉巴
谷之後，即沿谷南下，然後轉向摩押曠野的路，應
就是繞過以東的東境，直到撒烈溪，而且在過了撒
烈溪之後並沒有明確路線，只有幾個地名作參考。

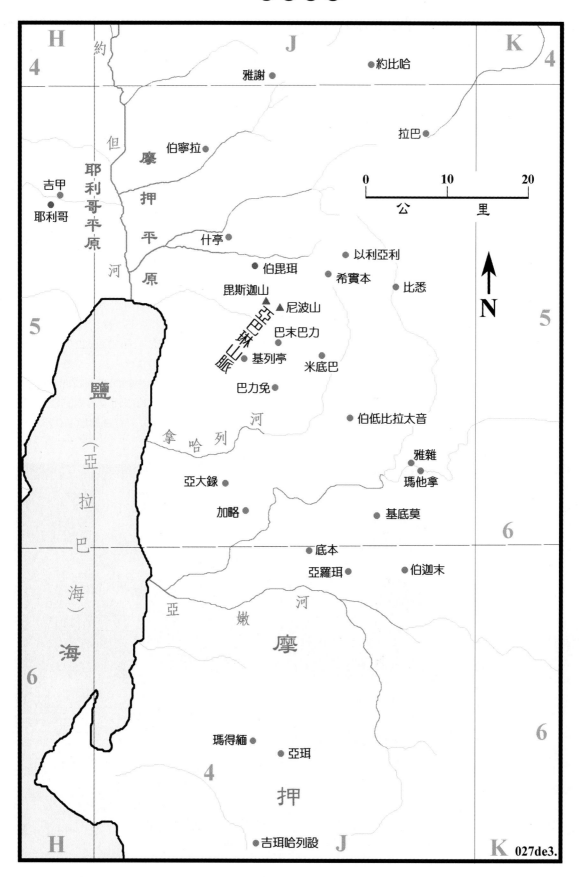

〈申圖三〉摩西觀看迦南地後去世和埋葬
(1406BC)

* 申 3:23～25，34:1～4
  摩西上山觀看迦南美地。(參看申圖一及書圖十一)
* 申 32:48～52，34:5～8
  摩西去世和埋葬。

　　摩西求神許他過約但河，但神未答應，只令他上尼波山去觀看迦南地。他所觀看的迦南美地，是從但城到南地，包括基列和河西之地，所列舉的地區名與〈申圖一〉中的有所不同，而且多是以支派為名，請參看〈書圖十一〉，就可以知道兩者所述實在是一樣的，此段中同樣未提及巴珊。摩西在觀看迦南美地後就去世了被葬在伯毘珥對面的谷中，但是沒有人知道他的墳墓在那裡。

地圖解說

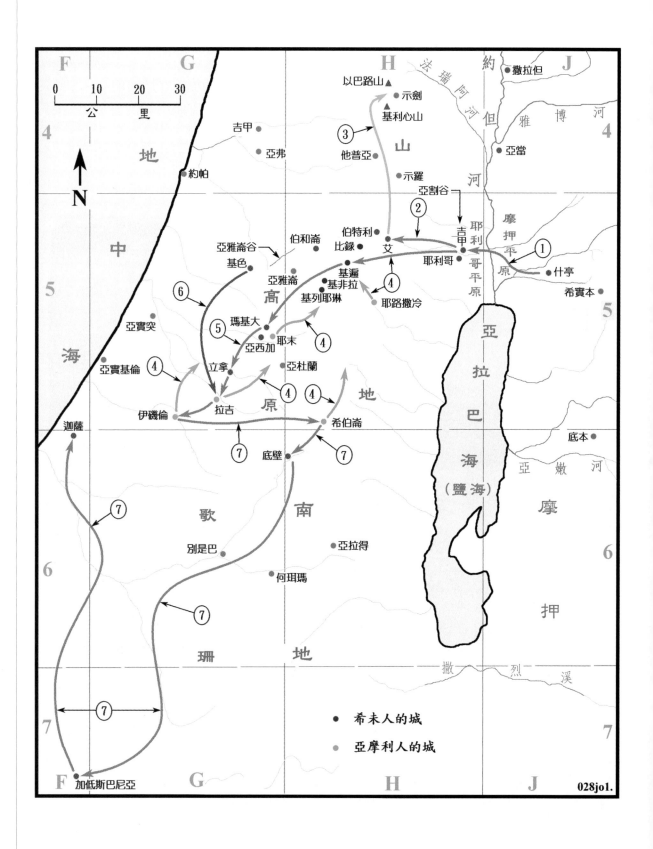

地圖解說

〈書圖一〉過約但河及征服南方諸王
(1406～1390BC)

* 書 1:1～4　應許之地。(參看申圖一)
1. 書2章　差遣兩個探子往窺耶利哥。
   (書3章過約但河,然後在吉甲安營。)
* 書6章攻取耶利哥城。
2. 書 7:2～8:29 攻打艾城。
3. 書 8:30～35
   前往以巴路山和基利心山獻祭, 並錄法於石。
* 書9章　與希未人立約。
4. 書 10:1～27
   亞摩利的五個王攻打基遍, 被以色列人擊敗。
5. 書 10:28～32 攻取瑪基大、立拿、拉吉。
6. 書 10:33 基色王來幫助拉吉, 被約書亞擊敗。
7. 書 10:24～41
   攻取伊磯倫、希伯崙、底壁、山地、南地、高原、山坡的人和那些地的諸王, 又從加低斯巴尼亞攻擊到迦薩、歌珊全地, 直到基遍。

以色列人過約但河進迦南時是1046 BC年,此時正是埃及的法老亞門侯提三世(1414～1378 BC) 主政,他覺得不再需要靠遠征來鞏固國力,因而轉向追求享樂,生活奢侈,並推展前所未有的建築計劃,因而逐漸鬆弛了對外的控制,有利於以色列人進攻迦南的征服行動。

接著的法老王是亞肯亞頓(1378～1367 BC),他為擺脫底比斯城亞孟神祭司勢力的威脅,而改信亞頓神,並以奉亞頓神為國教,在亞馬拿城Amarna建都,因他太專心於亞頓神而忽略了政務,在軍事方面,也忽視了迦南等的求助的呼聲,使在亞洲的勢力日減,迦南地的城邦有的公然反抗埃及的統治,有的則向埃及求援,也使得埃及無法有效的控制迦南和敘利亞, 在國內的政局也岌岌可危。在亞馬拿城所發現的三、四百塊泥版,稱為亞馬拿書信集,是迦南諸王在 1400～1360BC 間外族入侵時求救的文書,可以證明以色列人進入迦南一段歷史的真確性。

應許地中所說的曠野是指南地和其南之諸曠野,赫人全地可能是指迦南地,因赫人曾在數百年前統治過迦南,也可能指利巴嫩以北之地,因當時是赫人的地盤。

約但河在耶利哥城附近的一段, 平日只有四、五十公尺寬, 淺處可以涉水而過, 但在以色列人過約但河的時候,正是收割的日子,河水漲過兩岸,水流湍急,寬度有1公里以上,如非有大量的船隻,是無法容納十萬人在短時間內渡過的。

亞當城在耶利哥以北約有 27 公里,約但河谷在此變得十分狹窄而陡峭,根據正式的記載,在主後1266及1927年,河水曾兩度被亞當城附近河岸陡壁坍塌下來的泥土所堵塞。所以約但河水忽然中斷,是有可能的。

耶利哥是一個非常古老而且重要的地方,位約但河下游低地的尾端,背山面水,居高臨下,形勢險峻,扼守了往西南去耶路撒冷,往西則是去伯特利和艾城的兩條隘道,沿河岸可通往北方,所以是一個軍事和商業重要的據點。古城大約3公頃,建有9公尺高的城牆,城郊的土地肥沃,水源充沛,物產豐富,所以一直是一個富強的城邦。

艾城在耶利哥的西方約 18 公里,但兩者的高差在1000公尺以上,窄狹崎嶇的山路危險難行,但這是進入中部山地的惟一孔道。艾城也是一個很古老而重要的城邦,雖然不是很大,卻一度相當的繁榮,由於曾被埃及佔領,而且作為控制迦南的據點,所以有堅固的城牆和防衛的力量。

在以色列人攻下艾城之後,聖經雖未記載,但相信已經往北取得示劍城,並遵照摩西的遺命到以巴路山和基利心山上獻祭。這兩座山都是分別高聳在示劍城的南北,正在迦南地的中間,可說是代表了迦南地。其中以巴路山在北,是一座童山,可代表咒詛,而基利心山在南,山上林木茂盛,則是代表祝福。在主後 1983 年以色列的考古學家澤托爾,在以巴路的山頂上發現了約書亞所築的祭壇。

基遍是一座大城,武力強盛,在政治上是希未人等四個城的領袖,城區有4、5公頃,其位置在吉甲之西約27公里,但是中間有高山阻隔,比由吉甲到艾城更艱難,在夜間行軍也是非常的危險。亞雅崙谷和伯和崙的下坡都是很長的谷道,是中央山地到沿海平原的三條通道中最重要的一條。

亞摩利的五個城邦,就是耶路撒冷、希伯崙、耶末、拉吉和伊磯倫,另外還有基色、瑪基大、底壁、亞西加等都是。根據考古學家證實,那都是當時非常大,而且設防堅固的城池,可以想見當年以色列人所面臨之險阻。如果與數年後,猶大支派所得城邑之名單相比,也可以知道聖經中所記載的,僅是一個大概,必定有許多的戰役都省略未記。

地圖解說

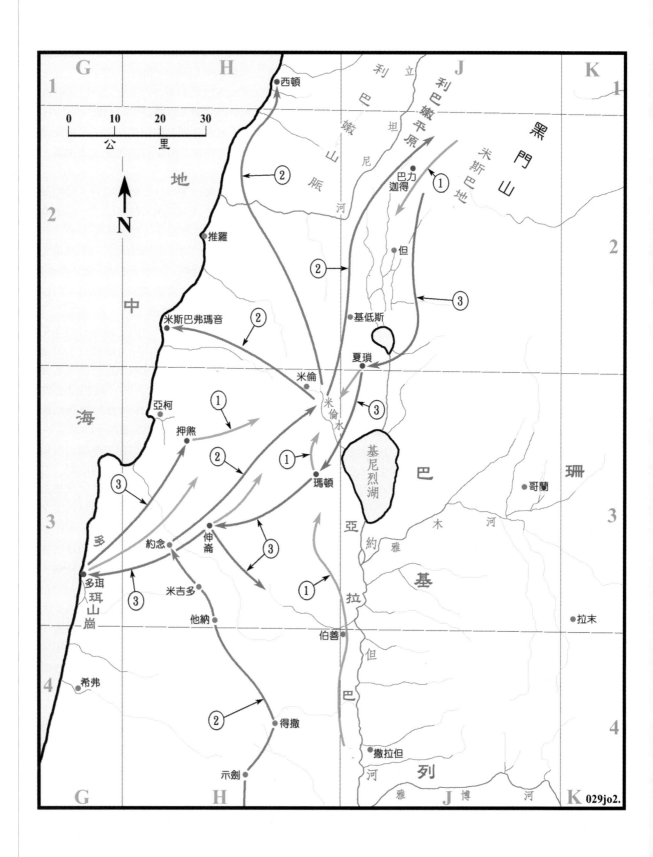

〈書圖二〉 征服北方諸王 (1406～1360BC)

1. 書 11:1～5

夏瑣王招集了瑪頓、伸崙、押煞、北方、山地、基尼烈南邊的亞拉巴、高原，西邊多珥山崗的諸王，又去見東方和西方的迦南人、山地的亞摩利人、赫人、比利洗人、耶布斯人、並黑門山根的希未人，到米倫的水邊安營，以抵擋以色列人。

2. 書 11:7～8

以色列人從南方進兵攻擊，在米倫的水邊擊敗了北方的聯軍，並追趕到西頓大城，到米斯利弗瑪音，直到東邊米斯巴平原。

3. 書 11:10～12

以色列人又轉回，奪了夏瑣和北方諸城。

聖經並沒有記載以色列人是經由那一條路線到達米倫水邊的。

曾在示劍城的以巴路山和基利心山築壇獻祭，並且擊殺了得撒、他納、約念和米吉多等王，故可假設是走的這一條路。在米倫水邊的一戰，夏瑣王是結集了所有北方的迦南人，人數眾多，是決定性的一戰，以色列人大勝，並且乘勝追擊到全北境。然後轉回奪取了北方的諸城。

夏瑣是迦南北部的重鎮，地處由大馬色進入迦南的門戶，是當時政治、經濟和軍事的中心，人口稠密，商業發達，城防堅固，城的面積可能到達六十公頃，是當時極大的一座城，從它能號召北部的各城聯合作戰，足證其勢力甚強，居於領導的地位。

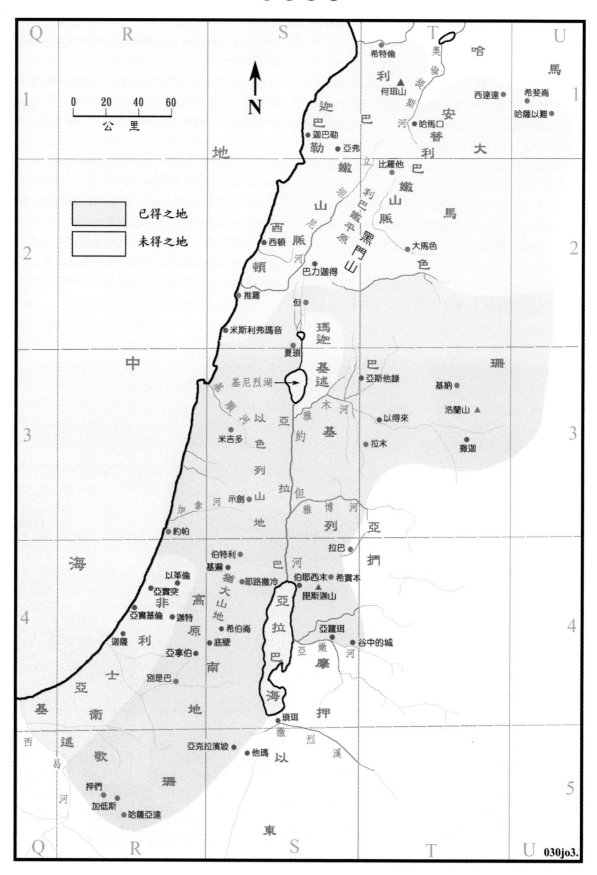

〈書圖三〉已得和未得之地

* 書 11:16～23, 12:7～8

  約書亞奪了那全地，在約但河西計有山地、一帶南地、歌珊全地、高原、亞拉巴、以色列山地和山下的高原，從上西珥的哈拉山、直到黑門山下利巴嫩平原的巴力迦得。

* 書 12:1～6

  約書亞在約但河東擊殺亞摩利人的兩個王，得了他們的地，就是從亞嫩谷直到黑門山，並東邊的全亞拉巴之地，直到基述人和瑪迦人的境界。

* 書 13:1～7

  未得之地計有：非利士人全境、西頓人的米亞拉到亞弗、迦巴勒人之地、全利巴嫩等。

未得之地是以應許地為目標而尚未能取得者，可與民卅四章及〈民圖二〉作一比較，因此未取得之地尚有很大的面積。在最初兩次的分地時，六個支派所得之地都相當的大，但第三次分地時，七個支派所得的面積都很小，而且有幾個支派的地業是從原已分得其他支派的地業中取出的，足見所得之地實不夠分配，如果能取得所有的應許地，情形就會大不一樣了。

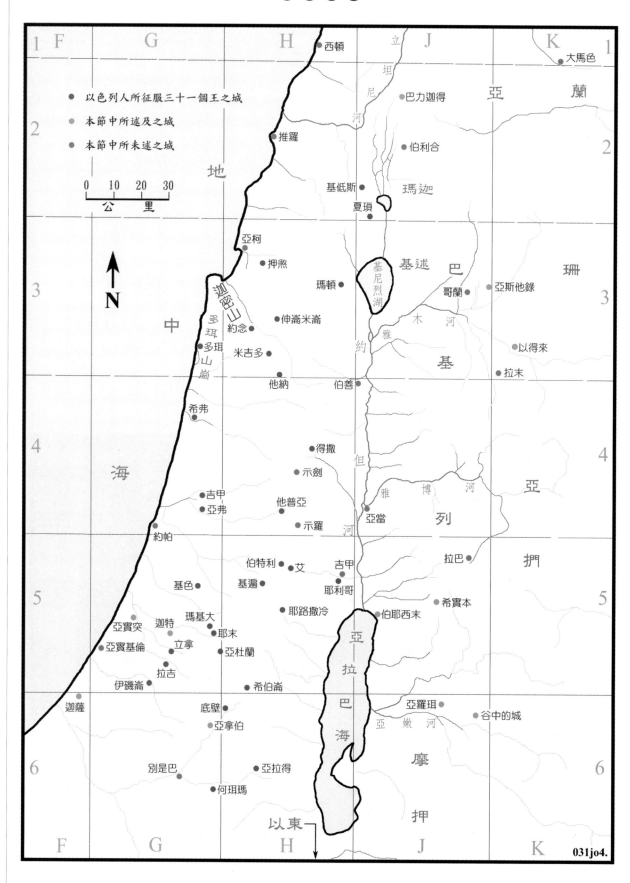

地圖解說

〈書圖四〉以色列人所征服的三十三個王
(1406～1360BC)

* 書 12:1～8
  以色列人所擊殺約但河東的兩個王。
* 書 12:9～24
  以色列人所擊殺約但河西的卅三個王。

　　當時是1406～1360 BC，埃及在迦南地的控制力已衰退，故對以色列人的入侵並沒有什麼反應，但是迦南人仍然是相當強大的。在約但河以東至少有七個大小不等的王國，就是以東、摩押、亞捫、基述、瑪迦和兩個亞摩利人的王，他們各有中央政府，統治了很多的城邑和相當大的地區，也能結集強大的兵力對抗以色列人。在約但河西，他們確是採取城邦制，以設防的城堡為主體，城郊外的土地為其領土，雖然沒有中央政府，但至少有卅五個以上的城邦，各有其王，城與城間常結盟或互相攻打，所以他們經常備戰，戰鬥力強，軍備優良，城防也很堅固，有的甚至可以抵抗數個月的圍攻，其中以夏瑣城最大有70公頃，米吉多城有5公頃，拉吉有9公頃，基遍有4公頃，耶利哥有3公頃，基色有11公頃敵。

〈書圖五〉約但河東兩個半支派的地業

* 書 13:8～14
  河東兩個半支派的疆界。
* 書 13:15～21
  流便支派的地業。
* 書 13:24～28
  迦得支派的地業。
* 書 13:29～31, 17:1～6
  瑪拿西半支派的地業。

　　在民數記第卅二章中，摩西已分了地給兩個半支派，但三者之間似乎沒有明確的疆界，而且迦得和流便兩個支派的城互相混雜，但在本節中，則將原屬於迦得支派的底本、亞羅珥和亞他錄，改屬流便支派所有。這樣一來，流便和迦得兩支派的領土就十分完整，邊界也清楚。迦得擁有雅博河以北的約但河谷，又有基列山東邊的拉末城，但瑪拿西確分得基列的一半，所以兩側都是迦得的地，看起來很奇怪。

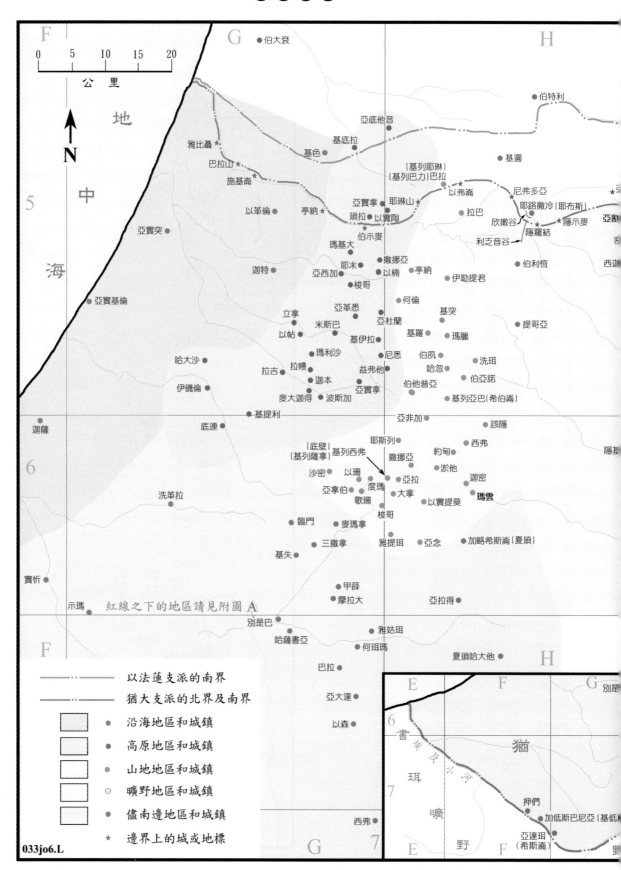

地圖解說

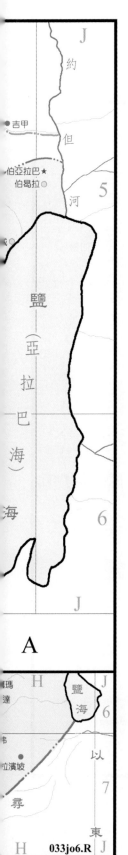

〈書圖六〉猶大支派的地業

* 書 14:13～15, 15:13～19
  分地給迦勒。
* 書 15:1～4
  猶大支派的南界。
* 書 15:5
  猶大支派的東界。
* 書 15:5～11
  猶大支派的北界。
* 書 15:12
  猶大支派的西界。
* 書 15:21～32
  儘南邊的城邑。
* 書 15:33～44
  高原的城邑。
* 書 15:45～47
  靠海之地。
* 書 15:48～60
  山地的城邑。
* 書 15:60～62
  曠野之城邑。
* 書 15:63
  耶路撒冷城屬猶大支派，但
  未趕出耶布斯人。

此次分地是在吉甲舉行，但除了河東的兩個半支派之外，只分給了猶大、以法蓮和瑪拿西等兩個半支派，猶大在南，另兩者在北，但在猶大和以法蓮之間，尚有部份空地並未劃分。

猶大支派所分得之地最多，不但有明顯的邊界，也有城市的名單，而且將所有的城邑分區分組，計有南區、高原、沿海地區、山地和曠野，都與自然地區相符，可作分區之參考。只是在北方有一些所分得的城邑，其位置已超出了北方的邊界，而且在日後分地時，再度分給了其他的支派，如以實陶、瑣拉、亞實拿、基底拉、伯大衮、以革倫等都給了但支派，甚至亞底他音城是在以法蓮的地業之內。東北角上的伯亞拉巴、伯曷拉和耶路撒冷等三個城，日後則改屬便雅憫支派。在下次分地時，又將儘南地區中的大部份城邑給了西緬支派。所以猶大支派地業的眞正和正確的疆域，要待下一次在示羅舉行的分地時，才能作最後的確定，請參看〈書圖十一〉。

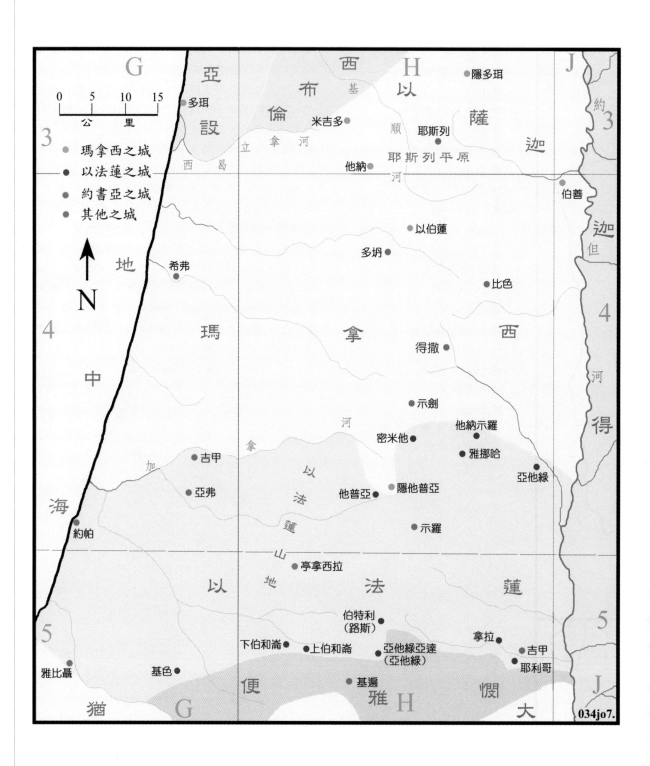

地圖解說

〈書圖七〉以法蓮和瑪拿西西半支派的地業

* 書 16:1～4

  約瑟子孫地業的南界。

* 書 16:5～10

  以法蓮支派地業的邊界。

* 書 17:1～6

  瑪拿西東半支派的地業。(繪在書圖五中)

* 書 17:7～9

  瑪拿西西半支派的南界。

* 書 17:10

  瑪拿西支派的北界。

* 書 17:11～13

  瑪拿西在亞設和以薩迦兩支派境內所有之城。

* 書 19:49～50

  約書亞的地業亭拿西拉城。

對約瑟的子孫所得地業的說明,只有邊界,並沒有中間城邑的名字,而且對邊界的說明也有一些不明之處,如以法蓮的南界不完全,也與前面所述約瑟子孫的南界不符,故採用約瑟子孫的南界為準。瑪拿西的北界雖然是與亞設和以薩迦為鄰,但當時尚未分地給他們,所以邊界也不能定出。除兩支派間的邊界線尚清楚之外,這兩支派實際所得到的地業,要到下次在示羅分地以後才能作最後的決定,所以以法蓮實際的疆域繪在〈書圖八〉,瑪拿西的則在〈書圖九〉中。而本圖所繪,僅是暫時性的情形,只是一個分地過程的說明。

有一點可注意的是,在瑪拿西支派所得的城邑中,有幾個卻是在亞設和以薩迦的境內,而且都是當時北部的幾個軍事重鎮。

約書亞本是以法蓮支派的子孫,所得之地也是在該支派地業之內。

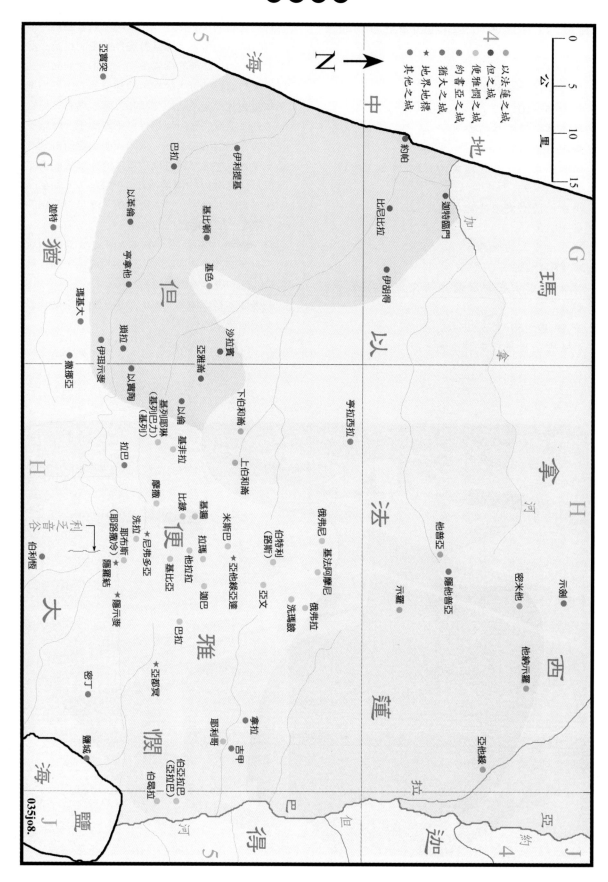

地圖解說

〈書圖八〉 便雅憫、但和以法蓮的地業

* 書 18:11～20 便雅憫支派的邊界。
* 書 18:21～28 便雅憫支派的城邑。
* 書 19:40～46 但支派的城邑。
* 書 19:47
  但人攻取利善,改名但城。(參看書圖十)
  (本圖包括以法蓮支派最終所得地業之範圍。)

〈書圖九〉 西緬支派的地業

* 書 19:1～9 西緬支派的地業。

　西緬支派的地業是在猶大支派地業之內,而且也是取自猶大所有,是屬於猶大儘南邊諸城的一部份,也是南地的一部份,只是兩支派間的界線並不清楚,本圖是按照城邑之位置試繪,僅供參考。

　第三次的分地是在示羅所舉行的,雖然只是分地給所餘的七個支派,但是實際上是對西岸的九個半支派之領土重新作了分配:例如從猶大的地業中分給西緬、但和便雅憫,從以法蓮中給了但和便雅憫,瑪拿西的北界也清楚了。

　便雅憫的南界與猶大的北界相符合,北界說得不清楚,所以圖中之北界是按城邑之位置所繪出,其中伯特利和其北的幾個城,原來都是屬於以法蓮的,但現分給便雅憫。便雅憫支派所得之地很小,卻擁有耶路撒冷、伯特利和基遍等重要的政治、軍事及宗教的重地,是以色列人日後活動的中心。

　但支派所得之地,分別取自猶大和以法蓮,擁有沿海十分富裕的平原,以及高原的北部,控制了山地往沿海平原的幾條孔道,如梭烈谷和亞雅崙谷,所以位置非常重要, 成為兵家必爭之地。但是也因如此,但支派未能佔據,只保有了山地中瑣拉、以實陶等一小片地方。在不得已的情形下,只得另尋住地,有一部份人到北方去佔領了利善。

　以法蓮支派的地業在這次分地中,給了但和以法蓮許多的地,所以他的領土比原來所得小了很多。

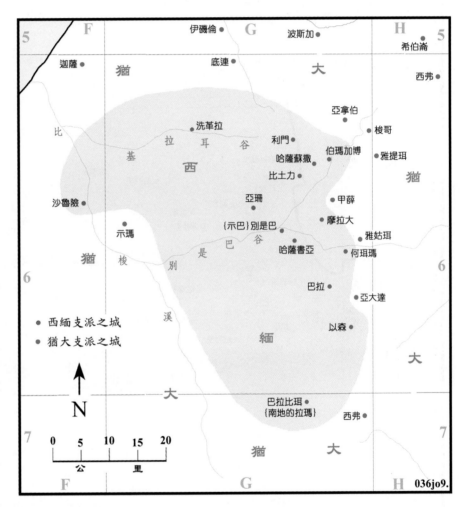

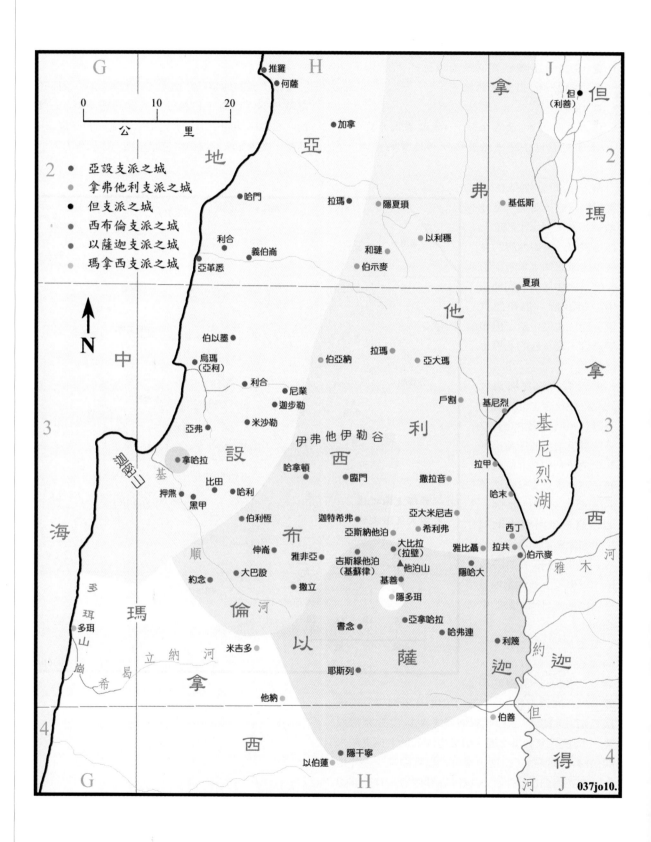

地圖解説

〈書圖十〉西布倫、以薩迦、亞設、拿弗他利等支派的地業

* 書 19:10～16 西布倫支派的地業。
* 書 19:17～23 以薩迦支派的地業。
* 書 19:24～31 亞設支派的地業。
* 書 19:32～39 拿弗他利支派的地業。
* 書 19:47 但人攻取利善，改名為但城。

　　四個支派的邊界都欠明確，亞設和拿弗他利的南界不知止於何處，亞設的南界原來是到希曷立納河，但其北之多珥是給了瑪拿西支派，所以其南界假定是在迦密山的南麓，西布倫的城邑中並未包括約念在內，但是在利未城邑的名單中是屬於西布倫所有，故其邊界應是在約念之南，西布倫和以薩迦所分得的地是最小，但是卻占有氣候最佳，土地肥美的以斯得倫平原，可說得到了是迦南地最優良的地區，又因能控制南北的交通，故具有最重要的戰略價值，所以也是多戰亂的危險地區。拿弗他利雖是山地，卻是最秀麗而且適於農牧之地，又有往大馬色去的國際大道通過，控制了迦南地的北方門戶，所以位置非常重要。

　　亞設占有肥美的沿海平原，土地肥沃，交通便利，但易受到外邦的侵擾。

地圖解說

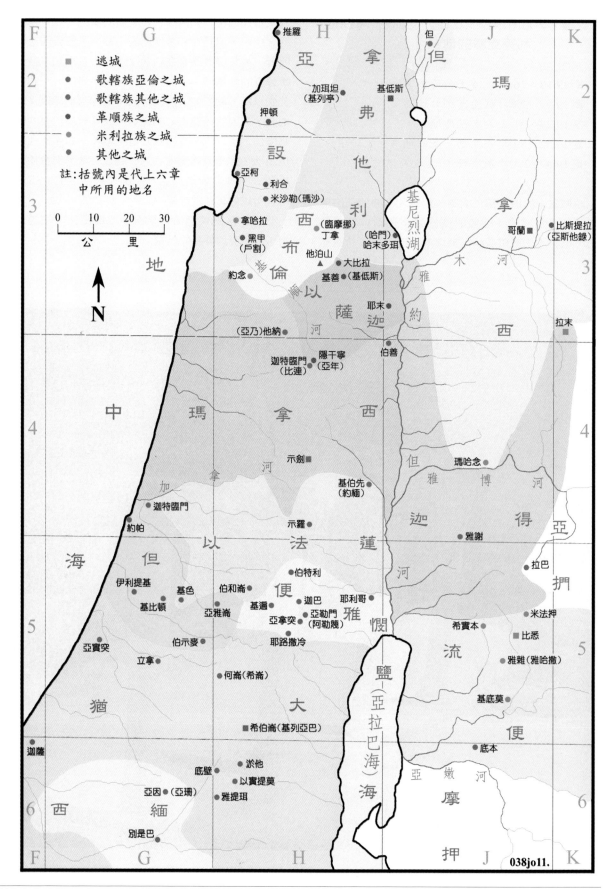

圖例：
- ■ 逃城
- ● 歌轄族亞倫之城
- ● 歌轄族其他之城
- ● 革順族之城
- ● 米利拉族之城
- ● 其他之城

註：括號內是代上六章
中所用的地名

公里 0 10 20 30

N

推羅
亞
拿
弗
他
但
拿
瑪

加珥坦
(基列亭)
基低斯

押頓

設

亞柯
利合
米沙勒(瑪沙)
西
拿哈拉
(臨摩挪)
布
黑甲
(戶割)
丁拿
哈末多珥
(哈門)
約念
彭
他泊山
大比拉
倫
基善(基低斯)
以
薩
迦
耶末
(亞乃)他納
迦特臨門
(比連)
隱干寧
(亞年)
伯善

基尼
烈湖

哥蘭
比斯提拉
(亞斯他錄)

木
河

雅

西

拉末

示劍
基伯先
(約緬)
瑪哈念

加
拿
河
迦特臨門
約帕
但
示羅
雅謝
迦
得
亞
押
拉巴
以
法
蓮
伯特利
雅
伊利提基
基色
伯和崙
迦巴
耶利哥
憫
米法押
基比頓
亞雅崙
基遍
亞勒門
(阿勒篾)
流
希實本
比悉
伯示麥
亞拿突
希崙
耶路撒冷
雅雜(雅哈撒)
亞實突
立拿
何崙(希崙)
基底莫
大
希伯崙(基列亞巴)
便
迦薩
底壁
淤他
底本
亞因(亞珊)
以實提莫
雅提珥
別是巴
西
緬
亞嫩河
摩
押

地
中
海

大
海

鹽
(亞拉巴)海
海

038jo11.

〈書圖十一〉利未支派的地業

* 書 20:7～8
  設立六個逃城。
* 書 21:4～40
  分地給利未支派。

　　利未支派分為四組,包括逃城在內,共得了四十
八個城邑,從他們的位置,可以大略的看出當時人
口分佈的情形。

　　本圖順便把十二個支派地業的疆界繪出,其中的
猶大和以法蓮兩支派的地業與原來在吉甲所分者已
大有不同,其情形已在〈書圖八〉及〈書圖九〉兩
圖說明。

地圖解說

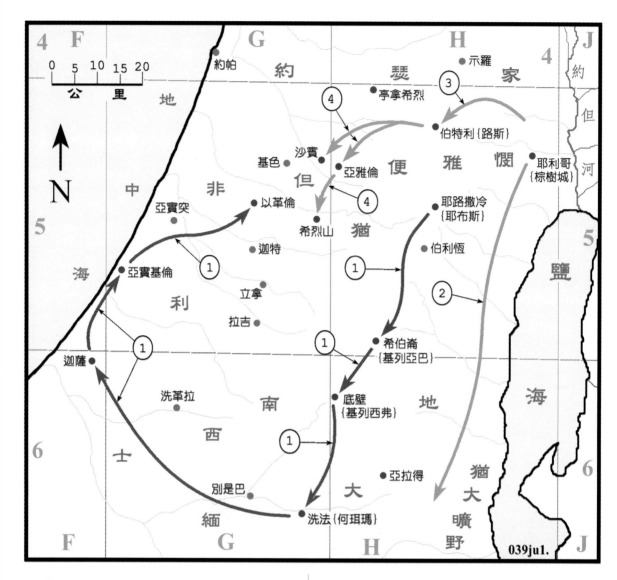

〈士圖一〉攻取南部之地

* 士 1:1，2:8～9

  約書亞活到一百一十歲，約是在1390BC去世，葬在亭拿希烈。

1. 士 1:1～26

  猶大、西緬和以法蓮攻取南部之地，包括有耶路撒冷、希伯崙、底壁、洗法、迦薩、亞實基倫、以革倫等地。

2. 士 1:16

  基尼人離開棕樹城，往亞拉得以南的猶大曠野去住在那裡。

3. 士 1:22～26

  約瑟家攻取了伯特利。

4. 士 1:35

  約瑟家攻取了希烈山、亞雅倫和沙賓。

  士師記是記載約書亞至撒母耳之間的歷史，大約是從1400BC到1100BC年間的事，各士師之年代，經考據分別記載在各圖之說明中。

  約書亞雖然帶領以色列人征服迦南地，但並未消滅所有的迦南人，不久迦南人又強大了起來，新一代的以色列人必須再去征服失去之地。

  本段中只記載了猶大、西緬、便雅憫和約瑟家(即是以法蓮和瑪拿西)等五個支派的戰事，他們收復了伯特利以南的地區。但是並未能趕出耶路撒冷的耶布斯人。猶大攻取了非利士人的三個主要城鎮，但照第十九節的說法，似乎並沒有能長久的佔領。

地圖解說

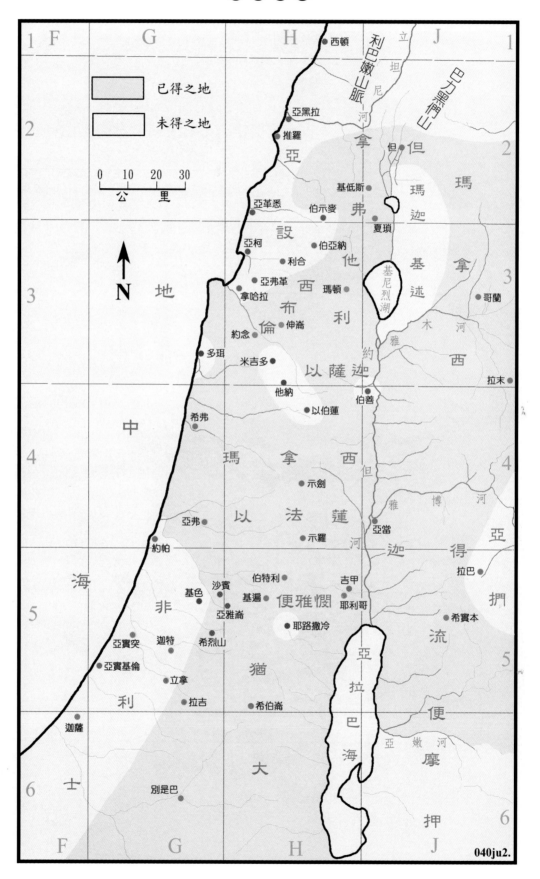

〈士圖二〉未得之地

* 士 1:2～36　　　以色列人未得之地。
* 士 3:3　　　　　留下的幾族人。

　　聖經中並沒有記載征服北部的情形，但是卻代替的說明了未能取得之地。其中亞設支派失地最多，只留下山腳下的一些城鎮。瑪拿西則未能取得多珥、米吉多、他納、以伯蓮和伯善等五個戰略的重鎮，南北的交通常有被切斷之虞。在南部仍有耶布斯城和非利士地未能取得，而後者就成了往後數百年間以色列人的大患，影響深遠。但支派之地不僅西部沿海的土地被亞摩利人所佔，而且東部的沙賓、亞雅崙和希烈山(伯示麥)也被亞摩利人盤據，結果但人只餘下瑣拉和以實陶兩個城所屬極為窄小的地區，因此就不得不另謀安居之地。後來亞雅崙等城被以法蓮人所收復。推羅和加利利地以北之地，就是利巴嫩，以色列人只有在所羅門王的時代短期的佔有。

地圖解說

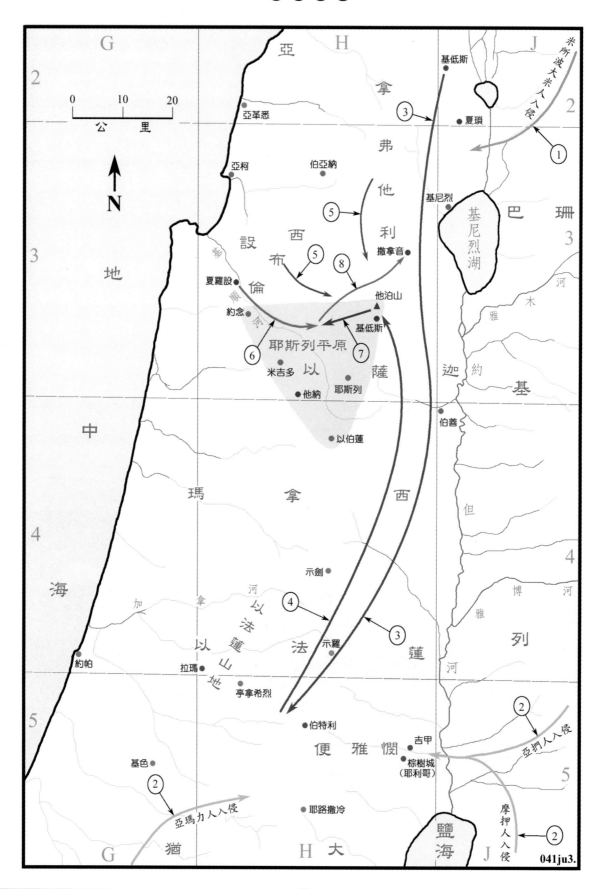

地圖解說

〈士圖三〉俄陀聶(1367～1237BC)
以笏(1309～1229BC)
底波拉(1209～1169BC)

1. 士 3:7～11

   米所波大米人入侵，使以色列人服事了他們八年。俄陀聶興起拯救，於是國中平靜了四十年。

2. 士 3:12～28

   摩押人招聚了亞捫人和亞瑪力人入侵，使以色列人服事了他們十八年。以笏興起拯救，於是國中太平了八十年。

* 士 4:1～3

   迦南人夏瑣王欺壓以色列人二十年。

3. 士4～7

   底波拉作以色列人的士師，她召基低斯的巴拉到伯特利和拉瑪附近她的家中，令他攻擊夏瑣王。

4. 士4:8～9

   底波拉和巴拉同去基低斯。

5. 士4:10～12

   巴拉召集西布倫人和拿弗他利人(可能還有以薩迦人)共一萬人到基低斯。

6. 士4:13

   夏瑣王的將軍西拉拉從夏羅設出來攻打以色列人，到了基順河。

7. 士4:14～15

   以色列人從他泊山下來，擊敗了西拉拉的大軍。

8. 士4:15～22

   西拉拉兵敗後逃亡，到了撒拉音的橡樹旁，被基尼婦人雅億所殺。

在以色列的士師時代，埃及對迦南已經失去了控制力，但是迦南一地仍然不斷的受到附近民族的干擾，神也不時的興起士師來拯救他們。最早入侵的是米所波大米人，再有摩押人聯合亞捫人和亞瑪力人的侵擾，都先後被俄陀聶和以笏所打敗。

迦南人夏瑣王又再欺壓了以色列人有四十年之久，他的武力強大，在所羅門王最盛的時期，只有鐵車一千四百輛，而夏瑣王集結了九百輛鐵車，足見其軍力之盛。 他和以色列人對陣之處是在他泊山下的耶斯列平原，這個平原在耶斯列城之西， 形狀像一個三角形，各以他泊山、約念和以伯蓮為頂點，地面相當的寬廣又平整，最適合戰車馳騁，可說是佔了極大的優勢。相對的，以色列人只有一萬，而且是倉促成軍，缺乏訓練，更沒有作戰經驗，兩者的實力相差懸殊，有如以卵擊石。但是當暴雨驟至，基順河的河水泛濫，不但沖沒了西西拉的軍隊，使得地面泥濘鬆軟，令車輪深陷，動彈不得， 因而潰敗。

在這段史實中，提到了兩個「基低斯」，一個是拿弗他利的基低斯，位於加利利湖之北；另一個是靠近撒拿音橡樹的加低斯，則是在他泊山的南麓。

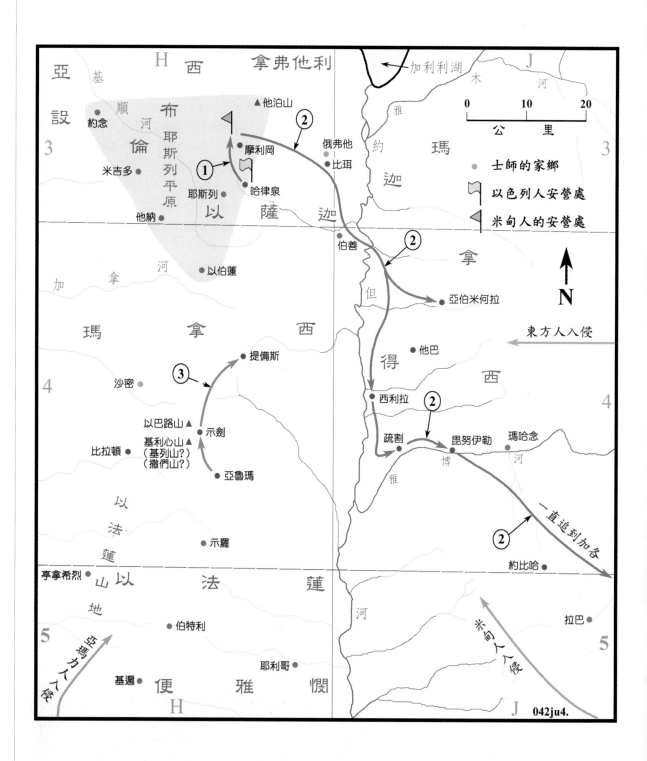

〈士圖四〉基甸 (1162〜1122BC)
亞比米勒 (1122〜1119BC)
陀拉 (1119〜1096BC)

* 士 6:1〜35

　　米甸壓制以色列人七年，耶和華召基甸出來
　　拯救，他召集瑪拿西、亞設、西布倫和拿弗
　　他利支派的人來跟從他，共約有三萬二千
　　人。

* 士 7:1〜8

　　基甸在哈律泉旁安營，他選了三百人，將其
　　他的人遣回。

1. 士 7:16〜21

　　基甸攻打米甸人，米甸人大敗。

2. 士 7:21〜8:12

　　米甸人逃竄，直到加各。

3. 士 9 章

　　亞比米勒為患三年。

* 士 10:1〜2

　　沙密的陀拉作以色列人的士師二十三年。

　　當時以色列人被米甸人所壓制。在以色列人撒種
以後，又有亞瑪力人和東方人來侵擾，米甸人是來
自阿卡巴灣的東岸，亞瑪力人是來自加低斯以南的
地區，東方人大概是以死海以東約180公里的加各
為中心的遊牧民族。當基甸當士師時，他們集合安
營在耶斯列平原，人數極多，基甸原有三萬二千男
丁，他只從中選出三百人來作戰，並將其他的人遣
回。當基甸以極少的人突襲米甸人時，神使米甸人
自相殘殺而潰敗，逃往自己的老巢，基甸追趕他們
過了約但河，一直追殺到加各，全程超過200公
里，這在山區和曠野中，的確是非常艱苦的事。

　　基甸的庶子亞比米勒，他的母親是示劍人，故有
一半迦南人的血統，雖說他管理了以色列三年，實
際上是作亂，而他活動的範圍也很有限，最後他在
提備斯被殺。

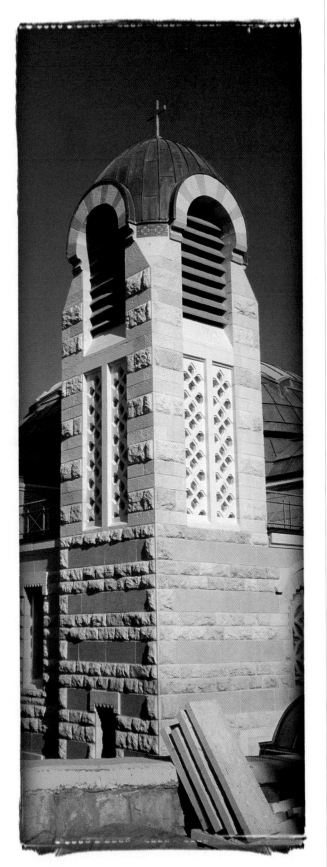

地圖解說

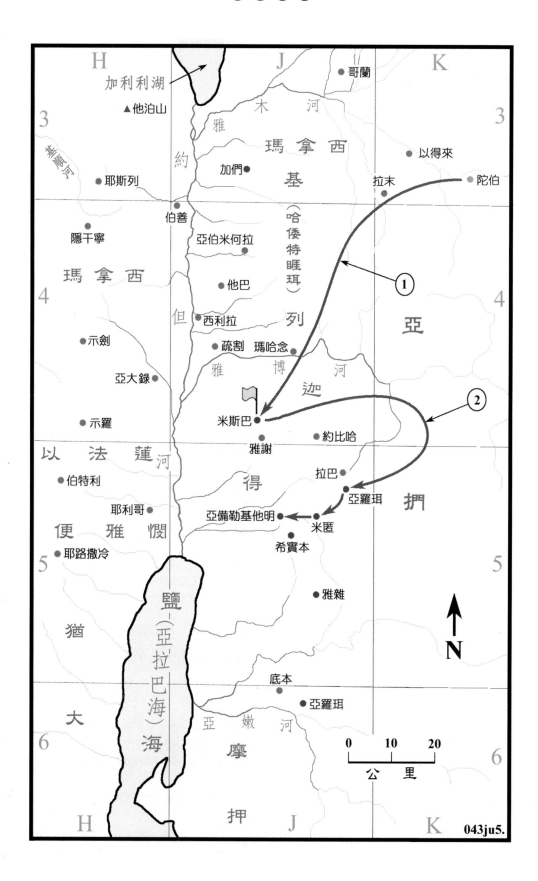

〈士圖五〉 睚珥(1119～1096BC)
        耶弗他(1078～1072BC)

* 士 10:4～5
  基列人睚珥作以色列人的士師廿二年。

* 士 10:6～12:7
  亞捫人欺壓基列地的以色列人有十八年之
  久，以色列人安營在米斯巴，但沒有領袖。

1. 士 11:1～11
   以色列人去陀伯地請回耶弗他， 立他作以色
   列人的領袖。

2. 士 11:32～33
   以色列人攻擊亞捫，亞捫人就被制服了。

* 士 12:1～6
  以法蓮人責怪並攻打耶弗他， 被耶弗他所
  敗。

　亞捫人是羅得從他的次女所得的兒子，由於聖經
中從未述及其國土的邊界，除首府拉巴之外，也沒
有提到其他的城邑，所以無法定出他國土的範圍，
他原來的領土大約是在基列地以東，以得來以南，
拉巴和希實本以北的地區。但在耶弗他的時代，亞
捫壯大了起來，不但壓制約但河東的以色列人，而
且還攻打河西的猶大、便雅憫和以法蓮人，耶弗他
是直接攻擊亞捫的本土，使其被以色列人所制伏。

地圖解說

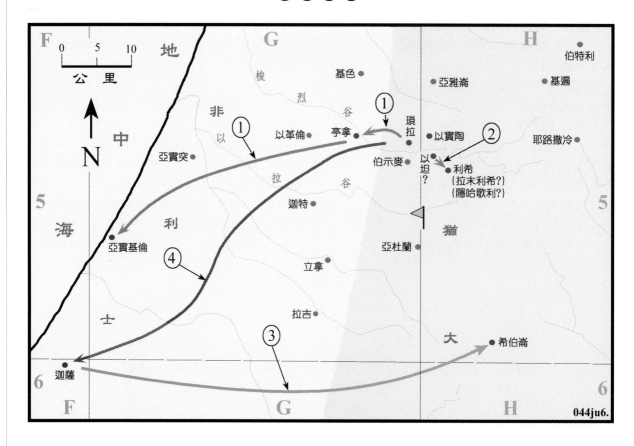

044ju6.

〈士圖六〉參孫 (1075〜1055BC)

* 士 13 章非利士人欺壓以色列人四十年，耶和華使但族的瑪挪亞生了參孫，以拯救以色列人。

1. 士 14:1
   參孫到亭拿要娶非利士女子為妻，他下到亞實基倫擊殺了三十個非利士人。

* 士 15:1〜8
   參孫用狐狸燒了非利士的禾稼和葡萄園，非利士人就燒了他的妻子和岳父，他為妻子報仇，再殺了許多非利士人，然後下去住在以坦。

2. 士 15:9〜20
   猶大人在以坦把參孫捆綁了，送到利希非利士人那裡，參孫在那裡擊殺了一千多個非利士人。參孫作以色列的士師二十年。

3. 士 16:1〜3
   參孫到迦薩，半夜起來，把城門拆下來，扛到希伯崙城的山頂上。

4. 士 16:4〜31
   參孫在梭烈谷被大利拉探知他有力的祕密，就被非利士人捉到迦薩，剜了他的眼睛，使他做苦工，結果參孫在被戲辱之時，將大廟推倒，壓死了許多的非利士人，他也被壓身亡。

非利士人在很早以前就不斷的移入肥沃的南部沿海平原，待主前十二世紀時，自迦斐託等島的海上民族大舉入侵之後，人數大增。又因帶來製造鐵器的技術，就更形壯大，他們有五個首領，分別建有亞實突、亞實基倫、迦薩、迦特和以革倫等五個大城市，非利士人一直有併吞迦南地的野心，長久不斷的攻擊以色列人，到參孫的時代，非利士已成為以色列人的大患。

參孫是一個獨來獨往的士師，一次從他自亭拿下到亞實基倫，路程有40餘公里，去擊殺了三十個人。又有一次他把迦薩城的城門連門框拆下，一齊連夜的扛到60公里以外，比迦薩高有1000公尺的希伯崙的山頂，實在是有過人之精力。

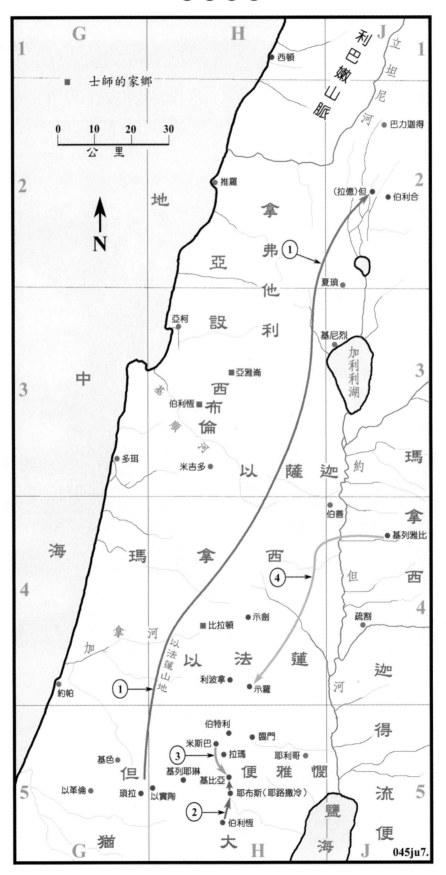

〈士圖七〉 **以比讚** (1075～1050BC ?)
　　　　　以倫 (1075～1050BC ?)
　　　　　押頓 (1075～1050BC ?)

* 士 12:8～10
　伯利恆人以比讚作以色列人的士師七年。

* 士 12:11～12
　西布倫人以倫作以色列人的士師十年。

* 士 12:13～15
　比拉頓人押頓作以色列人的士師八年。

1. 士 18 章
　但支派攻取拉億城，改名但城，在那裡居住。

2. 士 19:1～28
　一個利未人帶著他的妾從伯利恆到了基比亞，在基比亞他的妾被辱致死。

3. 士 19:29～20:58
　以色列人集合在米斯巴，攻打基比亞，又燒殺了便雅憫的各城，便雅憫幾被滅族。

4. 士 21:9～12
　以色列攻打基列雅比，又將剩餘的四百個處女帶到示羅給便雅憫人為妻。

　但支派的人因被亞摩利人佔據了西部的沿海平原，又佔據了東部的幾個城，使得但族的人侷限在以瑣拉和以實陶兩城為中心的窄狹地區之內，在不得已之下，只得派了六百人，遠到180餘公里以外的北方去覓地定居，但城原名叫拉億，是一個水源豐富，土地肥沃的地區，交通雖不便利，然而人民卻能安居，少有外敵的干擾。

　米迦擅設神堂另立祭司，說明了當時以色列的信仰腐敗。基比亞的慘案也說明了當時道德淪落情況有似所多瑪。

　舊約中常提到的「從別是巴到但」，其意是指以色列全地。

　此段中所說的以色列人，是指除了便雅憫支派以外的十一個支派。

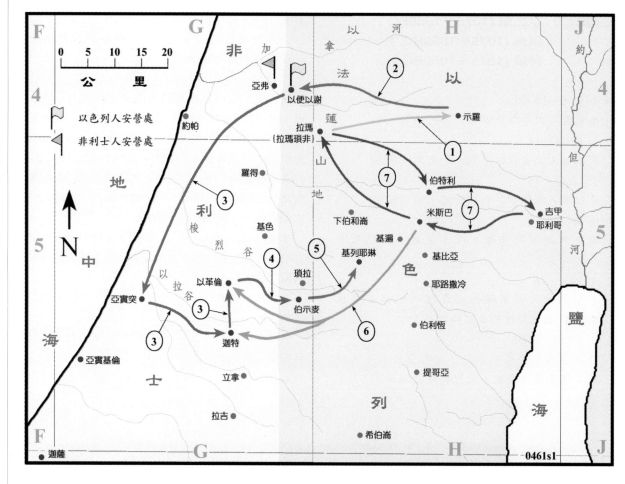

〈撒上圖一〉　撒母耳任以色列的先知
(1100～1050?BC)

1. 撒上 1:19～2:11

   撒母耳出生 (1100BC?) 在以法蓮山地的拉瑪，到斷奶之後即被送到示羅獻給耶和華，在祭司以利面前學習事奉神。

* 撒上 3:19～21

   耶和華立撒母耳為先知。

2. 撒上 4:1～4

   以色列人與非利士人交戰，以色列被非利士人打敗，就把約櫃從示羅運到以便以謝。

3. 撒上 4:10～11，5:1～12

   以色列攻擊非利士人，又被非利士人擊敗，約櫃被擄，非利士人把約櫃運到亞實突，又運到迦特，再運到以革倫，約櫃在非利士地七個月，每到一地都會發生大災難。

4. 撒上 6:1～16

   非利士人懼怕約櫃所降的災，他們的五個大城各備了一份禮物賠罪，又將約櫃送到伯示麥，還給以色列人。

5. 撒上 6:19～7:2

   伯示麥人因擅觀約櫃，多人被殺，因此請基列耶琳的人將約櫃迎去，約櫃就在基列耶琳許久，直到大衛王時才被迎往耶路撒冷(撒下6:1)。

6. 撒上 7:5～14

   由於撒母耳的努力，二十年後以色列人重歸耶和華，他們在米斯巴聚集祈求之時，非利士人來襲，被以色列人擊敗，以色列人就收復了失去的土地，從以革倫直到迦特。以色列人又與亞摩利人和好(1055?)。以色列地平靜了二十年。

7. 撒上 7:15～17

   撒母耳每年巡行到伯特利、吉甲、米斯巴，隨後回到拉瑪。

   在撒母耳出生之前，以色列沒有王，各人任意而

地圖解說

行， 其宗教上敗壞， 可從祭司以利和他的兩個兒子的行為看出來。以色列人積弱不振， 主要的外敵是非利士人，常受到他們的騷擾。非利士人長期不斷的從海上移民來到迦南，此時已佔據了沿海平原大半的土地，往北到了亞弗，可見其勢力已入侵到迦南的中部，而且還不斷的攻打以色列人，成了以色列人的大敵。此時埃及的國勢衰落，英明的蘭塞三世被暗殺之後，其後的蘭塞四世到十二世(1167～1085BC)，不但在軍政上都沒有作為，而且漸向祭司們屈服，弱小的法老只能控制北部三角洲的地區，已無能力參加國際的事務，以色列地是暫時的脫離了埃及的控制，一直到了 930 BC 以後，埃及才再度興起。

到了撒母耳時代，以色列初被非利士人所敗，以色列人在撒母耳二十年的教訓之下，全體的以色列人都傾向耶和華，結果得到復興，曾一度打敗非利士人，收復失土，同時也與亞摩利人和好，國內得以平靜了二十年。

〈撒上圖二〉　撒母耳膏掃羅　(1050?BC)

1. 撒上 9:3～10:8
   掃羅奉派尋找幾頭失去的驢子，到了拉瑪，撒母耳膏他做以色列的王(掃羅當時是四十歲)。

2. 撒上 10:9～16
   掃羅回到那山，就是基比亞，神的靈大大的感動他，就在眾先知中受感說話。

3. 撒上 10:17～24
   掃羅到了米斯巴，撒母耳在眾人前抽籤，抽出掃羅，就立他作以色列人的王。

   掃羅奉父命去尋找遺失的幾頭驢，走遍了以法蓮山地和便雅憫地，這是一相當大的地區，而且山路崎嶇難行，從這一件事看來， 掃羅是相當的孝順和忠心。

   撒母耳在拉瑪膏掃羅，又在米斯巴眾人前抽籤選出掃羅立他作以色列王，日後又在吉甲獻平安祭，是隆重的登基大典。

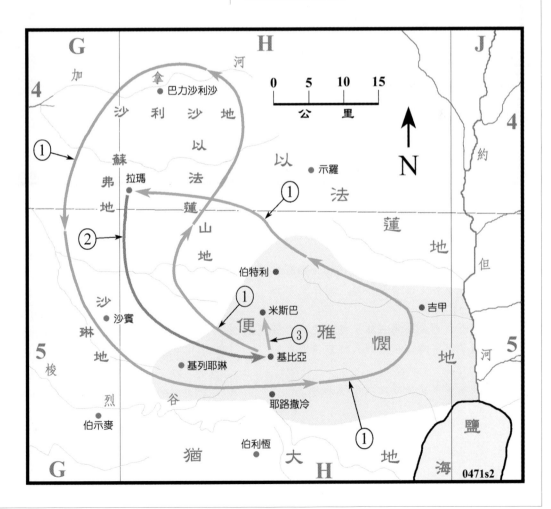

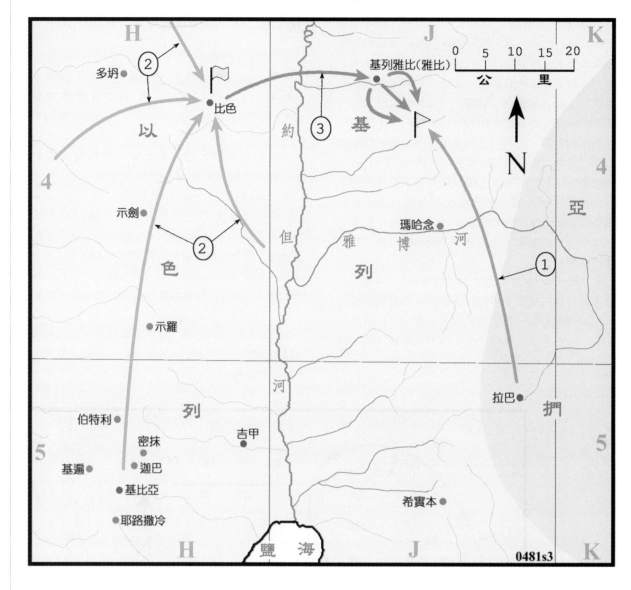

〈撒上圖三〉　掃羅攻打亞捫人 (1050BC)

1. 撒上 11:1～8

   亞捫人逼迫基列雅比，雅比人就向掃羅求救，掃羅招聚了各支派的卅三萬人到比色聚集。

2. 撒上 11:11

   掃羅把以色列人分為三路，在清晨時攻擊亞捫人，到了近午時分，亞捫人被擊潰敗。

* 撒上 11:14

   撒母耳在吉甲立掃羅為以色列王。

　　亞捫人是羅得的後代，雖然是與以色列人有血緣的關係，但卻不斷的與以色列人為敵，此次更是以惡毒的手段逼迫基列雅亞比人，只給他們七天的時間作答。出乎意料之外的，掃羅竟然能在短短的幾天之內，就號召聚集了各支派的人，共有卅三萬人，從各地趕到比色，足見掃羅在以色列人中受到相當大的擁戴，以色列人的動員也非常的快速。他兵分三路，拂曉突襲成功，解了基列雅比城的圍，亞捫人大敗而去。由此可見掃羅也是非常具有作戰能力的人。

地圖解說

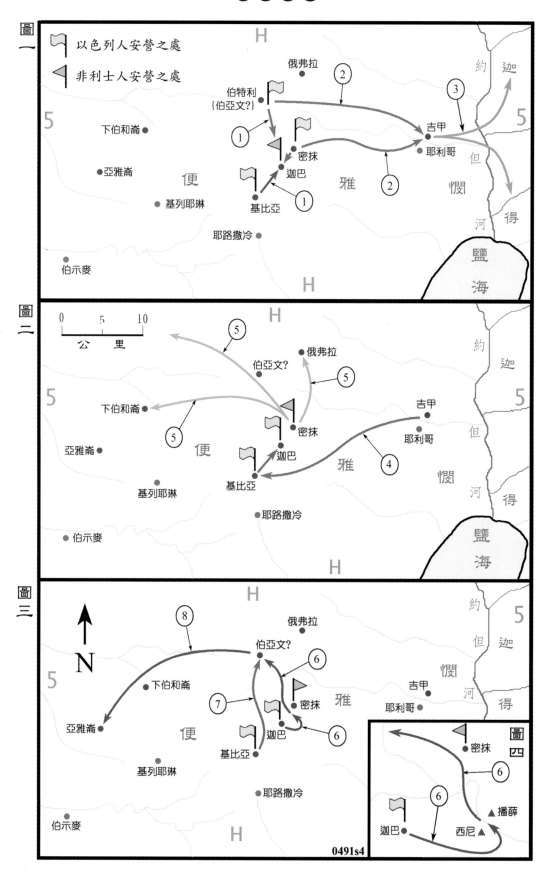

地圖解說

〈撒上圖四〉 掃羅和非利士人的戰爭
(1049BC)

本圖分為四個分圖,各分圖的內容如下:

◎圖(一)

* 撒上13:1～2

  掃羅登基的第二年,他領了二千人駐守在密抹和伯特利山,他的兒子約拿單帶領一千人駐守基比亞。

1. 撒上13:3～4

   約拿單攻擊迦巴非利士人的防營,掃羅也召集人去攻打。

2. 撒上13:4

   約拿單攻取了迦巴,但掃羅卻戰敗,從伯特利山和密抹退守到吉甲。

3. 撒上13:5～7

   非利士人又增加兵力到密抹, 很多以色列人都逃過約但河,到迦得和基列去躲避,掃羅原有的二千人只餘下六百人。

* 撒上13:8～14

  掃羅在吉甲未等候撒母耳來,未遵耶和華的命令,就自行獻祭。

◎圖(二)

4. 撒上13:15～16 掃羅從吉甲回到基比亞,又去和約拿單在迦巴安營。

5. 撒上13:17～18 非利士人在密抹安營,又派了三隊掠兵出去。

◎圖(三及四)

6. 撒上14:1～14

   約拿單突擊非利士人在密抹的防營,他爬上隘口後殺了二十餘人,非利士人大為戰兢而潰敗。

7. 撒上14:18

   掃羅見非利士潰敗,就與藏在以法蓮山地的以色列人出來,一同追殺非利士人,一直追到伯亞文

8. 撒上14:31

   又追殺到亞雅崙, 然後非利士人就回本地去了。

掃羅登基的第二年,非利士就大舉來襲,甚至入侵到了距他的首都基比亞不到5公里的迦巴,而且把掃羅和約拿單的軍隊切成兩段,可說是危急非常,這一次戰役全靠神的保守和約拿單的勇敢,約拿單首先收復迦巴,再冒險攻打密抹,神使地都震動,非利士人戰兢得用刀互相擊殺而潰敗。

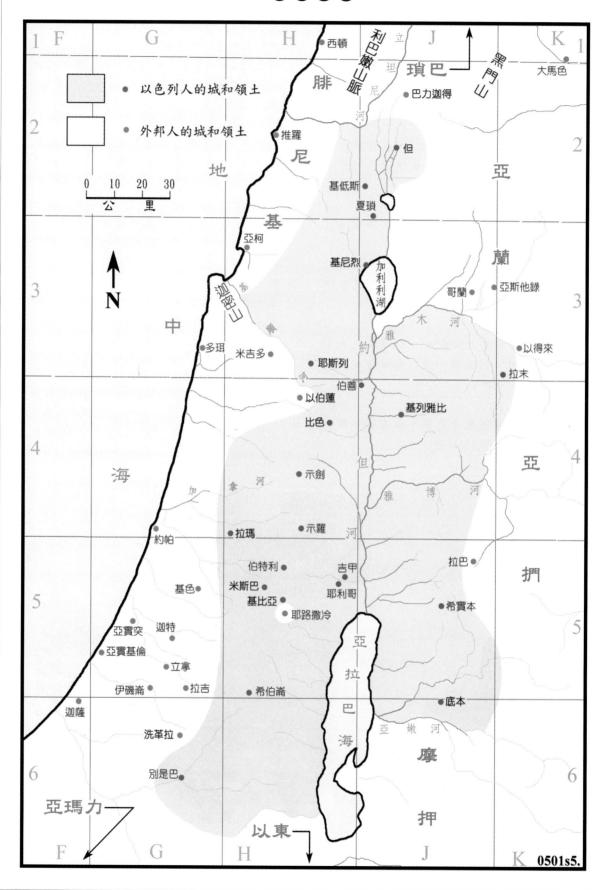

〈撒上圖五〉　以色列人在掃羅時代的疆土
(1047～1027BC)

* 撒上 14:47～48 掃羅王的領土。

　　掃羅在他最盛的二十年間(1047 至 1027BC)，常常攻擊四周的仇敵，收復失土，根據一些資料，在約但河西，他只佔領了中央山地，並沒有能佔領沿海的諸平原，最不理想的是幾個戰略重鎮，如米吉多、他納、以伯蓮，甚至可能包括伯善等，都未能收復，使得國土有被切成兩段之勢。在北部他佔領了加利利山區和但族之地，但是利巴嫩和死海以南之地仍未能收復。耶布斯也未能收復。在約但河東，只佔有了雅木河和亞嫩河間之基列地，也未能得到巴珊地，這與約書亞時代時的所得之地比起來，又更小了一些。

　　掃羅是以色列的第一個王，看來他並沒有建立政府的組織，也沒有設立首府，比起大衛王來，是差了很多。

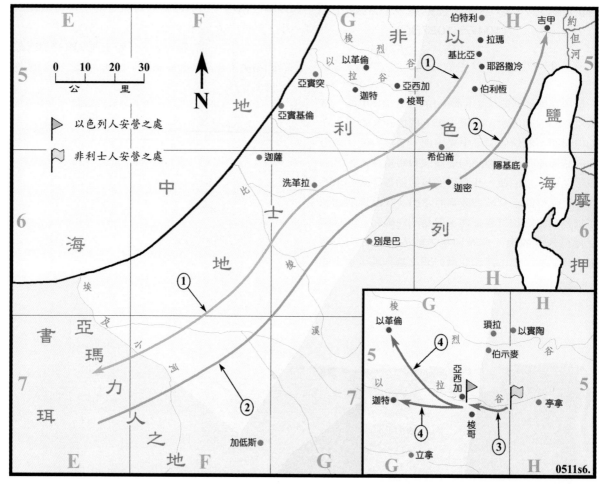

〈撒上圖六〉　掃羅攻打亞瑪力人，大衛殺
　　　　　　　歌利亞（1027～1020BC）

1. 撒上 15:1～9
　掃羅領廿一萬人攻打亞瑪力人的京城
　（1027BC?），殺盡了亞瑪力人。

2. 撒上 15:10～31
　掃羅擄掠了亞瑪力人的牛羊和美物，經過迦
　密，在迦密立紀念碑，再回到吉甲，撒母耳
　也到吉甲，責備掃羅違背了耶和華的命令，
　耶和華厭棄他作王。

* 撒上 16:1～13
　撒母耳到伯利恆膏大衛作以色列王(大衛約 15
　歲， 1025BC?)。

3. 撒上 17:1～51
　非利士的巨人歌利亞對以色列人索戰，無人
　能敵。大衛奉父命往戰場探望兄長時，就擊
　殺了歌利亞。

4. 撒上 17:51～53

歌利亞被殺，以色列乘勝追殺非利士人直到
以革倫和迦特。

　亞瑪力人長期以加低斯以西的地區做根據地，其
所屬的位置和範圍皆不明，此外也沒有城市的名稱
出現在聖經中，他們一直是以色列人的強敵，此次
掃羅是受命是要完全的滅絕他們，但掃羅並沒有能
遵照神的指示，他擄掠了上好的牛羊和美物而去，
也留下了亞瑪力王亞甲的性命，使得耶和華厭棄他
作以色列的王。

　撒母耳在伯利恆另膏大衛作以色列王，但大衛並
未立刻登基，仍過著平常的生活。大衛在殺歌利亞
之前，曾做過掃羅的音樂師，和為他拿兵器的人。
殺歌利亞之後又服事掃羅，作戰士長約有五年之
久，然後逃亡掃羅的追殺又約有五年。

　以拉谷是沿海平原通往耶路撒冷地區三條山谷隘
道之一，谷口有迦特大城，具有非常重要的戰略地
位。

地圖解說

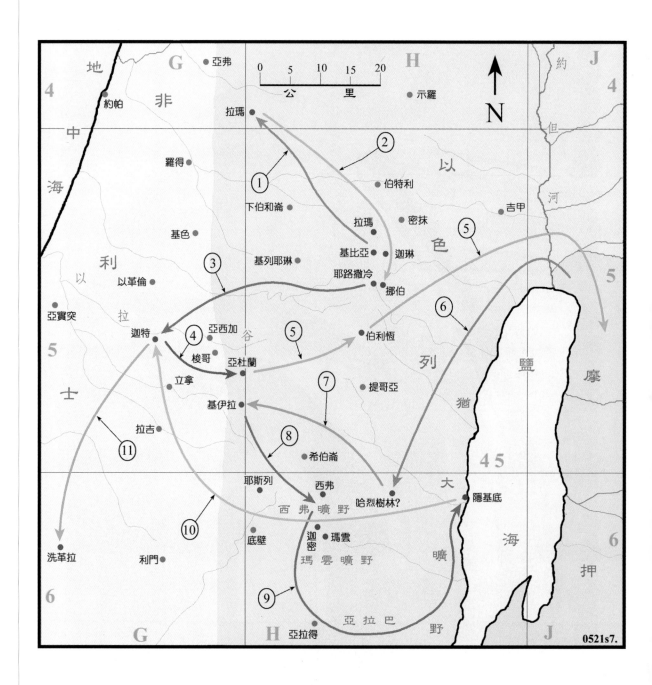

〈撒上圖七〉　大衛逃避掃羅的追殺
(1020?～1010BC)

1. 撒上 18:10～24
   掃羅兩次要刺殺大衛，又用計陷害他，他就逃往拉瑪見撒母耳，掃羅也追去。

2. 撒上 21:1～9
   大衛逃到挪伯，祭司亞希米勒給了他聖餅和歌利亞的刀。

3. 撒上 21:10～15
   大衛逃到非利士，投靠迦特王亞吉。

4. 撒上 22:1～3
   因怕迦特王害他，又逃往亞杜蘭洞，他的家人和一些受逼迫的，都去跟隨他。

5. 撒上 22:3～5
   大衛將父母送去摩押的米斯巴。

6. 撒上 22:5
   大衛從摩押回猶大地，進入哈烈的樹林。

7. 撒上 23:1～5
   非利士人攻擊基伊拉，大衛前往營救。

8. 撒上 23:7～14
   掃羅要攻打基伊拉，大衛逃到西弗的曠野。

9. 撒上 23:24～24:7
   大衛逃避掃羅的追殺，從西弗曠野、經亞拉巴、瑪雲的曠野，到了隱基底的山寨。掃羅追至隱基底的曠野大解時，大衛只割下掃羅的衣襟而未殺他。

* 撒上 26:6～12
   大衛又在西弗的曠野，夜間偷進掃羅的帳中，只取去他的槍和水瓶，也沒有殺他。

* 撒上 25:1
   撒母耳去世 (1015BC 前後，八十五歲左右)。

10. 撒上 27:3～6
   大衛去投靠非利士的迦特王亞吉，亞吉將洗革拉賜給他。

11. 撒上 27:7
   大衛去洗革拉，在那裡他住了一年四個月。

大衛逃亡有五年之久，所到之處，都是山地、曠野和森林，人煙稀少，生存困難的地區，搜索也十分的不易。掃羅追殺他十分的急，經常親自出馬。大衛也有兩次可以將掃羅殺死的機會，但都因大衛認為掃羅是耶和華的受膏者，所以未下手。反而是掃羅卻鍥而不捨的苦苦追殺。在這段時間中，有很多受逼迫的人都去投靠他，又得到非利士人的協助，最後在洗革拉城建立了一支相當龐大的軍力。

地圖解說

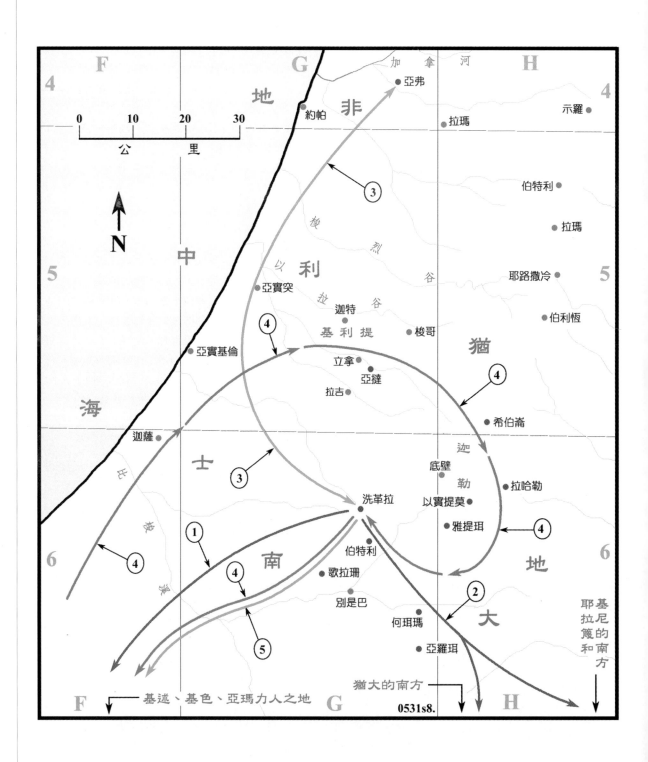

〈撒上圖八〉　大衛追擊亞瑪力人

1. 撒上 27:7～9
   大衛在洗革拉時，常去侵奪南方基述人、基色人和亞瑪力人之地。

2. 撒上 27:10～12
   但是大衛卻告訴亞吉王說是攻打猶大南方、耶拉篾南方和基尼的南方。

3. 撒上 28:1～2，29:1～11
   大衛隨非利士人前往亞弗，去攻打以色列人，但非利士人不信任大衛，大衛就回到洗革拉。

4. 撒上 30:1～3
   亞瑪力人乘大衛去亞弗之時，侵奪猶大、南地、迦勒、基利提等地，又攻破洗革拉，擄去了居民和大衛的家人。

5. 撒上 30:9～20
   大衛追擊亞瑪力人，奪回被擄掠去的人民和財物。

* 撒上 30:26～31
   大衛分送禮物給鄰城。

　　大衛在洗革拉住的期間，為了擴張勢力，他經常侵奪南方迦南人之地，但對迦特王亞吉都說是常攻打以色列南方之地，使亞吉誤以為大衛真的與以色列人為敵。因此亞吉相信他，但仍得不到其他非利士王的信任，而得以免了參與和掃羅在基利波山作戰的行列。

　　掃羅曾受命要滅絕亞瑪力人，但並沒有認真的執行，此時亞瑪力人又已再行壯大，再度搶奪猶大地和南地，燒了洗革拉，擄去居民和財物，大衛的家人也同時被擄。大衛從亞弗回來，已是人困馬疲，但仍奮力追剿亞瑪力人，結果大勝，追回被擄的人民和他的家人，並且擄掠了大量的財物，他把擄來的財物分送給附近與他友好的城鎮，足見他影響之廣。

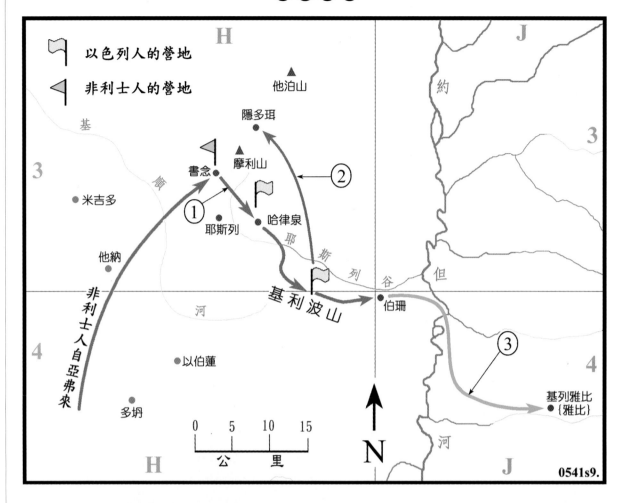

〈撒上圖九〉　掃羅被非利士人殺害
(1010BC)

* 撒上 28:4

　非利士人來到書念安營，掃羅聚集以色列人
　在基利波山安營。

1. 撒上 28:5～25

　掃羅心生懼怕，就在夜間去隱多珥求見交鬼
　的婦人。

* 撒上 29:1

　以色列人在耶斯列的泉旁安營。

2. 撒上 31:6

　非利士人攻擊以色列人，以色列人大敗，掃
　羅的三個兒子都在基利波山戰死。掃羅受傷
　後自刎而亡(1010BC?)，掃羅共作王四十年。

3. 撒上 31:10～13

　非利士人將掃羅等人的屍身釘在伯珊的城牆
　上，基列雅比城的勇士卻將屍身連夜取回雅
　比城安葬。

　　此時非利士人又強盛了起來，不但佔領了沿海的
平原，而且軍隊還到了書念，要與以色列人在基利
波山決戰，掃羅看見非利士的軍旅壯大就極懼怕，
他求問耶和華，耶和華卻不回答他，因此他就去求
問遠在隱多珥交鬼的婦人，這不但犯了他自己所下
的禁令，而且也是一件非常危險的事，因為非利士
的營防是在書念，正在隱多珥和以色列軍的駐地基
利波山的中間。要去隱多珥，往返的路程約在40公
里以上，路途相當的困難，因為必須下山，渡過耶
斯列溪，而最危險的是要繞過非利士人的防區和摩
利山，而且隱多珥是在書念之北僅5公里，甚至可
能是在非利士軍的勢力範圍之內。

地圖解說

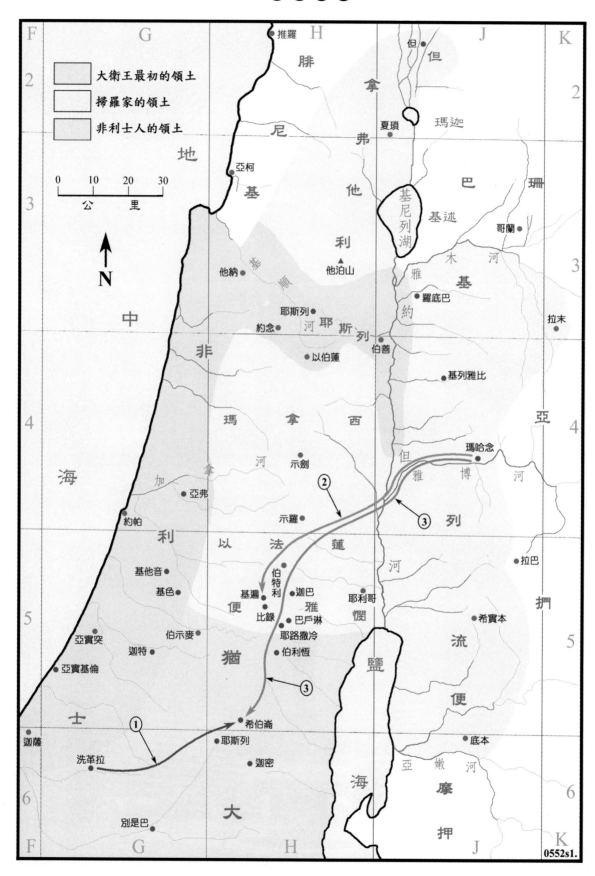

大衛王最初的領土

掃羅家的領土

非利士人的領土

0　10　20　30
公　里

N

推羅

腓　尼　基

地　中　海

拿　弗　他　利

但　但

夏瑣　瑪迦

巴　珊

基尼列湖

基述

哥蘭

亞柯

加　利　利

他泊山

雅　約　河

基　列

羅底巴

拉末

他納

耶斯列　耶　斯　列

伯善

基列雅比

約念

以伯蓮

瑪　拿　西

示劍

瑪哈念

亞　捫

拉巴

亞弗

加　拿　河

示羅

但　雅博河

以　法　蓮　河

伯特利

迦巴

耶利哥

希實本

流　便

基他音

基遍

雅

基色

比錄

巴戶琳

憫

耶路撒冷

伯利恆

伯示麥

猶

便

亞實突

迦特

鹽

迦薩

希伯崙

耶斯列

迦密

底本

洗革拉

亞　嫩　河

摩　押

別是巴

大

0552s1.

地圖解說

〈撒下圖一〉大衛王在希伯崙作猶大和以色列的王 (1010～1003BC)

1. 撒下 2:1～4

   大衛去希伯崙，猶大人在希伯崙膏大衛作猶大家的王。

* 撒下 2:8～10

   掃羅的兒子伊施波設在瑪哈念作以色列王兩年六個月，統治除了猶大地以外各支派已佔有之地，其間猶大人和以色列人常有戰爭，但以色列漸衰。

2. 撒下 2:12～31

   伊施波設的元帥押尼珥，領人從瑪哈念到基遍去，與猶大的勇士對陣，前者大敗，死了三百六十人，但猶大人只死了十九人。

* 撒下 3:12～39

   押尼珥要歸順大衛，但在希伯崙被約押所殺，大衛為押尼珥哀悼。

3. 撒下 4:5～12

   伊施波設被他的兩個軍長利甲和巴拿所殺，又割下他的首級拿到希伯崙去獻給大衛，但被大衛所殺。

* 撒下 5:1～5

   掃羅的兒子伊施波設被弒後，以色列人在希伯崙膏大衛作以色列人的王，以色列從別是巴到但再度統一。

   掃羅死後，以色列人第一次分裂，大衛家只佔有猶大山地，掃羅家則佔有耶路撒冷到但以及河東之地，所以領土比大衛家大了很多。然而掃羅之後代無能，人民逐漸歸向大衛，又在伊施波設王被弒之後，掃羅家也擁立大衛作他們的王，以色列得以再度統一。非利士人此時非常的強盛，除據有沿海平原之外，也佔領了米吉多和伯善等重要的軍事據點，對猶大仍是極大的威脅。

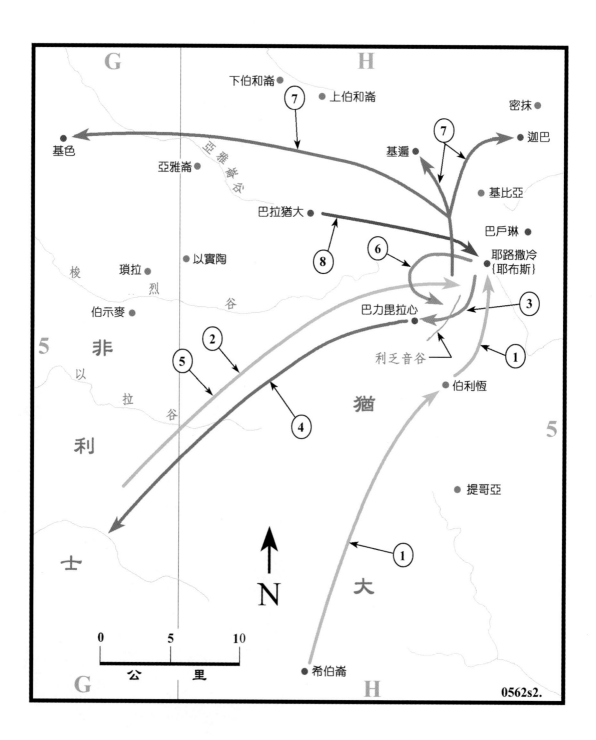

〈撒下圖二〉 大衛攻取耶路撒冷作為首都，
非利士人兩次攻打都被擊敗
(1003～1000?BC)

1. 撒下 5:6～10，代上 11:4
   大衛攻取耶路撒冷作為首都。

2. 撒下 5:17～18，代上 14:8～9
   非利士人攻打耶路撒冷，散布在利乏音谷。

3. 撒下 5:19～20，代上 14:10～11
   大衛在巴力毘拉心擊敗非利士人。

4. 撒下 5:21，代上 14:12
   非利士人留下偶像就逃回去了。

5. 撒下 5:22，代上 14:13
   非利士人又來到利乏音谷，要攻打耶路撒冷。

6. 撒下 5:23～25，代上 14:14～16
   大衛從背後攻打非利士人。

7. 撒下 5:25，代上 14:16
   非利士人敗去，大衛就攻打非利士人，從迦巴到基色(代上14:16 所記是從基遍到基色)。

8. 撒下 6:1～19，代上 13:1～14
   大衛將約櫃從巴拉猶大運到耶路撒冷。

　　掃羅去世之時，非利士人非常的強大，除佔有中南部沿海之地外，更入侵到米吉多、他納、基利波山，並已到達約但河谷的伯善城。待大衛定都耶路撒冷，非利士兩次大舉來犯，但都被擊潰，而且大衛更乘勝收復了從迦巴到基色間的很多失地，就鞏固了其軍事上的地位，再把約櫃迎來，就使耶路撒冷成為宗教上的中心，奠定了國家發展的基礎。

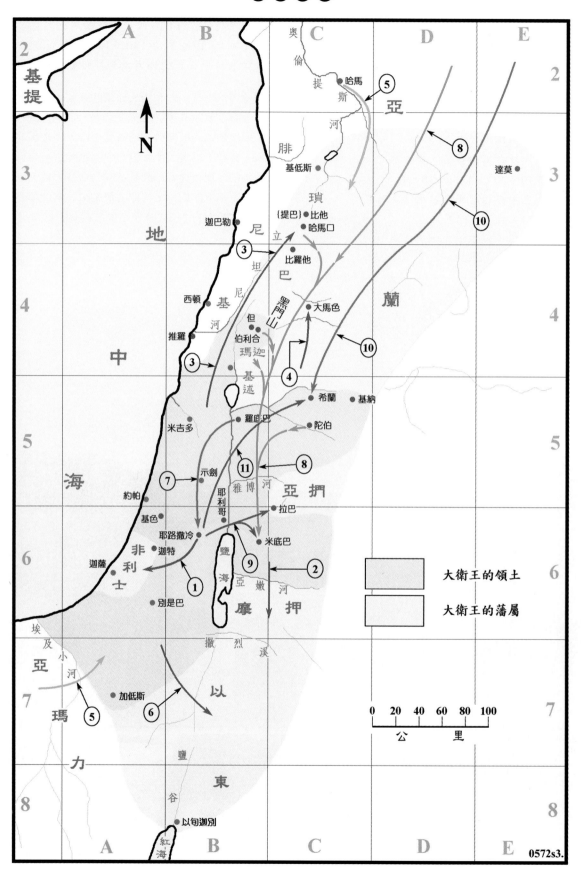

大衛王的領土

大衛王的藩屬

地圖解說

〈撒下圖三〉 大衛王的戰功

1. 撒下 8:1，代上18:1
   大衛征服非利士。

2. 撒下 8:2，代上18:2
   征服摩押。

3. 撒下 8:33～8，代上18:3～4
   征服瑣巴。

4. 撒下 8:5～6，代上18:5～8
   征服大馬色。

5. 撒下 8:9～12，代上18:9～11
   哈馬和亞瑪力歸順,被征服的各國都進貢。

6. 撒下 8:13～14，代上18:12～13
   征服以東。

7. 撒下 9 章
   大衛恩待約拿單的兒子米非波設，將他從羅底巴接到耶路撒冷來往。

8. 撒下 10:1～8，代上19:1～7
   亞捫人召募亞蘭人來到拉巴，要攻擊大衛。

9. 撒下 10:9～14，代上19:8～15
   約押兵分兩路，把亞捫人和亞蘭人擊敗。

10. 撒下 10:15～16，代上19:16
    亞蘭人又從大河那邊調兵，聚集在希蘭。

11. 撒下 10:17～19，代上19:17～19
    大衛領兵到希蘭，把亞蘭人打敗，亞蘭就歸服。

從掃羅直到所羅門的時代，這時中東各大國，如埃及、亞述和巴比倫，都處於國勢低落的狀態，在迦南留下了權勢的真空，對以色列的建國是一個絕佳的機會。大衛是一位有才智及能力的軍事家和政治家，他把握此一良機，先統一各支派，再對外用兵，他攻打非利士、摩押、瑣巴、大馬色、亞蘭諸王、亞瑪力、亞捫、以東等地，都收爲附庸，只有非利士尚留有小塊的土地。他又和腓尼基保持友好的關係，其國土之大是前所未有，除了所羅門時代之外，也是後世所不及，是一段非常光輝的時期。

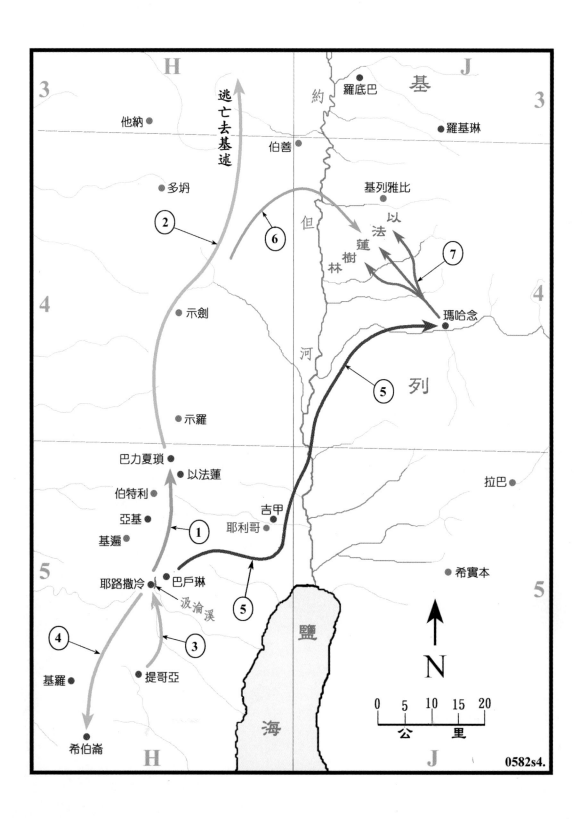

地圖解說

〈撒下圖四〉 押沙龍謀反及被誅

1. 撒下 13:23～29

   押沙龍因暗嫩玷辱了他的妹子他瑪，就請暗嫩到巴力夏瑣去，在那裡將暗嫩殺了。

2. 撒下 13:37～39

   押沙龍逃到基述，投靠他的外祖父基述王，他那裡住了三年。

3. 撒下 14:1～25

   約押請了提哥亞的婦人來為押沙龍說情，大衛就准押沙龍回耶路撒冷。

4. 撒下 15:7～12

   押沙龍到了希伯崙，開始謀反。

5. 撒下 15:13～17:24

   大衛聞押沙龍叛，就逃到瑪哈念。

6. 撒下 17:24

   押沙龍的軍隊也過了約但河，到了以法蓮樹林。

7. 撒下 18:1～16

   大衛的兵分成三隊與押沙龍的兵交戰，押沙龍兵敗被殺。

大衛的第三個兒子押沙龍謀反，大衛就逃往河東，暫居在原掃羅兒子伊施波設的都城瑪哈念，押沙龍追來河東，但是不久就被大衛擊敗而被殺。以法蓮樹林很明顯的是在河東，但位置不明，應是在瑪哈念以北的某一茂密的樹林。

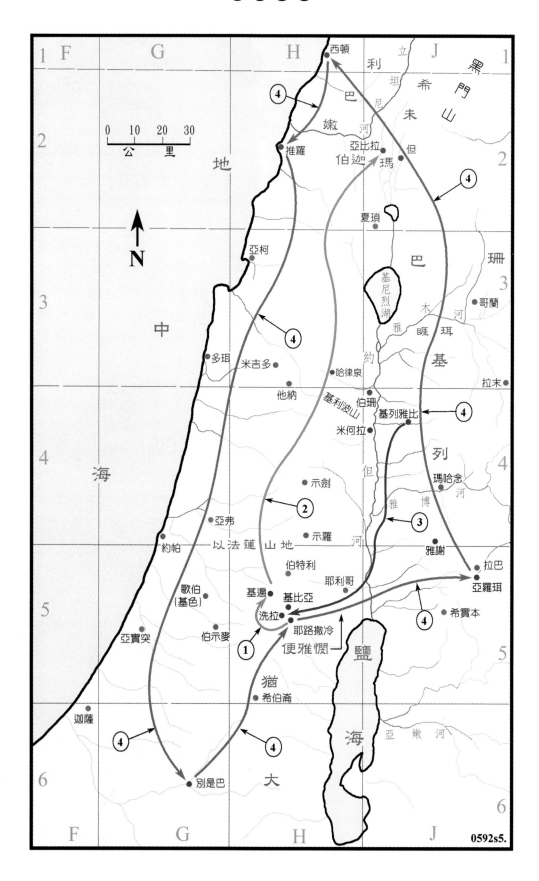

〈撒下圖五〉 示巴叛變和約押點數以色列人

1. 撒下 20:4～10

   示巴叛變，大衛令亞瑪撒去招聚以色列人，
   但誤了期限，約押領人到基遍殺了他。

2. 撒下 20:14～23

   約押追示巴，走遍以色列各支派，到了亞比
   拉，示巴在亞比拉被一個婦人所殺。

3. 撒下 21:12

   大衛從基列雅比城，將掃羅和約拿單的骸骨
   運回，葬在洗拉。

4. 撒下 24:2～9

   大衛令約押走遍全地去數點以色列人。

　　約押奉命去數點以色列人，曾到了西頓和推羅，
這是腓尼基之城，按前後之記載，大衛並未攻打腓
尼基，而一直是與他們和好，所以腓尼基並不是以
色列人的屬國，此處所說，可能是數點僑居在這兩
個城中的以色列人。

地圖解說

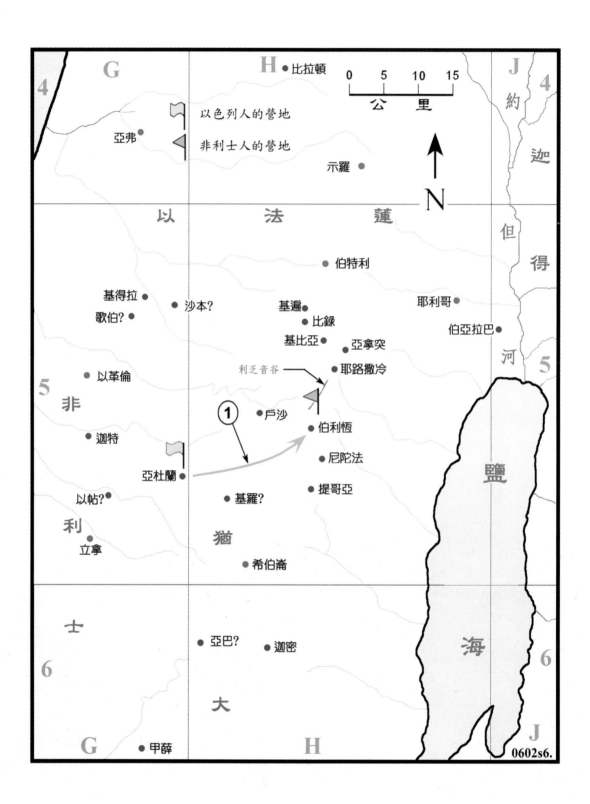

地圖解説

〈撒下圖六〉　大衛王的勇士

* 　撒下21:18～21， 23:8～39，代上11:10～46
　大衛的勇士和戰功。

1. 撒下23:13～17，代上11:15～19
　大衛王在亞杜蘭時，非利士人的防營在伯利
　恆，三個勇士冒險從伯利恆城門旁的水井中
　取水回來給大衛喝。

　大衛王顯赫的戰功，除了他蓋世的智謀和勇敢之
外，實有賴他眾多的勇士，這些勇士部份是他的族
人，也有其他支派的人，更有赫人、亞捫人、瑪迦
人、瑣巴人等外族的人，在他的領導下，可說是所
向無敵。

地圖解說

〈王上圖一〉 耶路撒冷城和建聖殿
(1010～930BC)

* 王上 1:5～9
  亞多尼雅在隱羅結旁宴客，自立為王。

* 王上 1:28～40
  大衛令在基訓泉由祭司膏所羅門為以色列王
  (970 BC)。

* 王上 2:10～11
  大衛王去世，共作王四十年(1010～970 BC)

* 王上 6:1
  所羅門王登基後第四年，開始建聖殿，七年
  後完工(959 BC)。

* 王上 7:1～12
  接著所羅門又為自己建造宮室，十三年方造
  成。(946 BC)

* 王上 7:13～
  所羅門召戶蘭來為聖殿鑄造銅和金銀的各式
  器皿。

* 王上 8:1～66
  聖殿建築和器皿製造完成，以色列人將約櫃
  從大衛城運來，抬進內殿，就是至聖所，又
  獻祭為民祝福。

* 王上 10:26～29
  所羅門王建軍，又聚集財物。

* 王上 11:7 所羅門年老時，在耶路撒冷對面的
  山上為外邦的神建築邱壇和燒香獻祭。

* 王上 11:42～43
  所羅門在耶路撒冷作王四十年(970～930 BC)
  ，他去世後，他的兒子羅波安接續他作王。

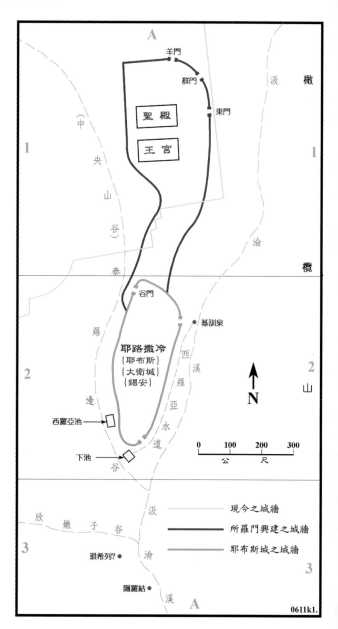

耶路撒冷在大衛佔領之前，原名是叫耶布斯，位於俄斐勒的山頭，東有汲淪溪，西有泰羅邊谷(即是中央山谷)，南邊有欣嫩子谷。三面谷底的深度都在40至70公尺之間，而且坡度還相當的陡峻，北方接摩利亞山，所以是一個易守難攻的軍事據點。到大衛佔領後就改名叫耶路撒冷，又稱大衛城和錫安，作爲他的首都，也是宗教的中心。大衛在位時間內，只對城區和城牆加以整建，到了所羅門時代，這才大興土木，以二十年的時間在城的北方，就是摩利亞的山上建聖殿和王宮，將城區往北擴展了約700百公尺，這就是新的耶路撒冷。

〈王上圖二〉 零星事件 (970～930BC)

* 王上 1:1～4
  選童女伺候大衛王

* 王上 2 章
  大衛王吩咐未了之事，所羅門一一遵行。

1. 王上 3:4
  所羅門往基遍獻祭，耶和華在夢中向他顯現，
  並祝福他，賜他智慧。

2. 王上 7:46
  戶蘭在約但河平原鑄造聖殿中的銅器。

3. 王上 9:11～14

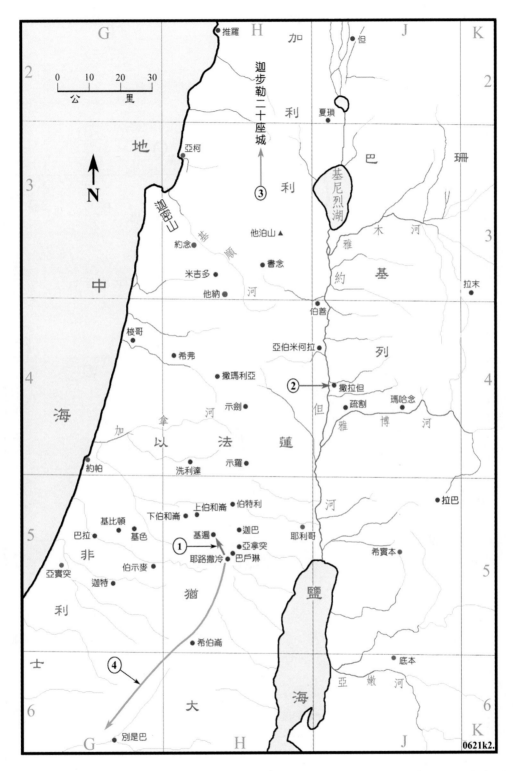

所羅門把加利利的二十座城給了推羅王，但希蘭不喜悅。

* 王上 9:15～19
　　所羅門在各重要之處建城。

4. 王上 11:29～40

先知亞希雅向以法蓮人耶羅波安預言，說他必作以色列十個支派的王，然後耶羅波安逃往埃及。

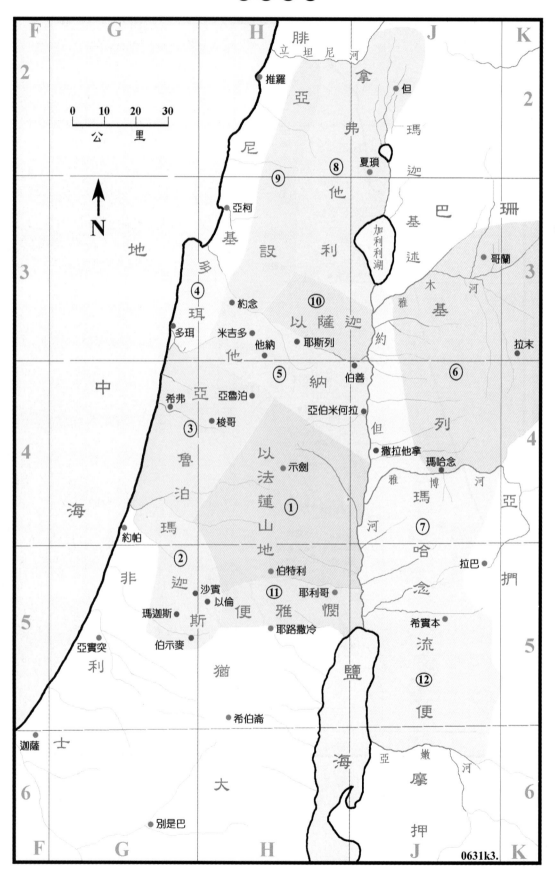

F G H J K

2　　　　　　　　　推羅●　腓立坦尼河　拿　但●

　　　　　　　　　　　　　　　亞　弗　瑪迦

　　　　　　　　　　　尼　　　　　⑧　夏瑣●

　　　　0　10　20　30　　　　⑨　他

　　　　　公　　里　　　亞柯●　　基　巴

　　　　　　　　　　　　　基　　設　利　述　　珊

3　　N　　　　地　　多　　　　　　　　木　河　哥蘭●

　　　　　　　　　　珥　　　　　以　薩　迦　　基

　　　　　　　　　④　約念●　⑩　　　雅　約　　　拉末●

　　　　　　　中　多珥●　米吉多●　耶斯列●　　　　　　　　⑥

　　　　　　　　　他納●　　　　納　但　列

　　　　　　　　希弗●　⑤　　伯善●

　　　　　海　　③　亞魯泊●　亞伯米何拉●　　雅

　　　　　　　　　梭哥●　　　　　　撒拉他拿●　瑪哈念●　博

4　　　　　魯　　　　　　　　　　　河　　瑪

　　　　　　泊　　　以法蓮山地　示劍●　　⑦

　　　　　　瑪　　①　　　　　　　　河　哈

　　　約帕●　迦　②　　　　伯特利●　　　念　拉巴●　押

5　　　　非　斯　沙實●　　⑪　耶利哥●　　希實本●

　　　　　利　瑪迦斯●　以倫●　雅　憫　　流

　　　　亞實突●　　伯示麥●　耶路撒冷●　　⑫　便

　　　　　　　　　猶　　希伯崙●　鹽

6　　迦薩●　士　　　　　　　　海　亞嫩河　嫩　摩

　　　　　　　大　　　　　　　　押

　　　　　別是巴●

F G H J K

0631k3.

地圖解說

〈王上圖三〉 所羅門王的行政區
(970～930BC)

* 王上 4:7-19 所羅門的行政區。

所羅門王設立了十二個供膳區，也就是行政區，改變了原來由支派管理的方式，但這十二個行政區並未包括猶大地在內，也沒有包括所征服的屬國。所以在此一系統之外，應該會還有其他不同的管理系統。至於此十二分區劃分的說明，其最後的一區可能有錯誤，因為與其他的區的範圍，顯然有重疊之處，實際上可能只是亞摩利王西宏的國，即是流便支派的領地。

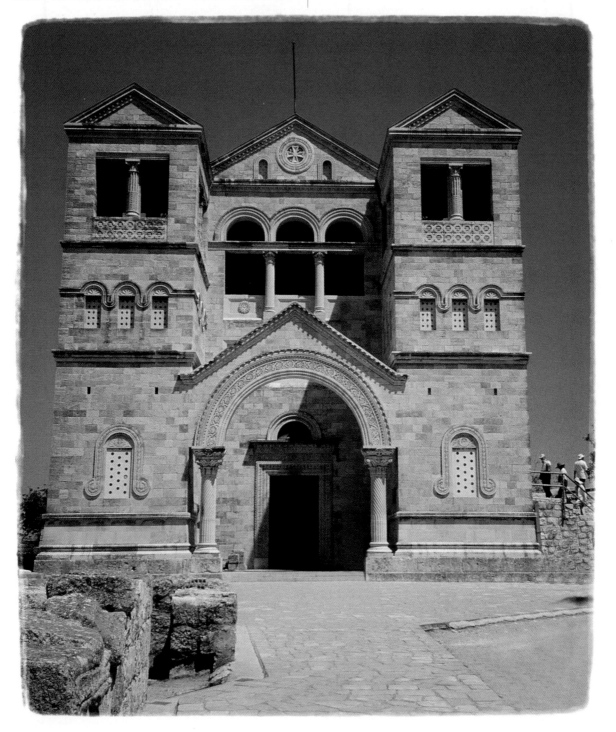

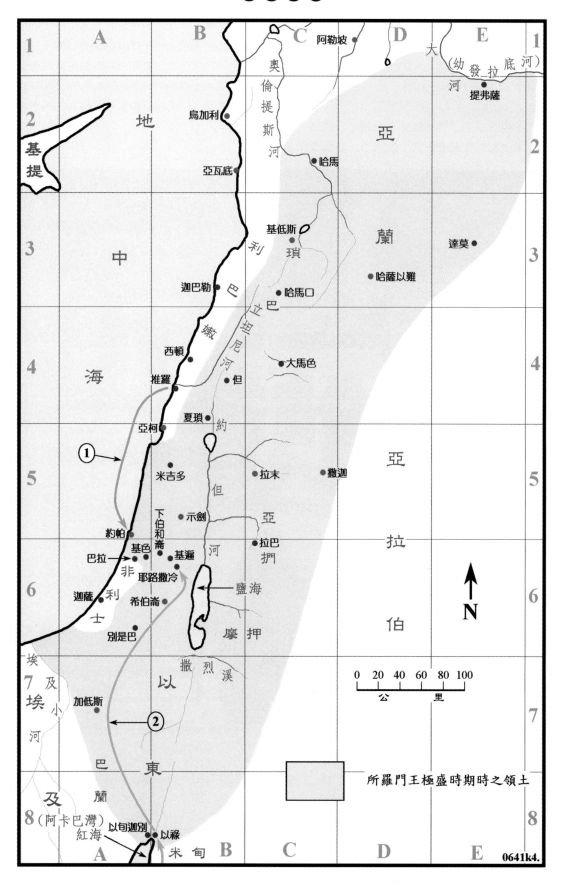

〈王上圖四〉　所羅門王的疆域和屬國
(970～930BC)

* 王上 4:21～28
  所羅門的疆域和屬國。

1. 王上 5 章
  推羅王希蘭全力協助所羅門王建聖殿，從腓
  尼基供應材料和工匠。

* 王上 9:15～18
  所羅門建夏瑣、米吉多、基色、巴拉、下伯
  和崙和曠野裡的達莫等城。

* 王上 9:26～28
  所羅門在以旬迦別建造船隻，從俄斐運回大
  量的金子。

2. 王上 10:1～13
  示巴女王覲見。

* 王上 11:1～8
  所羅門寵愛許多外邦女子，並隨他們去拜外
  邦的神。

* 王上 11:14～22

以東人哈達興起，作所羅門的敵人。

* 王上 11:23～25
  亞蘭人利遜興起，作所羅門的敵人。

* 王上 11:26～40
  以法蓮人耶羅波安也舉手攻擊王。

　　所羅門王將大衛王原有的國土更往北擴張，直到
了幼發拉底河畔，又向南到達紅海的阿卡巴灣，向
東到了沙漠的邊緣，是以色列在歷史上佔有最大的
領土時期，也是神立約所賜給以色列人最大的應許
地。不但如此，而且他威勢更隨繁忙的貿易更到達
遠方，如示巴、他施、俄斐、亞拉伯、小亞細亞的
赫人之地等等。有許多鄰國屬國都納貢稱臣，國威
輝煌一時。但是他因爲政治的原因，而與許多外邦
人聯姻，在他的晚年被這些妃嬪們所誘惑，去隨從
別的神，向可憎的外邦神燒香獻祭、建邱壇，惹耶
和華發怒。又因他的生活奢侈，徵稅過重，引起人
民的不滿。待他去世，王國就分裂了。

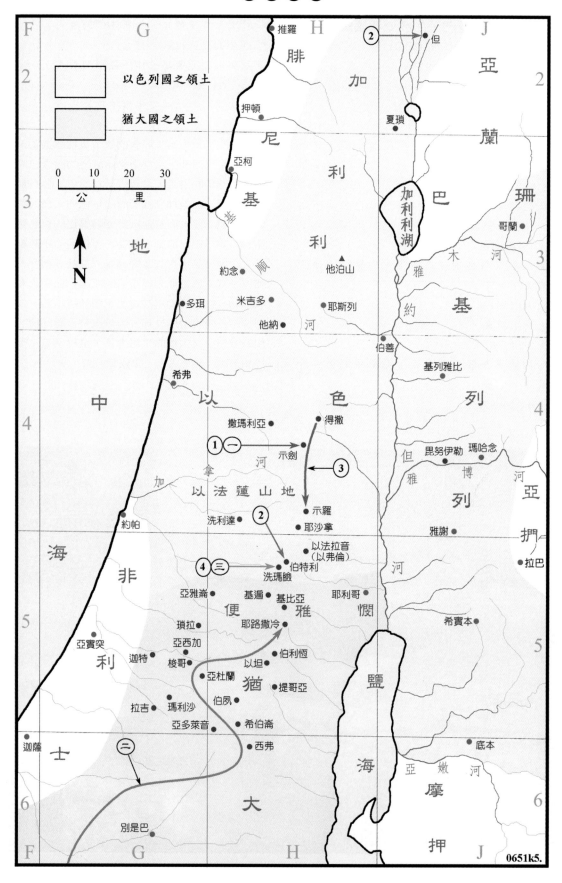

地圖解說

〈王上圖五〉 王國分裂 (931～914BC)

猶大國　羅波安　（猶王一 931～916 BC）
　　　　亞比央　（猶王二 916～914 BC）
以色列國 耶羅波安（以王一 932～911 BC）

◎猶大王羅波安

* 王上 11:43，14:21，代下 9:31，12:13～14
所羅門去世，他的兒子羅波安接續他作王十七年。

一、王上 12:1～20，代下 10:1～19
羅波安到示劍，與以色列人談判，但談判破裂，結果王國分裂，北為以色列國，南為猶大國。南國最初僅有猶大一個支派之地，也似乎包括西緬支派之地在內，後來便雅憫也加入。

* 王上 12:21～24，代下 11:1～4
羅波安招聚十八萬人，要攻擊以色列家，但被耶和華所阻。

* 代下 11:5～17
羅波安在猶大地修築了許多堅固城，增強兵防，猶大國就強盛了三年，又有便雅憫和利未人來歸。

二、王上 14:25～28，代下 12:2～9
羅波安五年，埃及王示撒攻取耶路撒冷，奪取了聖殿和王宮中的寶物。

* 王上 14:29～15:1，代下 12:16～13:2
羅波安去世，他的兒子亞比央接續他作猶大的三年。

◎猶大王亞比央(在代下中作亞比雅)

* 王上 15:1～3，代下 13:1
亞比央作王三年，他行他父親所行的惡。

三、王上 15:7，代下 13:2～20
亞比央常與耶羅波安爭戰，亞比央率兵四十萬在洗瑪臉山攻擊以色列人，得了以色列的幾座城，耶羅波就不能再強盛。

* 王上 15:8～9，代下 14:1
亞比央去世，他的兒子亞撒接續他作猶大的王。

◎以色列王耶羅波安

1. 王上 11:26～40，代下 10:2～19
所羅門的臣僕耶羅波安反叛，逃到埃及，所羅門死後，以色列人請他回來，在示劍與羅波安談判，但談判破裂，以色列人就立他作以色列王。以色列國在北，故又稱北國，共有十個支派之地，其國土和人民都比南國多了很多。

2. 王上 12:25～13:6
耶羅波安築示劍、毘努伊勒，又鑄了兩個金牛犢，一隻放在伯特利，一隻放在但，他又自己獻祭，在獻祭時，有一個神人來責備和警告他。

3. 王上 14:1～18
耶羅波安的兒子病了，他(從得撒)差他的妻子去示羅問先知，先知預言他家必遭災。

4. 王上 15:1、代下 13:2～20
耶羅波安常與南國爭戰，猶大王亞比央率兵四十萬在洗瑪臉山攻擊他，被南國攻佔了幾座城，耶羅波就不能再強盛。

* 王上 14:20
耶羅波安作以色列王廿二年，他的兒子拿答接續他作王。

所羅門王去世之後，以色列人因稅捐太重，就推舉耶羅波安為代表與新王羅波安在示劍談判。但羅波安王卻坐失良機，未理會以色列人的請求，因此以色列就立耶羅波安為王，與猶大分裂。

南北兩國分裂之後，即互相為敵，時常發生戰爭。猶大國在南，又簡稱南國，南國僅保有伯特利以南之地，人民以猶大支派為主，西緬和便雅憫兩個支派後來也加入。以色列在北，又簡稱北國。北國卻擁有伯特利以北以及約但河以東的兩大片廣大的土地，人民有十個支派之多，所以國土要比南國大五倍以上，人口也多了許多倍。此外埃及也一向存有侵略以色列人的野心，經常收容和支援以色列的叛黨，一待強盛即入侵猶大，曾一度擄掠耶路撒冷，又征服了以東、非利士和侵佔了南北兩國一百餘城之地，甚至包括米吉多城在內。而且南國還有摩押和非利士等附庸國。但是在北方，亞蘭尚未興起，故沒有外敵之患。很顯然地，北國在各方面比南國都占了很大的優勢。

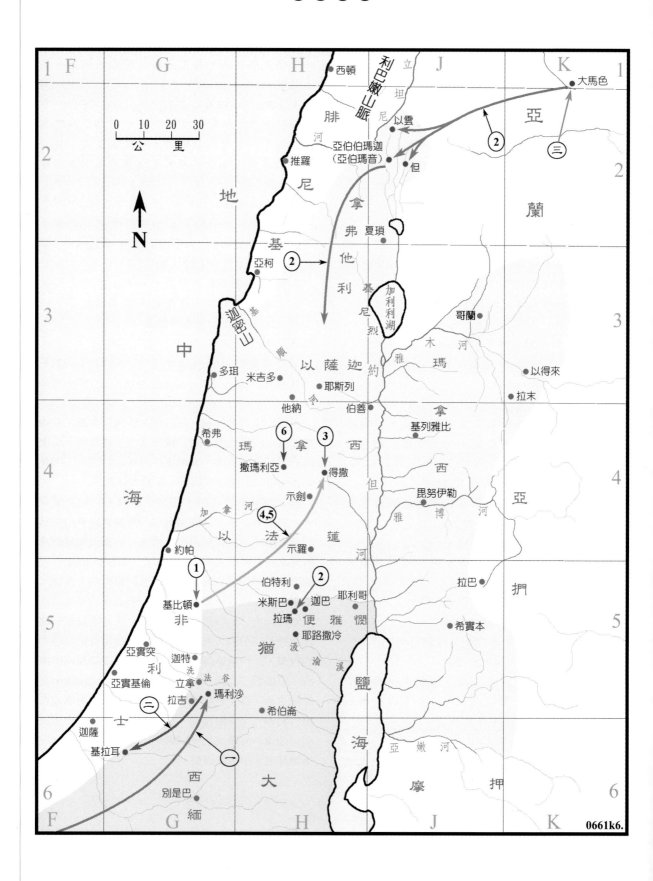

地圖解說

〈王上圖六〉 南北兩國對峙
(914～874BC)

猶大國　　亞撒　　(猶王三 914～874 BC)
以色列國　拿答　　(以王二 911～910 BC)
　　　　　巴沙　　(以王三 910～887 BC)
　　　　　以拉　　(以王四 887～886 BC)
　　　　　心利　　(以王五 886 BC)
　　　　　暗利　　(以王六 886～875 BC)

◎猶大王亞撒

* 王下 15:9～15，代下 14:1～8
　亞撒登基作猶大王，他行耶和華看為正的事，除去境內的邱壇和偶像，又建了幾座堅固城，增強兵力，國中就太平了十年。

一、代下 14:9～10
　古實王謝拉攻擊猶大，彼此在瑪利沙的洗法谷擺陣。

二、代下 14:11～15
　藉神的幫助，亞撒王大勝，直追到基拉耳，古實就不能再強盛。

* 代下 15:8～19
　亞撒再度在猶大、便雅憫、以法蓮山地，除去可憎之物，重修耶和華的壇，就有許多的以色列人前來歸降，南國太平直到亞撒卅五年。

三、王上 15:16～21，代下 16:1～5
　亞撒和以色列王巴沙常常爭戰，亞撒王卅六年，以色列王巴沙上來修築拉瑪，阻止以色列人到猶大，亞撒王就以重金商請亞蘭王便哈達相助，便哈達就攻破了以色列的北部，巴沙只得撤退。

四、王上 15:22，代下 16:6
　以色列人撤兵後，亞撒就築迦巴和米斯巴。

* 王上 15:23～24，代下 16:11～13
　亞撒作猶大王四十一年去世前三年，因腳上有病，他的兒子約沙法接續他作王。

◎以色列王拿答

1. 王上 15:25～28
　耶羅波安的兒子拿答登基作以色列王二年，當拿答去攻打非利士的基比頓時，巴沙殺了他篡了他的位。

◎以色列王巴沙

* 王上 15:27～34
　巴沙殺了拿答，篡位作以色列王廿四年。

2. 王上 15:16～21，代下 16:1～5
　巴沙攻擊猶大、在拉瑪築城，但北部被亞蘭人攻佔，只得撤兵。

◎以色列王以拉

3. 王上 16:8～10
　巴沙的兒子以拉接續作王兩年，在得撒被心利所弒。

◎以色列王心利

4. 王上 16:9～20
　心利篡了以拉的位，作王七天，就被自基比頓領兵回來的暗利所困，他燒了宮殿，並自焚而死。

◎以色列王暗利

5. 王上 16:16～23
　以色列的元帥暗利，在基比頓攻打非利士時，聞心利篡了以拉王的位，眾人就立他作以色列的王，並領兵回得撒，心利自焚後，暗利在得撒作王六年。

6. 王上 16:24～28
　他建造撒瑪利亞城作為新都，又作王六年，共作以色列王十二年，他的兒子亞哈接續他作王。

　　南國在亞撒王的統治下，逐漸地強盛起來，國內約太平了三十多年，但隨後卻被埃及和北國攻打，於是投靠亞蘭。以大馬色為首都的亞蘭王國，因為先協助猶大，再壓迫以色列而得以壯大強盛。他們曾被大衛和所羅門征服，但在王國分裂之後，使他們有機可乘，再度獨立，而且成為北國，甚至南國的主要禍患。北國在北方受到亞蘭之威脅，就往南攻打猶大國和非利士，但均未能全功。而在國內則有兩三次的篡位，從耶羅波安王朝，經巴沙王朝，再換成暗利王朝，國都也從得撒遷到撒瑪利亞，所以政局很不穩定。

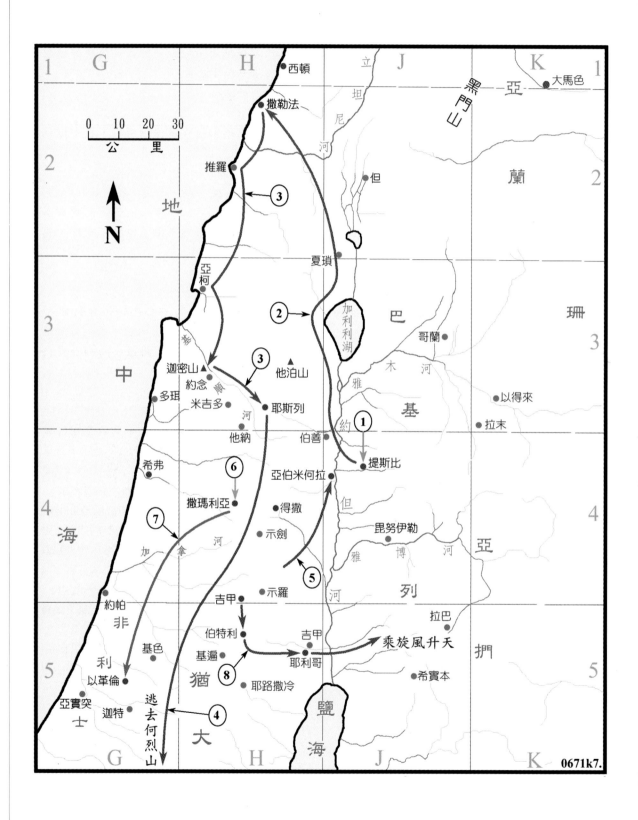

地圖解說

〈王上圖七〉　先知以利亞
(875～850BC)

1. 王上 17:1～7

   以利亞對亞哈王說，這幾年我若不禱告，必不降雨露，然後他就逃到基立溪旁躲藏，就有烏鴉來供養他，直到溪水乾了。

2. 王上 17:8～24

   神再令他去撒勒法，在那裡有一個窮寡婦供養他，寡婦的兒子病死了，以利亞使他又活了過來。

3. 王上 18 章

   以利亞在迦密山求雨成功，就殺了四百五十個巴力的先知。然後跑去耶斯列城。

4. 王上 19:1～16

   耶洗別要殺以利亞，以利亞就逃到別是巴，又逃到何烈山。在何烈山，神指示他要膏哈薛作亞蘭王，耶戶作以色列王，亞伯米何拉人以利沙作先知接續以利亞的工作。

5. 王上 19:19～21

   以利亞膏以利沙作先知，收他為門徒，接續他的工作。

6. 王上 21:17

   以利亞到撒瑪利亞去責備亞哈王殺害拿伯，奪了他的葡萄園。

7. 王下 1:1～17

   亞哈謝病了，就差人去求問以革倫的神巴力西卜，以利亞在半路上阻攔，警告他們，並去見王，宣告王必死在床上。

8. 王下 2:1～13

   以利亞和他的門徒以利沙從吉甲經伯特利、耶利哥到約但河東，他乘旋風升天。

以利亞是北國的先知，他共事奉了廿五年之久，歷經了亞哈、亞哈謝和約蘭等三個王，他有烈火先知的美名，因他在迦密山求耶和華降烈火燒了燔祭，又在乘旋風昇天時有火車火馬。在聖經中只有以諾和以利亞兩人是未經過死而被神接去的。耶穌和門徒在山上禱告時，只有摩西和以利亞兩個人顯現和耶穌說話。所以以利亞是被神很重視的一位先知。

地圖解說

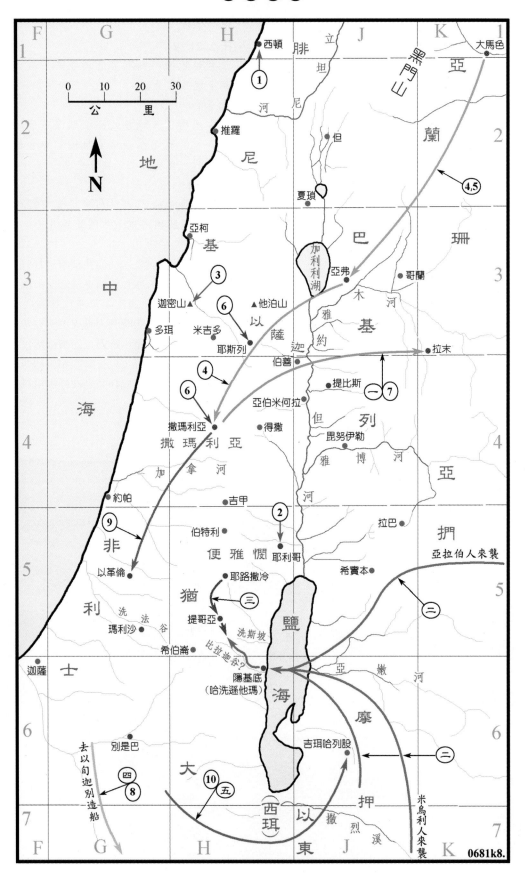

〈王上圖八〉　　兩國和好時期
　　　　　　　　　(874～850BC)

猶大王　　　約沙法　　(猶王四 874～850 BC)
以色列王　　亞哈　　　(以王七 875～854 BC)
　　　　　　亞哈謝　　(以王八 854～853 BC)
　　　　　　約蘭　　　(以王九 853～842 BC)
先知　　　　以利亞　　(875～850 BC)

◎猶大王約沙法
* 王上 15:24，22:41～46，代下 17 章
　亞撒的兒子約沙法接續作猶大王廿五年，他遵行神的道，奮勇自強，除去境內可憎之物，又派人教導百姓、建造營寨、安置防兵在各地，猶大就日漸強大，四週列國都甚恐懼，非利士人和亞拉伯人都向他納貢，以色列國也與他和好。

一、王上 22:2～36，代下 18:1～19:1
　約沙法為兒子娶了亞哈王的女兒亞他利亞為妻。亞哈王邀約沙法一同攻打基列拉末，亞哈王在戰場上被射死。

* 代下 19 章
　約沙法從戰場回到耶路撒冷，受到先知耶戶的責備，就立定心意尋求神，出巡各地，除去木偶，引導百姓歸向神。

二、代下 20:1～2
　摩押人、亞捫人和米烏尼人一同來攻打猶大。

三、代下 20:3～30
　約沙法求告神，猶大全地宣告禁食，又使穿禮服的人在陣前唱歌，讚美神，神就使摩押人等潰敗。

四、王上 22:48～49，代下 20:35～37
　約沙法造船要往俄斐去運回金子，因船破壞了，就沒有去成。以色列王亞哈謝要派人同去，約沙法卻是不肯。約沙法與以色列王亞哈謝交好，二王合夥在以旬迦別造船，要到他施去，結果船破壞了就不能去。

五、王下 3:4～27
　以色列王約蘭請約沙法及以東王一同攻打摩押，在曠野缺水，先知以利沙令他們挖溝，果然就得了水，又打敗了摩押。

* 王上 22:50，代下 21:1

約沙法去世，他的兒子約蘭接續他作王。

◎以色列王亞哈
1，王上 16:29～33
　亞哈接續暗利作以色列王廿二年，他娶了西頓王的女兒耶洗別為妻，改去事奉巴力。

2，王上 16:34
　亞哈年間有伯利恆人重修耶利哥，就死了兩個兒子，應驗了約書亞的話。

3，王上 17、18 章
　以利亞在迦密山求雨成功，殺了巴力的先知四百五十人。

4. 王上 20:1～21
　亞蘭攻打撒瑪利亞，先知作預言後，亞蘭果然戰敗退去。

5. 王上 20:26～34
　次年亞蘭再度進攻亞弗，又被擊敗，亞蘭王便哈達投降。

6. 王上 21:1～29
　耶洗別設計為亞哈王奪取了拿伯在耶斯列的葡萄園，又殺了拿伯，先知以利亞到撒瑪利亞去責備亞哈王。

7. 王上 22:2～40，代下 18:1～19:1
　約沙法為兒子娶了亞哈王的女兒亞他利亞為妻。亞哈王邀約沙法一同去攻打拉末，亞哈王在戰場上被射死。他的兒子亞哈謝接續他作王。

◎以色列王亞哈謝
8. 王上 22:49，代下 20:35～37
　以色列王亞哈謝派人到以旬迦別，要和約沙法的人同去俄斐運金子，約沙法卻是不肯。約沙法與以色列王亞哈謝交好，二王合夥在以旬迦別造船，要到他施去，結果船破壞了就不能去。

9. 王下 1:2～18
　亞哈謝因病，差人去問以革倫的神巴力西卜，先知以利亞在半路上預言他下不了床，亞哈謝死在床上。亞哈謝作以色列王兩年，他兄弟約蘭接續他作王。

◎以色列王約蘭
* 王下 1:17
　亞哈謝去世，他的兄弟約蘭接續他作王。

10. 王上 3:4～27
　摩押王背叛以色列，約蘭請猶大王約沙法及

以東王一同攻打摩押，在曠野缺水，先知以
利沙令他們挖溝，就得了水，又打敗了摩
押。

* 約蘭王以後的事請見〈王下圖二〉。

自猶大王約沙法開始與北國合好，並因王族的聯
姻而結盟，兩國曾聯合攻打摩押和亞蘭，因減少了
來自北方的威脅，就全力整建國家，使國家強盛，
受到鄰邦的朝貢。以色列國卻再與腓尼基聯姻，是
外交上的勝利，但帶來了宗教上的災禍，先知以利
亞在此期間傳神的話和行了很多而大的神蹟，但仍
未能使諸以色列王有所轉變。此時亞蘭在北方的國
勢最盛，曾數度攻擊以色列國，雖似未能長期的佔
領，但大大的削弱的北國的國力。

〈王下圖一〉　先知以利沙 (850～800BC)

1. 王上 19:19～21
   先知以利亞召以利沙作他的門徒，接續他的
   工作。

2. 王下 2:1～14
   以利沙送以利亞自吉甲經伯特利、耶利哥、
   過約但河，見以利亞乘旋風升天後再回耶利
   哥。

3. 王下 2:19～22
   以利沙治好耶利哥的惡劣水質。

4. 王下 2:23～24
   以利沙在伯特利被譏笑是禿頭。

5. 王下 2:25
   以利沙從伯特利上迦密山，又從迦密山回到
   撒瑪利亞。

6. 王下 3:4～27
   以色列王約蘭請猶大王和以東王一同攻打摩
   押，在曠野缺水，以利沙令他們挖溝，就得
   了水，又打敗了摩押(參看王上圖八)。

* 王下 4:1～7
   以利沙供應油給一個先知門徒的寡婦和兒
   子。

7. 王下 4:8～17
   以利沙使書念的婦人得子。

8. 王下 4:18～37
   這孩子後來生病死了，他母親到迦密山去求

以利沙，孩子就被以利沙救活了。

9. 王下 4:38～41
   以利沙在吉甲解了先知門徒因喝野菜湯所中
   的毒。

10. 王下 4:42～44
    以利沙又使二十個餅給一百個人吃飽還有
    餘。

11. 王下 5 章
    亞蘭王的元帥乃縵得了大痲瘋，到撒瑪利亞
    求以利亞醫治，得到痊癒。

* 王下 6:1～7
    以利沙使門徒伐木時沉入河底的斧頭浮上
    來。

12. 王下 6:8～15
    亞蘭王攻打以色列的計劃常被以利沙破壞，
    就派大軍到多坍去捉拿以利沙。

13. 王下 6:16～23
    以利沙使亞蘭王的軍兵眼目昏迷，竟跟隨著
    以利沙走到了撒瑪利亞，亞蘭人因此驚恐懼
    怕，就撤兵回去，不敢再犯以色列了。

14. 王下 6:24～7:20
    亞蘭王便哈達上來圍困撒瑪利亞，城內在已
    絕糧之時，以利沙預言亞蘭人次日必潰退，
    結果果然神使亞蘭人逃跑，解了撒瑪利亞的
    圍。

15. 王下 8:1～6
    以利沙令書念的婦人逃往非利士住了七年，
    回來後以利沙又向王索回他被占的產業。

16. 王下 8:7～15
    以利沙到大馬色預言亞蘭王必病死，又預言
    哈薛作亞蘭王。結果哈薛篡了位，作了亞蘭
    的王。

17, 王下 9:1～10
    以利沙令一個門徒到基列拉末去，膏耶戶作
    以色列王。

18, 王下 13:14～19
    以利沙死前對以色列王約阿斯預言說，他必
    可在亞弗打敗亞蘭三次。

* 王下 13:20 以利沙去世。

以利沙是北國的先知，他從 850 BC 起開始事
奉，直到 800 BC，共有五十年，計經歷約蘭、耶戶
和約哈斯三個王。他的職事是要見證耶和華的能

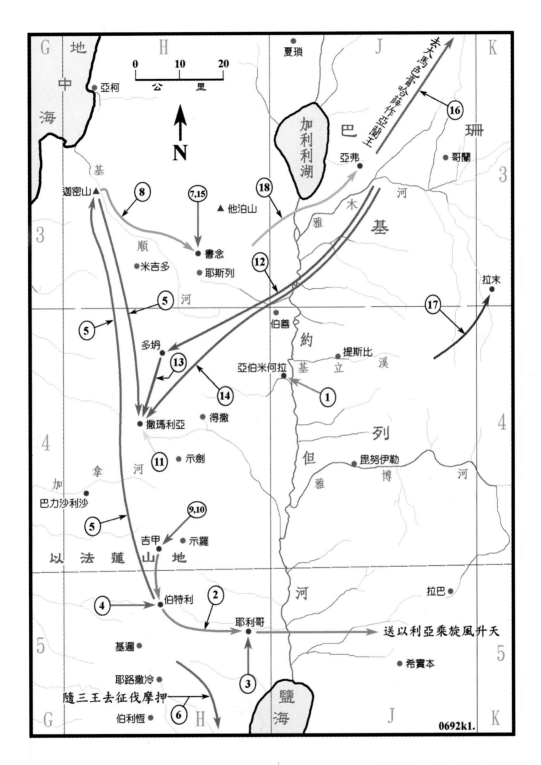

力，可以供應個人及國家，萬事都在他的手中，他關懷屬他的人民。他的工作對象範圍很廣，包括有南國、北國、以東和亞蘭，他曾醫治亞蘭的元帥乃縵，他曾多次破壞亞蘭攻擊以色列的軍事行動，當他到大馬色去工作的時候，被視為是神人亞蘭王便哈達備了四十隻駱駝的重禮，他僕人哈薛去求問他的病，先知卻膏了哈薛作亞蘭王，他又膏了耶戶作以色列王，他又在吉甲和伯特利訓練先知，他在去世前預言色列王約阿斯可打敗亞蘭三次，結果也應驗了。

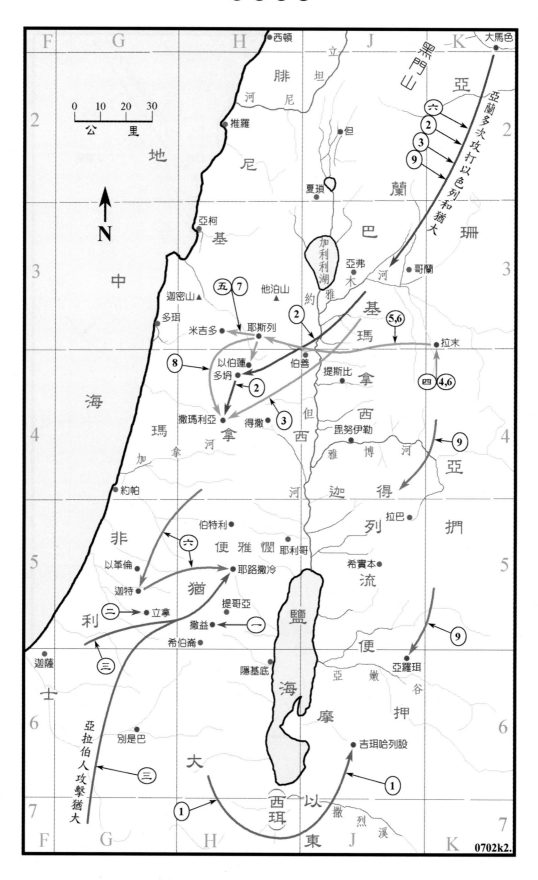

地 圖 解 說

〈王下圖二〉 南北兩國衰微
(850～800BC)

猶大國	約蘭	(猶大王五 850～843 BC)
	亞哈謝	(猶大王六 843～842 BC)
	亞他利雅	(猶大王七 842～837 BC)
	約阿施	(猶大王八 836～797 BC)
先知	約珥	
以色列國	約蘭	(以色列王九 853～842 BC)
	耶戶	(以色列王十 841～815 BC)
	約哈斯	(以色列王十一 815～799 BC)
先知	以利沙	(850～800 BC)

◎猶大王約蘭

* 王下 8:16～19，代下 21:1～7

約沙法還在位的時候，他的兒子約蘭登基，作王八年，他不行神的道，他娶了以色列王亞哈的女兒亞他利雅為妻，又殺了他的眾兄弟和幾個首領。他在猶大諸山建築邱壇，誘惑猶大人行邪淫。

一、王下 8:20～22，代下 21:8～10

以東人背叛，約蘭領兵到撒益去，但戰敗而返，以東就脫離猶大。

二、王下 8:22，代下 21:10

立拿人也背叛猶大。

三、代下 21:16～20

非利士人和亞拉伯人來攻擊猶大，擄掠了王宮中的財物，殺了他的妻兒，只留下小兒子約哈斯(又名亞哈謝)，不久約蘭就病重而死。亞哈謝接續他作王。

*猶大王亞哈謝

四、王下 8:25～28，9:27～29，代下 22:1～5

亞哈謝作猶大王一年，他行惡，他與以色列王約蘭一同去攻打拉末。

五、王下 8:29，9:27～29，代下 22:6～9

約蘭受傷後回耶斯列，亞哈謝去探望他，但被耶戶所殺傷，死在米吉多。

◎猶大王亞他利雅

* 王下 11:1～20，代下 22:10～23:15

王后亞他利雅(猶大王約蘭之妻、以色列王亞哈的女兒)見他兒子死了，就剿滅王室，篡了國位，自立為王。第七年，眾人擁立亞哈謝的兒子約阿施為猶大王，就殺了亞他利雅。

◎猶大王約阿施

* 王下 12:1～16，代下 24:1～22

約阿施作猶大王四十年，當祭司耶何耶大在世時，他行神看為正的事，重修聖殿。但耶何耶大去世後，就偏離了神的道，並殺了耶何耶大的兒子撒迦利亞。

六、王下 12:17～18，代下 24:23～24

亞蘭王哈薛攻取了迦特、再攻打耶路撒冷，約阿施就把宮中的寶物給了哈薛，亞蘭人才離去，未攻打耶路撒冷。

* 王下 12:19～21，代下 24:25～27

約阿施患重病，被臣僕所殺，他的兒子亞瑪謝接續他作王。

◎以色列王約蘭

* 王下 1:17，3:1～3

亞哈謝去世，他的兄弟約蘭(亞哈的兒子)接續他作以色列王十二年。他行耶和華眼中看為惡的事。

1. 王下 3:4～27

摩押背叛，約蘭請猶大王約沙法及以東王一同攻打摩押，在曠野缺水，先知以利沙令他們挖溝，就得了水，又打敗了摩押。

2. 王下 6:8～23

亞蘭王攻打以色列的計劃常被以利沙破壞，就派大軍到多坍去捉拿以利沙。以利沙使亞蘭王的軍兵眼目昏迷，竟跟隨以利沙走到了撒瑪利亞，亞蘭人因此驚恐懼怕，就撤兵回去，不敢再犯以色列了。

3. 王下 6:24～7:20

亞蘭王便哈達上來圍困撒瑪利亞，城內在已絕糧之時，以利沙預言亞蘭人次日必潰退。結果果然神使亞蘭人逃跑，解了撒瑪利亞的圍。

4. 王下 8:28～29

約蘭邀猶大王亞哈謝一同去攻打拉末。

5. 王下 9:14～26，9:30～37 約蘭受傷回耶斯列後被耶戶所殺，耶戶篡了他的位。又在耶斯列殺了他的母親太后耶洗別。

◎以色列王耶戶

6. 王下 9:1～37 先知以利沙令一個門徒到拉末去，膏耶戶作以色列的王，耶戶就反了，他立刻到耶斯列去，殺了約蘭和他的母親耶洗別。

7. 王下 9:27
耶户在米吉多殺了猶大王亞哈謝。
8. 王下 10:1～17
耶户令人在撒瑪利亞殺了以色列王亞哈的七十個兒子，又在撒瑪利亞的路上，殺了猶大王亞哈謝的四十二個兄弟，到了撒瑪利亞，就把亞哈家剩下人都殺盡了。
* 王下 10:18～31
耶户又設計殺了拜巴力的眾人，拆毀巴力廟，這樣耶户就在以色列中滅了巴力。但他仍拜金牛犢，也未盡心遵守耶和華的道。
9. 王下 10:32～36
在那些日子，耶和華才割裂以色列國，使亞蘭王哈薛攻擊河東之諸地。他作王二十八年，他的兒子約哈斯接續他作王。
◎以色列王約哈斯
* 王下 13:1～9
約哈斯作以色列王十七年，他行神眼中看為惡的事，耶和華屢次將他交在亞蘭王哈薛和便哈達的手中，滅絕他的人民，踐踏他們如禾場上的沙塵，只給留五十馬兵、十輛戰車、一萬步兵。他死後他的兒子約阿施接續他作王。

這前十五年是一段很悲慘的日子，猶大的諸王都背棄神。在約蘭年間，以東和立拿都背叛了，又被亞拉伯人和非利士人攻打，亞哈謝和他的四十二個兄弟都被耶戶所殺，餘下的王室又被亞他利雅女王所剿滅，殺了餘下的親屬，王室幾乎被滅絕，只留下約阿斯一人。約阿斯的早年尚能奮發向上、行神所看爲正的事，但到祭司耶何耶大去世後，就偏離了神的道。當他受到亞蘭人的攻擊，約阿斯將宮裡的寶物給了亞蘭王，耶路撒冷方才免了一劫。

至於在以色列方面，當約蘭王年間，受到亞蘭多次的攻打，所幸有先知以利沙的保護，都能化險爲夷。不久耶戶篡位，開始了九十年的耶戶王朝，耶戶王殺盡了南北兩國的王室，也除滅了拜巴力的衆人，但他仍拜金牛犢。在耶戶晚年時，亞蘭奪去了河東之地，到他兒子約哈斯的手上，以色列幾被亞蘭所滅，只留下小量的兵力，實際上已成爲亞蘭的傀儡。南北兩國從耶戶王朝開始，又形成敵對的局勢。

〈王下圖三〉 極盛時期 (800～740BC)

猶大國	亞瑪謝	(猶大王九 797～769 BC)
	撒利雅	(猶大王十 769～741 BC)
以色列國	約阿施	(以色列王十二 799～784 BC)
	羅波安	(以色列王十三 784～753 BC)
	迦利雅	(以色列王十四 753～752 BC)
	沙龍	(以色列王十五 752～751 BC)
先知	約拿	(785～775 BC)
	阿摩司	(760～750 BC)

◎猶大王亞瑪謝
* 王下 14:1～5，代下 25:1～3
亞瑪謝作王廿九年，他行神眼中看為正的事，只是不專誠，他殺了他父親的臣僕。
一、王下 14:7，代下 25:5～16
亞瑪謝組織了三十萬的大軍，攻打以東，佔領了西拉，並改名約帖。他帶回西珥的神像，立為自己的神，因此耶和華的怒氣向他發作。
二、代下 25:13
亞瑪謝所遣回的十萬以色列人，攻打猶大各城從撒瑪利亞直到伯和崙。
三、王下 14:8～14，代下 25:17～24
亞瑪謝向約阿施挑戰，他在伯示麥被以色列人擊敗，約阿施來到耶路撒冷，拆毀城牆四百肘，又將聖殿和宮中的寶物取去，並帶走人質。
四、王下 14:19～15，代下 25:27
有人背叛，亞瑪謝逃到拉吉，但仍被殺。他的兒子亞撒利雅(又名烏西雅)接續他作王。
◎猶大王亞撒利雅 (在歷代志中作烏西雅)
* 王下 15:1～，代下 26:1～5
亞撒利雅十六歲登基，作王五十二年(前廿四年與他的父親共治，後十二年與他的兒子共治)，他行耶和華眼中看為正的事，只是邱壇沒有廢去。
五、王下 14:22，代下 26:2
亞撒利雅收回以拉他(即是以祿)仍歸猶大，又重新修理。
六、代下 26:6
他出去攻擊非利士人，拆毀了迦特、雅比尼和亞實突等城，在非利士人中及亞實突境

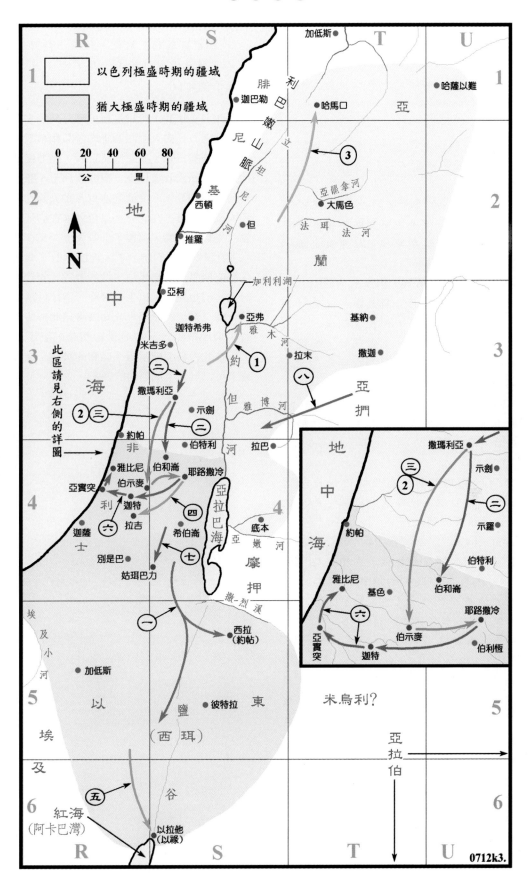

內，又建築了些城，神幫助他攻擊非利士
人。

七、代下 26:7

亞撒利雅攻擊住在姑珥巴力的亞拉伯人，並
米烏利人。

八、代下 26:8

亞捫人給亞撒利雅進貢，他的名聲傳到埃及
和遠方，因他甚是強盛。

* 代下 26:9～15

他在耶路撒冷的角門和谷門並城牆轉彎之
處，建築堅固的城樓，又使巧匠作機器安在
城樓上，又在曠野與高原和平原建築望樓，
挖了很多井。

* 王下 15:5～7，代下 26:16～21

後來亞撒利雅因強盛而心高氣傲，以致行事
邪僻，耶和華降災與王，他長大痲瘋。他的
兒子約坦代他治理國事，直到死日，死後約
坦接續作王。

◎以色列王約阿施

* 王下 13:10～12

約阿斯登基，作以色列王十六年，他行耶和
華眼中看為惡的事。

1. 王下 13:25

約阿斯仍照先知以利沙在死前向他作的預
言，三次打敗亞蘭王便哈達，收回了原來他
父在哈薛手中失去的城邑。

2. 王下 14:8～14，代下 25:17～24

猶大王亞瑪謝向約阿施挑戰，在猶大的伯示
麥交戰，猶大人大敗，約阿施來到耶路撒
冷，拆毀城牆四百肘，又將殿裡和王宮中的
金銀器皿，並人質帶回撒瑪利亞。

◎以色列王耶羅波安

3. 王下 14:23～28

約阿施的兒子耶羅波安接續作王四十一年，
他收回以色列邊界之地，從哈馬口直到亞拉
巴海，正如先知約拿所說的，他又將大馬色
和先屬猶大的哈馬奪回歸以色列。

◎以色列王撒迦利雅

* 王下 15:8～10

耶羅波安的兒子撒迦利雅接續他作以色列王
六個月，雅比的兒子沙龍在百姓前擊殺了
他，篡了他的位。

◎以色列王沙龍

* 王下 15:13

沙龍在撒瑪利亞篡位，作王一個月，迦底的
兒子米拿現從得撒上撒瑪利亞，殺了沙龍，
篡了他的位。

在此六十年間，可說是自王國分裂以來最盛的時
期。在南方，猶大的兩個王均行耶和華眼中看為正
的事，國勢日強，又逢埃及衰敗，無力侵擾以色列
地，因此猶大收復以東，擊敗非利士、亞拉伯、米
烏利和亞捫等人，使他們進貢，猶大國的名聲就傳
到埃及和遠方。在北方，以色列國在約阿施王時，
曾三度擊敗亞蘭，收復了一些失土。又在耶羅波安
(二世)四十一年的統治下，再度擊敗了亞蘭，領土
往北直擴張到了哈馬口，他的確為北國帶來繁榮和
財富，但也使得人民生活奢靡，道德低落，宗教腐
敗，種下滅亡的惡果。先知阿摩司此時傳下神的警
告，但收效不大。自七世紀初起，亞述已日漸壯
大，在北方與亞蘭爭雄，亞蘭漸被制，在亞述的威
脅下，已無力與以色列抗爭。

〈王下圖四〉以色列國覆亡 (740～715BC)
（參下頁）

猶大國　　約坦　　（猶大王十一 741～734 BC）
　　　　　亞哈斯　（猶大王十二 734～715 BC）
先知　　　以賽亞　（740～681 BC）
以色列國　米拿現　（以色列王十六 751～742 BC）
　　　　　比加轄　（以色列王十七 742～741 BC）
　　　　　比加　　（以色列王十八 741～730 BC）
　　　　　何細亞　（以色列王十九 730～722 BC）
先知　　　何西阿　（750～715 BC）

◎猶大王約坦

* 王下 15:32～38，代下 27:1～4

　　烏西雅的兒子約坦登基，作王十六年，他行耶和華眼中看為正的事，約坦建立耶和華殿的上門，在俄斐勒城上多有建造，又在猶大山地建造城邑，在樹林中建築營寨和高樓。那些日子耶和華才使亞蘭利汛和比加去攻擊猶大。

一、代下 27:5～8

　　約坦打仗勝了亞捫，使他們進貢，他行正道，以致日漸強盛，他兒子亞哈斯接續他作王。

◎猶大王亞哈斯

* 王下 16:1～4，代下 28:1～4

　　亞哈斯登基，作王十六年，他不行耶和華眼中看為正的事，卻效法以色列諸王所行的，鑄造巴力的像，並在欣嫩子谷燒香，用火焚燒他的兒女。

二、王下 16:5～6

　　亞蘭王利汛和以色列王比加上來攻打耶路撒冷，圍困亞哈斯，卻不能勝他，當時亞蘭王利汛收回以拉他歸與亞蘭。 代下 28:5 亞蘭打敗他，擄了許多人民帶到大馬色去。

三、代下 28:5～15

　　以色列王比加攻打猶大，一日殺了十二萬猶大人，又擄了二十萬猶大人和財物到撒瑪利亞去，先知俄德說服他們，使他們把被擄的猶大人送回到耶利哥。

四、代下 28:17

　　以東人又來攻擊猶大。

五、代下 28:17

　　非利士人也來侵佔高原和猶大南方的城邑，攻取了伯示麥、亞雅崙、基低羅、梭哥、亭納和瑾鎖等城。

六、王上 16:7～9，代下 28:16

　　亞哈斯差人去見亞述王提革拉毘列色，並送禮物，亞述王就上去攻打大馬色，將城攻取，殺了利汛，把居民擄到吉珥，

七、代下 28:20 亞述王提革拉毘尼色上來，卻沒有幫助他，反倒欺凌他，亞哈斯從耶和華殿中和王宮中取了財寶給亞述王。

八、王下 16:10～18，代下 28:22～27

　　亞哈斯去大馬色見亞述王，回來後就照大馬色的神壇的樣再建了一座，並在壇上獻祭，惹動耶和華的怒氣。他的兒子希西家接續他作王。

◎以色列王米拿現

1. 王下 15:14～16

　　米拿現從得撒上撒瑪利亞，殺了沙龍，篡了他的位。米拿現從得撒起，攻打提斐薩和其四境,擊殺城中所有的人。

2. 王下 15:19～21

　　亞述王普勒來攻擊以色列國，米拿現給他金銀，亞述王就回去了。

* 王下 15:22

　　米拿現作以色列王十年，他的兒子比加轄接續他作王。

◎以色列王比加轄

* 王下 15:23

　　米拿現的兒子比加轄登基，作以色列王二年，他行耶和華眼中看為惡的事,他的將軍比加在王宮裡殺了他,篡了他的位。

◎以色列王比加

* 王下 15:27

　　比加篡位登基，作以色列王二十年，他行耶和華眼中看為惡的事。

3. 王下 16:5，代下 28:5～15

　　以色列王比加，一日殺了十二萬猶大人，又擄了二十萬猶大人和財物到撒瑪利亞去，先知俄德說服他們，使他們把被擄的猶大人送回到耶利哥。

4. 王下 15:29～31

　　比加年間，亞述王提革拉毘列色來奪了以雲、亞伯伯瑪迦、亞挪、基低斯、夏瑣、基列、加利利和拿弗他利全地，將這些地方的居民

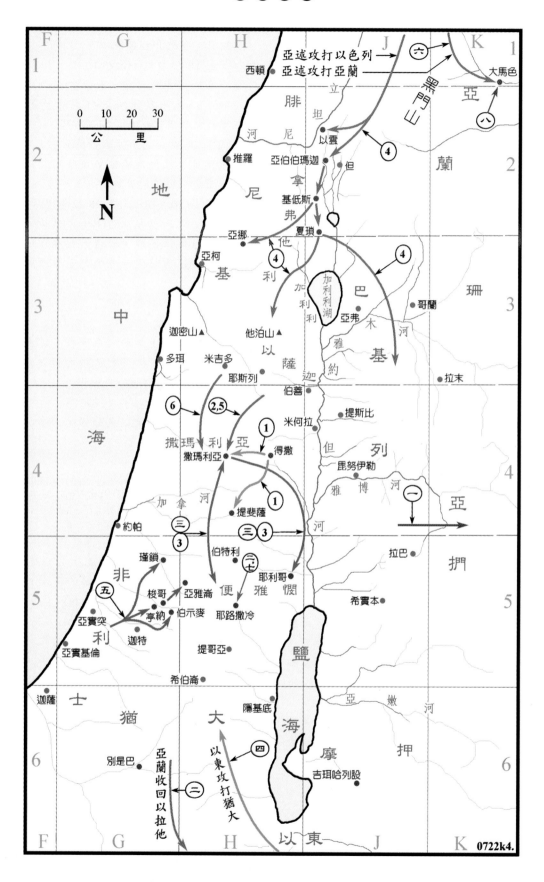

地圖解說

都擄到亞述去了。

* 王下 15:30

何細亞殺了比加，篡了他的位。

◎以色列王何細亞

5. 王下 17:1～6,18:9～12

何細亞殺了比加王，篡位登基，作以色列王九年。他行耶和華眼中看為惡的事，亞述王撒縵以色上來攻擊何細亞，他就服事他，給他進貢，隨後何細亞背叛亞述，差人去見埃及王梭，不再向亞述進貢，亞述王知道了就把他囚在監裡，何細亞七年，亞述王上來攻擊以色列遍地，上到撒瑪利亞，圍困三年，何細亞九年，亞述王攻取了撒瑪利亞.

6. 王下 17:6，17:24～33，18:11

亞述王將以色列人擄到亞述，把他們安置在哈臘與歌散的哈博河邊，並瑪代人的城邑。又從巴比倫、古他、哈馬等地的人移來撒瑪利亞，代替以色列人。北國以色列從此滅亡。

在約坦年間，猶大仍能保持上代的興盛，並且又征服了亞捫，但自亞哈斯王時，就開始受到亞蘭的威脅，亞蘭人又聯合以色列攻打猶大，擄了很多人去，不久以東人和非利士人又入侵，在飽受威脅之下，亞哈斯王就靠亞述，亞述滅了大馬色，但卻欺壓轄制猶大國。

北國的政局很不穩定，數度發生篡位，亞述也不斷的入侵，被迫成為亞述的附庸，何細亞王曾背叛亞述轉而投靠埃及，結果是被亞述在 722BC 時所滅。

亞述帝國滅北國後，將以色列人擄到亞述，又從巴比倫等地移人來撒瑪利亞，並設省管理，餘下的以色列人和移來的民族混合，就產生了撒瑪利亞人。

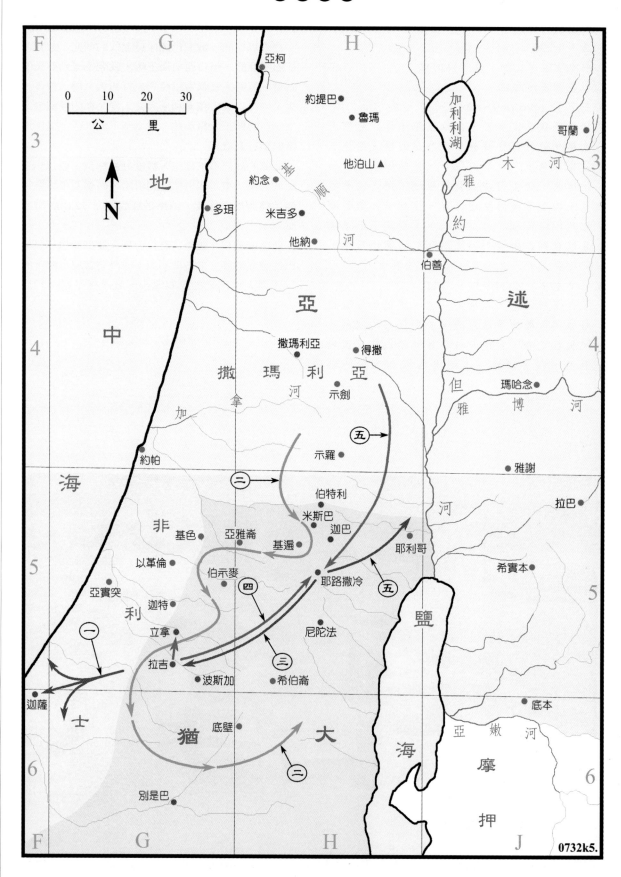

〈王下圖五〉　猶大國受亞述之欺壓
(715～640 BC)

猶大國	希西家	(猶大王十三 715～686 BC)
先知	以賽亞	(740～681 BC)
	瑪拿西	(猶大王十四 697～642 BC)
	彌迦	(750～686 BC)
	亞們	(猶大王十五 641～640 BC)
	那鴻	(664～612 BC)

◎猶大王希西家

* 王下 18:1～7，代下 29，30，31 章
　希西家登基，作王廿九年，他尋求耶和華，行祂眼中看為正的事，他召集猶大人和以色列人到耶路撒冷守逾越節，他廢去邱壇和木偶，使百姓專心遵守耶和華的律法，他專靠耶和華，總不離開，耶和華與他同在，行事盡都亨通。他背叛亞述王，不肯事奉亞述。

一、王下 18:8
　他攻擊非利士人，直到迦薩及其四境。

二、王下 18:13
　希西家十四年(701BC)，亞述王西拿基立上來，攻擊猶大的堅固城，將城攻取。

三、王下 18:16
　希西家派人去拉吉請降，亞述王罰了猶大王三百他連得金子，就退去了。

四、王下 18:17～19:36，代下 32:1～23
　約十三後，亞述王西拿基立又上來攻打耶路撒冷，希西家就挖溝挖水池，引水入城，又修築所有拆毀的城牆，在城外又築一城，以堅固大衛的米羅。王又到耶和華的殿求告，先知以賽亞就預言神必拯救，當夜耶和華的使者出去，在亞述營中殺了十數萬人，亞述王就回去了。

* 王下 20:1～11，代下 32:24～25
　希西家因病的要死而求神，神醫治了他的病，又增加他十五年的壽數，再給日影往後退了十度的兆頭，但希西家並沒有照他所蒙的恩，報答耶和華。

* 王下 20:12～19，代下 32:31
　希西家病癒後，巴比倫王派他的兒子送書信和禮物給他，他請其參觀了寶庫和武庫，及家中的一切和國中的奇事，以賽亞不悅，預言後必遭災。

◎猶大王瑪拿西

* 王下 21:1～17，代下 33:1～10
　希西家死後，他兒子瑪拿西接續他作五十五王。他引誘猶大人行惡，不聽耶和華的警戒。

五、代下 33:11～13 神使亞述王來攻擊，用鐶鉤鉤住瑪拿西，用銅鍊鎖住他帶到巴比倫去，神垂聽了他自卑的祈禱，使他歸回耶路撒冷，這才知道惟獨耶和華是神。

* 代下 33:14～20
　此後瑪拿西整建耶路撒冷城，除掉外邦人的神像，拆毀邱壇，使民事奉耶和華。他兒子亞們接續他作王。

◎猶大王亞們

* 王下 21:19～24，代下 33:21～25
　亞們登基作王兩年，他行耶和華眼中看為惡的事，他的臣僕殺了他，立他的兒子約西亞接續他作王。

　希西家王尋求神，不屈從亞述，引起亞述兩度攻打，第二次得到神的拯救。瑪拿西先是離棄神，而被亞述人擄到巴比倫，神垂聽了他自卑的禱告被釋回國後，才領導人民事耶和華。

　此時巴比倫仍是亞述帝國的一個省，而且日漸強大，是日後巴比倫帝國的前身。

〈王下圖六〉 猶大國受埃及和巴比倫之欺壓
(640～586 BC)

猶大王　約西亞　　(猶大王十六 639～609 BC)

約哈斯　　(猶大王十七 609 BC)

約雅敬　　(猶大王十八 609～597 BC)

約雅斤　　(猶大王十九 598 BC)

西底家　　(猶大王二十 598～587 BC)

先知　　那鴻　　664～612 BC)

西番雅　　(639～608 BC)

耶利米　　(626～580 BC)

哈巴谷　　(605～587 BC)

俄巴底亞

但以理　　(605～530 BC)

以西結　　(597～571 BC)

◎猶大王約西亞

* 王下 22:1～23:27，代下 34:1～35:19

約西亞登基作王卅一年，他行耶和華眼中看為正的事，十六歲時就尋求神，二十歲時潔淨了猶大、耶路撒冷、瑪拿西、以法蓮、西緬、拿弗他利各城。廿六歲時修理聖殿，在殿中得到了摩西所傳的律法書，把書念給眾民聽，令民守逾越節。

一、王下 23:29～30，代下 35:20～24

埃及王法老尼哥，上到伯拉河，攻擊亞述。約西亞去抵擋他，埃及王在米吉多殺了他。他的次子約哈斯接續他作王。

◎猶大王約哈斯

二、王下 23:31～35，代下 36:1～4

約哈斯登基作王三個月，他行耶和華眼中看為惡的事。法老尼哥將約哈斯鎖在哈馬地的利比拉，不許他在耶路撒冷作王，又罰猶大國金銀再立他的哥哥以利亞敬作王，並改名為約雅敬。

◎猶大王約雅敬

* 王下 23:34～37，代下 36:5

埃及王法老尼哥立以利亞敬作王，又將他改名為約雅敬，作王十一年，他行耶和華眼中看為惡的事。

三、王下 24:1～6，代下 36:5～9

約雅敬年間巴比倫王尼布甲尼撒上到猶大，約雅敬服事他三年，然後背叛他。耶和華使迦勒底軍、亞蘭軍、摩押軍和亞捫人的軍，來攻擊約雅敬，要毀滅猶大。巴比倫王尼布甲尼撒上來攻擊他，用銅鍊鎖著他，將他帶到巴比倫去，同時又將聖殿裡的器皿擄到巴比倫去，放在他神的殿裡。他兒子約雅斤接續他作王。

◎猶大王約雅斤

四、王下 24:8～17，代下 36:9～10

約雅斤登基作王三個月，他行耶和華眼中看為惡的事，那時巴比倫王尼布甲尼撒圍攻耶路撒冷，約雅斤出城投降，巴比倫王將殿中和王宮中的寶物都拿去，又除了國中極貧窮的人外，都擄去巴比倫。巴比倫王立他的叔叔西底家作王。

* 王下 25:27

約雅斤被擄後卅七年，巴比倫王以未米羅達元年方放他出監，住在巴比倫直到去世。

◎猶大王西底家

五、王下 24:18～25:17，代下 36:9

西底家登基作王十一年，他行耶和華眼中看為惡的事，第九年他背叛巴比倫，尼布甲尼撒率領全軍來攻擊耶路撒冷，到十一年城被攻破，王在耶利哥平原被迦勒底的軍隊追上，被帶到利比拉巴比倫王那裡受審，在他面前殺了他的眾子，並剜了他的眼睛，帶他去巴比倫。巴比倫王又拆毀耶路撒冷的城牆，焚燒耶路撒冷的房屋，把人民擄去巴比倫。南國猶大從此滅亡。

六、王下 25:22～26

巴比倫王立基大利作猶大的省長，以實瑪利殺了他，就逃去埃及。

約西亞王尋求神，登基十二年即開始成功徹底的革新了長久以來腐蝕了的宗教，使猶大重獲平靜和富強。當時的先知特多，是促成宗教改革的幕後功臣。

亞述此時已漸衰微，巴比倫和埃及漸興起，猶大常受埃及之攻擊。巴比倫於 612 BC 攻陷亞述的首都尼尼微大城，亞述的殘兵撤退到哈蘭，被巴比倫圍困得岌岌可危，埃及的法老尼哥為著爭取霸權，取道非利士地北上助亞述攻打巴比倫。約西亞去抵擋他，但在米吉多被殺身亡。不久，埃及法老尼哥又把猶大王約哈斯擄到利比拉囚禁，立約雅敬作猶大王。609BC 亞述完全被巴比倫所滅。605 BC 巴

地圖解說

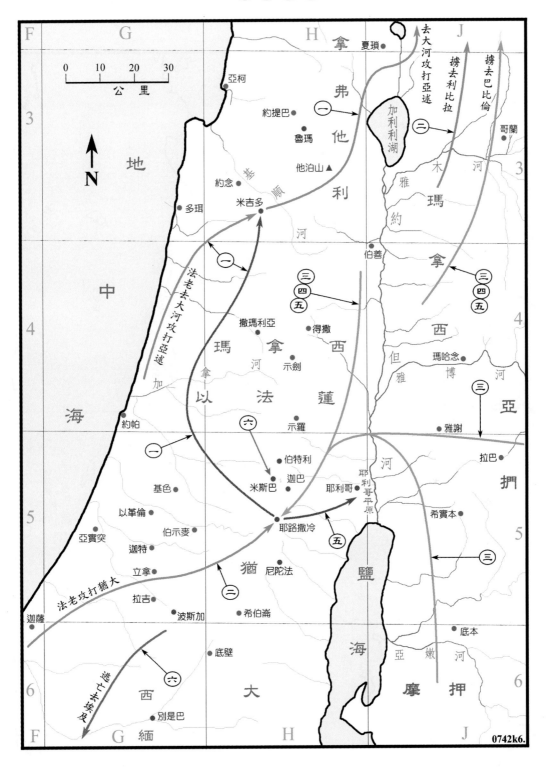

比倫在迦基米設大敗埃及，從此巴比倫成為世界的新霸主，取得了亞述原有的領土，他雖然未立刻和長期的佔領猶大國，但在往後的二十年中，視猶大王為其傀儡，並且經常前攻打耶路撒冷，數度大量將人民和財物擄掠去巴比倫。猶大第一次被擄是在 605 BC 約雅敬年間。 第二次是在 579 BC 約雅斤年間， 第三次是 586 BC 希底家年間。那時耶路撒冷和聖殿均被毀。猶大國從此滅亡。巴比倫王將猶大劃為一省，立猶大人基大利作猶大的省長。

地圖解說

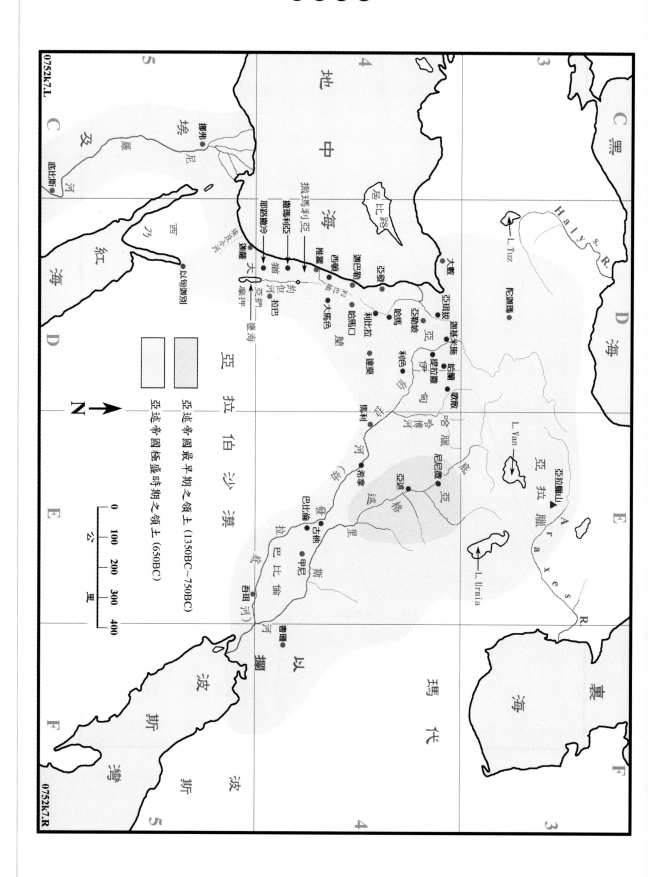

〈王下圖七〉 亞述帝國

* 王下 15:19

以色列王米拿現年間，亞述王普勒來攻擊以色列國，米拿現給他一千他連得銀子，請普勒幫助他堅立他的國位。於是亞述王就回去了(740 BC前後)。

* 王下 15:29

以色列王加比年間，亞述王提革拉毘列色來奪了以雲、亞伯伯瑪迦、亞挪、基低斯、夏瑣、基列、加利利全地，將這些地方的居民都擄到亞述去了(734 BC)。

* 王下 16:7

亞蘭王利汛和以色列王比加上來攻打耶路撒冷，猶大王亞哈斯求亞述王提革拉毘列色，請他去攻打大馬色，以解圍困，亞述王就攻取了大馬色殺了利汛，把居民擄到吉珥(733 BC)。

* 王下 17:3，王下 18:9

以色列王何細亞年間(730 BC)，亞述王上來攻擊他，何細亞就服事他，給他進貢，後來何細亞背叛，投靠埃及王梭，亞述王知道了，就把他鎖禁，囚在監裡。亞述王上來攻擊以色列遍地，上到撒瑪利亞，圍困三年才攻取了撒瑪利亞(722 BC)，將以色列人擄到亞述，把他們安置在哈臘、歌散的哈博河邊，並瑪代人的城邑。

* 王下 18:13，代下 32:1，賽 36:1

猶大王希西家倚靠耶和華，他不肯事奉亞述王，希西家十四年，亞述王西拿基立上來攻打猶大的一切堅固城，將城攻取，希西家差人往拉吉去見亞述王，亞述王罰猶大王銀子三十他連得，但亞述王仍從拉吉派大軍攻打耶路撒冷(704BC)。

* 王下 19:35，代下 32:21，賽 37:36

希西家求告耶和華，當夜耶和華的使者出去，在亞述營中殺了十八萬五千人，亞述王西拿基立次日就拔營回去，住在尼尼微，不久被他的兩個兒子所殺，他的另一個兒子以撒哈頓接續他作王。

* 代上 5:6

巴力的兒子備拉作流便支派的首領，被亞述王提革拉毘尼色擄去。

* 代上 5:26

他們得罪了他們列祖的神，故此，以色列的神激動亞述王普勒，和提革拉毘尼色的心，他們就把流便人、迦得人、瑪拿西半支派的人，擄到哈臘、哈博、哈拉與歌散河邊。

* 代下 28:16

因為以東人和非利士人攻擊猶大，亞哈斯王差人去見亞述諸王，求他們幫助，亞述王提革拉毘列色上來，並沒有幫助他，反倒欺凌他。

* 代下 33:11

耶和華警戒瑪拿西和他的百姓，他們卻是不聽，所以耶和華使亞述王的將帥來攻擊他們，用鐃鉤鉤住瑪拿西，用銅鍊鎖住他，帶他到巴比倫去。

亞述帝國最初的領土在今日巴格達城以北，底格里斯河的兩岸，是一處高原，冬季多雨酷寒，夏則暑熱。東北方有大小札布兩大支流，故水源充足，農牧皆宜，盛產牛羊馬，各樣水果和穀物，產量豐富，人屬閃族，秉性殘暴，紀律嚴明，精於貿易和戰爭。根據可靠之考證，亞述地區早在五千年前已有人類活動，在主前三千年代，常受蘇美人和巴比倫人之控制，也受其文化之影響。

亞述自 1360 BC 至 1076 BC間曾一度非常強盛，領土東至巴比倫，西方擊敗赫族，東方進入撒格魯山區，復又擊敗亞蘭人，擁有大片的國土而成為一個世界強權。約在1075 BC年起衰微了一百五十餘年，此時正是以色列在大衛和所羅門的統治下興盛之時。自911 BC起亞述再度昌盛了三百餘年，先是佔領了兩河流域，東方直達以攔，北到烏拉圖，西至小亞細亞的基利家，然後再向亞蘭進軍，撒縵以色三世於853 BC，在夸夸一役中未能得勝，數年後捲土重來，才攻克下大馬色和撒瑪利亞。撒縵以色三世於827 BC去世後，國勢立衰，八十年後，直到普勒王，即是提革拉毘列色三世時，(745 BC至727 BC)他重新收復往日的領土，並往外擴張，曾進軍到敘利亞和以色列，在722 BC 以色列(北)國被撒縵以色五世和他的兒子撒珥根二世所滅，將居民擄去。猶大國從此就不斷受到亞述的威脅，在714 BC，西拿基立王攻克了猶大諸城，南國幾乎滅亡，但在圍攻耶路撒冷時卻大敗，猶大國得以續存。671 BC，亞述征服埃及，兩年後埃及叛，以撒哈頓王再出征，但卻死在途中。625 BC，巴比倫逐漸興起，亞述卻漸衰弱，到 614 BC，巴比倫和瑪代聯軍攻陷了亞述諸城，612 BC又攻破了尼尼微城，亞述殘兵退到哈蘭地區，埃及曾派兵支援，但仍徒勞無功，亞述帝國就在數年之間全部被巴比倫所滅亡。

地圖解說

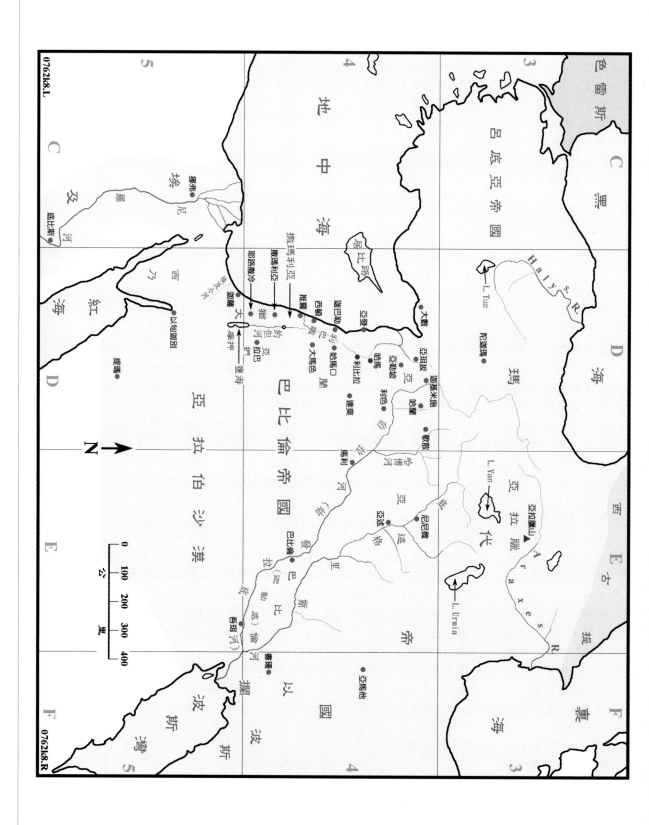

色雷斯

黑海

呂底亞帝國

地中海

亞古提

裏海

瑪代

亞拉臘山

L. Van

L. Urmia

哈博河

亞迪

尼尼微

亞述帝國

亞拉臘山

Araxes R.

提拉

Halys R.

L. Tuz

王門

陀迦瑪

大數

亞得拉

亞勒坡

迦基米施

哈蘭

歇散

亞馬拿

利色

哈馬

亞巴勒

西頓

推羅

迦密

迦百

利比拿

蘭

大馬色

亞迦

馬利

巴比倫

迦薩

耶路撒冷

約旦河

猶大

撒瑪利亞

撒種利亞

尾比路

以旬迦別

提瑪

鹽海

巴比倫帝國

書珥河

亞馬他

書珊

以攔

底格里斯河

幼發拉底河

亞拉伯沙漠

波斯帝國

波斯灣

埃及

挪弗

底比斯

羅尼西

尼羅河

紅海

N

0
100
200
300
400
公里

地圖解說

〈王下圖八〉　巴比倫帝國

* 王下 20:14，代下 32:31，賽 39:1

  猶大王希西家病癒後，巴比倫王巴拉但的兒子比羅達巴拉但就派使者送書信和禮物給他，希西家聽從使者的話，就把他的財物和武備都給他看了，這件事使神離開他，試驗他，好知道他心內如何。以賽亞預言說，這一些的財寶，到時都將被巴比倫擄去，不留下一樣。

* 王下 24:1，代下 36:6

  猶大王約雅敬年間巴比倫尼布甲尼撒上到猶大，約雅敬服事他三年，然後背叛他，耶和華使迦勒底軍等攻擊約雅敬，毀滅猶大。

* 王下 24:7

  巴比倫王將埃及王所管之地，從埃及小河直到伯拉河，都奪去了，埃及王不敢再從他的國中出來了。

* 王下 24:10，代下 36:10

  猶大王約雅斤年間，巴比倫王尼布尼甲尼撒，上到耶路撒冷圍困城，約雅斤等出城投降，巴比倫王將他和其親屬、大官、勇士、木匠、鐵匠等共一千人、及王宮中的寶物，全擄去巴比倫。

* 王下 25:1，代下 33:18，耶 52:4，結 17:12

  猶大王西底家背叛，巴比倫王尼布甲尼撒率領全軍來攻擊耶路撒冷，次年城破，西底家逃跑時被捉，在利比拉被剜了眼睛，用銅鍊鎖著，再被帶到巴比倫去。

* 王下 25:8

  巴比倫王尼布甲尼撒十九年，他的護衛長尼布撒拉旦，來到耶路撒冷燒了聖殿，拆毀四週的城牆，將人民和財物擄去巴比倫，又在利比拉巴比倫王那裡，殺了大祭司等六十個人。

* 代上 9:1

  以色列人因犯罪就被擄到巴比倫。

* 代下 33:11，結 19:9

  亞述王的將帥來攻擊猶大王瑪拿西，用鐃鉤鉤住瑪拿西，用銅鍊鎖他，帶到巴比倫去。

* 拉 2:2，5:12

  波斯王古列元年，下詔令從前被擄到巴比倫之猶大省的人，可以上耶路撒冷，並重建聖殿，又將放在自己神之廟中，從耶路撒冷掠來的財寶，全部還給猶大人，供重建聖殿之用。

* 拉 6:1

  於是大利烏王降旨，要尋察典籍庫內，就是在巴比倫藏寶物之處，在瑪代省，亞馬他城的宮內尋得一卷，其中記著說，古列元年，他降旨論到耶路撒冷神的殿，要建造這殿為獻祭之處。

* 拉 7:9

  波斯王亞達薛西王第七年，祭司以斯拉正月初一從巴比倫起程，五月初一就到了耶路撒冷。

* 詩 137:1

  他們曾在巴比倫的河邊坐下，一追想錫安就哭了，‥‥‥‥將要被毀滅的巴比倫城阿，報復你，像你待我們的，那人便為有福。

　　巴比倫帝國之發源地位於米所波大米的南部，即是示拿地和迦勒底地，自巴格達城之南約 60 公里起，直到波斯灣的兩河之間之地，此處為一廣大之沖積平原，土壤肥沃，因有兩條大河之水常年供應，先民又開掘運河以利灌溉，故產物豐富，孕育了早期的文明，也一直是諸大帝國的發源地。

　　巴比倫帝國可分前後兩期，前巴比倫是自 1894 BC 到 1595 BC，其國土原在示拿地，即是米所波大米的南部，後擴至米所波大米的北部和以攔等地，是當代雄霸天下的帝國。後巴比倫則是從 614 BC 到 539 BC，是由迦勒底人尼布卜拉撒創建，史稱新巴比倫或迦勒底王朝，他藉瑪代人之助，在 612 BC 滅了亞述，取亞述全部的土地，其子尼布甲尼撒更伸張國土西到以攔東及埃及和西亞。在 586 BC 滅了猶大國，拆毀了耶路撒冷。但在 539 BC 被波斯王國所滅。

　　在聖經中，迦勒底常與巴比倫同時出現，有的新版英文聖經就以巴比倫代替迦勒底，所以廣義的講，迦勒底就是巴比倫。

地圖解說

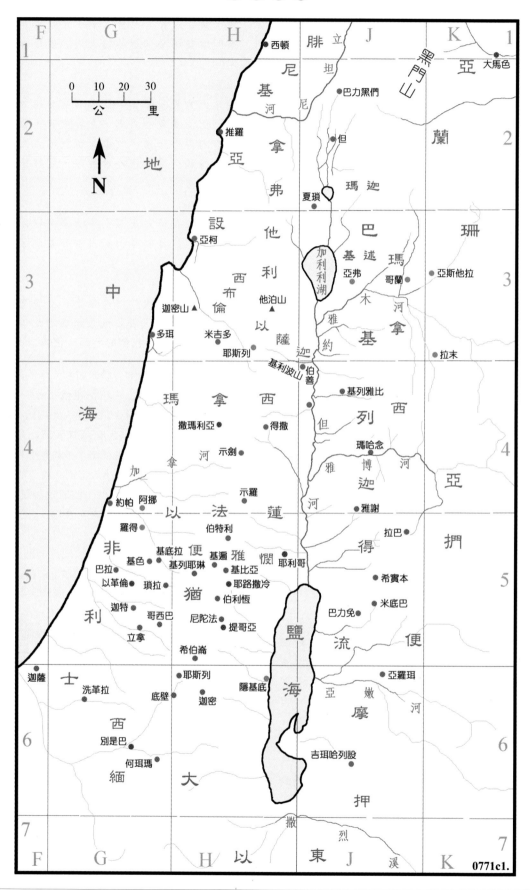

0771c1.

地圖解說

歷代志上

* 代上 1:11～16 含的後裔。（同創圖二）

在 代上 1:4～25 之間是挪亞後代的家譜，內容與創 10:1～31 幾全同，請參閱〈創圖二〉即可，在索引的表中也僅列 11～16 間有「人」的一部份，以免重複。

* 代上 1:43～54 以東地的王。（同創圖十）

此段中除少數幾個位置不明之地名外，餘均與創圖十之內容相同。

〈代上圖一〉　以色列地中之零星地名

* 代上 2:1～4:23　　猶大的後裔。
* 代上 10:1～13　　掃羅王敗亡。
* 代上 13:1～17:27 大衛的其他事蹟。

〈代上圖二〉　　迦勒的子孫

* 代上 2:50～55 迦勒的子孫。

本段中所述的迦勒，是猶大的後裔、希斯崙之子、耶拉篾之弟，他的地業分散在尼陀法、亞他綠和瑣拉之間，均在希伯崙以北20公里以上。另外在代上 6:55 中的迦勒，他是耶孚尼的兒子，分得了希伯崙城外屬城的郊野。在民 14:6 中，他是當年摩西派出的十二個探子之一，在書 15:13 中，他分得希伯崙和底壁地區爲業。這兩個同名爲迦勒的人，唯一相同的是他們的女兒都名叫押撒，所以有學者認爲兩者實爲一人，究竟如何，有待考證。

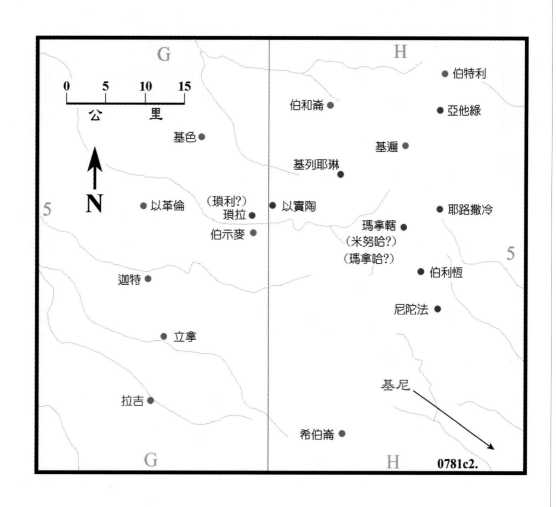

0781c2.

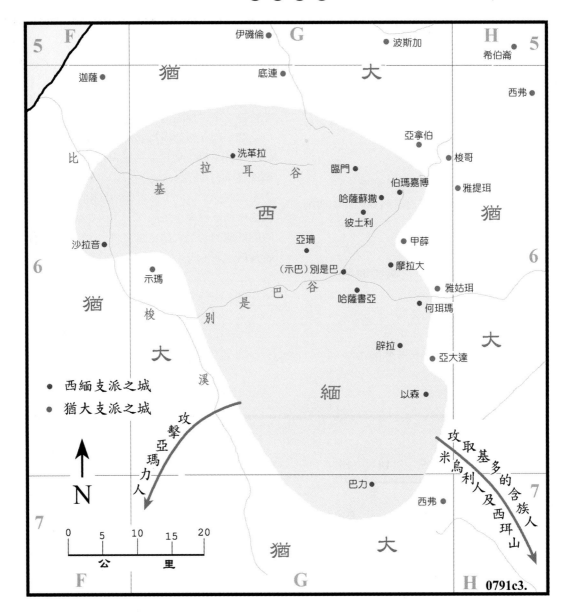

〈代上圖三〉 西緬支派的領土

* 代上 4:24～43 西緬支派的領土。

　　西緬支派的地業在猶大南部的中間，他們在此地區保持領土的完整有很長的時間，他們的人口增加，也常向東南方的基多口擴張，直到希西家年間，更往東南攻擊米烏尼人，西南攻擊亞瑪力人，還有五百人上西珥山。所以西緬支派一直興盛到南國猶大覆亡為止。隨後其地被以東人所漸佔領。

〈代上圖四〉河東兩個半支派（參右頁）

* 代上 5:1～24 河東兩個半支派。

　　流便支派的地業似無太大的變化。迦得似佔據了雅木河以南，原屬瑪拿西的基列地。而瑪拿西似往北擴張到了巴力黑們和黑門山之地，這兩個半支派都分別及聯合往東發展，征服了夏甲人、伊突人、拿非施人和挪答人，住在他們的地上，直到被擄的時候。

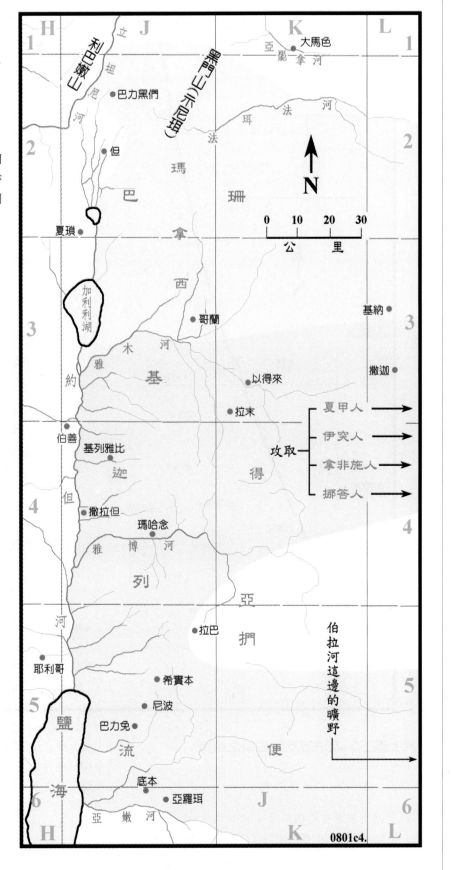

同〈王下圖六〉

* 代上 5:23～26

  河東兩個半支派被擄去亞述。

同〈書圖十一〉

* 代上6章全

  利未人之城邑本章所列利未人城邑之名單，大約與書21章所列相同，僅有下列各地之地名有異：

本章中之名	書21章中之名
希崙	何崙
無	淤他
無	基遍
阿勒篾	亞勒們
約緬	基伯先
亞斯他錄	比施提拉
基低斯	基善
拉末	耶末
亞珊	亞因
亞年	隱干寧
瑪沙	米沙勒
戶割	黑甲
哈們	哈末多珥
基列亭	加珥坦
亞乃	他納
臨摩挪	丁拿
比連	迦特臨門
他泊	無
雅哈撒	雅雜
拿哈拉	無

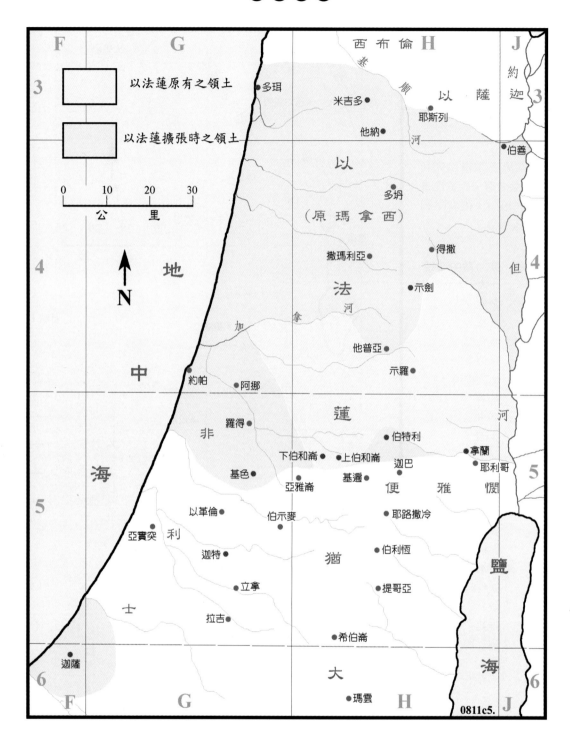

〈代上圖五〉以法蓮支派佔領之疆域

＊ 代上 7:20～29 以法蓮的領土。

　　以法蓮支派原有的地業僅在加拿河與伯特利之間，按此段所述，他們向南得了原屬便雅憫的伯特利，向北得了原屬瑪拿西的示劍、伯善、他納、米吉多和多珥等城，因此以法蓮幾乎把瑪拿西西半支派重要而且知名的城市都佔有了。 瑪拿西是否仍在其間佔有一些土地，則是一個疑問。在本卷書中也沒有提到瑪拿西西半支派的家譜，是否這半個支派已經消失，也是另一個疑問。

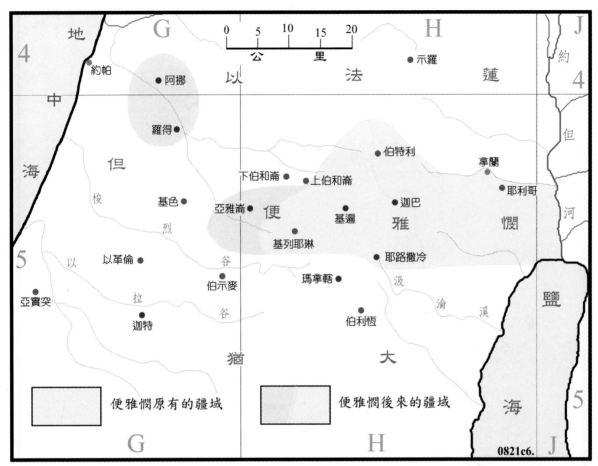

地圖解說

便雅憫原有的疆域

便雅憫後來的疆域

0821c6.

〈代上圖六〉 便雅憫的領土（參上圖）

* 代上 8 章全 便雅憫的領土

　　便雅憫支派的領土只有少許的變化，其北的伯特利為以法蓮佔去，但向西得了原屬但的亞雅崙、羅得和阿挪等三個重要的城邑。

* 代上 11:1～12:18
　　大衛王勇士的祖籍 (同撒下圖五)。
* 代上 14:8～16
　　大衛兩次擊敗來襲的非利士人 (同撒下圖二)。
* 代上 18:1～20:8
　　大衛的戰功的國土 (同撒下圖三)。

〈代上圖七〉　大衛王班長的祖籍（參右圖）

* 代上 27:1～34 大衛班長的祖籍。

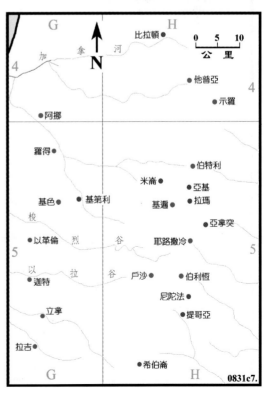

0831c7.

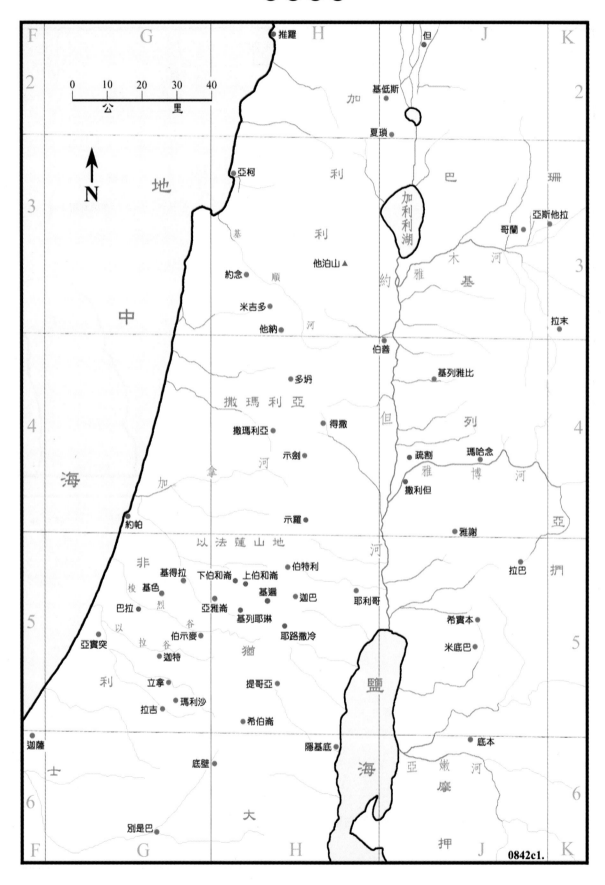

0842c1.

〈代下圖一〉 以色列地内的零星地名

不包括在以下各圖之零星地名。

繪在〈王上圖一〉至〈王下圖四〉諸圖内之章節：

* 代下 1:1～13 (參看王上圖二之1)

　所羅門往基遍獻祭，耶和華在夢中向他顯現，並祝福他，賜他智慧。

* 代下 1:14～17

　所羅門建軍，並聚集建殿用之木材和金銀。

* 代下 2:1～18 (參看王上圖四之1)

　所羅門求推羅王希蘭全力協助他建聖殿，從腓尼基供應材料和工匠。

* 代下 3:1～3 (參看王上圖一)

　所羅門王登基後第四年，開始在摩利亞山上興建聖殿，七年後完工(959 BC)。

* 代下 4:16～17 (參看王上圖二)

　戶蘭在約但河平原鑄造聖殿中的銅器。

* 代下 5:1～7:10 (參看王上圖一之3)

　聖殿建築和器皿製造完成，以色列人將約櫃從大衛城運來，抬進内殿，就是至聖所，又獻祭為民祝福。

* 代下 8:5～6 (參看王上圖二及四)

　所羅門在各重要之處建城。

* 代下 8:17～18，9:20～21 (參看王上圖四)

　所羅門在以旬迦別和以祿，用船從俄斐及他施等地運回大量的金銀和奇獸。

* 代下 9:1～12 示巴女王觀見。(參看王上圖四之2)

* 代下 9:26 (參看王上圖四)

　所羅門王的領土。

同〈王上圖五〉羅波安 (猶王一 932～916 BC)

* 代下 9:31，12:13～14

　所羅門去世，他的兒子羅波安接續他作王十七年。

一、代下 10:1～19

　羅波安到示劍，與以色列人談判，但談判破裂，結果王國分裂，北為以色列國，南為猶大國，南國僅有猶大一個支派之地，很可能包括西緬支派之地在内。

* 代下 11:1～4

　羅波安招聚十八萬人，要攻擊以色列家，但被耶和華所阻。

* 代下 11:5～17

　羅波安在猶大地修築了許多堅固城，增強兵防，猶大國就強盛了三年，又有便雅憫和利未人來歸。

二、代下 12:2～9

　羅波安五年，埃及王示撒攻取了猶大的堅固城，又攻打耶路撒冷，奪了聖殿和王宮中的寶物。

* 代下 12:16～13:2

　羅波安去世，他的兒子亞比雅接續他作猶大的王三年。

同〈王上圖五〉亞比雅 (在王上中作亞比央)
(猶大王二 916～914 BC)

三、代下 13:2～20

　亞比雅常與耶羅波安爭戰，亞比雅率兵四十萬，在洗瑪臉山攻擊以色列人，得了以色列的幾座城，耶羅波安就不能再強盛。

* 代下 14:1

　亞比雅作王三年後去世，他的兒子亞撒接續他作猶大的王。

同〈王上圖六〉亞撒
(猶王三 914～874 BC)

* 代下 14:1～8

　亞撒王行耶和華看為正的事，除去境内的邱壇和偶像，又建了幾座堅固城，增強兵力，國中就太平了數年。

一、代下 14:9～10

　古實王謝拉攻擊猶大，彼此在瑪利沙的洗法谷擺陣。

二、代下 14:11～15

　藉神的幫助，亞撒王大勝，直追到基拉耳，古實就不能再強盛。

* 代下 15:8～19

　亞撒再度在猶大、便雅憫、以法蓮山地，除去可憎之物、重修耶和華的壇，就有許多的以色列人來歸降，南國太平直到亞撒卅五年。

三、代下 16:1～5

　亞撒和以色列王巴沙常常爭戰，亞撒王卅六年，以色列王巴沙上來修築拉瑪，阻止以色列人到猶大，亞撒王就以重金商請亞蘭王便哈

達相助，便哈達就攻破了以色列的北部，巴沙只得撤退。

* 代下 16:6

以色列人撤兵後，亞撒就修築迦巴和米斯巴。

* 代下 16:11～13

亞撒作猶大王四十一年,去世前三年,因腳上有病,他的兒子約沙法接續他作王。

同〈王上圖八〉約沙法
(猶王四 874～850 BC)

* 代下 17 章

亞撒的兒子約沙法接續作猶大王,他遵行神的道、奮勇自強、除去境內可憎之物、又派人教導百姓、建造營寨、安置防兵在各地、猶大就日漸強大,四週列國都甚恐懼,非利士人和亞拉伯人都向他納貢,以色列國也與他和好。

一、代下 18:1～19:1

約沙法為兒子娶了亞哈王的女兒亞他利雅為妻。亞哈王邀約沙法一同攻打基列拉末,亞哈王在戰場上被射死,約沙法平安回到耶路撒冷。

* 代下 19:4～11

約沙法回來後,受到先知耶戶的責備,就立定心意尋求神,出巡各地,除去木偶,引導百姓歸向神。

二、代下 20:1～2

摩押人、亞捫人和米烏尼人一同來攻打猶大。

三、代下 20:3～30

約沙法求告神, 猶大全地宣告禁食, 神使摩押人等潰敗。

四、代下 20:35～37

約沙法與以色列王亞哈謝交好,二王合夥在以旬迦別造船,要到他施去,結果船破壞了,就未能去。

同〈王下圖二〉約蘭
(猶王五 850～843 BC)

* 代下 21:1～7

約沙法還在位的時候,他的兒子約蘭登基,作王八年,他不行神的道,他娶了以色列王

亞哈的女兒亞他利雅為妻,又殺了他的眾兄弟和幾個首領,他在猶大諸山建築邱壇,誘惑猶大人行邪淫。

一、代下 21:8～10

以東人背叛,約蘭領兵到撒益去,但戰敗而返,以東就脫離猶大。

二、代下 21:10

立拿人也背叛猶大。

三、代下 21:16～18

非利士人和亞拉伯人來攻擊猶大,擄掠了王宮中的財物, 殺了他的妻兒,只留下小兒子約哈斯(又名亞哈謝),不久約蘭就病重而死。亞哈謝接續他作王。

同〈王下圖二〉亞哈謝
(猶王六 843～842 BC)

四、代下 22:1～9

亞哈謝作猶大王一年,他行惡,他與以色列王約蘭一同去攻打拉末。

五、代下 22:1～9

約蘭受傷後回耶斯列,亞哈謝去探望他,但被耶戶所殺。

同〈王下圖二〉亞他利雅
(猶王七 842～837 BC)

* 代下 22:10～23:15

王后亞他利雅(猶大王約蘭之妻,以色列王亞哈的女兒)見他兒子死了,就剿滅王室,篡了國位,自立為王,第七年,眾人擁亞哈謝的兒子約阿施為猶大王,殺了亞他利雅。

同〈王下圖二〉約阿施
(猶王八 836～797 BC)

* 代下 24:1～22

約阿施作猶大王四十年,當祭司耶何耶大在世時,他行神看為正的事,重修聖殿。但耶何耶大去世後就偏離了神的道,並殺了耶何耶大的兒子撒迦利亞。

六、代下 24:23～24

亞蘭王哈薛攻取了迦特,再攻打耶路撒冷,約阿施就把宮中的寶物給了哈薛,亞蘭人才離去,未攻打耶路撒冷。

* 代下 24:25～27

約阿施患重病，被臣僕所殺，他的兒子亞瑪謝接續他作王。

同〈王下圖三〉亞瑪謝

(猶王九 797～767 BC)

* 代下 25:1～3

亞瑪謝作王廿九年，他行神眼中看為正的事，只是不專誠，他殺了他父親的臣僕。

一、代下 25:5～16

亞瑪謝組織了三十萬的大軍，攻打以東，佔領了西拉，並改名約帖。他帶回西珥的神像，立為自己的神，因此耶和華的怒氣向他發作。

二、代下 25:13

亞瑪謝所遣回的十萬以色列人，攻打猶大各城、從撒瑪利亞直到伯和崙。

三、代下 25:17～24

亞瑪謝向約阿施挑戰，他在伯示麥被以色列人擊敗，約阿施來到耶路撒冷，拆毀城牆四百肘，又將聖殿和宮中的寶物取去，並帶走人質。

四、代下 25:27～26:1

有人背叛，亞瑪謝逃到拉吉，但仍殺。他的兒子烏西雅(又名亞撒利雅)接續他作王。

同〈王下圖三〉烏西雅 (亞撒利雅)

(猶王十 769～741 BC)

* 代下 26:1～5

烏西雅十六歲登基，作王五十二年(前二十四年與他的父親共治，後十二年與他的兒子共治)，他行耶和華眼中看為正的事，只是邱壇沒有廢去。

五，代下 26:3

烏西雅收回以祿仍歸猶大，又重新修理。

六、代下 26:6

他去攻擊非利士人，拆毀了迦特、雅比尼和亞實突等城，在非利士人中，在亞實突境內，又建築了些城，神幫助他攻擊非利士人。

七、代下 26:7

烏西雅攻擊住在姑珥巴力的亞拉伯人，並米烏利人。

八、代下 26:8

亞捫人給烏西雅進貢，他的名聲傳到埃及和遠方，因他甚是強盛。

* 代下 26:9～10

他在耶路撒冷的角門和谷門並城牆轉彎之處，建築堅固的城樓，又使巧匠作機器，安在城樓上，又在曠野與高原和平原建築望樓，挖了很多井。

* 代下 26:16～21

後來烏西雅因強盛而心高氣傲，以致行事邪僻，耶和華降災與王，他長大痲瘋，他的兒子約坦治理國事，直到死日，死後約坦接續作王。

同〈王下圖四〉約坦

(猶王十一 741～734 BC)

* 代下 27:1～3

烏西雅的兒子約坦登基，作王十六年，他行耶和華眼中看為正的事，他建立耶和華殿的上門，又在猶大山地建築營寨。

一、代下 27:5～8

約坦打仗勝了亞捫，使他們進貢，他行正道，以致日漸強盛，他兒子亞哈斯接續他作王。

同〈王下圖四〉亞哈斯

(猶王十二 734～715 BC)

* 代下 28:1～4

亞哈斯登基，作王十六年，他不行耶和華眼中看為正的事，卻效法以色列諸王所行的，鑄造巴力的像，並在欣嫩子谷燒香，用火焚燒他的兒女。

二、代下 28:5

亞蘭打敗他，擄了許多人民，帶到大馬色去。

三、代下 28:5～15

以色列王比加，一日殺了十二萬猶大人，又擄了二十萬猶大人和財物到撒瑪利亞去，先知俄德說服他們，使他們把被擄的猶大人送回到耶利哥。

四、代下 28:17

以東人又來攻擊猶大。

五、代下 28:18

非利士人也來侵佔高原和猶大南方的城邑、

攻取了伯示麥、亞雅崙、基低羅、梭哥、亭納、瑾鎖。

六、代下 28:16

亞哈斯差人去見亞述諸王，求他們幫助。

七、代下 28:20～21

亞述王提革拉毘尼色上來，卻沒有幫助他，反倒欺凌他，亞哈斯從耶和華殿中和王宮中取了財寶給亞述王。

* 代下 28:22～27

亞哈斯在急難的時候，越發得罪耶和華，惹動耶和華的怒氣，他死後他的兒子接續他作王。

同〈王下圖五〉希西家
(猶王十三 715～697 BC)

* 代下 29～31 章

希西家登基，作王二十九年，他尋求耶和華，行祂眼中看為正的事，他招集猶大人和以色列人到耶路撒冷守逾越節，他廢去邱壇，木偶和銅蛇，使百姓專心遵守耶和華的律法，總不離開，耶和華與他同在，他行事盡都亨通。他背叛亞述王，不肯事奉亞述。

二、代下 32:1

亞述王西拿基立入侵猶大，圍困一切堅固城，想要攻破佔據(約是 701BC)。

四、代下 32:2～23

希西家見西拿基立來，定意要攻打耶路撒冷，希西家就挖溝挖池，引水入城，又修築所有拆毀的城牆，在城外又築一城，以堅固大衛的米羅。亞述軍隊圍困耶路撒冷，並以其戰功威脅。希西家求神，先知以賽亞預言神必拯救，當夜耶和華的使者出去，在亞述營中殺了十數萬人，亞述王就回去了(約是 688 BC)。

* 代下 32:24～25

希西家病得要死而求神，神醫治了他的病，賜給他一個兆頭，但希西家並沒有照他所蒙的恩報答耶和華。

* 代下 32:31

巴比倫王差遣使者來見希西家，訪問國中所現的奇事。

同〈王下圖五〉瑪拿西
(猶王十四 697～642 BC)

* 代下 33:1～10

希西家死後，他兒子瑪拿西接續他作王五十五年。他引誘猶大人行惡，不聽耶和華的警戒。

五、代下 33:11～13

神使亞述王來攻擊，用鐃鉤鉤住瑪拿西，用銅鍊鎖住他帶到巴比倫去。神垂聽了他自卑的祈禱，使他歸回耶路撒冷，他這才知道惟獨耶和華是神。

* 代下 33:14～20

此後瑪拿西整建耶路撒冷城，除掉外邦人的神像，拆毀邱壇，使民事奉耶和華。他兒子亞們接續他作王。

同〈王下圖五〉亞們 (猶王十五 641～640 BC)

* 代下 33:21～25

亞們登基作王兩年，他行耶和華眼中看為惡的事，他的臣僕殺了他，立他的兒子約西亞接續他作王。

同〈王下圖六〉約西亞
(猶王十六 639～609 BC)

* 代下 34:1～35:19

約西亞登基作王卅一年，他行耶和華眼中看為正的事，十六歲時就尋求神，二十歲時潔淨了猶大、耶路撒冷、瑪拿西、以法蓮、西緬、拿弗他利各城，廿六歲時修理聖殿，在殿中得到了摩西所傳的律法書，把書念給眾民聽，令民守逾越節。

一、代下 35:20～24

埃及王法老尼哥上到伯拉河，要去攻擊亞述，約西亞去抵擋他，在米吉多平原被埃及兵射成重傷，回到耶路撒冷就死了，他的次子約哈斯接續他作王。

同〈王下圖六〉約哈斯
(猶王十七 609 BC)

二、代下 36:1～4

約哈斯登基作王三個月，他行耶和華眼中看為惡的事，法老尼哥在耶路撒冷廢了他，立他的哥哥以利雅敬作王，並改名為約雅敬，

地圖解說

又將約哈斯帶到埃及去了。

同〈王下圖六〉約雅敬
(猶王十八 609～597 BC)

＊ 代下 36:5

埃及王法老尼哥立以利雅敬接續作王，又將他改名為約雅敬，他作王十一年，他行耶和華眼中看為惡的事。

三、代下 36:6～9

約雅敬年間，巴比倫王尼布甲尼撒上來攻擊他，用銅鍊鎖著他，將他帶到巴比倫去，同時又將聖殿裡的器皿擄到巴比倫去，放在他神的殿裡。他兒子約雅斤接續他作王。

同〈王下圖六〉約雅斤
(猶王十九 598 BC)

四、代下 36:9～10

約雅斤登基作王三個月，他行耶和華眼中看為惡的事，尼布甲尼撒差人將約雅斤和耶和華殿中的器皿都擄去巴比倫。巴比倫王又立他的叔叔西底家作王。

同〈王下圖六〉希底家
(猶王二十 598～587 BC)

五、代下 36:11～21

巴比倫王立西底家作王，作王十一年，他行耶和華眼中看為惡的事，不聽先知耶利米的勸告，神使迦勒底人上來攻擊他們，焚燒神的殿、拆毀耶路撒冷的城牆和房屋，把人民都擄去巴比倫。南國猶大從此滅亡。

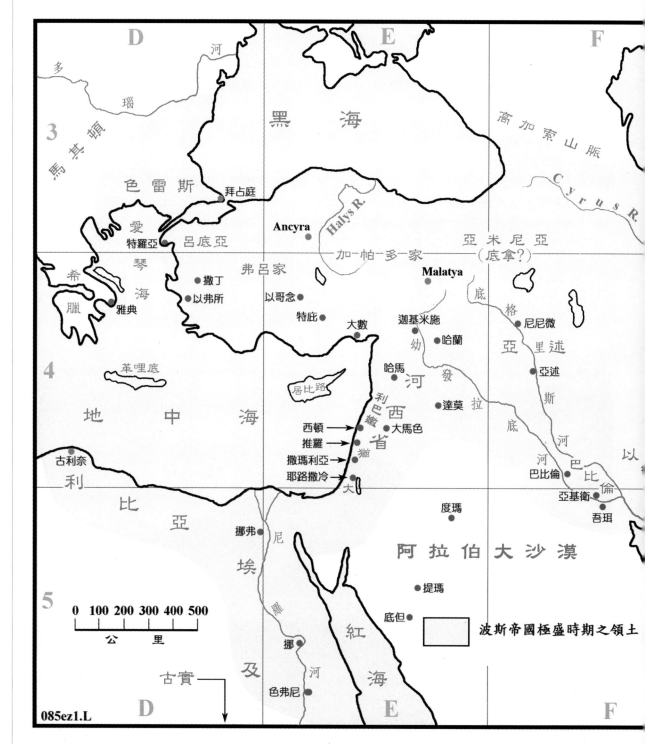

〈拉圖一〉 波斯帝國

* 代下 36:22～23

　　波斯王古列元年，古列王下詔，令在耶路撒冷為耶和華建造殿宇。

* 拉 1:1～2:2

　　波斯王古列下詔，令在耶路撒冷為耶和華建造殿宇，任命猶大的首領設巴薩為猶大省的省長，帶領被擄到巴比倫的以色列人回國，各歸本城，重建聖殿。

* 拉7:1～10

　　波斯王亞達薛西七年，以斯拉從巴比倫回耶

路撒冷，將耶利華的律法和典章教訓以色列
人。

* 尼 1 章，5:14

　波斯王亞達薛西王二十年，尼希米奉派作猶
大省的省長，回耶路撒冷修建城牆。

* 斯 1:1

亞哈隨魯作(波斯)王，從印度直到古實，統管
一百二十七省。

* 斯 2:16

　猶大女子以斯帖，在亞哈隨魯王七年被冊立
為后。

* 但 6:28

以斯拉記

但以理當大利烏在位的時候，和波斯王古列在
　位的時候，大大亨通。

　古代的波斯位於現今伊朗的南部，包括扎格羅山
脈以北和波斯灣北岸之地，西北與以攔為鄰，西北
接帕提亞，北接瑪代。波斯和瑪代是伊朗民族中比
較大的兩支，波斯早期的歷史不明，約在 700 BC
立國，以安山(Anshan)為首府，639 BC 波斯成為
亞述之附庸，612 BC 亞述被瑪代之聯軍所滅之後，
波斯就成為瑪代之屬國。550 BC 波斯王古列二世，
他是瑪代王亞士帖基的外孫，他打敗了瑪代，反使
瑪代成為波斯之屬地，而且不久將兩者組成聯邦，
史稱瑪代波斯帝國，他先征服了瑪代西北方原來瑪
代的屬國，再往西擊敗呂底亞和色雷斯，往南佔領
原屬巴比倫的敘利亞、巴基斯坦和埃及，539 BC 滅
了巴比倫，建立了一個前所未有的大帝國，就是波
斯，其國土東至印度河，西至歐洲的色雷斯，南到
埃及。499 BC 愛奧尼亞反抗，大利烏王經五年始將

其平息，490 BC 波斯軍在馬拉松被希臘擊敗，480
BC 波斯海軍又在撒拉米被希臘的海軍所敗，次年
亞哈隨魯王再出征，但仍在普拉提亞被希臘擊潰。
413 BC再度擊敗希臘，波斯的勢力重新到達愛琴
海，但不久國勢漸衰，於 322 BC 被希臘所滅。

　古列王於 537 BC 釋放猶大人回國建殿，520 BC
大利烏王再度排除其他人之攔阻，促使聖殿在 516
BC 完工。以斯帖即是亞哈隨魯之王后。458 BC 以
斯拉，445 BC 尼希米，兩人在亞達薛西王之准許下
返猶大，受命重建聖城。

　以色列人從被擄的巴比倫啟行回國，其旅程略與
亞伯拉罕到迦南的路線相似，全程約在1400公里，
他們共走了四個多月。

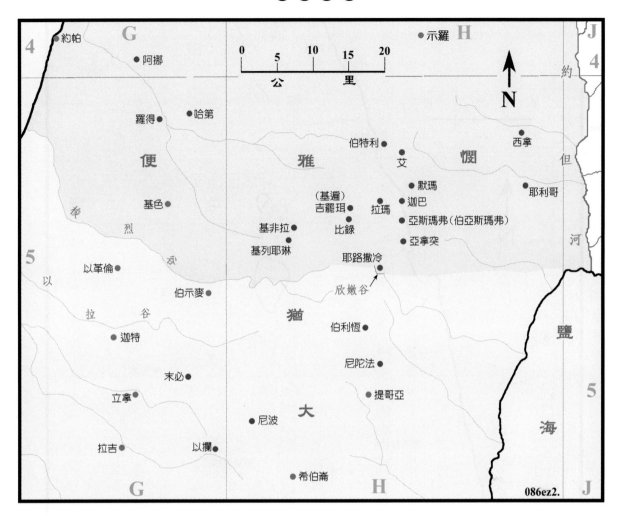

〈拉圖二〉回國各以色列人的祖籍

* 拉 2:20～35

　　回歸故國之以色列人的祖籍各城。

　　第一批歸國的以色列人在 537 BC 由設巴薩、所羅巴伯和耶書亞等帶領，共有四萬二千餘人，各回到原籍自己的城鎮居住，這些城都在耶路撒冷的四周，主要是屬於便雅憫支派的產業，也包括阿挪和羅得等後來取得的城鎮，而屬於猶大和利未支派的只有幾個。

　　重建聖殿自 536 BC 開始，但在 530 BC 聖殿的基礎完成後受阻而停頓，直到 520 BC 大利烏王降旨才重新復工，到 516 BC 聖殿才全部完工。

　　以斯拉於 458 BC（亞達薛西七年）奉准回帶領另一批猶大人回耶路撒冷，並帶回金銀和禮物供聖殿使用並修飾聖殿，然後勸民認罪，遵行神的旨意，離絕外邦男子和外邦女子。

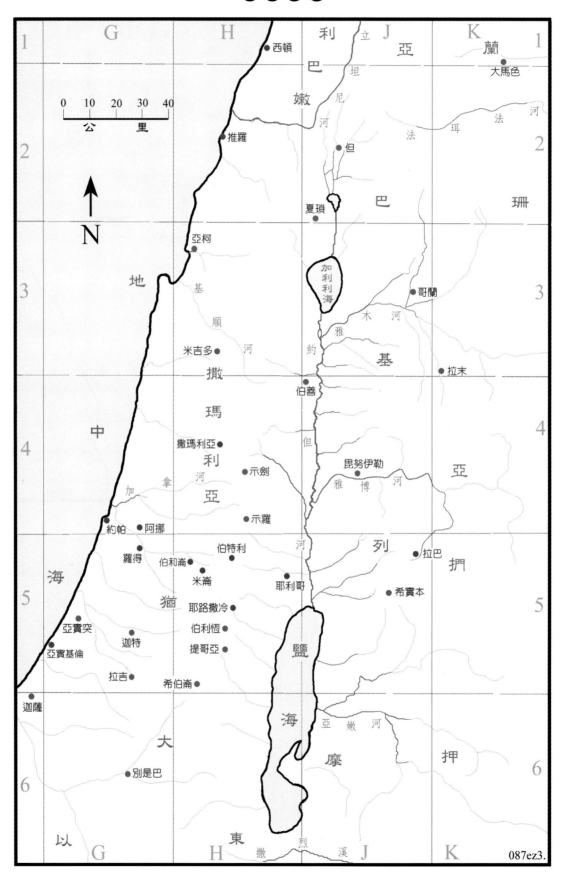

〈拉圖三〉 其他以色列地之各城

在 722 BC 北國以色列被亞述所滅之後,將以色列人擄到哈臘、歌散和瑪代等地,又從巴比倫、古他和哈馬等地移民來到撒瑪利亞代替以色列人,在設巴薩歸來前之的七、八十年間,外來的移民和留下的以色列人已經混合成了撒瑪利亞人,他們居住猶大省以北的地區。因他們與外族通婚,被猶大人視爲不潔,而且又阻礙建殿,故兩族之間的仇視日漸加深。

南國猶大在北國滅亡之後,一直受到亞述和巴比倫的壓迫和攻擊,在605BC被巴比倫擄去一批精英,在585BC耶路撒冷被攻破,北國被巴比倫滅亡之時,猶大人又被擄去巴比倫,猶大地幾已成荒涼無人之地,以東人就乘虛佔領了南方,後來成爲拿巴天人和以土買人的領土。

地圖解說

尼希米記
同〈代下圖二〉波斯帝國

* 尼1:2～2:19

尼希米於 445 BC (亞達薛西王二十年)自書珊省奉准返以耶路撒冷，修建營樓之門和城牆，並任猶大省之省長。

* 尼13:6

尼希米於 442 BC (亞達薛西王卅二年)去波斯後再返耶路撒冷。

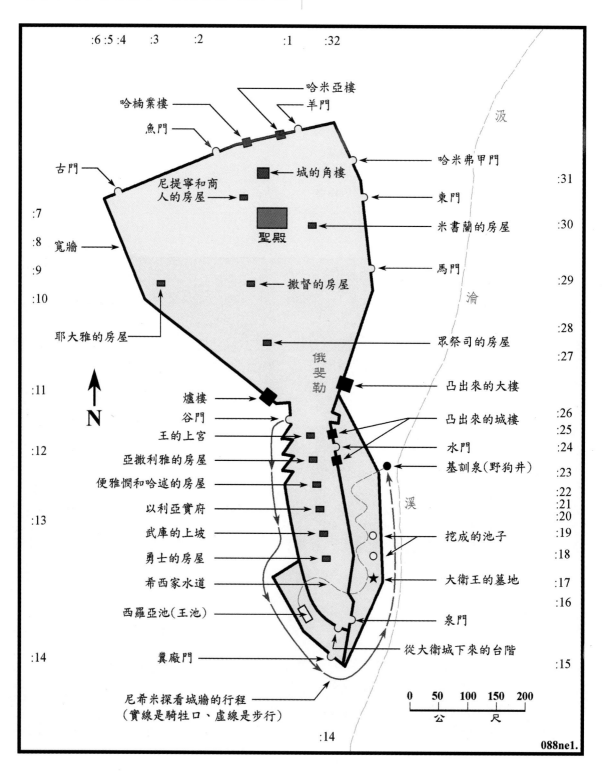

:6 :5 :4   :3   :2   :1   :32

哈米亞樓
哈楠業樓
羊門
魚門
古門
尼提寧和商人的房屋
城的角樓
哈米弗甲門
:7
聖殿
東門
:8 寬牆
米書蘭的房屋
:9
馬門
:10
撒督的房屋
耶大雅的房屋
眾祭司的房屋
:11
俄裴勒
凸出來的大樓
爐樓
谷門
凸出來的城樓
:12 王的上宮
水門
亞撒利雅的房屋
基訓泉(野狗井)
便雅憫和哈述的房屋
以利亞實府
:13 武庫的上坡
挖成的池子
勇士的房屋
希西家水道
大衛王的墓地
西羅亞池(王池)
泉門
:14 糞廠門
從大衛城下來的台階

N

:15

:31
:30
:29
:28
:27
:26
:25
:24
:23
:22
:21
:20
:19
:18
:17
:16

尼希米探看城牆的行程
(實線是騎牲口、虛線是步行)

:14

0 50 100 150 200
公   尺

088ne1.

地圖解說

〈尼圖一〉尼希米所築之城牆（參左頁）

* 尼2:12～16

  尼希米夜間察看城牆。

* 尼3:1～32

  尼希米所修建之城牆。

* 尼6:15

  用五十二天將城牆修建完成(445 BC)。

* 尼7:3

  令居民各按班次，看守自己房屋對面之處的城牆。

* 尼8:1～4

  城牆修建完成後，以色列人聚集在水門前，請以斯拉宣讀律法書，然後再守住棚節，禁食認罪。

尼希米夜間去察看城牆的終點野狗井，又名龍井，很可能就是耶路撒冷重要的水源基訓泉。他所修建的城牆確實的位置和大小，多未能確定。此圖是按多數學者之意見繪出(參考海天書樓的聖經啓導本)。在圖的四周的數字，都是第三章中聖經的節數，可以指示出圖中該節所述築牆的相對應的位置。看法是從圖的上方正中間開始、向左或反時鐘方向循序進行，再往垂直及水平方向，就指示出每組人所建之城牆、城門、房屋和水池等的位置。

〈尼圖二〉築城人和唱歌人所居之城

* 尼 3:1～31　築城人所居之城。
* 尼 12:28～29 唱歌人所居之城。

同〈拉圖一〉　歸回猶大人之祖籍

* 7:8～60 歸回猶大人之祖籍。

兩卷書中所記之內容稍有不同，基遍和伯亞斯瑪弗在以斯拉記中作吉羅珥和亞斯瑪弗，以斯拉記有末必一城，但本書中卻無。

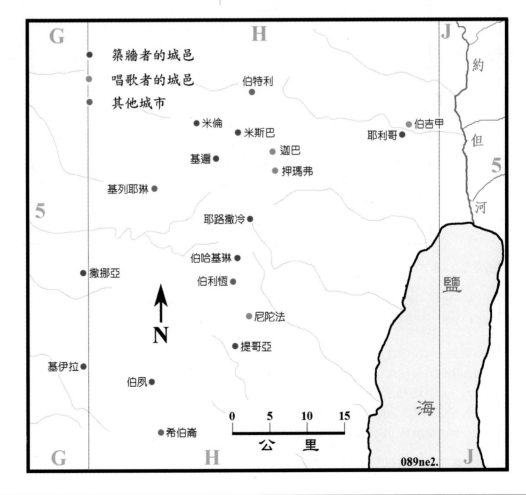

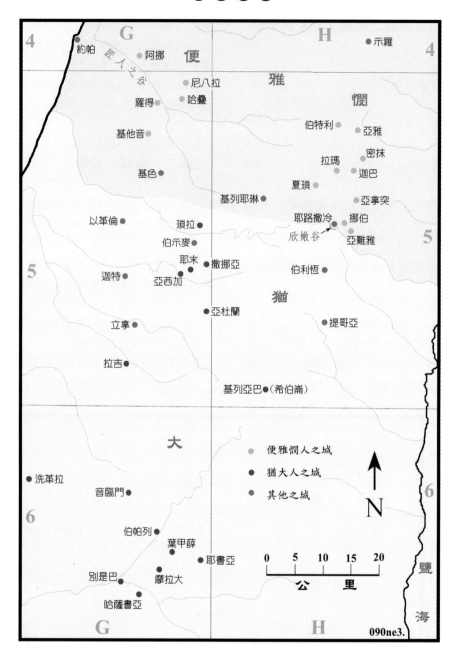

便雅憫

雅憫

猶大

大

約帕　阿挪　匠人之谷　示羅
尼八拉　哈疊
羅得
基他音　伯特利　亞雅
密抹
拉瑪　迦巴
基色　夏瑣
基列耶琳　亞拿突
以革倫　瑣拉　耶路撒冷　挪伯
伯示麥　欣嫩谷　亞難雅
耶末　撒挪亞
迦特　亞西加　伯利恆
亞杜蘭
立拿　提哥亞
拉吉
基列亞巴●（希伯崙）

● 便雅憫人之城
● 猶大人之城
● 其他之城

N

洗革拉
音臨門
伯帕列
葉甲薛
別是巴　耶書亞
摩拉大
哈薩書亞

0　5　10　15　20
公　　里

鹽
海

090ne3.

〈尼圖三〉 猶大人和便雅憫人所居之城

* 11:25～30　猶大人所居之城。
* 11:31～35　便雅憫人所居之城。

　　歸回後猶大人所居之地，與〈拉圖一〉中之地名相比較，明顯的是往南移了很多，直到希伯崙、別是巴等城。這片地方在猶大人被擄之後曾被以東人所佔據，現又被猶大人收回。便雅憫人之城與被擄前大約一樣。請參看〈代上圖六〉。

同〈拉圖二〉　其他以色列地之地名

以斯帖記

同〈拉圖一〉

　　以斯帖記是 478 BC 前後發生在波斯帝國京城書珊的事，當時是亞哈隨魯作王，他在480 BC 遠征希臘，先在特摩比里擊敗希臘，波斯軍焚燒了雅典城。但在撒拉米海峽被希臘的海軍所擊敗，亞哈隨魯即先行返國。第一章所述之大筵席是在 480 BC，他在位的第三年，出發遠征希臘前所舉行，立以斯帖為后是在位第七年 478 BC，舉行普珥節是 473 BC 間的事。

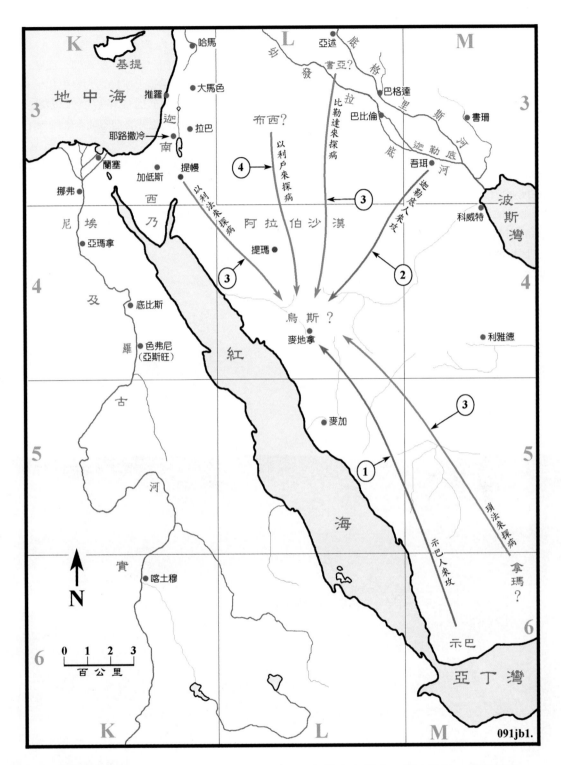

K　基提　哈馬
地中海　推羅　大馬色
3　　　　迦　　拉巴
　　　耶路撒冷　　南
　　　蘭塞
挪弗　加低斯
尼　埃　西
　　　　乃
4　　及
　底比斯
羅　色弗尼
　　（亞斯旺）
　　　古
　　　　河
5　　　實
　喀土穆
N

L　亞述
發　書亞？
　　比勒達來探病
布西？　　拉　巴格達
以利戶來探病　底　巴比倫
4　　　　河
阿拉伯沙漠
提瑪
3
烏斯？
麥地拿
麥加
1　3
示巴人來攻
示巴
亞丁灣

M
書珊
迦勒底河
吾珥
波斯灣
科威特
利雅德
3
拿瑪？
6

091jb1.

〈伯圖一〉約伯的故事

1.伯1:15
　　示巴人闖來，擄去牲畜、殺了僕人。

2.伯1:17

迦勒底人闖來，擄去駱駝，殺了僕人。

* 伯1:18
　　狂風吹塌房屋，約伯的子女都被壓死了。

3.伯2:11
　　約伯的三個朋友，從提幔、書亞和拿瑪來安

慰他。

4. 伯32:2

布西人以利戶向約伯發怒。

這段歷史發生的年代無從查證，有學者認為是在亞伯拉罕時代的前後。作者是誰並不清楚，而且烏斯地的位置也不詳。傳統上認為是在約但河的東岸，現代大多數的聖經學者同意烏斯地是在現今阿拉伯的北部，靠近麥地那城(回教教主穆罕默德的墳墓所在地)的阿菲拉克綠洲。書中所提到的地名，除提幔、迦勒底、示巴等地的位置尚可確定之外，其他的只能推測大略的位置。書亞可能是在巴比倫之北，拿瑪可能在阿拉伯之南部，布西可能是在亞拉伯的北部。從此卷書中，可以看出約伯的活動範圍是相當的廣闊。

這張圖同時繪出古實地區和尼羅河上流的狀況，可供參考。

詩篇

詩篇的內容是向萬軍之耶和華獻上的祈禱和頌讚，作者群有摩西、大衛、所羅門、亞薩、可拉的後裔、希幔和以探等，所提到的歷史和地名，涵蓋了千餘年之久，但無法有系統的加以整理，只有按以色列地和以色列之外之地分成兩幅圖表示。

〈詩圖一〉詩篇中的以色列各地(參右頁)

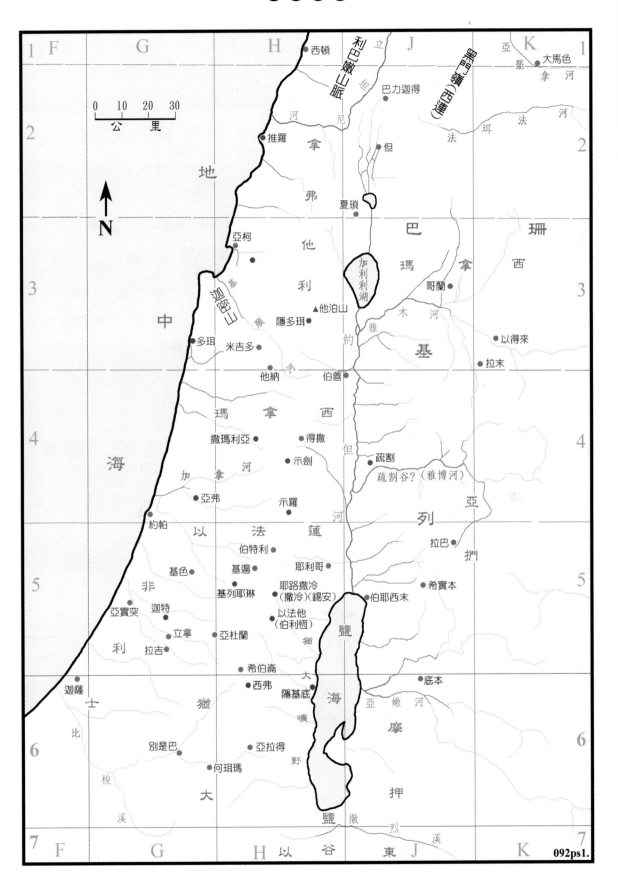

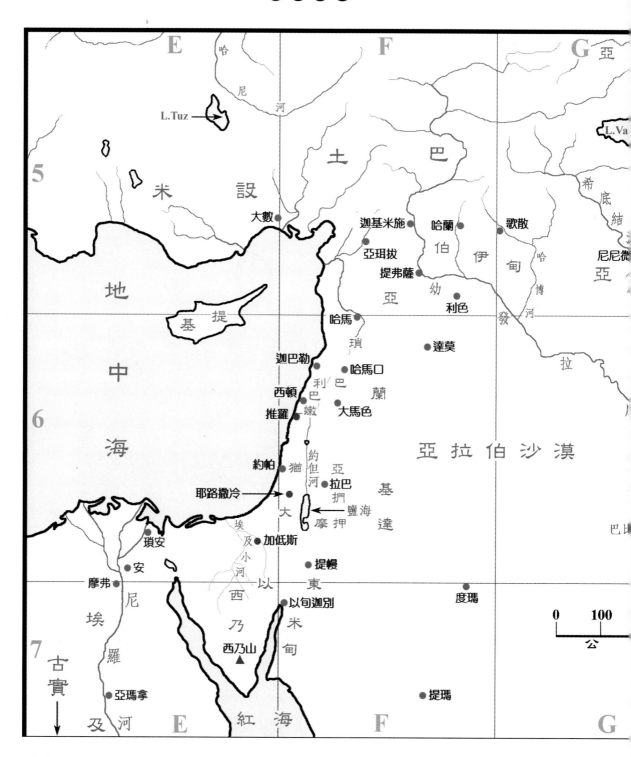

〈詩圖二〉詩篇中的以色列地之外各地

地圖解説

雅歌

雅歌是所羅門王所寫的愛情詩集，所提及的地名並無系統，現只繪成一張圖表示之。

〈歌圖一〉雅歌中的以色列各地

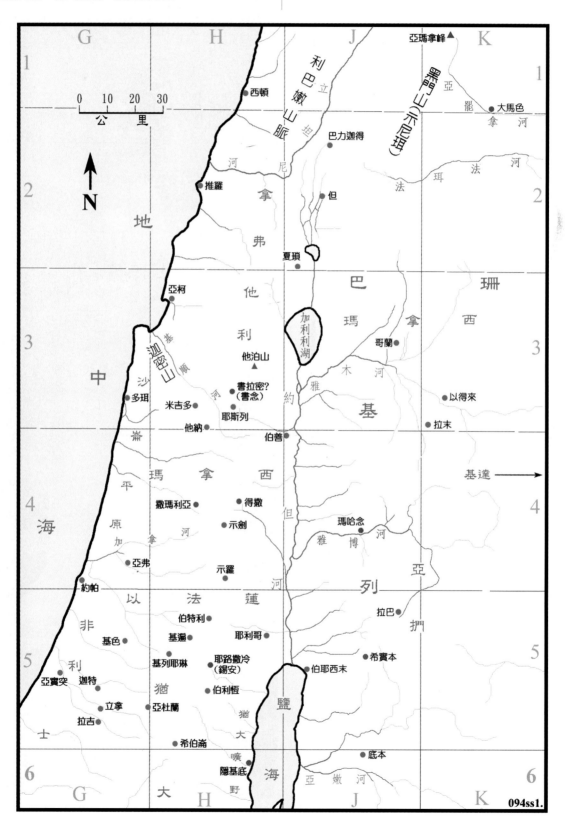

094ss1.

地圖解說

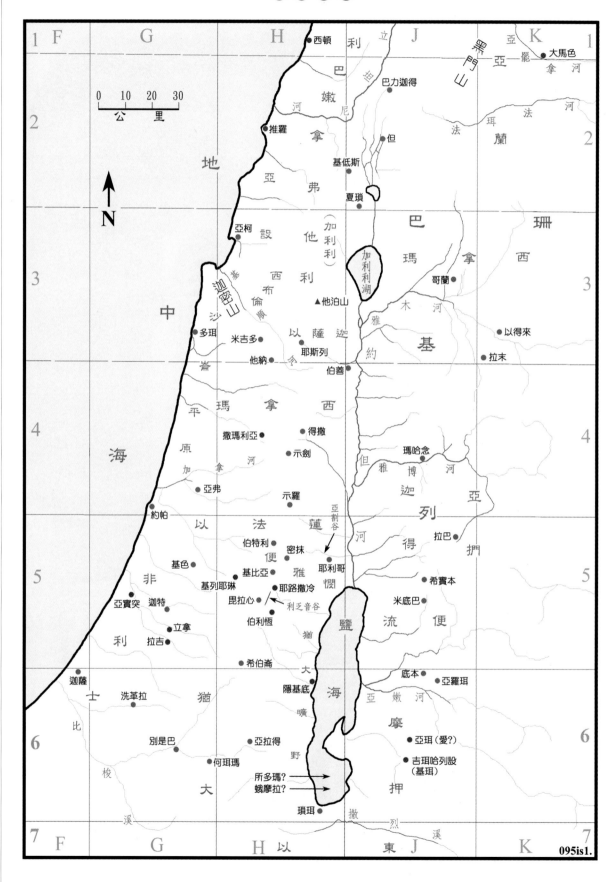

地圖解說

〈賽圖一〉以賽亞書中的以色列各地

　　以賽亞是南國猶大的先知，自 740 BC開始事奉
直到 681 BC，總共約有六十年，歷經猶大的四個
王。在此期間，亞述快速的壯大，在 732 BC 滅亞
蘭，722 BC 滅北國以色列。按亞述的文獻記載，
當時亞述也攻下南國的四十餘城，幾乎消滅了猶
大，耶路撒冷城數度岌岌可危。猶大雖然倖存，並
保持獨立，但卻不斷的受到亞述的威脅，在危急之
時，猶大有時投靠亞述；有時又投靠埃及，但先知
以賽亞不斷的警告說，要單單的依靠神，不可靠亞
述和埃及，但並沒有被主政者接納。

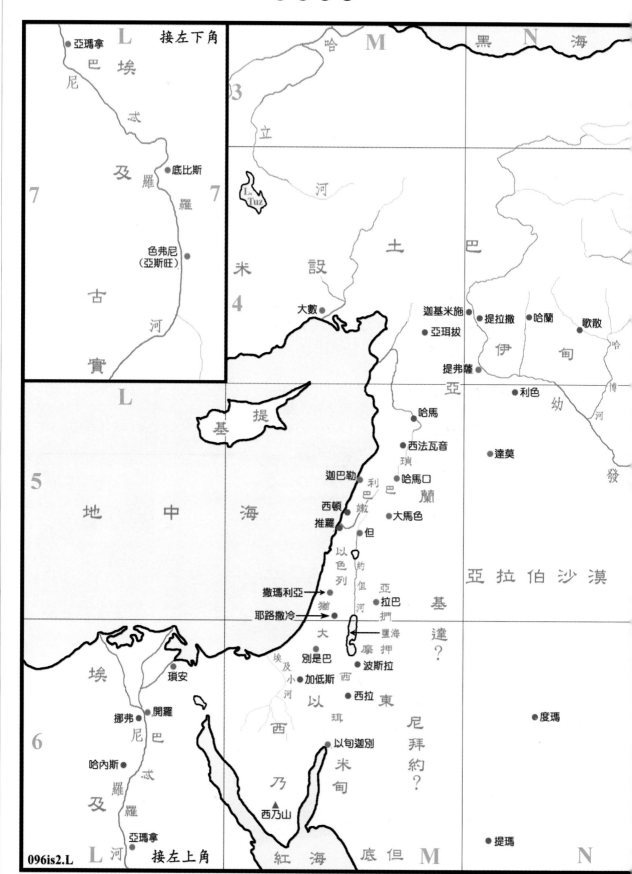

〈賽圖二〉以賽亞書中的以色列地之外各地

　　先知以賽亞所提到的歷史和預言的年代範圍甚廣，包括有過往和將來的國家及城市，所以此圖並非同一時代，均一併繪入圖中，請讀者小心分辨。

〈賽圖三〉亞述攻打猶大

* 賽 10:28～32

　亞述攻打猶大之行軍路線。

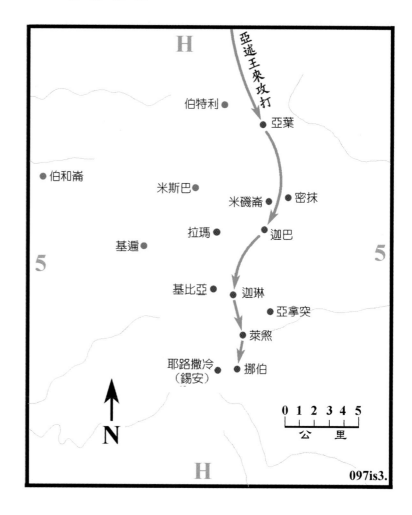

〈賽圖四〉摩押地圖

* 賽 15、16 章，耶 48:1
  ～49:3
  預言摩押必覆亡。

摩押自被亞摩利王西宏所
敗之後，即退到亞嫩河以南
之地，此時再度興起，領土
已擴展到了雅謝以北，佔了
迦得大部份之土地。

在耶利米書中，又多了幾
個地名，特用綠色圓點表示
之。

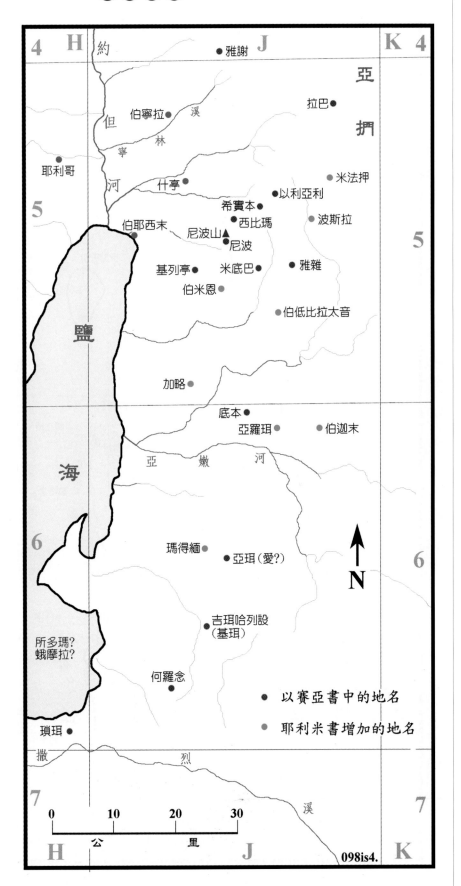

以賽亞書中的地名

耶利米書增加的地名

098is4.

地圖解說

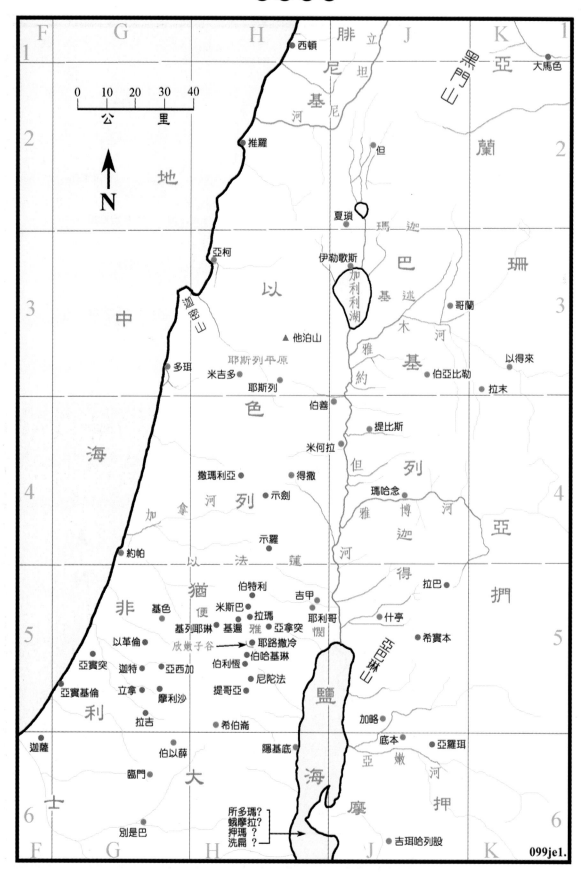

耶利米書及耶利米哀歌

〈耶圖一〉耶利米書中的以色列各地

　　耶利米是自 626 BC 起作先知，事奉至 580 BC，經歷了猶大國最後的五個王，共約四十六年，由於他和眾先知的努力，促成了最後一次，也是最徹底的宗教改革，但是由於以前猶大諸王犯罪太深，人民積惡難以全部清除，故仍未能扭轉國運，猶大在巴比倫數次的入侵後，終在 686 BC 被巴比倫所滅，耶路撒冷城和聖殿被毀，人民被擄去，耶利米被押持到埃及，後死在埃及。他在國勢危殆之時，一再警告要全心仰賴神，不可投靠埃及或巴比倫，但是為了減少人民傷亡和財物損失，力主向巴比倫投降，但都未得到重視。

〈耶圖二〉耶利米書中的以色列地之外各地(參下頁)

　　先知耶利米所提到地名的範圍甚廣，有過往歷史，以及他預言中將來的國家及城市,均一一繪在圖中。

同〈賽圖四〉　摩押

* 耶 48:1～49:3 預言摩押必覆亡。

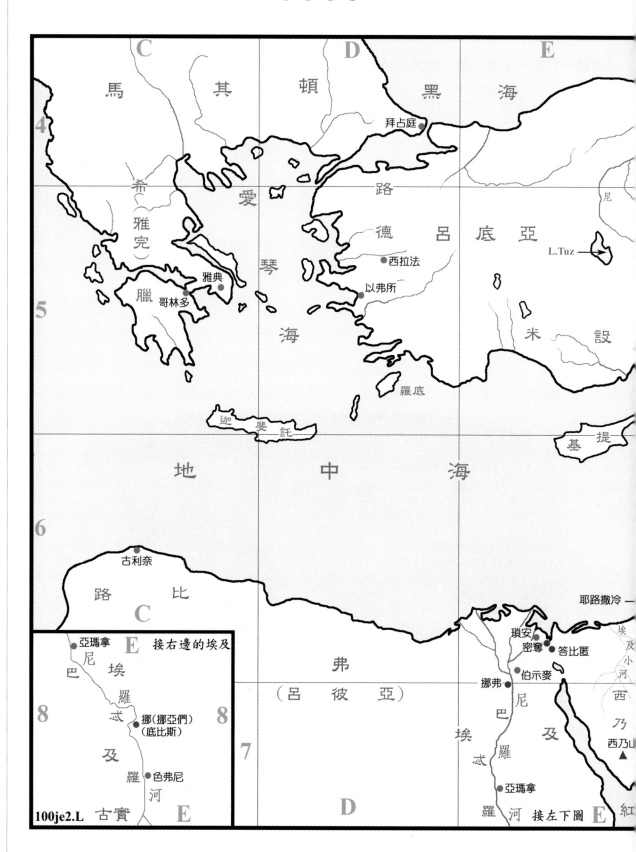

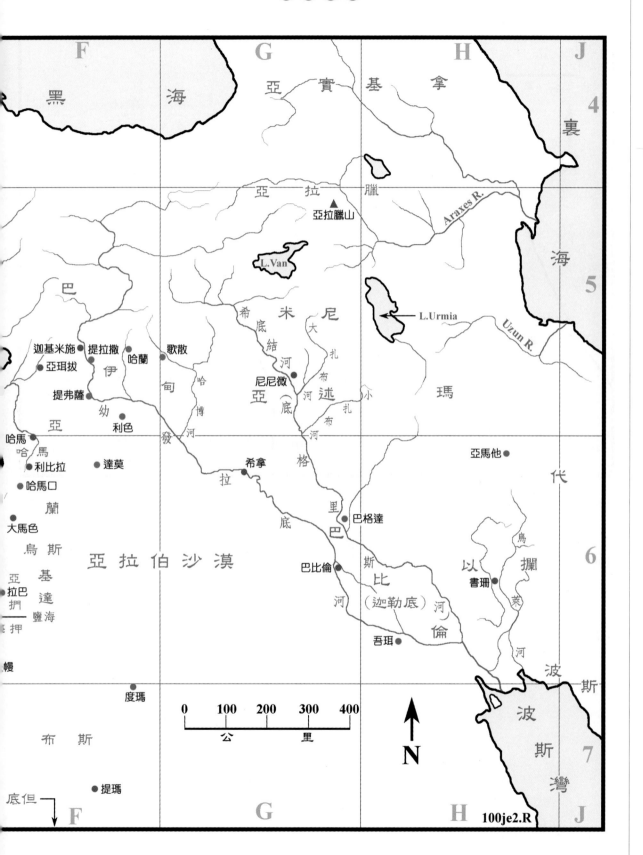

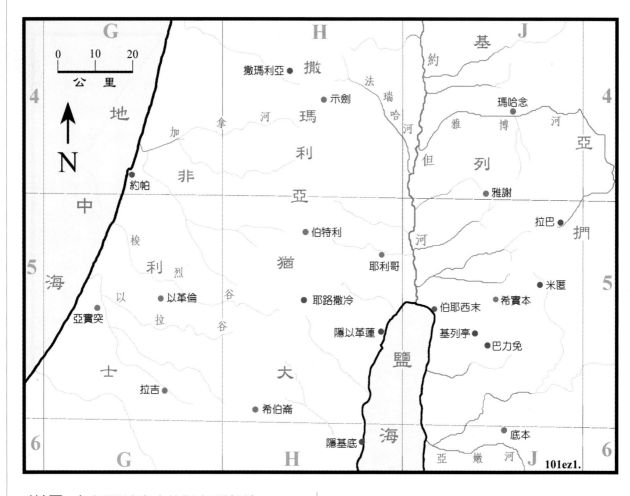

〈結圖一〉以西結書中的以色列各地

　　以西結是一位祭司，在597 BC 被擄到巴比倫，期間於迦巴魯河畔見到異象，蒙召作先知，向猶大人傳講安慰的話語，並宣告神對罪的刑罰，直到571BC 為止，共廿五年。

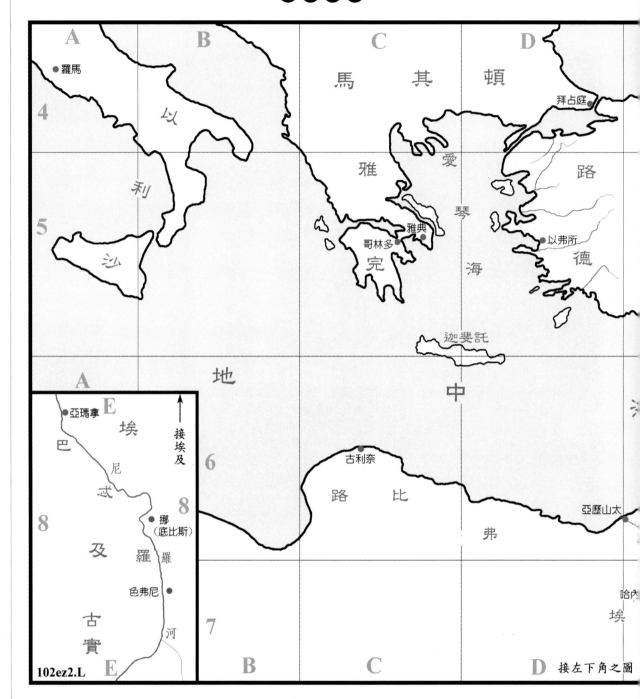

〈結圖二〉以西結書中的以色列地之外各地

　　先知以西結所提到的範圍甚廣，包括過往的歷史和他預言中將來的國家及城市，均一一繪在圖中，請讀者注意分辨。

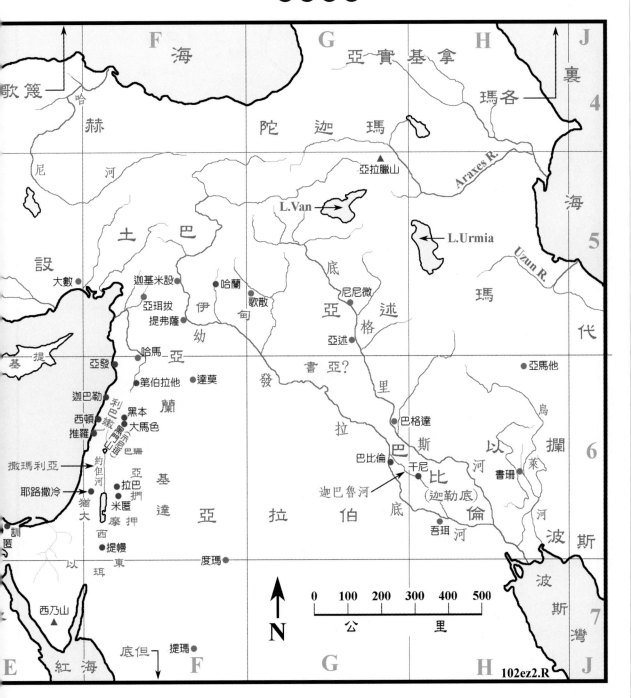

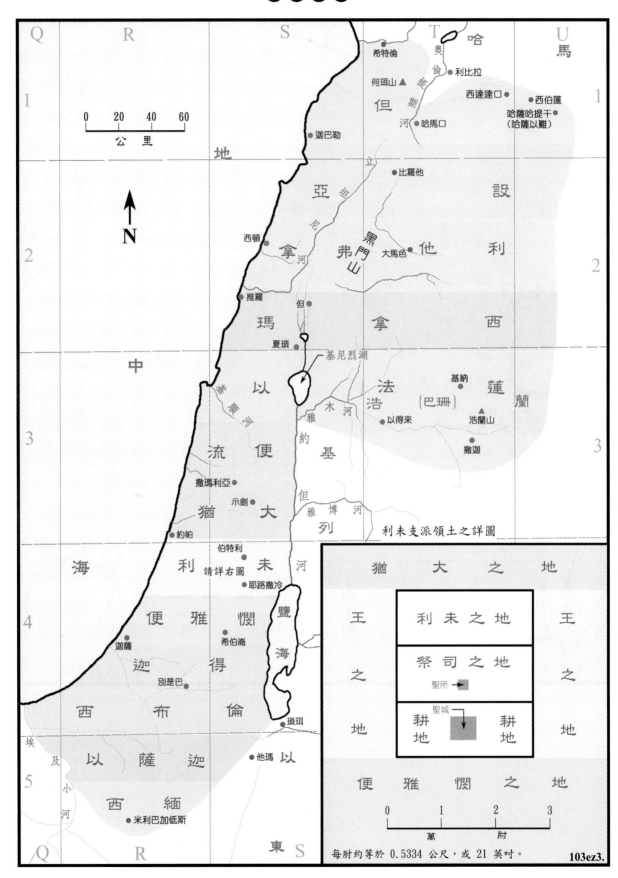

利未支派領土之詳圖

每肘約等於 0.5334 公尺，或 21 英吋。

103ez3.

地圖解說

〈結圖三〉以西結預言中的應許之地

* 結 47:13～48:29

以西結所預言以色列地之境界，及十三個支派地業之位置。

以西結所預言以色列地之境界，與耶和華對摩西所應許之地的範圍很接近，南北和西北的邊界都很明確，同樣只有東北部不夠清楚。十三個支派地業之位置與進迦南時所分地的方式完全不同，是很整齊的自北往南排列，利未支派的地業則是集中在耶路撒冷城的四周，而不是分散各支派地業之中，而且對人民、祭司、耕地和王之屬地都有明確的劃分。

地圖解說

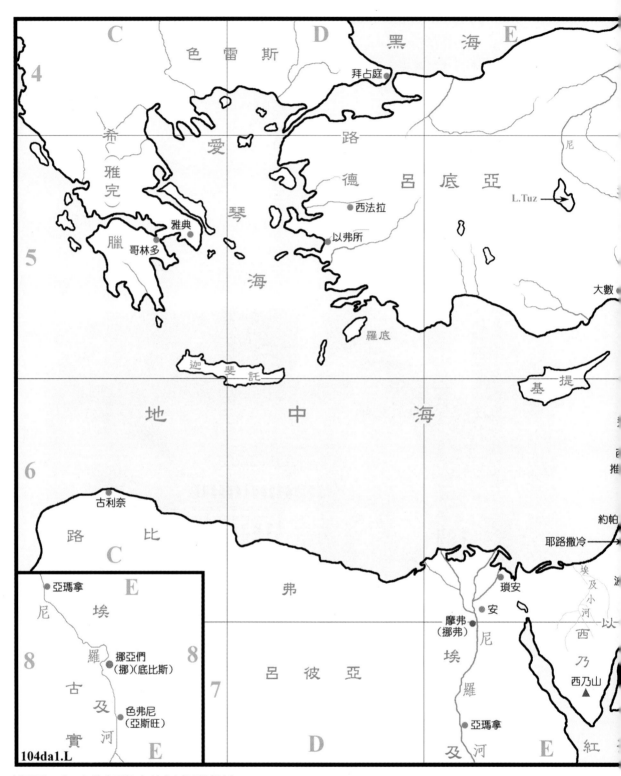

〈但圖一〉小先知書中的以色列各地

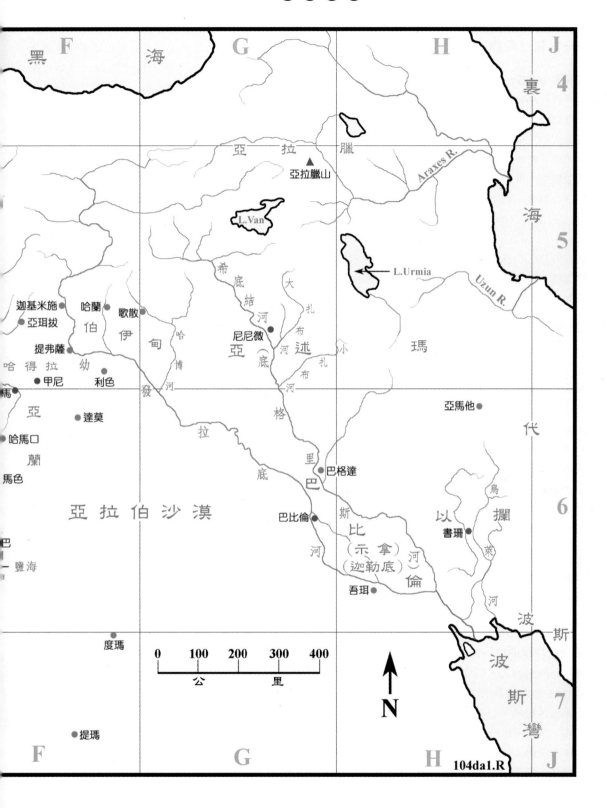

以下各卷書之地均繪在
〈但圖一〉和〈何圖一〉之中

但以理書 (605～530BC)

但以理是在605 BC被擄去巴比倫，因為學問才能過人，受到巴比倫王的特別照顧和賞識，擢升至權傾一時的大臣。而且一直到巴比倫滅亡後，又被波斯王所重用，前後共有七十五年以上。但在這種外邦人的環境中，他個人的信仰面臨異教的壓迫，卻能不以性命為念，仍堅持遵守自己民族的律法，專心祈禱、只進素食、不拜偶像、不接受任何的玷污，完全避免了以色列人二度亡國的錯誤，實在是個生活在外邦人中基督徒最佳之典範。書中雖未提及，相信他對被擄的猶大人，一定做了很多照顧的事，古列王釋放猶大人歸國，他也盡了一份力。

何西阿書 (750～715 BC)

何西阿是北國的先知，自750 BC開始事奉，直到715 BC，共卅五年，經歷了北國最後的五個王。在此期間，亞述快速的壯大，以色列不斷的受到亞述的威脅和攻擊，國土漸失，人民和財物兩次被擄，而國內在廿五年中，竟有了四次篡位發生，政治不穩定，宗教敗壞，人民貧富懸殊，富人奢糜不仁，窮人淪為奴隸。在這種道德解體的時代中，先知傳達天父嚴厲的責備，呼喚走在死亡路上的國民轉回，重歸神的名下，但收效甚微，以色列終在722BC被亞述所滅。

約珥書 (?)

約珥是何時的人?書是何時所寫? 都無從查考。他用蝗蟲為災之可怖，推斷神將來的刑罰必定更為嚴厲，他要求全民要痛改前非,認罪悔改。

阿摩司書 (760BC～750BC)

阿摩司是南國的人，但蒙召在北國作先知，他事奉十年，正是北國在耶羅波安(二世)(793BC～753BC)最後的數年，以色列在耶羅波安的治理下，國勢之盛，幾臻所羅門王的黃金時代，國土廣大，文化與經濟振興。但是在社會表面的繁榮下，國勢已開始腐爛，種下了覆亡的惡果。他果敢的在這種繁榮的時代中，傳達神的信息，宣告刑罰，激起了很大的反應，甚至被控告他圖謀叛亂，而被逐回南國，他將預言寫成書，同時向南北兩國提出警告。

俄巴底亞書 (600 BC 前後)

先知俄巴底亞的生平不詳。曾警告以東，在他兄弟以色列遭難之時，不但未伸手援救，反幸災樂禍，趁火打劫，因此必被毀滅。並且預言被擄的以色列民，將回到神所賜應許之地和以東居住。

約拿書 (785BC～775 BC)

在列王紀下十四章廿五節中記載，他在以色列王耶羅波安二世時作先知。他被奉派到亞述的首都尼尼微去，宣講神將在四十天內毀滅尼尼微，結果全城的人，從最大的到最小的，都信服神，禁食悔改，神就免了他們的災。當時亞述帝國是在最盛的時期，尼尼微則是世上最大和最繁榮的城，也是亞述的政治和宗教的中心，在這種優越的條件下，以一個猶大人的身分，約拿能使他們全城的人都信他所言，足以證明他是一個大有能力的先知，而且尼尼微人也能悔改，接納耶和華，的確也值得欽佩。同時說明神也顧念外邦人，祂是全人類的神。

彌迦書 (750BC～686 BC)

彌迦是南國的先知，他蒙召事奉的時期，略與以賽亞相同。他經歷了猶大的三個王，他大膽的撻伐當時南北兩國社會上的罪惡，斥責祭司的貪財媚世，富豪侵佔貧農的土地，朝中官員賄賂公行，商人貪婪詐騙，神所教導的公義和誠實已完全消失。他宣告神的刑罰將臨，力促全國要行公義、好憐憫、存謙卑悔改的心，與神同行。他曾預言撒瑪利亞被毀，而且在他生前已經應驗。

那鴻書 (664BC～612 BC)

那鴻的出生地和事奉年代在聖經中均沒有記載，但從所敘之事件可以推算出，應是猶大王瑪拿西至約西亞年間之事，當時猶大受亞述之欺壓，而且亞述帝國的國勢仍極強大，先知就已發出預言，亞述帝國將徹底消失，尼尼微大城都必毀滅，成為空虛荒涼之地。尼尼微果於 612 BC 被毀, 亞述帝國也於數年之內完全被消滅。

哈巴谷書 (605BC～587 BC)

先知哈巴谷的出生地和事奉年代在聖經中均沒有記載，但從本書中所敘述的事件中，可以推算出，應該是在猶大最後四個王年間之事，當時猶大正受到巴比倫之欺凌，王室和人民數度被擄，並在 586

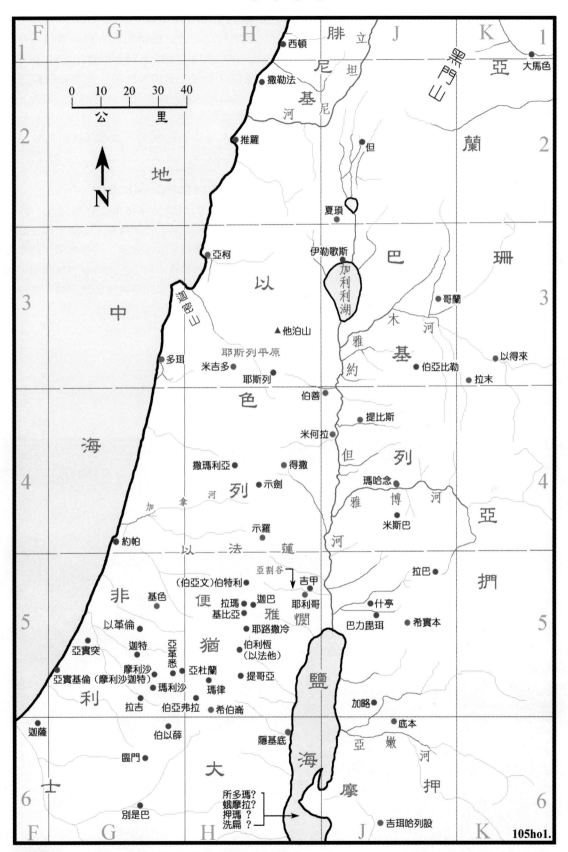

〈何圖一〉小先知書中的以色列地之外各地

BC 被巴比倫滅亡，他所預言巴比倫的五個災禍，在後來的五十年內完全應驗。

西番雅書 (639BC～608 BC)

西番雅是猶大王約西亞時的先知，共事奉了卅一年，約西亞王的宗教改革約是在 621BC 開始，在此以前，先知傳達神的話，責備國內充滿拜偶像和天象的惡行，吏政腐敗、祭司說謊、曲解律法圖利，民不聊生，但人民又不聽訓戒，他慎重的宣告若不悔改，災禍即將來臨。由於他的努力，是促成約西亞王革新宗教運動重要的原因之一。

哈該書 (520BC～505 BC)

哈該是被擄的猶太人，在 538 BC 被釋歸回後，第一位作先知，傳達神的話，建殿的工作從 536 BC 開始，但在 530 BC 聖殿的基礎建妥後就停工了，停工的原因之一是，猶太人為自己的居所和生活忙碌，並沒有把為神建殿的事擺在首位。聖殿直到 520 BC 大利烏王降旨才重新復工，此時先知數次責備並激勵猶太人，要努力建殿，應把神的事放在第一，聖殿方在 516 BC 全部完工。

撒迦利亞書 (520BC～480 BC)

撒迦利亞是在巴比倫出生的猶太祭司，在 538 BC 被釋歸回後，與先知哈該同時作先知，但比哈該晚幾個月才開始傳達神的話，主要是呼籲百姓悔改、強調誠心遵守誡命勝於徒具形式的禁食，要憐恤貧窮孤寡、按公理待人。他又傳講他所見的八個異象，和彌賽亞的國度，這些都在新約時代應驗了。

瑪拉基書 (440BC～430BC)

耶路撒冷的城牆在 445 BC 修建完成，數年之後，事奉神火熱的心日漸冷寂下來，而且故態復萌，如背信棄義、欺壓貧窮、污穢祭壇、疏忽奉獻與外族人通婚等等。瑪拉基此時蒙召作先知，傳達神的話，他斥責人民和祭司及勸民回轉，並應許神的救恩。

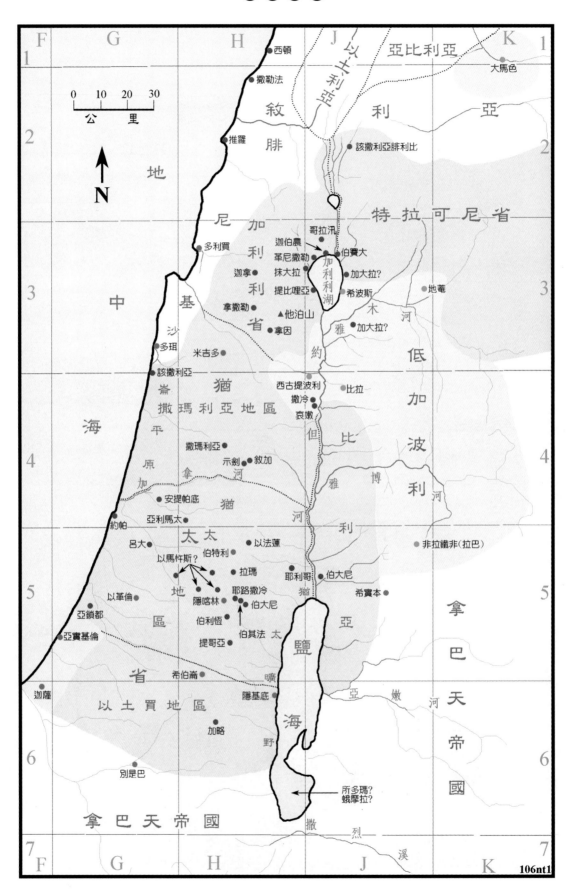

F 1　G　H　J　K 1
西頓
撒勒法　　　　　亞比利亞
　　　　　　　　　大馬色
敘　腓　　　　利　　亞

推羅　　　　　該撒利亞腓利比

地　　　　　特拉可尼省

尼　加

中　基　　多利買　利

沙　　迦伯農　哥拉汛
多珥　　革尼撒勒　伯賽大
　　　　抹大拉　加利　加大拉？
海　該撒利亞　迦拿　利湖　希波斯
　　　　　　提比哩亞　　　地菴
　崙　　　拿撒勒　　　　加大拉？
　撒　　▲他泊山　　雅　木　河
　平　猶　拿因　　河　低
　原　瑪　米吉多　　約　加
　加　利　　　　　　波
　拿　亞　西古提波利　比拉　利
　　河　地　撒冷
　猶　區　哀嫩　但
海　撒瑪利亞　　比
　　示劍　敘加　　雅
　安提帕底　　　博
　亞利馬太　　　河
約帕　　　　利
呂大　太　以法蓮　　　非拉鐵非(拉巴)
以馬忤斯？　伯特利
以革倫　地　拉瑪　耶利哥
　　隱喀林　耶路撒冷　伯大尼　希實本
亞鎖都　區　伯利恆　伯大尼　拿
亞實基倫　　伯其法　太　巴
　　提哥亞　　鹽　亞　天
省　希伯崙　　　海　帝
　以土買地區　隱基底　亞嫩河　國
迦薩　　加略　　野
別是巴　　　　撒　烈　溪
　　　　　　　　所多瑪？
拿巴天帝國　　　蛾摩拉？

0　10　20　30
公　里
N

F　G　H　J　K

106nt1

〈新圖一〉　　主前四年到主後三十年間的巴勒斯坦

　　本圖中收集了新約聖經內所有以色列地的地名。

　　羅馬帝國在 63 BC 征服了巴勒斯坦，猶太就落在羅馬的統治之下，但羅馬帝國仍給予猶太人相當程度的自治權，又給猶太人立了一個有一半猶太血統(以東人的後裔)的王(是一個掛名的王，實際上是羅馬帝國的封臣)，就是史稱爲大希律的。他的領土包括有猶太、加利利、比利亞和特拉可尼等四個省，其中猶太省又分成撒瑪利亞、猶太和以土買等三個地區。　所以猶太一詞，可以分別代表猶太國、猶太省和猶太地區。

　　大希律自 37 BC 至 4 BC 間作猶太人的王，他死後由他的三個兒子分別治理他的封地。此人在四福音書中皆稱爲希律王，亞基老(4BC～6AD)分得猶太省，安提帕(4BC～39AD)佔有加利利和比利亞，腓力(4BC～34AD)得到特拉可尼。其中亞基老暴虐無道，作王十年後即被猶太人請願，遭羅馬皇帝罷黜後流放，改由羅馬派巡撫管理。

　　以下六幅地圖，係說明有關主耶穌基督一生的事蹟，但由於四福音書各有其主題，所記載的內容各有取捨，所以無法僅照其中任何一卷繪製一套完整的地圖。現則是根據海天書樓所出版的《聖經啓導本》中的「四福音合參」一表繪成。特此說明並致謝意。

地圖解說

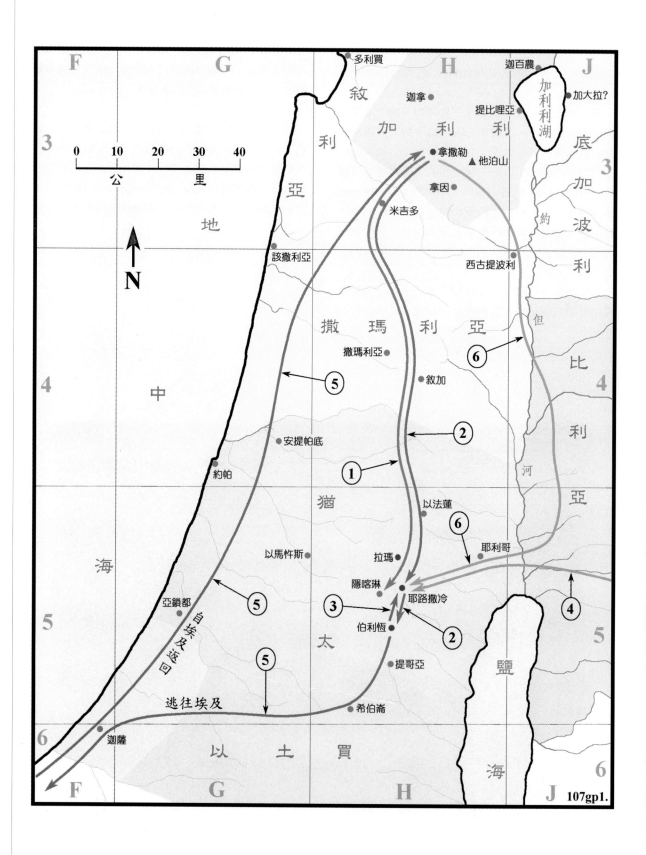

地圖解說

〈福圖一〉主誕生和幼年
(主前四年至主後八年)

* 太 1:18～25，路 1:26～38
  天使到拿撒勒向馬利亞和約瑟報喜，預言主耶穌將誕生。

1. 路 1:39～56
   馬利亞到撒迦利亞家(按傳統的說法是在隱喀琳)拜訪以利沙伯，以利沙伯稱讚馬利亞是有福的。當時以利沙伯已經懷了施洗約翰。

2. 太 2:1，路 2:4～7
   當希律作猶太王的時候，約瑟和馬利亞從拿撒勒到伯利恆報名上冊，耶穌在伯利恆出生。

3. 路 2:21～38
   耶穌出生後第八天，約瑟為他行割禮，又帶他上耶路撒冷去，把他獻與主。

4. 太 2:1～12
   有幾個博士從東方經耶路撒冷到伯利恆來，俯伏敬拜新生小孩主耶穌，並獻上禮物。

5. 太 2:13～22
   希律王要殺害耶穌，約瑟被主的使者指示，就帶著小孩子同他母親逃往埃及。直到希律死了，主再指示，他們便往加利利的拿撒勒城去住在那裡。

6. 路 2:41～52
   當耶穌十二歲的時候，上耶路撒冷守逾越節

耶穌到聖殿裡，在教師中間一面聽一面問，眾人都希奇他的聰明和應對。

主耶穌是在 4 BC 生，當時是大希律作猶太王，他遵照羅馬皇帝奧古斯都凱撒的命令，命人民各歸祖籍報名上冊，是作為稅收依據的戶口普查，約瑟和馬利亞的祖籍是在伯利恆，所以要從拿撒勒回去，他們一回到伯利恆之後就生了主耶穌。

約瑟一家逃往埃及之時，埃及是羅馬帝國的領土，是羅馬主要糧食的供應地，直接受羅馬皇帝的管轄。早在主前六世紀起，就有猶太人因不同的原因，陸續的遷到埃及，人口眾多，甚至在埃及有說迦南話的城鎮。主前四世紀末，希臘建造亞力山太城之後，更有大量的猶太人移去，人口有七十餘萬，在城內有猶太區，使亞力山太城成為一個猶太人在國外宗教、文化和貿易的中心。約瑟回到拿撒勒時，加利利是屬希律安提帕王所管轄。

耶穌一家往返拿撒勒和耶路撒冷之間的路線，聖經中並沒有說明。只是照當時的情形，主要的路線有兩條。一條是經由米吉多後、轉循中央山脈的諸城鎮南下。當時猶太人與撒瑪利亞人不和，所以多改走另一條路，則是經由西古提波利(即是古代的伯善)，再渡約但河，沿河的東岸南下，到耶利哥之東時，再渡河經耶利哥去耶路撒冷。在本圖中則各繪有一條，以供參考。

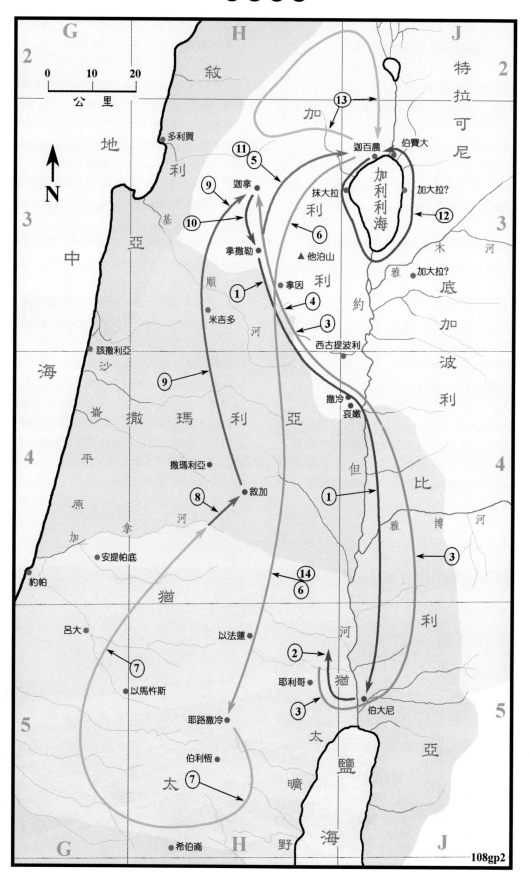

G　　　　　H　　　　　J

2

0　10　20
公里

N

地

中

海

敘

加利利亞

基

利

多利買

⑪ ⑤

迦拿 ⑨

⑩

順

河

拿撒勒 ①

米吉多

該撒利亞

沙

崙

平

撒 瑪 利 亞

原

河

撒瑪利亞

拿

安提帕底

約帕

猶

呂大

以法蓮

以馬忤斯

耶路撒冷

伯利恆

太

希伯崙

野

加

抹大拉

利 利 亞

⑥

▲他泊山

拿因 ④

③

西古提波利

撒冷

哀嫩

但

⑧ 敘加

⑨

⑭ ⑥
①

②

耶利哥

③

③ 伯大尼

迦百農 伯賽大

加大拉?

⑫

加 利 利 海

雅 加大拉?

約

木 河

底

加

波

利

但

比

雅 博 河

利 利

鹽

太

曠

海

特拉可尼

13

108gp2

地圖解說

〈福圖二〉耶穌受洗和受試探，開始傳道
(主後27年前後)

1. 太 3:13～17，可 1:9～11，路 3:21～22，約 1:29～34

   耶穌從加利利的拿撒勒來到約但河東的伯大尼，約翰為他施洗，他受了洗，天就開了，聖靈降臨在他身上。

2. 太 4:1～11，可 1:12～13，路 4:1～13

   耶穌被聖靈引到曠野，受魔鬼四十天的試探。

* 太 4:17，可 1:14～15，路 3:23

   耶穌年約三十歲時，就傳起道來，宣傳神國的福音。

3. 約 1:35～49 耶穌去加利利工作，在途中收安得烈、西門彼得、腓力、拿但業為門徒。

4. 約 2:1～11

   耶穌到迦拿去參加娶親的筵席，他使水變酒，是耶穌的頭一件神蹟。

5. 約 2:12 第一次去迦百農工作。

6. 約 2:13～3:21

   耶穌去耶路撒冷過逾越節，他第一次潔淨聖殿，並與尼哥底母談道。

7. 約 3:22～4:2 耶穌到猶太地居住和施洗。

8. 約 4:3～42

   耶穌在去加利利的路上，經過撒瑪利亞的敘加城，在雅各井傍與撒瑪利亞的婦人談道。

9. 約 4:46～54

   回到加利利，耶穌在迦拿醫好大臣病重兒子的病。

10. 路 4:16～30

    回拿撒勒工作但被拒。

11. 太 4:12～16

    再到迦百農工作。

12. 太 4:18～22，可 1:16～20，路 5:1～11

    在加利利海邊傳道，收西門、安得烈、雅各和約翰作門徒。

* 太 8:1～17，可 1:21～34，路 4:31～41

   回迦百農工作。

13. 太 4:23～25，可 1:35～45，路 4:42～44

    到加利利全地各會堂傳道，他的名聲就傳遍了敘利亞，當下有許多人從加利利、低加波利、耶路撒冷、猶太、約但河外來跟著他。

* 太 9:1～17，可 2:1～22，路 5:17～39

   回迦百農工作，收馬太和利未作門徒。

14. 約 5:1～47

    上耶路撒冷過節和工作，在畢士大池治癒瞎子。

主耶穌在三十歲時受洗，接著受試探，然後開始出來傳道。在這一年中他南來北往於加利利和耶路撒冷之間有兩次之多，而且都是一面步行、一面傳道，實在是非常的辛苦，但是成果也是十分的豐碩，他的名聲遠播，除了猶太國的土地之外，還往北一直到敘利亞，很可能是到了幼發拉底河的河邊及安提阿城。 又往東到了低加波利這個高度希臘化的地區。

聖經中並沒有記載主耶穌受試探的地方，按照傳統的說法是在耶利哥的附近，那裡有曠野，也有高山和陡峭的懸崖、離聖殿也不遠，所以有相當的可信度。

主耶穌經常在猶太人的會堂傳道。對猶太人來說，會堂是一個非常重要的公共場所。自從猶太人在主前六世紀起，數度被擄到巴比倫等地之後，就開始在各居留地，只要有十餘個猶太人所在之處，就建有他們的會堂。其主要的功用是在安息日作敬拜上帝、讀經和講解律法之用，在平日則作人民聚集之處，也是教授聖經和兒童的學校，同時也是排解糾紛和福利的機構。 逐出會堂是他們最重的處罰，等於將其排除到猶太人的社會之外。所以會堂對猶太人的意義非常重大，當他們流落在異地時，是猶太民族信仰的中心、精神的寄託，它保存了猶太人的宗教和文化，鞏固了猶太人的團結，雖然他們分散在各地，但仍在度過了兩千年艱困悠久的歲月之後，竟能奇蹟似的在以色列復國，會堂的確是扮演了一個重要的角色。在新約時代，使徒們都利用會堂傳講福音，而會堂又遍佈羅馬帝國全地，所以對福音的傳播有極大的貢獻。

地圖解說

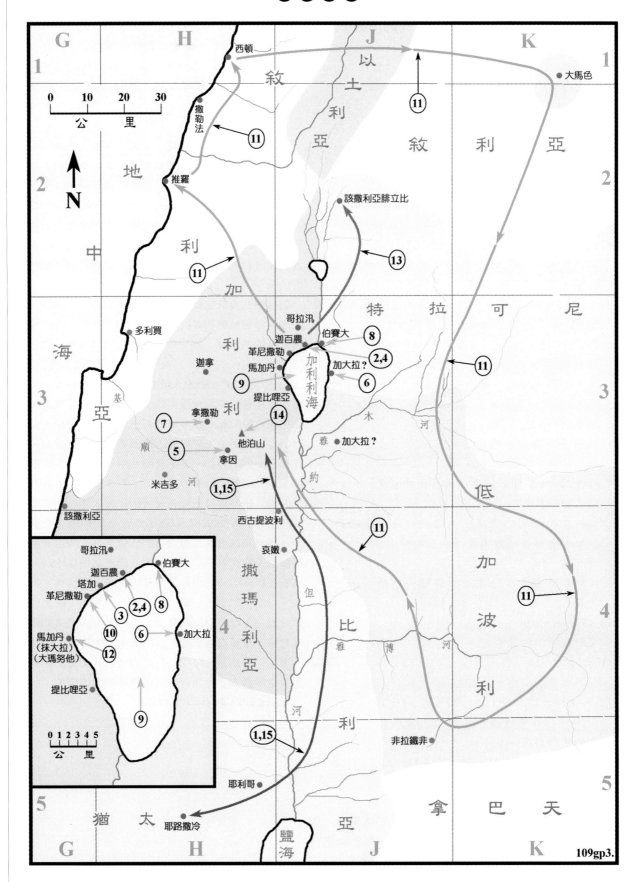

〈福圖三〉耶穌行傳之二 (主後28至29年)

(在本圖內,把迦百農城和加利利海四周視作一個地區,並且另有詳圖)

1. 太 12:1～21,可 2:23～3:12,路 6:1～19
   耶穌從耶路撒冷返加利利。

2. 可 3:13～19,路 6:12～16
   在迦百農附近揀選十二個門徒。

3. 太 5:1～7:29,路 6:20～49
   耶穌上山(可能是在塔加)訓眾論福(即是登山寶訓)。

4. 太 8:5～13,路 7:1～10
   在迦百農醫好百夫長的僕人。

5. 路 7:11～17 在拿因叫寡婦的兒子復活。

* 太 11:2～30,12:22～13:52,8:23～27,可 3:20～4:41,路 7:36～8:25, 11:14～36
   在加利利地諸工作。

6. 太 8:28～34,9:18～34,可 5:1～43,路 8:26～56
   在加大拉地方(在路加福音中是格拉森地方)趕出兩個人身上的群鬼入豬群等事蹟。

7. 太 13:54～58,可 6:1～6
   去拿撒勒,再次被拒。

* 太 10:1～11:1,可 6:7～13,路 9:1～6
   耶穌差遣十二個門徒出去宣傳神國的道,並醫治病人。

8. 太 14:13～21,可 6:30～44,路 9:10～17,約 6:1～14
   在伯賽大附近,耶穌以五個餅,兩條魚給五千人吃飽後還有餘。

9. 太 14:22～33,可 6:45～52,約 6:16～21
   耶穌夜間在海面上行走。

10. 太 14:34～36,可 6:53～56
    耶穌在革尼撒勒地方治好很多人的病。

11. 太 15:21～31,可 7:24～37
    耶穌往推羅西頓去,再經低加波利境內回加利利。

12. 太 15:32～39,可 8:1～9
    耶穌以七個餅,幾條小魚給四千人吃飽了還有餘。 然後去馬加丹的境界(在馬可福音中是大瑪努他)。

13. 太 16:13～28,可 8:27～9:1,路 9:18～27
    耶穌去該撒利亞腓立比,彼得在那裡認耶穌是基督,主預言自己的死並應許天國。

14. 太 17:1～21,可 9:2～29,路 9:28～43
    耶穌登山(可能是在他泊山)後變像。

* 太 17:22～18:35,可 9:30～50,路 9:43～62
    回迦百農工作。

15. 太 19:1
    去耶路撒冷。

主耶穌傳道的第二年,大部份時間是在加利利地區,也花了很多的時間到推羅、西頓和低加波利等外邦人的地區去。 這些地區都是羅馬帝國的屬地,所以主耶穌可以通行無阻,而且語言也相通,只是當地除了原有的宗教之外,並深受希臘文化的影響,所以具有很高的文化水準,但是宗教的邪惡、道德的淪落,再加上充斥於地方上傳統信仰和希臘的寺廟,處處顯得這是極需福音之地。

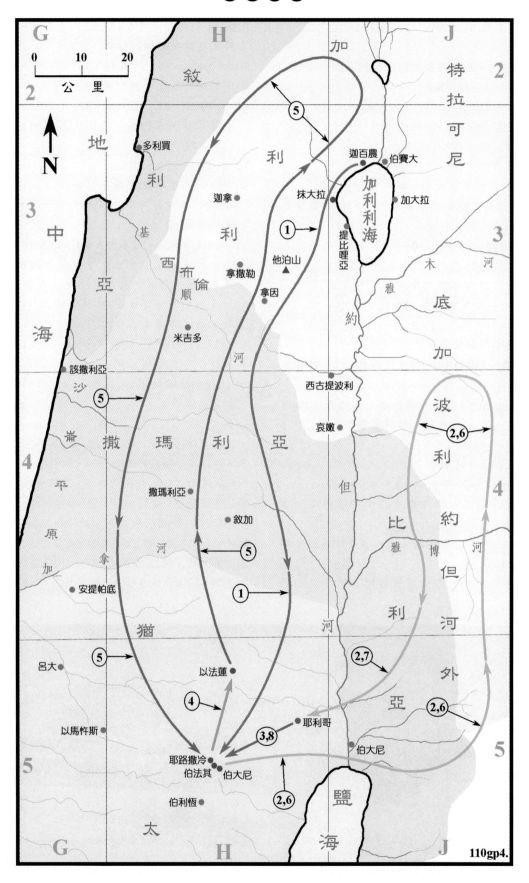

110gp4.

〈福圖四〉耶穌行傳之三
(主後29至主後30年)

1. 太 19:1，路 9:51～56，約 7:10
   耶穌上耶路撒冷，途中在撒瑪利亞境內某地被拒。

* 約 7:2～10:21
   主耶穌到了耶路撒冷，白天在殿中工作，晚上到橄欖山休息。請參看〈福圖五〉

* 路 10:1～24
   耶穌差遣七十個人出去傳福音。

2. 路 10:25～17:10，約 10:22～42
   耶穌去到約但河外工作。

3. 約 11:1～44
   主耶穌在伯大尼叫拉撒路復活。

4. 約 11:54～57
   耶穌離開猶太，到曠野中的以法蓮城去和門徒同住。從那日起，猶太人就商議要殺耶穌。

5. 路 17:11
   耶穌往耶路撒冷去。經過撒瑪利亞和加利利。

6. 太 19:1～20:28，可 10:1～45，路 18:1～34
   耶穌再到約但河外去工作。

7. 太 20:29～34，可 10:46～52，路 18:35～19:27
   耶穌在耶利哥醫治好瞎子，見稅吏長撒該。

8. 約 12:1 耶穌到伯大尼去馬大的家。

　　主耶穌傳道的第三年似乎多在撒瑪利亞、猶太和約但河外，只到加利利去過一次。他開始差派門徒出去傳道，信服和跟隨他的人也越來越多，但是在另一方面，由於主耶穌重新詮釋舊約的經文，拒絕接受祭司的權威，又行了許多的神蹟奇事，都使得猶太的統治者惴惴不安，就產生了除去耶穌的念頭，開始設法逼迫他，所以死亡的陰影籠罩著耶穌在世的最後一年，主耶穌也預言了他的死和復活，作了為世人被釘十字架犧牲的準備。

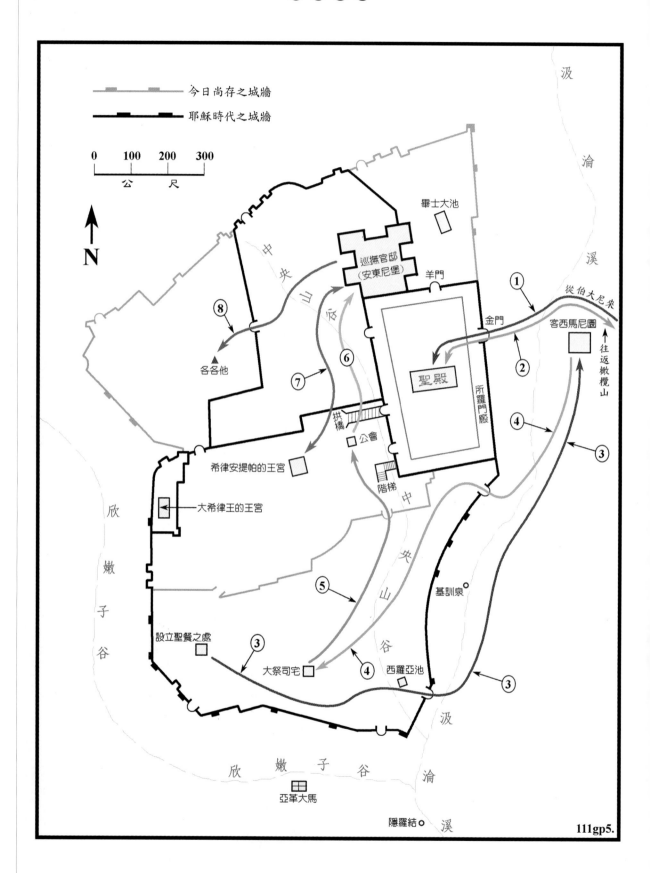

地圖解說

〈福圖五〉 耶穌被賣、受審、定罪和被釘十字架 (主後30年)

1. 太 21:1～9，可 11:1～10，路 19:28～44，約 12:12～19

   逾越節前六天，耶穌從伯大尼騎驢榮耀的進入耶路撒冷，眾人拿著棕樹枝出去迎接他。

2. 太 21:10～26:13，可 11:11～14:9，路 19:45～22:2，約 12:20～13:38

   耶穌在耶路撒冷的前四、五天，每天早上就到聖殿裡教訓人，晚上就出城在橄欖山住宿。

3. 太 26:17～46，可 14:12～42，路 22:7～46，約 14:1～17:26

   逾越節晚上，耶穌和門徒在城內吃逾越節的筵席，又設立了聖餐，然後去橄欖山上的客西馬尼園禱告。

4. 太 26:47～75，可 14:43～72，路 22:47～65，約 18:1～27

   耶穌在客西馬尼園禱告完畢後被捉，先帶到大祭司的岳父亞那的住處審問，再押去大祭司該亞法處受審。彼得在屋外等候時，有三次否認認識主。

5. 太 27:1，可 15:1，路 22:66～71

   第二天，天一亮眾長老、祭司和文士聚集，把耶穌帶到公會去審問，要治死耶穌。

6. 太 27:2～14，可 15:2～5，路 23:1～7，約 18:29～38

   猶太人把耶穌捆綁解去交給巡撫彼拉多，彼拉多在初步審問後，因耶穌是加利利人，就把耶穌給希律王安提帕去審理。

7. 路 23:7～11，23:15 希律王詢問耶穌，耶穌卻一言不答，希律王並沒有查出耶穌甚麼罪來，就再把他送回彼拉多那裡。

* 太 27:15～31，可 15:6～20，路 23:13～26，約 18:39～19:16

   彼拉多再度審耶穌，然後三次宣告說：我沒有查出他有甚麼該死的罪來，所以我要責打他，把他釋放了，但在猶太人大聲的催逼下，只有把耶穌交給他們，任憑他們的意思行。

8. 太 27:32，可 15:21～38，路 23:26～49，約 19:17～37

   耶穌被鞭打後，背著十字架，行走到各各他，被釘死在十字架上。可 15:21 古利奈人西門在半途為耶穌背十字架。

* 太 27:57～60，可 15:42～47，路 23:50～56，約 19:38～42

   次日耶穌被埋葬在墳墓裡。第三天復活。

耶路撒冷是主耶穌常到的地方，他每年都要到耶路撒冷守節，在他去世前的七天都是在耶路撒冷度過。耶路撒冷一直是猶太人的信仰和精神的中心，羅馬帝國利用猶太人的公會作為統治的工具，羅馬人所派的巡撫則是在該撒利亞設立政府，但在耶路撒冷也設有衛門，所以耶路撒冷也是當時的政治中心。大希律王在20BC開始重建聖殿，他擴大殿址，用巨石築牆基，這牆基西側的一部份仍保留至今，就是哭牆。聖殿在10BC前後竣工，是一處非常壯麗華美的巨構，餘下的建築物到主後廿五、六年才完成。

猶太人的公會是當時羅馬帝國所准許成立的議會，是他們一種間接控制的工具，也賦予猶太人相當自治權。在耶路撒冷稱大議會的議會則代表全國，由七十二位議員組成，有祭司長老和文士各廿四人，各代表聖殿、人民和律法。議長都是由大祭司擔任，但要經羅馬皇帝的任命，議員們多具有法利賽人或撒督該人的身分。大議會的權勢甚大，除沒有軍權和不能判處死刑之外，廣涉到宗教、法律、政治、稅收、民事、刑事處理等問題。尤其是在宗教方面，其權威甚至可達國外的猶太人。在各地又有小議會，議員由廿三人組成，只處理地方性的各種事務。

當時在政治上，猶太人是受羅馬人的統治，但他們心中並不接受羅馬的政權，也不服希律王的管理。對他們真正有影響力的是聖殿裡的祭司，是他們的宗教和精神領袖，大祭司又是公會的議長，所以除了在宗教的事務外，也處理民間的一些瑣碎事務，具有無上的權威，所以對其統治者的羅馬政府有極大的影響力，有時甚至可左右羅馬的官員或巡撫，羅馬的統治也必須借助其力，但是在另一方面，大祭司是羅馬人所委派，也不具有利未人的血統，所以也必須仰賴羅馬人的鼻息，作羅馬人的傀儡。這種複雜的關係，可以從審理主耶穌的一事中看出端倪。

主耶穌設立聖餐和受審的大祭司住宅的確實位置都有爭議，本圖是按照傳統的說法將其繪出，僅供參考。

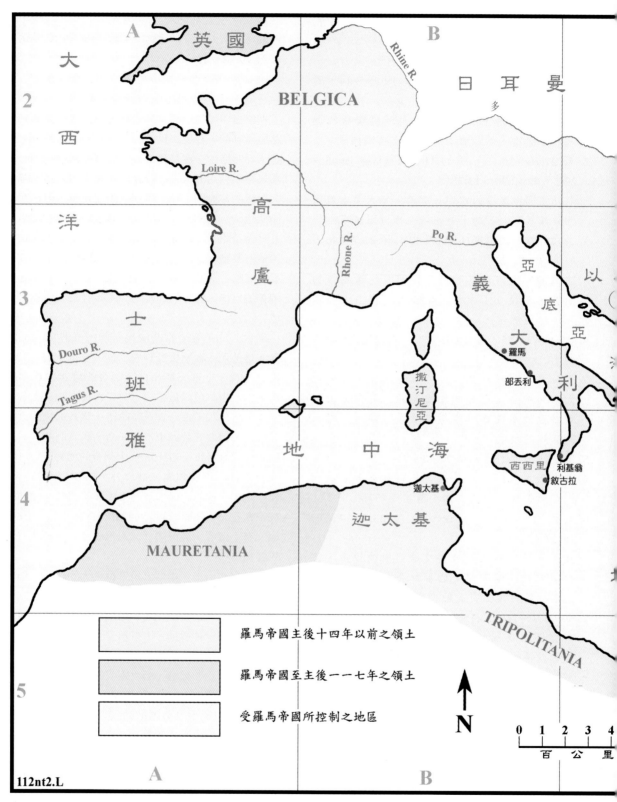

〈新圖二〉 新約時代的羅馬帝國

大西洋

英國

BELGICA

日耳曼

Rhine R.

多

Loire R.

高盧

Rhone R.

Po R.

義

大

利

亞底亞

以亞

羅馬

部丟利

士

班

雅

Douro R.

Tagus R.

撒汀尼亞

地中海

西西里

利基翁

敘古拉

MAURETANIA

迦太基

迦太基

TRIPOLITANIA

羅馬帝國主後十四年以前之領土

羅馬帝國至主後一一七年之領土

受羅馬帝國所控制之地區

N

0　1　2　3　4

百　公　里

112nt2.L

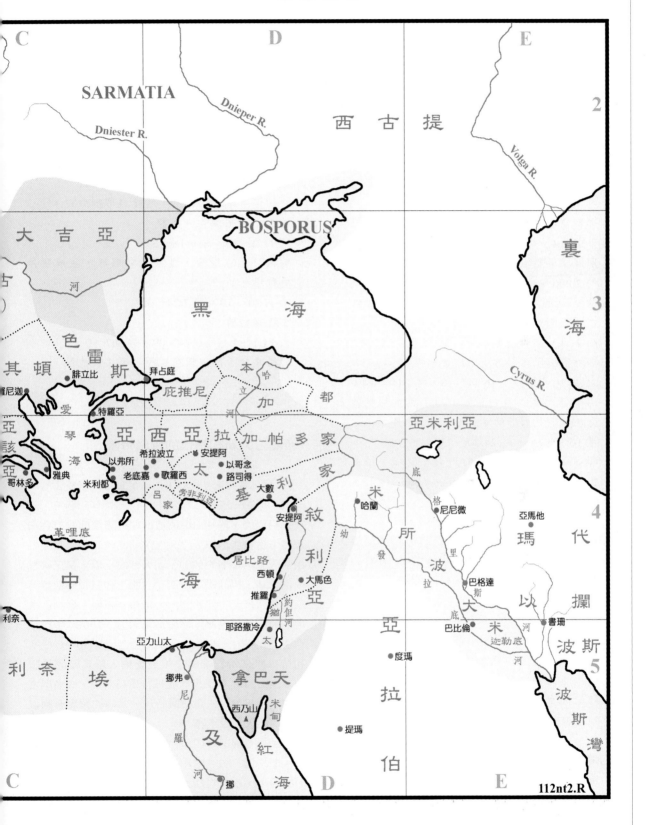

主復活和升天 (主後30年)
施洗約翰的生平 (主前4年至主後28年)

主復活和升天〈參看新圖一〉

* 太 28:1～15，可 16:1～11，路 24:1～12，約 20:1～18

    耶穌復活後在墳墓傍向馬利亞顯現，又向其他婦女顯現。

* 可 16:12～13，路 24:13～35

    耶穌在去以馬忤斯的路上向兩個門徒顯現。

* 可 16:14，路 24:33～43，約 20:19～25

    耶穌在耶路撒冷向十一個門徒顯現。

* 約 20:26～31

    約是一週後，耶穌再向多馬和門徒們顯現，在門徒面前行了許多神蹟。

* 約 21:1～25

    耶穌在提比哩亞海邊向門徒顯現。

* 太 28:16～20，可 16:14～18，路 24:44～49

    十一個門徒往加利利去，到了與主約定的山上，他們見到耶穌就拜他。

* 可 16:19～20，路 24:50～53

    耶穌領他們到伯大尼的對面，就舉手給他們祝福，正在祝福的時候，他就離開他們，被帶到天上去了。

* 徒 1:3～11

    耶穌受害後，將自己活活的顯現給使徒看，有四十天之久，就被取上升，有一朵雲彩把他接去。天使並預言耶穌會再來。

* 林前 15:3～8

    我當日所領受又傳給你們的，第一，就是基督照聖經所說，為我們的罪死，而且埋葬了。又照聖經所說，第三天復活了，並顯給磯法看。然後顯給十一個使徒看，後來一時顯給五百多弟兄看。以後顯給雅各看，再顯給眾使徒看，末了也顯給我看。

約翰生平

* 路 1:5～25

    主的使者向祭司撒迦利亞顯現，預告他必得一子，並要給他起名叫約翰。

* 路 1:57～66

    約翰出生。

* 太 3:1～12，可 1:2～8，路 3:2～14，約 1:6～24

    那時有施洗的約翰出來，在猶太的曠野、約但河外的伯大尼傳悔改的道並施洗，猶太全地和耶路撒冷的人都出去到約翰那裡，承認他們的罪，在約但河裡受他的洗，約 3:23 在靠近撒冷的哀嫩也施洗。

* 太 3:13～17，可 1:9～11，路 3:21～22，約 1:29～34

    在約但河東的伯大尼，約翰為耶穌施洗。

* 約 3:25～36 為主作見證。

* 太 11:2～10，路 7:18～23

    約翰被下在監裡，他差人問耶穌，主解開他的疑惑。

* 太 11:11～19，路 7:24～35

    主稱讚約翰。

* 太 14:1～1，可 6:14～29，路 9:7～9

    約翰責備希律被鎖在監裡，不久後被殺。

〈新圖二〉新約時代的羅馬帝國

　　羅馬帝國最初(753 BC)原是以羅馬城為中心的一個小城邦，歷經二百四十三年，共有七個王，因其統治過虐，而在510BC被推翻。隨後即改行共和政體，由貴族們組成之元老院共同執政，並且開始擴張國土，逐漸的佔領了義大利的全境，又三次擊敗迦太基，再取得了西西里、撒丁利亞和科西嘉等三島及西班牙、北非的迦太基和其屬地，羅馬就在地中海的西部稱雄，然後進軍東方。190BC戰勝敘利亞，168BC亡馬其頓，64BC亡西流基,30 BC 亡多利買，原來希臘帝國之領土全納入羅馬帝國的版圖。自 27 BC 起，屋大維被推舉為皇帝，改名奧古斯都，羅馬就進入了帝國時代。當時的羅馬帝國以現今之義大利為主體，

　　其版圖包括了地中海的沿岸地區，西至今日的西、葡、德、法等國和北非沿岸諸國，東則到達裡海的邊上，南方包括敘利亞、巴勒斯坦，直到埃及全地。當時羅馬封大希律為猶太王，實際屬於羅馬的一個省。

　　自尼祿王開始，基督徒就備受迫害，主後六十四

地圖解說

年七月，羅馬發生大火，放火的人很可能就是尼祿王自己，但是他卻指責基督徒是縱火者，用殘酷的刑罰處治無辜的基督徒來取悅人民，據傳說彼得就是在那時被害，保羅在兩年後也被尼祿處死而殉道。主後六十六年猶太戰爭爆發，曾使聖地陷入非常可怕的情形之中。主後七十年四月提多領軍圍攻耶路撒冷，九月被攻克，刀與火毀滅了耶路撒冷，聖殿也被焚毀，成了一個空城。

不久之後，羅馬帝國推行神化羅馬皇帝的政策，要人民都拜羅馬皇帝的像，使得基督徒受到很大的迫害，因而很多人為此殉道。

主後314年君士坦丁大帝取得政權，即改奉基督教為國教，並將羅馬帝國的命令規章應用在宗教上，成了政教合一，324 AD，他把希臘的古城拜占庭擴建，改名叫君士坦丁堡，成為他的新的首都。395 AD羅馬帝國分裂成東西兩個帝國，教會也同時分裂成東正教和西正教。東羅馬帝國又稱拜占庭帝國，以君士坦丁堡為首府，原(西)羅馬帝國仍以羅馬城為首府，410 AD西哥德人攻佔羅馬，455 AD

汪達爾人再度入侵，西羅馬於是覆亡，分裂成了許多獨立的小國，但是歐洲仍是在羅馬文化和宗教的傳承下，保持一種聯合的狀態，教會(西正教)以羅馬城的梵諦岡為教廷，也成為拉丁文化主要的保存機構。法國對西正教一直表示尊敬，八世紀末，查理曼大帝改稱自己的國家為神聖羅馬帝國。

東羅馬帝國延續了一千一百年之久，它的首都君士坦丁堡實在是羅馬城的翻版，有七個山頭，十四個行政區，其政府和公用設施建造得和羅馬城的一樣，甚至還從羅馬城移了很多人來，使其新都有純粹的拉丁氣氛，到了十五世紀，君士坦丁堡的人仍自稱是羅馬人，君士坦丁堡也是東羅馬教會，即東正教之教廷，俄羅斯之教會屬君士坦丁堡管轄，土耳其佔領君士坦丁堡後，莫斯科大公就宣稱他是君士坦丁皇帝的繼承人，莫斯科城也自稱是第三個羅馬城。1453年土耳其的鄂圖曼王朝滅了東羅馬帝國，羅馬帝國就完全結束。

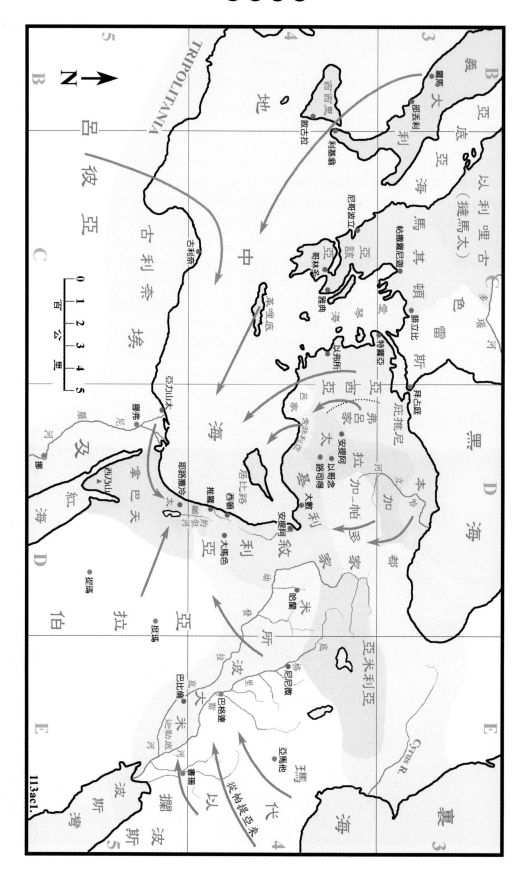

地圖解說

〈使徒行傳〉 耶路撒冷初期的教會
(主後30至主後33年)

請參看〈福圖五〉

* 徒 1:3～11
  主耶穌受害之後，用許多的證據將自己活活的顯給使徒看，有四十天之久，然後就被取上升，有一朵雲彩把他接去。

* 徒 1:11～26
  門徒在耶路撒冷城內的一間樓房聚集祈禱，並揀選馬提亞作使徒。

* 徒 2:1～42
  門徒們在五旬節被聖靈充滿，用各種方言說話，彼得講道後有三千人受洗，(從天下各國來的猶太人，請見〈徒圖一〉)。

* 徒 2:43～47
  信徒們都在一起，凡物公用，天天同心合意恆切祈禱，主將得救的人天天加給他們。

* 徒 3:1～4:4
  彼得在聖殿中治病和傳講復活的道，聽道的男丁就有五千人之多，但彼得在當晚被祭司等所捉拿收押。

* 徒 4:5～22
  第二天彼得被送到公會受審，但因公會想不出法子刑罰他們，就恐嚇了一番，就把他們放了。

* 徒 5:12～40
  主藉使徒的手在民間行了許多神蹟，又引起大祭司等的忌恨，就將使徒拿在監裡，主的使者在夜間開的監門，領他們出來，仍在殿裡教訓人，於是大祭司們又把他們帶到公會再度受審，把他們打了，吩咐他們不可奉耶穌的名講道，就放了他們。

* 徒 6:5～7:60 司提反被揀選，他滿得恩惠能力，在民間行了大奇事和神蹟，就被拿到公會，司提反當眾伸訴後，卻被用石頭打死。

主耶穌升天後，主的門徒就大有能力，大膽的在耶路撒冷傳道，雖然是不斷的受到逼迫，但是信主的人數增加得很快，甚至有的祭司也信了。信主的人居住在一起，就有了教會的雛形，然而反對的人和公會的逼迫也與日俱增，到司提反被打死時開始，耶路撒冷的教會開始大遭逼迫，除了使徒之外，門徒都分散到猶太和撒瑪利亞各處傳講福音。

〈徒圖一〉 五旬節時猶太人分佈各處情形

* 徒 2:5～11
  門徒用各種的鄉談說話。

以色列的十個支派在 722BC 北國覆亡時被擄去亞述地，猶大支派又在605BC、597BC和586BC三次大規模被擄去巴比倫等地。同時也有一批人逃往埃及，日後以色列地動難不斷，猶太人也不斷自動或被動的往外移出。主前四世紀末，希臘帝國時又有大批猶太人移到埃及和希臘各地。到63BC 羅馬帝國又擄了大量猶太人到羅馬本土，因此在新約時代，猶太人是遍佈全羅馬帝國，甚至在帝國以東的帕提亞、瑪代、以攔和波斯等原屬希臘帝國的疆域。還有南方的亞拉伯和呂彼亞。而且很明顯的，尚未提到的還有很多，諸如埃及、敘利亞、基利家、加拉太、馬其頓、亞該亞等等。這些猶太地以外猶太的人口總數，是有在猶太本地的人口數倍之多。他們多用希臘語，故稱是說希利尼話的猶太人。現今稱他們是離散人 (The dispersion)。

地圖解說

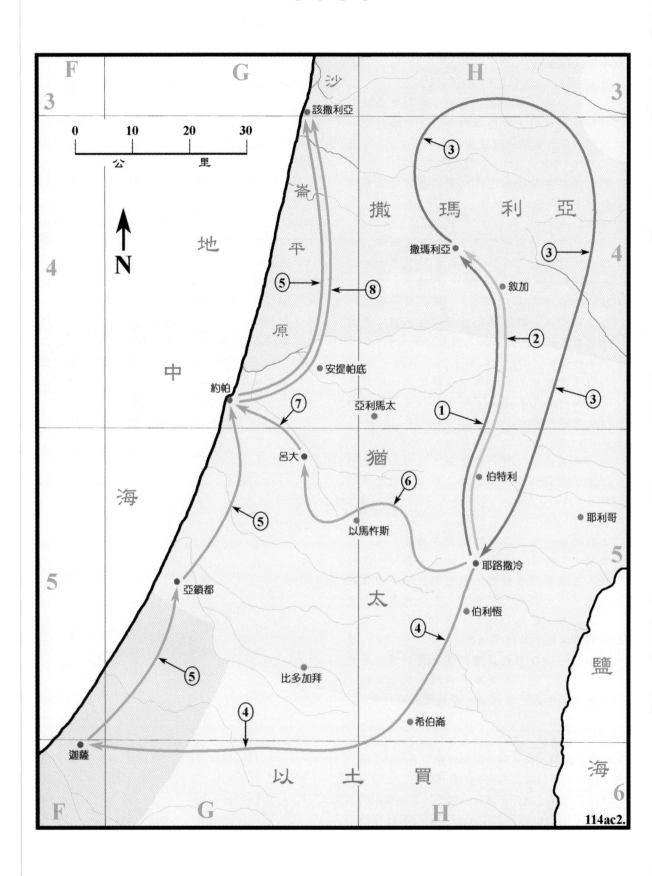

〈徒圖二〉腓利和彼得傳道的情形
(主後30年至33年)

1. 徒 8:5～13

   腓利下撒瑪利亞去宣講基督。

2. 徒 8:14～24

   彼得和約翰再去撒瑪利亞。

3. 徒 8:25

   使徒回耶路撒冷，一路在撒瑪利亞各處傳揚
   福音。

4. 徒 8:26～38

   腓利在下迦薩的路上傳道給埃提阿伯的太
   監。

5. 徒 8:39～40

   腓利在亞鎖都和該撒利亞宣傳福音。

6. 徒 9:32～35

   彼得周流四方的時候,到了呂大，許多人歸服
   了主。

7. 徒 9:36～43

   彼得到約帕醫治多加。

8. 徒 10:1～48

   彼得見異象去該撒利亞的哥尼流家傳道。

司提反殉道之後，教會在耶路撒冷大遭逼迫，門
徒就離開耶路撒冷分散到各處傳道，主要是在撒瑪
利亞和沿海的地區。首先是撒瑪利亞人，他們是以
色列人和外邦人的混血種族，雖然他們也自認是雅
各的後裔，但被猶太人認為不潔，一直受到岐視和
排拒，現在福音臨到了他們。腓利為埃提阿伯人施
洗，是代表救恩臨到閃族。彼得不久又向哥尼流家
傳福音，又為他們施洗，這代表福音臨到了雅弗
族。這都顯明福音是為天下萬邦萬民的。

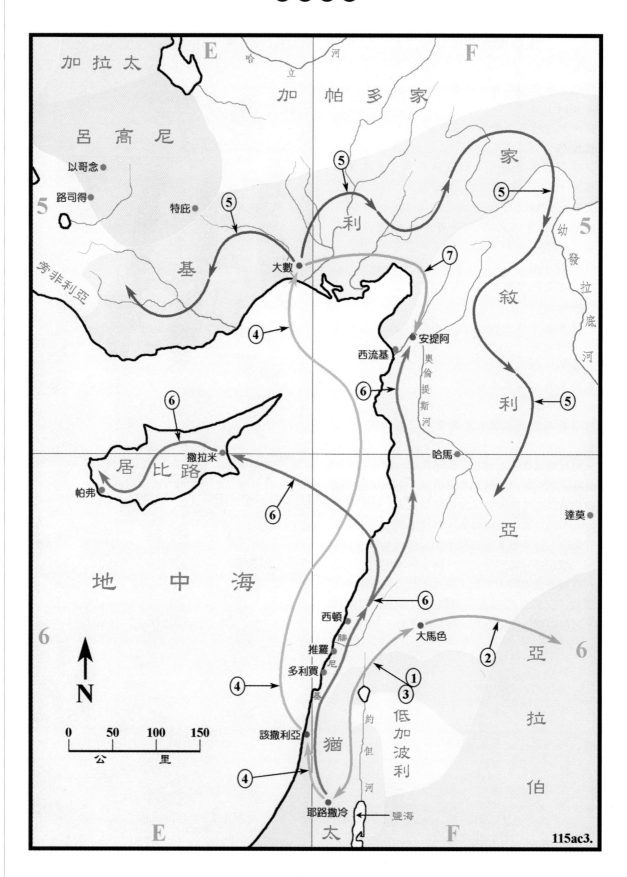

加拉太

呂高尼

以哥念 ●

路司得 ●

特庇 ●

旁非利亞

基

E

加帕多家

利

大數

⑤

家

⑤

敘

⑤

利

哈馬 ●

亞

達莫 ●

幼發拉底河

F

5

⑦

西流基 ●

安提阿 ●

奧倫提斯河

⑥

④

居比路

撒拉米

帕弗 ●

⑥

⑥

地 中 海

西頓 ●

腓

推羅 ●

尼

多利買 ●

基

④

⑥

大馬色 ●

②

亞拉伯

③

①

低加波利

6

N

0　50　100　150

公　里

④

該撒利亞 ●

④

耶路撒冷 ●

猶

太

約但河

鹽海

E　　　　　F

115ac3.

〈徒圖三〉使徒到猶太省外傳道，保羅信主和早期的工作(約是主後32至46年之間)

* 徒 7:58～60
  司提反被石頭打死之時，掃羅也在場，並且也喜悅司提反被害。

1. 徒 9:1～22
   掃羅在去大馬色的路上，主向他顯現。蒙召後在大馬色一帶工作。

2. 加 1:17
   掃羅往亞拉伯去潛修。

3. 徒 9:23-29，加 1:18
   三年後掃羅在大馬色受到逼迫，就回到耶路撒冷，奉主名傳道。

4. 徒 9:30
   掃羅又在耶路撒冷受到威脅，就經該撒利亞回到故鄉大數。

5. 加 1:21
   掃羅到敘利亞和基利家傳道，並建立教會，約有十一年。

6. 徒 11:19～21
   四散的門徒直走到腓尼基、居比路和安提阿傳講主耶穌。

7. 徒 12:22～26　耶路撒冷教會打發巴拿巴到安提阿去勸勉眾人，又到大數去把掃羅找到後帶回安提阿，一同工作了一年。

　　掃羅原本是一個熱心逼迫基督的法利賽猶太人，他的歸主對他自己和教會都是一個重要的轉捩點，歸主後他先在大馬色停留了三年，就受到生命的威脅而逃走，回到耶路撒冷之後不久，又有人想要殺他，他就回他的故鄉大數去，他在大數的四鄰，就是敘利亞和基利家兩個大省份中傳道約有十一年，聖經對這十一年中的細節並沒有記載，但是這在保羅三十餘年的傳道生涯中足足占了三分之一的時間，他在這兩個地區建立了許多教會，這可以從使徒行傳十五章四十一節中看出，成果是相當的輝煌。其他的門徒同時期中也到腓尼基、居比路和安提阿傳道，這都是在猶太本地以外傳揚福音的開始。

地圖解說

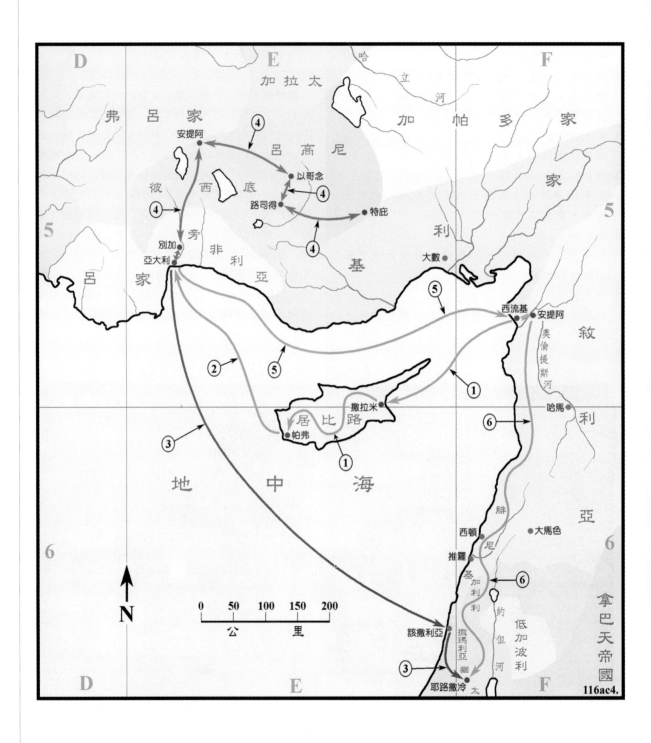

地圖解說

〈徒圖四〉保羅第一次行傳
(約是主後47至48年之間)

1. 徒 13:1～12

    保羅等被聖靈差遣，從安提阿經西流基到居路島傳道，從撒拉米起，經過全島直到帕弗。

2. 徒 13:13

    保羅等從帕弗過海，來到旁非利亞的別加(應是經過亞大利港)。

3. 徒 13:13

    約翰在別加離開保羅等回耶路撒冷。

4. 徒 13:14～14:23

    保羅等去安提阿、以哥念、路司得和特庇工作，再回別加。

5. 徒 14:24～26

    保羅從別加經亞大利回安提阿。

6. 徒 15:1～5

    保羅等從安提阿上耶路撒冷，經過腓尼基和撒瑪利亞，沿途傳講福音。

保羅(按徒13:8節所記：掃羅又名保羅，聖經從此節起改稱為保羅)曾三次被教會差遣出去傳道，雖然一次比一次遠，但仍然是在羅馬帝國的領土之內，他因具有羅馬帝國公民的身分，所以可以暢行無阻，而且當時帝國內的公路網四通八達，交通便利，人們都通曉希臘文，各地也都有猶太人和他們的會堂，所以減少了許多的麻煩，他們一方面受到歡迎，成果豐碩；但是在另一方面就受到一些猶太人和異教徒的攻擊，保羅有幾次都幾乎喪命，所以旅途中是充滿了艱辛和危險，的確是需要極大勇氣和耐力。

在本段中提到兩個安提阿城，這兩個城都是西流基王在 301BC 所建，為尊崇他的父親故命名叫安提阿。為分辨兩者，按其位置之所在，前者叫敘利亞的安提阿，後者則是彼西底的安提阿。保羅可能是在敘利亞的安提阿寫了加拉太書。

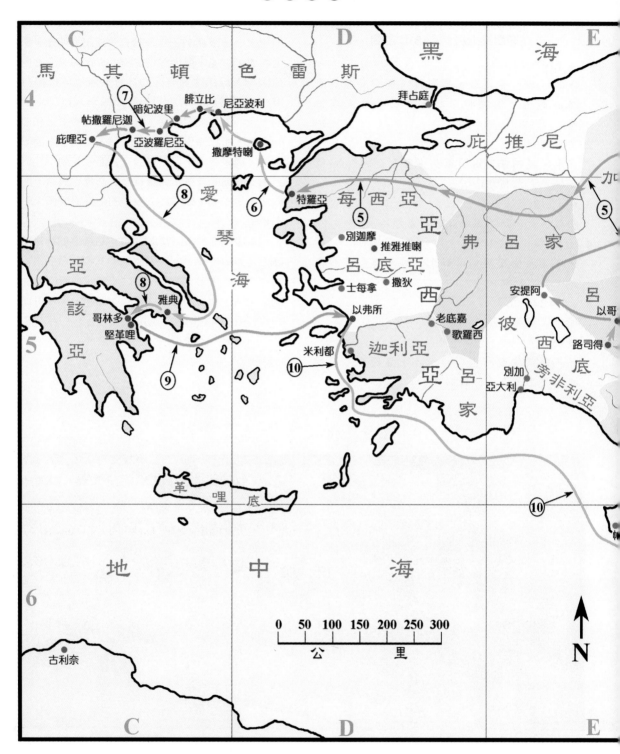

117ac5

〈徒圖五〉保羅第二次行傳
(約是在主後48至51年之間)

1. 徒 15:22～38
   保羅和巴拿巴被差遣從耶路撒冷到安提阿去工作。

2. 徒 15:39
   巴拿巴和馬可去居比路。

3. 徒 15:40～41
   保羅走遍敘利亞和基利家堅固眾教會。

4. 徒 16:1～5
   保羅到特庇、路司得和以哥念。

5. 徒 16:6～10
   保羅經弗呂家、加拉太、每西亞，到了特羅亞。

6. 徒 16:11～40
   保羅到腓立。

7. 徒 17:1～14
   保羅到帖撒羅尼迦、庇哩亞。

8. 徒 17:15～18:18
   保羅到雅典、哥林多。在哥林多住了一年半。

9. 徒 18:19～21
   保羅到以弗所。

10. 徒 18:22
    經該撒利亞返耶路撒冷。

　　保羅第二、三次的旅行佈道，把福音傳到了歐洲，先是馬其頓，後是希臘，這是希臘文化的中心，有雅典、哥林多等文化和商業大城，這都是極為繁榮之地，但也充滿了異教和罪惡，那裡有一些猶太人仍然抗拒和毀謗他，但是保羅仍然在各處建立許多的教會。

　　保羅在哥林多寫了帖撒羅尼迦前書和後書，加拉太書也可能是在哥林多所寫。

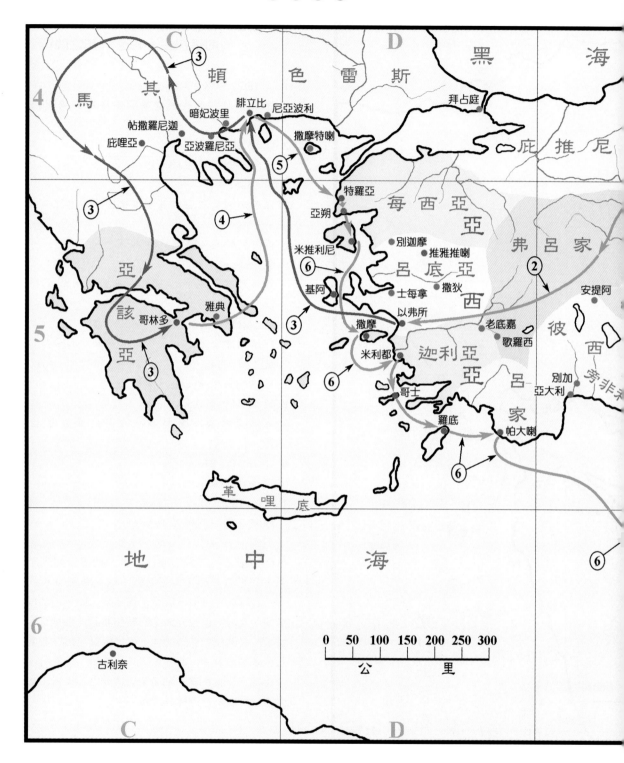

〈徒圖六〉保羅第三次行傳
(約是在主後52至54年之間)

1. 徒 18:23
   保羅從耶路撒冷到安提阿，住了些日子，又經加拉太和弗呂家去堅固眾門徒。

2. 徒 19:1～40
   保羅到以弗所傳講福音，有三個月之久。

3. 徒 20:1
   保羅往馬其頓去。

4. 徒 20:2
   保羅走遍了馬其頓，後到希臘住了三個月。

5. 徒 20:6～12
   保羅從腓立比到特羅亞。

6. 徒 20:13～21:15
   保羅步行到亞朔，再乘船到米推尼、撒摩、米利都、哥士、羅底、帕大喇、推羅、多利買、該撒利亞回到耶路撒冷。

　　保羅在此趟旅途中，在以弗所寫下了哥林多前書，在馬其頓寫了哥林多後書，又在哥林多寫了羅馬書。

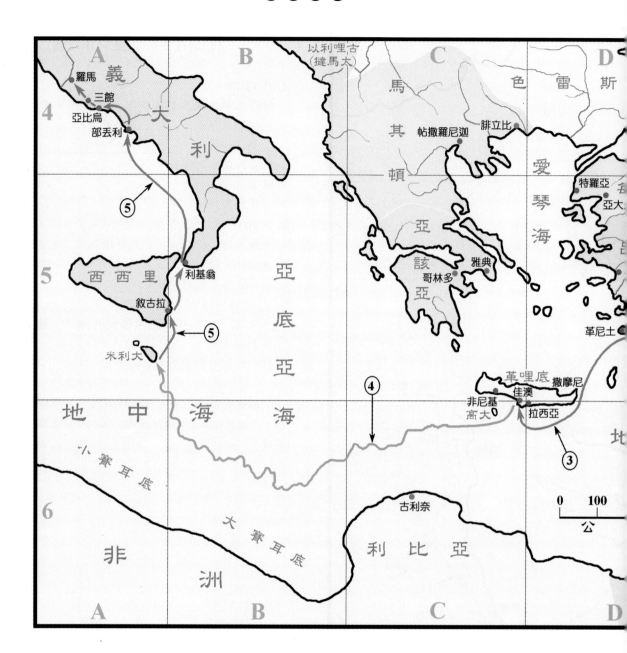

〈徒圖七〉保羅被解押去羅馬
(約是主後57至62年之間)

1. 徒 21:27～23:30
   保羅在耶路撒冷被捉，送到該撒利亞。

2. 徒 23:31～26:32
   在該撒利亞被囚兩年，受審後，送去羅馬。

3. 徒 27:1～8
   保羅被押乘船經西頓、每拉到了佳澳。

4. 徒 27:9～44
   保羅等在海上歷經風浪的危險到了米利大。

5. 徒 28:1～16
   從米利大經敘拉古，利基翁，部丟利就到了羅馬。

* 徒 28:17
   保羅在羅馬等待受審期間，就在羅馬住了兩年，傳揚福音。

猶太人捉拿了保羅要殺害他，但被羅馬兵所救，後送到軍營中，再送到該撒利亞受審，在該撒利亞被囚了兩年之後，再被押往羅馬。保羅不論是在公會、獄中、羅馬巡撫、旅途任何環境中，都放膽的傳道。在被押到羅馬後，在候審期間的兩年之中，仍然不斷的放膽傳講神國的福音，使福音傳到了羅馬。他同時也在羅馬寫了以弗所書、歌羅西書、腓利門等四卷書信。

使徒行傳到此結束，但是眾使徒和保羅的工作並沒有停止。從新約聖經中、以及教會歷史的記載，保羅在主後62年獲釋，他又展開他第四度的旅行佈道，遠至當時最西方的士班雅(即是現今的西班牙)，再到革哩底建立教會，又到亞西亞、馬其頓，在腓立比時，他寫了提摩太前書和提多書。隨後返回羅馬。主後67年保羅再度在羅馬被囚，在被囚的地牢中，他寫了提摩太後書。在主後68年被處死。有關他第四次宣道的旅程，請參看海天書樓的《聖經啟導本》第1749頁，因是在聖經以外的歷史，本書就不再收納在內。

新約書信

在廿二卷書信中，並沒有成段的歷史可以記述，所以沒有必要繪製地圖，現只把其中所出現的地名繪在〈新圖一〉和〈新圖二〉之中，以供查閱。 另外則把寫作者、寫作年代和地點、受信人及寫作的背景和內容一一加以簡單的介紹如下：

總說：當主耶穌在世之時，他已經受到猶太人的逼迫，甚至被釘死在十字架上。在他去世後，門徒和教會仍然受到他們的迫害。羅馬人雖然能容納他們，但是卻受猶太人的煽動，往往也爲難他們。在不久之後，羅馬帝國推行神化羅馬皇帝的政策，要人民都拜羅馬皇帝的像，使得基督受到爲大的迫害，很多人爲此殉道。在另一方面，新成立的教會中，信徒對基本福音道理認識不深，常有偏差，而最令使徒擔心的是異端邪說的滲入。當時已有諾斯底主義的出現，爲害極深。爲了這些事，故使徒們寫給他們，教導他們正確的信仰，勉勵他們在苦難中要堅定。

羅馬書

主後57年，在哥林多

是保羅要去羅馬和士班雅以前寫給羅馬教會的信，當時羅馬的教會已相當的興旺，可能是五旬節時得救的信徒回來所建。信的主題是因信稱義，前八章是講救恩的基本眞理，後半是說明有了新生命的信徒的生活典章。

有學者認爲加拉太書是福音的大憲章，則羅馬書就是福音的憲法的細則。

哥林多前書

主後55年前後，在以弗所

哥林多城是一個約有百年歷史，發展快速、繁榮的國際商業大城，也是亞該亞省的省會，經濟、藝術和文化都很發達。人民的生活奢華、耽於酒色、道德敗壞，特別是宗教放縱情慾。 哥林多教會是保羅第二次宣道時所建，新成立的教會是面臨一個墮落的異教社會的挑戰。哥林多教會雖然富足、有各樣的恩賜，但卻幼稚的發生了紛爭、淫亂、嫉妒、婚姻、濫用恩賜等問題，在信仰上又有飲食、聖餐、職事的錯誤。保羅得知後就寫了此信，對教會生活的內容及秩序，作了詳細的說明並指出基督徒最高的行爲準則是凡事爲榮耀神而作。

哥林多後書

主後55年，在馬其頓某地

保羅在寫了哥林多前書之後，反應良好。但是仍有少數人對他說毀謗的話。保羅就再寫此信，力勸信徒們應該回想他在他們當中時，是何等正直，而他所傳的救恩信息是何等的眞實。並且要他們處置滋事份子。

加拉太書

有三種不同的說法，有可能是主後48年，或是主後53年在敘利亞的安提阿，或者是主後51年在哥林多。

這是保羅所寫的第一卷書信，因爲當時的教會中有人反對保羅，聲稱人得救在因信稱義的條件之外，還要加上一些其他的要求，如遵行律法等類，嚴重的歪曲了恩典的福音。保羅此信是要證明他所傳的是正確的。這卷書介紹基督福音最有系統，羅馬書的主題都在這裡。在十六世紀人改教運動中，馬丁路得，就是根據這本書的亮光，力斥靠行爲稱義得救之非，領導歐洲返回因信稱義的福音眞理。

以弗所書

主後62年，保羅在羅馬被囚禁時所寫

保羅曾在以弗所住了三年，建立了相當健全的教會，並把以弗所當作傳福音的據點，保羅離開後教會也相當的興旺。這封信主要是要擴張信徒的視野，使他們更能了解神永恆的計畫與恩典的範疇，進而達成神爲教會所定的崇高目標。這本書在神學上的深度爲全本聖經之冠，全面的說明了救贖的旨意，聖經全部的信息都歸納在其中。

腓立比書

主後61年，保羅在羅馬被囚禁時所寫

本書是爲答謝腓立比教會在他被囚時的支持而寫，他也利用這機會說明他既被監禁，又受人攻擊的逆境中愈發靠主喜樂，希望基督徒能過活潑有力的生活形態，能謙卑合一，一無掛慮，靠主凡事都能作，並向著標竿直跑。

歌羅西書

主後60年，保羅在羅馬被囚時所寫

歌羅西教會是以巴弗在以弗所信主之後回來所建立，但是立即受到異端的攻擊，這異端乃是諾斯底

主義(知識主義)，混合了猶太教的律法而成。保羅
乃針對這弊端而寫此書，旨在表明基督至高的地位
和圓滿的神性，言簡意賅的述出聖子的神格與工
作，句句皆能擊中異端的要害，是卓越的護教作
品。

帖撒羅尼迦前書
主後50到51年之間，由保羅、西拉和提摩太三
人聯名在哥林多所寫

保羅在帖撒羅尼迦建立的教會，受到猶太人的逼
迫，保羅就派遣提摩太前往堅固信徒，提摩太回到
哥林多向保羅報告情形，得知帖撒羅尼迦的教會大
有長進，故由三人聯名表示欣慰之意，同時針對信
徒對復活和主再來的誤解加以解說，鼓勵在試驗中
的信徒，教導他們過敬虔的生活，又勸戒一些人不
可漠視日常的工作。

帖撒羅尼迦後書
主後51年前後，保羅在哥林多所寫

帖撒羅尼迦的教會仍然有人誤解保羅在帖撒羅尼
迦前書所寫有關主再來的真理，甚至有人停止工
作、終日閒散，大大影響了教會的紀律，就再寫此
書，勉勵教會在苦難中要堅忍，糾正有關主再來的
錯誤說法，並且斥責閒散不作工的人。

提摩太前書
主後63年前後，保羅在腓立比所寫

保羅在羅馬獲釋之後，打發提摩太去照顧以弗所
教會，就隨後寫了這封信，教他如何管理教會，以
及聚會有關的規矩，並勉勵他為真理奮戰到底。

提摩太後書
主後66至67年間，保羅第二次被囚在羅馬地牢
中時所寫。

保羅再次被囚，自知殉道在即，但對神的信念仍
堅定不移，乃將他個人事主的態度、信念、內心的
感受一一告訴提摩太，藉此鼓勵他要作基督的精
兵、貴重的器皿，為基督忍受一切，完成傳福音的
職務。這本書可說是保羅的遺言和凱歌。

提多書
主後63年前後，保羅在腓立比所寫

保羅在羅馬獲釋之後，立刻展開了第四次的宣道

之旅，他先到了士班雅，再到革哩底工作了一段時
日，就留下提多照顧島上的諸教會。革哩底島在新
約時代，道德水準墮落到了一個可悲的地步，人民
詭詐、貪婪和懶惰。而且該島又可能是諾斯底主義
的發源地，異端也滲入教會。保羅就寫了此信，指
示提多如何面對反對者，教導他如何設立領導層，
如何使教會上軌道，說明關乎信心和德行的事，又
警告他防備假師傅的方法。

腓利門書
主後53到55年間，保羅在以弗所時所寫。

腓利門是歌羅西教會的一位信徒，他的一個名
叫阿尼西母的奴隸，潛逃後遇見保羅(按照羅馬的法
律，奴隸潛逃之罪可判處死刑)，阿尼西母信主悔
改，並願回到主人處。保羅寫這封信給腓利門為阿
尼西母求情，並願代償所欠。有些學者認為阿尼西
母後來獲釋，成為自由人，在二世紀初出任歌羅西
教會的監督。

希伯來書
約是在主後70年以前，作者可能是亞波羅或是
巴拉巴。

這是寫給猶太信徒的一封信，主要是說明耶穌基
的超越性：祂高過舊約任何一人，包括天使、先知
和摩西。其地位也超過亞倫等大祭司。祂被釘在十
字架上為人類的罪作了挽回祭，是比一切利未人的
祭更美。

雅各書
可能是在主後45到50年間，耶穌的弟弟雅各所
寫。

是寫給十二個支派的信，主題是信心因著行為才
得以成全，他教導信徒立身處世，行事為人的實際
教訓，包括力行、慎言、注重社會正義、禱告的力
量等。

彼得前書
主後60年代，彼得在羅馬所寫

是寫給亞西亞五個省中的信徒的信，當時的教會
大多處境困難，受到反對者的毀謗、恐嚇、誣告和
迫害，如同火的試驗。彼得得知便寫了此信，並派
西拉帶去安慰他們，勸勉他們要忍耐，盼望天上的
家鄉、信服主、不灰心，要在不信者的面前表現聖

潔的生活，學效主的榜樣。

彼得後書

主後66至68年之間，彼得在羅馬殉道前所寫

同樣是寫給亞西亞五個教會的信徒，他預知自己即將殉道，又知教會中有假師傅出來敗壞信徒的信心，他就寫了此信，教導他們如何應付外來的逼迫，激發信徒在真道上堅定不移，要在信德和恩典上長進，預備主來的日子。

約翰一書

主後90年以後，約翰在以弗所所寫

當時眾教會正受著異端諾斯底主義的侵襲，約翰寫此信以堅固眾教會。主題是神是愛、是光、是生命。我們應與神相交，與人分享在基督裡豐盛的生命，使已經信耶穌的人確知自己有永生。並勉勵他們持守真道、愛人、不受異端迷惑。

約翰二書

主後90年以後，約翰在以弗所所寫

受信人是蒙揀選的太太，意思是表明教會是基督的新婦，也就是指眾教會。信的內容是提醒他們不要受異端的迷惑，要持守真道、實踐愛心。

約翰三書

主後90年以後，約翰在以弗所所寫

稱讚該猶有愛心接待作客旅的弟兄，又責備教會中好為首的丟特腓，他不但不接待弟兄，而且還把接待弟兄趕出教會。

猶大書

主後70至80年間，主耶穌的弟弟猶大所寫

當時的信徒似乎普遍的受到誤解救恩和敵擋真道的假師傅的攪擾，猶大就寫了這封信，提醒信徒要防備這些人，而且要他們準備好，用神救恩的真理去抵擋這些乖謬的異端。

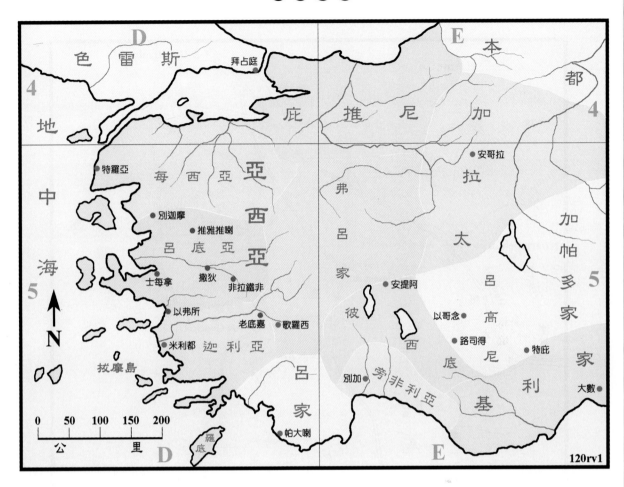

地圖解説

啓示錄

主後95年使徒約翰被囚禁在拔摩島時所寫。

〈啓圖一〉

* 啓1:11

　　亞西亞的七個教會。

　　約翰寫此書，爲的是要鼓勵忠心的信徒要堅決的
抵擋敬拜羅馬皇帝的規定，並把快要來臨的事告
之。說明撒但將要加緊迫害信徒，信徒必須能站立
的穩，至死不動搖。因他們有神的維護，不會受到
任可屬靈方面的傷害，當基督再臨之時，就是伸冤
之日，那時惡人必永遠被毀，而忠心的殉道者就可
享受新天新地中的新生命。

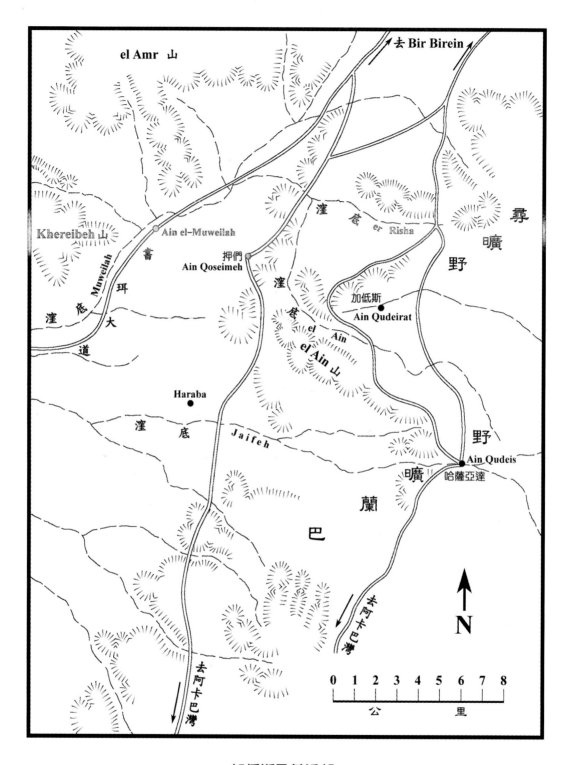

加低斯及其近郊

地圖解説

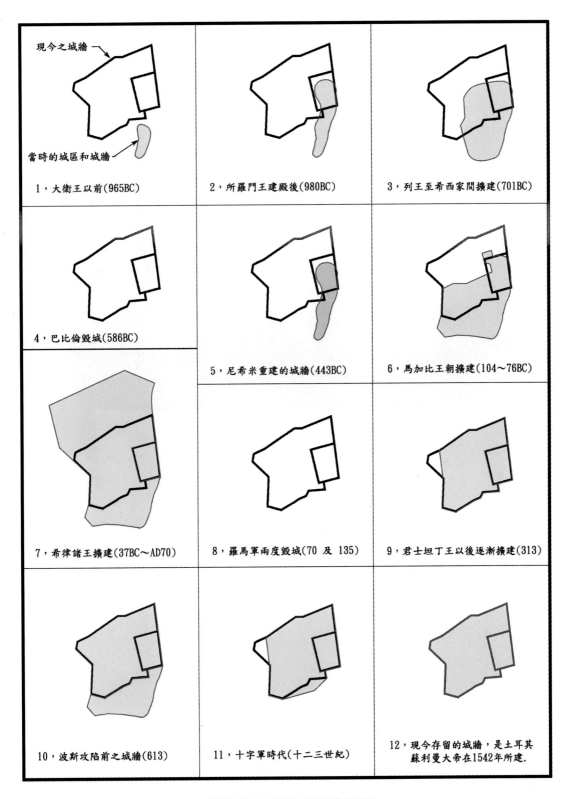

現今之城牆 →

當時的城區和城牆 →

1，大衛王以前(965BC)

2，所羅門王建殿後(980BC)

3，列王至希西家間擴建(701BC)

4，巴比倫毀城(586BC)

5，尼希米重建的城牆(443BC)

6，馬加比王朝擴建(104～76BC)

7，希律諸王擴建(37BC～AD70)

8，羅馬軍兩度毀城(70 及 135)

9，君士坦丁王以後逐漸擴建(313)

10，波斯攻陷前之城牆(613)

11，十字軍時代(十二三世紀)

12，現今存留的城牆，是土耳其蘇利曼大帝在1542年所建．

耶路撒冷城區和城牆變遷

伯示麥●
夏瑣
亞柯
米沙勒
押煞
伸崙
拉甲
加利利湖
亞斯他錄
雅木河
約
以得來
伯善
利合
河

地　名　詳　解

使用說明

此一部份收集了全本聖經中的地名，包括城鎮、河海、溪谷、山岳、地區、

國家，以及與地名相關的民族，如亞摩利人、赫人、亞納人等，總計約有一千四

百餘個，可說相當的完整。每一地名說明之內容如下：

1．第一列是編碼、中文地名及英文地名。

2．第二列是該一地名的含意，並附有英文的解釋。

3．從第三列起，是資料整合的說明，首先是該一地名現今用英文拼出的阿拉伯

　　文名字，在括號內的則是希伯來文的名字。接著的是該地的地理位置和特

　　點。再下來是聖經中未提到的一些歷史和考古資料。

4．接著的是所有關於此一地名的聖經章節以及內容，此部份因以地名及發生的

　　過程為主體之摘要，並非逐字逐句登上，希請留意。您可以輕鬆的從中了解

　　此一地名前後的歷史，不必再一一去翻閱，省了許多查考、比較的時間。這

　　也是本書的一個特色。

5．將此地名不同的名稱與出處列出，如希崙在書21:15中稱為何崙。

0001　丁拿　Dimnah
糞堆 Dunghill

● Rummaneh [H.Rimona],位於亞柯東南約 25 公里，基尼烈城西南約 23 公里，約念東北約 23 公里。

書　21:35 係利未支派的米利拉族自西布倫支派地業
　　　　中所分得的四座城之一。

※同代上6:77中的臨摩那 Rimmono 1163。

※同書19:13中之臨門 Rimmon 1162-2。

0002　三館　Three inns
意思與英文原意相同，就是三個旅店。

●其確實的位置不詳，大約是在羅馬城南方約 53 公里，距其南方的亞比烏市 Appii Forum 約 16 公里，靠近今日的 Cisterna 鎮，是古亞皮安大道 Appia Way 上的一個小驛站，有幹線往南去 Brundisium，往東去 Antium。

徒　28:15 保羅在被解押往羅馬的途中，有弟兄前來
　　　　亞比烏市，和三館地方迎接他。

0003　三撒拿　Sansannah
棕樹枝 Palm branch，Date stalk

●Kh.esh-Shamsaniyat[H.Sansanna]，位於別是巴以北約 12 公里，希伯崙西南約 29公里，接近西緬支派的東境。

書　15:31 是猶大支派在儘南邊所分得為業的二十九
　　　　座城中的一座。

※同書19:5，代上 4:31 中分給西緬支派的哈薩蘇撒
　Hazar-susah 0731。

0004　大河　Great river

●就是伯拉大河，即今日伊拉克境內的幼發拉底河，長約 2850 公里，發源自土耳其東部亞美利亞地區凡湖東北方的烏拉圖山區，向東南方流入波斯灣，與其東之底格里斯河形成其間的兩河流域。其他資料請見 0335 伯拉河條。

創　15:18 那日耶和華與亞伯蘭立約，說，我已賜給
　　　　你的後裔，從埃及河直到伯拉大河之地，
　　　　就是基尼人等之地。

創　31:21 雅各背著拉班，帶著所有的逃跑，他起身
　　　　過大河，面向基列山行去。

創　36:37，代上 1:48
　　　　以東王桑拉死了，大河邊的利河伯人掃羅
　　　　接續他作王。

出　23:31 我要定你的境界，從紅海直到非利士海，
　　　　又從曠野直到大河。

民　22:5 摩押王巴勒差遣使者往大河邊的毘奪去，召
　　　　比珥的兒子巴蘭來，為要咒詛以色列人。

書　24:2，14
　　　　亞伯拉罕和拿鶴的父親他拉，住在大河那邊

事奉別神，神將亞伯拉罕從大河那邊帶來。

撒下 8:3　瑣巴王利合的兒子哈大底謝，往大河去，
　　　　要奪回他的國權，大衛就攻打他。

撒下 10:16，代上 19:19
　　　　哈大底謝差遣人，將大河那邊的亞蘭人調
　　　　來，攻打以色列人。

王上 4:21，24，代下 9:26
　　　　所羅門統管諸國，從大河到非利士地，直
　　　　到埃及的邊界。

王上 14:15 那日期已經到了，耶和華必擊打以色列
　　　　人，又將他們分散在大河那邊。

拉　4:10 上書控告猶大人建殿的反對者之中，有被
　　　　安置在大河西一帶的人等。

詩　72:8 所羅門的詩說，他要執掌權柄，從這海直
　　　　到那海，從大河直到地極。

賽　7:20 那時，主必用大河外賃的剃頭刀，就是亞
　　　　述王，剃去頭髮和翻鬚。

賽　27:12 以色列人哪，到那日，耶和華必從大河，
　　　　直到埃及小河，將你們一一的收集。

耶　2:18 你為何要在亞述的路上喝大河的水呢。

彌　7:12 當那日，人必從埃及到大河，從這山到那
　　　　山，都歸到你這裡。

亞　9:10 他的權柄必從這海管到那海，從大河管到
　　　　地極。

※同創中的伯拉河 Prath 0335。

0005　大海　Great Sea

●即是現今的地中海，位於歐洲、亞洲和非洲三者的中間，希伯來文稱之為「後海」，即是以色列地西方的海。又有時僅指非利士平原以西一段的地中海，此段又稱為非利士海。

民　34:6 以色列的西邊要以大海為界。

書　1:4 大海日落之處都要作以色列的境界。

書　9:1　約但河西及沿大海一帶的諸王都聚集，同
　　　　心合意的要與以色列人爭戰。

書　15:12 猶大支派所得之地的西界就是大海，和靠
　　　　近大海之地。

書　23:4 耶和華所剪除和所剩下的各國，從約但河
　　　　起，到日落之處的大海，都已經分給各支
　　　　派為業。

結　47:15 以色列地的四界乃是如此，北界從大海往
　　　　希特倫，直到西達達口，南界是從埃及小
　　　　河，直到大海。

0006　大拿　Dannah
低地 Low ground，低聲的怨言 Murmuring

●Deir esh-Shemesh，位於希伯崙西南方約 16 公里，別是巴的東北約 25 公里。也可能是 Simya，位於基列西弗之東約 8 公里。(4.)

書　15:49 猶大支派所得為業在山地第一組的十一座
　　　　城中的一座。

地 名 詳 解

0007　大數　Tarsus
翅膀 Wing， 扁平的籃子 Flat basket

●即是今日土耳其的 Tersous 城，位於地中海的東北角，西得納河 Cydnus 之河口的東西兩岸，離海約 18公里，航海船隻可以直達該城，其北有一險要隘道，是進入基利家省的門戶，因此大數控制了東西向的海陸交通之孔道，而成為國際的商業重鎮。根據記載，在 850 BC 被亞述王撒縵以色所攻佔，待亞述衰微後曾獨立一段時期，333 BC 又被馬其頓的亞歷山大所佔領，104 BC 成為羅馬帝國基利家的省會，故其居民享有該帝國的公民權，使徒保羅即出生在該城，也就具有羅馬帝國公民的身分和特權，又該城早設有一所宏偉的大學，故學風鼎盛，人材輩出，其學術地位曾一度超越雅典及亞歷山大等地，保羅想必在此接受良好的教育。當時的城區已被現有之建築所覆蓋，故考古工作推行不易，經部份挖掘後之結果，可信此一地區早在新石器時代已有人定居，在主前三千年間已經是一座設防之城鎮，有赫人帝國之建築，城約在 1200BC 被海民所毀，掘出的遺物中有羅馬式的戲院和一座大廟的基礎，現今城內街道上仍保有名叫聖保羅拱門等的古蹟。唯其港口已淤塞，不利於海運，但仍然是陸路交通的孔道。

徒　 9:11，21:39，22:3
　　　　　　基利家省的大數城，是使徒保羅的出生地，他在該城生長，所以他享有羅馬帝國公民的特權。
徒　 9:30 弟兄們送他到該撒利亞再轉去大數。
徒　 11:25 巴拿巴到大數去找保羅，再同去安提阿。

0008　大比拉　Daberath
羊的牧場 Sheep pasture
畜牧地 Pasture land

●Daburiyeh，位於書念之北約 11 公里，米吉多東北約 23 公里，他泊山之西麓。

書　 19:12，21:28，代上 6:72
　　　　　　是以薩迦支派所得為業之一城，與西布倫相鄰，後分歸利未支派之革順族為地業。
※同書 19:20 中的拉壁 Rabbith 0644。

0009　大巴設　Dabbasheth
圓形山崗 Hump

● T.esh-Shammam [T.Shem] 村，位於約念的東方約 3公里，米吉多西北約 11 公里，在基順河之東岸，隔河與約念相對。

書　 19:11 西布倫支派所得為業，位於西方邊境上之一城，與亞設相鄰。

0010　大馬色　Damascus
審判官 Judge

●中文現稱大馬士革，英文則仍用原名，是今日敘利亞的首都，位於敘利亞之東南，離以色列和黎巴嫩都很近。城的位置處在大敘利亞沙漠的邊緣，黑門山西麓肥沃的山谷綠洲上，綠洲長約 48 公里，寬約 16 公里，平均海拔高約 670 公尺，雖然該地區的年雨量甚少，但因有亞罷拿河流經市區，又有法珥法河在其南約 14 公里處流過，經充分的利用其水源，而使得該地成為沙漠中的綠洲，滿是花園，果園和草坪，盛產各種水果和核果、穀物、棉花、亞麻 、煙草、大麻等等。城之北、西、南三面繞山，東則鄰沙漠，皆屬不毛，此城就成為天然之交通孔道，自古就有三條大商道經過此地，其一是往北經哈馬和阿勒坡，再沿幼發拉底河通往巴比倫地區，其二是名叫沿海大道的，是向西南經夏瑣、米吉多、約帕、迦薩通到埃及，第三條是名叫君王大道的，向南經外約但往阿卡巴灣，終點也是埃及，所以是米所波大米通往巴勒斯坦和埃及唯一的交通孔道，因此商業發達，人民富足。所出產的地毯和刀劍，極富盛名。古城位於今日大都會的東南角上，已有四千年以上的歷史，由於舊址上建有新建築物，所以不能作進一步考古發掘的工作，建城之年代故不可考，至今古城中仍保留有保羅時代的直街、城牆和名為神之門 Gate of god 的古城門。它最早是屬於亞蘭人獨立城邦，也曾統治附近的地區成為大馬色帝國，一度曾是亞蘭帝國的首府。在主前十五和十四世紀曾被埃及控制，大衛王年間所屬以色列，但不久又獨立，而且不斷與以色列為敵，732 BC 被亞述攻陷毀城，且將人民擄至吉珥去。兩三百年後，它再度復興，成為波斯帝國的一個行政中心。主前一百年前後，它成為敘利亞的都城，至羅馬帝國和新約時代，它是低加波利之十城之一，也曾是拿巴天王國(Nabatean Kingdom)的一座獨立城，但是並沒有直接的管轄權。耶路撒冷的猶太公會對該城的影響力並不很大，所以是當時基督教受逼迫者的避難天堂。

創　 14:15 羅得被北方四王所擄，亞伯蘭率領了 316人，追到大馬色北方的何把，把被擄的人和財物都追奪了回來。
創　 15:2 亞伯蘭因為沒有兒子，他的僕人，大馬色人以利以謝，就將承受他的家業。
撒下 8:5，代上 18:5
　　　　　　大馬色的亞蘭人來幫助瑣巴王哈大底謝，大衛就殺了亞蘭人二萬二千人，於是大衛在大馬色的亞蘭地設立防營，亞蘭人就歸服他，給他進貢。
王上 11:23 瑣巴王哈大底謝的叛臣利遜興起作王，在大馬色居住，常與所羅門王為敵。

王上 15:18 ，代下 16:2

以色列王巴沙攻擊猶大，修築拉瑪，猶大王亞撒派人求大馬色的亞蘭王便哈達，便哈達就去攻擊以色列北方的城邑，解了猶大的圍。

王上 19:15 神在何烈山，令先知以利亞到大馬色膏哈薛作亞蘭王。

王下 5:12 乃縵認為大馬色的亞罷拿和法珥法兩條河的河水，豈不比以色列一切的河水都要好。

王下 8:7 亞蘭王便哈達患病，派哈薛到大馬色請以利亞醫治，以利亞預言哈薛必作亞蘭王，哈薛回去後就篡了位。

王下 14:28 耶羅波安收回大馬色和先前屬猶大的哈馬歸以色列。

王下 16:9 亞述王應猶大王亞哈斯之請，攻擊亞蘭，提革拉毗列攻取了大馬色，殺了利汛，把居民擄到吉珥。

王下 16:10 猶大王亞哈斯上大馬色見利汛，又仿照大馬色的神壇，令人在猶大照樣建了一座。

代下 24:23 亞蘭人攻擊約阿施，攻取猶大和耶路撒冷，殺了眾首領，將財貨擄到大馬色。

代下 28:23 猶大王亞哈斯祭祀大馬色的神，在耶路撒冷各處的拐角建築祭壇，又在猶大各城建立邱壇，與別神燒香，大大的得罪了耶和華，他列祖的神。

歌 7:4 你的鼻子彷彿朝大馬色的利巴嫩塔。

賽 8:6 因為在這個小孩子不曉得叫父母之先，大馬色的財寶，和撒瑪利亞的擄物，必在亞述王面前被搬了去。

賽 17:1 論大馬色的默示，看哪，大馬色已被廢棄，不再為城，必變作亂堆，大馬色不再有國權，亞蘭所剩下的，必像以色列人的榮耀消滅一樣。

耶 49:23 論大馬色，我必在大馬色城中使火著起，燒滅便哈達的宮殿。

結 27:18 大馬色人拿黑本酒和白羊毛與推羅人交易。

結 47:17 預言以色列的邊界是；從海邊往大馬色地界上的哈薩以難……東界在浩蘭大馬色基列和以色列地的中間，就是約但河。

摩 1:3 耶和華如此說，大馬色三番四次犯罪，我必不免去他的刑罰，我必折斷大馬色的門閂，剪除亞文平原的居民和伯伊甸的掌權的。

亞 9:1 耶和華的默示，應驗在哈得拉地大馬色，和靠近的哈馬。

徒 9:1，22:5、6，26:12

掃羅要加害主的門徒，在往大馬色的途中，遇到主向他說話，掃羅就歸向主，並在大馬色住下，又在各會堂裡宣講耶穌，說耶穌是神的兒子，駁倒住大馬色的猶太人，證明耶穌是基督。

林後 11:32 在大馬色亞哩達王手下的提督，把守大馬色城要捉拿保羅，他就從窗戶中，在筐子裡從城牆上被人縋下去，就脫離了他的手。

加 1:17 保羅又回到大馬色，過了三年，才上耶路撒冷去見磯法。

0011　大馬努他 Dalmanutha
慢燃的火把 Slow firebrand
菲薄的一份 Poor portion

●Mejdel，位於加利利海西岸中段，迦百農城之西南約 8 公里，今日的提比哩亞城之北約 4.4 公里，靠近現今的 Migdal 城。當時城在湖邊，大約是建於主前一世紀，是一個良好的漁港，漁業發達，並有醃魚出口，又因地處南北向的國際大道上，又有支線通往拿撒勒城，在提比哩亞城尚未興盛前，無疑是加利利海一帶最大之城市，此城曾是北方地區猶太人反抗羅馬人的中心，後被羅馬人屠城毀港，日後並未恢復往日之繁榮，但仍然是猶太人聚集的中心之一。如今現因泥沙淤積，離湖漸遠而沒落。

可 8:10 耶穌用七個餅和幾條魚給四千人吃之後，隨即同門徒上船，來到大馬努他的境內。

※同太 15:39 中的馬加丹 Magadan 0893。
※同太 27:56 中的抹大拉 Magdalene 0652。

0012-1大衛城，大衛的城City of David
意思是屬於大衛王的城。

●大衛城原來的名字是耶布斯，是今日耶路撒冷城聖殿區古城牆以南的一個山頭，山的走向是南北向，當時為耶布斯人所據，故名叫耶布斯，最早的名字是烏路撒冷和撒冷，此城原是一個築有高大城牆的堅城，大衛王攻佔後就改名為耶路撒冷，亦稱為大衛城，也稱為錫安的保障。大衛王將此城再加整建，在城之北築米羅宮等，城區南北長約 460 公尺，東西寬約 160 公尺，形狀略似一隻腳印。城之東是汲淪溪，南是欣嫩谷，西是泰羅邊谷，亦稱中央山谷，北接聖殿山，三面溪谷之底與城的高差在 40 公尺至 80 公尺之間，是一個易守難攻之堡壘。在城的東側的山壁中有一個名叫基訓泉的水泉，可供應城內所需之水，在戰爭之時也保無缺水之慮。此一山頭，多數的學者都認為就是俄斐勒山。耶路撒冷日後不斷的擴大，在傳統上也稱耶路撒冷大城為大衛城。

撒下 5:7，代上11:5

大衛攻取了耶路撒冷，即是錫安的保障，就是大衛的城，大衛住在保障裡，起名叫大衛城。

王上 2:10 大衛與他列祖同睡，葬在大衛城。

王下 8:24 猶大王約蘭與他列祖同睡，葬在大衛城，

他列祖的墳地裡。

代下 5:2　　所羅門王將以色列的長老，各支派的首
領，並以色列的族長，招聚到耶路撒冷，
要把耶和華的約櫃，從大衛的城，就是錫
安運上來。

尼　　3:5　　沙崙修造泉門，及靠近王園西羅亞池的牆
垣，直到那從大衛城下來的台階。

撒下 5:7，代上 11:5
大衛到了耶路撒冷，要攻打住在那地方的
耶布斯人，然而大衛攻取錫安的保障，就
是大衛的城。

※同耶布斯城 Jebus 0783，及錫安 Zion 1147。

0012-2大衛的城　City of David

●即是伯利恆，今日名叫 Beth Lehem 的城，位於耶路
撒冷之南約 8 公里。請詳見 0349-2 條之說明。

路　　2:11　「因為今天在大衛的城裡，為你們生了救
世主」。

※伯利恆 Bethlehem 0349-1。

0013　土巴　Tubal
暴動，騷擾 Tumult

●土巴是挪亞之孫，雅弗的第五個兒子。其發源地大
約是包括現今土耳其的中南部，在羅馬帝國的地圖
上，則是包括基利家北部及加帕多加省之地。土巴在
米設之東，此兩地在聖經中常常同時出現，則是代表
小亞細亞的南部，靠近地中海的地區。另有學者認為
土巴即是西伯利亞的 Tobolsh 地區。

創　10:2，代上 1:5
土巴是雅弗的第五個兒子及其後裔所居之
地及國名。

賽　66:19 耶和華說，我要顯神蹟在他們中間，逃脫
的，我要差他到列國去，就是到他施，普
勒，拉弓的路德和土巴，雅完。

結　27:13 以西結在為推羅所作之哀歌中說，土巴和
米設用人口和銅器與推羅兌換貨物。

結　32:26 米設，土巴和他們的群眾，都在那裡，他
民的墳墓在他四圍。

結　38:2　羅施，土巴及米設皆是歌革王的領土。

結　39:1　人子阿，你要向歌革發預言攻擊他，說，
主耶和華如此說，羅施，米設，土巴的王
歌革阿，我與你為敵。

0014　干尼　Canneh
設防了的居所 Fortified dwelling

●有關此一地之位置，現仍有爭論，較為可靠的說法
是寧錄所建的四城中的甲尼城 Calneh，即是古城
Nippur，位於今日巴格達城的東南方約 160 公里，古
代巴比倫城的東南約 88 公里，兩條大河流的中間。經
考古家發現，廢墟約占地 73 公頃，土丘高 14 公尺，

曾在 1889 至 1900 年，及 1948 至 1973 年作考古發
掘，可知該城約在 4500 BC 建立，是蘇美文化的重
鎮，在遺留物中有巨大的塔廟，其基礎尚完好，由城
中的街道及房屋之佈置情形，可見其城區有良好之規
劃。另一種說法是現在南葉門南部海邊一個名叫 Qana
Bir Ali 小海港。

結　27:23 以西結為推羅所作之哀歌中說，干尼的商
人以美好的貨物，華麗的衣服，與推羅交
易。

※可能同創10:10中的甲尼 Calneh 0207-1，是寧錄起頭
的四座城之一。

0015　士每拿 Smyrna
沒藥 Myrrh

●Izmir，又名 Smyrna，是今日土耳其 Anatolia 省的首
府和第三大城，人口約兩百萬，半數是東正教信徒，
是東正教的信仰和學術中心。城位於以弗所之北約 50
公里，別迦摩之南約 80 公里，距 Hermus 河的出口處
不遠，在愛琴海一個大港灣之內，是一個地勢非常良
好的海港，在海事上占有很大的優勢，又有多條公路
自此通向各處，故貿易頻繁，是近東從事世界貿易的
一個重要口岸。該地區物產豐富，出產多種名酒。在
1932、1948和 1966 等年作過多次的考古發掘，收獲甚
多。該地區在主前三千年前已有人類居住，1100 BC 為
希臘人所據，就開始日漸繁榮，主前七世紀被呂西亞
人所毀，湮沒了三百餘年，334 BC 亞歷山大大帝重建
此城，後成為羅馬帝國之屬地，並為亞西亞省呂彼亞
地區的首府，城建在山坡上，有希臘化的各種建築和
設施，而且有既長又直整齊的街道，雙層的柱廊，它
的圖書館和戲院都是近東最大的，又設有大學，就使
得它在小亞細亞地區與以弗所及別迦摩等城齊名，有
The lovely，The crown of Ionia，The Ornament of Asia
等之美譽。大歷史詩人荷馬就是在此地出生。他們在
26 年建了一廟，供奉羅馬皇帝，於是此城就成了敬拜
該撒的中心，對基督徒產生了極大的迫害，很多基督
徒因之殉道。至今城內尚存有羅馬式的廣場及一些雕
像和建築物的殘存部份。

啟　1:11，2:8 是亞西亞省的七個教會之一。

0016　士班雅 Spain
缺少 Scareness

●現今均譯作西班牙，當時的士班雅，包括了今日的
西班牙和葡萄牙兩國的土地，即是西班牙半島之地，
當地礦產豐富，以金銀為最多。

羅　15:23 保羅在信上說，這好幾年，他切心想到士
班雅去的時候，可以到你們那裡。

0017　厄巴大　Gabbatha
高地 Elevated place，土丘 Knoll

●是古耶路撒冷城內一個可以公開審判人的廣場，其位置應該是在官署的前面，但官署在何處? 則有兩處可能的地方，其一是聖殿區西北角上安東尼樓，則厄巴大就是在現今天主教方濟會錫安之母修道院的地窖內，在那裡已挖掘出一條羅馬式道路，和連在一起的廣場，長寬各有 32 及 48 公尺，面積有 1500 平方公尺，地坪上舖有長在一至兩公尺之間的大石版，在其東北方十餘公尺處，現有鞭刑堂 Church of the Flagellation 一座，相傳是主耶穌受鞭打之處，內部之裝飾如壁畫和彩色玻璃花窗等，都富有歐洲的風格，是極珍貴的藝術品。該堂是建在一世紀的舊址上，於 1839 年開始重建，直到 1927方才完成。另一處可能的位置是今日約帕門附近，大衛塔城堡中的某一部份，但並沒有發現舖有石塊的廣場。

　約　19:13 彼拉多帶耶穌出來，到了一個地方，名叫鋪華石處，希伯來話叫厄巴大，就在那裡坐堂。

0018　心利　Zimri
羚羊 Antelope

●位置不明，可能是阿拉伯沙漠中的一個部落。

　耶　25:25 預言列國將有災禍，心利等諸王都必喝耶和華所給這杯忿怒的酒。

0019　戶沙　Hushah,Hushathite
急速 Fast

●可能是Husan，位於伯利恆之西約 7 公里，希伯崙之北約 21 公里。

　撒下 21:18，代上 11:29，20:4
　　　大衛的勇士西比該是戶沙人。
　撒下 23:27 大衛的勇士米乃本是戶沙人。
　代上 27:11 大衛行政組織中的八月班的班長西比該也是戶沙人。

0020-1戶割　Hukkok
割斷 Cutting，被任命 Appointed

●Kh. el-Jemeijmeh [H.Gamom]，位於加利利湖北部之西方約 23 公里，基尼烈城之西約 26 公里，亞柯之東約 20 公里。亦有可能是 Yapup，位於基尼烈城之西約 6 公里，夏瑣之西南約 18 公里。(4，5)

　書　19:34 拿弗他利支派所得之地業邊境上之一城。

0020-2戶割　Hukok

●T.el-Qassis [T.Qashish]，位於基順河之東岸，亞柯之南約 26 公里，約念之北約 3 公里處。

　代上 6:75 利未支派的革順族自亞設支派的地業中所

取得之一城及其郊野。
※同書 19:25 中之黑甲 Helkath 1037。

0021　戶勒　Hul
圓形物 Circle

●戶勒是閃之孫，亞蘭之次子，其領土之位置不明，有可能是在烏斯之南的 Leja 地區，即是今日敘利亞的南部。

　創　10:23 代上 1:17
　　　閃之孫，亞蘭之次子戶勒及其後裔所居之地和族名。

0022　王谷　King's Valley

●是一山谷，大約是耶路撒冷東方的汲淪溪中的一段，位於上游較寬廣處。該處現存有一個名叫押沙龍之石柱，相傳是大衛王之子押沙龍所立。

　創　14:17 亞伯蘭殺敗基大老瑪和與他同盟的北方四王，從大馬色回來的時候，所多瑪王出來在沙微谷迎接他，沙微谷就是王谷。
　撒下 18:18 押沙龍活著的時候，在王谷立了一根石柱，因他說，我沒有兒子為我留名，他就以自己的名稱那石柱，叫押沙龍柱。
※沙微谷 Shaveh 0463。

0023-1戈印　Goyim
眾國之王 King of Nations，
異教人 Heathen， 外邦人 Gentiles

●位置難以查證，可能是巴比倫東北方某一地區。如按字義「眾國之王」講， 亦可能是一位統治了幾個小城邦的首領。(根據斯巴多里泥版的記載，提達是在 Tudhala 作僱傭兵的領袖，與亞伯拉罕是同一時代的人，又提達也可能是赫人王杜克哈利亞一世)。

　創　14:1 北方四王攻打南方五王時，北方四王之一為戈印王提達。在 KJV 中為 Tidal king of nations，意思是「眾國之王提達」。

0023-2戈印　Goyim

●位置難以查證，較可能是在加拿河口，吉甲地區中的一個王城，也有可能是位於加利利地區。如按字義「眾民族之王」講， 好像他是一個統治了幾個小城邦的首領。

　書　12:23 吉甲的戈印王，是約書亞所擊殺迦南地三十一個王中的一個城邦之王。在 KJV 中是 the king of the people of Gilgal，在 TEV 則是 Goyim (in Galilee)，在 TCV 中則是「戈印在加利利」。

0024-1什亭　Shittim
皂莢樹，洋槐樹 Acacia

●T.el-Hammam，位於希實本的西北西方約 13 公里，隔約但河與耶利哥相對，城四週是一個小平原， Wadi Nusariyat 和 Wadi Hashban 各在城之南北，其地具有可控制摩押平原的戰略位置。考古發現該地區內有 1750 BC 前人類活動的遺跡，地面仍留有 1200 至 600 BC 年間所築之碉堡，外牆厚有 1.2 公尺，至今該地仍有茂盛的洋槐樹林。另外也有學者認為是在其東約 3.2 公里的 Kh.Kafrein 廢墟，但其遺址之面積遠比前者為小，而地勢比較高，較具有戰略價值。

民　25:1　以色列人住在什亭，百姓與摩押女子行起
　　　　　淫亂，耶和華的怒氣就向以色列人發作。
書　2:1　約書亞從什亭打發兩個人作探子，去窺探
　　　　　那地和耶利哥。
書　3:1　以色列眾人都離開什亭，來到約但河，就
　　　　　住在那裡，等候過河。
彌　6:5　並你們從什亭到吉甲所遇見的事，好使你
　　　　　們知道耶和華公義的作為。

※同民33:49中的亞伯什亭 Abel-shittim 0572，是以色列人出埃及，進迦南旅程最後的一個安營處，營區是從耶伯施末直到亞伯什亭。

0024-2什亭谷 Valley of Shittim

●其位置不明，如係結 47:1 所預言，這水往東方流去，必下到亞拉巴直到海，所發出來的水，必流入鹽海，使水變甜，根據此一描述，什亭谷則是應該在耶路撒冷之東，約但河以西，而且是一十分乾旱，只能生長洋槐之類樹木的谷地。

珥　3:18　先知預言說，必有泉源從耶和華的殿中流
　　　　　出來，滋潤什亭谷。

0025　巴力 Baal,Baalath
生殖之神巴力 Baal
主人 Lord，所有人 Possessor

●Bir Bakhmeh [Beer Yeroham]，位於別是巴之南約 27 公里，他瑪之西北約 37 公里。

代上 4:33　西緬人的五個城邑是以坦，亞因，臨門，
　　　　　陀健，亞珊，還有屬城的鄉村，直到巴
　　　　　力，這是他們的住處。

※應係書19:8中的巴拉比珥 Baalath-beer 0053 的簡稱。亦名拉瑪，或南地的拉瑪 Ramah 0641-3。
※有可能是書15:24 中之比亞綠 Bealoth 0082-1。
※可能同書15:28 中的比斯約他 Bizjothiah 0089，是猶大支派在儘南邊所得之一座城。

0026　巴末 Bamoth
高地 High place

●Kh.el-Quweiqiyeh 廢墟，位於尼波山以南，希實本西

南方約 11 公里，米底巴之西約 6 公里。根據摩押碑所記載，此城是由摩押王 Mesha 所建。

民　21:19　以色列人從拿哈列到巴末(是以色列人離
　　　　　開加低斯，經由紅海之路到迦南途中第八
　　　　　個安營處)，下站為摩押的谷地。

※巴末是書13:17中巴末巴力 Bamoth-baal 0051 的簡稱，是屬於流便支派的一城。

0027　巴旦 Padan,Paddan
平原 Plain

●「巴旦亞蘭」的簡稱，是以古代的哈蘭城為中心的一個平原，在聖經中又稱為「兩河之間的亞蘭」，和「米所波大米」，位於幼發拉底河和它的支流哈博河以西，尚有 R.Balih 河流經其間，是一個交通要衝和戰略重地，其地土壤肥沃，故出產豐富，古時是屬亞蘭的一部份，重要的城鎮有哈蘭，歌散，拿鶴等。

創　48:7　雅各說，至於我，我從巴旦來的時候，…
　　　　　…。

※巴旦為巴旦亞蘭 Padan-aram 0052 的簡稱，同創 25:20，28:2，31:18等。
※同創24:10中的米所波大米 Mesopotamia 0294。
※兩河間之亞蘭 Aram-Naharaim or Aram of the two rivers。

0028　巴列 Bered
冰雹 Hail

●位置不明。有人認為是在別是巴南方約 19 公里處，古書珥路傍，現今名叫 Kh. Khulasah 的一個廢墟。(4，5)

創　16:14　夏甲從撒萊面前逃走，在書珥路上，巴列
　　　　　和加低斯中間，叫庇耳拉海萊的井處遇見
　　　　　耶和華的使者。

0029　巴伊 Pai
羊叫聲 Bleating，尖叫聲 Screaming

●應是在以東境內的一個城，但位置不明。

代上 1:50　在以色列人未有君王治理之先，以東王巴
　　　　　勒哈死了，哈達接續他作王，他的京城是
　　　　　巴伊。

※應同創36:39中的巴烏 Pau 0033。

0030　巴別 Babel
神之門(巴比倫文) Gate of god (Baal)
混亂(希伯來文) Confusion

●巴別城一般都認為就是日後的巴比倫大城，內容請詳 0038-3 條。巴別塔之位置，據考古學家的意見，則是在今日巴格達的南方約 80 公里處，巴比倫城的故址中，今名叫 Jumjummah 的一個廢墟上，約是主前二十三世紀時，亞甲王沙卡里沙利所建，此塔曾屢毀屢

建，在 2000 BC 前後被廢棄，最後在 625 BC 前後，尼布甲尼撒王二世將它改建成爲米所波大米地區內最輝煌的廟塔，並命名爲埃特曼南基 Etemenanki 意思是「天堂在地上之家的基礎 House of the foundation of Heaven on earth」，日後因未再維修而日漸損毀，現僅可見到其廢墟。

> 創　10:8　古實又生寧錄，他國的起頭是巴別，以力，亞甲，甲尼，都在示拿地。
>
> 創　11章　洪水後，人們在示拿地的一個平原中，合力在此建造了一座城及一座塔，(城名巴別，即日後的巴比倫大城，塔在聖經中並沒有爲其取名，但一般皆稱之爲「巴別塔」)，由於神對此不悅，就使他們的口音變亂，彼此的言詞不通，就分散在全地，他們就停工不再造那城了。

0031-1巴拉　Baalah
女主人 Mistress，所有者 Possessor

●Deir el-Azhar [T.Qiryat Yearim]，就是基列耶琳，位於耶路撒冷之西約 15 公里，基遍西南約 9 公里，伯示麥在其西南方約 14 公里，是由耶路撒冷往約帕的大道上一個重要的城市。遺址在一小山之上，海拔有 720 公尺，基督徒於五世紀時，在此建了一座大禮拜堂，以紀念約櫃曾在此城停留，復於 1924 年，天主教在其廢墟上建築了一座聖母堂，在堂前立有聖母和聖嬰的巨石像。據考古證明，此地早在七千年前已有人居住，但城區是逐漸向東南移到了今日名叫 Abu-Ghosh 村鎮，該村如今是耶路撒冷城郊外的一個遊憩中心。

> 書　15:9　猶大支派在山地所得第五組二城之一，名叫巴拉又名基列耶琳。
>
> 代上 13:6　大衛率領以色列人下到巴拉，就是屬猶大的基列耶琳，要從那裡將約櫃運來。

※基列耶琳 Kirjath-jearim 0954。
※按書 15:60 亦名爲基列巴力 Kirjath-baal 0956。
※又在撒下 6:2 中作巴拉猶大，Baale-judah 0054。
※同詩132:6中之以法他 Ephrath 0141-2。

0031-2巴拉山　Mount Baalah
女主人 Mistress. 所有者 Possessor

●現今名爲 Mughar 之小山，位於以革倫西北約 9 公里，亞實突東北約 15 公里，乾溪 Wadi es-Sarar 的東邊，是一條自以革倫延至雅比聶的山脈。

> 書　15:11　猶大支派與但支派地業之北界，是通到以革倫北邊，延到施基崙，接連到巴拉山，又通到雅比聶，直通到海為止。

0031-3巴拉　Baalah
主婦 Mistress，所有者 Possessor

●Kh.Abu Tulul，位於別是巴東南方約 11 公里，希伯崙南南西之約 42 公里。

> 書　15:29　係猶大支派在南邊所得為業的二十九座城中的一座。

※同書19:3中之巴拉 Balah 0031-4，是後來分給西緬之一城。
※與代上4:29之辟拉 Bilhah 1047。

0031-4巴拉　Balah
腐壞 Decay

●Kh.Abu Tulul，位於別是巴東南方約 11 公里，希伯崙南南西約 42 公里。

> 書　19:3　西緬支派在猶大支派地業中所得之一城。

※在書15:29中名巴拉 Baalah 0031-3，是猶大支派所得為業之一城。
※在代上4:29中名為辟拉 Bilhah 1047。

0031-5巴拉　Baalath
女主人 Mistress
屬於巴力的 Belonging to Baal

●Qatra，位於亞實突的東北方約 13 公里，以革倫之西北約 8 公里，梭烈河之南，與巴拉山 0031-2 隔河相對。

> 書　19:44　是但支派所得為業之一城鎮，位於南方與猶大相鄰的邊界上。
>
> 王上 9:18，代下 8:4
> 　　　　所羅門王建造基色，下伯和崙，巴拉並國中曠野裡的達莫，並建造所有的積貨城，及屯馬兵的城。

0031-6巴拉　Parah
小母牛 heifer

●Kh.el-Farah，位於耶路撒冷的東北方約 9 公里，基遍的東方約 12 公里。

> 書　18:23　便雅憫支派所得為業第一組的十二座城之一。

0032-1巴珊(地)　Bashan
多產的 Fruitful，貧瘠的土壤 Thin soil
熟睡者 The one in sleep

●位於加利利湖及呼烈湖以東，迄至沙漠之間的地區，但準確之疆界無從劃定，大約北界起自黑門山南麓，及大馬色以南約 24 公里，南界則至雅木河之南的基列山麓，南北長約 70(西)至90(東)公里，東西寬約 110 公里左右，區內包括雅木河以南的哈倭特睚珥，基列的拉末、以得來，雅木河以北有基述和瑪迦兩個小國，哥蘭，亞斯他錄及其亞珥歌伯的六十座城，最東的城鎮則是撒迦和基納。西部是一廣大的台地，海拔

高度在 500 到 750 公尺之間，東部則爲山地，平均高約 1500 公尺以上，浩蘭峰高約 1795 公尺，全區富饒肥沃，冬季有來自西面的風，帶來豐沛的雨水，主要的作物是小麥和牛羊，曾經是羅馬帝國主要的糧倉之一，古時所產的橡樹與利巴嫩的香柏樹齊名。按聖經的記載，區內有很多設有重防的城鎮，但除前述的幾個之外，其他均無地名的記錄，又因至今尚無重要的考古行動在此區內進行，因此對古代的實際情形有欠了解，惟有從古代的文獻上，可知在早期就已有持續又大量的殖民活動。新約時期該地區名叫特拉可尼，屬於猶太王國所有，先直接由大希律王治理，他去世後則由他的兒子分封王腓力統治。

民　21:3，申 1:4
　　　　　以色列人佔了雅謝之後，轉向巴珊而去，巴珊王噩出來在以得來與以色列人爭戰，結果噩王被殺，以色列人得了他的地。

民　32:33，尼9:22
　　　　　摩西將亞摩利王西宏，及巴珊王噩的兩個國，給了河東的兩個支派。

申　3:1　我們殺了噩王和他的民，奪了六十座城，這為亞珥歌伯全境，就是巴珊地噩王的國。

申　3:10　噩王的國包括基列全地，巴珊全地，直到撒迦和以得來。

申　3:11　利乏音人所剩下的，只有巴珊王噩，他的床是鐵的，長九肘，現今豈不是在亞捫人的拉巴麼。

申　3:13　基列地，和巴珊全地，我給了瑪拿西半支派。亞珥歌伯全地乃是巴珊全地，這叫作利乏音人之地，瑪拿西的子孫睚珥，佔了亞珥歌伯全境，直到基述人，和瑪迦人的交界，就按自己的名稱這巴珊地為哈倭特睚珥，直到今日。

申　4:43　為瑪拿西人，分定巴珊的哥蘭為逃城。

申　32:14　摩西作歌說，巴珊所出的公綿羊，和山羊，與上好的麥子，也喝葡萄汁釀的酒。

申　33:22　論但說，但為小獅子，從巴珊跳出來。

書　12:4　以色列人在約但河外所得二王之地，巴珊王噩，他是利乏音人所剩下的，住在亞斯他錄和以得來，他所管之地，是黑門山，撒迦，巴珊全地，直到基述人和瑪迦人的境界，並基列一半，直到希實本王西宏的境界。

書　13:30、13:11、22:7
　　　　　瑪拿西半個支派的境界，是從瑪哈念起，包括巴珊全地，並在巴珊，睚珥的一切城邑，共六十個，基列的一半，並亞斯他錄，以得來。

書　17:1　瑪拿西的長子基列之父瑪吉，得了基列和巴珊地。

王上　4:13　所羅門王的第六行政區，由便基別管理，

　　　　　包括巴珊的亞珥歌伯地的六十座大城。

王下　10:33　在那些日子，耶和華才割裂以色列國，使哈薛攻擊以色列的境界，乃是但河東，基列全地，從靠近亞嫩谷邊的亞羅珥起，就是基列和巴珊的迦得人，流便人，瑪拿西人之地。

代上　5:11　迦得的子孫住在巴珊地，延到撒迦，有作副族長的雅乃，和住在巴珊的沙法。

代上　5:23　瑪拿西半支派的人住在那地，從巴珊延到巴力黑們，示尼珥與黑門山。

詩　22:12「巴珊大力的公牛四面困住我，」

賽　2:13「必有萬軍耶和華降罰的一個日子，要臨到驕傲狂妄的，一切自高的，都必降為卑，又臨到巴珊的橡樹」。

賽　33:9，鴻1:4
　　　　　預言虐人者必被虐，「巴珊和迦密的樹林凋殘」。

耶　22:20　你要上利巴嫩哀號，在巴珊揚聲，因為你所親愛的都毀滅了。

耶　50:19　我必再領以色列回他的草場，他必在迦密和巴珊吃草。

結　27:6　用巴珊的橡樹作你的槳。

結　39:18　公綿羊，羊羔，公山羊，公牛，都是巴珊的肥畜。

彌　7:14　求你容他們在巴珊和基列得食物，像古時一樣。

鴻　1:4　他斥責海，使海乾了，使一切江河乾涸，巴珊和迦密的樹林衰殘。

亞　11:2　巴珊的橡樹阿，應當哀號，因為茂盛的樹林已經倒了。

同結　47:16 中之浩蘭 Hauran 0872。

0032-2巴珊(山) Bashan

●可能即是巴珊以東的浩蘭山 Jebel Hauran，峰高 1795 公尺，山頂終年積雪，區內可得充沛的供水，土質係火山山岩，故物產豐富，盛產橡木，但因交通不便，在多數時代中，都未曾殖民和開發，故大部份地區仍保持原始狀態。

詩　68:15「巴珊山是 神的山，巴珊山是多峰多嶺的山。」

0033　巴烏 Pau
羊叫聲 Bleating，尖叫聲 Screaming

●應是在以東境內，但位置不明。

創　36:39　在以色列人未有君王治理之先，以東王巴勒哈達死了，哈達接續他作王，他的京城是巴烏。

※應同代上 1:50 中的巴伊 Pai 0029。

0034　巴益 Bayith,Bajith
家室 House

●位置不明，可能是摩押地的一個鎮名，也可能只是一拜假神的寺廟。

賽　15:2　先知以賽亞在對摩押的默示中說，他們上巴益，又往底本到高處去哭泣。(RSV 中譯成 daughter，女兒之意，有些英文本譯作 Temple house，或 Shrinr，即是寺廟.)

0035　巴麻　Bamah
高地 High place

●位置不明，可以是任何一處的高山密林，或是在城中所築，作為祭偶神所用之高台。例如在米吉多所發現者，其高約 5 公尺，長寬各約 8 及 10 公尺，是 2000 BC 前之遺物。

結　20:29　我就對他們說，你們所上的那高處叫甚麼呢，那高處的名字叫巴麻，直到如今。(在 TEV 中作 high place，TCV 中為高處)

0036-1巴蘭(曠野)　Paran
洞窟之地 Caverns district

●位於西乃半島中部的東側，西北方與書珥曠野，西南方與汛曠野，南方與西乃曠野，東方則是以亞拉巴為其東界(即是自死海南端至阿卡巴灣北角的谷地)，東北方與尋曠野及南地為鄰，除與各相鄰的地區有重疊之外，其邊界亦不明顯，準確之邊界無從確定。全區係一高原丘陵地，高程在 1200 至 1600 公尺之間，Wadi al-Arish 即埃及小河的乾涸河床分佈在大部份的地區中，全區年雨量很低，更缺乏地下水泉，故荒蕪而乾旱，僅有部份低地與峽谷中或可供放牧。

創　21:21　神保佑童子(以實瑪利)，他就漸長，住在曠野，成了弓箭手，他住在巴蘭的曠野，他母親從埃及地給他娶了妻子。

民　10:11　第二年二月二十日，以色列人離開西乃曠野，初次往前行，雲彩停在巴蘭的曠野。

民　12:16　從哈洗錄起行，在巴蘭的曠野安營。

民　13:16　在巴蘭曠野打發十二個人到迦南地去窺探，過了四十天探子們回到巴蘭曠野的加低斯。

申　1:1　申命記是摩西臨終前在約旦河東的曠野，疏弗對面的亞拉巴，就是巴蘭，陀弗，拉班，哈洗錄，底撒哈中間，向以色列人所說的話。

撒上 25:1　撒母耳死後，大衛為躲避掃羅的追殺，就逃到巴蘭曠野。(此節所述之巴蘭曠野，在希臘文聖經中是瑪雲的曠野，位於希伯崙之南約 14 公里。)

王上 11:17　以東人哈達背叛所羅門王，自米甸起行，經巴蘭逃到埃及。

0036-2巴蘭 (山)　Paran

●位置無從查證，似可指西乃半島，或是西乃及巴蘭曠野中的任何一座很高的山峰。(在西乃山以南，高於 2000 公尺的山峰計有七個。)

申　33:2　摩西在死前為以色列祝福說：「耶和華從巴蘭山發出光輝，……」

哈　3:3　哈巴谷的禱告說，神從提幔而來，聖者從巴蘭山臨到。

0037　巴力冤　Baal-meon
群眾之主 Lord of the multitude

●Ma`in 城，位於希實本西南方約 15 公里，底本之北約 21 公里，死海的東方約 16 公里，拿哈列河之北岸。照摩押碑之記載，此城係摩押王 Mesha 所建，並在城中建有大蓄水池。

民　32:38　摩西分給流便子孫的六座之一，城是由他們自己所建，城名也是改了的。

代上 5:8　流便的後代，約珥所住的地方是從亞羅珥直到尼波和巴力冤。

結　25:9　是摩押人視為該國之榮耀的三個城之一。

※同民32:7中的比穩 Beon 0074，是其在尚未被以色列人佔領之前的名字。

※同書13:17中的伯巴力勉 Beth-ball-meon 0369。

※同耶48:23中的伯米恩 Beth-meon 0346，是摩押地中將有刑罰臨到的十二個城之一。

0038　巴比倫　Babylon
混亂 Confusion
巴力神的大門 Gate of Baal

●一、巴比倫地：位於米所波大米的南部，即是示拿地或迦勒底地，位於兩河流域的南部，自巴格達城之南約 60 公里起，直到波斯灣，此處為一廣大的沖積平原，土壤肥沃，因有兩條大河的水常年供應，先民又開掘運河以利灌溉，產物豐富，所以孕育了早期的文明，也一直是諸大帝國的發源地。根據考古學的資料，早在 4700 BC 以前，在這片土地上已有蘇美人出現，他們發展出燦爛的蘇美文明，包括有楔形文字、車輪、拱門、圓頂、日曆，以六十為基礎的算術，他們又開發水利，建造許多城市，如吾珥、以力、伊里都 Eridu、拉加書 Lagash、烏瑪 Umma、以新 Isin、尼布 Nippur、基書 Kish，這些城市在主前三千年前後都是很有名的，但各城皆各自為政，並無聯邦式的組織，各城各有自己的神祇，直到 2375 BC，才被亞甲王撒珥根一世統一起來，史稱蘇美第一王朝，其國土達到了敘利亞，至 2154 BC，被東邊山區的古第人所滅，建立古第第二王朝。2112 BC，以吾珥為都城的蘇美人驅逐古第人，重建其勢力，直到 2006 BC，是為吾珥第三王朝。在前巴比倫興起之前，有亞摩利人入

侵，使得局勢混亂，其間建有以新和拉撒兩個小國。1792 至 1595 BC 的兩百年間是前巴比倫帝國時期，詳情請見第二段的說明。迄至 900 BC 的五百年間，是一個小王分立的時期，分別有卡施，古赫人，米坦尼，新赫人等在此建立帝國。亞述自 911 BC 起控制或統治此地區，直到 614 BC 新巴比倫帝國興起，新巴比倫雖盛及一時，但在 539 BC 被波斯所滅。此後陸續佔據此地的則是希臘和羅馬帝國。

二、巴比倫帝國：分前後兩期，前巴比倫是在 1894 BC 由蘇姆亞本建國，後繼有四人，其間僅是對內整治，使得國勢強盛，1792 BC 時，傳至著名的漢慕拉比大帝，就開始對外擴張，國土原在示拿地，即是米所波大米的南部，後擴至米所波大米的北部和以攔等地，而成為當代雄霸天下的帝國。他擴建巴比倫城，又頒布最著名的漢慕拉比法典。後傳位共歷六代，但在 1595 BC 被赫人等四族所滅。其間約有千年，大部份時間都是亞述帝國的一個省。後巴比倫則是從 614 BC 到 539 BC，是由迦勒底人尼布卜拉撒創建，史稱新巴比倫或迦勒底王朝，他藉瑪代人之助，攻陷了亞述的三個大城，其子尼布甲尼撒則在 610 BC 完全消滅了亞述的軍力，更伸張國土西到以攔，東至埃及和西亞。他於 586 BC 滅了猶大國，毀了耶路撒冷。但在 539 BC 被波斯王國所滅。

在聖經中，迦勒底常與巴比倫同時出現，有的新版英文聖經就以巴比倫代替迦勒底，所以廣義的講，迦勒底就是巴比倫。

三、巴比倫城：其廢墟是位於今日巴格達的南方約 80 公里處，可能原名巴別，是示拿地的古城之一。約自 1830 BC 起，經漢模拉比等巴比倫的王擴建，成為巴比倫的首都，前巴比倫淪亡後，此城日漸衰微，曾數度被毀於亞述人之手，還有百餘年無人居住。亞述王以撒哈頓曾重建並拓展城的範圍，成為其統治的中心之一。到後巴比倫興起，625 BC 在尼布甲尼撒的手中，被建成當代的第一大城，據希臘的史學家 Herodotus 和 Ctesias 兩人之形容，城的週圍建有長約 86 公里的雙層城牆，有銅製之城牆門一百座，幼發拉底河穿城而過，城的西區寬十五公里，長十公里，東區寬十五公里，長十七公里，城區的面積計有 2500 公頃。城內有巴別塔、神廟、王宮和有稱為世界七大奇觀的空中花園，539 BC 被波斯人所佔，成為其副都，到主後 75 年則全毀，且未有再建。至今是一片荒蕪，1852 年起，就不斷的有考古的工作在此地區進行。

四、巴比倫人：即是巴比倫帝國或居在巴比倫地的人民，同時也稱之為迦勒底人。

五、巴比倫省：在亞述，巴比倫，波斯和希臘等帝國的時代，都設有巴比倫省，但其所轄的範圍皆不明，可能是以巴比倫城為中心的一個省份。

王下 17:24 亞述王撒緱以色攻取了撒瑪利亞，就從巴比倫，古他，亞瓦和西法瓦音遷移人來，安置在撒瑪利亞的城邑，代替以色列人，他們就得了撒瑪利亞。

王下 20:14，代下 32:31，賽 39:1
　　猶大王希西家病癒後，巴比倫王巴拉但的兒子比羅達巴拉但就派使者送書信和禮物給他，希西家聽從使者的話，就把他的財物和武備都給他看了，這件事使神離開他，要試驗他，好知道他心內如何，以賽亞預言說，這一些的財寶，到時都將被巴比倫擄去，不留下一樣。

王下 24:1，代下 36:6
　　猶大王約雅敬年間，巴比倫尼布甲尼撒上到猶大，約雅敬服事他三年，然後背叛他，耶和華使迦勒底軍等攻擊約雅敬，毀滅猶大。

王下 24:7 巴比倫王將埃及王所管之地，從埃及小河直到伯拉河，都奪去了，埃及王不敢再從他的國中出來了。

王下 24:10，代下 36:10
　　猶大王約雅斤年間，巴比倫王尼布甲尼撒，上到耶路撒冷圍困城，約雅斤等出城投降，巴比倫王將他和其親屬，大官，勇士，木匠，鐵匠等共一千人，及王宮中的寶物，全擄去巴比倫。

王下 24:17 巴比倫王立約雅斤的叔叔瑪探雅代替他作猶大王，並將他改名叫西底家。

王下 25:1，代下 33:18，耶 52:4，結 17:12
　　猶大王西底家背叛，巴比倫王尼布甲尼撒率領全軍來攻擊耶路撒冷，次年城破，西底家逃跑時被捉，在利比拉被剜了眼睛，用銅鍊鎖著，再被帶到巴比倫去。

王下 25:8 巴比倫王尼布甲尼撒十九年，他的護衛長尼布撒拉旦，來到耶路撒冷燒了聖殿，拆毀四週的城牆，將人民和財物擄去巴比倫，又在利比拉巴比倫王那裡，殺了大祭司等六十個人。

代上 9:1 以色列人因犯罪就被擄到巴比倫。

代下 33:11，結 19:9
　　亞述王的將帥來攻擊猶大王瑪拿西，用鐃鉤鉤住瑪拿西，用銅鍊鎖他，帶到巴比倫去。

拉 2:2，5:12
　　波斯王古列元年，下詔令從前被擄到巴比倫之猶大省的人，可以上耶路撒冷，並重建聖殿，又將放在自己神之廟中，從耶路撒冷掠來的財寶，全部還給猶大人，供重建聖殿之用。

拉 4:9 在阻擋和破壞猶太人重建聖殿，上書告於亞達薛西的人中，有巴比倫人在內。

| 拉 | 6:1 | 於是大利烏王降旨，要尋察典籍庫內，就是在巴比倫藏寶物之處，在瑪代省，亞馬他城的宮內，尋得一卷，其中記著說，古列元年，他降旨論到耶路撒冷神的殿，要建造這殿為獻祭之處。 |

拉　7:9　波斯王亞達薛西王第七年，祭司以斯拉正月初一從巴比倫起程，五月初一就到了耶路撒冷。

詩　137:1　他們曾在巴比倫的河邊坐下，一追想錫安就哭了，……將要被毀滅的巴比倫城阿，報復你，像你待我們的，那人便為有福。

賽　13:1，19　以賽亞得默示論巴比倫說；:19巴比倫素來為列國的榮耀，為迦勒底人所矜誇的華美，必像神所傾覆的所多瑪，蛾摩拉一樣，其內必永無人煙，世世代代無人居住。

賽　14:4，22，23，21:9　先知預言巴比倫必傾覆，城必毀滅，世代無人居住。

賽　43:14　先知預言巴比倫說，我要使迦勒底人如逃民。

賽　47:1　先知預言巴比倫的敗落情形。

賽　48:20　先知預言說，以色列人要從巴比倫出來，從迦勒底人中逃脫，以歡呼的聲音傳揚說，耶和華救贖了他的僕人雅各。

賽　52:11　先知預言以色列人必從巴比倫回歸說，你們離開罷，從巴比倫出來，務要自潔，不要沾不潔淨的物。

耶　20:4　先知預言說，我必將猶大人交在巴比倫王的手中，他要將他們擄到巴比倫去，也要用刀將他們殺戮，並將一切的貨財和珍寶，君王的寶物，都交在他們仇敵的手中，當作掠物帶到巴比倫去。

耶　29:10　耶利米寫信給被擄到巴比倫去的猶大人，叫他們在巴比倫安居，因為耶和華說，為巴比倫所定的七十年滿了以後，我要眷顧你們，使你們仍回此地。

耶　32:2　猶大王西底家十年，就是尼布甲尼撒十八年，巴比倫王的軍隊圍困耶路撒冷，當時先知耶利米因預言耶路撒冷將被交在巴比倫王的手中，而被囚在猶大王宮中的護衛兵的院內，耶和華的話又兩次臨到他。

耶　34:1　巴比倫王尼布甲尼撒攻打耶路撒冷，神令耶利米告訴猶大王西底家，神已將這城交付巴比倫王。:6那時巴比倫王的軍隊正在攻打耶路撒冷，又攻打猶大所剩下的城邑，就是拉吉和亞西加。

耶　36:29　猶大王約雅敬將耶利米所寫的第一卷書燒了，因為上面寫著說，巴比倫王必要來毀滅這地，耶利米就又照樣的寫了一卷。

耶　38:17　耶利米對西底家說，你若出去歸降巴比倫的首領，你的命就必存活，這城也不至被火焚燒。

耶　40:5　巴比倫王立亞希甘的兒子基大利作猶大城邑的省長，耶利米同時被釋放。

耶　46:2　法老尼哥的軍隊安營在迦基米施，是巴比倫王尼布甲尼撒在猶大王約雅敬第四年所打敗的。

耶　52:31　猶大王約雅斤被擄後三十七年，巴比倫王以未米羅達元年，使約雅斤抬頭，提他出監，並恩待他，直到他死。

耶　50:2　耶利米預言說，巴比倫被攻取，他的神像都要蒙羞，因為有一國從北方上來攻擊他，使他的地荒涼，無人居住。

耶　51:24　耶和華說，我必在你們眼前報復巴比倫人和迦勒底居民在錫安所行的諸惡。

結　12:13　先知預言猶大說，我必帶他到迦勒底人之地的巴比倫，他雖死在那裡，卻看不見那地。

結　21:19　預言巴比倫王必攻擊耶路撒冷及拉巴。

結　23:15　述說淫婦阿荷利巴與比倫人等之淫行。

結　24:2　預言巴比倫攻下耶路撒冷以後將發生的事。

結　26:7　預言巴比倫王將攻擊推羅。

結　29:18，30:24，32:11　預言巴比倫王攻擊推羅之後再擄掠埃及。

但　1:1　猶大王約雅敬三年，巴比倫王尼布甲尼撒將猶大族的但以理，哈拿尼雅，米沙利，亞撒利亞等四人擄到巴比倫。

但　2:49　於是巴比倫王尼布甲尼撒高抬但以理，派他管理巴比倫省，又立他為總理，掌管巴比倫的一切哲士。

但　3:1　尼布甲尼撒王造了一個金像，立在巴比倫省的杜拉平原，令各方各國各族的人，一聽見角聲等，就應當伏拜這個金像。

彌　4:10　預言諸國攻擊錫安說，因為你必從城裡出來，住在田野，到巴比倫去，在那裡要蒙解救，在那裡耶和華必救你脫離仇敵的手。

亞　2:7　與巴比倫人同住的錫安民哪，應當逃脫。

太　1:11　耶穌的祖先，從亞伯拉罕到大衛，共有十四代，從大衛到遷至巴比倫的時候，也有十四代，從遷至巴比倫的時候到基督，又有十四代。

徒　7:43　述說以往猶大人被遷往巴比倫的原因。

彼前　5:13　使徒彼得代在巴比倫的教會問小亞細亞地區眾教會的安。

啟　14:8　又有第二位天使接著說，叫萬民喝邪淫大怒之酒的巴比倫大城傾倒了。

啟　16:19　那大城裂成三段，列國的城也都倒塌了，神也想起巴比倫大城來，要把那盛自己烈怒的酒杯遞給他。

啟　17:5　在他額上有名寫著說，奧秘哉，大巴比倫，作世上的淫婦和一切可憎之物的母。

啟　18:2　他大聲喊著說，巴比倫大城傾倒了，成了

鬼魔的住處，和各樣污穢之靈的巢
穴。：10，：14，：21略同。

※迦勒底 Chaldees 0811。

0039　巴戶琳　Bahurim
低地 Low ground，青年人 Youth men

●Ras et-Temim，位於耶路撒冷東北約 2 公里處，伯特
利南約 15 公里，橄欖山東側。

撒下 3:16　大衛索回他以一百張非利士人的陽皮向掃
　　　　　羅聘定的妻子米甲，他丈夫帕鐵將她送到
　　　　　了巴戶琳後方才回去。

撒下 16:5，王上 2:8
　　　　　大衛逃避押沙龍，逃到巴戶琳，示每咒罵
　　　　　大衛和他的臣僕，又用石頭砍大衛。

撒下 17:18　約拿單要去向大衛王通風報信，為了躲避
　　　　　押沙龍，就藏在巴戶琳某戶人家中的一口
　　　　　井裡。

※同代上11:33中之巴路米 Baharumite 0042。

※同撒下23:31中之巴魯米 Barhumite 0043。

0040　巴瓦音　Parvaim
東方的 Eastern

●是一個出產大量而且品質優良黃金之地，但其位置
無從查證，如按字面之意，可能是「東方」的代名
詞。

代下 3:6　所羅門王建聖殿時，是用巴瓦音的金子來
　　　　　裝飾殿牆等。

0041　巴忒羅　Pathros
南方之地 Southland
帕斯細魯人 Land of Pathrusim

●即是古代的上埃及，是尼羅河河谷中間的一段，南
起自現今的亞斯旺，北到開羅之間，是當時有很多的
以色列人逃到埃及後所居留的一個地區。

賽　11:11　當那日，主必二次伸手救回自己百姓中餘剩
　　　　　的，就是在亞述，埃及，巴忒羅，古實，以
　　　　　攔，示拿，哈馬，並眾海島所剩下的。

耶　44:1，15
　　　　　耶利米警告在巴忒羅等地的猶太人要悔
　　　　　改。

結　29:14　以西結預言說，主在滿了四十年後，必叫
　　　　　埃及被擄的人回到巴忒羅.

結　30:14　以西結預言說，我必使巴忒羅荒涼。

0042　巴路米(人)　Baharumite
忿怒 Anger，選出來的青年 Choiced youths

●Ras et-Temim，位於耶路撒冷東北約 2 公里處，伯特
利南約 15 公里，橄欖山東側。

代上 11:33　大衛的勇士瑪弗是巴路米人。

※同撒下23:31中之巴魯米 Barhumith 0043。

※有可能同撒下 3:16 中的巴戶琳 Bahurimite 0039。

0043　巴魯米(人)　Barhumite
忿怒 Anger，選出來的青年 Choiced youths

●Ras et-Temim，位於耶路撒冷東北約 2 公里處，伯特
利南約 15 公里，橄欖山東側。

撒下 23:31 大衛的勇士押頓瑪弗是巴魯米人。

※同代上11:33中之巴路米 Baharumite 0042。

※有可能是撒下 3:16 中的巴戶琳 Bahurim 0039。

0044　巴力他瑪　Baal-tamar
棕樹之主 Lord of palm tree

●詳細位置不明，可能的位置有二，其一是伯特利和
基比亞之間的 Ras et-Tawil 小村，另一處則是耶路撒冷
東北方約 5 公里處的 Kh.Erhah 廢墟。

士　20:33　以色列人(除了便雅憫之外的十一個支派)
　　　　　為了一個利未人的妾在基比亞受辱致死，
　　　　　而圍攻基比亞，曾一度在巴力他瑪擺陣，
　　　　　大敗基比亞的便雅憫人。

0045　巴力哈們　Baal-hamon
眾人之主 Lord of multitude

●位置不詳，無從查考。

雅歌 8:11　所羅門王在巴力哈們有一葡萄園。

0046　巴力洗分　Baal-zephon
北方之主 Lord of the north，
北方的巴力 Baal of the north

●是一座供奉海神及風暴之神的神廟，位於比哈希錄
城的附近，比哈希錄城如果是耶 44:1 中所提到的答比
匿 Tahpanhes 1014，則其所在地即是今日的 Daphnae 廢
墟，該城在蘇伊士運河及 T.el-Qantara 城之西約 11 公
里，孟沙拉湖 L.Manzala 南方湖汊的西岸，距以倘約
35 公里，比東的東北方約 43 公里。

出　14:2　耶和華令以色列人轉回，安營在比哈希錄
　　　　　前，密奪和海的中間，對著巴力洗分，靠
　　　　　近海邊安營。

出　14:9　法老的軍隊就在海邊上，靠近比哈希錄，
　　　　　對著巴力洗分，在以色列人安營之處追上
　　　　　了他們。

民　33:7　以色列從以倘起行，轉到比哈希錄，是在
　　　　　巴力洗分對面，就在密奪安營。

0047　巴力迦得　Baal-gad
幸運之主 Lord of fortune

●可能是今日的 Hasbaiya 城，位於黑門山的西方山麓
和利巴嫩山脈兩者的河谷地中，是約但河上游 Nahr al

Hasbani 河的發源處，但城在其南約 18 公里。亦有學者認爲是在 Hasbaiya 城以北約 12 公里的 Tell Haush。

書　11:17　約書亞攻取了利巴嫩平原中的巴力迦得，就是迦南地極北的一鎮。

書　13:5　約書亞所未取得的一地，該地原係迦巴勒人所有。

書　13:7　後來分給瑪拿西支派爲業。

※可能是代上5:23中的巴力黑們 Baal-hermon 0050-2。

0048　巴力毘珥 Baal-peor
廣場上的主 Baal of opening

●Kh.Ayun Musa，位於希實本之西約 9 公里，什亭東南約 5 公里處，Wadi Husba 溪的南岸。亦有學者認爲是在其西約 2 公里之 Kh.esh-sheikh Jayil，希實本之西約 11 公里，什亭東南約 3 公里。

何　9:10　主責以色列人說，他們來到巴力毘珥專拜那可羞恥的，就成爲可憎的，和他們所愛的一樣。

※同申34:6中的伯毘珥 Beth-peor 0362，耶和華將摩西埋葬在摩押地，伯毘珥對面的谷中。

0049　巴力夏瑣 Baal-hazor
庭院的主人 Possessor of a court

●T.Asur，位於伯特利的北方約 8 公里，示羅之南約 8 公里，距耶路撒冷約 29 公里，是在 Mt.Asor 山之中，其地海拔約 1200 公尺。

撒下 13:23　押沙龍在巴力夏瑣藉剪羊毛舉行宴會慶祝，邀請大衛及其眾子參加，大衛未去，押沙龍在那裡殺了其弟暗嫩，以報玷辱其妹他瑪之仇，押沙龍從此反叛。

0050-1巴力黑們(山) Baal-hermon
黑門之主 Lord of Hermon

●即是黑門山，位於現今黎巴嫩和敘利亞之南部，靠近以色列的邊界，是安替黎巴嫩山脈的南段，現今名叫 Jebel ash-Sheikh，它高於 900 公尺之部份的長度有 42 公里，最寬處有 10 公里，南麓起自但城，走向略呈東北向，主峰在大馬色之西南方約 47 公里，高度爲 2814 公尺，是巴勒斯坦地區最高之山峰，山頂終年積雪，山腰及山麓的土地肥位於沃，樹林茂密，盛產蔬果，是約但河、亞罷拿和法珥法河的發源地。

士　3:3　耶和華留下一些民族，爲要試驗以色列人，其中有住利巴嫩的希未人，從巴力黑們山直到哈馬口。

※同申3:9中的黑門山 Hermon 1038，西連 Sirion 0312，示尼珥 Senir 0219。

0050-2巴力黑們 Baal-hermon

●可能是今日的 Hasbaiya 城，位於黑門山的西方山麓，和利巴嫩山脈兩者的河谷地中，是約但河上游 Nahr al Hasbani 河之發源處，但城在其南約 18 公里。亦有學者認爲是在 Hasbaiya 城以北約 12 公里的 Tell Haush。

代上 5:23　是瑪拿西支派的北部地區，他們住在那地從巴珊延到巴力黑們，示尼珥與黑門山。

※同書 11:17 中的巴力迦得 Baal-gad 0047。

0051　巴末巴力 Bamoth-baal
巴力的高處 High place of Baal

●Kh.el-Quweiqiyeh 廢墟，位於尼波山之南，希實本的西南方約 11 公里，米底巴之西約 6 公里。根據摩押碑所記載，此城是由摩押王 Mesha 所建。

書　13:17　摩西分給流便支派的一城。

※照民21:19簡稱爲巴末 Bamoth 0026，是以色列人離開加低斯，經由紅海之路到迦南途中的第八個安營處。

◎註：中文和合本聖經中的民 22:41 是按 KJV 英文本的 the high place of Baal，譯成「巴末的高處」，而部份英文聖經中則是 Bamoth-baal，應作「巴末巴力」，在 TEV 中則譯作「巴莫巴力」。

0052　巴旦亞蘭 Padan-aram
亞蘭的平原 Plain of Aram

●是以古代的哈蘭城爲中心的一個平原，即是聖經中所述的「兩河之間的亞蘭」，位於幼發拉底河和它的支流哈博河以西，區內有 R.Balih 河流經其間，地土壤肥沃，故出產豐富，是處一交通要衝和戰略重地，古代是屬亞蘭的一部份，重要的城鎮有哈蘭，歌散，拿鶴等。

創　25:20　以撒娶利百加爲妻的時候，正是四十歲，利百加是巴旦亞蘭人。

創　28:2　以撒令雅各到巴旦亞蘭去娶拉班之女爲妻。

創　31:18　雅各帶著他在巴旦亞蘭所得的一切回迦南去，他過了大河面向基列山行去。

創　35:9　雅各從巴旦亞蘭回來，在伯特利神又向他顯現，並令他改名爲以色列。

※創48:7 中之巴旦 Padan 0027 係其簡稱。

※兩河間之亞蘭 Aram-naharaim or Aram of the two rivers。

0053　巴拉比珥 Baalath-beer
井的女主人，護井女神 Mistress of the well

●Bir Bakhmeh [Beer Yeroham]，位於別是巴之南約 29 公里，他瑪西南約 39 公里。

書　19:8　西緬支派在猶大支派地業內所得的一城，

名叫巴拉比珥，就是南地的拉瑪。
※可能代上 4:33 中之巴力 Baalath 0025，西緬人住在
　那裡，直到大衛作王的時候。
※有可能是書 15:24 中之比亞綠 Bealoth 0082-1。
※可能同書 15:28 中的比斯約他 Bizjothiah 0089，是猶
　大支派所得之一城。
※拉瑪 Ramah 0641-3。

0054　巴拉猶大 Baale-judah
猶大之主 Lord of Judah
●Deir el-Azhar [T.Qiryat Yearim]，就是基列耶琳，位
於耶路撒冷之西約 15 公里，基遍西南約 9 公里，伯示
麥在其西南方約 14 公里，是由耶路撒冷往約帕的大道
上一個重要的城市。遺址在一小山之上，海拔有 720
公尺，基督徒於五世紀時，在此建了一座大禮拜堂，
以紀念約櫃曾在此城停留，復於 1924 年，天主教在其
廢墟上建築了一座聖母堂，在堂前立有聖母和聖嬰的
巨像。據考古證明，此地早在七千年前已有人居住，
但城區是逐漸向東南移到了今日名叫 Abu-Ghosh 村
鎮，該村如今是耶路撒冷城郊外的一個遊憩中心。
　撒下 6:2　大衛王聚集了三萬人，要從巴拉猶大將神
　　　　　　的約櫃運來耶路撒冷。
※同代上 13:5 中的基列耶琳 Kiriath-jearim 0954。
※同書 15:60 中之基列巴力 Kiriath-baal 0956。
※同書 15:9 中的巴拉 Baalah 0031-1。
※同詩 132:6 中之以法他 Ephrath 0141-2。

0055　巴特拉併 Bath-rabbim
群眾之女 Daughter of a multitude
●古代希實本城的一個城門名，門外有一處著名而美
麗的水池。
　歌　7:4　你的眼目像希實本巴特拉併門旁的水池。

0056　巴斯達閔 Pasdammim
血界 Boundary of blood
●位置不明，一般均認為即是以弗大憫，則是在梭哥
和亞西加的中間。但因梭哥和亞西加兩地相距僅兩公
里，按聖經之記載，以弗大憫可在其間任何之處，但
位置不能確定。亦有學者認為是今日的 Beit Fased，或
是 Damun 廢墟，由於其位置前者是在梭哥的東南方，
後者在梭哥的東北約 6 公里，均與書上所記的位置
不符。
　代上 11:13 大衛的勇士亞合人以利亞撒，在巴斯達閔
　　　　　　一塊麥田中，擊殺非利士人，以色列人大
　　　　　　獲全勝。
※可能是撒上 17:1 中的以弗大憫 Ephes-dammim
　0152，是非利士人當時安營之處。

0057　巴力毘拉心 Baal-perazim
破壞的主 Lord of Breaches
●位置未能確定。較可能的是 ez-Zuhur，位於耶路撒
冷西南約 6 公里，伯利恆西北約 4 公里，瑪拿轄之南
約 1 公里，利乏音谷南端。另可能之處是 Sheikh
Bedr，位於耶路撒冷的西北方附近。
　撒下 5:20，代上14:11
　　　　　　非利士人來到巴力毘拉心，大衛在那裡殺
　　　　　　敗他們，大衛說，「神藉我的手沖毀敵
　　　　　　人，如同水沖去一樣」。因此稱那地方為
　　　　　　巴力毘拉心。
※同賽 28:21 中的毘拉心 Perazim 0762。

0058　巴力沙利沙 Baal-shalisha
沙利沙之主 Lord of Shalisha
●Kefr Thilth，位於加拿河之南岸，示劍西南約 22 公
里，示羅西北西約 24 公里。
　王下 4:42　有一個人從巴力沙利沙來，帶著初熟大麥做
　　　　　　的餅二十個，送給神人以利沙，當時吉甲
　　　　　　正有饑荒，神人使一百人吃飽並且有剩。
※同撒上 9:4 中的沙利沙地 Shalisha 0465。

0059　比他 Betah
信任 Confidence
●位於瑣巴境內，但位置不詳，無從查證，可能是在
黑門山之北，安替黎巴嫩山脈的西麓。
　撒下 8:8　大衛王又從屬哈大底謝的比他和比羅他城
　　　　　　中奪取了許多的銅。
※同代上 18:8 中的提巴 Tibhath 0994

0060　比田 Beten
中空 Hollow，　高處的洞 Raised cave
●Kh.Ibtin [H.Ivtan]，位於亞柯以南約 18 公里，約念之
北約 13 公里，基順河的東岸約 4 公里。
※書 19:25 亞設支派所得為業的二十二座城之一。

0061-1比色 Bezek
閃電 Lightning
●位置不明，有可能是基色東北方名叫 Kh.Bezpa 的廢
墟。
　士　1:4　猶大和西緬在比色擊殺了迦南人和比利洗
　　　　　　人一萬，又擒住亞多比色王。

0061-2比色 Bezek
●Kh.Ibziq，位於約但河西岸約 15 公里，多坍之東南
約 17 公里，伯珊之西南約 18公里，與基列雅比城隔河
相對，兩地相距約 23 公里。
　撒上 11:8　亞捫王拿轄攻擊基列雅比，掃羅在比色招

地名詳解

集了三十萬以色列人，連夜前往營救，大
敗亞捫人。

0062　比利(人)　Berites
頭生的 First born

●位置不明，可能是上加利利地區西北方的人，或者
是 Safde 之北的 Biria。也可能是一個族名。

撒下 20:14 約押追趕示巴，他走遍以色列各支派，直
到伯瑪迦的亞比拉，並比利人的全地。

0063　比拉　Bela
在邪惡中 In th evil

●es-Safi，位於死海的南端，撒烈溪的北岸，別是巴的
東南東方約 64 公里，底本西南約 60 公里。

創　14:2　被北方四王所攻打的南方五個城邦之一，
它當時的王名比拉，城也叫比拉，又名叫
瑣珥。

※瑣珥 Zoar 1069。

0064　比東　Pithom
阿東神的大廈 Mansion of god Atum
圍牆，圍場 Enclosure， 狹徑 Narrow pass

●比東的位置，至今仍稍有疑問，比較可能之處是今
日埃及東部一個名叫 T.er-Retabeh的廢墟，位於運河
Wadi Tumilat 的北岸，距提木沙湖約 34 公里，距疏割
16 公里，安城的東北約 78 公里處。經發掘發現，城中
有王室的建築和很大的倉庫，建築用的泥磚中並未夾
有草料。

出　1:11　以色列人在埃及時，被埃及王所苦待，使
他們為法老王建造兩座積貨城，就是比東
和蘭塞。

0065　比連　Bileam
外國人 Foreigners
毀滅人民 Destruction of the people
征服之地 Place of conquest

●Kh.Belameh，位於米吉多的東南南方約 18 公里，伯
善的西南西方約 21 公里，是一個重要的交通孔道和軍
事據點。

代上 6:70　利未支派的哥轄族在瑪拿西支派地業中所
分得之一城。

※同書 17:11 中的以伯蓮 Ibleam 0138，原是瑪拿西支
派在以薩迦境內所得之一城。

※可能同書 21:25 中的迦特臨門 Gath-rimmon 0815-2。

0066　比特(山)　Bether
分開的 Cloven， Separation

●位置不明，可能是指任何一處險峻之山嶺。

歌　2:17　比喻良人在黃昏之時回家，好像小鹿或羚
羊在比特山。

0067-1比珥　Beer
水井 Well

●位置不詳，應是在亞嫩河北岸，摩押極北的邊境
上。

民　21:16　是由人民首領和尊貴人所挖掘的一口水
井，也是以色列人再度從加低斯起行後的
第五安營之處，前站是撒烈谷及亞嫩河那
邊，次站是瑪拉他。

※有可能是賽 15:8 中的比珥以琳 Beer-elim 0087。

0067-2比珥　Beer

●el-Bireh，位於伯珊以北 12 公里，書念之東約 17 公
里，靠近 Wadi es Surar 的河口，距基利心山約 50 公
里。

士　9:21　基甸的兒子約坦，站在基利心山上，大聲
的喊叫，設喻指責其兄亞比米勒和示劍人
殺了他的七十個兄弟。他然後逃往比珥，
住在那裡。

0068　比倫(人)　Pelonite
分開 Seperate

●可能是指從伯帕列城來的人，伯帕列城是今日的
T.es-Saqati? [T.Shoqt]，位於別是巴東北約 10 公里，希
伯崙西南約 30 公里。

代上 11:27　大衛王的勇士希利斯及希雅是比倫人。

代上 27:10　大衛王的行政組織中，七月班的班長是以
法蓮族比倫人希利斯。

※同撒下 23:26 中之帕勒提 Paltite 0609，大衛的勇士
希利斯是帕勒提人。

※同書 15:27 中的伯帕列 Beth-pelet 0355，係猶大支派
在儘南邊所得之一城。

0069　比悉　Bezer
強健 Strong， 堡壘 Stronghold

●Umm el-Amad，位於希實本之東約 8 公里，米底巴
的東北方約 13 公里處。

申　4:43，書 20:8
摩西為流便支派分定曠野的比悉為逃城。

書　21:36，代上 6:79
自屬流便支派中分得比悉給利未支派的米
拉利族為業。

※可能同耶 48:24 中的波斯拉 Bozrah 0660-2。

0070　比梭(溪)　Besor
涼 Coolness

● Wadi Ghazzeh [Habesor] 旱溪，是南地北部主要排水
溝壑，因南地全年雨量僅在 100至 200 mm 之間，十分
乾旱，故除大雨之時外，壑中皆無水流。此溪在迦薩
以南約 8 公里之處流入地中海，大約的流向是自東南

向西北，主幹之長度約為 82 公里，在入海前約 10 公里處，有一支流，名叫基拉耳谷 Valley Gerar，現名 Wadi esh-Shaiah，走向為東向西，再往上約 29 公里，即是別是巴城，附近再有一支流，名叫別是巴谷 Valley of Beersheba，其走向亦略為東西向。

撒上 30:9　亞瑪力人乘大衛不在，侵奪南地，攻破洗革拉，擄掠了財物和居民而去，大衛回來後，就領了四百人越過比梭溪前往追趕，結果將人民和財物奪回。

0071　比遜(河)　Pishon
溢漫 Overflow，　暢流 Freely flowing
增多 Increase

●比遜河的位置無從考證。歷代有很多的假設，曾把黑海南岸的 Choruk 河，裡海東岸的 Araxes 河，發源於撒格羅山脈，流入波斯灣的 Karun River，發源於撒格羅山脈，消失在底格里斯河以東的平原中的 Kerkha River，甚至非洲的藍尼羅河都列入考慮，雖然都有一些理由，但是證據都不足。

在科威特與伊拉克的海灣戰爭結束後，科學家為要研究戰爭對環境影響，利用衛星的高空攝影等技術探測地面，和沙漠下面的情形，卻無意中發現了一條穿越阿拉伯半島中部的古代水道，波士頓大學遙感中心主任法魯克‧巴茲指出：這條古河道源起自沙烏地西部漢志 Hijaz 山區，向東流了 850 公里，就在今日科威特的大部份境內，形成一個三角洲，面積涵蓋三分之二的科威特及小部份的南伊拉克，巴茲相信約在六千年以前，這個地區處處有水流注，也有植物蔓生。因為此一河道在波斯灣的北端入海，距底格里斯河及幼發拉底河兩者的入海處不遠，而且閃的後裔哈腓拉也可能是在科威特的南方，所以此一河道很有可能就是伊甸園中環繞哈腓拉全地的比遜河，但其真實性有待學者專家的鑑定。

創　2:11　環繞伊甸園的第一條河名叫比遜河，就是環繞哈腓拉全地的，在那裡有上好的金子，又有珍珠和紅瑪瑙。

0072　比割　Pekod
刑罰 Punishment

●位置不很明確，大約是在底格里斯河下游以東，札格羅山脈之西，靠近海岸的地區，在以賽亞時期是迦勒底帝國的一部份，其人民曾是一支強盛的亞蘭族人。

耶　50:21　先知預言說，巴比倫必陷落，米拉大翁及比割之居民必被追殺滅盡。

結　23:23　先知預言將攻擊耶路撒冷及撒瑪利亞的眾國之一。

0073　比錄　Beeroth
水井 Wells

●Nebi Samwil，位於耶路撒冷西北約 8 公里，伯特利西南約 12 公里，基遍之北約 6公里。另有學者認為是 El-Bireh，位於基遍之南約 2 公里。

書　9:17　是以基遍為首的四個希未人的城邦之一，共同欺騙約書亞使其與之立約，容他們存活，免被消滅。

書　18:25　便雅憫支派所得為業第二組的十四座城之一。

撒下 4:2　掃羅的兒子伊施波設的兩個軍長之一的利甲，是比錄人，比錄人早先逃到基他音，在那裡寄居。

撒下 23:37，代上 11:39
大衛的勇士拿哈萊是比錄人。

拉　2:25，尼 7:29
在被擄後，首批自巴比倫返國的人中計有基非拉，基列耶琳及比錄人共 743 名。

0074　比穩　Beon
居所之主 Lord of inhabitation

●Ma`in 城，位於希實本西南方約 15 公里，底本之北約 21 公里，死海的東方約 16公里，拿哈列河之北岸。照摩押碑之記載，此城係摩押王 Mesha 所建，並在城中建有大蓄水池。

民　32:3　迦得和流便兩個支派向摩西索得比穩等九個城為地業。

※同民32:38中的巴力免 Baal-meon 0037，是摩西分給流便子孫的六個城之一，城是由他們自己所建，城名原來是比穩。

※同書13:17中的伯巴力勉 Beth-ball-meon 0369。

※同耶48:23中的伯米恩 Beth-meon 0346，是摩押地中將受罰的十二個城之一。

0075　比土力　Bethul
神的住處 Abider of God
住在神內者 Dweller in God
被隔開 Separated

●Kh.er-Ras，位於別是巴的北方約 10 公里，希伯崙西南約 32 公里處，西緬支派地業的東境。也可能是 Kh.el-Qaryatein，位於亞拉得之北約 8 公里。

書　19:4　西緬支派在猶大支派地業中所分得的十三座城之一。

※應與代上 4:30 中彼土利 Bethuel 0622 係同一地。

※可能是撒上 30:27 中之伯特利 Bethel 0364-3。

※可能同書 15:30 中之基失 Chesil 0900。

0076　比多寧　Betonim
洞穴 Hollows
阿月渾子(即是開口笑果子)　Pistachio

●Kh.Batneh，位於希實本西北約 26 公里，拉巴(亞捫的)之西方約 25 公里。

　書　　13:26 迦得支派所得為業之一城。

0077　比利洗(人)　Perizzites

●村居之人 Country Villagers.(意思是在一固定之處定居的人民，有別於逐水草而居的遊牧民族，也有別於居住在有城牆等防禦設備城鎮中的人民)。無城牆之城市Un- walled towns。

比利洗人只是一個民族，但沒有一個地區和國家具有相同的名字，現就聖經中所得之有關之資料試探討如下:

一、在挪亞後代國族的名單中無此族名，故非挪亞的後裔，也不是迦南的族人，其祖先之來源亦無據可考。

二、當亞伯蘭到迦南時，該族人已在迦南，可見較其他諸族到來得較早。

三、該族居住之處有以下之資料:

1. 與迦南人同在一處者；

　創 13:7 在伯特利及艾城的附近。

　創 34:30 在示劍。

　士 1:4 在比色(基色的東北)。

2. 與利乏音人同在一處者，

　書 17:15 以法蓮山地的附近。

3. 與其他諸族同在一處者，計有創 15:20，出 3:8，申 7:1，20:17，書 3:10，9:1，士 3:5，王上 9:20，代下 8:7，拉 9:1，尼 9:8，等。

由以上之章節中可略見，比利洗人主要是住在山上，或是山麓，大部份的解經家多認為他們有如其名字的含意所顯示，是村居之人，而不是遊牧民族，也非居於有城牆的城內者。

　創　　13:7 當亞伯蘭從埃及再來到伯特利和艾城的中間居住時，迦南人和比利洗人在那地居住。(在此，比利洗人可能是亞摩利人，屬東閃族，迦南人則是西閃族.)

　創　　15:20 耶和華與亞伯蘭立約，將比利洗人在內的十族人之地賜給他。（又在出13: 5，23:23，33:2，34:11，申 20:17等中有相同的應許。）

　創　　34:30 雅各說，你們使我在這地(示劍)的居民，就是在迦南人和比利洗人中，有了臭名。

　書　　9:1 約但河西包括比利洗人的王在內的六族，就都聚集起來，同心合意要與約書亞和以色列人爭戰。12:8 被約書亞所擊殺的六族之一。24:11 八族之一。

　書　　11:3 以夏瑣王為首，並包括比利洗王在內的北方各族各城各地的王會合，在水倫水邊一同安營，要與以色列人爭戰，但終被約書亞所擊敗。

　書　　17:15 約書亞對約瑟的子孫說，你們如果族大人多，嫌以法蓮山地窄小，就可以上比利洗人，利乏音人之地，在樹林中砍伐樹木。

　士　　1:4 猶大和西緬在比色擊殺了迦南人和比利洗人共一萬人。

　士　　3:5 以色列人竟住在迦南人，比利洗人等六族中間，通婚又奉事他們的神。

王上 9:20，代下 8:7

　　　　至於國中所剩下不屬以色列人的亞摩利人，赫人，比利洗人，希未人，耶布斯人，就是以色列人不能滅絕的，所羅門挑取他們的後裔，作服苦的奴僕，直到今日。

　拉　　9:1 眾首領來見以斯拉說，以色列民和祭司，並利未人，沒有離絕迦南人及比利洗等八支外族人，仍效法這些國的民，行可憎的事，與他們通婚混雜。

0078　比利提(人)　Pelethites
信差 Courier

●其來歷和所定居位置不明，他們不是亞伯拉罕的後代，而較可能是非利士人，原住在非利士地或是迦特城的附近。大衛王僱他們作為禁衛軍，在地中海一帶僱用傭兵是很普通的做法。

　撒下 8:18，20:23，代上 18:17

　　　　大衛的部下比拿雅統轄基利提人和比利提人。

　撒下 15:18 大衛躲避押沙龍，從耶路撒冷逃走，基利提人和比利提人，就是從迦特跟從大衛王來的六百人，也都跟從他。

　撒下 20:7 約押的人和基利提人，比利提人並所有的勇士，都跟著亞比篩從耶路撒冷出去追趕示巴。

　王上 1:38 比拿雅和基利提人，比利提人護衛所羅門到基訓舉行登基典禮。

0079　比伯實　Pibeseth
貓神之廟 House of the goddess Bast (the Egyptian Diana)

●T. Basta，位於古代埃及的比東城之西約 40 公里，今日開羅大城東北約 56 公里，Tanitic 運河的南岸，是埃及歷史上一個很重要的城市。在示撒克一世的時代，成為埃及的首都，約有兩百年之久(950 至 750 BC)，它是僅次於底比斯的一個大城，但後來被波斯於 350 BC 前後所毀。十九世紀末才被發現並開始發掘，發現該城祭奉貓神 Bubast 或 Bastet，城中的遺跡中有壯麗的貓神廟。

　結　　30:17 主耶和華預言要懲罰埃及說，亞文和比伯實的少年人必倒在刀下。

0080　比拉頓　Pirathon
山頭 summit，高處 Height

●Farata，位於示劍西南西約 12 公里，示羅西北約 20 公里，加拿河北岸的一個高地上。

士　12:13　士師押頓是比拉頓人，他死後葬在以法蓮地的比拉頓，在亞瑪力人的山地。

撒下 23:30，代上 11:30，27:14

大衛的勇士，也是第十一月班的班長，比拿雅是比拉頓人。

0081　比拉迦(谷) Valley of Berachah
祝福 Blessing

●是以 Wadi Ghar 小溪為中線的一條谷地，小溪發源於提亞哥的西方約 2 公里處，向東南方向流到隱基底的南方流入死海，全長 30 餘公里，岸壁和坡度很陡峻。

代下 20:26　摩押人，亞捫人，米烏尼人來攻擊，安營在隱基底，約沙法王懼怕，就禁食禱告，強敵因而自相擊殺而敗退，第四天他們聚集稱頌耶和華，因此那地方名叫比拉迦谷。

0082-1比亞綠 Bealoth
主婦 Mistresses，所有人 Possessors

●Bir Bakhmeh [Beer Yeroham]，位於別是巴之南約 29 公里，他瑪西南約 39 公里。

書　15:24　猶大支派在儘南邊所得為地業的二十九座城中的一座。

※同代上 4:33 中的巴力 Baal 0025，是後來西緬人的五個城邑之一。

※可能同書 19:8 中的巴拉比珥 Baalath-beer 0053，亦名拉瑪 Ramah 0641-3.後來歸給西緬支派為業。

※可能同書 15:28 中的比斯約他 Bizjothiah 0089，猶大支派在儘南邊所得之一座城。

0082-2比亞綠 Bealoth

●位置不詳，應該是在亞設境內或其附近。

※王上 4:16 (TCV) 所羅門王的第九個行政區中之一鎮，由巴拿管轄。

※在和合本中譯為亞祿，在 KJV 及 NIV 中為 Aloth 0502。

0083-1比羅他 Berothai
水井 Wells

●Ras Baalbek，位於大馬色的北方約 82 公里，哈馬口之北約 12 公里，利巴嫩谷或今日名叫貝卡山谷的中間。另有可能是 Bereitan，城，位於大馬色之北約 50 公里，哈馬口之北約 27 公里，即是 0083-2。

撒下 8:8　大衛王大敗瑣巴王哈大底謝，從他所有的

比他和比羅他兩城中奪取了許多的銅。

※同代上 18:8 中之均 Cun 0427。

0083-2比羅他 Berothah
水井 Wells

●位置不明，可能是 Bereitan，城，位於大馬色之北約 50 公里，哈馬口之北約 27 公里。

結　47:16　以西結所預言以色列的北界為哈馬，比羅他，西伯蓮等城。

0084　比尼比拉 Bene-berak
比拉之子 Sons of Berak
閃電之子 Sons of lighting

●Ibn Beraq [H.Bene-Beraq]，是以色列首都臺拉維夫大城東北角上的一個行政區，古約帕城在其西南約 8 公里。

書　19:45　但支派所得為業之一城鎮。

0085　比尼亞干 Bene-jaakan
亞干的子女 Children of Jaakan

●Birein，位於押捫東北約 19 公里，別是巴西南約 60 公里。

民　33:31　以色列人從摩西錄起行，安營在比尼亞干(出埃及後的第二十八個安營處)，然後再前往曷哈及甲。

※同申 10:6 中之比羅比尼亞干 Beeroth-bene-jaakan 0090。

0086　比哈希錄 Pi-hahiroth
運河或者是山峽之出口 Mouth of the gorges or canals

●一般認為是今日名為 T. Dafanneh 的廢墟，該處即是耶 44:1 中的答比匿 Tahpanhes，位於蘇伊士運河及 T.el-Qantara 城之西約 11 公里，孟沙拉湖南方湖汊的西岸，比東之東北約 43 公里，該城附近現仍有一巴力洗分神廟的遺址。

出　14:2　耶和華令以色列人轉回，安營在比哈希錄前(出埃及的第三安營處)，密奪和海的中間，對著巴力洗分，靠近海邊安營。

出　14:9　法老的軍隊就在海邊上，靠近比哈希錄，對著巴力洗分，在他們安營之處追上了他們。

民　33:7　從以倘起行，轉到比哈希錄，在巴力洗分對面，就在密奪安營(出埃及的第個三安營處)。

民　33:8　從比哈希錄對面起行，經過海中，到了書珥曠野。

0087　比珥以琳　Beer-elim
英雄之井 Well of heroes
篤耨香樹之井 Well of Terebinths

●位置不詳，應是在亞嫩河北岸，摩押極北的邊境上。

賽　15:8　先知論摩押的默示，「哀聲遍聞摩押四境，哀號的聲音，達到比珥以琳」。

※有可能是民 21:16 中的比珥 Beer 0067-1，是以色列人出埃及途中之一站口，前站為亞嫩河那(南)邊，次站是瑪他拿。

0088　比施提拉　Be-eshterah
亞斯他錄女神的廟 Temple of Ashterah

●T.Ashtarah，位於巴珊地雅木河上游支流之間，以得來的北北西方約 23 公里，基列拉末之北約 31 公里，加利利湖以西約 34 公里，該處現有一大型神廟的遺址，古代的君王大道 King's Highway 經過此城，故是當時的交通重鎮，也是宗教中心。在波斯帝國時，是它的一個行政中心，165 BC 時被馬加比人所毀。

書　21:27 利未支派革順族從瑪拿西支派中所分得的兩城之一。

※同代上6:71中的亞斯他錄 Ashtaroth 0584，是摩西自巴珊王疆手中取來，分給瑪拿西支派為業者。

※同代上 11:44 中的亞施他拉人 Ashterathite 0580。

0089　比斯約他　Bizjothiah
耶和華的恥辱 Contempt of Jehovah.

●Bir Bakhmeh [Beer Yeroham]，位於別是巴之南約 29 公里，他瑪西南約 39 公里。

書　15:28 猶大支派在儘南邊所得為業的二十九座城之一。(在七十士譯本中為 and her daughter，意思是指 and their villages。)

※可能同代上 4:33 中之巴力 Baalath 0025，西緬人居住該處直到大衛作王的時候。

※同書 19:8 中的巴拉比珥 Baalath-beer 0053，亦名拉瑪，或南地的拉瑪 Ramah 0641-3。

※有可能是書 15:24 中之比亞綠 Bealoth 0082-1。

0090　比羅比尼亞干　Beeroth-bene-jaakan
亞干兒子們的井 Wells of the sons of Jaakan

●Birein，位於押押東北約 19 公里，別是巴西南約 60 公里。

申　10:6　以色列人從比羅比尼亞干(或作亞干井) 起行，到了摩西錄。(在 KJV.中為 Beeroth of the children of Jaakan，在 TEV.中為 Wells that belonged the people of Jaakan，在 TCV 中為「亞干人的井」，和合本中的小字為「亞干井」。)

※同民 33:31 中的比尼亞干 Bene-jaakan 0085，乃是以色列人離開埃及之後的第二十八個安營之處。

0091　他巴　Tabbath
出名的 Famous，擴張 Extension

●Ras Abu Tabat，位於約但河東方約 9 公里，基列拉末西南約 41 公里，拉巴西北約 53 公里，Jebel Ajlun 山的山腳下。

士　7:22　基甸攻擊米甸人，米甸人自相擊殺，潰敗後逃到西利拉的伯哈示他，直逃到靠近他巴的亞伯米何拉。

0092　他拉　Terah
漂泊 Wandering，轉動 Turning

●位置不明，難以考據。

民　33:27 以色列人從他哈起行，安營在他拉(出埃及後的第二十四個安營處)，然後再前往密加。

0093-1他泊山　Mt.Tabor
山頂 Mountain Height
凹凸不平之地 Broken region
高地之山 Mount of the Height

●Jebel et-Tur [Har Tavor]，位於伯珊西北方約 23 公里，耶斯列之北約 15 公里，拿撒勒城的東邊約 9 公里，是一個饅頭狀的石灰石駝峰山，海拔為 588 公尺，高出附近的地面約有 450 公尺，所以是一個廣大平原中相當突出而壯麗的景觀，有大地之「臍」的美稱。它是米吉多平原的一部份，也是加利利地區的起點，山下有從夏瑣而來通往米吉多的國際大道，所以是一處很具有軍事價值的據點。山中叢林茂密，山頂約有長 1200 公尺，寬410公尺的一片平地。在列王時期，這裡可能已建有一些神廟(何 5:1)。經考古學家證實，在山頂四週殘留有一座主前八世紀神廟的廢墟，約在 218 BC，由 Antiochus 在此山頂築城設防的遺跡：四世紀康士坦丁大帝的母親海倫娜王后，在山頂建了第一座教堂，十字軍時代加以擴建，並築圍牆，但大殿卻在 1211 BC 毀於埃及回教徒之手；十七世紀，約瑟夫在此建有碉堡一座；十九世紀時，希臘東正教建有修道院。1924 年有天主教方濟會在歷代教堂的遺址上，建了一座新的教堂，即是「變像紀念堂」，因在傳統上皆認為主耶穌曾在此山變像。

士　4:6　女士師底波拉令命巴拉率領一萬拿弗他利人和西布倫人上他泊山去，到時候他們下山攻擊西西拉的大軍，結果大勝。

士　8:18　米甸人在他泊山殺了基甸的弟兄。

耶　46:18 耶和華形容尼布甲尼撒王來的勢派，必像他泊山在眾山之間。

何　5:1　審判要臨到你們，因為你們在米斯巴如網羅，在他泊山如鋪張的網。

申　33:19 中所指之山，應是他泊山。

0093-2他泊（城）　Tabor

●Iksal，位於約念之東約 20 公里，米吉多之東北約 19 公里，他泊山之西約 5 公里。但也有在他泊山山上或是其附近的可能。

代上 6:77　利未支派，亞倫的後代，米拉利族在西布倫支派的地業中，所得的一城及其郊野。（參看書 19:10，西布倫支派所得的地業中，並無他泊一城，但有吉斯綠他泊 Chisloth-Tabor 0251 一處，兩者也有可能是同一地。）

※可能同書 19:18 中的基蘇律 Chesulloth 0943，但屬以薩迦支派所有，西布倫占有其西北方之小山，故西布倫的邊界是從吉斯綠他泊以西開始。

0093-3他泊（城）　Tabor

●位置不明。也可能是指他泊山 0093-1。

書　19:22 以薩迦支派地業的境界是……，又達到他泊，沙哈洗瑪，伯示麥，直通到約但河為止。

0093-4他泊（橡樹）　Tabor

●確實的位置不明，應該是在伯特利及伯利恆之間的某處。

撒下 10:3 撒母耳預言掃羅在他泊的橡樹那裡，必遇見三個往伯特利去拜神的人，那就是掃羅受膏作以色列王的證據了。

0094　他哈　Tahath
驛站 Station，謙遜 Humility

●位置不明，難以查考。

民　33:26 以色列人從瑪吉希錄起行，安營在他哈（出埃及後的第二十三個安營處），然後再前往他拉。

0095　他施　Tarshish
金屬煉製工廠 Smelting plant or refinery

●他施是雅弗之孫，雅完的次子，其最初領土之位置不能明確認定，其適合此一地方應具有的條件計有：地方遙遠，出產金、銀、銅、鐵、錫和猿猴、孔雀等，並有港口之地，大多數的學者都認為即是現今的西班牙的南部。亦有人以為是地中海中的撒汀尼亞 Sardinia 島，或是保羅的故鄉大數，甚至可能是阿拉伯南部及印度等地，但都沒有足夠的證據。

根據威爾．杜蘭所著之世界文明史第十冊三十六頁中所載，可作為參考，他說：他施是腓尼基人在西班牙南部所建之國家，早在主前二千年就已發展出冶銅之技術，並將銅製品銷售遍及地中海的沿岸，在主前他們佔領了 Cadiz 和 Malaga 兩城，並在那裡建有大廟。

又他施一詞在亞甲文中的原意是金屬煉製工廠，故「他施的船隻」的意思可能是指用來運輸金屬或礦砂的遠洋船隻，而並不一定是指屬於某一地區的船隻.

創　10:4，代上 1:7
　　　挪亞之孫，雅完之次子他施所居之地或民族之名。

王上 10:22，代下 9:21
　　　所羅門王年間，銀子算不了甚麼，因為王有他施船隻與希蘭的船隻一同航海，三年一次，裝載金銀，象牙，猿猴和孔雀回來。

王上 22:48，代下 20:36
　　　猶大王約沙法與以色列王亞哈謝合夥製造他施船隻，要往俄斐去將金子運來，只是沒有去，因為船在以甸迦別破壞了。

詩　48:7 神阿，你用東風打破他施的船隻。

詩　72:10 他施和海島的王要進貢。

賽　2:14 必有萬軍耶和華降的一個日子，要臨到驕傲狂妄的，一切自高的，都必降為卑，又臨到他施的船隻，並一切可愛的美物。

賽　23:1 論推羅的默示，他施的船隻，都要哀號，……他施的民哪，可以流行你的地，好像尼羅河。

賽　60:9 眾海島必等候我，首先是他施的船隻，將你的眾子，連他們的金銀，從遠方一同帶來。

賽　66:19 預言耶和華的榮耀必宣揚到他施等遙遠的海島和列國。

結　27:12，25
　　　他施人拿金銀鐵錫鉛等兌換推羅的貨物，又他施的船隻接連成幫為推羅運貨。

拿　1:3 約拿要逃往他施去，躲避耶和華的面。

0096　他納　Taanach
沙地 Sandy ground，城垛 Battlement

●T.Taannak，大土丘廢墟，位於米吉多東南方約 8 公里，以伯蓮西北方約 11 公里，米吉多平原西南角上，Wadi Abdullah 之西，是由北進入中部必經之三個交通孔道之一，故具有非常重要的軍事價值，自古都是軍家必爭之地。廢墟現在是一高 48 公尺，大約 5.6 公頃的土丘，其上仍有一個阿拉伯人的小村。1902 至 1968 年之間有幾次的發掘工作，證明該城是建於 2700 BC 前後，而且興盛了五百年之久，城牆有三道，各厚 4.3、3.7 及 9.1公尺，發現有一個從岩石中掘出之大房間，可能是用作聖堂、佈局和建築帶有埃及第三王朝時之風格，另發現了許多刻有亞甲楔形文字的泥版。該城似被棄了兩三百年，復於主前第二十世紀時再度繁榮起來，城牆被加強，並築有保護城牆之用的斜土護坡，在主前第十二世紀所建的一座神廟的廢墟中，發現建築物中已有了排水的管線系統。該城可能是在

926 BC時被埃及的示撒王所毀，其後就不再是一個富強的大城了。該城在舊約時代，大部份時間屬於埃及人或非利士人所有。

書　12:21　約書亞所擊殺的三十一個王中之一。

書　17:11　係分給瑪拿西支派為地業之一城，為一山崗，但其位置在以薩迦支派的境內。

書　21:25　後歸給利未支派哥轄族人所有。

書　17:12　瑪拿西人並沒有能將原住在該地的迦南人全部趕出。

士　1:27　瑪拿西沒有趕出伯善，他納，多珥，以伯蓮，米吉多和其鄉村中原來居住的迦南人。

士　5:19　女士師底波拉作歌，説「那時迦南諸王在米吉多水旁的他納爭戰，星宿從其軌道攻擊西西拉，基順古河把敵人沖沒，……」。

王上　4:12　他納是屬於所羅門王的第五個行政區，由巴拿所管理。

代上　7:29　是以法蓮的後裔所定居的城邑之一。

※同代上6:70中之亞乃 Aner 0475。

0097　他瑪　Tamar
棕樹城 Palm tree

●Ain Husb [Hazeva]，(今日 Ir Ovot 城之南)，位於別是巴東南約 62 公里，希伯崙以南約 80 公里，波斯加之西約 36 公里，死海南端的東南南方約 31 公里，正是在希伯崙通往以旬迦別的大道上，是迦南地與紅海及非洲等地之重要交通孔道，又因亞拉巴谷中盛產銅和鐵的礦砂，故也是商業及軍事的重鎮。

結　47:19　以西結所預言以色列地的南界，是從他瑪到米利巴加低斯的水，延至埃及小河，

結　48:28　同樣也是迦得支派地業的南界。

※同創14:7中的哈洗遜他瑪 Hazazon-tamar 0733-1，當北方四王南征時，四王在哈洗遜他瑪殺敗了住在此地亞摩利人。

※可能同王上 9:18，及代下 8:4 中的達莫地 Tadmor 1058，是所羅門王所建造在沙漠中的一個重鎮。

0098　他拉拉　Taralah
旋轉 Reeling，神的權力 Power of God

●Kh.Irha，位於基比亞之北約 2 公里，古耶路撒冷城北方約 7.5 公里處。也有可能是名叫 Beit-Tirza 的一個現代化小村。

書　18:27　便雅憫支派所得為業第二組的十四座城之一。

0099　他毘拉(人)　Tarpelites
雕字者 Tablet writers
被俘後 After captivity

●位置不明。有可能是一個波斯的官員的職稱 (Official)。

拉　4:9　由河西省長利宏領頭，上書奏請波斯王亞達薛西，控告並阻止猶太人建殿的同黨中，有原籍為他毘拉的撒瑪利亞人。(他毘拉在 RSV 中為 Officials 是一個官員的名號)。

0100　他革們　Tachmonite,Tachemonite

●可能只是一個族名，其來源和定居皆不明。

撒下　23:8　大衛的勇士之首是他革們人約巴設，又名伊斯尼亞底挪，他是軍長的統領。

0101　他備拉　Taberah
焚燒 Burning

●位置不明，應該是在西乃山的東北，哈洗錄和基博羅哈他瓦以南的一地。也可能就是基博羅哈他瓦。

民　11:3　以色列人離開西乃山後，走了三天才到達的一個地方，百姓又發怨言，耶和華聽見就怒氣發作，使火在他們中間焚燒，故那地便叫作他備拉。(出埃及後的第十三個安營處)

※很有可能此地就是次一節，即民 11:34 中的基博羅哈他瓦 Kibroth-hattaavah 0963。

0102-1　他普亞　Tappuah
蘋果 Apple

●Sheikh Abu Zarad 小城，位於 Jebel Ajlun 山麓，溼底沙意爾北岸，示劍之南約 15公里，示羅西北方約 8 公里，他普亞地則是城四境之地。

書　12:17　約書亞所擊殺三十一個王的城邦之一。

書　16:8，17:8　是以法蓮及瑪拉西兩支派邊境上之地及城，他普亞地歸瑪拉西，他普亞城歸以法蓮。

※可能同王下 15:16 中的提斐薩 Tiphsah 1006。

0102-2　他普亞　Tappuah

●位置不明，應在該組之地區內。有可能是今日的 Beit-Nettif。

書　15:34　猶大支派所得在高原第一組十四座城之一。

0103　他納示羅　Taanath-shiloh
接近示羅 Approach to Shiloh

●Kh.Tana el-Foqa，位於示羅西北約 16 公里，示劍東南約 11 公里，已挖掘出一座古代的積水池，照現有地面上的遺物看來，顯然是古代的一個堡壘。

書　16:6　以法蓮支派地業邊界上的一城。

0104　他停合示 Tahtim-hodshi
在赫人之地的基低斯
Kadesh in the land of Hittites
基低斯的赫人 Hittites of Kadesh

●位置不明，但應該是在基列以北，但雅安以南中間的某處。也可能是加利利地的基低斯，即是今日的 Qedesh [H.Qedesh]，位於夏瑣以北約 11 公里，但城的西南約 19 公里，呼烈湖之西約 7 公里，

撒下 24:6 大衛令約押點數百姓，到了基列，他停合示地，又到了但雅安，繞到西頓。

0105　以力 Erech
健康的 Healthly
長度和大小 Length and size

●今日名叫 Warka 的一群土丘，共有三個古蹟群，位於吾珥城的西北方約 64 公里，巴格達東南約 250 公里，古巴比倫城東南約 160 公里，距現有的河道約 6 公里，它是蘇美文明的大城之一，其亞甲文名稱為 Uruk，又曾是巴比倫的重鎮。自 1850 年起，到 1959 年，共有四次的發掘，城的面積達 440 公頃，計有十一個層次，其城牆共長約 9 公里，所得之資料顯示，該城早於 4500 BC 前後即已有了文明，發現有象形文字的原始符號，可能是三百年後楔形文字之始祖，到主前三十七、八世紀，其藝術已達標準化和相當高的水準，到主前三十二世紀，就已有牆和牆面的裝飾品，從所發現的數百泥版文件，和以石刻成圓柱狀的印鑑，可見其經濟活動也頗為複雜和活躍，它也是學術的中心，天文學尤其先進。後來的文字則是蘇美文，遺址中有最古的塔廟，和有柱廊的 Ishtar 神廟，牆面是用有色的粘土燒成 7 至 8 公分的圓錐體，再鑲在柱子和牆壁上，舖成美麗的圖案。他們所奉的神為 Anu 及 Ishter。此城一直昌盛到主前三百年間，然後逐漸沒落。

創 10:10 含的孫子，古實的兒子寧錄，他國的起頭是巴別，以力，亞甲，甲尼，都在示拿地。

0106　以色 Ezel
分離 Separation
在那邊的圓形石堆 Yonder cairn

●位置不明。掃羅的宮殿在基比亞，大衛在以色與約拿單相會後即去挪伯，故以色似應在基比亞城南之郊外某不遠之處。

撒上 20:19 大衛在逃亡期間與約拿單約定，大衛將在以色磐石處等候，約拿單以射箭為號，傳達信息。(TEV 中是 behind the pile of stones there，TCV 中是藏在石堆後面，均沒有以色的地名)

0107　以米(人) Emin
可怖的 Terrible

●是在摩押人佔領之前，居住在沙微基列亭和亞珥等地的原住民族，沙微基列亭的意思是基列亭城週圍的平原。基列亭位於米底巴之西約 9 公里，希實本西南約 15 公里，請見 0946 條的說明。平原就是城四週之地區，位置約是在死海之東，拿哈列河之北，希實本以南，三者之間的一塊高原。亞珥城則是在亞嫩河南岸的一個重鎮，而且亞珥常代表摩押，所以這兩個地區可說就是代表摩押全地，以米人也就是摩押地的原住民。

創 14:5 北王四王南征時，在沙微基列亭殺敗了以米人。

申 2:10 耶和華吩咐摩西說，不可擾害摩押人，也不可與他們爭戰，他們的地我不賜給你們為業，因我已將亞珥賜給羅得的子孫為業，(先前，有以米人住在那裡，民數眾多，身體高大，像亞衲人一樣，這以米人也算為利乏音人，摩押人稱他們為以米人)。

※沙微基列亭 Shavel-kiriathaim 0470。

0108　以瓦 Ivah
毀滅 Ruin，村莊 Hamlet
以瓦神 The god Ivah
推翻 Overhtrow，overturn

●可能的位置是今日的 Tell Kafr Ayah 城，位於奧隆提斯河上，大城 Horms 西南。

王下 18:34，19:13，賽 37:13
是亞述王所征服之一國或一城邦，西拿基立王用以威脅猶大王希西家，迫使之投降。

※可能同王下 17:24 中的亞瓦 Eva 0478，是亞述王將以色列人擄去後，從亞瓦、巴比倫等地遷移人來，安置在撒瑪利亞的城邑中，以代替以色列人。

0109　以因 Iim
廢墟 Ruins，圓圈 Circles

●位置不明，應在南地之境內。有可能是位於 Umm Deimneh 附近名叫 Deir el-Ghawi 的一處廢墟。

書 15:29 猶大支派在儘南邊所得為業的二十九座城中的一座。

0110　空號（作者無意漏失）

0111　以東 Edom
紅色 Red

●古代的以東地，位於亞拉巴峽谷的兩側，今則分屬以色列及約旦兩國，東側是西珥山脈，屬約旦所有，

其地略呈一梯形，北方以撒烈溪與摩押為界，東鄰阿拉伯大沙漠，南鄰米甸，長約 165 公里，最寬處約 75 公里，沿著西珥山麓，自古即有君王大道穿過其間，是埃及經以旬迦別，希實本，大馬色前往米所波大米的主要通商路線，商旅往返頻繁，一直是以東主要的財富來源。西側是西珥高原，現屬以色列所有，略似一三角形，頂點則在加低斯東方不遠，東北接死海的南端，東南接阿卡巴灣，西南與巴蘭曠野，西北與南地為鄰。全地荒涼不毛，海拔在 1500 公尺以上，多高山和深谷峭壁，崎嶇凹凸不平，雨量稀少，只有北部偏西尚稱富庶，有些廣大的牧場，在少量有水的肥沃地區，可種植小麥、葡萄、無花果、石榴、橄欖等。又在亞拉巴南部的峽谷中，蘊藏有很豐富的銅礦和鐵礦，是大衛王和所羅門王的重要財富。重要的城市有以旬迦別、波斯拉、彼特拉、普嫩等城。

以東人是以掃的後代，他們侵佔了何利人的西珥山區，並在主前十三世紀以前就已建立王國，人民主要是半遊牧民族，在士師時代以前，國土少有變化，在大衛作王時被以色列征服，後來在約蘭王年間背叛 (847 BC)，五十年後又被亞瑪謝收回，735 BC一度被亞蘭佔領，當猶大人在被擄期間，以東人乘虛侵佔猶大之南部，主前 300 年間，西珥山及其首都彼特拉為拿巴天人所佔，以東人則被迫遷移至南地一帶，並以希伯崙為其首府。希臘人稱以東為以土買，日後猶太地的南部有時則稱以土買，到羅馬帝國時代就劃為以土買省。至 126 BC，馬加比征服全境，迫當地的人改信猶太教，羅馬人入侵巴勒斯坦後，命以土買的省總督安提帕透兼為猶大、撒馬利亞及加利利等三區之方伯，其子大希律因之得登王位，成為在羅馬治下的猶太王。

創	32:3	雅各自哈蘭回來，在瑪哈念打發人先往西珥地去，就是以東，見他哥哥說，為要在他眼前蒙恩。
創	36:9	以掃是西珥山裡以東人的始祖。
創	36:20	那地原有的居民何利人，西珥的子孫，記在下面，……這是從以東地的何利人，西珥子孫中所出的族長。
創	36:31，代上 1:43	以色列人在未有君王治理以先，在以東地作王的有，比拉，他的京城在亭哈巴，約巴，戶珊和哈達三個王的京城在亞未得，桑拉，掃羅，巴勒哈南和哈達等四個王的京城在巴烏。
民	20:14	摩西差人去見以東王說，如今我們在你邊界的加低斯，求你容我們從你的地經過，但以東王不肯，並用強硬的手攻擊以色列人，於是他們轉回離開他去了。
民	20:23	以色列人從加低斯起行，到了何珥山，耶

和華在附近以東邊界的何珥山上，曉諭摩西和亞倫。

民	21:4	他們從何珥山起行，往紅海那條路走，要繞過以東地，百姓因為這條路難行，心中甚是煩燥。
民	33:37	以色列人從加低斯起行，安營在何珥山，以東地的邊界。
民	34:3	迦南地的南角要從尋的曠野，貼著以東的邊界。
申	23:7	不可憎惡以東人，因為他們是你的弟兄，他們的第三代子孫可以入耶和華的會。
書	15:1	猶大支派所得之地是在儘南邊，到以東的交界，向南直到尋的曠野。
士	5:4	女先知作歌說：耶和華阿，你從西珥出來，由以東地行走，那時地震天漏，雲也落雨，山見耶和華的面，就震動，西乃山見到耶和華的面，也是如此。
撒上	14:47	掃羅在時，常攻擊以東等四圍的一切仇敵。
撒上	21:7	掃羅的司牧長以東人多益，在挪伯將大衛在以拉谷，殺歌利亞的刀給了大衛。
撒下	8:14，代上 18:11	大衛在以東全地設立防營，以東人就都歸服大衛。
王上	9:26，代下 8:17	所羅門王在以東地，紅海邊，靠近以祿的以旬迦別製造船隻，泛海到俄斐，運回四百五十他連得的金子。
王上	11:1	所羅門王在法老的女兒之外，又寵愛許多外邦女子，就是摩押女子，亞捫女子，以東女子，西頓女子，赫人女子。
王上	11:14	耶和華使以東人哈達興起，作所羅門的敵人，他是以東王的後裔，先前大衛攻擊以東，元帥約押和以色列人在以東住了六個月，將以東的男丁都殺光了。
王上	22:47	約沙法王時，以東沒有王，有總督治理。
王下	3:8	摩押背叛以色列，於是約蘭聯合猶大王，並以東王一同攻打摩押，他們從以東曠野的路上去。:20 次日早晨，約在獻祭的時候，有水從以東而來，遍地就滿了水。
王下	8:20，代下 21:8	約蘭年間，以東人背叛猶大，脫離他的權下，自己立王。
王下	14:7，代下 25:11	猶大王亞瑪謝在鹽谷殺了以東人一萬，又攻取了西拉，將其改名叫約帖。
代下	20:2	摩押人，亞捫人，和米烏利人一同來攻擊猶大王約沙法，有人報告他說，他們是從亞蘭(亞蘭又作以東)那邊而來，駐軍在哈洗遜他瑪，約沙法便懼怕，他便定意尋求耶和華，神便使摩押人等自相擊殺而敗退。
代下	25:14	猶大王哈瑪謝殺了以東人回來，就把西珥

的神像帶回，立為自己的神，因他尋求以東的神，耶和華的怒氣向亞瑪謝發作，使他敗在以色列王約阿施手中，耶路撒冷的城牆也被拆毀。

代下 28:16 因為以色列王亞哈斯在猶大放肆，大大的干犯耶和華，所以耶和華使以東人和非利士人來攻擊猶大，擄掠子民，亞哈斯便向亞述王求救。

詩 60:1 大衛王與兩河間的亞蘭並瑣巴爭戰的時候，約押轉回，在鹽谷攻擊以東，殺了一萬二千人。

賽 34:5 先知咒詛以東說，「這刀必臨到以東，和我咒詛的民，……因為耶和華在波斯拉有獻祭的事，在以東地大行殺戮，……以東的河水四方變為石油，……以東的宮殿四方長荊棘，……」。

賽 63:1 這從以東的波斯拉來，穿紅衣，裝扮華美，能力廣大，大步行走的是誰呢?

耶 25:20 耶利米向列國宣告將受神的審判諸族中之一族。

耶 40:11 原先逃往以東地和各國避難的猶大人，聽說巴比倫王立基大利作猶大省的省長，就從以東各處趕回來擁護他。

摩 1:6 迦薩擄掠眾民交給以東，必受刑罰。:9 推羅他將眾民交給以東，也必不免去他的刑罰。

摩 1:11 耶和華如此說，以東三番四次的犯罪，我必不免去他的刑罰，因為他拿刀追趕兄弟毫無憐憫，我卻要降火在提慢，燒滅波斯拉的宮殿。

摩 2:1 摩押三番四次的犯罪，因為他將以東王的骸骨焚燒成灰。

※俄巴底亞書是先知責備和警告以東的預言。

0112　以拉(谷) V.of Elah
橡樹 Oak，篤耨香樹 Terebinth

●是以現今 R.Lakhish 河最北的一個支流 Wadi es-Sant 為中線的一條河谷，寬約兩公里半，西端起自迦特，東端止於伯利恆之北，長約三十餘公里，谷中有寬僅數公尺的小河床，流向略呈東西向，除下游之一小段常年有水流之外，餘大部份實際上僅在雨季大雨時才有水流，故是一條常年無水的旱溪。此河谷是自非利士平原通往猶大山地及耶路撒冷的三條主要孔道之一，具有非常重要的軍事價值。沿谷有立拿、亞西加、梭哥、亭拿等城市。谷中至今仍生長許多皂角樹、篤耨香樹和橡樹等，並植有多種之果樹，是重要的水果產地。

撒上 17:2 非利士人聚集在梭哥，以色列人在以拉谷安營，在此次戰爭中，少年大衛殺了非利士的巨人歌利亞。

0113-1以坦(磐) Etam
饑餓野獸之地 Place of ravenous beasts

●位置不明。可能是在今日名叫 Arak Ismain 城附近的 Wadi Arak Ismain 旱溪中的一個洞穴，大約的位置是在瑣拉城的東南東方約 4 公里。

士 15:8 參孫擊殺非利士人之後，便下去住在以坦磐的穴內。

0113-2以坦 Etam

●位置不明，應是在西緬支派的地業境內。有可能是 Aitum，位於希伯崙西南西約 18公里處。

代上 4:32 西緬人的五個城邑是以坦，亞因，臨門，陀健，亞珊，還有屬城的鄉村，直到巴力，這是他們的住處。

0113-3以坦 Etam

●Kh.el-Khokh，位於伯利恆西南方約 4 公里，希伯崙之北約 30 公里，提亞哥西北約 7 公里。該城曾經是一個美麗如花園，水泉豐富之處，現有一山泉名叫 Ain Atan，至今仍供應伯利恆城的用水。以坦附近有名叫所羅門池的三個水塘，大部份是從岩石中鑿出，小部份是人工所修建。總容積十八萬立方公尺，古時用來供應耶路撒冷的食用水，現今仍可看到古代輸水到耶路撒冷的渠道，長度約有十三公里。按傳 2:6 之記載，水池和渠道可能是所羅門王所建。現今池畔有看守水池之堡壘數座。

代下 11:6 猶大王羅波安所修建的十四座堅固城之一。

0114　以法 Ephah
幽暗 Gloom

●位置不詳。傳統上認為是位於亞伯沙漠西北部中的某一個商業中心地區，也可能是一個民族名(以法是米甸之子)。

賽 60:6 先知預言日後耶和華的榮光必興起，萬民咸歸之，有米甸和以法的獨峰駝必遮滿以色列。

0115-1以帖 Ether
豐盛 Abundance

●Kh.el-Ater [T.Eter]，位於希伯崙西北約 25 公里，拉吉之北約 7 公里，亞實突東南約 26 公里，栽他谷之內。

書 15:42 猶大支派所得為業，是高原第三組九座城中的一座。

※可能同撒上 30:30 中的亞撻 Athach 0510，是大衛王常去的一個城鎮。

0115-2以帖 Ether

●位置不明,但理應在西緬地業之範圍內。

　書　19:7　西緬支派從猶大地業中所得之一城。

※可能是代上 4:32 中之陀健 Tochen 0671。

0115-3以帖 Ithrite

●位置不明。可能是一民族之名。

　撒下 23:38,代上11:40

　　　　　大衛的勇士以拉和迦立都是以帖人。

　代上 2:53　以帖人是基列耶琳諸族之一。

0116　以珊 Eshan,Eshean
支柱 Support

●Kh.Sama,位於希伯崙西南約 18 公里,別是巴東北約 25 公里處。

　書　15:52　猶大支派所得為業在山地第二組的九座城中的一座。

0117　以倘 Etham
碉堡 Fort

●詳細位置不明,但應該是在伊坦曠野 Wildness of Etham (其英文名與以倘相同)西方的邊緣,又伊坦曠野是在書珥曠野的南方,也可能是書珥曠野的一部份,兩者的邊界和大小皆不明確,所以以倘城可能的位置是在提木沙湖 L.of Timsah 的北端,它是往日埃及在東方邊防線上的一個重要據點。

　出　13:20　以色列人從疏割起行,在曠野邊的以倘安營,日間耶和華在雲柱中領他們的路,夜間在火柱中光照他們,使他們日夜都可以行走,日間雲柱,夜間火柱,總不離開百姓的面前。

　民　33:6　從疏割起行,安營在曠野邊的以倘,(是出埃及路程中的第三個安營之處)然後轉到密奪安營。

0118　以倫 Elon
橡樹 Oak
篤耨香樹(生產松節油之樹) Terebinth

●Kh.Ain Alin,位於耶路撒冷西北約 19 公里,伯特利西南約 21 公里。也有學者認為就是亞雅崙城,即是 Yalo,位於耶路撒冷西北西約 24 公里,伯特利西南約 23 公里。

　書　19:43 但支派所得為業之一城。

※有可能是王上 4:9 中的以倫伯哈南 Elon-beth-hanan 0164,係所羅門王第二行政區中之一城。

※在七十士譯本內的士12:12 中為 Elon,同其他版本中的亞雅崙 Aijalon-1 0550。

0119-1以得(台) Edar
人群或羊群 A flock

●位置不明,應是在伯利恆及希伯崙之間的某處。

　創　35:21 以色列一家起行前往,在以得台那邊支搭帳棚,以色列住在那地的時候,流便去與他父親的妾辟拉同寢。

0119-2以得 Eder
人群或羊群 Flock

●位置不明。可能是今日的 el-Adar,位於迦薩之東南約 8 公里,wadi Ghazzeh 的南岸。(但其位置並不是在靠近以東的邊境上)

　書　15:21 是猶大支派在儘南邊,靠近以東交界處所得之一城。

0120　以掃山 M.of Esau
多毛的 Hairy

●位置不明,應是死海東南方的一個高山,或是彼特拉 Petra 城附近的名叫 Umm el -Bayyarah 的廢墟。

　俄　:8　論以東因驕致禍,耶和華說,到那日,我豈不從以東除滅智慧人,從以掃山除滅聰明人,提幔哪你的勇士必驚惶,甚致以掃山的人都被殺戮剪除。

　俄　:19　南地的人,必得以掃山。

　俄　:21　必有拯救者上到錫安山,審判以掃山,國度就歸耶和華了。

0121　以森 Ezem
骨頭 Bone, 強大的 Mighty, 堡壘 Fortress

●可能是別是巴東南約 18 公里處的 Umm el-Azam。

　書　15:29,19:3

　　　　　原係猶大支派在儘南邊所得二十九座城中的一座,但後來歸給西緬支派所有。

　代上 4:28 西緬人住在別是巴,以森等城邑,直到大衛作王的時候,都是屬於西緬人所有。

0122　以琳 Elim
篤耨香樹,松節油樹 Terebinth, 橡樹 Oak

●傳統上都認為是在紅海蘇伊士灣西岸,旱溪 W.Gharandel 南岸的一處綠洲平原,位於瑪拉以南約 11 公里,至今仍是一處著名的綠洲,水源豐富。

　出　15:27,民33:9

　　　　　以色列人從瑪拉起行,到了以琳(是出埃及後的第六個安營處)安營。

　出　16:1　從以琳起行,到了汛的曠野。

　民　33:10 從以琳起行,安營在紅海邊。

0123　以雲 Ijon
毀滅 Ruin, 土堆 Heap

●T.ed Dibbin，位於夏瑣之北約 41 公里，但城以北約 17 公里，約但河的源頭之一的巴萊特河，和立坦尼河的峽谷之中，城高約 550 公尺，是一處水源充足，土地肥沃的谷地。但因考古發掘所得，並無早於 900 至 600 BC 年間之陶器和遺物，與歷史之年代不合，故有人對此一位置尚有疑問。

　王上 15:20，代下 16:4

　　　　亞蘭王便哈達聽從猶大王亞撒的請求，派軍去攻擊以色列北方的城邑，亞蘭就攻破以雲，亞伯瑪音和拿弗他利一切的積貨城，解了亞撒之圍，以色列王巴沙就撤兵回得撒，不再修築拉瑪了。

　王下 15:29 以色列王比加年間，亞述王提革拉毗列色來奪了以雲等城，基列，加利利和拿弗他利全地，將這些地的居民，都擄到亞述去了。

0124　以楠 Enam
雙噴泉 Double fountain

●位置不明，有可能是伊拿印，位於亞杜蘭和亭拿之間。

　書　15:34 猶大支派所得為業，在高原第一組的十四座城中的一座。

※可能是創 38:14 中的伊拿印 Enaim 0228。

0125　以祿 Eloth
橡樹 Oak，大有能力的 Migthness

●Aqabqh，就是以拉他，位於阿卡巴灣的東北角上，現在是一個已經淤塞了的海灣廢墟 ，在其東方兩公里處就是今日約但國的 Al-Aqabah 商業大港，在其西約四公里則是以色列國的 Elat 商港，也是往日以旬迦別的遺址。有學者認為以旬迦別和以拉他是兩個不同的地方，也有學者認為兩者相距不過僅四公里，應該是一個大都會城市，而且兩者有很多相同之處，關係也很密切，故本文在地名上分開處理，但在解釋上則一併說明。

此兩地除鄰海而具有海運之利外，昔日的重要通商大道，即是君王大道也經由此，可往西通埃及，往北通約但東，經大馬色後再去米所波大米，故是一個軍事和商業的重鎮，又因亞拉巴峽谷中出產豐富的銅和鐵等金屬，故也曾是一個興盛的煉銅工業區，該廢墟除了有一個巨大的煉銅的鎔爐之遺跡之外，尚發現它是個設備完善的工業、海運、倉儲和旅運的中心，可提供各項良好的服務。

又伊勒巴蘭 El-Paran，則可能是包括兩者在內的一個地區。

　王上 9:26，代下 8:17

　　　　所羅門王在以東地紅海邊，靠近以祿的以

句迦別製造船隻，到俄斐去運金子到所羅門王那裡。

　代下 26:2　烏西雅收回以祿，仍歸猶大，又重新修理。

※同申 2:8 中的以拉他 Elath 0139。

0126　以諾 Enoch
奉獻 Dedicated，開端 Initiated

●位置不明，係在伊甸之東，挪得地之中。

　創　4:17 該隱建造一座城，並以他兒子之名稱其為以諾。

0127-1以攔(地) Elam
被隱藏 Hidden，青年 Young
永久的 Eternal，他們的土堆 their heap

●以攔是挪亞之孫，閃的長子，他最初的領土即是古代的以攔，其位置和範圍，略約等於今日伊朗西方邊境，與伊拉克相鄰的庫茲斯坦省，是底格里斯河及伊朗高原之間的一片狹長高地，西為沼澤，東為高山，主要之河流是 R.Kerkh。據考古學家證實，此地保有兩萬年前人類活動的遺跡，據可考之文明竟達 6500 年，其首都是書珊城，在 2000 BC 前後，是一個強盛的王國，曾佔領了幾個示拿地的城邦有兩百餘年之久，而且勢力遠達迦南地，當時的王庫特拉格瑪，可能就是遠征所多瑪等城，催繳貢金的基大老瑪。(根據斯巴多里泥版的記載，基大老瑪是在 Kudur-Lagumal 地作王，與亞伯拉罕是同一時代的人。)後被卡斯族所滅。1300 BC 起再度復興了兩百餘年，他們控制了底格里斯河谷，波斯灣的大部份地區，札格羅山脈全都在其勢力範圍之內。1000 BC 起，以攔的歷史就模糊不清，到 530 BC 時被波斯所滅，以攔就從此消失。該地區自主前六世紀起，就有被巴比倫王所擄的猶太人來此，到新約時代，人數已有數百萬之多。

　創　10:21，代上 1:17

　　　　挪亞之孫，閃的長子是以攔。

　創　14:1，9

　　　　當亞伯蘭在迦南時，以示拿，以拉撒，以攔王基大老瑪，戈印等四個北方王南下，攻打背叛了的南方五王。

　拉　4:9　由河西省長利宏領頭，上書奏請波斯王亞達薛西，控告並阻止猶太人建殿的同黨中，有原籍為以攔的撒瑪利亞人。

　賽　11:11 先知預言說，當那日，主必二次伸手救回自己百姓中所剩餘的，就是在亞述，埃及，巴忒羅，古實，以攔，示拿，哈馬，並眾海島所剩下的。

　耶　25:25 先知以怒杯喻列國之災，其中有心利，以攔，瑪代的諸王。

　耶　49:34 先知預言以攔必受懲罰說，我必折斷以攔

人的弓，用大風將他們分散，我必使災禍臨到他們，我要在以攔設立我的寶座。

結　32:25　先知預言以攔必受災禍。

徒　2:9　在五旬節時所說之方言之一，也有從以攔回來的猶太人在其中。

0127-2以攔 Elam

●Kh.Beit Alam，位於希伯崙西北約 14 公里，耶路撒冷西南約 35 公里。

尼　7:34，拉2:31
自巴比倫回歸的人中有別的以攔子孫，一千二百五十四名。

0128　以土買 Idumea
紅色 Red，以東的領土 Territory of Edom

●在 587 BC 耶路撒冷陷落後，以東人乘猶大國土空虛之時，大量移民進入猶大的南部，包括希伯崙、伯夙及拉吉等城，和一些非利士人之地，他們並以希伯崙為其首府。猶太人自巴比倫回歸後，經常與他們發生領土之爭。332 BC 希臘的亞歷山大大帝入侵巴勒斯坦，按希臘文稱以東為以土買，因此他們就被稱為是以土買人。到 300 BC 前後，亞拉伯的拿巴天人進佔以東，迫迫更多的以東人移往猶大的南部，在 165 BC 被猶大馬喀比所敗，126 BC 再被約翰胡珥卡奴完全征服，強迫境內居民皆受割禮，並歸化成為猶太人。羅馬帝國時，該撒命以土買省的總督安提帕透兼管猶大、撒瑪利亞及加利利三地區，其子大希律因得登上猶太王國的王位，以土買則為其南方的一個省，待猶太成為羅馬之一省之後，以土買省方撤消，但仍是猶太省的一個地區。以土買的版圖大約是，南以別是巴與拿巴天國為鄰，北以希伯崙與猶太為鄰，東以死海和約但河為界，西鄰大海，但邊界皆不明確。

可　3:8　來到耶穌那裡的各地人中，有來自以土買的猶太人。

0129　以大拉 Idalah
神的紀念碑 Memorial of God

●位置不明，可能是 Kh.el-Hawarah，位於伯利恆之西南約 1 公里。

書　19:15 西布倫支派所得為業之一城。

0130　以巴路(山) Ebal
一個石頭 A stone
將變禿，變赤裸 To be bare

●Jebel Eslamiyeh 山，位於古示劍城西北，今日新城 Nablus 的東北面，峰頂海拔為 937 公尺，比附近的地面高出約 460 公尺，是一個光禿的岩石山，山上僅有

少量樹木，在 1983 年，以色列的考古學家澤托爾，在以巴路的山頂上，發現了約書亞所築的祭壇。

申　11:29 你就要將祝福的話陳明在基利心山上，將咒詛的話陳明在以巴路山上，這二山豈不是在約但河那邊，日落之處，在住亞拉巴的迦南人之地，與吉甲相對，靠近摩利橡樹麼。

申　27:4　你們過了約但河，就要在以巴路山上照我今日所吩咐的，將這些石頭立起來，墁上石灰，在那裡要為耶利華你的神，築一座石壇，並獻燔祭和平安祭，將這律法的一切話明明的寫在石頭上。

書　8:30　約書亞在以巴路山上為耶和華以色列的神築一座石壇，眾人在這壇上獻燔祭和平安祭，又當著以色列人的面前將摩西的律法抄寫在石頭上，以色列人都站在約櫃兩旁，一半對著基利心山，一半對著以巴路山，為以色列民祝福。

0131-1以色列 Israel
與神一同治理 Ruling with God
與神戰勝的 Who prevails with God
他要管理如神 He will rule as God
神的太子 Prince of God

●一、以色列國：可分為三個時期：

1. 神賜雅各名叫以色列，他的後裔十二個支派所占領的土地，包括猶大地在內，合稱為以色列地，也稱為以色列國。但在士師時代結束之前，只是一個以鬆散聯盟形式而存在。

2. 掃羅被膏為王時方才正式成為一王國，後經大衛和所羅門，共約一百一十餘年，開始了統一王國時期。

3. 所羅門王死後，猶大和西緬以外的十個支派已與猶大分裂，成立以色列國，與猶大國南北對峙，因位在猶大之北，故稱北國，又因後來遷都城到撒瑪利亞城，故後期也稱為撒瑪利亞國，國土概略的是伯特利以北及河東之地。在 722 BC 被亞述所滅。

二、以色列地：迦南地在被以色列人佔領之後，即改稱以色列地，廣義的說，十二個支派所佔領的地區，都稱為以色列地，其範圍在大部份的時期中，都是「從別是巴到但」間約但河兩側之地，雖然其間仍有許多土地並未能佔領。領土最大是在所羅門王的四十年，是南從阿卡巴灣直到幼發拉底河的附近。但是在王國分裂之後，北國則稱為以色列國，所以其領土也稱以色列地，其範圍概略的是包括伯特利以北及河東之地。

三、以色列人：廣義的說，就是雅各的後裔，十二個支派人民的總稱，往往和「猶大」相互通用。狹義的說，是在王國分裂時代時，對北國十個支派人民的總

稱。

創　49:7　雅各臨終前對西緬和利末所作的預言中說，我要使他們分居在雅各家，散住在以色列地中。

撒上　15:28　撒母耳對掃羅說，如此，今日耶和華使以色列國與你斷絕，將這國賜與比你更好的人。

王下　1:1　亞哈王死後，摩押背叛以色列。

王下　17:21　將以色列國從大衛家奪回，他們就立尼八的兒子耶羅波安作王。

代下　13:5　耶和華以色列的神曾立鹽約，將以色列國永遠賜給大衛和他的子孫。

代下　30:25　在耶路撒冷的以色列人守除酵節七日後，猶大全會眾，祭司利末人，並那從以色列地來的會眾，和寄人的人，以及猶大寄居的人盡都喜樂。

耶　49:2　先知預言亞捫人說，先前得以色列地為業的，此時以色列倒要得他們的地為業。

結　7:2　先知預言說，人子阿，主耶和華對以色列地如此說，結局到了，結局到了地的四境，我必使我怒氣歸與你。

結　11:2　先知令以色列悔改說，你當說，主耶和華如此說，我必從萬民招聚你們，又要將以色列地賜給你們。

結　12:22，13:9，17:5，18:2，20:38，21:2，25:3，6，27:17，36:6，37:12，39:11，40:1中的以色列地，其意相同。

太　2:20　希律死後，有主的使者，在埃及向約瑟夢中顯現，約瑟就把小孩子和他的母親帶到以色列地去，便往加利利境內的拿撒勒城居住。

徒　1:6　他們聚集的時候問耶穌說，主阿，你復興以色列國，就是在這時候嗎？

弗　2:12　那時，你們與基督無關，在以色列國民以外，在所應許的諸約上是局外人，並且活在世上沒有指望，沒有神。

0131-2以色列山 Israel,Mount

●位置不明，可以是所有以色列地中的山嶺中的一個。

結　19:9　先知以預言猶大王被擄，他們用鉤子鉤住他，將他放在籠中，帶到巴比倫王那裡，將他放入堅固之所，使他的聲音在以色列山上不再聽見。

※結 33:28，34:13，35:12，36:1，37:22，39:2比喻以色列。

0132　以弗倫　Ephron
幼鹿 Fawn

●et-Taiyibeh，位於伯特利的東北方約 7 公里，耶路撒冷之北約 21 公里，一條小溪的發源處。

代下　13:19　猶大王亞比雅在洗瑪臉打敗以色列王耶羅波安之後，攻取了他的幾座城，就是伯特利，耶沙拿和以法拉音(或作以弗倫)等，並包括其屬城的鎮市。

※以法拉音 Ephrain 0156。

※同書 18:23，撒上 13:7 中的俄弗拉 Ophrah 0689-1。

※同撒下13:23，及約 11:54 中的以法蓮 Ephraim 0142-1。

0133　以弗崙(山) Ephron Mount
幼鹿 Fawn

●el-Qastel [Har Maoz]小山，位於基列耶琳和耶路撒冷之間。W.Beit Hanina 之傍。

書　15:9　猶大支派地業北界上的一個地標，是從山頂延到尼弗多亞的水源，通到以弗崙山的城邑，又延到巴拉(即是基列耶琳)。

0134　以弗所　Ephesus
悅人心意的 Desirable
鑄造，鑄造物 Casting

●今日是一個名叫 Ayasaluk 村莊附近的廢墟，就是昔日以弗所大城的遺址，位於土耳其西岸海 Cayster 河的河口，遙對撒摩島，雖然未建有巨大的遠洋的港口，但可利用在它以北的士每拿，及其南的米利都，相距各約 50 公里的兩大國際港對外貿易，最主要的它的公路網四通八達，控制了深入小亞細亞之腹地的咽喉，極具有軍事和商業的價值。該城是在主前十一世紀時，由希臘的移民所擴建，但仍富有東方之文化色彩，因海陸交通皆十分的方便，故早已成爲國際的商業中心，在新約時代曾是羅馬帝國亞西亞省的省會，也是當代的第三大城，該城最著名的乃是亞底米女神(爲小亞西亞地區所敬奉)廟，建於主前六世紀，曾被列爲古代世界的七大奇觀之一，廟的長度，不包括平台在內，已長達120公尺，寬60公尺，其內有一百二十支高有20公尺的巨柱，雕刻得十分美麗精緻，還有些竟鑲有寶石，極盡奢華，廟內又出售以弗所靈符，價格昂貴，是外邦人的宗教重心，城中多妓院和賭場。在新約時代，城內有很多的猶太人，在社會上有相當大的影響力，也成爲宣教的要塞，保羅曾在此住了兩年，再有提摩太，稱爲馬可的約翰和寫啓示錄的約翰等眾多神所重用的僕人不斷的來到此地，都可證其重要性。該城在主後262年被 Goths 人所毀，又因河口日漸淤塞之故，往後就不再曾恢復昔日之繁榮。教會是保羅在此所建，提摩太是以弗所的第一任主教，使徒約翰在未被囚在拔摩島前也是以弗所工作，被釋後也可能曾長住在此，主後431年天主教的第三次大公會議也是在此城舉行。

徒　18:19　保羅自哥林多經堅革哩到了以弗所，然後開船去該撒利亞，經耶路撒冷回安提阿。

徒　18:24　有一個生在亞力山太，名叫亞波羅的猶太人，來到以弗所，在會堂裡放膽傳講耶穌的事，後來又去亞該亞，就是哥林多。

徒　19:1　當亞波羅在哥林多的時候，保羅經過上邊的一些地帶，就來到以弗所，他使十二個門徒奉主耶穌的名受洗，聖靈便降在他們的身上，他們就說方言，又說豫言。保羅在以弗所住了兩年多，天天放膽講道，醫病，辯論神國的事，叫一切住在亞西亞的，無論是猶太人，是希利尼人，都聽見主的道，主耶穌的名從此就尊大了。

徒　19:23　在以弗所有一個名叫底米丟的銀匠，因抵擋保羅而引起大暴亂。20:1暴亂平定後，保羅便往馬其頓去。

徒　20:17　保羅從米利都打發人往以弗所，去請以弗所教會的長老來，他們就來了。

林前　15:32　我若當日像尋常人，在以弗所同野獸戰鬥，那與我有甚麼益處呢？

林前　16:8　但我仍舊要住在以弗所直到五旬節。

弗　1:1　保羅寫信給以弗所的教會。

提前　1:3　我往馬其頓去的時候，曾勸你仍住在以弗所，好囑咐那幾個人不可傳異教。

啓　1:11　七個教會之一。

0135-1以利沙 Elishah
神所拯救 God saves
海島或沿岸之地 Island of coastland

●以利沙是雅弗之孫，雅完之長子，按希伯來文的意思，以利沙是指海島及沿岸之地，故有學者認爲以利沙民族最初所佔有的土地，是包括了北非的迦太基，地中海中的西西里島，和義大利南部(古時是希臘的殖民地)等地之總稱。也有人認爲僅是塞浦路斯島或是基提島一地而已。

創　10:4，代上1:7
　　　　雅弗之孫，雅完的長子以利沙及其後裔所居之地區和民族之名。

0135-2以利沙 Elishah

●可能是指現今的塞浦路斯島，即是古時的基提地。

結　27:7　以利沙出產紫色的布，可作船用的涼棚。

0136　以利弗 Eleph
牝牛 Ox，結合 Union

●位置不明，但應該是在耶路撒冷之北，便雅憫地的西半部地區之內。

書　18:28　便雅憫支派所得爲業第二組的十四座城之一。

0137　以利穩 Iron
敬畏之城 City of fear，敬虔 Pious
可怖之地 Place of terror

●Yarun 小城，位於北加利利的山區內，夏瑣西北約 16 公里，基低斯西南約 13 公里， Wadi Azziyed 的發源處。

書　19:38　拿弗他利支派所得爲業的十九座堅固城之一。

0138　以伯蓮 Ibleam
破壞 Destroying，得勝之地 Place of victory

●Kh.Belameh，位於米吉多的東南南方約 18 公里，伯善的西南西方約 21 公里，是一個重要的交通孔道和軍事據點。

書　17:11，士1:27
　　　　瑪拿西支派分得到了以伯蓮和屬以伯蓮的鎮市，但是以伯蓮卻是在以薩迦支派地業的境內，而且瑪拿西的子孫沒能趕出原來住在這城中的迦南人。

※同代上 6:70 中的比連 Bileam 0065，該城後來分給利未支派的哥轄族爲業。

※可能同書 21:25 中的迦特臨門 Gath-rimmon 0815-2。

0139　以拉他 Elath
棕樹林 Palm groves，大樹 Great tress

●Aqabqh，位於阿卡巴灣的東北角上，現在是一個已經淤塞了的海灣廢墟，在其東方兩公里處就是今日約但國的 Al-Aqabah 商業大港，在其西約四公里則是以色列國的Elat以拉他商港，也是往日以旬迦別的遺址。有學者認爲以旬迦別和以拉他是兩個不同的地方，也有學者認爲兩者相距不過僅四公里，應該是一個大都會城市，而且兩者有很多相同之處，關係也很密切，故本文在地名上分開處理，但在解釋上則一併說明。

此兩地除鄰海而具有海運之利外，昔日的重要通商大道，即是君王大道也經由此，可往西通埃及，往北通約但河東，經大馬色後再去米所波大米，故是一個軍事和商業的重鎮，又因亞拉巴峽谷中出產豐富的銅和鐵等金屬，故也曾是一個興盛的煉銅工業區，該廢墟除了有一個巨大的煉銅的鎔爐之遺跡之外，尚發現它是個設備完善的工業、海運、倉儲和旅運的中心，可提供各項良好的服務。

又伊勒巴蘭 El-Paran，則可能是包括兩者在內的一個地區。

申　2:8　摩西述說出埃及的行程中之一段說，「於是我們離了西珥，從亞拉巴的路，經過以拉他，以旬迦別，轉向摩押曠野的路上去」。

王下 14:22　猶大王亞撒利雅收回以拉他，仍歸猶大，

又重新修理。

王下 16:6 亞哈斯王年間，亞蘭王利汛收回以拉他，歸與亞蘭，將猶大人從以拉他趕出去，亞蘭人(有作以東人的)就來到以拉他，住在那裡。

※同王上9:26中的以祿 Eloth 0125。

0140　以拉撒 Ellasar
橡樹 Oak，神是懲罰者 God is chastener
他要僱用他們 He will hire them

●以拉撒是巴比倫尼亞地區中的一個小國，其首府可能是今日名叫 Senkereh 的一座小山丘，位於幼發拉底河的東岸，吾珥以北約 38 公里，以力之東約 26 公里，在西洋史中稱為拉撒 Larsar，是一個蘇美文化的重要古城。當吾珥第三王朝的末期 2000 BC 前後，有兩個亞摩利人的臣子叛變，其中的 Naplamum 在拉撒稱王，另一名 Ishbi-Irra 的，則在 Isin 稱王，史稱「拉撒以新王朝 Larsar-Isin」，此一王朝延續了約二百年之後，以新被拉撒所併，再三十年，在 1770 BC 拉撒又被以攔的漢莫拉比王所征服，(根據斯巴多里泥版的記載，亞略王與亞伯拉罕是同時代的人，他是在 Eriaku of Larsa 作王)

創 14:1 以拉撒的亞略王等四個北方王，聯合起來攻打所多瑪等南方五王。

0141-1以法他 Ephrath
多結果子的 Fruitful，肥沃 Fertility
灰堆 Ashiness

●即是伯利恆，以法他是其原名，也有可能是兩者原來都是獨立的城邦，後來合併為一，並稱為伯利恆，或是伯利恆的以法他。城位於耶路撒冷之南約 8 公里。餘請見伯利恆 0349 -1 條之說明。在伯利恆以北約兩公里處，公路的右側，現有拉結的墳墓，根據天主教之記載，它原是以十二塊大石砌成，有如金字塔的建築，但不知所終。十字軍時重建，是一座有 7 公尺高的亭閣，以四支圓柱支撐，圓形石棋頂的高有 4 公尺，直徑有 6.5 公尺，1788 年加建了門和牆，目前的是一間長寬約為八公尺的圓頂小堂，係 1841 年 Sir Moses Montefiore所建，堂內有拉結的棺柩，是猶太人祈禱和讀經之處，也開放參觀。

創 35:16，48:7 拉結從伯特利起行，在離以法他還有一段路程時，產下一個兒子，就給他取名叫便俄尼，他父親雅各卻給他起名叫便雅憫，拉結死了，葬在以法他的路旁，以法他就是伯利恆。

得 1:2 大衛的祖先以利米勒是猶大伯利恆的以法他人，他因饑荒而逃到摩押地，摩押人路

得是他的媳婦。

得 4:11 在城門坐著的眾民和長老都說，我們作見證，願耶和華使進你家的這女子，像建立以色列家的拉結，利亞二人一樣，又願你在以法他得享通，在伯利恆得名聲。

撒上 17:12 大衛是伯利恆的以法他人耶西的第八個兒子。

彌 5:2 先知彌迦預言說，「伯利恆以法他阿，你在猶大諸城中為最小，將來必有一位從你那裡來，在以色利中為我作掌權的」。

※伯利恆 Bethlehem 0349-1。

0141-2以法他 Ephrath,Ephratah

●Deir el-Azhar [T.Qiryat Yearim]，就是基列耶琳，位於耶路撒冷之西約 15 公里，基遍之西南約 9 公里，伯示麥在其西南方約 14 公里，是由耶路撒冷往約帕的大道上一個重要的城市。遺址在一小山之上，海拔有 720 公尺，基督徒於五世紀時，在此建了一座大禮拜堂，以紀念約櫃曾在此城停留，復於 1924 年，天主教在其廢墟上建築了一座聖母堂，在堂前立有聖母和聖嬰的巨像。據考古證明，此地早在七千年前已有人居住，但城區是逐漸向東南移到了今日名叫 Abu-Ghosh 村鎮，如該村今是耶路撒冷城郊外的一個遊憩中心。

詩 132:6 我們聽說約櫃在以法他，我們在基列耶琳就尋見了。

※基列耶琳 Kirjath-jearim 0954。
※同書 15:9 中的巴拉 Baalah 0031-1。
※按書 15:60 亦名為基列巴力 Kirjath-baal 0956。
※又在撒下 6:2 中作巴拉猶大 Baale-judah 0054。

0142-1以法蓮(城) Ephraim
加倍結果子的 Doubly fruitful

●et-Taiyibeh，位於伯特利的東北方約 7 公里，耶路撒冷正北約 21 公里，一條小溪的發源處。

撒下 13:23 過了二年，在靠近以法蓮的巴力夏瑣，有人為押沙龍剪羊毛，在那裡押沙龍殺了他的弟兄暗嫩。

約 11:54 從那日起，他們就商議要殺耶穌，所以耶穌不再顯然行在猶太人中間，就離開那裡，往靠近曠野的地方去，到了一座城，名叫以法蓮，就在那與門徒同住。

※同書18:23，撒上 13:7 中的俄弗拉 Ophrah 0689-1。
※代下 13:9中的以法拉音 Ephrain 0156，及以弗倫 Ephron 0132-2。

0142-2以法蓮(樹林) Ephraim

●其確實位置無從查考，但參照撒下 17:24～26 之內容，則應該是在基列地、雅博河和瑪哈念北方的一個樹林。

撒下 18:6　大衛的軍隊和押沙龍的以色列人在以法蓮樹林裡交戰，以色列人敗在大衛軍隊的面前，陣亡的共有二萬人。

0142-3 以法蓮(地) Ephraim

●最初所分給以法蓮支派土地的疆界，記載在書 16:1～3，及6～8 之內，但是在隨後一次分地時，卻把南部的一些城邑分給了便雅憫和但兩個支派，所以他們實際所得到的，應該是以後一次為準，而且它與其他支派的邊界亦不夠清楚，僅可概略的訂出，南方自耶利哥以北，到示羅，上伯和崙之南與便雅憫為界，下伯和崙和基色之南，伊胡得和迦特臨門之東與但支派為界，北方以加拿河，他普亞城，示劍之南與瑪拿西為界，東方則以法瑞阿河和約但河為界。在列王時代，因北國以色列之君王多出自以法蓮支派，故常以以法蓮代表以色列國。

申　34:2　摩西在尼波山，毘斯迦山頂，耶和華把基列全地直到但，拿弗他利全地，以法蓮，瑪拿西的地，猶大全地直到西海，南地，和棕樹城耶利哥的平原，直到瑣珥，都指給他看。

書　16:1　約瑟的兩個支派所得之地的疆界。

書　16:5　便雅憫支派所得之地的疆界。

撒下 2:9　掃羅的元帥押尼珥，將掃羅的兒子帶到瑪哈念，立他作以色列王，治理基列，亞書利，耶斯列，以法蓮，便雅憫，和以色列眾人。

賽　7:8　以賽亞預言，六十五年之內，以法蓮必然破壞，不再成為國民，以法蓮的首城是撒瑪利亞。9:9以法蓮將受到大馬色王利汛的攻擊。

0142-4 以法蓮(山地) Ephraim
The hill country of Ephraim

●以法蓮山地的範圍有兩種不同的定義，較大範圍的是：北部以米吉多平原和耶斯列谷為界，南至伯特利的附近，與便雅憫地連接，故是包括了瑪拿西和以法蓮兩支派的領土。較小的範圍則是加拿河以南至伯特利之間的山地，僅只包含以法蓮支派的領土而已。為便於分區，北部又稱為撒瑪利亞山地，南部就稱為以法蓮山地，兩者合稱也是叫做以法蓮山地，其所指為何者，則應視前後章節之情形而定。區內之高度約在600 至 900 公尺之間，是自北向南逐漸傾斜，區之東側多石，雨量和水源皆很少，故十分貧瘠，西側則多水源，土地也相當肥沃，富於各種農產品。

書　17:14 約瑟的子孫嫌分地不夠，約書亞說，如嫌以法蓮山地窄小，就可以上比利洗人，利乏音人之地的樹林中去砍伐樹木，山地也

歸你們。

書　19:50，24:33，士2:9
以色列人照耶和華的吩咐，將以法蓮山地的亭拿西拉城，給了約書亞，他就修那城，住在其中，死後就葬在那裡。

士　2:9　中為「就是將他安葬在以法蓮山地的亭拿希烈，在迦實山的北邊」。

書　20:7，代上6:67
以色列人在以法蓮山地，分定示劍為逃城，並歸利未支派哥轄族為地業。

士　3:27　以笏刺殺了摩押王伊磯倫之後，逃到西伊拉，到了，就在以法蓮山地吹角，以色列人隨他下了山地，就去把守約但河的渡口，不容摩押一人過去。

士　4:4　女先知底波拉，當時作以色列人的士師，他住在以法蓮山地拉瑪和伯特利中間。

士　7:24　士師基甸打發人走遍以法蓮山地，說，你們下來攻擊米甸人，爭先把守約但河。

士　10:1　以薩迦人陀拉興起，拯救以色列人，他住在以法蓮山地的沙密，作以色列的士師二十三年。

士　17:1　以法蓮山地有一人名叫米迦，他自設神像和以弗得，分派他的一個兒子作祭司，又雇了一個來自伯利恆的利未人作祭司。

士　18:2，13
但族中的六百個人，從瑣拉和以實陶，往以法蓮山地去，來到米迦的住宅。

士　19:1，16
有住以法蓮山地那邊的一個利未人，娶了一個猶大伯利恆的女子為妾，結果引發幾乎消滅了住在基比亞的便雅憫人的一場大戰。

撒上 1:1　在以法蓮山地的拉瑪瑣非，有一個以法蓮人，名叫以利加拿，是撒母耳的父親。

撒上 9:4　掃羅奉父命去尋找失去的驢，他就走過以法蓮山地，又過沙利沙地，都沒有找著。

撒上 14:22 那藏在以法蓮山地的以色列人，聽說非利士人逃跑，就出來緊緊的追殺他們。

撒下 20:21 以法蓮山地的一個人，比基利的兒子示巴，舉手攻擊大衛王。

王上 4:8　以法蓮山地是所羅門王所設的十二個行政區中的第一個，由便戶珥管理。

王上 12:25 耶羅波安在以法蓮山地建築示劍城，就住在其中。

王下 5:22　先知以利沙的兩個門徒，從以法蓮山地來，向亞蘭的元帥乃縵索取禮物。

代下 13:4　猶大王亞比雅，與以色列王耶羅波安，在以法蓮山地中的洗瑪臉山上擺陣，結果耶羅波安大敗。

代下 15:8　猶大王亞撒聽了先知亞撒利雅的話，就把猶大，便雅憫全地，並以法蓮山地所奪各城，將可憎之物盡都除掉。

代下 19:4　猶大王約沙法出巡民間，從別是巴到以法蓮山地，引導人民歸向耶和華。

| 賽 | 28:1 | 先知的警告說，禍哉，以法蓮的酒徒，住在肥美谷的山上，他們心裡高傲，以所誇的為冠冕，猶如將殘之花。 |

0142-5以法蓮(人) Ephraim

●以法蓮人有時是指以法蓮支派的後裔，有時則是指住在以法蓮山地的居民。

士	8:1	以法蓮人不滿基甸與米甸人爭戰時，沒有招他們同去。
撒上	1:1	士師撒母耳的父母是以法蓮山地拉瑪瑣非地方的以法蓮人。
代上	7:28	以法蓮人的地業和住處是伯特利，拿蘭，基色，示劍直到迦薩。
代上	9:3	自巴比倫回來住在耶路撒冷城中的有以法蓮人。
代上	27:20	管理以法蓮人的是何細阿。
代下	15:9	猶大王亞撒招聚猶大，便雅憫的眾人，並他們中間寄居的以法蓮人等，有許多以色列人歸降亞撒。
何	9:11	先知論以色列說，至於以法蓮人，他們的榮耀必如鳥飛去，必不生產，縱然養大兒女，我卻必使他們喪子，甚至不留一個，我離棄他們，他們就有禍了。
亞	10:7	先知預言神必拯救其民使返故土，說，我要堅固猶大家，拯救約瑟家，要領他們歸回，以法蓮人心如勇士，他們的心必因耶和華喜樂。

0142-6以法蓮(山)Mount Ephraim

●位置不詳，可以是以法蓮山地內任何一較高之山峰。

耶	4:15	有聲音從但傳揚，從以法蓮山報禍患，報告攻擊耶路撒冷的事。
耶	31:6	預言以色列必復興說，日子必到，以法蓮山上守望的人，必呼叫說起來罷，我們可以上錫安，到耶和華我們的神那裡去。
耶	50:19	我必再領以色列回到他的草場，他必在以法蓮山上，得以飽足。

0143 以革倫 Ekron
滅絕 Extermination，遷移 Migration
歸化 Naturalization，被根拔 Up-Roofed

●Kh.el-Muqanna [T.Miqne]，位於基色的西南方約 11 公里，亞實突的東方約 18 公里，梭烈谷之南約 4 公里。因位居高地，可控制梭烈谷此一重要之戰略孔道。自 1957 年開始發掘至今(1995)，掘出的城區分上下兩城，上城約有 2.5 公頃，下城則約有 10 公頃，包括兩者間的郊區，總面積約有 20 公頃，是巴勒斯坦當時最大者。此地區自主前五千年代中期即有人在此定

居，並安穩的生活至主前十三世紀，直到非利士人佔領為止，就成為非利士人五個大城之一。約書亞將其分給猶大支派，但似並從未被以色列人所佔領。此城是占星觀兆之中心之一，所拜之神是巴力卜西。從很多跡象看來，可知其城牆是非利士人在主前一千年之後所建。主前八世紀時，亞述的撒珥根二世和西拿基立王攻佔的以革倫，便淪為亞述的附庸，使它和另外的二十座城邦以木材為貢物，運至尼尼微城供以撒哈頓王建築宮殿之用。到主前七世紀時，又得以繁榮，重建了雙重城牆，最為特出的是它成為當時近東一帶的橄欖油生產中心，產油年達一千噸左右，主要供出口之需，迄至 1991 年為止，所發掘之搾油設備有一百具之多。後於 603 BC 巴比倫入侵後衰落，直到六世紀後就不再有歷史上之記錄。

書	13:3	約書亞年紀老邁，還有許多未得之地，就是非利士人的全地，和基述人的全地，從埃及前的西曷河往北，直到以革倫的境界，就算屬迦南人之地，有非利士人五個首領所管的迦薩人，亞實突人，亞實基倫人，迦特人，以革倫人之地……。
書	15:11	是猶大支派地業邊境上的一城，「又下到伯示麥過亭納，通到以革倫的北面，延到施基崙」。
書	15:45	猶大支派所得的一城，「又有以革倫和屬以革倫的鎮市村莊，從以革倫直到海，一切靠近亞實突之地並其地的村莊」。
書	19:43	原屬猶大所有，但後來再分給但支派為地業之一城。
士	1:18	猶大和西緬同去，攻取了以革倫和以革倫的四境等地。
撒上	5:10	非利士人把神的約櫃從迦特運到以革倫，神的手重重攻擊那城，他們再把神的約櫃和禮物，一起送去以色列的城伯示麥。
撒上	6:16	非利士人的五個大城首領用五個金痔瘡，五個金老鼠當作賠罪的禮物，送到伯示麥後，就回到以革倫。
撒上	7:14	撒母耳使非利士人所取以色列人的城邑，從以革倫直到迦特，都歸以色列人了。
撒上	17:52	大衛殺了巨人歌利亞，非利士人就四散而逃，被殺的非利士人，到在沙拉音的路上，直到迦特和以革倫的城門。
王下	1:2	以色列王亞哈謝在撒瑪利亞，一日從樓上掉下來就病了，他差人到以革倫城去問以革倫的神巴力西卜，這病是否會好。
耶	25:20，摩 1:8，番 2:4，亞 9:5 諸先知均預言說，因以革倫罪重，必將受重罰。

0144 以哥念 Iconium
影像 Image，來者 The comer

降服 Yielding

●是今日土耳其名叫 Konya 的一個大城，位於安提阿東南約 122 公里，路斯得之北約 30 公里，是當時羅馬帝國呂高尼省的首府，它是在一處地勢略高的平原邊緣，土地肥沃，水源充足，再有帝國的軍事大道通過，故也是一個軍事和商業重鎮，當地的猶太人也很多，該城又以奉拜 Mother Godess 而聞名，其祭司為獨身或係閹人。已有以哥念的錢幣被發現。

徒　13:52，14:1，19
　　　保羅和巴拉巴在安提阿被趕出來，就到以哥念去傳福音，使很多猶太人和外邦人信了主，但又仍被嫉妒的人趕走，他們再往呂高尼省的路司得去，但仍有安提阿和以哥念的人趕來逼迫巴拿巴和保羅，隨後二人再經以哥念返安提阿。

徒　16:2　保羅說，路司得和以哥念的弟兄都稱讚提摩太。

提後 3:11　保羅述說曾在安提阿，以哥念和路司得受逼迫。

0145-1以得來 Edrei
要塞 Fortress，好牧場 Goodly pasture 能力 Strength

●Ed-Dera-ah 城，位於基列的拉末東北約 12 公里，亞斯他錄西南約 24 公里，約但河之東約 52 公里，古代巴珊的南境，東鄰亞拉伯沙漠，城建在一處陡峭的崖壁上，可俯視雅木河南方的支流，附近的土地相當肥沃，該城也是巴珊地區交通的要衝，具有很高的戰略價值，它是一個早期銅器時代(主前三千年代)的城市，在 1880 年被發現，居民是從岩石中鑿出長方形的會堂、住屋、商店、儲水池及街道，廳堂的柱子有10英尺之高，十分壯觀，是一個很奇特的地下城。

民　21:33，申 3:1
　　　以色列轉向巴珊去，在以得來擊殺了巴珊王噩，得了他的地。

申　1:4，3:10，書 12:4
　　　那時摩西已擊殺了住希實本的亞摩利王西宏，和住以得來，亞斯他錄的巴珊王噩。

書　13:31 摩西將基列的一半，並亞斯他錄，以得來，分給瑪拿西的兒子瑪吉的一半子孫為地業。

0145-2以得來 Edrei
●其位置不明，應該是在加利利地的北部，隱夏瑣附近。有可能是靠近基低斯的 T. Khureibeh。

書　19:37 拿弗他利支派所得為業的十九座堅固城之一。

0146　以基蓮 Eglaim
雙泉 Double spring，雙池 Double pound

●位置不明，可能是在吉珥哈列設之南的 Rujm el-Jalameh。也可能是 Agallim，位於死海之東約 20 公里，亞略波里 Areopolis 之南約 13 公里處。

賽　15:8 以賽亞論摩押的默示說，哀聲遍聞摩押的四境，哀號的聲音達到以基蓮，又到比珥以琳。

0147　以提楠 Ithnan
堅固之處 Strong place

●位置不明，應在南地之內。

書　15:23 猶大支派在儘南邊所得為業的二十九座城中的一座。

0148　以實各(谷) Eshcol
一串葡萄 A bunch of grapes

●位置不詳，可能是在希伯崙北方約 3 公里處，一名叫 Ain-Eshkali 的谷地，如今該處仍生產優良的葡萄。

民　13:23，申 1:24
　　　探子們到了以實各谷，從那裡砍了一挂葡萄，用兩個人扛抬著，又帶了些石榴和無花果，一同回到巴蘭曠野的加低斯，因為以色列人從那裡砍來的那挂葡萄，所以那地方叫作以實各谷。

0149　以實陶 Eshtaol
空虛之路 Hollow way

●Ishwa [Eshtaol]，位於耶路撒冷之西約 22 公里，基遍西南約 19 公里，基列耶琳以西約 9 公里，梭烈谷的北岸。

書　15:33，19:41
　　　猶大支派所得高原第一組十四座城中的一城，後來歸給但支派所有。

士　13:25 參孫在以實陶和瑣拉中間的瑪哈尼但，受到耶和華靈的感動。

士　18:1 因為但支派未能完全占領所分得的地業，只得以瑣拉和以實陶作為根據地，四出尋找可居之處，最後他們攻取了億拉，將其改名為但。

代上 2:25 以實陶人是基列耶琳的後代。

0150　以薩迦 Issachar
獎賞 Reward，工價 Wages

●以薩迦支派所得的城邑，記載在書 19:17～23 之內，概略是南方與瑪拿西為鄰，西北接西布倫，北接拿弗他利，東方以約但河為界。佔地不大，但據有米吉多平原的西部，這是一片土地肥沃，雨水充足的平原和谷地，它又控制了通往外約但的孔道，兼具有商業和

軍事的價值。

書 19:17 為以薩迦人按著宗族，拈出第四圖，他們
的境界是……。

士 10:1 以薩迦人陀拉興起，作以色列人的士師二
十三年，拯救了以色列人。

王上 4:17 所羅門行政區的以薩迦有帕路亞的兒子約
沙法管理。

王上 15:27 以薩迦人巴沙背叛以色列王拿答，在非利
士的基比頓殺了他，篡了他的位。

代上 27:18 管理以薩迦人的是暗利。

0151　以土利亞(省) Ituraea
被包圍 Encircled，超過限度 Post the limits

●是當時羅馬帝國的一個省，各家對其疆界的說法不
一，大約在是加利利湖的東北和黑門山之間的一小塊
土地。但並不與特拉可尼相連接。

路 3:1 希律的兄弟腓力作以土利亞和特拉可尼地
方分封的王。

0152　以弗大憫 Ephes-dammim
血界 Bounding of Blood

●因梭哥和亞西加兩地相距僅兩公里，按聖經的記
載，以弗大憫是在其間之某一處，但位置不能確定。
亦有人認為是今日的 Beit Fased，或是 Damun 廢墟，
由於其位置前者在是在梭哥的東南方，後者在梭哥的
東北方約 6 公里，均與書上所記的位置不符。

撒上 17:1 非利士人安營在梭哥和亞西加中間的以弗
大憫，以色列人安營在以拉谷，兩者中間
隔著一條山谷。

※可能就是代上 11:13 中的巴斯達閔 Pasdammim
0056，以利亞撒在此擊敗非利士人，使以色列人大
獲全勝。

0153　以旬迦別 Ezion-geber
巨人的脊骨 Gaint's backbone

●T.el-Kheleifeh，是位於阿卡巴灣西北角上的一個海港
廢墟，也就是今日以色列的 Elat 商業大港，在其東側
約 4 公里處的就是今日約旦的 Al-Aqabah 的大港，昔
日的以拉他或以祿 Elath or Eloth，則是在以拉他之西
約 2 公里處，有學者認為以旬迦別和以拉他是兩個不
同的地方，也有學者認為兩者相距不過僅四公里，應
該是一個大都會城市，而且兩者有很多相同之處，關
係也很密切，故本文在地名上分開處理，但在解釋上
則一併說明。

此兩地除鄰海而具有海運之利外，昔日的重要通商大
道，即是君王大道也經由此，可往西通埃及，往北通
約但河東，經大馬色後再去末所波大米，故是一個軍
事和商業的重鎮，又因亞拉巴峽谷中出產豐富的銅和

鐵等金屬，故也曾是一個興盛的煉銅工業區，該廢墟
除了有一個巨大的煉銅的鎔爐之遺跡之外，尚發現它
是個設備完善的工業、海運、倉儲和旅運的中心，可
提供各項良好的服務。又伊勒巴蘭 El-Paran，可能是包
括兩者在內的一個地區。

民 33:35 是以色列人出埃及旅途中的第三十二個站
口，從阿博拿而來，再往加低斯去。

申 2:8 摩西述說出埃及行程中的一段，說，「於
是我們離了西珥，從亞拉巴的路，經過以
拉他，以旬迦別，轉向摩押曠野的路上
去」。

王上 9:26，代下 8:17
所羅門王在以東地紅海邊，靠近以祿的以
旬迦別製造船隻，到俄斐去運金子到所羅
門王那裡。

王上 22:48 約沙法王製造他施船隻，要往俄斐去運金
子，但船在以旬迦別破壞了。

0154　以利亞利(省) Elealeh
神的名被高舉 God has ascended

●el-Al，位於希實本的東北約 3 公里，拉巴西南約 18
公里。考古學家已發掘出主前兩千年時所建之城牆廢
墟。

民 32:3 迦得和流便兩支派向摩西所要求分給之一
城。

民 32:37 流便的子孫所建造的六個堅固城之一。

賽 15:4，耶48:34
諸先知所論之以利亞利，均係屬摩押所有。

0155　以利哩古 Illyricum
喜悅 Joy

●是羅馬帝國的一個省，約是今日的南斯拉夫的全
境，及阿爾巴利亞的北部，和義大利隔著亞得里亞海相
對，東接班挪尼亞 及 Moesia，南接馬其頓，境內多
山，沿海港灣林立，港口尤多，居民野蠻好鬥，主前
四和三世紀間，經常騷擾馬其頓和羅馬等鄰邦，並專
以海上打劫為業，被希臘人視為半開化之民族，野蠻
而貪財，是所有人之公敵，羅馬帝國屢剿不清，直到
主前 33 年為羅馬帝國所降伏，成為羅馬的一省。

羅 15:19 保羅述說他傳道之廣，遠至以利哩古。

※同提後 4:10 中之撻馬太 Dalmatia 1150，是提多前往
傳道之處。

0156　以法拉音 Ephrain
加倍結果的 Doubly fruitful

●et-Taiyibeh，位於伯特利的東北方約 7 公里，耶路撒
冷之北約 21 公里，一條小溪的發源處。

代下 13:19 猶大王亞比雅在洗瑪臉打敗以色列王耶羅
波安之後，攻取了他的幾座城，就是伯

特利，耶沙拿和以法拉音(或作以弗倫)等，並包括其屬城的鎮市。

※同書 18:23，撒上 13:7 中的俄弗拉 Ophrah 0689-1。

※同撒下 13:23，及約11:54中的以法蓮 Ephraim 0142-1。

※以弗倫 Ephron 0132。

0157-1 以便以謝 Eben-ezer
援助之石 Stone of help

●Izbet Sartah，位於亞弗東南約 3 公里，約帕東北東約 22 公里，沙意耳旱溪的北岸。

撒上 4:1　以色列人安營在以便以謝，與聚在亞弗的非利士人交戰，兩次均戰敗，神的約櫃也被擄去。

撒上 5:1　非利士人將神的約櫃從以便以謝抬到亞實突，放在大袞廟內大袞的旁邊。

0157-2 以便以謝 Eben-ezer

●以便以謝及善兩地的位置皆無從查考，米斯巴的位置則是在耶路撒冷的正北方約 12公里，故以便以謝似應在米斯巴的附近不遠之處。有學者建議是在 Burj el-Isaneh，位於示羅之南約 6 公里。

撒上 7:12　神的約櫃被擄二十年後，以色列人聚集在米斯巴，擊敗了來犯的非利士人，撒母耳將一塊石頭立在米斯巴和善的中間，給石頭起名為以便以謝，說，到如今耶和華都幫助我們。

0158 以特加汛 Ittah-Kazin
審判的時候 Time of judge
極端之類 Kindred of th extremity

●位置不明，但應該西布倫支派的地業之內，並靠近拿弗他利之地。可能是今日的 Kefr Kenna。

書 19:13　西布倫支派所得為業之一城，位於東方的邊界上。

0159 以馬忤斯 Emmaus
溫泉 Warm Spring

●有六個以上可能之處，但都尚有爭議，可能性較大的四個地方是：

一、El-Qubeibeh，位於耶路撒冷西北西約 13 公里，伯特利西南約 9 公里，其距離與路加福音所述者相若，1943 年再度發掘，發現有一世紀時之古村遺物，有一座第三世紀建的聖堂和一座拜占庭式的教堂，此堂在 529 年被毀於撒瑪利亞人手，又重建於 614 年，後被波斯人所毀，改建成回教寺。十字軍時，建有一羅馬堡壘式之聖堂於此。1878年天主教聖方濟會購得其地，在上建有教堂和修道院，名叫 Church of Cleopas 革流

巴堂，革流巴是在那裡見到復活後主耶穌的兩個門徒之一。

二、Imwas [Emmaus]，Nicopolis，位於耶路撒冷西北西方約 23 公里，伯特利西南西約 25 公里，它是耶路撒冷西面的防衛前哨，又是亞雅崙區的政治中心，從第三世紀開始，此地改名為尼哥波立，意即勝利之城。考古工作自 1875 年開始，陸續到 1930年為止，掘出三、六、十二等世紀時所建之教堂多處，其中之一名叫 Latrun Monastery，廢墟現在加拿大公園之內。此一地距耶路撒冷似稍遠，故可能性並不高。

三、Abu-Ghosh，位於耶路撒冷之西約 13 公里，伯特利之南西南約 18 公里，古基列耶琳城的西北方，是由耶路撒冷往約帕的大道上一個重要的軍事據點，如今是耶路撒冷城郊外的一個遊憩中心。依拜占庭的傳統說法，此城就是以馬忤斯，因此十字軍在此建了一座大紀念堂，在紀念堂的大地窖裡，有一道溫泉，也命名為以馬忤斯泉。但經考證，是以馬忤斯之可能性甚低。

四、Qaloniyeh，Colonia，位於耶路撒冷西北西約 7 公里，伯特利西南南約 15 公里。

路 24:13　主耶穌復活後，正當那日，門徒中有兩個人往一個村子去，這村子名叫以馬忤斯，離耶路撒冷約有二十五(華)里，(原文為 60 Furlongs，約為 11 公里) 他們彼此談論所遇見的這一切事。

0160 以實提莫 Eshtemoh
順服 Obedience, 聽 To hear
驚奇之火 Fire of astonishment

●es-Samu小村莊，位於希伯崙之南約16公里，別是巴東北方約29公里處，已經有部份作考古的開挖，至今在地面上尚存有一些古代的遺物和會堂遺跡。

書 15:50，21:14，代上 6:57
　　　猶大支派所得為業在山地第一組十一座城之一，隨後再歸給利末支派的亞倫族為地業。

撒上 30:28　大衛戰勝亞瑪力人回到洗革拉之後，從掠物中取些為禮物，分送給他素來所到之處的人，其中有住在以實提莫的。

0161 以實瑪利(人) Ishmaelites
神必會聽 God will hear

●以實瑪利係亞伯拉罕從妾埃及人夏甲所生，他在巴蘭的曠野成長及定居，又娶埃及女子為妻，生十二子，各為族長，其後裔皆是稱為以實瑪利人，他們住處是在他們眾弟兄，以撒後代的東邊，從哈腓拉直到埃及前的書珥，正在亞述的道上。就廣義而言，以實

瑪利人乃指阿拉伯沙漠北境的遊牧民族，又因以實瑪利人是沙漠中首要之民族，故可作爲沙漠中各民族之代表及統稱，如今亞拉伯人皆效法穆罕默德自稱爲以實瑪利人的後裔。又米甸人係亞伯拉罕從古實人基土拉所生六子中的第四子的後裔，也是希伯來人和埃及人的混血後代，而且也是住在以撒後裔的東邊，這兩族後來實際上混合成了一族，故以實瑪利人和米甸人兩個族名常有通用的情形。

創　37:25，39:1
　　　　約瑟被他的兄長賣給一夥米甸的以實瑪利人，他們是從基列地，用駱駝運香料，乳香，沒藥，要到埃及去。他們又把約瑟賣給法老的內臣，名叫波提乏的護衛長作爲僕人。

士　8:24　基甸救以色列人脫離米甸人的手，基甸對以色列人說，請把你們奪來的耳環給我，原來仇敵是以實瑪利人，都是戴金耳環的，此外還有米甸王所戴的月環，耳墜，並駱駝項上的金鍊子，基甸以此製造了一個以弗得，設在本城俄弗拉。

撒下　17:25，代上 2:17
　　　　押沙龍立亞瑪撒作元帥，他是以實瑪利人（又作以色列人）。

代上　27:30　爲大衛王掌管駱駝的是以實瑪利人阿比勒。

詩　83:6　要害神百姓的諸族中，有住帳棚的以東人，和以實瑪利人等。

0162　以伯蓮姑珥　Gur Nr Ibleam
　　　Gur 的意思是陡坡 incline，以伯蓮姑珥的意思是，靠近以伯蓮城的一處陡坡。

●詳細之位置不明，按亞哈謝是從耶斯列逃往以伯蓮，故以伯蓮姑珥應該是在以伯蓮城北方近處的一個陡坡。(以伯蓮城位於山之南麓)

王下　9:27　耶戶到了靠近以伯蓮姑珥的坡上擊傷了猶大王亞哈謝，亞哈謝逃到米吉多，就死在那裡。

※NIV 爲 on the way up to Gur near Ibleam，TEV 爲 on the road up to Gur，near the town of Ibleam，KJV 爲 And they shot him at the Ascent of Gur，which is by Ibleam.

0163　以耶亞巴琳　Ije-abarim
　　　亞巴琳之廢墟 Ruins of Abarim
　　　更遠處之土堆 Heaps of further region

●el-Medeiyineh，位於撒烈溪南岸，距死海南端的瑣珥約 30 公里。

民　21:11　是以色列人出埃及旅途中的第三十八個安營之處，係自阿伯起行，安營在以耶亞巴琳，該地是在與摩押相對的曠野，面向著

日出之地，下一站是撒烈溪。

民　33:44　中則爲，安營在以耶亞巴琳，摩押的邊界，下一站是底本迦得。

0164　以倫伯哈南　Elon-beth-hanan
　　　恩典之家的橡樹 Oak of the house of grace

●此一地名有兩種解釋，第一、它只是一個地名，與書 19:43 中的以倫 Elon 是同一地。第二、它是以倫 Elon 和伯哈南 Beth-hanan 等兩個不同的地名被連接在一起。以倫的位置是在耶路撒冷西北約 19 公里，伯特利西南約 21 公里，今日名叫 Kh.Ain Alin 的一個廢墟。也有學者認爲以倫就是亞雅崙城，位於耶路撒冷西北西約 24 公里，伯特利西南約 23 公里。伯哈南則是名叫 Beit Anan 的廢墟，位於耶路撒冷西北約 17 公里，伯特利西南約 15 公里。

王上　4:9　所羅門王所設置的十二個行政區中的第二區，由便底甲所管理，其轄區內有以倫伯哈南等四個城。

※可能是書 19:43 中的以倫 Elon 0118。

0165　加他　Kattath
　　　細微的 Diminutive

●位置不明。但應在該支派地業的境內，有可能是 Kh.Quteineh 廢墟。

書　19:15　西布倫支派所得爲業之一城。

（※有可能即是士1:30中的基倫 Kitron 0915，西布倫沒有趕出住在該地的迦南人。）

0166　加各　Karkor
　　　挖掘 Excavation，除根 Extirpation
　　　很低的地面 Deep ground

●Qarqar 小城，位於大馬色東南約 270 公里，以旬迦別東北約 320 公里，死海東方約 180 公里處，在自拉巴通往度瑪的大道上。

士　8:10　西巴和撒慕拿的軍隊都在加各，就是東方人全軍所剩下的，約有一萬二千人，基甸追去殺敗了他們。

0167　加們　Camon
　　　立足處 Standing place
　　　興隆，起來 Riaing up

●Qamm，位於基列的拉末以西約 33 公里，基列雅比之北約 26 公里。

士　10:5　基列人睚珥興起，作以色列士師二十二年，他去世後就葬在加們。

0168-1加拿(河)　Kanah,Wadi
　　　蘆葦之地 Place of reeds

●Wadi Qanah[Nahal Mikhmar] 溪，是一條經常乾涸的旱溪，發源自示劍和示羅中間，在高約八百公尺的山嶺間，由東流往西，在距海岸約十公里處與雅孔河會合，全長約 46 公里。

書　16:8，17:9
是以法蓮及瑪拿西兩支派之分界線。

0168-2加拿 Kanah

●Kh.Qanah ，位於推羅東南方約 13 公里，但城之西約 31公里處，距海約 9公里。有兩條道路通過，是一處重要的交通孔道。在埃及的碑文中的記載，是 1290 BC 法老蘭塞所佔領的城市之一。

書　19:28 亞設支派所得為業的二十二座城之一。

0169-1加略(人) Iscariot
加略人或從加珥坦來的
Man of Kerioth or from Kartan

●Kh.el-Qaryatein [T.Qeriyot]，位於希伯崙的南方約 21 公里，別是巴東北約 30公里，死海西方約 25 公里之處。

太　10:4，可14:10，約6:71，12:4，13:2，26，14:22
西門的兒子加略人猶大，以三十塊錢將主耶穌出賣了。(英文中的 Iscariot 是猶大的姓，意思是加略人或從加珥坦來的 Man of Kerioth or from Kartan)
※同書 15:25 中之加略希斯崙 Kerioth-hezron 0177。
※可能是書 15:25 中之夏瑣 Hazon 0839-2。

0169-2加略 Kerioth
城市 City，cities

●el-Qereiyat，位於死海的東方約 14 公里，希實本西南約 32 公里，底本西北約 10公里。有人認為它是摩押古都亞珥的別名，因原文中似指為首都，而且當列舉摩押的城市時 ，凡有亞珥時，皆不提加略，反之，有加略之時，則不提亞珥。亞珥是今日的 El-Misna，位於底本以南約 24 公里，吉珥哈列設之北約 11 公里，距死海約 25 公里，亞嫩河的南岸約 3.5公里，其地可以控制亞嫩河谷的深谷，是一個戰略重地。

耶　48:24，摩 2:2
諸先知論摩押時，預言攻取加略的保障，燒滅加略的宮殿。

0170　加大拉 Gadara
一個外鄉人走近 A stranger drawing near

●有兩個可能之處：
一、Kursi，位於迦百農東南約 10 公里，提比哩亞城以東約 10 公里，加利利湖的東岸，在 1970 年被發現後開始挖掘，挖出來一所五世紀時修建的大修道院，長 144 公尺，寬 121公尺，四周有高三公尺之圍牆，內有教堂、住所、客房、農漁業設備等，修道院東南的山坡上有一塊高有八公尺大岩石，岩石的四周有圍牆，考古學家在 1980 年掘出一座小教堂，地板是以精嵌的圖案為裝飾，其拱形後殿直伸展進入一個洞穴，都與聖經上所記之事有關連。

二、Umm el-Qeis，位於拿撒勒之東約 35 公里，迦百農東南約 26 公里，加利利湖的東南方約 10 公里，亞歷山大於 333 BC 在此建有堅強的堡壘和希臘化的城市，曾是加利利海東南沿岸一帶的首府，到 166 BC 為馬加比所占，63 BC 為羅馬所攻克，在新約時代是當時低加波底的一城，加大拉人的地方可能就是以該城為中心的一個區域，包括了加利利湖東南岸一帶的地方。考古學家發現這是一個希臘化的城市，遺物中有競技場、方形會堂、水渠、神廟、民房、廣場等等，都顯出此城之大和美。

太　8:28 耶穌來到加大拉人的地方，就有兩個被鬼附的人，從墳墓裡出來，極其兇猛，⋯⋯鬼就央求耶穌說，若把我們趕出去，就打發我們進入豬群罷，耶穌說，去罷，鬼就出來，進入豬群，全群忽然闖下山崖，投在海裡淹死了。合城的人都出來迎見耶穌，並央求他離開他們的境界。
※同可 5:1 及路 8:28 中的格拉森 Gadarenes 0871。

0171-1加利利(湖) Sea of Galilee

●今日仍稱為加利利海，又稱基利烈湖、提比哩亞海和革尼撒勒湖，是以色列的第二大內陸湖，水源自北端流入，再在南端流出注入約但河，上流是上約但河，其注入之水量尚不足流出水量的一半，反是自湖底和岸邊的幾個溫泉的水流較多，湖之形狀似梨，或七絃琴，北部較寬約 13 公里，南北長約 24 公里，湖水水面低於地中海海面約有 210 公尺，最深處在北部，深達 228 公尺，水清而味甜，故盛產魚類，水面常平靜無波，但仍常有狂風巨浪，四周為山嶺及台地，故海岸多屬陡峭，只有三處甚為窄小的平原，在東北方有伯賽大平原，西北有革尼撒勒平原，南方有以今日名為 Semakh 城為中心的約但平原，在新約的時代，湖邊計有十個人口在一萬五千人以上的城市，就是基尼烈、抹大拉、提比哩亞、迦伯農、哥拉汛、伯賽大、伯賽大猶利亞斯、加大拉及希波等。湖岸各地以漁業、農耕、染布、製革、造船、醫療及商業為主，也因地居要衝，交通便利，故自舊約時期時，即已是一個萬國會合之所，至新約時代，更是迦南最繁榮的地區之一。

太　4:18，可 1:16

耶穌順著加利利海邊行走，看見西門，和
西門的兄弟安得烈，在海裡撒網，他們本
是打魚的，耶穌對他們說，來跟從我，我
要叫你們得人如得魚一樣，他們就立刻捨
了網，跟從了他，又有雅各，約翰也跟從
耶穌去了。

太　15:29　耶穌來到靠近加利利的海邊，醫治了許多
瘸子，瞎子，啞吧，有殘疾的，和好些別
的病人。

可　7:31　耶穌又離了推羅的境界，經過西頓，就從
低加波利境內來到加利利海。

約　6:1　這事以後，耶穌渡過加利利海，就是提比
哩亞海。

※同民 34:11 中的基尼烈湖 Sea of Chinnereth 0951-1。
※又同路 5:1 中之革尼撒勒湖 Lake of Gennesareth
　0824-1。
※提比哩亞海 Sea of Tiberias 1007-1。

0171-2加利利(地) Galilee
周圍 Circle， 環行 Circuit， 區域 District

●以一個地理區域來說，加利利地的範圍，大約是北
起自立坦尼河之南，西與腓尼基和亞柯平原為鄰，南
止於米吉多平原和耶斯列谷的北緣，東則以約但河谷
和加利利湖為界，全區都是高原夾有山丘，地勢從北
往南逐漸傾斜下去，中間有一名叫 Wadi esh-Shaghur
的斷層，兩側的高差相差很大，就把全區分為上下兩
部份，北部稱為上加利利，海拔在約 600 至 1200 公尺
之間。南部則稱下加利利，是一連串平均在 560 公尺
以下的山嶺，又有廣闊的谷地和傾斜的山坡介乎中
間，谷地的雨水充足，土壤肥沃，物產豐富，種類繁
多。自大馬色北來的國際大道經過此地再往南去，所
以也是一個交通要衝。

如按行政區域分，在約書亞時代時，其西南部屬西布
倫支派，東南部屬以薩迦支派，餘下之大部均屬拿弗
他利支派所有，在新約時代則是羅馬帝國的加利利
省。

書　21:7，代上 6:76
以色列人在拿弗他利山地，分定加利利的
基低斯為逃城，並歸給革順族為地業。

王上 9:11　所羅門王就把加利利地的二十座城給了推
羅王希蘭，以酬謝他資助建殿所需之香柏
木，松木和金子。

王下 15:29　以色列王比加年間，亞述王提革拉毘列色
來奪取了加利利和拿弗他利全地等地，將
這些地方的居民，都擄到亞述去了。

賽　9:1　先知預言說，末後卻使這沿海的路，約但
河外，外邦人的加利利地，得著榮耀。

太　2:22　約瑟在夢中被主指示，便往加利利境內去
了，到了一座城，名叫拿撒勒，就住在那
裡。

太　3:13　當下耶穌從加利利來到約但河，見了約
翰，要受他的洗。

太　4:12，可 1:14
耶穌聽見約翰下了監，就退到加利利去，那
地方靠海，在西布倫和拿弗他利的邊界上。

太　4:23，路 4:44
耶穌走遍加利利，在各會堂裡教訓人，傳
天國的福音，醫治百姓各樣的病症。

太　17:22　他們還在加利利的時候，耶穌對門徒說，
人子將要被交在人手裡，他們要殺害他，
第三日他要復活。

太　19:1　耶穌說完了這些話，就離開加利利，來到
猶太的境界，約但河外，有許多人跟著
他，他就在那裡把他們的病人治好了。

太　21:11　耶穌既進了耶路撒冷，合城的人都驚動
了，說，這是誰，眾人說，這是加利利拿
撒勒的先知耶穌。

太　26:32，可 14:28
耶穌說，但我復活以後，要在你們以先往
加利利去。

太　27:55，可 15:41，路 23:49
有好些婦女在那裡，遠遠的觀看，他們是
從加利利跟隨耶穌來服事他的。

太　28:7，可 16:7
天使說，快去告訴他的門徒說，他從死裡
復活了，並且要在你們以先往加利利去，
在那裡你們要見他。

太　28:16　十一個門徒往加利利去，到了耶穌約定的
山上，他們見了耶穌就拜他，然而還是有
人疑惑。

可　1:28　耶穌在迦百農將一個污鬼從被附的人身上
趕出去，耶穌的名聲，就傳遍了加利利的
四方。

可　3:7　耶穌和門徒退到海邊去，有許多人從加利
利跟從他。

可　9:30　他們離開那地方，經過加利利，耶穌不願
意人知道。

路　1:26　天使加百列奉 神的差遣，往加利利的拿
撒勒城去，對童女馬利亞說……。

路　2:39　約瑟和馬利亞，照主的律法，辦完了一切
的事，就回加利利，到自己的城拿撒勒去
了。

路　4:14　耶穌受完試探，滿有聖靈的能力回到加利
利，他的名聲就傳遍了四方。

路　17:11　耶穌往耶路撒冷去，經過撒瑪利亞和加
利利。

路　23:5　眾人對彼拉多說，他煽動百姓，在猶太遍
地傳道，從加利利起直到這裡。

約　1:43　耶穌想到加利利去，遇見腓力，就對他
說，來跟從我罷。

約　2:1　在加利利的迦拿有娶親的筵席，耶穌在那
裡將水變為酒，是他所行的頭一件神蹟。

約　4:3　耶穌就離了猶太，又往加利利去。

約　4:45　耶穌又到了加利利的迦拿，就是他從前變水為酒的地方。

約　4:54　耶穌在加利利的迦拿，醫好了一個大臣在迦百農的兒子的病，這是耶穌在加利利行的第二件神蹟。

約　7:1　這事以後，耶穌在加利利遊行，不願在猶太遊行，因為猶太人要殺他。

約　7:41　有的說，這是基督，但也有的說，基督豈是從加利利出來的麼。

約　7:52　他們回答說，你也是出於加利利麼，你且去查考，就可以知道加利利沒有出過先知。

0171-3加利利(人) Galileans

●狹義的說就是指基督耶穌的門徒，因他們大多數是加利利人。廣義的說，則是住在加利利地區的人，請詳見 0171-2。

太　26:69，可 14:70，路 22:59
　　有一個大祭司的使女對彼得說，你素來也是同那加利利人耶穌一夥的，但彼得不肯承認。

路　13:1　正當那時，有人將彼拉多使加利利人的血攙雜在他們的祭物中的事告訴耶穌，耶穌說，你們以為這些加利利人比眾加利利人更有罪，所以受這害麼。

路　23:6　彼拉多因耶穌是加利利人，屬希律所管，就把他送到耶路撒冷，希律那裡去。

徒　1:11　耶穌被一朵雲彩接去後，有兩個穿白衣的人說，加利利人哪，你們為什麼站著望天呢，這離開你們被接上天的耶穌，你們見他怎樣往天上去，他還要怎樣來。

徒　2:7　門徒用眾人的鄉談說話，就甚納悶，都驚訝希奇的說，這說話的不都是加利利人麼。

0172　加低斯 Kadesh
奉為神聖 Consecrated

●是一個具有四處大的水泉的綠洲區，長度約有 25 公里以上，由東南向西北計有 Ain Qudeis，Ain Qudeirat，Ain Qoseimeh，及 Ain el-Muweilah 等四大水泉，大約的位置是在別是巴的西南南方約 78 公里處，該地是西乃，南地和以東的交界點，早期解經家認為 Ain Qudeis 是加低斯，因該綠洲仍保有加低斯之原名，但其水量是四者中最小者，其位置在別是巴的西南南方約 80 公里，迦薩之南約 102 公里，後又學者認為是 Ain Qudeirat，因為它的水量是最豐富的一處，所以才是加低斯，其位置在別是巴之西南南方 76 公里，迦薩之南 95 公里。此兩說法都尚無定論，一般則可認為前者是加低斯的代表，而後者是居住及活動的中心。在考古的發現上，有主前四千年人類活動的遺

跡，但沒有出埃及時期前之建築物，只有猶大人的碉堡八個，似被以東人所毀。在本書中的地圖中，則暫採用後者之位置繪製。

創　14:7　北方四王南征時，在安密巴就是加低斯，殺敗了亞瑪力全地的人(2080 BC 前後)。

創　16:14　在加低斯和巴列中間有一井名庇耳拉海萊。

創　20:1　亞伯拉罕曾住在加低斯和書珥中間的基拉耳。

民　13:26　探子們窺探迦南地後回到巴蘭曠野的加低斯，會眾聽了他們的報告，又發怨言，要另立一個袖領帶他們回埃及去，耶和華的榮光在會幕中顯現，使以色列人轉回從紅海的路往曠野去，又罰不信的人不得進迦南。

民　20:1，士 11:16
　　正月間，以色列人到了尋的曠野，就住在加低斯，米利暗死在那裡，並葬在那裡(1408 BC 前後)。

民　20:14　摩西從加低斯差遣使者去見以東王，請他同意以色列人借道經過以東到迦南去，但未獲准許。

民　20:16　加低斯是在以東的邊界上。

民　20:22　以色列人從加低斯起行，到了以東邊界附近的何珥山，會眾沒有水喝，就聚集攻擊摩西，摩西用杖擊打磐石兩下，就有許多水流出，這水就名叫米利巴水。

民　33:36　以色列人從以旬迦別起行，安營在尋的曠野，就是加低斯(離開西乃山後的第二十一個安營處)，再去何珥山。

申　1:46　以色列人在西珥被亞摩利人殺敗後，在加低斯住了許多日子，此後轉回從紅海的路往曠野去，在西珥山繞行了許多日子。

詩　29:8　耶和華的聲音震動加低斯的曠野。

※安密巴 En Mishpat 0258。
※可能即是民 33:18 中的利提瑪 Rithmab 0419。
※同民 32:8 中的加低斯巴尼亞，加低斯乃是加低斯巴尼亞 Kadesh-Barnea 0178 的簡稱。
※同結 47:19 中米利巴加低斯 Meribah-Kadesh 0295，是以西結所預言以色列的南界。
※同民 20:13 中的米利巴 Meribah 0276-2。

0173　加拉太(地) Galatia
高盧族之地 Gaulish land，乳狀的 Milky

●加拉太這個名字在保羅的時代有兩個意思，其一是指小亞細亞北部高盧人所居住的加拉太地區，位於北部。另一個則是廣意的指羅馬帝國的加拉太省，其範圍不但較大，而且經常變化，很難一一說明，大約是包括了呂高尼，彼西底，部份的加帕多家和部份的本都等，它的省會就是今日土耳其的首都 Angora 安哥拉。

徒　　16:6，18:23
　　　　　保羅和同伴們曾兩次經過弗呂家及加拉太
　　　　　地方。
林前 16:1　保羅說，論到聖徒捐錢，我從前是怎樣吩
　　　　　咐加拉太的眾教會，你們也當怎樣行。
加　　1:2　加拉太書是保羅寫給加拉太教會的信。
提前 4:10　革勒士往加拉太去。
彼前 1:1　耶穌基督的使徒彼得，寫信給那分散在本
　　　　　都，加拉太，加帕多家，亞細亞，庇推尼
　　　　　寄居的信徒。

0174　加珥他 Kartah
城市 City，集合城 Concourses city

●位置不明，但應在西布倫地業的境內。
　書　21:34 利未支派的米利拉族，自西布倫的地業中
　　　　　所取得的一座城。

0175　加珥坦 Kartan
城市 City，town

●Kh.el-Qureiyeh，位於基低斯之西約 13 公里，亞革悉
東北約 29 公里。
　書　21:32 利未支派的革順族自拿弗他利支派地業中
　　　　　所得之一城。
※同代上 6:76 中的基列亭 Kiriathaim 0946-2。

0176　加帕多家(省) Cappadocia
駿馬 Fine horses

●是當時羅馬帝國的一個行省，其位置大約是現今土
耳其的中心部份，北接本都，東接伯拉大河，與敘利
亞和亞美利亞為鄰，南接基利家，西方以 Halys River
及 Tuz Golu 湖與加拉太為鄰。境內多山，氣候乾燥，
盛產小麥及良馬，多金屬礦產。但民風粗獷卑俗，並
販賣和輸出奴隸。散居其間的猶太人為數甚多。主後
四世紀時，成為天主教重要之中心之一。
　徒　2:9　是五旬節所說的方言之一。
　彼前 1:1　彼得寫信給分散在加帕多家等地的信徒。

0177　加略希斯崙 Kerioth-hezron
雙城 The two cities
城中之廣場 Court yard of cities

●Kh.el-Qaryatein [T.Qeriyyot]，位於希伯崙的南方約
21 公里，別是巴東北約 30 公里，死海以西約 25 公
里。
　書　15:25 猶大支派在儘南邊所得為業二十九座城之
　　　　　一，又名叫夏瑣。
※同太 10:4 中的加略 Iscariot 0169-1，出賣主耶穌的猶
　大是加略人。
※可能是書 15:25 中之夏瑣 Hazon 0839-2。

0178　加低斯巴尼亞 Kadesh-barnea
奉為神聖 Consecrated
巴尼亞的聖城 The holy city of Barnea

●即是加低斯，是一個具有四處最大的水泉的綠洲
區，長度約有 25 公里以上，以其中的 Ain Qudeirat 水
泉的水量是最豐富，最適合居住，其位置在別是巴之
西南南方 76 公里，迦薩之南 95 公里。經由考古的發
現，只有主前四千年人類活動的遺跡，但卻沒有出埃
及時期前之建築物，又有後期猶大人所建碉堡八個的
遺跡，似被以東人所毀。請參看加低斯0172 之說明。
　民　32:8　神從加低斯巴尼亞打發你們的祖先去窺探
　　　　　那地，(書 14:6 約書亞當時是四十歲，
　　　　　1444 BC 前後)，參看民 33:3 從巴蘭曠野
　　　　　打發他們去。
　民　34:4，書 15:3
　　　　　迦南及猶大的南境都是從加低斯巴尼亞的
　　　　　南方通過。
　申　1:2　從何烈山起行，經過西珥山到加低斯巴尼
　　　　　亞有十一天的路程。
　申　1:20　從何珥山起行到了加低斯巴尼亞，就是耶
　　　　　和華所賜給我們亞摩利人之山地。
　申　2:14　自從離開加低斯巴尼亞，到過撒烈溪時，
　　　　　共有三十八年，等那時代的兵丁都從營中
　　　　　滅盡。
　書　10:41 約書亞從加低斯巴尼亞攻擊迦薩，又攻擊
　　　　　歌珊全地。
※同創 14:7 中的安密巴 En Mishpat 0258。
※加低斯 Kadesh 0172，是加低斯巴尼亞的簡稱。
※同民 20:13 中的米利巴 Meribah 0276-2。
※同民 27:14 中的加低斯米利巴 Meribah at Kadesh
　0179，摩西和亞倫在此違背了神的命令，沒有尊耶
　和華為聖。
※同結 47:19 中米利巴加低斯 Meribah-kadesh 0295，是
　以西結所預言以色列的南界。

0179　加低斯米利巴 Meribah at Kadesh
加低斯的爭吵 Strife of Kadesh

●是在加低斯巴尼亞的地區之內，但其確實位置不
詳，有可能是指水源最豐富的一處綠洲，現今名叫 Ain
Qudeirat 的，大約的位置是在別是巴的西南南方約 76
公里，迦薩之南約 95 公里。餘請參看加低斯 0172 之
說明。
　民　27:14 因為你們在尋的曠野，當會眾爭鬧的時
　　　　　候，違背了我的命令，沒有在湧水之地會
　　　　　眾眼前尊我為聖，(這水，就是尋的曠野
　　　　　加低斯米利巴水)。
※同創 14:7 中之安密巴 En Mishpat 0258。
※同加低斯 Kadesh 0172，及加低斯巴尼亞 Kadesh-
　bernea 0178。
※同民 20:13 中的米利巴 Meribah 0276-2，是其簡稱。
※同結 47:19 中米利巴加低斯 Meribah-kadesh 0295，是

以西結所預言以色列的南界。

0180　可拉(人) Korahites
禿頭 Baldness，冰 Ice

●位置不明，可能是一個族名。

代上 9:19　可拉的後代，沙龍和他的族弟兄可拉人，
都管理使用之工，並守會幕之門。

代上 12:6　大衛的勇士中有可拉人以利加拿等六人。

0181　古巴(地) Chub,Cub
荊棘 Thron，聚集成群 Clustered

●位置未能確定，可能是呂彼亞，多數的學者認為是
在埃及的西北部，尼羅河三角洲的西方和現今之利比
亞。

結　30:5　埃及及與其結盟必一同倒在刀下的人中有
古巴人。

※可能同耶 46:9 中的呂彼亞 Libya 0425，弗 Put
0260。

0182　古他 Cuthah
焚燒 Burning，寶藏 Treasury

●T.Ibrahim，位於巴比倫城之北約 15 公里，是古代一
個很重要的城市，可能曾是蘇美王朝的首都，比巴比
倫城建立得更早，有兩條河流流經，是一商業重鎮。
自 1882 年起，已經開始有考古的開挖工作，城址高約
84 公尺，方圓約公里，現仍存有一祀奉匣甲的大廟廢
墟。

王下 17:24　亞述王從古他等地，遷移人來，安置在撒
瑪利亞的城邑，代替以色列人，住在其
中。

王下 17:30　古他人製造匣甲的神像。

0183　古示(地) Cushite
黑 Blackness

●即古實和埃及，在舊約中的其他處均譯作古實，請
參看古實 0185-3 和埃及 0835-1 條之說明。

撒下 18:21　押沙龍被殺，一個古示人跑去向大衛報信。

※同徒 8:27 中的埃提阿伯 Ethiopion 0837。

※同王下 19:9 中之古實 Ethiopia 0185-1。

※同埃及 Egypt 0835-1。

0184　古珊(地) Cushan
黑 Blackness

●位置不明，可能是亞拉伯沙漠中的一個民族，也可
能是古實 Cush 0185-2 的另一個形式。

哈　3:7　先知哈巴谷的禱告說，我見古珊的帳棚遭
難，米甸的幔子戰兢。

0185-1古實(地) Cush
黑 Blackness

●此一古實是在 1800 BC 至 1300 BC 間，統治大部份
示拿地區的卡斯族人 Kassites，該族素有兩河之間的
古實之稱，其位置則可能是在底格里斯河之東岸，Der
城附近之地區。再者，古實之子寧錄在示拿地建國，
廣義的也可說是古實的國和古實之地，其範圍包括示
拿地，往北到達尼尼微在內。

創　2:13　第二道河名叫基訓，就是環繞古實全地的。

0185-2古實(地) Cush

●古實是挪亞之孫，含之長子，他最初所有的土地略
等於今日的蘇丹，位於埃及南方，即是今日亞斯旺城
以南的地區，在早期可能僅是尼羅河第二與第三瀑布
之間的一小片地，後來擴大到包括了努比亞 Nubia 地
區在內，也就是今日埃及的南方和蘇丹北方邊緣。約
自 715 BC 開始，因有古實人在埃及取得政權，建立了
古實王朝，所以古實就常常用以代表埃及，而且兩者
互相通用，詳細資料請見埃及 0835-1 之說明。

創　10:6　含的長子古實所居之地區及國族名。

0185-3古實(地) Ethiopia

●位置及說明同前條 0185-2，在英文聖經中 Cush 和
Ethiopia 兩者已可通用，而且在 TEV 版中則直接的用
Sudanese，在 TCV 版中用蘇丹代之，則更容易認清其
位置。此一古代位於蘇丹之古實，其英文名與今日非
洲東南角上的衣索比亞的英文名相同，請勿混淆。在
主前七世紀，古實人曾一度統治埃及，故有時古實也
代表埃及。

民　12:1　摩西娶了古實的女子為妻，被他的姐姐米
利暗所毀謗。

王下 19:9　亞述王聽見人論古實王特哈加，說，他出
來要與你爭戰。

代下 12:3　羅波安王第五年，埃及王示撒上來攻打耶
路撒冷，並且跟從他出埃及的路比人，蘇
基人和古實人，多得不可勝數，他攻取了
猶大的堅固城，就來到耶路撒冷。

代下 14:9　有古實王謝拉，出來攻擊猶大人，到了瑪
利沙，於是亞撒王出去與他迎敵。……古
實人被殺甚多，不能再強盛。

代下 21:16　以後耶和華激動非利士人，和靠近古實的
亞拉伯人，來攻擊約蘭，擄掠了宮裡所有
的財貨，和他的妻子兒女。

斯　1:1　亞哈隨魯作王，從印度直到古實統管一百
二十七省。

伯　28:19　古實的紅璧璽，不足與比較。

詩　68:31　埃及的公侯要出來朝見神，古實人要急忙
舉手禱告。

詩　87:4　我要題起拉哈伯和巴比倫人是在認識我之中的，看哪，非利士和推羅，並古實人，個個生在那裡。

賽　11:11　當那日，主必二次伸手救回自己百姓中餘剩的，就是在亞述，埃及，巴忒羅，古實，以攔，示拿，哈馬，並眾海島所剩下的。

賽　20:3　先知預言說，照樣，亞述王也必擄去埃及人，掠去古實人。

賽　43:3　先知預言說，我已經使埃及作你的贖價，使古實和西巴代替你。

賽　45:14　先知預言說，耶和華如此說，埃及勞碌得來的，和古實的貨物必歸你。

耶　13:23　古實人豈能改變皮膚呢。

耶　38:7　在王宮裡的太監，古實人以伯米勒。

耶　46:9　勇士，就是手拿盾牌的古實人和弗人。

結　29:10　使埃及地，從色弗尼塔直到古實境界，全然荒廢淒涼，四十年之久並無人居住。

結　30:4　先知預言說，必有刀劍臨到埃及，在埃及被殺之人仆倒的時候，古實人就有痛苦，古實人，弗人，路德人，古巴人，都要與埃及人一同倒在刀下。

結　38:5　波斯人，古實人和弗人，各拿盾牌，頭上戴盔。

但　11:43　他必把持埃及的財寶，呂彼亞人和古實人，都必跟從他。

摩　9:7　耶和華說，以色列人哪，我豈不看你們如古實人麼。

番　2:12　古實人哪，你們必被我的刀所殺。

※同撒下18:21中的古示，因在英文本中是用Cush 0185。

※同徒8:27中的埃提阿伯 Ethiopion 0837。

0185-4古實(河) Ethiopia

●即是指今日埃及境內之尼羅河，請詳0191條。

賽　18:1　先知論古實之民英勇可畏，說，唉，古實河外翅膀刷刷響聲之地，你們快行的使者，要到高大光滑的民那裡去，自從開國以來那民極其可畏，是分地界踐踏人的。

番　3:10　祈禱我的，就是我所分散的民，必從古實河外來人給我獻供物。

0186　古利奈 Cyrene
牆 Wall

●現仍名叫 Cyrene。及 Shahhat 的小鎮，位於今日北非利比亞 Libya 北部海邊，離海岸約 8 公里，隔地中海與希臘相對，距開羅約 920 公里，耶路撒冷約 1300 公里，位在一個高約 550 公尺的台地上，其土地肥沃，氣候適中，一年可有三次收成，盛產玉米、棗子、羊毛等，古城係在主前七世紀時由希臘僑民所建，逐漸成為一商業重鎮，一度是 Cyrenaica 的首府，

而且以醫學聞名，在新約時代是羅馬帝國的呂彼亞省的屬地，居民有十萬人之多，以希臘人為主，猶太人次之，而且是猶太人最多的集中地。但在四世紀時被 Saracens 所毀，1911年開始有美國人在此作考古之發掘。

太　27:32，可 15:21，路 23:26
　　　　代主耶穌背負十字架的人是古利奈人西門。

徒　2:10　五旬節時的方言之一。

徒　6:9　並有古利奈，亞力山太，基利家會堂的幾個人，都起來和司提反辯論。

徒　11:20　那些因司提反的事遭患難四散門徒，直走到腓利基和居比路，並安提阿，向猶太人講道，其中有古利奈人。

徒　13:1　在安提阿教會中，有名叫路求的古利奈人。

0187-1尼波(山) Nebo. Mt.
高地 Height，先知 Prophet
傳令者 Herald，叫喚 to call
宣布 Announce

●大部份的學者認為今日的 Jebel En-Nebu 即是尼波山，是亞巴琳山脈中的一個山峰，山頂的高度約為 853 公尺，高出死海的水面約 1202 公尺，故其視野甚佳，位於希實本的西南方約 8 公里，毘斯迦山在其西約 2.5 公里，兩者間有一鞍部相連，尼波城在其南麓。

申　32:49　耶和華吩附摩西說，你上這亞巴琳山中的尼波山去，在摩押地與耶利哥相對，觀看我所要賜給以色列人為業的迦南地，你必死在你所登的山上。

申　34:1　摩西從摩押平原登尼波山，上了那與耶利哥相對的毘斯迦山頂，耶和華把基列全地直到但，拿弗他利全地，以法蓮，瑪拿西的地，猶大全地直到西海，南地，和耶利哥平原，直到瑣珥，都指給他看。

0187-2尼波 Nebo

●位置尚有爭議，有兩個可能之處，但都在尼波山之南麓，相距不遠，其一是 Kh.el- Mekhaiyet，位於希實本西南約 9 公里，米底巴西北約 7 公里：另一是 Kh.Ayun Musa，位於希實本西南約 6 公里，米底巴西北約 6 公里。

民　32:3，32:38，代上 5:8
　　　　迦得和流便兩支派向摩西所索取為業的九個城之一，是流便的子孫所重建，城名也是改了的，後來歸給流便支派的約珥所有。

民　33:47　以色列人出埃及旅途中的最後第二站，是從亞門低比拉太音起行，安營在尼波對面的亞巴琳山裡，再去摩押平原。

代上 5:8　流便的後代，約珥所住的地方是從亞羅珥直到尼波和巴力免。

賽　15:2，耶 48:1，:22
先知預言摩押將受罰，尼波等地將變為荒場而哀號。

0187-3 尼波 Nebo

●Nuba，位於耶路撒冷的西南方約 27 公里，希伯崙西北約 10 公里。

拉　2:29，尼 7:33
被擄到巴比倫的尼波人，回到本鄉者，首批計有五十二名。

0188　尼亞 Neah
搖動 Shaking，流浪 Wandering

●位置不明，但應是在該支派地業境內。可能是 Nimrim，位於 Kurn Hattin 之西不遠處，約是在以弗他伊勒谷之南端。

書　19:13 西布倫支派所得為業，位於北方的邊境上之一城。

0189　尼悉 Nezib
偶像 Idol，雕像 Statue

●Kh.Beit Nesib，位於希伯崙西北約 12 公里，伯利恆西南約 25 公里，栽他谷以東。

書　15:43 猶大支派所得為業在高原第三組的九座城中的一座。

0190　尼業 Neiel
神的居所 Dwilling of God
被神移動了的 God-moved

●Kh.Yanin [H.Yaanin]，位於亞柯的東方約 13 公里，基低烈城之西約 31 公里，Wadi esh-Shaghur 之南，亞柯平原的東側。

書　19:27 亞設支派所得為業的二十二座城之一。

0191　尼羅(河) Nile
黑色 Dark，藍色 Blue

●至今仍稱尼羅河，是非洲最長的河流，由南往北流入地中海，發源自位於赤道上的維多利亞湖，主幹名白尼羅河，向北流至蘇丹的首都喀土木後，匯合來自衣索比亞的支流藍尼羅河。在喀土木到亞斯旺之間，共有六個大瀑布，故不能作長途之水運。第一瀑布在亞斯旺稍南，是古埃及的最南的境界，現築有現今世界最大的水壩。亞斯旺以北不再有大的支流流入，也沒有瀑布的阻礙，故可行船，水路的交通順暢。在開羅以南約20公里處，就是廣闊的尼羅河三角洲，東西

寬約 180 公里，南北長約 160 公里，尼羅河在此原本是分為七大支流，但現僅存大兩支，其餘皆已淤塞。此河自維多利亞湖起，至流入地中海為止，共長約 6600公里，是世界最長之河流。在亞斯旺以北，尼羅河的河谷平均寬約 20 公里，河谷兩側則是沙漠的山丘和懸崖，成為尼羅河河谷的天然屏障。尼羅河定期每年的夏至(七月十九日)有洪水氾濫，為期約一百天，由於利用得法，不但少有災害，而且因洪水所帶來肥沃土壤，得以生產豐富的農產品，擁有糧倉之美名，因此埃及的人口集中在河谷中和三角洲之內，而使得尼羅河河谷孕育了埃及早在七千年前產生的文明，也成為近東的強國之一。

賽　19:7　先知預言埃及的禍亂說，靠尼羅河旁的草田，並沿尼羅河所種的田，都必枯乾，莊稼被風吹去歸於無有，打魚的必哀哭，在尼羅河一切釣魚的必悲傷。

賽　23:3　論推羅說，尼羅河的莊稼是推羅的進項，……好像尼羅河，不再有腰帶拘緊你。

耶　46:7　預言法老失敗說，像尼羅河漲發，像江河之水翻騰的是誰呢？

摩　8:8，9:5
先知責以色列人欺虐窮乏說，地必全然像尼羅河漲起，如同埃及河湧上落下。

亞　10:11 耶和華必經過苦海，擊打海浪，使尼羅河的深處都枯乾。

※聖經中有以下章節中所說的「河」，就是指尼羅河：

創　41:1　法老作夢見自己站在河邊，有七隻母牛從河裡上來。

出　1:22　法老吩咐說，以色列人所生的男孩，都要丟在河裡。

出　2:5　法老的女兒來到河邊洗澡，她救起並收養了摩西。

出　7:20　摩西在法老和臣僕眼前舉杖擊打河水，河裡的水都變成血了。

出　8:6　亞倫便伸杖在埃及的諸水以上，青蛙就上來遮滿了埃及地。

0192　尼八拉 Neballat
堅硬 Hard，穩固 Firm

●Beit Nabala [H.Nevallat]，位於約帕東南東方約 21 公里，羅得東北約 6 公里。

尼　11:34 自巴比倫歸回後的便雅憫人所居之一城及其村莊。

0193　尼他應 Netaim
種植物 Plantings

●位置無從查考，但應是在猶大支派的地業之中。

代上 4:20 猶大的後裔做窯匠的，是尼他應和基低拉的居民。

0194　尼尼微 Nineveh
尼娃(魚之女神)之居所 Dwelling of Ninua

●Kuyunjik 及 Nabi 的兩個大廢墟區，隔著底格里斯河與今日伊拉克的大城 Mosul 相對，就是尼尼微古城的遺址，它的四週還有許多的廢墟土堆，一直延到大札布河的河邊，現稱亞述三角洲的地區，這個地區可能就是包括有迦拉、利鮮等在內的尼尼微大城。該城地處於水陸路的交通樞紐上，萬商雲集，十分繁榮，曾是亞述帝國的首都，轄制列國有三百年之久，也長期是商業和宗教的中心，在 700 至 606 BC 年間是其極盛時期，但在 612 BC 被巴比倫和瑪代人的聯軍所毀，至今是一片荒蕪。考古工作自 主後1872 到 1966 年，十餘位名考古學家在七、八十年間，把古城的一半挖掘了出來，得到了無數的考古珍品。根據發掘到的資料可證實，這是一個在 6500 年以前就已存在的古城。在約拿時代，僅尼尼微本城的城牆的長度就約有12公里，有十五個城門，包括城外的迦拉和利鮮在內，占地幾達三千餘公頃，人口可能在百萬以上。掘出宮殿的遺址廣大無比，以建築的藝術來看，可說是登峰造極，其裝飾也是近於奢侈，最重要的發現是西拿基立王的王宮，在宮中牆上的浮雕，描繪了西拿基立圍攻拉吉的實況。另有他孫子阿叔巴尼帕王的圖書館，其中存有兩萬五千餘片的泥版，是研究歷史極為珍貴的材料。其地尚有一個山丘，當地人稱之為約拿墳墓，可見約拿確曾到過那裡，而且極受崇敬。如今在巴格達的博物館前，有一座巨大無比的尼尼微城門，是在故城量得城門基礎的尺寸，又搬運部份原來的石塊仿建而成。

創　10:11　寧錄從示拿地出來往亞述去，建造尼尼微，利河伯，迦拉和尼尼微迦拉中間的利鮮，這就是那大城。

王下 19:36，賽 37:37
　　　　亞述王西拿基立攻打耶路撒冷，被以色列人所擊敗，就拔營回去，住在尼尼微，一日在他的神尼斯洛廟裡叩拜，他的兩個兒子在那裡殺了他。

拿　1至4章
　　　　耶和華命約拿往尼尼微去，尼尼微是個極大的城，有三日的路程，其中不能分辨左右手的就有十二萬人，約拿對其宣告說，因他們的惡行，四十天後必傾覆，尼尼微人就信服了神，離開惡道，丟棄強暴，神就後悔，不把所說的災禍降與他們。

鴻　1:9　尼尼微人哪，設何計謀攻擊耶和華呢？他必將你們滅絕淨盡……。

鴻　1:14　耶和華已經出令，指著尼尼微說，你名下的人必不留後，我必從你神的廟中，除滅雕刻的偶像，和鑄造的偶像。

鴻　3:1　禍哉這流人血的城，充滿謊詐和強暴，搶奪的事總不止息，……被殺的甚多，屍骸無數，人碰著那跌倒，都因那美貌的妓女多有淫行，慣行邪術，藉淫行誘惑列國，用邪術誘惑多族。

鴻　1:8　但他必以漲溢的洪水淹沒尼尼微，又驅逐仇敵進入黑暗。

鴻　2:5　尼尼微王招聚他的貴冑上城牆，豫備擋牌，河閘開放，宮殿沖沒，王后蒙羞，被人擄去，宮女搥胸哀鳴如鴿，此乃命定之事。

鴻　2:8　尼尼微自古以來充滿人民，現卻空虛荒涼。

番　2:13　耶和華必伸手攻擊北方，毀滅亞述，使尼尼微荒涼，又乾旱如曠野，群畜，就是各國的走獸，必臥在其中。

太　12:41，路 11:32
　　　　當審判的時候，尼尼微人要起來定這世代的罪，因為尼尼微人聽了約拿所傳的，就悔改了。

路　11:30　約拿怎樣為尼尼微人成了神蹟，人子也要照樣為這世代的人成了神蹟。

0195　尼希蘭(人) Nehelamite
夢見了的 Dreamed，做夢 To dream

●其位置無可考，有可能是一個族名。也許是諷刺假先知示瑪雅是一個做夢的人。

耶　29:24 假先知示瑪雅是尼希蘭人。

0196　尼陀法 Netophah
蒸餾 Distillation，滴落 dropping

●Kh.Bedd Faluh，位於伯利恆的南方約 5 公里處，希伯崙東北約 20 公里。

撒下 23:28 大衛的勇士瑪哈萊及希立，都是尼陀法人。

王下 25:23，耶 40:8
　　　　尼陀法人以斐和眾子，隨軍長尼探的兒子以實瑪利，同去見猶大省長基大利，後來他們殺了基大利，就逃往埃及。

代上 2:54　迦勒的後代薩瑪是尼陀法等人之祖先。

代上 9:16　回歸後的利未人米拉利的子孫住在尼陀法人的村莊。

代上 11:30 大衛王的勇士瑪哈萊和希立是尼陀法人。

代上 27:13 大衛王的行政組織中第十月班的班長是尼陀法人瑪哈萊，第十二月班的班長是尼陀法人黑玳。

拉　2:22　首批自巴比倫回歸的猶大人中，原屬於尼陀法城的人計有五十六人。

尼　7:26　首批自巴比倫回歸的猶大人中，原來是伯利恆人和尼陀法人的共有一百八十八人。

尼　12:29 為重建耶路撒冷的城牆行告成禮時，眾民就把各處的利未人招到耶路撒冷，歌唱

的人，從耶路撒冷的周圍，和尼陀法的村
莊，與伯吉甲，又從迦巴和押瑪弗的田地
聚集，因為歌唱的人，在耶路撒冷四周，
為自己立了村莊。

0197　尼拜約(地) Nebaioth
高處 Heights，豐饒的 Fruitfulness
耕種 Husbandry

●是一地區名或族名，尼拜約是以實瑪利的長子，就
以其名稱其後裔及其屬地，其居住之地可能是在死海
以東之阿拉伯沙漠的西部，他們是游牧民族。

賽　　60:7　尼拜約的公羊要供你使用。

0198　尼弗多亞(泉) Nephtoah
空地，空場子 Opening

●Ain Lifta [Me-Neftoah]水泉，位於耶路撒冷西北西約
4 公里，基遍之南約 6 公里。

書　　15:9，18:15
　　　　猶大和便雅憫兩支派地業的交界通過尼弗
　　　　多亞的水源。

0199　尼亞波利 Neapolis
新城 New city

●希臘北部名叫 Kavala 的港都，現今仍然極為繁榮，
距腓立比城約 16 公里，原為其港口，也是古代羅馬帝
國重要的 Egnatian way 大道東端之終點，故其地位十
分的重要，現仍遺留有當時所建巨大引水隧道。

徒　　16:11　保羅第一次行傳是從特羅亞乘船，經撒摩
　　　　特喇，第二天到了尼亞波利，再去腓立
　　　　比。

0200　尼哥波立 Nicopolis
勝利之城 City of victory

●尼哥波立是一個被用得很多的城名，在當時的羅馬
帝國就有九個之多，按保羅寫信給提多之時的位置來
推斷，最可能的一處是在雅典西北方約 280 公里的一
城，今仍名叫尼哥波立，位於伊庇盧海岬南面，Arta
灣之北岸，距哥林多約 225 公里。是奧古斯都在主前
三十一年所建的一個希臘化城市，以慶祝他在 Actium
擊敗安東尼的戰功。

多　　3:12　保羅令提多趕緊去尼哥波立，因他要在那
　　　　裡過冬。

0201　布西(人) Buzite
屬於布西的人 the one belonging to Buz (輕
篾者)

●可能是布斯 Buz 族之人，布斯即是今日沙烏地的 An
Nafud 地區，位於 Al Jawfv及 Tayma，即是在昔日的度

瑪 Dumah 及 提瑪 Tema 兩地之間。

伯　　32:2　布西人以利戶向約伯和他的三個朋友發
　　　　怒。

0202　布特(人) Puhites
樞紐 Hinge，單純 Simplicity

●位置不明，可能是一族名。

代上 2:53　是基列耶琳的諸族之一，計有以帖人，布
　　　　特人，舒瑪人及密布人，又從這些族中生
　　　　出瑣拉人和以實陶人來。

0203　布斯(人) Buz
輕篾 Contempt

●係一民族名，其居住之地是在今日沙烏地的 An
Nafud 地區，位於 Al Jawfv 及 Tayma，即是在昔日的
度瑪 Dumah 及提瑪 Tema 兩地之間。

耶　　25:23　耶利米宣告神將審判的諸國之一，包括底
　　　　但，拉瑪，布斯等。

※ 可能同伯 32:2 中之布西 Buzite 0201，布西人以利戶
　　是約伯的三個朋友之一。

0204　本都(地) Pontus
海邊之國 Country by the sea

●在新約前後，本都是羅馬帝國之一省，位於黑海的
南岸。原有之疆域西至 Halys 河 ，東至 Colchis，南則
與加拉太、加帕多家、亞面亞、亞美尼亞等相接，此
地區介於海及山之間，是一狹長之平原，土壤肥沃，
出產豐富，早在主前三千年以前，已有亞述人來此，
在山中大石上刻有記錄可以為證，後來又有赫族之人
在此活動，主前一千年前後，希臘人再來此殖民，並
輸入教化，迨至波斯人將小亞細亞收入其版圖，就劃
為一省，名叫本都，並設總督治理，主前六十六年被
羅馬征服，成為羅馬帝國之一省，但原有部份西方之
土地劃給庇推尼省，西南之小部份劃給加拉太省，現
今屬土耳其所有。

徒　　2:9　是五旬節所說的方言之一。

徒　　18:2　保羅在哥林多投奔一個生在本都，名叫亞
　　　　居拉的猶太人，他們本是製造帳棚為業，
　　　　保羅因與他們同業，就和他們同住作工。

彼前 1:1　彼得前書是使徒彼得寫給那分散在本都，
　　　　加拉太，加帕多家，亞西亞，庇推尼寄居
　　　　信徒的信件。

0205　末必 Magbish
大而重的 Massive，強大的 Powerful

●Kh.el-Mahbiyet，位於耶路撒冷西南約 31 公里，希
伯崙西北約 19 公里，亞杜蘭的西南方約 5 公里。

拉　　2:30　被擄的末必人之後代首批自巴比倫回本鄉

者計有 156 人。

0206　甲加　Karkaa
底部 Floor，小山谷 Ravine

●Ain el-Qeseimeh [Quseima]，位於別是巴西南約 73 公里，迦薩之南約 86 公里，加低斯以西約 5 公里。

> 書　15:3　猶大支派在南方邊境上所得之一城。

0207-1甲尼　Calneh
設了防的住處 Fortified dwelling

●有關此一地之位置現仍有爭論，較為可靠的說法是巴比倫的是古城 Nippur，位於今日巴格達城的東南方約 160 公里，吾珥城西北約 160 公里，古巴比倫城的東南約 88 公里，地處兩條大河流的中間，經考古學家發掘，廢墟約占地 73 公頃，土丘高 14 公尺，曾在 1889 至 1900 年及 1948 至 1973 年兩度作考古發掘，得知該城約在 4500 BC 建立，是蘇美文化的重鎮，在遺留物中有巨大的塔廟，其基礎尚完好，另街道及房屋，都可見其城區規模之大。另一說法是「甲尼」應譯作「所有這些」，因此創 10:10 應是「他國的起頭是巴別，以力，亞甲，所有這些城都在示拿地」。

> 創　10:10　古實之子寧錄，他國的起頭是在示拿地的亞甲，甲尼，以力，和巴別等四座城。

※可能同結 27:23 中之干尼 Canneh 0014，其商人與推羅交易。

0207-2甲尼　Calneh

●可能是今日名叫 Kullan Koy 的廢墟，位於亞珥拔城 Arpad 的東南方約 16 公里處。

> 摩　6:2　先知責備以色列人安逸放縱，說，「你們要過到甲尼察看，這些國家中，有那一個不比猶大和以色列強盛」。

※有可能是創 10:10 中之甲尼 Calneh 0207-1，是寧錄所建之一城。

0208　甲薛　Kabzeel
神已收集 God has gathered

●Kh.Horah，位於別是巴東北約 10 公里，希伯崙西南約 33 公里處。 也有學者建議是 Kh.Gharreh，位於別是巴東方約 12 公里處。

> 書　15:21 是猶大支派在儘南邊所得為業的二十九個城邑中的一個。
>
> 撒下 23:20，代上 11:22
> 　　　　　大衛的勇士比拿雅是甲薛人。

※與尼 11:25 中之葉甲薛 Jekabzeel 1048 為同名之一地，是日後回歸的猶大人所定居之一城。

0209　甲摩尼(人) Kadmonites
東方的 Eastern，古代的 Ancient

●此係一族名，可能是代表自東方來的遊牧民族，其人民散居在迦南地，並無一集中之處，在亞伯拉罕的時代，是迦南地中十個大族之一。也有人認為是居住在約但河東的 Land of Kedem 地之一支民族。

> 創　15:19 耶和華與亞伯蘭立約，將甲摩尼等十族人之地賜給他的後裔。

0210-1示巴(地) Sheba
誓約 Oath，七(羊) Seven.(i.e.lambs)

●示巴是含及古實的後裔，拉瑪之長子，他最初的領土位置不明，在傳統上都認為是位於阿拉伯半島的西南角，即現今的葉門東部之地。按聖經的記載，共有三個不同種族的「示巴人」，但是至今仍無法個別的定出他們所居的位置，一般的學者皆認為此三族，都是同住一個地區，而且已經混雜融合而成了一大族，又建立了示巴王國。今日葉門的 Mariaba 城，即是當時的首都 Shabwa，現尚存有他們引以為榮的寺廟，宮殿及柱廊的廢墟。城的附近有一座大型水壩的遺址，此一水壩曾供應該地區的用水達十二個世紀之久，自水壩崩塌之後，示巴王國也開始衰微。該地區之氣候遠較北方的阿拉伯為溫和，山區中生產名貴的寶石，山坡上適合生長乳香和沒藥等類香料，種植和販賣此類香料和寶石是其財富的主要來源，又該地控制了紅海海口處窄狹的通路，他們有效的利用海上的季節風，作為航海的天然助力，發展出以海上交通為主的國際貿易技術，而在陸地上，則有龐大的駱駝商隊可穿越沙漠，因此其商人都非常富有，主要工作是把黃金、香料和寶石等運往各地。在南阿拉伯地區，曾尋獲大量的銘文，可了解示巴人的文明和交通狀況。

> 創　10:7，代上 1:9
> 　　　　　含之曾孫，拉瑪之子示巴所居之地區及族名。

0210-2示巴(地) Sheba

●示巴是閃的第五代孫，約坍的第十個兒子，他領土的情形請參看示巴 0210-1 條。

> 創　10:28，代上 1:22
> 　　　　　閃之第五代孫，約坍的第十個兒子示巴所居之地及族名。
>
> 王上 10:1，代下 9:1
> 　　　　　示巴女王來訪，用難解的話試問所羅門王，所羅門王將他所問的都答上了，沒有一句不明白，於是女王送給所羅門王許多的金子，寶石和香料。
>
> 詩　72:15 為王祈禱所作的詩「示巴的金子都要奉給他」。

賽　60:6　讚美耶和華的詩「示巴的眾人，都必來到，要奉上黃金乳香，又要傳說耶和華的讚美」。

結　27:22　論推羅說，「示巴和拉瑪的商人與你交易，他們用各類上好的香料，寶石，和黃金，兌換他的財物」。

珥　3:8　我必將你們的兒女賣在猶大人的手中，他們必賣給遠方示巴國的人，這是耶和華說的。

0210-3示巴（人）Sabean
誓約 Oath，七 Seven

●位置不明，似應是在亞拉伯沙漠中某地之游牧民族。也可能即是同 0210-1 的示巴人 Sheba。

伯　1:15　示巴人把約伯的牲畜擄去，殺了他的僕人。

0210-4示巴（地）Shebah
誓約 Oath，七(羊) Seven.(i.e.lambs)

●T.es-Saba [T.Beer Sheva]，即是別是巴城，位於別是巴新城之東約 4 公里，希伯崙西南方約 40 公里，迦薩東南東方約 45 公里處，是乾旱的南地地區之中心，附近有數處古井。餘請見 0398 別是巴條之說明。

創　26:33　是以撒所挖的第七口井，他在那裡築了一座壇，求告耶和華的名，又支搭帳幕，並與非利士的基拉耳王亞比米勒立約，故他給那口井起名叫示巴，因此那城叫作別是巴。

書　19:2　別是巴又名示巴。

※別示巴 Beersheba 0398。

0210-5示巴（地）Sheba

●位置不明，可能是示巴0210-1和示巴0210-3中之任一個。

伯　6:19　約伯責友無慈愛之心說，提瑪結伴的客旅瞻望，示巴同夥的人等候，他們因失了盼望就抱愧，來到那裡便蒙羞。

0211　示按 Shion
廢墟 A ruin，推翻 Overturning

●位置不明，可能是 Ayun esh Shian，位於拿撒路之東約 5 公里。

書　19:19　以薩迦支派所得為業的十六座城之一。

0212　示拿(地) Shinar
二條河流 Two rivers
獅吼之地 Land of roaring (i.e.of lions)

●希伯來文的示拿，即是巴比倫。其範圍包括兩河流域的南部地區，就是巴格達東南至波斯灣口間的地帶。早期的示拿就是西洋史中的蘇美文化的發源地 Sumeria，蘇美的歷史可溯至 6000 BC 或更早，約在 3500 BC 已達其文明之頂峰，他們發明了楔形文字、車輪、拱門、圓頂、曆法、數學等，也懂得開發水利，耕種田地，並建立城邦，其冶金術及珠寶工藝更是精巧領先，其主要的城市有巴比倫、吾珥、以力 Erech、亞甲 Akkad、甲尼、拉撒 Larsa、以新 Isin、尼布 Nippur、基書 Kish 等。(根據斯巴多里泥版的記載，示拿王暗拉非就是訂立罕摩拉比法典的巴比倫王罕摩拉比，與亞伯拉罕是同時代的人)。

創　10:10　含的孫子，古實之子寧錄，他國的起頭是巴別，以力，亞甲，甲尼，都在示拿地。

創　11:1　挪亞的後代往東邊遷移的時候，在示拿地要建造一座城，就是巴別城，又要建造一座塔，為要傳揚他們的名，免得分散，神就變亂了他們的口音，他們就停工不造那城了。

創　14:1　當暗拉非作示拿王之時，他聯合北方四王，攻打所多瑪等南方的五個王。

書　7:20　亞干在耶利哥城中取了一件美好的示拿衣服。

賽　11:11　先知預言說，當那日，主必二次伸手救回自己百姓中所餘的，就是在示拿等地所剩下的。

但　1:2　猶大王約雅敬三年，尼布甲尼撒攻取耶路撒冷，取了神殿中的器皿，帶回示拿地，放在神廟中。

※巴比倫 Babylon 0038。

0213　示班 Shebam
氣味 Odor，香料 Balsam
他們白髮的頭 Their hoar hair

●Qurn el-Kibsh 高台廢墟，位於希實本的西南約 5 公里，米底巴之北約 9 公里，亞巴琳山脈的北端，該地至今仍以盛產品質優良的葡萄和葡萄酒及夏季水果著稱。

民　32:3　是流便及迦得兩支派向摩西索取為業的八個城市之一。

※同民 32:38 中西比瑪 Shibmah 0317，該城後分給流便支派為業，並由其所重建。

0214　示番 Shepham
赤裸 Nakedness

●位置無從稽考。應是在巴珊地邊緣上的某處，比利拉之北。

民　34:10　耶和華曉諭摩西所定迦南地之東界，係從哈薩以難畫到示番，再到利比拉。

0215　示瑪 Shema
流言 Rumor，名聲 Fame
他(神)已聽見 He (God) has heard

●Kh.el-Far，位於別是巴之西約 29 公里，迦薩之南約 31 公里。

書 15:26，代上 2:43
　　　猶大支派在儘南邊所得為業二十九座城中的一座。

0216　示劍 Shechem,Sichem,Sichem
肩 Shoulder，勤勉 Dilligence

●T.Balata，位於耶路撒冷之北約 48 公里，撒瑪利亞東南約 9 公里，今日 Nabulus城之東方約 2 公里，該城地勢雖高，但因有甚多的泉水，土地亦很肥沃，故產物豐盛，因正在以巴路和基利心兩山谷地的東口處，是一處重要的交通孔道和軍事據點，曾是北國的首府和宗教中心。1913 年開始發掘，出土的城牆仍很完整，柱和門都非常的巨大，可見當時建築規模之一般，最重要的發現是堡壘殿 Fortress-Temple，可能即是示劍樓，是一座同時可作聖殿也可以作為堡壘用的建築。根據考證，早在主前四千年前就已有人在此居住，1800 BC為喜克索人所佔，成為他們的政治中心，並為城設防、修築城牆及護牆的斜坡，又建造宮室和神廟等。在 1700 到 1550 BC 之間為其極盛的時期，曾被埃及認為是其在迦南地擴張的大礙。城在 1550 BC 被埃及人所毀。約一世紀後，迦南人在此又建之較小之城，並建有城堡式的殿宇，可能即是巴力比利土廟，在 1150 BC 被亞比米勒所毀。耶羅波安王在 931 BC即位，立此城為其首府，加強其防衛，但在 724 BC 被亞述所毀，隨後被棄置了約有四百年之久，主前四世紀，撒瑪利亞人在基利心山山上建造聖殿，就成為撒瑪利亞人的宗教和政治中心，城在 109 BC 被馬加比所毀，日後未再重建，亦不再有歷史上的活動記錄。主後72 年，羅馬人在廢墟之西約兩公里處另建新城，即是 Neapolis 或 Nablus。

創 12:6 亞伯蘭從哈蘭初到迦南地，第一站就是示劍地的摩利橡樹，那時迦南人住在那裡，亞伯蘭就在那裡為向他顯現的耶和華築了一座壇。

創 33:18 雅各從巴旦亞蘭回到了示劍，在城東向希未人買了一塊地支搭帳棚，就住在那裡，又築了一座壇，起名叫伊利伊羅伊以色列。後來因雅各的女兒被人玷污，雅各的兒子們就用計擄掠了那城。

創 37:10 雅各住在希伯崙時，令眾子到示劍去放羊，又令約瑟去看望他們。

書 17:7 瑪拿西的境界是從亞設起，到示劍前的密米他。

書 20:7，21:21，代上6:67
　　　分定以法蓮山地的示劍為逃城，給利未支派的哥轄族為地業。

書 24:1 約書亞在臨終前，召集以色列眾支派的首領和眾長老，在示劍述說神的恩典，又勸民事奉耶和華。

書 24:32 以色列人把從埃及運回約瑟的骸骨葬在示劍，雅各所買的那塊地上。

士 8:31 士師基甸在示劍的妾給他生了一個兒子，基甸給他起名叫亞比米勒。

士 9:1 亞比米勒在示劍用計使示劍的人心歸向他，他殺了他的七十個弟兄，示劍人和米羅人都一同聚集，往示劍橡樹旁的柱子那裡，立亞比米勒為王。

王上 12:1，代下 10:1
　　　猶大王羅波安往示劍去，因為以色列人都到了示劍，要立他作王，但要求王要對待他們寬厚些，然而羅波安卻說要待他們更嚴苛，於是以色列人就背叛了大衛家，惟獨住在猶大城邑的以色列人，仍以羅波安作他們的王。

王上 12:25 以色列王羅波安在以法蓮山地建築示劍，就住在其中。

代上 7:28 示劍與其村莊是以法蓮後裔所居的城邑之一。

詩 60:6，108:7
　　　神說，我要分開示劍，丈量疏割谷。

耶 41:5 有八十個人從示劍，示羅和撒瑪利亞到米斯巴，要奉到耶和華的殿，和見省長基大利，但是基大利已在前一天被以實瑪利所殺，以實瑪利又殺了其中的七十個人。

何 6:8 責以法蓮的虛妄說，在示劍的路上殺戮，行了邪惡。

徒 7:16 雅各在埃及去世後，移葬在示劍。

0217　示羅 Shiloh
和平 Peace，休息之地 Resting place
帶來繁榮的人 Bringer of prosperity

●Kh.Seilun，位於示劍之南約 18 公里，伯特利之北約 15 公里，城建在山脊之上，標高為 803 公尺，而且三面環山，水源充足，是一處良好的農牧之地。在 1838 到 1963 年間，共有四次的考古發掘，證實這是個 2100 BC 前所建的城鎮，在約書亞時代，以色列的全會眾都聚在示羅，把會幕設立在那裡，以後以色列人的大事都聚在此商議，彷彿成了當時政治、軍事、宗教的中心，與首都無異，以色列人每年都前來敬拜。在撒母耳年間，約櫃被擄後，似被非利士人破壞，王國分裂時期，仍然有祭司在此。在主前八至四世紀之間，曾被廢棄，無人居住，約在羅馬時代才再有人來定居，且有第五及第六世紀的兩座基督教堂的遺址被

發掘出來。回教入侵後，就再度荒廢，今日的示羅已經荒蕪。

書　18:1至書21:2　　以色列的全會眾都聚集在示羅，把會幕設立在那裡，那地已經被他們征服了，約書亞在示羅把未分之地分作七份，在示羅耶和華的面前，為七個支派拈鬮，又分地業給利未支派。

書　22:9-12　　分地完成後，約但河東的兩個半支派就從示羅回河東去了，他們在約但河那裡築了一座壇，河西的全會眾就聚集在示羅，要上去攻打他們。

士　18:31　神的殿在示羅多少日子，但人為自己設立米迦所雕刻的像，也在但多少日子。

士　21:12　以色列人因基列雅比人未派人參加征伐基比亞之戰，故用刀殺了基列雅比人，將基列雅比四百個未嫁的處女，帶回示羅的營裡。

士　21:19　以色列人為了延續便雅憫支派，就准許便雅憫人每年耶和華的節期，在利波拿以南，伯特利以北，在示劍大路以東的示羅的葡萄園中埋伏，各人搶一個示羅女子為妻。

撒上　1:3　撒母耳的父母每年都上到示羅，敬拜祭祀萬軍之耶和華。

撒上　1:24　撒母耳斷了乳，就被送到示羅歸與耶和華，在祭司以利面前事奉耶和華。

撒上　3:21　耶和華又在示羅顯現，因為耶和華將自己的話默示撒母耳，撒母耳就把這話傳遍以色列地，所有的以色列人都知道耶和華立撒母耳為先知。

撒上　4:3　以色列人被非利士人打敗，就將耶和華的約櫃，從示羅抬到以便以謝，但仍再度被非利士人所擊敗，約櫃也被非利士人擄去。

撒上　4:12　以利在示羅聽說約櫃被擄，他的兩個兒子也死了，以利就死了，以利作以色列的士師四十年。

王上　2:27　所羅門王革除亞比亞他，不許他作祭司，這樣就應驗耶和華在示羅論以利家所說的話。

王上　11:29　示羅人先知亞希雅將一件新衣撕成十二片，將十片給耶羅波安，預言他將可得十個支派。

王上　14:1　耶羅波安的妻往示羅去見先知亞希雅，問他兒子的病將會怎樣。

代下　9:29　所羅門王其餘的事，自始至終，不都寫在先知拿單的書上，和示羅人亞希雅的預言書上，並易多論尼八兒子耶羅波安的默示書上麼。

詩　78:60　神因以色列人不守他的法度，就發怒，極其憎惡以色列人，甚至他離棄示羅的帳幕，就是他在人間的帳棚。

耶　7:12　勸猶大悔罪說，你們且往示羅去，就是我先前立為我名的居所，察看我因這百姓以色列的罪惡，向他們所行的如何，……照我從前向示羅所行的一樣，我必將你們從我眼前趕出。

耶　26:6　猶大王約西亞年間，耶利米傳述耶和華的話說，你們若不聽從我，我就必使這殿如示羅，使這城為地上萬國所咒詛的。

耶　41:5　有八十人從示羅和示劍，並撒瑪利亞到米斯巴，要奉到耶和華的殿，但被以實瑪利所殺，將屍首都拋在坑裡，基大利的旁邊。

0218　示巴琳　Shebarim
裂縫 Breachs，採石場 Quarries

●位置不明，似在艾城的東南方不遠之處，可能是密抹以北的一個險要的隘口。

書　7:5　約書亞首次攻打艾城，但被艾城的人所擊敗，直被追趕到示巴琳的下坡處。

0219　示尼珥(山) Senir，Shenir
山峰 Peak，有尖頭的，顯著的 Pointed

●即是黑門山，位於現今黎巴嫩和敘利亞的南部，靠近以色列的邊界，是安替黎巴嫩山脈的南段，現今名叫 Jebel ash-Sheikh，它高於 900 公尺之部份的長度有 42 公里，最寬處有 10 公里，南麓起自但城，走向略呈東北向，主峰在大馬色之西南方約 47 公里，高度為 2814 公尺，是巴勒斯坦地區最高之山峰，山頂終年積雪，山腰及山麓的土地肥沃，樹林茂密，盛產蔬果，是約但河、亞龍拿河和法珥法河的發源地。

申　3:9　這黑門山西頓人稱為西連，亞摩利人稱示尼珥。

代上 5:23　瑪拿西東半支派的人住在那裡，從巴珊延到巴力黑們，示尼珥與黑門山。

結　27:5　示尼珥盛產松木，可作為良好的船板。

歌　4:8　我的新婦，求你與我一同離開利巴嫩，從亞瑪拿頂，從示尼珥與黑門頂，往下觀看。

※黑門山 Hermon 1038，西連 Sirion 0312。
※同申 4:48 中的西雲山 Sion 0314。
※同士 3:3 中之巴力黑們 Baal-Hermon 0050-1。

0220　示米押(人) Shimeathites
公布 Annunciation，報告 A report

●位置無從查考，可能只是一個族名。

代上 2:55　迦勒的後代，薩瑪(伯利恆人之祖)子孫的一族，示米押也是利甲家之祖哈末所生。

0221　示沙克 Sheshach

●即是指巴比倫帝國，這是被擄到巴比倫的猶大人稱巴比倫的一種暗語，方法是用希伯來文將巴比倫拼成的字母，以反轉順序的字母替代所拼成的新字，例如以 Z 代 A，以 Y 代 B，以 X 代 C，等等。

耶　25:26　北方遠近的諸王，以及天下地上的萬國都喝了，以後示沙克(就是巴比倫)王也要喝。

耶　51:41　示沙克(就是巴比倫)何竟被攻取，天下所稱讚的，何竟被佔據，巴比倫在列國中，何竟變為荒場。

0222-1　立拿 Libnah
白色 Whiteness

●位置不明，無從查考。

民　33:20　以色列人從臨門帕烈起行，安營在立拿(出埃及後的第十七個安營處)，然後再前往勒撒。

0222-2　立拿 Libnah

●有三個可能之處，以第一個的可能性較高：

1.T.Bornat [T.Burna]，位於希伯崙西北約 25 公里，迦薩東北約 41 公里。

2.T.es-Safi，位於希伯崙西北約 31 公里，迦薩東北約 42 公里。

3.Kh.T.el-Beida [H.Lavin]，位於希伯崙西北約 20 公里，迦薩東北約 50 公里。

書　10:29　約書亞和以色列人從瑪基大往立拿去，攻打立拿，佔領了立拿。

書　12:15　是約書亞所擊殺的三十一個王的城邦之一。

書　15:42　是猶大支派在高原所得為業的第三組九座城之一。

書　21:13，代上 6:57
　　　　　　以色列人將立拿給了祭司亞倫的子孫為業。

王下　8:22　約蘭王年間，以東和立拿都叛變了。

王下 18:9，19:8
　　　　　　猶大王希西家年間，亞述王西拿基立攻打立拿。

王下 23:31，24:18
　　　　　　立拿人耶利米之女哈慕他是猶大王約西亞之妻，約哈斯及西底家兩位王的母親。

代下 21:8　猶大王約蘭年間，以東人背叛猶大，脫離他的權下，自己立王，那時立拿人也背叛了，因為約蘭離棄耶和華他列祖的神。

0223　立加米 Leb-kamai
他們的心起意敵擋我 The heart of them that rise up against me

●即是迦勒底，此係希伯來人對迦勒底所稱之暗語，是把迦勒底文的迦勒底一字的字母，再換成希伯文的倒數字母，而拼成的新字。

耶　51:1　耶和華如此說，我必使毀滅的風颳起，攻擊巴比倫，和住在立加米的人。

0224　伊坦(曠野) Etham
碉堡 Fort

●位置和邊界皆不明確，位於埃及之東方，可能是在書珥曠野的南側，也像是書珥曠野的西南部。南邊連接汛之曠野，西接埃及及紅海，以倘城或碉堡是在曠野的邊上。

民　33:8　以色列人過紅海之後，到了書珥曠野，又在伊坦的曠野走了三天的路程，就安營在瑪拉。

※伊坦之英文名 Etham 同出 13:20 中之以倘 0105，該節中所提之曠野可能是指此伊坦曠野，除英文之原名是一樣的之外，在地緣上也甚吻合。

0225-1　伊甸(園) Eden
快樂 Pleasure，平原 Plain，樂園 Paradise

●伊甸的位置至今仍是一個謎，在古今地圖中都無法按聖經上所記載的條件，定出它的位置來，也許那是一個在大洪水毀滅前的地區，地形地物必然都會有所改變。在創世記第二章十至十四節中，列舉了七個地名，現逐一說明如下：

1.伯拉河：英文聖經中譯為 Euphrates，所以就是今日伊拉克國中的幼發拉底河。

2.希底結河：部份的英文聖經中譯為 Tigris，就是幼發拉底河東邊的底格里斯河。兩河的源頭都是亞拉臘地，都是向東南方流入波斯灣，此兩大河之間之地即是一般稱之為兩河流域，或者是美索不達米亞平原，聖經中則稱為米所波大米。其下游則是示拿地，中段是亞述，上游則是亞蘭。

3.亞述城或亞述地：如果是指亞述古城，則是今日的 Qalaat Sherqat 廢墟，如果是指亞述帝國的發源地，則是在底格里斯河中段的兩岸。詳情請參見亞述0488條。

4.哈腓拉：此一哈腓拉可能是閃之後裔哈腓拉所居之地，位於波斯灣的西北岸，約是今日的科威特。

5.古實：有兩種說法，一種是認為古實之子寧錄，他所建之國，也可稱為古實國，因此示拿地和亞述就是古實；另一種說法是，古實可能是在 1800 至 1300 BC 間，統治了大部份示拿地區的卡施族人 Kassites，因該族有 Asiatic (Mesopotamian) Cush，即亞洲或米所波大米的古實之稱，如此則此一古實就是位於底格里斯河之東岸，Der城之附近地區。如果此一假設成立，則

基訓河或可能是底格里斯河的某一個支流或是運河。

6.比遜河和基訓河：兩者之位置均無從考證，如果伊甸是在兩河的源頭處，則可能是黑海南岸的 Charuk 河，或裡海東岸的 Araxes 河。如果伊甸是在兩河流域的中部，則可能是底格里斯河或幼發拉底河的一個支流。如果伊甸是在其下游，則可能是發源於撒格羅山脈，流入波斯灣的 Karun River，也可能是發源於撒格羅山，消失在底格里斯河以東的平原中的 Kerkha River。此外也有人認為是非洲的藍尼羅河，也有人認為比遜河位於印度半島以西，阿富汗高原以東的印度河 R.Indus。但均無足夠和適合的條件。

7.「科威特河」古代水道的發現：在科威特與伊拉克的海灣戰爭結束後，科學家為要研究戰爭對環境影響，利用衛星的高空攝影等技術，對阿拉伯半島地區用雷達掃描，該套裝備能透視沙漠表層，在無意中發現了一條穿越阿拉伯半島中部的古代水道，波士頓大學遙感中心主任法魯克·巴茲認為：這條古河道源起自沙烏地西部 Hijaz 山區，向東流了 850 公里，就在今日科威特的大部份境內，形成一個三角洲，面積涵蓋三分之二的科威特及小部份的南伊拉克，巴茲相信約在六千年以前，這個地區處處有水流注，有植物蔓生。因此此一河道很可能是伊甸園中環繞哈腓拉全地的比遜河。但有待學者專家的鑑定。從以上之說明，特別是英文聖經對伯拉河和希底結河的譯名看來，可以了解何以在傳統上都認同伊甸是在中東的兩河流域之內，這兩條大河形成了兩河流域或米所波大米，這個地區內有很多的大小支流，和人工的渠道運河，因此土地肥沃，物產豐富，是人類文明的發源地之一，如認為它是伊甸，亦非不可。

依照傳統的說法，《The Moody Atlas of Bible Lands》一書對伊甸園的位置有兩個不同的建議，其一是北方的烏拉圖地區，另一是南部的蘇美地區。前者位於亞臘拉山之西，區內有四條河流的源頭，各名為幼發拉底河，底格里斯河，Araxes River（向東流入裡海），Choruk River（向北流入黑海）。後者，即是示拿或蘇美地區，位於波斯灣的北端，是四條河流的入海處，各名叫幼發拉底河，底格里斯河， Karun River（發源於撒格羅山脈，流入波斯灣）， Kerkha River（發源於撒格羅山脈，消失在底格里斯河以東的平原中）。第四條也可能是新發現的科威特古水道。究竟何者是伊甸的正確位置，仍有待專家們的努力。

創　2:8　耶和華神在東方的伊甸立了一個園子，把所造的人安置在那裡，有河從伊甸流出來滋潤那園子，從那裡分為四道，第一道名叫比遜，就是環繞哈腓拉的，第二道河名叫基訓，就是環繞古實全地的，第三道河

名叫希底結，流在亞述的東邊，第四道河就是伯拉河，耶和華神將那人安置在伊甸園，使他修理看守。

創　3:23　耶和華神便打發他出伊甸園去，耕種他所自出之土，於是把他趕出去了，又在伊甸園的東邊安設基路伯，和四面轉動發火燄的劍，要把守生命樹的道路。

結　28:13，31:9，36:35，珥 2:3　均是以伊甸園與之相比。

0225-2伊甸（國）Eden

●是當時(主前第十一至第九世紀間)的一個甚小而且短暫的亞蘭族王國，其國土位於幼發拉底河的支流 Balikh River 以西的兩岸，其首府名提拉撒，即是今日的 T.Ahmar 城，位於哈蘭之西南約 105 公里，855 BC 後成為亞述帝國之一省。

王下　19:12，賽 37:12　亞述王西拿基立在攻打耶路撒冷時，對猶大王希西家威脅說，我列祖所毀滅的，就是歌散，哈蘭，利色和屬提拉撒的伊甸人，這些國的神何曾拯救這些國呢？

※同摩 1:5 中的伯伊甸 Beth-eden 0347，其居民被擄到吉珥。

0225-3伊甸（城）Eden

●位置不明，可能是今日的 Aben 港，位於葉門的西南方海岸。

結　27:23　先知論推羅說，哈蘭人，干尼人，伊甸人，示巴的商人，與你交易。

0226　伊突（人）Jetur
圍籬 An enclosure，碉堡 Castle

●位置不明。按以實瑪利的第十個兒子名叫伊突，其族人可能是住在基列東面的沙漠中。

代上　5:19　流便人，迦得人和瑪拿西半支派的人，與夏甲人，伊突人，拿非施人，挪答人爭戰，後來得了他們的土地，住在那裡，直到被擄的時候。

0227　伊胡得 Jehud
讚美 Praise

●el-Yahudiya [Yehud]，位於約帕的東方約 13 公里，示羅之西約 37 公里。

書　19:45　但支派所得為業之一城鎮。

0228　伊拿印 Enaim
兩處水泉 Two springs

●位於亞杜蘭和亭拿之間，但確實的位置不能確定，

也可能是城門前的一個廣場。

創 38:14 他瑪在亭拿路上，伊拿印的城門口等候猶大。（伊拿印在 KJV 中為 open place。）

※同書 15:34 中以楠 Enan 0124。

0229 伊基拉 Eglah
三歲以下的小母牛 Heifer

●位置不明，應是在摩押的境內。

賽 15:5 預言摩押必覆亡，「我心為摩押悲哀，他的貴冑，逃到瑣珥，到伊基拉，施利施亞」。

※在耶 48:34 中，伊基拉及施利施亞 Shekishiyah 0767，兩者合而為一，即伊基拉施利施亞 Eglah-shelishiyah 0244。

0230 伊斯尼人 Eznite
位置不明，可能是一個族名

撒下 23:8 大衛的勇士之首是他革們人約設巴設，又稱伊斯尼人亞底挪，他是軍長的統領。在 TCV 中的譯文是「用矛」，全文是「第一個是他革們人約設巴設，他是三巨頭的首領，他曾在一次戰役中，用矛刺死了八百人」。

0231 伊斯拉人 Izrahite
小母牛，或三歲以下的女孩 Heifer， 三歲的母牛 The heifer of 3 years old

●可能並不是一個地名，而是猶大之子 Zerah 的後代的一個族名。

代上 27:8 大衛王行政組織中五月班的班長珊合是伊斯拉人。

0232 伊提拉 Jethlah
高處 A hanging or lofty place
被尊崇 Exalted

●位置不明。可能是 Beit Hul，位於亞雅崙之東約 5 公里，亦可能是在亞雅崙及以倫之間。

書 19:42 但支派所得為業之一城鎮。

0233 伊磯倫 Eglon
牛犢似的 Calflike

●T.el-Hesi [T.Hasi]，位於別是巴西北約 35 公里，希伯崙之西方約 36 公里，旱溪蘇威里特之西岸。早在 1890 年已有發掘，是一個 2500 BC 至 300 BC 間存在之城鎮。

書 10:5 以耶路撒冷為首攻打基遍的五個亞摩利王之一，後為以色列人所擊敗。

書 12:12 是約書亞所擊殺的三十一個王之一。

書 15:39 猶大支派所得為業在高原第二組的十六座城中的一座。

0234 伊利多拉 Eltolad
可得子孫之處
The place where children may obtained

●位置不明。可能的位置是在以森的西北西方 5 公里處。

書 19:4 西緬支派自猶大支派地業中所得的一城。

※同書15:30 中之伊利多臘 Eltolad 0239，是猶大支派在儘南邊所得之一城。

※同代上 4:29 中的陀臘 Tolad 0672，為西緬支派所居住，直到大衛作王的時候.

0235 伊利毘勒 Irpeel
神必醫治 God will heal

●可能是 Rafat，位於耶路撒冷之北約 10 公里，伯特利之南約 8 公里。

書 18:27 便雅憫支派所得為業第二組的十四座城之一。

0236 伊利提基 Eltekeh
畏懼的神 God of fearing

●較可能是 T.esh-Shallaf [T.Shalaf]，位於約帕的南方約 16 公里，亞實突之北約 18 公里。也可能是 Kh.Mukanna，位於以革倫南東南方約 10 公里，亭納北西北方約 11 公里。根據亞述之記載，西拿基立王曾在此重挫埃及後取得此城。

書 19:44，21:23
原分給但支派為業之一城鎮，後歸給利未支派哥轄族所有。

0237 伊珥示麥 Ir-shemesh
太陽之城 City of the sun

● T.er-Rumeileh [T.Bet-Shemesh]，即是伯示麥城，位於現今 Bet-Shemesh 大城之西，耶路撒冷以西約 24 公里，希伯崙西北約 27 公里，梭烈谷的中段處，隔河與瑣拉相對，因為它控制了梭烈谷這一條由沿海平原通往耶路撒冷等城，和猶大山區的重要通道，故具有很高的軍事價值。該地據 1911 至 1933 年間考古所得，計有六個層面。餘請參見伯示麥 0344 -1 條的說明。

書 19:41 但支派所得為業之一城。

※同書 15:10 中的伯示麥 Beth-Shemesh 0344-1，是在但支派地業的南界邊上。

※同士 1:35 中之希烈山 Mount Heres 0434，是亞摩利人盤據之一地。

0238 伊勒巴蘭 El-paran
巴蘭的橡樹 Oak of Paran
他們崇拜的力量 The power of their adoring

●位於阿卡巴灣北角上，可能是以拉他和以旬迦別等兩城的合稱，或者是其中之一，廢墟各名叫 T.el-Khaleifeh 及 Aqabah，請參以拉他 0139 或以旬迦別 0153 條之說明

創　14:6　北方四王南征時，在西珥山殺敗了何利人，一直追殺到靠近曠野的伊勒巴蘭。

※同申 2:8 中的以拉他 Elath 0139，或以旬迦別 Ezion-geber 0153。

0239　伊勒多臘 Eltolad
神是創造者 God is generator

●位置不明。可能之位置是在以森的西北西方約 5 公里處。

書　15:30　猶大支派在儘南邊所得為業的二十九座城中的一座。

※同書 19:4 內之伊利多拉 0234，兩者之英文名相同，此城隨後分歸西緬支派所有。

※同代上 4:29 中的陀臘 Tolad 0672，西緬支派所居住直到大衛作王的時候。

0240　伊勒提君 Eltekon
神所建造 Founded by God
神是正直的 God is straight

●Kh.ed-Deir，位於伯利恆之西約 10 公里，希伯崙之北約 17 公里。

書　15:59　猶大支派所得為業之一城，是山地第四組六座城中的一座。

0241　伊勒歌斯(人) Elkoshite
堅硬的土地 Hard ground
屬於神所聚集者 Of the gathered of God

●最可能的位置是新約時代的迦百農，因該城名之意即是「那鴻之村 Kafr Nahum」，該城位於約但河之西，加利利海的北端。其他還有三個可能的地方是：

1. 耶柔米認是加利利的 Elcesi，在迦百農的附近。

2. 底格里斯河岸的 Mosul 大城以北的 Alqosh，在那裡有一座墳名叫「那鴻之墓」。

3. 在耶路撒冷和迦薩中間的 Beit Jibrim。

鴻　1:1　先知那鴻是伊勒歌斯人。

0242　伊麥基悉 Emek-keziz
低地 Low gound，山谷 Valley

●位置不明，可能今日名叫 Keziz，位於耶利哥及死海之間。

書　18:21　便雅憫支派所得為業第一組的十二座城之一。

0243　伊弗他伊勒(谷)Jiphtah-el

神將開啟 God will open

●其確實的位置未能確定，很可能是 Wadi el-Melek，位於哈拿頓和臨門以北，自東向西，長約 15 公里。或者是 Wadi Adilin。

書　19:14　西布倫支派地業之西界上之一段，是自哈拿頓通到伊弗他伊勒谷，還有加他，伯利恆等。

書　19:27　亞設支派東界上之一段，是達到細步綸，往北到伊弗他伊勒谷，到伯以墨和尼業。

0244　伊基拉施利施亞
Eglath-shelishiyah

●依賽 15:5 此一名係分成伊基拉 Eglath 0229，及施利施亞 Shelishiyah 0745 等兩個地名。又希伯來文的原意則是「第三伊基拉」或「三歲大的母牛」，是用以形容摩押如小母牛一樣，在未負軛前不受制於人。伊基拉和施利施亞兩者的位置皆不明，應都是在摩押的境內。

耶　48:34　論摩押受災罰的預言說，希實本人發的哀聲，直到伊基拉施利施亞。

0245　印度(地) India

●亞哈隨魯王所統治之印度，是指當時阿富汗高原以東，迄至印度河 R.Indus 流域之間的地區，大約等於現今的巴基斯坦國之地，印度河發源於中國的喜馬拉雅山之南麓，向南流入印度洋，其西為一片平原，西鄰阿富汗，東鄰印度半島，故並非今日以恆河為主的印度半島。也有人認為它就是創 2:11 中所述的哈腓拉，而印度河就是比遜河。

斯　1:1，8:9

亞哈隨魯作波斯王，從印度直到古實，統管一百二十七省。

0246　各各他 Golgotha
骷髏地 Place of skull

●其位置有很多的說法，可信者有以下兩處：

一、在傳統上，特別是天主教，認為各各他就是在今日的聖墓堂 Church of the Holy Se- pulchre 之內，此紀念堂位於耶路撒冷舊城西北的基督教徒區之中，是建在各各他和埋葬主耶穌的墳墓之上。但是後來發現此一位置與經上所記，以及與當時不許在城內埋葬的法令不合，而產生疑問。

二、1876 年，英國的哥頓將軍，在大馬色城門外東北方約兩三百公尺處，發現有一個名叫加略山 Calvary 的小山，遠看似一人頭骷髏，而且在它的旁邊的花園中，有一座在發現時就是空著的墳墓，他就宣稱這才是真正各各他的所在地，由於其他條件也比較合於經

上之記載，因此比較獲得基督教改革宗信徒之認同。
1892 年，英國創立了「花園塚協會 Garden Tomb Association」，集資將地買下，把小山和空墓附近之地，修建成了一座美麗的花園，稱之為花園墓 Garden Tomb，並負責維護管理，這是一處環境非常幽靜，更宜於沉思和祈禱的地方。在主日並有英語的崇拜。

太　27:33，可 15:22，約 19:17
　　　　主耶穌背著自己的十字架出來，到了一個地方，名叫髑髏地，希伯來話叫各各他，他們就在那裡釘他在十字架上。

0247-1 吉甲　Gilgal
滾動 Rolling，圓圈 Circle
石頭圍成的圓圈 A circle of stones

●Kh.el-Mafjar，位於耶利哥東北約 2 公里，耶路撒冷東北約24公里，隔著旱溪蘇威尼特W.Suweinit與耶利哥相對。

書　4:19　以色列人過了約但河之後，就在吉甲安營，並把從約但河中取出的十二塊石頭立在吉甲，以作為紀念。

書　5:9　以色列人在吉甲第二次受割禮，耶和華說：「我今天將埃及的羞辱從你們身上輾去了」，因此那地方名叫吉甲。

書　5:10　以色列人在耶利哥平原守逾越節後，次日嗎哪就止住了。

書　6 章　以色列人以吉甲為基地攻打耶利哥，艾城，以及希未人，亞摩利人等之城邑，待南方之征戰完成後，再回到吉甲。

書　10:6　五個亞摩利王聯合攻擊基遍，基遍王就到吉甲的營中去求約書亞，約書亞就終夜從吉甲上去，猛然臨到他們那裡，耶和華使亞摩利人在以色列人面前潰敗，約書亞就在基遍大大的殺敗他們。

書　14:6　約書亞在吉甲分地給河西的猶大，以法蓮，瑪拿西等兩個半支派。

士　3:19　以笏在獻禮物給摩押王伊磯倫之後，又從吉甲的鑿石之地回去殺了伊磯倫王，再回到吉甲鑿石之地逃出到西伊拉。

撒上 7:16　撒母耳作以色列士師，每年巡行伯特利，吉甲，米斯巴審判以色列人。

撒上 11:14　撒母耳在吉甲立國，並立掃羅為王。

撒上 14:7　掃羅在吉甲擅自獻祭，得罪了神。

撒下 19:15　押沙龍死後，大衛王就從基列回來，到了約但河，猶大人來到吉甲，要去迎接王，請他過約但河。

何　4:15　以色列阿，不要往吉甲去，不要上到伯亞文，也不要指著永生的耶和華起誓。

何　9:15　耶和華說，他們一切的惡事都在吉甲，我在那裡憎惡他們。

摩　4:4　以色列人哪，任你們往伯特利犯罪，到吉甲加增罪過。

摩　5:5　耶和華向以色列家如此說，你們要尋求我，就必存活，不要往伯特利尋求，不要進入吉甲，不要到別是巴，因為吉甲必被擄掠，伯特利也必歸於無有。

※可能同尼 12:29 中之伯吉甲 Beth-gilgal 0345。

0247-2 吉甲 Gilgal

●Kh.Alyata，位於伯特利以北約 13 公里，示羅西南約 5 公里，在現今一個小屯墾區的附近。

申　11:30　基利心山及以巴路山是與吉甲相對，靠近摩利橡樹。

王下 2:1　神要接以利亞昇天的時候，以利亞與以利沙從吉甲前往伯特利，再去約但河。

王下 4:38　以利沙在吉甲救了因饑荒而誤食野瓜籐中毒的一些人的命。

0247-3 吉甲 Gilgal

●位置不明，因此處僅為一個地標，而非人們所居之城鎮，故難以考證，按原文所述，是在亞都冥坡的對面，即坡下方不遠之處，並非約書亞所駐營處之吉甲。

書　15:7　是猶大支派北界上之地標名。

※同書 18:17 中的基利綠 Geliloth 0950，也是便雅憫支派地業的南界。

0247-4 吉甲　Gilgal

●Jiljulieh，位於約帕的東北方約 20 公里，示羅之西約 35 公里，加拿河的南岸。

書　12:23　約書亞所擊殺的三十一個王的城邦之一，其王名為戈印。

0247-5 吉甲 Gilgal

●因波金之位置無從查證，此一吉甲的所在處亦無從得知。有可能是伯特利以南的三個名叫吉甲中的任一個。

士　2:1　耶和華的使者從吉甲上到波金責備以色列民。

0248　吉珥 Kir
牆 Wall

●位置不明，應該是巴比倫南部之一地，也可能是在 Kur 河的河邊。

王下 16:9，摩 1:5，9:7
　　　　亞述王提革拉毗列色攻取了大馬色，把居民擄到吉珥。

賽　22:6　先知論異象谷，吉珥人是亞述之同盟或是傭軍一同攻打耶路撒冷。

0249　吉罷珥 Gibbar
英雄 Hero

●el-Jib，即是基遍，位於耶路撒冷西北約 9 公里，現今Atarot機場的西邊，伯特利西南約 10公里，是亞雅谷和伯示崙谷往中央山脈地區的主要隘口起點，城址在一小高原上，地勢險要。餘請參見基遍 0922-1 條之說明。

<blockquote>
拉　2:20　被擄後回歸的猶大人中有吉羅珥人九十五名。
</blockquote>

※同尼 7:25 中的基遍 Gibeon 0922-1。

0250　吉珥哈列設 Kir-haraseth
陶器之城 City of pottery，新城 New city

●el-Kerak，是約旦今日的一個大城，位於底本之南約 36 公里，亞珥之南約 11 公里，漓三半島之西約 20 公里，城建在一高地上，標高約 1100 公尺，四週又有山嶺圍繞，故難攻易守，曾經是摩押王國的京城，其城堡和城牆都築造得十分堅固雄壯，自今仍保留了大部份。昔時的君王大道經過此處，今日則有一條東西向的公路通過，所以自古就是一個極具商業和軍事價值的重鎮。

<blockquote>
王下　3:25　以色列王約蘭，猶大王約沙法和以東王聯合攻打摩押，摩押王在吉珥哈列設的石牆上，將那應接續他作王的長子，在城上獻為燔祭。

賽　16:7，耶 48:31
　　　　先知預言摩押因狂傲，吉珥哈列設必將遭災。
</blockquote>

※同賽 15:1 中的(摩押的)基珥 Kir 0912，是其簡稱，曾被先知所咒詛。

0251　吉斯綠他泊 Chisloth-tabor
他泊山之側翼 Flanks of Tabor
他泊山之獅 Lions of Tabor

●Iksal，位於約念之東約 20 公里，米吉多東北約 19 公里，他泊山以西約 5 公里。

<blockquote>
書　19:12 西布倫支派所得之一城，位於東方境界上。
</blockquote>

※同書 19:18 中的基蘇律 Chesulloth 0943，但是屬以薩迦支派所有，西布倫占有其西北方之小山，故西布倫的邊界是從吉斯綠他泊以西開始。

※可能同書 19:22 中的他泊城 Tabor 0093-2，是以薩迦地界上之一城。

0252　多坍 Dothan
雙井 Two wells

●T.Duthan，位於撒瑪利亞之北約 16 公里，他納之南約 12 公里，距示劍約 22 公里，是撒瑪利亞山和迦密山之間的平原中的一土丘，在當時是由基列經伯珊往

埃及間一條很平坦的通路上的重要站口。1953 年開始發掘，發現有七個層面，城約建於 3000 BC 前後，在三千年代中，其文化和地位似乎領先其他巴勒斯坦的城市，曾建有很厚的城牆，並曾被毀和重建有七次之多。城之近郊水草茂盛，至今仍是良好的牧場。

<blockquote>
創　37:17　約瑟奉父令到示劍去查看眾弟兄牧羊的情形，在多坍趕上了，卻被兄長在那裡裡賣給米甸人，帶到埃及再被賣為奴。

王下 6:13　亞蘭王以大軍圍困多坍，為要捉拿先知以利沙，以利沙卻使敵軍昏迷後跟著他步行到了撒瑪利亞城，然後放了他們回去，日後亞蘭就不再犯以色列境了。(約為 850 BC)
</blockquote>

0253　多珥 Dor
堡壘 Fortress
居住 Dwelling，世代 Generation

●el-Burj [T.Dor]，位於迦密山西麓的海邊，米吉多之西約 25 公里，約念的西南約 20 公里。該城是建在一個突出在海中的小山崗上，故又名多珥山崗。海邊有四個礁石可擋風，所以可算是一個可用之天然港口。該地區盛產一種可以作為紫色染料之用的貝類，是腓尼基人染織紫色布匹的重要原料，因此該城曾是一染料出口地，城內也有染布廠。又因地居南北向之軍事和商業大道上，故也是個軍事據點。該城在 2000 BC 之前已有一個名為 Tjekker 的海上民族在此定居，主前十四世紀又成為推羅和腓尼基的屬地，後來又相繼被非利士人和埃及、亞述、羅馬等所佔據，瑪加比時代，是一軍事重鎮，改名叫多拉 Dora，羅馬帝國時屬其敘利亞省。在此發掘出一座羅馬人修建的劇場、染布廠和一座拜占庭式的古教堂。

<blockquote>
書　11:2　夏瑣王聯合北方的諸王，在米倫的水邊與以色列人戰爭，其中有多珥山崗的多珥王，但被以色列人所擊敗。

書　12:13　被約書亞所擊殺的三十一個王之一。

書　17:11　瑪拿西支派所得為業之一城，但是在亞設的境內。

士　1:27　瑪拿西人沒有趕出原來住在多珥和屬多珥鄉村的居民迦南人。

王上 4:11　所羅門王的第四個行政區內包括多珥山崗，是屬便亞比拿達管理，他娶了所羅門王的女兒他法為妻。

代上 7:29　多珥與其鄉村，是以法蓮的後代的住處之一。
</blockquote>

0254　多單 Dodanim
領導者 Leader

●多單是雅弗之孫，雅完的第四個兒子，其最初的領土可能的位置有兩種說法，較可信的是地中海中的

Rodhos 島及鄰近之小島，位於土耳其東南角約 19 公里的海中，哥士島在其西北約 80 公里，距帕大喇約 110 公里。其首府在島的北端，亦名 Rodhos，島之長約 87 公里，寬約 32 公里，全屬山地，但其谷地卻極爲肥沃，出產豐富，是古代商業、文學和藝術的中心之一，傳說中建有橫跨港口的亞波羅巨像，是古代世界七大奇觀之一。另一個說法則是位於今日希臘西北部的 Dodona 地區。尚有學者認爲是南斯拉夫的 Dardani。

　　創　10:4，代上 1:7
　　　　　　雅弗之孫，雅完的第四子多單及其後裔所居之地及民族名。

※可能同書 21:1 中之羅底 Rhodes 1167，是保羅所到傳福音之地之一。

0255　多利買 Ptolemais
多沙的 Sandy，熱沙 Heated sand

●T.el-Fukhkhar [T.Akko]，在舊約時代稱爲亞柯，位於今日 Akko 港城的南區，亞柯灣的北角，是海法港以北約 16 公里處的一個大城，因有岩石和小島的保護，是一良好的港口，長久以來都是巴勒斯坦重要海港之一，它不僅是亞柯地區的首邑，也是進入迦南腹地的戰略要塞。大部份時代都屬於腓尼基人所有，雖曾分給亞設支派爲業，但亞設並未能佔領，到了 323 BC，亞歷山大大帝去世後，其帝國被他的四位將軍所瓜分，其中 Ptolemy 割據了埃及和敘利亞，他將亞柯加以擴建，成爲一個希臘化的城市，所以它在新約時代的名字是多利買，但到羅馬帝國勢力消滅之後，就再改回原名亞柯。自十字軍東征開始，它就成爲十字軍基督徒王國的主要港口和商業中心，並改名叫「聖女貞德城」，大肆建築，其中的聖約翰禮拜堂，是十字軍在巴勒斯坦所建最美的一間。十字軍失敗後城被毀，棄置有兩百餘年，鄂圖曼帝國時重建，因爲十字軍在此所建築的街道及屋宇，已被泥土淹沒，回教徒在其上另蓋房屋，不久他們才發現屋子下面還有房屋和街道，至今仍很完整，現已開放可供參觀，故亞柯有「兩層城」之稱，在英國委任統治時期，因以海法爲總督府的所在地，所以亞柯日漸衰落，幾乎被人遺忘，待以色列復國之後，亞柯漸漸恢復繁榮。

　　徒　21:7　保羅從推羅乘船到了多利買，在那裡往了一天，次日就到該撒利亞。

※同士 1:31 中之亞柯 Acco 0491，亞設沒有趕出亞柯和西頓的居民。

0256　安 On
石柱之城 City of pillar，力量 Strength

●T.Husn 及 Materiyeh 兩廢墟，位於開羅東北約 16 公里，現今首都的國際機場所在地，古城建於 2900 BC 之前，是埃及古代的四大城之一，希臘人稱之爲太陽城 Heliopolis，曾是下埃及十三王朝的都城，也是敬奉太陽神「銳 R」的中心，因爲埃及皇室的紀錄存放在該城的廟宇之內，其祭司就成了埃及的史官，熟知埃及的歷史，此外該城對天文學、哲學、醫學、文學皆有極爲先進的水準，城中設有祭司訓練所和醫學院，因此該城的祭司被視爲最有學問之人，甚而遠至希臘都有學者前來求教。其重要的地位維持了兩千餘年，直到主前四至三世紀時方逐漸沒落。在城中的太陽神廟前，原有由 Thumose 三世所立之五支紅色花崗石的方尖形之碑，該城現僅一支，另四支現分別立在羅馬、伊士坦堡、倫敦和紐約的中央公園中。

　　創　41:45　法老將安城祭司的女兒給約瑟爲妻。
　　創　46:20　約瑟在埃及地生了瑪拿西和以法蓮，就是安城祭司的女兒給約瑟生的。

※同賽 19:18 中的毀滅之城 City of Destruction。
※同耶 43:13 中的伯示麥 Beth-shemesh 0344-4。
※同結 30:17 中的亞文 Aven 0477-2。

0257-1 安提阿(敘利亞)Antioch Antioch-on-the-Orontes
追隨反抗者 After opponent

●Antakya 小城，位於今日土耳其西南角上，利巴嫩山脈和陶魯斯山脈會合之處，所以是一個重要的陸上交通的孔道，奧倫提斯河從城中穿過，利用了河口處的西流基港作爲它遠洋貿易的港埠，兩者相距約 20 公里，因此海陸兩方面的交通都非常的便利。城是敘利亞王西流基在 301 BC 所建，作爲其都城，曾經有一段時期，其轄區竟包括了全部的中東和近東在內。在商業上也是東西方之間的貿易中心，在文化上則是希臘化的重要根據地，在哲學和藝術上也不後人，城內輝煌美麗，設備完善，後來成爲羅馬帝國的第三大城，僅次於羅馬和亞歷山大。城中猶太人很多，是在巴勒斯坦之外第一個主要猶太人的中心，會堂設立最早，也設有教父學校(Patristic School)，在第三至第五世紀之間，估計有三十次的教會大會在此舉行，足見這地在基督教的思潮和領導上是有何等重要的地位了。在十一世紀被土耳其佔領之後，由於屢遭地震，以及河道淤塞而漸沒落，成爲一小城。

　　徒　6:5　安提阿人尼哥拉，是管理飯食的七個執事之一。
　　徒　11:19　因司提反事四散的門徒，到腓尼基，居比路並安提阿向猶太人講道，在安提阿，也向希利尼人傳講主耶穌。
　　徒　11:22　耶路撒冷教會打發巴拿巴出去，走到安提阿爲止。
　　徒　11:25　巴拿巴又往大數去找掃羅，並帶他到安提

阿，他們足足有一年的工夫和教會一同聚
會。門徒稱為基督徒是從安提阿起首。

徒　11:27　當那日子，有幾位先知從耶路撒冷來到安
提阿，其中一位名叫亞迦布的，指明天下
將有大饑荒，到時果然有了，安提阿的門
徒就照各人的力量捐錢，送去住在猶太的
弟兄。

徒　13:1　在安提阿的教會中，有幾位先知和教師，
就是巴拿巴，西面，路求，馬念和掃羅，
他們受聖靈感動，打發巴拿巴和掃羅往小
亞細亞去傳講福音。 14:26 二人從小亞細
亞經過大利回到安提阿。

徒　15:22　耶路撒冷的使徒和長老，並全教會，差保
羅和巴拿巴同往安提阿去，:30 他們奉了
差遣，就下安提阿去，聚集眾人，交付書
信。

徒　15:35　保羅和巴拿巴再次從安提阿到小亞細亞各
城去傳道。

徒　18:22　保羅離了以弗所，經該撒利亞上耶路撒
冷，隨後下安提阿，在那裡住了些日子，
又離開那裡，挨次經過加拉太，和弗呂家
等地方去堅固門徒。

加　2:11　保羅說，從來磯法，就是彼得，到了安提
阿，因他有可責之處，我就當面抵擋他。

0257-2安提阿(彼西底)
Antioch,Antioch in Pisidia

●Yalvach，今日土耳其中部的大城，四面環山，位於
Anthios 河之西岸，以弗所在其西約 350 公里，以哥念
在其東南約 120 公里。在弗呂家統治的時代中，就已
有了四通八達的公路網，所以是軍事、政治和商業的
中心，在 300 BC 前後再經西流基王大肆增建，並改名
為安提阿，待軍事大道經過此城之後，就更增加了他
的重要性，295 BC 設立彼西底為省，以此城為省會，
故又稱為彼西底的安提阿。188 BC 為羅馬帝國所佔，
改屬加拉太省，仍以其為省會，直到保羅的時代。

徒　13:14　巴拿巴和保羅從別加到了彼西底的安提
阿，合城的人幾乎都來聚集，要聽神的
道，但猶太人起了嫉妒的心，逼迫二人，
又將二人趕出城外，他們就往以哥念去
了。

徒　14:19　有些猶太人從安提阿和以哥念來到路司
得，挑唆眾人，就用石頭打保羅，以為他
死了，便拖到城外，第二天保羅就同巴拿
巴往特庇去。

提後 3:11　我在安提阿，以哥念，路司得，所遭遇的
逼迫，苦難，主都把我救了出來。

0258　安密巴 En-Mishpat
審判之泉 Fountain of judgement

●安密巴是亞瑪力人佔據時之原名，後改為加低斯，
是一個具有四處最大的水泉的綠洲區，長度約有 25 公
里以上，由東南向西北計有 Ain Qudeis、Ain
Qudeirat、Ain Qoseimeh。及 Ain el-Muweilah 等四大水
泉，以其中的 Ain Qudeirat 的水量是最豐富的一處，可
作全區之代表，其位置在別是巴西南南方 76 公里，迦
薩之南 95 公里。詳細內容請見加低斯 0172 條。

創　14:7　北方四王南征時，在安密巴，就是加低斯
殺敗了亞瑪力全地的人。

※加低斯 Kadesh 0172，同加低斯巴尼亞 Kadesh-bernea
0178。

※同民20:13中的米利巴 Meribah 0276-2，是其簡稱。

※同民27:14中的加低斯米利巴 Meribah at Kadesh
0179，摩西和亞倫在此違背了神的命令，沒有尊耶
和華為聖。

※同結47:19中的米利巴加低斯 Meribah-kadesh 0295，
是以西結所預言以色列地的南界。

0259　安提帕底 Antipatris
背叛自己的祖國 Against one's country
替代其父 Instead of his father

●Ras el-Ain [T.Afeq]，即是古代的亞弗城，請參看亞
佛0482-1之說明，它位於約帕東北約 18 公里，耶路撒
冷西北約 46 公里，距該撒利亞約 44 公里，其地在山
地邊緣，西方是雅孔河的沼澤地帶，形成了南北唯一
的通道，是商旅必經之地，故極具軍事和商業價值。
城是大希律王在 9 BC 時所建，並以其父之名名之，是
一個典型的希臘新城。它也是由耶路撒冷通往該撒利
亞的中途站，故隨著該撒利亞城繁榮了五、六百年之
久，在十字軍時代也是一個重要的軍事據點。至今古
代宏偉的城牆仍大部份完好，十分的壯觀。

徒　23:31　保羅被押當夜便從耶路撒冷送到安提帕
底，第二天便送到該撒利亞。

※同書12:18 中之亞弗 Aphek 0482-1。

0260　弗 Put
受苦的 Afflicted

●弗是挪亞之孫，含的第三個兒子，他最初的領土，
大多數的學者認為是在埃及的西北部，尼羅河三角洲
的西方，包括部份現今之利比亞。也有學者認為是今
日的衣索比亞及肯亞以東的索馬利亞，但都缺乏足夠
的證據。

創　10:6，代上1:8
含之次子，弗所住之地及民族之名。

耶　46:9，結27:10
弗人，古實人，路德人，都受僱給埃及和
推羅人為兵丁或戰士。

結　30:5　先知預言，古實人，弗人(或作呂彼亞
人)，路德人，古巴人等，因與埃及結

盟，必也一同敗亡。

鴻   3:9   古實和埃及是他無窮的力量，弗人和路比族是他的幫手。

※呂彼亞 Libya 0425。

0261   弗呂家 Phrygia
不毛的 Barren，枯乾的 Parched

●在新約時代的前後，是羅馬帝國亞西亞省東部的一區，西方接著每西亞、呂彼亞、迦利亞 Caria，南方接呂家，東南接加拉太省的彼西底及呂高尼，東接加拉太，北接庇推尼。現今則是土耳其的中部地區，區內多山，有海拔在 1400 公尺之高原，原為一大古國，人民有馬其頓人和高盧人，土地肥沃，出產牛羊等，區內有安提阿、哥羅西、老底嘉等城。在此地區中有許多的猶太人，到第三世紀，整個地區都基督化了。

徒   2:10   五旬節的方言之一。

徒   16:6，18:23
    保羅曾兩度經過弗呂家及加拉太地方。

0262   汛(曠野) Sin
泥漿 Mud，泥土 Clay

●其位置和邊界皆不明確，大約是位於書珥曠野及以琳之南，紅海東岸邊名叫 El-Kaa 的一片平原，北起自 Wadi Taiyibeh，包括半島之西方沿岸，東鄰巴蘭曠野，南鄰西乃曠野，但界線皆模糊不清。

出   16:1   以色列人全會眾從以琳起行，在出埃及後的第二個月十五日，到了以琳和西乃中間，汛的曠野(過紅海後第四個安營之處)，百姓又發怨言，神在此開始降給嗎哪。

出   17:4   再去利非訂安營。

民   33:11   從紅海邊起行，安營在汛的曠野(過紅海後第四個安營)，再去脫加。

0263   米尼(地) Minni
分割 Division，從我而來 From me

●大約是今日伊朗的西部，亞美利亞國土之內，靠近 Urmia 湖和凡湖 Van 南方地區，其人民強悍好戰。

耶   51:27   先知預言耶和華將使亞拉臘，米尼及亞實基拿等國攻擊巴比倫。

0264   米甸(人,地) Midian
競爭 Strife，競爭之民 Tribe of contention

●位於亞拉伯半島的西部，阿卡巴灣東岸的地區，但其範圍和邊界皆不明確。米甸人可能是亞伯拉罕從基土拉所生第四子的後代，他們是游牧民族，聖經中並無米甸城市的記載，但是他們的活動範圍很廣，四出放牧、經商和移民，或甚至騷擾他人。在摩西時代

中，他們曾在西乃一帶活動，約書亞和士師基甸時代，又在摩押地與摩押人混居，故可說他們是主要居住在米甸，但也同時散居在以東、摩押、亞捫等眾族之地區。米甸人善於經商，有阿拉伯的猶太人之稱，也常與以實瑪利人同時出現，其名稱也常互相通用代替，有可能是兩族已混合成為一族。

創   36:35，代上 1:46
    以東王哈達，就是在摩押地擊敗米甸人的。

創   37:25   有一夥米甸的以實瑪利人，從基列來，用駱駝馱著香料，乳香，沒藥，要帶到埃及去，在從多坍經過之時，以二十舍客勒銀子把約瑟從他的兄長處買下，並把約瑟帶到埃及去了。

出   2:15，（徒 7:29）
    摩西為躲避法老，就逃往米甸地去，在那裡娶了米甸祭司的女兒西坡拉為妻。

出   3:1   摩西牧養他岳父米甸祭司葉忒羅的羊，一日領羊到野外去，到了神的山，就是何烈山。

出   4:19   耶和華在米甸對摩西說，你要回埃及去，因為尋索你命的人都死了。

出   18:1   摩西的岳父米甸祭司，從著摩西的妻子和兩個兒子，從米甸來到西乃山，會見摩西。

民   10:29   摩西的內兄，米甸人何巴，不願隨摩西去應許之地，要回本地本族那裡去。

民   22:4，7
    米甸和摩押的長老，一同去請巴蘭來咒詛以色列人。

民   25:6，14
    以色列人住在什亭，百姓與摩押女子行起淫亂，當會眾正在會幕門前哭泣的時候，有以色列人中的一個人，當他們的眼前，帶著一個米甸女人，到他弟兄那裡去，非尼哈看見，就用槍把那兩人刺穿了。耶和華曉諭摩西說，你要擾害米甸人，擊殺他們，因為他們用詭計擾害你們，在毘珥的事上，和他們的姊妹米甸首領女兒哥斯比的事上，用這詭計誘惑了你們。

民   31:3   摩西吩咐百姓出去攻擊米甸，好在米甸人的身上為耶和華報仇。

民   31:7，書13:21
    以色列人就照耶和華所吩咐摩西的，與米甸人打仗，殺了米甸的五個王和所有的男丁。

士   6:1   以色列人又行耶和華眼中看為惡的事，耶和華就把他們交在米甸人手裡七年，米甸人壓制以色列人，以色列人就在山中挖穴，挖洞建造營寨，每逢撒種之後，米甸人，亞瑪力人和東方人，都上來攻打他們，毀壞土產，沒有給以色列人留下食物，以色列人因米甸人的緣故，極其窮

乏，就呼求耶和華。耶和華就叫基甸作以
色列人的士師，去從米甸人手裡拯救以色
列人。

士　　7:12　基甸在哈律泉旁安營，米甸營在他們北邊
　　　　　的平原，靠近摩利岡。米甸人亞瑪力人和
　　　　　一切東方人，都布散在平原，如同蝗蟲那
　　　　　樣多，他們的駱駝無數，多如海邊的沙。

士　　7:25　基甸打發人走遍以法蓮山地，說，你們下
　　　　　來攻擊米甸人，把守約但河的渡口，後來
　　　　　就捉住了兩個米甸人的首領。

士　　8:11　基甸就由挪巴和約比哈東邊，從住帳棚人
　　　　　的路上去，殺敗了米甸人的軍兵，又捉住
　　　　　米甸的兩個王。

士　　8:28　這樣，米甸人被以色列人制伏了，基甸還
　　　　　在的日子，國中太平了四十年。

王上　11:18　以東王哈達幼時，和幾個臣僕逃往埃及，
　　　　　是從米甸起行，到了巴蘭，再去見埃及
　　　　　王。

詩　　83:9　求你待他們(要抵擋神的以東人等)如待米
　　　　　甸。

賽　　9:4　好像在米甸的日子一樣。

賽　　10:26　好像在俄立磐石那裡殺米甸人一樣。

賽　　60:6　預言萬民將歸說，列國的財寶，也必來歸
　　　　　你，成群的駱駝，並米甸和以法的獨峰
　　　　　駝，必遮滿你。

哈　　3:7　我見古珊的帳棚遭難，米甸的幔子戰兢。

0265　米沙　Mesha
拯救 Salvation

●位置不明，可能是在古代巴比倫的南邊，即亞拉伯
的北境。按創 25:14 所述「約坍子孫的住處是在他眾弟
兄東邊，從哈腓拉直到埃及前的書珥，正在亞述的道
上」，可供參考。

創　　10:30　閃的後代約坍的兒子們所住的地方，是從
　　　　　米沙直到西發東邊的山。

0266-1米倫(水) Merom，water of
高地 Height，上游的河水 Upper waters

●米倫確實的位置至今仍有很多不同的說法，茲分別
說明如下：

一、多數學者認為米倫即是在夏瑣西南約 12 公里，今
日名叫 Meiron 的村莊，位於 Jebal Jermak 山(海拔 1208
公尺，是以色列最高的山)的山麓，和 Wadi Leimum 的
源頭，附近有相當多的水泉，城建在往亞柯的主要大
道上，具有商業和軍事的價值。而 Wadi Leimum 則是
米倫水，向東南流入加利利湖。

二、有人認為即是呼烈湖，它位於加利利海的北方約
17 公里，湖面略呈三角形，寬約 7.2 公里，長約 5.6 公
里，水面高於海平面約 68 公尺，約但河自北流入，自

南流出，附近有一小平原。

三、另一處則是在夏瑣的西北方約 16 公里，Kh.el-
Bijar 和 Maroun，靠近 Maroun er -Ras， 附近的水泉甚
多。

書　　11:5　約書亞在米倫水邊，大敗以夏瑣王為首的
　　　　　北方諸王，追趕他們到西頓大城，到米斯
　　　　　利弗瑪音，直到米斯巴平原。

0266-2米倫(人)Meronoth
高地 Height，上游的河水 Upper waters

●Beit Unia，位於耶路撒冷西北北約 14 公里，伯特利
西南約 8 公里。

尼　　3:7　米倫人雅頓修造耶路撒冷城牆的古門。

※同代上 27:30 中的米崙 Meronoth 0267，兩者的英文
　名相同。

0267　米崙(人)Meronoth
高地 Height，上游的河水 Upper waters

●Beit Unia，位於耶路撒冷北北西約 14 公里，伯特利
西南約 8 公里。

代上　27:30　為大衛王掌管驢群的是米崙人耶希底亞。

※同尼 3:7 中的米倫 Meronoth 0266-2， 兩者英文名相
　同.

0268　米匿 Minnith
分派 Allotment，分割 Division

●位置不明。可能是 Umm el-Hanafish，位於希實本東
北約 6.5 公里，拉巴西南約16公里。

士　　11:33　耶弗他大大殺敗亞捫人，從亞羅珥到米
　　　　　匿，直到亞備勒基拉明，攻取了二十座
　　　　　城。

結　　27:17　猶大和以色列用米匿的麥子，餅，蜂蜜，
　　　　　油，乳香與推羅交易。

0269　米設(地) Meshech
延長 Prolong，高大 Tall

●米設是挪亞之孫，雅弗的第六個兒子，他們最初的
領土大約是包括現今土耳其的中部，和靠地中海北岸
的地區，在羅馬帝國的地圖上包括基利家及加帕多家
省的地區，土巴在米設之東，此兩地在聖經中常常同
時出現，是代表小亞細亞東部延至地中海南岸的地
區。亦有學者認為米設即是蘇俄的首都莫斯科城。

創　　10:2，代上 1:5
　　　　　土巴是雅弗的第六個兒子及其後裔所居之
　　　　　地及民族名。

結　　27:13　以西結在為推羅所作之哀歌中說，土巴和
　　　　　米設用人口和銅器與推羅兌換貨物。

結　　38:2　羅施，土巴及米設皆是歌革王的領土。

0270　米薩 Mizar
小 Little

●可能是黑門山脈的一個支嶺，可以在其上望見以色列全境。也有人認爲是錫安山，即是耶路撒冷。

　詩　42:6　我的神啊，我的心在我裡面憂悶，所以我從米薩山記念你。

0271-1米羅(人) Beth-millo
存放供應品的房子 The filling House

●位置不明。可能是示劍城附近之一地，或是城內外的一個堡壘等大建築。

　士　9:6　亞比米勒殺了他的七十個弟兄，示劍人和米羅人就立亞比米勒爲王。

0271-2米羅 Millo
供填塞之物 The filling

●米羅可能是一個曾經一再修建的大建築物，如樓房、倉庫，可用來作爲宮殿、軍械庫、堡壘、衛城或城砦等等之用。它的位置是在耶布斯城的北角，貼近水門之處，面向著汲淪溪。今日以色列的古物部，在俄斐勒山上所建的一座宏大的紀念碑，就可能就是米羅的原址。

　撒下　5:9，代上 11:8
　　　　大衛住在保障裡，給保障起名叫大衛城，大衛又從米羅以裡，周圍築牆。
　王上　9:15，11:27
　　　　所羅門王挑取服苦的人，是爲建造米羅，耶路撒冷的城牆等。
　王下　12:20　猶大王約阿施，在下悉拉的米羅宮那裡被他臣僕所殺。
　代下　32:5　猶大王希西家力圖自強，就修築所有拆毀的城牆，在城外又築一城，堅固大衛城的米羅，製造了許多軍器，盾牌。

0272-1米吉多 Megiddo
軍區 Place of troops，群集 Crowded
集會之處 Rendezvous，烙印者 Brander

●T.el-Mutesellim [T.Megiddo]，位於今日米吉多城北郊，他納的西北方約 8 公里，約念東南約 12 公里，在米吉多平原(又稱耶斯列和以斯得倫平原)之西緣。有兩條大道在此交叉，扼守了迦密山由北往南的三個隘道中最重要的一條，故具有非常重要的軍事價值，自古就是軍家必爭之地，已成爲巴勒斯坦北部的一個重要軍事據點達三千年之久。古城是在一高約 21 公尺的土山上，面積約 5 公頃，米吉多受戰火洗禮過無數次，也一再重建過無數次，城址愈堆愈高，今日成了一個考古學上的典型丘陵。發掘工作開始於 1903 年，以後也陸續有發掘，完整的呈現出二十餘個面層，包括了

自六千年前的銅石時代，迄至二千多年前的鐵器時代的遺物，第一道城牆出現於 2500 BC 前後，不久全被毀，第二道更是壯大，約是建於 2100 BC，也掘出同時期的廟宇和祭壇，不久有埃及的文物輸入。1500 BC 有喜克索斯入侵，並建築了堅固高厚的城牆，輸入戰車和馬匹，1479 BC 被埃及佔領，並成爲埃及在巴勒斯坦的行政機構的所在地，不久米吉多脫離埃及，埃及再於 1300 BC 攻克，盡行破壞，重建新城，可是在 1150 BC 被不知名者破壞。在被棄置了一百餘年後，才被大衛王佔領，重新建設，在遺址中發現有所羅門時代所建的衛所與城門，城牆堅固，設計巧妙，是迦南地區有史以來所見最精良，最完美的防禦工事，又尚存有所羅門王所建之馬廊，有 450 個石製馬食槽，足以顯示其兵力之強大，它的供水系統的工程也甚爲壯觀，計有 70 公尺長之輸水隧道，和深 30 公尺之蓄水池，其他還有倉庫官邸等，和一個又大又圓的「高處」，實爲一設備完善之軍事之重鎮。733 BC 被亞述攻克，成爲亞述在此之省會，350 BC 左右則被放棄，再少有人居住。

　書　12:21　約書亞所擊殺的三十一個王之一。
　書　17:11，士 1:27
　　　　瑪拿西支派所分得爲地業之一城，只是瑪拿西的子孫不能趕出此城的居民，迦南人偏要住在那地。
　王上　4:12　是所羅門王第五個行政區中之一城。
　王上　9:15　是所羅門王所修建之一城。
　王下　9:27　猶大王亞哈謝從耶斯列逃跑，逃到米吉多，就死在那裡。
　王下　23:29，代下 35:22
　　　　埃及王法老尼哥上到伯拉河，去攻擊亞述王，猶大王約西亞去抵擋他，埃及王在米吉多遇見約西亞，要他不要干預，約西亞不聽，便來到米吉多平原爭戰，弓箭手射中約西亞，他就受了重傷，回到耶路撒冷就死了。
　代上　7:29　以法蓮後裔所居之一城和其村莊。
　亞　12:11　先知預言耶路撒冷的居民必哀哭說，那日耶路撒冷必有大大的悲哀，如米吉多平原之哈達臨門。

0272-2米吉多(水)　Megiddo

●即是基順河，今日名叫 Nahr el-Muqatta 的一條小河，發源於撒瑪利亞山區之北，隱干寧的東及南方，沿迦密山之東北麓，向西北流入亞柯灣之南邊，全長約 40 公里。

　士　5:19　底波拉作歌說，君王都來爭戰，那時迦南諸王在米吉多水旁的他納爭戰，卻未得擄掠銀錢。

※基順河 River Kishon 0907。

0272-3米吉多(平原) Megiddo

●就是耶斯列平原，希臘文稱爲以斯得倫平原，是位於米吉多城之東的一片平原，略呈三角形，三頂點各爲約念、他泊山和以伯蓮，底邊長約 30 公里，高約 25 公里，基順河沿西邊流過，南接撒瑪利亞山地，西南接迦密山，西北接亞柯平原，東北接加利坎，東接耶斯列谷。這片平原加上東方的耶斯列谷和它西方連接到亞柯城的狹窄谷口，正好切斷北方的加利利高原，和南方的撒瑪利亞山脈，因此成了四通八達的十字路口，而且區內土壤肥沃，是世間少有的肥美谷地，可比美尼羅河，由於物產豐盛，又是一重要的交通樞紐，自古就是一個軍家必爭之地。它的四週都是巴勒斯坦境內著名而重要的軍事重鎮，如亞柯、夏瑣、耶斯列、伯善及他納、米吉多、約念、夏羅設等，足見其所處位置之特殊和重要。

王下 23:29，代下 35:22
　　　　埃及王法老尼哥上到伯拉河，去攻擊亞述王，猶大王約西亞去抵擋他，便來到米吉多平原爭戰，弓箭手射中約西亞，他就受了重傷，回到耶路撒冷就死了。

亞　　12:11 那日耶路撒冷必有大大的悲哀，如米吉多平原的哈達臨門的悲哀。

※同書 17:16 中的耶斯列平原 Jezreel 0789-3。

0273　米何拉 Meholathite
價格 Price，哀舞 Mourning of dancing

●可能是亞伯米何拉地方的人，亞伯米何拉是今日的 T.Abu Sus，位於伯善之南約15公里，得撒東北約 21 公里。

撒上 18:19 掃羅王失信，將原已許配給大衛的大女兒米拉，嫁給了米何拉人亞得列爲妻。

撒下 21:8 大衛王將七個掃羅的子孫給基遍人贖罪，其中有五個是米何拉人亞得列的兒子。

※亞伯米何拉 Abel-meholah 0593。

0274　米利大(島) Melita
蜂蜜 Honey，避難所 Refuge

●就是今日地中海中部，位於西西里島南方的馬爾他島 Malta，該島長約 29 公里，寬約 13 公里，早在主前二、三千年前即已有人在此居住，最早是腓尼基人的殖民地，漸成爲西地中海的貿易中心，也是因爲它具有戰略價值，故日後陸續被希臘、迦太基、羅馬、拜占庭、回教等所佔領，昔日以生產橄欖油和精美的紡織品而聞名。

徒　　28:1 保羅在被解押往羅馬的途中，所乘的船被風浪擊毀，他們在米利大得救上岸，保羅在島上被毒蛇所咬，但未受傷，也未中毒，島長父親的熱病和痢疾也因保羅禱告

而得痊癒，保羅也治好了其他島民的病，三個月後保羅再啓程經敘拉古到了羅馬。

0275　米利都 Miletus
紅 Red，照顧 Cared for

●今日仍名米利都，位於以弗所的南方約 52 公里的海邊上，Latonian 海灣的南岸，米安得河的河口，拔摩島在其西約 50 公里外的海中，距哥士約 70 公里。主前七世紀時，因能控制黑海之航運，就已開始繁榮，494 BC 曾被波斯所毀，後再重建，並曾爲羅馬帝國埃俄尼亞的首府，其生產的傢俱和羊毛織品十分有名，也是哲學和科學理論的發源地，天文學更是進步，早在主前 585 年，泰勒斯就能預測日蝕，但在以弗所興起之後，其重要性日漸被其取代。現今港口已淤積，可見的遺跡有阿波羅大神廟、羅馬式戲院等之廢墟。

徒　　20:15 保羅等從撒摩到了米利都，並請以弗所教會的長老到米利都來勸勉，然後乘船去哥士。

提後 4:20 特羅非摩病了，保羅就留他在米利都。

0276-1米利巴 Meribah
爭鬧 Quarrel，爭吵 Strife

●確實的位置不明，應是利非訂或是其附近。在傳統上均認爲是現今名叫 W.Refayid的廢墟和綠洲，綠洲在西乃山之西北方約 36 公里，有一條旱溪通至西乃山的西北麓。

出　　17:7 以色列人在利非訂安營，百姓因沒有水喝，又發怨言，並與摩西爭鬧，摩西用杖擊打何烈磐石，就有水從磐石中流出來，供百姓飲用，他就給那地起名叫瑪撒，就是試探的意思，又叫米利巴，是爭吵的意思。

申　　33:8 論利未說：你在瑪撒曾試驗他在米利巴水與他爭論。

詩　　81:7 詩人說以色列人在米利巴水那裡試驗神。

詩　　95:8 你們不可硬著心，像當日在米利巴你們的祖先試探神。

※利非訂 Rephidim 0416，何烈(的磐石) Horeb 0392-2，瑪撒 Massah 1082。

0276-2米利巴 Meribah

●是在加低斯巴尼亞的地區之內，但其確實位置不詳，有可能是指水源最豐富的一處綠洲，現今名叫 Ain Qudeirat 的，大約是在別是巴的西南南方約 76 公里，迦薩之南約 95 公里。餘請參見 加低斯0172 之說明。

民　　20:13 以色列人到了尋的曠野，就住在加低斯，會眾沒有水喝，就聚集攻擊摩西，摩西用杖擊打磐石兩下，就有許多水流出，這水

就名叫米利巴，就是爭鬧的意思。

民　20:24，申 32:51

　　摩西和亞倫因為在米利巴水沒有尊耶和華
　　為聖，故不得進入迦南。

詩　106:32 他們在米利巴水，又惹耶和華發怒，甚至
　　摩西也受了虧損。

※同民 27:14 中的加低斯米利巴水 Meribah-kadesh
0179。

※同結 47:19 中的米利巴加低斯 Meribah-kadesh 0295，
以西結所預言以色列的南界。

0277　米沙勒 Mishal
誰是像神一樣 Who is as God

●T.Kisam [T.Kison]，位於亞柯東南約 8 公里處，約念
之北約 19 公里。

書　19:26，21:30

　　亞設支派所得為業的二十二座城之一，後
　　歸給利未支派的革順族為業。

※同代上 6:74 中的瑪沙 Mashal 1077。

0278　米努哈(人) Manuhoth
休息處的中間 Midst of the resting places

●可能是瑪拿轄 Manahath 地方之人，瑪拿轄是 el-
Malhah [Manahat]，位於耶路撒冷西南西方約 6 公里，
伯利恆北北西約 6 公里處。

代上 2:52　基列耶琳之祖朔巴的子孫是哈羅以，和一
　　半米努哈人(即瑪拿哈人)。

※瑪拿哈 Manahathites 1091。

※可能同代上中的瑪拿轄 Manahath 1090。

0279　米底巴 Medeba
安靜的水 Quiet water

●是今日約但的一個大城，名叫 Madaba，位於死海以
東約 20 公里，希實本之南約 10公里，底本之北約 24
公里，昔日的君王大道經過此城，今日計有六條重要
的公路經此，所以是商務及軍事的重鎮。根據摩押石
碑之記載，此城原屬以色列，在主前八世紀時被摩押
王米沙收復，並重建此城，在馬加比時代，許爾幹曾
圍城六個月方才攻下。1884 年所發現該城多處細工鑲
嵌的地板，可知在拜占庭時代曾是一個富饒的城市，
尤其是一幅聖地的地圖，長 24公尺，寬 6 公尺，是非
常珍貴之文物，但大部份已毀損。米底巴平原即是以
米底巴城為主，從希實本到亞嫩河之間一片富庶的高
原，平均海拔高約 600 公尺。

民　21:30 以色列人進攻亞摩利王西宏所佔據之摩押
　　地，使他們的地變為荒場直到挪法，這挪
　　法直延到米底巴，這樣以色列人就住在亞
　　摩利人之地。

書　13:9，16

迦得支派所得為業之一城，包括米底巴的
全平原。

代上 19:7　亞捫人僱用亞蘭人，安營在米底巴前，要
　　攻擊大衛王。

賽　15:2　預言摩押必覆亡說，摩押人因尼波和米底
　　巴哀號。

0280　米底亞 Media

●在 TCV 今日中文聖經版中將 Media 譯為米底亞，但
其他版本則譯為「瑪代」，請參看瑪代 1053 條之解
說。

0281　米法押 Mephaath
照耀 Illuminative，高 Height，美麗 Beauty

●T.Jawah，位於希實本之東約 14 公里，拉巴之南約
10 公里。遺跡中尚有一座堡壘，可防禦沙漠中人的襲
擊。

書　13:18，21:37，代上 6:79

　　原係分給流便支派的一座城，但後來歸給
　　利未支派的米利拉族為業。

耶　48:21 先知預言摩押將有刑罰臨到的十一座平原
　　中的城，米法押是其中之一。

0282　米亞拉 Mearah
一個洞穴 A cave

●位置不明，應是在推羅和西頓之間，近海邊一個可
住人的洞穴，利巴嫩山脈乃是一個有很多天然洞穴的
地區。

書　13:4　約書亞所未得之地之一，是屬西頓人的米
　　亞拉到亞弗，直到亞摩利人的境界。

0283　米基拉 Mecherathite
杖或竿 Staff，居處 Habitation

●米基拉可能是瑪迦之誤，瑪迦是一個早自亞摩利王
巴珊以前，經約書亞時代直到大衛王年間，都是獨立
的小王國，位於黑門山的南麓的坡地上，南鄰基述王
國，東接巴珊的亞珥歌伯，其西是約但河，但或有時
疆土會越過約但河，到達亞伯和瑪迦，其國境和邊界
皆不明確。他們似一直與以色列人保持良好之關係。

代上 11:36 米基拉人希弗是大衛王的勇士之一。

※可能是撒下 23:34 中的瑪迦人 Maacathite 1079 之
誤。

0284　米烏尼人 Meunites
部落的 Tribal，先天的 Inherd

●米烏尼人可能是以東族的一小支。他們的住處位置
不明，可能是在以東地的東邊。

代上 4:41　西緬的後代在猶大王希西家年間，攻擊含

族人和那裡所有的米烏尼人，(在 KJV 中是 habitotion 居民之意)，將他們滅盡，就住在他們的地方。

代下 20:1　摩押人和亞捫人，又有米烏尼人(在 KJV 中是 and others with them besides the Ammonites，意思是亞捫附近之人，又在代下 20:22 中則是西珥) 一同來攻擊猶大王約沙法。

代下 26:7　猶大王烏西亞攻擊住姑珥巴力的亞拉伯人，並米烏尼人。

0285-1 米斯巴 Mizpah
守望塔，監視塔 Watch tower

●位置不明，應該是在雅博河及雅木河之間，基列山區中之某一地。

創　31:49　雅各與他的岳父拉班在基列山立約，並堆石為證，因此拉班稱那地方為伊迦爾撒哈杜他，雅各稱它為迦累得，又叫米斯巴，意思是說，我們分別後，願耶和華在你我中間鑒察，以此石堆為界，不可越過這石堆，彼此相害。

0285-2 米斯巴(平原) Mizpah

●詳細位置不明。按說明應該是在黑門山西方和南方的山麓下的一小片平原，可能是在 Hasbeya 之南，Merj Ayun 之東，和 Nahr Hashbant 之西，今名 Mutelleh，是一位於高約 60 公尺之高崗上的小村莊。

書　11:3　約書亞在米倫的水邊，大敗以夏瑣王為首的北方諸王和諸族，其中之一是在黑門山根，米斯巴地的希未人。:8並追趕他們直到西頓大城，又直到東邊的米斯巴平原。

0285-3 米斯巴 Mizpah

●T.es-Safiyeh 小村，位於希伯崙的西北方約 19 公里，伯示麥之南約 16 公里。

書　15:38　猶大支派所得為業在高原第二組的十六座城中的一座。(然而其位置卻在高原第三組城邑的正中間)。

0285-4 米斯巴 Mizpah

●T.en-Nasbeh，位於耶路撒冷以北約 12 公里，伯特利以南約 6 公里。1926 年至 1935 年發掘，發現有主前三千年代中的陶器，主要興盛時間是在以色列時代，築有4公尺寬，10公尺高的城牆。也有學者認為是 Neby Samwil，位於耶路撒冷西北約 6 公里，因其地更具有戰略上之價值。

書　18:26　便雅憫支派所得為業第二組的十四座城之一。

士　20:1，21:1　基比亞人強姦一個路過的利未人的妾致死，從別是巴到但的以色列人都聚集在米斯巴，為要討伐基比亞人。

撒上 7:11　以色列人傾向耶和華，撒母耳召集以色列人在米斯巴獻祭，禁食禱告，非利士人前來進攻，但被以色列人擊敗，以色列人從米斯巴出來追趕非利士人，擊殺他們直到伯甲的下邊。

撒上 7:16　撒母耳作以色列人的士師，每年巡行到伯特利，吉甲和米斯巴等地，在這幾處地方審判以色列人。

王上 15:22，代下 16:6　猶大王亞撒用巴沙王修建拉瑪的石頭修築迦巴和米斯巴。

王下 25:23，耶 40:6，41:10　猶大人被擄到北方之後，巴比倫王尼布甲尼撒立基大利在米斯巴作猶大省的省長，尼陀法人單戶篾和瑪迦人雅撒尼亞等人都到米斯巴，去見基大利，後來他們殺了基大利，就同住在米斯巴的猶大人與迦勒底人，都起身逃往埃及去了。

尼　3:7　在重建耶路撒冷城牆時，有基遍人，米倫人，並屬河西總督所管的米斯巴人。

0285-5 米斯巴 Mizpah

●Jelad，拉巴的西北方約 24 公里，希實本北西北約 36 公里，約但河東約 18 公里處，在一片高約 1100 公尺之高原中。

士　10:17　以色列人安營在米斯巴，並請耶弗他為領袖，作他們的元帥，對抗亞捫人的攻擊。

士　11:29　耶和華的靈降在耶弗他身上，他就經過基列和瑪拿西，來到基列的米斯巴，又從米斯巴來到亞捫人那裡。

何　5:1　以色列家阿，要留心聽，審判將臨到你們，因你們在米斯巴如網羅，在他泊山如鋪張的網。

※有可能是書 13:26 中之拉末米斯巴 Ramath-mizpah 0651，是屬於迦得支派之城。

0285-6 米斯巴 Mizpah

●位置不明，應在約但河東，死海的北端。有人認為應是當日的首都吉珥哈列設或基珥。

撒上 22:3　大衛將他的父母送到摩押的米斯巴去，請摩押王保護。

0286　米斯迦 Misgab
高地 Height，高的堡壘 High fort

●位置不明，應是在摩押的境內某一高地上之堡壘。

耶　48:1　先知耶利米論摩押說，米斯迦將蒙羞被

毀。(在 RSV 中作 the fortress，在 NIV 中
作 stronghold，都是指碉堡)。

0287　米哥拿 Meconah
基礎 Base or foundation

●位置不明，似在洗革拉及音臨門之間的某處。

尼　11:28 回歸及建殿後猶大人所居之一城邑及其鄉
　　　　村。

0288　米瑣八人 Mezobaite
主尋得 Found by Load
從瑣八而來 From Zobah

●位置不明。可能是指來自瑣巴的人。瑣巴王國是當
時大馬色以北，哈馬以南的一個亞蘭人帝國，其位置
及範圍難以確定，其主要疆土大約是在兩利巴嫩山脈
之間，名叫 Biqa的山谷地區之中，而且不斷的對南北
兩向的鄰邦侵略。

代上 11:47 大衛的勇士雅西業是米瑣八人。

0289-1 米磯崙 Migron
懸崖 Precipice，推翻 Hurling down
高峰 Pinnacle

●位置不能確定。可能只是基比亞城鄰近的一棵樹
名，基比亞城即 T.el-ful，位於伯特利之南約 12 公里，
耶路撒冷之北約 5 公里。

撒上 14:2 掃羅在基比亞的儘邊，坐在米磯崙的石榴
　　　　樹下，跟隨他的人約有六百人。

0289-2 米磯崙 Migron

●T.Miriam，位於伯特利東南約 7 公里，耶路撒冷之北
約 11 公里，鄰近是一條很窄的山谷。

賽　10:28 亞述王攻擊猶大，來到亞葉，經過米磯
　　　　崙，在密抹安放輜重。

0290　米羅斯 Meroz
隱密的 Secret，避難所 Refuge
漸瘦 Waxing lean

●位置不明。似應在米吉多平原內或其附近，靠近基
順河。但也有人認為是今日名叫 Kh.Marus 的一處廢
墟，位於拿弗他利的基底斯之南約 14 公里處。(5.)

士　5:23 因為米羅斯人未參與女先知底波拉抵抗夏
　　　　瑣王耶賓的戰爭，故而受到咒詛。

0291　米拉大翁 Merathaim
雙重反叛 Double rebellion
雙重苦痛 Double Bitterness

●係被擄的以色列人對當時的巴比倫帝國的另一種稱
呼。

耶　50:21 先知耶利米預言巴比倫將受審判說，上去
　　　　攻擊米拉大翁之地，要追殺滅盡。

0292　米推利尼 Mitylene
被減縮了的 Curtailed
盛產貝類 Abounding in shell-fish

●是今日土耳其西部海岸一個名叫 Lesbos 大島東端的
主要城市，現名 Mitilini，該島位於 Edremit 灣的出口
處，是一個具有兩個港口的港城。古時以富有並多詩
歌和文學作品而聞名。在保羅時代，是羅馬帝國的一
個自由城，相當的繁榮。

徒　20:14 保羅乘船從亞朔出發，經米推利尼和撒摩
　　　　等地後回到耶路撒冷。

0293　米惡尼尼 Meonenim
預言家 Augurs，玩魔術 Practice magic

●位置不明。似應在示劍的附近，也有人認為就是示
劍的摩利橡樹，因為 RSV 譯為 Diviner's Oak，意思是
「聖者的橡樹」。

士　9:37 亞比米勒從米惡尼尼橡樹的路上而來，攻
　　　　擊迦勒。

0294　米所波大米 Mesopotomia
兩河間之亞蘭
Aram-naharaim or Aram of the two rivers
兩條河流之間的高地 High place of two rivers
河流之間 Between rivers

●照聖經的原意，米所波大米是指「兩河之間的亞
蘭」，其間重要的城市計有哈蘭、拿鶴、歌散，所以即
是幼發拉底河的支流哈博河 River Habar 以西，幼發拉
底和底格里斯兩條大河之間的地區，(亞蘭另外的地
區，則是在奧倫提斯河以東至幼發拉底河之南，南至
大馬色之間的地區)。但在主後四世紀時，希臘人則將
其範圍擴張，即是自兩大河流的發源地起，沿河谷兩
岸伸展至波斯灣口，也就是今日一般所稱之「美索不
達米亞」和「兩河流域」之地，包括土耳其之東部，
敘利亞之東北和伊拉克。全區少雨，地形平整，但每
逢春季融雪時，兩河河水暴增，帶來洪水和大量的沃
土，又幼發拉底河之水位較底格里斯河為高，人民善
加利用，在兩河流之間開掘了許多的人工灌溉運河，
不但減少災害，而且使得農產豐富，除足夠己用者
外，尚可對外換取當地所缺之石材、木材、金屬等，
貿易促使文化的交流和文字之發展，故該地是人類古
文明發源地之一。擴大後的米所波大米可分為三區，
巴格達的東南為巴比倫或示拿地，巴格達的西北到哈
博河為亞述，哈博河以西就是兩河之間的亞蘭。
在 722 BC 年間，亞述王將以色列十個支派的人擄到米

所波大米，巴比倫王又在 587 BC再把餘下的猶大支派
的人擄到此間，七十年後雖有數萬人回歸耶路撒冷參
加建殿，但仍有大部份的人留下，據說在主前三世紀
時，在米所波大米的猶大人已有了數百萬人之多。

創	24:10	亞伯拉罕的僕人，帶了他主人的各樣財物，起身往米所波大米去，到了拿鶴的城，要為以撒娶妻。
申	23:4	亞捫人，或是摩押人，不可入耶和華的會，因為他們雇了米所波大米的巴蘭來咒詛你們。
士	3:8	以色列人行耶和華眼中看為惡的事，耶和華就把他們交在米所波大米王古珊利薩田的手中，服事了古珊利薩田八年。俄陀聶作以色列的士師，他打敗了米所波大米王古珊利薩田，於是國中太平了四十年。
代上	19:6	亞捫人為要攻擊大衛王，就從米所波大米等地雇了戰車和馬兵。
徒	2:9	五旬節時所說之方言之一。
徒	7:2	司提反說，當日我們的祖宗亞伯拉罕在米所波大米還未住哈蘭的時候，榮耀的神向他顯現。

0295　米利巴加低斯 Meribah-kadesh
加低斯的爭吵 Strife of Kadesh

●位於加低斯巴尼亞的地區之內，但其確實位置不
詳，有可能是指水源最豐富的一處綠洲，現今名叫 Ain
Qudeirat 的，大約是在別是巴的西南南方約 76 公里，
迦薩之南約 95 公里。餘請參看加低斯 0172 之說明。

結	47:19	以西結預言以色列的南界是從他瑪到米利巴加低斯的水延到埃及小河。
結	48:2	預言迦得支派地業的邊界也是從他瑪到米利巴加低斯的水延到埃及小河。

※同民 20:13 中的米利巴 Meribah 0276-2，是其簡稱。
※同民 27:14 中的加低斯米利巴 Meribah at Kadesh
0179，摩西和亞倫在此違背了神的命令，沒有尊耶
和華為聖。

0296　米斯利弗瑪音Misrephoth-maim
溫泉 Hot spring
在水中焚燒的石灰 Lime-burning (at water)

●Kh.el-Musheirefeh，位於推羅之南約 22 公里，亞柯
之北約 19 公里，地中海的岸邊，正在推羅之階 The
Ladder of Tyre，or Ras-en-Naqurah 的下方，是亞柯平
原北端的盡頭。

書	11:8	約書亞在米倫的水邊擊敗了以夏瑣王耶賓為首的迦南諸王和諸族，追趕他們到西頓大城，到米斯利弗瑪音，直到東邊米斯巴平原。
書	13:6	約書亞到年老之時尚未取得之一地；從利巴嫩直到米斯利弗瑪音，就是所有的西頓

人。

0297　老底嘉 Laodicea
老城堡 Old castle，公正之民 Just people

●是現今土耳其西南部仍用原名的一個古城，位於
R.Maeander 河與其支流 R.Lycus交匯的肥沃谷地之中，
西距以弗所約 155 公里，東距安提阿約 205 公里，城
是在 262 BC由敘利亞的安提阿庫王所擴建，命名以記
念其母，並將猶太人及敘利亞人遷移到此一地區來居
住，在新約時代，其公路網是四通八達，故具有非常
優越的地位，而且它在工業上也有特出的表現，尤其
是所生產黑羊毛和毛織品，更是遠近馳名，它有一所
很出名古老的醫學院，特別是以耳科和眼科而聞名，
所以很早就成為財經重鎮，也曾是羅馬帝國弗呂家省
的省會，使得該城益形重要繁榮，它一直控制著鄰近
的哥羅西和希拉波立等兩個大城。主後 60 年曾毀於地
震，十一世紀被回教所佔，十二世紀再被基督徒所奪
回，十三世紀時則被土耳其所佔，戰後因未整建而漸
沒落。

西	2:1	保羅說，他為老底嘉人，並一切沒有與他見面的人，是何等的盡心竭力。
啟	1:11	七個教會之一。
啟	3:14	你要寫信給老底嘉教會的使者，說，我知道你的行為，你也不冷也不熱，我巴不得你或冷或熱，你既如溫水，所以我必從我口中把你吐出去。你說，我是富足，已經發了財，一樣都不缺，卻不知道你是那困苦，可憐，貧窮，瞎眼，赤身的……。

0298　色弗尼 Syene
空地，開張 Opening
商業 Commerce，Trade

●即是今日埃及的亞斯旺 Aswan 大城，位於開羅以南
約 880 公里，尼羅河第一瀑布的西岸，不久前在城南
現建有一座世界上最大，名叫亞斯旺的水壩。此城在
古代一直都是埃及南方的行政中心和邊防重鎮。在城
的南面有一個古老的採石場，在古代供應了大量優良
建築和雕刻用的大理石材。色弗尼塔可能是在城南的
一處邊防軍事碉堡。位於色弗尼對面的尼羅河中，有
一個稱為伊里芬尼的大島，就是古代稱為葉百島 Yeb
的，由於它與色弗尼共同負起保衛上埃及的責任，它
也成為設防區，有相當多的軍隊駐防。在主前八世
紀，就開始有大批的以色列難民來此定居，並在波斯
帝國時代建有一座事奉耶和華的猶太會堂。在 1904年
和 1907 年所發現的伊里芬尼紙草，就是這群猶太僑民
所僅存的紀錄，用的是亞蘭文，主要的都是商業文
件，也有些敘述了他們在 471～407 BC 間的歷史，部

份的內容是因埃及人毀了猶太人在六世紀所建的會堂後，猶太人為重建而作的紀錄，是非常珍貴的文物。

> 結　29:10　論埃及的預言，將使埃及地，從色弗尼塔直到古實境界，全然荒廢淒涼，四十年之久，無人居住。

> 結　30:6　主說埃及的人民，從色弗尼塔起，必倒在刀下。

※可能同賽 49:12 中的希尼 Sinim 0430。

0299　艾　Ai
土堆 Heap，廢墟 Ruin

●et-Tell，位於伯特利東南東方約 3 公里，耶利哥之西約 19 公里，其位置完全符合聖經之記載，但是在考古的證據上，尚存有疑點。因為考古學家在 1933 至 1972 年間的挖掘中，已證實艾城是一個銅器時代(5000～3000BC)早期已存在的古老城市，在主前第三十四至二十四世紀間是一個興盛的山城，建有十分美麗的廟宇和宮室，其城牆厚 7.3 公尺，高 7.6 公尺，另有城樓等堅固的防禦工事，似曾被埃及佔領，並作為控制迦南地之據點，但是後來被伯特利所取代。在主前二十四世紀時曾完全被毀，而且有千年以上沒有再建之跡象，故約書亞攻打時，艾城可能早已不存在，其疑問有待進一步的查證。在艾城被毀之後，以色列人在其東南方約 1.5 公里處又建一城，名叫亞葉 Aiath，可能有時兩者合稱艾城。

> 創　12:8，13:3　亞伯蘭數次在伯特利和艾城的中間支搭帳棚居住，並在那裡築了一座壇，求告耶和華的名。

> 書　7:2 至 8:29　約書亞領以色列人攻打艾城的故事。

> 書　12:9　約書亞所征服的三十一個王中的一個。

> 拉　2:28，尼 7:32　被擄的伯特利及艾人的後代，首批自巴比倫返本城者，計有二百二十三名。

※同現代中文譯本(TCV)及 TEV代上 7:28 中之艾雅 Ayyah 0300。

0300　艾雅　Ayyah
土堆 Heap，廢墟 Ruin

●et-Tell 廢墟，即是艾城，位於伯特利東南東方約 3 公里，耶利哥之西約 19 公里，餘請參看艾城 0299 條之說明。

> 代上 7:28　以法蓮另有一個兒子叫利法，利法的後代所居的地區包括伯特利，拿蘭，基色，示劍和艾雅。

※同創 12:8，書 7:2，12:9，拉 2:28，尼 7:32 中之艾城 Ai 0299。

※同尼 11:31 中的亞雅 Aija 0503。

0301　西丁　Ziddim
邊緣 Sides，險峻之處 Steeps

●Kh.Kadish，位於加利利湖南端西岸約 2 公里，基尼烈城南方約 17 公里，伯善之北約 24 公里。另一可能之處是 Kefar Hattyas，距著名的 Horns of Hattin 約 1 公里。

> 書　19:35　拿弗他利支派所得為業的十九座堅固城之一。

0302-1西乃(山) Mount of Sinai
發光的 Shiny，多荊棘的 Thorny
泥濘的 Miry，泥土的 Clayey

●Jebel Musa，今日皆稱之為摩西山，是西乃半島南部的第二座最高，卻是最壯觀的山，其高度為 2285 公尺，山之位置正對著面向西北方的一個大的平原，可容納多人聚集，而且附近有四條溪流和許多的水井及水泉，還有很多常乾涸的河道，可以供應相當充分的水源，此山至今仍雜石崢嶸，山勢陡峻，少有草木，攀登不易，又名為何烈山，兩者常互用。在山之西北麓的 Wadi e-Deif 谷中，現有一座五世紀時，希臘東正教所建的聖凱瑟琳修道院 St. Catherine's Monastery。山之東南麓的 Wadei el-Arbain 谷中，有一些拜占庭時代所建的小教堂，其中有兩座是紀念先知以利亞和以利沙的。

> 出　19:11　因為第三天耶和華要在眾百姓眼前降臨在西乃山上。:18 西乃全山冒煙，煙氣上騰，如燒窯一般，遍山大大震動，角聲高而又高。:20 耶和華降臨在西乃山頂上，召摩西上山頂去，但百姓不能上山。

> 出　24:16　摩西上山，有雲彩把山遮蓋，耶和華的榮耀停於西乃山，雲彩遮蓋山六天，第七天祂從雲中召摩西，摩西進入雲中上山，在山上四十晝夜。

> 出　31:18　耶和華在西乃山和摩西說完了話，就把兩塊法版交給他，是神用指頭寫的石版。

> 出　34:2　摩西就鑿出兩塊石版，和先前的一樣，拿著上西乃山去，耶和華在雲中降臨，和摩西一同站在那裡。:29 摩西手裡拿著兩塊法版，下西乃山的時候，面皮發光。:32 摩西就把耶和華在西乃山與他說的一切話，都吩咐亞倫和以色列眾人。

> 利　7:38　這就是燔祭，素祭，贖罪祭，贖愆祭和平安祭的條例，並承接聖職的禮，都是耶和華在西乃山所吩咐摩西的。

> 利　25:1　耶和華在西乃山對摩西說，以色列人到了應許地，就要向耶和華守安息。

> 利　26:46　這些律例，典章和法度，是耶和華與以色列人在西乃山藉著摩西立的。

> 利　27:34　這就是耶和華在西乃山為以色列人所吩咐摩西的命令。

民　3:1　耶和華在西乃山令點數以色列人的時候，摩西和亞倫的後代，一個月以外的男子共有二萬二千名。

民　28:6　這是在西乃山所命定為常獻的燔祭，是獻給耶和華為馨香的火祭。

申　33:2　摩西在死前為以色列人祝福說，耶和華從西乃而來，從西珥向他們顯現。

士　5:4　女先知作歌說：耶和華阿，你從西珥出來，由以東地行走，那時地震天漏，雲也落雨，山見耶和華的面，就震動，西乃山見到耶和華的面，也是如此。

尼　9:13　你也降臨在西乃山上，從天上與他們說話。

詩　68:8　西乃山見以色列 神的面也震動。:18 神的車輦累萬盈千，主在其中，好像在西乃聖山一樣。

加　4:24　這都是比方，那兩個婦人，就是兩約，一約是出於西乃山，生子為奴，乃是夏甲，這夏甲二字是指著亞伯拉罕的西乃山，與現在的耶路撒冷同類。

※同何烈山 Mount Horeb 0385-1。

0302-2西乃(曠野)　Sinai

●西乃曠野大約是以西乃山，即今日名叫 Jebel Mosa 為中心的一片曠野，可能更包括了西乃半島的南部，它北與汛曠野和巴蘭曠野為鄰，但邊界皆不明確。在西乃山的附近有高峰、小山、峽谷，無數的常年乾涸的河道，與寬廣的平原，因有四條溪水和許多水井和水泉，所以在整個區中，雨雖稀少，但飲用水是不會缺乏的。

出　19:1，民 33:15

他們離開利非訂，在出埃及後滿了三個月的那一天，就來到西乃的曠野，就在那裡的山下安營。(出埃及後的第十二個安營處)

民　1:1　以色列人出埃及地後，第二年二月初一日，耶和華在西乃的曠野，令摩西核數以色列人二十歲以上男丁的數目。

民　3:14　耶和華在西乃的曠野，令摩西數點利未人一個月以上的男子。

民　9:1　耶和華令以色列人守逾越節，他們就在西乃的曠野，出埃及後第二年的正月十四日黃昏的時候守逾越。

民　10:12　第二年二月二十日，以色列人離開西乃的曠野，往巴蘭曠野去。

民　26:64　在摩押平原被點數的以色列人中，沒有一個是曾在西乃的曠野被點數過的，因為他們都已死在曠野。

利　7:38　這就是燔祭、素祭、贖罪祭、贖愆祭和平安祭的條例，並承接聖職的禮，都是耶和華在西乃山所吩咐摩西的，就是他在西乃

曠野，以色列人獻供物給耶和華之日所說的。

徒　7:30　在西乃山的曠野，有一位天使，從荊棘火焰中，向摩西顯現。

0302-3 西乃(半島) Sinai

●即是今日的西奈半島，是紅海的蘇伊士灣和阿卡巴灣之間的一個半島，東接巴勒斯坦，西接埃及，全島多為荒漠山丘和常年乾涸的溪谷，只有少數的綠洲，如今全年雨量極為稀少，農牧皆不宜，交通亦很困難，但富有礦藏，特別是石材和銅鐵礦。區內並無城鎮，也沒有國邦的建立，但它卻是埃及的天然屏障，在埃及有些王朝的興盛年間，特別是第十二、十八和二十王朝，西乃半島曾被視為埃及帝國的重要部份，也是它最有價值的屬地，從許多資料看來，埃及人在這地區從事於廣泛的採礦事業，而且極為成功，從那高度開發了的西部所得到的有紅花崗岩、粉紅色的片麻岩、綠松石、鐵和銅，都是埃及大量的公共建設和雕刻所需要的材料。

0303　　西巴(人) Seba
男人 Man，你喝 Drink thou
醉漢 Drunkard

●西巴是含之孫，古實的長子，他最初領土的位置尚未能確定，據約瑟弗的該法，可能在是今日名叫 Meror 的地區，位於白尼羅河及藍尼羅河之間。

創　10:7，代上 1:9

含之孫，古實之長子西巴及其後裔所居的地區和國族名。

0304-1西尼(人) Sinites

●西尼是含之孫，迦南的第八個兒子，他的領土可能是今日名叫 Sinna 的一個城堡和其四週之地，城堡位於敘利亞境內，地中海邊的 Arqa 城及 Ugarit 城之間。

創　10:17，代上 1:15

西尼是含之孫，迦南的第八個兒子，他的後裔稱之為西尼人，其所居之城邦和屬地稱西尼地。

0304-2西尼 Seneh
荊棘叢 Thorn bush，多刺的 Thorny

●是一處峭壁，位於小村 Gabath-Saoule 的東側，Wadi Suweinit 旱溪的西南邊上，密抹之南約 1.6 公里，迦巴之東約 2.0 公里。

撒上 14:4　約拿單要從隘口過到非利士防營那裡去，這隘口兩邊各有一個山峰，一峰名播薛，一名西尼，一峰向北與密抹相對，一峰向

南與迦巴相對。

0305-1西弗 Ziph
流動的，飄蕩的 That flows
漲潮 Flux，　清淨之地 Refining place

●T.Zif，位於別是巴南東南方約 32 公里，希伯崙以南約 62 公里，迦薩東南約 76 公里，靠近西緬之南境。

書　15:24　猶大支派在儘南邊所得為業的二十九座城中的一座。

0305-2西弗 Ziph

●約 7 公里，別是巴東北方約 37 公里，瑪雲之北約 7 公里，城建在一個海拔高 878 公尺的小山頂上，形勢險要與隱基相對峙。其附近之地就西弗曠野。

書　15:55　猶大支派所得為業之一城，是山地第三組十座城中的一座。

撒上 23:14　大衛為躲避掃羅的追殺，離開基伊拉之後，逃到西弗曠野的山地，約拿單曾到該地與大衛相會並立約。西弗人向掃羅告密，掃羅再追到西弗及瑪雲的曠野。

代下 11:8　猶大王羅波安為保障在猶大地所修築的十五座堅固城之一。

詩　54　西弗人來對掃羅說，大衛豈不是在我們那裡藏身麼。

0306-1西拉(井) Sirah,cistern of
借入 Borrow，　那流動的(人或物) That flows
轉向旁邊 Turning aside

●可能就是今日在希伯崙的西北方約 2 公里處，一口名叫 Ain Sarah 的井。

撒下 3:26　約押派人去追趕押尼珥，在西拉井追上，將他帶回來，再將他刺死。

0306-2西拉 Sela
岩石 Rock，　絕壁 Cliff

●有兩個可能之處，其一是 es-Sela，位於波斯拉城的西北方約 3 公里，底本之南約 83 公里，別是巴東南約 88 公里。另一處是 Umm el-Bayarah，位於波斯拉的南方約 48 公里，現今 Ma'an 城的西北約 32 公里，是聞名的 Petra 廢墟中的一個高地。

王下 14:7　猶大王亞瑪謝在鹽谷殺了以東人一萬，又攻取了西拉，改名叫約帖，直到今日。

賽　16:1　勸摩押納貢說，你們當將羊羔奉給那地掌權的，從西拉往曠野，送到錫安城的山，摩押的居民在亞嫩渡口，必像遊飛的鳥，如拆窩的雛。

※約帖 Jaktheel 0771-2。

0306-3西拉 Sela

●死海東南通往亞拉伯的一個關口，銅礦藏量甚豐，但確實位置不明。亦可能是前述之 0306-2。

士　1:36　亞摩利人的境界是從亞克拉濱坡，從西拉而上。(按 TCV 的譯文，亞摩利人改為以東人，則西拉即是彼特拉，又 KJV 中並無 Sela 一字，而是用 rock 代之，則其地無從查證。)

0307　西沽(井) Sechu
一個可以向外張望之處 A lookout place

●位置不明。有可能是今日名叫 Kh.Shuweikeh 的一處廢墟，位於拉瑪以北約 5 公里的一個小山上。

撒上 19:22　掃羅往拉瑪去，到了西沽大井，詢問大衛和撒母耳的行蹤，並受感說話。

0308-1西曷(河) Sihor
黑色 black，dark，　混濁的 Turbit

●Wadi el-Arish，指迦南地南界上的埃及小河，在迦薩西南方約 74 公里處流入地中海，其支流遍佈西乃半島之中部，但均係乾涸的河床，其主幹也僅是在大雨時才水流之旱溪，主幹約為一直線，走向自東南向西北，長約五十餘公里。

書　13:3　約書亞所未得之地中，包括有「從埃及前的西曷河往北，直到以革倫的境界 ，就算屬迦南人之地」。

代上 13:5　大衛王為要把約櫃運回，於是將以色列人從埃及的西曷河，直到哈馬口，都招集了來。

※同創 15:18 中的埃及河 River of Egypt 0835-2。

0308-2西曷(河) Sihor

●按聖經的說明，西曷河是尼羅河東邊的一條支流，但是它的位置要視拉瑪城的位置而定，拉瑪究竟是今日的 San el-Hagar 或者是其南約 24 公里的 Qantir，至今仍無定論，所以西曷河可能是 Pelusiac 或者 Bubastite 兩條運河中的一條。

賽　23:3　先知論推羅說，西曷的糧食，尼羅河的莊稼，是推羅的進項。

耶　2:18　先知責備以色列人說，現今你為何在埃及路上，要喝西曷的水呢? 你為何在亞述路上要喝大河的水呢?

0309　西訂(谷) Siddim,Vale of
農田之谷 Valley of the field
鹽池 Salts flats

●西訂谷是指死海中，漓三半島以南的水域，在亞伯拉罕時代，該地區尚未被海水淹沒，而且是一處可耕作的平原，並盛產食鹽及石漆。在所多瑪等城被火所

焚毀之後，或因水面上升，或是地震等地殼的變化而下沈，成為今日深僅數公尺的淺海。鹽海就是今日的死海，詳細內容請參見鹽海1180條。

創　14:3　南方五王在西訂谷會合，共同對抗北方四王的攻擊，在西訂谷擺陣，西訂谷就是鹽海，西訂谷中有許多石漆坑。

※鹽海 Salt sea 1180。

0310　西拿 Senaah
遍地荊棘 Brambly
荊棘籬笆 Thronhedge

●Kh.Auja el-Foqa，位於伯特利之東約 17 公里，耶利哥之北約 7 公里，Wadi Makkuk的南岸。

拉　2:35，尼 7:38
　　　　首批從巴比倫歸回本城的猶大人中，西拿人有 3630 名。但在尼希米記中則是 3930 名。

※參考尼 3:3哈西拿 Hassenaah 的子孫建立魚門，架橫樑、安門窗和閂鎖。

0311-1西珥(山,地) Seir
有毛的 Hairy，崎嶇的 Rugged
似山羊的 Goat-like

●西珥山和西珥地原屬何利人所有，其範圍僅限於亞拉巴峽谷以東，迄至阿拉伯沙漠間的山區，北起自撒烈溪，南至阿卡巴灣，海拔高度在 1000 至 2000 公尺之間，南北長約165公里，東西寬約 75 公里，今屬約但王國所有。但在以東人佔領之後，其範圍隨之擴及亞拉巴峽谷之西，而且西珥山和西珥地就此成為以東山和以東地的代名詞，兩者可通用，西側之範圍略呈一三角形，頂點在加低斯巴尼亞，今屬以色列所有，全地崎嶇凹凸不平，現今雨量稀少，南部多為荒漠，北部偏西是一廣大之牧場，人民主要以放牧為生，但仍有一些土地較肥沃之地區可種植小麥、葡萄、無花果、石榴、橄欖等，又在亞拉巴峽谷中有很豐富的銅礦和鐵礦，是大衛和所羅門王的重要財富。

創　14:6　北方四王南征南方五王時，在何利人的西珥山殺敗了何利人，一直殺到靠近曠野的伊勒巴蘭。

創　32:3，33:14，16
　　　　雅各自哈蘭回來後，就打發人先往西珥地去，就是以東，見他哥哥以掃說，他已回來，為要在以掃眼前蒙恩。

創　36:8　於是以掃離了他兄弟雅各，住在西珥山裡，以掃就是以東，以掃是西珥山裡以東人的始祖。

創　36:20，30
　　　　這是從何利人所出的族長，都在西珥地，按著宗族作族長。

民　24:18　巴蘭的詩歌說，他必得以東為基業，又得仇敵之地西珥為產業，以色列必行事勇敢。

申　1:2　從何烈山經過西珥山，到加低斯巴尼亞，有十一天的路程。

申　1:44　住那山地的亞摩利人，就出來攻擊你們，在西珥殺退你們，直到何珥瑪。

申　2:1，5
　　　　此後，我們轉回，從紅海的路往曠野去，我們在西珥山繞行了許多日子，耶和華對我說，你們繞行這山的日子夠了，要轉向北去。

申　2:4　摩西吩咐百姓說，你們的兄弟以掃的子孫，住在西珥，因神已將西珥賜給以掃為業，先前何利人也住在西珥，但以掃的子孫將他們除滅，得了他們的地，接著居住。

申　33:2　摩西在未死之先，為以色列人所祝的福說，耶和華從西乃而來，從西珥向他們顯現。

書　11:17　約書亞所奪取之地中包括；從上西珥的哈拉山，直到黑門山下利巴嫩平原的巴力迦得。

書　24:4　約書亞述說神將西珥山賜給以掃為業。

士　5:4　女先知作歌說：耶和華阿，你從西珥出來，由以東地行走，那時地震天漏，雲也落雨，山見耶和華的面，就震動，西乃山見到耶和華的面，也是如此。

代上 4:42　這西緬人中，有五百人上西珥山，殺了逃脫剩下的亞瑪力人，就住在那裡。

代下 20:10　從前以色列人出埃及地的時候，你不容以色列人侵犯亞捫人，摩押人和西珥山人，以色列人就離開他們，不滅絕他們。

代下 25:11，14
　　　　猶大王亞瑪謝，到鹽谷，殺了西珥人一萬，又把西珥的神像帶回，立為自己的神，在他面前叩拜燒香。

賽　21:11　論度瑪之預言說，有人聲從西珥呼問我說，守望的阿，夜裡如何？

結　25:8　先知預言摩押西珥必遭報說，主耶和華如此說，因摩押和西珥人說，看哪，猶大家與列國無異。

結　35:2，7，8，15
　　　　是先知預言西珥仇害以色列，故必受重罰。

※以東 Edom 0112。

0311-2西珥(山) Seir

●位置不詳，可能是耶琳山與巴拉之間的一個小山，在梭烈谷之上流的北岸。

書　15:10　猶大支派地業北境邊上一山，「又延到巴拉，又從巴拉往西繞到西珥山，連接到耶琳山之北邊」。

0312　西連(山)　Sirion
盔甲 Cuirass，Coat of mail

●即是黑門山，位於現今黎巴嫩和敘利亞的南部，靠近以色列的邊界，是安替黎巴嫩山脈的南段，現今名叫 Jebel ash-Sheikh，它高於 900 公尺之部份的長度有 42 公里，最寬處有 10 公里，南麓起自但城，走向略呈東北向，主峰在大馬色之西南方約 47 公里，高度為 2814 公尺，是巴勒斯坦地區最高之山峰，山頂終年積雪，山腰及山麓的土地肥沃，樹林茂密，盛產蔬果，是約但河、亞罷拿和法珥法河的發源地。

申　3:9　這黑門山，西頓人稱為西連，亞摩利人稱示尼珥。

詩　29:5　耶和華的聲音使利巴嫩和西連跳躍如野牛犢。

※黑門山 Hermon 1038，示尼珥 Senir 0219。
※同申 4:48 中的西雲山 Sion 0314。
※同士 3:3 中之巴力黑們 Baal-Hermon 0050-1。

0313　西發(地)　Sephar
計數 Numbering，邊境之村 Border country

●位置不明。有人認為是今日阿拉伯半島南部，屬也門 Hadramaut 省的 Isfor 城，古名 Zafar。也有可能是巴林 Bahrain 的 Safari，但可信性均甚低。

創　10:30　希伯的次子是約坍，他的後代所住的地方是從米沙直到西發東邊的山。

0314　西雲(山)　Sion
高升了的 Elevated

●即是黑門山，位於現今黎巴嫩和敘利亞的南部，靠近以色列的邊界，是安替黎巴嫩山脈的南段，現今名叫 Jebel ash-Sheikh，它高於 900 公尺之部份的長度有 42 公里，最寬處有 10 公里，南麓起自但城，走向略呈東北向，主峰在大馬色之西南方約 47 公里，高度為 2814 公尺，是巴勒斯坦地區最高之山峰，山頂終年積雪，山腰及山麓的土地肥沃，樹林茂密，盛產蔬果，是約但河、亞罷拿和法珥法河的發源地。

申　4:48　西雲山就是黑門山，是巴珊王疆國土的北界。

※同申 3:9 中的黑門山 Hermon 1038，西連 Sirion 0312，示尼珥 Senir 0219。
※同士 3:3 中之巴力黑們 Baal-Hermon 0050-1。

0315　西頓　Sidon
打魚 Fishing，打獵 Hunting

●西頓是含之孫，迦南的長子，他的領土即是西頓城及其四週之地。西頓城是今日黎巴嫩境內，地中海東岸邊，現名 Saida 的一個小港口市鎮，人口約萬餘，距推羅約 36 公里，在古代是一個繁榮的貿易中心，提供了埃及往兩河流域和西亞更便捷的海上和陸上交通，原是一小港灣，是良好的港口，而且在其稍北的海中有一連串的岩石小島，形成天然的防波堤，所以在其北漸成一個更大更佳之港口城鎮，逐漸成爲地中海中的貿易大城，在往日是腓尼基的四個重鎮之一，也曾一度是腓尼基的首府。主前十五世紀時，曾屬埃及所有，在主前第十一至第八世紀之間，西頓成了腓尼基之首府，其勢力曾一度伸張到迦南地的約帕附近，分別在 880 BC 和 031 BC 曾被亞述和波斯所毀。其人民善於航海及經商，使得該城非常的富有，店中充滿各地運來的貨物，市區繁榮之極，該城又以天文、哲學、醫學和藝術著稱，宗教則是拜巴力和亞斯他錄，但其地位逐漸被推羅等所取代，由於現在的市區是在古城之上，故使考古的發掘困難，無法對其往日歷史作更進一步的考證。

創　10:15，代上 1:13
　　　迦南的長子西頓及其後裔所居之城及其所屬之地區和族名。

創　10:19　迦南諸族分散後，西頓城是其北界之起點。

　　49:13　西布倫的境界必延到西頓。

書　19:28　也是亞設支派地業之北界。

書　11:8　約書亞在米倫水邊大敗夏瑣等王，直追趕到西頓大城。

書　13:4，6
　　　未得之地中有屬西頓人的米亞拉，到亞弗，直到亞摩利人的境界，及山地的居民，從利巴嫩直到米斯利弗瑪音，就是所有的西頓人。

士　1:31，3:3，10:6
　　　亞設人沒有趕出西頓的居民，是神所留下的四族之一，致使以色列人去事奉西頓的神。

士　10:12　耶和華說，西頓人，亞瑪力人，瑪雲人，也都欺壓你們，你們哀求我，我也拯救你們脫離他們的手。

士　18:7，28
　　　但人的五個探子認爲拉億有如西頓一般，居民安居無慮，沒有人擾亂他們。當六百但人攻占拉億時，因西頓離得太遠，未能去搭救。

撒下 24:6　約押到西頓數點百姓。

王上 5:6　在我們中間，沒有人像西頓人善於砍伐樹木。

王上 11:1　所羅門王因寵愛埃及，摩押，亞捫，以東，西頓和赫人的女子，故而隨從西頓人的神，敬奉亞斯他錄女神。

王上 11:33　先知亞希雅向耶和華波安轉告神的話說，我必將國從所羅門手裡奪回，將十個支派賜給你，因爲他離棄我，敬拜西頓人的女神亞斯他錄，摩押的神基抹，和亞捫人的神

米勒公。

王上 16:31 亞哈娶了西頓王的女兒耶洗別為妻，去事奉巴力。

代上 22:3 大衛為建聖殿，豫備了許多銅，西頓人和推羅人運來許多香柏木。

拉 3:7 回歸的以色列人以糧食，酒和油給西頓人和推羅人，以換取香柏木來建殿。

賽 23:2 論推羅說，「沿海的民就是素來靠航海西頓的商家」，「受欺壓西頓的居民哪，你必不再歡樂」。

耶 25:21 耶利米向列國宣告神將審判西頓諸王及海島諸王。

耶 47:4 因為日子將到，要毀滅一切非利士人，剪除幫助推羅西頓所剩下的人。

結 27:8 西頓和亞發的居民作你（推羅）盪槳的。

結 28:21 先知傳說耶和華的話說，要審判並降災給西頓。

珥 3:4 先知約珥責備推羅西頓和非利士四境的人，因奪取耶和華殿中的金銀和寶物，又將他的百姓賣給希臘人為奴，必將受到報應。

亞 9:2 耶和華的默示，應驗在推羅西頓，因為這二城的人，大有智慧，推羅為自己修築保障，積蓄銀子如塵沙，堆起精金如街上的泥土，主必趕出他，打敗他海上的權力，他必被火燒滅。

太 15:21，可 7:24
耶穌離開那裡，退到推羅和西頓的境內去。

可 3:8 有許多人聽見他所作的大事，就從猶大，耶路撒冷，以土買，約但河外，並西頓的四方來到他那裡。

路 10:13 因為在你們中間所行的異能，若行在推羅、西頓，他們早已披麻蒙灰坐在地上悔改了，當受審判的日子，推羅、西頓所受的，比你們還容易受呢。

徒 12:20 希律惱怒推羅、西頓的人，不願將糧食給他們，推羅和西頓的人只得派人去乞和。

徒 27:3 保羅被從該撒利亞解往羅馬，第二天就到了西頓。

0316　西緬(人，地)　Simeon
聽者 Who hears，聽從 Obedient

●西緬支派之地業係自猶大支派之地業中所取得，除有城名之外，並沒有述明兩者間的疆界，大約是位於猶大地西南部的中間，以別是巴城為主，東至沙魯險，東南至以森，北為洗革拉，東為麥瑪拿和摩拉大。

書 19:1 為西緬支派的人，按著宗族，拈出第二鬮，他們所得的地業，是在猶大人的地業中間，他們所得為業之地，就是別是巴等城十八座城，和屬城的村莊。

代上 4:28 西緬人住在別是巴等城，直到大衛作王的時候。

代上 4:42 西緬人中，有五百人上西珥山，殺了逃脫剩下的亞瑪力人，就住在那裡，直到今日。

代上 27:16 管理西緬人的是示法提雅。

代下 15:9 又招聚猶大便雅憫的眾人，並他們中間寄居的以法蓮人，瑪拿西人，西緬人，歸降猶大王亞撒。

代下 34:6 猶大王約西亞在瑪拿西，以法蓮，西緬，拿弗他利各城，拆除邱壇，木偶，神像，祭壇等拜假神之物。

0317　西比瑪 Shibmah
冷，涼爽 Coolness

●Qurn el-Kibsh 高台廢墟，位於希實本的西南約 5 公里，米底巴之北約 9 公里，亞巴琳山脈的北端，該地至今仍以盛產品質優良的葡萄和葡萄酒及夏季水果著稱。

民 32:38，書 13:19
是流便支派所得之一城，城是他的子孫所重建。

賽 16:8 先知預言摩押因狂傲必遭災罰說，因為希實本的田地，和西比瑪的葡萄，都衰殘了，列國的君主折斷其上美好的枝子，這枝子長到雅謝，延到曠野，嫩枝向外探出，直探過鹽海，因此我要為西比瑪的葡萄樹衰哭……。

耶 48:32 先知預言摩押因苦待以色列民必遭災罰說，西比瑪的葡萄樹阿，我為你哀哭，你的枝子蔓延過海，直到雅謝海，那行毀滅的，已經臨到你夏天的果子，和你所摘的葡萄。

※同民 32:3 中的示班 Shebam 0213，是流便及迦得兩支派向摩西索取為業的八個城市之一。

0318　西古提(人) Scythian
野蠻的 Slavage
兇猛的表情 Fierce-looking

●西古提即是今日黑海和裡海及高加索山脈以北的烏克蘭等地區，居民是一支遊牧民族，善騎而兇悍，性好劫掠，文化甚低，西洋史中稱為塞西亞人，是猶太人所視為野蠻民族的代表，他們自稱是亞實基拿西古提人 Ashkenaz the Scythians，是挪亞之孫，歌篾的兒子亞實基拿的後裔。620BC 入侵近東，沿地中海東岸南下，曾毀滅了非利士的亞實基倫及亞實突等城，直達埃及的邊境，582BC 曾擄掠摩押、亞捫、以東和利巴嫩等地。572BC 和 596BC 兩度劫掠埃及，伯珊城曾被西古提人所佔，故伯珊曾名叫 Scythopolis。

西 3:11 在此並不分希利尼人，猶太人，受割禮

的，未受割禮的，化外人，西古提人，為
奴的，自主的，惟有基督是包容一切，又
住在各人之內。

0319　西布倫(人,地) Zebulun
住處 Dwelling

●西布倫支派地業的範圍，約略是在米吉多平原之西
半部，北與拿弗他利，西與亞設，南與瑪拿西，東與
以薩迦相鄰，但是邊界都欠明確。這是一片非常肥沃
的土地，雨水充足，有兩條國際大道從此間通過，在
其南方有一系列的軍事重鎮，如米吉多、約念、耶斯
列等等，就可以證明它在戰略上的重要性。

創　49:13　雅各的預言說，西布倫必住在海口，必成
　　　　　為停船的海口，他的境界必延到西頓。
書　19:10　西布倫支派所得地業之範圍及城名。
士　1:30　西布倫人沒有趕出基倫和拿哈拉的居民，
　　　　　於是迦南人仍在西布倫中間，成了服苦的
　　　　　人。
士　5:14　底波拉在所作的歌中說，有持杖檢點民數
　　　　　的從西布倫下來。西布倫人是拚命敢死
　　　　　的。
士　6:35　西布倫人跟從基甸，與米甸人，亞瑪力人
　　　　　和東方人爭戰。
士　12:11　西布倫人以倫，作以色列的士師十年。
代上　27:19　大衛王時，管理西布倫人的是伊施瑪雅。
代下　30:10　猶大王希西家令以色列人和猶大人守逾越
　　　　　節，但西布倫人卻戲笑譏誚通知他們的驛
　　　　　卒，在守節之時許多西布倫人也未自潔。
賽　9:1　先知的預言說，從前神使西布倫和拿弗他
　　　　　利地被藐視，末後卻使這沿海的路，約但
　　　　　河外，外邦人的加利利地，得著榮耀。
結　48:26　先知以西結所定西布倫的地界，是在以薩
　　　　　迦和迦得兩支派的中間。
太　4:13　耶穌在迦百農住下，那地方靠海，在西布
　　　　　倫和拿弗他利的邊界上。

0320　西伊拉 Seirah
森林區 Woody district，多粗毛的 Shaggy

●位置不詳，應在以法蓮的山地內。
士　3:26　以笏刺殺了摩押王伊磯倫之後，逃到西伊
　　　　　拉，就在以法蓮山地吹角，召集以色列
　　　　　人。

0321　西伊伯 Zeeb
一個狐狸 A wolf

●位置不明，應該是在約但河東的地區之內。
士　7:25，賽 9:26
　　　　　以色列人捉住了兩個米甸人的首領，一個
　　　　　名叫俄立，一個名叫西伊伯，他們將西伊
　　　　　伯殺在西伊伯酒醡那裡，又追趕米甸人，

將兩人的首級帶過約但河，到基甸那裡。

0322　西伯蓮 Sibraim
加倍的希望 Double hope
雙重目的 Double purpose

●確實位置不明，只知是在大馬色和哈馬兩地之間。
有可能是在今日 Hawwarin 附近的 Kh.Zifran，位於哈
馬口東北東方約 67 公里，西達達之東約 13 公里，大
馬色的東北約 117 公里，是一交通重鎮。

結　47:16　以西結所預言以色列的北方邊界是「又往
　　　　　哈馬，比羅他，西伯蓮(西伯蓮在大馬色
　　　　　與哈馬兩界中間)，到浩蘭邊界的哈撒哈
　　　　　提干」。
※可能同民 34:9 中的西斐崙 Zephron 0328。

0323　西利拉 Zererah
土堆 Heap，使冷卻 Cooling
壓迫 Oppression

●T.Umm Hamad，位於疏割西北約 6 公里，亞當城東
北約 5 公里，示劍以東約 29 公里。
士　7:22　米甸人被基甸所打敗，就逃到西利拉的伯
　　　　　哈示他，直逃到靠近他巴的亞伯米何拉。
※同王上 7:46 中的撒拉但 Zarethan 1134，當以色列人
　過約但河時，河水便在撒拉但旁的亞當城那裡停
　住，立起成壘。
※同王上 4:12 中的撒拉他拿 Zarethan 1141，所羅門王
　的第五行政區靠近撒拉他拿。
※同代下 4:17 中的撒利但 Zarethan 1132，是一製聖殿
　用銅器之處。

0324　西法拉 Sepharad
被劈開 Severed，分離 Separation
流浪的終點 End of wandering

●位置不明。多數學者認為，有可能是啟示錄中的七
個教中的撒狄 Sardis，是今日土耳其西部名叫 Sart 的
一個小村，位於 Tmolus 山的山麓，Hermus 河南岸，
士每拿之東約 74 公里，以弗所東北約 80 公里，帝國
的軍事大道通過此城，城是在鐵器時代中所建，其主
要的工業有紡織及寶石加工，是一富有的商業大城，
曾一度是呂底亞省的首都，人民以奢華淫亂而聞名。
已經發現有一座猶太人的會堂的廢墟，足證在此有不
少的猶太人。
俄　20　先知預言以色列必得勝說，在西法拉中被
　　　　　擄的耶路撒冷人，必得南地的城邑。
※可能同啟 1:11 中之撒狄 Sardis 1124，啟示錄的七個
　教會之一。

0325　西迦迦 Secacah
灌木叢 Thicket，障礙物 Barricade

●Kh,es-Samrah 廢墟，位於死海北端西岸，亞割谷的昆蘭廢墟區之內，位於伯利恆之東約 18 公里，耶路撒冷東南約 16 公里，密丁城之南約 3 公里，現尚存留有數座石塔，和一座有雙層城牆的大碉堡，堡內有一大型水池，接著堡外的水壩，可收集稀有的雨水，發現的陶片是屬於主前八百年左右的遺物。

書　15:61　猶大支派在曠野所得為業的六座城中之一。

0326　西流基 Seleucia
白光 White light
西流古之城 City of Seleucus

●el-Kalusi 是一個已淤塞了的海港廢墟，位於地中海的東北角頂端，奧倫提斯河入海口以北約 8 公里，距安提阿城約 24 公里，是安提阿城的港區，在主前十三世紀時，就已經是腓尼基人出口利巴嫩香柏樹的港口之一，301 BC 由 Seleucus 所擴建，是他以其名所建的九個西流基城之一，以便和其他同名之城有別，城全名是敘利亞西流基。此城以海運貿易而致富，後因河道淤塞而廢棄，現屬土耳其所有，但伸入敘利亞之境內，1932 年開始發掘，遺留的古蹟甚多。

徒　13:4　保羅在安提阿受聖靈差遣，就下到西流基，從那裡坐船往居比路去。

0327　西提拿 Sitnah
爭鬥 Strife，被控訴 Accusation
被敵視 Hostility

●確實的位置不明，按經上所述，應該是在基拉耳谷，即是今日的比梭溪的北支，旱溪 wady esh-Shari'ah 河道中的某一處。

創　26:21　以撒在基拉耳谷中所掘的第二口井，非利士人又來為這口井爭競，因此以撒給這口井起名叫西提拿，意思是「為敵」。

0328　西斐崙 Ziphron
芳香 Sweet smell

●確實位置不明，只知是在大馬色和哈馬兩地之間。有可能是在今日 Hawwarin 附近的 Kh.Zifran，位於哈馬口東北東方約 67 公里，西達達以東約 13 公里，大馬色東北約 117 公里，是一交通重鎮。

民　34:9　耶和華令摩西告知以色列人，迦南地之四境，其北境的一段是經西達達，又通到西斐崙，直到哈薩以難。

※可能同結 47:16 中的西伯蓮 Sibraim 0322。

0329　西達達 Zedad
靠山的一邊 Mountain side
轉向兩側 Turned aside

●Sadad 鎮，位於大馬色東北方約 110 公里，哈馬口東北東約 56 公里，在今日敘利亞的中部。

民　34:8　以色列的應許之地的北界是經西達達，又到西斐崙。

結　47:15　應許之地的北界是從大海通往希特倫，直到西達達口，又往哈馬口，比羅他，西伯蓮。

0330-1西羅亞（池） Siloah
流出的水 Sent forth i.e.running water

●一、西羅亞水池：現稱 Birkel el-Hamra 池，位於耶布斯城之南，是在地面之下約有8公尺，長15公尺，寬6公尺的一個淺池，四面圍有石砌的高牆，在北牆下方有一拱門，即是希西家水道的入口。此一水池應該是在主前十世紀以前所建，其原來之大小和形狀已無跡可尋，在 77 BC 被毀，五世紀時，在水池上方建有一座紀念堂，根據朝聖者的記錄，當時水池的週圍建有柱廊，但在主後 614 年被波斯軍所拆毀，現有之池和圍牆是何時所建，如何變成現在的模樣，尚有待考證。在池畔現有一座回教寺，約是建於主後 1890 年。

二、西羅亞水道：耶布斯城主要水源，是由基訓泉供應，耶布斯人掘有直井，可以在城內用吊桶取水，水量足供兩千五百人之用。所羅門王在城東的山腳開了一條渠道，名叫西羅亞水道，部份是明渠，部份是隧道，水源也是取自基訓泉，長約 360 公尺，全長中僅下降 8公分，故流速極為緩慢，可將水引至城南的西羅亞池，所以西羅亞池應也是所羅門王所建。明渠中的水部份可以灌溉位於汲淪溪下流，所羅門王的花園和農場中的樹木，至今仍然在使用。後來為保護此水池，再築有一道名叫西羅亞的城牆。

三、在 701 BC，希西家王為保證在戰時城內供水無缺，又加建了一條引水隧道，後來稱之為希西家水道，水源也是取自基訓泉，隧道長約 550 公尺，寬約1.2 公尺，高約2公尺餘，其流向是先向西，待進入城內之後再轉向南，在其尾端也有一段大轉彎，可謂極盡迂迴之變，其坡度也是非常平緩，全長中僅降下 9公分。挖鑿工程是由兩端同時進行，而能在中間準確的連接，的確是一件非常困難的事，這都顯示了其技術之高超。此一水道兩端皆有良好的掩飾，所以不久就被人遺忘，隱藏了兩千年之久，直到近代才被發現。在其尾端的牆上原存有完工時之碑記，是出土文物中極寶貴的希伯來文之文獻之一。

尼　3:15　沙崙修造泉門，及靠近王園西羅亞池的牆垣，直到那從大衛城下來的台階。

賽　8:6　耶和華曉喻以賽亞說，「這百姓既厭棄西羅亞緩流的水，喜悅利汛和利瑪利的兒子，因此主必使大河翻騰的水猛然沖來，

就是亞述王和他所有的威勢。

約　9:11　耶穌令瞎子到西羅亞池子去洗，(西羅亞繙出來就是奉差遣)，瞎子一洗就看見了。

0330-2西羅亞 (樓) Siloam

●在耶路撒冷城的南角，上下兩水池的附近，但詳細位置不明。

路　13:4　從前西羅亞樓倒塌了，壓死了十八個人。

0331　西法瓦音 Sepharvaim
太陽的雙城 The two Sipparas

●Shabaraim 城，位於大馬色之北約 10 公里，哈馬之南約 45 公里。

王下 17:24　亞述王將西法瓦音等五地的人民，遷移來安置在撒瑪利亞的城邑，以代替以色列人。

王下 17:31　西法瓦音的人用火焚燒兒女，獻給西法瓦音的神亞得米勒和亞拿米勒。

王下 18:34，19:13，賽 36:19，37:13
亞述王西拿基立以其從前曾征服的西法瓦音等五個強國的戰功，來威脅希西家王，逼迫猶大人投降。

0332　西拉哈瑪希羅結
Sela-hammahlekoth
邊界處的絕壁 Cliff of divisions

●位置不詳，可能是瑪雲曠野中的一塊石頭。

撒上 23:28　掃羅在瑪雲曠野追殺大衛，聽說非利士人犯境搶掠，就回去攻打非利士人，因此那地就叫西拉哈瑪希羅結。

0333　伯甲 Beth-car
羊舍 Sheep House
牧畜之家 House of Pasturage

●位置不詳，應是在米斯巴西方不遠之處。

撒上 7:11　以色列人傾向耶和華，撒母耳召集以色列人在米斯巴獻祭，禁食禱告，非利士人前來進攻，但被以色列人擊敗，以色列人從米斯巴出來追趕非利士人，擊殺他們直到伯甲的下邊。

0334　伯夙 Beth-zur
岩石之家 House of rock

●Kh.et-Tubeiqa，[Beit Sur] 位於希伯崙的北方約 6 公里，耶路撒冷西南約 24 公里，是一處戰略重地，曾有多次重要的戰爭在此發生，現仍存有加高了的碉堡的遺跡。1931 及 1957 年兩次發掘，廢墟中的遺物，顯示是屬於中銅時期(主前 十六至十九世紀)之建築，在喜

克索斯 (主前十五世紀)時代中住有相當多的人口，有當時所築造之巨大防衛用的城牆。另有馬加比時期的堡壘。城約在二世紀時被棄，不再有人居住。

書　15:58　猶大支派在山地所得第四組的六座城之一。

代下 11:7　猶大王羅波安為保障所修築的十四座堅固城之一。

尼　3:16　押卜的兒子管理伯夙的一半。

0335　伯拉(河) Prath,Euphrates
多結果子，豐饒 Fructifying，突進 Rushing

●按傳統的說法即是今日伊拉克境內的幼發拉底河，這可從英文本的聖經中看出來，在 KJV、NIV 和 TEV 中，都是用 Euphrates 一字，即是幼發拉底河，又中文的現代中文譯本中也是用幼發拉底河。它是西亞最長的河流，發源於土耳其東北部，凡湖東的烏拉圖山區，其主流名叫 R.Murat-Su，起自凡湖以北的亞拉臘山麓，支流名叫 R.Kara-su，在 Malaty 城匯合主流後流入敘利亞，在敘利亞有 R.Balih 及哈博河 R.Habur 自北流入，然後向東南流經伊拉克，古時是直接流入波斯灣，但因長期的淤積，現今是與在 Qurnah 城匯合底格里斯河後流入波斯灣。它與在它東邊的底格里斯河的流向約為平行，兩者之間的地區形成著名而肥沃的兩河流域，即是美索不達米亞，聖經中稱為米所波大米，是人類文明最早的發源地之一。此河全長約 2850 公里，每年三至六月水漲，水位比九月時高出3公尺，極有利於農作，沿河的古城有迦基米設、Mari、Sippar、巴比倫、Kish、Nippur、以力、拉撒、吾珥及以利都等。

創　2:14　有河從伊甸流出來滋潤那園子，第四道河就是伯拉河。

創　15:18　那日耶和華與亞伯蘭立約說，我已賜給你的後裔，從埃及河直到伯拉大河之地，就是迦南人等族之地。

申　1:7　神在何烈山曉諭我們說，要起行轉到亞摩利人的山地，和靠近這山地的各處，就是亞拉巴，山地，高原，南地，沿海一帶迦南人的地，並利巴嫩山又到伯拉大河，你們要進去得這地。

申　11:24，書 1:4
凡你們腳掌所踏之地，都必歸你們，從曠野和利巴嫩，並伯拉大河，直西海，都要作你們的境界。

王下 23:29　猶大王約西亞年間，埃及王法老尼哥上到伯拉河，攻擊亞述王。

王下 24:7　埃及王不再從他國中出來，因為巴比倫王將埃及王所管之地，從埃及小河，直到伯拉河，都奪去了。

代上 5:9　流便的後裔約珥所住的地方是從亞羅珥，

直到尼波和巴力免，又向東延到伯拉河這
邊的曠野，因為他們在基列地牲畜增多。

代上 18:3 瑣巴王哈大利謝，往伯拉河去，要堅定他
的國權，大衛就攻打他直到哈馬。

代下 35:20 猶大王約西亞修完了殿，有埃及王尼哥上
來，要攻擊靠近伯拉河的迦基米施，約西
亞出去抵擋他。

耶 13:4 耶利米照耶和華的吩咐，買了一條腰帶，
拿到伯拉河去，將腰帶藏在那裡的磐石穴
中，後來腰帶變壞，毫無用了。

耶 46:2，6，10
先知預言說，論到埃及王，法老尼哥的軍
隊安營在伯拉河邊的迦基米施，是巴比倫
王尼布甲尼撒，在猶大王約雅敬第四年所
打敗的。

耶 51:63 耶利米將一本他所寫了一切要臨到巴比倫
的災禍預言的書，念完之後，就把一塊石
頭拴在書上，扔在伯拉河中說，巴比倫因
耶和華所要降的災禍，必如此沈下去，不
再興起，人民也必困乏。

啟 9:14 吩咐那吹號的第六位天使說，把那捆綁在
伯拉大河的四個使者釋放了。

啟 16:12 第六位天使把碗倒在伯拉河大河上，河水
就乾了，要給那從日出之地所來的眾王預
備道路。

0336　伯珊 Beth-shan
安全之家 House of security
和平之家 House of peace

●T.el-Husn [T.Bet Shean] 大廢墟，位於今日的大城
Beisan 的附近，耶斯列城東南約 17 公里，他納之東約
26 公里，約但河的西岸約 5 公里，隔約但距基列雅
比約 20 公里。城低於海平面約 150 公尺，水源充沛，
有利於灌溉，盛產小麥等農作物，工業以染織和製衣
為大宗，產品十分有名。又因地處耶斯列谷東南之谷
口，同時控制東西向和南北向的兩條通商大道，所以
很早就成了一個軍事和商業重鎮，佔領者都必須在此
設立極鞏固的防衛，其城牆是到 1500 BC 才由埃及人
所建。1923 至 1933 年發掘，根據考古的結果，此180
公尺高之大廢墟土堆，計有十八個層面，主要的發現
是連串的廟宇，和一座巨型戲院，得知此城早於 4000
BC 已有人定居，而且拜假神之風極盛。該城被非利士
人佔領有一段很長的時期，也一度被埃及所據，至少
有三百年之久，作為他們的行政區首府和軍事據點，
但卻似沒有被以色列人佔領的證據。在新約時代，它
不在猶太國的管轄之下，而是屬於低加波利，即是十
城聯邦中之一城，城名也改成西提波利，此名可能是
因該城曾被西古提(塞西亞人 Scythian)人佔領過而得
名。城之設施和建築都已純希臘化，主後六十六年

時，在猶太人反抗羅馬人的戰爭中被毀。在廢墟土堆
的南麓，另有廢墟一處，占地有六百餘公尺長，四百
餘公尺寬，在 1950 年開始發掘，除發現有主前四千年
代之遺物外，多屬拜占庭時期之建築，主要的有兩座
猶太會堂，一座圓頂拜占庭大教堂，和一所修道院，
多個基督教堂，一棟羅馬人的豪華別墅，一處陶器作
坊，似毀於地震。

撒上 31:10 非利士人將掃羅的屍體釘在伯珊的城牆
上，基列雅比的勇士走了一夜，將掃羅的
屍體取回，送到雅比那裡，用火燒了。

撒下 21:12 大衛就去從基列雅比人那裡，將掃羅和他
的兒子約拿單的骸骨搬了來，葬在便雅憫
的洗拉，在掃羅父親基士的墳墓裡。

※同書 17:11 中的伯善 Beth-shan 0337，兩者英文名相
同，是瑪拿西支派在以薩迦支派的境內所分得之一
城。

0337　伯善 Beth-shan
安全之家 House of security
和平之家 House of peace

●T.el-Husn [T.Bet Shean] 大土堆廢墟群，即是伯珊，
位於今日的大城 Beisan 的附近，耶斯列城東南約 17 公
里，他納之東約 26 公里，約但河的西岸約 5 公里，隔
約但河距基列雅比約 20 公里。餘請參見伯珊 0336 條
的說明。

書 17:11，士 1:27
瑪拿西支派所分得之一城及屬城的鎮市，
但是在以薩迦支派的地業之內，而且瑪拿
西人未有能將原來住在其間的迦南人趕
走，因為他們有鐵車。

王上 4:12 所羅門王所設立的十二個行政區中的第五
區中的一城，屬巴拿所管轄。

代上 7:29 以法蓮的後代所住之一地，是靠近瑪拿西
人的境界。

※同撒上 31:10 中之伯珊 Beth-shan 0336，非利士人將
掃羅的屍體釘在伯珊的城牆上。

0338-1伯大衮 Beth-dagon
大衮神之家 House of Dagon
穀物之家 House of corn

●Kh.Dajun [Bet Dagan]，位於約帕的東南方約 8 公
里，基色西北約 18 公里。然而其位置卻是在但支派的
地業之內，而且又遠離其他同區的九座城，距離在 50
公里以上。

書 15:41 猶大支派所得為業在高原第二組的十六座
城中的一座。

0338-2伯大衮 Beth-dagon
●位置不明，似在細步綸的附近。

書　　19:27 亞設支派所得為業的二十二座城之一。　　　　　派自猶大所得為業之一城。

0339-1伯大尼 Bethany
未成熟的無花果之家 House of unriped figs
悲慘之家 House of misery

●位置不能完全確定。極可能是 Qasr el-Yehud，位於約但河以東約 1 公里，耶利哥之東約 11 公里。現有一座名叫聖約翰的古老修道院。也可能是 Hajalah Ford，位於死海北端約 7 公里，是一處可涉水而過的的淺灘。

約　　1:28 這是在約但河外，伯大尼(有古卷作伯大巴喇 Bethabara)，約翰施洗的地方作的見證。

0339-2伯大尼 Bethany

●el-Azariyeh，位於耶路撒冷東南約 2 公里，橄欖山東方的山腳下。現今是一個小村，四郊長滿了橄欖、杏仁和無花果樹。村中有兩座都是名叫拉撒路的紀念堂 Church of St.Lazarus，一座是屬於方濟會，建於 1953 年。另一間屬於希臘東正教，建於 1965 年。

太　　26:6，可 14:3，約 12:1
　　　　　　在逾越節前六天，耶穌在伯大尼，就是他叫拉撒路從死裡復活的地方，也是長痲瘋西門的家裡，有一個女人，拿著一瓶極貴的香膏來，趁耶穌坐席的時候，澆在他的頭上。

可　　11:1，太 21:1
　　　　　　耶穌和門徒將近耶路撒冷，到了伯法其和伯大尼，在橄欖山那裡，耶穌打發兩個門徒到對面的村子裡去，牽一匹驢駒來，第二天耶穌騎驢進了耶路撒冷，入了聖殿教訓人，趕出一切做買賣的，到晚上，就和十二個門徒出城，往伯大尼去了。第二天他們從伯大尼出來，耶穌餓了，但在無花果樹上找不到果子，耶穌就對樹說，從今以後永不結果子。

路　　24:50 耶穌領他們到伯大尼的對面，就舉手給他們祝福，正祝福的時候，他就離開他們，被帶到天上去了。

※同尼 10:32 中的亞難雅 Ananiah 0566。

0340 伯比利 Beth-birei
我的作品之家 House of my creation

●位置不明，應該在西緬地業之內。有可能是 Jebel el-Biri，位於南地之內。

代上 4:28 西緬人住在別是巴，伯比利等城邑，直到大衛作王的時候，都屬西緬人所有。

※同書 15:32 中之利巴勿 Lebaoth 0410，猶大支派在儘南邊所得為業之一城。

※同書 19:6 中之伯利巴勿 Beth-lebaoth 0371，西緬支

0341 伯巴拉 Beth-barah
涉水之處 Fording place

●位置不詳，是約但河的某一個渡口，或水淺可涉水而過之處。

士　　7:24 基列人在基甸的率領下，爭先把守約但河的渡口，不容以法蓮人過去，直到伯巴拉，他們在那裡殺了四萬二千名以法蓮人。

0342 伯以墨 Beth-emek
山谷的家 House of the valley

●T.Mimas [T.Bet Ha-Emeq]，位於亞柯的東北方約 6 公里，亞革悉東南約 11 公里，距地中海約 7 公里。

書　　19:27 亞設支派所得為業的二十二座城之一。

0343 伯以薛 Beth-ezel
堅固之家 House of firmness
鄰人的家 Neighbor's house
傾斜之地 Place of declivity

●Deir el-Asal，位於別是巴之北約 27 公里，希伯崙的西南約 16 公里。

彌　　1:11 先知責備以色列人和猶大人崇邪拜像干罪，必將受罰說，伯以薛人的哀哭，使你們無處可站。

0344-1伯示麥 Beth-shemesh
太陽之家 House of the sun

●T.er-Rumeileh [T.Bet-Shemesh] 廢墟，位於現今 Bet-Shemesh 大城之西，耶路撒冷西方約 24 公里，希伯崙西北約 27 公里，梭烈谷的中段，隔河與瑣拉相對，因為它控制了梭烈谷這一條由沿海平原通往耶路撒冷等城和猶大山區的重要通道，故具有很高的軍事價值。該地據主後 1911 至 1933 年間考古之結果，發現有六個層面，最下層是屬於主前三千年代的早期之遺物，顯示已有高度的文化，主前十九世紀，喜克索斯人入侵，將城毀滅，往後有百餘年間幾乎再無人居住。主前十六世紀時，埃及擊敗喜克索斯人，並重建此城，建有高大而長的城牆，牆以巨石為基，再以泥磚所砌成。第四層估計是屬於主前十三至十六世紀的晚銅時代，是另一個繁榮的時期，建有巨型之水池和煉銅熔爐及製造銅器的設備，又從所發現的埃及器皿和腓尼基的陶器等，可知它與外地有很頻繁商業來往。第三層進到主前十三世紀以後的鐵器時代，但物質文明顯著的倒退，顯示是戰亂頻仍的士師時代。第二層屬於主前十世紀，建有城牆與倉庫，充分證明是南國猶大

治理下一個設有重防的城市，在猶大王亞哈斯年間 (734 BC)，伯示麥被非利士人所攻佔，此城開始衰落，終為巴比倫在 586 BC 時所毀，從此以後，伯示麥就湮沒在歷史中了。最後的一層是羅馬和拜占庭時期中有人居留的遺跡，尚存有後拜占庭時期一個修道院的廢墟。

書　　15:10　猶大支派地業之北界係自伯示麥的南邊經過。

書　　21:16，代上 6:59
　　　　　　　後來歸與利未支派亞倫的後裔為業。

撒上　6:9　非利士人將約櫃送到伯示麥，伯示麥人為約櫃獻祭，但有七十人因擅觀約櫃而被擊殺。

王上 4:9　所羅門王第二行政區中之一城。

王下 14:11，代下 25:21
　　　　　　　約阿施王在伯示麥大敗猶大王亞瑪謝。

代下 28:18　亞哈斯王年間，伯示麥被非利士人所攻佔。

※同書 19:41 中的伊珥示麥 Ir-shemesh 0237，是但支派所得為業之一城。

※可能同士 1:35 中之希烈山 Mount Heres 0434，亞摩利人盤據之一地。

0344-2伯示麥 Beth-shemesh

●Kh.Sheikh esh-Shamsawi [H.Shemesh]，位於伯善以北約 20 公里，耶斯列東南約 22 公里，約但河的西岸約 4 公里。因控制了一處可涉水而過的淺灘，所以是一處交通的要道。

書　　19:22　以薩迦支派所得為業的十六座城之一，但未能趕出原住在該處的迦南人。

0344-3伯示麥 Beth-shemesh

●Kh.T.er-Ruweisi[T.Rosh]，位於亞革悉的正東方約 22 公里，夏瑣之西約 20 公里，克集夫河 R.Keziv 的上流，靠近其發源之處，城建在一座孤立的山上。

書　　19:38，士 1:33
　　　　　　　是拿弗他利支派所得為業的十九座堅固城之一城，但未能趕出原來住在該地的迦南人。

0344-4伯示麥 Beth-shemesh

●T.Husn 及 Materiyeh 兩地，即是安城，位於今日開羅的東北約 16 公里，首都國際機場的所在地，古城建於 2900 BC 之前，是埃及古代的四大城之一，曾是下埃及十三王朝的都城，也是敬奉太陽神「銳 R」的中心。餘請見 安 On 0256 條之說明。

耶　　43:13　耶利米在答比匿預言說，他必打碎埃及地伯示麥的柱像，用火焚燒埃及神的廟宇。

※同創 41:45 中的安城 On 0256，埃及的法老將安城祭司的女兒給約瑟為妻。

※同結 30:17 中的亞文 Aven 0477-2。

0345　伯吉甲 Beth-gilgal
滾動之家 House of rolling

●位置不明。最有可能之處則是與耶利哥相對的吉甲，是以色列人過約但河後駐軍之中心，即是今日名叫 Kh.el-Mafjar 的廢墟，位於耶利哥東北約 2 公里，耶路撒冷東北約 24 公里，在旱溪蘇威尼特 W.Suweinit 的北岸。

尼　　12:29　利未支派中唱歌奏樂的人，部份是住在伯吉甲。

※可能同書 4:19 中的吉甲 Gilgal 0247-1。

0346　伯米恩 Beth-meon
居住之家 House of habitation

●Ma`in 城，位於希實本西南方約 15 公里，底本之北約 21 公里，死海的東方約 16公里，拿哈列河之北岸。照摩押碑之記載，此城係摩押王 Mesha 所建，並在城中建有大蓄水池。

耶　　48:23　先知論摩押說，刑罰必臨到摩押平原之地的伯米恩等十一個城。

※同民 32:7 中的比穩 Beon 0074，是其在尚未被以色列人佔領之前的名字。

※同書 13:17 中的伯巴力勉 Beth-baal-meon 0369，是流便支派所得為業之一城。

※同民 32:28，結 25:9 中的巴力免 Baal-meon 0037，是以色列人佔領後所建之新城，並起的新城名，也是摩押人視為該國之榮耀的三個城之一。

0347　伯伊甸 Beth-eden
歡樂之家 House of delight
平原之家 House of Plain

●是當時(主前第十一至第九世紀間)的一個甚小而且短暫的亞蘭族王國，其國土位於幼發拉底河的支流 Balikh River 的兩岸，其首府名提拉撒，即是今日的 T.Ahmar 城，位於哈蘭西南約 105 公里，855 BC 後成為亞述帝國之一省。

摩　　1:5　先知阿摩司預言亞蘭人必受主罰說，大馬色三番四次犯罪，……我必折斷大馬色的門閂，剪除亞文平原的居民，和伯伊甸掌權的，亞蘭人必被擄到吉珥。

※同王下 19:12，賽 37:12 中的伊甸 Eden 0225-2，是亞述所毀滅的一國。

0348　伯利合 Beth-rehob
街道之家 House of the street

●Banias，位於但城東方約 3 公里，夏瑣東北約 28 公里，呼烈湖之北約 18 公里，黑門山的西南麓，城建在

海拔約 350 公尺的一個深谷中，在其北東角懸崖下，有一個大山洞，洞內有一大水潭，清澈的泉水常年不斷的湧流而出，在洞外成爲小溪，今名巴尼亞河，是約但河的四個主要源頭之一。在出土的遺物中，有一座十二世紀十字軍所建之碉堡，表明此城在當時具有很大軍事上的重要性。此城就是新約時代的該撒利亞腓立比。請參看 1052 條的說明。

士　18　　　但人放火燒了拉億，那城在平原，那平原靠近伯利合。

撒下 10:6　　亞捫人知道大衛憎惡他們，就打發人去，招募伯利合的亞蘭人，和瑣巴的亞蘭人，步兵二萬，與瑪迦王的人一千，來對抗大衛。

※同太 16:13 中的該撒利亞腓立比 Caesarea-philippi 1052。

※同民13:21，撒下 10:8 中之利合 Rehob 0401-1，摩西所派的探子所到北方之一地。

0349-1 伯利恆 Bethlehem
糧倉、糧食之家 House of food

●Beit Lahm，位於耶路撒冷之南約 8 公里，希伯崙北東北約 22 公里，城在一海拔高約 880 公尺的橫嶺之上，是一個至少有三千五百年歷史的古城，古時已有大道北通耶路撒冷，南通提哥亞、希伯崙、隱基底等重鎮，城郊的土壤肥沃，出產豐富，盛產穀物、葡萄和酒類，滿山良田，景色非常優美，是一個難得可貴富庶之鄉。主後 384 年，教父耶柔米使其成爲一個偉大的修道中心，著名的武加大Vulgate 聖經譯本，就是在伯利恆完成的。現有人口約十二萬餘，全數都是阿拉伯人的基督徒(包括羅馬天主教、希臘東正教和亞美尼亞教派的基督徒)。在城的中央，有一座名叫主誕堂 Church of the Nativity 的大教堂，傳說是主耶穌誕生之處。

創　35:19，48:7
　　　　　　拉結死了，葬在以法他的路旁，以法他就是伯利恆。

士　17:7　　以法蓮人米迦私設神堂，又雇用一個寄居在伯利恆，猶大族的利未人作他的祭司。

士　19至20章
　　　　　　以法蓮山地的一個利未人，娶了一個伯利恆的女子爲妾，後來這女子在基比亞受辱致死，而引發了便雅憫支派被其他以色列十一個支派圍攻的大戰，便雅憫人幾被殺盡，僅剩下六百餘人。

得　1:1　　一個伯利恆人名叫以利米勒，當迦南地遭遇饑荒時，帶著他的妻子拿俄米和兩個兒子逃到摩押地。:22 十年後，以利米勒和他的兩個兒子都死了，拿俄米就帶了他的兒媳路得從摩押地回到伯利恆。

撒上 16:1　　耶和華令撒母耳到伯利恆去膏大衛作以色列的王。

撒上 17:2　　大衛是猶大伯利恆的以法他人，耶西的第八個兒子。

撒上 16:18　　伯利恆人耶西的兒子大衛善於彈琴，也是大有勇敢的戰士，說話合宜，容貌俊美，耶和華也與他同在。

撒下 2:32　　大衛的勇士亞撒黑戰死後，被送到伯利恆葬在他父親的墳墓裡。

撒下 21:19，23:24，代上 11:26
　　　　　　大衛的勇士伊勒哈難是伯利恆人。

撒下 23:14，代上 11:15
　　　　　　大衛在亞杜蘭洞，非利士人的防營在伯利恆，有三個大衛的勇士，闖過非利士人的營盤，從伯利恆城門外的水井中打水，取回奉給大衛，大衛卻不肯喝。

代上 2:54　　伯利恆人是猶大，迦勒和薩瑪的後裔之一。

代下 11:5　　羅波安王爲保障，修築伯利恆等十四座堅固城。

拉　2:21，尼 7:26
　　　　　　首批自巴比倫回歸之人中，原屬於伯利恆城之人計有 一百二十三名。

耶　41:17　　以實瑪利殺了基大利，將奪回來的人民，帶到靠近伯利恆的金罕寓住下，要進入埃及去。

彌　5:2　　伯利恆以法他阿，你在猶大諸城中爲小，將來必有一位從你那裡出來，在以色列中爲我作掌權的。

太　2:1　　當希律王的時候，耶穌生在猶大的伯利恆。

太　2:6　　因爲有先知記著說；「猶大地的伯利恆阿，你在猶大諸城中，並不是最小的，因爲將來有一位君王，要從你那裡出來，牧養我以色列民」。

太　2:16　　希律王下令殺盡伯利恆城裡並四境內，凡兩歲以下的男孩。

路　2:4　　約瑟從加利利的拿撒勒城到了大衛的城，名叫伯利恆，因他本是大衛一家一族的人。

路　2:8　　在伯利恆的野地，有主的使者向牧羊人報大喜信息，因今天在大衛的城裡，爲你們生了救主，就是主基督。

路　2:18　　牧羊人往伯利恆去看看所成的事。

約　7:42　　經上豈不是說，基督是大衛的後裔，從大衛本鄉伯利恆出來的麼。

※以法他 Ephrath 0141-1。

0349-2伯利恆 Bethlehem

●Beit Lahm [Bet Lehem Hagelilit]，位於米吉多的北方約 17 公里，約念之北約 9公里。早期是一個重要的城市。

書　19:15　西布倫支派所得為地業的十二座城之
　　　　　　一。

士　12:8　伯利恆人比讚作以色列的士師七年，死後
　　　　　　葬在伯利恆。

0350-1伯亞文 Beth-aven
邪惡者之村 Village of evil
偶像之家 House of idols
邪惡之家 House of iniquity

●位置不能確定，很可能就是艾城的一處郊區。也可
能是 T.Maryam 廢墟，位於伯特利的東南約 7 公里，耶
路撒冷之北約 10 公里，密抹之南約 1 公里。

書　7:2　約書亞從耶利哥打發人往伯特利東邊靠近
　　　　　伯亞文的艾城去。

0350-2伯亞文 Beth-aven

●T.Maryam，位於伯特利東南約 7 公里，耶路撒冷以
北約 10 公里，密抹之南約 1 公里。

撒上 13:5　非利士人聚集，要與以色列人爭戰，就上
　　　　　　來在伯亞文東邊的密抹安營。

撒上 14:23　那日耶和華使以色列人得勝，一直戰到伯
　　　　　　亞文。

0350-3伯亞文 Beth-aven

●按何西阿書中的意思，此一伯亞文是指伯特利，是
一種謔稱，因為伯特利的意思是神的家，而伯亞文卻
是罪惡之家。伯特利是今日名為 Tell Beitin 在公路旁一
個回教徒的小村鎮，位於耶路撒冷之北約 16 公里，示
羅之南約 15 公里。餘請參見伯特利0364-1 條之說明。

何　4:15　不要往吉甲去，不要上到伯亞文，也不要
　　　　　指著永生的耶和華起誓。

何　5:8　你們當在基比亞吹角，在拉瑪吹號，在伯
　　　　　亞文吹出大聲，說，便雅憫哪，有仇敵在
　　　　　你後頭。

何　10:5　撒瑪利亞的居民，必因伯亞文的牛犢驚
　　　　　恐，崇拜牛犢的民，和喜愛牛犢的祭司，
　　　　　都必因榮耀離開他，為他悲哀。

何　10:8　伯亞文的邱壇，就是以色列取罪的地方。

※伯特利 Bethel 0364-1。

0350-4伯亞文 Beth-aven

●位置不明，應是在伯特利的東北方的一個曠野。

書　18:12　便雅憫支派所得之地的西界是，從約但河
　　　　　　起，往上貼近耶利哥的北邊，又往西通過
　　　　　　山地，直到伯亞文的曠野，從那裡往南接
　　　　　　到路斯。

0351　伯亞納 Beth-anath
亞納女神之殿 Horse of Anath

●Safed el-Battikh?，位於但城西南西約 21 公里，夏瑣

西南約 23 公里。也可能是 el-Baneh，位於基尼烈城之
西約 25 公里，亞柯以東約 16 公里處。

書　19:38，士 1:33
　　　　　是拿弗他利支派所得為業的十九個堅固城
　　　　　之一，但未能趕出其地原住的迦南人。

0352　伯亞蘭 Beth-haram
高地之家 House of upland
強盛之地 Strong place

●T.Iktanu，位於希實本之西約 15 公里，耶利哥之東
約 19 公里，Widy Hesban 的河口北岸，距約但河岸約
9 公里。

書　13:27　是摩西分給迦得支派為地業之一城，位於
　　　　　　谷中。

※同民 32:36 中之伯哈蘭 Beth-haran 0359，該城原屬亞
　摩利王西宏，後由迦得的子孫所重建。

0353　伯亞諾 Beth-anoth
亞諾女神之家(廟) House (shrine) of (the goddess) Anoth，苦難 Affiction

●Kh.Beit Anun，位於希伯崙北東北方約 4 公里，伯利
恆東南方約 18 公里。

書　15:59　猶大支派所得為業之一城，是山地第四組
　　　　　　六座城中的一座。

0354　伯和崙 Beth-horon
洞穴的住屋 Cave house
空虛之地 Place of hollows

●分上伯和崙及下伯和崙兩地：

一、　上伯和崙 Upper Beth-horon，即是 Beit Ur et-
Foqa，位於耶路撒冷西北約16公里，伯特利西南約 12
公里，其海拔高為 617 公尺。

二、　下伯和崙 Lower Beth-horon，即是 Beit Ur et-
Tahta，位於耶路撒冷西北約 20 公里，伯特利西南方約
15 公里，海拔高為 400 公尺。

兩者相距約3公里，上伯和崙在下伯和崙之東，它們共
同控制了亞雅崙谷這一連接耶路撒冷和海岸平原的重
要通道，故皆是重要的軍事據點，在歷史上曾有多起
大的戰爭在此發生，考古的資料可證實，此兩城是主
前十九世紀前後就有人類在活動，兩城曾多次被毀後
又多次重建。現今有東西向的公路經過此兩村。

書　10:10　以耶路撒冷王為首的諸王攻擊基遍，約書
　　　　　　亞從吉甲上去，在基遍大大的殺敗他們，
　　　　　　追趕他們在伯和崙的上坡路，擊殺他們直
　　　　　　到亞西加和瑪基大，他們在以色列人面前
　　　　　　逃跑，正在伯和崙下坡的時候，耶和華從
　　　　　　天上降大冰雹在他們身上，打死他們，被
　　　　　　冰雹打死的，比以色列人用刀殺死的還
　　　　　　多。

書　　16:3　約瑟的子孫地業之邊界中的一段是，「又往西下到押利提人的境界，到下伯和崙的境界，直到基色，通到海為止」。

書　　16:5　以法蓮子孫地業的東界，是亞他綠亞達，到上伯和崙，往西通到北邊的密米他。

書　　18:13　便雅憫支派地業的西界中的一段是，「從那裡往南接到路斯，又下到亞他綠亞達，靠近下伯和崙南邊的山，從那裡往西，又轉向南，從伯和崙南面對面的山，直達到猶大人的城基列巴力」。

書　　21:22，代上 6:68　利未支派中的哥轄族，從以法蓮支派的地業中得到伯和崙等城為業。

撒上 13:18　有叛兵從非利士營中出來，分為三隊，其中一隊往伯和崙去。

王上 9:17　所羅門王建造基色，下伯和崙，巴拉等城。

代上 7:24　以法蓮支派的女子，比利亞的女兒舍伊拉，就是建築上伯和崙，下伯和崙，與鳥羨舍伊拉的。

代下 8:5　所羅門王建造上伯和崙及下伯和崙，作為保障。

代下 25:13　被猶大王亞瑪謝所遣回的以色列兵，甚是惱怒猶大人，就攻打猶大各城，從撒瑪利亞直到伯和崙，殺了三千人，搶了許多財物。

0355　伯帕列 Beth-pelet
脫逃者之家 House of escape

●T.es-Saqati [T.Shoqet]，位於別是巴東北約 8 公里，希伯崙西南約 32 公里。

書　　15:27　猶大支派在儘南邊所得以為業的二十九座城中的一座。

尼　　11:26　歸回建殿完成後的猶大人所定居之一城鎮及其鄉村。

※同撒下 23:26 中之帕勒提 Paltite 0609，大衛的勇士希利斯是帕勒提人。

※同代上 11:27 中的比倫 Pelonite 0068，大衛王的勇士希利斯及希雅是比倫人。

0356　伯帕薛 Beth-pazzez
分散之家 House of dispersion

●位置不明，似應在隱哈大和他泊之間。

書　　19:21　以薩迦支派所得為業的十六座城之一。

0357　伯法其 Beth-phage
嫩(未成熟)無花果之家 House of unripe figs

●Kefr et-Tur，位於伯大尼的西北方約 1.3 公里，橄欖山東面的山坡上，距離耶路撒冷不足一公里。1867 年在此發現了一些十字軍時代的畫像，有主耶穌將騎驢

和復活等，畫像上並有以拉丁文寫著伯法其的字樣，又在 1880 年發現了一座聖堂和祭壇，還有一塊凸起的大石，傳說耶穌是踏在這塊大石騎上驢子的，因此天主教的方濟會在此建了一座小座紀念堂，並在聖堂後方開墾了一個農場，聖堂復於主後1954 年整修，加建了一座鐘樓。

太　　21:1，可 11:1，路 19:29　耶穌到了伯法其，在山橄欖山那裡，令兩個門徒到對面的村子中去取一匹驢子，再騎驢進了耶路撒冷城。

0358　伯哈干 Beth-haggan
花園之屋 House of the garden

●Jenin，是今日以色列的一個重要城市，位於耶斯列之南約 12 公里，他納東南約 10公里，在通往海法 Haifa 的主要幹道上，但在歷史上似從來沒有軍事上的價值。也可能是 Kh.Beit Jann 廢墟，位於伯善之北約 23 公里，加利利湖之西約 7 公里。

王下　9:27　亞哈謝王一看見所發生的事，就乘馬車往伯哈干城逃跑，耶戶在後面追，在姑珥的路上，靠近以伯蓮地方射傷了他。(本節係現代中文譯本聖經中的經文，在 NIV 中是 Beth-haggan，在和合本中則是「向園亭之路逃跑」，在 KJV 中為 Garden house.)

※同書 19:21 中的隱干寧 En-gannim 1152-2，係革順族自以薩迦支派中所分得之一城。

※同代上 6:73 中之亞年 Anem 0484。

0359　伯哈蘭 Beth-haran
高處之家 House of height
歡呼者之家 House of the joyful shouter

●T.Iktanu，位於希實本之西約 15 公里，耶利哥之東約 19 公里，Widy Hesban 的河口北岸，距約但河岸約 9 公里。

民　　32:36　摩西將亞摩利王西宏國土的一部份分給迦得支派為地業，伯哈蘭是其中的一城，該城並是由迦得的子孫所重建。

※同書 13:27中的伯亞蘭 Beth-haram 0352，城之位置在谷中。

0360　伯曷拉 Beth-hoglah
鷓鴣(松雞)之家 House of partridge

Ain Hajlah，位於耶利哥的東南方約 9.5 公里，耶路撒冷之東約 26 公里，約但河之西岸，附近有一紀念教堂。

書　　18:21　是便雅憫支派所得第一組十二座城之一，18:19，15:6 位於便雅憫地業之南境，靠近猶大的北界。

0361　伯約押(人) Beth-joab
約押之家 House of Joab

●位置不明。可能是一族名。

代上 2:54　伯約押人是薩瑪子孫中的一支。在 KJV
中為 House of Joab。

0362　伯毘珥 Beth-peor
毘珥之神廟 Temple of Peor
廣場之家 House of the opening

●Kh.Ayun Musa，位於希實本之西約 9 公里，什亭東
南約 5 公里處，Wadi Husba 溪之南岸。亦有學者認為
是在其西約 2 公里之 Kh.esh-sheikh Jayil，希實本之西
約 11 公里，什亭東南約 3 公里。

申　3:29，4:1
　　　　摩西上毘斯迦山頂去觀看迦南美地之後，
　　　　就住在伯毘珥對面的谷中，並向以色列人
　　　　陳明耶和華的律法。

申　4:46　摩西在以色列人面前所陳明的律法，就是
　　　　摩西在約但河東，伯毘珥對面的谷中，在
　　　　住希實本亞摩利王西宏之地。

申　34:6　摩西死在摩押地，耶和華將他葬在伯毘珥
　　　　對面的谷中，但是沒有人知道他的墳墓。

書　13:20 摩西所分給流便支派為地業的一城。

※同何 9:10 中的巴力毘珥 Baal-peor 0048，是一拜偽神
之處。

0363　伯迦末 Beth-gamul
報答或賠償之家 House of recompense

●Kh.el-Jumeil，位於亞羅珥東方約 6 公里，底本以東
約 11 公里，亞嫩河北岸的高地上。

耶　48:23 先知論摩押說，刑罰必臨到平原之地的伯
　　　　迦末等十一個城市。

0364-1伯特利 Bethel
神的家 House of God，神的殿，天的門

●Tell Beitin，位於耶路撒冷之北約 16 公里，示羅的西
南約 15 公里，地處中央山脈的中心，和南北交通大道
之上，具有戰略價值，曾是一貿易中心，也是一宗教
重地。據考古得知，早在主前四千年間，就有迦南人
在此作拜神的活動，曾有一隻 3500 BC 製作的陶罐在
此被發現。在主前二十二世紀，就已經是一個很有規
模的城鎮，由於現今一直有人居住，全面發掘不易，
只能作少量探挖，結果得知在約書亞的時代，曾是一
個繁榮的都城，居民的住屋非常講究，設備完善，較
同時期其他城鎮好得太多。似長期有一所先知的學校
在此，在城區偏北處，發現了古城的北牆，牆厚三公
尺半，以接合緊密的石塊砌成，由所發現的陶器得以
證實在 1700 BC 前後被喜克索人所佔據，但未找到耶

羅波安所建的神殿，城在 1400 BC 前後曾被嚴重的焚
毀。後來 1970 年 David Livingston 再度發掘時，指認
出位於西南 3 公里處的 Raset-Tahuneh 高崗，才是耶羅
波安建神殿的遺址，所以是伯特利城所在之處。究竟
何者才是真正的伯特利城，有待近一步的考證。

創　12:8　亞伯蘭來到迦南，再從示劍遷到伯特利東
　　　　邊的山，支搭帳棚，他在那裡為耶和華築
　　　　了一座壇，求告耶和華的名，又漸遷往南
　　　　地去。

創　13:3　亞伯蘭自埃及回來，又到伯特利，仍在那
　　　　裡的壇上求告耶和華的名。

創　28:19 雅各在去哈蘭的途中，夜間夢到受了耶和
　　　　華的祝福，次日清早起來，把所枕的石頭
　　　　立作柱子，澆油在上面，他就給那地方起
　　　　名叫伯特利(就是神的殿的意思)，那地方
　　　　起先名叫路斯。

創　31:13 耶和華說，我是伯特利的神，你在那裡用
　　　　油澆過柱子，向我許過願。

創　35:1　神對雅各說，起來，上伯特利去住在那
　　　　裡，要在那裡築一座壇給神。

創　35:8　利伯加的奶母死了，就葬在伯特利下邊橡
　　　　樹底下，那棵樹名叫亞倫巴古。

書　7:2　約書亞從耶利哥打發人往伯特利東邊，靠
　　　　近亞文的艾城去，命他們去窺探那地。

書　8:12　以色列人埋伏在伯特利和艾城的中
　　　　間。:17 艾城，和伯特利城，沒有一人不
　　　　出來追趕以色列人的。

書　12:16 約書亞在約但河西所擊殺的三十一個王之
　　　　一。

書　16:1　約瑟子孫地業的邊界中的一段是，從耶利
　　　　哥上去，通過山地的曠野，到伯特利，又
　　　　從伯特利到路斯，接到亞基人的境界。

書　18:22 便雅憫支派所得為地業之一城。

士　1:22　約瑟家上去攻打伯特利，得了那城，那城
　　　　起先叫路斯。

士　4:5　女先知底波拉作以色列的士師，她住在以
　　　　法蓮山地拉瑪和伯特利中間。

士　20:18 以色列人到伯特利去求問神，耶和華說，
　　　　猶大當先上去。

士　21:2　以色列人來到伯特利，坐在神面前，直到
　　　　晚上放聲痛哭，說，耶和華神阿，為何以
　　　　色列中有這樣缺了一支派的事呢，次日他
　　　　們在那裡築了一座壇，獻燔祭和平安祭。

撒上 7:16 撒母耳平生作以色列的士師，他每年巡行
　　　　到伯特利，吉甲，米斯巴，在這幾處審判
　　　　以色列人。

撒上 10:3 撒母耳對掃羅說，你從那裡往前行，到了
　　　　他泊的橡樹那裡，必遇見三個往伯特利去
　　　　拜神的人。

王上 12:29 以色列王耶羅波安鑄造了兩個金牛犢，一
　　　　隻安在伯特利，一隻安在但，又定八月十
　　　　五日為節期，自己在伯特利向他所鑄造的

牛犢獻祭，又將立為邱壇的祭司安置在伯
特利。

王上 13:1 有一個神人，奉耶和華的命令，從猶大來
到伯特利，對正在要燒香的以色列王耶羅
波安說預言，並警告他。

王上 16:34 亞哈王時，有伯特利人希伊勒重修耶利哥
城。

王下 2:2 以利亞昇天前，以利沙陪他從吉甲到伯特
利去，再往耶利哥。

王下 2:25 以利沙從伯特利上迦密山，又從迦密山回
到撒瑪利亞。

王下 10:29 以色列王耶戶，除去了境內的巴力，但是
仍然拜在伯特利和但的金牛犢，使以色列
人陷在罪裡。

王下 17:28 亞述王令一個祭司回來，住在伯特利，指
教他們怎樣敬畏耶和華。

王下 23:4 猶大王約西亞將那為巴力，和亞舍拉等所
造的器皿，都從耶和華殿裡搬出來，在耶
路撒冷城外汲淪溪旁的田間燒了，把灰拿
到伯特利去。

王下 23:15 約西亞王將伯特利的壇，就是叫以色列人
陷在罪裡，耶羅波安所築的那座壇，都拆
毀焚燒，打碎成灰，並焚燒了亞舍拉。

代上 7:28 伯特利與其村莊是以法蓮人的地業和住處
之一。

代下 13:19 猶大王亞比雅追趕以色列王，攻取了他的
幾座城，就是伯特利和屬伯特利的鎮市，
耶沙拿，以法拉音等。

拉 2:28，尼 7:32
被擄到巴比倫的伯特利人及艾人的後代，
首批回歸的共有二百二十三名。

尼 11:31 是自巴比倫歸回的便雅憫人，在建殿後所
居之一城。

耶 48:13 先知預言說，摩押必因基抹羞愧，像以色
列家從前倚靠伯特利的神羞愧一樣。

何 10:15 因他們的大惡，伯特利必使你們遭遇如
此，到了黎明，以色列的王必全然滅絕。

摩 3:14 我討以色列罪的日子，也要討伯特利祭壇
的罪。

摩 4:4 以色列人哪，任你們往伯特利去犯罪，到
吉甲加罪過。

摩 5:4 耶和華向以色列家如此說，你們要尋求
我，就必存活，不要往伯特利尋求，不要
進入吉甲，不要過到別是巴。

摩 7:10 伯特利的祭司亞瑪謝打發人到以色列王耶
羅波安那裡說，阿摩司在以色列家中，圖
謀背叛你。

※伯特利原名叫路斯 Luz 1055-1。

0364-2伯特利(山) Bethel

●位置不明，可能是在伯特利城東南方的某一個山
嶺，沿山之路可通到示劍。

撒上 13:2 掃羅王二年，他選了三千人，其中兩千人
跟隨他在密抹和伯特利山，另一千人跟隨
約拿單，去攻擊迦巴非利士的防營。

0364-3伯特利 Bethel

●Kh.er-Ras，位於別是巴的北方約 10 公里，希伯崙西
南約 32 公里處，西緬支派地業的東境。也可能是
Kh.el-Qaryatein，位於亞拉得之北約 8 公里。

撒上 30:27 大衛擊敗亞瑪力人歸來後，用他從亞瑪力
人處掠奪來之物作為禮物，分送給伯特利
等城之人，因他們素與大衛有往來。

※可能同書 15:30 中之基失 Chesil 0900。
※同書 19:4 中之比土力 Bethul 0075。
※與代上 4:30 中之彼土利 Bethuel 0622 同係一地。

0365 伯寧拉 Beth-nimrah
豹之家 House of leopard

●T.el-Beibil，位於耶利哥東北東方約 20 公里，希實本
西北約 20 公里，旱溪 Wadi Shuayb 的北岸。

民 32:36，書 13:27
迦得子孫所建的八個堅固城之一，其地原
為亞摩利王西宏所據，後摩西分給迦得支
派為業。

※同民 32:3 中的寧拉 Nimrah 1060，是迦得和迦得兩
支派向摩西要求分給的九座城之一，位於雅謝地，
是可放牧牲畜之地。

0366 伯瑪迦 Beth-maachah
瑪迦之家 House of Maakah
壓制之家 House of oppression

●伯瑪迦是以亞比拉城為中心的一個地區，亞比拉即
是 Abil el-Qamh [T.Avel Bet Maakha]，位於但城之西約
6 公里，夏瑣之北約 27 公里，今日 Metulla 城之南約 2
公里，約但河源頭之一的 R.Bereighith 上游的東岸。

撒下 20:14 約押奉令追討示巴，走遍以色列各支派，
直到伯瑪迦的亞比拉，並比利人的全地。

※亞比拉城 Abel 0520。

0367 伯墨哈 Beth-merhak
遠方 Place far off

●位置不明確，應是在耶路撒冷及橄欖山之間。

撒下 15:17 大衛為了逃避押沙龍，自耶路撒冷出走，
到了伯墨哈就住下了。(在 KJV 中為 And
tarried in a place that was far off，在 NIV
中為 They halted at a place some distance
away. 在 TEV 為 They stopped at the last
home. 在 TCV 中為「就在城郊最後的一
座房子停下來」)。

0368-1伯賽大 Bethsaida
漁人之家 Fisherman's house
捕魚之地 Place of fishing

●有兩可能之處，二者相距僅 2.2 公里，其一是北方的 el-Tell，是一個在雪花岩上的廢墟，位於約但河之東，迦百農東北約 6.5 公里，加利利海之北約 2.2 公里，原是一個小村，後被希律腓力王所擴建，作爲他的都城，他並爲紀念該撒的女兒 Julias，故稱其爲猶利亞的伯賽大 Bethsaide-Julias，建築採爲希臘式，非常華麗，人口眾多而富庶。另一處是在其南的湖畔，現名 el-Araj，原是一個漁港，位於迦百農東北約 4.3 公里，近年來的發掘，發現有會堂的廢墟和羅馬時代的捕魚器具，以及鐵器時代的遺跡，它的東南邊是一個廣闊的平原，足供五千人聚集所需。現在漁港已淤塞，兩者究竟何者是當時之伯賽大，至今並無定論，有些人提倡有兩個伯賽大的說法，認爲前者是外邦人的伯賽大，而後者則是猶太人的伯賽大。

路 9:10 耶穌到了伯賽大城，跟他去的人約有五千個人，因為是野地，沒有食物可吃，主就以五個餅和兩條魚，祝謝了，擺在眾人面前，他們就吃，並且都吃飽了，把剩下的零碎收拾起來，裝滿了十二個籃子。
可 8:22 在伯賽大，主治好一個瞎眼的。

0368-2伯賽大 Bethsaida

●其位置不明。有可能與 0368-1 中第二者爲同一座城，即是 el-Alaj，因爲加利利地區可能延伸到約但河之東岸邊。也有人認爲可能是今日的 Ain et Tabighah，位於約但河之西，加利利湖之北岸，迦伯農之東約 2.5 公里處，稱爲加利利的伯賽大。但究竟伯賽大是一是二，迄無定論。

可 6:45 主在伯賽大山上去禱告，晚上又在海面上行走。
路 10:13，太 11:21 哥拉汛哪，你有禍了，伯賽大阿，你有禍了，因為在你們中間所行的異能，若行在推羅和西頓，他們早已披麻蒙灰，坐在地上悔改了。
約 1:44，12:21 主耶穌的門徒彼得，腓力，安得烈是加利利的伯賽大人。

0369 伯巴力勉 Beth-baal-meon
巴力免之家 House of Baal-Meon

●Ma`in 城，位於希實本西南方約 15 公里，底本之北約 21 公里，死海的東方約 16公里，拿哈列河之北岸。照摩押碑之記載，此城係摩押王 Mesha 所建，並在城中建有大蓄水池。

書 13:17 流便支派所分得爲業之一城。
※同民 32:7 中的比穩 Beon 0074，是其在尚未被以色列人佔領之前的名字。
※同民 32:38，結 25:9，中的巴力免 Baal-meon 0037，是以色列人佔領後所建之新城，並起的新城名，也是摩押人視為該國之榮耀的三個城之一。
※同耶 48:23 中的伯米恩 Beth-meon 0346，是摩押地中將有刑罰臨到的十二個城之一。

0370 伯他普亞 Beth-tappuah
蘋果之家 House of apples
有生氣者之家 House of breather

●Taffuh 城，位於希伯崙西方約 5 公里，伯利恆西南約 24 公里，城建在懸崖邊，可控制其下方的道路的地區，也是一個非常富庶的地方，盛產水果。(但其位置在山地第二組及第四組之間)。

書 15:53 猶大支派所得爲業在山地第二組的九座城中的一座。

0371 伯利巴勿 Beth-lebaoth
牝獅之家 Horse of lionesses

●位置不明，應該在西緬地業之內。有可能是 Jebel el-Biri，位於南地之內。

書 19:6 西緬支派自猶大支派中所得爲業之一城。
※可能同 15:32 中之利巴勿 Lebaoth 0410。
※同代上 4:31 中之伯比利 Beth-birei 0340，後來歸西緬支派為地業。

0372 伯亞弗拉 Beth-le-aphrah
灰塵之家 House of dust
亞拉弗的家 House of Aphrah

●可能是 et-Taiyibeh，位於希伯崙之西約 7 公里，伯利恆西南約 23 公里。

彌 1:10 先知說，「我在伯亞弗拉輥於灰塵之中」。

0373 伯亞拉巴 Beth-srabah
沙漠之家 House of desert
阿拉伯之家 House of the Arabah

●Ain el-Gharabeh，位於耶利哥東南方約 6 公里，耶路撒冷之東約 26 公里，Wadi el -Qelt 的北岸，約但河在其東方約 3 公里。

書 15:6 猶大地業的北境是「上到伯曷拉，經過伯亞拉巴的北邊」。
書 15:61 原是猶大支派在曠野中所得為業的六座城之一。
書 18:22 再度歸給便雅憫支派，是其所得第一組十二座城之一。
撒下 23:31 大衛的勇士亞比亞本是伯亞拉巴人。
※書18:18中則簡稱為亞拉巴 Arabah 0536-3，是便雅憫

支派的南界。

0374　伯亞比勒 Beth-arbel
亞比勒之家 House of Arbel

●Irbid，位於約但河東，基列拉末之西 18 公里，以得來西南約 24 公里之處。

何　10:14 先知責備以色列人拜偶像說，你的一切保障必被折毀，就如沙勒慢在戰爭的日子折毀伯亞比勒，將其中的母子一同摔死。（沙勒慢王即是亞述王撒縵以色三世）。

0375　伯哈基琳 Beth-haccerem
葡萄園之家 House of vineyard

●Kh.Salih [Ramat Rahel]，是一甚高的山丘，位於耶路撒冷以南約 5 公里，伯利恆之北約 3 公里。

尼　3:14 利甲的兒子瑪基雅管理伯哈基琳，並修造糞場門。

耶　6:1 便雅憫人哪，你們要逃出耶路撒冷，在提哥亞吹角，在伯哈基琳立旗號，因為有災禍與大毀滅從北方張望。

0376　伯哈示他 Beth-shittah
阿拉伯樹膠樹之家 House of acacia

●位置不明。有可能是 Shittah，位於哈律泉 En-Harod 之東約 2.5 公里。

士　7:22 米甸人被基甸擊敗，逃到西利拉的伯哈示他，直逃到靠近他巴的亞伯米何拉。

0377　伯耶西末 Beth-jesimoth
沙漠之家 House of deserts
荒涼之家 House of desolation

●T.el-Azeimeh，位於死海的東北角的岸邊，希實本之西約21公里，底本之北約 34公里，距亞伯什亭約 11 公里。

書　12:3 亞摩利王西宏所管邊界上之一城，是由鹽海通到伯耶西末的路，以及南方，直到毘斯迦的山根。

書　13:20 是分給流便支派為地業的一城。

結　25:9 摩押視為本國榮耀的三個城是伯耶西末，巴力免和基列亭。

※同民 33:49 中之伯耶施末 0378，兩者之英文名相同，是以色列人安營之一處。

0378　伯耶施末 Beth-jesimoth
沙漠之家 House of deserts
荒涼之家 House of desolation

●T.el-Azeimeh，位於死海的東北角的岸邊，希實本之西約 21 公里，底本之北約 34公里，距亞伯什亭約 11 公里。

民　33:49 以色列人在摩押平原沿約但河邊安營，從伯耶施末直到亞伯什亭。

※同書 13:20 中伯耶西末Beth-jesimoth 0377，兩者之英文名相同，是流便支派所得之一城。

0379　伯瑪加博 Beth-marcaboth
戰車之家 House of chariots

●Kh.Tatrit，位於別是巴的東北北方約 14 公里，希伯崙西南約 26 公里。

書　19:5 西緬支派在猶大地業中所得之一城。

※同代上 4:30 中之伯瑪嘉博 Beth-marcaboth 0380，兩者之英文名全同。

※同書 15:31 中之麥瑪拿 Madmannah 0988，是猶大支派在儘南邊所得之一城。

0380　伯瑪嘉博 Beth-marcaboth
戰車之家 House of chariots

●Kh.Tatrit，位於別是巴的東北北方約 14 公里，希伯崙西南約 26 公里。

代上　4:28 西緬人住在別是巴，伯瑪嘉博等城邑，直到大衛作王的時候，都屬西緬人所有。

※同書 19:5 中的伯瑪加博 Beth-marcaboth 0379，兩者之英文名字相同，是西緬人長居之一城。

※同書 15:31 中的麥瑪拿 Madmannah 0988，係猶大支派在儘南邊所得之一城。

0381　伯亞斯瑪弗 Beth-azmaveth
亞斯瑪弗之家 House of Azmaveth

●Hizmeh，位於耶路撒冷的東北方約 6 公里，伯特利的東南約 10 公里。

尼　7:28 首批自巴比倫回歸各城猶大人中的伯斯瑪弗人有四十二人。

※同拉 2:24中的亞斯瑪弗 Azmaveth 0585。

※同尼12:29中的押瑪弗 Azmaveth 0632，是歸回後利未人所居之一城。

0382　伯低比拉太音 Beth-diblathaim
無花果餅之城 Town of fig cakes
壓平了的無花果餅 Pressed figs cakes
無花果餅的路標 Road post of the fig cakes

●Kh.Deleilat esh-Sherqiyeh，位於希實本以南約 17 公里，底本之北約 16 公里。

耶　48:22 先知論摩押說，刑罰將臨到平原中的伯低比拉太音等十一城。

※同民 33:46 中的亞門低比拉太音 Almon-diblathaim 0599，是出埃及旅途中的一個安營之處。

0383　伸崙 Shimron
守衛 Guardian，船夫 Water man

●Kh.Sammuniyeh [T.Shimron]，位於米吉多之北約 13 公里，約念的東北約 9 公里。

書　11:1　是夏瑣王聯合起來對抗約書亞之諸城邦之一。

書　19:15　西布倫支派所得為業之一城。

※同書 12:20 中之伸崙米崙 Shimon-meron 0384，係約書亞所擊殺三十一個王的城邦之一。

0384　伸崙米崙 Shimron-meron
守望處 Watch-place
施行鞭打人之衛士 Guard of lashing

●Kh.Sammuniyeh [T.Shimron]，位於米吉多之北約 13 公里，約念的東北約 9 公里。

書　12:20　是約書亞所擊殺的三十一個王的城邦之一。

※同書 11:1，19:15 中的伸崙 Shimron 0383，係西布倫支派所得為業之一城。

0385-1但(地) Dan
審判官 Judge

●約書亞分給但支派地業的各城鎮，記載在書 19:40 至 46 節之內，其東鄰便雅憫，北鄰以法蓮，南鄰猶大，西鄰地中海，是一小片的土地。而且在分得地業之後，由於被亞摩利人強逼住在山地，不容他們取得平原之地，在不得已之下，他們就在北方取得了但城，就有部份但人移往北部，所以但支派之領土實際有南北兩處；南部僅局限在瑣拉和以實陶地區，北部則在但城的四週，兩者的邊界皆不明確。

書　19:41　約書亞分給但支派十八個城的名稱。又但人攻取利善，改名為但。

士　1:34　亞摩利人強逼但人住在山地，不容他們下到平原，然而約瑟家勝了他們，使亞摩利人成了服苦的人。

士　13:2　那時有一個瑣拉人，是屬於但族的，名叫瑪挪亞，他的妻子求告耶和華，後來就生了一個兒子，取名叫參孫，耶和華賜福給孩子，在瑪哈尼但，耶和華的靈感動了他。

0385-2但(地，城) Dan

●T.Qadi [T.Dan]，位於加利利海的正北約 40 公里，夏瑣北北東約 27 公里，約但河的發源河之一的 Nahr al Hasbani 河的東岸，現今哥蘭高地的北部邊界上，是一個水源豐盛，風景優美之地，附近都是山澗瀑布，密林幽谷。但城的廢墟是一個大土墩，高出周圍約有25公尺，今日在廢墟的山麓到處可見古代人民聚住過的痕跡，很容易就識別出那些由火成岩碎石堆成的梯田平台、建築物、磨房和水道。廢墟於 1965 至 1983 年

間共發掘了十八次，已發現大量銅器時代的器皿，可證實它是原屬於腓尼基的城市，它有12呎厚的巨牆，北國以色列王時代的城門和街道及一個露天的聖殿也被發現，相信那就是耶羅波安在邱壇那裡所建的殿，有一個正在發掘的古城門遺址，那城門至少有四千年的歷史。但城的四週就是但支派在北方所尋得之地業，包括在其東方約 3 公里之 Banias，即是日後的該撒利亞腓利比城在內。但城城郊的水泉的確是約但河三個源頭中最大和最重要者，有專家指出，但城的地底可說是一個巨型的貯水庫，容納了大量來自黑門山溶雪的水和雨水，然後以平穩有力的速度釋放出去，每年約有二億二千萬立方公尺。

創　14:14　亞伯蘭聽見羅得被擄，就領了三百一十八個家人，直追到但，又追到大馬色左邊的何把，將被擄的人和財物都奪了回來。

申　34:1　耶和華在尼波山把基列全地直到但都指給摩西看。

書　19:47　因為但人上去攻取利善，得了那城，住在其中，以他們先祖但的名，將利善改名為但。

士　18:1　那時以色列中沒有王，但支派的人仍是尋地居住，因為他們還沒有在以色列支派中得地為業，但人從瑣拉和以實陶，打發本族中的五個勇士，去仔細窺探那地，他們先到拉億探看，見那裡的居民安居無慮，就派了六百人到拉億，用刀殺了那民，又放火燒了那城，並無人搭救，因為離西頓甚遠，他們又與別人沒有來往，城在平原，那平原靠近伯利合，但人又在那裡修城居住，照著他們始祖以色列之子但的名字，給那城起名叫但，原先那城名叫拉億。

士　20:1，撒上 3:20，撒下 3:10，17:11，
王上 4:25，代下 30:5
均是「以色列從但到別是巴」，即是表示包括猶大在內的以色列全地。

撒下 24:2，代上 21:2
大衛王令他的元帥約押，從但直到別是巴，數點百姓，共有拿刀的一百三十萬，(代上中為一百五十七萬)，惹耶和華發怒，降下瘟疫，從但到別是巴共死了七萬人。

王上 12:29　以色列王耶羅波安鑄造了兩個金牛犢，對民眾說，以色列人哪，這就是領你們出埃及地的神，他就把牛犢一隻安在伯特利，一隻安在但，這事叫百姓陷在罪裡，因為他們往但去拜那牛犢。

王上 15:20，代下 16:4
亞蘭王便哈達聽從猶大王亞撒的請求，就派軍長去攻擊以色列的城邑，他們就攻破以雲，但等北邊的城鎮。

王下 10:29 以色列王耶戶在以色列中滅了巴力，但仍
　　　　　 拜伯特利和但的金牛犢，使以色列人陷在
　　　　　 罪裡。

代上 12:35 歸順大衛王的人中，有但支派的勇士二萬
　　　　　 八千六百人。

代下 2:14 但支派一個婦人的兒子，他善用金銀，銅
　　　　　 鐵，木石等材料，製造各物，並精於雕
　　　　　 刻，又能想出各樣的巧工，大衛王令他為
　　　　　 建聖殿工作。

耶　　 4:15 有聲音從但傳揚，從以法蓮山報禍患。

耶　　 8:16 聽見從但那裡敵人的馬噴鼻氣。

結　 48:1 北邊靠著哈馬他，是但的一分。

※利善 Leshem 0406。

※拉億 Laish 0643。

0386　但雅安 Dan Jaan
在樹林中的但 Dan in the woods

●位置不明。應是在迦南地之北部，基列及西頓之間，
亦有學者解釋為「但及以雲Dan and Ijon」，也很值得採
信。請分別參考但 Dan 0385-2 及以雲 Ijon 0123條。

撒下 24:6 約押奉大衛王之命數點以色列百姓，到了
　　　　　 但雅安等地。

0387　低加波利 Decapolis
十個城邦 Ten cities

●低加波利是一個羅馬帝國的行政區，原有十座大
城，但是日後漸增加成為十八個之多 ，在舊約中只提
到其中的四個，新約中有兩個，現按位置，從北往南
一一說明如下：

1.大馬色 Damasus， 即今日的大馬士革，是唯一不在
巴勒斯坦，也是十城中最北的一個，而且不受大希律
王所管轄之一城。請見 0010 條。

2.可 8:28 加大拉 Gadara，位於加利利湖之東岸。請見
0170 條。

3.地菴 Dion 其位置未能確定，或許是在雅木河上流，
哥蘭城之東。

4.希波斯 Hippos 位於加利利海的東岸邊，加大拉以南
約 6 公里。

5.Raphana，可能是今日的 Rajeh 小村，約是在加利利
湖的東方48 公里處。

6.西古提波利 Scythpolis，即是舊約中的伯珊 Beth-
Shan，是十城中唯一位於約旦河以西者。請見 0336
條。

7.比拉 Pella，與西古提波利城隔約但河相對，即今日
的 Kh.Fahil，是一個亞摩利人所建，甚為古老的城市。

8.Gerasa，即是今日大城 Jarash，位於雅博河之北岸。

9.非拉鐵非 Philadelphia，就是舊約中的亞捫的首都拉
巴，也是今日約旦的首都阿曼Amman，是一個很古老

的城市，也是十城中最南的一個。請見 0494-1 條。

10.加拿他 Kanatha，在加利利海之東方約 82 公里，今
日名為 Kanawat 之小村，地處沙漠之邊緣，是十城中
最東的一個，有可能是舊約中的基納 Kenath。請見
0917 條。這些城市是自 200 BC 起，逐一為希臘人所
侵佔，再模仿希臘城市的式樣改建，並照希臘的生活
和文化發展而成，可說是希臘在國外的城邦，也是希
臘文化的基地，他們使用希臘文字和語言，城市的設
施和建築也採用希臘的模式，居民的生活也是希臘化
的。羅馬帝國佔領之後，其地位並無大的改變，從政
治上講，這些城邑都是自治而獨立的，各自有自己的
律法和行政權，在軍事和經濟上也是獨立自主，但是
這些權力也並非是絕對的，換言之，他們最後還是得
聽命於敘利亞的總督及羅馬帝國皇帝。這個聯盟在經
濟方面，是實行貿易上的互惠，一致提高關稅去排擠
外人和外貨。在軍事上，除了守望相助，攻守一致之
外，也一同受命於羅馬，並且供應羅馬的兵源和軍事
需要。在交通方面，各城之間有羅馬式的公路網相
連，非常快速方便，除了能有效的聯絡各城之外，對
軍事和商業方面，都有很大的功用。在宗教方面，從
各城各地的廟宇之多，建築之華麗，都可見到希臘和
羅馬眾多的偽神，同時被希臘化所帶來，在近東的每
一個角落中泛濫。由此觀之，此十城之存在，在表面
上是推廣希臘和羅馬的文化，但是其本質則是反猶太
教和基督教的文化的。此一地區也是主耶穌工作的重
要對象。

太　　 4:25 當下有許多人從加利利，低加波利，猶
　　　　　 太，約但河外來跟從他。

可　　 5:20 那從前被鬼附著的人，懇求和耶穌同在，
　　　　　 耶穌不許，那人就走了，他在低加波利傳
　　　　　 揚耶穌為他作了何等大的事。

可　　 7:31 耶穌又離了推羅的境界，經過西頓，就從
　　　　　 低加波利境內來到加利利海。

0388　何把 Hobah
被愛的 Beloved，藏匿之處Hiding place

●位置不明。可能是今日名叫 Hoba 之處，大約是在大
馬色的北方約 80 公里處的大道傍。

創 14:15 羅得在所多瑪被北方四王所擄去之後，亞
　　　　　 伯蘭立刻領了三百一十八人追趕到大馬色
　　　　　 左邊(面向東時的左邊，就是北方)的何
　　　　　 把，將羅得和被擄的財物及婦女都奪了回
　　　　　 來。

0389　何利(人)　Horites
穴居者 Cave-dweller
我之潔白 My whiteness
我之尊貴 My noble

●何利人是西珥山原住民,西珥山位於亞拉巴峽谷以東,迄至阿拉伯沙漠之間的山區,北起自撒烈溪,南至阿卡巴灣,海拔高度在 1000 至 2000 公尺之間,長約 165 公里,寬約 75 公里,今屬約但王國所有。但何利人的來源無可考,近代之考古學家在 Nuzu 泥版獲知,西珥人可能是在 2400 BC 入侵米所波大米的 Hurrians 人,但仍有疑問。又有人認為是在十六世紀後期建立的美坦尼王國,其人民主要是何利人,但統治者是 Indo-Aryan 人,曾一度擴張到米所波大米北部大部份地區,當時他們建都在 Wasshugani(位置不明),這王國在兩百年後滅亡。

創　14:6　北方四王南征時,在何利人的西珥山殺敗了何利人,一直殺到靠近曠野的伊勒巴蘭。

創　36:20　那地原有的居民何利人,西珥的子孫中,所出的族長有羅坍等七人。

申　2:12,22
　　　　　先前何利人也住在西珥,但以掃的子孫將他們除滅,得了他們的地,接著居住。

※在創 36:2 以掃娶了三個迦南人的女子為妻,其中的一個是希未人阿何利巴瑪。(此一希未人 Hivites 有可能是本節中之何利人之誤。)

0390-1何倫　Holon
多沙之地 Sandy place

●Kh.Alin,位於希伯崙西北 15 公里,伯利恆西南約 17 公里。(此組的十一個城中,僅有何倫及基羅兩城位於希伯崙以北,其餘九城則在其南,本城與大拿相距有 23 公里,中間隔了山地第二及第三組,而是在山地第四組及高原第一組之間)。

書　15:51　猶大支派所得為業在山地第一組十一座城中的一座。

※同書中 21:15 的何崙 Holon 0394,後歸利未支派的亞倫族為業。

※同代上 6:58 中之為希崙 Hilon 0435。

0390-2何倫　Holon

●位置不明,應在死海以東,摩押地區之內。

耶　48:21　先知論摩押說,刑罰將臨到摩押平原上何倫等十一個城。

0391　何薩　Hosah
有希望的 Hopeful,避難所 Refuge

●T.Rashidiyeh,位於推羅東南南方約 2.5 公里的海邊,可能是屬於推羅大城的一區。

書　19:28　亞設支派所得為業的二十二座城之一。

0392-1何烈(山) Horeb
乾旱之地 Dried-up place
沙漠 Desert,一個浪費者 A waster

●何烈山又名叫西乃山,而且這兩個名字常常互用,但是兩者之間仍有些分別,何烈山多數是指一條山脈,西乃山只是指一座山或一個山峰,何烈山脈現今可確定是西奈半島南部的一大群山,現名 Jebel et-Tor,其中有三座高大的山峰,次高的一座名叫摩西山 Jebel Musa,海拔高 2244 公尺,至今仍雜石崢嶸,山勢陡峻,少有草木,攀登不易。自四世紀起,傳統上都認為後者即是傳十誡的西乃山或何烈山,此山雖然不是當地最高的山,但是山勢最為壯觀,而且西北方的山麓有一個相當大的平原,可容納多人聚集,附近又有四條溪流和許多的水泉,故水的供應是相當的充分。

出　3:1　摩西一日領了他岳父的羊群往野外去,到了神的山,就是何烈山,耶和華的使者從荊棘裡火焰中向摩西顯現,令他領以色列人出埃及,到那美好寬闊流奶與蜜的迦南地。

出　33:6　以色列人從住何烈山以後,就把身上的妝飾摘得乾淨。

申　1:2　從何烈山經過西珥山,到加低斯巴尼亞,有十一天的路程。

申　1:6　耶和華我們的神在何烈山曉諭我們說,你們在這山上住的日子夠了,要起行轉到亞摩利人的山地,和靠近這山地的各處。:19 我們照著耶和華我們神所吩咐的,從何烈山起行,經過你們所看見那大而可怕的曠野,往亞摩利人的山地去,到了加低斯巴尼亞。

申　4:10　你在何烈山站在耶和華你神面前的那日。

申　5:2　耶和華我們的神在何烈山與我們立約。

申　9:8　你們在何烈山又惹耶和華發怒,他惱怒你們,要滅絕你們。

申　18:16　正如你在何烈山大會的日子,求耶和華你神一切的話說,求你不再叫我聽見耶和華我神的聲音,也不再叫我看見這大火,免得我死亡。

申　29:1　這是耶和華在摩押地,吩咐摩西與以色列人立約的話,是在他和他們於何烈山所立的約之外。

王上 8:9,代下 5:10
　　　　　約櫃裡惟有兩塊石版,就是以色列人出埃及地後,耶和華與他們立約的時候,摩西在何烈山所放的,除此以外,並無別物。

王上 19:8　以利亞在別是巴的曠野,吃了天使給他的餅和水,仗著這飲食的力,走了四十晝夜,到了神的山,就是何烈山。

詩　106:19　他們在何烈山造了牛犢叩拜鑄成的像。

瑪　4:4　你們當記念我僕人摩西的律法,就是我在

何烈山為以色列眾人所吩咐他的律例典
章。

※西乃山 Mount Sinai 0302-2。

0392-2何烈(石) Horeb

●確實的位置不明，應該是在利非訂或是其附近。在傳統上均認為是現今名叫 W.Refayid的廢墟和綠洲，綠洲在西乃山西北方約 36 公里，有一條旱溪通至西乃山的西北麓。

出　17:7　以色列人在利非訂安營，百姓因沒有水喝，又發怨言，並與摩西爭鬧，摩西用杖擊打何烈磐石，就有水從磐石中流出來，供百姓飲用，他給就給那地起名叫瑪撒，就是試探的意思，又叫米利巴，是爭吵的意思。

※利非訂 Rephidim 0416，瑪撒 Massah 1082，米利巴 Meribah 0276-1。

0393-1何珥(山) Hor
山 Mountain，祖先 Progenitor

●其位置不能確定。很可能是加低斯東北方約 15 公里的 Imaret el-Khreisheh 山。也有人，特別是回教徒相信，是在彼特拉西北方不遠處之 Jebel Harun 山，但是它並非在以東的邊界上。希伯來文中何珥一字之含意是「山」，所以何珥山並不一定是一特定之山名，而可能是指「高山」或「山中之山」之意。

民　20:22，申 32:50
　　　　　　以色列人從加低斯起行，到了以東邊界附近的何珥山，亞倫死在那裡。

民　21:4　以色列人從何珥山起行，往紅海那條路走，要繞過以東地。

民　33:37　以色列人從加低斯起行，安營在何珥山，以東地的邊界，再往撒摩拿。

民　33:38　以色列人出了埃及地後四十年，五月初一日，亞倫死在何珥山，當時亞倫年一百二十三歲。

※同申 10:6 中的摩西拉 Mosera 1114，亞倫的去世之處。

※同民 33:30 中的摩西錄 Moseroth 1115，是以色列人離開埃及之後的第二十七個安營之處。

0393-2何珥(山) Hor

●位置不明，可能是迦巴勒以北，利巴嫩山脈中，西北方靠海岸的某一個山峰，諸如 Ras Shaqqah 等。

民　34:7　摩西所說，以色列的北界是要從大海起畫到何珥山，從何珥山畫到哈馬口，通到西達達。

0394　　何崙 Holon
多沙之地 Sandy place

多洞穴之地 Place of caves

●Kh.Alin，位於希伯崙西北 15 公里，伯利恆西南約 17 公里。

書　21:15　利未支派亞倫的子孫得到何崙和屬城的郊野為業。

※同代上 6:58 中之為希崙 Hilon 0435。

※同書 19:51 中之何倫 Holon 0390-1，兩者的英文名字相同，該城係取自猶大支派。

0395　　何珥瑪 Hormah
忠誠 Devotion，毀滅 Destruction

●Kh.el-Meshash [T.Masos]，位於別是巴的東方約 11 公里，希伯崙南西南方約 38公里，鹽谷 V.Salt 的南岸。

民　14:45　以色列人擅自去攻擊亞瑪力人和迦南人，結果被擊敗，被追殺到何珥瑪。

民　21:1　住南地迦南人亞拉得的王，聽以色列人從亞他林來，就和以色列人爭戰，最先迦南人小勝，擄了幾個以色列人，隨後以色列人把迦南人和迦南人的城邑盡行毀滅，那地便名叫何珥瑪(毀滅之意)。

申　1:44　住那山地的亞摩利人，出來攻擊你們，追趕你們如蜂擁一般，在西珥殺退你們，直到何珥瑪。

書　12:14　是約書亞所擊殺的三十一個王中的一位。

書　15:30，19:4
　　　　　　該城係先分給猶大支派，後則歸西緬支派為地業。

士　1:17　猶大和西緬同去擊殺了住洗法的迦南人，將城毀滅，那城便叫何珥瑪。

撒上30:30　大衛戰勝亞瑪力人回到洗革拉之後，從掠物中取些為禮物，分送給他素來所到之處的人，其中有住在何珥瑪的。

代上4:28　西緬人住在別是巴，何珥瑪等城邑，直到大衛作王的時候，都屬西緬人所有。

※洗法 Zephath 0749-1。

0396　　何羅念 Horonaim
兩個洞 Two caves，or holes

●el-Iraq，位於吉珥哈列設西南約 12 公里，瑣珥東北約 18 公里，位在一處陡坡的頂端。

賽　15:5　先知預言摩押的苦難，說他們的貴冑逃走時，在何羅念的路上，因毀滅舉起哀聲。

耶　48:3，5
　　　　　　從何羅念有呼喊荒涼大毀滅的哀聲，摩押毀滅了，他的孩童發哀聲，使人聽見，因為在何羅念的下坡，聽見毀滅的哀聲。:34希實本人發的哀聲，達到以利亞利，直到雅雜，從瑣珥達到何羅念，直到伊基拉施利施亞。

0397　別加　Perga
要塞 Citadel，土質的，世俗的 Earthy

●Murtana，位於今日土耳其的南部，Cestrus 河西岸，距海約 13 公里，距他的港埠亞大利(今日的 Antalya 大城)約 17 公里，距安提阿約 155 公里，因有來自彼西底高原的水流灌溉，故土地肥沃，民豐物富，在新約時代，它曾是羅馬帝國旁非利亞省的省城，在現有的遺跡中，尚有一座羅馬式的戲院，估計可容一萬八千餘人，另有華麗的浴池，有頂棚的長街、田徑場等等，都足以表明它曾是一個人口稠密的城市，該城又以奉拜女神 Artemis (Diana)而聞名。

徒　13:13 保羅等從帕弗開船，來到旁非利亞的別加，然後去彼西底的安提阿，14:24回程時再到別加講道後去亞大利。

0398　別是巴 Beersheba
誓約之井 The well of oath
七(隻羊)之井 The well of seven (i.e.lambs)

●T.es-Seba [T.Beer Sheva]，位於別是巴新城東方約 4 公里，希伯崙的西南方約 40公里，迦薩東南東方約 45 公里處。城區內外有數處古井，最大者之直徑達 3.5 尺，水面在地面下11公尺以上，需要鑿穿約 5 公尺的岩石層，可見其技術之高及用水之困難情況。 1969 年亞哈朗尼在那裡發掘，根據所得的資料顯示，它在主前四千年前後，已有人居住，而且是盛行在地面下築室而居，他們已有馴養羊群的技術，但他們在主前三千一百年前後離去，此地就再度成爲游牧民族季節性的停留地。別是巴城可能是建於主前十一至十二世紀，就成了南地的重鎮，撒母耳時代是南地宗教和商業的中心，也是猶大的南方軍事前哨。發掘出之遺物中，有當時的房舍，龐大的供水系統，一個有四個角的石砌祭壇，還有各類像俬和家常用品，包括五金、工具、陶器、石器、象牙及獸骨雕刻工藝品等，還有鍊銅之設備，銅礦砂則是來自南亞拉巴，這都證實了他們已有高度發展的手工技巧和文化水準，居民主要仍以畜牧牛羊群爲生。主後七十年別是巴成爲羅馬軍隊防禦拿巴天人的邊防重城，直到拿巴天帝國被吞併爲止。主後一至六世紀的別是巴，已無復往日的興盛，只以一個大型的村落而已，村內的遺物中有細工鑲嵌的地板，希臘文字的刻石。阿拉伯人佔據巴勒斯坦期間，統治者在此建立起一個小型行政中心及市集，是今日的城市的雛型。1917 年第一次世界大戰時，別是巴是第一個被阿倫比將軍由土耳其手中奪回的城市，當時只有居民二千人，1948 年以色列復國時也只有三千人，但是現在已經發展成有十五萬以上人口的大城，公用設施完善，並有一所大學，對外交通四通八達，並有鐵路經過，是今日以色列的南方大都會。在今日新城的貝代因的市場內有一古井，人稱爲亞伯拉罕井。現今開放參觀的廢墟是所羅門王所建，有城牆、城門等巨構和街道、廣場、倉庫、供水系統等，很特別的是在城門外側有一口古井，這與一般保護水源以防圍城的作法相背，據說是因城內是皇城和聖地，不容平民進入，而且城內另有水源之故。

創　21:14 夏甲和以實瑪利在別是巴的曠野迷了路。

創　21:22 亞伯拉罕把七隻母羊羔給非利士王亞比米勒，說，你要從我手裡受這七隻母羊羔，作我挖這口井的證據，所以他給那地方起名叫別是巴，因為他們二人在那裡起了誓，立了約，亞伯拉罕在別是巴栽上一棵垂柳絲樹，又在那裡求告耶和華永生神的名。

創　22:19 亞伯拉罕和以撒從摩利亞地回來後，就住在別是巴。

創　26:23 以撒挖了利河伯之井後，就到了別是巴，耶和華在那裡向他顯現，賜福給他，以撒就在那裡築了一座壇，求告耶和華的名，並且支搭帳棚，他的僕人便在那裡挖了一口井 ，……他就給那井起名叫示巴，因此那城叫作別是巴，直到今日。

創　28:10 雅各出了別是巴(以撒仍住在別是巴)，向哈蘭走去。

創　46:1 以色列帶著一切所有的，要往埃及去，先來到別是巴，就獻祭給神。

書　15:28，19:2
猶大支派在儘南邊所分得為業的二十九座城之一，後來再歸屬西緬支派為地業。別是巴又名示巴。

士　20:1 民眾為攻討基比亞，於是以色列人從但到別是巴，以及住基列地的眾人，都聚集在米斯巴耶和華面前。

撒上 3:20 從但到別是巴所有的以色列人，都知道耶和華立撒母耳為先知。

撒上 8:1 撒母耳年紀老邁，就立他的兩個兒子在別是巴作以色列人的士師，他的兒子不行他的道，貪圖財利，收受賄賂，屈枉正直，以色列人就要求撒母耳給他們立一個王。

撒下 3:10 廢去掃羅的位，建立大衛的位，使他治理以色列和猶大，從但直到別是巴。

撒下 17:11 依我之計，不如將以色列眾人，從但直到別是巴，聚集到你這裡來。

撒下 24:7 大衛令他的元帥約押，從但到別是巴，走遍以色列眾支派數點百姓，最後約押到了別是巴。

王上 4:25 所羅門在世的日子，從但到別是巴的猶大人和以色列人，都在自己的葡萄樹下和無花果樹下，安然居住。

王上 19:3 以利亞知道耶洗別要殺他，他就起來逃命，到了猶大的別是巴，再往曠野去，

走了四十晝夜，到了神的山，就是何烈
山。

王下 23:8 約西亞王拆毀邱壇，從迦巴直到別是巴。

代上 4:28 西緬人住在別是巴，摩拉大等城邑，直到
大衛作王的時候，都屬西緬人所有。

代下 19:4 約沙法王又出巡民間，從別是巴直到以法
蓮山地，引導眾民歸向耶和華他們列祖的
神。

代下 24:1 約阿施王的母親西比亞是別是巴人。

尼 11:25 建殿後猶大人所居住之一城邑及鄉村。

尼 11:30 建殿後猶大人所居住的地方是從別是巴直
到欣嫩谷。

摩 5:5 不要過到別是巴。

※示巴 Shibah 0210。

0399 別迦摩 Pergamum
衛城 Citadel，高地 Heights

●即是今日土耳其西部名叫 Bergama 的一個小城，位
於士每拿的北方約 80 公里，距愛琴海約 25 公里，
Bakyrtchai 河在城南約 3公里處流過，城建在高於四周
約有300公尺的山頂上，有帝國軍事大道經此，北通特
羅亞，南通士每拿，所以其地居交通及軍事的要津。
此城首先發明製造羊皮紙的技術，並擁有一所藏書達
二十萬冊的大圖書館，故文風鼎盛，人才輩出，在醫
藥方面也很先進，設有醫學院一所。在藝術和雕刻方
面都有特出的表現，而民間迷信盛行，城內神廟、神
像和祭壇特多，是爲一奇。據考證，此地早在史前時
期便有人類活動，在 283 BC 到 133 BC 之間，此城曾
是西流基王國的首都，屬地有每西亞、呂底亞、加利
亞、弗呂家、旁非利亞等省，在紀元初年，也可能是
亞西亞的首府，是當時東方最美的城市之一。在該撒
大帝尚未去世前，城內就已建有該撒的神廟，所以基
督徒當時在此也很受逼迫。

啟 1:11 七個教會之一。

啟 2:12 你要寫信給別迦摩教會的使者，說，我知
道你的居所，就是有撒但座位之處，當
我忠心的見證人安提帕在你們中間，撒但
所住的地方被殺之時，你還堅守我的名，
沒有棄絕我的道，然而有幾件事我要責備
你，因為在你那裡，有人服從了巴蘭的教
訓，也有人服了尼哥拉一黨人的教訓，所
以你當悔改……。

0400 利未(人) Levi
聯合 Joined

●利未支派共得了四十八座城，因爲他們的地業是取
自各支派，所以利未人也就分散在以色列各地，並未
集中在一地區之內。

書 21，代上 6:54～81

說明約書亞自各支派的地業中，為利未支
派所得四十八座城的城名。

士 17:7 猶大地的伯利恆城有一個少年人，是猶大
族的利未人，被以法蓮山地的米迦僱來充
當祭司，後來他被但支派擄到拉億。

士 19:1 當以色列中沒有王的時候，有住以法蓮山
地的一個利未人，他的妾在基比亞被辱致
死，於是以色列人從但到別是巴，都聚集
在米斯巴，一同攻擊基比亞便雅憫地，將
各城的人和牲畜殺盡，幾乎使以色列人缺
少了一個支派。

代上 27:17 大衛王派哈沙比雅管理利未人。

代下 11:13 以色列全地的祭司和利未人，都從四方來
歸羅波安，利未人撇下他們的郊野和產
業，來到猶大與耶路撒冷，是因為耶羅波
安不許他們供祭司的職分，事奉耶和華。

代下 20:14 此後，摩押人和亞捫人，又有米烏利人，
一同來攻擊約沙法王，約沙法求告神，那
時耶和華的靈在會中臨到利未人雅哈悉，
令他們次日出去，要利未人穿上禮服，走
在軍前讚美耶和華，眾人方唱歌的時候，
耶和華就派伏兵擊殺那來攻的摩押聯軍，
沒有一個逃脫的。

代下 23:2 祭司耶何耶大走遍猶大，從各城招聚利未
人，和以色列的眾族長，在耶路撒冷的殿
裡立約，要擁約阿施為王，他們殺了亞他
利雅女王和巴力的祭司，拆了巴力廟和
壇。

代下 34:13 修葺聖殿的人中，督工的是利未人雅哈，
俄巴底，督催的是撒迦利亞，米書蘭，還
有善於作樂的利未人，他們又監管扛抬的
人，督催一切作工的，利未人中也有作書
記，作司事，作守門的。

尼 11:36 利未人中有幾班曾住在猶大地歸於便雅憫
的。

尼 12:27 耶路撒冷城牆告成的時候，眾民就把各處
的利未人，就是在耶路撒冷的周圍，和尼
陀法的村莊，與伯吉甲，又在迦巴和押瑪
弗的田地的利未人，招到耶路撒冷，要唱
歌，彈琴，歡歡喜喜的行告成之禮。

結 48:13 以西結所預言利未人之地，是在猶大和便
雅憫兩界中間，要歸與王。

0401-1利合 Rehob
廣場 Plaza，大街 Wide street
市場 Market

●Banias，位於但城東方約 3 公里，夏瑣東北約 28 公
里，呼烈湖之北約 18 公里，黑門山的西南麓，城在海
拔約 350 公尺的一個深谷中，在其北東角的懸崖下，
有一個大山洞，洞內有一大水潭，清澈的泉水常年不
斷的湧流而出，在洞外成爲小溪，今日名叫巴尼亞
河，是約但河的四個主要源頭之一。在出土的遺物

中，有一座十二世紀十字軍所建的碉堡，可表明此城在當時具有很大軍事上的重要性。此城即新約時代的該撒利亞腓立比。請參看1052條的說明。

民 13:21 探子們窺探迦南地，從尋的曠野到利合，直到哈馬口。

撒下 10:8 亞捫人催請瑣巴及利合的亞蘭人，在城郊擺陣，對抗大衛王。

※此一利合顯然與本章 6 節之伯利合 Beth-rehob 0348 為同一地區。

※同太 16:13 中的該撒利亞腓立比 Caesarea-philippi 1052。

0401-2利合 Rehob

●T.el-Balat，位於亞革悉東北方約 18 公里，推羅東南約 18 公里。

書 19:28 亞設支派所得為業的二十二座城之一。

0401-3利合 Rehob

●T.el-Gharbi [T.Bira]，位於亞柯的東南方約 7 公里，米吉多之北約 35 公里，Wadi esh-Shaghur 的北岸。

書 19:30，21:31，代上 6:75
亞設支派所得另一名為利合之城，但後來歸利未支派的革順族為地業。

士 1:31 然而他們並未能趕出當地的居民，就和他們住在一起。

0402 利色 Rezeph
燃燒的 Burning
加熱了的石頭 Heated stone
公路，舖面 Pavement

●Razzafeh，位於哈馬的東北約 200 公里，亞勒坡的東南約 161 公里處，原是一個獨立的城邦，曾被亞述佔據一百餘年以上，是當日的一處重要商業中心。

王下 19:12，賽 37:12
是亞述所毀滅的一國，西拿基立在攻打耶路撒冷時，舉其為例，以威嚇猶大人和猶大王希西家。

0403 利希 Lehi
顎骨 Jawbone

●位置不明，可能是 Beit Atab，位於伯示麥以東約 6 公里，耶路撒冷之西約 18 公里。

士 15:9 非利士人上去安營在猶大，布散在利希，為要捆綁參孫，猶大人將參孫捆綁了交給非利士人，參孫被帶到利希，耶和華的靈大大感動他，他臂上的繩就像火燒一樣，從他手上脫落了下來，他用一塊驢腮骨擊殺了一千個非利士人，那地便叫拉末利希，參孫甚覺口渴，神就使利希的窪處裂

開，有水從其中流出來，參孫喝了那水，精神復原，因此那泉就名叫隱哈歌利，那泉直到今日還在利希。

※拉末利希 Ramoth-lehi 0649。

※隱哈歌利 En-hakkore 1161。

0404 利門 Rimmon
石榴 Pomegranate
雷神(大馬色及敘利亞地區所奉之神)
The Thunderer，高 High

●Kh.Khuweilfeh [T.Halif]，位於別是巴的北方約 16 公里，希伯崙東南約 31 公里，Wadi Shariah 的上流。

書 19:7 西緬支派自猶大支派地業中所得之一城。

※同書 15:32 及代上 4:32 內之臨門 Rimmon 1162-1，兩則者的英文名相同。

※同尼 11:29 中之音臨門 En-rimmon 0827。

0405 利堅 Rekem
友誼 Friendship，飾之以花 Flowered

●位置不明，但應該是在便雅憫領土的西部地區之內。

書 18:27 便雅憫支派所得為業第二組的十四座城之一。

0406 利善 Lesham
獅子 Lion，寶石 Gem
致淒涼 Unto desolation，堡壘 Fortress

●T.Qadi [T.Dan]，利善是但城原來的名字，位於哥蘭高地的北部邊界上，加利利海的正北約 40 公里，夏瑣北北東方約 27 公里，約但河的發源河之一的 Nahr al Hasbani 河的東岸，是一個水源豐盛，風景優美之地，附近都是山澗瀑布。餘請參見但 0385-2 條之說明。

書 19:47 但人上去攻取利善，擊殺城中的人，得了那城，住在其中，又以他們先祖但的名，將利善改名為但。

※同士 18:7 中的拉億 Laish 0643。

※但 Dan 0385。

0407 利法(人) Riphath
說了的 Spoken

●利法是雅弗之孫，歌篾之次子，他們後裔發源地的位置不明。據約西弗說，或許是在今日土耳其的北部，靠近黑海南岸之沿海地區，即是羅馬帝國的本都省和加拉太省的北半部，包括庇推尼省在內。

創 10:3 雅弗之孫，歌篾次子利法及其後裔所居之地區及民族名。

※代上 1:6中為低法 Diphath。

0408　利篾　Remeth
高地　Height

●Kokab el-Hawa [kokhav-Hayarden]，位於伯善的北方約 10 公里，耶斯列城之東約 18 公里，距約但河約 4 公里，Wadi Tavor 的南岸，城建在一個高於海平面約 300 公尺的小山頂上。

　　書　　19:21 以薩迦支派所得為業的十六座城之一。

※同書 21:29 中之耶末 Jarmuth 0780-2。

※同代上 6:73 中之拉末 Ramoth 0634-3，係後來歸給利未支派之革順族為業之城邑及屬城之郊野。

0409　利鮮　Resen
水泉之源頭　Head of spring

●按經文的說明，其位置就是在尼尼微和迦拉的中間，但其確實的位置尚有爭議，可能是在古尼尼微的原址以南 13 公里之處，今日名叫 Haman Ali 的一個廢墟，該處有一硫磺溫泉，與其名字之含意符合，該地也是尼尼微大城的一部份。

　　創　　10:11 寧錄從示拿地出來，往亞述去，建造尼尼微，利河伯，迦拉，和尼尼微及迦拉中間的利鮮，這就是那大城。

0410　利巴勿　Lebaoth
牝獅　Lionesses

●位置不明，應該在西緬地業之內。有可能是 Jebel el-Biri，位於南地。

　　書　　15:32 猶大支派在儘南邊的地區中所得為業二十九座城中的一座。

※同書 19:6 中的伯利巴勿 Beth-lebaoth 0371，係西緬支派自猶大所得為業之一城。

※同代上 4:31 中之伯比利 Beth-birei 0340，後來歸西緬支派為地業。

0411-1 利巴嫩(山,地)　Lebanon
白山　White Mountain
極白　Exceeding white，雪白　Snowy

●利巴嫩山和利巴嫩地兩個地名可視為是指同樣的一個地區，也有兩個不同的意義，狹義的說，利巴嫩山僅指今日黎巴嫩境內的黎巴嫩山脈，廣義的說，則尚應將在其東的安替黎巴嫩山脈，和兩山脈之間的貝卡谷地包括在內，現分別說明如下：

一、利巴嫩是今日黎巴嫩境內的主要山脈，南端起自推羅，山脈沿地中海東岸北上，海岸岸壁陡峭，沿海平原狹小，只有少數港灣和城市，山麓之東就是立坦尼河和奧倫提斯河，隔河與安替黎巴嫩山脈相對，北端止於 Nahr el-Kebir River，及基低斯城，山脈長約 180 公里，高峰甚多，平均海拔約兩千公尺，山頂常年積雪，盛產香柏樹。此區內之大城有推羅、西頓和迦巴勒等。

二、安替黎巴嫩山脈 Anti-Lebanon，是在黎巴嫩山脈之東，中間隔著立坦尼河和奧倫提斯河，為敘利亞西部主要的山脈，它的南段就是著名的黑門山，東麓與敘利亞沙漠相連，山脈長約 280 公里。

三、兩大山脈之間，就是利巴嫩山谷，現稱貝卡山谷，或敘利亞盆地，餘參見利巴嫩平原 0411-2

四、利巴嫩地一般指黎巴嫩山脈和沿海之地，有時亦包括貝卡山谷和安替黎巴嫩山脈之地在內。

　　申　　1:7　耶和華我們的神在何烈山曉諭我們說，你們在這山上住的日子夠了，要起行轉到亞摩利人的山地，和靠近這山地的各處，就是亞拉巴，山地，高原，南地，沿海一帶迦南人的地，並利巴嫩山又到伯拉大河。

　　申　　3:25　摩西懇求耶和華容許他過去，看約但河那邊的美地，就是那佳美的山地，和利巴嫩。

　　申　　11:24，書 1:4
　　　　　　凡你們腳掌所踏之地都必歸你們，從曠野和利巴嫩，並伯拉大河，直到西海，都要作你們的境界。

　　書　　9:1　在約但河西，住山地，高原，並對著利巴嫩山沿大海一帶的諸王，就是赫人，亞摩利人，迦南人，比利洗人，希未人，耶布斯人的諸王，聽見這事，就都聚集，同心合意的，要與約書亞和以色列人爭戰。

　　書　　13:5　約書亞尚未取得之地中有，迦巴勒人之地，並向日出的全利巴嫩，就是從黑門山根的巴力迦得，直到哈馬口，山地的居民，從利巴嫩直到米斯利弗瑪音，就是所有的西頓人。

　　士　　3:3　耶和華留下的幾族，為要試驗那不曾知道與迦南爭戰之事的以色列人，所留下的，就是非利士的五個首領，和一切迦南人，西頓人，並住利巴嫩山的希未人，從巴力黑門山，直到哈馬口。

　　士　　9:15，王上 4:33，王下 14:9，19:28，代下 25:18
　　　　　　是以利巴嫩的香柏樹比喻其榮美高貴。

　　王上 5:6，9，14，代下 2:8，16
　　　　　　所羅門王請推羅王希蘭，令其僕人在利巴嫩山砍伐香柏木，並從利巴嫩運到海裡，再浮海運到約帕，所羅門王又每月輪流派一萬人上利巴嫩山去伐木。

　　王上 9:19 所羅門王又建造所有的積貨城，並屯車和馬兵的城，與耶路撒冷，利巴嫩，以及自己治理的全國中所願建造的。

　　拉　　3:9　回歸後重建殿的以色列人，用糧食，酒，油，給西頓人推羅人，使他們將香柏樹從利巴嫩運到海裡，再浮海運到約帕。

※論到利巴嫩的香柏樹的有詩 29:5，72:16，92:12，104:16，歌 3:9，4:11，15，5:15，賽2:13，14:8，結 17:3，27:5，31:3 等。

※論到利巴嫩地等的有歌4:8，賽 29:17，33:9，35:2，
　37:24，40:16，60:13，結 31:15，何14:5，鴻1:4，哈
　2:17，亞 10:10，11:1 等。

0411-2 利巴嫩(平原)　Lebanon

●黎巴嫩山脈和安替黎巴嫩山脈之間的谷地，就是利
巴嫩谷，又稱利巴嫩平原，今日稱之為貝卡山谷，或
敘利亞盆地。北起自哈馬口，南到巴力迦得，有立坦
尼和奧倫提斯兩河發源於其間，前者向南流，後者向
北，谷內水源豐富，氣候溫和，土壤特別肥沃，尤以
南部爲然，是一個非常富庶之地，曾經是羅馬帝國的
主要糧倉之一。此地最早可能是由亞摩利人所有，後
來又成爲赫人帝國的一部份。

書　11:17，12:7
　　　　　約書亞所攻取之地中有，從上西珥的哈拉
　　　　　山，直到黑門山下利巴嫩平原的巴力迦
　　　　　得。(TCV 中作利巴嫩谷，KJV 中為
　　　　　valley of Lebanon.)

0412-1 利比拉　Riblah
　　　　　肥沃 Fertility，增添 Increase
　　　　　多產的 Fruitful，衆多 Multiply

●位置不明，應該是在加利利海的東北方，哥蘭高地
的邊境上。

民　34:11 神所定應許地的東方邊界是，從示番下到
　　　　　亞延東邊的利比拉，又要達到基尼烈湖的
　　　　　東邊，再下到約但河，通到鹽海為止。

0412-2 利比拉　Riblah

●Ribleh 小鎮，位於今日亞敘中部，奧倫提斯河的南
岸，哈馬之南約 91 公里，大馬色以北約 97 公里，
Baalbek 東北約 60 公里，是古代的一個軍事重鎮。605
BC 巴比倫的尼布甲尼撒在此擊敗了埃及的法老尼哥，
就把此城作爲統治敘利亞和巴勒斯坦的總部。

王下 23:33 埃及的法老尼哥將猶大王約哈斯鎖禁在哈
　　　　　馬地的利比拉，又改立他的兄弟約西亞兒
　　　　　子以利亞敬作王，並將其改名為約雅敬。
　　　　　(610 BC)

王下 25:6，耶 39:5，52:9
　　　　　猶大王西底家在耶利哥平原被擒，被帶到
　　　　　哈馬地的利比拉，巴比倫王在那裡審判
　　　　　他，殺了他的眾子，剜了西底家的眼睛，
　　　　　用銅鍊鎖住他，帶他到巴比倫去，又捉了
　　　　　大祭司等六十個人，帶到利比拉，巴比倫
　　　　　王就把他們擊殺在利比拉。

※同結 6:14 中的第伯拉他 Diblath 0981。

0413-1 利乏音(人)　Rephaim

巨人 Giants，強壯 Strong

●是在以色列人佔領之前，約但河兩岸部份地區的原
住民，居住在巴珊、亞捫、摩押及以法蓮山地的附
近，身軀高大。

創　14:5　北方四王於南征南方五王時，在亞特律加
　　　　　寧，殺敗了利乏音人。

創　15:20 神與亞伯蘭立約，將利乏音人等九族人之
　　　　　地賜給他的後裔。

申　2:11　先前有以米人住在摩押地，這以米人像亞
　　　　　納人，也算是利乏音人，摩押人稱他們為
　　　　　以米人。

申　2:20　亞捫地也算為利乏音人之地，先前利乏音
　　　　　人住在那裡，亞捫人稱他們為散送冥。

申　3:11，書 12:4，13:12
　　　　　利乏音人所剩下的，只有巴珊王噩，他住
　　　　　在亞斯他錄和以得來。

申　3:13　亞珥歌伯全地乃是巴珊全地，這叫作利乏
　　　　　音人之地。

書　17:15 約書亞對約瑟的子孫說，你們如果族大人
　　　　　多，嫌以法蓮山地窄小，就可以上比利洗
　　　　　人，利乏音人之地，在樹林中砍伐樹木。

0413-2 利乏音(谷)　Rephaim

●el-Buqei 谷，始於耶路撒冷西南約 5 公里，並向西南
延伸，止於巴力毘拉心之北，或伯利恆之西北方約 4
公里處。

書　15:8　猶大支派地業的北界中的一段，是又上到
　　　　　欣嫩谷西邊的山頂，就是在利乏音谷的極
　　　　　北的邊界，又從山頂延到尼弗多亞的水
　　　　　源。

書　18:16 便雅憫支派地業的南界中的一段，是又下
　　　　　到欣嫩子谷對面山的儘邊，就是利乏音谷
　　　　　北邊的山，又下到欣嫩谷，貼近耶布斯的
　　　　　南邊。

撒下 5:18，22，代上 14:9
　　　　　非利士人來了，布散在利乏音谷，大衛王
　　　　　將他們擊敗，後來非利士人又上來，也布
　　　　　散在利乏音谷，大衛王從後方又擊敗了他
　　　　　們。

撒下 23:13，代上 11:15
　　　　　非利士的軍兵在利乏音谷安營，大衛的三
　　　　　個勇士，闖過非利士人的營盤，從伯利恆
　　　　　城門旁的井裡打水來奉獻給大衛。

賽　17:5　又像人在利乏音谷拾取遺落的穗子。

0414-1 利河伯　Rehoboth.Ir
　　　　　城中之廣場 Open places of the city，
　　　　　Broad places of the city

●其位置不明，爭議尚多。根據本節經文的說明，似
爲尼尼微大城的一部份，應該是在尼尼微城故址的附
近，又按其名字之含意，應是一個城內可以作爲廣場

或市集的某一處場所。

創　10:11 寧錄從示拿地出來，往亞述去，建造尼尼
微，利河伯，迦拉，和尼尼微及迦拉中間
的利鮮，這就是那大城。

0414-2利河伯 Rehoboth
寬闊 Wide，擴張 Enlargement

●Ruheibeh [H.Rehovot]，位別是巴的西南方約 37 公里，迦薩之南約 52 公里，Wadi Ruhaibeh 谷之中，那裡尚有一個大古井，可能就是利河伯井。

創　26:22 以撒離開西提拿，又挖了一口井，他們不
為這口井爭競了，他就給那井起名叫利河
伯，就是寬闊的意思，他說，耶和華現在
給我們寬闊之地，我們必在這地昌盛。

0414-3利河伯 Rehoboth

●位置不明。大河一般是指幼發拉底河，但在此處似並不合宜，可能是指巴勒斯坦或以東境內之某一河流，如撒烈溪，因此此一利河伯之位置則無法確定。

創　36:37，代上 1:48
以東王桑拉死了，大河邊的利河伯人掃羅
接續他作王。

0415　利波拿 Lebonah
乳香 Frankincense

●el-Lubban，位於示羅西方約 4 公里，示劍之南約 17 公里。

士　21:19 以色列人因為便雅憫的女子被除滅了，就
准許便雅憫人每年節期時，在利波拿以
南，伯特利以北，在示劍大路以東，示羅
的葡萄園中，去搶一個女子為妻。

0416　利非訂 Rephidim
平原 Plain
休息處 Resting place，Refreshments

●確實位置不明，在傳統上均認為是現今名叫 Oasis Feiran 的綠洲，綠洲在 Wadi Refaid 旱溪之上游，距西乃山約 36 公里，那裡有豐富的水源，北面有 Gebel Bauat 山，高 1510 公尺，南面有 Gebel Serbal 山，高 2070 公尺，綠洲是西乃要塞的一個重要部份，也是前往西乃山的必經之地。

出　17:1 以色列人從汎的曠野到了利非訂安營，因
為沒有水喝，百姓又起怨言，並與摩西爭
鬧，摩西用杖擊打何烈的磐石，就有水流
出來了，他給那地方起名叫瑪撒，又叫米
利巴。

出　17:8 亞瑪力人來在利非訂和以色列人爭戰，約
書亞領人迎敵，結果大勝，他殺了亞瑪力
王及其百姓，摩西在那裡築了一座壇，起

名叫耶和華尼西，意思是耶和華是我的旌旗。

出　18:1 摩西的岳父葉忒羅帶著摩西的妻子和兩個
兒子，前來相會，並教摩西立千夫長及百
夫長代替他審判百姓。

出　19:1 以色列人出埃及後滿了三個月的那一天，
他們離開了利非訂，來到西乃的曠野。

民　33:14 以色列人從亞錄起行，安營在利非訂(過
紅海後第七個安營之處)，再從利非訂起
行安營在西乃的曠野。

※何烈 (的磐石) Horeb 0392-2，瑪撒 Massah 1082，米利巴 Meribah 0276-1。

0417　利哈比(地) Lehabim
火燄 Flame，利比亞人 Libyans，紅 Red

●可能是在非洲利比亞的西北部，地中海的南岸。

創　10:13，代上 1:11
含之孫，麥西的第三個兒子利哈比及其後
裔所居的地區名及民族名。

0418　利基翁 Rhegium
突然斷了 Broken off
裂口Breach，均係暗示其海岸的陡峭和險峻

●Reggio di calabria，是現今義大利最南尖端處西岸的一個大港埠，與西西里島的墨西拿城隔著 Messina 海峽相對，距敘古拉約 120 公里，部丟利約 330 公里。它與非洲和西西里的貿易極為暢旺，很早就是一個繁榮的都市。

徒　28:13 保羅等到了敘古拉，他們停泊三日，又從
那裡繞行，來到利基翁，過了一天，起了
南風，第二天就來到部丟利。

0419　利提瑪 Rithmah
掃帚 Broom，植物 Plant

●位置不明。有些學者提出，它可能就是加低斯，或者是屬於加低斯地區中的一地。請參見加低斯 0172 條的說明。

民　33:18 以色列人從哈洗錄起行，安營在利提瑪
(出埃及後的第十五個安營處)，再前往臨
門帕烈。

0420　利百地拿 Libertines
自由人 Freedmen

●關於此一名詞有很多不同的意見。如按地名解釋，則可能是非洲的一個城或地區的名字，例如路比 Libyans，可能是位於非洲利比亞的西北部，地中海的南岸。如按其含意解釋，依照羅馬帝國的法律，其戰俘或奴隸，在被他的主人釋放後，他本人和及後代皆成為自由人，所以利百地拿會堂可能是指原散居各

地，具有自由人身份的猶大人所組織之會堂。在較新英文聖經版本中，多採用後者。

徒　6:9　當時有稱利百地拿會堂的幾個人，並有古利奈，亞力山太，基利家，亞西亞，各處會堂的幾個人，都起來和司提反辯論。

（在 NKJV，NIV，TEV 中均為 Freeman，TCV 中為自由人）

0421-1含(地)　Ham
熱 Hot

●含是挪亞之子，他有四子和二十四孫，及兩個曾孫，共計有三十個宗族和邦國，他們最初的領土，大多數是在非洲，也有些分散在阿拉伯半島和示拿地，這些地除用各族的名字之外，都可以統稱之為含族之地。

創　10:6　挪亞之子含及其後代所居之地和國族之總稱。

詩　78:51　在含的帳棚中。

詩　105:23　在含地寄居。

詩　105:27，106:22
在含地顯奇事。

0421-2含　Ham

●基多口的位置無從查考，故含族人所居之處亦不明。

代上　4:40　西緬的後代增多，他們就往平原東邊的基多口去，尋得肥美的草場地又寬闊，又平靜，從前住在那裡的是含族的人。

0422　吾珥　Ur
光 Light

●al-Muqayyar 廢墟群，位於現今巴格達城東南方約 315 公里，巴斯拉城以西約 160公里，幼發拉底河下游南岸的一片沙漠平原上，自 1854 年到 1935 年間，有多次的考古的發掘工程。這個廣大的廢墟群，是以一個宏偉的泥磚土塚為中心，占地約有 60 公頃，城區呈橢圓形，城牆約長有4公里，城內街道整齊，分有行政、商業和學校等區，外有護城河和東西兩個碼頭，是一個在主前六千年代就有人定居之處，在其間發現了很多座宏偉的廟宇、貯藏室、作坊及寬敞的居室等類，最重要的一個是以泥土磚建成的三層塔廟，長約 70 公尺，寬約 44 公尺，第一層高約 11 公尺。還有一個建成在 4000 BC 前的王陵，在它的地下墓室中，發現了大量用金銀銅和寶石等貴重材料製成的首飾和用具，顯示了極高的工藝技術和生活的水準，他們已經在泥版上書寫楔形文字，除文書之外，尚精通算術、幾何、天文和歷法等。在亞伯拉罕離開時，正是吾珥

第三王朝最盛的時期，它是迦勒底地區的首都和商業的中心，也是拜月神的中心，但在 2000 BC 前後被以攔人所毀。

創　11:28　哈蘭死在他的本地迦勒底的吾珥，在他父親他拉之先。

創　11:31　他拉帶著他兒子亞伯蘭，和他孫子哈蘭的兒子羅得，並他兒婦亞伯蘭的妻子撒萊，出了迦勒底的吾珥，要往迦南地去，他們走到哈蘭就住在那裡。

創　15:7　耶和華又對他說，我是耶和華，曾領你出了迦勒底的吾珥，為要將這地賜給你為業。

尼　9:7　你是耶和華神，曾揀選亞伯蘭，領他出迦勒底的吾珥，給他改名叫亞伯拉罕。

0423　呂大(省)　Lydda
爭鬧 Strife，劇痛 Travail

●el-Ludd [Lod] 或 Doispolis，就是今日以色列首都臺拉維夫的國際機場所在地，位於約帕南方約 18 公里，伯特利以西約 32 公里，Nahr.al-Kabir 河的南岸，地處於下伯和崙和亞雅崙谷隘口的入口處，是一交通要道，自古已有兩條大道在此相交，一條自約帕通耶路撒冷，另一條沿海大道，連接巴比倫及埃及，是一個極具有商業和軍事價的城鎮。在新約時代，是以畜牧、紡織、漂染、陶器業著稱。也是猶太人研究律法的中心之一。在十字軍時代中，是一個重要的軍事據點。

徒　9:32　彼得到了呂大，醫治好了以尼雅的癱瘓，凡住在呂大和沙崙的人都看見了，就歸服主。

※同代上 8:12 中的羅得 Lod 1169，該城為便雅憫的沙麥所建，但是卻是在但支派的地業之內。

0424　呂家(省)　Lycia
狼 Wolf

●在新約時代，是羅馬帝國的一個省，其東是旁非利亞及彼西底，北及東北是弗呂家和迦利亞 Caria，西及南方是地中海，目前是土耳其西南角海邊的一小塊山區，東西長約 160 公里，南北約 80 公里，區內地勢崎嶇，多高山及小河，最高處達 3000 公尺，有優良的海港和通內地的大道，交通便利。在谷地中土壤肥沃，生產橄欖、葡萄、木材和穀物。大城有每拉及帕大喇，前者為其省會。

徒　27:5　保羅被解押去羅馬的途中，過了基利家，旁非利亞前的海，就到了呂家的每拉。

0425　呂彼亞(地)　Libya
呂杜司之地 Lydus land，劇痛 Travailing

●位置未能確定，多數的學者認爲是在埃及的西北部，尼羅河三角洲的西方和現今之利比亞。也有人認爲是今日的衣索比亞及肯亞以東的索馬利亞，但都缺乏足夠的證據。

耶　46:9，結 30:5

先知預言埃及將在迦基米施受挫，説「就是手拿盾牌的古實人和弗人(又作呂彼亞人)，都出去吧」。

但　11:4　南北之戰中，南方王有呂彼亞人和古實人跟從他。

徒　2:10　五旬節的方言之一。

※弗 Put 0260。

※同結 30:5 中的古巴 Chub 0181。

0426　呂高尼(省) Lycaonia
狼之地 Wolf-land

●在新約時期前後，它是羅馬帝國加拉太省中部的一個地區，在其西的是彼西底，南是基利家，在東方則是加帕多家，北方是加拉太地區。是今日土耳其的中部地區，全境是一高原，平坦但水草不豐，土地亦不甚肥沃，其中部有一條主要道路，連貫了敘利亞、以弗所和羅馬，是非常重要的交通孔道，區內有路司得及特庇等大城。據基督教的記錄，在三世紀時，呂高尼建有小亞細亞境內最成熟的佈道系統。

徒　14:6　保羅及巴拉巴在以哥念被趕出，就逃往呂高尼的路司得和特庇兩城，和周圍的地方去傳道。

0427　均 Cun
召集，大聲叫喊 Called out

●有兩個可能的地方，第一個是 Ras Baalbek，位於大馬色的北方約 82 公里，哈馬口之北約 12 公里，利巴嫩谷或今日名叫貝卡山谷的中間。另一個是 Bereitan，城，位於大馬色以北約 50 公里，哈馬口之北約 27 公里，即是比羅他 0083-2。

代上 18:8　大衛擊敗了亞蘭人，從屬哈大利謝的提巴和均二城中奪取了許多的銅。

※同撒下 8:8 中的比羅他 Berothai 0083-1。

0428　宏他 Humtah
蚯蜴之地 Place of lizard

●位置不明。應是在希伯崙城附近的地區內。

書　15:54　猶大支派所得為業在山地第二組的九座城中的一座。

0429　希未(人) Hivites

●希未是含之孫，迦南的第六子，他的後裔最初似集中在迦南地的某處，但無確實之資料可考，在雅各時代，有一支是居住在示劍城，在以色列人進迦南時，有一支住在基遍、基非拉、比錄及基列耶琳等四城，另有一支住在利巴嫩山腳下，自巴力黑們直到哈馬口，在以色列人進入迦南後，因與約書亞有約，以色列人容他們存活，並未逐出原居留之地。

創　10:17，代上 1:15

希未是含之孫，迦南的第六個兒子，其後裔稱為希未人。

創　34:2　雅各的女兒底拿，在示劍城被那地的主，希未人的兒子示劍所玷辱。

創　36:2　以掃娶了三個迦南人的女子為妻，其中的一個是希未人阿何利巴瑪。(此一希未人有可能是創 14:6 中之何利人 Horites 之誤。)

出　3:8，17，13:5，23:23，28，33:2，34:11，

申　7:1，20:17，書 3:11，9:1，12:8，24:11，

士　3:5，王上 9:20，代下 8:7 等

皆是神所應許以色列人，要把其民逐出，將其地賜給以色列人為地業的迦南地原住民諸族之一。

書　9:6　基遍，基非拉，比錄，基列耶琳，四個希未人的長老，到吉甲見約書亞，欺騙約書亞與他們立約，容他們存活。

書　11:3　夏瑣王耶賓聯合迦南各地的王，一同對抗以色列人，其中有黑門山根米斯巴地的希未人。

書　11:19　迦南地諸族中，除了基遍的希未人之外，沒有一城與以色列人講和的。

士　3:3　留下來的諸族中有住利巴嫩山的希未人，從巴力黑們山直到哈馬口。

撒下 24:7　大衛王令他的元帥約押數點以色列的百姓，來到推羅的保障，並希未人和迦南人的各城。

王上 9:20，代下 8:7

至於國中所剩下不屬以色列人的亞摩利人，赫人，比利洗人，希未人，耶布斯人，就是以色列人不能滅絕的，所羅門挑取他們的後裔，作服苦的奴僕，直到今日。

0430　希尼 Sinim
荊棘 Thorns，秦國 Sinae，中國 China

●曾被早期的解經家解釋爲「中國」，故中文聖經多用「秦國」代之，但近世認爲更合理的是指當時埃及最南端的重鎮色弗尼，就是今日的 Aswan 大城，位於尼羅河第一瀑布處，已證實早在 600 BC 以前就有很多猶大人在那裡居住，現仍存有會堂的遺跡。餘請參見色弗尼 0298條之說明。

賽　49:12　先知預言耶和華將施恩至於地極，那日有從遠方來，從秦國來的(秦原文作希尼)。

※同結 29:10 中的色弗尼 Syene 0298。

0431　希弗　Hepher
　　　　坑洞 Pit，水井 Well

●T.Ifshar [T.Hefer]，位於現今 Netanya 大城之西，約帕以北約 38 公里，多珥之南約 26 公里，Wadi Skekhem 的北岸，距海約 6 公里。

　　書　　12:17 約書亞所擊殺三十一個王的城邦之一。
　　王上　4:10 是所羅門王所設立的第三個行政區，在亞魯泊有便希悉，他管理梭哥和希弗全地。

0432　希伯(地)　Eber
　　　　越過者 One who crosses over
　　　　另一面 The other side，嫩枝，狩獵 Shoot

●希伯是挪亞的第四代孫，沙拉之子，他的後裔最初所佔領地的位置不明。因為希伯是以色列人的祖先，故推測其可能的位置是迦勒底，或者是巴旦亞蘭等地。

　　創　　10:21，10:24，11:14，代上 1:18，路 3:35
　　　　　　閃的第四代孫，亞法撒的孫子，沙拉之子希伯所居之地及族名。
　　民　　24:24 巴蘭的詩歌云，必有人乘船從基提而來，苦害亞述，苦害希伯。

0433　希拿(國)　Hena
　　　　煩惱 Troubling

●Anat 沙洲，位於今日巴格達西北約 270 公里，尼尼微城之南約 240 公里，幼發拉底河的中間。

　　王下　18:34，19:13，賽 37:13
　　　　　　亞述帝國所征服的一個城邦，因其神未能救其脫離亞述之手，故亞述王西拿基立用之以威脅希西家王，欲屈使之不戰而降。

0434　希烈山　Heres
　　　　太陽之山 Mountain of the Sun

●T.er-Rumeileh [T.Bet-Shemesh]，即是伯示麥城，位於現今 Bet-Shemesh 大城之西，耶路撒冷西方約 24 公里，希伯崙西北約 27 公里，梭烈谷的中段處，隔河與瑣拉相對，因為它控制了梭烈谷這一條由沿海平原通往耶路撒冷等城，和猶大山區的重要通道，故具有很高的軍事價值。該地據 1911 至 1933 年間考古所得，計有六個層面。餘請見伯示麥 0344 -1 條的說明。

　　士　　1:35 亞摩利人卻執意住在希烈山和亞雅倫，並沙賓，然而約瑟家勝了他們，使他們成了服苦的人。
　　※同書 21:16 中的伯示麥 Beth-shemesh 0344-1，後來歸與利未支派亞倫的後裔為業。
　　※同書 19:41 中的伊珥示麥 Ir-shemesh 0237，是但支派所分得之一城。

0435　希崙　Hilen
　　　　多穴之地 Place of caves

●Kh.Alin，位於希伯崙西北約 15 公里，伯利恆西南約 17 公里。

　　代上　6:58 利未支派亞倫子孫所得之一城及其郊野。
　　※同書 21:15 中之何崙 Holon 0394。
　　※同書 15:51 中之何倫 Holon 0390-1，該城原屬猶大支派，後則歸亞倫所有。

0436　希臘(地)　Greece
　　　　起泡 Effervescing，不穩定 Unstable
　　　　卑賤的人 The miry one

●一、希臘本土：包括馬其頓、伊比魯、亞該亞和帕羅奔尼撒等四個地區，原係許多獨立的城邦所組成的聯合國家，其中以雅典、斯巴達、哥林多等最著名，人民善於航海和經商，並長於殖民，其殖民地遍及地中海的沿岸和島嶼。

二、希臘帝國：在 334 BC，馬其頓的亞歷山大大帝在四年內就席捲了歐亞非三大洲，佔領了波斯帝國所有的領土，而且更進佔巴勒斯坦和埃及，但在亞歷山大去世後，國土分裂成三部份。最大的是西流基王朝，領土東起自印度河，西到地中海的東岸。第二是馬其頓王朝，佔領希臘本土和小亞細亞。第三是多利買王朝佔據了埃及、敘利亞和巴勒斯坦，直到主前六十三年被羅馬帝國所滅。

三、希臘文化：希臘文化是大家所熟悉的，就不在此多作說明。重要的是亞歷山大和他的後繼者，包括羅馬帝國在內，於往後的三百多年間，在其領土上大力的推廣希臘文化，傳出其語文、政治、哲學、建築、藝術、宗教和風尚等等，就以新建的希臘化的城市來說，就有一百多個，其中又以巴基斯坦一地為最多，又由於他們非常注意開發商業和商路，使得人民容易自由往來和雜居，這樣一來，因為語言的統一和交通方便，使得日後福音傳播得快速而容易，但是在另一方面，希臘、羅馬、中東和埃及的多神宗教，也在區內融合發展，成了基督教主要的障礙和傳福音的對象。

四、希臘文：在希臘帝國之統治下，希臘文就成了帝國官方的文字，因希臘文文體典雅精密，可以準確的表達複雜的觀念和思想，所以很容易的在兩三百年間，深入民間，成為一種通用的語言。在希臘帝國時代，曾有許多的猶太人被逼移民到新建的希臘化的城市中去，他們的後代受到希臘文明的影響很深，很多人都不懂希伯來文，也不了解猶太的信仰和歷史，住在埃及亞歷山太城的猶太人領袖很憂心這種不良的發展，就請求耶路撒冷的幫助，耶路撒冷派了七十二位學者到亞歷山太，把全部的舊約聖經譯成了希臘文，這個譯本就是七十士譯本，在帝國的各地被採用，日

後的新約也是以希臘文寫成，所以希臘文對福音的傳播占有極重要地位。

但	8:21	但以理在異象中，所見到的那公羊就是希臘。(希臘原文作雅完)。
但	10:20	現在我要回去與波斯的魔君爭戰，我去後希臘(即雅完)的魔君必來.
但	11:2	波斯的第四王因富足成為強盛，就必激動大眾攻擊希臘。
珥	3:6	先知責備推羅說，西頓和非利士人，將猶大人，耶路撒冷人，賣給希臘。
亞	9:13	我拿猶大作上弦的弓，以法蓮為張弓的箭，錫安哪，我要激發你的眾子攻擊希臘(即雅完)。
徒	20:2	保羅從馬其頓到希臘，在希臘住了三個月，再回馬其頓。

0437　希蘭　Helam
堡壘　Fortress

●Alma，位於基列的拉末東北約 30 公里，以得來東北約 19 公里，浩蘭地區內，是一處相當寬廣的高原。但也有學者認為是在大馬色與哈馬之間。

| 撒下 | 10:16 | 大衛王在此大敗以哈大底謝王為首的亞蘭諸王。 |

0438　希列斯　Heres
太陽　Sun

●位置不明，應該是約但河東的某一處險坡或隘道。

| 士 | 8:13 | 基甸在加各殺敗了米甸人後，由希列斯坡從陣上回來。 |

0439　希伯來(人)　Hebrew
屬於希伯的 Belonging to Eber
渡過來者(渡過大河，或約但河)
Who crossed over，A passer over

●有下列三種不同的意義：

一、指閃的後裔，希伯的子孫，特別指亞伯拉罕及其後代，包括以色列人和猶大人。

二、此名含有是「渡河而來的人」的意思，也就是原住民對外來者的稱呼，當約書亞和以色列人進迦南時，當地的諸王向埃及求救的信上，是說 Habiru 人入侵，哈比魯人很可能就是指希伯來人。

三、在新約時代時，用希伯來人稱猶太人之能操希伯來或亞蘭語者，而與操希臘語之猶太人有別，前者係出生和居住在巴勒斯坦的猶太人，後者則是出生在巴勒斯坦以外的地區，就被稱為說希利尼話的猶太人。

創	14:13	亞伯蘭被稱作希伯來人。
創	39:14，40:12，41:12，	
		約瑟被賣到埃及，被稱為希伯來人。
創	43:32	因為埃及人不可和希伯來人一同吃飯，那

原是埃及人所厭惡的。

出	1:15	埃及王命令希伯來的收生婆，要將希伯來的男嬰殺死，只留女嬰。
出	2:6	法老王的女兒在河邊收容一個希伯來的男嬰，並起名叫摩西。
出	2:11	以色列人在埃及被稱為希伯來人。
出	3:18，5:3，7:16，9:1	
		耶和華希伯來人的神。
出	21:12，申15:12，耶 34:14	
		你若買希伯來人作奴僕，他必服事你六年，第七年他可以自由，白白的出去。
撒上	4:6，9，13:3，7，19，14:21，29:3	
		在掃羅的時代，以色列人和非利士人都稱以色列人為希伯來人。
耶	34:9	猶大王西底家與耶路撒冷的眾民立約，叫各人任他希伯來的僕人和婢女自由出去，誰也不可使他的一個猶大弟兄作奴僕。
拿	1:9	約拿自稱是希伯來人，敬畏耶和華，那創造滄海旱地之天上的神。
林後	11:22	保羅稱他是希伯來人，也是以色列人。
腓	3:5	保羅說他是希伯來人所生的希伯來人。

0440　希伯崙　Hebron
同盟 Confederation，友誼 Friendship
聯合 Association

●el-Khalil [Hevron]，位於耶路撒冷及別是巴的中間，各距約 30 及 41 公里，海拔高 927 公尺，是巴勒斯坦最高的城市，現仍名希伯崙，是一個有五千年以上歷史的古城，希伯崙地區有很多水泉和水井，水源充沛，而且其地土壤肥沃，農牧皆宜，今日則盛產各種的水果、核果和各種蔬菜，其居民多為阿拉伯人。因地處兩個山脊之間，而成為一個重要的交通孔道，在很早以前就已經是一個軍事和宗教的重地，曾是大衛王的京城，日後的以土買人也以此作為首都，現在也是回教的四大聖城之一。城中最古老的部份是東邊的 Gebel er- Rumeidi 地區，由於新城建在古城之上，使得考古的工作不易進行，只能在山邊作些局部的發掘，發現了人類主前三千前在此活動的證據，1926 年考古學家發現有亞伯拉罕時代的陶器，有兩道古牆的遺跡，厚達9公尺，高僅3至5公尺，南牆有 65 公尺長，西牆有 50 公尺長，另有水池等很多的遺物。照民 13:22 所記，其建城的時間可能是在 2600 BC 前後，但其真實性皆有待查證。幔利在其北約三公里，是屬城之一部份。在城的中心，有一座名叫 Mohammendan 的回教寺，相傳即是麥比拉洞，是埋葬亞伯拉罕一家人的墳墓所在之處。

| 創 | 13:18 | 亞伯蘭與羅得分開後，就漸遷到希伯崙幔利的橡樹那裡居住，在那裡為耶和華築了一座壇。 |

創	23:2 撒拉死在迦南地的基列亞巴，就是希伯崙。
創	23:19 亞伯拉罕把他妻子埋葬在迦南地慢利前的麥比拉田間的洞裡，慢利就是希伯崙。
創	35:27 雅各從巴旦亞蘭回來，來到他父親以撒那裡，到了基列亞巴的慢利，基列亞巴就是希伯崙。
創	37:14 雅各打發約瑟出希伯崙谷，他就往示劍看他的哥哥們去了。
民	13:22 探子們從南地上去，到了希伯崙，在那裡有亞衲族人，原來希伯崙城被建造比埃及的鎖安早七年。
書	10:5 以耶路撒冷王為首，其中包括希伯崙王何咸在內的五個亞摩利人城邦，聯合起來攻打基遍的希未人，但被約書亞的援兵所擊敗。
書	10:36 約書亞和以色列眾人，從伊磯倫上希伯崙去，攻打這城，就奪了希伯崙和屬希伯崙的諸城邑。
書	11:21 當時約書亞來到，將住山地，希伯崙，底壁，亞拿伯，猶大山地，以色列山地所有的亞衲族人剪除了。
書	12:10 約書亞在約但河西所擊殺的三十一個王之一。
書	14:13，15:13 約書亞將希伯崙給了基尼洗族，耶孚尼的兒子迦勒為業。
書	14:15，15:13 希伯崙從前名叫基列亞巴，亞巴是亞衲族中最尊大的人，也是亞衲人的始祖。
書	15:14，士 1:10，20 迦勒就從那裡趕出亞衲族的三個族長，又從那裡上去攻擊底壁。
書	20:7，21:13，代上 6:55 以色列人在猶大山地，分定希伯崙為逃城，並給了利未支派的哥轄族，亞倫的子孫為業。
士	1:10 猶大人去攻擊住希伯崙的迦南人，殺了他們的領袖，將城給了迦勒。
士	16:1 參孫到了迦薩，在那裡與一個妓女親近，他半夜起來，將迦薩城門的門扇，門框，門閂，一齊拆下來，扛在肩上，扛到希伯崙前的山頂下。
撒上	30:31 大衛將奪自亞瑪力人之掠物為禮物，送給住希伯崙城的人，並大衛素來所到之處的人。
撒下	2:1，代上 11:1 掃羅死後，耶和華命大衛上希伯崙，猶大人來到希伯崙，在那裡膏大衛作猶大家的王。
撒下	3:2，代上 3:1 大衛在希伯崙生了六個兒子。
撒下	3:20 掃羅家的押尼珥帶了二十個人，來到希伯

崙見大衛，說要招聚以色列人來與大衛立約，但後被約押刺死在希伯崙所刺死。大衛王為他舉哀，將他葬在希伯崙。

撒下	4:8 掃羅的兒子伊施波設，被他的兩個軍長所刺死，又把他的首級拿到希伯崙見大衛王，但大衛王將兩人殺了，掛在希伯崙的池旁，又將伊施波設的首級葬在希伯崙押尼珥的墳裡。
撒下	5:1，代上 11:3 以色列的長老都來到希伯崙，大衛在耶和華面前與他們立約，他們就膏大衛作以色列的王。大衛在希伯崙作猶大王七年六個月。
撒下	15:7 押沙龍叛變，在希伯崙自立為王。
王上	2:11，代上 3:1，29:37 大衛作以色列王四十年，在希伯崙作王七年，在耶路撒冷作王三十三年。
代上	11:1 以色列眾人到希伯崙，與大衛立約，膏大衛作以色列的王，是照耶和華藉撒母耳所說的話。
代上	12:23 大衛的戰士聚集在希伯崙，組成軍隊，要照耶和華的話，將掃羅的國位歸與大衛。
代下	11:10 猶大王羅波安為保障，修築希伯崙等十五個城為堅固城。

※基列亞巴 Kiriath-arba 0952。
※慢利 Mamre 1062。

0441　希利弗 Heleph
交換 Exchange

●Kh.Irbada [H.Arpad]，位於耶斯列的東北方約 19 公里，基尼烈城西南約 20 公里，他泊山的東北方。

　　書　19:33 拿弗他利支派所得為業，位於南方之一城。

0442　希利尼 Greek
不穩定 Unstable，卑賤的人 The Miry one
希臘人 Hellenist

●希利尼有下列三種不同的意義：

一、希利尼：新約時代的希利尼，就是希臘，其版圖略與今日的希臘相同，除希臘半島外，並包括小亞細亞西岸沿海及愛琴海邊的一些島嶼。

二、希利尼話：就是當時的希臘話，新約時代散居在近東各地的猶太人，都是使用希臘文。請參看希臘 0436 條中的說明。

三、希利尼人：狹義的希利尼人原是指出生在希臘北邊，帖撒羅尼迦地區的一小支民族，後來則是指凡是住在希臘本土，其海島、藩屬和殖民地之人民。廣義的希利尼人，也是新約時代猶太人口裡的希利尼人，則是泛指當時受希臘文化影響下，採希臘方式生活的所有外邦人，但是並不包括說希臘話的猶太人。反

之，凡未受希臘文化影響的猶太人，才是希伯來人。

可	7:26	當下有一個婦人，是希利尼人，屬敘利非尼基族，他求耶穌趕出他女兒身上的鬼。
約	7:35	猶太人就彼此對問說，這人要往那裡去，叫我們找不著呢，難道他要往散住希利尼中的猶太人那裡去教訓希利尼人麼。
約	12:20	那時上來過節禮拜的人中，有幾個希利尼人，要見耶穌。
約	19:20	彼拉多又用牌子寫了一個名號，安在十字架上，寫的是猶太人的王，拿撒勒人耶穌，並且是用希伯來，羅馬，希利尼，三樣文字寫的。
徒	9:29	於是掃羅在耶路撒冷和門徒出入來往，奉主的名，放膽傳道，並與說希利尼話的猶太人，講論辯駁，他們卻想法子要殺他。
徒	11:20	他們到了安提阿，也向希利尼人(或是說希利尼話的猶太人)傳講主耶穌。
徒	14:1	保羅等二人在以哥念，講的叫猶太人和希利尼人，信的很多。
徒	16:1	提摩太是信主婦人的兒子，他的父親卻是希利尼人。
徒	17:4	在帖撒羅尼迦，有些人聽了勸，就附從保羅和西拉，並有許多虔敬的希利尼人。
徒	18:4	保羅在雅典勸化猶太人和希利尼人。
徒	19:10，20:21	保羅在以弗所兩年，叫一切住在亞西亞的，無論是猶太人，是希利尼人，都聽見主的道。
徒	21:28	從亞西亞來的猶太人聳動眾人捉拿保羅，說他又帶著希利尼人進殿，污穢了這聖地。
羅	1:14	保羅說，無論是希利尼人，化外人，聰明人，愚拙人，我都欠他們的債，所以情願盡我的力量，將福音也傳給你們在羅馬的人，我不以福音為恥，這福音本是神的大能，要救一切相信的，先是猶太人，後是希利尼人。
羅	2:9	將患難，困苦，加給一切作惡的，先是猶太人，後是希利尼人，卻將榮耀，尊貴，平安，加給一切行善的人，先是猶太人，後是希利尼人，因為神不偏待人。
羅	3:9	因為我們已經證明，猶太人和希利尼人都在罪惡之下。
羅	10:12	猶太人和希利尼人，並沒有分別，因為眾人同有一位主，他也厚待一切求告他的人。
林前	1:22	猶太人是要神蹟，希利尼人是求智慧，我們卻是傳釘十架的耶穌。
林前	10:32	不拘是猶太人，是希利尼人，是神的教會，你們都不要使他跌倒。
林前	12:13	我們不拘是猶太人，是希利尼人，都從一位聖靈受洗，成了一個身體，飲於一位聖靈。
加	2:3	與保羅，巴拿巴同上耶路撒冷的提多，是希利尼人。
加	3:28	並不分猶太人，希利尼人，因為你們在基督耶穌裡，都成為一了。
西	3:11	在此並不分希利尼人，猶太人，化外人，西古提人，惟有基督是包括一切的，又住在各人之內。

0443　希特倫 Hethlon
躲藏之處 Hiding place

●Heitela，位於大馬色西北約 123 公里，迦巴勒東北約 70 公里，距海約 15 公里。

結	47:15，48:1	以西結所預言以色列及但支派的北界，是從大海往希特倫直到西達達往哈馬口。

0444　希斯崙 Hezron
被(牆或籬笆等)圍住 Enclosed

●Ain Qudeis 綠洲，位於別是巴的西南南方約 80 公里，迦薩之南約 102 公里，加低斯東南約 9 公里。也可能是 Kh.el-Qudeirat 綠洲，位於別是巴西南南方 76 公里，迦薩之南 95 公里。

書	15:3	猶大支派所得地業南界上之一城。

※同書 15:3 中之亞達珥 Adar 0554。
※與民 34:4 中的哈薩亞達 Hazar-addar 0727 為同一地。

0445　希實本 Heshbon
策略，精巧的裝置 Device，理由 Reason
計算 Reckoning，Account

● Hesban，位於拉巴南南方約 20 公里，底本之北約 34 公里，約但河流入死海的河口的東北東方約 24 公里，是附近幾條小河的發源地。該城原係摩押人在主前 1600 年以前所建，君王大道通過此城，所以具有軍事和商業上的重要性。1968 年起開始發掘，遺址上多為羅馬式的建築，最古老者是一個可容蓄水 265 噸，以大石塊所建的儲水池，和引水渠道等之遺跡。

民	21:25	以色列人從西宏手中奪得亞摩利人的一切城邑，就是他的京城希實本等城，是西宏與摩押的先王爭戰，從他手中奪取了摩押人的全地，直到亞嫩河。
民	32:3，32:37，書 13:10，13:17，21:39	是迦得和流便兩個支派向摩西所索取在雅謝地的九個城之一，後來給了流便，流便建成堅城，最後則歸給利未支派的米利拉族為業。
申	1:4，2:24，29:7，尼 9:22	摩西擊殺了住希實本的亞摩利王西宏，得了他的地。

書　12:2　以色列人在約但河外擊殺了二王，有住在
　　　　　希實本亞摩利人的王西宏，他所管之地，
　　　　　就是從亞嫩谷邊的亞羅珥和谷中的城，並
　　　　　基列的一半，直到亞捫人的境界，雅博
　　　　　河，與約但河東邊的亞拉巴，直到基尼烈
　　　　　海，又到亞拉巴的海，就是鹽海，通伯耶
　　　　　西末的路，以及南方，直到毘斯迦的山
　　　　　根。

書　13:26　迦得支派的境界是……從希實本到拉林米
　　　　　斯巴，和比多寧……

士　11:26　士師耶弗他回覆亞捫王說，希實本等地乃
　　　　　是以色列人自亞摩利人手中取得，而且
　　　　　已經住了有三百年。

代上　6:80　利未支派的米拉利族從迦得支派的地業
　　　　　中，得了基列的拉末，瑪哈念，希實本和
　　　　　雅謝等城及其郊野為業。

歌　7:4　你的眼目像希實本巴特拉併門旁的水池。

賽　15:4，16:8
　　　　　論摩押的默示「希實本和以利亞利悲哀的
　　　　　聲音達到雅雜，……希實本的田地和葡
　　　　　萄都衰殘了」。

耶　48:2，34，45
　　　　　論摩押說，「有人在希實本設計謀害他
　　　　　說，來吧，我們將他剪除，……希實本發
　　　　　的哀聲達到以利亞利，……躲避的人，無
　　　　　力的站在希實本的影下，因為有火從希實
　　　　　本發出，有火燄出於西宏的城，燒盡摩押
　　　　　的角，和鬨嚷人的頭頂」。

耶　49:3　論亞捫說，「希實本哪，你要哀號，因為
　　　　　愛地變為荒場」。

0446　希拉波立 Hierapolis
聖城 Sacred city.dir

●Pamukkale 廢墟，位於現今土耳其的西南部，
R.Maeander 河的上流，與其支流 R. Lycus 交會的肥沃
谷地之中，西距以弗所約 160 公里，東距安提阿約 200
公里，歌羅西在其東南南方約 34 公里，老底嘉在其西
南南方約 18 公里，是一個非常重要東西向的交通孔
道，該城以染織致富，在新約時代已日漸沒落，這古
老的城鎮是座落在平原的台地上，區內有許多溫泉，
具有非常出名治療疾病的效果，又有含鉓的毒氣自地
窟中冒出，形成獨特的景觀，增加了當地的神祕性，
而成為拜偶神的中心，該城是一個典型的希臘化城
市，尚存有兩座戲院、大沐浴場、體育場等的廢墟
等。

西　4:13　保羅告訴老底嘉並希拉波立的弟兄，以巴
　　　　　弗為他們多多的勞苦，他在禱告之間，常
　　　　　為你們竭力的祈求，願你們在神一切的旨
　　　　　意上，得以完全，信心充足能站立得穩。

0447　希底結(河) Hiddekel
箭 Arrow，急流 Arrowy stream
快速 Rapid，光隙 Riddle of lightness

●按傳統的說法即是今日伊拉克境內之底格里斯河
Tigris，這可從一些英文聖經的譯文中看出來，如 NIV
和 TEV 都譯成 Tigris，即是底格里斯河。現代中文譯
本也是譯成底格里斯河。它發源於土耳其東部凡湖東
南及西南兩側的烏拉圖山區，它主要的支流有大札
布，小札布及 Diyala 等，皆是從東北側注入。幼發拉
底河在其西，兩河流約為平行，均是自西北向東南
流，兩河之間之地就是兩河流域。兩河流域長約 700
公里，但是底格里斯河迂迴彎曲，長度就約有 1700 公
里，最早的時候是直接流入波斯灣，由於長期的淤
積，現今是在 Qurnah 城與幼發拉底河匯合後流入波斯
灣。每年五月間水漲，水位比九月時高出3公尺，極有
利於農作，是人類文明最早的發源地之一，沿河的古
城有尼尼微、迦拉、亞述、Sippar、Nippur、Larsa
等。

創　2:14　有河從伊甸流出來滋潤那園子，從那裡分
　　　　　為四道，第三道河名叫希底結，流在亞述
　　　　　的東邊。

但　10:4　但以理在希底結大河邊，看見大異象。

0448　希曷立納(河) Shihor-libnath
黑與白 Black-white

●Wadi Zerqa，是一個常年有水的小河流，發源自迦密
山的西麓，向西流入地中海，出口處在多珥城南方不
遠處，全長約25 公里，河中因自今仍有鱷魚，故亦稱
為鱷魚河。

書　19:26　亞設支派地業的南界是，往西達到迦密，
　　　　　又到希曷立納，轉向日出之地到伯大袞。

0449　希利甲哈素林 Helkath-hazzurim
劍場 Field of sword
陰謀者之地 Field of Plotters
埋伏 To lie in wait

●是基遍城內基遍池旁的一片廣場，但確實位置不
詳。

撒下　2:16　大衛和伊施波設的勇士在基遍池旁鬥毆，
　　　　　戰事凶猛，大衛的人少了十九人，但是
　　　　　殺了三百六十個押尼珥的人，所以那地方
　　　　　叫作希利甲哈素林，就在基遍。

※基遍 Gibeon 0919-1。

0450　庇哩亞 Berea
有溪流的 Watered

●Verria 小城，位於帖撒羅尼迦城之西約 72 公里，
Mt.Bermius 的山麓，馬其頓的西南方，是一個建於主

前四世紀的古城，現今人口約有一萬五千餘，在保羅的時代，人口稠密，有很多猶太人在此居住，因地處交通要道，是當時馬其頓的重鎮。

徒　17:10　保羅和西拉從帖撒羅尼迦逃到庇哩亞，就在庇哩亞的猶太會堂傳道，這地方的人賢於帖撒羅尼迦的人，甘心領受這道。

徒　20:4　同保羅到亞西亞去的，有庇哩亞人所巴特等四人。

0451　庇推尼(省) Bithynia
激流 Violent rushing

●是當時羅馬帝國小亞細亞西北的一省，位於黑海的西南岸，隔 Propontis 海峽與歐洲為鄰，西南接每西亞省，南鄰弗呂家省及加拉太省，東鄰本都，是一山區之地，森林茂密，土地肥沃，而且是歐亞兩洲陸上交通的要道，自古就是軍家必爭之地。

徒　16:7　保羅到了每西亞的邊界，想要到庇推尼去，耶穌的靈卻不許，他們就越過每西亞，下到特羅亞去。

彼　1:1　彼得寫信給庇推尼等地的信徒。

0452　庇耳拉海萊 Beer-lahai-roi
我永活神看顧者的井
The well of the living One who sees me

●可能是現今的 Ain Muweileh，在加低斯西北方約 19 公里處。

創　16:14　撒萊苦待夏甲，夏甲就從撒萊面前逃走，耶和華的使者在曠野書珥路上的水泉遇見他，給他祝福，夏甲就稱那對他說話的耶和華為看顧人的神，因而說，在這裡我也看見那看顧我的，所以這井名叫庇耳拉海萊，這井正在加低斯和巴列中間。

創　24:62，25:11　以撒在靠近庇耳拉海萊的地方居住。

0453　杜拉 Dura
巡迴 Circuit，城牆 Wall. 高台

●位置不明。可能是在巴比倫大城的附近的一個平原，因為在巴比倫省內有幾處地方都叫做杜拉，也有一條河名叫 Tulul Duru。

但　3:1　尼布甲尼撒王造了一個金像，立在巴比倫省杜拉平原，又令各方，各族，各國的人民俯拜。

0454　每拉 Myra
桃金孃果汁 Myrtle juice，哭泣 Weeping

●是當時羅馬帝國呂家省的省會，位於南方的尖端，距海岸約 3 公里，是一優良的港灣，現今是仍名叫 Myra 或 Dembre 的一個小鎮，埃及的亞力山太港正在其南方，是從羅馬通往敘利亞和埃及的船隻必經之地，而且港口很適合船隻避風，內陸的交通也很便利，現在仍存有古代戲院及墳墓的遺址。

徒　27:5　保羅被解押去羅馬，乘船經西頓，呂家的每拉，再去佳澳。

0455　每西亞(省) Mysia
山毛櫸之地 Beech-land
很多 Very much，憎惡 Abomination

●在新約時代，是羅馬帝國亞西亞內的一個省，北濱 Sea of Marnara，即當日的 Pro- pon-tis sea，南接呂底亞，東連弗呂家，東北接庇推尼，隔著 Hellespont 海峽與歐洲相對。省內有大城特羅亞、亞朔、亞大米田。

徒　16:7　到了每西亞的邊界，他們想要往庇推尼去，耶穌的靈卻不許，他們就越過每西亞，下到特羅亞去。

0456　沙本(人) Shaalbonite
狐狸洞 Fox-holes
他注視著心 He regarded the hearts

●可能是出生在沙賓或沙拉賓地方的人，沙賓城則是 Selbit [T.Shaalevim]，位於伯特利之西南約 24 公里，基遍之西約 18 公里。

※撒下23:32大衛的勇士約拿單，及代上 11:33 中的以利雅哈巴都是沙本人。

※同士 1:35 中之沙賓 Shaalbin 0464，但支派並未能自亞摩利人手中取得該城。

※同書 19:42 中之沙拉賓 Shaalahin 0467，係原分給但支派為業之一城。

0457　沙列(地) Sheleph
使出現 Drawing forth
教化，耕作 to cultivate

●沙列是閃的第五代孫，約坍的次子，他最初領土的位置可能是在今日葉門的 Salipeni城和附近的地區，城在示巴和哈薩瑪非之間。也可能是 Sulaf。

創　10:26，代上 1:20　閃的第五代孫，約坍次子沙列及其子孫所居之地區及族名。

0458　沙拉(地) Salah
發芽 Sprout，兵器 Warpon

●沙拉是閃之孫，亞法撒之子，他後裔發源地的位置不明。

創　10:24，代上 1:18　閃之孫，亞法撒之子沙拉及其子孫所居的地區及族名。

0459-1沙密 Shamir
荊棘 Thorn，鑽石 Daimond
頑固 Adamant

●el-Bireh，位於希伯崙西南西方約 20 公里，別是巴之北約 22 公里。

書　15:48　猶大支派所得為業在山地第一組的十一座城中的一座。

0459-2沙密　Shamir

●位置不明，很可能即是日後的撒瑪利亞城的撒瑪山，撒瑪山位於示劍的西北方約 11公里，米吉多之南約 34 公里。

士　10:1　以薩迦人陀拉作以色列人的士師二十三年，他住在以法蓮山地的沙密，他死後也是葬在沙密。

0460-1沙崙(地) Sharon
平地 Level ground，公正 Rectitude

●沙崙平原北起自迦密山西南麓，直延到雅孔河一條窄長的沿海平原地區，南方與非利士平原為鄰，東鄰迦密山，撒瑪利亞和以法蓮山地。平原全長約 75 公里，北部的30公里，即是該撒利亞以北的地區，寬僅3～4公里，此段之地又稱為多珥平原，有學者將此一部份歸入亞柯平原之南段。南部則較寬，約有 14 至 16 公里，高度在 60 至 90 公尺之間，可說是沙崙平原的主體，沿海多沙丘和沼澤，海岸平直，沒有良好的港灣，地屬紅色砂土，區內有除有四條溪流之外，地下水也很豐富，由於水源充沛，土質肥沃，所以宜種植五穀、水果及花木，古時林木茂密，今日則盛產品質優良的柑橘，並曾經一度大量的輸出到有柑橘王國的美國，足以證明其品質之優良。古時居民不多，只因有沿海通商幹道經過此間，故甚具有軍事上之重要性。區內重要的城市有多珥、希弗和該撒利亞等。

歌　2:1　我是沙崙的玫瑰花，是谷中的百合花。

賽　33:9　先知預言猶大國之將荒蕪說，沙崙像曠野，巴珊和迦密的樹林凋殘。

賽　35:2　先知預言遭難之後必獲歡欣說，迦密與沙崙的華美，必賜給他人。

賽　65:10　先知預言異邦歸主說，沙崙平原必成為羊群的圈。

徒　9:35　彼得在呂大醫好一個癱瘓了八年的人，凡住呂大和沙崙的人都看見了他，就歸服主。

0460-2沙崙(地)　Sharon

●位於約但河之東，但其位置未能確定，可能是在巴珊及基列之間，也可能是在希實本與亞嫩河之間，亦

有人認為是西連山 Sirion 之誤，也就是黑門山，這些都是良好的牧場。

代上 5:16　迦得的後裔住在巴珊地，延到撒迦……，部份住在基列，巴珊，並沙崙的郊野，直到四圍的交界。

代上 27:29　為大衛王掌管沙崙牧放牛群的，是沙崙人施提賚。

0461　沙琳(地)　Shalim
狐狸 Foxes

●有幾個可能之處，一個是但支派沙賓城附近的地區，沙賓城是 Selbit [T.Shaalevim]，位於伯特利西南約 24 公里，瑣拉之北約 11 公里，基遍以西約 18 公里。另一處是在密林之北，俄弗拉南邊的書亞地 Shual。

撒上 9:4　掃羅奉父命去找走失的幾頭驢，掃羅就走過以法蓮山地，又過沙利沙地，都沒有找著，又過沙琳地，驢也不在那裡。

0462-1沙斐(山)　Shepher
牧羊人 Shepherd，光明 Brightness

●位置不明，無從查考。

民　33:23　以色列人從基希拉他起行，安營在沙斐山（出埃及後的第二十個安營處），再前往哈拉大。

0462-2沙斐　Shaphir
美麗 Beautiful，歡悅 Pleasant

●位置不明。可能是 Kh.el-Kom，位於希伯崙之西，旱溝 Wadi es-Saffar 的谷中。

迦　1:11　沙斐的居民哪，你們要赤身蒙羞過去。

0463　沙微(谷)　Shaveh
平原 Plain，山谷 Dale

●是一處較為寬廣的谷地，大約的位置是在耶路撒冷東方汲淪溪上游，該處有一支名叫押沙龍的石柱，相傳是大衛王之子押沙龍所立。

創　14:17　亞伯蘭殺敗基大老瑪和與他同盟的北方三王，從大馬色回來的時候，所多瑪王出來在沙微谷迎接他，沙微谷就是王谷。

※王谷 King's Valley 0022。

0464　沙賓　Shaalbim
狐狸 Foxes，狐狸之地 Place of foxes

●Selbit [T.Shaalevim]，位於伯特利西南約 24 公里，瑣拉之北約 11 公里，基遍以西約 18 公里。

士　1:35　亞摩利人強逼但人住在山地，不容他們下到平原，亞摩利人執意住在沙賓等城，然而約瑟家勝了他們，使他們成了服苦的

人。

王上 4:9　所羅門王的第二行政區中之一城。

※同書 19:42 中的沙拉賓 Shaalahin 0467，是原分給但
　　支派為業的一城。

※同撒下 23:32 中的沙本 Shaalbonite 0456。

0465　沙利沙(地) Shalisha
三角形 Triangular
第三名之地 The land of the third

●是以沙利沙城為中心的一個地區，沙利沙城即今日
的 Kefr Thilth，位於加拿河南岸，示劍城西南約 22 公
里，示羅西北西約 24 公里。是一個土地甚為肥沃之
處。

撒上 9:4　掃羅奉父命去找走失的幾頭驢，掃羅就走
　　　　　過以法蓮山地，又過沙利沙地，都沒有找
　　　　　著，又過沙琳地，驢也不在那裡，又過便
　　　　　雅憫地，還是沒有找著。

※同王下 4:42 中的巴力沙利沙 Baal-shalisha 0058。

0466-1 沙拉音 Shaaraim
兩座門 Two gates

●位置不明。可能是 Kh.esh-Sharia，位於梭哥西北約
3.5 公里，伯示麥之南約 4 公里。(但照撒上十七章所
述，該城應在梭哥及立拿之間，以拉谷中某處，故上
述之位置似並不正確。)

書　15:36　猶大支派所得為業，高原第一組的十四座
　　　　　城中的一座。

撒上 17:52　非利士人聚集在梭哥，安營在以拉谷內，
　　　　　猶大人也在以拉谷內安營，(可能是在非
　　　　　利士人的東方較高之處)，大衛擊殺巨人
　　　　　歌利亞之後，非利士人往回(向西)逃跑，
　　　　　被殺的非利士人倒在沙拉音的路上，直到
　　　　　迦特和以革倫。

0466-2 沙拉音 Shaaraim

●T.Farah [T.Sharuhen]，是一個高約 45 公尺的廢墟土
堆，位於別是巴之西約 35 公里，迦薩以南約 23 公
里，比梭溪 Brook Besor 的西側。餘請參見沙魯險
0468 條之說明。

代上 4:28　西緬人住在別是巴，沙拉音等城邑，直到
　　　　　大衛作王的時候，都屬西緬人所有。

※同書 15:32 中之實忻 Shilhim 1063，係猶大支派所得
　　之一城。

※同書 19:6 中的沙魯險 Sharuhen 0468，係西緬自猶大
　　支派所取得之一城。

0467　沙拉賓 Shaalabbin
胡狼 Jackals，手工 Handskill

●Selbit [T.Shaalevim]，位於伯特利西南約 24 公里，瑣

拉之北約 11 公里，基遍以西約 18 公里。

書　19:42　但支派所得為業之一城鎮。

※同士 1:35 中之沙賓 Shaalbin 0464，但支派並未能自
　　亞摩利人手中取得該城。

※同撒下 23:32 中之沙本(人)Shaalbonite 0456。

0468　沙魯險 Sharuhen
快樂的居所 Abode of pleasure

●T.Farah [T.Sharuhen]，是一個高約 45 公尺的廢墟土
堆，位於別是巴之西約 35 公里，迦薩以南約 23 公
里，比梭溪 Brook Besor 的西側。在 1928 年發掘，發
現了大量喜克索斯人在被逐出埃及時的遺物，又根據
埃及的文獻記載，埃及王阿摩色斯一世在 1750 BC左
右，追趕喜克索人到迦南地，經過三年的圍攻，才佔
領了沙魯險。

書　19:6　西緬支派自猶大地業中所分得之一城。

※同代上 4:31 中之沙拉音 Shaaraim 0466-2，係西緬支
　　派所居住之一城。

※同書 15:32 中之實忻 Shilhim 1063，係猶大支派所得
　　之一城。

0469　沙哈洗瑪 Shahazimah
兩處高地 Two high places，自大的 Proudly

●位置不能確定。可能是 T.el Kerm，位於他泊山之
東，約但河之西。也可能是 T.el -Mekarkash。

書　19:22 以薩迦支派在其邊境上所得之一城。

0470　沙微基列亭 Shaveh-kiriathaim
基列亭之平原 Plain of Kiriathaim
雙城平原 Plain of double city

●即是基列亭城四週的平原，基列亭城即是今日的
Kh.el-Qureiyeh 廢墟，位於米底巴之西約 9 公里，希實
本西南約 15 公里。 基列亭城也有可能是 Qaryat el-
Mekhaiyet，位於希實本西南約 8 公里，米底巴之北約
6 公里。均是在死海以東，拿哈列河以北，及希實本以
南之間的一片高原，是一處土壤肥沃，宜於農牧之
區。

創　14:5　北方四王南征時，在沙微基列亭殺敗了以
　　　　　米人。

※基列亭 Kiriathaim 0946-1。

0471　汲淪(溪) Kidron
混濁的，混亂的 Turbid
幽黑的，悽慘的 Dusky

●位於今日耶路撒冷東側及橄欖山之間，是一條坡降
甚大的山谷，起自耶路撒冷大城的東北角，沿城之北
區，經聖殿山和大衛城的東側，直到城之東南角，這
一段約兩公里半的距離中，高差約有兩百公尺。又谷

底與城區的高差在 60 公尺至 80 公尺之間，西側的坡度相當陡峭，特別是在大衛城的一段，但是由於數千年來，谷底受到不斷的淤積和填高，高度估計約高了12公尺，溪底也向東移了27公尺，又因側坡不斷崩塌，所以現今已非昔日的險峻，在西羅亞池的附近，仰望四週，和俯視被埋在地面下有十餘公尺之西羅亞井，就可想像當年山高溝深之情景。其北段今日名叫Valley of St.Mary，其南段則叫 Wadi en-Nar，全長約 4公里，除在大雨時谷底有水流之外，常年都是乾旱有若枯焦。但是在大衛城的西側，卻有一個湧泉，名叫基訓泉，在古時常年供應大衛城的用水。谷之南端有隱羅結泉，但水量並不多。此谷在城的東南角匯合泰羅邊谷和欣嫩谷後，就向東南再轉向東流入死海，全長約 25公里。一般所說的汲淪溪，都是指在耶路撒冷城東的一段。

撒下 15:23 大衛王為逃避押沙龍，就從耶路撒冷出走，經汲淪溪往曠野去了。

王上 2:37 所羅門王對示每說，你要在耶路撒冷居住，不可出來往別處去，你當確實知道，你何日出來過汲淪溪，何日必死。

王上 15:13，代下 15:16
猶大王亞撒，砍下他祖母所造的亞舍拉的偶像，燒在汲淪溪邊。

王下 23:4，6，12
猶大王約西亞將那為巴力和亞舍拉，並天上萬象所造的器皿，都從耶和華的殿裡搬出來，在耶路撒冷城外汲淪溪旁的田間燒了，把灰拿到伯特利去。

代下 29:16 猶大王希西家，令祭司潔淨耶和華的殿，將殿中所有污穢之物，都搬到外頭汲淪溪邊。

代下 30:14 猶大王希西家，令眾人把耶路撒冷的祭壇，和燒香的壇，盡都除去，拋在汲淪溪中。

耶 31:40 耶和華說，日子將到，這城必為耶和華建造，……拋屍的全谷，和倒灰之處，並一切田地，直到汲淪溪，又直到東方馬門的拐角，都要歸耶和華為聖。

約 18:1 耶穌說了這話，就同門徒出去，過了汲淪溪，在那裡有一個園子，他和門徒進去了。

0472　谷歌大 Gudgodah
切割 Cutting， 裂口 Cleft

●位置不詳。有可能是 Wadi Ghadaghed。

申 10:7 以色列人從摩西拉起行，到了谷歌大，再到了有溪水之地約他巴。

※可能同民 33:32 中的葛哈及甲 Hor-Haggidgad 0746，是以色列人離開埃及之後的第二十九個安營處。

0473　匠人之谷 Valley of Craftsmen

●可能是指在羅得和阿挪兩城之間的一段河谷，位於約帕東南方約 15 公里，今日 Nahal Ayyalon 河兩側寬廣的河谷地，該處有肥沃的沖積土壤，很適合農作。其來歷有兩種不同之說法，其一是按代上 4:14 所述，猶大支派的基納斯之孫，西萊雅之子約押，他是革夏納欣人之祖，他們都是匠人，所以他們所居的地區就稱為匠人之谷。另一種說法是按撒上 13:20 所述，因以色列全地沒有一個鐵匠，以色列人要磨鋤犁、斧和鑊，就下到非利士人那裡去磨。

尼 11:35 自巴比倫歸回後的便雅憫人在建殿之後所定居之一地。

0474　空號 (作者無意漏失)

0475　亞乃 Aner
男孩 Boy， 瀑布 Waterfalls， 燈 Lamp
已被掃除 Swept away

●T.Taannak 大土丘廢墟，位於米吉多東南方約 8 公里，以伯蓮西北方約 11 公里，米吉多平原西南角上，Wadi Abdullah 之西，是由北進入中部必經之三個交通孔道之一，故具有非常重要的軍事價值，自古都是軍家必爭之地。經考證是一個有 4700 年以上歷史的古城。餘請參見他納 0096 條之說明。

代上 6:70 利未支派的哥轄族，在瑪拿西支派地業中，得了亞乃及其郊野為業。

※同書 21:25 中的他納 Taanach 0096，是哥轄族自瑪拿西地業中所得的一城。

0476　亞巴(人) Arbite
埋伏 Ambush

●可能是指亞拉城的人，亞拉城則是 Kh.er-Rabiyeh，位於希伯崙的西南方約 13 公里 ，別是巴東北約 27 公里，別是巴溪北支的東岸。

撒下 23:35 大衛的勇士帕萊是亞巴人。

※可能是書 15:52 中的亞拉 Arab 0486，是猶大支派所得為業之一城。

0477-1 亞文 Avim
土堆 Heap，廢墟 Ruin，倡邪說者 Perverters

●Kh.Haiyan，位於艾城的廢墟以東約一公里餘，伯特利之東約 4 公里，耶路撒冷之北約 15 公里，是艾城被毀之後以色列人所新建的城，也有可能是艾城的一部份。也有學者認為就是艾城。

書 18:23 便雅憫支派所得為業第一組的十二座城之一。

※同賽 10:28 中的亞葉 Aiath 0505。

0477-2亞文 Aven

　　虛空 Emptiness，邪惡 Wickedness
　　倔強的 Perverseness

●T.Husn 及 Materiyeh 兩地，即是安城，位於今日開羅的東北約 16 公里，首都國際機場的所在地，古城建於 2900 BC 之前，是埃及古代的四大城之一，曾是下埃及十三王朝的都城，也是敬奉太陽神「銳 R」的中心。餘請參見 安 On 0256 條之說明。

　結　30:17 先知論埃及說，亞文和比伯實的少年人必
　　　　　倒在刀下，居民必被擄。

※同創 41:45 中的安城 On 0256，法老將安城祭司的女兒給約瑟為妻。

※同耶 43:13 中的伯示麥 Beth-shenesh，0344-4。

0477-3亞文(平原) Aven，Plain of

●位置不詳，大約是在大馬色以西，利巴嫩及安替利巴嫩兩山脈之間的一谷地。

　摩　1:5　先知論大馬色說，我必折斷大馬色的門
　　　　　閂，剪除亞文平原的居民。

0478　亞瓦 Ava

　　毀滅 Subversion，入邪道 Perverted

●可能的位置是今日的 Tell Kafr Ayah 城，位於奧隆提斯河上，大城 Horms 西南。

　王下 17:24 亞述王從巴比倫，古他，亞瓦，哈馬，和
　　　　　西法瓦音遷移人來，安置在撒瑪利亞的城
　　　　　邑，代替以色列人，:30 然而各族之人在
　　　　　所住的城裡，各為自己製神像，安置在撒
　　　　　瑪利亞人所造有邱壇的殿中，巴比倫人造
　　　　　疏割比訥像，古他人造匿甲像，哈馬人造
　　　　　亞示瑪像，亞瓦人造匿哈和他珥他像，西
　　　　　法瓦音人用火焚燒兒女，獻給西法瓦音的
　　　　　神亞得米勒和亞拿米勒。

※同王下 18:34，19:13 中的以瓦 Evah 0108 是亞述王所征服的一國，並用以威脅希西家。

0479-1亞甲(人,國) Accad

　　城堡 Fortress
　　僅一水瓶的容量 Only a pitcher

●其位置尚有爭議，可能之處有三，都是示拿地，巴比倫城是其中之一，其他兩個是：

一、比較可能的是 Der 古城，位於巴比倫之東，底格里斯河的北岸。

二、Tell Sheshubar 在巴比倫之北，幼發拉底河之東岸。

按可靠的史料得知，他們早在主前四千年前已有文明產生，在 2350 BC 前後有撒珥根王興起，建立亞甲王朝，佔領了米所波大米的南北部，遠及利巴嫩及小亞細亞的一部份，但約在 2230 BC 時，則被來自撒格魯山脈以東的古第人所推翻。他們所用的文字稱亞甲文，屬楔形文字，即是在主前三千年代，亞述及巴比倫所(亞洲的閃族人)所通用者，他們後來的語文也是源於亞甲文。

　創　10:10 古實之子寧錄，他國的起頭是在示拿地的
　　　　　亞甲，甲尼，以力，和巴別等四座城。

0479-2亞甲(人) Agagites

●是一個族名，但是他們所居的地方或來源都無從查考。有可能是亞瑪力人(請見 0557 條)的同義字，按撒上 15:8，亞瑪力的王名叫亞甲，他們是古代西乃和南地等地的游牧民族，來歷也不明。

　斯　3:1，10，8:3，5，9:24
　　　　　這事以後，亞哈隨魯王抬舉亞甲族哈米大
　　　　　他的兒子哈曼，使他高升，但哈曼一直與
　　　　　猶大人為仇，設計殺害猶大人，最後被以
　　　　　斯帖和末底改除去。

0480　亞末 Amad

　　耐久之民 People of duration

●位置無可考。應在亞柯平原內，亞比米勒和米沙勒兩城之間。

　書　19:26 亞設支派所得為業的二十二座城之一。

0481　亞合(人) Ahohite

　　屬於亞何亞的 Belonging to Ahoath
　　兄弟之情 Fraternity

●位置不明，較可能是一個族名。按代上 8:4 所述，可能是指便雅憫支派，比拉之子亞何亞的後裔。

　撒下 23:9，:28，代上 11:12，:29
　　　　　大衛的勇士以利亞撒，撒們，以來等人都
　　　　　是亞合人。

※同代上 27:4 中的亞哈希 Ahohite 0539，二者英文名相同。

0482-1亞弗 Aphek

　　力量 Strength，堡壘 Fortress
　　河床 Stream-bed

●Ras el-Ain [T.Afeq]，位於約帕的東北東方約 18 公里，示羅之西約 35 公里，距以便以謝約 3 公里。其地座落在山地邊緣，靠近雅孔河之主要源頭，雅孔河是約但河以西最大的一條河流，全年有水，河道有數公尺之寬，兩側多為沼澤，而且常有洪氾，再加上附近的斷崖，就成為交通上難以通過的一處障礙，使得原本沿海岸而行的沿海大幹道，在此只得向東移到此城之後再往北行，因此亞弗所處之地就控制了沿海大道，故極具軍事價值。按照埃及的記載，早在主前三千年代，亞弗就已經是一個有城牆的堅城。1946 年開

始發掘，證實此城早在 2000 BC 已存在，曾被約書亞所擊敗，約自主前十二世紀起就被非利士人所佔，成為侵略以色列人的一個重要據點，在新約時代則被希律王整建，並改名為安提帕底城。餘請參見安提帕底 0259 條之說明。

> 書　12:18　約書亞所擊殺的三十一個王中的一個。
> 撒上　4:1　以色列人安營在以便以謝，非利士則安營在亞弗，交戰後以色列人大敗。
> 撒上　29:1　非利士人的軍隊在亞弗聚集，大衛也隨同前往，因不為非利士人所信任，而被逐回。

※同徒 23:31 安提帕底 Antipatris 0259。

0482-2亞弗 Aphek

●T.Kurdaneh [T.Afeq]，位於亞柯的東南南方約 8 公里，約念之北約 20 公里，距海岸約 5 公里，附近有小河 Nahr Namain 自此發源往北流向亞柯入海。因位於腓尼基和埃及的通商大道之上，故甚具有商業和軍事的價值。

> 書　19:30　亞設支派所得為業的二十二座城之一。

※同士 1:31 中之亞弗革 Aphik 0529，亞設人未能趕出該地的迦南人。

0482-3 亞弗 Aphek

●Kh.el-Asheq [En-Gev]，位於利利湖之東約 6 公里，伯善東北約 36 公里，基尼烈城東南約 18 公里，是一小河的源頭。因地處大馬色和埃及的通商大道之上，故甚具有商業和軍事的價值。

> 王上　20:26　次年，便哈達王再領亞蘭人上亞弗去與以色列人打仗，對陣了七天後，亞蘭人大敗而返。
> 王下　13:17　以利沙死前曾預言約阿施王將可三次在亞弗打敗亞蘭人。

0482-4亞弗 Aphek

●Afqa，位於大馬色西北約 63 公里，哈馬口西南約 48 公里，Byblos 即今日的大城 Jebeil 之東約 23 公里，Nahr Ibrahim 河的發源處。

> 書　13:4　屬西頓人的米亞拉到亞弗，直到亞摩利人的境界，都是約書亞所未能征服之地。

0483-1亞因　Ain
眼睛 Eye，水泉 Spring

●位置不明，應在猶大支派的儘南邊。

> 書　15:32　猶大支派在儘南邊所得為業之一城，其中有利巴勿，實忻，亞因，臨門等城。

0483-2亞因 Ain

●位置不明，但應在該區之範圍內，可能是在立拿和亞實拿之間。

> 代上　4:32　西緬人的五個城邑是以坦，亞因，臨門，陀健，亞珊，還有屬城的鄉村，直到巴力，這是他們的住處。

0483-3亞因　Ain

●位置不明，有學者認為可能是誤將音臨門 En-Rimmon 分開寫成亞因和利門。

> 書　19:7　西緬支派從猶大地業中所得之一城，其中有亞因，利門，以帖，亞珊等城。

0483-4亞因 Ain

●位置不明，可能是在立拿和亞實拿之間。

> 書　21:16　利未支派亞倫族子孫自西緬支派中所得之一城，其中有亞因，淤他等城。

※同代上 6:59 中之亞珊 0492-1。

0484　　亞年 Anem
兩處水池 Two fountains

●Jenin，是今日以色列的重要城市，位於耶斯列之南約 12 公里，他納東南約 10 公里，在通往海法 Haifa 的主要幹道上，但在歷史上似從來沒有軍事上的價值。也可能是 Kh. Beit Jann 廢墟，位於伯善之北約 23 公里，加利利湖之西約 7 公里。

> 代上　6:73　利未支派的革順族，自以薩迦支派地業中其取得的一城。

※同書 19:21 中的隱干寧 En-gannim 1152-2。
※同王下 9:27 中之伯哈干 Beth-haggan 0358。

0485　　亞別 Abez
白Whiteness，閃耀 Glitter

●位置不明，應在以斯得倫平原之內。

> 書　19:20　以薩迦支派所得為業的十六座城之一。

0486　　亞拉 Arab
埋伏 Ambush

●Kh.er-Rabiyeh，位於希伯崙的西南方約 13 公里，別是巴東北約 27 公里。(惟其位置是在山地第一組及第三組之間)

> 書　15:52　猶大支派所得為業在山地第二組的九座城中的一座。

0487　　亞念 Anim
噴泉 Fountain，小溪 Spring

●Kh.Ghuwein et-Tahta [H.Anim]，位於希伯崙的南方約

21公里，別是巴東北約24公里處。

書　15:50 猶大支派所得為業在山地第一組的十一座
　　　　 城中的一座。

0488　亞述 Assyria
成功 Successful，步驟 A step，平原 Plain

●一、亞述是挪亞之孫，閃的次子，他最初的領土是
亞述帝國的發源地，位於兩河流域的北部，以尼尼微
城為中心之地區。

二、亞述國最初的疆域在今日巴格達城以北，底格里
斯河的兩岸，是一高原，冬季多雨而寒，夏則暑熱，
北方有大小札布河兩大支流，故水源充足，農牧皆
宜，盛產牛羊馬，各樣水果和穀物，產量豐富，人屬
閃族，秉性殘暴，紀律嚴明，精於貿易。

三、根據可靠之考證，亞述地區早在五千年前已有人
類的活動，主前三千年代，常受蘇美人和巴比倫人之
控制，也深受其文化之影響，到 1360 BC 起，逐漸強
大，初與卡施王結盟，不久在西方擊敗赫族，進入撒
格魯山區，復又擊敗亞蘭人，1215 BC 攻陷巴比倫
城，也征服了前巴比倫帝國，擁有大片的國土而成為
一個世界強權。在 1208 到 1116 BC 間，亞述衰弱了百
餘年，復於 1116 至 1076 BC，提革拉毘列色一世征服
了亞米尼亞，又將赫人趕出迦基米施，復擊敗亞蘭諸
小國，再度在中東地區稱雄。約在 1075 BC 起又衰微
了一百五十餘年。此時正是以色列在大衛和所羅門的
統治下興盛之時。自 911 BC 起亞述再度昌盛了三百餘
年，先是佔領了兩河流域，東方直達以攔，北到烏拉
圖，西至小亞細亞的基利家，然後再向亞蘭進軍，撒
縵以色三世 853 BC 在夸夸一役中未能得勝，數年後捲
土重來，才攻克下大馬色和撒瑪利亞。撒縵以色三世
於 827 BC 去世後，國勢立衰，八十年後，直到普勒
王，即是提革拉毘列色三世時(745 至 727 BC)，他重新
收復往日的領土，並往外擴張，曾進軍敘利亞和以色
列，在 722 BC 以色列(北國)被撒縵以色五世和他的兒
子撒珥根二世所滅，將居民擄去。從此猶大國就不斷
受到亞述的威脅，714 BC 西拿基立王攻克了猶大諸
城，南國幾乎覆亡，但在圍攻耶路撒冷時卻大敗，猶
大國方得以續存。671 BC 亞述征服埃及，兩年後埃及
叛，以撒哈頓王再出征，但死在途中。614 BC 巴比倫
和瑪代聯軍攻克了亞述諸城，612 BC 攻陷首都尼尼微
大城，亞述的殘兵逃到哈蘭地，並試圖請埃及援救，
但仍徒勞無功，亞述帝國就在數年之間全部覆亡。

創　2:14 有河從伊甸流出來滋潤那園子，從那裡分
　　　　 為四道，第三道河名叫希底結，流在亞述
　　　　 的東邊。

創　10:11 古實生寧錄，他國的起頭是巴別，以力，
　　　　 亞甲，甲尼，都在示拿地，他從那地出來

往亞述去，建造尼尼微，利河伯，迦拉和
利鮮。

創　10:22 閃的兒子是以攔，亞述等五人，他們所住
　　　　 的地方是從米沙直到西發東邊的山。

創　25:18 以實瑪利的子孫的住處在他眾兄弟東邊，
　　　　 從哈腓拉直到埃及前的書珥，正在亞述的
　　　　 道上。

王下 15:19 以色列王米拿現年間，亞述王普勒來攻擊
　　　　 以色列國，米拿現給他一千他連得銀子，
　　　　 請普勒幫助他堅立他的國位。於是亞述王
　　　　 就回去了。(740 BC 前後)

王下 15:29 以色列王加比年間，亞述王提革拉毘列色
　　　　 來奪了以雲，亞伯伯瑪迦，亞挪，基低
　　　　 斯，夏瑣，基列，加利利全地，將這些地
　　　　 方的居民都擄到亞述去了。(734 BC)

王下 16:7 亞蘭王利汛和以色列王比加上來攻打耶路
　　　　 撒冷，猶大王亞哈斯求亞述王提革拉毘列
　　　　 色，請他去攻打大馬色，以解圍困，亞述
　　　　 王就攻取了大馬色，殺了利汛，把居民擄
　　　　 到吉珥。(733 BC)

王下 17:3，王下 18:9
　　　　 以色列王何細亞年間(730 BC)，亞述王上
　　　　 來攻擊他，何細亞就服事他，給他進貢，
　　　　 後來何細亞背叛，投靠埃及王梭，亞述王
　　　　 知道了，就把他鎖禁，囚在監裡，亞述王
　　　　 上來攻擊以色列遍地，上到撒瑪利亞，圍
　　　　 困三年才攻取了撒瑪利亞，(722 BC)將以
　　　　 色列人擄到亞述，把他們安置在哈臘，與
　　　　 歌散的哈博河邊，並瑪代人的城邑。

王下 17:24 亞述王從巴比倫，古他，亞瓦，哈馬，和
　　　　 西法瓦音，遷移人來安置在撒瑪利亞的城
　　　　 邑，代替以色列人。

王下 18:13，代下 32:1，賽 36:1
　　　　 猶大王希西家倚靠耶和華，他不肯事奉亞
　　　　 述王，希西家十四年，亞述王西拿基立上
　　　　 來攻打猶大的一切堅固城，將城攻取，希
　　　　 西家差人往拉吉去，見亞述王，亞述王罰
　　　　 猶大王銀子三十他連得，但亞述王仍從拉
　　　　 吉派大軍攻打耶路撒冷。(704 BC) 王下
　　　　 19:35，代下 32:21，賽 37:36 希西家求告
　　　　 耶和華，當夜耶和華的使者出去，在亞述
　　　　 營中殺了十八萬五千人，亞述王西拿基立
　　　　 次日就拔營回去，住在尼尼微，不久被他
　　　　 的兩個兒子所殺，他的另一個兒子以撒哈
　　　　 頓接續他作王。

王下 23:29 猶大王約西亞年間，埃及王法老尼哥，上
　　　　 到伯拉河，攻擊亞述王，約西亞去抵擋
　　　　 他，埃及王在米吉多遇見約西亞，就殺了
　　　　 他。(609 BC)

代上 5:6 巴力的兒子備拉作流便支派的首領，被亞
　　　　 述王提革拉毘尼色擄去。

代上 5:26 他們得罪了他們列祖的神，故此，以色列
　　　　 的神激動亞述王普勒，和提革拉毘尼色的

心，他們就把流便人，迦得人，瑪拿西半
支派的人，擄到哈臘，哈博，哈拉與歌散
河邊。

代下 28:16 因為以東人和非利士人攻擊猶大，亞哈斯
王差人去見亞述諸王，求他們幫助，亞述
王提革拉毘列色上來，並沒有幫助他，反
倒欺凌他。

代下 33:11 耶和華警戒瑪拿西和他的百姓，他們卻是
不聽，所以耶和華使亞述王的將帥來攻擊
他們，用鐃鉤鉤住瑪拿西，用銅鍊鎖住
他，帶他到巴比倫去。

拉 4:2 猶大和便雅憫的敵人，聽說被擄歸回的人
為耶和華以色列的神建造殿宇，就去見所
羅巴伯，和以色列的族長，對他們說，請
容我們與你們一同建造，因為我們尋求你
們的神，與你們一樣，自從亞述王以撒哈
頓帶我們上這地以來，我們常祭祀神。

0489　亞延 Ain
眼睛 Eye，水泉 Spring，井 Well

●Kh.Ayyun，位於加利利湖之東，伯善東北約 28 公
里，基尼烈城東南約 21 公里。

民 34:11 耶和華所訂迦南四境的地界中的一段是，
這界要從示番下到亞延東邊的利比拉，又
要達到基尼烈湖的東邊。

0490　亞衲(人) Anak
頸飾 Collar，巨人 Giant
長頸的 Longnecked

●亞衲人是在以色列人進迦南前，散居在約但河兩岸
的一支民族，來歷不明，主要集中在希伯崙、底壁等
城及非利士地、摩押等，以體軀高大著稱，後被以色
列人所消滅。

民 13:22，書 14:12
探子們窺探希伯崙時，在那裡有亞衲人。

民 13:33，申 1:28
探子們說，我們在那裡(迦南地)看見亞衲
族人，就是偉人，據我們看自己，就如蚱
蜢一樣，他們是偉人的後裔。

申 2:10 這以米人(住在摩押)身體高大，像亞衲
人，也算利乏音人。

申 9:1 你今日要過約但河，進去趕出比你強大的
國民，那民是亞衲族之人，又大又高，
有人說，誰能在亞衲族人前站立得住呢?

書 11:21 當時約書亞來到，將住山地，希伯崙，底
壁，亞拿伯，猶大山地，以色列山地所有
的亞衲族人剪除了，城邑盡都毀滅，在以
色列人的地沒有留下一個亞衲族人，只有
在迦薩，迦特和亞實突有留下的。

書 14:15 希伯崙從前名叫基列亞巴，亞巴是亞衲族
中最尊大的人。

書 15:13 亞巴是亞衲族的始祖。

書 15:14，士 1:20
迦勒從希伯崙趕出三個亞衲族的族長。

0491-1亞柯 Acco
多沙的 Sandy，他的窘困 His straitness

●T.el-Fukhkhar [T.Akko]，位於多珥以北約 39 公里，
推羅以南約 40 公里，亞柯灣的北角，因有岩石和小島
的保護，是一良好的港口，長久以來都是巴勒斯坦的
重海港之一，它不僅是亞柯地區的首邑，也是進入迦
南腹地的戰略要塞。大部份的時間都是屬於腓尼基人
所有，在十五世紀起往後的數百年間，多次被埃及所
佔，成為埃及在迦南的一個重要軍事據點，後僅在大
衛和所羅門王年間，成為以色列的領土。後又被腓尼
基人所佔，在新約時代，改名為多利買，餘請參見
0255 條。

士 1:31 亞設沒有趕出亞柯，西頓，亞黑拉，亞革
悉，黑巴，亞弗革與利合的居民迦南人，
就住在他們中間。

※同徒 21:7 中的多利買 Ptolemais 0255。

0491-2亞柯(平原) Acco

●亞柯平原是沿海平原最北的一段，北起自稱之為推
羅之梯 Ras en-Nakurah 的海岬斷岩，南至迦密山麓為
止，南北長約40餘公里，海拔在100公尺以下部份的寬
度，在亞柯城以北約5至10公里，其南有的寬達15公
里。東部與加利利為鄰，南部連接迦密山，東南則是
連接米吉多平原。特別是加利利和迦密山之間的一處
窄狹通道，是連接中部和北部的重要交通樞紐。區內
有亞柯灣，和小溪流三條，即是卡恩、乃曼和基順
河，河口各有亞革悉、亞柯和今日的海法等海港，海
岸甚為平直，沿岸多是沙丘和沼澤，但內部是相當的
肥沃，屬沖積土的平原，有很多的水泉和地下水，使
得此區成為人口密集的富有之地，而且有南北向的國
際大道從中通過，故也具有重要戰略的價值。

0492-1亞珊 Ashan
火爐 Furnace

●位置不明，但應在該區之範圍內，可能位於立拿和
亞實拿之間。

書 15:42 猶大支派所得為業在高原第三組的九座城
之一。

代上 6:59 利未支派亞倫族自西緬支派中所得之一
城，其中有亞珊和伯示麥等二城。

※同書 21:16 中之因亞 Ain 0483-4。

0492-2亞珊 Ashan

●Kh.Asan 位於別是巴西北約 7 公里，迦薩東南約 42 公里。

　書　19:7　西緬支派從猶大地業中所得之一城，其中有亞因，利門，以帖，亞珊等城。

　代上　4:32　西緬人的五個城邑是以坦，亞因，臨門，陀健，亞珊，還有屬城的鄉村，直到巴力，這是他們的住處。

※可能同撒上 30:30 中之歌拉珊 Chor-ashan 1106，大衛王與他們素有往來。

0493　亞珥 Ar
城市 City，摩押之城 City of Moab

●el-Misna，位於底本之南約 24 公里，吉珥哈列設以北約 11 公里，距死海約 25 公里，亞嫩河的南岸約 3.5 公里，其地可以控制亞嫩河谷的深谷，是一個戰略重地，聖經中常以亞珥代表摩押地或摩押國。

　民　21:15　耶和華的戰記上說，蘇法的哇哈伯，與亞嫩河的谷，並向亞珥城眾谷的下坡 ，是靠近摩押的境界，:28 在詩歌中說，燒盡摩押的亞珥和亞嫩河邱壇的祭司。

　申　2:9　耶和華吩咐說，不可擾害摩押人，因我已將亞珥賜給羅得的子孫摩押人為業。

　賽　15:1　先知論摩押說，一夜之間，摩押的亞珥，變為荒場，歸於無有。

※可能是耶 49:3 中的愛城 Ai 1040。

0494　亞捫(地) Ammon
先天的 Inbred，含糊的 Obscure
忠誠的 Faithful

●亞捫人係羅得次子便亞米的後裔，是一游牧民族，聖經中並沒有對他們的疆界作直接的說明，除拉巴一個城之外，也未提及有其他的城市，只能從片段的資料得知，亞捫人是散佈在希實本以北，基列以東，巴珊以南，阿拉伯沙漠以西的地區，即是亞捫地，人口主要集中在雅博河的上流地帶，以拉巴為其首府，即是今日約但王國的首都。他們一向都是與以色列人為仇，時常攻打和侵擾以色列。583 BC 被巴比倫所滅，日後土地被亞拉伯人所佔。

　創　19:38　羅得從他的小女兒得了一個兒子，給他取名叫便亞米，就是現今亞捫人的始祖。

　民　21:24　以色列人殺了亞摩利王西宏，得了他的地，從亞嫩河到雅博河，直到亞捫人的境界，因亞捫人的境界多有堅壘。

　申　2:19　耶和華吩咐說，你走近亞捫人之地，不可擾害他們，也不可與他們爭戰，亞捫人的地我不賜給你們為業，因我已將那地賜給羅得的子孫為業，(那地也算為利乏音人之地，先前利乏音人住在那裡，亞捫人稱他們為散送冥，但耶和華從亞捫人面前除

滅他們，亞捫人就得了他們的地，接著居住。:37 惟有亞捫人之地，我們都沒有挨近。

　申　23:3，尼 13:1
　　　　摩西規定說，亞捫人不可入耶和華的殿。

　書　12:2，13:10
　　　　以色列人在約但河外所得之地，河東的兩個半支派所分地業的邊界，是直到亞捫人的境界。

　書　13:24　迦得支派所得之地業中有亞捫人的一半地。

　士　3:13　亞捫人協助摩押人的王伊磯倫攻打以色列人。

　士　10:6　以色列人又行耶和華眼中看為惡的事，去事奉諸巴力和亞斯他錄，並亞捫等地的神，耶和華的怒氣發作，就把他們交在非利士人和亞捫人的手中共十八年，亞捫人又渡過約但河去攻打猶大，和便雅憫，以法蓮族，以色列人就甚窘迫。

　士　10:17　當時亞捫人聚集，安營在基列，以色列人也聚集，安營在米斯巴。

　士　11:4　基列的長老請耶弗他作以色列的元帥，與亞捫爭戰，耶弗他打發使者去與亞捫人理論，但亞捫王不肯聽，結果耶弗他大大的殺敗他們，從亞羅珥到米匿，直到亞備勒基拉明，攻取了二十座城，這樣亞捫人就被以色列人制服了。

　撒上　11:1　亞捫王拿轄上來，對著基列雅比安營，雅比人向掃羅求救，掃羅在比色招聚了三十萬以色列人，在清晨進入亞捫人的營，擊殺他們直到近午。

　撒上　14:47　掃羅執掌以色列的國權，常常攻擊他四圍的一切仇敵，包括亞捫人在內。

　撒下　8:12，代上 18:11
　　　　大衛王將從各國，包括亞捫等地，所掠來的金銀銅的器皿，都分別為聖獻給耶和華。

　撒下　10:1，代上 19:1
　　　　亞捫王死了，他的兒子哈嫩接續他作王，大衛王說，我要照拿轄厚待我的恩典厚待哈嫩，就差人去安慰他，但哈嫩卻污辱大衛的使者，使得大衛憎惡亞捫人。

　撒下　10:6，代上 19:6
　　　　亞捫人知道大衛憎他們，就招募伯利合和瑣巴兩地的亞蘭人等，來與大衛爭戰，大衛派約押往迎，亞捫人在城門外擺陣，但再戰敗，亞蘭人也不敢再幫助亞捫人了。

　撒下　11:1，代上 20:1
　　　　過了一年，到列王出戰的時候，大衛又派兵出征，他們就打敗亞捫人，圍攻拉巴。

　撒下　12:9　大衛借亞捫人的刀殺了赫人烏利亞。

　撒下　12:26　大衛令約押攻取亞捫人的京城拉巴，取了城，奪了亞捫人之王的金冠冕，又攻取了

亞押人的各城。

撒下 17:27 大衛因逃避押沙龍，到了瑪哈念，亞押族
　　　　　的拉巴人拿轄的兒子朔比等，帶了用具和
　　　　　食物來給大衛和他的隨從。

撒下 23:37，代上 11:39
　　　　　大衛的勇士，洗勒是亞押人。

王上 11:1 所羅門王寵愛許多的外邦女子，包括亞押
　　　　　女子，他也隨從亞押人可憎的神米勒公和
　　　　　摩洛。

王上 14:21，代下 12:13
　　　　　猶大王羅波安的母親名叫拿瑪，是亞押
　　　　　人。

王下 23:13 猶大王約西亞把從前所羅門王在耶路撒冷
　　　　　前，邪僻山右邊，為西頓人可憎的神亞斯
　　　　　他錄，摩押人可憎的神基抹，亞押人可憎
　　　　　的神米勒公，所築的邱壇，都污穢了，又
　　　　　打碎柱像，砍下木偶。

王下 24:2 猶大王約雅敬時，耶和華使亞押人和其他
　　　　　國家的軍隊來攻擊他，要毀滅猶大。

代下 20:1 摩押人，亞押人，又有米烏利人，一同來
　　　　　攻擊猶大王約沙法，結果大敗。

代下 26:8 亞押人給猶大王烏西雅進貢。

代下 27:5 猶大王約坦與亞押人打仗，勝了亞押人，
　　　　　亞押人就進貢給約坦王。

拉 　 9:1，尼 13:23
　　　　　自巴比倫回歸的猶大人中，有人娶了當地
　　　　　的女子，也包括亞押女子在內，也效法這
　　　　　些國民行可憎的事。

尼 　 2:10 與以色列人和尼希米作對的人中有亞押
　　　　　人，其中還一個為奴的亞押人名叫多比。

尼 　 13:1 當日人念摩西的律法書給百姓聽，遇見書
　　　　　上寫著說，亞押人和摩押人永不可入神的
　　　　　會，因為他們沒有拿食物和水來迎接以色
　　　　　列人，且雇了巴蘭咒詛他們，但我們的神
　　　　　使那咒詛變為祝福。

賽 　 11:14 先知預言亞押人也必順服以色列人。

耶 　 9:26 耶和華說，看哪，日子將到，我要刑罰一
　　　　　切受過割禮，心卻未受割禮的，包括亞押
　　　　　人在內。

耶 　 25:21 先知以怒杯喻列國之災，包括亞押人在
　　　　　內。

耶 　 40:14，41:10
　　　　　亞押王巴利斯打發以實瑪利刺殺了猶大省
　　　　　的省長基大利。

耶 　 49:1 先知預言亞押必受災，並被趕出，但仍將
　　　　　歸回。

結 　 21:20 先知預言巴比倫王必攻擊亞押的拉巴及耶
　　　　　路撒冷。

結 　 25:5 先知對亞押的預言說，我必使拉巴為駱駝
　　　　　場，使亞押人的地為羊群躺臥之處。

摩 　 1:13 耶和華如此說，亞押人三番四次的犯罪，
　　　　　我必不免去他們的刑罰。

番 　 2:8 先知責亞押人辱罵以色列人，侵犯他們的

境界，必受大災。

0495　亞挪　Janoah
安靜 Quiet，位息處 Resting place

●Yanuh，位於亞柯東北約 16 公里，夏瑣之西約 30 公
里。

王下 15:29 以色列王比加年間，亞述王提革拉毘列色
　　　　　來奪取了以雲，及亞挪等北方的城鎮，並
　　　　　將其居民擄到亞述去。

0496　亞朔 Assos
接近中 Approaching

●今日土耳其西岸一個名叫 Behram Koy 的廢墟，位於
海灣 Edremit 的北岸，面對 Lesbos 島，距島上的米推
利尼市約 40 公里，特羅亞在同一半島的西岸，兩者相
距約 35 公里，地處海陸交通之樞紐，城高居在一個圓
錐岩石之上，地勢險要，是一個古老設有重防的港
都，原名 Apollonia，後來別迦摩王再加擴建，並改名
亞朔。在新約的時代裡，是屬每西亞省的一個重要的
商港，在四世紀時設有一個希臘伯拉圖派的哲學學
校。如今其遺跡雖斷垣敗壁，但城之設計和建築仍被
公認為小亞細亞諸城中最莊嚴者。

徒 　 20:13 保羅由特羅亞步到亞朔，再乘船去米推利
　　　　　尼。

0497　亞曼 Amam
真理 Truth，母親 Mother

●位置不明，應在南地境內。

書 　 15:26 猶大支派在儘南邊所得為業的二十九座城
　　　　　中的一座。

0498-1亞基(人) Arkites

●亞基是含之孫，迦南的第七個兒子，他最初的領土
位於西頓以北約 130 公里，Tripo-lis 東北約 37 公里，
黎巴嫩山腳下一名 Arqa 的小城，及其城郊之地。

創 　 10:17，代上 1:15
　　　　　亞基是含之孫，迦南的第七個兒子，其後
　　　　　裔稱之為亞基人，所居之城及地區名叫亞
　　　　　基。

0498-2亞基 Archite

●位置不明。有可能是亞他綠亞達 Ataroth-addar，即
是今日的 Kefr Arqa，位於耶路撒冷以北約 12 公里，
伯特利之南約 5 公里。

書 　 16:2 約瑟子孫的境界是從伯特利到路斯，接連
　　　　　到亞基人的境界，至亞他綠。(在 KJV 中
　　　　　是 to the border of the Archites at Ataroth，

可以譯成［直到在亞他綠的亞基人的境界］，亞他綠可能就是亞他綠亞達）。

撒下 15:32，16:16，17:5，14，代上 27:33
亞基人戶篩作王的陪伴，他在橄欖山恩待大衛，又為保護大衛設法破壞押沙龍的計謀。

0499　亞設(地) Asher
快樂 Happiness

●亞設支派所得之地業，記載在書 19:24 之內，其領土南起自多珥，包括了沙崙平原的北部，亞柯平原，北至腓尼基平原的推羅和西頓，東與拿弗他利，東南與西布倫、瑪拿西相鄰。因地處於加利利山麓的沿海平原，所以土地肥沃，水源充足，物產豐富，在交通方面，因有自腓尼基與埃及相通的大道通過，故很具有商業和軍事的價值。

書 19:24 亞設支派所得為業之地界及城邑。
士 1:31 亞設沒有趕出亞柯，西頓，亞黑拉，亞革悉，黑巴，亞弗革與利合的居民，於是迦南人就住在他們中間。
士 5:17 女先知底波拉的歌中說，亞設人在海口靜坐，在港口安居。
士 7:23 基甸攻擊米甸人，以色列人就從拿弗他利，亞設和瑪拿西全地聚集，來追趕米甸人。
王上 4:16 所羅門王的行政區中，有亞設和亞祿一區，由巴拿管理。
代上 6:62 革順族在以薩迦，亞設，拿弗他利，巴珊內瑪拿西等支派的地中共得了十三座城。
代下 30:10 希西家差遣人叫以色列人到耶路撒冷守逾越節，驛卒就由這城跑到那城，傳遍了以法蓮，瑪拿西，直到西布倫，那裡的人卻戲笑他們，譏誚他們，然而亞設，瑪拿西，西布倫中，也有人自卑，來到耶路撒冷。
結 48:2 以西結所預言亞設支派的地業是在但和拿弗他利之間。

0500-1 亞割(谷) Achor, Valley of
災難 Trouble

●位置不明。可能位於耶利哥以北，在 Ain Nuwayimah 水泉的附近，Wadi Makkuk 的中段，那是一條流經吉甲地區的旱溪。

書 7:24 以色列人在此一山谷把亞干用石頭打死，又將他和他的一切用火焚燒，又在他身上堆了一大堆的石頭，因此那地方名叫亞割谷，就是連累的意思。
賽 65:10，何2:15
先知預言日後神將祝福此處，使谷中成為牛群躺臥之處，並將成為希望之門。

0500-2 亞割(谷) Achor，Valley of

●V.of el-Buqeia 山谷，位於死海的西岸北部，距海岸約 3 公里，並約與海岸平行，長約十餘公里。

書 15:7 猶大支派地業的北界是經過亞割谷的北端。

0501　亞達 Atad
平原 Plain，荊棘叢 Thorn bush
埃及的草原 Meadow of Egypt

●位置不明，應該是在約但河之東，但仍有學者認為是在約但河的西岸某處。

創 50:10 雅各去世後，其遺體運到約但河外亞達禾場，大家就在那裡大大的號咷痛哭，因此那地方名叫亞伯麥西 (Abel-mizaim)，（約為 1871 BC）。

0502　亞祿 Aloth
群眾 Crowd，野獸之地 Place of wild beast

●位置不明，可能是在亞設境內或其鄰近之處。

王上 4:16 所羅門王第九行政區中之一鎮，由巴拿掌管。
※在 TCV 及 TEV 中則為比亞綠 Bealoth 0082-2。

0503　亞雅 Aija
土堆 Heap，廢墟 Ruin

●Kh.Haiyan，位於艾城的廢墟以東約一公里餘，伯特利之東約 4 公里，耶路撒冷以北約 15 公里，是艾城被毀之後以色列人所新建之城，也可能是艾城的一部份。也有學者認為就是艾城。

尼 11:31 便雅憫人回歸並建殿後所定居之一城。
※同賽10:28中的亞葉 Aiath 0505 以賽亞預言亞述王將攻打猶大所經過之一重地。

0504　亞頓 Addon
有力量的 Powerful，得時的 Timely
不幸 Misfortune

●位置不明，無從查考，可能是以色列人被擄到巴比倫時開墾的一個城市。

尼 7:61 從亞頓等五座城回歸的，但不能指明他們宗族和譜系的共有六百四十二人
※同拉 2:59中的押但 Addan 0626。

0505　亞葉 Aiath
土堆 Heap，廢墟 Ruin

●Kh.Haiyan，位於艾城的廢墟以東約一公里餘，伯特利之東約 4 公里，耶路撒冷以北約 15 公里，是艾城被毀之後以色列人所新建之城，也可能是艾城的一部份。也有學者認為就是艾城。

賽　10:28 以賽亞預言亞述王將攻打猶大，來到亞
　　　　葉，經過米磯崙，在密抹安放輜重。

※同尼11:31中之亞雅 Aija 0503，是便雅憫人回歸後所
　居之一城。

0506　亞發（島）Arvad
流浪者之地 Place of wanderers

●Ruwad 小島，離海岸約有三公里，位於地中海西
岸，迦巴勒城之北約 85 公里，與賽浦路斯隔海相對，
現屬敘利亞所有，是一個典型腓尼基人的小島。在古
代時，該島雖小，但地居重要的戰略位置，爲列國必
爭之地，城建有很重的防護設施，還有強大的海軍和
商業艦隊，它曾統治其鄰近之地區達數百年之久。也
曾被埃及和亞述所佔領。

結　27:8　先知說，推羅人雇用西頓人及亞發人作為
　　　　其兵丁及盪槳的人。

※同創10:18中的亞瓦底 Arvad 0522，因兩者的英文名
　相同，其他條件也符合，是迦南的第九個兒子及其
　後裔所居之地區名。

0507　亞當 Adam
紅土 Red earth

●T.ed-Damiyeh，位於耶利哥城之北約 26 公里，示羅
東北約 25 公里，撒拉但西南約 6 公里，約但河和雅博
河的交會處。約但河之河谷在此很是窄狹，河岸岸壁
高約 14 公尺，十分的陡峭，現今有公路可以在此渡過
約但河。

書　3:16　他們到了約但河，腳一入水，那從上往下
　　　　的水，全然在極遠之地，撒拉但旁的亞當
　　　　城那裡停住，立起成壘，於是百姓在耶利
　　　　哥的對面過去了。

0508　亞瑪 Ammah
一腕尺（即是自肘至中指端之長）A cubit
頭 Head，肘 Elbow

●位置不明，應該是在基遍的附近。

撒下　2:24　約押追趕押尼珥，到了通基遍曠野的路
　　　　旁，基亞對面的亞瑪山。

0509　亞嫩（河）Arnon, River or valley
急流 Rushing torrent，喧嘩 Noise
永生之獅 Lion of perpetuity
我要歡呼 I shout for joy

●即是今日死海東側的 Wadi Mojib，發源自阿拉伯北
部之山丘，向西約在隱基底的對岸流入死海，分南北
兩支流，以南支爲其主流，兩支流又各分成兩分支，
故流域占地甚廣，流域約呈三角形，南北相距約 60 公
里，東西底邊則長約 60 公里，早年因水流甚急，故切

割高原成爲深溝，溝頂最寬之處約有 3000 公尺，深達
520 公尺，但河底僅寬三十餘公尺，現今大部份已成旱
溝，只在大雨時有水流，部份岸壁極陡，景觀壯麗。

民　21:13 以色列人從撒烈谷起行，安營在亞嫩河那
　　　　邊，這亞嫩河是在曠野，從亞摩利的境界
　　　　流出來的，原來亞嫩河是摩押的邊界，在
　　　　摩押和亞摩利人搭界的地方。

民　21:24，士 11:13
　　　　亞摩利王西宏不許以色列人從他的境界經
　　　　過，就與以色列人爭戰，以色列人用刀殺
　　　　了他，得了他的地，從亞嫩到雅博河，
　　　　直到亞捫人的境界。

民　21:26 這希實本是亞摩利王西宏的京城，西宏曾
　　　　與摩押的先王爭戰，從他手中奪取全地直
　　　　到亞嫩河。

民　22:36 摩押的京城是在邊界上，在亞嫩河旁。

申　2:24　耶和華吩咐說，你們起來前往，過亞嫩
　　　　谷，我已將亞摩利人，希實本王西宏和他
　　　　的地，從亞嫩谷邊的亞羅珥，和谷中的
　　　　城，直到基列，都交在你手中，你要與他
　　　　爭戰，得他的地為業。

申　3:8，書 12:1，13:9
　　　　那時我們從約但河東兩個亞摩利王的手，
　　　　將亞嫩谷直到黑門山，並東邊的全亞拉巴
　　　　之地奪過來，得地後，從亞嫩谷邊的亞羅
　　　　珥起，我將基列山地的一半，並其中的城
　　　　邑，都給了流便人，和迦得人。

王下 10:33 在那些日子，耶和華才割裂以色列國，使
　　　　哈薛攻擊以色列的境界，乃是約但河東，
　　　　基列全地，從靠近亞嫩谷邊的亞羅珥起，
　　　　就是迦得人，流便人，瑪拿西人之地。

耶　48:20 先知論摩押說，摩押因毀壞，你們要哀號呼
　　　　喊，要在亞嫩旁報告，說，摩押變為荒場。

0510　亞撻 Athach
客棧 Inn，寄居之地 Lodging place

●Kh.el-Ater [T.Eter]，位於希伯崙西北約 25 公里，拉
吉之北約 7 公里，亞實突東南約 26 公里，栽他谷內。

撒上 30:30 大衛戰勝亞瑪力人之後回到洗革拉，將掠
　　　　物作為禮物分送給亞撻等地，他素常所到
　　　　之處的人。

※可能同書 15:42 中之以帖 Ether 0115-1，是猶大支派
　所得為業之一城。

0511　亞衛人 Avim
廢墟 Ruins，倡邪說者 Perverters

●亞衛人是非利士人遷來之前，迦薩附近和其南方的
原住民，他們的來歷不明。

申　2:23　從迦斐託出來的迦斐託人，將先前住在鄉
　　　　村直到迦薩的亞衛人除滅，接著居住。

書　13:3　約書亞年紀老邁，還有許多未得之地，就

是非利士人的全地，和基述人的全地，從埃及前的西曷河往北，直到以革倫的境界，就算屬迦南人之地，有非利人五個首領所管的迦薩人，亞實突人，亞實基倫人，迦特人，以革倫人之地，並有南方亞衛人之地。

0512　亞錄 Alush
群眾 crowd，野獸之地 Place of beast

●位置不明，應該是在脫加及利非訂之間。

民　33:13 以色列人從脫加起行，安營在亞錄（出埃及後的第十個安營處），再去利非訂。

0513　亞薩 Azal
高貴 Noble

●位置不明，無從查考，應是離耶路撒冷不遠之處。

亞　14:5 先知預言耶路撒冷的橄欖山必從中間分裂，自東至西，成為極大的山谷，主說，你們要從我山的谷中逃跑，因為山谷必延到亞薩。

0514　亞蘭（地）Aram
高地 High land，被高舉 Exalted

●一、亞蘭是挪亞之孫，閃的第五個兒子，他的最初的領土是在幼發拉底河東邊的巴旦亞蘭地區，即是今日敘利亞的東北部。

二、亞蘭民族日後擴張其領土，向南直到大馬色地區，其範圍略等今日的敘利亞和黎巴嫩兩國之國土，在部份的英文聖經中譯作敘利亞。在舊約時代可分為兩部份，其一是「巴旦」或「兩河之間的亞蘭」，就是幼發拉底河和底格里斯河之間。幼發拉底河的支流哈博河以西的地區，其間重要的城市計有哈蘭、拿鶴、歌散等。另外的一部份則是在幼發拉底河以西，及奧倫提斯河兩岸，南至大馬色之間的地區，其間重要的城市計有大馬色、哈馬、哈馬口、迦基米設、亞珥拔、亞勒坡及馬利等。亞蘭在列王時代尚分為大馬色、瑣巴、瑪迦、基述、利伯合和巴旦亞蘭等幾支，各自建立了許多的獨立的城邦，約在 883 BC 時，瑣巴王利汎統一亞蘭，並以大馬色為首都，到便哈達時，曾統治了三十二的小王，但為時不久，在 732 BC 時，被亞述所滅。

三、約在主前八世紀起，亞蘭文便成為近東地區，政治上及貿易上國際通用的語文，到了希臘帝國時，希臘文在帝國中流行，亞蘭語雖在公務上退居第二，但在民間被使用的相當廣泛，在新約時代，巴勒斯坦的猶太人都說亞蘭話，這種情形極有利於福音的傳播。

創　10:22，代上1:17

閃的第五個兒子，亞蘭及其後代所居之地及族名。

創　25:20 利百加是巴旦亞蘭地的亞蘭人彼土利的女兒，是亞蘭人拉班的妹子。

創　28:5 以撒打發雅各走了，雅各就往巴旦亞蘭去，到亞蘭人彼土利的兒子拉班那裡。

民　23:7 巴蘭便題起詩歌說，巴勒引我出亞蘭，摩押王他引我出東山。

申　26:5 你要在耶和華你的神面前說，我祖原是一個將亡的亞蘭人，下到埃及寄居，在那裡卻成了又大又強，人數又多的國民。

士　10:6 以色列人又行耶和華眼中看為惡的事，去事奉諸巴力和亞斯他錄，並亞蘭的神，西頓的神，摩押的神，亞捫的神，非利士人的神，離棄耶和華，不事奉他。

撒下　8:5 大馬色的亞蘭人來幫助瑣巴王哈大底謝，大衛就殺了亞蘭人二萬二千人，於是大衛在大馬色的蘭亞地設立防營，亞蘭人就歸服了大衛。

撒下　8:12 大衛王將從亞蘭，摩押，亞捫，非利士，亞瑪力人所得來的金銀，都分別為聖，獻給耶和華。

撒下　8:13 大衛在鹽谷擊殺了亞蘭人一萬八千人回來，就得了大名，又在以東全地設立營防，以東人就都歸服了大衛。

撒下 10:6，代上19:10
亞捫人招募伯利合的亞蘭人和瑣巴的亞蘭人與大衛王爭戰，結果大敗，哈大底謝又將大河那邊的亞蘭人調來，結果又被擊敗，於是亞蘭人不敢再幫助亞捫人了。

王上 10:29，代下1:17
所羅門王向埃及和亞蘭諸王買車和馬。

王上 15:18，代下16:2
猶大王亞撒因以色列王巴沙修築拉瑪，就求大馬色的亞蘭王便哈達攻擊以色列，便哈達就攻破以雲等北方的城邑，沙巴就停工回得撒去了。

王上 19:15 耶和華對以利亞說，你回去，從曠野往大馬色去，到了那裡，就要膏哈薛作亞蘭王。

王上 20:20 亞蘭王便哈達領了他的全軍和三十二個王，上來圍攻耶路撒冷，結果大敗。次年亞蘭王便哈達又上亞弗與以色列人打仗，但又大敗。

王上 22:1 亞蘭國和以色列國三年沒有爭戰，到了第三年，猶大王約沙法和以色列王亞哈聯合去攻取基列的拉末，結果大敗，亞哈王被箭射死。

王下　5:2 亞蘭王的元帥乃縵長了大痲瘋，他的一個以色列女僕要他去求以色列的神人以利沙醫治他。

王下　6:23 亞蘭與以色列人爭戰，圍困多坍，神人以利沙使亞蘭人的眼睛昏迷，進了撒瑪利亞

城，從此亞蘭軍不再犯以色列境了。

王下 8:7 亞蘭王便哈達患病，他令哈薛去求問以利沙，他的病能不能好。

王下 8:28，代下 22:5 猶大王亞哈謝同以色列王約蘭往基列的拉末去，與亞蘭王哈薛爭戰，亞蘭人打傷了約蘭。

王下 12:17 那時亞蘭王哈薛上來，攻打迦特，攻取了，就定意上來攻打耶路撒冷，猶大王約阿施將殿裡的聖物和金銀，都送給亞蘭王，哈薛就不攻打耶路撒冷了。

王下 13:24 以色列王約哈斯行耶和華眼中看為惡的事，神就將他交在亞蘭王哈薛和他兒子便哈達的手中，先知以利沙預言約阿施將三次打敗亞蘭人，果然，在亞蘭王哈薛死後，他的兒子便哈達接續他作王，從前哈薛和約哈斯所攻取了的城邑，現在約哈斯三次打敗便哈達，就收回了那些城邑。

王下 15:37，賽 7:2 在那些日子，耶和華才使亞蘭王利汛和以色列王比加去攻擊猶大。

王下 16:6 亞蘭王利汛和以色列王比加上來攻打耶路撒冷，圍困亞哈斯，卻不能勝他，當時亞蘭王利汛收回了拉他歸與亞蘭，將猶大人從以拉他趕出去，亞蘭人（有作以東人）就來到以拉他，住在那裡。

王下 24:2 猶大王約雅敬年間，耶和華使迦勒底軍，亞蘭軍，摩押軍和亞捫人的軍，來攻擊約雅敬，毀滅猶大。

代上 2:23 後來基述人和亞蘭人，奪了睚珥並基納和其鄉村，共六十個，這都是基列父親瑪吉之子的。

代上 18:5 大馬色的亞蘭人來幫助瑣巴王哈大利謝，大衛就殺了亞蘭人二萬二千，於是大衛在亞蘭地設立防營，亞蘭就歸服他，給他進貢。

代下 18:10 基拿拿的兒子西底家造了兩個鐵角，說，耶和華如此說，你要用這角牴觸亞蘭人，直到將他們滅盡。

代下 24:23 一小隊亞蘭軍兵上來攻擊約阿施，來到猶大和耶路撒冷，殺了民中的首領，將所掠得的財貨送到大馬色王那裡。

代下 28:5 猶大王亞哈斯不行耶和華看為正的事，所以耶和華將他交在亞蘭王手裡，亞蘭王打敗他，擄了他許多的民，帶到大馬色去，這亞哈斯王在急難的時候，越發得罪耶和華，他祭祀攻擊他的大馬色之神，因為亞蘭的神幫助他們，我也獻祭與他。

拉 4:7 猶大人歸回後重建聖殿時，反對和阻擋他們的人上奏波斯王的本章，是用亞蘭文字，和亞蘭方言寫的。

賽 17:3 先知預言說，大馬色不再有國權，亞蘭所剩下的，必像以色列人的榮耀消滅一樣，

這是萬軍耶和華說的。

賽 36:11 猶大王希西家的臣子以利亞敬，請求亞述人不要用猶大言語，而用亞蘭語和他們說話，免得城中的百姓聽見。

結 27:16 先知論推羅說，亞蘭人，因為你的工作很多，就作你的客商，他們用綠寶石，紫色繡貨，細麻布，珊瑚，紅寶石，兌換你的貨物。

何 12:12 從前雅各逃到亞蘭地，以色列為得妻服事人。

但 2:4 尼布甲尼撒王作了一個夢，迦勒底人用亞蘭的言語對王解夢。

摩 1:5 先知預言亞蘭人必被擄到吉珥。9:7 耶和華也領亞蘭人出吉珥。

0515　亞大利　Attalia
亞大魯的城 City of Attalus
和藹的父親 Gentle father

●是今日土耳其南方的一個主要大港埠，大約是在 160 BC 所建，現名 Antalya，位於 Cataractes 河口，距別加約 17 公里，原是別加城的港口，但因日漸繁榮，現已超過並取代了它的地位。

徒 14:25 保羅和巴拿巴在別加講道後，就下到亞大利，從那裡坐船往安提阿去。

0516　亞大瑪　Adamah
泥土 Earth，紅泥地 Red ground

●有兩個可能的位置，但都未能確定，其一是 Abu esh-Shiba，位於基尼烈城西北方約 14 公里，夏瑣西南約 19 公里。另一個是 Qarn Hattin [H.Qarne Hittim]，位於基尼烈城西南約 11 公里，亞柯之東約 38 公里。

書 19:36 拿弗他利支派所得為業的十九座堅固城之一。

0517　亞大達　Adadah
節日 Festival，邊界 Bordering

●Ararah [H.Aroer]，位於別是巴東南約 16 公里，希伯崙南東南約 43 公里，距死海約 37 公里。

書 15:22 猶大支派在儼南邊所得為業的二十九座城之一。

※同撒上30:28中之亞瑪珥 Aroer 0565-2，大衛擊敗亞瑪力人返來後，以掠物為禮物送給該城等地之人，因大衛常到那些地方。

0518　亞大錄　Ataroth
皇冠 Crowns

●Kh.Attarus，位於希實本西南約 28 公里，底本的西北約 13 公里，是一處土壤肥沃的地區。

民 32:3 流便和迦得的子孫，向摩西所索取為業之

※同 32:34 中的亞他錄 Ataroth 0526，是迦得的子孫所
　重建的一城鎮，兩者的英文名亦相同。

0519　亞巴琳(山) Abarim
遙遠的地區 Regions beyond

●嚴格而論，亞巴琳只是摩押高原西方邊緣上的一大
片陡峭的斜坡，而不是真正的山脈，它自死海東岸升
起約 620 公尺，南起自拿哈列河口，向北東北上行，
止於亞伯什亭。又在聖經中，亞巴琳、尼波和毘斯迦
三者似有混淆，現在大部份解經家認同的是，亞巴琳
是座山脈，尼波和毘斯迦只是兩個山峰，En-Nebu 即
是尼波山，山頂的高度約 802 公尺。而在其西約 2.5 公
里處，現名 Ras es-siyaghah 的則是毘斯迦山，山峰似
比尼波峰要高，兩者之間有一鞍部相連，後者之視野
較佳。

民　27:12 耶和華對摩西說，你上這亞巴琳山，觀看
　　　　 我所賜給以色列人的地。
申　32:49 耶和華吩咐摩西說，你上這亞巴琳山中的
　　　　 尼波山去，觀看我所要賜給以色列人為業
　　　　 的迦南地，你必死在你所登的山上，歸你
　　　　 列祖。
民　33:47 以色列人出埃及最後的第二站，是從亞門
　　　　 低比拉太音起行，安營在尼波對面的亞巴
　　　　 琳山裡，再往摩押平原。

0520　亞比拉 Abel
草原 Meadow，哀悼 Mourning

●T. Abil [T.Avel Bet Maakha]，位於但城以西約 6 公
里，夏瑣以北約 27 公里，今日 Metulla 城之南約 2 公
里，約但河源頭之一的 R.Bereighith 上游的東岸。

撒下 20:14 約押奉命追殺示巴，直到伯瑪迦的亞比拉
　　　　 大城，那城裡的人割下示巴的首級給了約
　　　　 押。
※同王上15:20中的亞伯伯瑪迦 Abel-beth-maacah
　0592。
※同代下16:4中的亞伯瑪音 Abel-main 0573。

0521　亞比烏 Appii Forum
亞比革老丟的市場 Market of Appius Claudius
善於說服、遊說的市場 Persuasive Mart

●位於羅馬市以南約 68 公里，距三館約 16 公里，是
古代亞比安大道上的一個市鎮，但其確實的位置不
明。亞比安大道是羅馬帝國所建的重要軍事和商業幹
道，起自羅馬城，向東南方經 Benevetum 及 Brundisium
到西岸的 Capua 為止，從 312 BC 開工，直到 244 BC
方完成，其寬約為 5 公尺，路面鋪有石版，是最早有
道面的道路，全長 350公里，在 Capua以海運與馬其頓

的 Agnatian Way 相連接。

徒　28:15 保羅在被押往羅馬將到達時，羅馬那裡的
　　　　 弟兄們，一聽見信息，就出來到亞比烏
　　　　 市，和三館地方迎接。

0522　亞瓦底(島) Arvad
流浪者之地 Place of wanderers

●亞瓦底是含之孫，迦南的第九個兒子，他最初的領
土是今日名叫 Ruwad 的小島，離海岸約有三公里，位
於地中海西岸，迦巴勒城之北約 85 公里，與賽浦路斯
隔海相對，現屬敘利亞所有，是一個典型腓尼基人的
小島。在古時，該島雖小，但地居重要的戰略位置，
為列國必爭之地，城建有很重的防護設施，還有強大
的海軍和商業艦隊，它曾統治其鄰近之地區達數百年
之久。也曾被埃及和希伯述等所佔領。

創　10:18，代上1:16
　　　　 亞瓦底是含之孫，迦南的第九個兒子，其
　　　　 後裔稱之為亞瓦底人，所居之城及地則稱
　　　　 亞瓦底。
※同結27:8中之亞發 0506，因其英文原名及其條件均
　相符，先知說推羅的槳手是西頓人和亞發人。

0523　亞未得 Avith
滅亡，毀滅 Ruin，推翻 Overturning

●位置無從查考，但應該是在以東的境內。

創　36:35，代上1:46
　　　　 亞未得是哈達，桑拉，掃羅和巴勒哈南等
　　　　 人作以東王時的京城。

0524　亞他林(路) Atharim
探子 Spies，腳印

●是一條道路的名字，確實的路線未能確定，可能是
自加低斯往亞得拉、何珥瑪和希伯崙等地去的駱駝商
隊的大道。也可能是往日十二個探子所走的一條路。

民　21:1 住南地的亞拉得王，聽說以色列人從亞他
　　　　 林路上來，就和以色列人爭戰。（在 KJV
　　　　 中是「The way of the spies」即是「探子
　　　　 之路」）

0525-1亞他綠 Ataroth
冠冕 Crowns，財富 Wreaths

●Kefr Aqab，位於耶路撒冷以北約 12 公里，伯特利之
南約 4 公里。

書　16:2 約瑟的子孫(瑪拿西及以法蓮兩支派)地業
　　　　 境界上之一城。
※同書16:5中的亞他綠亞達 Ataroth-Addar 0590。

0525-2 亞他綠 Ataroth

●T.Mazar，位於示劍東南方約 20 公里，示羅的東北方約 20 公里，法瑞阿河 Wadi Farah 之西岸。

書　16:7　以法蓮支派所得地業東邊界上之一鎮。

0525-3 亞他綠 Ataroth

●位置不明，有可能同 0525-1。有古本與其後之伯約押連成一字，即是亞他綠伯約押人 Ataroth-beth-joab，位置亦不明，也有可能是一族名。

代上　2:54　薩瑪的子孫是伯利恆人，尼陀法人，亞他綠，伯約押人，一半瑪拿哈人，瑣利人和住雅比斯眾文士家的特拉人，示米押人，蘇甲人，這都是基尼人利甲家之祖哈末所生的。

0526　亞他錄　Ataroth
皇冠 Crown

●Kh.Attarus，位於希實本西南約 28 公里，底本的西北約 13 公里，是一處土壤肥沃的地區。

民　32:34　是迦得的子孫所重建的八座城之一。

※同32:3 中之亞大錄 Ataroth 0518，是流便和迦得的子孫向摩西所索取為業之一城，兩者的英文名亦相同。

0527　亞西亞(省) Asia
東方 Eastern，泥土 Mire

●當時是羅馬帝國的一個大省，其範圍大約是現今土耳其的西半部，包括了當時西北部的每西亞，西部的呂彼亞，西南的迦利亞，東部的弗呂家，南方連接呂家省，東鄰加拉太省的彼西底，和呂高尼，北鄰庇推尼。以弗所曾為其省會，鄰近之島嶼亦屬其所有。大都市計有以弗所、米利都、撒狄、特羅亞、亞朔、士每拉、別迦摩、推雅推喇、老底嘉、歌羅西、非拉鐵非等。亞西亞的英文名與現今的亞細亞洲都是 Asis，但是所指的地區並不相同。在新約時代，它指今現之小亞細亞地區，因為希臘的地理學家，多以亞西亞泛指希臘以東的大陸，就是三面環海的半島的小亞細亞。

徒　2:9　五旬節所說的方言之一。
徒　6:9　反對司提反的眾人中有亞西亞會堂中的人。
徒　16:6　聖靈既然禁止保羅他們在亞西亞傳道，他們就經過弗呂家，加拉太一帶地方，到了每西亞邊界，他們想要到庇推尼去，聖靈卻不許，他們就越過每西亞，下到特羅亞。
徒　20:4　同他到亞西亞的有提摩太，亞西亞人推古基及特羅非摩及其他三人。
徒　20:17　保羅在米利都對以弗所教會的長老說，自從我到亞西亞的日子以來……。
徒　21:27　從亞西亞來的猶太人，來到耶路撒冷聳動眾人拿住保羅。
徒　24:18　惟有幾個從亞西亞來的猶太人到該撒利亞向巡撫非斯都控告保羅。
羅　16:5　問我所親愛的以拜尼土安，他在亞西亞是歸基督初結的果子
林前　16:19　亞西亞的眾教會問你們的安。
林後　1:8　我們從前在亞西亞遭遇苦難，被壓太重，力不能勝，甚至連活命的指望都斷絕了。
彼前　1:1　彼得寫信給亞西亞等地的信徒。
啟　1:4　約翰寫信給亞西亞的七個教會。

0528　亞西加　Azekah
耕作了的 Tilled
用鋤頭鋤過了的地 Hoed ground

●T.Zakariyeh [T.Azeqa]，位於伯利恆之西約 25 公里，伯示麥西南約 6 公里，梭哥西北約 2 公里，以拉谷的東北端，城建在一高出地面約 120 公尺三角形之小山丘上，其地可以同時控制以拉谷，以及自伯示麥通往瑪利沙，在該處跨越以拉谷的兩條重要交通大道，故形勢十分險要。1898 年開始挖掘，城區大約 3.5 公頃，是一早於 1300 BC 前已設防的大城，地下有一系列洞穴，可作存糧和避難之用，地面仍留有一堵城牆及碉壘。在拜占庭時代在其附近另建有一城，亦名亞西加，是現在的 Kh.el-Alami 廢墟。

書　10:10　亞摩利人的五個王被約書亞在基遍擊敗，直追殺到亞西加和瑪基大，耶和華降大冰雹在亞西加，打在亞摩利人的身上，被冰雹打死的比被刀殺死的還多。
書　15:35　猶大支派所得在高原第一組的十四座城之一。
撒上　17:1　非利士人在梭哥和亞西加中間的以弗大憫安營，非利士的巨人歌利亞在此間被少年大衛所殺。
代下　11:9　猶大王羅波安為保障在猶大地所修築的十五座堅固城之一。
尼　11:30　歸回後猶大人所居住之一城。
耶　34:7　巴比倫王尼布甲尼撒攻打耶路撒冷時同時又攻打亞西加，當時猶大的堅固城只下剩下這兩座(尼布甲尼撒 18 年，588 BC)。

0529　亞弗革 Aphik
力量 Strength，堡壘 Fortress

●T.Kurdaneh [T.Afeq]，位於亞柯的東南南方約 8 公里，約念之北約 20 公里，距海岸約 5 公里，附近有小河 Nahr Namain 自此發源往北流向亞柯入海。因位於腓尼基和埃及的通商大道之上，故甚具有商業和軍事的價值。

士　1:31　亞設沒有趕出原住在亞弗革等地的迦南人，就住在他們中間。

※同書19:30中之亞弗 Aphek 0482-2，係亞設支派所分得之一城。

0530　亞杜蘭 Adullam
撤退 Retreat，避難所 Refuge

●T.esh-Sheikh Madhkur [H. Adullam]，位於希伯崙西北約 16 公里，伯示麥之南約 11 公里，在以拉谷的南側，因控制了一條自耶路撒冷通往拉吉的道路，故是一處戰略要地，該地區的山中有很多洞穴，可容人居住。

創　38:1　猶大離開他的弟兄到一個亞杜蘭人希拉的家裡去。

書　12:15　約書亞所擊殺的三十一個王之一。

書　15:35　猶大支派在高原所得第一組十四座城之一。

撒上 22:1，撒下 23:13
　　　　　大衛逃避掃羅的追殺，逃到亞杜蘭洞，有四百餘人來跟隨他。

代上 11:15　大衛王在亞杜蘭洞，非利士人的防營在伯利恆，有三個勇士到伯利恆城門旁的井中，取了水拿回來給大衛喝。

代下 11:7　羅波安王為保障，在猶大地所修築的十五座堅固城之一。

尼　11:30　回歸後的猶大人所居之一城。

彌　1:15　以色列的尊貴人，必到亞杜蘭。

0531-1　亞法撒(地) Arphaxad
迦勒底人的城寨 The stronghold of Chaldees

●亞法撒是挪亞之孫，閃的第三個兒子，他最初領土的位置可能是位於今日伊朗的西部，就是底格里斯河的支流，大札布河的西北方，尼尼微大城東北方的山區中。

創　10:22，代上1:17
　　　　　閃的第三個兒子亞法撒及其後代所居之地名。

0531-2　亞法撒(人) Apharsites
波斯 Persia

●可能是指波斯。否則是指亞述帝國的領土內之一地，但位置不明。

拉　4:9　由河西省長利宏領頭，上書奏請波斯王亞達薛西，控告並阻止猶太人建殿的同黨中，有原籍為亞法撒(RSV，KJV，NIV 中為 Persia，即是波斯)的撒瑪利亞人。

0532　亞底亞(海) Sea of Adria
沒有森林 Without wood

●指地中海的中間一段，廣義的說法是指地中海的中央的一段，即是東起自革哩底島，西至西西里島之間，南起自北非，北迄至義大利的威尼斯一帶的地中海之水域，包括大小賽耳底在內。狹義的說法則是指西西里島和革哩底島以北的海域，即今的威尼斯灣和其南部的海，並不包括義大利西面的海域在內。聖經中所指應是前者。

徒　27:27　保羅被解往羅馬的途中，從革哩底乘船航行時，因遇大風浪，到了第十四天的夜間，船在亞底亞海飄來飄去。

0533　亞非加 Aphekah
要塞 Fortress，力量 Strength

●Kh.Kanaan，位於希伯崙西南方約 3 公里，迦薩之東約 57 公里，別是巴東北約37公里，栽得谷的源頭處。另有可能是 Kh.el-Hadab，位於希伯崙西南約 7 公里，別是巴之東北約 33 公里。

書　15:53　猶大支派所得在山地第二組的九座城中的一座。(其位置在山地第三組及第四組之間)

0534　亞拉得 Arad
亡命者 Fugitive，野驢 Wild ass

●T.Arad [T.Arad]，位於希伯崙之南 27 公里，別是巴東北東約 28 公里，城郊有一片廣大的平原，它扼守了自埃及經以旬迦別通往迦南的大道，故甚具有軍事和商業的價值，曾是該地區主前二、三千年代中的文化中心，在亞伯拉罕的時代中也很繁榮，所羅門王時代再行增防。1962 至1972 年間發掘，證實在 4000 BC 前就有居民，到 2900 BC 才建成一個有城牆，大約 6 公頃設了防的城市，城牆厚 2.5 公尺，現地上仍留有 1000 BC 時代中用石塊和磚頭所築成的城牆，也有基尼族人居住的城堡廢墟。聖經以外的文獻稱它為大亞拉得 Great Arad，或 Arad Rabbah，何珥瑪城則在其西南約 18 公里。

照埃及 Karnak 巨牆上之記載，位於南地的亞拉得應有兩處，1962 年，亞哈朗尼等在 T. Arad 西南 12 公里，別是巴之東約 18 公里，希伯崙的南方約 36 公里，再發現了 T.el- Milh [T.Malhata] 廢墟，掘出一個銅器初二期(2900 至 2700 BC)的大城市，建基於另一個零散，未經設防的銅石時代(4000 至 3150 BC)住宅區之上，在那個初銅器時代的出土文物中，有類似埃及第一王朝陵墓中的陶器，證明那座古城在四千多年前已經與埃及有商業聯繫，並在文化上有高度的發展，從遺跡估計，這座城被毀應不會遲過 2700 BC，附近也無銅器中期和後期(2200 至 1200BC)間之遺物，因此不能證明那是以色列人進入迦南時代的亞拉得城。究竟何者是

聖經中所指的亞拉得？可能的結論有二，其一是以色列人進入迦南時，亞拉得並不是一個特定的城市，而是一個地區的總稱，第二是 T.el-Milh 那裡掘出來的防禦工事可追溯至喜克索時代(銅器中期)，接近以色列人出埃及的時代，應該最有可能是聖經中所指的亞拉得。

民　21:1，33:40

　　　住南地的迦南人亞拉得的王，聽說以色列人從亞他林路來，就和以色列人爭戰，最先迦南人小勝，擄了幾個以色列人，隨後以色列人把迦南人和迦南人的城邑盡行毀滅，那地便名叫何珥瑪(毀滅之意)。

書　12:14　約書亞所擊殺的三十一王中的一個。

士　1:16　摩西的內兄是基尼人，他的子孫與猶大人一同離了棕樹城，往亞拉得以南的猶大曠野中去，就住在民中。

0535　亞拉伯(地) Arabia
沙漠 Desert，曠野 Wilderness
陰暗 Dusky，混合 Mixed

●一、亞拉伯地區：約與現今的阿拉伯半島相同，西鄰紅海，南為亞丁灣和印度洋，東鄰阿曼灣和波斯灣，北鄰敘利亞沙漠，三面環水，半島略似一個斜放的四邊形。在新約時代前後尚包括西奈半島和以東地在內。全長約 2200 公里，寬約 1100 公里，多險峻的山嶺，中部為大沙漠，乾燥炎熱，全年少雨，無河流湖泊，除有少數綠洲外，皆不利於農耕，但尚可放牧，居民多是遊牧民族。

二、亞拉伯人：在洪水之後，即有含族古實的後裔西巴、哈腓拉、撒弗他、示巴、底但及閃族約坍的後代，哈薩瑪非、烏薩、示巴、俄斐、哈腓拉等族人分散此區之內。日後在亞伯拉罕時代有拿鶴的兒子烏斯、布斯、基薛、哈瑣等族，再有亞伯拉罕從夏甲所生的以實瑪利族，和他的後裔尼拜約、基達、度瑪、瑪撒、提瑪、基底瑪等族，又有亞伯拉罕從基土拉所生的米但、米甸、書亞、底但等。但是這些族人長期混雜的結果，就成為亞拉伯人，主要的有以實瑪利或米甸族，其他的小族，即所謂之雜族人。

三、亞拉伯王國：在亞歷山大大帝死後，以東人興起，在敘利亞和巴勒斯坦的東邊，自紅海延伸到幼發拉底河，建之了龐大的拿鶴天王國，即是亞拉伯王國，以彼特拉為首都，曾統治阿拉伯半島三百餘年。

代下　9:14　亞拉伯諸王，與屬國的省長，都帶著金銀給所羅門王。

代下　17:11　耶和華使猶大王約沙法強盛，猶大四周的列國，都甚恐懼，不敢與猶大爭戰，有些非利士人與約沙法送禮物，納貢，亞拉伯人也送他公綿羊和公山羊各七千七百隻。

代下　21:16，22:1

猶大王約蘭年間，耶和華激動非利士人，和靠近古實的亞拉伯人，來攻擊猶大，侵入境內，擄掠了王宮內所有的財貨，和他的妻子，兒女，亞拉伯人曾殺了亞哈謝的眾兄，只留下他的小兒子約哈斯，耶路撒冷的居民，就立約哈斯接續他作猶大王。

代下　26:7　猶大王烏西雅攻擊非利士人，和住在姑珥巴力的亞拉伯人，並米烏利人。

尼　2:19，4:7

在反對和阻撓猶大人重建聖殿的人中，有些是亞拉伯人，其中一人名叫基善。

賽　13:20　先知預言巴比倫必如所多瑪一樣的傾覆說，其內必永無人煙，世世代代無人居住，亞拉伯人也不在那裡支搭帳棚。

賽　21:13　先知論亞拉伯的默示，底但結伴的客旅阿，你們必在亞拉伯的樹林中住宿，提瑪地的居民送水來，⋯⋯，基達的一切榮耀必歸於無有。

耶　3:2　你坐在道旁等候，好像亞拉伯人在曠野埋伏一樣，並且你的淫行邪惡玷污了全地。

耶　25:24　底但，提瑪，布斯和一切剃周圍頭髮的，亞拉伯的諸王，住曠野雜族人民的諸王。

結　27:21　論推羅，亞拉伯人和基達的一切首領，都作你的客商，用羊羔，公綿羊，公山羊，與你交易，示巴和拉瑪的商人用各類上好的香料，各類的寶石和黃金，兌換你的財物。

徒　2:7　五旬節的聚會中有亞拉伯人。

加　1:17　保羅說，也沒有上耶路撒冷去，見那些比我先作使徒的，惟獨往亞拉伯去，後又回到大馬色。

加　4:25　這都是比方，那兩個婦人，就是兩約，一約是出於西乃山，生子為奴，乃是夏甲，這夏甲二字是指著亞拉伯的西乃山，與現在的耶路撒冷同類，因現在的耶路撒冷和他的兒女都是為奴的。

0536-1亞拉巴(地區) Arabah
沙漠 Desert，焚盡 Burnt up
降低，凹陷，盆地 Depression
廢棄地 The waste land

●希伯來文中「亞拉巴」的意思就是約但裂谷，包括從約但河的發源處直到死海之南端，更包括了從死海南端延至阿卡巴灣的谷地，全長約達 460 公里，詳細說明請參見約但河 0769 條。亞拉巴又有荒涼不毛之地的意思，則是指加利利湖到死海之間的一段谷地。亞拉巴一詞，只有用在中文聖經和合本，以及英文聖經的 RSV 和 NIV 中。現代中文聖經譯本 TCV 中多用約旦谷，TEV 中多用 Jordan Valley，KJV 多用 plain，現分組說明如下：

一、此一組各節經文中的亞拉巴是指兩湖之間的約但

河谷。(在 RSV 和 NIV 中用 Arabah，TCV 用約旦谷，TEV 用 Jordan Valley，KJV 用plains)。

申　1:1　申命記是摩西在約但河東的曠野，疏弗對面的亞拉巴，就是巴蘭，陀弗，拉班，哈洗錄，底撒哈中間，向以色列眾人所說的話。

申　1:7　神在何烈山要以色列人起行，轉到亞摩利人的山地和靠近這山地的各處，就是亞拉巴，山地，高原，南地，沿海一帶迦南人的地。

書　8:14　艾城的王和全城的人，按所定的時候，出到亞拉巴前，要和以色列人交戰。(此節 NIV 中為 at a certain place overlooking Arabah，又自希伯來直譯應為「到聚集之處」，而且約但河谷在吉甲之東，所以此處之亞拉巴應不是一個特定之地方，有人建議把「出到亞拉巴前」譯成「到向著約但河的聚集之處」較為合宜)

書　11:2　夏瑣王耶賓聯合北方諸王以對抗約書亞的地區中，有基尼烈南邊的亞拉巴高原。(此節中的亞拉巴在 TCV 中作「約旦河兩岸」，NIV 中作「in the Arabah south of Kinnereth」，KJV 中作「plain south of Chinneroth」，故此節中之最後一句以改成「基尼烈南邊的約但河河谷」較為合適。)

書　11:16　約書亞奪了那全地，就是山地，一帶南地，歌珊全地，高原，亞拉巴，以色列的山地，和山下的高原。

書　12:1　以色列人在約但河外，向日出之地擊殺二王，得了他們的地，就是從亞嫩谷直到黑門山，並東邊的全亞拉巴之地。:3與約但河東邊的亞拉巴，直到基尼烈海，又到亞拉巴的海。(東邊的全亞拉巴之地和約但河東邊的亞拉巴，兩者之意思相同，均是指兩湖之間，約但河東側的河谷，亞拉巴的海則是指死海或鹽海。)

書　12:3　亞摩利人的王西宏，他所管之地，是從亞嫩谷邊的亞羅珥，和谷中的城，並基列的一半，直到亞捫人的境界，雅博河與約但河東邊的亞拉巴，直到基尼烈海，又到亞拉巴的海，就是鹽海。

書　12:8　分給以色列人為地業的地中，包括高原亞拉巴。(KJV 中作 in the plains，即是約但平原)

撒下 2:29　押尼珥和跟隨他的人，整夜經過亞拉巴，過約但河，走過畢倫，到了瑪哈念。

撒下 4:7　比錄人臨門的兩個兒子，將伊施波設刺殺，割了他的首級，拿著首級在亞拉巴走了一夜，到希伯崙見大衛王。

王下 25:4，耶 39:4，52:7

巴比倫王尼布甲尼撒攻破耶路撒冷，猶大王西底家就向亞拉巴逃走，在耶利哥的平原被迦勒底的軍隊追上。

二、此一節經文中有兩個亞拉巴，前面的亞拉巴是一個城的名字，是書 15:6 中伯亞拉巴城的簡稱。後面的一個則是指約但河谷，在 KJV，RSV 和 NIV 用中 Arabah，TCV 用谷底，TEV 用 Jordan Valley)。

書　18:18　分給便雅憫支派的地的地界中，有一段是，「從基利綠下到流便之子波罕磐石，又接連到亞拉巴對面，往北下到亞拉巴，又接到伯曷拉的北邊」。

在本節中有兩個「亞拉巴」，在 KJV 中兩個亞拉巴都是用 Arabah，根據 NIV 的同節是 It continued to the northern slope of Beth-Arabah， and on down into the Arabah ：又在 TCV 中則是 「經過山嶺的北面，俯視約旦河谷，下到谷底」。在 TEV 中則是 and pass north of the ridge overlooking the Jordan Valley. It then went down into the Valley.

※伯亞拉巴城 Beth-arabah 0373，同 0536-3 的說明。

三、此節經文中的亞拉巴路是指前往或經由南亞拉巴谷的路，可能是自加低斯東行至亞拉巴谷後再沿谷南行。(RSV 和 NIV 用 Arabah，TCV 和 TEV 皆省略，KJV 用 plain)。

申　2:8　以色列人離了西珥，從亞拉巴的路，經過以拉他，以旬迦別，轉向摩押曠野的路去。

四、此節經文中的亞拉巴，是指加利利湖與死海之間的約但河谷。(RSV 和 NIV 用 Arabah，TCV 用谷底，TEV 用 Jordan Valley，KJV 是 in the land of Canaanites)

申　11:30　基利心山和以路巴山是在約但河那邊，日落之處，在住亞拉巴的迦南人之地，與吉甲相對，靠近摩利橡樹。

五、此節經文中的亞拉巴是位於瑪雲曠野南邊的死海西岸的曠野中。(RSV 和 NIV 用 Arabah，TCV 是在猶大曠野南邊的荒谷中，TEV 是 in a desolate valley in the southern part of the Judan wilderness， KJV 中是 in the Wilderness of Maon，in the plain on the south of Jeshimon，Jeshimon 意思是猶大曠野)

撒上 23:24　大衛為躲避掃羅的追殺，當掃羅往西弗去，大衛卻在瑪雲曠野南邊的亞拉巴。

六、此節經文中的亞拉巴是指兩湖之間的約但河谷。(RSV 和 NIV 用 Arabah，TCV 用約旦谷，TEV 用 Jordan Valley，KJV 用 desert)

結　47:8　他對我說，這水往東方流去，必下到亞拉巴，直到海，所發出來的水，必流入鹽海，使水變甜。

七、此節經文中的亞拉巴是指兩湖之間的約但河谷。(RSV 和 NIV 用 Arabah，TCV 是南到死海，TEV 是 to the brook of the Arabah in the south， KJV 用 wilderness，NKJV是 to the Valley of Arabah)

摩　6:14　耶和華萬軍之神說，以色列家阿，我必興

起一國攻擊你們，他們必欺壓你們，從哈馬口直到亞拉巴的河。

八、此節經文中的亞拉巴是指兩湖之間的約但河谷。(RSV 和 NIV 用 Arabah，TCV 用地區 ，TEV 用 regin，KJV 用 plain)

亞　14:10　先知預言說，南方的臨門，要變為亞拉巴。

0536-2亞拉巴(海) Sea of Arabah

●亞拉巴海就是鹽海，現稱死海，詳情請參見鹽海 1181 條。此節中的另一個亞拉巴十分明顯的是指從加利利海到死海的一段約但河的谷地。

申　3:17，4:49
　　摩西又將約但河東的全亞拉巴，和靠近約但河之地，從基尼烈直到亞拉巴海，就是鹽海，並毘斯迦山根東邊之地都給了兩個半支派的人。

書　3:16　當以色列人過約但河時，那往亞拉巴的海，就是鹽海，下流的水，全然斷絕。

書　12:3　亞摩利人的王西宏，他所管之地，是從亞嫩谷邊的亞羅珥，和谷中的城，並基列的一半，直到亞捫人的境界，雅博河，與約但河東邊的亞拉巴，直到基尼烈海，又到亞拉巴的海，就是鹽海。

王下 14:25　以色列王耶羅波安收回以色列邊界之地，從哈馬口直到亞拉巴海。

0536-3亞拉巴(人) Arbathites

●即是伯亞拉巴城的人，伯亞拉巴城則是今日 Ain el-Gharabeh，位於耶利哥東南方約 6 公里，耶路撒冷之東約 26 公里，Wadi el-Qelt 北岸，約但河在其東方約 3 公里。

代上 11:32 大衛的勇士中有亞拉巴人亞比。

※同撒下23:31中的伯亞拉巴 Beth-Arabah 0373，大衛的勇士亞比亞本是伯亞拉巴人。

0536-4南亞拉巴(地) Arabah

●南亞拉巴，是約但裂谷的最南段，即是死海以南至阿卡巴灣之間的裂谷，這是一條荒涼不毛，石塊滿佈的乾旱谷地，長約 184 公里，兩側都是以東的高原山區，其高度自死海的海平面下的四百公尺，往南逐漸升高，約50公里處已與海平面平了，再往南約60公里就已高出海平面約六百公尺，然後逐漸下降，到阿卡巴灣時，就與海平面相等了，區內交通不便，無農耕和畜牧之利，惟有藏量豐富的銅礦，是強權爭奪的對象。

0537-1亞拉臘(山) Ararat
高地 High land，聖地 Holy land
創造 Creation

●土耳其東方邊境上，有一座名叫亞拉臘的高山，在傳統上都認為即是聖經上所說的亞拉臘的山，土耳其人稱其挪亞山，亦稱為 M.Agri Dagi，意思是災難山。位於凡湖之東北方約 170 公里，山頂之標高 5165 公尺，因終年積雪，交通也極端的困難，故使得考古的工作仍無法進行。曾有人偶而在飛機上見到方舟，也曾在山頂發現從他處來的木片，但都未能得到有力的證據，只有其高度和位置尚能合要求。

創　8:4　七月十七日，方舟停在亞拉臘山上，水又漸消，到了十月初一日，山頂都現出來了。

0537-2亞拉臘(地) Ararat

●位於今日土耳其的東部，約略是今日烏拉圖地區，是以凡湖為中心的一個山區，並包括 Lake Urmiah 湖在內，平均高度在 1500 公尺以上，是幼發拉底河和底格里斯河等四條河流的發源地，多農產品，在區內曾發現很多古代楔形文字的碑碣。

王下 19:37，賽37:38
　　亞述王西拿基立，一日在尼尼微城裡尼斯洛廟中叩拜，他的兩個兒子用刀殺了他後就逃到亞拉臘地。他的另一個兒子，以撒哈頓接續他作王。

耶　51:27 先知預言亞拉臘等國要聯合起來攻擊巴比倫。

0538　亞哈瓦(河) Ahava
水，河川 Water， 我要生存 I shall subsist

●位置不明，是巴比倫地區中的某一條河，附近住有許多被擄的猶太人。

拉　8:1　以斯拉在流入亞哈瓦的河邊，召集以色列人，特別是利未人，回耶路撒冷參加建殿的工作。

拉　8:31　正月十二日，以斯拉等從亞哈瓦河邊起行，要往耶路撒冷去。

0539　亞哈希(人) Ahohite
屬於亞何亞的 Belonging to Ahoath
兄弟之情 Fraternity

●位置不明，較可能是一個族名。按代上 8:4 所述，可能是指便雅憫支派，比拉之子亞何亞的後裔。

代上 27:4　大衛王所立以色列人二月班的班長朵代是亞哈希人。

※同撒下23:9中的亞合 Ahohite 0481，二者之英文名相同。

0540-1亞革悉 Achzib
欺詐 Falsehood，deceit

●T.el-Beida [H.Lavnin]，位於希伯崙西北方約 18 公里，伯利恆西南約 24 公里，拉吉東北約 13 公里。是一個早鐵器時代(在 1200 BC 前)所建之城鎮。

書　15:44　猶大支派所得為業在高原第三組的九座城中的一座。

彌　1:14　猶大阿，你要將禮物送給摩利設迦特，亞革悉的眾族，必用詭詐待以色列諸王。

※同創38:5中的基悉 Chezib 0919，猶大在此得一子名示拉。

※同代上4:21中的哥西巴 Chozeba 0832。

0540-2亞革悉 Achzib

●ez-Zib [T.Akhziv]，位於亞柯以北約 13 公里，推羅以南約 27 公里，卡恩河流入地中海的入海處，因該河是亞柯平原進入加利利山區的一個狹窄隘道，故甚具有軍事的價值。 1969 年開始考古發掘，知曉在主前十至三世紀間有人定居，是典型的腓尼基城市，在一座主前十世紀的古墓中，發現了許多的珠寶、象牙製品和陶器等。

書　19:29　亞設支派所得為業的二十二座城之一，位在海邊。

士　1:31　但亞設人沒有能將原住在亞革悉的迦南人趕出，就住在他們的中間。

0541　亞馬他 Achmetha
驛站 Station，堡壘 Fortress
集合之處 Place of gathering

●Hamadan 城，在尼尼微之東約 530 公里，蘇珊以北約 280 公里，是當時波斯王的夏宮和三個首都之一，也曾一度是瑪代和帕提亞帝國的首都，地處倫提斯山之側，其高度約為 1800 公尺，氣候甚佳，是一個戰略重地，城垣高厚，市內建築雄偉華麗，保存至今仍然完好。

拉　6:2　大利烏王在瑪代省，亞馬他城的宮內，尋找到了古列王元年降旨在耶路撒冷建殿的文卷。

0542　亞拿米(人) Anamim
石匠 Rockmen
洪水之苦難 Affliction of the waters

●亞拿米是含之孫，麥西的次子，他最初的領土可能是在埃及的西部，亞斯旺和 Qena兩大城以西約 250 公里，一個名叫 el-Kharga Oasis 狹長的大綠洲，南北長約 200 公里，東西寬約十餘公里，其位置約與尼羅河平行。

創　10:13，代上1:11

含之孫，麥西之次子亞拿米及其後裔所居之地名及族名。

0543　亞拿伯 Anab
葡萄 Grapes

●Kh.Anab es-Seghireh，位於別是巴東北約 22 公里，希伯崙西南約 19 公里。

書　11:21　原屬亞衲族人之一城邑，被約書亞所毀，族人被剪除。

書　15:50　猶大支派所得為業在山地第一組的十一座城中的一座。

0544　亞拿突 Anathoth
感應 Responses，苦楚 Affliction
回應(祈禱) Answer (to prayer)

●Ras el-Kharrubeh，位於耶路撒冷東北約 4 公里，基比亞東南約 3 公里處。此一地名 Anathoth 可能是 Anata 之複數，Anata 是一迦南地的女神名，所以該處在以色列人未佔領前，可能是迦南人的一個拜偶神的中心。

書　21:18，代上6:60　利末支派亞倫的後裔自便雅憫支派所取得為業之一城。

撒下 23:27，代上11:28　大衛的勇士中有亞拿突人亞比以謝。

王上 2:26　所羅門對祭司亞比亞他說，你回亞拿突歸自己的田地去罷，你本是該死的。

代上 12:3　大衛的勇士中有亞拿突人耶戶。

代上 27:12　大衛的組織中，九月第九班的班長是便雅憫族，亞拿突人亞比以謝。

拉　2:23，尼7:27　首批自巴比倫回歸的猶大人中，有亞拿突人一百二十八名。

尼　11:32　自巴比倫回歸的便雅憫人所居之一城。

賽　10:30　先知預言當亞述王來攻打耶路撒冷之時，困苦的亞拿突人應躲避。

耶　1:1　耶利米書是便雅憫地亞拿突城的祭司中，希勒家的兒子耶利米所說的話。

耶　11:21　所以耶和華論到尋索你命的亞拿突人如此說，他們說，你不要奉耶和華的名說預言，免得你死在我們的手中，……我必使災禍臨到亞拿突人。

耶　25:20　先知預言中受咒詛的一地。

耶　29:27　現在亞拿突人耶利米，向你們自稱為先知。

耶　32:7　耶利米向他的叔叔贖回在亞拿突的那塊地，以預言被擄者將得返故土。

0545　亞書利 Ashurite
喜樂 Happy，引導 Guided
受祝福的 Blessed

●位置不明，可能是在基列和耶斯列之間，亦有人認為是亞設地區。

撒下 2:9　掃羅的兒子伊施波設在瑪哈念作王，治理基列，亞書利，耶斯列，以法蓮，便雅憫和以色列眾人。

0546　亞珥拔　Arpad
強壯 Strong，伸展 Spread out，榻 Couch

●Tell Erfad 城，位於今日敘利亞的西部，亞勒坡 Aleppo 之北約 25 公里處，靠近哈馬，是一個已有三千年以上的歷史很重要的軍事重鎮，分別在 740 BC 被提革拉比列色三世，及 720 BC 被撒珥根二世所征服。

王下 18:34，19:13，賽 36:19，37:13
　　　　係亞述王所征服之數國之一，用以威脅希西家王投降。
賽 10:9　先知預言，亞拔珥，哈馬和大馬色等地行惡者必遭報。

0547　亞基衛 Archevites
來自以力 Ereck 大城的人

●可能即是古代大城以力的居民，以力今日是名叫 Warka 的一群土丘廢墟，位於吾珥城的西北方約 64 公里，巴格達之東南約 250 公里，距現有的河道約 6 公里，經發掘所得之資料可知，該城早於 4500 BC 即已有了文明，是蘇美王朝的大城之一，又曾是巴比倫的重鎮。請見以力 0105 條之說明。

拉 4:9　由河西省長利宏領頭，上書奏請波斯王亞達薛西，控告並阻止猶太人建殿的同黨中，有原籍為亞基衛的撒瑪利亞人。（在 KJV，TEV，TCV，NIV 的同一章節中均作以力 Erech）
※同創 10:10 中之以力 Ereck 0105，寧錄起頭的一城。

0548　亞勒們 Almon
隱藏之處 Hiding place

●Kh.Almit，位於耶路撒冷的北北東方約 6 公里，基比亞以東約 4 公里。

書 21:18　從原分給便雅憫支派的地業中，將亞勒們和迦巴等兩城，及屬城的郊野，重新分給了利未支派亞倫的子孫為業。
※同代上6:60中的阿勒篾 Alemeth 0668。

0549　亞都冥(坡) Adummim
血色的 Bloody，紅色的山石 Red rock

●是從耶路撒冷前往耶利哥途中的一段陡峻的下坡道路，可能是指現今名叫 Talat ed-Damm 的古道中最險峻的一段，其位置是在耶利哥西南約 11 公里，耶路撒冷之東約 12公里，古時設有防衛堡壘，在傳統上都稱

該地是好撒瑪利亞人救人之處。

書 15:7　猶大支派所得地業在北方邊境的一段是，從亞割谷往北，上到底壁，直向河南亞都冥坡對面的吉甲。
書 18:17　便雅憫支派地業的南界中的一段是，又往北通到隱示麥，達到亞都冥坡對面的基利綠，又下到流便之子波罕的磐石。

0550-1亞雅崙 Aijalon
鹿場 Deer field
瞪羚之地 Place of gazelles

●Yalo [H.Ayyalon]，位於基遍之西約 15 公里，伯示麥之北約 11 公里，亞雅崙谷口南方的山坡上約 2 公里，其地可以控制亞雅崙谷，即是控制了從沿海平原往猶大山地的交通關口，所以是一個軍事重鎮。考古學家證實它建於主前 2000 BC 前後，地下掘出有該時期中的遺物，在主前十五至十四世紀時，曾屬埃及所有。

書 19:42，21:24
　　　　原為但支派所得為業之一城，後來歸給利未支派的哥轄族所有。
撒上 14:31　掃羅帶領以色列人擊殺非利士人，從密抹直到亞雅崙。
代上 6:69　哥轄族在以法蓮支派的地中得了亞雅崙，和迦特臨門等城為業。
代上 8:13　便雅憫的後代比利亞和示瑪，是亞雅崙的居民的族長，也是驅逐迦特人的。
代下 11:10　猶大王羅波安為保障，所修築的十五座堅固城之一。
代下 28:18　猶大王亞哈斯年間，非利士人所攻取的數城之一。
※同士1:35中之亞雅倫 0551 英文名相同。

0550-2亞雅崙 Aijalon

●Kh.el-Lon，位於亞柯的東南方約 19 公里，基尼烈城西南西約 29 公里。

士 12:11　西布倫人以倫作以色列人的士師十年，他死後就葬在西布倫地的亞雅崙。

0550-3亞雅崙(谷) Valley of Aijalon

●亞雅崙谷即是今日以 Wadi Selman 為中心線的一條寬廣山谷，谷口位於亞雅崙城之西北西約 6 公里處，並與 Ayyalon 河連接，谷之走向略呈東北向，谷長約 12 公里，谷之尾端接近下伯和崙城，此谷是一條上行的天然坡道，也是從沿海平原進入猶大山地三條通道中最重要的一條，具有戰略價值，曾有數次重要的戰役在此發生。

書 10:12　以色列人和亞摩利人戰爭時，他求神使日頭停在基遍，月亮停在亞雅崙谷，以便追殺亞摩利人。

0551　亞雅倫　Aijalon
鹿場 Deer field
瞪羚之地 Place of gazelles

●Yalo [H.Ayyalon]，即是亞雅崙城，位於基遍以西約15公里，伯示麥之北約11公里，亞雅崙谷口南方的山坡上約2公里，其地可以控制亞雅崙谷，即是控制了從沿海平原通往猶大山地的交通隘口，是一個軍事重鎮。

　士　1:35　亞摩利人卻執意住在希烈山的亞雅倫，並沙賓等地，但支派的人未能趕出那些城中原來所住的亞摩利人，然而約瑟家勝了他們，使亞摩利人成了服苦的人。

※同書19:42，21:24 中的亞雅崙城 Aijalon 0550-1，兩者的英文名相同，原為但支派所得為業之一城，後來歸給利末支派的哥轄族所有。

0552　亞黑拉 Ahlab
肥胖 Fatness，肥沃 Fertile

●Kh.el-Mahalib，位於推羅以北約8公里，西頓之南約28公里，立坦尼河流入地中海的海口處。

　士　1:31　亞設支派沒有能趕出亞黑拉等處的迦南人，就住在他們的中間。

※同 TCV 書 19:29 中的瑪黑拉 Mahalab 1095。

0553　亞該亞(省) Achaia
煩惱 Trouble，哭號 Wailing

●是羅馬帝國的一個大省，約是帖撒羅尼迦城以南的地區，最早僅包括伯羅奔尼撒 Peloponnesus 半島的西北部，在被羅馬佔領之後，設立亞該亞省，範圍擴及全半島，哥林多則為其省會。有時亞該亞被用以代表希臘。

　徒　18:12　亞該亞的方伯迦流不受理猶太人控訴保羅的案件。
　徒　19:21　這些事完了，保羅定意經過馬其頓，亞該亞，就往耶路撒冷去，再往羅馬去看看。
　羅　15:26　亞該亞的信徒樂意湊出捐項，給耶路撒冷聖徒中的窮人。
　林前 16:15　司提反一家是亞該亞初結的果子，並且他們專以服事聖徒為念。
　林後 1:1　哥林多後書是保羅寫給哥林多教會，並亞該亞遍處的眾聖徒的信。
　林後 9:2　保羅常對馬其頓人誇獎你們說，亞該亞人豫備好已經有一年了，並且你們的熱心激發了許多人。
　林後 11:10　保羅說，既有基督的誠實在我裡面，就無人能在亞該亞一帶地方阻擋我這自誇。
　帖前 1:7　保羅說，帖撒羅尼迦的教會，甚至作了馬其頓和亞該亞，所有信主之人的榜樣。

0554　亞達珥 Adar
光榮的 Glorious，顯赫的 Illustrious
打穀場 Threshing floor

●Ain Qudeis 綠洲，位於別是巴之西南南方約80公里，迦薩之南約102公里，加低斯東南約9公里。也可能是 Kh.el-Qudeirat 綠洲，位於別是巴西南南方76公里，迦薩之南95公里。

　書　15:3　猶大支派所得地業南方邊境上之一地。

※與民34:4 中之哈薩亞達 Hazar-addar 0727 為同一地。
※同書15:3 中之希斯崙 Hezron 0444。

0555-1亞實拿 Ashnah
要塞 Fortress

●Aslin，位於伯示麥東北約5公里，耶路撒冷西方約21公里。

　書　15:33　猶大支派所得為業，在高原的第一組十四座城之一。(然而其位置顯然是在但支派的地業中)

0555-2亞實拿 Ashnah

●Idhna，位於希伯崙的西方約13公里，別是巴之北約37公里。

　書　15:43　猶大支派所得為業高原第三組的九座城之一。

0556　亞實突 Ashdod
要塞 Fortress，劫掠者 Ravager

●Isdud[T.Ashdod]，位於耶路撒冷之西約54公里，希伯崙西北約48公里，今日的 Ashdod 新城南方約6公里，距海岸約4.5公里，Wadi Qubeiba 之西岸。據1962 至 1970 年之間的考古發掘結果，其上城的面積約7公頃，下城約36公頃，土丘高22公尺，在其附近另有 Ashdod-Yam、Tell Mor、Tell Abu Haraza、Mesas Hashavyahu及 Yavneh 等廢墟，分別是它的商業和軍事的中心。主廢墟共有廿二個層面，說明早在 1300 BC 已是一個設有重防的城市，發掘出有迦南人和以色列人的防禦工事，及希臘人的工廠，因在古代即有大道南通埃及，北通米所波大米，所以是一個十分重要的軍事據點，一直是非利士人的五個大城之一，也曾是非利士的首府。在 711 BC，亞實突陷於亞述人的手中，成為亞述在該地區的省會，後來 (645 BC 前後)埃及王曾用了二十九年的時間來圍攻它，足見其重要性和防護力量之強。到馬加比時代，改名叫亞鎖都，從四世紀起，天主教在此城設有主教，但在 1500 年後淪為一個小村落，以色列在 1975 年開始，將城建成現代化的商業大港，現已有四萬餘的居民。

　書　11:22　在約書亞時，在以色列人的地中沒有留下

一個亞衲人，只有在迦薩，迦特，和亞實突有留下的。

書　13:3　約書亞所未取得之地中，有非利士人五個首領所管的迦薩人，亞實突人，亞實基倫人，迦特人，和以革倫人等。

書　15:47　亞實突是猶大支派所分得為業之一城。

撒上 5:1　非利士人將神的約櫃從以便以謝品到亞實突，放在大袞廟的大袞旁邊，次日清早，大袞被發現倒在約櫃前，……耶和華的手重重的加在亞實突人的身上，敗壞他們，使他們生痔瘡，亞實突人就將神的約櫃抬到迦特去，後來非利士人將約櫃送回以色列時，亞實突人也同時以一個金製的痔瘡獻給耶和華作為賠罪之禮。

代下 26:6　猶大王烏西雅作王之時，他出去攻擊非利士人，拆毀了迦特城，雅比尼城和亞實突城，在非利士人的地中，在亞實突境內，又建築了些城。

尼　4:7　在反對和阻撓猶大人重建聖殿的人中，有些是亞實突人。

尼　13:23　那些日子，我也見猶大人娶了亞實突，亞捫，摩押的女子為妻，他們的兒女說的話，一半是亞實突話，不會說猶大話，所說的是照各族的方言。

賽　20:1　亞述王撒珥根，打發他珥探到亞實突，就將那城攻取。

耶　25:20　刑罰必臨到亞實突等國。

摩　1:8　先知預言非利士將受罰說，我必剪除亞實突的居民，和亞實基倫掌權的。

摩　3:9　要在亞實突的宮殿中，和埃及地的宮殿裡，傳揚說，你們要聚集在撒瑪利亞的山上。

番　2:4　先知預言非利士將受罰說，迦薩必致見棄，亞實基倫必然荒涼，人在正午必趕出亞實突的民。

亞　9:6　私生子（或作外族人）必住在亞實突。

※同徒8:40中之亞鎖都 Azotus 0564，是它在新約時代的名字。

0557　亞瑪力（人）Amalekites
山谷中之居民 Valley dweller
好戰的 Warlike
滅亡之民 A people that licks up

●亞瑪力人是游牧民族，主要集中地大約是從埃及小河到阿卡巴灣頭之間的一片略似菱形的山地，也有散居住在南地的。在 2000 BC 時，已有亞瑪力人住在加低斯，百餘年後有以掃之孫，名叫亞瑪力的族長，其族人也是在該地區中活動，也稱為是亞瑪力人，此兩個來源不同的民族，似已混合為一，這種情形可能與古代的一些的民族，是以其居住的地名作為其民族之名的情形相同。此一族人以游牧為生，居無定所，所

以沒有建設城市，在聖經內外也都沒有亞瑪力人城市的記載。至於他們的京城可能只是一個人口較為密集之處，位置應是在加低斯南方某處。亞瑪力人長久與以色列人為仇，經常入侵騷擾並佔據土地。

創　14:7　北之四王南征之時，在安密巴，就是加低斯，殺敗了亞瑪力全地的人。

創　36:12　以掃的兒子以利法生了亞瑪力，是一個族長。

出　17:8，申25:17
當以色列人出埃及時，亞瑪力來在利非訂，和以色列人爭戰，以色列人在摩西和約書亞的指揮下，大勝亞瑪力人，用刀殺了亞瑪力王，耶和華說，我要將亞瑪力的名號，從天下全然塗抹了，又說，耶和華已經起了誓，必世世代代和亞瑪力人爭戰。

民　13:29　探子們報告說，我們在那裡看見了亞衲族的人，亞瑪力人住在南地。

民　14:15　摩西說，亞瑪力人和迦南人住在谷中，都必在你們的面前，你們必倒在刀下。

民　14:45　以色列人擅敢上山頂去，於是亞瑪力人，和住在那山上的迦南人，都下來擊打他們，把他們殺退了，直到何珥瑪。

民　24:20　巴蘭觀看亞瑪力，就題起詩歌說，亞瑪力原為諸國之首，但他終必沈淪。

士　3:13　摩押王伊磯倫招聚亞捫人和亞瑪力人，去攻打以色列人，佔據棕樹城。

士　6:3　米甸人壓制以色列人七年，以色列人每逢撒種之後，米甸人，亞瑪力人，東方人，都上來攻打他們，毀壞土產，不給以色列人留下食物。

士　6:33　在基甸時期，米甸人，亞瑪力人和東方人，都聚集過河，在耶斯列平原安營，7:12 他們布散在平原，如同蝗蟲那樣多。

士　10:12　耶和華說，西頓人，亞瑪力人，馬雲人，也都欺壓你們，你們哀求我，我也拯救你們脫離他們的手。

士　12:15　比拉頓人押頓作以色列的士師八年，他死了就葬在比拉頓，在亞瑪力人的山地。

撒上 14:48　掃羅奮勇攻擊亞瑪力人，救了以色列人脫離搶掠他們之人的手。

撒上 15:5　掃羅招聚百姓在提拉因，數點他們，共有步兵二十萬人，他到了亞瑪力人的京城，在谷中設下埋伏。

撒上 15:7，28:18
掃羅擊打亞瑪力人，從哈腓拉，直到埃及前的書珥，生擒了亞瑪力王，殺盡了亞瑪力的眾民，但留下亞瑪力王和上好的牛羊及財物。

撒上 27:8　大衛在非利士地的洗革拉之時，常去侵奪基述人，基色人，亞瑪力人之地，這幾族歷來住在那地，從書珥直到埃及。

撒上 30:1 當大衛從亞弗回到洗革拉，亞瑪力人已經侵奪南地，攻破洗革拉，用火焚燒，掠去所有的居民，大衛追過了比梭溪，將一切均從亞瑪力人的手中奪了回來。

撒下 1:8 掃羅的一個亞瑪力傭兵，殺了掃羅，將他的冠冕和鐲子，拿到革拉給大衛，但被大衛所殺。

撒下 8:12 大衛將從亞蘭，摩押，亞捫，亞瑪力人所奪來的金銀，都分別為聖，獻給耶和華。

代上 4:43 這西緬人中，有五百人上西珥山，殺了逃脫剩下的亞瑪力人，就住在那裡。

代上 18:11 大衛王將這些器皿，並從各國奪來的金銀，就是從以東，摩押，亞捫，非利士，亞瑪力人所奪來的，都分別為聖獻給耶和華。

0558　亞摩利(人) Amorites
山居者 Mountaineer
善說者 A sayer，公開 Publicity

●一、亞摩利是含之孫，迦南的第四個兒子，他最初的發源地不明，但在 2000 BC 前已在示拿地和以東出現，在出埃及時，則是散居在迦南地，同時也統治了約但河東的兩個小國。

二、根據近年在聖經外的資料得知，亞摩利人是在遠古以前，便以亞拉伯半島為發源地，而且不斷的向外遷徙，於是南米所波大米、亞蘭北部、敘利亞，以至埃及邊境，都有他們的蹤跡，比較重要的是，有兩個亞摩利人在米所波大米南部，分別佔領以新和拉撒兩個大城並稱王，在歷史上稱作以新拉撒王朝。在亞伯拉罕時代，哈洗遜他瑪和迦南也有亞摩利人，當出埃及時，在迦南地的山區和約但河東的摩押、基列和巴珊等地都有他們的邦國和領土。

三、亞摩利人可說是迦南地中主要的民族，所以舊約中常以亞摩利人代表在以色列人尚未進入迦南地以前，各原住民族的總稱，有時則只代表原住在山區中的各民族，相對的，則以迦南人代表平地和沿海地區的民族。

創 10:16，代上1:14
亞摩利是含之孫，迦南之第四子，其後裔稱之為亞摩利人。

創 14:7 北方四王南征時，回到加低斯，殺敗了住在哈洗遜他瑪的亞摩利人。

創 14:13 亞伯蘭正住在亞摩利人慢利的橡樹那裡，慢利和他的兩個弟兄，都曾與亞伯蘭結盟。

創 15:16 耶和華對亞伯蘭說，你的後裔必寄居別人的地，到了第四代，他們必回到此地，因為亞摩利人的罪孽，還沒有滿盈。

創 15:21，出 3:8，13:5，23:23，33:2，34:11，申 7:1，20:17，書3:11，24:11，代下 9:20，尼 9:8
中均是耶和華所應許，要逐出迦南地中原住民的諸族之一。

創 48:22 以色列臨終前對約瑟說，我要死了，但神必與你們同在，領你們回到你們列祖之地，並且我從前用弓用刀，從亞摩利人手下奪的那塊地，我都賜給你，使你比眾弟兄多得一分。

民 13:29 亞瑪力人住在南地，赫人，耶布斯人，亞摩利人，住在山地，迦南人住在海邊，並約但河旁。

民 21:13 這亞嫩河是在曠野，從亞摩利的境界流出來的，原來亞嫩河是在摩押和亞摩利人搭界的地方。

民 21:21 亞摩利王西宏不容許以色列人從他的境界經過，以色列人用刀殺了他，得了他的地，奪取了一切的城邑。

民 22:2 以色列人向亞摩利人所行的一切，摩押王巴勒都看見了，就大大懼怕，心內憂急，就差人去請巴蘭來咒詛以色列人。

民 32:33 摩西將亞摩利王西宏的國，和巴珊王噩的國，連那地和周圍的城邑，都給了迦得，流便，和瑪拿西半個支派的子孫。得了他的地，就住在亞摩利人的城邑。

民 32:39 瑪拿西的兒子瑪吉，他的子孫往基列去，佔了那地，趕出那裡的亞摩利人。

申 1:4，31:4，書 2:10，9:10，24:12，士11:19，王上 4:19，詩135:11，136:19
以色列人擊殺了亞摩利人的二王，就是西宏和噩。

申 1:7 耶和華神在何烈山曉諭我們說，你們在這山上住的日子夠了，要起行轉到亞摩利人的山地，和靠近這山地的各處，就是亞拉巴，山地，高原，南地，沿海一帶迦南人的地，並利巴嫩山又到伯拉大河。

申 1:20 我對你們說，你們已經到了耶和華我們神所賜給我們的亞摩利人之山地。

申 2:24 你們起來前往，過了嫩谷，我已將亞摩利人希實本王和他的地，交在你手中，你要得他的地為業。

書 5:1 約但河西亞摩利人的諸王，和靠海迦南人的諸王，他們的心因以色列人的緣故就消化了，不再有膽氣。

書 9:1 約但河西包括亞摩利王在內的諸王聚集起來，同心合意的，要與約書亞和以色列人爭戰。

書 10:5 於是五個亞摩利王，就是耶路撒冷王，希伯崙王，耶末王，拉吉王，伊磯倫王，一同對著基遍安營，攻打基遍。

書 11:3 迦南北部，包括亞摩利王在內的諸王，會合在米倫的水邊，一同安營，要與以色列人爭戰。

書 13:4 約書亞老邁時，尚未取得之地中有，屬西頓人的米亞拉，到亞弗，直到亞摩利人的

境界。

士　1:34　亞摩利人強迫但人住在山地，不容他們下到平原，亞摩利人卻執意住在希烈山，和亞雅倫並沙賓，然而約瑟家勝了他們，使他們成了服苦的人，亞摩利人的境界，是從亞克拉濱坡，從西拉而上。

士　3:5　以色列人竟住在亞摩利人，和迦南等人中間，娶他們的女兒為妻，將自己的女兒嫁給他們的兒子，並事奉他們的神。

士　6:10　又對你們說，我是耶和華你們的神，你們住在亞摩利人的地，不可敬畏他們的神，你們竟不聽從我的話。

撒上　7:14　在撒母耳的時代，以色列人與亞摩利人和好。

撒下　21:2　掃羅所殺死的基遍人，並不是以色列人，乃是亞摩利人中所剩的，以色列人曾起誓，不殺滅他們。

王上　9:20，代下8:7
所羅門王為建造耶和華的殿，所挑取服苦的人，就是以色列人本應滅盡，不屬以色列人的亞摩利人和赫人等人。

王上　21:26　以色列王亞哈，因他自賣，受了王后耶洗別的聳動，就照耶和華在以色列人面前所趕出的亞摩利人，行了最可憎的事，信從偶像。

王下　21:11　因猶大王瑪拿西行這些可憎的惡事，比先前亞摩利人所行的更甚，使猶大人拜他的偶像，陷在罪裡。

拉　9:1　以色列的眾首領來見以斯拉，說，以色列人沒有離絕迦南人，赫人，和亞摩利人等，仍效法這些國的民，行可憎的事。

結　16:1　耶和華的話臨到我西結說，人子阿，你要使耶路撒冷知道他那些可憎的事說，主耶和華對耶路撒冷如此說，你根本，你出世，是在迦南地，你父親是亞摩利人，你母親是赫人。

摩　2:9　耶和華說，我從以色列人面前除滅亞摩利人，使你們得亞摩利人之地為業。

0559　亞摩答(人)　Almodad
神是朋友 God is friend

●亞摩答是閃的第五代孫，約坍的長子，他最初的領土大約是在沙烏地阿拉伯的東北角，與阿曼為鄰。

創　10:26，代上1:20
閃生亞法撒，亞法撒生沙拉，沙拉生希伯，希伯生約坍，約坍生亞摩答。

0560　亞罷拿(河)　Abana
黃金河 Golden Stream，如石的 Stony
穩定的 Steady，恆常的 Constant

●此一河流現今名叫 Nahr Barada，發源自大馬色西北

方約 29 公里，黑門山的亞瑪拿峰，河水清澈冷冽，而且常年不斷，流經大馬色市區後，再向東約二十餘公里，流入鹽質的沼澤中消失。大馬色地區因有此河和法珥法河流過，而成為一個沙漠的綠洲，大馬色城也歷經四、五千年而不衰。

王下　5:12　亞蘭王的元帥乃縵，不信神人以利沙所說的話，就是令他到約但河中去沐浴七次，就可以治好他的大痲瘋，因為乃縵認為大馬色的法珥法河和亞罷拿的水，比全以色列的河水都要好。

0561　亞瑪拿(山峰)　Amana
自信 Confidence，盟約 Covenant

●Jebel Zebedani 峰，位於是大馬色西北方約 29 公里，是黑門山脈中的一個山峰，峰高約 2500 公尺，山頂終年積雪。流經大馬色市的亞罷拿河，即是發源於此。

歌　4:8　我的新婦，求你與我一同離開利巴嫩，從亞瑪拿頂，從示尼珥，與黑門頂，往下觀看。

0562　亞魯泊　Arubboth
圍籬 Enclosures，窗戶 Windows
格子 Lattice

●Arrabeh，位於撒瑪利亞之北約 14 公里，他納之南約 13 公里。其四周之地即是亞魯泊地。

王上　4:10　所羅門王第三行政區的區名，區內包括梭哥和希弗全地，由便希悉管理。

0563　亞魯瑪　Arumah
高，高地 Height

●Kh.el-Ormeh，位於示劍之南約 6 公里，示羅之北約 11 公里。

士　9:41　基甸住在示劍的妾所生的兒子亞比米勒，曾住在亞魯瑪。

0564　亞鎖都　Azotus
堡壘 Stronghold，劫掠者 Ravager

●即是古代的亞實突城，主要之廢墟為 Isdud，位於耶路撒冷之西約 54 公里，希伯崙西北約 48 公里，今日 Ashdod 新城南方約 6 公里，距海岸約 4.5 公里，Wadi Qubeiba 的西岸。餘請參見 0556 亞實突條之說明。

徒　8:40　腓利被提後，有人在亞鎖都遇見他，他走遍那地方，在各城傳福音，直到該撒利亞。

※同書11:22中之亞實突 Ashdod 0556，是舊約時代之城名。

0565-1亞羅珥　Aroer
廢墟 Ruins，貧乏的 Destitute

包圍 Enclosed

●Arair，位於底本東南約 5 公里，希實本之南約 36 公里，亞嫩河的北岸，距死海約 24 公里，曾是摩押一個設了防的重鎮，並有東方的別是巴之稱。

民　32:34 是迦得的子孫所建造的八個堅固城之一。
申　2:36，3:12，4:48，書13:9，16
　　　　　以色列人奪取了亞摩利人的王西宏的國，將亞嫩谷邊的亞羅珥，和谷中的城等給了流便支派為地業。
書　12:2　亞摩利人的王西宏，他所管之地，是從亞嫩谷邊的亞羅珥和谷中的城，並基列一半。
士　11:26 士師耶弗他對亞捫人說，以色列人住希實本，亞羅珥，並沿亞嫩河的一切城邑，已經有三百年了。
王下 10:33 在以色列王耶戶年間，耶和華才割裂以色列國，使哈薛攻擊以色列的境界 ，乃是約但河東，基列全地，從靠近亞嫩谷邊的亞羅珥起，就是基列和巴珊的迦得人，流便人，瑪拿西人之地。
代上 5:8　流便的後代，約珥所住的地方是從亞羅珥直到尼波和巴力免。
代上 11:44 大衛的勇士中，有亞羅珥人沙瑪和耶利等兩個人。

0565-2亞羅珥 Aroer

●Ararah [H.Aroer]，位於別是巴東南約 16 公里，希伯崙南東約 43 公里，距死海約 37 公里。

撒上 30:28 大衛戰勝亞瑪力人回到洗革拉之後，從掠物中取些為禮物，分送給他素來所到之處的人，其中有住在亞羅珥的。
※可能同書 15:22 中的亞大達 Adadah 0517，是猶大支派在儘南邊所得為業之一城。

0565-3亞羅珥 Aroer

●es-Sweiwina?，位於拉巴的南方約 3.5 公里處。

書　13:25 摩西分給迦得支派的地業中，包括有亞捫人的一半地，直到拉巴前的亞羅珥。
士　11:33 士師耶弗他大大的殺敗亞捫人，從亞羅珥到米匿，直到亞備勒基拉明，攻取了二十座城，這樣亞捫人就被以色列人制服了。
撒下 24:5 約押奉大衛王的命令，就從王面前出去，數點以色列的百姓，他們過了約但河，在迦得谷中城的右邊亞羅珥安營，與雅謝相對，又到了基列，和他停合示，又到了但雅安，繞到西頓，來到推羅的保障，並希未人和迦南人的各城，又到猶大南方的別是巴。

0565-4亞羅珥 Aroer

●位置不明，應是在大馬色的附近。

賽　17:2　先知論大馬色說，亞羅珥的城邑，已被撇棄，必成為牧羊之處。

0566　亞難雅 Ananiah
受耶和華的保護 Protected by Jehovah

●el-Azariyeh，位於耶路撒冷東南東約 2 公里，橄欖山的東方山腳下。現今是一個小村，四郊長滿了橄欖、杏仁和無花果樹。

尼　10:22 從巴比倫回歸，於建殿後便雅憫人所定居之一城。
※同太26:6中的伯大尼 Bethany 0339-2，是主耶穌常去之一地。

0567　亞力山太 Alexandria
人的保衛者 Man-defender

●亞力山大大帝在他擴張領土的同時，隨著其勢力所及之處，以建造城市來推廣希臘的文化，他一共建築了七十多個城市，其中以他自己的名字為名者，就有十七個之多，而且他的後繼者，塞琉古和托勒密等，都能繼承其志。其建城的位置，都是選在軍事和行政的要衝，而建城和建築的標準，則是以雅典為其典範，其目的固然是要以這些城作為軍事和文化的據點，以完成他那在國際道路上的聯邦網，但其結果是把希臘文化，諸如規劃完善，宏偉壯麗的都市的公共設施，各城市之間便利的交通，議會形態的政治模式，自由開放的學術思想，高雅的生活方式等等，也包括了多神的信仰，帶到了全帝國。

此處所說的亞力山太城，至今仍用原名，位於埃及尼羅河三角洲的西北角上，在開羅的西北方約 180 公里，塞得港之西約 220 公里，此城在東西各有一港口，是亞力山大大帝在 332 BC 時所建，取其容易從希臘本土自海上加以控制，又可以尼羅河控制內陸，而且尼羅河的三角洲素有「永不失望的糧倉」的美名，目的是以其為統治埃及的首府，故在建成後立即成為一個非常繁榮的商業中心，人口達八十萬之多，特別的是，城中分成希臘、埃及和猶太等區域，各族人民集中在一城區內居住，不相混淆，故少有爭端發生。城中有最著名之大學，及最大的圖書館，館內所典藏之手抄有七十萬卷之多，故學風鼎盛，成其為希臘世界的學術中心，其科學、天文學、醫學，都居當時世界的首位。七十士的希臘文聖經譯本和最有價值的亞力山大聖經抄本，都是在此完成，成就輝煌，基督教的第一所神學院即設在此城，其教師和學生，均為出類拔萃之士，對基督教的貢獻非凡。在新約時代，是猶太人的大本營，但是到 641 年，回教人佔領此城之後，即開始沒落，到十五世紀之時，居民僅七千餘

人，如今則有三十餘萬，實難以與往昔的繁榮相比。

徒　6:9　當時有稱利百地拿會堂的幾個人，並有古利奈，亞力山太，基利家，亞西利，各處會堂的幾個人都起來，和司提反辯論。

徒　18:24　有一個猶太人，名叫亞波羅，來到以弗所，他生在亞力山太，是有學問的，最能講解聖經。

徒　27:6　保羅被解押時，在每拉乘了一條亞力山太的船，往義大利去。

徒　28:11　在米利大，保羅等過了三個月，再上了亞力山太的船往前行，這船以雙子為記。

0568　亞大米田 Adramyttium
死者的居所 The mansion
我死後乃將忠誠 I shall abide in death

●Edremid，是今日土耳其西岸北方的一個大港埠，位於亞朔之東約 50 公里，別迦摩以北約 48 公里，就在 Edremid 海灣的頂端，港灣的出口處，面對一個大島，名叫 Lesbos，新約時代前後是每西亞省的一個重要而繁榮的港口。

徒　27:2　保羅被解押乘一艘亞大米田的船自耶路撒冷往羅馬去。

0569　亞比利亞(省) Abilene
草原之地 Land of meadows
沒有君王 Without King

●其大略之位置是在現今敘利亞及利巴嫩兩者交界處的邊境地區，全境在安替利巴嫩山脈之內。其首城為 Abila，即今日的 Abil 城，位於大馬色之西約 37 公里，但城北方約 56 公里，亞罷拿河在此自西向轉向東流處的西岸。

路　3:1　呂撒轟作亞比利亞的分封的王。

0570　亞比瑪利(人) Abimael
瑪利之父 Father of Mael

●亞比瑪利是閃的第五代孫，約坍的第九個兒子，他起剿領土的位置不明，可能是在阿拉伯半島境內的某一地區。

創　10:28，代上1:22
閃之第五代孫，約坍之第九子亞比瑪利及其後裔所居的地區和族名。

0571　亞多萊音 Adoraim
雙丘 Double mound
雙倍的尊榮 Double glory

●Dura，位於希伯崙的西南方約 8 公里，別是巴東北約 34 公里。

代下　11:9　猶大王羅波安為保障，所修築的十五個堅固城之一。

0572　亞伯什亭 Abel-shittim
生長皂莢樹，洋槐樹等樹木之草地
Meadow of Acacia

●T.el-Hammam，位於希實本的西北西方約 13 公里，Wadi Nusariyat 旱溪的北岸，Wadi Hashban 之北，隔約但河與耶利哥相對，四週有一個小平原，具有可以控制摩押平原的戰略位置。其地發現有 1750 BC 前人類活動的遺跡，地面仍留有 1200 至 600 BC 年間建築的碉堡，外牆厚有 1.2 公尺，至今該地仍有茂盛的洋槐樹林。另有學者認為是在其東約 3.2 公里的 Kh.Kafrein 廢墟，其遺址的面積遠比前者為小，但地勢比較高，也較具有戰略價值。

民　33:49　他們在摩押平原沿約但河邊安營，從伯耶末直到亞伯什亭。

※同民25:1，書3:1中之什亭 Shittim 0024，以色列人在此犯淫亂，並在此預備過約但河。

0573　亞伯瑪音 Abel-maim
水邊的草原 Meadow of waters

●Abil el-Qamh [T.Avel Bet Maakha]，即是亞比拉城，位於但城之西約 6 公里，夏瑣之北約 27 公里，今日 Metulla 城的南方約 2 公里，約但河源頭之一的 R.Bereighith河上游的東岸。

代下　16:4　亞蘭王便哈達攻破以雲，但，亞伯瑪音，解了猶大王亞撒被以色列王巴沙攸築拉瑪之圍。

※同王上15:20中的亞伯伯瑪迦 Abel-beth-maacah 0592。

※同撒下20:14中的亞比拉城 Abel 0520。

0574　亞利伊勒 Ariel
神的獅子 Lion of God
神祭壇的火爐 Alter hearth of God

●就是耶路撒冷的別稱。詳細說明請參見耶路撒冷 0790 條。

賽　29:1　先知預言耶路撒冷必遭重災說，唉，亞利伊勒，亞利伊勒，大衛安營的城，任憑你年上加年，節期照常周流，我必終使亞利伊勒困難，他必悲傷哀號，我卻仍以他為亞利伊勒。(預言神要使耶路撒冷作祭壇的爐，使城中的百姓如祭牲般的被消滅)。

0575　亞利馬太 Arimathea
高地 Heights

●Renits，位於示羅之西約 26 公里，伯特利西北約 23 公里。

太　27:57，可 15:43，路 23:50，約 19:38。
安葬主耶穌的是亞利馬太來的約瑟。

※同撒上1:1中之拉瑪瑣非 Ramathaim-zophim 0650。

※同撒上1:19 中之拉瑪 Ramah 0641-6，是先知撒母耳的故鄉。

0576　亞克拉濱(坡) Akrabbim
蝎子 Scorpion
蝎子降坡道路 Ascent of scorpions

●Naqb es-Safa，是一處極為險峻的山口隘道，區內盛產蝎子，故有此名，位於死海南端西南約 32 公里，別是巴東南約 46 公里。此段長約一公里的地區，原來之坡度平均達 34 度，使得騾馬等無法負重而行，羅馬人為打通自迦薩往以拉他港的幹道，遂在此地開路，路線蜿蜒曲折，使其坡度降為 16 度，這確實是極為艱鉅偉大之工程。

※民34:4 迦南地之南境，書 15:2 猶大支派地業之南境，士1:36亞摩利人之南境，均是以亞克拉濱坡的南邊為界。

0577　亞法撒迦(人) Apharsachite
撕裂 Rending，省長 Governors
信差 Messenger

●位置不明，可能是在巴比倫帝國的境內。也有可能只是波斯帝國派駐在當地的官員名號，如調查員、書記、秘書等之類。

拉　5:6，6:6　河西的總督並他們的同黨，就是住河西的亞法薩迦人，上本奏告大利烏王，請查看古列王降旨，允許猶太人在耶路撒冷建造神的殿沒有。後來王通知住河西的亞法薩迦人，當遠離他們，不要攔阻神殿的工作，任憑猶大人在原處建造神的這殿。

※可能同拉 4:9 中的亞法薩提迦人 Apharsathchites 0594。

0578　亞底他音 Adithaim
雙重裝飾 Double ornament

●Ke.el-Haditheh，位於下伯和崙的西方約 6 公里，亞雅崙之北約 4 公里。

書　15:36 猶大支派所得為業，在高原第一組的十四座城中的一座。(惟其位置已顯然在以法蓮支派的境內)。

0579　亞拉米勒 Alammelech
國王的橡樹 Oak of the King

●其位置不明，似應該在押煞和亞末之間。

書　19:26 亞設支派所得為業的二十二座城之一。

0580　亞施他拉 Ashterathite
群 Flock

●T.Ashtarah，位於巴珊地雅木河上游的支流之間，以得來西北北方約 23 公里，基列的拉末之北約 31 公里，加利利湖以西約 34 公里。該處現有一大型神廟的遺址，古代的君王大道 King's Highway 經過此城，故是當時之交通重鎮，也是宗教中心。在波斯帝國時代，是當地的行政中心，165 BC 時被馬加比人所毀。

代上 11:44 大衛的勇士之一的烏西亞是亞施他拉人。

※同書9:10中的亞斯他錄 Ashtaroth 0584，原來是巴珊王噩的屬地，後來分給了瑪拿西支派，再給了利未支派的革順族為地業。

※同書21:27中的比施提拉 Be-eshterah 0088。

0581　亞拿哈拉 Anaharath
山峽，隘道 Gorge
恐懼的呻吟 Groaning of fear

●可能的位置有兩處，其一是 en-Naurah，位於伯善西北約 16 公里，基尼烈城西南約 31 公里，小黑門山之東麓。也可能是 T.el-Mukharkhash [T.Rekhesh]，位於伯善之北約 17 公里，基尼烈城之南約 25 公里。

書　19:19 以薩迦支派所得為業的十六座城之一。

0582　亞珥歌伯(地) Argob
有石頭的 Stony
一堆石頭 A heap of stone，強硬 Strong

●按照申命記中的敘述，亞珥歌伯很明顯的就是巴珊地。但按王上中所記，則似為巴珊地的一部份，而且兩者沒有提及其位置和範圍。巴珊地位於加利利湖及呼烈湖以東，迄至沙漠之間的地區，北界起自黑門山南麓及大馬色以南約 24 公里，南界則至基列山的北麓，全區富饒肥沃，主要的作物是小麥和牛羊，曾經是羅馬帝國的幾個大糧倉之一，古時所產的橡樹與利巴嫩的香柏樹齊名。

申　3:4　以色列人擊殺了巴珊王噩，奪了他所有的城，共有六十座，這為亞珥歌伯的全境，就是巴珊地，這些城都有堅固的高牆，有門有閂，此外還有許多無城牆的鄉村。

申　3:13　亞珥歌伯全地乃是巴珊全地，這叫作利乏音人之地。

王上4:13　所羅門王的行政區中的一區，在基列的拉末，有便基別，他管理在基列睚珥的城邑，巴珊的亞珥歌伯地的大城六十座，都有城牆的銅閂。

0583　亞略巴古(山) Areopagus
戰神亞略(希臘神話)之山 Hill of Ares

●亞略巴古原來是一座山的名字，位於雅典城中衛城 Acropolis 的西北側，中間僅隔一斜坡，是一個高約 115 公尺的岩石童山。最初是一個公開審判殺人犯的地方，繼則成為雅典城的長老和貴族開會之處，在此討

論和決定有關雅典城的大事，後來此一神聖的機構遷到城裡市場中的皇室柱廊 Royal Portico，但仍保有亞略巴古法庭的名字，以及它的傳統權力。但是到了主前第五世紀時，隨著雅典民主政治的成長，其政治和法律的權力就被剝奪，只有在宗教和道德的事務上，仍保有相當的權威，到了羅馬帝國時代，它仍享有甚高的權力，且備受尊重。保羅講道之處，可能是在山上，也可能是在市場中的皇室柱廊。

> 徒　17:19　保羅在雅典的亞略巴古講道，並有亞略巴古的官丟尼修也信從了。

0584　亞斯他錄 Ashtaroth
迦南人的愛神及生殖之神 Astarte 為單數 Ashtaroth 為複數

●T.Ashtarah，位於巴珊地雅木河上游的支流之間，以得來西北北方約 23 公里，基列的拉末之北約 31 公里，加利利湖以西約 34 公里，古代的君王大道 King's Highway 經過此城，是當時之交通重鎮，該處現有一大型神廟的遺址，也是迦南人的宗教中心。在波斯帝國時代是當地的行政中心。165 BC 時被馬加比人所毀。

> 申　1:4，書 9:10，12:4，13:12
> 　　摩西擊殺了住以得來，亞斯他錄的巴珊王噩，得了他的土地。
> 書　13:31　摩西將亞斯他錄給了瑪拿西支派(東)為地業，代上 6:71 後來又歸給利未支派的革順族為業。

※同書 21:27 中的比施提拉 Be-eshterah 0088。
※同代上 11:44 中的亞施他拉 Ashterathite 0580。

0585　亞斯瑪弗 Azmaveth
如死之堅強 Strong as death

●Hizmeh，位於耶路撒冷的東北方約 6 公里，伯特利的東南約 10 公里。

> 拉　2:24　首批自巴比倫回歸各城的猶大人中，有亞斯瑪弗人四十二名。

※同尼 7:26 中的伯亞斯瑪弗 Beth-azmaveth 0381。
※同尼 12:29 中的押瑪弗 0632，兩者的英文名相同，也同是回歸後利未人所居的一城。

0586　亞實基倫 Ashkelon
市場 Mart，遷移 Migration
醜行之火 The fire of infamy

●Asqalan [T.Ashqelon]，位於今日 Asqelon 城西方約 4 公里的海邊，迦薩之北約 19 公里，亞實突西南約 15 公里，因控制了沿海的大道，在 2000 BC 前就已是迦南人的一個通都大邑，曾被埃及所統治，按埃及的記載，曾於 1286 及 1220 BC 兩度被埃及所攻克，自

1200 BC 前後，非利士人方大量進入，成為非利士人的五個大城邦之一，似並未被以色列人長期佔領過。北國比加王曾聯合亞實基倫對抗亞述，但首先被亞述所擊敗（732 BC），又在 604 BC 被巴比倫屠城毀邑，後歷經西古提、波斯、希臘、瑪加比等佔領，到羅馬帝國時成為一自由市，再度得以繁榮。此城是大希律王的故鄉，他在此建有行宮，1191 年十字軍進攻亞實基倫時，回教的撒拉丁王令焚城後撤退，十字軍佔領後重建，但於 1270 年澈底毀於戰亂，從此亞實基倫就不再在歷史中出現。

> 書　13:3　當約書亞老邁之時，尚未取得之地中包括非利士人所管的亞實基倫。
> 士　1:18　猶大支派攻取了亞實基倫等非利士的城邑。
> 士　14:19　耶和華的靈大大感動參孫，他就下到亞實基倫，擊殺了三十個人，奪了他們的衣裳，將衣裳給了猜出謎語的人。
> 撒上 6:17　非利士人獻給耶和華作賠罪禮物的五個金痔瘡，其中的一個是為了亞實基倫。
> 耶　25:20　先知預言耶和華將要處罰的列國之一。
> 耶　47:5，摩 1:8，番 2:4，亞 9:5
> 　　先知預言非利士必滅亡說，平原中所剩的亞實基倫歸於無有，……耶和華既吩咐你攻擊亞實基倫，和海邊之地。

0587　亞實基拿(地) Ashkenaz
日爾曼民族 The German race

●亞實基拿是雅弗之孫，歌篾的長子，其發源地的位置不明。有學者認為是在高加索地區，黑海和裡海之間。在耶利米時代因為亞實基拿人曾與亞拉臘、米尼聯合，故其定居之地應在後兩者的附近，推測是應在亞拉臘山區之南，凡湖的附近。

> 創　10:3，代上 1:6
> 　　雅弗之孫，歌篾的長子亞實基拿及其後裔所居之地區名及其族名。
> 耶　51:27　耶利米傳言說，耶和華將要令亞拉臘、米尼及亞實拿等各國攻擊巴比倫。

0588　亞蘭瑪迦(地) Aram-maachah
下敘利亞 Syria of Lowland

●是一個亞蘭人的獨立小王國，早在亞摩利人的王噩佔領巴珊以前就已存在，並且維持到大衛王年間。其國土位於黑門山的南麓和東麓的坡地上，南鄰基述王國，東接巴珊的亞珥歌伯，其西是約但河和呼烈湖，但或有時越過約但河，到達亞伯伯瑪迦城，但其國境和邊界皆不明確。他們與以色列人似一直都保持著良好之關係。

> 代上 19:6　亞捫人要攻擊大衛王，就從米所波大米，亞蘭瑪迦，瑣巴等地雇了三萬三千輛戰車，和瑪迦王並他的軍兵，安營在米底巴前。

※同本節中的瑪迦 Maacah 1079。

作先知。

※同撒上18:19中之米何拉 Meholah 0273。

0589　亞大米尼吉 Adami-nekeb
隘口的堡壘 Fortress of the pass

● Kh.Damiyed [T.Adami]，位於基尼烈城西南南方約 15公里，隱多珥東北約14公里，距加利利湖約 8 公里。

　書　19:33 拿弗他利支派所得地業邊境上之一城。

0590　亞他綠亞達 Ataroth-addar
尊榮的冠冕 Crowns of glorious
亞達的冠冕 Crowns of Addar

●Kefr Aqab，位於耶路撒冷以北約 12 公里，伯特利之南約 4 公里。

　書　16:5，18:13
　　　　　是以法蓮及便雅憫兩支派地業交界處之一地名。

※同書16:2中的亞他綠 Ataroth 0525-1，是約瑟的子孫(瑪拿西及以法蓮兩支派)地業境界上之一城。

0591　亞他錄朔反 Atroth-shophan
動物所掘的洞窟 Burrow
朔反的冠冕 Crowns of Shopha

●位置不明，應在迦得支派地業的範圍之內。

　民　32:35 迦得的子孫所建造的八座堅固城之一。

0592　亞伯伯瑪迦 Abel-beth-maachah
被壓迫之家的草坪
Meadow of house of oppression

●T. Abil [T.Avel Bet Maakha]，即是亞比拉城，位於但城之西約 6 公里，夏瑣以北約 27 公里，今日 Metulla 城之南約 2 公里，約但河源頭之一的 R.Bereighith 上游的東岸。

　王上 15:20 亞蘭王便哈達攻破以雲，但，亞伯瑪音，解了猶大王亞撒被以色列王巴沙築拉瑪之圍。
　王下 12:29 亞述王提革拉毗列色，在以色列王比加年間，來奪取了以雲，亞伯伯瑪迦等地，將居民擄到亞述去了。

※同撒下20:14中的亞比拉城 Abel 0520。
※同代下16:4中的亞伯瑪音 Abel-main 0573。

0593　亞伯米何拉 Abel-meholah
舞蹈之草場 Meadow of dancing

●T.Abu Sus，位於伯善之南約 15 公里，得撒東北約 21公里，約但河的西岸。

　士　7:22 基甸攻擊米甸人，米甸人大敗，直逃到靠近他巴的亞伯米何拉。
　王上 4:12 所羅門王的第五個行政區，其地從伯善到亞伯米何拉，直到約念之外。
　王上 19:16 神令以利亞膏亞伯米何拉人以利沙接續他

0594　亞法薩提迦(人) Apharsathchites
調查員 Investigator(波斯文)

●位置不明，可能是在巴比倫帝國的境內。也有可能只是波斯帝國派駐在當地的官員的名號，如調查員、書記、秘書等之類。

　拉　4:9 省長利宏，書記伸帥和同黨的底拿人，亞法薩提迦人，他毗拉人，亞法撒人，亞基衛人，巴比倫人，書珊迦人，底亥人，以攔人，和被亞斯那巴所遷移安置在撒瑪利亞城的人，和河西一帶的人，上奏波斯王亞達薛西，控告並阻撓猶太人重建聖殿。
　　　　　(TEV、TCV，在同章節中為「省長利宏，秘書伸帥，和我們的同僚……法官們」，以及其他從以力，巴比倫，和以攔地的書珊還來的屬下，連同被亞斯那巴從故鄉移來，住在撒瑪利亞和河西的人」，又NIV 中則為：
　　　　　The judges and officials，over the men from Tripolis，Persia，Erech and Babylon，the Elamites of Susa.

※同拉5:6，6:6 中的亞法薩迦人 Apharsachites 0577。

0595　亞波羅尼亞 Apollonia
屬於亞波羅的(破壞者) Belonging to Appllo
亞波羅之城 City of Appllo

●是今日希臘北部鄰海的一城，現名 Pollina，位於帖撒羅尼迦之東約 52 公里，暗妃波里之西約 35 公里，在保羅的時代，羅馬帝國的軍事大道 Agnatain way 行經此城，是個商業和軍事的重鎮。

　徒　17:1 保羅和西拉經過暗妃波里，亞波羅尼亞來到帖撒羅尼迦。

0596　亞特律加寧 Ashteroth-karnaim
雙角的亞斯他錄女神 Ashteroth of double horns
加寧附近的亞斯他錄 Asteroth near Karnaim

●指亞特律和加寧兩個城，兩者相距不遠，均在巴珊地的中部，雅木河的北邊，亞特律即是亞斯他錄 Ashtaroth，請參看 0584 條之說明，現址名叫 T.Ashtarah 的廢墟，位於以得來之北約 23 公里，基列的拉末之北約 31 公里，加利利湖以西約 36 公里。加寧城則在亞特律的北方約 4 公里，即今之 Sheikh Sad。古代的君王大道經過此兩城，故都是當時之交通重鎮。另也有學者認為僅是指亞斯他錄城。

　創　14:5 北方四王南征途中，在亞特律加寧殺敗了利乏音人。

0597　亞斯納他泊 Aznoth-tabor
他泊山之頂 Top of Tabor

●Kh.Umm Jubeil [T.Aznot-Tavor]，位於他泊山之東麓，伯善西北約 27 公里，約念東北約 25 公里。

書　19:34 拿弗他利支派所得地業邊境上之一城。

0598　亞備勒基拉明 Abel-keramim
葡萄園之平原 Plain of the vineyards
二十座城 Twenty cities
葡萄園的草原 Meadow of vineyards

●Na'ur，位於希實本的北方約 8 公里，拉巴西南約 13 公里，Wadi Husban 上流的北岸，現今有三條公路在此交叉。

士　11:33 耶弗他大大的殺敗了亞捫人，從亞羅珥到米匿，直到亞備勒基拉明，攻取了二十座城，亞捫人就被以色列人制伏了。

0599　亞門低比拉太音 Almon-diblathaim
兩個無花果餅的藏匿處
Hiding place of two figs cakes

●Kh.Deleilat esh-Sherqiyeh，位於希實本以南約 17 公里，底本之北約 16 公里。

民　33:46 出埃及旅途中的第四十個安營處，是從底本迦得起行，再往尼波對面的亞巴琳山裡去。

※同耶48:22中的伯低比拉太音 Beth-diblathaim 0382，預言中將受刑罰之一城。

0600　佳澳 Fair Havens
其英文名字的原意就是「優良的港口」

●Limeonas Kalois，是一個希臘的名字，它的意思也是良好的港灣，位於克里特島的南岸中部，在一個半島頂端的海灣傍，距每拉約 600 公里，非尼基城在其西約 60 公里，高大島在其西南方約 60 公里，拉西亞城在其東約 12 公里，其地有數小島的屏蔽，雖然是甚佳的港灣，但仍不宜於過冬。

徒　27:8 保羅在被押往羅馬的途中，自每拉乘船到了佳澳，那城離拉西亞不遠，保羅建議在該處過冬，船主和百夫長卻不信，而要去非尼基去過冬，待前往非尼基的途中，船被大風吹逼，就到了高大的附近。

0601　和倫(人) Horonite
兩個洞穴 Double cave

●可能是指伯和崙城之人。上伯和崙即是 Beit Ur el-Foqa，位於耶路撒冷的西北約 16 公里，伯特利的西南約 12 公里，其海拔高為 617 公尺。

尼　2:9，13:28

和倫人參巴拉，他迫害猶大人，又是阻礙和破壞猶大人建殿的主使人。

0602　和璉 Horem
奉獻為神的 Consecrated
被咒詛的 Banned

●Kh.Qatamun，位於夏瑣西北西約 18 公里，亞革悉之東約 25 公里，Wadi Azziyed 上游的南岸。

書　19:38 是拿弗他利支派所得十九座堅固城之一，靠近亞設之東部邊界。

0603　姑珥 Gur
陡坡 Incline，寄居 Sojourning
小犬 Whelp

●以伯蓮姑珥此一地名，在英文聖經中有幾種的說法，NIV 為 on the way up to Gur near Ibleam，TCV 為 on the road up to Gur，near the town of Ibleam，Gur 的意思是陡坡 incline，故以伯蓮姑珥的意思是，靠近以伯蓮城的一處陡坡。但其詳細之位置不明，按亞哈謝是從耶斯列逃往以伯蓮，所以姑珥應該是在以伯蓮城北方近處的一個陡坡。

王下　9:27 耶戶追趕猶大王亞哈謝，在到了靠近以伯蓮姑珥的坡上擊傷了他，亞哈謝逃到米吉多，就死在那裡。

0604　姑珥巴力 Gur-baal
巴力的寄居處 Sojourn of Baal

●T.Ghurr，位於別是巴之東約 14 公里，希伯崙南約 35 公里，與何珥瑪隔著鹽谷相對。

代下　26:7 神幫助猶大王烏西亞擊敗非利士人，和住在姑珥巴力的亞拉伯人並米烏尼人。

※同書15:21中的雅姑珥 Jahur 1030，是猶大支派所得為業之一城。

0605　居比路(島) Cyprus
愛 Love，一朵花 A blossom，銅 Copper

●現今中文的譯名是塞普路斯島，其英文名仍沿用 Cyprus，位於地中海東北，距土耳其及敘利亞海岸各約 100 公里，是地中海東部的一個大島，平均東西長 160 公里，南北寬 70公里。現在分成南北兩部，北部屬土耳其所有，南部則是塞普路斯共和國。據考古學家之考證，此島在青銅時代，即主前四千年代，已經歷了人口增加、經濟繁榮的時期，島上早期居民有亞蘭人和腓尼基人，他們利用島上四週眾多的天然良港，向歐、亞、非三處的大陸進行貿易，主要出口為陶器，古時島上森林茂密，盛產木材，又富於銅及錫礦。自主前十二世紀起，克特利和亞該亞的希臘人開

始移民來此，撒拉米和帕弗兩大城就是他們所建，主前 58 年，此島被併入羅馬帝國，保羅、巴拿巴和約翰都曾來此傳講福音，巴拿巴第二次來此傳道時，曾住了十年之久，後來成爲居比路的第一任大主教。他所建立的塞普路斯正教會，是東正教中歷史最悠久的自治教會之一。基督教受迫害時，很多基督徒都逃來此避亂，因此基督教得以在此蓬勃發展。十六世紀起有土耳其的回教人移入，兩民族因信仰不同，相處並不友善，是日後分裂的主要原因。

徒　　4:36　叫約瑟的巴拿巴是生在居比路的利未人，他把田地賣了，將價銀拿來，放在使徒腳前。

徒　11:19　因司提反事而四散的門徒，到腓尼基和古利奈及居比路等處講道。

徒　　13:4　巴拿巴及保羅第一次行傳時即到居比路的全島傳道。

※同創10:4，民 24:24，代上 1:7，耶 2:10，但 11:30 中的基提 Kittim 0920。

0606　　帖撒羅尼迦 Thessalonica
勝利 Victory

●即今日希臘北方之大城帖撒羅尼基 Thessaloniki，又名撒羅尼迦 Salonika，位於撒羅尼迦灣之北端，自古至今都是一個海陸運輸商業重鎮，再有羅馬帝國的軍事交通大道 Agnatain way 通過此城，就更具有軍事上的重要性，曾是馬其頓的首府，當時有許多的猶太人在此定居，城內古蹟甚多。今約有居民二十五萬。

徒　　17:1　保羅和西拉二人自腓立比經過暗妃波里，亞波羅尼亞來到帖撒羅尼迦，在那裡有猶太人的會堂，並有許多虔誠的希利尼人，但又引起不信的猶太人的嫉妒。

徒　17:17　保羅到庇哩亞去後，帖撒羅尼迦的猶太人又去攪擾。

徒　17:11　庇哩亞的人賢於帖撒羅尼迦的人。

徒　　20:4　同保羅到亞西亞去的有提摩太，帖撒羅尼迦人亞里達古和西公都等共七人。

※帖前1:1，帖後 1:1帖撒羅尼迦前後兩卷書信，是保羅寫給帖撒羅尼迦教會的信。

0607　　帕弗 Paphos
加熱了的 Heated，受苦 Suffering

●位於賽浦路斯島的西南角，有新舊兩城，舊帕弗是腓尼基人所建，現名 Konklia，是一個良好的港口，也曾是新約時代時羅馬帝國賽浦路斯省的首府，尤以崇拜維納斯女神而聞名，新帕弗今仍用原名 Paphos 或 Baffo，是希臘人所建，位於舊城西北約 16 公里之處，舊城因屢次被地震所毀，新城就日漸繁榮而替代了舊城。

徒　　13:6　保羅及巴拿巴第一次行傳時到了帕弗，保

羅使那裡一個名叫巴耶穌的假先知的眼睛瞎了，當地的方伯就信了主。

0608　　帕大喇 Patara
被踐踏 Trodden
散佈災殃 Scattering curssing

●現今仍保留原名的一個廢墟，位於小亞細亞西南角海邊，在古城每拉之西約 65 公里，羅底島之東約 110 公里，因係一良港，是內陸諸城鎮重要的口岸，也是呂家省的商業中心，在主前四世紀時已經非常的繁榮，甚至有自己發行的錢幣，在宗教上則以素以亞波羅 Apollo 的神諭曾降其地著稱，至今尚有神廟、堡壘、公共建設等之遺跡，其中最著名的是古城大拱門，其上刻有 Patara，the Metropolis of the Lycians 之名。

徒　　21:1　保羅第三次行傳時，由羅底路經帕大喇，哥士，在推羅上岸。

0609　　帕勒提（人）Paltite
被救 Delivered，我的脫逃 My escape

●可能是指從伯帕列城來的人，伯帕列城是今日的 T.es-Saqati [T.Shoqt]，位於別是巴東北約 10 公里，希伯崙之西南約 30 公里。

撒下 23:26 大衛的勇士希利斯是帕勒提人。

※同代上 11:27 中的比倫 Pelon 0068，大衛王的勇士希利斯及希雅是比倫人。

※同書 15:27 中的伯帕列 Beth-pelet 0355，係猶大支派地業儘南邊的一座城。

0610　　帕提亞（地）Parthians
誓約 Pledge

●原爲黑海之北烏克蘭地區的塞西亞民族，即是聖經中的西古提族中名叫 Turanian 的一支，在主前三世紀前逐漸移來裡海東南，佔領瑪代和以攔以東的地區，即是今日伊朗的東北部，在希臘帝國分裂後不久，就成爲一個新的獨立帝國，並維持了五百年之久，其版圖最大的時候是約從幼發拉底河到印度河，其勢力足與羅馬帝國抗衡，曾兩度擊敗羅馬，也曾是羅馬之附庸，在主前四十年入侵敘利亞。從主前六世紀起，就有被擄的猶太人遷移來此，故在五旬節時，已有很多的猶太人住在那裡。

徒　　2:9　五旬節時所說的方言之一。

0611　　帕斯魯細（地）Pathrusim
南方之地 Southern land
巴忒羅人之地 Land of Pathros

●帕斯魯細是含之孫，麥西的第五個兒子，他起初的領土可能就是上埃及，範圍是從亞斯旺往北，沿尼羅

河谷，直到三角洲口，即是現今開羅市以南的河谷和兩側地區。

　　創　　10:14，代上 1:12
　　　　　　含之孫，麥西第五子帕斯魯細及其後裔所居之地名及族名。

0612-1底本　Dibon
神之沼澤地 Marsh land of God
荒廢 Wasting，釘住 Pining

●Dhiban 和 Qrhh 兩個土丘，位於希實本之南約 34 公里，吉珥哈列設之北約 35 公里，亞嫩河以北的平原中，海拔高約 700 公尺，古代的君王大道通過此城，所以是一個重要的交通和軍事的據點。它是摩押的農業中心，也曾是摩押的首都，區內雖無天然水泉，但有百餘個人工挖的水池，可蓄水足供耕作之用。1868 年在此發現著名的摩押石碑，是非常有價值的文物。1950 至 1968 年間在此作考古的挖掘，發現了主前三千年代的古城遺跡，大約 1.5 公頃，但是缺乏了主前一千八百年到一千三百年之間有人定居之證據，在其間可能是因城被毀，只有一支遊牧部落時來時往之故。自 1300 BC 起才再有人定居。該城有五個不同時代的城牆，最古的是建於 3000 BC 前後，最堅固的城牆有3公尺之厚，是用整塊的大石塊所建。另外還發現許多的陶器、石牆、工具等，此城實在是一個重要的考古據點，對希伯來人的歷史有很大的貢獻。

　　民　　21:30 亞摩利王西宏曾攻擊摩押，射殺其民，從希實本直到底本，盡皆毀滅。
　　民　　32:3，32:35
　　　　　　迦得的子孫向摩西索取為業之一城，也是後來經他們重建的八個城市之一。
　　書　　13:17 分給流便支派為地業之一城。
　　賽　　15:2，耶 48:18，22
　　　　　　先知論摩押，預言底本等城將受刑罰及將毀滅。
　　※同民 33:45 中的底本迦得 Dibon-gad 0621，是以色列人出埃及途中的一個安營之處。

0612-2底本　Dibon

●位置不明，可能是 T.ed Dheib，位於別是巴東南方約 44 公里。

　　尼　　11:25 建殿後猶大的後裔所居之一城及其鄉村。
　　※可能同書 15:22 中的底摩拿 Dimonah 0619，係猶大支派所得為業之一城。

0613　　底亥　Dehavites
有病的 Sickly，即是 That is

●位置不明，可能是居住在裡海之東的 Dehistan 地區，或 Daikh 地區的人民。

　　拉　　4:9　由河西省長利宏領頭，上書奏請波斯王亞達薛西，控告並阻止猶太人建殿的同黨中，有原籍為底亥的撒瑪利亞人。(有學者認為，因希伯來文的底亥有「即是」之意，故本節應作，「……書奏迦人，即是以攔人……。」)

0614-1底但(地)　Dedan
低下 Low，他們的愛 Their love
他們的感動 Their moving

●底但是含及古實的後裔，拉瑪之次子，他起初的領土在傳統上認為，大約是在今日阿拉伯半島的西北部，靠紅海東岸的地區，其中心是一個名叫 el-Ula 的綠洲，位於麥加 Makkah 以北約 600 公里，麥地拿以北約 290 公里，紅海之東約 240 公里之處，現在有公路幹線在此通過，是一個很富庶的地區。

　　創　　10:7 代上 1:9
　　　　　　古實之孫，拉瑪次子底但及其後裔所居之地區名及族名。
　　賽　　21:13 論亞拉伯的預言說，底但結伴的客旅啊，你們必在亞拉伯的樹林中住宿。
　　耶　　25:21 耶利米向列國宣告，它是日後所將受神審判中的一國。
　　結　　38:13 預言歌革將受災，說，示巴人，底但人，他施的客商，都必問你，你聚集軍隊要搶奪許多財寶為擄物麼。

0614-2底但　Dedan

●位置不明，應是在以東的境內。

　　耶　　49:8　論以東，底但的居民哪，要轉身逃跑，
　　結　　25:13 我必伸手攻擊以東，從提幔起，直到底但。

0614-3底但(島)　Dedan

●應是地中海的一個或多個島嶼，但位置不明。

　　結　　27:15 主責備底但人與推羅交易，有許多海島作碼頭，他們用象牙烏木與之兌換。

0615　　底們　Dimon
糞坑 Dungpit

●位置不明，有可能是死海以東的某一條溪流，也有可能 Kh.Dimneh 廢墟，位於 Ain el-Megheisil 的附近。也有可能是底本，請參見 0612-1 之說明。

　　賽　　15:9　先知論摩押的默示說，底們的水充滿了血，我還要加增底們的災難。

0616　　底拿(地)　Dinaite
審判 Judgement，法官 Judge

●可能是亞米尼亞 Armenian 地區，因古時亞述人稱亞

米尼亞為 Dayani。也有可能是一個法官。

拉　4:9　由河西省長利宏領頭，上書奏請波斯王亞
　　　　達薛西，控告並阻止猶太人建殿的同黨人
　　　　中，有原籍為底拿人的撒瑪利亞人。

0617　底連　Dilean
胡瓜 Cucumber
降於災難之中 brought low in affliction

●T.en-Najileh，位於別是巴西北約 30 公里，迦薩之東約 27 公里，旱溪蘇威特南支的西岸。

　　書　15:38　猶大支派所得為業在高原第二組的十六座
　　　　　　　城中的一座。

0618-1底壁　Debir
發言人 Speaker，　背 The back

●Kh.Rabud，位於希伯崙西南方約 15 公里，別是巴東北方約 26 公里，地處中央山脈的邊緣，可雄視非利士平原，是一個重要的軍事據點。自 1967 年開始發掘，顯示自主前 2200 年已有人定居，約於 1400 BC 前後被焚於大火，廢墟內有迦南、埃及、喜克索、希伯來人的各式陶器、瓦器、石牆、泥磚等物，對考古極有幫助。附近的水泉甚多。

　　書　10:38，11:21
　　　　　　　約書亞攻取了底壁等城，剪除了所有的亞
　　　　　　　納人。
　　書　12:13　是約書亞所擊殺的三十一個王的城邦之
　　　　　　　一。
　　書　15:15，士 1:11
　　　　　　　約書亞將希伯崙等地分給迦勒，迦勒的女
　　　　　　　婿俄陀聶攻取了底壁，底壁的原名是基列
　　　　　　　西弗。
　　書　15:49　猶大支派所得為業在山地第一組的十一座
　　　　　　　城中的一座。原名基列薩拿，又名叫底
　　　　　　　壁。
　　書　21:15，代上 6:58
　　　　　　　日後此城再度被分給利未支派哥轄族亞倫
　　　　　　　的子孫為業。

※基列薩拿　Kiriath-sannah 0955。
※基列西弗　Kiriath-sepher 0957。

0618-2底壁　Debir
●Umm ed-Dabar，位於伯善東北約 12 公里，以得來之西約 46 公里，約但河東岸約 4公里，Wadi al-Arab 的南岸。另有學者認為是 Tell el-Hammeh，位於示劍之東約 32 公里，亞當城東北約 14 公里，雅博河的北岸。

　　書　13:26　迦得支派所得在北方邊境上之一城。(在
　　　　　　　TCV 的此節中，不是底壁，而是羅底巴
　　　　　　　Lodebar)。

※同撒下 9:4，17:27 中的羅底巴 Lo-debar 1171。

0618-3底壁　Debir
●Thoghret ed-Debr，位於耶路撒冷之東約 14 公里，耶利哥西南約 11 公里，W. Mukallik 之北岸。

　　書　15:7　猶大支派所得地業在北方邊境上之一城。

0619　底摩拿　Dimonah
糞坑 Dung pit

●位置不明，可能是 T.ed Dheib，位於別是巴東南方約 44 公里。

　　書　15:22　猶大支派在儘南邊所得為業的二十九座城
　　　　　　　中之一。

※可能同尼 11:25 中的底本 Dibon 0612-2，係回歸後猶
　大人所居之一城。

0620　底撒哈　Dizahab
黃金之域 Region of gold
黃金之所有者 Possessor of gold

●位置不明，有學者認為可能是今日西乃半島東岸的 Mina Dahah，此一地名的意思即是黃金海港，是一處黃金甚多之地，位於以旬迦別之南約 124 公里。

　　申　1:1　申命記是摩西臨終前，在約但河東的曠
　　　　　　野，疏弗的對面的亞拉巴，就是巴蘭，陀
　　　　　　弗，拉班，哈洗錄，底撒哈中間，向以色
　　　　　　列人所說的話。

0621　底本迦得Dibon-gad
迦得的沼澤地 Marsh land of Gad

●即是底本，位於希實本之南約 34 公里，吉珥哈列設之北約 35 公里，亞嫩河以北的平原中，餘請參見底本 0612-1 條之說明。

　　民　33:45　以色列人出埃及途中的第三十九個安營之
　　　　　　　處，是從以耶亞巴琳起行，在底本迦得安
　　　　　　　營，再去亞門低比拉太音。

※同書 13:17 中的底本 Diban 0612-1，是流便支派所得
　之一城。

0622　彼土利　Bethuel
神的居所 Abode of God

●Kh.er-Ras，位於別是巴的北方約 10 公里，希伯崙西南約 32 公里，西緬支派地業的東境。也可能是 Kh.el-Qaryatein，位於亞拉得之北約 8 公里。

　　代上 4:30　西緬人住在別是巴，彼土利等城邑，直到
　　　　　　　大衛作王的時候，都屬西緬人所有。

※與書 19:4 中的比土力 Bethul 0075 同為一地。
※同書 15:30 中的基失 Chesil 0900，故係從猶大支派
　中所取得者。
※同撒上 30:27 中的伯特利 Bethel 0364-3，其地之人與
　大衛素有往來，大衛王曾贈以禮物。

地名詳解

0623 彼西底 Pisidia
公理的信念 Persuasion of right
似瀝青的 Pitchy

●在新約時代是羅馬帝國加拉太省西南部的一區，位於土耳其的中南部，其西是屬亞西亞省的弗呂家，東方則是呂高尼，南接旁非利亞，西接呂家，全區皆為高山，海拔在 1100 公尺以上，地勢崎嶇，但多湖泊，民風強悍好戰，大城安提阿是其省會。

徒　13:14 保羅和巴拿巴從別加到彼西底的安提阿。
徒　14:21 他們回程時亦經彼西底去別加。

0624 所多瑪 Sodom
焚燒 Burning，上腳鐐 Fettered.

●位置無從查證，是四個被火焚燒，並已湮沒了之古城之一，學者之意見多傾向位於死海東南隅，灘三半島之南的海底之某處。

創　10:19 迦南的境界是從西頓向基拉耳的路上，直到迦薩，又向所多瑪，蛾摩拉，押瑪，洗扁的路上，直到拉沙。
創　13:13 羅得舉目看見約但河的全平原，直到瑣珥，都是滋潤的，那地在耶和華未滅所多瑪，蛾摩拉以先，如同耶和華的園子，也像埃及地，於是羅得選擇約但河的全平原，往東遷移，直到所多瑪，所多瑪人在耶和華面前罪大惡極。
創　14:2 所多瑪王比拉時，北方四王南下，攻打南方以所多瑪為首的五個城，結果南方五王戰敗，北方四王就把所多瑪和蛾摩拉所有的財物和糧食都擄掠去了，又把當時也在所多瑪的羅得，和他的家人及財物擄掠去了。
創　18:16 三人(天使)就從那裡起行，向所多瑪觀看，……耶和華說，所多瑪和蛾摩拉的罪惡甚重，聲聞於我，我現在要下去，察看他們所行的，19:1 那兩個天使晚上到了所多瑪，羅得接待他們到他的屋裡，為他們豫備筵席，……他們還沒有躺下，所多瑪城裡各處的人，連老帶少，都來圍住那房子，……天明後，天使催逼羅得帶著他的妻子和兩個女兒，逃出去，免得同被剿滅，……羅得到了瑣珥，耶和華將硫磺與火，從天上降與所多瑪和蛾摩拉，把那些城，和全平原，並城裡所有的居民，連地上生長的，都毀滅了，……亞伯拉罕清早起來，向所多瑪和蛾摩拉，與平原的全地觀看，不料，那地方煙氣上騰，如同燒窯一般。
申　29:23 好像耶和華在忿怒中所傾覆的所多瑪，蛾摩拉，押瑪，洗扁一樣。
申　32:32 他們的葡萄樹是所多瑪的葡萄樹，蛾摩拉田園所生的。
賽　1:8 若不是萬軍之耶和華給我們稍留餘種，我們早已經像所多瑪，蛾摩拉的樣子了。

※其他以所多瑪，和蛾摩拉為戒的有賽1:10，3:9，13:19，耶 23:14，49:18，50:40，哀4:6，結16:46，摩4:11，番2:9，太 10:15，11:23，路10:12，17:19，羅9:29，彼後2:6，猶7，啟 11:8。

0625 拔摩(島) Patmos
棕樹之島 Island of palms

●今日仍是名叫拔摩 Patmos 的一個小孤島，現屬希臘所有，靠近土耳其的愛琴海中，位於以弗所西南約 100 公里，島南北長約 16 公里，寬約 10 公里，全島是一塊大岩石，童禿而不利於耕作，海岸險峻，對外交通僅靠在島的中部的 La Scala 的小港口，是羅馬帝國用來作放逐或囚禁罪犯之處，犯人則以採礦為其主要的工作。

啟　1:9 約翰在拔摩島上被聖靈感動，見到異象，並將所看見的寫信告訴七個教會。

0626 押但 Addan
堅定的 Firm，剛硬的 Stony

●位置不明，無從查考，可能是以色列人被擄到巴比倫時開墾的一個城市。

拉　2:59 首批回歸的猶大人中，從特米拉，押但，音麥等城上來的，不能指明他們的宗族譜系，是以色列人不是，他們是第來雅，多比雅，尼哥大等人的子孫，共六百五十二名。

※同尼7:61中的亞頓 Addon 0504。

0627 押門 Azmon
似骨的 Bonelike
堅固的堡壘 Firm stronghold

●Ain el-Qoseimeh，位於加低斯西北西約 7 公里，現有公路幹線經過。

民　34:4，書 15:4
迦南地及猶大支派地業南界上之一城，西接埃及小河，東接甲加或哈薩亞達。

0628 押頓 Abdon
僕人 Servant，服役 Service

●Kh.Abdeh [T.Avdon]，位於亞柯的北北東方約 16 公里，亞革悉之東約 4 公里，推羅之南約 26 公里，卡恩溪北岸，是一個海拔 146 公尺土丘上的城市，因控制了自沿海平原進入加利利地區的狹窄孔道，很具有軍事及商業的重要性。

書　21:30，代上 6:74
利未支派的革順族，自亞設支派地業中所

取得之一城。

※同書 19:28 中的義伯崙 Ebron 1045，原是亞設支派所
　得為業之一城。

0629　押煞　Achshaph
魔法，魔力 Sorcery，　Fascination
蠱惑 Enchantment

●Kh.el-Harbaj [T.Regev]，位於亞柯之南約 18 公里，
米吉多西北約 22 公里，是一個在聖經以外常有記載，
並已有三千年以上歷史的古城。也有可能是今日名叫
T.Keisan的廢墟，位於亞柯的東南方約 8 公里，亞弗東
北約 5 公里，Wadi esh-Shaghur 之南。

書　11:1　是夏瑣王所聯合對抗約書亞，並在米倫水
　　　　　邊被以色列人所擊敗的諸王之一。
書　12:20　是約書亞所擊殺的三十一個王中的一個。
書　19:25　亞設支派所得為業的二十二座城之一。

0630　押瑪　Admah
堡壘 Fort，地上的 Earthly，紅土 Red earth

●位置無從查證，是四個被火焚燒，並已湮沒了之古
城之一，學者之意見多傾向位於死海東南隅，灘三半
島之南的海底之某處。

創　10:19　迦南的境界是從西頓向基拉耳的路上，直
　　　　　到迦薩，又向所多瑪，蛾摩拉，押瑪，洗
　　　　　扁的路上，直到拉沙。
創　14:2　是被北方四王所攻打的南方五王之一，當
　　　　　的押瑪王是示納。
申　29:23　耶和華在忿怒中所傾覆的有所多瑪，蛾摩
　　　　　拉，押瑪，洗扁等四城。
何　11:8　以法蓮哪，我怎能捨棄你，以色列阿，我
　　　　　怎能使你如押瑪，怎能使你如洗扁，我回
　　　　　心轉意，我的憐愛大大發動。

0631　押利提　Japhlet
神將拯救 (God) will rescue
被拯救了的 Delivered

●位置不明，可能是在以法蓮支派地業的邊界上，下
伯和崙的西北方某處。

書　16:3　約瑟的子孫所得之地的境界部份是，從亞
　　　　　他綠，又往西下到押利提人的境界，下
　　　　　到伯和崙的境界，直到基色，通到海為
　　　　　止。

0632　押瑪弗　Azmaveth
如死之堅強 Strong as death

●Hizmeh，位於耶路撒冷的東北方約 6 公里，伯特利
的東南約 10 公里。

尼　12:29　歸回後利未人所聚居之一城，在耶路撒冷
　　　　　的城牆重建完成後，聚集參加為完工奏樂

唱歌。

※同拉 2:24 中的亞斯瑪弗 0585，兩者的英文名全同。
※又同尼 7:28 中的伯亞斯瑪弗 Beth-azmaveth 0381，
　皆是首批自巴比倫返來各城人中原屬該城者計有四
　十二名。

0633-1拉巴　Rabbah
大城 Great city，　主要的城 Maintown
偉大 Greatness，　首府 Capital

●即是今日約旦的首都阿曼 Amman，位希實本東北方
約 21 公里，是雅博河的發源處，水泉甚多，故有水城
之稱。該城在古時即有君王大道經過，交通便利，附
近水源豐富，土壤肥沃，宜於農牧，一直都是軍事和
商業重鎮，也一直是亞捫人的首都。在大衛王時代，
城區分為上下兩城，上城即是京城，下城即是水城。
從 1924 至 1947 年間的考古工作得知，該地在舊石器
時代，就是在一萬年以前已有人類居住，遺物中掘出
有主前八千年代中所建的石架和巨石紀念碑，城牆約
是在 2300 BC 建成，另有喜克索時代(1600 BC)的水
池，1400 BC 前後所建之神廟，還有許多不同時代的
墳墓。因為現今之城是建造在舊城之上，除了在地面
上尚存有的希臘羅馬時代劇場和神殿等的遺物之外，
使得必須靠挖掘的考古工作不易進行，其更詳細的歷
史無法作進一步的考證，只有從其他之資料來了解。
主前三世紀，埃及的多利買二世，重建此城，改名叫
非拉鐵非，在新約時代是十城之一。

申　3:11　利乏音人所剩下的，只有巴珊王噩，他的
　　　　　床是鐵的，長九肘，寬四肘，現今不是在
　　　　　亞捫人的拉巴麼。
書　13:24　摩西按著迦得支派的宗族，分給他們產
　　　　　業，他們的境界是雅謝和基列各城，並亞
　　　　　捫人一半的地，直到拉巴前的亞羅珥。
撒下 11:1，代上 20:1
　　　　　過了一年，到列王出戰的時候，大衛又差
　　　　　派約押率領以色列人出戰，他們就打敗亞
　　　　　捫人，毀壞亞捫人的地，圍攻拉巴。
撒下 12:27　約押攻打亞捫人的京城拉巴，取其水城，
　　　　　大衛王再兵領來，就奪取了拉巴。
撒下 17:27　大衛因逃避押沙龍到了瑪哈念，亞捫族的
　　　　　拉巴人拿轄的兒子朔比等，帶了用具和食
　　　　　物來給大衛和他的隨從。
耶　49:2　先知預言亞捫必受罰，拉巴必遭攻擊，拉
　　　　　巴要成為亂堆。
結　21:20　先知預言巴比倫王必攻擊拉巴及耶路撒
　　　　　冷。
結　25:5　先知的預言說，我必使拉巴為駱駝場，使
　　　　　亞捫人的地成為羊群躺臥之處。
摩　1:14　先知的預言說，我卻要在爭戰吶喊的日
　　　　　子，旋風狂暴的時候，點火在拉巴的城
　　　　　內，燒滅其中的宮殿。

0633-2拉巴 Rabbab

●位於耶路撒冷以西約 11 公里，基遍西南約 10 公里，廢墟 Suba 的附近。

書 15:60 猶大支派所得為業之一城，是山地第五組中的兩城之一。

0634-1拉末 Ramoth

高地 High places， Heights. 珊瑚 Coral

●T.Ramith，位於伯珊以東約 51 公里，以得來西南約 11 公里，是從東方進入基列的孔道，君王大道也通過此城，自古就是一個重要的軍事據點，現今有兩條路幹道從其北經過。在聖經中多稱作基列的拉末 Ramoth-Gilesd。

申 4:43，書 20:8，21:38
摩西在約但河之東分定三座逃城，其中為迦得人分定基列的拉末為逃城。

王上 4:13 所羅門王的十二個行政區中的第六區，由便基別管理，其首府是基列的拉末。

王上 22:3，代下 18:2
以色列王亞哈聯合猶大王約沙法，一同攻取被亞蘭人所佔領的基列拉末，結果大敗，亞哈王被箭射死。

王下 8:25，代下 22:5
以色列王約蘭聯合猶大王亞哈謝，前往基列的拉末去，與亞蘭王哈薛爭戰，結果大敗，約蘭受傷後死亡。

王下 9:1 先知以利沙吩咐他的一個門徒到基列的拉末去，膏耶戶作以色列王。

代上 6:80 利未支派的米拉利族從迦得支派的地業中得了基列的拉末，瑪哈念，希實本和雅謝等城及其郊野為業。

0634-2拉末 Ramoth

●位置不明。可能是 Kh.Ghazza [H.Uza]? 位於別是巴之東約 32 公里，希伯崙之南約 31 公里。

撒上 30:27 大衛戰勝亞瑪力人回到洗革拉之後，從掠物中取些為禮物，分送給他素來所到之處的人，其中有住南地拉末的。

0634-3拉末 Ramoth

●Kokab el-Hawa [kokhav-Hayarden]，位於伯善的北方約 10 公里，耶斯列城之東約 18 公里，距約但河約 4 公里，Wadi Tavor 的南岸，城是建在一個高於海平面約 300 公尺的小山頂上。

代上 6:72 利未支派的革順族自以薩迦支派的地業中所取得之一城及其郊野。

※同書 21:29 中的耶末 Jarmuth 0780-2。

※同書 19:21 中之利蔑 Remeth 0408。

0635 拉甲 Rakkath

河岸 Bank，shore

●Kh.el-Quneitireh [T.Raqqat]，位於加利利湖的西岸，基尼烈城之南約 6 公里，伯善之北約 34 公里，離現今提庇哩亞大城北方不遠。

書 19:35 拿弗他利支派所得為業的十九座堅固城之一。

0636 拉共 Lakkum

一處障礙 An obstruction， 要塞 Fortress

●Kh.el-Mansurah，位於雅比聶的東方約 4 公里，耶斯列之北約12公里，距加利利湖的南端和約但河各約 2 公里。

書 19:33 拿弗他利支派所得為業的十九座堅固城之一。

0637 拉吉 Lachish

堅固難攻的 Impregnable

●T.ed-Duveir [L.Lachish]，位於希伯崙之西約 24 公里，別是巴以北約 36 公里，R. Zephathah 河谷的南岸，因控制了從沿海平原通往希伯崙和耶路撒冷的通道，所以自古就是一個重要的軍事據點，其重要性不下於米吉多和伯珊，經考古發掘，廢墟丘的頂高出地面約50公尺，計有八個層面，其歷史可溯及 1567 BC，然而從四周的遺跡看來，可知拉吉一帶早在主前八千年代已有人類活動，他們住在天然的洞穴裡，在主前兩千間已有城牆存在，該城建立後多次被毀，1700 BC 時，為喜克索斯人所據，最後被毀時是 598 BC。城的面積大約有9公頃，比當時的米吉多和耶路撒冷都大，城牆有兩重，外牆厚 4 公尺，內牆厚 6 公尺，兩者相隔 15 公尺，城門有三道，足見其防衛之嚴密，足稱是堅固城。另發現有一極深之水井和蓄水池。最重要發現是「拉吉書信集」共二十一件，其中有向埃及求救的公文，藉著這些文書，解決了耶利米時代所通用文字上的懸疑問題。又在尼尼微城皇宮中的一面牆壁上，有一幅石刻浮雕壁畫，上繪有亞述王西拿基立王攻打拉吉的實況。這一些寶貴的考古資料，都足以證明聖經記載之準確。此城約在 150 BC 被廢棄。

書 10:5 拉吉王和以耶路撒冷王為首的五個亞摩利王聯合攻打基遍。

書 10:31 約書亞和以色列人從立拿往拉吉去，對著拉吉安營，攻打這城，耶和華將拉吉交在以色列人的手裡，第二天約書亞就奪了拉吉。

書 12:11 約書亞所擊殺的三十一個迦南王之一。

書 15:39 猶大支派所得為業，在高原第二組的十六座城中的一座。

王下 14:19，代下 25:27

耶路撒冷有人背叛猶大王亞瑪謝，他就逃
到拉吉，叛黨卻派人到拉吉，將他殺了。

王下 18:14，17，代下 32:9，賽 36:2
　　　　　猶大王希西家十四年，亞述王西拿基立上
　　　　　來攻擊猶大的一切堅固城，將城攻取，猶
　　　　　大王希西家差人往拉吉去見亞述王求和，
　　　　　但亞述王仍從拉吉差大軍去攻擊耶路撒
　　　　　冷。

王下 19:8，賽 37:8
　　　　　亞述王西拿基立拔營離開拉吉攻打立拿。

代下 11:9　猶大王羅波安修築拉吉等十五座城為堅固
　　　　　的城。

尼　 11:30　自巴比倫回歸後的猶大人所居之一城。

耶　 34:7　先知耶利米，在耶路撒冷將這一切話告訴
　　　　　猶大王西底家，那時巴比倫王的軍隊正攻
　　　　　打耶路撒冷，又攻打猶大所剩下的城邑，
　　　　　就是拉吉和亞西加，原來猶大的堅固城只
　　　　　剩下這兩座。

彌　　1:13　因為災禍從耶和華那裡臨到耶路撒冷的城
　　　　　門，拉吉的居民哪，要用快馬套車。

0638　拉沙　Lasha
裂縫 Fissure，直到盲目 Unto blindness

●位置不明。有可能是 Zarat，位於死海東岸邊，拿哈
列河河口之南約 2 公里，大希律王曾在此治病療養，
當時的地名是 Callirhoe，有五十餘處良好的硫磺溫泉
聞名至今。

創　 10:19　迦南諸族分散後所居之地的地界是，南方
　　　　　是向所多瑪，洗扁的路上，直到拉沙。

※可能書 13:19 中的細列哈沙轄 Zereth-shahar 0983 為
　同一地。

0639　拉昆　Rakkon
河岸 Bank or shore
窄小之地 The narrow place

●位置不明。可能是在約帕之北約 10 公里的 T.er-
Reqqeit 廢墟。

書　 19:46　但支派所得為業之一城鎮。

0640　拉班　Laban
白色 White

●位置不明。亦有學者認為可能是 Abu Seleimeh，位
於別是巴之西約 69 公里，迦薩西南約 45 公里，埃及
小河的附近，地中海的東岸。

申　　1:1　申命記是摩西臨終前，在約但河東的曠
　　　　　野，疏弗對面的亞拉巴，就是巴蘭，陀
　　　　　弗，拉班，哈洗錄，底撒哈中間，向以
　　　　　列眾人所說的話。

0641-1拉瑪　Raamah

打雷 To thunder，強迫 To constrain
震動 Vibration，謙恭 Humiliate

●拉瑪是含之孫，古實的第四子，他起初領土的位置
不明，大部份的學者都認為是在亞拉伯半島的東南
角，即是今日的阿曼東部。但也有些學者以為是在半
島的西南。

創　 10:7，代上 1:9
　　　　　古實的第四子拉瑪所居之地及民族名。

結　 27:22　先知論推羅說，拉瑪人用各類上好的香
　　　　　料，寶石和黃金，與推羅交易。

0641-2拉瑪　Ramah
高地 High place

●er-Ram，位於耶路撒冷以北約 9 公里，基遍以東約 4
公里，基比亞以北約 3 公里。

書　 18:25　便雅憫支派所得為業第二組的十四座城之
　　　　　一。

士　　4:5　女先知底波拉當時作以色列的士師，他住
　　　　　在以法蓮山地拉瑪和伯特利中間。

撒上 22:6　掃羅在基比亞的拉瑪，坐在垂絲柳樹下，
　　　　　責備大衛和諸臣之不忠。

王上 15:17，代下 16:1
　　　　　以色列王巴沙上來，要攻擊猶大，修築拉
　　　　　瑪，不許猶大王亞撒從那裡出入。

拉　　2:26，尼 7:30
　　　　　首批自巴比倫歸回的猶大人中，有拉瑪人
　　　　　和迦巴人，共六百二十一名。

尼　 11:33　自巴比倫回歸的便雅憫人所住之一城。

賽　 10:29　亞述王攻擊猶大，來到亞葉，經過米磯
　　　　　崙，在密抹安放輜重，他們過了隘口，在
　　　　　迦巴住宿，使拉瑪人戰兢，基比亞人逃
　　　　　跑。

耶　 31:15，太 2:18
　　　　　耶和華如此說，拉瑪聽見號咷痛哭的聲
　　　　　音，是拉結哭他兒女不肯受安慰，因為他
　　　　　們都不在了。

耶　 40:1　耶利米被鎖在耶路撒冷和猶大被擄到巴比
　　　　　倫的人中，護衛長尼布撒拉旦將他從拉瑪
　　　　　釋放以後，耶和華的話臨到耶利米。

何　　5:8　你們當在基比亞吹角，在拉瑪吹號，說，
　　　　　便雅憫哪，有仇敵在你後頭。

0641-3拉瑪　Ramah

●Bir Bakhmeh [Beer Yeroham]，位於別是巴之南約 29
公里，他瑪西北約 39 公里。

書　 19:8　巴拉比珥是西緬支派從猶大地業中得之一
　　　　　城，又叫作南地的拉瑪。

代上 27:27　為大衛王掌管葡萄園的是拉瑪人示每。

※巴拉比珥 Baalath-beer 0053。

※同代上 4:33 中之巴力 Baalath 0025，是巴拉比珥的
　簡稱，西緬人居住該處直到大衛作王的時候。

※同書 15:24 中的比亞綠 Bealoth 0082-1。

※同書 15:28 中的比斯約他 Biziothiah 0089，是猶大支派在儘南邊所得之一座城。

0641-4拉瑪　Ramah

●Ramieh，位於推羅東南方約 21 公里， 亞革悉東北約 22 公里。

　書　　19:29 亞設支派所得為業的二十二座城之一。

0641-5拉瑪　Ramah

●Kh.Zeitun er-Rameh [Kh.Jul]，位於基尼烈城西北方約 17 公里，夏瑣西南約 19公里。是一處 1200 BC 前後的遺址，現在其西有一名叫 er-Rameh 的小村，小村在山坡上，是個設施很完善的大型村鎮，以種植橄欖為主要作物。

　書　　19:36 拿弗他利支派所得為業的十九座堅固城之一。

0641-6拉瑪　Ramah

●Renits，位於示羅之西約 26 公里，伯特利西北約 23 公里。但有學者認為是便雅憫的拉瑪 0482-2。

　撒上 1:18，2:11，7:17，15:34，16:13，25:1，28:3
　　　　　撒母耳所住及死後埋葬之城。

　撒上 8:4　以色列的長老都聚集，來到拉瑪見撒母耳，求他立一個王治理他們。

　撒上 19:18 大衛逃避掃羅，來到拉瑪，見撒母耳，掃羅也追到拉瑪，神的靈也感動他說話。

※同撒上 1:1 中的拉瑪瑣非 Ramathaim-zophim 0650，撒母耳和他的父親的故鄉。

※同太 27:57 中的亞利馬太 Arimatha 0575，安葬耶穌的約瑟是亞利馬太人。

0642　拉幔　Lahmam
　　　　糧食，供應 Provision， 戰場 Battlefield

●Kh.el-Lahm，位於別是巴以北約 37 公里，希伯崙之西約 21 公里，旱溪庫北巴的北邊。

　書　　15:40 猶大支派所得為業，在高原第二組的十六座城之一。

0643　拉億　Laish
　　　　獅子 Lion

●T.Qadi [T.Dan]，拉億是但城原來的名字，位於哥蘭高地的北部邊界上，加利利海的正北約 40 公里，夏瑣的北北東方約 27 公里，約但河的發源河之一的 Nahr al Hasbani河的東岸，是一個水源豐盛，風景優美之地，附近都是山澗瀑布。餘請參見但 0385-2 條之說明。

　士　　18:1　那時以色列中沒有王，但支派的人仍是尋地居住，因為他們還沒有在以色列支派中

得地為業，但人從瑣拉和以實陶，打發本族中的五個勇士，去仔細窺探那地，他們先到拉億探看，見那裡的居民安居無慮，就派了六百人到拉億，用刀殺了那民，又放火燒了那城，並無人搭救，因為離西頓甚遠，他們又與別人沒有來往，城在平原，那平原靠近伯利合，但人又在那裡修城居住，照著他們始祖以色列之子但的名字，給那城起名叫但，原先那城名叫拉億。

※同書 19:47 中的利善 Leshen 0406，改名後叫但 Dan 0385-2。

0644　拉壁　Rabbith
　　　　群眾 Multitude， 大都市 Metropolis

●Deburiyeh，位於書念之北約 11 公里，米吉多東北約 23 公里，他泊山的西麓。

　書　　19:20 以薩迦支派所得為業之一城。

※同書 19:12 中之大比拉 Daberath 0008，該城隨後歸給利未支派的革順族所有。

0645　拉西亞　Lasea
　　　　未知的根源 Unknown derivation
　　　　毛髮蓬鬆的 Shaggy

●今日克特利島南方海邊靠近 Cape Leonda，一個仍是名叫 Lasea 城鎮旁約 8 公里處的一個廢墟，距古代的佳澳港的東方約 12 公里。

　徒　　27:8　保羅乘船沿革哩底島行走，來到佳澳，離那裡不遠，有拉西亞城。

0646　拉沙崙　Lasharon
　　　　屬於沙崙 To or of Sharon，平原 Plain
　　　　在平面上的 On the level

●位置無從查考，可能是在沙崙平原中。

　書　　12:18 約書亞在迦南地所擊殺的三十一個城邦的王中之一。(七十士譯本中作 the king of Aphek in Sharon，意思是在沙崙的亞弗王)。

0647　拉哈伯　Rahab
　　　　驕橫的輕慢 Insolent pride， Arrogance
　　　　寬廣 Broad， 暴動 Tumult

●拉哈伯是神話中的海怪，代表埃及，當時的埃及之版圖比今日稍小，南境只到亞斯旺。詳細說明請參見埃及 0835-1。

　伯　　9:13　神必不收回他的怒氣，扶助拉哈伯的，屈身在他以下。

　伯　　26:12 他以能力攪動大海，他藉知識打傷拉哈伯。

　詩　　87:4　我要題起拉哈伯和巴比倫人是在認識我的之中。

詩　89:10 你打碎了拉哈伯，似乎是已殺的人。

賽　30:7 埃及的幫助是徒然無益的，所以我稱他為坐而不動的拉哈伯。

賽　51:9 從前砍碎拉哈伯，刺透大魚的，不是你麼。

0648　拉哈勒　Rachal
貿易 Trade，Commerce

●位置不明。可能是迦密，即是 Kh.el-Kirmil，位於希伯崙的南南東方約 13 公里，別是巴東北約 34 公里，是一個很古老的城邑。

撒上 30:29 大衛戰勝亞瑪力人回到洗革拉之後，從掠物中取些為禮物，分送給他素所到之處的人，其中有住在拉哈勒的。(在七十士譯本聖經中作迦密 Carmel 0802-1)

0649　拉末利希 Ramath-lehi
高舉驢骨 Lifting up of the jawbone
顎骨之高處 High place of jawbone

●位置不明，可能即是利希城Beit Atab? 位於伯示麥以東約 6 公里，耶路撒冷之西約 18 公里。

士　15:17 參孫被捆綁了帶到利希，耶和華的靈大大感動他，他臂上的繩就像火燒一樣，從他手上脫落了下來，他用一塊驢腮骨擊殺了一千個非利士人，那地便叫拉末利希，參孫甚覺口渴，神就使利希的窪處裂開，有水從其中流出來，參孫喝了精神復原，因此那水泉名叫隱哈歌利，那泉直到今日還在利希。

※利希 Lehi 0403。

※隱哈歌利 En-hakkore 1161。

0650　拉瑪瑣非 Ramathaim-zophim
兩個守望塔 Two watch tower
守望者 Watchers

●Renits，位於示羅之西約 26 公里，伯特利西北約 23 公里。但有學者認為是便雅憫的拉瑪 0482-2。

撒上 1:1 撒母耳的父親以法蓮人以利加拿，是住在以法蓮山地的拉瑪瑣非。(應可念成瑣非的拉瑪，或蘇弗人的拉瑪。)

※同撒上 1:19 中的拉瑪 Ramah 0641-6，撒母耳之出生地和長居之處。

※同太 27:57 中的亞利馬太 Arimatha 0575，安葬耶穌的約瑟是亞利馬太人。

0651　拉抹米斯巴 Ramath-mizpeh
守望塔山 Watch tower hill
守望塔之高地 Heigth of the watch tower

●位置不明。有可能是 Jelad，又名叫米斯巴，位於拉巴的西北方約 24 公里，希實本北西北約 30 公里，約但河東約 18 公里處，在一片高約 1100 公尺的高原中。

書　13:26 迦得支派所得為業的一城。

※可能同士 11:17 中的米斯巴 Mizpah 0285-5，是以色列人對抗亞捫人，由耶弗他作士師時的安營處。

0652　抹大拉　Magdalene
從Magdala來的女人Woman from Magdala

●Mejdel，位於加利利海西岸中段，迦百農城西南約 8 公里，今日的提比哩亞城以北約 4.4 公里，靠近現今的 Migdal 城。當時城在湖邊，大約建於主前一世紀，是一個良好的漁港，漁業發達，並有醃魚出口，又因城在南北向的國際大道上，又有支線通往拿撒勒城，在提比哩亞城尚未興盛前，無疑是加利利海一帶最大之城市。此城曾是北方地區猶太人反抗羅馬人的中心，後被羅馬人屠城毀港，日後並未恢復往日之繁榮，但仍然是猶太人聚集的中心之一。如今現因泥沙淤積離湖漸遠而沒落。

有人認為抹大拉是馬利亞的姓氏，其意思是從 Magdala 來的女人，則 Magdala 城就是抹大拉城。據說前一些時候，在開築新公路時，在該處挖出一座墳墓，墓碑上刻有抹大拉的馬利亞之名，足以證明確實有其人。早期在此建有一座紀念馬利亞的紀念堂，在七世紀時被毀，十一世紀時十字軍又重建，後又被毀，現今又在原址上建了一座名叫抹大拉馬利亞教堂 Church of Mary Magdalene。

太　27:56 有好些婦女在那裡，遠遠的觀看，他們是從加利利跟隨耶穌來服事他的，內中有抹大拉的馬利亞，又有雅各和約西的母親馬利亞，並有西庇太兩個兒子的母親。

太　27:61 有抹大拉的馬利亞，和那個馬利亞在那裡，對著墳墓坐著。

太　28:1，可 16:1
　　　過了安息日，抹大拉的馬利亞和雅各的母親馬利亞，並撒羅米，買了香膏要去膏耶穌的身體，……有天使告訴他們說，主已經復活了，他們又去告訴主的門徒。

路　8:1 和他同去的有十二個門徒，還有被惡鬼所附，被疾病所累，已經治好的幾個婦女，內中有稱為抹大拉的馬利亞，曾有七個鬼從他身上趕出來，……都是用自己的財物供給耶穌和門徒。

路　24:10 那告訴使徒主已復活的，就是抹大拉的馬利亞，和雅各的母親馬利亞。

約　19:25 站在耶穌十字架旁邊的，有他的母親，與他母親的姊妹，和抹大拉的馬利亞。

約　20:18 抹大拉的馬利亞就去告訴門徒說，我已經看見了主，他又將主對他說的這些話告訴他們。

※同太 15:39 中的馬加丹 Magadan 0893。

※同可 8:10 中的大馬努他 Dalmanutha 0011。

0653　欣嫩谷,欣嫩子谷
Hinnom，Valley of The son of Hinnom
悲傷 Lamentation

使自己入睡 To make self drowsy

●Wadi er-Rababeh，位於耶路撒冷古城的西側及南側，起自城西方的雅法門外，向南沿著現今稱爲錫安山的轉向東，在大衛城的東南角上與汲淪溪會合，全長約兩公里，原是一條又深又寬，以雜石爲岸的陡峭峽谷，現今之地形因多年不斷有雜物填入，所以已與往日的情況大不相同。它的西南方是利乏音谷，其北有泰羅邊谷和錫安山，谷中的一段稱爲陀斐特。此谷之名已漸被用爲地獄永刑之代名詞。

書　15:8　猶大支派地業的北界中的一段是；直通到隱羅結，上到欣嫩子谷，貼近耶布斯的南界，又上到欣嫩谷西邊的山頂，就是在利乏音谷極北的邊界。

書　18:16　便雅憫支派地業的南界中有一段是；往西達到尼弗多亞的水源，又下到欣嫩子谷對面山的儘邊，就是利乏音谷北邊的山，又下到欣嫩谷，貼近耶布斯的南邊，又下到隱羅結。

王下 23:10　猶大王約西亞又污穢欣嫩子谷的陀斐特，不許人在那裡使兒女經火，獻給摩洛。

代下 28:3　猶大王亞哈斯在欣嫩子谷燒香，用火焚燒他的兒女，行耶和華看爲可憎的事。

代下 33:6　猶大王瑪拿西在欣嫩子谷，使他的兒女經火，又觀兆，用法術，行邪術，立交鬼的和行巫術的，多行耶和華眼中看爲惡的事，惹動他的怒氣。

尼　11:30　在建殿之後，猶大人所住的地方是從別是巴直到欣嫩谷。

耶　7:31，19:6

他們在欣嫩子谷建築陀斐特的邱壇，好在火中焚燒自己的兒女，這並不是我所吩咐的，也不是我心所起的意，耶和華說，因此日子將到，這地方不再稱爲陀斐特和欣嫩子谷，反倒稱爲殺戮谷，因爲要在陀斐特埋屍首，甚至無處可葬。

耶　19:2　耶和華令耶利米買窯匠的瓦瓶，又帶長老，出去到欣嫩子谷，哈珥西的門口那裡，宣告 神所吩咐他所說的話。

耶　32:35　耶和華向耶利米說，他們在欣嫩子谷，建築巴力的邱壇，好使自己的兒女經火歸摩洛。

0654　泄撒　Zelzah
猛衝，猛跳 Leaping mightily

●位置不明確，可能是現今拉瑪附近的一個小村莊，名叫 Beit Fala。

撒上 10:2　撒母耳預言掃羅將在便雅憫境內的泄撒，

靠近拉結的墳墓，必遇見兩個人 ，會告訴他驢已經找到了。

0655　河西省　Beyond the river
●河西省是波斯帝國所設的一個省。文中所述的大河是指幼發拉底河，河西省的範圍約是東起自幼發拉底河以西，迄至大馬色地區間，包括敘利亞、腓尼基，有時也包括塞浦路斯島在內，其南則鄰猶大省。

拉　4:11　被安置在大河西一帶地方的人等，上奏亞達薛西王說，河西的臣民云云。

拉5:3，6:6　當時河西的總督是達乃。

拉　8:36　他們將王的諭旨，交給王所派的總督和河西的省長，他們就幫助百姓，又供給神殿裡所需用的。

尼　2:7　我又對王說，王若喜歡，求王賜我詔書，通知大河西的省長，准我經過，直到猶大。

0656　波罕　Bohan
覆蓋 Covering，拇指 Thumb

●僅是一塊大石或是山丘，精確的位置無可考，似應在伯亞拉巴之南及亞割谷之間。

書　15:6，18:17

係猶大支派地業北界，及便雅憫支派之南界上之一地標。

0657　波金　Bochim
哭泣者 Weepers

●位置不明，有人認爲可能是創 35:8 中一棵名叫亞倫巴古 Allon-bacuth 的橡樹，意思是哭泣的橡樹，位置在伯特利與示羅之間。也有學者認爲就是伯特利。

士　2:1　耶和華的使者從吉甲上到波金，責備以色列人沒有聽從神的話，百姓就放聲而哭，於是給那地方起名叫波金，就是哭的意思。

0658　波斯(地)　Persia
馬之地 Land of horses， 他分開 He divided

●古代的波斯地區，位於現今伊朗的南部，包括扎格羅山脈以南和波斯灣北岸之地，古時西北與以攔爲鄰，西北接帕提亞，北接瑪代。波斯和瑪代是伊朗民族中比較大的兩支。它早期的歷史不明，約是在 700 BC 立國，以 Anshan 爲首府，639 BC 波斯成爲亞述之附庸，612 BC 亞述被瑪代之聯軍所滅之後，波斯就成爲瑪代之屬國。550 BC 波斯王古列二世，他是瑪代王亞士帖基的外孫，他打敗了瑪代，反使瑪代成爲波斯之屬地，而且不久將兩者組成聯邦，史稱瑪代波斯帝國，他先征服了瑪代西北方原來瑪代的屬國，再往西擊敗呂底亞和色雷斯，往南佔領原屬巴比倫的敘利

亞、巴基斯坦和埃及，537 BC 滅了巴比倫，建立了一個前所未有的大帝國，就是波斯帝國，其國土東至印度河，西至歐洲的色雷斯，南到埃及。古列王於 537 BC 釋放猶大人回國建殿，520 BC 他的兒子大利烏王再度排除其他人之攔阻，促使聖殿在 516 BC 完工。大利烏在壁石敦 Behistun Rock 山的石壁上刻有一幅圖畫，誇耀自己的戰功，並用波斯、巴比倫和以攔等三種文字刻上銘文，是現今研究這三種古代文字的最佳教材。499 BC 愛奧尼亞反抗，大利烏王歷經五年將其平息，490 BC 波斯軍在馬拉松被希臘擊敗，480 BC 波斯海軍又在撒拉米被希臘的海軍所敗，次年亞哈隨魯王再出征，但又在普拉提亞被希臘擊潰。以斯帖即是亞哈隨魯之王后。458 BC 以斯拉及445 BC 尼希米，兩人在亞達薛西王之准許下返猶大，受命修復聖城。413 BC 大利烏二世在敘拉古一役中，大敗雅典，使波斯的勢力重返愛琴海地區。亞達薛西二世在 383 BC 三年間兩度遠征埃及，但皆大敗，從此波斯帝國開始走下坡，330 BC 被亞歷山大所滅。323 BC 亞歷山大去世，帝國分裂，波斯地區就歸西流基王國所有，65 BC 西流基敗亡，波斯地區成了羅馬帝國的一省。

代下 36:20 先知耶利米預言以色列人將被巴比倫王擄去，直到波斯國興起來。

拉 1:1，代下 36:22

　　　波斯王古列元年，耶和華為要應驗藉耶利米口所說的話，就激動波斯王古列的心，使他下詔通告全國，說，波斯王古列如此說，耶和華天上的神，已將天下萬國賜給我，又囑咐我在猶大的耶路撒冷為神建造殿宇。

尼 12:22 當波斯王大利烏在位的時候，利未人作族長的祭司，也記在冊上。

斯 1:3 波斯王亞哈隨魯三年，為他一切首領臣僕擺設筵席，有波斯和瑪代的權貴，和他的七個波斯及瑪代的大臣。

斯 1:18 波斯的王后瓦實提因未遵從王的旨意到筵席上來，王就將他廢了，並下旨全國說，所有的婦人，無論丈夫貴賤，都必須尊敬他。

結 27:10 論推羅說，波斯人，路德人，弗人，在你軍營中作戰士。

結 38:5 預言歌革受災說，波斯人，古實人和弗人，各拿盾牌，頭上戴盔。

但 5:28 但以理解釋說，毘勒斯，就是你的國分裂，歸與瑪代人和波斯人。

但 6:8 但以理和素常一樣，一日三次，在神前禱告感謝，犯了禁令，因這禁令，於是但以理就被扔在獅子坑裡。

但 6:28 如此，這但以理當大利烏王，和波斯王古列在位的時候，大大亨通。

但 8:20 你所看見的雙角公綿羊，就是瑪代和波斯王。

但 10:13 但波斯國的魔君攔阻我二十一日，忽然有大君中的一位米迦勒來幫助我，我就停留在波斯諸王那裡。

但 11:2 現在我將真事指示你，波斯還有三王興起，第四王必富足遠勝諸王，他因富足成為強盛，就必激動大眾攻擊希臘國。

0659　波斯加　Bozkath
升高 Elevated，多石的地面 Stony ground

●Dawaimeh，位於別是巴北方約 34 公里，希伯崙的東方約 18 公里，旱溪厘北巴的南岸。

書 15:39 猶大支派所得為業在高原第二組的十六座城之一。

王下 22:1 約西亞的母親，耶底大是波斯加人。

0660-1波斯拉　Bozrah
羊欄 Sheepfold，碉堡 Fortress

●Buseirah，位於彼特拉的北方約 47 公里，別是巴東南約 92 公里，底本西南約 87公里，死海之南約 43 公里，是在 Wadi Hamayided 的源頭上，一處三面都是峭壁的大石山上，地形十分的險要，控制了古時南自以旬迦別來的君王大道，故是一個軍事重鎮，在主前八百年前後曾是以東的首府。附近多銅鐵礦，所產之羊頗為著名，染織業也發達。在 1971 至 1976 年間作了考古的發掘，城的面積約 7.8 公頃，並分上下兩區，是主前八世紀所建極大的一個都市，有神廟、宮殿、官署和設有重防的城牆，似深受亞述之影響，其他尚有波斯及拿巴天時代之遺物。

創 36:33，代上 1:44

　　　波斯拉人約巴接續比拉作以東王，京城是亭哈巴。

賽 34:6 因為耶和華在波斯拉有獻祭的事，在以東地大行殺戮。

賽 63:1 這從以東地的波斯拉來，穿紅衣服，裝扮華美，能力廣大，大步行走的是誰呢。

耶 49:13 耶和華說，我指著自己起誓，波斯拉必令人驚駭，羞辱，咒詛，並且荒涼。:22 波斯拉到那日，以東的勇士心中疼痛，如臨產的婦人。

摩 1:12 論以東說，我卻要降火在提幔，燒滅波斯拉的宮殿。

彌 2:12 雅各家阿，我必要聚集你們，必要招聚以色列剩下的人，安置在一處，如波斯拉的羊。

0660-2波斯拉　Bozrah

●Umm el-Amad，位於希實本之東約 8 公里，米底巴的東北方約 13 公里處。

耶 48:24 先知論摩押說，刑罰必臨到摩押平原之地的波斯拉等十一個城。

※可能同申 4:43 中的比悉 Bezer 0069，是一利未人之
城及逃城。

0661　法勒(人)　Peleg
區分 Division
●法勒是閃的第四代孫，希伯之長子，他最初領土的
位置尚不明確，有可能是現今名叫 Phalga 的城市，位
於哈博河與幼發拉底河交會之處。

創　　10:25，代上 1:19
　　　　　　閃的第四代孫，希伯的長子，法勒後裔所
　　　　　　居的地名和族名。

0662　法珥法(河)Pharpar
快速的 Swift
分裂為數份 Breaking asunder
●Nahr el-Awaj 河，發源於黑門山東麓，全長約 64 公
里，位於大馬色城之南約 16 公里，由西向東流，進入
敘利亞沙漠後即消失，河道陡峭，水流急速，水源主
要靠山頂之溶雪，故河水冷冽而清澈，在春天時雪溶
使水漲溢，但在夏季有時仍會漧涸。此河與亞罷拿河
同是大馬色綠洲的主要水源，兩者經充分的利用，而
使得該地成為沙漠中的綠洲，滿佈花園、果園和綠草
坪，盛產穀物、棉花、亞麻、煙草、大麻和各種水果
及核果。

王下 5:12　亞蘭王的元帥乃縵，不信神人以利沙所
　　　　　　說，就是令他到約但河中去沐浴七次，就
　　　　　　可以治好他的大痲瘋的話，因為乃縵認
　　　　　　為，大馬色的法珥法河和亞罷拿的水，比
　　　　　　全以色列的河水都要好。

0663　空號 (作者無意漏失)

0664　阿伯 Oboth
洞穴 Caverns，戰爭 Battles
皮革製成的水袋 Water skin
空虛 Hollows
巫師，行妖術者 Necromancers
●位置不明。可能是 Ain el-Weiba 綠洲，位於波斯拉
西北西約 32 公里，普嫩之西約 24 公里。

民　21:10 以色列人(從何珥山)起行，安營在阿伯(出
　　　　　埃及後的第三十七個安營處)，又從阿伯
　　　　　起行，安營在以耶亞巴琳。
民　33:43 以色列人從普嫩起行，安營在阿伯，再從
　　　　　阿伯起行，安營在以耶亞巴琳。

0665　阿斐 Ophir
肥胖 Fat，富有 Rich
●阿斐是閃的第五代孫，約坍的第十一個兒子，他最
初領土的位置未能確定，多數學者認為是在非洲東南

角的索馬利亞，隔紅海與葉門相對。另有學者認為是
在紅海邊，靠近葉門的一個地區，也有人以為是更遠
之處，如印度等，應是一個盛產金子、寶石和檀香木
之處。

創 10:29，代上 1:23
　　　　　　閃之第五代孫，約坍之第十一個兒子阿斐
　　　　　　及其後裔所居地區名和族名。

※同王上 10:11 等節中的俄斐 0686，因兩者之英文名
　同為 Ophir，係一盛產金子、寶石和檀香木之處，所
　羅門王等常派船前往運取。

0666　阿挪　Ono
強壯 Strong
●Kefr Ana [Ono]，位於約帕的東方約 12 公里，示羅
以西約 40 公里，羅德西北約 8公里，Nahr.al-Kabir 的
北岸，城與河谷之間是一平原，是沙崙地之延續，可
能就是匠人之谷 0473。

代上 8:12　便雅憫人沙麥建阿挪及羅得二城。
拉　　2:33，尼 7:37
　　　　　　被擄的羅得人，哈第人及阿挪人的後代，
　　　　　　首批自巴比倫返回本鄉者共 725 人。(在
　　　　　　尼希米記中人數是 712 人)。
尼　　6:2　參巴拉等人五次約尼希米到阿挪的平原相
　　　　　　會，想謀害他。
尼　　11:35 歸回的便雅憫人建殿後所居之一城。

0667　阿博拿　Abronah
橫越 Crossing，岸，邊 Beach，Coast
●位置不明。可能是今日的 Umm Rashrash，位於以旬
迦別的西方約 3 公里。

民　　33:34 以色列人從約巴他行，到阿博拿(出埃及
　　　　　　後的第三十一個安營處)，再去以旬迦
　　　　　　別。

0668　阿勒篾　Alemeth
遮蓋 Covering，隱藏之處 Hiding place
●Kh.Almit，位於耶路撒冷的北北東方約 6 公里，基比
亞以東約 4 公里。

代上 6:60　從原分給便雅憫支派的地業中，將阿勒
　　　　　　篾、迦巴和亞拿突等三城，和屬城的郊
　　　　　　野，重新分給了利未支派亞倫的子孫為地
　　　　　　業。

※同書 21:18 中的亞勒們 Almon 0548。

0669　陀弗　Tophel
白堊質的土地 Chalky ground
無理由的 Unreasonable
泥潭，絕境 Quagmire，灰泥 Motar

●位置不明。有學者認爲是 et-Tafileh，位於底本之南約 77 公里，波斯拉以北約 10 公里，是在由以旬迦別往希實本的君王大道上。

申　1:1　申命記是摩西臨終前，在約但河東的曠野，疏弗對面的亞拉巴，就是巴蘭、陀弗、拉班、哈洗錄、底撒哈中間，向以色列眾人所說的話。

0670　陀伯　Tob
美好 Good

●et-Taiyibeh 小鎮，位於基列拉末的東面約 20 公里，伯善東方約 70 公里，雅木河最東一條支流的南岸，其四鄰的地區就陀伯地。

士　11:3　基列人耶弗他是個大能的勇士，住在陀伯地，基列的眾長老去請他作基列人的領袖，與亞捫人爭戰。

撒下 10:6　亞捫人知道大衛憎惡他們，就打發人去，招募伯利合的亞蘭人，和瑣巴的亞蘭人，步兵二萬與瑪迦王的人一千，陀伯人一萬二千，來對抗大衛王，但被大衛王所擊敗。

0671　陀健　Tochen
度量 Measure，平地 Level place

●位置不明，應在西緬支派的地業範圍之內。

代上 4:32　西緬人的五個城邑是以坦、亞因、臨門、陀健、亞珊，還有屬城的鄉村，直到巴力，這是他們的住處。

※可能是書 19:7 中之以帖 Ether 0115-2。

0672　陀臘　Tolad
後裔 Positerity

●位置不明。可能的位置是在以森的西北西方 5 公里處。

代上 4:29　直到大衛作王的時候，都是屬於西緬支派所有之一城。

※同書 15:30 中之伊勒多臘 Eltolad 0239，是猶大支派所得之一城。

※同書 19:4 中的伊利多拉 Eltoled 0234，後來歸西緬支派所有。

0673　陀迦瑪　Togarmah
堡壘 Stronghold

●陀迦瑪是雅弗之孫，歌篾的第三個兒子，他最初的領土可能是在現今土耳其的東北部，黑海的東南岸，凡湖以北的烏拉圖地區。古代的陀迦瑪城，即是現名叫 Gurun 的城，位於土耳其中部的山地，大城 Malatya 以西約 120 公里，有兩條公路在此相交。陀迦瑪地區則是該城四週的地區。

創　10:3，代上 1:6

雅弗之孫，歌篾之第三子陀迦瑪及其後裔所居之地區名及民族名。

結　27:14　陀迦瑪人用馬、戰馬和騾子與推羅兌換貨物。

結　38:6　耶和華的話臨到以西結說，歌革王必領他的軍隊，包括北方極處之陀迦瑪，來攻擊以色列，結果必被毀滅。

0674　陀斐特　Topheth
鼓，鼓聲 Drum，藐視 contempt
焚屍之地 The place of burning (dead) bodies

●位置尚有疑問，但傳統上認爲是在耶路撒冷城牆南邊的城外，欣嫩子谷中間的一段，位於今日之錫安山之東，泰羅邊谷之西，原來是處深谷，但現已被填高許多。

王下 23:10　猶大王約西亞污穢了欣嫩子谷的陀斐特，不許人在那裡使兒女經火獻給摩洛。

賽　30:33　原來陀斐特又深又寬，早已為主預備好了，其中堆的是火與許多木柴，耶和華的怒氣如一股硫磺火，使他著起來。

耶　7:31，19:6

他們在欣嫩子谷建築陀斐特的邱壇，好在火中焚燒自己的兒女，這並不是我所吩咐的，也不是我心所起的意，耶和華說，因此日子將到，這地方不再稱為陀斐特和欣嫩子谷，反倒稱為殺戮谷，因為要在陀斐特埋屍首，甚至無處可葬。

0675　非尼基　Phoenix
棕樹 Palm tree

●Porto Loutro，位於佳澳以西約 42 公里，克里特島南岸的一個半島頂端，現是一個漁港，高大島在其西南方約 42 公里，其地形似與聖經所述並不一樣。

徒　27:12　保羅建議在佳澳過冬，但百夫長和船主及船上大部份的人多說，不如離開，或者能到非尼基過冬，非尼基是革哩底的一個海口，一面朝東北，一面朝東南，但啟航後卻被狂風吹往高大島，並未到達非尼基港。

0676-1非利士(人,地)　Philistia
奇異之地 Strange land
遷移，移民 Migration

●一、非利士人：他們不是挪亞的後裔，而是原來居住在迦斐託島一帶的海上民族，可能是在很早以前，就在不斷的自海上或埃及移入非利士地，根據埃及的記載，在 1200 BC 前，有海民入侵，但被擊敗逐往迦南地去了。所以非利士人是在主前十二世紀初才大量移入，該地原有亞衛人、基利提人等居住。非利士人的文化水準，遠比以色列人爲高，已有冶鐵的技術，

能造鐵車和農具。他們所拜的是迦南地的神，並沒有特別之處。在政治上，他們採用城邦聯盟制，有五個大城和其首領。非利士人一直都是以色列人的大敵，在非利士人最強之時，曾侵侵到伯珊、基利波山、密抹等地，直到馬加比時代方完全被消滅。

二、非利士地：是地中海東南沿岸的一片平原，在北方與沙崙平原爲鄰，以約帕以北八公里處的雅孔河爲界，東鄰猶大的高原(示非拿)和南地，南以埃及小河與埃及爲界，南北長約一百五十公里，其寬度在北部寬約二十餘公里，往南漸寬至四十公里，海岸平直，沿海多沙丘和沼澤，缺少良好的港灣，年雨量很少，也沒有常年有水的溪流，只有四條大旱溪，由於地下水豐富，足夠農作之需，土地也肥沃，是迦南地中僅次於耶斯列平原的富庶之區。在交通方面，自古就有沿海大道南通往埃及，北經大馬色通往兩河流域，是交通上極重要的樞紐，卻也成了兵家必爭之地，因此常有國際戰爭在此發生，區內有五個著名的大城，就是迦薩、迦特、亞實基倫、亞實突和以革倫。有時也把非利士人所佔領之地稱爲非利士地，千餘年來的變化很大，如按行政區來說，則要看當時之情形而定。有學者把迦薩地區以南之地劃歸南地，因其自然的條件比較接近。

創　10:14，代上 1:12
　　　從迦斐託出來的有非利士人。(英文聖經是 and Casluhim [of whom came the Philistines]and Caphthorim)

創　21:32，34
　　　亞伯拉罕在別是巴與非利士的王亞比米勒立了約，亞比米勒就回非利士去了，亞伯拉罕在非利士人的地寄居了多日。

創　26:1 因那地有饑荒，以撒就往基拉耳去，到非利士人的王亞比米勒那裡，以撒在那裡耕種，一年有百倍的收成，他就昌大，成了大戶，非利士人就妒嫉他，亞比米勒就請他離開他們。

創　26:18 亞伯拉罕在非利士地的時候所挖的井，當他死後都被非利士人塞住了，以撒再挖出來，基拉耳的牧人就與以撒為井相爭。

出　13:17 法老容百姓去的時候，非利士的道路雖近，神卻不領他們從那裡走，因為神說，恐怕百姓遇見打仗後悔，就回埃及去。

出　23:31 神說，我要定你的境界，從紅海直到非利士海，又從曠野直到大河。

書　13:2 約書亞所未得之地中，包括非利士人的全境，有非利士五個首領所管的迦薩人、亞實突人、亞實基倫人、迦特人、以革倫人之地。

士　3:3 是神所留下為要試驗以色列人的四族之一。

士　3:31 亞拿的兒子珊迦，他用趕牛的棍子打死六百非利士人，他也救了以色列人。

士　10:6 以色列人事奉諸巴力和亞斯他錄等非利士和外邦的神，神就將他們交在非利士人，和亞捫人的手中共十八年。

士　13:1 以色列人又行神眼中看為惡的事，耶和華將他們交在非利士人手中四十年。

士　14:1 那時非利士轄制以色列人，參孫要娶一個在亭拿的非利士女子為妻。

士　16:4 在梭烈谷，參孫為婦人大利拉所害，被非利士人捉住，剜了他的眼睛，用銅鍊拘索，帶他到迦薩，在迦薩他把大袞神廟推倒，壓死的非利士人比他活著的時候還多。

撒上 4:1 非利士人攻擊以色列人，安營在亞弗，在戰場上殺了以色列軍兵約有四千人。

撒上 4:11 非利士人把神的約櫃擄去，先送到亞實突的大袞廟，又運到迦特，再運到以革倫，在約櫃停留的每一個地方，神的手都重重的攻擊那城。

撒上 6:1 神的約櫃在非利士人之地七個月之後，非利士人備了厚禮，由非利士的五個首領，就代表是亞實突、迦薩、亞實基倫、迦特和以革倫等五個城邑的，將約櫃送到伯示麥，還給以色列人。

撒上 7:7 撒母耳聚集以色列人在米斯巴，非利士人前來攻打，耶和華的手攻擊非利士人，從此非利士人就被制服，不敢再入以色列人的境內，非利士人所攻取以色列人的城邑，從以革倫，直到迦特，都歸以色列人了。

撒上 13:5 掃羅王時，非利士人聚集要與以色列人爭戰，有車三萬輛，馬兵六千，步兵無數，就上來在伯亞文東邊的密抹安營。:17有掠兵從非利士營中出來，分為三隊。

撒上 14:1 約拿單突擊非利士人，非利士人大敗，一直被追到伯亞文。

撒上 13:20 以色列全地沒有一個鐵匠，以色列人要磨鋤、犁、鏟、斧等，都要下到非利士人那裡去磨。

撒上 17:1 非利士人聚集在屬猶大的梭哥，掃羅和以色列人在以拉谷安營，大衛殺了非利士的迦特巨人哥利亞，以色列人追趕非利士人直到迦特和以革倫。

撒上 19:8 此後又有爭戰的事，大衛出去，與非利士人打仗，大大的殺敗他們。

撒上 23:1 非利士人攻擊基伊拉，大衛前往營救，救了基伊拉的居民。

撒上 27:1 大衛為躲避掃羅的尋索，於是和跟隨他的六百人投奔非利士的迦特王瑪吉去了。

撒上 28:4 非利士人來到書念安營，以色列人在基利波安營。

撒上 29:1 非利士人將他們的軍旅聚到亞弗，大衛也同亞吉跟在後面，非利士的首領不准大衛一同出戰，於是大衛就回往非利士地去，

非利士人也上耶斯列去了。

撒上　31:1，代上10:1

非利士人戰勝，在基利波山殺死掃羅和他的三個兒子，又將掃羅的屍體釘在伯珊的城牆上。

撒下　5:17，代上14:8

非利士人聽見大衛作以色列王，就上來尋索大衛，布散在利乏音谷，兩次均被大衛所擊敗，大衛並攻打非利士人從迦巴直到基色。

撒下　8:1，代上18:1

大衛定都耶路撒冷後，又攻打非利士人，把他們治服，從他們手下奪取了京城的權柄。

王上　4:21，代下9:26

所羅門統管諸國，從大河到非利士地，直到埃及的邊界。

王上　15:27　以色列王拿答在圍困非利士的基比頓時，被巴沙所殺。

王上　16:15　以色列人正安營圍攻非利士的基比頓時，心利在得撒殺了以色列王以拉，以色列人就在營中立元帥暗利作以色列王。

王下　8:2　因為耶和華命饑荒降在迦南地，以利沙叫一個婦人帶全家往非利士地去住了七年。

王下　18:8　猶大王希西家攻擊非利士人，直到迦薩，並迦薩的四境，從瞭望樓到堅固城。

代下　17:11　耶和華使猶大四圍的列國都甚恐懼，不敢與約沙法爭戰，有些非利士人與約沙法送禮，納貢銀。

代下　21:16　以後耶和華激動非利士，和靠古實的亞拉伯人，來攻擊猶大王約蘭。

代下　26:6　猶大王烏西雅出去攻擊非利士人，拆毀了迦特城、雅比尼城和亞實突城，在非利士人中，在亞實突境內，又建築了些城，神幫助他攻擊非利士人。

代下　28:18　猶大王亞哈斯差人去見亞述王，求他們幫助，因為非利士人也來侵佔高原，和猶大南方的城邑，取了伯示麥、亞雅崙、基低羅、梭哥、亭納、瑾鎖。

詩　56，60:8，83:7，87:4，108:9

均提到非利士。

賽　2:6　作觀兆的，像非利士人一樣。

賽　9:12，11:14

非利士人攻擊以色列人，

賽　14:29，結25:15，珥3:4，摩1:8，6:2，番2:5，亞9:6

預言非利士人必受罰。

耶　47:1　法老攻擊迦薩之先，有耶和華論非利士人的話臨到先知耶利米，原來耶和華必毀滅非利士人，就是迦斐託海島餘剩的人，迦薩成了光禿，平原中所剩的亞實基倫歸於無有。

摩　9:7　耶和華說，我豈不是領以色列人出埃及，領

非利士人出迦斐託，領亞蘭人出吉珥麼。

0676-2非利士(路) Philistia

●是指自埃及的東北角起，沿地中海南岸，經迦薩、約帕後，通往北方的一條大道，主要功用是埃及用來控制迦南之用。

出　13:17 法老容許以色列人離開埃及的時候，非利士地的道路雖近，神卻不領他們從那裡走。

0677　非拉鐵非 Philadelphia
兄弟之愛 Brotherly love

●Alasehir 小鎮，位於 Cogamis 河的南岸，在以弗所及士每拉的東方，各約距 108 及 115 公里，在城的西方有一座火山，所以地震相當的頻繁，城四週的土地呈黑色，很是肥沃，主要農作物是葡萄，釀酒是他們主要的工業。他們敬拜 Dionysus，是亞西亞的生殖之神，也是造酒的酒神。該城建於 189 BC，是一個美麗的希臘化城市，有「小雅典」的美稱，也是一個商業中心，在第一和第二世紀時，曾一度極為繁榮，但在 1403 年全毀於戰爭之中，至今在鎮外尚存有古建築物之遺跡。今日的小鎮就是建立在原來的舊址之上。

啟　1:11，3:7 小亞西亞的七個教會之一。

0678-1亭拿　Timnah
分配了的一份 An allotted portion

●Tibnah，位於希伯崙北方約 19 公里，伯利恆以西 15 公里，以拉谷的上游。

創　38:13 猶大上亭拿到剪羊毛的人那裡去，他瑪在亭拿路上的伊拿印城門口等候猶大。

※同書 15:57 中之亭納 Timnah 0679-2，兩者的英文名相同。是猶大支派的一城。

0678-2亭拿　Timnah

●T.el-Batashi [T.Batash]，位於耶路撒冷的西方約 31 公里，亞實突以東約 23 公里，伯示麥西北約 7 公里，梭烈谷的中段。

士　14:1 參孫下到亭拿，要娶一個非利士的女子為妻，又在亭拿的葡萄園中擊殺一頭少壯的獅子。

※同書 15:10 中之亭拿 0679-1。

※也同書 19:43 中之亭拿他 0681，三者之英文名均為 Timnah，是屬但支派的一座城。

0679-1亭納　Timnah
分配的一部份 An allotted portion

●T.el-Batashi [T.Batash]，位於耶路撒冷的西方約 31 公里，亞實突之東約 23 公里，伯示麥西北約 7 公里，梭

烈谷的中段。

書　15:10 猶大支派地業北界上一城,下到伯示麥,
過亭納,通到以革倫北邊。

代下 28:18 猶大王亞哈斯年間,非利士人也來侵佔高
原,和猶大南方的城邑,取了亭納等六座
城。

※同書 19:43 中的亭拿他 Timnah 0681,兩者的英文名
相同,是屬但支派的一座城。

※同士 14:1 中的亭拿 Timnah,0678-2。

0679-2亭納　Timnah

●Tibnah,位於希伯崙北方約 19 公里,伯利恆以西 15
公里,以拉谷的上游。

書　15:57 猶大支派所得為業之一城,是山地第三組
十座城中的一座。(但其位置卻是在希伯
崙之北方,與該組集中在希伯崙南方其他
的八座城相隔甚遠。)

※同創 38:12 中之亭拿 Timnah,0678-1。

0680　亭哈巴　Dinhabah
獵物之地 Place of prey
給予你判決 Give you judgment

●位置無從查考,應是在以東之境內。

創　36:32,代上1:19

比拉作以東王時,他的京城名叫亭哈巴。

0681　亭拿他　Timnah
分配的一部份 An allotted portion

●T.el-Batashi [T.Batash],位於耶路撒冷西方約 31 公
里,亞實突以東約 23 公里,伯示麥西北約 7 公里,梭
烈谷的中段。

書　19:43 但支派所得在南方邊境上之一城。

※同士 14:1 中的亭拿 Timnah0678-2。

※同書 15:10 中的亭納 Timnah 0679-1,是屬於猶大支
派之一城。

0682　亭拿希烈 Timnath-heres
太陽的一份 Portion of the Sun

●Kh.Tibneh,位於伯特利的西北方約 15 公里,示羅西
南約 19 公里。

士　2:9　約書亞去世後,以色列人將他葬在他地業
境內,就是在以法蓮山地的亭拿希烈,在
迦實山的北邊。

※同書 19:50 中的亭拿西拉 Timnah-serah 0683。

0683　亭拿西拉 Timnath-serah
雙份 Double portion
剩餘的地區 Precinct remaining

●Kh.Tibneh,位於伯特利的西北方約 15 公里,示羅西

南約 19 公里。

書　19:50 以色列人將約書亞所求的城,就是以法蓮
山地的亭拿西拉城給了他,他就修築那城
住在其中。

書　24:30 約書亞去世後,以色列人將他葬在他地業
的境內,就是在以法蓮山地的亭拿西拉,
在迦實山的北邊。

※同士 2:9 中之亭拿希烈 Timnah-heres 0682。

0684　便雅憫(人,地)　Benjamin
右手之子 Son of right hand

●便雅憫支派所分得之城邑和地界,都記載在書 18:11
至 28 節之內,大約是在伯特利及耶路撒冷之間,東鄰
約但河,西接但,南接猶大,北接以法蓮。雖是一片
山地,但卻十分的富饒,又有許多重要的城邑,如耶
路撒冷、伯特利、基遍、基比亞、迦巴和耶利哥等,
都把持著四方往來的要道,所以是具有非凡戰略價值
的地區,在歷史上都有舉足輕重之份量。被擄返國後
則是居住在迦巴及羅得之間,如尼 11:31 所述。

書　18:11,28
便雅憫支派所分得之地之地界及城邑名。

士　1:21 便雅憫人沒有趕出住耶路撒冷的耶布斯
人。

士　3:15,30
便雅憫人以笏作以色列人的士師,制伏了
摩押,以色列太平了八十年。

士　19:16,21:23
一個利未人帶著他的妾,從伯利恆要回以
法蓮山地去,路經便雅憫的基比亞,寄宿
在一個便雅憫的老人家裡,到了晚上,他
的妾被城中的匪徒強姦至死,於是引起以
色列十一個支派圍攻便雅憫支派之戰,便
雅憫的勇士死了六、七萬,便雅憫地各城
的人和牲畜都被殺盡,城邑被焚,以色列
人後來為免便雅憫滅族,就又搶了基列雅
比的四百個處女帶到示羅,給尚存活的便
雅憫人為妻,免得以色列人缺了一個支
派,又許便雅憫人每年在耶和華的節期
中,搶在示羅跳舞的的女子為妻。

撒上 9:1,10:21
掃羅是便雅憫人基士的兒子,他為尋找走
失的驢,到了撒母耳那裡,撒母耳已得耶
和華的指示,就膏了掃羅為以色列的君。

撒下 2:15,31
大衛王和伊施波設王的僕人在基遍的基遍
池相遇,引發打鬥和戰爭,大衛王的僕人
殺了伊施波設王的僕人,便雅憫人三百六
十名。

撒下 16:11 大衛王到了巴戶琳,掃羅族基拉的兒子,
便雅憫人示每咒罵大衛王,又一面走,一
面用石頭砍他,拿土揚他。19:17 便雅憫

人示每向大衛王請求寬恕。

撒下 20:1　有一個匪徒，名叫示巴，是便雅憫人比基
　　　　　利的兒子，除猶大人之外，以色列人都離
　　　　　開大衛王，跟從了示巴。:22示巴在伯瑪
　　　　　迦的亞比拉被一個婦人殺死。

王上 4:18　所羅門王的第十一個行政區，位於便雅
　　　　　憫，由示每管理。

王上 12:21，代下 11:1
　　　　　羅波安來到耶路撒冷，招聚猶大全家，和
　　　　　便雅憫支派的人，共十八萬，要與以色列
　　　　　家爭戰，好將國奪回，又在猶大和便雅憫
　　　　　修築堅固城，並在各城預備兵器，猶大
　　　　　和便雅憫都歸了他。

代上 8:40　烏蘭的兒子都是大能的勇士，是弓箭手，
　　　　　他們有許多的子孫，共有一百五十名，都
　　　　　是便雅憫人。

代上 12:2，16
　　　　　大衛在洗革拉的時候，有勇士到他那裡幫
　　　　　助他打仗，他們善於拉弓，能用左右兩手
　　　　　甩石射箭，都是便雅憫人掃羅的族弟兄，
　　　　　為首的是亞希以謝。

代上 21:6　大衛令約押數點以色列人，惟有利未人和
　　　　　便雅憫人沒有數在其中，因為約押厭惡王
　　　　　的這命令。

代下 15:8　猶大王亞撒，在猶大、便雅憫全地，並以
　　　　　法蓮山地，將可憎之物盡都除掉。

尼　 11:31　回歸後的便雅憫人所住的城邑有迦巴等十
　　　　　四個。

斯　 2:5　在書珊城的便雅憫人末底改，是以斯帖的
　　　　　養父。

耶　 1:1　先知耶利米是便雅憫地亞拿突城的祭司。

耶　 17:26，32:44，33:13
　　　　　也必有人從猶大城邑，和耶路撒冷四圍的各
　　　　　處，從便雅憫地、高原、山地，並南地而來。

結　 48:23　以西結所預言十二支派的疆界，便雅憫是
　　　　　在猶大和西緬之間。

0685　俄立(大石)　Oreb
烏鴉 Raven，烏鴉籠 Raven's crag

●位置不明，應該是在約但河以東的地區。

士　 7:25，賽 9:26
　　　　　以色列人捉住了兩個米甸人的首領，一個
　　　　　名叫俄立，一個名叫西伊伯，他們將俄立
　　　　　殺在俄立的磐石上，又將兩人的首級，帶
　　　　　過約但河，到基甸那裡。

0686　俄斐(地)　Ophir
肥胖 Fat，富有 Rich

●位置未能確定，應是一個盛產金子、寶石和檀香木
之處，多數學者認為是在非洲東南角的索馬利亞，隔
紅海與葉門相對，另有學者認為是在紅海邊，靠近葉

門的一個地區，也有人以為是更遠之處，如印度等。

王上 9:28，代下 8:18
　　　　　所羅門王的僕人及希蘭王熟悉泛海的船
　　　　　家，一同坐船航海，到了俄斐，從那裡運
　　　　　回四百二十他連得的金子。

王上 10:11，代下 9:10
　　　　　希蘭的船隻從俄斐運了金子和許多檀香木
　　　　　及寶石來，供給所羅門王作建聖殿之用。

王上 22:48　約沙法王製造他施船隻，要往俄斐去將金
　　　　　子運來，但因船在以旬迦別破壞了，就沒
　　　　　有去成。

代上 29:4　大衛王為建殿，積蓄了俄斐的金子三千他
　　　　　連得，用以作金器。

伯　 22:24　要將俄斐的黃金丟在溪河石頭之間，全能
　　　　　者就必為你的珍寶，作你的寶銀。

詩　 45:9　王后佩戴俄斐金飾，站在你右邊。

賽　 13:12　我必使人比精金還少，使人比俄斐的純金
　　　　　更少。

※同創 10:28 中的阿斐 Ophir 0665，閃之後代阿斐所居
之地。

0687　俄巴路(地)　Obal
赤身 Naked

●俄巴路是閃的第五代孫，約坍的第八個兒子，他最
初的領土，可能是今日葉門西海岸邊，一個名叫
Hodeida 的海港城，距首都 Sana 約 145 公里。

創　 10:28　閃之第五代孫，約坍的第八個兒子，俄巴
　　　　　路及其後裔所居之地區名和族名。

※代上1:22作以巴錄 Ebal 0130。

0688　俄弗尼　Ophni
渴望 Longing，生莓了的 Moudly

●Gophna，位於伯特利北北西方約 7 公里，示羅西南
約 14 公里，在今日一條主要公路幹線傍。

書　 18:24　便雅憫支派所得為業第一組的十二座城之
　　　　　一。

0689-1　俄弗拉　Ophrah
幼鹿 Fawn，鄉下人 Hind

●et-Taiyibeh，位於伯特利的東北方約 7 公里，耶路撒
冷之北約 21 公里，一條小溪的發源處。

書　 18:23　便雅憫支派所得為業的第一組十二座城之
　　　　　一。

撒上 13:17　有掠兵從非利士營中出來，分為三隊，其
　　　　　中一隊往俄弗拉向書亞地去。

※同代下13:9中的以法拉音 Ephrain 0156，及以弗倫
　 Ephron 0132。

※同撒上 13:23，及約 11:54 中的以法蓮 Ephraim 0142-
　 1。

0689-2　俄弗拉　Ophrah

●位置未能確定。有可能是今日的 et-Taiyibeh 廢墟，位於伯善以北約 13 公里，書念之東約 17 公里。另有可能是 el-Afula，位於伯善之西約 23 公里，米吉多之東約 10 公里。1926 至 1956 年間有考古的發掘，證實是一個在五千年前就已存在的古城。

士　6:11　基甸在俄弗拉打麥子，耶和華的使者向他顯現，令他去拯救以色列人。:24於是基甸在俄弗拉為耶和華築了一座壇，起名叫耶和華沙龍，就是耶和華賜平安的意思。

士　8:27　基甸用米甸人的金飾做了一件以弗得，設在俄弗拉。

士　8:32　基甸去世後葬在俄弗拉。

士　9:5　基甸的兒子亞比米勒殺了他在俄弗拉的七十個親兄弟，在示劍自立為王。

0690　俄斐勒(山) Ophel
腫脹 Swell，小丘 Mound

●位於耶路撒冷城聖殿區之南，汲淪溪之西，但確實之位置仍有爭議，較可能就是古城耶布斯，或是摩利亞山，又叫作大衛城，也可能是古耶布斯之東北和聖殿區東南的一角，原有一道城牆環繞的狹長城區，學者贊同後者的居多。現在在聖殿區西南面的城牆外，有一座名叫俄斐勒的考古公園，其間有許多的廢墟遺跡，是非常值得花時間參觀的地區之一。

代下 27:3　猶大王約坦建立耶和華殿的上門，在俄斐勒城上多有建造。

代下 33:14　猶大王瑪拿西在大衛城外，從谷內基訓西邊，直到魚門口，建築城牆，環繞俄斐勒，這牆築得甚高。

尼　3:26　尼提寧住在俄斐勒，直到朝東水門的對面，和凸出來的城樓。

0691　南地 Negeb
乾旱 Dry，南方之地 The south

●南地是一個邊界十分模糊的地區，大約是指北從別是巴以北約15公里開始，南到猶大支派領土的南境，即是加低斯為止，東鄰非利士地，西鄰猶大曠野。也有學者將東西兩側的猶大曠野和非利士平原納入此區，因其自然的條件極為相似。此地區南北長約80公里，東西寬約90公里，全區崎嶇不平，礫石遍地，實為草木不生之地，氣候灼熱少雨，除了因此一些綠洲、旱溪和谷地尚可種植作物之外，僅能放牧。但是由於不宜於人居，所以也成了猶大地區南部的天然屏障。根據考證和推理，南地在古時，可能是一處比現今好得很多的地方，例如西緬支派在此分得十九座城，特別是在別是巴一帶，其雨量稍多，有部份人口是以農耕為生，而且人民知如何把稀有的雨水，用特別的方法保存起來，作為有效的利用，他們也通曉灌

溉和挖井的技術，古時所有的水井比現在所發現的更多，但可能是因氣候的劇變，而成為現在的乾旱荒蕪。

創 12:9　亞伯蘭先住在伯特利，後來漸漸遷往南地去。

創 13:1　亞伯蘭帶著他的妻子與羅得，並一切所有的，都從埃及上南地去，他的金銀，和牲畜極多，他從南地漸漸往伯特利去。

創 20:1　所多瑪被毀後，亞伯拉罕從希伯崙向南地遷去，寄居在加低斯和書珥中間的基拉耳。

創 24:62　利百加從拿鶴的城來時，以撒住在南地，剛從庇耳拉海萊回來。

民 13:17　摩西打發十二個探子去窺探迦南地，他們從南地上山地去，到了希伯崙。

民 13:29　探子們報告說，亞瑪力人住在南地。

民 21:1，33:40
住南地的迦南人亞得拉王，聽說以色列人從亞他林路來，就和以色列人爭戰，擄了他們幾個人。

申 1:7　神在何烈山曉諭我們說，你們在這山上住的日子夠了，要起行轉到亞摩利人的山地，和靠近這山地的各處，就是亞拉巴、山地、南地，沿海一帶迦南人的地，並利巴嫩山，又轉到伯拉大河，如今我將這地擺在你們面前，你們要進去得這地。

申 34:3　耶和華在尼波山上，將應許之地，包括南地在內，都指給摩西看。

書 12:8　摩西在約但河西擊殺了諸王，得了他們的地，包括南地在內，分給以色列的各支派為業。

書 19:8　巴拉比珥就是南地的拉瑪。

詩 126:4　耶和華阿，求你使我們被擄的人歸回，好像南地的河水復流。

0692　哈末 Hammath
熱水泉 Hot spring

●Hammam Tabariyed [Hame Teveriya]，位於加利利海南部的西岸邊，基尼烈城之南約 11 公里，伯善以北約 30 公里，今日大城提庇哩亞以南約 1 公里，是一個馳名的溫泉區，其泉水含有豐富的硫磺，傳說在此沐浴可強身。1920 年開始作考古發掘，最大的收獲是發現了羅馬時代的建築物和四間猶太人的會堂，是主後三及四世紀所建，裡面保存有完整細工精嵌的地板，圖案美麗，另外有兩間禱告會堂認定是六至八世紀的建築。

書 19:35　拿弗他利支派所得為業的十七座堅固城之一。

※同代上 6:76 中之哈們 Hammon 0697-2，該城後歸利未支派的革順族為業。

※同書 21:32 中的哈末多珥 Hammoth-dor 0722，是利

未支派革順族自拿弗他利地業中所取得之一城。

0693　哈門　Harmon

●位置無從查證。

　摩　　4:3　先知責備以色列人說，你們各人必從破口
　　　　　　直往前行，投入哈門，這是耶和華說的。
　　　　　　（在 TEV 中為 thrown out;TCV 中為「被扔
　　　　　　出城外」。）

0694　哈利　Hali

裝飾品 Ornament， 珠寶 Jewel

●Kh.Ras Ali [T.Alil]，位於亞柯東南約 17 公里，米吉
多西北約 22 公里。

　書　　19:25 亞設支派所得為業的二十二座城之一。

0695　哈忽　Halhul

控制 Controlled

●Halhul，位於希伯崙的北方約 4 公里處，伯利恆西南
約 18 公里。

　書　　15:58 猶大支派所得為業之一城，是山地第四組
　　　　　　六座城中的一座。

0696-1哈拉(山) Mount Halak

赤裸, 光禿 Bare

●位置不明，可能是 Jebel Halaq? 山，位於別是巴的東
南約 47 公里，Wadi Marra 和亞克拉濱坡之西，山峰高
490 公尺。也有可能是指亞克拉濱坡。

　書　　11:17 約書亞所奪得之地中包括；「從上西珥的
　　　　　　哈拉山，直到黑門山下的利巴嫩平原的巴
　　　　　　力迦得」。

　書　　12:7　「是從利巴嫩平原的巴力迦得，直到上西
　　　　　　珥的哈拉山」。

0696-2哈拉(人) Hararite

山居人 Mountaineer

　●位置不明。可能是一個城鎮的名字，也可能就是對
從山區來的人的一種簡稱。

　撒下 23:11，33

　　　　　　哈拉人亞基的兒子沙瑪，哈拉人沙拉的兒
　　　　　　子亞希暗，兩人都是大衛王的勇士。

　代上 11:34 哈拉人亞希暗，以利法勒，兩人均是大衛
　　　　　　王的勇士。

0696-3哈拉(地區)　Halak

●位置不明，是當時亞述帝國的一個省，位於底格里
斯河之東。

　代上 5:26　故此，以色列的神，激動亞述王普勒，和
　　　　　　提革拉毘尼色的心，他們就把流便人、迦

得人、瑪拿西半支派的人，擄到哈臘、哈
博、哈拉與歌散河邊。

0697-1哈們　Hammon

生長 Glowing， 熱水浴 Hot bath
溫泉 Warm spring

●Umm el-Awamid，位於推羅以南約 17 公里，亞革悉
以北約 10 公里，離海約 3 公里。

　書　　19:28 亞設支派所得為業的二十二座城之一。

0697-2哈們　Hammon

●Hammam Tabariyed [Hame Teveriya]，位於加利利海
南部的西岸邊，基尼烈城之南約 11 公里，伯善以北約
30 公里，今日大城提庇哩亞的南方約 1 公里，是一個
馳名的溫泉區，其泉水含有豐富的硫磺，傳說在此沐
浴可強身。1920 年開始作考古發掘，最大的收獲是發
現了羅馬時代的建築物和四間猶太人的會堂，是主後
三及四世紀所建，裡面保存有完整細工精嵌的地板，
圖案美麗，另外有兩間禱告會堂認定是六至八世紀的
建築。

　代上 6:76　利未支派的革順族在拿弗他利的地業中所
　　　　　　取得之一城及其郊野。

　※同書 19:35 中之哈末 Hammath 0692，是原來屬於拿
　　弗他利支派所得為業之一城。

　※同書 21:32 中之哈末多珥 Hammoth-dor 0722。

0698　哈律(泉)　Harod

顫抖 Trembling

●Ain Jahud 溫泉小溪，位於基利波山之北麓，哈律河
的上流，伯善以西約 15 公里，摩利山(摩利崗)之南約
6 公里處。至今仍有泉水山崖邊不斷流出，已經建設成
一個公園。

　士　　7:1　基甸在哈律泉旁安營，米甸人的營在他們
　　　　　　北邊的平原，靠近摩利崗。

　撒下 23:25，代上 11:27
　　　　　　大衛的勇士沙瑪及以利加是哈律人。

0699　哈列(樹林)　Hareth

刀割 Cutting， 叢林 Thicket

●位置不明，可能是在希伯崙東南，猶大地區內，位
於 Kharas 村和 Kh.Qila 廢墟的附近。

　撒上 22:5　大衛將父母送往摩押之後，聽從先知迦得
　　　　　　的勸告，就往猶大地去，進入哈列的樹
　　　　　　林。

0700　哈馬　Hamath
碉堡,要塞 Fortification，Citadel，Fortress

●即為今日敘利亞北部的哈馬城 Hamah，位於大馬色城的北方約 183 公里，哈馬口以北約 112 公里，城大約是建於新石器時代，是腓尼基人所建惟一不在海濱的一座城市，哈馬地則是其屬地，最南到達哈馬口，其他之邊界不明顯也不固定。城位於奧倫提斯河之兩岸，四週有山環繞，城在 1750 BC 前後被喜克索斯人所毀，1502 BC 埃及的法老杜得摩斯三世佔領此城，得以控制敘利亞，900 BC 前後成為一赫人小國的首都，860 BC 前後，亞述王撒縵以色三世來侵時，有大馬色、以色列及哈馬等十二國組成聯盟以對抗之，854 BC 雙方在 Kar-kar 大戰，兩方都宣稱得到勝利，其後十餘年間，哈馬仍有數城被亞述所佔。亞述王提革拉毗色列三世在 730 BC 征服哈馬，迫其納貢，720 BC 撒珥根二世再征服哈馬並毀其城，同時擄其人民至該國或其所征服之地，如猶大、撒瑪利亞等，後則如聖經中所記，哈馬一再被敘利亞 ，即亞蘭人所征服，又一再叛變。

創　10:18，代上 1:16
　　　　　哈馬是含之孫，迦南的第十一個兒子，其後裔稱之為哈馬人，所居之地及國稱哈馬城和哈馬國。

撒下 8:9　哈馬王陀以，聽見大衛殺敗哈大底謝的全軍，就打發他兒子約蘭去見大衛王，問他的安，為他祝福，原來陀以與哈大底謝常常爭戰。（代上 18:9 內容與此節相同，但名字卻為陀烏及哈多蘭）

王下 14:28　耶羅波安收復大馬色和先前屬猶大的哈馬歸以色列。

王下 17:24　亞述王從巴比倫、古他、亞瓦、哈馬、西法瓦音遷移人來，安置在撒瑪利亞的城邑，住在其中。:30 哈馬人造亞示瑪像。

王下 18:34，19:13，賽 37:13，36:19
　　　　　哈馬是亞述王西拿基立所征服的一國，用以威脅耶路撒冷城的人民，迫其投降。

王下 23:33　法老尼哥將約哈斯鎖禁在哈馬地的利比拉，不許他在耶路撒冷作王。

代上 18:3　瑣巴王哈大底謝，往伯拉河去，要堅定自己的國權，大衛就攻打他，直到哈馬。

代下 8:4　所羅門王建造曠野裡的達莫，又建造哈馬所有的積城。

賽　10:9　亞述所征服的國家之一，並與亞珥拔相比。

賽　11:11　當那日，主必二次伸手救回自己百姓中所餘剩的，就是在亞述、埃及、巴忒羅、古實、以攔、示拿、哈馬，並眾海島所剩下的，招回以色列被趕散的人。

耶　39:5，52:9
　　　　　猶大王西底家第十一年，巴比倫王尼布甲

尼撒攻破耶路撒冷，西底家被迦勒底軍隊所拿，被帶到哈馬地的利比拉，巴比倫王就審判他，在他眼前殺了他的眾子。

耶　49:23　論大馬色、哈馬和亞珥拔蒙羞，因他們聽見兇惡的信息，就消化了。

結　47:16　以色列預定的北界是，直達西達達口，又往哈馬、比羅他、西伯蓮。

結　47:17　西伯蓮在大馬色與哈馬兩界中間。

結　48:1　但支派預定的北界是，由希特倫，往哈馬口，到大馬色地界上的哈薩以難，北邊靠著哈馬地，是但的一分。

摩　6:2　你們要過到甲尼察看，從那裡往大城哈馬去，又下到非利士人的迦特，看那些國比你們的國還強麼，境界比你們的還寬麼。

亞　9:2　耶和華的默示，應驗在哈得拉地大馬色，和靠近的哈馬，並推羅西頓。

0701　哈麥　Ham
熱 Hot，群眾 Multitude

●Ham，位於基列的拉末之西約 22 公里，伯珊以東約 27 公里。Wadi Taiyebeh 上流的北岸

創　14:5　北方以示拿王暗拉非為首的四王，於南征所多瑪五王時，在哈麥殺敗了蘇西人。

0702　哈博(河流)　Habor
會合處 Junction，肥沃 Fertile

●Khabur River 河，是幼發拉底河上游北側的一個主要大支流，發源於烏拉圖地區之南，先流向東南，再轉向南，然後流入幼發拉底河，全長約300公里，其東側即是古時的兩河之間的亞蘭，現今在沿河有很多古城的土堆廢墟，足證昔日繁榮的情形之一般。

王下 17:6，18:11
　　　　　亞述王撒縵以色，在以色列王何細亞第七年，上來圍困撒瑪利亞，過了三年就攻取了城,(何細亞第九年)，亞述王將以色列人擄到亞述，把他們安置在哈臘，與歌散的哈博河邊，並瑪代人的城邑。

代上 5:26　以色列的神激動亞述王普勒，和提革拉毗尼色的心，他們就把流便人、迦得人、瑪拿西半支派的人，擄到哈臘、哈博、哈拉與歌散河邊。

0703　哈第　Hadid
瘦削 Peak，尖銳的 Sharp

●el-Haditheh [T.Hadid]，位於伯特利的西方約 27 公里，羅得的東方約 4 公里，約帕東南約 22 公里。

拉　2:33　被擄的羅得人，哈第人，及阿挪人的後代，首批自巴比倫返回本鄉者共有七百二十人。（與尼 7:37 內容相同，但人數為七百二十一人）

※同尼 11:34 中的哈疊 Hadid 0705，兩者的英文名相同，是便雅憫後代定居之地。

0704　哈臘　Halah
多山的 Mountainousness，高聳的 Lofty

●位置不明，可能是在哈博河邊，歌散附近的地區。

王下　17:6，18:11
以色列王何細亞第九年，亞述王攻取了撒瑪利亞，將以色列人擄到亞述，把他們安置在哈臘與歌散的哈博河邊，並瑪代人的城邑。

代上　5:26
以色列的神激動亞述王普勒，和亞述王提革拉毗尼色的心，他們就把流便人、迦得人、瑪拿西半支派的人，擄到哈臘、哈博、哈拉與歌散河邊。

0705　哈疊　Hadid
瘦削 Peak，尖銳的 Sharp

●el-Haditheh [T.Hadid]，位於伯特利的西方約 27 公里，羅得的東方約 4 公里，約帕東南約 22 公里。

尼　11:34 重建聖殿之後，便雅憫支派的後代所定居之一城。

※同尼 7:37 中的哈第 Hadid 0703。

0706　哈蘭　Haran
山居之民 Mountaineer
多山的 Mountainous
大車或駱駝旅行商隊的大道 Caravan route

●Harran 阿拉伯人小村，位於幼發拉底河上游的支流 River Balik 河的東岸，距交匯之河口約 10 公里，水陸路均甚便利，是一個 2250 BC 前的古城，也曾是亞述帝國哈蘭省之首府，自遠古以來就是連接大馬色和尼尼微、米所波大米的交通要道，而且迄至主後十一世紀為止，都是拜月神 Sin 的中心，經發掘得證明，它一直都有人居住，在 763 及 610 BC 時曾兩度被毀。

創　11:31，徒 7:2
亞伯蘭一家，從吾珥到了哈蘭，就在哈蘭住下，他的父親他拉死在那裡，12:4 亞伯蘭 七十五 歲時，就離開哈蘭往迦南地去了。

創　27:43 利百加命雅各逃往哈蘭，到他哥哥拉班那裡去。

王下 19:12，賽 37:12
亞述王西拿基立攻打耶路撒冷，用亞述以往所毀滅了的哈蘭等國的戰功來威脅猶大人和希百家王。(此處所指，似為以哈蘭城為中心的一個國家)

結　7:23 哈蘭人等以美好的貨物及華麗的衣服與推羅交易。

0707　哈大沙　Hadashah
沒藥 Myrtle，新 New

●Kh.el-Judeideh，位於迦薩東北約 26 公里，亞實突東南約 20 公里，地處猶大高原的山腳，靠近非利士地之東境。

書　15:37 猶大支派所得為業，在高原第二組的十六座城中的一座。

0708　哈內斯　Hanes
土地的領袖 Chief of land
恩惠消退 Grace has fled

●Ihnasyeh el-Medineh 或 Ahnas，位於古孟斐斯城之南約 85 公里，尼羅河以西約 15 公里，Bahr Yuset 河的東岸，原名 Heracliopolis Magna，曾經在主前七世紀，是埃及第二十五和二十六王朝時上埃及的首都。

賽　30:4 猶大人與埃及人結盟，他們的首領已在瑣安，其使臣到了哈內斯。

0709　哈多蘭(地)　Hadoram
能力 Power，裝飾 Adorn
哈多是崇高的 Hador is high

●哈多蘭是閃的第五代孫，約坍的第五個兒子，他最初領土的位置不明，可能是在亞拉伯半島的中部某處。

創　10:27 閃之第五代孫，約坍之第五子哈多蘭及其後裔所居地區名。

0710　哈弗連　Haphraim
兩個坑 Two pits

●et-Taiyibeh，位於耶斯列的東北方約 12 公里，伯善西北約 13 公里。

書　19:19 以薩迦支派所得為業的十六座城之一。

0711　哈拉大　Haradah
恐怖之地 Place of terro
可怕的 Fearful

●位置不明，難以查考。

民　33:24 以色列人從沙斐山起行，安營在哈拉大(出埃及後的第二十一個安營處)，再前往瑪吉希錄。

0712　哈洗錄　Hazeroth
村莊 Villages

●Ain Khadra 水泉，位於西乃山東北約 64 公里，以旬迦別西南約 87 公里，現今的港城 Nuweiba 之西約 20 公里。

民　11:35 以色列人從基博羅哈他瓦走到哈洗錄，就住在哈洗錄(出埃及後的第十四個安營

民　12:1　在哈洗錄，米利暗因為毀謗摩西而長了大痲瘋。

民　12:16　以後百姓從哈洗錄起行，在巴蘭曠野安營。

民　33:17　以色列人從哈洗錄起行，再前往利提瑪。

申　1:1　申命記是摩西在臨終前，在約但河東的曠野，疏弗對面的亞拉巴，就是巴蘭、陀弗、拉班、哈洗錄、底撒哈中間，向以色列眾人所說的話。

0713　哈律弗　Haruphite
秋季的 Autumual，譴責，污辱 Reproach

●位置不明。可能是一族名，即代上 2:51 中的哈勒 Hareph，或是尼 7:24 中的哈拉 Hariph 的後代。

代上 12:5　大衛的勇士示法提雅是哈律弗人。

0714　哈拿頓　Hannathon
敬重的注視 Regarded with favor

●T.el-Bedeiwiyeh [T.Hannaton]，位於米吉多之北約 24 公里，亞柯東南約 22 公里。

書　19:14　西布倫支派所得為業之一城，位於北方邊境上。

0715　哈珥西(門)　Haraith
瓦片 Tiles，Potsherd

●耶路撒冷古城牆南邊，面向欣嫩子谷的一個城門，又名叫糞廠門。

耶　19:2　耶和華令耶利米出去到欣嫩子谷哈珥西(瓦片之意)的門口，宣告他的話。

0716　哈馬口　Entrance of Hamath
哈馬地之入口 The entering of Hamath

●Lebweb 城，位於哈馬城之南約 112 公里，大馬色北北西約 73 公里，迦巴勒以東約 67 公里，是奧倫提斯河的發源處，因在利巴嫩山脈和安替利巴嫩山脈之間的谷地中，是自南方進入哈馬地區的惟一孔道。

民　13:21　探子們上去窺探那地，從尋的曠野直到哈馬口，過了四十天才回來。

民　34:7　耶和華命定迦南地的北界是，要從大海起，劃到何珥山，再到哈馬口，通到西達達，……

書　13:5　約書亞未得之地中尚有，迦巴勒人之地，並向日出的全利巴嫩，就是從黑門山根的巴力迦得，直到哈馬口，……

士　3:3　耶和華留下非利士的五個首領，和一切的迦南人、西頓人、並住利巴嫩山的希未人，從巴力黑門山直到哈馬口。

王上 8:65，代下 7:8

那時所羅門和以色列眾人，就是從哈馬口，直到埃及小河，所有的以色列人，都聚成大會，守節十四天。

王下 14:25　耶羅波安王，他收回以色列邊界之地，從哈馬口直到亞拉巴海。

代下 13:5　於是大衛將以色列人，從埃及的西曷河，直到哈馬口，都招聚了來，要從基列耶琳將神的約櫃運來。

結　47:20　以西結所說以色列的西界就是大海，從南界直到哈馬口對面之地。

結　48:1　但支派的地界是由希特倫往哈馬口，到大馬色地界的哈薩以難，北邊靠著哈馬地。

摩　6:14　以色列家阿，我必興起一國攻擊你們，他們必欺壓你們，從哈馬口直到亞拉巴的河。

0717　哈得拉　Hadrach
圍籬 Enclosure
你的密室 Thy privity chamber

●位置不明確。可能是一文件中所指，約在 780 BC 時，敘利亞的一地區及其首府，城名 Hatarikka，靠近今日的 Qinnesrin 城，位於亞勒坡之南約 25 公里，哈得拉地大約是自亞勒坡以南，哈馬以北之地。

亞　9:1　耶和華的默示，將應驗在哈得拉地、大馬色和靠近哈馬並推羅西頓。

0718　哈基拉(山)　Hachilah
暗色的，深色的 Dark coloured
淺黑色的山，邪惡的山 Dark hill

●位置不明。可能是今日在西弗曠野附近，名叫 Tell ez-Zif 的一個小村，現有一個很長的山脊，名叫 El Kolah，在其上有一廢墟名叫 Yukin。

撒上 23:19，26:1
西弗人向掃羅告密，大衛在西弗曠野南邊的哈基拉山藏著。

0719-1哈腓拉　Havilah
多沙的 Sandy，環繞 Circuit
痛苦 Anguish

●應是與比遜河在一起，但因比遜河的位置不明，所以哈腓拉也未知是在何處，在傳統上的推斷，比較可能之處是同閃的後裔之哈腓拉，位於波斯灣的西北岸，即是今日的科威特及其南方地區。也有可能是在黑海或裡海海岸邊的某一處，但可能性甚低。請參看比遜 0071條及伊甸 0225-1 條之說明。

創　2:11　有河從伊甸流出來滋潤那園子，從那裡分為四道，第一道河名叫比遜，就是環繞哈腓拉全地的，在那裡有金子，並且那地的金子是好的，在那裡又有珍珠和紅瑪瑙。

0719-2哈腓拉 Havilah

●哈腓拉是含之孫，古實之次子，他們最初領土的位置，一般學者認為它可能是在現今葉門西方的紅海沿岸。也有可能是其對岸非洲的衣索比亞。

創 10:7，代上 1:9
含之孫，古實的次子，哈腓拉所居住之地區及族名。

0719-3哈腓拉 Havilah

●哈腓拉是閃的第五代孫，約坍的第十二個兒子，他們最初居住地的位置，一般學者認為是在波斯灣西北岸，即是今日的科威特及其南方的地區。

創 10:29，代上 1:23
閃的第五代孫，約坍的第十二個兒子，哈腓拉所居之地區名及族名。

0719-4哈腓拉 Havilah

●此一哈腓拉的確實位置，很難界定，按經文的意思，可能是在巴蘭曠野，或是阿拉伯半島的西南部。也可能已與其他族的哈腓拉混為一族。

創 25:18 以實瑪利的子孫，共十二族人，是住在他眾弟兄，就是以撒後裔的東邊，從哈腓拉直到埃及前的書珥，正在亞述的道上。

撒上 15:7 掃羅擊打亞瑪力人，從哈腓拉，直到埃及前的書珥。

0720 哈摩拿 Hashmonah
肥胖 Fatness

●Wadi el-Jerafeh位置不明。可能是在何珥山附近，Wadi el-ferafeh 和 Wadi el-Feib 的交匯處。

民 33:29 以色列人從密加起行，安營在哈摩拿(出埃及後的第二十六個安營處)，然後再前往摩西錄。

0721 哈摩那 Hamonah

●位置不明，無從查考。

結 39:16 他們必這樣潔淨那地，並有一城名叫哈摩那。

0722 哈末多珥 Hammoth-dor
多珥的熱水泉 Hot spring of Dor

●Hammam Tabariyed [Hame Teveriya]，位於加利利海南部的西岸邊，基尼烈城之南約 11 公里，伯善以北約 30 公里，今日大城提庇哩亞以南約 1 公里，是一個馳名的溫泉區，其泉水含有豐富的硫磺，傳說在此沐浴可強身。1920 年開始作考古發掘，最大的收獲是發現了羅馬時代的建築物和四間猶太人的會堂，是主後三

及四世紀所建，裡面保存有完整細工精嵌的地板，圖案美麗，另外有兩間禱告會堂認定是六至八世紀的建築。

書 21:32 利未支派的革順族自拿弗他利的地業中所取得三座城之一。

※同代上 6:76 中的哈們 Hammon 0697-2。

※同書 19:35 中之哈末 Hammath 0692，是拿弗他利支派所得的一城。

0723 哈們歌革(谷)
Valley of Hamon-gog
歌革的民眾 The Multitude of Gog

●位置不明，無從查考。

結 39:11 先知預言歌革必受罰說，當那日我必將以色列地的谷，就是東海人所經過的谷，賜給歌革為墳地，就稱那地為哈門歌革，以色列家的人，必用七個月葬埋他們。

0724 哈馬瑣巴(地) Hamath-zobah
有牆的 Walled，有防禦的 Defenced

●就是瑣巴王國，在掃羅王和大衛王的時代前後，是當時亞蘭人的一個小王國，但其位置和範圍均難以確定，其主要疆土大約在大馬色以北，哈馬以南，兩利巴嫩山脈之間，現今名叫貝卡 Biqa 的山谷地區之中。

代下 8:3 所羅門王往哈馬瑣巴去，攻取了那地方。

※同撒上 14:47 中之瑣巴 Zobab 1065。

0725 哈達臨門 Hadad-rimmon
兩個風暴之神，西閃族文的 Hadad
及亞甲文中的 Rimmon，意思均是風暴之神

●位置不明，應該是在米吉多平原之中。

亞 12:11 先知預言說，那日耶路撒冷必有大大的悲哀，如米吉多平原之哈達臨門的悲哀。

0726 哈薩以難 Hazar-enan
水泉之村 Village of springs

●Qaryatein 城，位於大馬色的東北約 118 公里，哈馬口以東約 83 公里，黑門山的山麓，是在五條大道的交會之處。

民 34:9 迦南的東北邊界是，經西達達通到西斐崙，直到哈薩以難，東界是從哈薩以難劃到示番為界。

結 47:17 以西結所預言以色列的北方的邊界是，從海邊往大馬色地界上的哈薩以難，北邊以哈馬地為界，這是北界。

結 48:1 以西結所預言但支派的北界是，從北頭，由希特倫，往哈馬口，到大馬色地界上的哈薩以難，北邊靠著哈馬地。

※同結 47:16 中的哈撒哈提干 Hazar-hatticon 0735。

0727　哈薩亞達 Hazar-addar
美之村 village of beauty

●Ain Qudeis 綠洲，位於別是巴的西南南方約 80 公里，迦薩之南約 102 公里，加低斯東南約 8 公里。也可能是 Kh.el-Qudeirat 綠洲，位於別是巴西南南方 76 公里，迦薩之南 95 公里。

民　34:4　耶和華所吩咐迦南地，即應許地南界上之一城。

※同書 15:2 中之亞達珥 Adar 0554。
※同書 15:3 中之希斯崙 Hezron 0444。

0728　哈薩迦大 Hazar-gaddah
幸運之村 Village of fortune

●位置不明，應在南地的境內。

書　15:27　猶大支派在儘南邊所得為業的二十九座城中的一城。

0729　哈薩書亞 Hazar-shual

●el-Watan，位於別是巴的東南方約 2 公里，鹽谷 Valley of salt 的南岸。

書　15:28，19:3
　　　　　　係先分給猶大支派為業的儘南邊上的二十九座城之一，後來再歸西緬支派所有。
代上 4:28　西緬人住在別是巴，哈薩書亞等城邑，直到大衛作王的時候，都屬西緬人所有。
尼　11:27　歸回並建殿完成後，猶大人所居住的一個城邑和其村莊。

0730　哈薩瑪非 Hazarmaveth
死亡之村 Village of death

●哈薩瑪非是閃的第五代孫，約坍的第三個兒子，他最初的領土，略等於今日南葉門中部的 Hadramaut 省，位於阿拉伯半島南端的海岸，主要的部份是 Wadi Hadhramaut 谷地，長約 320 公里，該區土壤肥沃，農產豐富，特別是盛產香料，曾有一度是個有高度文明的王國，其首都名叫 Shabwa。

創　10:26，代上 1:20
　　　　　　閃的第五代孫，約坍之第三子哈薩瑪非及其子孫所居之地區名和民族名。

0731　哈薩蘇撒 Hazar-susah
馬之村 Village of horses

●Kh.esh-Shamsaniyat [H.Sansanna]，位於別是巴以北約 12 公里，希伯崙西南約 29公里，接近西緬支派的東境。

書　19:5，代上 4:31
　　　　　　西緬支派自猶大支派地業中所得之一城，其後裔居住直到大衛作王的時候。

※同書 15:31 中之三撒拿 Sansannah 0003，是猶大支派在儘南邊所得為業的一城。

0732　哈米吉多頓　Armageddon
米吉多的山 Mountain of Megiddo
屠殺的山

●是預言世界末日，發生大戰爭之處，但其位置不明，有可能是米吉多山，因為不但名字相近，而且它是舊約中著名的大戰場之一，另亦有人認為是羅馬或者是耶路撒冷。

啟　16:16　他們本是鬼魔的靈，施行奇事，出去到普天下眾王那裡，叫他們在神全能者的大日聚集爭戰，那三個鬼魔便叫眾王聚集在一處，希伯來話叫作哈米吉多頓。

0733-1 哈洗遜他瑪　Hazazon-tamar
棕樹的哈瑪遜 Hazezon of the palm trees

●Ain Husb [Hazeva]，(今日 Ir Ovot 城之南)，位於別是巴東南約 62 公里，希伯崙之南約 80 公里，波斯加以西約 36 公里，死海南端的東南南方約 31 公里，正是在希伯崙通往旬迦別的大道上，是迦南地與紅海及非洲等地的重要交通孔道，又因亞拉巴谷中盛產銅和鐵的礦砂，故也是商業及軍事的重鎮。

創　14:7　北方四王從伊勒巴蘭回到加低斯，殺敗了亞瑪力全地等人，以及住在哈洗遜他瑪的亞摩利人。

※可能同結 47:19 中的他瑪 Tamar 0097，是先知所預言以色列人的南界。

0733-2 哈洗遜他瑪 Hazezon-tamar

●其位置可能有兩個不同之處，尚未有最後之結論：
一、就是隱基底，即是 T.ej-Jurn，位於死海西岸，希伯崙東方約 30 公里。
二、可能是他瑪，即 Ain Husb [Hazeva]，(今日 Ir Ovot 城之南)，同 733-1。

代下 20:2　摩押人、亞捫人和米烏利人，一同攻擊約沙法王，在哈洗遜他瑪，就是隱基底。

※可能同結 47:19 中的他瑪 Tamar 0097。
※隱基底 En-gedi 1126-2。

0734　哈倭特睚珥 Havoth-jair
睚珥的村莊 Village of Jair
睚的茅屋小村 Huts or hamlets of Jair

●如照申 3:14 之說明，哈倭特睚珥是在雅木河以北，基述及瑪迦之東的巴珊地，但其餘兩節的解說，則應是在雅木河之南巴珊地的南部，基列地的北方，如今多數學者贊同後者。

民　32:41　瑪拿西的子孫睚珥，去佔了基列的村莊，

就稱這些村莊為哈倭特睚珥。

申　3:14　亞珥歌伯全地乃是巴珊全地，這叫作利乏
　　　　　音人之地，瑪拿西的子孫睚珥佔了亞珥歌
　　　　　伯全境，直到基述人和瑪迦人的交界，就
　　　　　接自己的名稱這巴珊地為哈倭特睚珥。

士　10:4　基列人睚珥興起，作以色列的士師二十二
　　　　　年，他有三十座城邑，叫作哈倭特睚珥，
　　　　　都在基列地。

※即是書 13:30 中的睚珥 Jair 1049，是其簡稱。

0735　哈撒哈提干　Hazar-hatticon
位居中間的村莊 Middle village

●Al Qaryatayn 城，位於大馬色的東北約 118 公里，哈
馬口以東約 83 公里，黑門山的山麓，是在五條大道的
交會之處。

結　47:16　以西結所預言以色列的北界是，又往哈
　　　　　馬，比羅他，西伯蓮，到浩蘭邊界的哈撒
　　　　　哈提干，

※同結47:17中的哈薩以難 Hazar-enan 0726。

0736　哇哈伯(河)　Waheb
祂所行的 What He did

●可能是指亞嫩河，因為在 KJV 中為 what he did in the
Red sea， and in the brooks of Arnon，可譯成「他在紅
海和亞嫩河所成就的事」。

民　21:14　戰記上說，蘇法的哇哈伯，與亞嫩河的
　　　　　谷，並向亞珥城眾谷的下坡，是靠近摩押
　　　　　的境界。

0737　哀嫩　Aenon
水泉 Spring，讚美 To praise

●可能是在撒冷故址 Umm el-Amdan 南方約 1.5 公里處
的一個名叫 Umm el-Amdan的水泉，位於伯珊的南方約
10 公里，離約但河僅 2 公里，該地低於海平面甚多，
附近有很多的水泉。

約　3:23　約翰在靠近撒冷的哀嫩也施洗，因為那裡
　　　　　水多，眾人都去受洗。

0738　威但(地)　Wedan
審判官 Judge

●位置不明。也許是在麥加和麥地拿兩大城之間的 Al-
Abwa。

結　27:19　論推羅說，威但人和雅完人拿紡成的線、
　　　　　亮鐵、桂皮、菖蒲兌換推羅的貨物。（威
　　　　　但人在 KJV 中作 Dan，即是但人）

0739　客西馬尼 Gethsemane
榨油器(搾橄欖油用) Oil (olive oil) press

●客西馬尼園是一個搾橄欖油工廠附屬的園子，位於
橄欖山西側山腰某處，但確實的位置則至今都未能查
明。現今有兩處相隔不遠的教堂，都聲稱是客西馬尼
園的故址，其一是屬於天主教方濟會的萬國堂 Church
of All Nations，在堂內的壇前，有一塊大石，相傳是主
耶穌禱告的地方，在堂外的左邊有一個花園，園中有
幾株千年以上的橄欖樹，相傳就客西馬尼園。另一處
則是在其北側，有一座屬於希臘東正教，老舊的聖母
墓的大教堂，在其大門右方有一條窄巷，可通往一個
洞窟。在被發現時，窟內存有一套搾橄欖油用的搾油
器具和一座水井，其條件也比較合當時之情景，因之
此處廣受基督教人士之重視，認為是主耶穌禱告之
處，並命名為客西馬尼窟，認為此處才是真正的客西
馬尼之所在。以上所述兩處都存有疑點，也缺乏有力
的證據。

太　26:36，可 14:32
　　　　　耶穌同門徒來到一個地方名叫客西馬尼，
　　　　　就對他們說，你們坐在這裡，等我到那邊
　　　　　去禱告。在路 22:39 中是橄欖山，在約
　　　　　18:1 中則是說，過了汲淪溪，在那裡有一
　　　　　個園子。

0740-1度瑪　Dumah
靜默 Silence， Deep utter silence

●Kh.Domeh ed-Domeh，位於希伯崙西南方約 15 公
里，別是巴東北約 25 公里處。

書　15:52　猶大支派所得為業在山地第二組的九座城
　　　　　中的一座。(位於山地第一組及第三組之
　　　　　間)。

0740-2度瑪　Dumah

●Dumet ej-Jendal 小鎮，位於阿拉伯半島的中部，耶
路撒冷之東約 400 公里，提瑪 Tayma 的北方約 280 公
里。(按創 25:14，代上 1:30 度瑪是以實瑪利的第六個
兒子)

賽　21:11　論度瑪的默示，有人聲從西珥呼問我說，
　　　　　守望的阿，夜裡如何，守望的說，早晨將
　　　　　到，黑夜也來，你們若要問，就可以問，
　　　　　可以回頭再來。

0741　敘加　Sychar
酩酊 Intoxication
擔負 Shoulder or Saddle

●其精確的位置不明，至今仍有爭議，較為多數學者
所接受的是，位於古示劍城的東北約一公里，今日以
巴路山東南麓名叫 Askar 的一個阿拉伯小村，雅各井
在其西南約 3 公里處。也有可能就是舊約中的示劍

城，因為亞蘭語中的敘加即是示劍。

約　4:5　耶穌和門徒到了撒瑪利亞的一座城，名叫
　　　　敘加，靠近雅各給他兒子約瑟的那塊地，
　　　　在那裡有雅各井，耶穌因走路困乏，就坐
　　　　在井邊，向一個來打水的撒瑪利亞的婦人
　　　　要水喝。

0742　敘利亞(省)　Syria
高地 The highland，高尚 Exalted

●是新約時代羅馬帝國的一個省，大略相當今日的敘
利亞和黎巴嫩兩國之國土，當時包括幼發拉底河以西
的敘利亞地區。利巴嫩及亞柯平原，沙崙平原的北
部，南接猶太，其首府是大馬色。略約是等於舊約中
的亞蘭 Aram，在 TEV、TCV 和一些的英文聖經中，
已經用敘利亞代替亞蘭。

太　4:24　耶穌走遍加利利，在各會堂裡教訓人，傳
　　　　天國的福音，醫治百姓各樣的病症，他的
　　　　名聲就傳遍了敘利亞，那裡的人把一切害
　　　　病的，和被鬼附的，都帶了來，耶穌就治
　　　　好了他們。

路　2:2　當居里扭作敘利亞巡撫的時候，該撒亞古
　　　　士督有旨意下來，叫天下人民都報名上
　　　　冊。

路　4:27　耶穌在拿撒勒的會堂裡說，在先知以利沙
　　　　的時候，以色列中有許多長大痲瘋的，但
　　　　內中除了敘利亞國的乃縵，沒有一個得潔
　　　　淨的。

徒　15:23　在耶路撒冷的使徒和長老並全教會，差保
　　　　羅、巴拿巴等人，同往安提阿去，並寫信
　　　　交付他們，去問安提阿、敘利亞、基利家
　　　　外邦眾弟兄的安。

徒　15:41，加 1:21
　　　　保羅和西拉走遍了敘利亞和基利家，堅固
　　　　眾教會。

徒　18:18　保羅在哥林多坐船往敘利亞去，百基拉、
　　　　亞居拉和他同去，就到了以弗所。

徒　20:3　保羅在希臘住了三個月，將要坐船往敘利
　　　　亞去，猶太人設計要害他，就改去馬其
　　　　頓。

徒　21:3　保羅從帕大喇往敘利亞去，在推羅上岸。

0743　敘拉古　Syracuse
聲聞敘利亞 A Syrian hearing

●今日義大利西西里島東岸的一個大都市，仍用原名
Siracusa，距高大約 900 公里，利基翁約 120 公里，是
哥林多的殖民者在 734 BC 時所建，為一優良的雙港，
在一個小半島的兩側各有一港，故成為西地中海的航
運和商業中心，在新約時代，是西西里島的首府。

徒　28:12　保羅在米利都過了三個月，乘船到了敘拉
　　　　古，停泊了三日，再到了利基翁。

0744　施基崙　Shicron
酒醉 Drunken

●T.el-Ful，位於約帕東南約 26 公里，亞實突東北約
15 公里，梭烈谷的北岸。

書　15:11　猶大支派地業北方邊境附近之一鎮，邊界
　　　　是通到以革倫北邊，延到施基崙，接連到
　　　　巴拉山。極有可能該鎮日後是屬於但支派
　　　　所有。

0745　施利施亞　Shelishiyah

●位置不明，應是在摩押的境內。

賽　15:5　預言摩押必覆亡說，我心為摩押悲哀，他
　　　　的貴胄逃到瑣珥，到伊基拉，施利施亞。
　　　　（在耶 48:34 及 TEV、TCV 中，伊基拉
　　　　Eglath 0229 及施利施亞兩者合而成一地
　　　　名。）

0746　曷哈及甲　Hor-hagidgad
裂開的山 Cleft mountain

●位置不詳。有可能是 Wadi Ghadaghed。

民　33:32　以色列人從比尼亞干起行，安營在曷哈及
　　　　甲(出埃及後的第二十九個安營之處)，再
　　　　前往約巴他。

※ 可能同申 10:7 中的谷歌大 Gudgodah 0472。

0747　柳樹河　The brook of Willow

●位置不明。較合理的一處是撒烈溪 Wadi-el-Hesa 與
Seil-el-Keraki 之匯合之處，在該一平原中，現今仍有
很多的柳樹。

賽　15:7　先知預言說，因此摩押人所得的財物，和
　　　　所積蓄的，都要運過柳樹河。

0748　洗拉　Zelah
跛行 Limping，肋骨 Rib

●Kh.Salah，位於耶路撒冷的西北方約 3.5 公里，基比
亞西南約 5 公里處。

書　18:2　便雅憫支派所得為業第二組的十四座城之
　　　　一。

撒下 21:14　大衛將掃羅及約拿單二人的屍體，從基列
　　　　雅比運回，葬在便雅憫地的洗拉，掃羅父
　　　　親基士的墳墓裡。

0749-1 洗法　Zephath
警醒的 Watchful，守望塔 Watch tower

●Kh.el-Meshash [T.Masos]，位於別是巴的東方約 11
公里，希伯崙南西南方約 38公里，鹽谷 V.Salt 的南
岸。洗法是何珥瑪的原名。

士　1:17　猶大和西緬同去擊殺了住洗法的迦南人，

地名詳解

將城毀滅，那城便叫何珥瑪。

※何珥瑪 Hormah 0395。

0749-2洗法(谷) Zephathah
守望塔 Watch tower

●即是今日以旱溪 Wadi es-Safiyeh 為中心線的一處寬廣谷地，位於拉谷以南，庫北巴溪之北，兩者相距約 5 至 7 公里，瑪利沙在其南約 2.5 公里。

代下 14:10 古實王謝拉領大軍攻擊猶大，亞撒王出去迎敵，就在瑪利沙的洗法谷擺陣，古實王大敗，被追殺直到基拉耳。

0750 洗扁 Zeboiim
瞪羚 Gazelles，獵狗 Hyenas

●位置無從查證，是四個被火焚燒，並已湮沒了之古城之一，學者之意見多傾向位於死海東南隅，灘三半島之南的海底之某處。

創 10:19 迦南諸族分散後的境界是，從西頓，直到迦薩，又向所多瑪、蛾摩拉、押瑪、洗扁的路上，直到拉沙。

創 14:2 受到北方四王所攻擊的南方的五個王城之一。

申 29:23，何 11:8
重述神所毀滅的城市之一，用以作為警告。

0751 洗珥 Zior
微小的，不重要的 Smallness

●Siir，位於希伯崙的東北方約 6 公里，伯利恆之南約 15 公里，該地區內有充分的泉水供應四週的田地。

書 15:54 猶大支派所得為業在山地第二組的九座城之一。(位置在山地第四組的東邊)

※同王下 8:21 中的撒益 Zair 1129。

0752 洗斯 Ascent of Ziz
花朵 Flower，絕壁 Clift，花叢 Blossom
一明亮發光之物 A bright-shinning thing

●今日在死海西岸名叫 Wadi Hasasah 的一條旱溪，其入海口處在隱基底之北約 10公里，長約 13 公里，但坡降很陡急，在猶大曠野處海拔約 800 公尺，到死海時則已降至海平面以下 390 公尺，其谷地較他處稍寬，是由死海進入山地的一條重要孔道。

代下 20:16 摩押人、亞捫人及米烏利人一同來攻擊猶大王約沙法，雅哈悉預言說，他們將從洗斯坡上來，你們必在耶魯伊勒曠野前的谷口遇見他們，你們將得到耶和華的拯救。

0753 洗楠 Zenan
羊群之地 Place of flocks

●位置不明，理應在高原第二組之區域內。

書 15:37 猶大支派所得為業在高原第二組的十六座城中的一座。

※有可能同彌 1:11 中之撒南 Zaanan 1125。

0754 洗編 Zeboim
野地 Wild place，鹿 Deers

●位置不明，可能是在羅得以北，靠近非利士地北方的邊境。

尼 11:34 自巴比倫歸回，在建殿後便雅憫人所定居之一城。

※可能與撒上 13:18 中的洗波音谷 Zeboim 0756 為同一地。

0755 洗利達 Zereda
寒冷之地 Cool place
魔鬼的統治 The adversary rules

●Deir Ghassaneh，位於示羅的西方約 18 公里，約帕之東約 33 公里的山地中。

王上 11:26 所羅門王的臣僕，尼八的兒子，耶羅波安是以法蓮支派的法利達人，他後來成為以色列國，或是北國的第一任國王。

0756 洗波音(谷) Zeboim
獵狗 Hyenas

●位置不明，可能在羅得之北，靠近非利士地北方的邊境。

撒上 13:18 有掠兵從非利士營中出來，分為三隊，其中一隊往洗波音谷對面的地境向曠野去。

※可能同尼 11:34 中之洗編 Zeboim 0754，在建殿後便雅憫人所定居之一城。

0757 洗革拉 Ziklag
空水池 Hollow fountain，流動 Flowing
在悲傷中 Enveloped in grief

●T.esh-Shariah [T.Sera]，位於別是巴的西北約 22 公里，迦薩東南約 24 公里，基拉耳谷之中。亦有學者認為是在 T.el-Khuweilfeh，位於別是巴之北約 16 公里，迦薩東南約 42 公里。

書 15:31，19:5，代上 4:30
猶大支派在儘南邊所得為業的二十九座城之一，但後來歸給西緬支派。

撒上 27:5 大衛投奔非利士的迦特王亞吉，亞吉就將洗革拉賜給他。

撒上 30:1 大衛從亞弗回到了洗革拉，亞瑪力人已經侵奪南地，攻破洗革拉，用火焚燒，擄去城內的居民和財物，大衛就立刻率人前往追趕，將人民和財物都奪回。

撒下 1:1 大衛擊殺亞瑪力人回來，在洗革拉住了兩天，就有人向他報告說，掃羅在基利波山

被殺身亡。

撒下 4:10 大衛將到洗革拉報告掃羅死亡信息的人處
死了。

代上 4:28 西緬人住在別是巴，洗革拉等城，直到大
衛作王的時候，都屬西緬人所有。

代上 12:1，20
大衛因怕掃羅，躲在洗革拉的時候，有勇
士到他那裡，幫助他打仗，以致成了大
軍，如神的軍隊一樣。

尼 11:28 重建聖殿後猶大人所居之一城邑和鄉村。

0758　洗瑪利(人)　Zemarite
要塞 Fortress

●洗瑪利是含之孫，迦南的第十個兒子，他最初的領
土，可能是今日敘利亞境內名叫 Sumra 的城及城郊的
地區，城位於亞發及 Tripolis 兩大城之間，el-Kabir 河
之河口處，是一個具有戰略價值之重鎮。

創 10:18，代上 1:16
含之孫，迦南的第十個兒子洗瑪利，其後
裔稱之為洗瑪利人，所居之城及其地則稱
之為洗瑪利。

0759-1洗瑪臉　Zemaraim
雙峰山 Double hill

●Ras ez-Zeimara 小村，位於伯特利的東北方約 4 公
里，示羅之南約 12 公里處。

書 18:22 便雅憫支派所得地業中第一組十二座城之
一。

0759-2洗瑪臉　Zemaraim

●Ras et-Tahuneh 小村，位於伯特利西南方約 3 公里，
米斯巴之北約 3 公里處的一個小山。

代下 13:4 猶大王亞比雅，在以法蓮山地的洗瑪臉山
上，對耶羅波安王喊話，再行爭戰，結果
亞比雅得勝，制服了以色列人，攻取了伯
特利等幾座城。

0760　毘珥　Peor
廣場 The Opening，裂縫 Cleft

●確實的位置不明，應是亞巴琳山脈中之某一山峰。

民 23:28 摩押王巴勒領假先知巴蘭，到那下望曠野
的毘珥山頂上，令巴蘭咒詛以色列人，但
巴蘭竟為以色列祝福。

0761　毘奪　Pethor
先知 Prophet，解夢 Interpretation of dreams

●可能是 Pitru 小村，位於幼發拉底河上游與其支流
R.Sajur 河交會之處，迦施米設之南約 27 公里，哈蘭之

西約 80 公里。

民 22:5，申 23:4
摩押王巴勒，差使者往大河邊的毘奪去，
召巴蘭來為他咒詛以色列人。

0762　毘拉心(山)　Perazim
絕交之山Mountain of breaches
Mountain of ingodliness

●位置未能確定，較可能的是 ez-Zuhur，位於耶路撒
冷西南約 6 公里，伯利恆西北約 4 公里，瑪拿轄之南
約 1 公里，利乏音谷南端。　另一可能之處是 Sheikh
Bedr，位於耶路撒冷西北方的附近。

賽 28:21 先知說，耶和華必興起，像在毘拉心山，
他必發怒像在基遍谷。

※同撒下 5:20，代上 14:11 中之巴力毘拉心 Baal-
perazim 0057，大衛說，神藉我的手沖毀敵人，如同
水沖去一樣。

0763　毘斯迦(山)　Pisgah
山峰 Peak，裂縫 Cleft

●大部份學者認為即是亞巴琳山脈中的第二個高峰，
名叫 Ras es-siyagha，高度約 802 公尺，位於山脈的西
側，尼波山西北西方約 2.5 公里，希實本西南西約 9 公
里，約但河的東岸約 18 公里。

民 21:20 以色列人出埃及旅途中的第三十二站，是
由巴摩到了摩押地的谷，又到那下望曠野
之毘斯迦的山頂。

民 23:14 摩押王巴勒領假先知巴蘭到了瑣腓田，上
了毘斯迦山頂，築了七座壇，每座壇上獻
一隻公牛、一隻公羊，巴蘭先求問耶和
華，但並沒有咒詛以色列人。

申 3:17 摩西將亞拉巴，和靠近約但河之地，從基
尼烈，直到鹽海，並毘斯迦山根東邊之
地，都給了河東的兩個半支派。

申 4:49，書 12:3
以色列人所得之地計有：約但河東的全亞
拉巴，直到亞拉巴海，靠近毘斯迦山根。

申 34:1 摩西從摩押平原登尼波山，上了那與耶利
哥相對的毘斯迦山頂，耶和華把基列全地
直到但，拿弗他利全地、以法蓮、瑪拿西
的地、猶大全地直到西海、南地和耶利哥
平原，直到瑣珥，都指給他看。

書 13:20 流便支派所得之地業中有毘斯迦山坡一
地。

0764　毘努伊勒　Penuel
神的面 The face of God

●T.edh-Dhahab esh-Sherqiyeh，位於拉巴西北約 34 公
里，示劍之東約 40 公里，雅博河的南岸。

創 32:30 雅各夜間起來，打發妻子和兒子都過了雅

博渡口，只剩下雅各一人，有一個天使來和他摔跤，天使將雅各的大腿窩摸了一把，雅各的腿就扭了，天使命令雅各改名叫做以色列，天使又在那裡給雅各祝福，雅各便給那地方起名叫毘努伊勒，雅各經過毘努伊勒，他的大腿就瘸了。

士　8:8　基甸追殺米甸人，到了毘努伊勒，要求他們供給食物，但被拒並受到譏誚，待基甸打敗米甸人得勝返來，就拆了毘努伊勒的樓，殺了那城裡的人。

王上 12:25　以色列王耶羅波安建築毘努伊勒。

0765　毘列斯烏撒　Perez-Uzzah
烏撒的干犯 Breach of Uzzah
爭鬧增強 Breach was strengthened

●位置不明。可能是 Kh.el-Uz? 位於基列耶琳(即是巴拉或巴拉猶大)之東約 1.5 公里，是在往耶路撒冷路上的一個小村莊。

撒下 6:8，代上 13:11
　　大衛將約櫃從巴拉猶大運往耶路撒冷，到了拿艮(拿艮在代上 13:11 中作基頓)的禾場，因為牛失前蹄，烏撒就伸手扶住神的約櫃，神耶和華向烏撒發怒，把他擊殺在約櫃旁，大衛就稱那地方為毘列斯烏撒。

※同代上 13:9 中的基頓 Chidon 0923-2。
※同撒下 6:6 中的拿艮 Nacon 0844。

0766-1紅海　Red sea

●就是今日的紅海，位於非洲和阿拉伯半島之間，其主體長約 2320 公里，平均寬約 200 公里，在其北端分為東西兩個海灣，約似一個 Y 字，分別在西乃半島之兩側，有時亦稱為紅海，在東北方一的支名叫阿卡巴灣 Gulf of Aqaba。此處所述的紅海是指其西側，就是在埃及和西乃半島之間的蘇伊士灣 Gulf of Suez，現今長約 320 公里，平均寬約 30 公里，昔日很可能更往北伸入陸地之內，大約是到達苦湖以北，現今已與蘇伊士運河連接，巨輪可自塞德港通往地中海。

出　10:19　耶和華轉了極大的西風，把蝗蟲颳起，吹入紅海，在埃及四境連一個也沒有留下。

出　13:18　所以神領百姓繞道而行，走紅海曠野的路。(紅海的路是指沿西乃半島的西岸，即是蘇彝士灣的東海岸，往西乃山去的路)

出　23:31　神說，我要定你的境界，從紅海直到非利士海。

民　33:10　以色列人出埃及旅途中的第五站，是從以琳起行，安營在紅海邊，再去汛的曠野。

0766-2紅海　Reed sea

●現今大多數的學者均認為此處的「紅海」是一抄寫或翻譯上的錯誤，而此一錯誤可以追溯到七十士譯本和武加大譯本，正確的名字應是「蘆葦海」，英文是 Reed sea，與紅海的英文名 Red sea，僅有一個字母之差。蘆葦海的位置現仍有不同的說法，為多數學者認定的是在尼羅河三角洲的東北，孟薩拉湖的東南端的某一個湖汊，係一生長蘆葦的湖泊或沼澤，(海水是鹹水，不能生長蘆葦)現在該地區已開闢成蘇彝士運河，無法作進一步的查證。另有學者認為是大小苦湖，同樣也是無法查證。

出　14 章　述說以色列人過紅海的經過，但只提到「海」，即是指紅海。

出　15:4　法老的車輛，軍兵，耶和華已拋在海中，都沉於紅海。

申　11:4，書 2:10，4:23，24:6，尼 9:9，詩 106:7，136:13，徒7:36，來 11:29
　　都是重述過紅海之事

0766-3紅海　Red sea

●此處之紅海是指紅海的東北支，阿卡巴灣 Gulf of Aqaba，位於西奈半島和阿拉伯半島之間，長約 180 公里，平均寬約 20 公里，海灣之北端有以拉他和以旬迦別兩個港口。此處所指紅海的路，是指自加低斯或何珥山，前往阿卡巴灣北端的以拉他和以旬迦別的路。這條路可能有兩種走法。其一是遵照指示，繞過以東地，就是向東南的方向沿以東的邊界而行。另一條則是先向東穿過以東，待達到亞拉巴谷後，再沿谷南下。

民　14:25　亞瑪力人和迦南人住在谷中，明天你們要轉回，從紅海的路往曠野去。

民　21:4　他們從何珥山起行，往紅海那條路走，要繞過以東地，百姓因這條路難行，心中甚是煩燥。

申　1:40，2:1
　　耶和華對以色列人說，至於你們，要轉回，從紅海的路往曠野去。

士　11:16　耶弗他對亞捫人說，以色列人從埃及上來，乃是經過曠野到紅海，來到加低斯。

王上 9:26　所羅門王在以東地，紅海邊，靠近以祿的以旬迦別製船隻。

耶　49:21　人在紅海那裡，必聽見呼喊的聲音。

哈　3:15　你乘馬踐踏紅海，就是踐踏洶湧的大水。

0767　約巴(地)　Jobab
號叫者 Howler
尖聲喊叫之人 One who calls shrilly

●約巴是閃的第五代孫，約坍的第十三個兒子，他起初領土的位置不明，有可能是在阿拉伯半島的東面，阿曼的西南部。

創　10:29　閃之第五代孫，約坍第十三子約巴及其後
　　　　　代所居地區名和族名。

0768　約但(河)　Jordan
落下者 Descender，水地 The water place

●「約但」此一地理名詞，可以是指「約但河」、「約
但流域」和「約但裂谷」，因後者包含了前兩項，故本
文就按「約但裂谷」來說明。約但裂谷北起自約但河
的發源諸溪流，向南延伸，直到阿卡巴灣，全長約有
四百六十餘公里，可分成約但河流域和南亞拉巴兩部
份，約但河流域又分爲上游，加利利湖，中游和死海
等四個部份，現分述如下：

一、上游：即是北亞拉巴或呼烈河谷，在北方起自利
巴嫩山脈和黑門山之間的谷地，南到加利利湖的北端
入口處爲止。約但河上游共有四條溪流，均流入呼烈
湖，由西往東，各名叫 Nahr Bareighit、Nahr
Hasbany、Nahr Leddan 及 Nahr Banias，後兩者雖較
短，但水量較多，是約但河主要的水源。河水的高程
在最北處高於海平面約 1200 公尺，到呼烈湖時已降到
68 公尺。呼烈湖的形狀略似三角形，南北長約 7 公
里，東西寬約 5 公里，湖水很淺。湖水自南端流出，
再往南流約 18 公里後，就到了加利利湖，高程也降到
海平面以下 210 公尺。區內重要城鎮有以雲、但、伯
利合，亞伯伯瑪迦、基低斯及夏瑣等。

二、加利利湖：請參見 0171-1 條之說明。

三、中游：即是約但河的主幹，一般所稱的約但河，
就是指這一段，它又稱爲中亞拉巴，起自加利利湖南
端，直到死海的北端，兩者的距離約有 98 公里，河水
水面之高程則由加利利湖的海平面以下 210 公尺，降
到死海的海平面以下 392 公尺，但因水流蜿蜒曲折，
未氾濫時之河道竟長有 300 公里以上，全河谷之橫斷
面略似一個倒過來的「凸」字，下方的 U 部份即是河
床，寬度約是 25 至 40 公尺，共有二十幾處淺灘，多
處可涉水而過，但無法航行船隻。每年的四、五月
間，河水氾濫，河道竟寬達1公里以上，水流十分湍
急。上方的 U 字形即是河谷，其寬度自 5 公里到 23 公
里不等，均在海平面之下。河谷兩邊的岸壁都很陡
峭，聳立約自 1300 至 400 公尺不等，此一河谷就成爲
東西兩岸之間的天然屏障。洪水退後，河床中因少
雨，氣溫常會高到攝氏 40 至 45 度之間，彷若沙漠之
氣候，所以只有部份地區尚可耕作，有些地方矮樹叢
生，內藏諸多野獸，如獅子等，非常危險。自加利利
湖流出之水量，僅只有流入死海的一小半，其他的一
大半則是由東面的十條，和西面的四條大小不等的河
流流入，其中較大者有雅木河、雅比河、雅博河、法
瑞阿河等。在今日全長中僅有五處建有公路橋樑可渡

過約但河。河之東稱外約但，從北到南有巴珊，基列
和摩押等三個地區，海拔高度都在四百公尺以上，河
之西爲內約但，從北往南有加利利、撒瑪利亞和以法
蓮山地，猶大曠野，高程在200至600公尺之間。河谷
中重要的城鎮有伯善、疏割、撒拉但、亞當和耶利哥
等。

四、鹽海：又名叫死海或亞拉巴海，請參見 1180 條之
說明。

五、南亞拉巴，請見 0536-4 條之說明。

創　13:10　羅得舉目看見約但河的全平原，直到瑣
　　　　　珥，都是滋潤的，如同耶和華的園子，
　　　　　也像埃及地，於是他選擇約但河的全平
　　　　　原，往東遷移，就與亞伯蘭分開了。

創　50:11　他們到約但河外，亞達的禾場，約瑟為他
　　　　　父親哀哭了七天，迦南的居民就説，這是
　　　　　埃及人一場極大的哀哭，因此那地方名叫
　　　　　亞伯麥西，是在約但河東。

民　13:29　探子們回來報告説，亞摩利人住在山地，
　　　　　迦南人住在海邊，並約但河旁。

民　22:1　以色列人起行，在摩押平原，約但河東，
　　　　　對著耶利哥安營。

民　26:6　摩西在摩押平原與耶利哥相對的約但河
　　　　　邊，令點數二十歲以外的以色列人。

民　31:12，33:49
　　　　　摩西和以色列人在摩押平原，約但河邊耶
　　　　　利哥對面的地方安營。

民　32:19　兩支派的人對摩西説，我們不回家，直等
　　　　　到以色列人各承受自己的產業，我們不和
　　　　　他們在約但河那邊一帶之地同受產業，因
　　　　　為我們的產業是坐落在約但河東邊這裡。

民　34:12　耶和華為以色列人所定迦南地的地界中的
　　　　　一段是；又要達到基尼烈湖的東邊，這界
　　　　　要下到約但河，通到鹽海為止。

民　34:15，書 1:15
　　　　　這兩個半支派已經在耶利哥對面，約但河
　　　　　東，向日出之地受了產業。

民　35:10　耶和華吩咐以色列人，過了約但河，在迦
　　　　　南地，要分出幾座城，為你們作逃城。

民　35:14，申 4:41，書 20:8
　　　　　耶和華令在約但河東要分出三座城，作為
　　　　　逃城，就是比悉、基列的拉末和哥蘭。

申　1:1　申命記是摩西在約但河東的曠野，疏弗對
　　　　　面的亞拉巴，向以色列眾人所説的話。

申　3:27，4:22，31:2
　　　　　耶和華對摩西説，你必不能過這約但河。

申　9:1，11:31，12:10，27:2，30:18，書 1:2
　　　　　耶和華令以色列人過約但河，去得那地。

書　3:1　以色列人離了什亭，來到約但河，就住在
　　　　　那裡，等候過河，過了三天，祭司們抬起
　　　　　約櫃，在百姓前頭走，到了約但河，他們
　　　　　的腳一入水，(原來約但河的水，在收割
　　　　　的日子，漲過兩岸)，那從上往下的水，

便立起成壘，抬約櫃的祭司在約但河中的乾地上站定，以色列眾人都從乾地上過去，直到國民盡都過了約但河。

書　4:1　約書亞令各支派，各從約但河中取一塊石頭，共十二塊，立在吉甲，作為後世的證據，又另把十二塊石頭立在河中。

書　4:19　正月初十日，百姓從約但河上來，就住在吉甲，在耶利哥東邊安營。

書　5:1　約但河西的亞摩利人和迦南人的諸王，聽見耶和華在以色列人前面使約但河的水乾了，等以色列人過去，他們的心就消化了，不再有膽氣。

書　12:1　以色列人在約但河外，向日出之地擊殺二王，得他們的地，就是從亞嫩谷直到黑門山，並東邊全亞拉巴之地。

書　12:7　約書亞在約但河西擊殺了諸王，他們的地是從利巴嫩平原的巴力迦得，直到上西珥的哈拉山。

書　13:32，14:3，22:4
摩西在約但河東對著耶利哥，分產業給兩個半支派的人，但未分給利未人。

書　15:5　猶大支派所得地業的東界，是從鹽海南邊到約但河口，北界是從約但河口的海汊起，上到伯曷拉，過到伯亞拉伯的北邊。

士　3:28　士師以笏殺了摩押王伊磯倫，就令以色列人把守約但河的渡口，不容摩押人一人過去。

士　7:24　基甸令以法蓮的眾人，爭先把守約但河的渡口，直到伯巴拉，捉住並殺了米甸人的兩個首領，又將兩人的首級帶過約但河，到基甸那裡。

士　10:8　亞捫人擾害欺壓約但河那邊住在基列地的以色列人，共有十八年，亞捫人又渡過約但河去攻打猶大，和便雅憫，並以法蓮族。

士　12:5　士師耶弗他招聚基列人，與以法蓮人爭戰，基列人把守約但河的渡口，不容以法蓮人過去，那時以法蓮人被殺的，有四萬二千人。

撒上 31:7　住約但河西的以色列人，見以色列軍兵逃跑，掃羅和他兒子都死了，也就棄城逃跑。

撒下 2:29　押尼珥和跟隨他的人，整夜經過亞拉巴，過約但河，到了哈瑪念。

撒下 10:17，代上 19:17
大衛王聚集以色列眾人，過約但河來到希蘭，迎戰並且大敗了亞蘭人。

王上 17:3　耶和華的話臨到以利亞說，你離開這裡，往東去，藏在約但河東的基立溪旁，我已吩咐烏鴉在那裡供養你。

王下 2:6　先知以利亞和以利沙兩人在約但河邊，以利亞用他的外衣打水，河水就左右分開，二人就走乾地而過了約但河，以利亞升天之後，以利沙又用以利亞的外衣打約但河

的水，河水也左右分開，以利沙就過來了。

王下 5:10　神人以利沙打發一個使者，叫亞蘭王的元帥乃縵到約但河中去沐浴七回，他的大痲瘋就可治癒，乃縵在約但河中沐浴七次之後，他的肉復原，好像小孩子的肉，他就潔淨了。

王下 6:2　先知以利沙的門徒，在約但河那裡取木料，一人在砍樹的時候，斧頭掉入河中，以利沙使斧頭漂了上來。

王下 7:15　以利沙預言亞蘭人將撤退，果然次日他們追尋到約但河，看見滿道上都是亞蘭人急跑時所丟棄的衣物。

詩　42:6　我的心在我裡面憂悶，所以我從約但地，從黑門嶺，從米薩山記念你。

詩　114:5　滄海阿，你為何奔逃，約但哪，你為何倒流。

耶　49:19，50:44，12:5
仇敵必像獅子，從約但河邊的叢林上來，攻擊堅固的居所。

結　47:18　先知所預言以色列的地界，東界是在浩蘭、大馬色、基列和以色列地的中間，就是約但河。

亞　11:3　有少壯獅子咆哮的聲音，因約但河旁的叢林荒廢了。

太　3:5，可 1:5
那時耶路撒冷和猶太全地，並約但河一帶的人，都到約翰那裡，承認他們的罪，在約但河裡受他的洗。

太　3:13，可 1:9
當下耶穌從加利利的拿撒勒來到約但河，見了約翰，要受他的洗。

太　4:25　當下有許多人從加利利、低加波利、耶路撒冷、猶太、約但河外，來跟著耶穌。

路　3:3　約翰就來到約但河一帶的地方，宣講悔改的洗禮，使罪得赦。

路　4:1　耶穌被聖靈充滿，從約但河回來，聖靈將他引到曠野，四十天受魔鬼的試探。

0769　約坍(地) Joktan
微小 Small

●約坍是閃的第四代孫，希伯的次子，他的發源地約是阿拉伯半島的中部地區。廣義的說，是他及他的十三個兒子領土的總稱，再者，有些學者認為他是阿拉伯國家的始祖，他的領土的範圍，大約是包括了阿拉伯半島的南部及西南部，即是從古時巴比倫的南邊起，直到紅海邊，包括非洲的索馬利亞在內。

創　10:25，代上 1:19
閃的第四代孫，希伯的次子，約坍及其子孫共十三人，所居之地區名，他們所住的地方，是從米沙直到西發東邊的山。

創　25:14 約坍子孫的住處是在他眾弟兄的東邊，從哈腓拉直到埃及前的書珥，正在亞述的道上。

0770　約帕　Joppa
美麗 Beauty，高，高地 Height

●Yafa [Yafo]，位於耶路撒冷的西北方約 55 公里，迦薩之北約 79 公里，即是在今日以色列第一大城臺拉維夫大都會西南角的海邊。城建在高約40公尺陡峭的山坡上，岸邊有一海岬突出，伸入海中，又在離海岸約百餘公尺處有一排礁石，是一處天然可以擋風浪的防波堤，而成為一個良好的港灣，船隻可由北進入。附近水源充足，土壤肥沃，而且有沿海的國際大道經此而過，故地理的位置非常的重要。1955 年開始發掘的結果得知，在約帕到雅孔河之間的地區，早在主前五千年前，已有人類活動，現今遺留的殘垣中，有主前十六世紀的一座堡壘，主前十五至十三世紀的遺跡顯示，約帕當時是受埃及所統治，也從埃及的文獻中證實，約帕在埃及史初時期已經與埃及有商業上的往來，在 1469 BC 又被埃及法老杜得模西斯三世所征服，並視為埃及的一個政治分區，城內建有法老的軍營和倉庫等。主前第十二世紀時被非利士人所佔，主前十世紀前後方成為以色列的領土，成為耶路撒冷城的港口，所羅門王和所羅巴伯建殿用的香柏木，就是在此起岸。在所羅門王去世之後復為非利士人所佔。希臘帝國征服約帕，301 BC 年約帕為埃及多利買王朝所奪，並快速的變成希臘式的城市。在馬加比時代，曾將希臘人逐出，但不久即被羅馬帝國所佔，後交給猶太王希律所有。主後 68 年，因約帕是猶太人反抗羅馬帝國的主要中心之一，而被羅馬所毀。當時已有新建成的該撒利亞港口，使得約帕的重要性大減，風光不再，且日漸沒落。但是該撒利亞港口的防波堤在五、六百年之後逐漸下沉入海底，因而廢棄，約帕方得以重新恢復舊觀。1099 年十字軍 由此登陸，是能快速的克服耶路撒冷的主要因素之一。十九世紀第一批錫安運動的先驅者，便是由此登岸，並以此為根據地，在約帕舊城北方的海邊，建造了一個純猶太人的大城，就是臺拉維夫。

書　19:46 但支派所得地業的境界中的一段是；並約帕對面的地界。

代下 2:16 推羅王希蘭寫信給所羅門王說，我們必照你所需用的，從利巴嫩砍伐樹木，紮成筏子，浮海運到約帕，你可以從那裡運到耶路撒冷。

拉　3:7 回歸後重建聖殿的以色列人，用糧食、酒和油給西頓人和推羅人，使他們將香柏樹從利巴嫩運到海裡，浮海運到約帕。

拿　1:3 先知約拿為逃避耶和華，下到約帕，乘船要往他施去。

徒　9:36 當彼得在呂大時，在約帕有一個女信徒，名叫大比大，也叫做多加的，因患病而死，門徒就求彼得，彼得到約帕後，就跪下禱告，多加就活了過來，這事傳遍了約帕，就有許多人信了主，此後彼得在約帕住了多日。

徒　10:5 駐在該撒利亞城的義大利營中，有一個名叫哥尼流的百夫長，他在異象中見到神的一個使者對他說，叫他打發人到約帕去，請那稱呼為彼得的西門來，同時在約帕的彼得也見到了異象，彼得就聽從聖靈的指引，到該撒利亞去了。

0771-1約帖　Joktheel
被神制服 Subbred by God
被神赦免 Absolved of God

●位置不明，應在高原第二組之區內。

書　15:38 猶大支派所得為業在高原第二組的十六座城中的一座。

0771-2約帖　Joktheel

●有兩個可能之處，其一是 es-Sela，位於波斯拉城的西北方約 3 公里，底本之南約 83 公里，別是巴東南約 88 公里。另一處是 Umm el-Bayarah，位於波斯拉的南方約 48 公里，現今 Ma'an 城的西北約 32 公里，是聞名的 Petra 廢墟中的一個高地。

王下 14:7 猶大王亞瑪謝在鹽谷殺了以東人一萬，又攻取了西拉，改名叫約帖。

※西拉 Sela 0306-2。

0772　約念　Jokneam
收集 Gathered
民之所有 Possession of the people
民將受悲哀 The people will be lamented

●T.Qeimun [T.Yoqneam]，位於基順河的南岸，多珥東北約 20 公里，米吉多的西北方約 11 公里，其地控制了從亞柯南下的交通孔道，又是進入迦密地區和多珥惟一的通路，所以是一個重要的交通孔道。約念前的河就是基順河。

書　12:22 靠近迦密的約念王 (在 KJV 中作 of Carmel，在 NIV 中作 in Carmel，意思是「在或屬迦密的約念王」)，是約書亞所擊殺的三十一個王之一。

書　19:11 西布倫支派地業的境界中的一段是；往西上到瑪拉拉，達到大巴設，又達到約念前的河。

書　21:34 原屬西布倫支派的一城，後來給了利未支派的米拉利族為業。

王上 4:12　是所羅門王的第五個行政區中的一城，包括他納、伯善到亞伯米何拉，直到約念之外，均由巴拿管理。

0773　約甸　Jokdeam
為民所有 Possessed by the people

●Kh.Raqqa，位於希伯崙以南約 7 公里，別是巴東北約 35 公里。

書　15:56　猶大支派所得為業之一城，是山地第三組十座城中的一座。

0774　約緬　Jokmeam
人民聚集之處 Meeting place of the poeple
人民將被提高 Poeple will beraised
百姓站立 Standing of the poeple

●T.el-Mazar，位於 Wadi Farah 的西岸，示劍東南約 21 公里，示羅東北約 20 公里。

代上 6:68　利未支派的哥轄族在以法蓮地業中所取得之一城。

※可能同書 21:22 中之基伯先 Kibzaim 0937。

0775-1約巴他　Jotbathah
美善 Goodness，喜樂 Pleasantness

●Tabbeh，位於以旬迦別之南約 12 公里，紅海的西岸邊，附近有一著名的泉水名叫 Ain Tabah。

民　33:33　以色列人從曷哈及甲起行，安營在約他巴（出埃及後的第三十個安營處），再前往阿博拿。

0775-2約巴他　Jotbathah

●位置不明。可能是 Ain el-Ghadian，位於以旬迦別之北約 40 公里。

申　10:7　從谷歌大到了有水之地約巴他，那時耶和華將利未支派分別出來抬耶和華的約櫃，又侍立在耶和華面前事奉他。

0776　約比哈　Jogbehah
小山丘 Hillock
他將被提高 He will be elevated
高地 High place

●el-Jubeihat，位於希實本的北方約 25 公里，拉巴西北約 11 公里處。

民　32:35　迦得的子孫所建造的八個堅固城之一。

士　8:11　基甸就由挪巴和約比哈東邊，從住帳棚人的路上去，殺敗了米甸人的軍兵。

0777　約沙法(谷) Valley of Jehoshaphat
神的審判 Judge of God

●可能就是汲淪溪(參看 0457)，或是其中的一段，汲

淪溪是位於耶路撒冷和橄欖山之間的一條谷地。

珥　3:2　到那日，我使猶大和耶路撒冷被擄之人歸回的時候，我要聚集萬民，帶他們下到約沙法谷，在那裡施行審判。(同 3:14 中的斷定谷)

0778　約提巴　Jotbah
美好之地 Goodly place
歡樂的 Pleasentness

●Kh.Jefat [H.Yodefat]，位於亞柯的東南約 20 公里，基尼烈城之西約 25 公里處。

王下 21:19　猶大王亞們的母親米舒利密是約提巴人。

0779　美耶昆　Me Jarkon
黃水 Waters of yellowishness
耶昆之水 Waters of Jarkon

●位置不明。加拿河的南支叫美耶昆河，現名 Nahr el-Auja，此城有可能是在沿河的某一處。

書　19:46　但支派所得為業之一城。

0780-1耶末　Jarmuth
高地 Elevation，Height

●Kh.el-Yarmuk [T.Yarmut]，位於伯利恆之西約 22 公里，希伯崙西北 23 公里，以拉谷的北方，位於示非拉的中心，海拔約 447 公尺，雄視以拉谷，是一個戰略重地，是進軍耶路撒冷的軍事要塞，據考古證實，早在青銅器的後期，已有人居住，城區大約有2公頃，現址中尚存有早期的牆垣及水池等。

書　10:3　以耶路撒冷王為首的五個亞摩利王，聯合攻打基遍，但被以色列人所擊敗，其中有以毘蘭為王的耶末。

書　12:10　是約書亞所擊的三十一個王之一。

書　15:35　是猶大支派所得為業在高原第一組中十四座城之一。

尼　11:29　自巴比倫回歸，建殿後猶大人所定居之一城及鄉村。

0780-2耶末　Jarmuth

●Kokab el-Hawa [kokhav-Hayarden]，位於伯善的北方約 10 公里，耶斯列城之東約 18 公里，距約但河約 4 公里，Wadi Tavor 的南岸，城是建在一個高於海平面約 300 公尺的小山頂上。

書　21:29　原是以薩迦支派的地業，後來分給利未支派的革順族為業的一城。

※同代上 6:73 中的拉末 Ramoth 0634-3。

※也同書 19:21 中的利篾 Remeth 0408，均是以薩迦支派所分得為地業之一城。

0781　耶拉(地) Jerah
月亮 Moon，月份 month

●可能是以今日阿拉伯沙漠中北部的 Tayma 城為中心的一個大綠洲，城即是古時的 Tema 城，位於大馬色和麥加大道的中間，距兩者各約 700 公里，自古就是個交通重鎮，也是一個拜月神的中心。

創　　10:26，代上 1:20
　　　　　　閃的第五代孫，約坍的第四子耶拉及其子孫所居之地區名和民族之名。

0782　耶琳(山) Jearim
森林 Forests

●Kesta [Kesalon]，位於耶路撒冷的西方約 17 公里，伯利恆西北約 18 公里，地處在一個半島形的小山上，居高臨下，可控制其南北兩邊的兩條隘道。

書　　15:10 猶大支派地業北方邊境上的一座山，又名叫基撒崙。

※基撒崙 Chesalon 0939。

0783　耶布斯 Jebus
被踐踏 Trodden down
打穀場 Threshing floor

●一、耶布斯是含之孫，迦南的第三個兒子，他的發源地即是以耶布斯城為中心的一個地區，耶布斯城就是現今的耶路撒冷城的一區，但在約書亞時代，是一個亞摩利人的城，城中還雜有赫人在內，並且臣服於埃及，埃及稱其為烏路撒冷。

二、耶布斯城是在大衛王未佔領之前的城名，原有之城區僅只占有俄斐勒山的山頭，位於現在古城聖殿區的南方約 160 公尺，原是一個築有高大城牆的堅城，城區南北長約 460 公尺，東西寬約 160 公尺，形狀略似一隻人類的腳印，城之東是汲淪溪，南是欣嫩谷，西是泰羅邊 Tyropoeon 谷(亦稱中央山谷)，北接聖殿山，三面溪谷之底與城之高差在 40 至 70 公尺之間，而且非常的陡峻，所以是一個易守難攻的天險之地，又在城的東側有一個名叫基訓泉的水泉，可常年供應城內所需之水，在戰爭之時都無缺水之慮並加以建築又高又厚的城牆，就成了一座堅固的堡壘。該地區在主前三千年以前即已有人煙，耶布斯人定居在該城及其四週，直到大衛王之時。如今耶布斯城是耶路撒冷城南的一區，已無城牆的蹤跡。餘請參見耶路撒冷0790條。

創　　10:16，代上 1:14
　　　　　　耶布斯是迦南的第三子，其後裔稱為耶布斯人，所居之地叫耶布斯。

創　　15:21，3:8，17，13:5，23:23，33:2，34:11，申7:1，20:17，書 3:11，24:11，尼 9:8
　　　　　　是耶和華與亞伯拉罕立約，要將其民逐

出，將其地給他和他的後裔為業的民族之一。

民　　13:29 探子報告說，他們看見赫人，耶布斯人，亞摩利人住在山地。

書　　9:1　約但河西的諸王，包括耶布斯王在內，聯合起來，要與約書亞和以色列人爭戰。

書　　11:1　以夏瑣王為首的迦南諸王，包括耶布斯王在內，聯合起來，來到米倫水邊，一同安營，要與以色列人爭戰。

書　　15:8　猶大支派地業的邊界有一段是，上到欣嫩子谷，貼近耶布斯的南界(耶布斯就是耶路撒冷)，又上到欣嫩谷西邊的山頂。

書　　15:63 至於住耶路撒冷的耶布斯人，猶大人不能把他們趕出去，卻在耶路撒冷與猶大人同住。

書　　18:28 便雅憫支派地業的邊界有一段是，又下到欣嫩子谷對面山的儘邊，就是利乏音谷北邊的山，又下到欣嫩谷，貼近耶布斯的南邊，又下到隱羅結。

士　　1:21　便雅憫人沒有趕出住耶路撒冷的耶布斯人，耶布斯人仍在耶路撒冷與便雅憫人同住。

士　　3:5，拉 9:1
　　　　　　以色列人竟住在迦南人，赫人，亞摩利人，比利洗人，希未人和耶布斯人中間，娶他們的女兒為妻，將自己的女兒嫁給他們的兒子，並事奉他們的神。

撒下 5:6，代上 11:4
　　　　　　大衛攻打耶布斯人，攻取了耶路撒冷。

撒下 24:16，代上 21:15
　　　　　　大衛在耶布斯人亞勞拿(代上中是阿珥楠)的禾場上見到滅民的天使，就在那裡為耶和華築了一座壇，獻燔祭和平安祭。

王上 9:20，代下 8:7
　　　　　　至於國中所剩下不屬以色列人的亞摩利人，赫人，比利洗人，希未人，耶布斯人，就是以色列人不能滅絕的，所羅門挑取他們的後裔，作服苦的奴僕，直到今日。

代下 3:1　所羅門王就在耶路撒冷，耶和華向他父大衛顯現的摩利亞山上，就是耶布斯人阿珥楠的禾場上，開工建造耶和華的殿。

亞　　9:7　他必作為剩餘的人，以革倫人必如耶布斯人。

0784　耶沙拿 Jeshanah
古城 Ancient city

●Burj el-Isaneh，位於示羅以南約 5 公里，伯特利的北方約 15 公里。

代下 13:19 猶大王亞比雅，自耶羅波安手中攻取了耶沙拿等三座城。

0785　耶利哥 Jericho
芬香 Fragrance，香城 City of Balsam

●T.es-Sultan，位於今日新耶利哥城西北約 2 公里，耶路撒冷東北約 23 公里，伯特利之東約 21 公里，約但河的西岸約 10 公里，wadi Qwlt 的北岸，其海拔在海平面之下約 300 公尺，氣候則有若亞熱帶，夏季的氣溫可達攝氏 47 度，冬天卻是避寒的好去處，因有溪流和諸多的山泉，如以利亞泉，所以是一處有耕作之利的綠洲，在古時即有一大片的棕櫚樹，故有棕樹城之稱，盛產水果和香膏等。同時他們又販買食鹽，石蠟(即是瀝青)和硫磺等死海的產物，所以十分富庶。耶路撒冷和以南地區與約但河東的交通，因為有死海的阻隔，都必須經過此地，而耶利哥的西面有高山和峭壁，東方扼守了約但河一個重要渡口，又把持了三條由約但河谷往中央山地的通道，所以是一個重要的商業中心和軍事據點。耶利哥的廢墟是一高約 21 公尺的土丘，原有城區約有 4 公頃大，但在頂部有被嚴重破壞和侵蝕的跡象，對考古的工作很不利，曾在 1867 和 1903 年各有一次的發掘，收穫不大，1936 年由加斯坦主持的發掘，報告發現了約書亞時代所毀的城牆遺跡。復於 1952 年由肯揚博士主持發掘，證實這是一個非常古老的城市，此一地區早在 8000 BC 以前就已開始發展，在主前七千年已是一個典型的前石器時代的城市，具有相當的農業技術。城建有巨大的城牆和望樓，人民則居住在半掩在地面的草屋中，房屋和城牆在 2300 BC 可能是地震或是戰爭的破壞而修補或重建。曾有被喜克索人佔領的痕跡，並築有喜克索人典型斜坡式的城牆。在七世紀時，又有人們居住的情形，但是在巴比倫入侵之後，此城就完全被放棄。肯揚博士認為耶利哥的歷史，提供了一個人類從游牧進化到定居的農業社會完整的說明。但是肯揚博士卻說明，在約書亞進迦南之時，耶利哥是一個早已棄置了半世紀以上的空城，也並無城牆倒塌之實。但是據伍德和比姆森兩位考古學家近年來的考證，卻再度支持先前加斯坦博士的結論，這兩種說法已引發了一場爭論，究竟誰是誰非，還有待最後的結果。

在古耶利哥的廢墟的東南兩公里處，有希律王所建之城，稱為新約時代的耶利哥，今日之耶利哥城則與希律王所建之城址相連。在耶利哥城與約但河之間有一長約10公里，最寬之處有8公里的平原，隔河和摩押平原相對，即是耶利哥平原。

民　22:1，26:3，31:12，申 32:49，34:3
以色列人出埃及的終站，是在摩押平原，約但河東，對著耶利哥安營。

書　2:1　約書亞從什亭暗暗打發兩個人作探子，吩咐他們去窺探那地和耶利哥。

書　3:16　約但河的水在極遠之處全然斷絕，於是以色列百姓在耶利哥的對面過了約但河。

書　4:13　眾百姓都過了河，約有四萬人，都預備打仗，在耶和華面前過去，到耶利哥的平原，等候上陣。

書　5:10　以色列人在吉甲安營，正月十四日晚上，在耶利哥的平原守逾越節。

書　5:13　約書亞靠近耶利哥的時候，舉目觀看，不料，有一個人手裡有拔出來的刀，對面站立，對約書亞說，我來是要作耶和華軍隊的元帥。

書　6:1，希 11:30
耶利哥的城門因以色列人就關得嚴緊，無人出入，耶和華曉諭約書亞說，我已經把耶利哥和耶利哥的王，並大能的勇士，都交在你的手中，你們一切的兵丁，要圍繞這城，一日圍繞一次，六日都要這樣行，以色列人七日都照著做，在第七日，圍繞了六次之後，在第七次祭司吹角的時候，百姓一呼喊，城牆就塌陷了。

書　6:26　當時約書亞叫眾人起誓說，有興起重修這耶利哥城的人，當在耶和華面前受咒詛，他立根基的時候，必喪長子，安門的時候，必喪幼子。

書　12:9　是約書亞所擊殺的三十一個城邦的王之一。

書　18:21　便雅憫支派所得的第一組十二座城之一。

撒下 10:5，代上 19:5
亞捫王哈嫩把大衛派來安慰他的使者的鬍鬚剃去一半，打發他們回去，因為他們覺得羞恥，就在耶利哥住下，直到鬍鬚長起來才回去。

王上 16:34　亞哈王在位時，有伯特利人希伊勒重修耶利哥城，立根基的時候，喪了長子，安門的時候，喪了幼子，正如耶和華藉約書亞所說的話。

王下 2:2　住耶利哥的先知門徒五十人，看見以利亞和以利沙過了約但河，又見以利沙一人返來，但不相信以利亞已乘旋風昇天，就打發五十人過河去找了三天，但沒有找到。

王下 2:19　耶利哥城的人對先知以利沙說，這城的水質惡劣，土產不熟而落，以利沙將鹽倒在水源水中，水就被治好了。

王下 25:5，耶 39:5，52:8
耶路撒冷被巴比倫王尼布甲尼撒攻破，猶大王西底家就向亞拉巴逃走，迦勒底軍隊在耶利哥的平原追上了他。

代下 28:15以色列人將原先擄來的猶大人，送到棕樹城耶利哥他們弟兄那裡。

拉　2:34，尼 7:36
首批自巴比倫回歸的猶大人中，有耶利哥人三百四十五名。

尼　3:2　參加重建耶路撒冷城牆的人中有耶利哥人

在內。

太　20:29 耶穌和門徒出耶利哥的時候，有極多的人跟隨他，主醫治好了兩個求他的瞎子。

可　10:46 耶穌同門徒並許多人出耶利哥的時候，有一個討飯的瞎子，名叫巴底買的，來求他醫治，耶穌醫好了他。

路　10:30 耶穌的比喻說，有一個人從耶路撒冷往耶利哥去，落在強盜手中。

路　18:35 耶穌將走近耶利哥的時候，醫治好一個坐在路邊討飯的瞎子。

路　19:1 耶穌進了耶利哥，正經過的時候，使稅吏長撒該悔改，他並接待耶穌和門徒。

來　11:30 以色列人因著信，圍繞耶利哥城七日，城牆就倒塌了。

0786　耶拉篾　Jerahmeel
神的憐憫 God's mercy
願神同情 May God have compassion

●位置不明，應在南地地區之內，也可能是一族名。

撒上　27:10 大衛告訴亞吉王說，他當日侵奪了耶拉篾的南方等地。

撒上　30:29 大衛攻擊亞瑪力人回洗革拉後，將掠物分送給南地各城之人，包括耶拉篾城在內，因是他素常所到之處。

0787　耶書崙　Jeshurun
正直 Upright，蒙福的 Blessed
公正者 The righteous one

●是以色列的別號，一種暱稱，不是地名。

申　33:5 摩西在臨終前的祝禱中有一句是說，耶和華在耶書崙中為王。

申　32:15 但耶書崙漸漸肥胖，粗壯，便離棄造他的神，敬拜別神。

申　33:26 耶書崙哪，沒有能比神的，他為幫助你，乘在天空，顯其威榮。

0788　耶書亞　Jeshua
耶和華是拯救 Jehovah is salvation

●T.es-Sawa [T.Jeshua]，位於別是巴東北約 15 公里，希伯崙之南約 30 公里。

尼　11:26 在重建聖殿後，猶大人所定居的一個城邑和其鄉村。

0789-1耶斯列　Jezreel
神栽種 God sows
神的苗圃 Seedplot of God

●Kh.Terrama，位於希伯崙西南方約 9 公里，別是巴北北東約 32 公里。

書　15:56 猶大支派所得為業之一城，是山地第三組十座城之一。

撒上 25:43，撒下 2:2，代上 3:1

大衛先娶了耶斯列人亞希暖為妻，生長子暗嫩。

0789-2耶斯列　Jezreel

●Zerin [T.Yizreel]，位於他納東北約 12 公里，米吉多東南東約 14 公里，耶斯列谷的西側谷口，也是耶斯列平原的東口。它是一東西向的交通孔道，在亞哈王時，曾是北國的政治和宗教重鎮。

書　19:18 以薩迦支派所得為業的十六座城之一。

撒上 29:1 非利士人將他們的軍旅聚到亞弗，以色列人在耶斯列的泉旁安營。

撒下　2:9 掃羅的元帥押尼珥，將掃羅的兒子伊施波設帶過河，到瑪哈念立他作王，治理基列、亞書利、耶斯列、以法蓮、便雅憫和以色列眾人。

王上　4:12 所羅門王的行政區之一，在他納和米吉多，並靠近撒拉他，耶斯列下邊的伯善全地，從伯善到亞伯米何拉，直到約念之外，有亞希律的兒子巴拿管理。

王上 18:45 以利亞在迦密山求得雨後，以色列王亞哈就坐車往耶斯列去了，耶和華的靈降在以利亞身上，他就束上腰，奔在亞哈前頭，直到耶斯列的城門。

王上 21:1 耶斯列人拿伯在耶斯列有一個葡萄園，靠近撒瑪利亞王亞哈的王宮，亞哈王想要那個葡萄園，拿伯不肯出賣，亞哈王的王后耶洗別就設計謀殺了拿伯，奪取了葡萄園。

王下　8:29 猶大王亞哈謝和以色列王約蘭，同往基列的拉末去，與亞蘭王哈薛爭戰，約蘭受傷後就回到耶斯列醫治，亞哈謝也到耶斯列去看他。

王下　9:10 先知以利沙令他的一個門徒往基列的拉末去，膏耶戶作以色列王，並預言耶洗別必在耶斯列田裡被狗所吃，無人葬埋。:36 他們回去告訴耶戶，耶戶說，這正應驗耶和華藉他的僕人以利亞所說的話說，在耶斯列田間，狗必吃耶洗別的肉，耶洗別的屍首必在耶斯列田間如同糞土，甚至人不能說，這是耶洗別。

代下 22:6 以色列王約蘭在基列的拉末受傷，回到耶斯列醫治，猶大王亞哈謝，就下到耶斯列去看他，結果被耶戶所殺害。

何　1:4 先知何西阿生了一個兒子，耶和華令何西阿給他起名叫耶斯列，因為再過片刻，耶和華必討耶戶家在耶斯列殺人流血的罪，也必使以色列家的國滅絕，到那日，神必在耶斯列平原折斷以色列的弓。

0789-3耶斯列(平原河谷) Jezreel

●耶斯列平原是位於耶斯列城之西，米吉多以東的一片平原，略呈三角形，三頂點各在約念、他泊山和以伯蓮，底邊長和底、高各約 30 公里，基順河沿西南邊流過，南接撒瑪利亞山地，西南接迦密山，西北接亞柯平原，東北接加利利，東接耶斯列谷。這片平原與其東的耶斯列谷和其西方連接到亞柯城的狹窄谷道，正隔開北方的加利利高原和南方的撒瑪利亞山脈，也是東西向的惟一通道，在西南方又有三條險要的通道越過迦密山，就是約念、米吉多和他納隘口，東南又有以伯蓮隘口，往北有大道通夏瑣，所以實在是一個四通八達的十字路口，而且區內土壤肥沃，是世間少有的肥美谷地，可媲美尼羅河流域，由於物產豐盛，又是一重要的交通樞紐，自古就是一個軍家必爭之地。它的四週都是迦南境內著名而重要的軍事重鎮，如亞柯、夏瑣、耶斯列、伯善、他納、米吉多、約念、夏羅設等，足見其所處位置之特殊和重要。平原之西邊有米吉多城，故又稱米吉多平原，希臘人稱其爲以斯得倫平原 Plain of Esdra- elon。

耶斯列谷是耶斯列河的河谷，位於火山丘摩利岡與基利波山脈之間，西口是耶斯列城，東口是伯善城，兩城相距約 19 公里，谷向東南而下，寬度未超過 3 公里，高程都在海平面之下，兩側水泉豐富，沿谷有很多水池，有利於農作，但偶會有洪氾發生。此谷是迦南北部通往約但河東基列地的惟一通路，故也是甚具有軍事價值。

書	17:16	約瑟的子孫說，那山地容不下我們，並且住在耶斯列平原的人，都有鐵車。
士	6:33	那時米甸人，亞瑪力人和東方人，都聚集在耶斯列平原安營，耶和華的靈降在基甸身上，他就吹角，亞比以謝族都聚集跟隨他。
何	1:4	先知何西阿生了一個兒子，耶和華令何阿給他起名叫耶斯列，因為再過片刻，耶和華必在耶斯列平原折斷以色列的弓。
何	2:22	地必應允五穀、新酒和油，這些必應允耶斯列民。

※同王下 23:29 中之米吉多平原 Megiddo 0272-3。

0790　耶路撒冷 Jerusalem
基礎 Foundation
和平之住所 Dwelling of peace

●耶路撒冷城位於中央山脈最高處的平台上，海拔在 750 公尺左右，緯度線與死海北端相同，東距約但河約 30 公里，西距地中海約 49 公里。在未被大衛王攻佔前原名耶布斯 (請參看 0783 條之說明)，當時已是一個建有城牆的堅城，長寬各約 460 及 160 公尺，大衛王佔

領後就改名叫耶路撒冷，加以整建，成爲以色列和猶大的首都及宗教的中心，日後城區的範圍日漸擴張，其大小歷代的變化很大，其大略的情形請參看後面的說明。在新約時代的情形大約是，在東邊有汲淪溪，西方和南方是欣嫩溪，三面的溪底和城的高差在 40 至 80 公尺之間。城區包括了五座山頭，在東南有俄斐勒山，就是原來的耶布斯城，東有摩利亞山，就是聖殿區，東北有貝西大山，西北有亞克拉山，西南有錫安山，又有泰羅邊谷從北向南把城區分爲東西兩半，因此東、南和西都是天然的防線，惟有北方的防護較弱，但因在北方的伯特利，東方的橄欖山，南方的伯利恆，都比耶路撒冷要高，故可說是群山環繞，而且東西各有幾處險要的隘道，外敵接近不易，但交通十分的便利，四通八達，實在是一個天然的統治中心。

耶路撒冷是一個非常古老的城，早在亞伯拉罕時代，就有撒冷王麥基洗德者，顯然是指此城的王。在亞瑪拿書簡中稱爲烏魯撒冷，是埃及的藩屬。再早期則缺乏文字的記載可考。研究耶路撒冷古代歷史的美國羅賓遜博士，於 1824 年開始勘察耶路撒冷，先從地面著手，然後逐步向地下搜尋，然而地面之現況已與數千年前之地形有很大的不同，山頭被剷削，溝谷被填高，所以地面的工作實非易事，而且特別是需要挖掘土層的考古工作，在此城更是極難進行，除因建築多之外，耶路撒冷是猶太教、天主教、基督教和回教所共同的聖城，當地居民都是十分的頑固保守，認爲動土挖掘無異是破壞聖城。但從發掘其西南方的利乏音谷等地，發現了燧石器具和箭簇等類，可以顯示出，早於主前一萬到四千年間，在此區域之內就已有了人煙，多掘地穴居。1961 年，肯揚博士在俄斐勒山掘出了主前三千年前之城牆基礎，到目前仍有考古的工作不斷的在進行，耶路撒冷古時面貌將可逐漸的顯現。

今天的耶路撒冷城，很明顯的分爲兩個部份，一個是城牆內的舊城，一個是城牆外的新城，新城十分遼闊，已將四週原有的鄉鎮包括在內，而且在以色列收復之後，發展得更是快速。在十六世紀所建古老城牆以內的舊城，是耶路撒冷城長久以來的中心，也是許多聖蹟和重要歷史事件的發生地，現將耶路撒冷舊城的歷史簡單說明如下：

一、耶路撒冷在大衛王未佔領前，原名耶布斯，請參看 0783 條。

二、大衛王佔領耶布斯之後將其改名爲耶路撒冷(1010 BC)，將其加以修整，加建宮室，又從米羅起，四週建築城牆，城之大小約與原耶布斯城相若。(請參代上 11:8)

三、所羅門王即位後，就在耶布斯之北的摩利亞山建

聖殿(966 BC)及宮室，和環繞聖殿區的城牆，城區就往北延伸了約 600 公尺，擴大了三倍左右(王上 9:15)，他也建造米羅，修補大衛城的破口(王上 11:27)。第一聖殿期自 966 BC 開始。

四、在日後四百餘年間，耶路撒冷的盛況已不再，而且是受盡自身的摧殘和外邦人的屈辱，只是其城區由於人口的增加和防護的需要，城牆也不斷的向西擴張，最後的城牆大約是在西面約 400 公尺左右，將西北之地區圍入城中，但其位置難以正確的定出，城區之大小約是耶布斯的十倍以上。主要發生的大事如下：

1. 羅波安五年(926 BC)，埃及王示撒攻取耶路撒冷，奪了聖殿及王宮中財物(王上14:25)。

2. 約蘭王年間(853～841BC)，非利士人和亞拉伯人入侵，擄掠了王宮裡的財物，和王的妻兒(代下 21:17)。

3. 約阿施年間(835～796BC)，他重修聖殿，製造供奉用的器皿(代下 24:12)。但在約阿施王二十三年(811BC)，耶路撒冷被亞蘭人所擄掠。(代下 24:23)

4. 在亞瑪謝年間(796～767BC)，被北國的約阿斯王所擊敗，耶路撒冷的城牆被拆毀了約200 公尺，奪去聖殿和王宮中的金銀器皿，並掠去人質(王下 14:13)。

5. 烏西雅和約坦年間(791～731BC)，修築舊牆，建造角門和谷門及城樓，在俄斐勒多有建造，可能也建造了東邊的城牆(代下 26:9，27:3)。他們在位年間曾有大地震(摩 1:1，亞 14:5)。

6. 亞哈斯年間(743～715BC)，亞蘭和北國聯合攻打猶大，圍困耶路撒冷，卻未能攻下，亞哈斯王就把聖殿和王宮中的金銀作爲禮物，請亞述王攻打大馬色，就解了耶路撒冷的圍(王下 16:5)。

7. 希西家年間(728～686BC)，亞述王西拿基立攻擊猶大，希西家將聖殿中和府庫中的金銀都給了亞述王，但亞述王仍攻打耶路撒冷，幸蒙神的拯救，城方得於保全(王下 18:13，20:36)。他又爲防亞述人的侵襲，就整建水道，修補並加高城牆，使與城樓相齊，又在城外築造一城(代下 32:4)。

8. 瑪拿西王年間(697～642BC)，亞述人攻打猶大和耶路撒冷，把瑪拿西王擄到巴比倫，他被釋回來後，就在大衛城外，從谷內基訓泉的西邊，建築高大的城牆，環繞俄斐勒(代下33:14)。

9. 約西亞年間(640～609BC)，他潔淨並修理聖殿(代下 34:10)。

10. 約哈斯王(609BC)被埃及王尼哥擄到埃及(代下 36:2，王下 24:33)。

11. 約雅敬王(609～597 BC)年間，被巴比倫、亞蘭、摩押和亞捫的聯軍攻擊，巴比倫王尼布甲尼撒把他擄到巴比倫，又掠去聖殿中的器皿(王下 24:2，代下 36:6)。

12. 約雅斤王(597BC)時，巴比倫再度攻擊耶路撒冷，王被巴比倫王尼布甲尼撒擄到巴比倫，又再度的掠去聖殿中的器皿，並擄去勇士和匠人一萬餘人(王下 24:10，代下 36:10)。

13. 西底家王十一年(586BC)，耶路撒冷在巴比倫人圍攻兩年之後被攻破，聖殿和城牆被澈底拆毀，王室和人民全被擄去巴比倫(王下 25 章)。自此耶路撒冷荒蕪了五十年。第一聖殿期到此結束。

五、猶大人被擄七十年後，波斯王古列准許他們由設巴薩帶領返國，次年(538 BC)在所羅巴伯的指揮下開始重修聖殿，兩年後完成了殿基，但工程受阻，停頓了十六年之久，再於 520 BC 動工興建聖殿，於 515BC 年完工，是爲第二聖殿，但其規模和工藝則與所羅門王所建者相差甚多。復於 444BC 年在尼希米的帶領下，於五十二天之內，修復了所有的城牆，長度可能在3公里以上。

六、從此時直到新約時代間的歷史，聖經都沒有記載，只能從可靠的記錄，知其情形如下：

1. 322BC，亞歷山大擊敗波斯，取得耶路撒冷，但仍讓其在向他納貢的條件下自治。

2. 325BC，被多利買的大安提阿庫所佔領。199 BC 被西流基所奪。198 BC 又被大安提阿庫收復。168 BC 安提阿庫拆去舊牆，在大衛城舊址建造新城，大而且堅，又在其中建亞克拉堡，高可俯視聖殿區。

3. 因多利買軍強迫猶太人拜羅馬的神，馬加比家族興起，驅逐羅馬人，於 165 BC 收復耶路撒冷，重獲民族獨立和宗教自主，他們統治一百餘年，史稱哈斯摩尼王朝。在其間聖殿和城牆都經重建，後又拆了亞克拉堡，改在巴利斯堡駐軍。

4. 63BC 羅馬的龐貝攻下耶路撒冷，毀損了部份的城牆，後又重建第一和第二兩道城牆，後又建第三牆，將北方的貝西大區圍進城內。

5. 54BC，Crassus 掠奪了聖殿中的寶物。40BC 又被帕提亞人再次洗劫。

七、37BC 開始，大希律王在羅馬帝國之扶持下統治猶太，大肆建設耶路撒冷，修補舊牆，並修築北方的兩道城牆，重建聖殿，其莊嚴華美，都在所羅門王的聖殿之上，與所羅巴伯的草率成一強烈之對比，此時之城區亦最大，面積是現有舊城區之一倍以上，其繁榮盛極一時。66 AD猶太人發動全面的反羅馬戰爭，結果慘敗，因此耶路撒冷在 70AD 被羅馬的提多將軍所

毀，其破壞之徹底，燒殺之慘烈，是前所未有。

八、聖經中亦沒有耶路撒冷被毀後以迄今之記載，根據可靠之記錄，大略之歷史如下：

1. 132AD 羅馬帝國當哈德良在位時，重建耶路撒冷爲一外邦人之城，並改名叫做 Aelia Capitolina，表明是羅馬之屬地，此名沿用了數百年之久，羅馬人又在聖殿之原址建一羅馬神廟，且嚴禁猶太人進入，違者處死，因此曾引發巴谷巴率領猶太人之叛亂，結果失敗後更慘，猶太人悉數被逐出耶路撒冷，從此耶路撒冷成爲一徹頭徹尾的外邦人城市，猶太人也開始了兩千年的流徙，是一次萬劫不復的打擊。

2. 325AD君士坦丁即位爲羅馬皇帝之後，宣佈基督教爲羅馬之國教，336AD，君士坦丁之母海倫娜來巴勒斯坦朝聖，並在橄欖山建了一座紀念堂，君士坦丁亦下令建聖墓堂，聖地中的許多聖教堂和修道院，也是在這段時間中所建。這是一段基督教興盛的時代，持續有三百年之久。

3. 613AD波斯攻佔耶路撒冷，居民被擄去波斯數千，許多基督教的建築和聖墓堂也被毀。

4. 629AD羅馬帝國再度攻佔耶路撒冷。

5. 637AD巴勒斯坦被阿拉伯的回教人所佔，毀去所有基督教之建築，改稱耶路撒冷爲El-Kuds，即是聖城之意，使其成爲他們在巴勒斯坦的政治和文化的中心，將原聖殿區的羅馬神廟改建成一圓頂的回教寺，即是大岩石圓頂清眞寺，聲稱是他們的教主穆罕默德昇天之處。

6. 1077AD土耳其的拜占庭王朝佔領巴勒斯坦，大大的欺壓基督徒，引起歐洲人之公憤，就組織了十字軍討伐

7. 1099AD十字軍攻克耶路撒冷，以其作爲首都，並立基督教徒爲王，稱爲拉丁國，治理聖地約八十八年。

8. 1187AD，耶路撒冷再度被埃及回教國王撒拉丁所攻取，復於 1229 年爲十字軍收復，亞拉伯又在 1244 年佔據。後來十字軍又數度東征，皆未發生太大的作用，最多只保存了幾個沿海的據點而已。1281 年是十字軍完全失敗和正式結束的一年。

9. 1400AD在埃及作傭兵的蒙古族穆巴拉克人入侵巴勒斯坦。

10. 1516AD聖地在土耳其和埃及長期的爭奪之後，埃及被鄂圖曼土耳其所併吞，耶路撒冷也被土耳其佔領了有四百多年。現今耶路撒冷完整的城牆，是土耳其偉大的蘇丹蘇利曼在 1542 年所建。

11. 1917AD第一次世界大戰時，英國攻佔巴勒斯坦。

12. 1922AD英國受國聯之委任，託管耶路撒冷。

11. 1948AD以色列宣告立國，但耶路撒冷城仍劃歸約但王國所有。

12. 1948AD第一次的中東戰爭結束，以色列收復耶路撒冷的新城，但舊城未能收復。

13. 1967AD六日戰爭後，以色列收復耶路撒冷的舊城。

書 10:1 亞摩利人耶路撒冷王，聯合其他的四個亞摩利王，攻打基遍。

書 12:10 約書亞所擊殺的三十一個城邦的王之一。

書 15:8 猶大支派所得之地的北界上有一段是，直通隱羅結，上到欣嫩子谷，貼近耶布斯(耶路撒冷)的南界，又上到欣嫩谷西邊的山頂，就是在利乏音谷極北的邊界。

書 15:63 至於住耶路撒冷的耶布斯人，猶大人不能把他們趕出去，卻在耶路撒冷與猶大人同住。

書 18:28 便雅憫支派所得爲業的第二組中的十四座城之一。

士 1:8 約書亞死後猶大人攻打耶路撒冷，將城攻取。

士 1:21 便雅憫人沒有趕出住耶路撒冷的耶布斯人，耶布斯人仍在耶路撒冷與便雅憫人同住。

撒下 5:5，王上 2:11，代上 3:1，29:37
大衛攻取耶路撒冷，在耶路撒冷作王三十三年。

王上 8:1，代下 5:2
所羅門王將以色列的長老，各支派的首領，並以色列的族長，招聚到耶路撒冷，要把耶和華的約櫃，從大衛的城，就是錫安運上來。

王上 10:26，代下 1:15，代下 9:27
所羅門王聚集戰車馬兵，安置在屯車的城邑和耶路撒冷，王在耶路撒冷使銀子多如石頭，香柏木多如高原的桑樹。

王上 12:17，代下 24:23
亞蘭王哈薛攻取了迦特，又上來攻打耶路撒冷，猶大王約阿施將祖傳分別爲聖的金銀，都送給了亞蘭王，亞蘭就不上耶路撒冷來了。

王上 14:13，代下 25:23
以色列王約阿施在伯示麥擒住猶大王亞瑪謝，就來到耶路撒冷，又拆毀耶路撒冷的城牆四百肘，又將耶和華殿裡與王宮裡的金銀的器皿都拿去了。

王上 14:25，代下 12:2
羅波安王第五年，埃及王示撒上來攻取耶路撒冷，奪了耶和華殿和王宮裡的寶物和金盾牌。

王下 18:13 希西家王十四年，亞述王西拿基立上來攻擊猶大的一切堅固城，將城攻取，希西家差人到拉吉向亞述王求降，亞述王就罰希西家銀子三百他連得，但亞述後來仍圍攻

耶路撒冷，希西家在耶和華的殿裡祈禱，先知以賽亞預言耶和華必拯救，當夜耶和華的使者出去，在亞述營中殺了十八萬五千人，亞述王就退兵了。

王上 23:23，代下 35:1

猶大王約西亞十八年，在耶和華的殿裡得了律法書，就招集百姓在耶路撒冷守逾越節，這是自士師治理以色列人以來，都沒有守過的。

王上 24:10，代下 36:9

猶大王約雅斤時，巴比倫王尼布甲尼撒圍攻耶路撒冷，約雅斤就出城投降，巴比倫王將耶和華殿裡，和王宮中的寶物都拿去，又將耶路撒冷的眾民，除極貧窮的人之外，都擄到巴比倫去了。

王下 25:4，代下 36:19

猶大王西底家背叛巴比倫，巴比倫王尼布甲尼撒就率領全軍來攻擊耶路撒冷，在西底家十一年四月初九日，城被攻破，迦勒底人焚燒神的殿，拆毀了耶路撒冷的城牆，用火燒了城裡的宮殿，又將王和人民擄去巴比倫。

代下 1:4　大衛王已將神的約櫃從基列耶琳搬到他所豫備的地方，因他曾在耶路撒冷為約櫃支搭了帳幕。

代下 3:1　所羅門就在耶路撒冷，耶和華向他父親顯現的摩利亞山上，大衛所指定的地方，開工建造耶和華的殿。參看王上 5、6、7 章。

代下 26:9　猶大王烏西雅在耶路撒冷的角門和谷門，並城牆轉彎之處，建築城樓，且甚堅固，又為全軍豫備盾牌、鎗、盔、甲、弓和甩石的機弦，又在耶路撒冷使巧匠作機器，安在城樓上，用以射箭發石，烏西雅王因甚是強盛，名聲就傳到遠方。

代下 32:2　亞述王西拿基立來入侵猶大，攻打耶路撒冷，猶大王希西家就塞住城外的泉源，並通流國中的小河，又修築所有拆毀的城牆，高與城樓相齊，在城外又築一城，堅固大衛城的米羅，製造了許多軍器。

代下 33:1　猶大王瑪拿西時，亞述王來攻擊他們，用鐃鉤鉤住瑪拿西上，帶他到巴比倫去，他在急難的時候，就懇求耶和華他的神，神就允准他的祈求，使他歸回耶路撒冷，仍坐國位，瑪拿西這才知道惟獨耶和華是神，此後瑪拿西在大衛城外，從谷內基訓西邊，直到魚門口，建築城牆，環繞俄斐勒，這牆築得甚高，又將耶路撒冷城中的各壇，都拆毀拋在城外。

代下 36:3　埃及王在耶路撒冷廢了猶大王約哈斯，立約雅敬作猶大王，又把約哈斯帶到埃及去了。

代下 36:22，拉 1:2

波斯王古列元年，他下詔通告全國說，耶和華天上的神，已將天下萬國賜給我，又囑咐我在猶大的耶路撒冷為他建造殿宇。

尼　1:2　尼希米聽說，那些被擄歸回剩下的人，在猶大省遭大難、受凌辱，並且耶路撒冷的城牆拆毀，城門被火燒。

※以斯拉記是記載猶大人在波斯王古列的指示下，由以斯拉帶領，回到耶路撒冷重建神的聖殿之經過。

※尼希米記是記載猶大人在波斯王亞達薛西的允准下，由尼希米帶領，重建耶路撒冷城牆的記錄。

但　1:1，（參看王下 24:1）

猶大王約雅敬在位三年，巴比倫王尼布甲尼撒來到耶路撒冷，將城圍困，將猶大王約雅敬擄去，並神殿中器皿帶到示拿地，收入他神的庫中。

太　2:1　有幾個博士從東方來到耶路撒冷說，那生下來作猶太之王的在那裡。

太　3:5，可 1:5

那時，耶路撒冷和猶太全地，並約但河一帶地方的人，都出去到約翰那裡承認他們的罪在約但河裡受他的洗。

太　4:8，可 3:8，路 6:17

當下有許多人從加利利、低加波利、耶路撒冷、猶太、約但河外、以土買，並推羅西頓的四方，來跟從耶穌。

太　20:17，可 10:33，路 18:31

耶穌上耶路撒冷去的時候，在路上對十二個門徒說，看哪，我們上耶路撒冷去，先知所寫的一切事，都要成就在人子身上。

路　2:41　當耶穌十二歲的時候，他的父母按規矩帶他上耶路撒冷去，守滿了節，耶穌仍留在耶路撒冷，在殿裡，坐在教師中間，一面聽，一面問。

路　9:51　耶穌被接上升的日子將到，他就定意向耶路撒冷去。

路　21:20　你們看見耶路撒冷被兵圍困，就可知道他成荒場的日子近了，……他們要倒在刀下，又被擄到各國去，耶路撒冷要被外邦人踐踏，直到外邦人的日子滿了。

約　12:12　第二天有許多人聽見耶穌將到耶路撒冷，就拿著棕樹枝，出去迎接他。

徒　8:1　司提反被打死之後，耶路撒冷的教會就大遭逼迫，除了使徒以外，門徒都分散在猶太和撒瑪利亞各處。

徒　9:28　於是掃羅在耶路撒冷，和門徒出入來往，奉主的名，放膽傳道。

0791　耶魯伊勒 Jeruel
神所創立 Founded by God
你要敬畏神 Fear ye God

●準確的位置不明，是在洗斯坡附近，提亞哥及隱基底之間的一小曠野。

代下 20:16 摩押人、亞捫人及米烏利人，聚集在隱基底，要一同來攻擊猶大王約沙法，先知雅哈悉預言說，他們將從洗斯坡上來，你們必在耶魯伊勒曠野前的谷口遇見他們，你們將得到耶和華的拯救。

0792　迦巴　Geba
山 Hill，高地 Height

●Jeba，位於伯特利以南約 8 公里，耶路撒冷之北約 9 公里，是一處重要的交通孔道。

書　18:24 便雅憫支派所得為業第一組的十二座城之一。

書　21:17，代上 6:60
利未支派的亞倫族自便雅憫的地業中所得的四座城之一。

撒上 13:3 約拿單攻擊非利士人在迦巴的防營，掃羅在遍地吹角，以色列人就跟隨掃羅聚集在吉甲。

撒上 13:16 掃羅和他的兒子約拿單，並跟隨他們的人，都住在便雅憫的迦巴，非利士人安營在密抹。

撒上 14:5 約拿單要從隘口過到非利士防營那裡去，這隘口兩邊各有一個山峰，一峰向北，與密抹相對，一峰向南，與迦巴相對。

撒下 5:25 大衛就遵著耶和華所吩咐的去行，攻打非利士人，從迦巴直到基色。(在代上 14:16 中是從基遍直到基色)。

王上 15:22，代下 16:6
猶大王亞撒宣告猶大眾人，將以色列王修築拉瑪所用的石頭，木頭都運去，用以修築便雅憫的迦巴和米斯巴。

王下 23:8 猶大王約西亞從猶大的城邑帶眾祭司來，污穢祭司燒香的邱壇，從迦巴直到別是巴。

代上 8:6 便雅憫族以忽的兒子作迦巴居民的族長，被擄到瑪拿轄去。

拉　2:26，尼 7:30
首批自巴比倫歸回猶大地的人中，有拉瑪人、迦巴人，共六百二十一名。

尼　11:31 歸回後的便雅憫人，他們所居之處是從迦巴起，直到密抹、伯特利等地。

尼　12:28 利未支派歌唱的人，從耶路撒冷的周圍，和尼陀法、伯吉甲，又從迦巴和押瑪弗的田地聚集。

賽　10:29 先知預言亞述入侵攻擊耶路撒冷時，大軍將在迦巴住宿。

亞　14:10 先知預言全地，從迦巴直到耶路撒冷南方的臨門，要變為亞拉巴。

0793　迦本 Cabbon
堆起 Heap up，限制 Limit
領會 Understanding

●位於希伯崙之西約 20 公里，迦薩以東約 41 公里，窪底庫北巴之北。

書　15:40 猶大支派所得為業在高原第二組的十二座城之一。

0794　迦立　Gareb
患疥癬病的 Scabby，癢 Itch

●位於耶路撒冷附近的一個小山，是預言中將來新耶路撒冷城疆界上的一個地名，但其位置及方向至今尚無定論。

耶　31:39 耶和華說，日子將到，這城必為耶和華建造，從哈楠業樓，直到角門，準繩要往外量出，直到迦立山，又轉到歌亞。

0795　迦米(人)　Garmite
骨頭 Bone

●位置不明，可能是一個宗族之名。

代上 4:19 猶大支派之迦勒的後代荷第雅，他所生的兒子是迦米人基伊拉。

0796　迦拉　Calah
堅定 Firmness，老年 Old age

●即是現今伊拉克境內名叫寧錄土堆 Tell Nimrud 及 Assyr Kalhu 之廢墟，位於尼尼微古城原址之南約 40 公里，即是底格里斯河與其支流大札布河交匯處北岸的三角地帶。此城在 1851 和 1947 年兩度作考古挖掘，廢墟中保存了自史前時期到 612 BC 被毀時的完整資料，沒有中斷之處。此城曾由撒縵以色一世(1274 BC)、亞述拿西帕王(883 BC)，及以撒哈頓王(612 BC) 等數度重建，並各為自己建築宮殿，也曾一再被毀，該城曾有一長時期是亞述帝國的首府，今日在故址上留有大塔廟、王宮、城牆及其城樓計一百零八座，城的面積達六千六百餘畝，城外環繞城牆之濠溝等等，經發掘後，掘出有十三對人面有翼的牡牛石彫像，和極多精緻的象牙製品，並發現有很多極有價值的泥版和石碑，今均保存在大英博物館之內。該城或即尼尼微大城(有如今日之大都會)之南區，所以先知約拿說需以三天才能走完全城。

創　10:11 寧錄從示拿地出來，往亞述去，建造尼尼微、利河伯、迦拉和尼尼微和迦拉中間的利鮮，這就是那大城。

0797　迦南(地)　Canaan
貿易者 Trafficker，被屈辱 Humiliated
低地 Low land

一、「迦南」一地有幾個不同的定義，分別說明如下：

1. 按創 10:15，迦南是挪亞之孫，含的第四子，他有十

一個兒子，各自成爲宗族和邦國，各自擁有領土，故廣義的說，迦南地應是包括了這十一支民族所佔有之地，其領土大約的範圍是在地中海的西岸，最北是赫族，約是敘利亞的北部，最南是現今的巴勒斯坦，中間包括了利巴嫩在內。

2. 按創 10:19 所述是「迦南的境界是從西頓向基拉耳的路上，直到迦薩，又向所多瑪、蛾摩拉、押瑪、洗扁的路上，直到拉沙」，所以則其北界只到西頓，南界只到南地。

3. 創 15:18 中所應許的是從埃及小河直到伯拉大河。

4. 出 23:31 中所定的境界是從紅海直到非利士海，又從曠野直到大河。

5. 民 34:2 中所定迦南地的範圍和疆界則是南起自加低斯，北至哈馬口和巴珊(基列和摩押未包括在內)。

6. 結 47:15 中所述的疆界則是北至哈馬，東至浩蘭和約但河，(基列和摩押未包括在內)，南至加低斯和埃及小河。

7. 以色列人進佔迦南後，迦南就改稱以色列地，(1406 至 586 BC)

8. 以色列南北兩國相繼亡國之後，迦南地陸續被不同的強國所佔領，迦南地就逐漸改稱巴勒斯坦，本意是非利士人之地，所指的只是南部沿海的一片窄小之平原，在後來被希臘人引用來稱全迦南地，無非令人發生主權上的錯覺，認爲那原是非利士人的領土，而非以色列人的故居和祖地，因此結論是以色列人無權在此生存和建國。巴勒斯坦的資料請參看 1189 的說明。

9. 1948 年，以色列復國後，其國土稱以色列地。

二、迦南地之地域區分：本文中所述之迦南，其範圍僅包括十二個支派分得之地，其自然地理區域可分爲四個大地區，自西往東，分述如下：

1. 沿海平原：分爲亞柯平原、迦密山區、沙崙和非利士平原，請分別參看 0491-2、0802 -2、0460-2、0676 等條。

2. 西部高原：分爲加利利山地、耶斯列平原、撒瑪利亞山地、以法蓮山地、高原，猶大山地、猶大曠野、和南地。請分別參看 0171-2、0789-3、1142、0142-4，1182、1010-2、1010-3、0691 等條。

3. 約但河裂谷：分上游、加利利湖、中游（即是約但河之主幹）、鹽海、南亞拉巴等五段，請分別參看 0768、0171-1、1180、0536-4 等條之說明。

4. 東部高原：分爲巴珊，基列和摩押等三個高原，請各見 0032-1、0904-1、1112-1 等條之說明。

迦南只是一彈丸之地，全長僅約 240 公里，但它卻是世界的縮影，也是世間惟一奇特之地，它有高山，最

深的山谷，可畏的曠野，也有肥美之谷地和平原，地形充滿了變化，而且變化突兀，例如在茵綠的田野傍，就是荒蕪的沙漠，在不毛的曠野中，又常有青翠的綠洲。它的氣候也因爲高差很大，所以也相差極劇。在古代，它可耕作和放牧的面積比例很少，但是在以色列復國之後，抽取加利利的湖水，引到南方各地灌溉農田，包括南地在內，許多原本乾旱的沙漠，都變成良田，出產豐富，確實不負有流奶與蜜之地的美稱。古代的人都以它爲世界的中心，因爲它地處於古代兩大文明發源地的中間，是兩地往來惟一的孔道，因此也常成爲各方強權爭雄的戰場。而最重要的是，神對世人的啟示都是在這塊土地上發生。

三、「迦南人」也有幾個不同的意義，分別說明如下：

1. 迦南和他的後裔。

2. 在約書亞帶領以色列人進迦南以前，所有居住在迦南地各民族的總稱。

3. 有時僅代表住在沿海和平原的迦南人，與代表住在山地的亞摩利人有所區別。

創 10:6，代上 1:13
迦南是含的兒子，迦南生西頓、赫、耶布斯、亞摩利、革迦撒、希未、亞基、西尼、亞瓦底、洗瑪利、哈馬。後來迦南的諸族分散了，迦南的境界是從西頓向基拉耳的路上，直到迦薩，又向所多瑪、蛾摩拉、押瑪、洗扁的路上，直到拉沙。

創 11:30 亞伯蘭的一家，出了吾珥，要往迦南地去。

創 12:5 亞伯蘭帶著他的家人，和在哈蘭所積蓄的財物和人口，從哈蘭到了迦南地，到了示劍，當時有迦南人住那裡。

創 13:7 亞伯蘭他漸從南地往伯特利去，當時迦南人，與比利洗人，在那地居住，亞伯蘭的牧人和羅得的牧人相爭，因那地容不下他們，羅得就往東遷移，亞伯蘭就住在迦南地。

創 15:21 耶和華與亞伯蘭立約，所要將迦南地原住的諸民族逐出，將地賜給他後裔的諸族之一。另有出 3:8，17，13:5，23:23，28，33:2，申 7:1，20:17，書 3:11，12:8，24:11，尼 9:8。

創 17:8 耶和華與亞伯蘭立約，要將迦南全地，賜給他和他的後裔永遠爲業，另同意思的章節有：出 13:11，33:1，利 14:34，18:3，25:38，申 32:49，代上 16:18，詩 105:11，徒 13:19。

創 23:3，24:3，37，28:1
令勿娶迦南地的女子爲妻。

創 31:18，33:18
雅各帶了他的妻子和兒女，及他在巴旦亞蘭所得的一切牲畜和財物，回迦南地，他父親以撒那裡去。

創 34:30 雅各對西緬和利未說，你們連累我，使我

在這地的居民中，就是在迦南人和比利洗人中有了臭名。

創　36:6，37:1
以掃帶著家人和財物，離開迦南，往西珥山，就是以東去，雅各就留下住在迦南，就是他父親寄居之地。

創　38:2，代上 2:3
猶大娶迦南人書亞的女兒為妻，生了珥，俄南和示拉等三個兒子。

創　42:1，5，徒 7:11
當時的饑荒滿天下，迦南地也有饑荒，雅各就叫兒子們到埃及去糴糧。

民　13:1
在巴蘭曠野，摩西打發十二個人去窺探迦南地。四十天後回來報告說，那地果然是流奶與蜜之地，然而住那地的民強壯，城邑也堅固寬大，我們在那裡看見了亞衲族的人，亞瑪力人住在南地，耶布斯人、亞摩利人，住在山地，迦南人住在海邊，並約但河旁。

民　14:25
亞瑪力人和迦南人住在谷中，明天你們要轉回，從紅海的路往曠野去。

民　14:45
於是亞瑪力人，和住在那山上的迦南人，都下來擊打他們，把他們殺退了。

民　21:1
住南地的迦南人亞拉得王，聽說以色列人從亞他林路來，就和以色列人爭戰，迦南人先勝了一回，但耶和華應允了以色列人，把迦南人交付他們，他們就把迦南人和迦南的城邑，盡行毀滅。

民　33:51
耶和華在摩押平原令摩西吩咐以色列人說，你們過約但河，進迦南地的時候，就要從你們面前趕出那裡所有的居民，毀滅他們一切鑿成的石像，和他們一切鑄成的偶像，又拆毀他們一切的邱壇，倘若你們不趕出那地的居民，所容留的居民，就必作你們眼中的刺，肋下的荊棘，也必在你們所住的地上擾害你們。

民　34:2
迦南地的範圍的疆界。

書　5:1
約但河西的亞摩利和迦南人的諸王，聽見耶和華在以色列人前面使約但河的水乾了，等以色列人過去，他們的心就消化了，不再有膽氣。

書　11:3
夏瑣王耶賓聯合東方和西方的迦南人，與山地的亞摩利人和其他各族的人，人數如海邊的沙，來到米倫水邊，要與以色列人爭戰。

書　13:3
有許多未得之地中有：從埃及前的西曷河往北，直到以革倫的境界，就算迦南人之地。又有迦南人的全地，並屬西頓人的米亞拉。

書　17:12，士 1:27
瑪拿西的子孫，不能趕出伯善、以伯蓮、多珥、隱多珥、他納、米吉多等城的居民，迦南人偏要住在那地，及至以色列人

強盛了，就使迦南人作苦工。

書　17:16
約瑟的子孫說，那山地容不下我們，並且住平原的迦南人，就是住在伯善和耶斯列平原的人，都有鐵車。

士　1:1
約書亞死後，猶大和西緬一同去攻擊迦南人，殺敗了比色城、亞多尼比色王、迦南人和比利洗人。

士　1:10
猶大攻取了耶路撒冷後，又下去與住山地南地和高原的迦南人爭戰，攻取了住有迦南人的希伯崙城。

士　3:1
耶和華留下這幾族，為要試驗那不曾知道與迦南爭戰之事的以色列人，好叫以色列的後代，又知道又學習未曾曉得的戰事，所留的就是非利士的五個首領，和一切迦南人，西頓人，並住利巴嫩山的希未人。以色列人竟住在迦南人和其他各族中，和他們通婚，並事奉他們的神。

士　4:2
在夏瑣作王的迦南王耶賓，他大大的欺壓以色列人二十年。

拉　9:1
眾首領對以斯拉說，以色列民和祭司，並利未人，沒有離絕迦南人和迦南地的各族人，仍效法這些國的民，行可憎的事，與他們通婚，以致聖潔的種類和這些國的民混雜，而且首領和官長，在這事上為罪魁。

賽　19:18
先知預言說，當那日埃及地必有五個城說迦南的方言。

結　16:3
主耶和華如此說，你(耶路撒冷)根本，你出世，是在迦南地，你父親是亞摩利人，你母親是赫人。

俄　20
先知預言說，在迦南人中被擄的以色列眾人，必得地直到撒勒法。

亞　14:21
先知預言說，當那日，在耶和華的殿中，必不再有迦南人。

太　15:22
耶穌在推羅西頓的境內，醫好一個迦南婦人被鬼附得甚苦的女兒。

0798　迦拿　Cana
蘆葦之地　Place of reeds

●Kh.Qana，[H.Qana]，位於拿撒勒之北約 14 公里，基尼烈城西南約 23 公里。是一個在小山和溪水旁的小村，也不在幹道上，交通不甚便利，但是很安靜。其遺物仍保有新約時代的外觀。在村裡的希臘東正教的聖堂中，有兩個石缸，據說是當日主耶穌變水為酒的六個石缸中的兩個。另外尚有一座天主教在 1879 年所建築的聖堂。

約　2:1
耶穌在加利利的迦拿一個娶親的筵席中，行神蹟使水變酒。

約　4:46
有一個大臣到迦拿求主到迦百農去醫治他兒子的病。

約　21:2
耶穌復活後，向迦拿人拿但業等人顯現。

0799　迦特　Gath
酒榨 Wine press

●T.es-Safi [T.Zafit]，位於耶路撒冷西南約 38 公里，希伯崙西北約 20 公里，以革倫的南方約 9 公里處，以拉谷之南，是非利士的五個大城之一，它把守了自非利士平原進入中央高原的主要隘口之一，也是猶大南部通往埃及和阿拉伯要道上重要的據點。據考古所發掘出土的文物中，有屬於亞述的遺物，足以證明亞述也曾佔領此地。但是迦特城自 715BC 以後，忽然神祕的從歷史中消失，而且在迦南地以迦特為名或冠有迦特之地名甚多，所以其確實的位置很難以考證，以上所述的一地是最廣為接受之一處，其他可能之處尚有 T.es-Safiyeh，Arsq-el-Menshiyeh，Tel Erami 等地。

書　11:22　在約書亞和以色列人所取得之地中，沒有留下一個亞衲族人，只有在迦薩、迦特和亞實突有留下的。

書　13:3　在約書亞所未取得的地中，有非利士人五個首領所管的迦薩人、亞實突人、亞實基倫人、迦特人、以革倫人之地。

撒上 5:8　非利士人將約櫃從亞實突運到迦特，耶和華的手就攻擊那城，他們就再把約櫃送到以革倫去。

撒上 6:17　非利士人獻給耶和華作賠罪禮物的五個金痔瘡中，其中的一個是為迦特。

撒上 7:14　撒母耳時，非利士人所奪取的以色列人的城邑，從以革倫直到迦特，都歸回給以色列人了。

撒上 17:4　從非利士營中出來一個討戰的人，名叫歌利亞，是迦特人，是一個巨人，但被大衛所殺。:52 以色列人追趕非利士人，直到迦特和以革倫的城門。

撒上 21:10　大衛為躲避掃羅，逃到迦特王亞吉那裡。

撒上 27:2　於是大衛和跟隨他的六百人，投奔迦特王亞吉去了，亞吉王將洗革拉城賜給大衛。

撒下 6:10，代上 13:13　大衛不肯將耶和華的約櫃運進大衛的城，卻運到迦特人俄別以東的家中，約櫃在俄別以東的家中三個月，耶和華賜福給俄別以東和他的全家。

撒下 15:18　大衛的臣僕和基利提人、比利提人，就是從迦特跟隨王來的六百人。

撒下 21:22，代上 20:6　迦特的四個巨人，就是歌利亞、細派、拉哈米等，都死在大衛和他僕人的手下。

王上 2:39　示每為追他的僕人出耶路撒冷往迦特去，所羅門王就照示每的誓約，將他殺了。

王下 12:17　亞蘭王哈薛上來攻打迦特，攻取了，就再去攻打耶路撒冷。

代上 7:21　以法蓮的兒子以謝和以列，下去奪取迦特人的牲畜，被本地的迦特人殺了。

代上 18:1　大衛攻打非利士人，把他們治服，從他們手下奪取了迦特，和屬迦特的村莊。

代下 11:8　猶大王羅波安為保障，在猶大地所修築的十五座堅固城之一。

代下 26:6　猶大王烏西雅，他出去攻擊非利士人，拆毀了迦特城，雅比尼城和亞實突城。

詩　8，81，84 章　用迦特的樂器。

詩　56 章　非利士人在迦特拿住大衛，那時他作此詩。

摩　6:2　先知責備以色列人安逸放縱說，你們要到甲尼.哈馬察看，又下到非利士人的迦特，看那些國比你們的國還強麼。

0800-1　迦得（地）　Gad
幸運 Fortunate，軍隊 Troop

●迦得支派最初在約但河東，摩西應了他們的請求，分給他們一些城邑，他們又建造了八座城，只是這城與流便所得的城互相混雜。過了約但河之後，又再分一次，他們所分得地業之疆界和城鎮，記載在書 13:24 內，但是城邑的名單和上次的不相同，是與流便支派交換了幾座。最後的疆界是包括約但河東的全部河谷，又得雅博河以北基列兩側之地，北鄰瑪拿西，東鄰亞捫，以希實本河與流便為鄰，希實本為其最南的城鎮。但日後曾往東及北兩個方向擴張。此地區森林茂密，也是良好的牧場。

民　32:1　流便和迦得的子孫看見雅謝地和基列地，是可放牧牲畜之地，就向摩西說，求你把亞大錄，底本，雅謝，寧拉，希實本，以利亞利，示班，尼波，比穩等地給我們為業。摩西就把亞摩利王西宏和噩的國，都給了迦得，流便和瑪拿西半支派。迦得的子孫建造底本，亞他錄，亞羅珥，亞他錄朔反，雅謝，約比哈，伯寧拉，伯哈蘭等城。

申　3:12　從亞嫩谷邊的亞羅珥起，摩西將基列山地的一半，並其中的城邑，都給了流便人，和迦得人。:16 從基列到亞嫩谷，以谷中為界，直到亞捫人交界的雅博河，摩西給了流便人和迦得人。

申　32:31，書 4:12　迦得和流便的子孫回答說，我們要帶兵器，在耶和華面前進入迦南地，只是約但河這邊我們所得為業之地仍歸我們。

書　22:1　征戰完了之後，迦得人和流便人，瑪拿西半支派的人，返回約但河之東。

書　13:24　迦得支派所得地業的境界和城邑名。

撒上 13:7　非利士人攻擊以色列人，有些希伯來人過了約但河，逃到迦得和基列地。

撒下 23:36　大衛王的勇士中有迦得人巴尼。

王下 10:33　在那些日子，耶和華才割裂以色列國，使哈薛攻擊以色列的境界，乃是約但河東，

基列全地，從靠近亞嫩谷邊的亞羅珥起，就是迦得人，流便人，瑪拿西人之地。

代上 5:11　迦得的子孫在流便對面住在巴珊地，延到撒迦。

代上 5:18　迦得人，流便人和瑪拿西半支派的人，他們聯合與夏甲人，伊突人，拿非施人，挪答人爭戰，他們得了神的幫助，打敗了敵人，就住在敵人的地上，直到被擄的時候。

代上 6:80　米拉利族在迦得支派的地中，得了基列的拉末，瑪哈念，希實本等三個城。

代上 12:8　迦得支派中有人到曠野的山塞投奔大衛，都是大能的勇士。

耶　　49:1　先知論亞捫人說，耶和華如此說，以色列沒有兒子麼，瑪勒堪為何得迦得之地為業呢。

結　　48:28　先知以西結所重新劃分各支派的地業中，迦得是在西布倫之南，迦得的南界是從他瑪到米利巴加低斯水，延到埃及小河，直到大海。

0800-2迦得（谷）Gad Valley of

●亞羅珥是今日名為 Es-Sweiwina 的一個小鎮，位於亞捫之首府拉巴的南方約 3.5 公里處，因此，迦得谷可能是在其北方的一處小谷地，但確實的位置不明。

撒下 24:5　約押奉命點數以色列人和猶大人，他們過了約但河，在迦得谷中城的右邊亞羅珥安營，與雅謝相對。（在 KJV 中為 The river of Gad 迦得河，在 RSV 中為 Toward Gad 往迦得地而去）

0801　迦勒（地）Caleb
能幹的 Capable
狗，如奴僕等 A dog，i.e.slave

●在書 14:13 中，約書亞將希伯崙和底壁給了基尼洗族的迦勒為業，所以希伯崙及底壁間之地，就可能是迦勒地。

撒上 30:14　亞瑪力人侵奪了基利提的南方，屬猶大的地，並迦勒地的南方，又用火燒了洗革拉。

0802-1迦密　Carmel
多產的 Fruitful
可耕種的地區 The cultivated region
花園 Garden

●Kh.el-Kirmil，位於希伯崙南南東方約 13 公里，別是巴東北約 34 公里，是一個很古老的城邑。

書　　15:55　猶大支派所得為業之一城，是山地第三組十座城中的一座。

撒上 15:12　有人告訴撒母耳說，掃羅到了迦密，在那

裡立了記念碑。

撒上 25:2　大衛向在迦密牧羊的瑪雲人拿八請求供應食物，但為拿八所辱。

撒上 25:40，代上 3:1
　　　　大衛娶迦密人亞比該為妻，在希伯崙生次子但以利。

撒下 23:35，代上 11:37
　　　　迦密人希斯萊（在代上是希斯羅），是大衛的勇士之一。

0802-2迦密（山）Mount of Carmel

●現今名叫 Jebel Mar Elyas，山脈起自亞柯灣的南岸，向東南延伸至多坍附近，以希曷立納河與中央山脈為界，略似三角形，全長約 40 公里，最寬處約 20 公里，主峰亦名叫迦密山，位於約念的西北方約 11 公里，峰高 531 公尺。其北端突出海中，形成了亞柯灣的一個岬角，現代的海法市即是依其西北山坡而建，是現今以色列的第一大港。山頭和東南坡多山溝，山溝中有很多的洞窟，在一些洞窟中曾發現石器時代古人的遺骸和燧石工場，可知早在萬餘年前即有人類在此生活。相傳先知以利亞和以利沙，均曾在這些山窟中居住過多時。山脈之西是沙崙平原，南方是撒瑪利亞山地，其北為米吉多平原和亞柯平原，山脈中僅有約念、米吉多和他納等三個隘口，是南北交通必經之地，所以是個十分重要的軍事地區。自古迦密即以森林蒼翠，風景秀麗而聞名，至今仍然林木茂密，樹的種類甚多。先知以利亞求雨，並向巴力的四百個假先知挑戰，又殺了他們的地方，相傳即是今日的 Deir Muhraqa，位於約念西北西約兩公里，迦密山的中段，現今有天主教在 1868 年所建，名叫 Monastery of St. Elijah 的修道院，院前廣場中立有一尊以利亞的全身銅像。在修道院的一處屋頂上，海拔高 486 公尺，視野極佳，四週的各平原盡在眼底。又在附近還有兩個天主教的修道院，和希臘神宙斯廟的廢墟。

書　　12:22　約書亞所擊殺的三十一個王中，有一個是靠近迦密的約念王。

書　　19:26　亞設支派的境界是，往西達到迦密，又到希曷立納，轉向日出之地。

王上 18:19　先知以利亞要以色列王亞哈招聚以色列眾人，和事奉巴力的那四百五十個先知，並耶洗別供養事奉亞舍拉的那四百個先知，使他們都上迦密山去見以利亞，……耶和華降下火燒盡了迦密山上的燔祭，以利亞令民眾殺了巴力的先知，再上迦密山去求雨。

王下 2:25　先知以利沙從伯特利上迦密山，又從迦密山回到撒瑪利亞。

王下 4:25　書念婦人的兒子死了，她就到迦密山去見神人以利沙。

歌　7:5　　你的頭在你身上好像迦密山。

賽　33:9，耶 46:18，摩 1:2，鴻 1:4

　　　　　先知預言因耶和華的忿怒，迦密的華美必
　　　　　將衰殘。

賽　35:2　先知預言遭難之後必獲歡欣說，迦密與沙
　　　　　崙的華美必賜給他。

耶　50:19　先知預言說，我必再領以色列回他的草
　　　　　場，他必在迦密和巴珊吃草。

0803　迦琳　Gallim
土堆 Heaps
巨浪 Billows (as heaps of water)

●Kh.Kakul，位於耶路撒冷北方約 5 公里，基比亞以
東約 1 公里。

撒上 25:44　掃羅將原已許配給大衛的女兒米拉，給了
　　　　　迦琳人帕提為妻

賽　10:30　以賽亞預言亞述王將要來攻擊耶路撒冷，
　　　　　迦琳的居民必因之呼喊求救。

0804-1 迦實(山) Gaash
地震 Earthquake，搖動 Shake

●確實的位置不詳，應是在亭拿西拉城的南邊。

書　24:30，士 2:9

　　　　　約書亞死後就葬在他地業的境內，就是在
　　　　　以法蓮山地的亭拿西拉，在迦實山的北
　　　　　邊。

0804-2 迦實(溪) Gaash

●位置不明。也許是在示劍西南方約 19 公里處的一條
小溪。

撒下 23:30，代上 11:32

　　　　　大衛的勇士希太和戶萊，都是迦實溪人。

0805　迦薩 Gaza
強壯 Strong，堡壘 Stronghold

●el-Ghazzeh 城是今日迦薩走廊的首府。位於希伯崙之
西約 61 公里，別是巴西北約 45公里，距地中海岸約 5
公里。古城建在一座高約 33 公尺的小山上，附近有泉
水十五處，可供應居民和農耕之用，而且土地肥沃，
故物產豐富，其位置更為重要，可控制通往埃及和米
所波大米間的沿海大道，(但在羅馬時代之前，並未建
有港口，) 是一個有六千年以上歷史的軍事和商業重
鎮，有南方的大馬色的美譽，是非利士人的五大城之
一，也曾是他們的首府，並數度是埃及在迦南地的基
地。它雖然常被列強所壓制，卻似並未喪失它的主
權，僅是納貢稱臣而已。734 BC 被亞述佔領，其舊城
在 332 BC 被亞歷山大大帝圍攻，經五個月之久方始失
守，足證城防之堅固。61 BC 成為羅馬帝國的自由

城。主後 66 年，在猶太人反羅馬的戰爭中完全被毀，
635 年屬阿拉伯所有，在以色列獨立時，原屬於埃及，
是埃及最北的防線，在六日戰爭時，又被以色列所
佔，前不久與耶利哥兩地，一同劃歸了巴解，現約有
人口五萬。

創　10:19　迦南的境界是從西頓向基拉耳的路上，直
　　　　　到迦薩，又向所多瑪的路上，直到拉沙。

申　2:23　從迦斐託出來的迦斐託人，將先前住在鄉
　　　　　村直到迦薩的亞衛人除滅，接著居住。

書　10:41　約書亞從加低斯巴尼亞攻擊到迦薩，又攻
　　　　　擊歌珊全地，直到基遍。

書　11:22　在約書亞和以色列人所取得之地中，沒有
　　　　　留下一個亞衲族的人，只有在迦薩，迦
　　　　　特，和亞實突有留下的。

書　13:3　約書亞未得之地中有非利士人五個首領所
　　　　　管的迦薩人，亞實突人，亞實基倫人，迦
　　　　　特人，以革倫人之地。

書　15:47　猶大支派所得之地業中有，迦薩和屬迦薩
　　　　　的鎮市村莊，直到埃及小河。

士　1:18　猶大又取了迦薩和迦薩的四境，亞實基
　　　　　倫，以革倫等城。

士　6:4　以色列人每逢撒種之後，米甸人，亞瑪力
　　　　　人，和東方人，都上來打他們，對著他
　　　　　們安營，毀壞土產，直到迦薩，沒有給以
　　　　　色列人留下食物和牛羊。

士　16:1　參孫到了迦薩，在那裡與一個妓女親近，
　　　　　他半夜起來，將迦薩城門的門扇，門框，
　　　　　門閂，一齊拆下來，扛在肩上，扛到希伯
　　　　　崙前的山頂下。

士　16:21　非利士人將參孫拿住，剜了他的眼睛，帶
　　　　　他下到迦薩，用銅鍊拘索他，使他在監裡
　　　　　推磨。

撒上 6:17　非利士人獻給耶和華作賠罪禮物的五個金
　　　　　痔瘡中，其中的一個是為迦薩。

王上 4:24　所羅門王管理大河西邊的諸王，以及從提
　　　　　弗薩直到迦薩的全地。

王下 18:8　猶大王希西家攻擊非利士人，直到迦薩，
　　　　　並迦薩的四境，從瞭望樓到堅固城。

代上 7:28　以法蓮人的地業和住處是，伯特利，東邊
　　　　　拿蘭，西邊基色，示劍，直到迦薩與其村
　　　　　莊。

耶　25:20，47:1，摩 1:6，番 2:4，亞 9:5
　　　　　先知預言將受災的諸國之一。

徒　8:26　有主的一個使者對腓利說，起來，向南
　　　　　走，往那從耶路撒冷下迦薩的路上去，那
　　　　　路是曠野，他在那裡遇見一個埃提阿伯的
　　　　　太監，就傳講耶穌給他。

0806-1 迦巴勒(人) Gebal
書本 Book，邊牯Boundary，山岳 Mountain

● Jebeil 城，位於西頓以北約 67 公里，大馬色西北約

91 公里，貝魯特以北約 27 公里的海岸邊，利巴嫩山麓的峭壁邊上，是腓尼基人的一個重要的港城，利巴嫩香柏木的主要出口處之一。人民善於造船和航海，又會造紙，在城中存有許多極有價值的文件和書籍，故希臘人稱之為 Byblos，即是「書城」之意，此城可能是一個具有六千年以上歷史的古城，現仍有城牆、堡壘、神廟等之古蹟。

書　13:5　約書亞所尚未取得之一地，「還有迦巴勒人之地，並向日出的全利巴嫩」。

王上　5:18　所羅門王和希蘭王的匠人，並迦巴勒人，都將石頭鑿好，預備木料和石頭建殿。

結　27:9　先知歐推羅創建之完美說，迦巴勒的老者，和聰明人，都在你中間作補縫的。

0806-2迦巴勒 Gebal

●位置不明，可能是死海東南方的一個山區，也有可能即是貝魯特以北的 Jebeil 鎮。也可能同迦巴勒 0806-1。

詩　83:7　他們同心商議，彼此結盟，要抵擋你，就是住帳棚的以東人和以實瑪利人，摩押人和夏甲人，迦巴勒人，亞捫和亞瑪力人，非利士，並推羅的居民。

0807　迦巴魯(河) Chebar
大河 Great River，長度 Length

●位置不甚明確，由於以色列被擄的人是被安置在巴比倫城的四周，分散的地區相當廣闊，所以大多數的學者都認為，迦巴魯河就是巴比倫城以北的一條河道，是巴比倫人早期為灌溉而開鑿的主要運河之一，後來才改作航運之用，成為內陸河流偉大系統的一部份，它係從巴比倫城的西北約 64 公里處自幼發拉底河分出，向東南流經尼普珥，在吾珥和以力附近回到主流，全長約 240 公里，當時叫作 Naro Kabari，意思即是大河，現今則名叫 Shatt en -Nil，是一條乾涸的河床。

結　1:1　以西結在巴比倫的迦巴魯河邊，在被擄流亡的猶大人中間，得見神的異象。其他有結 3:15，10:15 等。

0808　迦百農　Capernaum
那鴻的城 Town of Nahum

●Tell Hum [Kefar Nahum] 廢墟，位於加利利海的東北岸，基尼烈城東北約 3.5 公里，夏瑣之南約 15 公里，約但河口之西南約 3 公里，因緊握南北向的國際通商路線的咽喉，所以是水陸貿易的重鎮，在新約時代是一個非常重要的城市，受治於希律安提帕，作為其政治和軍事的中心，並設立抽稅的關卡。此城在第七世

紀時被回教人所毀，荒蕪至今。考古工作開始於 1905年，證實此地區早在主前十三世紀即有人居留，城區可能是建於 300 BC 前後，大部份的建築及會堂都是希臘化的，廢墟有一公里餘長，三百餘公尺寬，掘出有仍十分完整、白色石灰石所建的猶太會堂，該會堂是建在耶穌時代會堂的故址之上，約有二十餘公尺見方，尚存有會堂後座的一道牆，牆內仍直立著四條高大的大理石石柱，在那些倒在地下大石柱的柱頭上，雕刻有多種的花草及徽號。現今古物器皿都井井有條的陳列在原址上，有如一間露天博物館。在其東百餘公尺的湖邊，有一座希臘東正教修道院的廢墟。

太　4:12　耶穌聽見約翰下了監，就退到加利利去，後又離開拿撒勒，往迦百農去，就住在那裡，那地方靠海，在西布倫和拿弗他利的邊界上。

太　8:5，路 7:1
　　　　耶穌在迦百農，治好了一個百夫長僕人的病。

太　11:23，路 10:15
　　　　迦百農阿，你已經升到天上，將來必墜落到陰間，因為在你那裡所行的異能，若行在所多瑪，他還可以存到今日，但我告訴你，當審判的日子，所多瑪所受的，比你還容易受呢。

太　17:24　到了迦百農，有稅丁來收取丁稅，耶穌就令彼得從魚的口中取出一塊錢來，去拿給稅丁作為他們的稅銀。

可　1:21，2:3，路 4:31
　　　　到了迦百農，耶穌就在安息日進了會堂教訓人。……過了些日子耶穌又進了迦百農，有四個人拆了房頂，將一個癱子從上面縋下來，耶穌見他們的信心，就對癱子說，小子，你的罪赦了，拿你的褥子回家去罷，那人就起來，立刻拿著褥子，當著眾人的面出去了。

可　9:33　在到迦百農的路上，門徒彼此爭論誰為大。

約　4:46　主耶穌到了迦拿，有一個大臣，他的兒子在迦百農患病，都快死了，就來到迦拿求耶穌，求他下去醫治他的兒子。

約　6:17　到了晚上，他的門徒上了船，要過海往迦百農去，忽然狂風大作，海就翻騰起來，他們看見主在海面上行走。

0809-1迦步勒 Cabul
不結實 Sterile，限制 Limitation
無價值 Good as nothing，Worthless

●Kabul，位於亞柯東南方約 12 公里，基尼烈城以西約 31 公里，亞柯平原的東側，加利利山地西麓。

書　19:27　亞設支派所得為業的二十二座城之一。

0809-2迦步勒(地) Cabul

●這一地區的位置及範圍皆不明，只知在加利利地的區域內，很可能是亞設及拿弗他利兩支派地業的北部，似不包括迦步勒城(0724-1)在內。可能是因為土地貧瘠，未曾開發，也不在海邊，所以推羅王很是不滿。

> 王上 9:13　所羅門王將加利利地的二十座城給了推羅王希蘭，以酬謝他資助建殿所用木材及金銀，但希蘭不滿，故給這城邑之地起名叫作迦步勒。

0810　迦勒挪　Calno
設了防的住處 Fortified dwelling
他的完美 His perfection

●可能是古城 Nippur，位於今日巴格達城的東南方約 160 公里，古巴比倫城的東南約 88 公里，兩條大河流的中間。在 1889 至 1900 年及 1948 至 1973 年作考古發掘，廢墟約占地 73 公頃，土丘高 14 公尺，證實該城約是在 4500 BC 所建，是蘇美文化的重鎮，在出土的遺留物中巨大塔廟的廢墟，基礎尚完好，從街道及房屋的格局，都可見其城區規模之宏大和設計的良好。

> 賽　10:9　亞述帝國所征服之一國。

※有可能是創 10:10 中之甲尼 Calneh 0207-1，寧錄所建之一城。

※可能同結 27:23 中之干尼 Canneh 0014，其商人與推羅交易。

0811　迦勒底(地) Chaldea
占星家(如惡魔) Astrologer (as demons)
如破土者 As clod-breakers

●按創 22:20 的記載，迦勒底是亞伯拉罕的弟兄拿鶴之子，基薛的子孫，所以迦勒底人是他的後代，此族人在古代以博學著稱，特別是天文學，他們最初所住的地方就是迦勒底地，位於幼發拉底河以南和波斯灣以西的地區。但是日逐擴張到兩河流域的南部，大約是從巴格達以南 50 公里到波斯灣口，土地肥沃，農業發達，是人類文明發源地之一。大城有吾珥、以力、亞甲、甲尼等。

由聖經以外的記錄得知，迦勒底人在拿布巴拉薩(625至 605 BC)的領導下，建立了一個龐大的帝國，以巴比倫為首都，所以也稱巴比倫帝國，在聖經中，迦勒底常與巴比倫同時出現，有的新版英文聖經就以巴比倫代替迦勒底，所以廣義的講，迦勒底就是巴比倫，狹義的說，則是兩河流域的南部，波斯灣西岸地區。

迦勒底人一詞，尚有一個特殊的意義，就是占星、占卜和行邪術的法術師的別名。本條說明僅錄迦勒底單

獨出現之章節，凡兩者同時出現時，只錄重要者，餘則請參看巴比倫 0038 條。

> 創　11:31，15:7，尼 9:7，徒 7:4
> 　　　他拉帶著他兒子亞伯蘭，和他孫子，哈蘭的兒子羅得，出了迦勒底的吾珥，要往迦南地去。

> 王下 24:2　猶大王約雅敬背叛巴比倫，耶和華使迦勒底軍，亞蘭軍和亞捫人的軍，來攻擊約雅敬，毀滅猶大。

> 王下 25:4，耶 39:1，52:1
> 　　　猶大王西底家背叛巴比倫，巴比倫王尼布甲尼撒就率領全軍來攻擊耶路撒冷，在西底家十一年四月初九日，城被攻破，西底家在耶利哥的平原被迦勒底軍隊追上，又被迦勒底人帶到利比拉。

> 代下 36:17，拉 5:12
> 　　　耶和華使迦勒底人的王尼布甲尼撒來攻擊猶大王西底家，在聖殿中殺了他們的壯丁，少男，處女，老人，迦勒底王將神殿裡的器皿，的財寶，和眾人的財物，都帶到巴比倫去，迦勒底人焚燒神的殿，拆毀耶路撒冷的城牆，毀壞了城裡寶貴的器皿，凡脫離刀劍的，迦勒底王都擄到巴比倫去，作他子孫的僕婢。

> 伯　1:17　迦勒底人分作三隊，忽然闖來，把約伯的駱駝擄去，用刀殺了他的僕人，只留下一個回去報信。

> 賽　13:19　先知預言巴比倫必傾覆說，巴比倫素來為列國的榮耀，為迦勒底人所矜誇的華美，必像神所傾覆的所多瑪，蛾摩拉一樣，其內必永無人煙，世世代代無人居住。

> 賽　43:14　耶和華你們的救贖主，以色列的聖者如此說，因你們的緣故，我已打發人到巴比倫去，並且我要使迦勒底人如逃民。

> 賽　48:20　你們要從巴比倫出來，從迦勒底人中逃脫。

> 耶　21:4　先知對猶大王西底家預言說，巴比倫王尼布甲尼撒和迦勒底人必圍困城，人民必遭災，並勸人民出去歸降迦勒底人的，必得存活。

> 結　1:3　在猶大王約雅斤被擄去的第五年四月初五日，在迦勒底人之地，迦巴魯河邊，耶和華的話臨到祭司以西結，耶和華的靈降在他身上。

> 結　11:24　先知以西結說，靈將我舉起，在異象中藉著 神的靈，將我帶進迦勒底地，到被擄的人那裡，我便將耶和華所指示我的一切事，都說給被擄的人聽。

> 結　12:13　先知預言耶路撒冷的君王必被帶到迦勒底人之地的巴比倫，他雖死在那裡，卻看不見那地。

> 結　23:14　先知傳耶和華的話說，耶路撒冷和撒瑪利亞必受迦勒底及眾國的攻擊。

但　　1:4　　但以理等四人被擄到巴比倫後，被教以迦
　　　　　　勒底的文字和語言。

但　　2:2，4:7
　　　　　　巴比倫王尼布甲尼撒在位的第二年，他作
　　　　　　了一個夢，他吩咐人將術士、用法術的、
　　　　　　行邪術的、觀兆的和迦勒底人召來，為他
　　　　　　解夢，但無人能解，因為他已經把夢忘
　　　　　　了。

但　　5:7　　巴比倫王伯沙撒，在為他的一千大臣設擺
　　　　　　盛筵時，忽有人的指頭出現，在王宮的牆
　　　　　　上寫字，王看見就變了臉色，心意驚惶，
　　　　　　就大聲吩咐將用法術的，和迦勒底人，並
　　　　　　觀兆的都領了進來，要他們讀出那文字，
　　　　　　並講解給他聽，但無人能解。

但　　9:1　　大利烏立為迦勒底國的王的元年，但以理
　　　　　　從先知耶利米得知，耶路撒冷荒涼的年
　　　　　　數，七十年為滿。

哈　　1:7　　耶和華說，我必興起迦勒底人，佔據那不
　　　　　　屬自己的住處。

哈　　2:4　　迦勒底人自高自大，必不正直，迦勒底人
　　　　　　因酒詭詐狂傲，不住家中，擴充心欲好像
　　　　　　陰間，他如死不能知足，聚集萬國，堆積
　　　　　　萬民，都歸自己。

0812　迦斐託(島)　Caphtor
戴在頭上之花圈或祈禱用之念珠　Chaplet

●迦斐託是含之孫，麥西的第七個兒子，他的領土被
大多數學者鑑定是今日名叫克里特 Crete 的一個大島，
位於地中海的中央，今屬希臘所有，島東西長約 244
公里，最寬處約 56公里，島上多高山，據考古證實，
是早期邁諾斯文化的發源地(3000 至 1400 BC)，因位於
埃及、希臘、意大利及腓尼基之間，故是一個戰略要
衝，也是貿易重鎮。餘請參考 革哩底 0823 條之說明。

創　10:14，代上 1:12
　　　　　　含之孫，麥西第七子迦斐託及其子孫所居
　　　　　　之地名及族名，又從迦斐託出來的有非利
　　　　　　士人。

申　　2:23　從迦斐託出來的迦斐託人，將先前住在鄉
　　　　　　村，直到迦薩的亞衛人除滅，接著居住。

耶　　47:4　原來耶和華必毀滅非利士人，就是迦斐託
　　　　　　海島剩餘的人。

摩　　9:7　　耶和華領非利士人出迦斐託。

※與徒 2:11 中之革哩底島 Crete 0823 為同一地。

0813　迦西斐雅(地)　Casiphia
耶和華之銀 Silver of Jehovah，白色 White

●位置無從查考，但大約是在巴比倫的境內。

拉　　8:17　以斯拉在亞哈瓦河邊，打發人去迦斐西雅
　　　　　　地方，招集了二百五十八名利未人，同
　　　　　　返耶路撒冷參加建殿的工作。(在七十士
　　　　　　的希臘文聖經中是在銀子之地 in the silver

place，或寶藏之地 in the place of treasure)

0814　迦特希弗　Gath-hepher
礦區的酒榨 Winepress of digging

●Kh.ez-Zurra [T.Gat Hefer]，位於米吉多東北約 22 公
里，亞柯西南約 31 公里。著名的約拿墳墓就是在該廢
墟北方不遠的 el-Meshad 村中。

書　19:13　西布倫支派所得為業，位於東方邊境上之
　　　　　　一城。

王下 14:25　亞米太的兒子，先知約拿是迦特希弗人。

0815-1　迦特臨門　Gath-rimmon
石榴 Pomegranate
臨門的酒榨 Winepress of Rimmon

●T.el-Jerisheh [T.Gerisa]，位於約帕的東北方約 7.5 公
里，亞弗之西約 12 公里，加拿河及亞雅崙谷交會處的
內側。1927 至 1940 年發掘，發現在 3000 至 1000 BC
之間就已經有人類活動的遺跡，和 1700 BC 前後一百
年間喜克索人的遺物。

書　19:45，21:24
　　　　　　原係但支派所分得之一城，後來再歸給利
　　　　　　未支派的哥轄族為業。

代上 6:69　哥轄族在以法蓮支派的地中得了亞雅崙，
　　　　　　和迦特臨門等城為業。

0815-2　迦特臨門　Gath-rimmon

●Kh.Belameh，位於米吉多的東南南方約 18 公里，伯
善的西南西方約 21 公里，是一個重要的交通孔道和軍
事據點。

書　21:25　從瑪拿西支派中給了哥轄族人他納及迦特
　　　　　　臨門等兩座城。

※同代上 6:70 中的比連 Bileam 0065。
※同書 17:11 中之以伯蓮 Ibleam 0138。

0816　迦基米設　Carchemish
羔羊的要塞 Fortress of Chemish

●是今日敘利亞中部名叫 Jerablus 的一個小村，位於哈
蘭之西約 115 公里，亞勒坡的東北約 110 公里，幼發
拉底河的西岸。依古城傍河岸的峭壁而建，築有設防
之城牆等，是一易守難攻之堅城，因扼守一個主要的
渡口，故自主前十八世紀時，就已發展成了一個獨立
的貿易中心和軍事重鎮，主前十六世紀則成為赫人帝
國的屬地，曾一度是其東方之首都，到 717 BC 為波
斯所佔，後又成為亞述帝國一省的首府，埃及和巴比
倫間決定性的戰爭即是在此發生，到 600 BC 後就漸衰
微。1911 和 1920 年間，曾有兩度大規模之考古挖掘，
據出土之陶片證實，此地早在史前時代即有人居住，

日後受赫人的文化影響甚深，其建築兼具赫人和亞述之雙重風格。

> 代下 35:20　埃及王尼哥要上來攻擊靠近伯拉河的迦基米設，猶大王約西亞出去抵擋他，但結果被殺。

※同賽 10:9 中之迦基米施 Carchemish 0817。

0817　迦基米施 Carchemish
羔羊的要塞 Fortress of Chemish

●即是迦基米設，請參見 0816 條之說明。

> 賽　10:9　先知說，亞述是神怒氣的棍，將攻擊迦基米施等國。
>
> 耶　46:2　先知論到關乎埃及王法老尼哥的軍隊，這軍隊安營在伯拉河邊的迦基米施，是巴比倫王尼布甲尼撒在猶大王約雅敬第四年所打敗的。

※同代下 35:20 中之迦基米設 Carchemish 0816。

0818　迦斯路希(地) Casluhim
設了防的 Fortified
如被赦免者 As forgiven ones

● 迦斯路希是含之孫，麥西的第六個兒子，他的發源地位置不明，可能是在埃及的南部，可能係非利士人之祖先。

> 創　10:14，代上 1:12　含之孫，麥西的第六子迦斯路希及其子孫所居之地名及族名。

0819　迦勒以法他 Caleb-ephratah
結果的能力 Capable of being fruitful

●就是伯利恆城，因為希斯崙的兒子名迦勒，娶以法他為妻，她所住之地可能名為迦勒以法他，又以法他是伯利恆的古名，如此一推論成立，則迦勒以法他就是伯利恆。伯利恆即是今日名叫 Beit Lahm 的一個城市，位於耶路撒冷之南約 8 公里，希伯崙北東北約 23 公里，是一個至少有三千五百年歷史之古城。請參看 0349-1 條之說明。

> 代上 2:24　希斯崙在迦勒以法他死後，他的妻子給他生了亞施戶。

0820　除皮山 Hill of Skin
除皮山又名 Gibeath Haaraloth

●在吉甲的附近，但位置不明，無從查考。

> 書　5:3　約書亞就製造了火石刀，在除皮山那裡給以色列人行割禮。

0821　革尼土 Cnidus
年紀，時代 Age
激怒，以蕁麻刺或打 Nettled

●今日仍名叫 Cnidus 的一個小港口，位於小亞細亞西南角，Kerme 海灣以南的一個窄長海岬 Cape Krioan 的頂端上，處在哥士島及羅底島之間，米利都以南約 90 公里，距撒摩尼角及革哩底島約 190 餘公里。古城是希臘人所建，早在主前六世紀即與埃及有船定期往返貿易，市鎮十分繁榮，在新約的時代中，是羅馬帝國的一個自由市，該城拜奉維納斯女神。

> 徒　27:7　一連多日，船行得很慢，僅僅來到革尼土的對面，因被風攔阻，就貼著革哩底的背風岸，從撒摩尼對面行過，僅僅來到一個地方，名叫佳澳。

0822　革迦撒(人) Girgashite
一個異邦人走近 A stranger drawing near

●革迦撒是含之孫，迦南的第五個兒子，他的發源地不詳，在亞伯拉罕的時代，是分散在迦南地的各地，並無定居或集中之處。

> 創　10:16，代上 1:14　革迦撒是含之孫，迦南的第五子，其後裔稱之為革迦撒人。
>
> 創　15:21，申 7:1，書 3:11，24:11，尼 9:8　是耶和華與亞伯拉罕立約，將其人民自南地逐出，將其土地賜與亞伯拉罕的後裔的諸民族之一。

0823　革哩底(島) Crete
世俗的，肉體的 Carnal

●今仍名克里特 Crete，並屬希臘所有，是地中海第五大島，希臘第一大島，東西長約 244 公里，最寬處約 56 公里，中部為高山，最高峰海拔為 2740 公尺，南部山勢陡峻，特別是西南部，全為峭壁，難以開闢公路，北部較平緩，居民多集中北岸。島上氣候宜人，古時林木茂盛，農產豐富，人民善於航海和貿易，據荷馬的史詩所記說，「在深紅葡萄酒色的海中，是一片美麗，富庶的土地，四面環水，島上的人多得數不清，城市有九十個」。地處於埃及、希臘、意大利及腓尼基之間，就成為戰略要衝和貿易重鎮。據考古證實，是邁諾斯古文明的發源地(3000 至 1100BC)，也是線形文字的發源地，早在 1950 BC，即以製作精美的陶器出口到各地，金屬冶煉業也很發達。但這個古文明，可能是由於地震或火山爆發，卻在 1700 BC 驟然神祕地中斷了，不久又出現了城邑和宮殿等建築，再度繁榮一時，復於 1450 BC 毀於火山爆發。出土文物眾多，包括有宮殿、繪畫、雕像、花瓶、泥版、金屬器皿，其水準可媲美愛琴海古文明。但如今因原本茂盛的林木，早已被砍伐破壞，水土流失情形嚴重，結果造成水源缺乏，土地貧瘠的景況，自九世紀起被回

教徒所佔領後即戰亂不斷，文化逐漸衰微。提多在此建立教會，並任第一任大主教，在 Gortyn 城，現仍存有聖提多教堂的廢墟。

徒 2:11 五旬節的方言之一。

徒 27:7 船行得很慢，僅來到革尼土的對面，就貼著革哩底島的背風岸，從撒摩尼對面行過，到了佳澳。

多 1:5 保羅將提多留在革哩底，繼續建立教會。

多 1:12 革哩底人常說謊話，又饞又懶。

※同創 10:14 中的迦斐託 Captorim 0812。

0824-1 革尼撒勒（湖） Gennesaret
富饒的花園 Garden of riches，豎琴 Harp

●即是加利利海，是因靠近大城革尼撒勒而得此名，詳細資料請見加利利 0171-1 條。

路 5:1 耶穌在革尼撒勒湖邊，坐在西門的船上教訓人，又收了西門彼得，雅各，約翰等為門徒。

※同申 3:17，民 34:11，書 13:27 中之基尼烈海 Chinnereth 0951-1。

※同太 4:18，15:29，可 1:16 中之加利利海 Sea of Galilee 0171-1。

※同約 6:1 中的提比哩亞海 Sea of Tiberias 1007-1。

0824-2 革尼撒勒（城） Gennesaret

●T.el-Ureimeh 城，即是基尼烈城，位於加利利海的西岸，迦百農西南約 3.5 公里。餘請參見 0921-2 條之說明。革尼撒勒地就是在湖的西北方沿岸，以革尼撒勒城為中心的一小片平原，今日阿拉伯人稱之為 el-Ghuwer，大略的位置是北起自迦百農，西到馬加丹，長約 7 公里，寬約 3 公里，湖邊之高程約在海平面之下約 200 公尺，逐漸升高至海平面的高度，三面有忽起之高山所環繞，因此兼具有熱帶和溫帶之氣候，可種植各式之作物，而且該處土壤極為肥沃，所以農產豐富，種類繁多，以富庶著稱，區內有自迦百農通往提比利亞的大道，故商業亦很興盛。

太 14:34 他們過了海，來到革尼撒勒地方，那裡的人，一認出是耶穌，就打發人到周圍地方去，把所有的病人，帶到他那裡。

可 6:53 既渡了過去，來到革尼撒勒地方，就靠了岸，一下船，眾人認得是耶穌，便將有病的人抬到那裡。

※同書 19:35 中之基尼烈城 Chinnereth 0951-2，是拿弗他利支派所得為業的一城。

0825 革夏納欣人 Ge-harashim

●位置不明，可能只是一個族名。也可能就是稱作匠人之谷的地區，位置是在羅得和阿挪之間，今日名叫 Nahal Ayyalon 河寬廣的河谷地，該河谷中有肥沃的沖積土壤，很適合農作。請參看 0473 條之說明。

代上 4:14 猶大支派基納斯之孫，西萊雅之子約押是革夏納欣人之祖，他們都是匠人。

0826 音麥 Immer
羊 Sheep，多言的 Longtongued
他曾說過 He hath said

●位置不明，無從查考，可能是以色列人被擄到巴比倫時所開墾的一個城市。

拉 2:59 首批回歸的猶大人中，從特米拉，特哈薩，基綠，押但，音麥上來的，不能指明他們的宗族譜系，是以色列人不是，他們是第來雅，多比雅，尼哥大等人的子孫，共有六百五十二名。

尼 7:61 與前節同，但人數為六百四十二人。

0827 音臨門 En-rimmon
高 High
石榴之水泉 Fountain of the pomegranate

●Kh.Khuweilfeh [T.Halif]，位於別是巴的北方約 16 公里，希伯崙西南約 31 公里，Wadi Shariah 谷之上端。

尼 11:29 重建聖殿之後猶大人所定居之一城。

※同書 15:32 中的臨門 Rimmon 1162-1，是西緬支派所得業的一座城。

※同書 19:7 中之利門 Rimmon 0404。

0828 閃（族） Shem
名字 Name，名聲 Renown

●閃是挪亞之子，他有五個兒子及後裔共二十六人，各自成為宗族和邦國，他們的發源地約是從地中海直到印度洋，包括了敘利亞（即亞蘭），迦勒底，亞述，波斯，以攔和部份的阿拉伯半島。

創 10:21，代上 1:4 閃是挪亞之子，希伯的祖先，其後裔共二十六族。

0829 哥士（島） Cos
巔峰，山峰 Summit，公牢 A public prison

●是今名叫 Stanchio，或 Kos 的一個小島，其首城也名叫 Kos，位於米利都之南約 70 公里，小亞細亞的西南角，Kerme 海灣的出口處，隔海與革尼士城相對，相距約 25 公里。是一個金融重鎮和運輸中心，當時是屬羅馬帝國的亞西亞省所管轄，島上盛產麥、酒、絲綢等，醫學鼻祖 Hippocrates 出生於此，島上有著名的醫院和醫學校。

徒 21:1 保羅等從米利都開船，一直行到哥士，第二天到了羅底。

0830　哥亞　Koa

公駱駝 Male camel，節省 Curtailment
發狂，讓渡 Alienation

●位置不明，可能是在巴比倫的北部之某地。

結　23:23　先知預言二淫婦必受巴比倫人，比割人，
　　　　　　書亞人，哥亞人，亞述等人之攻擊。

0831　哥蘭　Golan

放逐之地 Place of exile，圓環 Circuit

●Sahem el-Jolan，位於雅木河北側的兩主要支流的中間，亞斯他錄之西約 7 公里，以得來西北約 25 公里，是一十分肥沃的地區。

申　4:43，21:27，書 20:8，代上 6:71
　　　　　　是摩西在約但河東岸所分定的三座逃城之
　　　　　　一，是從瑪拿西支派的地業分定巴珊的哥
　　　　　　蘭為逃城，並給了革順族為業。

0832　哥西巴　Chozeba

欺騙 Falsehood

●T.el-Beida [H.Lavnin]，位於希伯崙西北方約 18 公里，伯利恆西南約 24 公里，拉吉東北約 13 公里。是一個早鐵器時代(在 1200 BC 前)所建之城鎮。

代上 4:22　哥西巴人約阿施和薩拉，是猶大的第三子
　　　　　　示拉的後代，就是在摩押掌權的。

※同創 38:5 中的基悉 Chezib 0919，猶大在基悉時，生了他的第三個兒子示拉。

※同書 15:44 中的亞革悉 Achzib 0540，是猶大支派在高原所得第三組的九座城之一。

0833　哥拉汛　Chorazin

祕密 Secret

●Kh.Kerazeh，位於迦伯農以北約 3 公里，約但河之西約 5 公里，城建在海平面下 195 至海平面上 60 公尺之間的斜坡上，風景優美。在古時也與迦百農一樣，是一個在國際大道上的重鎮，也是很富有的城市。其考古工作開始於 1905 年，城區大約五公頃，相繼掘出的有搾橄欖油的工廠、浴室、房屋、街道及其他設備，其中包括一座用黑色火成岩建成的猶太教會堂，長寬各有 21 及 15 公尺，其主座雕刻精美，被稱為摩西的寶座，建造的年代可追溯至主後二世紀，在其他建築物的石刻中，發現有希臘神話中的蛇髮女妖的頭像和太陽黃道十二宮的石刻，足見其希臘化之深。哥拉汛似乎在第五世紀的一次地震中被毀，廢墟現正由以色列政府整理中。

太　11:21，路 10:13
　　　　　　哥拉汛哪，你有禍了，伯賽大阿，你有禍
　　　　　　了，因為在你們中間所行的異能，若行在
　　　　　　推羅西頓，他們早已經披麻蒙灰，坐在地

上悔改了。

0834　哥林多 Corinth

裝飾品 Ornament
使滿足，使飽足 Satiated

●哥林多城位於窄狹的哥林多地峽之南側，該地峽是接連中部希臘，及南方伯羅奔尼撒半島的陸上橋樑，故該城實處於東西海路和南北陸路的交匯點上，它有東西兩個港口，西邊的是位於哥林多灣的 Lechaeum，可通往愛奧尼亞海和西地中海。東邊的是堅革里，船隻可通往愛琴海，東地中海及黑海。因它控制了越過海峽之交通，故佔有商業和軍事上最為有利的地位，所以早在主前八世紀就已成為希臘最富庶和繁榮的商業大城，而且在商業以及海事方面，一向都是雅典城的勁敵，其神廟等建築及雕刻繪畫，也足與雅典媲美，惟有在文學上並無表現，在政治方面，亦有欠民主，最差者乃是其人民素以享樂驕奢淫逸聞名，看重商業利益，卻輕視道義。而許多的神廟實際就是妓院，其中的 Aphrodite 大神廟中蓄有 Sacred slave 千人以上，實際就是神妓，故道德低落，犯罪事件眾多，其財富雖遠為富足，然而其地位仍低於雅典甚多，146 BC 被羅馬大軍夷為平地，其後就荒蕪了整整一個世紀，46 BC 居利流該撒重建此城，使其成為羅馬的殖民地，27 BC 它成為羅馬的亞該亞省的省會，不久哥林多又恢復了其昔日的繁華，最盛之時，估計有自由人二十萬，奴隸有五十萬人。後來被土耳其人所毀，復受 1885 年的大地震的破壞，在今日的原址只留下廢墟，地面上僅立有古廟的石柱七支，新城則在其北約 4 公里處。

徒　18:1　保羅離了雅典，來到哥林多，與製造帳棚
　　　　　　的猶太人亞居拉同作工，每逢安息日，
　　　　　　就在會堂裡辯論，勸化猶太人和希利尼
　　　　　　人，但受到抗拒和毀謗，就改向外邦人傳
　　　　　　講，許多哥林多人聽了，就相信受洗，保
　　　　　　羅在那裡住了一年半，將神的道教訓他
　　　　　　們。

徒　19:1　亞波羅在哥林多的時候，保羅經過了上邊
　　　　　　一帶地方，就來到以弗所。

林前 1:2　保羅及所提尼寫信給哥林多神的教會。

林後 1:1　保羅及提摩太寫信給亞該亞及哥林多神的
　　　　　　教會。

林後 6:11　哥林多人哪，我們向你們，口是張開的，
　　　　　　心是寬宏的，你們狹窄，原不在乎我們，
　　　　　　是在乎自己的心腸狹窄。

提後 4:20　以拉都在哥林多病了。

0835-1 埃及(國) Egypt

黑色之地 Black land

兩國之地 Two countries

●即是今日的埃及共和國，但古代之疆界比現今稍小，位於非洲之東北角，北臨地中海，東鄰西奈半島和紅海，南接古實，西鄰利比亞。埃及之主要地區是是尼羅河，自南方第一瀑布及亞斯旺城起，向北流到開羅為止共約 680 公里，其河谷兩側幾為絕壁，寬度約在 16 至 50 公里之間，其間可耕作之地僅寬約十餘公里，此一區域即是上埃及。開羅以北是三角洲，從開羅到地中海約長 160 公里，出海口處寬約 140 公里，此一地區稱為下埃及，除部份沼澤之外，都是良好的農地。尼羅河每年定期泛濫，帶來的沃土是埃及最寶貴的資源，使得土壤肥沃，農產豐富，所以埃及能成為人類最早的文明發源地之一，後來也是羅馬帝國之糧倉。河谷之西還有一連串的綠洲，最大者名叫發雍，並有一個名叫加龍的大湖，也是良好可耕作之區。此外其他的地區則是高原沙漠，全年乾旱少雨，雖然毫無生產之利，但卻是天然的屏障，使埃及本土不易受到外敵之攻擊，有助於他們在隔離的環境中自然的發展。

在主前四千年代中葉，埃及境內已存在許多獨立的小城邦，約在 3100 BC，梅尼斯 Menes 統一上下埃及，建立古王國，建都在孟斐斯，開創了法老的專制統治，法老被認為是神靈之子或神的化身。

第三至第六王朝(2635? 至 2175 BC)，埃及的文化到達第一次高峰，文字和藝術已趨於完美的地步，在建築上有金字塔，醫學上也有突出的進展。在商務上與敘利亞、索馬里蘭等地有了商務的往來。在政治上一度有祭司當權，隨著是貴族分割，形成封建制度。第六王朝時，則日漸衰敗，並南受努比亞，北遭阿拉伯之侵襲，王國走向分裂。　第七至第十一王朝(2175 到 2050? BC)，又稱第一居間期(亞伯拉罕是在 2090 BC 後的幾年內到埃及)，重新統一、並已能控制尼羅河之泛濫，人民生活富足，社會、經濟、政治和宗教皆能有效運作，奠定了良好發展的基礎。

第十二王朝(2050 至 1780 BC)，又稱中王國時期，(約瑟是在 1890? BC，雅各是在 1876 BC 到埃及)定都在孟斐斯，共有六位法老，主要兩位是 Senusert 2nd (1900? BC)及 Senusert 3rd (1880? BC)，是埃及的黃金時代。他們未將金錢和力量放在金字塔等工程上，卻用來開發水井，挖掘連接尼羅河和紅海間的運河，建築渠道和大蓄水池作灌溉之用，如此大量的化荒蕪的沙漠為良田，也增加了人民的財富。又因建築的活動眾多，就在西乃半島開採銅礦和石材。又開闢商路和海運，商務遠至索馬利亞、克特利、敘利亞和迦南等地，軍事方面則擴至尼羅河第三瀑布，使古實成為他們在南方

防護性和貿易殖民地。在文學和醫藥方面也留下一些偉大的作品，教育方面也有些技術學校的設立。

第十三王朝至第十七王朝(1780? 至 1700? BC)：又稱第二居間期(其間是分裂和衰微)，歷史也模糊不清。至第十七王朝(1700? 至 1560 BC)，是一段的黑暗時期，被喜克索斯人所統治。喜克索斯人是來自亞洲的半游牧民族，他們建都在亞華里斯，但仍准許埃及人在底比斯維持虛有其表的政權，後來喜克索斯人被底比斯的法老逐往迦南，即開始了新王國時期。

第十八王朝(1570 至 1303 BC)，(摩西在 1526 BC 出生，1486 BC 去米甸，1446 BC 回埃及，1406 BC 以色列人進迦南)。在前四個法老(Ahmos 1570 BC、Amenhotep 1st 1545 BC、Thutmes 1st 1525 BC、Thutmes 2nd 1508 BC) 的統治之下，建之了強大的帝國，並開始控制巴勒斯坦。在哈蘇雪王后(Hashepsut 1486 BC)的統治下，由於她堅強與明智的領導，國勢日隆，她建有一座白色石灰石的寺廟和方尖形石碑。

杜得模西斯三世(Thutmes 3rd 1468 BC)，以他在軍事方面的才能，歷經十八次的戰役，擴張埃及的統轄範圍直到幼發拉底河，穩定了埃及在利探(Retenun)的政權，他的第一次戰役是在米吉多戰勝了猶大王，這是一次決定性的勝利，然後他的軍隊穿越巴勒斯坦，船隻渡過地中海而到達腓尼基海岸，此後三個世紀中，巴勒斯坦成為埃及的一省，迦薩、約帕、伯善、烏力茲及蘇美諸城已成為埃及的基地，但埃及並未干涉其他迦南各城邦的自治權和國際結構，只是要他們接受埃及的權勢，按期納貢，防護經過他們境內的道路，供應埃及軍隊之食物及其他補給品。埃及強盛時，此種形式的統治相當的有效，一旦埃及內部有了問題，這個制度就會崩潰。由於戰事是在夏天進行，他則在冬天進行大規模的建築工程，主要的有方尖石碑和亞孟神廟等。

亞門厚提二世(Amenhotep 2nd 1436 BC)，為了平定迦南地的暴亂，曾連續發動兩次的戰役，第一次到達幼發拉底河邊，第二次入侵美坦尼但未成功。

杜得模西斯四世(Thutmes 4th 1410 BC)，鑿建出獅身人面獸的大雕像，並與美坦尼的公主聯姻。

亞門厚提四世(Amenhotep 4th 1364 BC)，即是亞肯亞頓 Akh-en-Aton，他為擺脫底比斯城亞孟神祭司勢力的威脅，而改奉亞頓神，以亞頓神為國教，在亞瑪拿城 Amarna 建都，因他太專心於亞頓神而忽略了政務，在軍事方面，也忽視了迦南等地求助的呼聲，使得政局岌岌可危。迦南地許多的求救信件保存在亞瑪拿城，即是日後所發現著名的亞瑪拿書簡，對考古學有極大之貢獻。

圖坦哈門(Tutankhamon 1346 BC)，他棄絕亞頓神，再改信亞孟神而穩住的政局。

Horemheb 1333 至 1303 BC，十八王朝結束。

第十九王朝(1303 至 1200 BC)，薛提一世(Seti 1st 1303 BC)，致力於收服亞肯亞頓年間失去的屬地，包括迦南和敍利亞，把首都遷到三角洲的東邊。埃及人為奪取迦南地的控制權所做的努力，以十九王朝諸王時為最，薛提一世的軍隊曾到達烏茲拉，在伯善和薩迦皆有重要的戰役。

蘭塞二世(Ramses 2nd 1290 BC)，是埃及統治最久和最傑出之王，他致力征服敍利亞，並與赫王的公主聯姻，訂立互不侵犯條約，鞏固了埃及在敍利亞和巴勒斯坦的勢力，又在底比斯附近和三角洲從事大規模的建設。他與赫人在基低斯爭奪敍利亞之統治權之戰役(1286 BC)，似並未得到勝利，雙方的國力都受到損失便在 1280 BC 簽訂和平條約，確定以中敍利亞為兩者之邊界。

米磊他(Merneptah 1223 BC)，他聲稱在 1220 BC 曾向迦南發動一次戰役。

蘭塞三世(Ramses 3nd 1198 至 1164 BC)，曾兩度受利比亞人之入侵，均被擊退，又將三角洲內之非利士等海上民族逐往迦南。蘭塞四世至十一世(1165 至 1085 BC)，國勢日漸衰弱，最後被古實的總督奪取了上埃及，並自立為底比斯的大祭司，就結束了新王國時期。

利彼亞諸王時期(945 至 712 BC)，其間第二十二王朝的法老示撒 Shishak 1st，在所羅門王在位時，盡其所能的削弱以色列的力量，收容以色列的叛徒，培植反抗的勢力，示撒在羅波安五年(926? BC)，得到機會對猶大進行一次征服及掠奪性的戰役。

古實或努比亞諸王時期(712 至 670 BC)，約在 700 BC，希西家年間，特哈加進入耶路撒冷，協助猶太人抵禦亞述。

埃及本土諸王時期(663 至 525 BC)，主前七世紀末，法老尼哥領兵經過猶大，要進攻亞述，(約西亞王試圖抵擋他，結果在米吉多戰死) 埃及此役將勢力擴張到了伯拉河。巴比倫 588 BC 圍攻耶路撒冷，埃及法老合弗拉為援助猶大，試圖攻打巴比倫，可惜徒勞無功。

埃及在 525 BC 被波斯所滅，建立第三十一王朝，但在 332 BC 被希臘的亞歷山大王所征服，323 BC 亞歷山大去世，其埃及總督托勒密自立為王，以亞歷山太城為都，是為希臘的多利買王朝。

30 BC，羅馬佔領埃及，羅馬皇帝奧古斯都將埃及劃為私產，派官統治。45 年使徒馬可到埃及傳福音，奠定基督教發展之基礎，到 314 年君士坦丁皇帝以基督教為羅馬之國教後，埃及人幾乎全成為基督徒。

640 BC，回教阿拉伯人進佔埃及，埃及淪為哈里發統治下的一個行省，埃及人就都改奉回教，使用阿拉伯文字和語言，成為徹頭徹尾的回教子民，而且埃及原有之文化日漸消失。但仍有十分之一的人民仍信奉以基督教為教義的科普特教 Coptic Church，科普特是希臘文埃及的訛音。

九世紀中有土耳其人所建立的圖倫和伊赫什德王朝，其版圖括及敍利亞。

阿拉伯人奧貝德建立法蒂瑪王朝，初以突尼斯為都，973 年再定都開羅，至哈里發阿齊茲當政時，國勢日強，版圖東起至敍利亞、巴勒斯坦、漢志和葉門，西抵摩洛哥與巴格達的阿拔斯王朝分庭抗禮，在中東互爭長短。

1171 年薩拉丁 Salah ad-Din 推翻法蒂瑪王朝，代之以阿尤布王朝，自立為蘇丹，1187年從十字軍手中攻克耶路撒冷，並與十字軍之戰爭持續到王朝結束。在王朝之後期，他們從中亞等地購買了大批馬穆魯克人充當衛隊，不久馬穆魯克人在 1250 年奪取了政權，建立馬穆魯克王朝。馬穆魯克人繼續與十字軍對峙，直到 1291 年十字軍完全退出巴勒斯坦。

1517 年，土耳其的鄂圖曼帝國征服了馬穆魯克王朝，埃及淪為伊斯坦堡管轄下之一省。由於土耳其人之橫征暴斂，馬穆魯克人在 1768 年起而發生暴亂，因此埃及土地長期荒蕪，民生凋敝。

1798 年法國的拿破崙入侵，但不久被迫撤離。他此行帶有一百餘對埃及古代文物有研究的學者，他們發現了著名的若瑟他石碑，這對解讀埃及的象形文和研究埃及的歷史，都有莫大的貢獻。

1805 年，阿里穆罕默德自立為埃及總督，並得到鄂圖曼帝國之承認，他勵精圖治，使埃及成為地中海之強國，1838 年他大敗土耳其，佔領了巴勒斯坦、敍利亞和部份土耳其的土地。

1882 年，英軍入侵，取得對埃及之支配權，埃及在名義上仍屬鄂圖曼帝國，但實際上已是英國的殖民地。第一次世界大戰時，英國對鄂圖曼宣戰，公然宣佈埃及為其保護國。大戰結束，英國被迫承認埃及獨立，但仍保有一些特權和駐軍權。第二次世界大戰時，英國控制了埃及所有的交通運輸路線和港口，數十萬的人民和大量物資被用來為英軍服務，戰後英國廢止了所有之條約，埃及才真正得到獨立。

創　12:10　那地遭遇饑荒，亞伯蘭就下到埃及去，要在那裡暫居。

創　13:1　亞伯蘭帶著他的妻子與羅得，並一切所有的，都從埃及上南地去。

創　16:1　亞伯蘭的妻子撒萊，將使女埃及人夏甲給

了丈夫為妾，後來夏甲給亞伯蘭生了一個
兒子，起名叫以實瑪利。

創 37:25 猶大等將約瑟賣給以實瑪利人，他們就把
約瑟帶到埃及去了。

創 41:41 法老派約瑟治理埃及全地。

創 41:48 埃及地的七個豐年一完，七個荒年就來
了，正如約瑟所說的，各地都有饑荒，
惟獨埃及全地存有糧食。

創 46:27 雅各全家從迦南地來到埃及的，共有七十
七人。

創 47:11 約瑟遵照法老的命令，把埃及國內最好的
地，就是蘭塞境內的地，給他的父親和弟
兄居住，作為產業。以色列人住在埃及的
歌珊地，他們在那裡置了產業，並且生育
甚多。

出 1:1 以色列的眾子，各帶家眷和雅各一同來到
埃及，共有七十人，以色列人生養眾多，
並且繁茂，極其強盛，滿了那地。有不認
識約瑟的新王興起，用巧計待他們，加重
擔苦害他們，令他們為法老建造兩座積貨
城，就是比東和蘭塞，又吩咐眾民，要把
以色列人所生的男嬰，都丟在河中。

出 12:40 以色列人住在埃及共有四百三十年。

王上 3:1 所羅門王與埃及王法老結親，娶了法老的
女兒為妻。

王上 9:16 先前埃及王法老上來攻取基色，殺了城內
居住的迦南人，將城賜給他女兒所羅門的
妻作妝奩。

王上 11:40 所羅門因此想殺耶羅波安，耶羅波安卻起
身逃往埃及，到了埃及王示撒那裡，就住
在埃及，直到所羅門死了。

王下 17:4 猶大王何細亞背叛，差人去見埃及王梭，
不照往年所行的，與亞述王進貢。

王下 23:29，代下 35:20
猶大王約西亞修完了殿，有埃及王尼哥上
來，要攻擊靠近伯拉河亞述王的迦基米
施，約西亞出去抵擋他，結果在米吉多被
射成重傷而死。

王下 23:33，代下 36:3
法老尼哥廢了猶大王約哈斯，將他鎖禁在
哈馬地的利比拉，又立約西亞的兒子以利
亞敬作猶大王，給他改名叫約雅敬，又將
約哈斯帶到埃及去了。

王下 24:7 埃及王不再從他國中出來，因為巴比倫王
將埃及王所管之地，從埃及小河，直到
伯拉河，都奪去了。

代下 12:2 羅波安王第五年，埃及王示撒上來攻打，
攻取了猶大的堅固城和耶路撒冷，奪了
耶和華殿和王宮裡的寶物，盡都帶走。

耶 43:5 約哈難將所剩下的猶大人和先知耶利米，
都帶入埃及地，到了答比匿。

耶 44:1 有臨到耶利米的話，論及一切住在埃及地
的猶大人，就是住在密奪，答比匿，挪

弗，巴忒羅境內的猶大人。

太 2:13 有主的使者向約瑟夢中顯現，叫他一家逃
往埃及，約瑟就起來，夜間帶著小孩子和
他母親往埃及去，住在那裡，直到希律死
了，約瑟一家才回到以色列地。

啟 11:8 這城按著靈意叫所多瑪，又叫埃及，就是
他們的主釘十字架處。

0835-2埃及(河) River of Egypt

●Wadi al-Arish，又名埃及小河，在迦薩西南方約 74
公里處流入地中海，其支流遍佈西乃半島的中部，但
均係乾涸的河床，其主幹也僅是在大雨時才有水流之
旱溪，主幹約為一直線，走向自東南向西北，長約五
十餘公里，聖經中經常提到的埃及小河，是只指這一
段。

創 15:18 當那日耶和華與亞伯蘭立約，說，我已賜
給你的後裔，從埃及河直到伯拉大河之
地，就是基尼人等十族人之地。

民 34:5 耶和華所定迦南地的南界中的一段是，接
連到押們，從押們轉到埃及小河，直通到
海為止。

書 15:4 猶大支派的南界中的一段是，接連到押
們，從押們通到埃及小河，直通到海為
止。

王下 24:7 埃及王不再從他國中出來，因為巴比倫王
將埃及王所管之地，從埃及小河，直到
伯拉河，都奪去了。

賽 27:12 以色列人哪，到那日，耶和華必從大河，
直到埃及小河，將你們一一的收集。

結 47:19 以西結所預言以色列的南界，是從他瑪到
米利巴加低斯的水，延到埃及小河，直到
大海。

結 48:28 以西結所預言迦得地的南界，是從他瑪到
米利巴加低斯的水，延到埃及小河，直到
大海。

0835-3埃及(地) Egypt

●可能是 Musri(此字的希伯來文的發音和埃及相近)，
是現今土耳其的一個地區，勝產良馬。

王上 10:28 所羅門王向埃及購買馬和車。

代下 1:16 所羅門王向埃及，赫和亞蘭諸王購買馬和
車。

0836 埃色 Esek
爭論，爭端 Contention
傷感情 Offense，錯誤 Wrong

●位置不明，應是在基拉耳谷之內。

創 26:20 以撒在基拉耳谷時，他的僕人所挖出的一
口活水井，非利士人與之相爭，故以撒為
其取名為埃色，意思是相爭。

0837　埃提阿伯(人) Ethiopia
黑色 Backness

●即是舊約中的古實，也是古代的奴比亞王國 (Nubia)，位於埃及的南方及蘇丹的北部，就是亞斯旺城 Aswan 和喀土穆城之間的地區。在埃及中王國時期，是指尼羅河第二及第三瀑布間的一片細小的土地，以後到新王朝時，則擴及較南的地區。此地區包括尼羅河流域和其東之沙漠，陸上的交通十分困難，尼羅河中也不能行船，所以是埃及的天然屏障，但大部份時期都是受埃及的控制，約在主前十二世紀時方獲獨立，古實的凱希塔家族並成為埃及第二十五王朝的法老，所以古實有時也可以代表埃及。他們曾在拿帕他和梅羅伊建都，境內礦藏量豐富，盛產金、銅等。其英文名與今日之衣索比亞相同，但不在同一地，也不是同一國家，當時的阿比西尼亞，才是今日的衣索比亞。

徒　8:27　腓利向一個埃提阿伯(即古實)人傳講福音，他是一個有大權的太監，在埃提阿伯女王干大基的手下管理銀庫。

※同撒下 18:21 中的古示人 Cushite 0183。
※同王下 19:9 中之古實 Ethiopia 0185。

0838　夏甲(人) Hagrites
飛行，鳥群 Flight

●夏甲人是住在基列東邊的沙漠中的游牧民族，較可能是阿拉伯或亞蘭民族的一支，但也有可能是亞伯拉罕的妾，埃及人夏甲之子以實瑪利的後代。

代上　5:10　因為流便的後代，在基列地的牲畜增多，掃羅年間他們與夏甲人爭戰，夏甲人倒在他們手下，他們就在基列東邊的全地，住在夏甲人的帳棚裡。

代上　5:19　流便人，迦得人和瑪拿西半支派的人，與夏甲人，伊突人，拿非施人，挪答人爭戰，他們擊敗了夏甲人和跟隨夏甲人的人，擄掠了夏甲人的牲畜，就住在敵人的地上。

代上　27:31　為大衛王掌管羊群的是夏甲人雅悉。

詩　83:6　就是住帳棚的以東人，以實瑪利人，摩押人和夏甲人。

0839-1夏瑣　Hazor
村莊 Village，城堡 Castles

●位置不明。也許是 el-Jebariyeh。

書　15:23　猶大支派在儹南邊所得為業的二十九座城中之一座。

0839-2夏瑣　Hazor

●Kh.el-Qaryatein [T.Qeriyyot]，位於希伯崙的南方約 21 公里，別是巴東北約 30公里，死海之西約 25 公里之處。

書　15:25　猶大支派在儹南邊所得為地業二十九座城之一，其正名為加略希斯崙。

※加略希斯崙 Kerioth-hezron 0177。
※同太 10:4 中的加略 Kerioth 0169-1，出賣主耶穌的猶大是加略人。

0839-3夏瑣　Hazor

●Kh.Hazzur，位於耶路撒冷的北北西方約 7 公里，基遍東南約 1.5 公里，原便雅憫的境內。

尼　11:33　回歸後的猶大人所定居之一城及其村莊。

0839-4夏瑣　Hazor

●T.el-Qedah [T.Hazor] 大廢墟山丘，位於基尼烈城之北約 17 公里，亞柯東北約 45公里，加利利湖西北約 14 公里，離約但河約 7 公里，其位置控制了大馬色與埃及間的通商的孔道，也是自北方進入迦南地的門戶，故很早就成為北方的政治和經濟中心，也是一座防守堅固的大城。據 1955 年和 1969 年兩次的考古報告，證實至少有二十個層面，顯示曾遭多次的被毀和重建，最低的層面，可追溯至主前三千年以前，那時開始有人居住，而且人煙稠密，在 2000 BC 以前已建成大城，在喜克索斯時代又加以擴建，城外有很規則的灌溉和排水系統，可能是 1800 BC 時開始修築的，在 1400 BC 前後曾被徹底的摧毀，往後的數百年間，僅有少數的人居住，直到所羅門王時又重建成他的三大軍事重鎮之一，再度的繁榮了起來。在 732 BC，則被亞述付諸一炬，此後再沒有很多人居住在那裡，到主前二世紀，差不多完全消失，成了廢墟一個。廢墟分兩區，東北的一區大約有六公頃，可駐戰車和戰馬，其規模比米吉多的要大一倍，西南區則有43公頃，足可容納四萬人以上的居民，城內有廟宇、公共設施與私人位宅，又在城內下方的堅硬的岩石中，有鑿出的蓄水池和引水隧道，工程相當的浩大，城址的西面與北面，皆有壕溝與碉堡，東面又有陡峭的斜堤，可說四面都受到相當嚴密的保護，益增其安全性和軍事的防守能力，其工程的規劃和技術，綜觀都是相當的高超。

書　11:1　夏瑣王耶賓聯合北方諸王，人數多如海邊的沙，來到米倫的水邊，一同安營，要與以色列人爭戰，約書亞在米倫水邊攻打他們，耶和華將他們交在以色列人的手裡，以色列人就擊殺他們，追趕他們直到米斯巴的平原，當時約書亞轉回時，奪了夏瑣，素來夏瑣在這諸國中是為首的，以色列人又用火焚燒了夏瑣。

書　12:9　是約書亞所擊殺迦南地的三十一個城邦之
　　　　　王之一。
書　19:36　拿弗他利支派所得為業的十九座堅固城之
　　　　　一。
士　4:1，撒上 12:9
　　　　　以色列人又行耶和華眼中看為惡的事，耶
　　　　　和華就把他們付與在夏瑣作王的迦南王耶
　　　　　賓手中，耶賓王有鐵車九百輛，他大大欺
　　　　　壓以色列人二十年，後來被女先知底波拉
　　　　　所擊敗。
王上 9:15　所羅門王挑取服苦的人，建造夏瑣，米吉
　　　　　多和基色等城。
王下 15:29 以色列王比加年間，亞述王提革拉毗列色
　　　　　來奪了以雲，和夏瑣等城，將居民都擄到
　　　　　亞述去了。
耶　49:28　耶和華說，夏瑣的居民哪，要逃奔遠方，
　　　　　住在深密處，因為巴比倫王尼布甲尼撒設
　　　　　計謀害你們，……夏瑣必成為野狗的住
　　　　　處，永遠淒涼。

0840　夏羅設　Harosheth
木刻 Wood carving

●T.el-Amr，位於亞柯之南約 22 公里，多珥東北約 21
公里，基順河西岸，是迦密山脈的一處隘口，同時是
自亞柯往以斯得倫平原，以及由沙崙平原往大馬色方
面的交通孔道，位置十分的重要。但也有人認為只是
指南加利利一帶某處的一森林，並不是一個城邑。
士　4:2　　在夏瑣作王的迦南王耶賓，他的將軍西西
　　　　　拉，是住在外邦人的夏羅設。
士　4:13　西西拉就聚集所有的鐵車九百輛和跟隨他
　　　　　的全軍，從外邦人的夏羅設出來，到了基
　　　　　順河，結果被巴拉擊敗，全軍潰亂，巴拉
　　　　　追趕他們，直到外邦人的夏羅設。

0841　夏瑣哈大他　Hazor-hadattah
新夏瑣 New Hazor

●位於別是巴之東約 33 公里，希伯崙以南約 38 公
里，距死海約 17 公里。
書　15:25 猶大支派在儘南邊所得為地業的二十九座
　　　　　城中的一座。

0842　息末　Siphmoth
不毛之地 Barren places，嘴唇 Lips

●位置不明，應是在南地之區內。
撒上 30:8　大衛戰勝亞瑪力人回到洗革拉之後，從掠物
　　　　　中取些為禮物，分送給他素來所到之處的
　　　　　人，其中有住南地拉末及息末等地之人。

0843　拿因　Nain
愉悅 Pleasantness，美麗 Beauty

●Nein，位於拿撒勒東南約 8 公里，伯善西北約 21 公
里，摩利山或小黑門山的北麓，但村中並沒有城門或
城牆等之遺跡可尋。
路　7:11　耶穌和門徒到拿因城去，在將近城門前，
　　　　　把一個寡婦已死去的獨生子救活了。

0844　拿艮　Nachon
預備妥的 Prepared

●位置不明，可能是 Kh.el-Uz? 位於基列耶琳(即是巴
拉或巴拉猶大)之東約 1.5 公里，是在往耶路撒冷路上
的一個小村莊。
撒下 6:6，代上 13:11
　　　　　大衛將約櫃從巴拉猶大運往耶路撒冷，到
　　　　　了拿艮(拿艮在代上 13:11 中作基頓)的禾
　　　　　場，因為牛失前蹄，烏撒就伸手扶住神的
　　　　　約櫃，神耶和華向烏撒發怒，把他擊殺在
　　　　　約櫃旁，大衛就稱那地方為毗列斯烏撒。
※同代上 13:9 中的基頓 Chidon 0923-2。
※毗列斯烏撒 Perez-Uzzah 0765。

0845　拿拉　Naarah
少女，處女 Damsel

●T.el-Jisr，位於耶路撒冷東北約 22 公里，耶利哥的西
方約 3 公里，示羅東南約 21公里。
書　16:7　是以法蓮支派地業東界上之一城。
※同代上 7:28 中之拿蘭 Naaran 0848。

0846　拿約　Naioth
寓所 Habitation，Abodes

●可能是拉瑪城內一地或房屋名，詳細位置不明。
撒上 19:18 大衛逃到拉瑪的約拿，掃羅三次打發人去
　　　　　捉他，三次去的人都受感說話，最後掃羅
　　　　　親自前去，神的靈也感動他，一面走，一
　　　　　面說話，直到拉瑪的拿約，他就脫了衣
　　　　　服，在撒母耳面前受感說話，一晝一夜，
　　　　　露體躺臥。

0847-1拿瑪　Naamah
愉快 Pleasant，甜密 Sweetness

●位置不明，應是在高原第二組之地區之內。也可能
是 Kh.Fered。
書　15:41 猶大支派所得為業在高原第二組的十六座
　　　　　城之一。

0847-2拿瑪(人)　Naamathite

●位置不明。可能是在阿拉伯西北方的 Djebel-el-
Naameh 城。
伯　2:11，11:1
　　　　　約伯的三個朋友中，瑣法是拿瑪人。

地名詳解

0848　拿蘭　Naaran
少壯的 Youthful，瀑布 Waterfall

●T.el-Jisr，位於耶路撒冷東北約 22 公里，耶利哥西方約 3 公里，示羅東南約 21 公里。

代上 7:28　以法蓮支派在東方邊境上所得之一城及村莊。

※同書 16:7 中的拿拉 Naarah 0845。

0849　拿非施（地）Naphish
擴張 Expansions

●位置不明。以實瑪利的第十一個兒子名叫拿非施，其後裔可能是住在基列東面的沙漠中的某處。

代上 5:19　流便人，迦得人和瑪拿西半支派的人，與夏甲人，伊突人，拿非施人，挪答人爭戰，後來得了他們的土地，住在那裡，直到被擄的時候。

0850　拿哈拉　Nahallal
牧場 Pasture，被看顧 Being tended

●T.en-Nahl，位於基順河的北岸，亞柯之南約 13 公里，約念以北約 16 公里，現今 Nahalal 小村附近，亞柯平原的南之盡頭處。（但是它的位置明顯是在亞設的境內）

書　19:15，21:35
西布倫支派所得為業之一城，後來再分歸利未支派的米拉族所有。

士　1:30　西布倫人沒有能趕出原住在該地的迦南人。

0851　拿哈列（地）Nahaliel
神的山谷 Valley of God

●如果是一城鎮之名，則其位置不明。但當時在亞嫩河以北，有一條小溪名為拿哈列 Wadi Nahaliel，即是今日的 Wadi Zerqa Main，早在羅馬帝國的時代，該處即是以擁有優良的溫泉而聞名，此溪長約 40 公里，在約但河口以南約 16 公里之處注流入死海。

民　21:19 以色列從瑪他拿起行，到拿哈列後（是以色列人離開加低斯，經由紅海之路到迦南途中第七個安營處），再去巴末。

0852　拿撒勒　Nazareth
灌木木料 Bushwood
分枝 Branch，分離 Separate

●en-Nasireh，位於米吉多東北約 17 公里，耶斯列之北約 17 公里，是一個現今約有三萬餘人的小鎮，居民多數是阿拉伯人基督徒。舊城在西方較高之處，地處於下加利利山脈的最南端一高地（高約 600 公尺）的山谷中（高約 370 公尺），距其南方的米吉多平原（高約 100

公尺）約 16 公里，他泊山在其東約 8 公里，拿因在其北約 9 公里。據考證，在主耶穌時，只是一個匠人居住的小村落，離大道有六公里之遙，交通不很方便，居民也良莠不齊，名聲並不太好。此城自一世紀起，即成為朝聖者的主要目的地，現今的城中有報喜堂、聖約瑟堂、聖加百列堂、基督聖桌堂和拿撒勒修女院等可參觀之處，相傳主耶穌一家人所住之處，也僅是兩個土洞，但位置是否正確，並無確實的證據。如今拿撒勒交通方便，公路網四通八達，與加利利的公路系統密切相連。

太　2:23　耶穌從埃及回以色列地之後，就住在拿撒勒城，故稱他為拿撒勒人。

太　4:13　耶穌聽見約翰下了監，就退到加利利去，後又離開拿撒勒，往迦百農去。

太　21:11　眾人說，這是加利利拿撒勒的先知耶穌。

可　1:9　那時耶穌從加利利的拿撒勒來，在約但河裡受了約翰的洗。

路　1:26　天使加百列奉神的差遣，往加利利的拿撒勒去，對馬利亞說，她必懷孕生子，並要給他起名叫耶穌。

路　2:4　約瑟也從加利利的拿撒勒城上猶太去行報名上冊的事。:39 約瑟和馬利亞，照主的律法辦完了一切的事，就回到自己的城拿撒勒去了。:51 耶穌回到拿撒勒。

路　4:16　耶穌來到拿撒勒，就是他長大的地方，但拿撒勒會堂的人攆他出城。他們的城造在山上，他們帶他到山崖，要把他推下去，他卻從他們中間直行過去了。

約　1:45　腓力對拿但業說，摩西在律法書上所寫的，和眾先知所記的那一位，我們遇見了，就是約瑟的兒子，拿撒勒人耶穌，拿但業說，拿撒勒還能出怎麼好的麼。

◎耶穌被稱為拿撒勒人的章節有：太 2:23，26:71，可 1:24，14:67，16:6，路 18:37，24: 19，約 1:45，18:5，7，19:19，徒 2:22，3:3，4:10，6:14，10:38，22:8，26:9。

0853　拿弗土希（地）Naphtuhim
開啟 Open
屬於三角洲之人們 Those of the delta

●拿弗土希是含之孫，麥西的第四個兒子，他的發源地可能是下埃及，即是埃及尼羅河的三角洲地區，南起自開羅，往北直到地中海。

創　10:13，代上 1:11
含之孫，麥西的第四子及其後裔所居之地區名及族名。

0854　拿弗他利（地）Naphtali
摔跤，角力 Wrestling

●拿弗他利支派所得之領土，記載在書 19:32 之內，以

加利利地爲主，它的東邊是約但河、呼烈湖及加利利湖，西鄰亞設，南與西布倫和以薩迦爲界，但北方的疆界不明。這是一片秀麗肥沃的高原，宜於農耕和畜牧，而且來自東方往南而去的國際大道穿過此間，是重要的交通孔道。

申	34:2	在尼波山的毘斯迦山頂，耶和華把基列全地直到但，拿弗他利全地，以法蓮，瑪拿西的地，猶大全地直到西海，南地和棕樹城耶利哥的平原，直到瑣珥，都指給摩西看。
書	19:32	拿弗他利支派所得地業之城名和境界。
書	20:7	以色列人在拿弗他利山地，分定加利利的基低斯爲逃城。
書	21:6，代上 6:62	利未支派的革順族，在拿弗他利和其他幾個支派的地業中共得了十三座城。
士	1:33	拿弗他利沒有趕出伯示麥和伯亞納的居民，於是拿弗他利就住在那地的迦南人中。
士	4:6	女先知底波拉打發人從拿弗他利的基低斯，將亞比挪菴的兒子巴拉召了來，令他率領一萬拿弗他利和西布倫人上他泊山去，要與夏瑣王的西西拉將軍作戰。
士	6:35	先知者基甸召集亞設人，西布倫人，拿弗他利人，他們也都出來與他們會合，一同對抗米甸人。
士	7:23	以色列人就從拿弗他利，亞設和瑪拿西全地聚集來追趕米甸人。
王上	4:15	所羅門王的十二個行政區中的拿弗他利區，由他的女婿亞希瑪斯管理。
王上	15:20，代下 16:4	住大馬色的亞蘭王便哈達，聽從猶大王亞撒的話，派軍長去攻擊以色列的城邑，他們就攻破以雲，但和拿弗他利全境等地。
王下	15:29	以色列王比加年間，亞述王提革拉毘列色來奪了以雲，亞挪，基低斯和拿弗他利全地等地，將這些地方的居民，都擄到亞述去了。
代上	27:19	大衛王時，管理拿弗他利人的是耶利摩。
代下	34:6	猶大王約西亞潔淨了猶大和耶路撒冷，又在瑪拿西，拿弗他利各城，都這樣行。
賽	9:1	但那受過痛苦的，必不再見幽暗，從前神使西布倫地，和拿弗他利地被藐視，末後卻使這沿海的路，約但河外，外邦人的加利利地，得著榮耀。
結	48:3	以西結所預言的拿弗他利的地業是在亞設之南，和瑪拿西之北。
太	4:13	耶穌往迦百農去，就住在那裡，那地方靠海，在西布倫和拿弗他利的邊界上，這是要應驗先知賽亞的話，說，「西布倫地，拿弗他利地，就是沿海的路，約但河外，外邦人的加利利地，那坐在黑暗裡的百姓，看見了大光，坐在死蔭之地的人，有光發現照著他們」。

0855　拿鶴的城 Nahor, City of
拿鶴所居之城，拿鶴之意是嘶嘶聲，嘶之以鼻，輕篾之狀 Snorting

●詳實之位置不明，可能就是哈蘭城，或者是哈蘭城附近巴旦亞蘭地區中之一城。

　創　24:10 亞伯拉罕差人到米所波大米拿鶴的城去爲以撒娶妻。

0856　挪 No
城市 City，分裂 Disrupting

●Luxor 及 Karnak，即是古代著名的底比斯城 Thebes，位於尼羅河的中游，自安城溯河而上，距離約有 530 公里，此城之歷史可溯至主前三千年代，埃及十八王朝之阿米士將其增建，作爲埃及文化及軍事的中心，在主前十六至十二世紀的四百年間，都是埃及的首府。城之幅員廣大，風景優美，設施完善，該城奉拜亞們 Amon，即是太陽神爲其守護神，亞們又是埃及的主神之一，所以有多位法老在此興建了巨大而壯麗的亞們神廟群。城建在河的兩岸，在尼羅河東岸的，稱爲活人之城，在最繁榮的時期，曾有人口一百萬之多，在河西岸的地區，則是死人之城，是多位法老和許多皇親貴族的墳墓的所在地，現今成了旅遊的勝地。亞述王以撒哈頓在 672 BC 征服埃及時，曾劫掠此城，在 525 BC，又被波斯的剛比西斯所毀，再於 30 BC 毀於羅馬人之手。目前存有最著名獅身人面獸像，及多處埃及王室的陵墓。

　耶　46:25 萬軍之耶和華如此說，我必刑罰挪的亞捫和法老，並埃及與埃及的神，以及君王。
　結　30:15 主耶和華說，我必將我的忿怒倒在埃及的保障上，就是訓，並要剪除挪的眾人，我必在埃及中使火著起，訓必大大痛苦，挪必被攻破，挪弗白日見仇敵。

※同鴻 3:8 中的挪亞們 No-Amon 0863。

0857-1　挪巴 Nobah
所有物 Possession，吠叫 Barking

●Qanawat，位於基列的拉末東北方約 66 公里，以得來東北約 54 公里，加利利海的正東方約 99 公里，巴珊的東南境，其地勢甚高。

　民　32:42 瑪拿西的子孫挪巴，去佔了基納和基納的鄉村，就按自己的名稱基納爲挪巴。

※基納 Kenath 0917。

0857-2　挪巴 Nobah

●位置不明。可能是 Nowakis，位於拉巴西北，約比哈東方附近。在 RSV 中譯作 fire spread，所以有可能並不是一個地方的名字。

　士　8:11 米甸人的軍隊都在加各，約有一萬五千

人，基甸就由挪巴和約比哈東邊，從往帳棚人的路上去，殺敗了米甸人的軍兵。

※可能同民 21:30 中之挪法 Nophah 0860。

0858　挪弗　Noph
善之居所 Abode of good
合於禮貌的 Presentability

●Mit Rahineh 小村，位於尼羅河的西岸約 3 公里，距三角洲的頂點約 27 公里，古城約是在 3100 BC 前，由統一上下埃及的 Mems 王所建，所以又名叫孟斐斯 Memphis，是第四、五、七、八等王朝的首都，即使待首都遷往底比斯之後，此處仍是宗教和商業的重鎮，以及下埃及的政治中心，及至 670 BC 被波斯帝國所佔後，也是一個國際性的大都市，人口眾多，經濟繁榮，直到亞歷山太城興起，方才日漸衰落，今日則是一片荒涼，僅有帝王之古墓，即是金字塔及獅身人面獸的石像，可供憑弔而已。

賽　19:13　先知論埃及說，挪弗的首領都受了迷惑，當埃及支派房角石的使埃及人走錯了路。

耶　2:16　先知責備猶大人說，挪弗人和答比匿人，也打破你的頭。

耶　44:1　先知責備猶大人在埃及崇拜別的神說，論及一切住在埃及的猶大人，就是住在密奪，答比匿，挪弗，巴忒羅境內的猶大人，這些居民所行的惡，去事奉別的神，惹我發怒。

耶　46:19　先知預言巴比倫攻擊埃及說，挪弗必成為荒場，且被火燒毀，無人居住。

結　30:13　先知預言埃及必敗亡說，主耶和華如此說，我必毀滅偶像，從挪弗除滅神像，必不再有君王出自埃及地，我要使埃及人懼怕。

※同何 9:6 中的摩弗 Moph 1110。

0859　挪伯　Nob
水果 Fruit，高地 High place

●el-Isawiyeh，位於耶路撒冷的東方約 2 公里，橄欖山北端 Mt.Scopus 山的東麓。

撒上 21:1　大衛逃避掃羅，到了挪伯祭司亞希米勒那裡，亞希米勒給他食物，和歌利亞的刀。

撒上 22:1　掃羅得到多益的告密，知道亞希米勒幫助大衛，就把住挪伯的祭司，都召了來，:18　掃羅令多益去殺祭司，那日殺了八十五人，又用刀將祭司城挪伯城中的男女，孩童和牛羊盡都殺滅。

尼　11:32　自巴比倫回歸建殿後便雅憫人所定居之一城鎮。

賽　10:32　先知預言，亞述大軍將進攻耶路撒冷，要經過挪伯，並在挪伯歇兵。

0860　挪法　Nophah
有香氣的 Sweet-scented，呼吸 Breathing

●位置不明。在 RSV 中譯作 fire spread，所以有可能並不是一個地方的名字。有人認為是今日名叫 Nowakis 的一個廢墟，位於拉巴西北，約比哈的東方附近。

民　21:30　亞摩利王西宏攻佔摩押，將希實本直到底本盡皆毀滅，使地變為荒場，直到挪法，這挪法直延到米底巴。

※可能同士 8:11 中的挪巴 Nobah 0857-2。

0861　挪得　Nod
飄泊 Wandering，流亡 Exile

●位置不明，視伊甸的位置而定，是在伊甸的東方。

創　4:16　於是該隱離開耶和華的面，去住在伊甸東邊的挪得之地。

0862　挪答(人)　Nodab
高貴的 Noble，自由的 Liberal

●可能是一個阿拉伯人的族名，他們所居住的位置不明，大約是住在基列東邊的地區中。

代上 5:19　流便人，迦得人和瑪拿西半支派的人，與夏甲人，伊突人，拿非施人，挪答人爭戰，結果大勝，然後就住在敵人的地上，直到被擄的時候。

0863　挪亞們　No-amon
亞捫神的家 The house of Amon
神之城 City of God

●Luxor 及 Karnak，即是古代著名的底比斯城 Thebes，位於尼羅河的中游，城跨河而建，自安城湖河而上，距離約有 530 公里。餘請參見 0856 條之說明。

鴻　3:8　你豈比挪亞們強呢，挪亞們坐落在眾河之間，周圍有水，海，作他的濠溝，又作他的城牆，古實和埃及是他無窮的力量，弗人和路比族是他的幫手。

※同耶 46:25 中的挪 No 0856。

0864　旁非利亞(省)　Pamphylia
民族的混合 Mixture of nations

●在新約時代是屬於羅馬帝國的一個省，目前是土耳其南部臨海的地區，位於呂家省的東方，北以托魯斯山脈與彼西底為界，東邊是 Kingdom of Antiochus，南鄰地中海，地形窄長，東西長約 128 公里，南北寬約 32 公里，境內崎嶇多山，交通不便，氣候潮濕炎熱，重要城市有別加，港口有亞大利。

徒　2:10　五旬節時的方言之一。

徒　13:13　保羅和巴拉巴，從帕弗開船到旁非利亞的別加去。

徒　14:24　保羅和巴拿巴，經過彼西底，來到旁非利亞，在別加講了道，就下亞大利去。

徒　15:37　馬可從前在旁非利亞離開保羅，不和他們同去工作。

徒　27:5　保羅被押往羅馬時，乘船過了基利家，旁非利亞前面的海，就到了呂家的每拉。

0865-1書亞　Shoa
多產的 Fruitful，高貴 Noble，自由 Free

●位置不明。可能是一名為 Sutu 的游牧民族，居住在底格里斯河的東邊，當時常與亞述戰爭，但卻從未被其征服。

結　23:23　先知預言，將攻擊耶路撒冷和撒瑪利亞二城的諸國之一。

0865-2書亞　Shual
狐狸 Fox

●詳細位置不明，大約是在密抹之北數公里處。

撒上　13:17　非利士人安營在密抹，有掠兵從非利士營中出來，分為三隊，一隊往俄弗拉向書亞地去。

0865-3書亞(人) Shuhite
豐盛 Prosperity，富有 Wealth

●位置不明，可能是在幼發拉底河流域的某處。

伯　2:11　約伯的三個朋友中，比勒達是書亞人。

0866　書念　Shunem
兩處休息之地 Two resting places

●Solem [Shunem]，位於摩利山西南方的山腳下，耶斯列之北約 4 公里，米吉多的東方約 14 公里，基利波山脈則在其東南 10 至 20 公里。書念城在埃及的文件中常被提及，也曾有被埃及所統治之記錄，因為它所處之位置，正好扼守了耶斯列谷的進口，所以是一個戰略重地。

書　19:18　以薩迦支派所得為業的十六座城之一。

撒上　28:4　非利士人在書念安營，掃羅則在基利波山安營。

王上　1:3　書念女子亞比煞被選入宮待候大衛王。

王下　4:8　先知以利沙常往書念經過和停留。

0867　書珊　Susa
百合花 Lily

●Shush [Khuzistan]，位於波斯灣之北約 240 公里，Kherka 及 Karun 兩條河流之間的谷地，兩河在城的附近相距不足 14 公里。該城是一個在 4000 BC 以前就經有了高度文明的古城，一直都是以攔的京城，主前十二世紀前後是它的黃金時代，後來常作為波斯王多

天的行宮，也曾是波斯帝國的首都。著名的漢摩拉比法典石柱就是在此城發現的。

尼　1:1　尼希米在回歸前是住在書珊城的王宮中。

斯　1:3　波斯王亞哈隨魯在書珊城的宮中登基。

斯　2:5　猶大人末底改住在書珊城，他撫養他叔叔的女兒哈大沙，後來改名為以斯帖。

但　8:2　但以理在以攔省的書珊城中見到異象。

0868-1書珥(路) Shur
牆 Wall，壁壘 Rampart

●是一條古代商業大道，以埃及的安城為起點，經以坦城進入書珥曠野的中部，再經加低斯、別是巴，可前往大馬色及示拿等地。

創　16:7　夏甲從他主人撒萊面前逃走，耶和華的使者，在曠野書珥路上的水泉旁遇見他，給他祝福。

0868-2書珥(曠野)　Shur

●是位於埃及北部的東側，西乃半島的西北部，南地之西的一片乾旱不毛的曠野，其範圍可能包括在其西南部的伊坦曠野在內，西接埃及，南接汛的曠野，東部以埃及小河為界，與尋的曠野，巴蘭曠野相鄰，但分界線均不明確。是埃及在東方的天然屏障，從埃及往東的兩條大道均經過書珥曠野，一條是在北，沿地中海南岸通往迦薩，接迦南地的沿海大道。另一條即是前條所述的書珥路。

創　20:1　基拉耳在加低斯和書珥的中間。

創　25:18　以實瑪利生了十二個兒子，各為族長，他們住在眾弟兄的東邊，從哈腓拉到埃及前的書珥，正在亞述的道上。

出　15:22　摩西領以色列人過紅海後往前行，到了書珥曠野，在曠野中走了三天，找不到水，到了瑪拉，也不能喝那裡的水，因為水是苦的。

民　33:8　以色列人經過海中，到了書珥曠野，又在伊坦的曠野走了三天的路程，就安營在瑪拉。

撒上　15:7　撒母耳擊打亞瑪力人，從哈腓拉直到埃及前的書珥。

撒上　27:8　大衛王侵奪基述人，基色人，亞瑪力人之地，這幾族歷來住在那裡，從書珥直到埃及。

0869　書拉密　Shulamite
和平的 Peaceful，完美 The Perfect

●位置無從查考。有學者認為就是書念城，即是今日的 Solem [Shunem]，位於摩利山西南方的山腳下，耶斯列之北約 4 公里，米吉多的東方約 14 公里，餘請參見 0866 條之說明。也有學者認為就是指所羅門王的女

友，因為所羅門王的希伯來文名字的發音與書拉密相似。

歌　6:13　回來，回來，書拉密女，你回來，你回來，使我們觀看你。

0870　書珊迦　Susanchites
書珊城之居民 Inhabitants of Susa

●即古時之書珊城的居民，書珊城即是今日的 Shush [Khuzistan]，位於波斯灣之北約 240 公里，Kherka 及 Karun 兩條河流間的谷地，是一個在 4000 BC 以前就已有高度文明的古城，是以攔的都城，後來也曾是波斯帝國的首都。餘請參見 0867 條的說明。

拉　4:9　由河西省長利宏領頭，上書奏請波斯王亞達薛西，控告並企圖阻止猶太人建殿的同黨人中，有原籍為書珊迦人的撒瑪利亞人。(在 TEV 及 TCV 的同章節中，則是「以攔地的書珊邊來的(Susa in the land of Elam)，」又在 NIV 中則是「Elamites of Susa (書珊的以攔人)」，故書珊迦即是書珊城的人的意思。

※同尼 1:2 中之 書珊 Susa 0867。是波斯帝國的首都。

0871　格拉森　Gadarenes
末後的酬報 Reward at the end

●有兩個可能之處：

一、Kursi，位於迦百農的東南約 10 公里，提比哩亞城之東約 10 公里，加利利湖的東岸，在 1970 年被發現後開始挖掘，挖出來一所五世紀時的大修道院，長 144 公尺，寬 121公尺，四周有高3公尺之圍牆，內有教堂、住所、客房、農漁業設備等，修道院東南的山坡上有一塊高有 8 公尺大岩石，石的四周有圍牆。考古學家又在 1980 年掘出一座小教堂，地板是以馬賽克精工鑲嵌的圖案為裝飾。其拱形後殿延伸進入一個洞穴，都與聖經上所記之事有關連。

二、Umm el-Qeis，位於拿撒勒以東約 35 公里，迦百農東南約 26 公里，加利利湖的東南方約十公里。亞歷山大於 333 BC 在此建有堅強的堡壘和希臘化的城市，曾是加利利海東南沿岸一帶的首府，到 166 BC 為馬加比所佔，63 BC 為羅馬所攻克，在新約時代是當時低加波底的一城，格拉森人的地方可能就是以該城為中心的一個區域，包括了加利利湖東南岸一帶的地方。考古學家發現這是一個希臘化的城市，遺物中有競技場、方形會堂、水渠、神廟、民房、廣場等等，都顯出此城之大和美。

可　5:1，路 8:26　在格拉森人的地方，耶穌將一個名叫群的鬼，從它所附的人身上趕出來，鬼央求耶穌打發它們往豬群中去附在豬的身上，耶

穌就准了它們，污鬼就出來進入豬群，於是那群豬，約有二千，闖下山崖，投在海裡淹死了，……格拉森四週的人，因為害怕得很，都央求耶穌離開他們，耶穌就上船回去了。

※同太 8:28 中的加大拉 Gadara 0170。

0872　浩蘭(地)　Hauran
空洞 Hollow，黑土地 Black land

●浩蘭的範圍約與是舊約中的巴珊地相同，也可能是巴珊地較早時的名字，在希臘和羅馬帝國時代，復又改名為浩蘭，今日仍稱巴珊。其地位於黑門山的東南麓，約但河及加利利湖之東，雅木河以北的地區，東方則是阿拉伯沙漠。是一高原台地，長寬各約 80 公里，海拔高平均約在 610 公尺上下。區中的浩蘭峰高約 1765 公尺，區內多火山，故土壤特別的肥沃，高原適合穀類生長，其產量足夠供應大馬色及巴勒斯坦地區之需，也曾長期供應羅馬帝國，餘請參見 0032-1 巴珊條的說明。

結　47:16 以西結的預言中，應許地的邊界，北界是從西伯蓮到浩蘭邊界的哈撒提干，東界是浩蘭，大馬色，基列和以色列地的中間，就是約但河。

※同巴珊 Bashan 0032-1。

0873-1 流便　Reuben
看哪，一個兒子 Behold，a son

●流便支派在約但河東的時候，曾要求摩西分給他們一些城邑作產業，他們有建造了六座城。此時迦得和流便兩支派的城互相混雜，沒有明顯的疆界。在下一次的分地時，就有了改變，是與迦得換了幾個城。第二次分得的地業，記載在書 14:15～23 節，所得的產業，是位於死海以東，亞嫩河之北，東鄰阿拉伯大沙漠，北方以希實本河與迦得為鄰。那原本是摩押人北部的領土，先被亞摩利王西宏所奪，後被以色列人攻取。該地區是良好的牧場，盛產牛羊，因有君王大道自南往北穿過，很有戰略和商業的價值。

民　32:1　流便和迦得的子孫看見雅謝地和基列地，是可牧放牲畜之地，就向摩西說，求你把亞大錄，底本，雅謝，寧拉，希實本，以利亞利，示班，尼波，比穩等地給我們為業。摩西就把亞摩利王西宏和疆的國，都給了迦得，流便和瑪拿西半支派。

民　32:37 流便的子孫建造希實本，以利亞利，基列亭，尼波，巴力勉，西比瑪。

申　3:12，書 12:6，書 13:8，書 18:7　那時我們從約但河東，兩個亞摩利王手中得了這地，從亞嫩谷邊的亞羅珥起，摩西將基列的一半，並其中的城邑，都給了流

便人和迦得人。

申　4:43，書 20:8
　　　為流便人分定比悉為逃城。

書　1:12　約書亞對流便人，迦得人和瑪拿西半個支派的人説，你們中間大能的勇士，都要帶著兵器，過約但河去，幫助你們的弟兄得地為業之後，才可以回所得之地。

書　14:15　摩西分給流便支派地業的境界和城邑的名稱。

書　21:7，代上 6:63
　　　米拉利族在流便，迦得，西布倫三個支派的地中得了十二座城。

書　22:1　在戰爭完了的時候，在回約但河東的路上，流便人、迦得人和瑪拿西半個支派的人，在約河那裡，築了一座壇，引起約但河以西各支派的疑懼，並發生衝突。

王下 10:33　在那些日子，耶和華才割裂以色列國，使哈薛攻擊以色列的境界，乃是約但河東，就是迦得人，流便人，瑪拿西人之地。

代上 5:18　流便人，迦得人和瑪拿西半個支派的勇士，共有四萬多人與夏甲人等東方的民族爭戰，他們擄掠了夏甲人等的牲畜和人民，就住在敵人的地上，直到被擄的時候。

代上 12:37　流便人、迦得人和瑪拿西半個支派的勇士，共有十二萬人，都誠心來到希伯崙，要立大衛作以色列的王。

代上 27:16　大衛王時，管理流便人的是以利以謝。

結　48:6　以西結所預言流便支派的地業是在以法蓮之南，猶大之北。

0873-2流便的溪水　Reuben

●是否是一個特定的溪水名，尚待查考。照 NIV 中同節之英文是 Districts of Reuben，可譯成「流便的地區」，又照 TEV 中則是 But the tribe of Reuben was divid- ed，TCV 則譯成「但呂便支族意見分歧」，按 KJV 中譯爲 For the divisions of Reuben there were great thoughts of heart。

士　5:15　女先知底波拉的歌中説，在流便的溪水旁有心中定大志的，你為何坐在羊圈內，聽群中吹笛的聲音呢？……在流便的溪水旁有心中設大謀的。

0874 流淚谷
Valley of Baca，Valley of weeping

●位置不明。可能是耶路撒冷以北，一處狹窄的山谷，谷中有含鹽份的水滲出，有若眼淚，是因谷中長有能分泌汁液的 Balsam 樹。

詩　84:6　他們經過流淚谷，叫這谷變為泉源之地。

0875　流便的溪水(同 0873)

0876　烏法　Uphaz
黃金海岸 Gold coast，精煉 Refine
純金的慾望 Desire of fine gold

●是指一產金之地，但位置不明。有可能是俄斐 Ophir 之誤，也可能只是含有精煉之意的一個形容詞，而非地名。

耶　10:9　並有烏法的金子，都是匠人的手工。

但　10:5　但以理在異象中見到一人，身穿細麻布的衣服，腰束烏法精金帶。

0877　烏萊(河)　Ulai
激流 Strong current，純水 Pure water

●Ulai 又名 Eulaeus，原係一條自北往南，經以攔省的書珊城後，再流入波斯灣的一條河流，但現已改道成爲 Upper Kherkhah，及 Lower Karun 等兩條河，前者經書珊後，即轉向西方沒入沙漠之中，後者則仍流入海。

但　8:2　但以理説；我見了異象的時候，我以為在以攔省書珊城宮中，我見異象又如在烏萊河邊，:16 我又聽見烏萊河兩岸有人聲呼叫説，……。

0878-1烏斯(地)　Uz
已耕作之地 Ploughed land
諮詢 Consultation

●烏斯是閃之孫，亞蘭之長子，他的發源地的位置不詳。有可能是今日約旦國中部的 Jebel ed Drus 山之南麓，名叫 Wadi Sirhan 河的流域中的一處綠洲，長約 340 公里，寬約 33 公里，其中心是 Azraq 城，位於首都阿曼之東約 82 公里，有三條主要的公路由此分出，是一交通重要的孔道，農產品亦很豐富。也有學者認爲是在大馬色之南，巴珊東部的浩蘭山。有可能與約伯所居的烏斯同爲一地。但都沒有充分之證據。

創　10:23　閃之孫，亞蘭之長子烏斯及其後裔所之地區和族名。

0878-2烏斯(地) Uz

●位置不詳，傳統認爲是在約但河的東岸某處。七十士譯本的附錄說，烏斯是在以東和亞拉伯的邊界，就是在提幔的東方某地。近代大多數的聖經學者同意烏斯是在今日阿拉伯半島的中部，靠近麥地拿城(穆罕默德的墳墓所在地)的阿菲拉克綠洲。

伯　1:1　烏斯地，有一個人名叫約伯，那人完全正直，敬畏神，遠離惡事。

0878-3烏斯（地） Uz

●位置不明。如按由埃及往東排列的秩序，應是在埃及和非利士地之間。亦可能是 0878-1 中的烏斯。

耶　25:20 預言受災之列國中有烏斯地的諸王。

0878-4烏斯（地） Uz

●此一地名似指以東的一個地區，或者是以東的屬地或殖民地，也可能是烏斯 0878-1，但均無充分的證據。

哀　4:21 預言以東遭報，說，住烏斯地的以東民哪，只管歡喜快樂，苦杯也必傳到你那裡，你必喝醉，以致露體。

0879　烏瑪　Ummah
社區 Community

●位置不明。有學者認為就是亞柯，如是亞柯，則是 T.el-Fukhkhar，位於亞柯灣西北之尖端上。餘請參見 0491 條之說明。

書　19:30 亞設支派在其中部所得之一城。

0880　烏薩　Uzal
遊行者 Wanderer

●烏薩是閃的第五代孫，約坍的第六子，他的最初的領地可能是現在葉門的首都 Sana 城及四週之地，位於阿拉伯半島的東南角。也有可能是在麥加大城的附近，名叫 Azalla 的地區，今日仍以生產鐵而聞名。

創　10:27，代上1:21
　　　　閃的第五代孫，約坍的第六個兒子烏薩及其後裔所居之地區名。

0881　烏羨舍伊拉　Uzzen-sherah
舍伊拉之耳 Ear of Sherah

●位置不明，應該是在上下伯和崙的附近。

代上 7:24 比利亞的女兒舍伊拉，就是建築上伯和崙，下伯和崙和烏羨舍伊拉的。

0882　特庇　Derbe
刺 Sting，硝皮匠 Tanner，杜松 Delbeia

●Kerti Huyuk，位於大數以西約 130 公里，路斯得以東約 92 公里，加拉太省的邊境。在當時可能是個相當重要的邊城和軍事據點。

徒　14:20，16:1
　　　　保羅曾兩次到特庇傳道。
徒　20:4 和保羅一同到亞西亞傳道的有特庇人該猶和提摩太。

0883　特拉（人）　Tirathites
大門 Gate，養育者 Nourishers

●位置不明，也可能是一族名。

代上 2:55 基列耶琳的諸族中，有住雅比斯眾文士家的特拉人，示米押人，蘇甲人，這些都是基尼人利甲家之祖哈末所生的。

0884　特米拉　Tel Melah
鹽山 Hill of salt

●位置不明，無從查考，可能是以色列人被擄到巴比倫時開墾的一個城市。

拉　2:59 首批回歸的猶大人中，從特米拉等城上來的，不能指明他們的宗族譜系，是以色列人不是，他們是第來雅，多比雅，尼哥大等人的子孫，共六百五十二名。
尼　7:61 內容與前節同，但人數為六百四十二人。

0885　特哈薩　Tel Harsha
森林的山 Hill of wood land
人造的土丘 Mound of workmanship

●位置不明，無從查考，可能是以色列人被擄到巴比倫時開墾的一個城市。

拉　2:59 首批回歸的猶大人中，有從特米拉，特哈薩等城上來的，不能指明他們的宗族譜系，是以色列人不是，他們是第來雅，多比雅，尼哥大等人的子孫，共六百五十二名。
尼　7:61 與前節同，但人數為六百四十二人。

0886　特羅亞　Troas
特洛伊的平原 Plain of Troy

●位於今日土耳其的西北角，韃旦海峽的出口處，面對著小島 Tenedos，是亞歷山大大帝的嗣王安提古奴於 300 BC 前後所擴建，其全名是亞歷山大特羅亞，但一般僅簡稱特羅亞。它是一個典型的希臘城市，因其位置控制了黑海進入地中海的咽喉，而且是羅馬帝國軍事大道 Agnatian Way，自馬其頓渡海來到亞西亞的登陸點，有定期船隻航行歐亞兩洲，所以它在軍事和商業上都是非常重要的據點。該城距撒摩特喇約 100 公里，距腓立比約 210 公里，亞朔在其南，步行約有 30 公里，又希臘荷馬史詩中的特洛伊 Troy，是在其北方約 34 公里，今日名叫 Ilium 的廢墟上。

徒　16:8 保羅和西拉等從路司得，經弗呂家，加拉太一帶，又越過每西亞，下到特羅亞去，在特羅亞，保羅得到異象，一個馬其頓人求他去幫助，於是他們從特羅亞開船，一直到撒摩特喇。
徒　20:5 有七個人與保羅同去亞西亞，並先走在特羅亞等候，過了除酵的日子，保羅等才從

腓立比開船前往，五天後就到了特羅亞，在特羅亞聚會擘餅的時候，有一個少年人，名叫猶推古的，因睡著了，從三樓掉下去就死了，保羅將他救活。

徒　20:13　保羅自特羅亞步行去亞朔，其他的人則乘船前往。

林後　2:12　保羅說，「我從前為基督的福音到了特羅亞，主也給我開了門，那時因為沒有遇見兄弟提多，我心裡不安，便往馬其頓去了」。

0887　特拉可尼 Trachonite
崎嶇之地
Rugged places，Rough or hilly region

●是新約時代猶太王國的一個省，位於大馬色之南，疆域大約是和巴珊相似，西方以約但河，呼烈湖和加利利湖與加利利為鄰，北接敘利亞，南接低加波利，東方是阿拉伯大沙漠，除西方之外，疆界皆難以查明，境內多火山及岩漿地層，土地十分的肥沃，水源也足夠，至今仍舊是一個豐饒的農產和蓄牧區。區內又分成哥蘭里特，巴但尼亞和俄蘭里特三地，在主前34 至 4 年由大希律直接統治，後來交給他的兒子腓力管理，直到主後34 年。餘請參見 0032條的說明。

路　3:1　腓力作以土利亞和特拉可尼地方分封的王。

0888　益弗他 Jiphtah
他要開啟 He will open

●Tarqumiyeh，位於希伯崙西北方約 10 公里，伯示麥之南約 20 公里，栽他谷以東。

書　15:43　猶大支派所得，高原第三組的九座城中的一座。

0889　秦國 Sinim

●因往日西洋稱中國為秦 Sinae，故以往中文聖經概直接譯作秦國，但近世的學者卻認為是當時埃及的最南境，以 Aswan 為主的地區更為合理，所以在 TEV 及 NIV 中希尼譯作 Aswan。所以中文聖經似應修正之。請參看 色弗尼0298 條之說明。

賽　49:12　先知預言耶和華將施恩至於地極，那日有從遠方來，從秦國來的(秦原作希尼)。

※同結 29:10 中的色弗尼 Syene 0298。

0890　訓 Sin
堡壘 Fortress，泥濘 Mire，荊棘 Thorn

●T.Farama 廢墟，位於埃及的東北尖端上，埃及通往巴勒斯坦沿海大道的北側，此處設有碉堡和重兵，歷史上有許多重大的戰爭，都是在此發生。此城且以產酒和麻布著稱。後來希臘人稱之為 Pelusium。

結　30:15　主耶和華說，我必將我的忿怒倒在埃及的保障上，就是訓上，並要剪除挪的眾人，我必在埃及中使火著起，訓必大大痛苦，挪必被攻破，挪弗白日見仇敵。

0891　馬雲人 Maonites
住所 Residence，巢穴 Den

●位置不明。有可能是的米烏利人 Meunites，也有可能是米甸人，都是以東地東方和東南方的民族。不太可能是指伯利恆以南的瑪雲 Maon 地區的人。

士　10:12　耶和華說，西頓人，亞瑪力人，馬雲人，也都欺壓你們，你們哀求我，我也拯救你們脫離他們的手。

0892　馬其頓(省) Macedonia
擴張 Extended

●新約時代的馬其頓是羅馬帝國的一個省，大約是今日希臘的北半部，和阿爾巴利亞、南斯拉夫兩國的南部地區，盛產木材及貴重金屬。大約是在主前七世紀起，逐漸興盛，從希臘王腓力二世 359 BC 即位，才成為一個大的王國，待亞歷山大大帝在短期內併吞了波斯帝國，並且更擴大其疆土，建立了史無前例的大帝國，但在亞歷山大大帝去世後，國土分裂成為四個帝國，其中一個就是馬其頓，至 167 BC 則被羅馬帝國所滅，成為羅馬帝國的一省，當時羅馬帝國的軍事大道，自其西岸連接來自意大利半島的 Appain Way，經馬其頓境內的大城地拉金、比拉、帖撒羅尼迦、亞波羅利亞、暗非波利、腓立比、尼亞波利、再渡海到達亞西亞的特羅亞，所以此地實在是東西方的橋樑，對福音的傳播具有極大的供獻。

徒　16:8　保羅在特羅亞得到異象，就從特羅亞開船一直行經撒摩特喇，尼亞波利到腓立比，就是馬其頓這一方的頭一個城。

徒　18:5　西拉和提摩太從馬其頓來的時候。

徒　19:21　保羅心裡定意，經過了馬其頓，亞該亞，就往耶路撒冷去。

徒　19:29　眾人拿住與保羅同行的馬其頓人該猶和亞里達古。

徒　20:1　亂定後，保羅就往馬其頓去，走遍了那一帶地方，然後來到希臘。

羅　15:25　因為馬其頓和亞該亞人樂意湊出捐項，給耶路撒冷聖徒中的窮人。

林前 16:5　我要從馬其頓經過，既經過了，就要到你們那裡去。

林後 1:16　也要從你們那經過到馬其頓去，再從馬其頓回到你們那裡。

林後 2:13　保羅在特羅亞沒有遇見提多，就往馬其頓去了。

林後 7:5　我們從前到了馬其頓的時候，身體也不得安寧，周圍遭患難，外有爭戰，內有懼怕。

林後 8:1　我把馬其頓眾教會的恩告訴你們，就是他們在患難中，受大試煉的時候，仍有滿足的快樂，在極窮之間，還格外顯出他們樂捐的厚恩。

林後 9:2　保羅對馬其頓人誇獎亞該亞信徒的熱心。

帖前 1:7　保羅誇獎帖撒羅尼迦人說，他們作了馬其頓和亞該亞，所有信主之人的榜樣。

提前 1:3　保羅往馬其頓去的時候，曾勸提摩太仍住在以弗所，好囑咐那幾個人，不可傳異教。

0893　馬加丹　Magadan
塔 Tower，偉大 Greatness

●Mejdel，位於加利利海西岸中段，迦百農城西南約 8 公里，今日的提比哩亞城之西北約 4.4 公里，靠近現今的 Migdal 城。當時城在湖邊，大約是建於主前一世紀，是一個良好的漁港，漁業發達，並有醃魚出口，又因地處南北向的國際大道上，又有支線通往拿撒勒城，所以在提比哩亞城尚未興盛前，無疑是加利利海一帶最大之城市。此城曾是北方地區猶太人反抗羅馬人的中心，後被羅馬人屠城毀港，日後並未恢復往日之繁榮，但仍然是猶太人聚集的中心之一。如今因泥沙沉積離湖漸遠而沒落。

太　15:39 耶穌在靠近加利利海邊的山上為人們治病，又用七個餅和幾條小魚給四千人吃飽後，就上船來到馬加丹的境界。

※同可 8:10 中的大馬努他 Dalmanutha 0011。
※可能同太 27:56 中的抹大拉 Magdalene 0652。

0894　馬利迦巴　Maareh-geba
基比亞之草原(基比亞的希伯來文中是迦巴) Meadow of Gibeah

●位置不明，應是在迦巴城的附近，或者就是迦巴城。

士　20:33 以色列人征伐基比亞的便雅憫人之時，在巴力他瑪擺陣，又有伏兵從瑪利迦巴埋伏的地方衝上前去。(在 RSV 中是「迦巴之西」，在 TCV 中是「迦巴的四週」)。

0895　高大　Clauda
可悲的 Lamentable

●Gozzo，位於今日克特利島西南方近海中的一個小島，在佳澳的西南西方，現今島上人煙稀少，僅有三十餘戶人家。

徒　27:16 保羅的船原要到非尼基，但被風吹去，貼著一個名叫高大的小島，背岸奔行。

0896　側耳　Zer
窄路 Narrow defile，火石 Flint

●位置不明，似應在加利利湖之西，西丁和哈末的中間。

書　19:35 拿弗他利支派所得為業的十九座堅固城之一。

0897　勒撒　Rissah
蹂躪 Devastation
一處廢墟 A ruin，浸濕 Moistening

●位置不明，無從查考。有可能是 Kuntilet el-Jerafi。

民　33:21 以色列人從立拿起行，安營在勒撒(出埃及後的第十八個安營處)，然後再前往基希拉他。

0898　匿珊　Nibshan
富地 Rich land，火爐 Furnace

●Kh.el-Maqari，位於死海北端西岸，伯利恆以東約 16 公里，耶利哥城以南約 21 公里，汲淪溪 Brook Kidron 下游的北岸。

書　15:62 猶大支派在曠野中所得為業的六座城之一。

0899　基尼(人)　Kenites
鐵匠 Smiths，Metalworkers
屬於基的 Belonging to Ken

●基尼人散居迦南各地，他們主要的集中地是死海西南岸附近的地區，其地乾旱多山丘，他們是半遊牧民族，但亦到各礦區以打造銅鐵器為業，他們世代均與以色列人保持友好的關係。

創　15:19 耶和華與亞伯蘭立約，要將基尼人等十族人之地，賜給他的後裔。

民　24:21 巴蘭觀看基尼人，就題起詩歌說，你的住處本是堅固，你的窩在巖穴中，然而基尼必至衰微，直到亞述把你擄去。

士　1:16 摩西的內兄是基尼人，他的子孫與猶大人一同離了棕樹城，往亞拉得以南的猶大曠野去，就住在民中。

士　4:11 摩西岳父，何巴的後裔基尼人希百，曾離開基尼族，到靠近基低斯撒拿音的橡樹旁，支搭帳棚。

士　4:17 基尼人希百的妻子雅億，取了帳棚的橛子，將夏瑣王耶賓的將軍西西拉殺死。

撒上 15:6 掃羅對基尼人說，你們離開亞瑪力人下去罷，恐怕我將你們和亞瑪力人一同殺滅，因為以色列人出埃及的時候，你們曾恩待他們，於是基尼人離開亞瑪力人去了。

撒上 27:10 大衛告訴非利士王亞吉說，他去侵奪了猶大，耶拉篾和基尼等地的南方。

撒上 30:29 大衛追殺亞瑪力人回到洗革拉之後，從掠

物中取些送給基尼各城，和南方各地的朋
友，他素來所到之處的人。

代上 2:55 住雅比斯眾文士家的特拉人，示米押人，
蘇甲人，這些都是基尼人利甲家之祖哈末
所生的。

0900　基失　Chesil
愚人 Fool

●Kh.er-Ras，位於別是巴的北方約 10 公里，希伯崙西
南約 32 公里，西緬支派地業的東境。也可能是 Kh.el-
Qaryatein，位於亞拉得之北約 8 公里。

書　　15:30 是猶大支派在儘南邊所得為業的二十九座
城中的一座。

※即是書 19:4 中的比土力 Bethul 0075。

※同代上 4:30 中的彼土利 Bethuel 0622，在日後分歸
西緬支派為業。

※同撒上 30:27 中的伯特利 Bethel 0364-3，大衛王曾贈
禮物給該地之人，因他們素有往來。

0901　基立(溪)　Cherith
峽谷 Gorge，濠溝 Trench
一開鑿之物 A cutting

●Wadi al Yabis 小溪，又稱為雅比河，是約但河在基列
地的支流，自東往西流入約但河，其出口處在加利利
湖之南約 35 公里，長約 25 公里。其北岸有提斯比和
基列雅比城。但是在中世紀的傳統中，認為基立溪是
約但河以西的 Wadi Kelt，即是耶利哥城北側的一條旱
溪，在耶利哥城西方約五公里溪畔，北岸的峭壁上，
有一座名叫 Monastery of St.George的修道院，其上方
有一石窟，相傳是先知以利亞藏身之處，石窟旁有一
個小聖堂，即是為紀念以利亞而建。

王上 17:3 耶和華對以利亞說，你離開這裡，往東
去，藏在約但河東邊的基立溪旁，你要喝
那溪裡的水，我已吩咐烏鴉在那裡，早晚
叼肉和餅來供養你。

0902-1基多(地)　Gedor
水井 Well

●位置無從鑑定，應是在西緬地業的東邊。

代上 4:39 西緬的後代往平原東邊的基多口去，尋找
放牧羊群的草場，尋得肥美的草場地，又
寬闊，又平靜，從前住在那裡的是含族人
及米烏利人。

0902-2基多(人)　Gedor

●Kh.Jedur，位於希伯崙以北約 12 公里，伯利恆西南
約 13 公里。

代上 12:7 大衛的勇士猶拉和西巴第雅是基多人。

※同書 15:58 中的基突 Gedor 0911，是猶大支派所得之

一城。其英文名亦相同。

0903-1基色　Gezer
陡峭的 Steep，一份 A portion

●Jezar [T.Gezer]，位於耶路撒冷西北西方約 31 公里，
約帕東南約 27 公里，亞雅崙谷進入沿海平原的出口
處，地勢險要，視野極佳，有兩條大道通過此間，一
條是沿海大道，一條是由約帕到耶路撒冷，極具有軍
事和商業上的重要性，足以控制西南面的非利士平
原，它曾是非利士人最東的城邑和據點。考古的工作
自 1902 年開始，直到 1974 年，根據考古的報告，基
色和其附近地區，早於主前四千年的銅石時代已有人
類居住，在早銅一期為非閃族的人攻佔，建有古廟一
座和一些皇家的墳墓，他們有焚燒死人的風俗，初銅
二期至五期(3000 BC)，閃族收復基色，並建設最初的
城牆，中銅和晚銅一期(1900 至 1300 BC)，迦南人將基
色發展得相當的繁榮，當時建築了一條厚達3公尺的城
牆環繞全城，上建方塔，頗為壯觀，並立有十支石
柱，城區地下40餘公尺處，鑿有一座可容兩百萬加侖
的蓄水池，又有一條穿過堅硬岩石的引水隧道，可把
泉水導入蓄水池中，隧道長約 65 公尺，高約 7 公尺，
寬約 4 公尺，比地面低了30餘公尺，工程十分浩大。
最珍貴的是發現了著名的基色日曆(Gezer Calender)，
是在掃羅及大衛時代中，非利士人的全年農耕時序，
在基色出土屬此時期的器物顯示，該地在 1500 BC 前
後，是屬於埃及所有，在主前十四世紀時，對埃及具
有相當重要的軍事價值。在主前二世紀，馬加比時代
中，基色是他們的重要據點，建築了堡壘和一座哈摩
尼皇宮，正當欣欣向榮之際，基色忽然沒落，該區中
心地位移往 Nicopolisi (以馬忤斯)之後，就不再有基色
之史料。今日的基色是一個荒蕪之地，只有一個集產
農場在那裡開墾，農場建於 1945 年，成員僅有八十餘
人而已。

書　　10:33 約書亞攻打拉吉時，基色王荷蘭上來幫
助，約書亞就將他和他的民都擊殺了，沒
有留一個。

書　　12:12 約書亞所擊殺迦南地的三十一個王中的一
個。

書　　16:3 約瑟子孫所得之地的境界中的一段是，到
下伯和崙的境界，直到基色，通到海為
止。

書　　16:10，士 1:29
以法蓮的子孫沒有趕出住在基色的迦南
人。

書　　21:21，代上 6:67
利未支派的哥轄族，從以法蓮的城邑中，
得到基色及其屬城的郊野為地業。

撒下 5:25，代上 14:16

大衛在利乏音谷擊敗非利士人之後，就遵
照著耶和華所吩咐的去行，攻打非利士
人，從迦巴直到基色。

王上 9:15　埃及王法老上來攻取基色，用火焚燒，殺
了城內居住的迦南人，將城賜給他女兒，
所羅門的妻作妝奩，所羅門王就建造基色
城。

代上 7:28　是以法蓮後裔所居之一個城邑。

代上 20:4　後來大衛在基色與非利士人打仗，西比該
殺了偉人的一個兒子細派，非利士人就被
制服了。

※同撒下 21:18 中的歌伯 Gob 1101。

0903-2基色（人）Girzites

●該族人所居之地的位置不明，按此處之說明，應該是
在埃及東邊的書珥曠野。

撒上 27:8　大衛在洗革拉時，侵奪基述人，基色人，
亞瑪力人之地，這幾族歷來住在那地，從
書珥直到埃及。

0904-1基列（山，地）Gilead
多石的 Rocky，崎嶇的 To be rough

●基列山是約但河東的一條山脈，基列地是指山脈所涵
蓋之地，所以兩者是相同的一個地區。它位於亞捫以
西，巴珊以南，希實本以北，雅博河從中將其分為南北
兩半，全區南北全長約 85 公里，寬約 30 至 45 公里，
平均高度約900公尺，最高之處在雅博河的南北兩岸，
都是高在1500公尺的山嶺。西側的山坡陡峭，鄰接約但
河谷，東部的坡度就平緩得多，全區計有十餘條河流自
東往西流，所以地勢相當的崎嶇破碎，但土地肥沃，水
源尤其充沛。在約書亞時代，是屬於迦得和瑪拿西東半
支派的領土。直到大衛王時，森林仍然茂密，當時城市
也不多，主要作物為畜牧，少有耕作，自古就有君王大
道從其間由南向北穿過，為其帶來財富。在新約時代，
土地已大量開發，羅馬帝國的低加波利省和比利亞就是
在基列地，建有七個以上希臘化的大城，都是興盛富有
的大都市，足證其富庶之一般。

創 31:21　雅各帶著所有的，背著亞蘭人拉班逃跑
了，他起身過大河，面向基列山行去，拉
班隨後帶人追趕，追了七日，在基列山就
追上了。

創 37:25　雅各的眾子，將其弟兄約瑟賣給一夥從基
列來，用駱駝馱著香料，乳香，沒藥，要
帶到埃及去賣的以實瑪利人。

民 32:1　流便和迦得子孫的牲畜，極其眾多，他們
看見雅謝地和基列地，是可牧放牲畜之
地，就要求摩西給他們為業。

民 32:39　瑪拿西的兒子瑪吉，他的子孫往基列去，
佔了那地，趕出那裡的亞摩利人，摩西就
將基列賜給瑪吉，瑪拿西的孫睚珥，去佔

了基列的村莊，就稱這些村莊為哈倭特睚
珥。

申 2:36　約書亞攻取了亞嫩谷邊的亞羅珥，和谷中
的城，直到基列。

申 3:10　約書亞攻取了平原的各城，基列全地，直
到撒迦和以得來，都是巴珊王疆國內的城
邑。

申 3:12　從亞嫩谷邊的亞羅珥起，約書亞將基列山
地的一半，並其中的城邑，都給了流便人
和迦得人，其餘的基列地和巴珊全地，給
了瑪拿西半支派。又將基列給了瑪吉，從
基列到亞嫩谷，以谷中為界，直到亞捫人
的交界的雅博河，給了流便人和迦得人。

書 12:2　原來基列的一半是屬亞摩利王西宏，一半
是屬亞摩利王噩。

書 13:24，17:1
摩西將雅謝和基列的各城給了迦得，基列
的一半，並亞斯他錄，以得來給了瑪拿西
的兒子瑪吉的一半子孫。

士 5:17　女士師底波拉和巴拉所作的歌中說，基列
人安居在約但河外。（因為他們未參加抵抗
夏瑣王耶賓的戰爭）

士 11:1　基列人耶弗他是個大能的勇士，基列的長
老請他作基列一切居民的首領，好與壓迫
他們的亞捫人爭戰。12:7 耶弗他作以色列
的士師六年，基列人耶弗他死了，葬在基
列的一座城裡。

士 12:3　士師耶弗他招聚基列人與以法蓮人爭戰，
因以法蓮人未參加與亞捫人的爭戰，又說
你們基列人在以法蓮，瑪拿西中間，不過
是以法蓮逃亡的人。基列人把守約但河的
渡口，殺了以法蓮人四萬二千名。

士 20:1　基列地的眾人也參加討伐便雅憫人的戰
爭，聚集在米斯巴。

撒下 2:9　掃羅的元帥押尼珥，將掃羅的兒子伊施波
設，帶到瑪哈念，立他作王，治理基列，
亞書利，耶斯列，以法蓮，便雅憫和以色
列眾人。

撒下 17:26　押沙龍和以色列人安營在基列地。

撒下 17:27　當大衛避押沙龍，到了瑪哈念時，基列的
羅基琳人巴西萊，帶著食物和日用品來供
應他。

撒下 24:6　約押奉命點數以色列人和猶大人時，曾到
了基列。

王上 4:19　所羅門王的十二個行政區中，第十二個是
基列地，就是從前亞摩利王西宏和噩之
地，有基別一人管理。

王上 17:1　先知以利亞，是基列寄居的提斯比人。

王上 22:3，王下 8:28，代上 6:80，代下 18:2，22:5
均是「基列的拉末」。

王下 10:33　在那些日子，耶和華才割裂以色列國，使
哈薛攻擊以色列的境界，乃是約但河東，
基列全地，從靠近亞嫩谷邊的亞羅珥起。

代上 2:21　希斯崙娶了基列父親瑪吉的女兒，瑪吉的

女兒生西割，西割生睚珥，睚珥在基列地
有二十三個城邑，後來基述人和亞蘭人，
奪了睚珥的城邑。

代上 5:16　迦得的後裔住在基列，與巴珊的鄉村，並
沙崙的郊野，直到四圍的交界。

代上 26:32　大衛作王第四十年，在基列的雅謝，從這
些族中，尋得大能的勇士。

代上 27:21　為大衛管基列地瑪拿西那半支派的是易
多。

耶　8:22　在基列豈沒有乳香呢？

耶　46:11　埃及的民哪，可以上基列取乳香去，你雖
多服良藥，總是徒然，不得治好。

結　47:18　以西結所預言以色列的東界是，在浩蘭，
大馬色，基列，和以色列地的中間，就是
約但河。

摩　1:3　先知說，大馬色因他以打糧食的鐵器打過
基列，我必不免去他的刑罰。

摩　1:13　先知說，亞捫人因為他們剖開基列的孕
婦，又擴張自己的境界，我必不免去他的
刑罰。

俄　19　先知說，便雅憫人必得基列。

亞　10:10　先知預言說，主必再領他們出埃及地，出
亞述，領他們到基列和利巴嫩，這地尚不
夠他們居住。

0904-2基列（人）Gilead

●此一基列人是瑪拿西支派中的一族，而且是定居在
基列和巴珊地中，但位置不明。

民　26:29，36:1
基列是瑪拿西之孫，瑪吉之子，屬他的是
基列族，基列的眾子有：伊以謝族，希勒
族，亞斯烈族，示劍族，示米大族和希弗
族等。

士　10:3　基列人睚珥興起，作以色列的士師二十二
年，他有三十個兒子，有三十座城邑，叫
作哈倭特睚珥，都是在基列地。

0904-3基列（城）Kirjath
城邑 City

●Deir el-Azhar[T.Qiryat yearim]，即是基列耶琳，位於
耶路撒冷以西約 13 公里，基遍西南約 9 公里。是今日
由耶路撒冷往臺拉維夫路上一個繁榮的城鎮。請參看
0954 條。

書　18:28　便雅憫支派所得為業的第二組中的十四座
城之一。

※同書 9:17 中之基列耶琳 Kirijath-jearim 0954。

0904-4基列（山）Mount Gilead

●位置不明。有可能是哈律泉附近的一座不著名的小
丘，亦可能是耶斯列平原東南的基利波山。

士　7:3　士師基甸在哈律泉旁安營，米甸營在他們
北邊的平原，靠近摩利岡，耶和華令基甸
宣告說，凡懼怕膽怯的，可以離開基列山
回去，於是有二萬二千人回去，只剩下一
萬人。

0904-5 基列（城,地）Gilead

●位置不明。不太像是約但河東的基列地，而較似加
利利湖西北方的一個城或地區。

王下 15:29　以色列王比加年間，亞述王提革拉毘列色
來奪了以雲，亞伯伯瑪迦，亞挪，基低
斯，夏瑣，基列，加利利和拿弗他利全
地，將這些地方的居民，都擄到亞述去
了。

0904-6基列（城）Gilead

●是以法蓮支派的一個城，但位置不明。

何　6:8　基列是作孽之人的城，被血沾染，強盜成
群。

何　12:11　先知責以法蓮時說，基列人沒有罪孽麼，
他們全然是虛假的。

0905　基亞 Giah
水泉的源頭 Fountain head
發出 To break forth

●位置不明。應該是在基遍的附近。

撒下 2:24　約押追趕押尼珥，到了通基遍曠野的路
旁，基亞對面的亞瑪山。

0906　基帖 Gether
懼怕 Fear

●基帖是閃之孫，亞蘭的第三個兒子，他最初領土的
位置不明，有人認為是在 Bactria，即今日阿富汗的東
北部。

創　10:23，代上 1:17
閃之孫，亞蘭的第三子，基帖所居之地區
及族名。

0907　基順（河）Kishon
彎曲的 Crooked，堅硬的地面 Hard ground
使入陷阱者 Ensnarer

●Nahr el-Muqatta [Nahal Qishon] 小河，發源於基利波
山之西和撒瑪利亞山區之北，走向呈西北向，沿迦密
山之東北麓，向西北方流入亞柯灣之南岸，全長約 60
公里，主要是排除迦密山和米吉多平原中之雨水，在
旱季時，除在尾端之十餘公里中僅有涓涓細流之外，
上流則乾涸如同旱溪，又因河床很窄而坡降很大，在
冬季則會成為急流，尤其是在大雨時，就會使下流泛

濫成災。沿河有夏羅設、約念、米吉多、他納等大城。

士	4:7	夏瑣王的將軍西西拉，就聚集了所有的鐵車九百輛，和跟隨的全軍，從外邦人的夏羅設出來，到了基順河，耶和華使西西拉和他一切車輛潰亂，在巴拉面前被刀殺敗。
士	5:21	底波拉作歌説，基順古河，把敵人沖沒。
王上	18:40	先知以利亞令人拿住巴力的先知，不容一人逃脱，又帶他們到基順河邊，在那裡殺了他們。
詩	83:9	求你待他們如待米甸，如在基順河待西西拉和耶賓一樣。

0908　基阿（島）　Chios
開啓 Open
骰子投得不幸 An unlucky thrown of dice

●Khios 島，位於小亞細亞西方的海中，距海岸約 8 公里，島長寬各約 48 及 25 公里，首府也叫 Khios，位於士每拿之西約 100 公里，米推利尼以南約 85 公里，撒摩北方約 80 公里，島的土質貧瘠多石，盛產白石及陶土，民以漁農為生，生產的酒甚為出名。是希臘最著名的歷史詩人荷馬的故鄉，故島上的文學和藝術的氣氛濃厚。

| 徒 | 20:15 | 保羅從米推利尼開船，次日到了基阿的對面，又次日在撒摩靠岸。 |

0909-1基抹　Chemosh

●位置不明。應是在摩押之境內，因基抹是摩押人所拜的神名，故常以基抹代表摩押。在 TCV 及 TEV 中是「拜基抹的人 Worshippers of Chemosh，The people who worship- ped Chemosh.」故可能並不是一個地名。

| 民 | 21:29 | 作詩歌的説，摩押阿，你有禍了，基抹的民哪，你們滅亡了，基抹的男子逃奔，女子被擄，交付亞摩利王的王西宏。 |
| 耶 | 48:46 | 先知的預言説，摩押阿，你有禍了，屬基抹的民滅亡了，因你的眾子都被擄去，你的眾女也被擄去。 |

0909-2基抹　Chilmad

●位置不明。無從查考。

| 結 | 27:23 | 論推羅説，哈蘭人，伊甸人，示巴的商人和亞述人，基抹人，與你交易。 |

0910　基柄　Gebim
水溝 Ditches，樑木 Beams，蝗蟲 Locusts

●位置不明。可能位於耶路撒冷東北，亞拿突與挪伯之間。也有人認為是 Kh.ed-Duweir，亦有學者說是 Bath el-Battash，但理由皆不足。

| 賽 | 10:31 | 先知預言亞述將進攻耶路撒冷説，基柄的居民逃遁。 |

0911　基突　Gedor
牆 A wall，籬笆 Fencing

●Kh.Jedur，位於希伯崙以北約 12 公里，伯利恆西南約 13 公里。

| 書 | 15:58 | 猶大支派所得為業之一城，是山地第四組六座城之一。 |

※可能與代上 12:7 中之基多 Gedor 902-2 為同一地。

0912　基珥　Kir
牆 Wall

●el-Kerak，是約旦今日的一個大城，位於底本以南約 36 公里，亞珥之南約 11 公里，漓三半島以西約 20 公里，城建在一高地上，標高約 1100 公尺，四週又有山嶺圍繞，故難攻易守，曾經是摩押王國的京城，其城堡和城牆都築造得十分堅固雄壯，自今仍保留了大部份。古代的君王大道經過此處，今日則有一條東西向的公路通過，所以自古就是一個極具商業和軍事價值的重鎮。

| 賽 | 15:1 | 先知預言説，一夜之間，摩押的基珥，變為荒廢，歸於無有。 |

※同王下 3:25 中的吉珥哈列設 Kir-haraseth 0250，是摩押的首府，摩押王曾在其城牆上，將他的長子獻為燔祭。

0913-1基述（國）　Geshur
橋 Bridge，傲慢的旁觀者 Proud beholder

●位於加利利海東岸，國境甚小，東南兩面皆與瑪拿西支派之地為鄰，其北則是瑪迦國，均在巴珊之西部，三者的邊界皆不明確。是一個屬於亞蘭人所統治獨立的小王國，早自亞摩利人的王國佔領巴珊以前就已存在，而且經約書亞時代直到大衛王年間，都能保持獨立。

申	3:14	瑪拿西的子孫睚珥，佔了亞珥歌伯全境，直到基述人和瑪迦人的交界。
書	12:5	以色列人在約但河東擊殺亞摩利二王，疆王所管之地，是黑門山撒迦，巴珊全地，直到基述人和瑪迦人的境界。
撒下 3:3，代上 3:2		大衛的妻子瑪迦是基述王達買的女兒，他生了押沙龍。
撒下	13:37	押沙龍殺了他的弟兄暗嫩之後，就逃往基述王達買那裡去躲避，在那裡住了三年。
撒下	14:23	約押經大衛的同意，將押沙龍自基述帶回到耶路撒冷。
代上	2:23	後來基述人和亞蘭人，奪了睚珥的城邑，

並基納和其鄉村，共六十個。

0913-2基述(人) Geshuri

●基述人所居之地區，大約是在巴勒斯坦南部，靠近西奈半島，但確實的位置無從查考。

書　13:2　約書亞年邁時，還有許多未得之地，其中有基述人的全地。

撒上 27:8　大衛在洗革拉時，常去侵奪基述人，基色人，亞瑪力人之地，這幾族歷來住在那地，從書珥直到埃及。

0914　基拿　Kinah
輓歌 Lamentation，Dirge

●位置不明，應在南地之境內。可能是 Kh.Taiyib [H.Tov]，位於別是巴以東約 30 公里，希伯崙以南約 22 公里，Wadi el Keini 的源頭，是原屬於基尼人之地。

書　15:22 猶大支派在儘南邊所得為業的二十九座城之一。

0915　基倫　Kitron
多結的 Knotty，煙燻器 Fumigative
香爐 Incense-burner

●位置不明。但應在該支派地業的境內，有可能是 Kh.Quteineh 廢墟。

士　1:30　西布倫支派的人沒有趕出原來住在基倫的迦南人。

※同書 19:15 中的加他 Kattath 0165，是西布倫支派所得為業的一城。

0916-1基訓(河) Gihon
飛濺，湧泉Gushing fountai
河流Stream，忽然發出
併發Breaking forth

●位置不明。學者們有許多不同之建議，諸如：底格里斯河的一個支流，非洲的藍尼羅河，黑海南岸的 Choruk 河，裡海東岸的 Araxes 河，發源於撒格羅山脈，流入波斯灣的 Karun 河，發源於撒格羅山脈，消失在底格里斯河以東的平原中的 Kerkha 河，但都沒有充足的理由。在此節中所指之古實，並不是埃及以南的古實，而很可能是指有 Asiatic (Mesopotamian) Cush，即是「亞洲米所波大米的古實」之稱的卡斯 Kassites 族人，此一族人曾在 1800 到 1300 BC 之間統治大部份的示拿地達四百餘年之久，他們的首都是 Der 城，位於底格里斯河之東。再者，古實之子寧錄在示拿地建國，廣義的也可說是古實的國，因此，基訓河較為可能之位置則是底格里斯河東方的某一個支流，詳細說明請參看 0225-1 條。

創　2:13　有河從伊甸流出來滋潤那園子，從那裡分為四道，第二道河名叫基訓，就是環繞古實全地的。

0916-2基訓(泉) Gihon

●基訓泉又名叫處女泉，位於耶布斯城的東邊，汲淪溪之西岸，隱羅結水泉在其南約700公尺，中間隔有小丘，是西羅亞和希西家兩條水道的源頭，早至遠古即是供應耶路撒冷城的主要水源，也可說是城之命脈所在，歷代君王都曾盡力的保護，大衛在此立所羅門為猶大王，必是因為此地有其宗教或歷史上的原因，但未知其詳。希西家王為保護水源和引水入城，就挖鑿了希西家水道，自基訓泉起，向西進入城區之地底，即是俄斐勒山的山腹，挖鑿堅硬的岩石而成，可將水從基訓泉引往西羅亞池，隧道的高約2公尺，長有 542 公尺，迂迴曲折，而最令人驚奇是，雖然是由兩端同時相對施工，卻能夠準確的會合，其技術之高超，就以今日利用精密之測量儀器控制，亦非易事。該水道至今仍有水流出，但卻被隱藏了數百年之久，其設計之匠心獨具，都不能不得使人讚佩不已。

王上 1:33　大衛令所羅門在基訓受膏，接續他作猶大和以色列的君王。

代下 32:30 亞述王西拿基立定意要攻打耶路撒冷，猶大王希西家就先塞住基訓的上源，引水直下，流在大衛城的西邊。

代下 33:14 猶大王瑪拿西從巴比倫被釋放回耶路撒冷之後，就在大衛城外，從谷內基訓西邊，直到魚門口，建築城牆，環繞俄斐勒，這牆築得甚高。

0917　基納　Kenath
所有物 Possession

●Qanawat，位於基列的拉末東北方約 66 公里，以得來東北方約 54 公里，加利利海的正東方約 99 公里，巴珊的東境，浩蘭山之北麓，其地勢甚高。

民　32:42 瑪拿西的子孫挪巴去佔了基納和基納的鄉村，就按自己的名稱基納為挪巴。

代上 2:23　後來基述人和亞蘭人，奪了睚珥並基納和其鄉村，共六十個。

※挪巴 Nobah 0857-1。

0918　基孫人　Gizonite
剪羊毛的人 Shearer，採石匠 Quarryman

●位置不明，也許是一族名。

代上 11:34 大衛王的勇士哈深的眾子是基孫人。

0919　基悉　Chezib
虛偽的，欺騙的 Deceptive

失望，挫折 Disappointing

●T.el-Beida [H.Lavnin]，位於希伯崙西北方約 18 公里，伯利恆西南約 24 公里，拉吉東北約 13 公里。是一個早鐵器時代(在 1200 BC 前)所建之城鎮。

創 38:5 猶大在基悉之時，他的妻子為他生下第三個兒子，名叫示拉。

※同書 15:44 中的亞革悉 Achzib 0540-1，是猶大支派在高原所得第三組的九座城之一。

※同代上 4:21 中的哥西巴 Chozeba 0832。

0920　基提(島)　Chittim
好鬥者 Bruisers

●基提是雅弗之孫，雅完的第三個兒子，其領土即是今日在地中海東側的塞浦路斯島，在新約中稱為居比路，是地中海東北部的一個大島，現分成南北兩部，北部屬土耳其所有，南部則是塞普路斯共和國。其位於東南岸的大城 Larmaka，古名 Kition，即是古基提城，該島古時也以此為名。島之長度東西長約 160 公里，南北寬約 70 公里，距土耳其及敘利亞海岸各約 100 公里，在早期已是一個海上的貿易中心，出口優良的陶器，島上原始森林茂密，盛產木材、銅及錫礦，該島早期的居民，東南部為腓尼基人，餘為亞蘭人。基提一名，尚可廣義的作地中海一帶的希臘拉丁民族之通稱，如基提界和基提地。

創 10:4，代上 1:7
雅弗之孫，雅完之第三子基提及其後裔所居之地區和族名。

民 24:24 巴蘭之歌說「……人乘船從基提界而來，苦害亞述，苦害希伯」。

賽 23:1 論推羅說，這消息是從基提地得來的。

耶 2:10 你們且過到基提海島去察看，打發人往基達去留心查考。

※同徒 4:36 中的居比路 Cyprus 0605。

0921　基善　Kishion
堅硬 Hardness，堅硬的地面 Hard ground

●Kh.Qasyun [T.Qishyon]，位於伯善西北約 20 公里，米吉多東北約 22 公里，他泊山之南麓。

書 19:20，21:28
原分給以薩迦支派，但後來歸給利未支派的革順族為業之一城。

※同代上 6:72 中之基低斯 Kedesh 0935-3。

0922-1　基遍　Gibeon
小山 Little hill
屬於一個山 Belonging to a hill

●el-Jib，位於耶路撒冷西北約 9 公里，現今耶路撒冷機場的西邊，伯特利西南約 10公里，是亞雅崙谷和伯和崙谷往中央山脈地區的主要隘口起點，城址在一小高原上，地勢險要，是一個工業和軍事重鎮。於 1956 年再次發掘，古老城區有城牆圍繞，出土的有兩堵不同時期所建的城牆。城區的面積約有兩公頃半，重要的發現有古時的大水池和引水隧道，均是在堅硬的岩石中鑿出，水池的直徑約 11 公尺，水池壁有直達底部的螺旋形階梯 79 級，池深約 25 公尺，在其底部有長約 50 公尺的引水隧道，再有 93 級的階梯通到水源處，是一個非凡的供水工程。水池南北兩側有酒廠，已有六十三個酒窖被發現，每個酒窖可容酒四十二罐，每罐可容三十五公升，窖之頂端有石蓋，可使溫度保持在攝氏十八度。

書 9:3 基遍的居民設計欺騙約書亞與他們立約，容他們存活，立約三天之後，以色列人才知道他們是近鄰，以色列人起行，第三天就到了他們的城邑，就是基遍，基非拉，比錄，基列耶琳。

書 10:2 基遍是一座大城，如都城一般，比艾城更大，並且城內的人都是勇士。

書 10:3 因為基遍與以色列人立約，就甚懼怕，於是耶路撒冷等五個亞摩利王，大家聚集，對著基遍安營，攻打基遍，基遍人就向約書亞求救，以色列人在基遍大大的殺敗他們。

書 10:41 約書亞從加低斯巴尼亞攻擊到迦薩，又攻擊歌珊全地，直到基遍，約書亞一時殺敗了這些王，並奪了他們的地。

書 11:19 除了基遍的希未人之外，沒有一城與以色列人講和的。

書 18:25 便雅憫支派所得為業第二組的十四座城之一。

書 21:17 利未支派，哥轄族亞倫的子孫，從便雅憫支派的地業中所取得之一城。

撒下 2:12 掃羅的兒子伊施波設的僕人，從哈瑪念出來，往基遍去，和大衛的僕人，在基遍池旁與他們相遇，互相攻擊，那日的戰事兇猛，以色列人敗在大衛僕人的面前。

撒下 21:1 大衛年間有饑荒，一連三年，耶和華說，這饑荒是因掃羅殺死了基遍人，原來這基遍人不是以色列人，乃是亞摩利人中所剩的，以色列人曾向他們起誓，不殺滅他們。

王上 3:4，王上 9:2，代下 1:3
所羅門王上基遍去獻祭，因為那裡有極大的邱壇，是神的會幕支搭之處，在基遍夜間的夢中，耶和華向所羅門顯現。

代上 8:29，代上 9:35
在基遍住的有利未支派，基遍的父親耶利。

代上 12:4 大衛的勇士以實買雅是基遍人，他管理三十個勇士。

代上 14:16 大衛就遵著神所吩咐的，攻打非利士人的軍隊，從基遍直到基色。

代上 16:40 大衛派祭司撒督，在基遍的邱壇耶和華的帳幕前，燔祭壇上，每日早晚，照著耶和華律法書上所吩咐的，常給耶和華獻燔祭。

代上 21:29 摩西在曠野所造，耶和華的帳幕的燔祭壇，都在基遍的高處，只是大衛不敢前去求問神，因為懼怕耶和華使者的刀。

尼 3:7 基遍人米拉提帶領基遍人參加重建耶路撒冷城邑的工作。

尼 7:25 自巴比倫回歸的人中有基遍人九十五人。

耶 28:1 基遍人先知哈拿尼雅，在猶大王西底家四年五月，妄言被遷之聖器與民必速返，耶利米預言他因向耶和華說了叛逆的話而死，結果先知哈拿尼雅當年七月就死了。

耶 41:21 約哈難聽見以實瑪利所行的一切惡，就帶領他的眾軍長前往，要和以實瑪利爭戰，在基遍的大水池遇見他，結果以實瑪利脫逃到亞捫人那裡去了。

※同拉 2:20 中的吉罷珥 Gibbar 0249。

0922-2基遍(谷) Valley of Gibeon

●位置不明。可能就是在基遍城的附近的亞雅崙谷或是伯和崙谷。

賽 28:21 耶和華必興起，像在基遍谷，好作成他的工，成就他的事，就是奇異的事。

0923-1基頓　Gidom
砍下 Cutting down，　荒涼的 Desolation

●位置不明，應是在基比亞以北，靠近臨門。

士 20:45 以色列人追殺基比亞的便雅憫人，追到基頓，直到臨門磐。

0923-2基頓(禾場)　Chidon
鏢槍，矛 Dart，Spear，盾牌 Shield

●位置不明，可能是 Kh.el-Uz，位於基列耶琳(即是巴拉或巴拉猶大)之東約 1.5 公里，是在往耶路撒冷路上的一個小村莊。

代上 13:6，撒下 6:1
大衛率領以色列人上到巴拉，要將神的約櫃運到耶路撒冷，到了基頓(在撒下 6:6 中作拿艮)的禾場，因為牛失前蹄，烏撒就伸手扶住約櫃，耶和華向他發怒，就擊殺了他，大衛就稱那地方為毘列斯烏撒。

※同撒下 6:6 中的拿艮 Nacon 0844。
※毘列斯烏撒 Perez-Uzzah 0765。

0924　基達　Kedar
黑皮膚 Swarthy，黑 Dark

●其位置難以確定。可能是位於亞捫、摩押和以東等地之東、達莫以南、度瑪之西的沙漠地帶。按創 25:13 所記，基達是以實瑪利的次子，他的後裔是亞拉伯半島北部的大族，其所居之地稱為基達地。在聖經中常作為亞拉伯人的總稱或代表東方人。

詩 120:5 我寄居在米設，住在基達帳棚之中，有禍了。

歌 1:5 耶路撒冷的眾女子阿，我雖然是黑，卻是秀美，如同基達的帳棚，好像所羅門的幔子。

賽 21:16 先知論亞拉伯說，主對我這樣說，一年之內，基達的一切榮耀必歸無有，弓箭手所剩餘的，就是基達的勇士，必然稀少。

賽 42:11 先知預言當頌讚耶和華說，曠野和其中的城邑，並基達人居住的村莊，都當揚聲。

賽 60:7 先知預言萬民歸之說，基達的羊群，都必聚集到你這裡。

耶 2:10 先知責猶大人悖逆說，你們且過到基達海島去察看，打發人到基達去，留心查考，看曾有這樣的事沒有。

耶 49:28 先知預言基達必受罰說，論巴比倫王所攻打的基達，和夏瑣的諸國，耶和華如此說，迦勒底人哪，起來上基達去，毀滅東方人。

0925　基德　Geder
牆 Wall
有石牆的羊圈 Stone-walled sheep pen

●Jedireh，位於耶路撒冷西北西約 27 公里，基遍之西約 21 公里，亞雅崙谷之南。

書 12:13 約書亞所擊殺的三十一個王中的一個。
※同代上 4:23 中的基底拉 Gederah 0933。
※也可能是代上 27:28 中的基第利人 Gederite 0938。
※可能同代上 12:14 中之基得拉 Gederathite 0931。

0926　基綠　Cherub
可怕的 Terrible，好像爭鬥 As if contending

●位置不明，無從查考。可能是以色列人被擄到巴比倫時，所開墾的一個城市。

拉 2:59 首批回歸的猶大人中，從特米拉，基綠等城回來的，不能指明他們的宗族譜系，是以色列人不是，他們是第來雅，多比雅，尼哥大等人的子孫，共有六百五十二名。

尼 7:61 與前節同，但人數為六百四十二人。

0927　基羅　Giloh
歡欣 Rejoicing

●Kh.Jala，位於希伯崙的北方 10 公里，伯利恆西南約 16 公里處。(此組十一座城中，僅有何倫及基羅兩城位於希伯崙以北，其餘八城則在希伯崙之南，本城與

大拿相距 29 公里，中間隔了山地第二及第三組，是在山地第四組及高原第一組之間）。

書　15:51　猶大支派所得為業在山地第一組的十一座城之一。

撒下　15:12　押沙龍獻祭的時候，打發人去將大衛的謀士基羅人亞希多弗，從他本城請了來。

（在 KJV 中本城作 Giloh）

撒下　23:34　勇士以連(亞希多弗的兒子)，是基羅人。

0928　基尼洗(人) Kenizzite
屬於基納斯的 Belonging to Kenaz
巢被水灑 The nest sprinkled

●該族人民是散居在迦南各地，似並無集中之處，來歷亦無從查考，只知是在亞伯拉罕時代，直到以色列人進迦南前後，迦南地中十個大族之一。

創　15:19　那日耶和華與亞伯蘭立約，說，我已賜給你的後裔，從埃及河直到伯拉大河之地，就是基尼人，基尼洗人等十族人地。

0929　基他音　Gittaim
兩座搾酒器 Two wine presses

●T.Ras Abu Humeid，位於伯特利以西約 33 公里，約帕東南約 21 公里，Nahr Ayyalan河的西岸約 3 公里處。

撒下　4:3　比錄人早先逃到基他音，那裡寄居，直到今日。

尼　11:33　從巴比倫歸回，建殿之後的便雅憫人所居之一城邑。

0930　基伊拉　Keilah
堡壘 Fortress

●Kh.Qila，位於希伯崙的西北方約 13 公里處，伯示麥之南約 16 公里，栽他谷以東，是一設防之城，在亞瑪拿書信泥版中曾提及。

書　15:44　猶大支派所得為業在高原第三組的九座城之一。

撒上　23:1　非利士人攻打基伊拉，大衛從哈列樹林，前往援救後就住在那裡。

撒上　23:8　掃羅來攻打基伊拉，大衛就逃往西弗的曠野。

尼　3:17，18　回歸後的猶大人所居住的城邑之一。

0931　基得拉人 Gederathite
籬笆 Fence，羊欄 Sheepcotes，牆 Wall

●可能是基德城的人，則是 Jedireh，位於耶路撒冷西北西約 27 公里，基遍以西約21公里，亞雅崙谷之南。

代上　12:4　大衛的勇士撒拔等五人都是基得拉人，也是便雅憫人掃羅的族弟兄。

※基德城 Geder 0925，屬猶大支派所有。

※可能同書 15:36 中之基底拉 Gederah 0933，是猶大支派所得之一城。

※可能同代上 27:28 中之基第利 Gederite 0938。

0932　基低羅　Gederoth
籬笆 Fence，羊欄 Sheepcotes

●位置不明，似在與非利士地接壤之處。

書　15:41　猶大支派所得為業，是高原第二組的十六座城之一。

代下　28:18　猶大王亞哈斯年間，非利士人也來侵佔高原和猶大南方的城邑，攻取了基低羅等六座城。

0933　基底拉　Gederah
牆 Wall
有石牆的羊欄 Stone-walled sheeppen

●Jedireh，位於耶路撒冷西北西約 27 公里，基遍以西約 21 公里，亞雅崙谷之南。

書　15:36　是猶大支派所得為業，在高原第一組的十四座城之一。

代上　4:18　該城居民是猶大支派示拉的子孫，世代都是窰匠。

※可能同書 12:13 中之基德 Geder 0925。

※可能同代上 12:14 中之基得拉 Gederathite 0931。

※可能同代上 27:28 中之基第利 Gederite 0938。

0934　基底莫　Kedemoth
東方之地 Eastern place，起頭 Beginning

●Aleiyan，位於底本東北約 9 公里，希實本之南約 30 公里，其四郊即是基底莫曠野。

申　2:26　摩西從基底莫的曠野差人去見亞摩利王西宏，請求他允許以色列人從他的地經過。

書　13:18，21:37，代上 6:79　此城先分給流便支派，但後來則歸給利未支派的米拉利族為地業。

0935-1　基低斯(加) Kedesh
神聖 Holy，聖殿，避難所 Sanctuary
聖地 Sacred place

●T.Qades [T.Qedesh]，位於夏瑣以北約 11 公里，但城西南約 19 公里，呼烈湖之西約 7 公里。

書　12:22　約書亞所擊殺的三十一個迦南王的城邦之一。

書　19:37，20:7，21:32，代上 6:76　是原分給拿弗他利支派為業之一城，後來歸給利未支派的革順族為業，並定為逃城。

士　4:6　女士師底波拉令人將巴拉從拿弗他利的基低斯(0935-1)招了來，巴拉又招聚了西布倫人和拿弗他利人共一萬，到基低斯

(0935-3)對抗西拉拉。

王下 15:29 以色列王比加年間，亞述王提革拉毗列色來奪取了基低斯等北方的城邑和土地，並將居民擄到亞述去。

0935-2基低斯(猶) Kedesh

●位置不明，可能就是加低斯，即是現今的 Ain Qudeirat 水泉，位於別是巴西南南方 76 公里，迦薩之南 95 公里。

　書　15:23 猶大支派在儘南邊所得為業的二十九座城之一。

※可能同加低斯 Kadesh 0172。

0935-3基低斯(以薩迦) Kedesh

●Kh.Qasyun [T.Qishyon]，位於伯善西北約 20 公里，米吉多東北約 22 公里，他泊山之南麓。

　士　4:9 女士師底波拉與巴拉一同往基低斯去了，巴拉就招聚西布倫人和拿弗他利人共一萬，到基低斯對抗西拉拉。

　士　4:11 基尼人希百，在靠近基低斯撒拿音的橡樹旁，支搭帳棚。

　代上 6:72 利未支派的革順族，從以薩迦支派的地業中所分得之一城。

※同書 21:28 及 19:20 中基善 Kishion 0921。

0936　基提利(人)　Chitlish
劊子手 Executioners

●Kh.el-Maqhaz，位於希伯崙的西方約 29 公里處，別是巴之北約 30 公里。

　書　15:40 猶大支派所得為業，在高原第二組的十六座城之一。

0937　基伯先 Kibzaim
兩個土堆 Two heaps
雙份的收獲 Double gathering

●T.el-Mazar，位於示劍東南約 21 公里，示羅東北約 20 公里，法瑞阿河的西岸。

　書　21:22 利未支派的哥轄族，自以法蓮支派的地業所分得的一城。

※同代上 6:68 中的約緬 Jokmeam 0774。

0938　基第利　Gederite
有城牆及壕溝環繞著的城堡 Circumvallation

●位置不明。較可能是來自基德城之人，即是 Jedireh，位於耶路撒冷西北西約 27 公里，基遍之西約 21 公里，亞雅崙谷之南。

　代上 27:28 為大衛王掌管高原橄欖樹和桑樹的巴勒哈南是基第利人。

※可能同書 12:13 中之基德 Geder 0925。

※可能同書 15:36 中之基底拉 Gederah 0933，是猶大支派所得之一城。

※可能同代上 12:14 中之基得拉 Gederathite 0931。

0939　基撒崙　Chesalon
肥沃 Fertile，如被稱頌的 As extolled

●Kesla[Kesalon]，位於耶路撒冷的西方約 17 公里，伯利恆西北約 18 公里，地處在一個半島形的小山上，居高臨下，可控制其南北兩邊的兩條險道。

　書　15:10 猶大支派地業北之邊境上之一山，名叫基撒崙，其正名為耶琳山。

※耶琳 Jearim 0782。

0940　基拉耳(城,谷)　Gerar
停止之處 Halting place
寄居地 Lodging place，反芻 Ruminating
拖走 Dragging away

●T.Abu Hureira [T.Haror]，位於基拉耳谷的北岸，迦薩東南約 18 公里，別是巴西北約 27 公里，據考證，它是一個自銅器時代到鐵器時代(3000 至 600 BC)間均有人居住之城，在族長時期最為繁榮。

基拉耳谷就是以現在的 Wadi esh-Shariah 旱溪為中心線的河谷，旱溪是比梭河的北支，發源於洗革拉的東方，在迦薩城之西南約 10 公里處流入地中海，全長約 55 公里，除在雨季或大雨時才有水流，平日皆是乾涸。

　創　10:19 迦南的境界是從西頓向基拉耳的路上，直到迦薩，又向所多瑪，洗扁的路上直到拉沙。

　創　20:1 亞伯拉罕從那裡向南地遷去，寄居在加低斯和書珥中間的基拉耳，基拉耳王亞比米勒差人把他的妻子撒拉取了去。

　創　26:1 以撒因饑荒就往基拉耳去，到非利士人的王亞比米勒那裡，耶和華向他顯現說，你寄居這地，我必與你同在，賜福給你，因為我要將這些地都賜給你和你的後裔，以撒就在那耕種，那一年有百倍的收成，耶和華賜福給他，他就昌大，日增月盛，成了大戶。非利士人就嫉妒他，亞比米勒王對以撒說，你離開我們去罷，因為你比我們強盛得多，以撒就離開那裡，在基拉耳谷支搭帳棚，住在那裡。

　創　26:26 基拉耳王同他的朋友，和他的軍長非各，從基拉耳來見以撒，對以撒說，我們明明看見耶和華與你同在，不如我們兩下彼此立約，使你不害我們，正如我們未曾害你一樣。

　代下 14:13 有古實王謝拉出來攻擊猶大人，亞撒王呼求耶和華他的神，耶和華使古實人敗在猶大人面前，直追到基拉耳，又打破基拉耳

四圍的城邑。

0941-1基比亞(猶) Gibeah
小山 Hill

●位置不明。有可能是 Jebah，位於耶路撒冷的西南方約 11 公里附近。

書 15:57 猶大支派所得為業，山地第三組十座城之一。

代下 13:2 猶大王亞比雅的母親米該亞，是基比亞人烏列的女兒。

0941-2基比亞(便) Gibeah

●T.el-Ful，位於耶路撒冷以北約 5 公里，伯特利之南約 11 公里。1843、1868、1922、1933 和 1966 等年都有考古的工作在此進行，發掘出有十二個層面，遺留物甚多，證實它是一個很古老，設了防城市，但城曾屢毀屢建，出土的計有厚三公尺左右的城牆，儲存糧食，油和酒的倉庫，大的水池等，也有掃羅王的王宮和軍營的遺址，此城最後於 100 BC 被提多所毀，日後未再重建。

書 18:28 便雅憫支派所得為業的十四座城之一。

士 19:12 一個利未人帶著他的妾，路經並夜宿在基比亞城，夜間他的妾被城裡的匪徒強姦致死，以色列人就都聚集在米斯巴，為基比亞人在以色列中行了兇淫醜惡的事而征伐基比亞城，結果幾乎將便憫支派消滅。

撒上 10:26 掃羅受膏為王後往基比亞回家去。

撒上 11:4 基列雅比人受亞捫人的威脅，就差使者到掃羅住的基比亞去求救。

撒上 13:2 有一千人跟隨約拿單在基比亞，約拿單攻擊迦巴非利士人的防營。

撒上 14:2 掃羅在基比亞的儘邊，坐在米磯崙的石榴樹下，跟隨他的約有六百人。

撒上 23:19 西弗人上到基比亞，向掃羅告密說，大衛在曠野南邊的哈基拉山藏著。

撒下 21:6 掃羅因未遵守約書亞和基遍人所立的約，殺了基遍人，基遍人就要求大衛，要將掃羅的七個子孫交給他們，好在耶和華的面前，將他們懸掛在耶和華揀選掃羅的基比亞，王就答應了。

撒下 23:29，代上 11:31
大衛的勇士以太，是便雅憫族基比亞人。

代上 12:3 大衛的勇士亞希以謝，約阿施，都是基比亞人，也是掃羅的族弟兄。

賽 10:29 先知預言亞述王來攻擊耶路撒冷時，基比亞人將逃跑。

何 5:8 你們當在基比亞吹角，在拉瑪吹號。

何 9:9 以法蓮深深的敗壞，如在基比亞的日子一樣，耶和華必記念他們的罪孽，追討他們的罪惡。

何 10:9 以色列阿，你從基比亞的日子以來，時常犯罪，你們的先人站在那裡，現今住基比亞的人，以為攻擊罪孽之輩的戰事臨不到自己。

0942 基比頓 Gibbethon
高 Height，傲慢的 The lofty

●T.el-Melat [T.Malot]，位於亞實突東北約 22 公里，基遍之西約 31 公里，基色之西約 6 公里，地勢險要，是一軍事重鎮。

書 19:44，21:23
原先分給但支派的一座城，後來歸給利未支派的哥轄族為業。

王上 15:27 以色列王拿答在圍攻非利士的基比頓時，巴沙背叛他，殺了他，篡了他的位。

王上 16:16 心利背叛以色列王以拉，殺了以拉，篡了他的位，那時以色列人正在圍攻非利士的基比頓，聽說心利自立為王，人民就立暗利作以色列王，暗利就率領以色列人，從基比頓上去，圍困得撒。

0943 基蘇律 Chesulloth
愚蠢的自信 Foolish confidences
腰窩 Flanks

●Iksal，位於約念以東約 20 公里，米吉多東北約 19 公里，他泊山之西約 5 公里。

書 19:18 以薩迦支派所得為業的十六座城之一。

※同書 19:12 中的吉斯綠他泊 Chisloth-tabor 0251，位於以薩迦的北方邊境上，與拿弗他利及西布倫兩支派為鄰。

※同書 19:22 中的他泊城 Tabor 0093-2，是以薩迦地界上之一城。

0944 基非拉 Chephirah
村莊 Village，hamlet

●T.Kefireh [T.Kefira]，位於耶路撒冷的西北西方約 14 公里，下伯和崙之南約 7公里，基遍西南 8 公里，它把守了通往基遍的大道，目前則是在往臺拉維夫的公路幹道旁。此地在後青銅時代(2300 BC)已有人居住。

書 9:17 是以基遍為首的四個希未人的城邦之一，共同欺騙約書亞與之立約，容他們存活。

書 18:26 便雅憫支派所得為業第二組的十四座城之一。

拉 2:25，尼 7:29
首批自巴比倫回鄉的猶大人中，計有基列耶琳人，基非拉人及比錄人共七百四十三人。

0945 基利提(人) Cherethites
劊子手 Executioners，割下者 Cutters off

●其來歷和所定居位置不明，他們不是亞伯拉罕的後

代，比較可能是非利士人，原住在非利士地或是迦特城的附近。大衛王僱他們作爲禁衛軍，在地中海一帶僱用傭兵是很普通的做法。

撒上 30:14 亞瑪力人乘大衛離開之時，侵奪了基利提的南方和猶大的地，並迦勒地的南方，又用火燒了洗革拉。

撒下 8:18，20:23，代上 18:17
　　　　大衛的部下比拿雅統轄基利提人和比利提人。

撒下 15:18 大衛躲避押沙龍，從耶路撒冷逃走，基利提人和比利提人，就是從迦特跟從大衛王來的六百人，也都跟從他。

撒下 20:7 約押的人和基利提人，比利提人並所有的勇士，都跟著亞比篩從耶路撒冷出去追趕示巴。

王上 1:38 比拿雅和基利提人，比利提人護衛所羅門到基訓登基。

結 25:16 所以耶和華如此說，我必伸手攻擊非利士人，剪除基利提人，滅絕沿海剩下的居民。

0946-1 基列亭(流) Kirjathaim
雙城 Double city

●Kh.el-Qureiyeh 廢墟，位於米底巴之西約 9 公里，希實本西南約 15 公里。也有可能是 Qaryat el-Mekhaiyet，位於希實本西南約 8 公里，米底巴之北約 6 公里。城郊是一片高原，土壤肥沃，宜於農牧。

民 32:37，書 13:19
　　　　流便的子孫在摩押地所修的六個城中之一城，後歸流便支派為地業。

結 25:9，耶 48:1，23
　　　　是摩押視為該國榮耀的三個城市之一，其他兩個是巴力免和伯耶西末。

0946-2 基列亭(拿) Kirjathaim

●Kh.el-Qureiyeh，位於基低斯之西約 13 公里，亞革悉東北約 29 公里。

代上 6:76 利未支派革順族從拿弗他利支派地業中所取得之一城。

※同書 21:32 中的加珥坦 Kartan 0175。

0947 基利家 Cilicia
滾動 Rolling，髮織品 Hair cloth

●在新約的時代前後是羅馬帝國的一個省，東鄰敘利亞，並有部份伸入敘利亞境內，南濱地中海，北方是加帕多家，西鄰 Kingdom of Antoichus，大數是其省會，大數之西係山區，東則爲平原，土地肥沃，因三面環山，僅有一險要的隘口名叫基利家門的，是連通土耳其和敘利亞的交通孔道。

徒 6:9 反對司提的眾人中有基利家會堂中的人。

徒 15:22 使徒及長老們派保羅，巴拉巴，猶大和拉西等四人，並修書到安提阿，敘利亞和基利家去，向他們問安。

徒 15:41 保羅和西拉走遍了敘利亞和基利家，堅固眾教會。

徒 21:39，22:3，23:5
　　　　保羅說，我原是猶太人，生在基利家的大數，長在這城裡，在迦瑪門下受教。

徒 27:5 保羅在被押往羅馬的途中，乘船貼著居比路背風岸行去，過了基利家，旁非利亞前面的海，就到了呂家的每拉。

加 1:21 以後我到了敘利亞和基利家，那時猶太信基督的各教會都沒有見過我的面。

0948 基利心(山) Gerizim
荒地 Waste land
多岩石的 Rocky，割下者 The cutters off

●Jebel et.-T.or 山，位於示劍的西南側，撒瑪利亞東南約 12 公里，隔示劍谷與以巴路山相對峙。山峰海拔高 881 公尺，高出附近的地面約 210 公尺，山的東西向長約 5 公里，當時林木茂密，在山頂上幾可望見迦南全地。335 BC，撒瑪利亞人在此山頂建造聖殿，視其爲聖山，但在 128 BC 被猶大人所毀。主後五世紀末，羅馬在此山修建一座八角形之神廟，其廢墟已在 1928 年被發掘出來。

申 11:29 摩西吩咐以色列人在到了迦南地之後，就要將祝福的話陳明在基利心山上，將咒詛的話陳明在以巴路山上。

申 27:12 當日摩西吩咐百姓說，你們過了約但河，西緬，利未，猶大，以薩迦，約瑟家，便雅憫等六個支派的人，都要站在基利心山上為百姓祝福。

書 8:33 以色列眾人都站在約櫃兩旁，在抬約櫃的祭司利未人面前，一半對著基利心山，一半對著以巴路山，為以色列民祝福。

士 9:7 基甸的兒子亞比米勒殺了他的七十個弟兄，只剩下基甸的小兒子約坦，約坦就站在基利心山頂上，向眾人喊叫，責備亞比米勒，然後逃跑到比珥，就住在那裡。

0949 基利波(山) Mount of Gilboa
湧出，傾瀉而出 Pouring out
沸騰的水泉 Boiling fountain

●Jebel Fuquah 山脈，位於耶斯列河谷南岸，起自耶斯列城的南面，山脈向東南延伸，長約 13 公里，寬約 5 至 8 公里，最高峰名叫 Sherikh Burqan，海拔高 499 公尺，但與東側的約但河谷的高差約達600公尺以上，山區中部份地方可放牧及種植小麥、橄欖和無花果等，東側及北側則多懸崖，崎嶇難行，是天然的屏障。與

東北方的摩利岡相對，中間就形成了哈律河和美麗的
耶斯列谷。基甸攻打米甸人可能也是在此山上聚集。

撒上 31:8，撒下 1:6，代上 10:1
　　　　掃羅和他的三個兒子都戰死在基利波山
　　　　上。

0950　基利綠　Geliloth
圓圈 circle
一個用石頭圍成的圓圈 A circle of stones

●位置不明。因此處僅爲一個地標，而非人們所居之
城鎮，故難以考證，按原文所述，是在亞都冥坡的對
面，即坡的下方不遠之處。

書　18:17 便雅憫支派地業的南界。

※可能同書 15:7 中的吉甲 Gilgal 0247-3，也是猶大支
　派地業的北界。

0951-1基尼烈湖　Chinnereth
七絃琴，豎琴 Harp

●即是加利利海，詳細說明請參見 0171-1 條。

民　34:11 耶和華曉諭摩西，迦南地的東界是，這界
　　　　要從示番下到亞延東邊的利比拉，又要達
　　　　到基尼烈湖的東邊，這界要下到約但河，
　　　　通到鹽海止。

申　3:17 摩西又將亞拉巴，和靠近約但河之地，從
　　　　基尼烈直到亞拉巴海，並毘斯迦山根東邊
　　　　之地都給了流便人和迦得人。

書　11:2 夏瑣王耶賓，招集基尼烈南邊的亞拉巴高
　　　　原等地的人，共同抵抗約書亞。

書　12:3 以色列人在約但河外擊殺二王，得了他們
　　　　的地，其地界的一部分是，與約但河東邊
　　　　的亞拉巴，直到基尼烈海，又到鹽海。

書　13:27 迦得支派所得之地，其地界的一部份是，
　　　　以及約但河與靠近約但河的地，直到基尼
　　　　烈海的極邊，都在約但河東。

※同太 4:18，15:29，可 1:16 中之加利利海 Sea of
　Galilee 0171-1。

※同約 6:1 中的提比哩亞海 Sea of Tiberias 1007-1。

※同路 5:1 中之革尼撒勒湖 Lake of Gennesareth 0824-
　1。

0951-2基尼烈(城)　Chinnereth

●T.el-Ureimeh [T.Kinrot]，位於加利利湖的西北岸，夏
瑣之南約 17 公里，伯善以北約 41 公里，其位置可控
制加利利海和沿岸之平原，扼守南北向之交通，所以
是一個具有商業和軍事價值之城市。考古結果證實，
早在主前兩千年前至九百年間，一直都是有人居住的
城鎮。

書　19:35 拿弗他利支派所得爲業的一城。

0951-3基尼烈(地)　Chinnereth

●指加利利地，即是加利利湖西岸之地區。請見 0171-
2 條的說明。

王上 15:20 亞蘭王便哈達聽從猶大王亞撒的話，派軍
　　　　長去攻擊以色列的城市，他們就攻破以雲
　　　　及基尼烈全境，拿弗他利全境等地。

0952　基列亞巴　Kirjath-arba
亞巴之城 City of Arba，四之城 City of four

●就是的希伯崙的原名，希伯崙位於耶路撒冷之南約
30 公里，別是巴東北約 41 公里，海拔高 927 公尺，
是巴勒斯坦最高的城市，古城已有五千年以上的歷
史，一直是以色列人的聖地，也是回教的第四大聖
城。餘請參見 0440 希伯崙條之說明。

創　23:2 拉撒死在迦南地的基列亞巴，就是希伯
　　　　崙。

創　35:27 雅各來到他父親以撒那裡，到了基列亞巴
　　　　的慢利，乃是亞伯拉罕和以撒寄居的地
　　　　方，基列亞巴就是希伯崙。

書　14:15 希伯崙從前名叫基列亞巴，亞巴是亞衲族
　　　　中最尊大的人。

書　15:13 約書亞照耶和華所吩咐的，將猶大人中的
　　　　一段地，就是基列亞巴，分給迦勒，亞巴
　　　　是亞衲族的始祖，基列亞巴就是希伯崙。

書　15:54，20:7，21:11
　　　　猶大支派分得在山地第二組的九座城之
　　　　一，後來歸給利未支派亞倫的子孫爲地
　　　　業，並分定爲逃城。

士　1:10 猶大人去攻擊住希伯崙的迦南人，希伯崙
　　　　從前名叫基列亞巴。

尼　11:25 回歸後的便雅憫人居住之城。

※希伯崙 Hebron 0440。

0953　基列胡瑣　Kirjath-huzoth
外地之城 City of out-place
眾街之城 City of streets

●位置不明。可能是今日名叫 Kh.el-Medeiyineh 的廢
墟，位於亞嫩河的北岸，底本東南約 17 公里，吉珥哈
列設東北約 36 公里。

民　22:39 巴蘭和摩押王巴勒同行，來到基列胡瑣，
　　　　巴勒宰了牛羊，送給巴蘭和陪伴的使臣。

※很有可能就是同章 36 節中的摩押京城 City of Moab
　1112-3 位於嫩河旁。

0954　基列耶琳　Kirjath-jearim
樹林之城 City of forests

●Deir el-Azhar [T.Qiryat Yearim]，位於耶路撒冷以西
約 15 公里，基遍西南約 9 公里，伯示麥在其西南方約
14 公里，是從耶路撒冷到約帕去的大道上的一個重要
城市。遺址在一小山之上，海拔高 720 公尺，基督徒

於五世紀時，在此建了一座大紀念堂，以紀念約櫃曾在此城停留，復於 1924 年，天主教在其廢墟上建築了一座聖母堂，在堂前立有聖母和聖嬰的巨像。據考古證實，此地早在七千餘年前就有人居住，但城區是逐漸向東南移到了今日名叫 Abu-Ghosh 村鎮，該村如今是耶路撒冷城郊外的一個遊憩中心。照拜占庭的傳統說法，此城就是以馬忤斯，因此十字軍在此建了一座大紀念堂，在堂內的大地窖裡，有一道泉水，被命名為以馬忤斯泉。

　書　　9:17　是以基遍為首的四個希未人城邑之一，包括基列耶琳在內，聯合欺哄約書亞與其立約，容他們存活。

　書　　15:9　巴拉，就是基列耶琳，是猶大支派北方邊界上之一城。

　書　　15:60　基列巴力，就是基列耶琳，是猶大支派所分得為地業之一城，是山地第五組二城之一。

　書　　18:15　便雅憫支派地業的南界是從基列耶琳的儘邊起，往西達到尼弗多亞的水源。

　士　　18:12　但族的六百人，各帶兵器，從以實陶和瑣拉，上到猶大的基列耶琳，在基列耶琳的後邊安營，因此那地方名叫瑪哈尼但。

　撒上 6:21，7:2
　　　　　因受伯示麥人之請，基列耶琳人就下來，將耶和華的約櫃接上去，放在山上亞比拿達的家中，約櫃在基列耶琳有二十餘年之久。

　代上 2:53　基列耶琳的諸族是以帖人，布特人，舒瑪人，密來人。

　代上 13:5，代下 1:4
　　　　　大衛從西曷直到哈馬，招集以色列人，把約櫃從基列耶琳運到耶路撒冷，他又為約櫃在所預備的地方支搭了帳幕。

　拉　　2:25，尼 7:29
　　　　　首批自巴比倫回本鄉的猶大人中，有基列耶琳人，基非拉人，比錄人共七百四十三名。

　詩　　132:6　我們聽說約櫃在以法他，我們在基列耶琳就尋見了。

　耶　　26:20　基列耶琳人烏利亞，他照耶利米的一切話說預言，被約雅敬王從埃及捉回，王用刀殺了他。

※基列巴力 Kirjath-baal 0956。
※同書 15:9 中的巴拉 Baalah 0031-1。
※同撒下 6:2 中的巴拉猶大 Baale-judah 0054。
※同詩 132:6 中之以法他 Ephrath 0141-2。

0955　基列薩拿 Kirjath-sannah
訓誨之城 City of instruction
棕樹枝之城 City of palm branch

●Kh.Rabud，即是底壁城，位於希伯崙西南方約 15 公

里，別是巴東北方約 26 公里，地處中央山脈的邊緣，可雄視非利士平原，是一個重要的軍事據點。餘請參見底壁 0618-1 條之說明。

　書　　15:49　猶大支派所得為業在山地第一組的十一座城中的一座，又名底壁。

※同書 15:15 中之底壁 Debir 0618-1，亦名基列西弗 Kiriath-sepher 0957。

0956　基列巴力 Kirjath-baal
巴力之城 City of Baal

●Deir el-Azhar [T.Qiryat Yearim]，就是基列耶琳，位於耶路撒冷之西約 15 公里，基遍西南約 9 公里，伯示麥在其西南方約 14 公里。餘請參見 0954 條之說明。

　書　　15:60　猶大支派所得為業之一城，是山地第五組二城之一，又名基列耶琳。

　書　　18:14　便雅憫支派地業的地界一段是，從伯和崙南對面的山，直達猶大人的城基列巴力（基列巴力就是基列耶琳）。

※基列耶琳 Kiriath-jearim 0954。
※同書 15:9 中的巴拉 Baalah 0031-1。
※同撒下 6:2 中的巴拉猶大 Baale-judah 0054。
※同詩 132:6 中之以法他 Ephrath 0141-3。

0957　基列西弗 Kirjath-sepher
書之城 City of the book

●Kh.Rabud，即是底壁城，位於希伯崙西南方約 15 公里，別是巴東北方約 26 公里，地處中央山脈的邊緣，可雄視非利士平原，是一個重要的軍事據點。餘請參見 0618-1 條之說明。

　書　　15:16，士 1:11
　　　　　約書亞將希伯崙等地分給迦勒，迦勒的女婿俄陀聶攻取了底壁，底壁原來的名字是基列西弗。

※底壁 Debir 0618-1。
※同書 15:49 中的的基列薩拿 Kirjath-sannah 0955。

0958　基列雅比 Jabesh-gilead
基列的旱地 Dry place of Gilead

●T.el-Maqlub，位於伯珊東南約 21 公里，基列的拉末西南約 36 公里，基立河的北岸。

　士　　21:9　因為基列雅比城的人沒有參加征伐基比亞的戰爭，而被以色列人(除便雅憫之外的十一個支派)所盡行殺戮，只留下四百個處女，就給了便雅憫人。

　撒上 11:1　亞捫人攻擊基列雅比，雅比人向掃羅求救，掃羅在比色召集了三十三萬以色列人及猶大人，前往營救，結果大敗亞捫人。

　撒上 31:11，撒下 2:4，代上 10:11
　　　　　掃羅被殺後，基列雅比的勇士走了一夜，將掃羅及他兒子的屍體，從伯珊的城牆上

取下來，連夜送回雅比安葬。

撒下 21:2 大衛將掃羅及約拿單的骸骨，從基列雅比
運回洗拉，重葬在他父親基士的墳墓裡。

※同撒上 11:1 中的雅比 Jabesh 1019。

0959　基希拉他 Kehelathah
會議 Convocation

●位置不明，無從查考。

民　33:22 以色列人從勒撒起行，安營在基希拉他
(離開西乃山後第七個安營之處)，然後再
前往沙斐山。

0960　基底羅他音 Gederothaim
雙井 Double well

●位置不明，但應在此組之地區之內。

書　15:36 猶大支派所得為業，在高原的第一組十四
座城之一。

0961　基法阿摩尼 Chephar-haammoni
亞捫人的小村 Hamlet of the Ammonites

●Kafr Ana， 位於伯特利以北約 5 公里，示羅之南約
10 公里。

書　18:24 便雅憫支派所得為業第一組的十二座城之
一。

0962　基羅特金罕 Geruth-chimham
金罕的旅店 The inn of Chimham

●位置不明，應是靠近伯利恆之一地，或是一間房
屋。

耶　41:17 以實瑪利殺了基大利後，從米斯巴將剩下
的百姓，帶到靠近伯利恆的金罕寓下，(或
作基羅特金罕)住下，要進入埃及去。

0963　基博羅哈他瓦 Kibroth-hattaavah
貪慾者之墳墓 The graves of lust or desires

●位置不明，但應該是在西乃山的東北方，及哈洗錄
以南的某處。

民　11:4 他們中間的閒雜人大起貪慾的心，以色列
人哭號說，誰給我們肉吃呢？耶和華的怒
氣便大發作，用最重的災殃擊殺了他們，
那地方便叫作基博羅哈他瓦，意思是貪慾
之人的墳墓。

民　11:16 在基博羅哈他瓦，耶和華令摩西選七十個
長老，將靈分賜給他們，開始同當管理百
姓的重任。

民　11:35 百姓從基博羅哈他瓦走到哈洗錄，就住在
哈洗錄。

民　33:16 以色列人從西乃的曠野起行，安營在基博
羅哈他瓦，再前往哈洗錄。

申　9:22 摩西責備以色列人說，你們在他備拉，瑪
撒，基博羅哈他瓦，又惹耶和華發怒。

0964　密丁 Middin
量過了的空間 Measured space
審判 Judging

●Kh.Abu Tabaq，位於耶路撒冷的東方約 15 公里，伯
利恆以東約 17 公里，死海的西北方，亞割谷內的荒原
中。

書　15:61 猶大支派在曠野中所得為業的六座城之
一。

0965　密加 Mithcah
甜蜜之地 Place of sweetness

●位置不明。也許是 W.Abu Takiyeh。

民　33:28 以色列人從他拉起行，安營在密加(出埃
及後的第二十五個安營處)，然後再前往
哈摩拉。

0966　密來(人) Mishraites
伸出 To stretch out

●可能只是一個族名，族人定居的位置有可能是在瑣
拉和以實陶的區域之內。

代上 2:53 基列耶琳的諸族是以帖人，布特人，舒瑪
人，密來人，又從這些族中生出瑣拉人和
以實陶人來。

0967　密抹 Michmash
隱藏的某事物 Something hidden
貧乏被留下 Poverty was left

●Mukhmas 小村，位於耶路撒冷的北北東方約 11 公
里，伯特利東南約 7 公里，Wady Suweinit 的北岸，迦
巴在其西南約 3 公里，附近的地形崎嶇不堪，並且有
一條南北向的山溝，是一條險要的隘口與聖經上的描
述相同。

撒上 13:1 掃羅作以色列王第二年的時候，就從以色
列中揀選了三千人，二千人跟隨掃羅在密
抹和伯特利山，…… :5 非利士人上來在
伯亞文東邊的密抹安營，人數眾多 ，…
……:23 非利士人的一隊防兵，到了密抹的
隘口。

撒上 14:4 約拿單要從隘口過到非利士人防營那裡
去，這隘口兩邊，各有一個山峰，一峰向
北，與密抹相對，一峰向南，與迦巴相
對。:31 這日以色列人擊殺非利士人，從
密抹直到亞雅崙。

尼　11:31 回歸後便雅憫支派的人所居的一城。

賽　10:28 先知預言說，亞述王來到亞葉，經過米磯
崙，在密抹安放輜重，他們過了隘口，在

迦巴居住。

※同尼 7:31，拉 2:27 中之默瑪 Michmash 1149。

0968-1 密奪 Migdol
碉堡 Fort，守望塔 Watchtower

●位置不詳，也許是一個邊防用的守望台，應在巴力洗分，即是今日名叫 Daphnae 的廢墟附近。

出　14:2　神令以色列人轉回，安營在比哈希錄前，密奪和海的中間，對著巴力洗分，靠近海邊安營，以色列人就照著行了。

民　33:7　以色列人從以倘起行，轉到比哈希錄，是在巴力洗分對面，就在密奪安營。

0968-2 密奪 Migdol

●T.el-Heir，位於賽得港東南約 38 公里，Qantara 市東北約 37 公里，T.el-Farame 之南，在古代埃及通往非利士地的大道上。

耶　44:1　猶大人住在埃及境內的密奪，答比匿，挪弗及巴忒羅等地。

耶 46:14　先知預言埃及將有刀劍之災，要在密奪等地宣告。

0969 密米他 Michmethah
強壯 Strong
如死的貧乏 The poverty of dead

●Kh.Makhneh el-Foqa，位於示劍以南約 5 公里，示羅以北約 12 公里。另一可能之處是 Kh.Juleijil，位於示劍的東北方約 3 公里處。

書　16:6　以法蓮支派邊界中的一段是，往西通到北邊的密米他，又向東繞到他納設羅。（密米他不知是屬於那一支派所有）

書　17:7　瑪拿西的境界是從亞設起，到示劍前的密米他往北到隱他普亞居民之地。（註：示劍前的意思是示劍以東）。

0970 密大伊勒 Migdal-el
神的塔 Tower of God

●位置不明，應是在拿弗他利地業的境內，以利穩及璉兩城之間。可能是今日名叫 Mujeidil 的廢墟，位於基低斯西北約 19 公里處。

書 19:38 拿弗他利支派所得為業的十七座堅固城之一。

0971 得撒 Tirzah
愉快 Pleasantness

●T.Farah 大廢墟土堆，位於撒瑪利亞東約 14 公里，示劍東北約 11 公里，法瑞阿河的發源處，是以法蓮山地，耶斯列平原，加利利等地與外約但連接的最佳孔道，也是南北向大道必經之地，故位置十分的重要，

加以四週的土地十分肥沃，風景秀麗，據考證，早在 7000BC 前就有獵人在此定居，3100 BC 有另一批民族來此，他們建城並設防，人民用石和泥磚建屋，約在 900 BC 時，已經發展成了一個繁榮的都市，在被火焚之後則僅存有村鎮的規模。

書 12:24 約書亞所擊殺的三十一個迦南王之一。

王上 14:17 以色列王耶羅波安的妻子從示羅回到得撒後，他的兒子就死了。

王上 15:21 以色列王巴沙仍住在得撒，死後並葬在得撒。

王上 16:8 以色列王心利篡位後在得撒登基，作以色列王七天，在得撒被暗利圍困，城破時，心利放火焚燒宮殿，自焚而死。

王上 16:23 以色列王暗利在得撒作王六年，就遷都到撒瑪利亞。

王下 15:14 米拿現從得撒上撒瑪利亞，殺了沙龍，篡位作了以色列的王。

歌　6:4　我的佳偶阿，你美麗如得撒，秀美如耶路撒冷。

0972 悉拉 Silla
樹枝，分支 Branch， 公路 Highway
他稱過重量 He weighed

●詳細位置不明，應是與米羅宮同在一處，即是俄斐勒之北，聖殿區以南的某處。

王下 12:20 猶大王約阿施的臣僕起來背叛他，在下悉拉的米羅宮那裡將他殺了。

0973 推羅 Tyre
岩石 Rock， 使受痛苦 To distress

●es-Sur 小港海邊的廢墟，以及海中小島上的一片廢墟，Sur 位於亞柯以北約 41 公里，西頓之南約 34 公里，利巴嫩山西麓的海岸邊上，是個極優良的遠洋海港，人民善於航海，又精於貿易，出口上乘的染料，聞名於世的紫色的布匹，利巴嫩的香柏樹木材，並轉口各地的出品，故很早就已經成為國際化的大商埠，富商雲集，人民富足，城市強盛。推羅建城甚早，可能是在主前二十七世紀前後，推羅共有兩城，老城在海岸邊，新城在離岸約800公尺的一個小島上，二者均築有厚實的城牆。在主前一千年左右脫離西頓，成為一個獨立的城邦，佔有亞柯以北長約 225 公里的海岸，是一個足以代表腓尼基人的王國。主前九世紀推羅進入全盛時代，曾在迦南地發現了當時推羅的銀幣，足證其商務已遍及各地。主前 701 年亞述王西拿基立征服腓尼基，推羅亦受制於亞述，故光芒大減，待主前六世紀，亞述衰微，推羅重獲自由，又邁進了另一個黃金時代。巴比倫王尼布甲尼撒在 587 BC 圍困推羅十三年，將岸上的老城攻下，但仍未能攻克建在

外島上的新城。322 BC 亞歷山大由海上攻城，仍未能得手，改用從陸上築堤進攻而得勝，使得新舊兩城皆成廢墟。此城在羅馬時代部份重建，又成為一個興盛的城市，日後衰弱，而漸被遺忘，直到第一次世界大戰後，方被一法國飛行員在無意中發現。最近期的考古工作是自 1961 至 1963 年間在此進行，主要出土物為羅馬帝國時代之遺物，以前更早之建設，到底是在現有的房屋之下，或是在海中，則是無從考證。

書　19:29 亞設支派所得地業的境界是，直到西頓大城，轉到拉瑪，和堅固的城推羅，又轉到何薩，靠近亞革悉一帶地方，直通到海。

撒下　5:11，代上 14:1
　　　　推羅王希蘭，將香柏木運到大衛那裡，又差遣使者，和木匠石匠，為大衛王建造宮殿。

撒下 24:7 元帥約押奉大衛王的命令去數點以色列人，到了西頓，再來到推羅的保障。

王上 5:1 推羅王希蘭與所羅門王和好，彼此立約，並協助所羅門王建殿，供他香柏木和松木，石頭等材料。

王上 7:13 所羅門王的銅匠戶蘭，他的父親是推羅人，母親是拿弗他利人。

王上 9:11 推羅王希蘭不滿意所羅門王給他的地，就是加利利地的二十座城，他就給這城邑之地起名叫迦步勒。

代上 22:3 大衛王為建殿，豫備了無數的香柏木，因為西頓人和推羅人，給大衛運了許多的香柏木來。

代下 2:3 所羅門王差人去見推羅王希蘭，要求他協助建殿，推羅王也寫信回答所羅門王，答應他的請求。

拉　3:7 歸回後重建聖殿的以色列人，用糧食、酒、油，給西頓人和推羅人，使他們將香柏樹從利巴嫩運到海裡，浮海運到約帕。

尼 13:16 有推羅人住在耶路撒冷，他們把魚和各樣貨物運進來，安息日賣給猶大人。

詩 45:12 推羅的民必來送禮。

詩 83:7 推羅和其他的外邦人，作羅得子孫的幫手，要剪滅以色列人。

賽 23:1 先知預言說，推羅要變為荒場，甚至沒有房屋，沒有可進之路，但七十年後，耶和華必眷顧推羅。

耶 25:22，27:3，47:4
　　　　先知預言推羅等必遭災。

結 26，27，28 等三章
　　　　都是先知耶利米對推羅所作的預言，他說，因推羅狂傲必遭報，耶和華必使許多國民上來攻擊你，他們必破壞推羅的牆垣，拆毀他的城樓，刮淨塵土，使他成為淨光的磐石，推羅必在海中作曬網的地方。

結 29:18 二十七年正月初一，耶和華的話臨到先知

以西結說，人子阿，巴比倫王尼布甲尼撒，使他的軍兵大大效勞攻打推羅，但並沒有從那裡得到甚麼酬勞。

何 9:13 我看以法蓮如推羅栽於美地。

珥 3:4 推羅、西頓和非利士四境的人哪，你們與我何干，你們要報復我麼。

摩 1:9 耶和華如此說，推羅三番四次的犯罪，我必不免去他的刑罰。

亞 9:2 推羅、西頓兩城的人，大有智慧，推羅為自己修築保障，積蓄金銀，主必趕出他，打敗他海上的權力，他必被火燒。

太 11:21，路 10:13
　　　　耶穌說，哥拉汛哪，你有禍了，伯賽大阿，你有禍了，因為在你們中間所行的異能，若行在推羅、西頓，他們早已披麻蒙灰悔改了，但我告訴你們，當審判的日子，推羅、西頓所受的，比你們還容易受呢。

可 3:8 許多人聽見耶穌所行的大事，就從推羅西頓等地方來到他那裡。

可 7:24 耶穌從那裡起身，往推羅西頓的境內去，……，耶穌又離了推羅的境界，經過西頓，就從低加波利境內來到加利利海。

路 6:17 有許多百姓，從猶太全地，和耶路撒冷，並推羅西頓的海邊來，都要聽他講道，又指望醫治他們的病。

徒 12:20 希律王惱怒推羅和西頓的人。

徒 21:3 保羅乘船從帕大喇，到了推羅上岸。

0974　推雅推喇 Thyatira
燒香 Burning incense
苦難的氣味 Odor of affliction

●Akhisar 城，位於士每拿的東北約 80 公里，別迦摩東南約 60 公里，在 R.Hermus河的北支 R.Hyllus 河的寬廣河谷中，羅馬帝國的軍事大道也經過此地，交通十分方便，是別迦摩出入必經之地，也有大道直達非拉鐵非、老底嘉、士每拿和撒狄等大城，馬其頓王朝派駐重軍在此城，主要是保護省會別迦摩。該城的青銅和染織業都相當發達，青銅製品品質優良。因為當地的水質和所種植的一種草根對染紅布有特別的功效，所以染織也成為該城的重要工業。

徒 16:14 在腓立比有個賣紫色布的婦人，名叫呂底亞，是推雅推喇城的人。

啟 1:11 小亞細亞的七個教會之一。

啟 2:18 你要寫信給推雅推喇的教會的使者說，我知道你的行為、愛心、信心、勤勞、忍耐又知道末後所行的善事，比起初所行的更多，然而有一件事我要責備你，……。

0975-1梭哥　Socoh
荊棘之地 Thorny place

叢林 Thicket，約束 Restraint

●Kh.Abbad [H.Sokho]，位於希伯崙西北約 22 公里，伯利恆以西約 24 公里，以拉谷的南岸，地處猶大西界的山丘地帶上。亞西加在其西北北方約 3 公里。

書　15:35 猶大支派所得在高原第一組的十四座城之一。

撒上 17:1 非利士人聚集在猶大的梭哥，安營在梭哥和亞西加中間的以弗大憫，掃羅和以色列人也聚集，在以拉谷安營，要與非利士人打仗。

代下 11:7 猶大王羅波安，在猶大地為保障修築城邑，其中有梭哥等十四座堅固城。

代下 28:18 猶大王亞哈斯年間，非利士人也來侵佔高原和猶大的南方的城邑，其中包括梭哥和屬梭哥的鄉村。

0975-2梭哥　Socoh

●Kh.Shuweikeh，位於希伯崙西南約 18 公里，別是巴東北約 23 公里，別是巴谷北支 Wadi el-Khalil 上流的東側。

書　15:48 猶大支派所得，在山地第一組的十一座城之一。

0975-3梭哥　Socoh

●Kh.Shuweikat er-Ras，位於沙崙平原的東側，希弗城以東約 13 公里，撒瑪利亞西北約 15 公里，Wadi Skekhem 之北岸。它扼守著沿海大道與通往示劍的道路，很早就是一個軍事的重鎮。

王上 4:10 所羅門王的第三個行政區，亞泊魯區中之一城，由便希悉管理。

0976　梭烈(谷)　Sorek,Valley of
優良的葡萄樹 Choice vine

●是以今日名叫 Wadi es-Sarar [Soreg]旱溪為中線的一條寬廣的山谷，長約30公里，西端起自非利士平原，向東通過伯示麥之後，分為兩支，各向東北和東南，兩者都是以耶路撒冷地區為終點，所以是一條自猶大山地通往海岸的重要通道，甚具有戰略價值，沿谷有雅比聶、基撒崙、亭拿、伯示麥、瑣拉、以實陶等重鎮。

士　16:4 後來參孫在梭烈谷喜愛一個婦人，名叫大利拉。

0977　淤他　Juttah
傾斜 Inclined，伸展 Extend
好城市 Goodly city

●Yatta，位於希伯崙的南方約 10 公里，別是巴東北約 32 公里。

書　15:55，21:16

猶大支派所得為業之一城，是山地第三組十座城中的一座。日後歸給利未支派亞倫的子孫為地業。(但代上 6:57 中缺此一城)

0978　異象谷　Valley of Vision

●可能是指耶路撒冷。

賽　22:1 論異象谷的默示 :5 因為主萬軍之耶和華使異象谷有潰亂、踐踏、煩擾的日子，城被攻破，哀聲達到山間。

0979　畢倫　Bithron
裂谷 Cleft，山澗 Ravine，劃分 Division

●位置不明。可能是指約但河東的雅博河谷。也可能是指上午的時間。

撒下 2:29 押尼珥等人，整夜經過亞拉巴，過約但河，走過畢倫，到了瑪哈念。(在 RSV 中是「forenoon」即上午。在 TEV 中是「all the next morning」，又在 TCV 譯成「整個上午」。)

0980　畢士大　Bethesda
慈悲的房子 House of mercy

●畢士大池位於聖殿區之北牆外，聖司提反門的西側，聖安教堂西側院子當中。原來的地面應是與池子平，但是由於兩千年來，地面不斷的填高，如今地面已比水池高出約有10公尺之多，所以水池現在是在一個廢墟的大坑中，坑中有石砌的牆壁、大柱子及拱頂等。原來的水池仍保留原狀，長寬各約為 110 及 60 公尺，中間有道隔牆，將池平分為二，沿中牆有走廊，與聖經上所述，有五個走廊的說法相符。這個水池約是在主前二世紀時從岩石中鑿出，為的是收集自北方流來的水，以供居民之用，多餘的水則流往南方的羊池 Sheep Pool，現今則名叫 Pool of Probatica，是一個洗濯獻祭牛羊用的水池。此水池被埋沒了約有千年以上，直到 1888 年才被尋見，原來立於水池四周的柱廊仍完好無缺，其中的一座池子全被泥土和瓦礫埋沒，可能是二、三世紀時因築路時所填。另一座池子上建有拱頂，推斷是五世紀時，要在池子上建造拜占庭教堂時所築造。羊池旁的聖安教堂，是為紀念聖母瑪利亞的母親安所建，在十字軍時代所建造的一座早已損壞，現有的一座是法國的天主教在 1854 年重建，是建在原來教堂的廢墟之上。

約　5:2 在耶路撒冷，靠近羊門，有一個池子，希伯來話叫作畢士大，旁邊有五個廊子，裡面躺著許多病人，耶穌對一個病了三十八年的人說，起來，拿著你的褥子走罷，那人就立刻痊癒，拿起褥子來走了。

0981　第伯拉他 Diblath
多產的 Fruitful，肥沃的 Fertile
無花果餅之地 Place of fig-cake

●Ribleh 小鎮，位於奧倫提斯河的南岸，哈馬以南約 91公里，大馬色之北約 91公里，Baalbek 東北約 60 公里，是古代的一個軍事重鎮。

結　6:14　我必伸手攻擊他們，使他們的地從曠野到第伯拉他一切住處，極其荒涼，他們就知道我是耶和華。

※同王下 23:33 中的利比拉 Riblah 0412-2。

0982　細步綸 Zebulum
居住 Dwilling

●位置不明，似在伊弗他伊勒谷的南端。

書　19:27 亞設支派所得為業的二十二座城之一，位於邊境上。

0983　細列哈沙轄 Zereth-shahar
黎明時的美麗 Beauty of dawn

●Zarat，位於死海東岸邊，拿哈列河河口之南約 2 公里，大希律王曾在此治病療養，當時的地名是 Callirhoe，有五十餘處良好的硫璜溫泉聞名至今。

書　13:19 谷中山的細列哈沙轄，是流便支派所分得為業之一城。

※可能與創 10:19 中的拉沙 Lasha 0638 為同一地。

0984　脫加 Dophkah
擊打 Beating

●Serabit el-Khadem，位於西乃山的西北方約 78 公里，曾是一處綠松石之礦場，也是著名的西奈碑記 Sinaitic inscription (1525 BC 前之文件)的發現處。

民　33:12 從汛的曠野起行，安營在脫加(出埃及後的第九個安營處)，再去亞錄。

0985　部丟利 Puteoli
硫璜溫泉 Sulphurous wells

●Pozzuoli 港城，位於今日義大利西岸，拿坡里以西約 21 公里處，距羅馬約 200 公里，利基翁約 330 公里，是拿坡里灣中最隱蔽的港口，也是離羅馬城最近的港埠，建於主前六世紀，東方及埃及運糧的船隻多由此登岸。因多溫泉，是羅馬人主要沐浴及療養之地。它也是製造玻璃、瓷器的工業大城，產品十分的精美。現仍存有古老競技場的廢墟，其地下通道仍甚完好。

徒　28:13 保羅乘船從利基翁來到部丟利住了七天，再去羅馬。

0986　散送冥 Zamzummims

●是在亞捫人尚未佔領之前，基列山脈以東的地區，就是亞捫地的原住民。

申　2:20 亞捫人之地也算為利乏音人之地，先前利乏音人住在那裡，亞捫人稱他們為散送冥，那民眾多身體高大，像亞衲人一樣。

0987　麥西 Mizraim
堡壘 Fortification

●麥西是挪亞之孫，含的次子，他最初領土的範圍不甚明確，較可靠的說法是，麥西是埃及的複數式，也就是代表全埃及，所以包括了拿弗土希和帕斯魯細兩族的土地在內，其範圍是自亞斯旺以北的尼羅河流域，並包括其三角洲在內。也有學者認為麥西只是下埃及而已，僅包括三角洲在內，因此帕斯魯細則是代表上埃及，指開羅以南至亞斯旺間之尼羅河流域。

創　10:6，代上 1:11
　　　　含之次子麥西及其後裔所居之地區及民族名。

0988　麥瑪拿 Madmannah
糞堆 Dunghill

●Kh.Tatrit，位於別是巴的東北方約 14 公里，希伯崙之西南約 26 公里。

書　15:31 猶大支派在儘南邊所得為業的二十九座城中的一座。

※同書 19:5 中之伯瑪加博 Beth-marcaboth 0379，是西緬人長居之一城。

※同代上 4:30 中之伯瑪嘉博 Beth-marcaboth 0380，是西緬支派在猶大地業中所分得之一城。

0989　麥比拉 Machpelah
雙倍 Double，羊圈 A fold

●位於希伯崙城內或其近郊，但詳細位置不明。在傳統上，猶太教、天主教和回教都認為就是今日在希伯崙城中心，名叫 Mohammendan 的回教寺所在之處，但缺少足夠的證據。該處原有六支石柱豎立在地上，地下有一個圓球形的洞窟，希律王於 37 年在其上建立了一座禮拜堂，七世紀時被回教人改成回教寺，十字軍時又改建成天主教堂，十三世紀時埃及的撒拉丁再改成現在的式樣，並仍屬回教人所有。

創　23:8　亞伯拉罕用四百舍客勒銀子，向赫人以弗崙買下慢利(就是希伯崙)前，名叫的麥比拉那塊田，將撒拉埋葬在田間的洞裡。

創　25:9　亞伯拉罕死後，他的兒子將他葬在麥比拉洞裡，和他的妻子撒拉在一起。

創　49:30，50:13
　　　　雅各吩咐說，他死後要將他葬在迦南地，

慢利前，麥比拉田間的洞裡，與他的祖父和父親在一起。

0990　麥大迦得 Migdal-gad
幸運之塔 Tower of fortune

●Kh.el-Mejdeleh [H.Migdal Gad]，位於希伯崙的東方約 19 公里，別是巴之北約 38公里，Wadi Qubeiba 的南邊。

書　15:37 猶大支派所得為業在高原第二組的十六座城之一。

0991　善 Shen
牙齒 The tooth

●位置不詳，應在米斯巴的附近。可能是 Burj el-Isaneh，位於示羅之南約 5 公里，伯特利以北約 15 公里。也有可能是在伯特利以北不遠處的 Ain Sinia.

撒上　7:12 撒母耳在打敗非利士人之後，就在米斯巴和善的中間立了一塊石頭，起名叫以便以謝。

※可能同 代下 13:19 中的耶沙拿 Jeshanah 0784。

0992　堅革哩 Cenchrea
黍 Millet

●Kechries 港口小鎮，位於哥林多城之東約 13 公里，薩綸納克灣內，船隻可通往愛琴海，東地中海及黑海，是往日是哥林多大城東面的港口。

徒　18:18 保羅因為許過願，就在堅革哩剪了髮。
羅　16:1 保羅舉荐姊妹非比，她是堅革哩教會中的女執事。

0993　尋曠野 Zin
荊棘 Thorn-fence

●尋曠野的位置和範圍很難界定，一般的看法是，北界從死海南端起，連接到亞克拉濱坡的南邊，直到加低斯的南面，(有時似包括了部份的南地在內)，西邊則鄰書珥曠野，東鄰南亞拉巴谷地，南鄰巴蘭曠野。區內全屬崎嶇的山岳高地，年雨量極小，不宜農作。

民　13:21 探子們上去窺探那地，從尋的曠野到利合，直到哈馬口。
民　20:1 正月間，以色列全會眾，到了尋的曠野，就住在加低斯，米利暗死在那裡，就葬在那裡。
民　27:1，申 32:51
　　　 耶和華對摩西說，因為你們在尋的曠野，當會眾爭鬧的時候，違背了我的命令，沒有在尋的曠野加低斯米利巴水，就是湧水之地會眾前尊我為聖。
民　33:36 從以旬迦別起行，安營在尋的曠野，就是加低斯。
民　34:3 以色列所得為業地界中的一段是，南角要

從尋的曠野，貼著以東的邊界，南界要從鹽海東頭起，繞到亞克拉濱坡的南邊，接連到尋，直通到加低斯巴尼亞的南邊。

書　15:1 猶大支派所得之地的南界是，在儘南邊，到以東的交界，向南直到尋的曠野，他們的南界，是從鹽海的儘邊，通到亞克拉濱坡的南邊，接連到尋。

0994　提巴 Tibhath
屠殺 Slaughter

●位於瑣巴境內，但位置不詳，無從查證。可能是在黑門山之北，安替利巴嫩山脈的西麓。

代上　18:8 大衛王從屬瑣巴王哈大利謝的提巴(或作比他)，和均的二城中取了許多的銅。

※即是撒下 8:8 中的比他 Betah 0059。

0995　提拉(地) Tiras
慾望 Resvirl

●提拉是挪亞之孫，雅弗的第七個兒子，他們最初的領土，可能是位於今日愛琴海的北岸，以及黑海西岸間的地區，即是古代的馬其頓，今日則包括土耳其的歐洲部份，保加尼亞、希臘東部、南斯拉夫南部，其地古時名特拉西或色雷斯 Thrace，居民為一善於遠洋航行之民族。另尚有可能是指住在愛琴海岸，名叫 Pelasgian 的一支航海民族。

創　10:2，代上 1:5
　　　 雅弗的第七子，提拉所居地區及民族名。

0996　提洗(人) Tizite
巡邏人 Patrol，保護人 Patron

●位置不明。或者是一族名。

代上　11:45 大衛王的勇士耶疊，約哈都是提洗人。

0997　提瑪 Tema
沙漠 Deaert，南方人 Southerner.

●Teima 的大綠洲，位於今日阿拉伯的西北部，約是在大馬色與麥加兩城之間，相距約 700 公里，在古時是波斯灣和阿卡巴灣兩地的中間站，自古迄今都是交通重鎮。

伯　6:19 責友無慈愛之心說，提瑪結伴的客旅瞻望，示巴同夥的人等候，他們因失了盼望就抱愧，來到那裡便蒙羞。
賽　21:14 論亞拉伯的預言說，底但結伴的客旅阿，你們必在亞拉伯的樹林中住宿，提瑪的居民拿水來，送給口渴的，拿餅來迎接逃避的。
耶　25:23 以怒杯喻列國之災，包括提瑪在內。

0998　提幔　Teman
南方 South，沙漠 Desert

●Tawilan，位於波斯拉以南約 48 公里，彼特拉之東約 5 公里，以旬迦別之北約 97公里，周圍的土地肥沃，水量足夠，人民以富於勇氣和智慧著稱，自古都是交通的重鎮，今日亦是公路網的中點。在 2000 BC 以前，即有君王大道經此，它曾是以東的首都，是一個設了重防的軍事重鎮。在舊約中，常用以代表南方之地，或是朝南的方向。

創　　36:34，代上 1:45
　　　　　　以東王約巴死了，提幔人戶珊接續他作以東王。

伯　　2:11　約伯的三個朋友中，以利法是提幔人。
耶　　49:7　先知論以東說，提幔中再沒有智慧麼？
結　　25:13 所以主耶和華如此說，我必伸手攻擊以東，剪除人與牲畜，使以東從提幔起，人必倒在刀下，地要變為荒涼，直到底但。
摩　　1:12　先知論以東受罰說，我卻要降火在提幔，燒毀波斯拉的宮殿。
俄　　1:9　先知論以東因驕致禍說，提幔人哪，你的勇士必驚惶，甚至以掃山的人都被殺戮剪除。
哈　　3:3　先知哈巴谷禱告說，神從提幔而來，聖者從巴蘭臨到。

0999　提鍊　Telem
壓迫 Oppression

●位置不明，應在南地之內。

書　　15:24 猶大支派在儘南邊所得為業的二十九座城之一。

※有可能同撒上 15:4 中之提拉因 Telaim 1001，掃羅在此數點百姓，再前往攻擊亞瑪力人，就生擒了其王亞甲。

1000　提弗薩　Tiphsah
水淺可涉之處，淺灘，渡口 Ford

●Dibseh，位於哈馬東北約 160 公里，亞勒坡以東約 105 公里，幼發拉底河的西岸，因地居幼發拉底河的一個重要渡口，故自古就是軍事重鎮和東西方貿易大道上的商業大城。

王上 4:24　所羅門王管理大河西邊的諸王，以及從提弗薩直到迦薩的全地。

1001　提拉因　Telaim
小羔羊 Young lamb

●位置不明，應是在南地之內。

撒上 15:4　掃羅王在提拉因招集了二十一萬人，攻打亞瑪力人，從哈腓拉，直到埃及前的書

珥，生擒了亞瑪力王亞甲，用刀殺盡了亞瑪力的眾民，但他愛惜上好的牛羊，沒有滅絕。

※可能同書15:24中的提鍊 Telem 0999，是猶大支派所得為業的一城。

1002　提拉撒　Telassar
亞述的山 Assyrian hill
王子的疲勞 Weariness of the prince

●可能是 T.Ahmar，位於哈蘭之西約 95 公里，隔幼發拉底河與迦基米施相對，昔日名叫 Til Barsip，是當時伊甸國的首都，伊甸王國就是本節文中所說的伊甸，王國位於幼發拉底河的支流 Balikh River 的兩岸，是一個甚小而且短暫的獨立王國，在 855BC 後被亞述所滅，成爲亞述帝國之一省。

王下 19:12，賽 37:12
　　　　　　亞述王西拿基立在攻打耶路撒冷時，威脅猶大王希西家說，我列祖所毀滅的，就是歌散，哈蘭，利色和屬提拉撒的伊甸人，這些國的神何曾拯救這些國呢？

1003　提哥亞　Tekoa
堡壘 Fort，搭起帳棚 Pitching of tent
號角 Trumpet，刺，插入 To thrust

●Tequ，位於伯利恆之南約 9 公里，希伯崙東北約 15 公里，海拔高有 822 公尺，城的南北各有一條巨大的深溝，故視野開闊，可望見橄欖山和尼波山。提哥亞曠野是在城的四周，古時生產羊群和橄欖，很是富庶，山區中多山洞，有利於畜牧。現今設有爲猿猴和赤腳人的保護區。

撒下 14:2　約押使一個提哥亞的婦人去說服大衛王，讓押沙龍能回到耶路撒冷。
撒下 23:26，代上 27:9
　　　　　　大衛的勇士以拉是提哥亞人。
代下 11:5　猶大王羅波安為保障，所修築的十四個堅固城之一。
代下 20:20 猶大王約沙法與亞捫人，摩押人，米烏利人和西珥山人在提哥亞的曠野會戰，結果約沙法大勝。
尼　　3:5　提哥亞人參加建立耶路撒冷城牆魚門的部份工作。
耶　　6:1　先知預言猶大之災禍說，便雅憫人哪，你們要逃出耶路撒冷，在提哥亞吹角，因為有災禍與大毀滅。
摩　　1:1　大地震前二年，提哥亞牧人中的阿摩斯得默示，對以色列等列邦作預言。

1004　提備斯　Thebez
光明 Brightness，顯著 Prominent

●Tubas，位於得撒以北約 3 公里，撒瑪利亞東北約 16

公里，是在當日通往伯珊的幹道上的一個大鎮，至今仍有一條公路主幹道與一支線在此相交。

士　9:50，撒下 11:21
　　　　亞比米勒攻取了提備斯，但被一個婦人從樓上拋下的磨石打破了頭骨而死。

1005　提斯比　Tishbe
求助，倚賴 Recourse，俘擄 Captivity

●A.Listib [Tishbeh]，位於基列雅比的西方約 3 公里，伯善東南約 18 公里，基立河之北岸。

王上 17:1，21:17，王下 1:3
　　　　先知以利亞是寄居在基列的提斯比人。

1006　提斐薩 Tiphsah
水淺可涉之處，淺灘，渡口，Ford

●位置不明。可能是 Sheikh Abu Zarad?，位於溼底沙意爾之北岸，示劍之南約 15 公里，示羅西北方約 8 公里。

王下 15:16 以色列王米拿現，從得撒起攻打提斐薩及其四境，擊殺城中一切的人，都因他們沒有給他開城。

※可能是書 17:8 中的他普亞 Tappuah 0102。

1007-1 提比哩亞(湖)　Tiberias
來自提比(即河神) From the Tiber (river god)

●即是加利利海，是因靠近大城提比哩亞而得此名，詳細資料請見加利利 0171-1 條。

約　6:1　道事以後，耶穌渡過加利利海，就是提比哩亞海，有許多人因為看見他在病人身上所行的神蹟，就跟隨他。
約　21:1　耶穌復活後，在提比哩亞海海邊，又向門徒顯現。

※加利利海 Galilee sea 0171-1。
※同民 34:11 中的基尼烈湖 Sea of Chinnereth 0951-1。
※同路 5:1 中之革尼撒勒湖 Lake of Gennesareth 0824-1。

1007-2 提比哩亞(城)　Tiberias

●Tabariyeh [Teverya]，位於加利利海的西岸，距約但河之入口約 14 公里，出口約 9 公里，城低於海平面約 190 公尺，是加利利海岸惟一存留至今的古城，主後二十年由大希律之子，安提帕在原來拉甲城廢址上所建，作為他統治加利利地的首都，並以羅馬皇帝提比留該撒之名名之，是一個希臘化的大城，，待耶路撒冷被毀，該城遂成為猶太省的首府，許多猶太人逃到此間，人口激增，人才流入的結果，其學術和宗教研究風氣大盛，在第二世紀中，猶太人的議會遷來此城，復成為猶太宗教的中心，故被視為猶太人的四個

聖城之一。(其他三個是耶路撒冷、希伯崙及撒費得 Safed) 當時的人口約有四萬。第六世紀時，拜占庭統治的晚期，基督教在此的影響力很小，636 年被阿拉伯人佔領，1100 至 1247 年間由十字軍統治，接著再被阿拉伯人攻佔，中世紀時漸走下坡，自 1860 年開始，有成批的猶太人自外地移民歸來，1934 年開始建設城市，1948 年以色列獨立戰爭之後，提比利亞成了一個全屬猶太人的城市，人口約有三萬餘，現今是一個多季的渡假勝地，街上佈滿旅店、商場、浴室、海邊有各式各樣的水上活動的設備。

約　6:23　有幾隻小船從提比哩亞來，靠近主祝謝分餅給人吃的地方。

1008　提勒亞畢 Tel Abib
穀堆 Grain heap
青麥的山 Hill of green corn

●可能是今日名叫 Tel Abubi (意思是洪水的土堆 Mount of flood)的土丘，位於巴比倫古城的東方，迦巴魯河旁，很明顯的是一個被洪水將城市所沖蝕成的土堆。

結　3:15　先知以西結說，我就來到提勒亞畢，住在迦巴魯河邊，被擄的人那裡，在他們中間，憂憂悶悶的坐了七天。(597 BC)

1009　棕樹城　City of palm trees

●即是耶利哥城，因當時的城郊有一大片的棕樹林。詳細內容見 0785 條。

申　34:3　摩西在尼波山上，望見南地，棕樹城耶利哥的平原等應許之地。
士　1:16　摩西的內兄是基尼人，他的子孫與猶大人一同離了棕樹城，往亞拉得以南的猶大曠野去，就住在民中。
士　3:13　摩押王伊磯倫招聚亞捫人和亞瑪力人，去攻打以色列人，佔據了棕樹城。
代下 28:15 以色列人將原先擄來的猶大人，送到棕樹城耶利哥他們弟兄那裡。

※耶利哥 Jericho 0785。

1010　猶大(國,地,人) Judah
讚美 Praise

●一、猶大地：猶大支派的領土就稱為猶大地，他們最初所分得的土地，記載在約書亞記第十五章之內，有四面的疆界、地區名和城名，非常詳細，大約是耶路撒冷以南的一大片土地，東界約但河，西界地中海，南方與以東和埃及為鄰。但是在後一次的分地時，將以別是巴為主的地區給了西緬支派，又把西北部的幾個城給了但支派，東北部的幾個城給了便雅憫，領土小了許多，所以猶大支派實際的領土，應該是以第二次分地之後，所剩餘下來的土地為準，然而這

仍是十二個支派中最大的一片土地。猶大地常常把面緬的領土都包括在內。

二、猶大國：在所羅門王去世之後，王國分裂為二，最初北部共有十個支派，稱為以色列國或是北國。伯特利以南屬猶大支派，稱猶大國或南國。南國以猶大支派的人民為主，日後還有便雅憫、北方其他支派和利未人加入。猶大國的領土亦稱之為猶大地，概略的說，猶大地是位於伯特利以南的一大片土地，可分為五部份，即是猶大曠野、猶大山地、高原(示非拉)、非利士地和南地。西部的非利士地雖然是分給了猶大支派，但是並未能完全的佔領，幾乎都是屬非利士人所有，高原是猶大和非利士人經常發生戰爭之處，雙方各有勝負，所以猶大支派真正而長久擁有土地，只有猶大山地、猶大曠野和部份的南地而已。

三、猶大山地：猶大山地是中央山脈的南段，位於猶大曠野和高原(示非拉)，以及以法蓮山地和南地之間，北自伯特利起，南至希伯崙之南約 15 公里之處，全長約 60 公里，寬約 40 公里，海拔約在600至1100百公尺之間，山脈在希伯崙開始向南傾斜，直到別是巴為止，山脊和西部是良好的耕作和放牧之地，因山泉眾多，大城鎮有伯特利、基遍、基列耶琳、耶路撒冷、伯利恆、伯夙、底壁、希伯崙等，都是富饒之區。東部已接近曠野，乾旱而炎熱。因地處中央山脈的重要位置，在東方有死海和曠野，西方則有高原(示非拉)的保護，南部有南地的熱灼沙漠，北部則是崇山峻嶺的天險，四面都是天然的壁壘，所以是一處易守難攻之地。

四、猶大曠野：位於約但河和死海之西，猶大山地和南地之東，其西緣距死海岸約 12 公里，北起自法瑞阿河口，南至死海的南端，長約 110 餘公里，東側之高度約在海平面之下約 390 公尺，西側的猶大山地在海平面上約 500 公尺，在此12公里之距離內陡升高了約800公尺以上，故地形是十分的陡峭，多懸崖深谷，而且雨量稀少，有若沙漠的曠野地帶，除有少數的牧人之外，並不適人居，區內有隱基底綠洲和耶利哥綠洲，另外在昆蘭地區尚有人短期居住。

五、猶大人：猶大支派或猶大國的人，都稱為猶大人。有時猶大人也代表全以色列十二個支派的人。

六、猶大省：自從南國滅亡之後的五百餘年間，猶大淪為諸列強的屬地，就被劃為猶大省，其疆界各有大小，難以一一考證。

　申　34:2　摩西在尼波山，毘斯迦山頂，耶和華把基列全地直到但，拿弗他利全地，以法蓮，瑪拿西的地，猶大全地直到西海，南地和棕樹城耶利哥的平原，直到瑣珥，都指給他看。

　書　15 章　猶大支派所得之地之疆界、地區和城名。

　書　19:1　西緬支派所得的地業，是在猶大人的地業中間。

　書　11:21　當時約書亞來到，將住山地，希伯崙，底壁，亞拿伯，猶大山地，以色列山地所有的亞衲族人剪除了。

　書　20:7　在猶大山地分定基列亞巴(就是希伯崙)為逃城。

　撒下　5:5　大衛在希伯崙作猶大王七年六個月，在耶路撒冷作以色列和猶大王三十三年。

　王上　12:17，代下　10:17
　　　　　猶大和以色列分裂，各稱為猶大國和以色列國。

◎列王記上下和歷代志上下等四卷書，都是記載猶大和以色列的歷史，不另一一說明。

　拉　1:1　波斯王古列元年，耶和華為要應驗藉耶利米口所說的話，就激動波斯王古列的心，使他下詔通告全國，說，波斯王古列如此說，耶和華天上的神已將天下萬國賜給我，又囑咐我在猶大的耶路撒冷為神建造殿宇。

　尼　1:2　尼希米說，亞達薛西王二十年，我在書珊城的王宮中，那時，有我一個弟兄同著幾個人從猶大來，我問他們那些被擄歸回剩下逃脫的猶大人，和耶路撒冷的光景，他們對我說，那些被擄歸回剩下的人，在猶大省遭大難，受凌辱，並且耶路撒冷的城牆拆毀，城門被火燒。

　彌　5:2　伯利恆以法他阿，你在猶大諸城中為小，將來必有一位從你那裡出來，在以色列中，為我作掌權的。

　太　2:6　有先知記著說，「猶大地的伯利恆阿，你在猶大諸城中，並不是最小，因為將來有一位君王，要從你那裡出來，牧養我以色列民」

　路　1:29　那時馬利亞起身，急忙往山地裡去，來到猶大的一座城，進了撒迦利亞的家，問以利沙伯的安。

1011　猶太(國,地,人)　Judea

一、猶太人：猶太是猶大的希臘文，猶太人是指舊約中的以色列人的後代。新約時代的猶太人，只有四分之一是住在猶太本土，四分之三是定居在羅馬帝國的各地，如埃及、地中海沿岸、兩河流域，直到裡海的南岸。

二、猶太王國和猶太省：羅馬帝國於主前四十年佔領巴勒斯坦，三年後立大希律為猶太國的皇帝，他的封地包括有猶太、加利利、比利亞和特拉可尼等四個省，此四個省可統稱為猶太國或猶太地。其中的猶太省又分為撒瑪利亞、猶太和以土買三個地區，因此猶太王國、猶太省和其中的猶太地區，皆可簡稱為猶太

地，應按照聖經各處之含意加以區分。

1. 猶太王國：在主前三十七年到主前四年，是由大希律統治，他死後就由他的三個兒子分別統治，猶太省是亞基老(4BC～6AD)，加利利和比利亞是安提帕(4BC～39AD)，特拉可尼是腓力(4BC～34AD)，此四人在聖經中都是被稱爲希律王。其中亞基老暴虐無道，做王僅十年，就被猶太人上告，遭羅馬皇帝罷黜後並流放，猶太省就改由羅馬派巡撫管理。

2. 猶太省之地指加利利以南，南鄰拿巴天帝國，所包括的三個地區的分界難以查明，可能撒瑪利亞和猶太是以加拿河爲界，猶太與以土買是以希伯崙爲界，以土買與拿巴天帝國是以別是巴和死海爲界。

三、猶太曠野：同猶大曠野，請參看 1010 四之說明。

四、猶太山地：同猶大山地，請參看 1010 三之說明。

太	2:1	當希律王的時候，耶穌生在猶太的伯利恆。有幾個博士從東方來到耶路撒冷說，那生下來作猶太人之王的在那裡。
太	3:1，可 1:5	那時，有施洗的約翰出來，在猶太的曠野傳道，……那時，耶路撒冷和猶太全地，並約但河一帶地方的人，都出去到約翰那裡，承認他們的罪，在約但河裡受他的洗。
太	4:25	當下，有許多人從加利利，低加波利，耶路撒冷，猶太，約但河外，來跟從耶穌。
太	19:1，可 10:1	耶穌就離開加利利，來到猶太的境界，約但河外。
可	3:8	還有許多人聽見他作的大事，就從猶太，耶路撒冷，以土買，約但河外，並推羅、西頓的四方，來到他那裡。
路	1:65	約翰出生時的奇事，周圍居住的人都懼怕，這一些的事就傳遍了猶太的山地。
路	3:1	該撒提庇留在位第十五年，本丟彼拉多作猶太巡撫。
路	5:17	有一天耶穌教訓人，有法利賽人和教法師在旁邊坐著，他們是從加利利各鄉村和猶太並耶路撒冷來的，主的能力與耶穌同在，使他能醫治病人。
路	6:17	耶穌下了山，又有許多百姓，從猶太全地和耶路撒冷，並推羅、西頓的海邊來，都要聽他講道。
路	23:51	議士約瑟是猶太亞利馬太城裡素常盼望神國的人，這人去見彼拉多，求耶穌的屍體。
約	3:22	這事以後，耶穌和門徒到了猶太地，在那裡居住施洗。
徒	1:8	但聖靈降臨在你們身上，你們就必得著能力，並要在耶路撒冷，猶太全地和撒瑪利亞，直到地極，作我的見證。
徒	2:5	那時有虔誠的猶太人，從天下各國來，住

在耶路撒冷，……各人聽見門徒用眾人的鄉談說話，就甚納悶。

徒	8:1	從這日起，耶路撒冷的教會，大遭逼迫，除了使徒以外，門徒都分散在猶太和撒瑪利亞各處。
徒	9:31	那時猶太，加利利，撒瑪利亞，各處的教會都得平安，被建立。
徒	11:29	安提阿的門徒定意，照各人的力量捐錢，送去供給住在猶太的弟兄。
徒	15:1	有幾個人從猶太來到安提阿，保羅和他們爭論外邦人是否該守摩西的律法。

1012　疏弗　Suph
蜂房 Honeycomb. 蘆葦 Reed

●位置不明。有可能是指紅海，即是阿卡巴灣。

申	1:1	申命記是摩西臨終前，在約旦河東的曠野，疏弗對面的亞拉巴，向以色列人所說的話。（在 KJV 中對等的地名是「紅海」，on this side of the Jordan in the wilderness，in the plain over against the red sea，between Paran，and Tophel，and Laban，and Hazeroth，and Dizahab.）

1013-1疏割　Succoth
棚子，哨崗 Booths

●T.Deir Alla，位於希實本西北約 47 公里，示劍以東約 32 公里，雅博河之北岸，約但河之東，其地低於海平面，故水源充足，農產豐富。

創	33:17	雅各自哈蘭回到迦南，和以掃會面後，以掃返回西珥，雅各就往疏割去，在那裡建造房屋，又為牲畜搭棚，因此那地名叫疏割。
書	13:27	摩西分給迦得支派之一城，位於谷中。
士	8:5	基甸追趕米甸人，請疏割人供給食物，但為其所拒，待基甸得勝返來時，責打了城內的長老們。
王上 7:46，代下 4:17		戶蘭在約但平原，疏割和撒拉但中間，鑄製各種聖殿用的銅器。

1013-2疏割　Succoth

●T.el-Maskhutah，位於提木沙湖 L.of Timsah 之西約 15 公里，開羅的東北約 110公里。原是古代埃及人的一個碉堡。

出	12:37，13:20，民 33:5	是以色列人出埃及的第一處安營地，係從蘭塞起行，再去以倘。

1013-3疏割(谷) V.of Succoth

●可能是指疏割城南的雅博河河谷，此谷從基列山山

脈中段穿過，其低於海平面之處長約十五公里，平均寬約兩公里，又低於海拔 300 公尺之處則長約二十五公里，平均寬約4公里，是一條東西向的重要交通孔道。谷中土地肥沃，水源充足，宜於農牧。也是一個很重要的考古區，發現有後銅器時期(2000 至 1500 BC)的遺物和一座神廟，還有許多泥版，但其文字尚未能判讀，可能是海民之紀錄。

詩　60:6，108:7
「我要丈量疏割谷」是預表該地必將屬於神，並將成為其地之東界。

1014　答比匿 Tahpanhes
此地的首領 Chief of the land
你要用哀憐充滿了手 Thou wilt fill hands with pity
努比亞人之宮殿 Palace of the Nibian

●T.Defenneh，位於賽得港的西南南方約 43 公里，蘭塞之東約 14 公里，比東之北約 10 公里，尼羅河三角洲及埃及的東方邊境，是當時埃及東方的邊防重鎮。1886 年曾作部份之開挖，發現有埃及法老森美式庫一世(664 至 610 BC)所建之城堡和巴比倫王拿布迦得撒在此作戰之遺跡。

耶　2:16　先知責備以色列人說，挪弗人和答比匿人，也打破你的頭頂。

耶　43:7　加利亞的兒子約哈難，卻將所剩的猶大人，與先知耶利米，都帶入埃及地，到了答比匿。

耶　43:9　在答比匿，耶和華令耶利米說，你在猶大人眼前要用手拿幾塊大石頭，藏在答比匿法老王宮門那裡砌牆的泥灰中，對他們說，萬軍之耶和華說，我必召我的僕人巴比倫王尼布甲尼撒來，在所藏的石頭上，我要安置他的寶座。

耶　44:1　有臨到耶利米的話，論及一切住在埃及地的猶大人，就是住在密奪，答比匿，挪弗，巴忒羅境內的猶大人，說，耶和華因猶大人行惡事，而使猶大地的耶路撒冷遭災，變得荒涼，人民被剪除。

耶　46:14　先知論到巴比倫王尼布甲尼撒要來攻擊埃及地說，你們要傳揚在埃及，宣告在密奪，報告在挪弗，答比匿說，要站起出隊，自作準備，因為刀劍在你四圍施行吞滅的事。

結　30:18　先知預言說，我必在答比匿折斷埃及的諸軛。

1015　腓立比 Philippi
馬的愛好者 Lover of horse
腓立的城 City of Philip

●Filibedjik，位於希臘北部，愛琴海的北岸，尼亞波立以西約 10 公里，暗妃波里之東約 30 公里，古時原

名 Krenides，後經馬其頓王腓力二世在 357 BC 所重建，作為一軍事基地，並以自己的名以名之。在其西部和北部有 R.Angites 河之供應，水源充足，土壤肥沃，故農產豐富。此外境內金礦豐饒，同時尚有銀銅錫等礦藏，腓力大力開採，以增加其軍備之需。到羅馬帝國時，所築的 Egnatian 軍事大道經過此城，東通暗妃波里及帖撒羅尼迦，並開發尼亞波里成為其在愛琴海之港口，故其地位日形重要，羅馬帝國將此城擴建為一宏大的駐防城，其居民也有羅馬的公民權，足見其地位之特殊，城中之設施全為希臘及羅馬式，宏偉華麗，遺物中有兩座大的方形會堂的廢墟，但如今則是一處無人居住的荒地。

徒　16:12　保羅在特羅亞見到異象，要到馬其頓去，於是從那裡來到腓立比，就是馬其頓這一方的頭一個城，也是羅馬的駐防城。保羅後來在城中被攻擊，又被下在監裡。

徒　20:6　過了除酵的日子，保羅等從腓立比開船，五天到了特羅亞。

腓　1:1　保羅和提摩太寫信給凡住腓立比，在基督裡的眾聖徒和諸位監督及執事。

腓　4:15　腓立比人哪，除了你們外，並沒有別的教會供給我，就是我在帖撒羅尼迦，你們也一次兩次的打發人，供應我的需要。

帖前　2:2　保羅從前在腓立比被害受辱。

1016　腓尼基(地) Phoenicia
紫色染料 Purple dye
棕樹之地 Land of palm trees

●位於地中海東岸，利巴嫩山脈西麓以及沿海地帶，南起自立坦尼河，北至亞瓦底城之南，長約 240 公里，其沿海平原的寬度僅在5至15公里之間，並被河谷切割成許多的小平原。從舊約的資料得知，它是以推羅及西頓為其代表的地區，但其國境有時向南延伸到迦密山和多珥地區，往北達奧倫特河的北邊。利巴嫩的山區盛產香柏樹和松木，沿海平原的土壤肥沃，水源豐富，故農業發達，而且港灣良好，人民善於航海、貿易和殖民，也精於造船和染織，其商船也是無遠弗屆，有足夠的理由相信，腓尼基曾是一個歷史上的強國，他們不斷的向外發展，它的殖民地佈滿了地中海的各地，最著名的殖民地是北非的迦太基。其大城有推羅、西頓、迦巴勒、Ugarit、Tripolis 等。腓尼基並沒有統一的宗教，各城有其特別之守護神，人民的道德淫亂低落。

徒　11:19　因司提反的事，四散的門徒到腓尼基，居比路，安提阿，但他們只向猶太人講道。

徒　15:3　為辯明不按摩西律法行割禮，就不能得救一事，保羅自安提阿到腓尼基，到撒瑪利亞，到耶路撒冷與法利賽教門的人辯論。

徒　21:2　保羅從羅底那裡到了帕大喇，再乘船往腓尼基去。

1017　舒瑪(人)　Shumathites
大蒜味 Garlic smell
被尊崇的 The exalted

●位置不明，可能是一族名。

代上 2:53　猶大和迦勒的後代，薩瑪的子孫中，有基列耶琳的諸族是以帖人，布特人，舒瑪人，又從這些族中生出瑣拉人和以實陶人來。

1018　萊煞　Laishah
獅子 Lion

●可能是 el-Isawiyeh，位於耶路撒冷東北方約 3 公里，基遍東南約 9 公里。

賽　10:30　先知預言，當亞述王攻擊猶大和耶路撒冷時，說，萊煞人哪，須聽⋯⋯。

1019　雅比　Jabesh
乾地 Dry place

●T.el-Maqlub，即是基列雅比城，位於伯珊東南約 21 公里，基列拉末西南約 36 公里，基立河之北岸。

撒上 11:9　亞捫人的王拿轄上來，對著基列雅比安營，雅比人向掃羅求救。

撒上 31:12，撒下 2:4，代上 10:11
　　　　　基列雅比的居民，將掃羅和他兒子的屍體，從伯珊城牆上取下來，送到雅比那裡，葬在雅比的垂絲柳樹下，就禁食七日。

※同基列雅比 Jabesh-gilead 0958。

1020　雅弗(地)　Japheth
廣為散佈 Wide spreading
神將使其昌大 God will make enlarge

●雅弗是挪亞的三子之一，他的七個兒子和七個孫子，各自成為宗族和邦國共十四個，可統稱為雅弗，他們最初所佔領的土地，大約東自裡海，西至西班牙，包括了蘇聯南部的大草原、土耳其、歐洲南部和地中海中的部份島嶼。

創　10:2，代上 1:4
　　　　　挪亞的兒子雅弗及其後裔所居之地區及其族人，可統稱為雅弗，包括七個兒子和七個孫子，共十四人。

1021　雅完(地)　Javan
希臘 Greeks，Hellenic

●雅完是挪亞之孫，雅弗的第四個兒子，雅完在希臘文聖經中就是希臘，在希伯來文中即是愛奧尼亞人 Ionians，也就是希臘人。他們最初的領域包括現今的希臘本土，以及小亞細亞西岸沿海和愛琴海邊之島嶼。他的四個兒子另各自有其宗族和邦國。

創　10:2，代上 1:5
　　　　　雅弗的第四子雅完所居之地區及民族之名。

結　27:13　雅完人，土巴人和米設人用銅器和人口與推羅人兌換貨。

結　27:19　威但人和雅完人拿紡成的線，亮鐵，桂皮，葛蒲與推羅交易。

※但 8:21，亞 9:21 中之「希臘」其原文是「雅完」。

1022　雅典　Athens
雅典娜女神之城 City of Athens
不定之事 Uncertainty

●即是現今希臘的首都，仍用原名，位於 Attica 省東部的海邊。該城是 Cecrops 王在 1556 BC 所建，620 BC 有 Draco 立律典，科條嚴酷，犯罪者死，即所謂之血書，Solon 在 594 BC 立憲章，這些法律都促使人民素質優秀，能在希臘的諸城邦中，一直居於首要地位的主要原因。雅典至今仍舊代表著在古典歷史上，所能達到的最高文化水準，其文學、哲學、建築、彫刻、戲劇、演說術、城市公用建設等等，不但都在當時居於領先的地位，而且長期都是後世的典範。在政治上它也是議會的民主政治的搖籃。雅典兵卒雖少，但因愛國而勇敢，在 490 BC 戰勝波斯大軍於馬其頓，至 480 BC 又戰勝薛王之海上大軍，476 BC 聯合希臘諸小邦，是其最為興盛之時代。至羅馬佔領希臘後，是附屬於馬其頓省的一區，因其突出的歷史、文化，羅馬人對他們很是寬厚，特許有自治之權。在新約時代，該城有大批的猶太人居留。

徒　17:16　保羅在雅典等候他們的時候，看見滿城都是偶像，就心裡著急，⋯⋯保羅站在亞略巴古當中說，眾位雅典人哪，我看你們凡事很敬畏鬼神，⋯⋯。

徒　18:1　這事以後，保羅離了雅典，來到哥林多。

帖前 3:1　保羅就願意獨自等在雅典，但打發提摩太到帖撒羅尼迦去。

1023　雅博(河)　Jabbok
湧出 Pouring forth

●今日仍名叫雅博河，是約但河以東主要的支流，主流發源自摩押地的南部，向東北流經亞捫的首府拉巴，轉向北流，再轉向西，將基列地分割成南北兩半，然後在亞當城之北注入約但河，全長約 96 公里，常年有水，河床寬約十餘公尺，水流湍急但甚淺，幾乎可涉水而過，河谷附近甚為肥沃，宜於農牧。沿河有拉巴、瑪哈念、毘努伊勒、疏割、撒拉但、亞當等

城。

創	32:22	雅各在雅博渡口和天使摔跤，天使不能勝他，就在雅各的大腿窩摸了一把，雅各就瘸了，天使又給他祝福，令他改名叫做以色列，雅各便給那地方起名叫毘努伊勒。
民	21:24	以色列人殺了亞摩利人的王西宏，得了他的地，從亞嫩河到雅博河，直到亞捫人的境界。
申	2:36	摩西述說，惟有亞捫人之地，凡靠近雅博河的地，並山地的城邑，與耶和華我們的神所禁止我們去的地方，都沒有挨近。
申	3:16	雅博河是亞捫的交界。
書	12:2	有住希實本亞摩利人的王西宏，他所管之地，是從亞嫩谷邊的亞羅珥和谷中的城，並基列的一半，直到亞捫人的境界，雅博河，與約但河東邊的亞拉巴。
士	11:13	亞捫人的王說，因為以色列人從埃及上來的時候，佔據我的地，從亞嫩河到雅博河，直到約但河。

1024　雅農　Janum
安眠 Asleep

●位置不明，但應在該組之區域內。也許是希伯崙之東的 Beni Naim。

| 書 | 15:53 | 猶大支派所得為業，山地第二組的九座城之一。 |

1025-1雅謝(地)　Jazer
他要保護 He will protect
讓他幫助 Let him help

●Kh.Jazzir，位於希實本的北北西約 25 公里，拉巴的西北西約 20 公里，Wadi Shueib的發源處。另有一可能之處是 Kh.es-Sar，位於希實本之北約 15 公里，拉巴之西約 12 公里。雅謝地則可能是其四週之地，大約的位置是在基列地的南部或是其南方。

民	21:32	摩西打發人去窺探雅謝，以色列人就佔了雅謝，趕出那裡的亞摩利人。
民	32:1	流便和迦得的子孫，見雅謝地和基列地，是可牧放牲畜之地，就要求摩西和會眾的首領，要把亞大錄，底本，雅謝等九個城給他們為業。
民	32:35	是迦得的子孫所建的八個堅固城之一，後來並歸給迦得支派為業。
書	13:25，21:39，代上 6:81	是迦得支派所得之一城，但後來再分給利未支派的米利拉族為業。
撒下	24:5	約押奉命點數以色列人和猶大人，就在迦得谷中城的右邊亞羅珥安營，與雅謝相對。
賽	16:9	先知論摩押說，因為希實本的田地，和西比瑪的葡萄樹，都衰殘了，列國的君主折斷其上美好的枝子，這枝子長到雅謝延到

曠野，嫩枝向外探出，直到鹽海，因此我要為雅謝人哀哭。

1025-2雅謝(海) Jazer

●雅謝海的位置不明，可能是在雅謝地，或是雅謝城的附近。

| 耶 | 48:32 | 先知論摩押說，西比瑪的葡萄樹阿，我為你哀哭甚於雅謝人哀哭，你的枝子蔓延過海，直長到雅謝海。 |

1026　雅雜　Jahaz
被踐踏 Trodden

●Kh.el-Medeiyineh，位於希實本的東南約 26 公里，底本東北約 16 公里。

民	21:23，申 2:32，士 11:20	
		亞摩利人的王西宏，不容以色列人從他的境界經過，就出到曠野，要攻擊以色列人，到了雅雜，以色列人殺了他，得了他的地，從亞嫩河到雅博河，直到亞捫人的境界。
書	13:18，21:36	
		是流便支派所得之一城，後歸給利未支派的米拉利族為業。
賽	15:4，耶 48:34	
		先知預言摩押必覆亡說，希實本和以利亞利悲哀的聲音，達到雅雜，所以摩押人高聲喊嚷，人心戰兢。
耶	48:21	先知預示摩押必受懲罰說，摩押變為荒場，刑罰臨到平原之地的何倫，雅雜等遠近所有的城邑。

※同代上 6:78 中的雅哈撒 Jahzah 1032，是利未支派的米拉利族，在流便支派的地業中所得的一城。

1027　雅比尼　Jabneh
是神所建造 God builds

●Yebna [Yavne]，位於約帕正南方約 21 公里，亞實突之北 15 公里，梭烈谷的西岸，距海約 8 公里。

| 代下 | 26:6 | 烏西雅王攻擊非利士人，拆毀了迦特，雅比尼和亞實突等城，又建築了一些城。 |

※同書 15:11 中的雅比聶 Jabneel 1029-1，猶大支派在北境上的一城。

1028　雅比斯　Jabez
痛苦 Pain，悲哀 Sorrow
泥濘被抹去 Mire swept away

●位置不明，可能是在伯利恆的附近。

| 代上 | 2:55 | 猶大和迦勒的後代，薩瑪的子孫中，有部份是住雅比斯眾文士家的特拉人，示米押人，蘇甲人，這都是基尼人利甲之祖哈末所生的。 |

1029-1雅比聶 Jabneel
是神所建造 God builds

●Yebna [Yavne]，位於約帕正南方約 21 公里，亞實突之北約 15 公里，梭烈谷的西岸，距海約 8 公里。

書　15:11 猶大支派在其北境上所得之一城，與但支派為鄰。

※同代下 26:6 中之雅比尼 Jabneh 1027，猶大王烏西雅攻擊非利士人，拆毀了雅比尼等城。

1029-2雅比聶 Jabneel

●T.en-Naam [T.Yinam]，位於伯善以北約 22 公里，基尼烈城以南約 19 公里。

書　19:33 拿弗他利支派所得為業的十九座堅固城之一。

1030　雅姑珥 Jagur
寄居 Lodging

●T.Ghurr，位於別是巴以東約 14 公里，希伯崙以南約 35 公里，與何珥瑪隔著鹽谷相對。

書　15:21 猶大支派在儘南邊所得的二十九座城之一。

※同代下 26:7 中之姑珥巴力 Gurbaal 0604.

1031　雅非亞 Japhia
華麗 Splendid
願祂的目標光明
May he is. God cause to be bright

●Yafa，位於米吉多東北約 15 公里，約念之東約 15 公里。

書　19:12 西布倫支派所得為業之一城。

1032　雅哈撒 Jahzah
被踐踏的城市 Trodden town

●Kh.el-Medeiyineh，位於希實本東南約 25 公里，底本東北約 16 公里。

代上 6:78 利未支派的米拉利族在流便支派的地業中所得之一城。

※同民 21:23 中的雅雜 Jahaz 1026，原是亞摩利人的王西宏的地，後來分給流便支派為地業。

1033　雅挪哈 Janohah
安靜 Quiet，休息 Rest

●Kh.Yanun，位於示劍東南方約 9 公里，示羅東北約 13 公里，附近有甚多的廢墟及古物遺跡。

書　16:6 以法蓮支派所得為業之一城，鄰近東界。

1034　雅提珥 Jattir
豐足的 Abundant，優越的 Excellent

●Kh.Attir [H.Yatir]，位於希伯崙南南西方約 21 公里，別是巴東北約 21 公里。

書　15:48，21:14，代上 6:57
猶大支派所得之業在山地第一組的十一座城之一。後歸利未支派的亞倫族所有。

撒上 30:27 大衛戰勝亞瑪力人回到洗革拉之後，從掠物中取些為禮物，分送給他素來所到之處的人，其中有住在雅提珥的。

1035　黑巴 Helbah
肥胖 Fatness

●位置不明。或許是 Kh.el-Mahalib，位於推羅以北約 8 公里的地中海海邊。

士　1:31 亞設支派沒有趕出原來住在黑巴等地的迦南人。

1036　黑本 Helbon
肥胖 Fat，多產的，豐盛的 Fruitful

●Halbun，位於大馬色城的北方約 5 公里，在一名叫做 Helbon 的山谷中，村內外有甚多的廢墟，其地水源充足，農產豐富，今日仍種植有優良的葡萄。

結　27:18 大馬色人用黑本酒與推羅交易。

1037　黑甲 Helkath
一部份 Portion，田地 Field

●T.el-Qassis [T.Qashish]，位於基順河之東岸，亞柯之南約 26 公里，約念以北約 3公里處。在埃及的文件中，提到此城在 1460 BC 年有關之事件。

書　19:25，21:31
原分給亞設支派為業，後來再歸給利未支派的革順族之一城。

※同代上 6:75 中之户割 Hukok 0020-2。

1038　黑門(山) Hermon
突出的高峰 Lofty peak
忠實的，獻身了的 Devoted
咒詛了的 Banned

●Jebel esh-Sheikh 山脈，位於今日敘利亞南方，靠近以色列的邊界，是安替黎巴嫩山脈的南支，也是約但河、法珥法和亞罷拿河的發源地。古時的但城和該撒利亞腓利比正在其南麓，大馬色在其東麓。山脈走向略呈東北向，它高於 900 公尺之部份的長度有 42 公里，最寬處有 10 公里，主峰位於大馬色城的西南方約 47 公里，高度有 2844 公尺，是巴勒斯坦地區最高的山峰，山頂終年積雪，山坡上的土地肥沃，樹林茂密，盛產蔬果。

申　3:8，4:48 約書亞從約但河東的兩個亞摩利王的手中，將亞嫩谷直到黑門山之地奪了過

來，(這黑門山，西頓人稱為西連，亞摩利人稱為示尼珥。)

書　11:3　夏瑣王聯合黑門山根米斯巴地的希未人等，對抗以色列人。

書　11:17　約書亞所奪得之地的一部分是，從上西珥的哈拉山，直到黑門山下的巴力迦得。

書　12:1　以色列人在約但河外向日出之地擊殺二王，得他們的地，就是從亞嫩谷直到黑門山，並東邊的亞拉巴。:5 巴珊王噩所管之地，是黑門山，撒迦，巴珊全地。

書　13:5　約書亞未得之地中有，還有迦巴勒人之地，並向日出的全利巴嫩，就是從黑門山根的巴力迦得，直到哈馬口。

代上　5:23　瑪拿西東半支派的人住在那裡，從巴珊延到巴力黑們，示尼珥，與黑門山。

詩　42:6　我的神阿，我的心在我裡面憂悶，所以我從約但地，從黑門嶺，從米薩山紀念你。

詩　89:12　南北為你所創造，他泊和黑門都因你的名歡呼。

詩　133:3　又好比黑門的甘露，降在錫安山，因為那裡有耶和華所命定的福，就是永遠的生命。

歌　4:8　求你與我一同離開利巴嫩，從亞瑪拿頂，從示尼珥與黑門頂往下觀看。

※西連 Sirion 0312，西雲山 Sion 0314.

※同士 3:3 中的巴力黑們 Baal-Hermon 0050-1.

1039　黑實門　Heshmon
沃土 Fertile soil

●位置不明，應在南地的境內。

書　15:27　猶大支派在儘南邊所得為業的二十九座城之一。

1040　愛　Ai
土堆 Heap，廢墟 Ruin

●位於摩押的境內，雖係一個重要的城鎮，但其位置無從查證。似有可能是亞珥 Ar，則是 El-Misna，位於底本之南約 25 公里，吉珥哈設以北約 11 公里，亞嫩河的南岸約 3.5公里。其地可以控制亞嫩河的深谷，是一個戰略重地。

耶　49:3　先知論摩押，說，希實本哪，你要哀號，因為愛地變為荒場。

※可能是民 21:15 中的亞珥 Ar 0493。

1041　普勒　Pul
上主 Lord，被磨難 Afflicted
顯貴的 Distinguishing

●位置不明。似為一非洲的民族，也甚可能是弗 Put 之誤。

賽　66:19　主說，我要顯神蹟在他們中間，逃脫的我

要差到列國去，就是他施，普勒，拉弓的路德，土巴，雅完等等。

1042　普嫩　Punon
黑暗 Darkness，迷亂 Perplexity

●Feinan，位於彼特拉之北約 35 公里，波斯拉西南約 16 公里，是以東地區內產銅最豐盛之地，也有豐富的水源。據考證，早在 2200 至 1800 BC 間，埃及人已在此開採和煉製，似停頓了五百年後，在 1300 至 600 BC 間，又再大量開採和煉銅。兩百年後再被拿巴天人所經營。拜占庭時代，基督徒在此建了一座禮拜堂和一間修道院。

民　33:42　以色列人從撒摩拿起行，安營在普嫩(出埃及的第三十六站)，再往阿伯。

1043　暗妃波里　Amphipolis
一條河流所環繞的城 City encompassed by river

●Neochori 城，位於希臘北部，愛琴海的一個海灣內，Strymon 河西支的東岸，西距亞波羅尼亞，東距腓立比各約 30 公里，附近土地肥沃，產酒、油、無花果、木材及毛織品等，因有羅馬帝國的軍事大道經過此城，而成為商業的中心，和馬其頓的邊防重鎮。

徒　17:1　保羅和西拉經過腓立比，暗妃波里，亞波羅尼亞來到帖撒羅尼迦。

1044　義大利(國)　Italy
公牛 Ox

●即是今日的義大利，包括阿爾卑斯山以南，及密斯拿海峽以北之地。在主前五世紀時，僅指半島以南的一半，直到主後一世紀前後，方才擴至全半島。羅馬在主前七世紀時，只是該島上的一個城邦，後逐漸兼併地中海沿岸之地，而成為羅馬帝國，義大利半島成為帝國中的一個省。此名有時也代表羅馬帝國。

徒　10:1　在該撒利亞有一個人，名叫哥尼流，是義大利的百夫長，他是一個虔誠人，他和全家都敬畏神，他得到神的默示後，就打發人到約帕去，請那稱呼彼得的西門的人，到該撒利亞來，向外邦人傳福音。

徒　18:2　有一個猶太人名叫亞居拉，他生在本都，因為革老丟命猶太人都離開羅馬，就帶著妻子，從義大利來到哥林多，保羅就投奔他們。

徒　27:1　非斯都准保羅上告該撒，就把他和別的囚犯一同交給御營裡的一個百夫長，一起乘船往義大意去。:6 在那裡，百夫長遇見一隻亞力山太的船，要往義大利去，便叫我們上了那船。

來　13:24　從義大利來的人也問他們安。

1045　義伯崙 Ebron

●Kh.Abdeh [T.Avdon]，位於亞柯的北北東方約 16 公里，亞革悉之東約 7 公里，推羅之南約 26 公里，卡恩溪北岸，是一個海拔 146 公尺土丘上的城市，因控制了自沿海平原進入加利利地區的狹窄孔道，很具有軍事及商業的重要性。

書　19:28 亞設支派所得為業的二十二座城之一。

※同書 21:30，代上 6:74 中之押頓 Abdon 0628，日後歸給利未支派的革順族為業。

1046　蛾摩拉 Gomorrah
淹沒 Submersion，一片廢墟 A ruined heap
奴役，束縛 Bondage

●是四個同時被火焚燒，並已湮沒了的古城之一，它們的位置無從查證，學者之意見多傾向位於死海東南隅，灘三半島之南的海底之某處。

創　10:19 迦南的境界是從西頓向基拉耳的路上，直到迦薩，又向所多瑪，蛾摩拉，押瑪，洗扁的路上，直到拉沙。

創　13:13 羅得舉目看見約但河的全平原，直到瑣珥，都是滋潤的，那地在耶和華未滅所多瑪，蛾摩拉以先，如同耶和華的園子，也像埃及地，於是羅得選擇約但河的全平原，往東遷移，直到所多瑪，所多瑪人在耶和華面前罪大惡極。

創　14:2 所多瑪王比拉時，北方四王南下，攻打南方以所多瑪為首的五個城，結果南方五王戰敗，北方四王就把所多瑪和蛾摩拉所有的財物和糧食都擄掠去了。

創　18:20 耶和華說，所多瑪和蛾摩拉的罪惡甚重，聲聞於我，我現在要下去，察看他們所行的。

創　19:23 羅得到了瑣珥，耶和華將硫磺與火，從天上降與所多瑪和蛾摩拉，把那些城和全平原，並城裡所有的居民，連地上生長的，都毀滅了，……亞伯拉罕清早起來，向所多瑪和蛾摩拉，與平原的全地觀看，不料，那地方煙氣上騰，如同燒窯一般。

申　29:23 好像耶和華在忿怒中所傾覆的所多瑪，蛾摩拉，押瑪，洗扁一樣。

申　32:32 他們的葡萄樹是所多瑪的葡萄樹，蛾摩拉田園所生的。

賽　1:8 若不是萬軍之耶和華給我們稍留餘種，我們早已經像所多瑪，蛾摩拉的樣子了。

◎其他以所多瑪和蛾摩拉為鑑的有賽 1:10，3:9，13:19，耶 23:14，49:18，50:40 哀 4:6，結 16:46，摩 4:11，番 2:9，太 10:15，11:23，路 10:12，17:19，羅 9:29，彼後 2:6，猶 7，啟 11:8。

1047　辟拉 Bilhah
膽小 Timid，衰弱 Decrepitude

●Kh.Abu Tulul，位於別是巴的東南方約 11 公里，希伯崙的南南西約 42 公里。

代上 4:28 西緬人住在別是巴，辟拉等城邑，直到大衛作王的時候，都屬西緬人所有。

※同書 19:3 中之巴拉 Balah 0031-4。

※同書 15:29 中之巴拉 Baalah 0031-3，係先分給猶大支派在儘南邊之一城，然後再歸給西緬支派為業。

1048　葉甲薛 Jekabzeel
神將收集 God will gather

●Kh.Horah，位於別是巴東北約 10 公里，希伯崙西南約 33 公里處。也有學者建議是 Kh.Gharreh，位於別是巴東方約 12 公里處。

尼　11:25 歸回建殿完成之後，猶大支派所居住之一城。

※同書 15:21 中的甲薛 Kabzeel 0208 是猶大支派在儘南邊所得的一城。

1049　睚珥 Jair
他開導，啟迪 He enlightens

●即是哈倭特睚珥，就是睚珥所佔領土地的名字，按民 32:41 之說明，應是在基列的北部，雅木河的南岸，但照申 3:14 節中之意思，則是在巴珊地，現大部份的學者認同前者，即是在雅木河的南岸。

書　13:30 瑪拿西支派所得之地中包括在巴珊，睚珥的一切城邑，共六十個。

撒下 20:26 睚珥人以拉作大衛的宰相。

代上 2:22 睚珥在基列地有二十三個城邑，後來基述人和亞蘭人奪了睚珥的城邑。

※同民 32:41 中的 Havvoth-jair 0734。

1050　該隱 Kain
鐵匠 A smith，矛 Spear，獲得 to acquire

●Kh.Yaqin，位於希伯崙的東南方約 6 公里，隱基底之西約 23 公里。

書　15:57 猶大支派所得為業之一城，是山地第三組十座城中的一座。

1051　該撒利亞
Caesarea，Caesarea Palaestinae
該撒王的城 City of Caesar

●Qeisariyeh [Qeisari]，位於地中海東岸，多珥以南約 12 公里，約帕以北約 5 公里，距安提帕底約 44 公里，耶路撒冷約 87 公里。主前四世紀，一位名叫史特萊頓的腓尼基統治者，在此設之了一個類似燈塔的建築物，人們稱其史特萊頓堡。大希律王在 30 BC 為取代耶路撒冷作為猶太省的首府，就在此建城和港口，稱其為該撒利亞，以紀念奧古士督大帝(27 BC 至 AD

14)，城內建有圓形劇場、競技場、劇場(可容萬人，現今仍常在使用，據考證是當時在巴勒斯坦最大的一座)、廣場、柱廊、公共浴池，鋪石的街道等等，完全是一個希臘化的城市，最值得重視的是築防波堤的方式，在原是沙灘的平直海岸邊，建造了一個人工的海港，其規模尚大於埃及的亞歷山太港，僅是其防波堤即寬達60公尺，的確是一件偉大的工程，另有高架石砌的遠程的輸水陸橋，長約 19 公里，可自迦密山引水供食用。其陸上交通也開發得四通八達，大希律王的目的，就是要使此城在政治和商業上，都能超越耶路撒冷及約帕，在主後七十年耶路撒冷被毀之後，此城確實實現原來目的，也達到了繁榮之最高點。以後有六百餘年之久，都是羅馬帝國在中東的首都。該城的居民中，猶太人和外邦人各佔半數，為了種族歧見，居民常起衝突，主後 66 年，猶太革命反抗羅馬的浪潮，就是在此掀起，以後戰爭圍範愈推愈廣，終於導至耶路撒冷在主後 70 年陷落和被毀。主後第三世紀，教父俄利根在此建了一間基督教研究學院，四世紀起，此城成了歐洲人來朝聖的主要起岸處。教父尤西比曾任該撒利亞主教，在此寫有「基督教會史」一書，四至七世紀的拜占庭時代，人口增至十萬餘。十字軍是由此登陸，在其後百餘年間，此城數度易手，破壞甚劇，主後 1251 年十字軍的法國皇帝路易九世重建此城，可惜在十四年後被土耳其攻佔，他們為防止外敵自海上登陸，遂毀去海邊所有的房舍，故自 1265 年起，此城被荒廢至今。1884 開始考古的發掘工作，但當年的港口和巨大的防波堤均已下陷到海面之下，不復再見，這也許是此城未能重建的主要原因之一，而此地也成海面下考古的先驅。但陸上之設施，如劇院、輸水陸橋等，仍有廢墟可見。此城為與其他同名之城相混，故又名巴勒斯坦的該撒利亞 Caesarea Palaestinae。

徒 8:40 腓利被主的靈提走後，後來又有人在亞瑣都遇見他，他走遍那地方，在各城宣傳福音，直到該撒利亞。

徒 9:30 因為耶路撒冷說希利尼話的猶太人要想法子殺保羅，弟兄們知道了，就送他下該撒利亞，打發他去大數。

徒 10:1，11:11 哥尼流打發人到約帕去，為要請西門彼得來到該撒利亞，向外邦人傳福音。

徒 12:19 後來希律離開猶太，下到該撒利亞去，住在那裡。

徒 18:22 保羅經以弗所，該撒利亞，耶路撒冷後回到安提阿。

徒 21:8 保羅在多利買住了一天，來到該撒利亞，就進了傳福音的腓利家裡，他是那七個執事裡的一個，他有四個說豫言的女兒，又

有一個名叫亞迦布的先知，豫言保羅將在耶路撒冷受難，但保羅仍立意去了。

徒 23:23 在耶路撒冷有四十多個猶太人，同心起了大誓要殺保羅，千夫長便叫了兩個百夫長帶了步兵二百，長槍手二百，在當夜的亥初便將保羅護送走，當夜便到了安提帕底，次日就到了該撒利亞，把保羅交給巡撫腓力斯那裡去。保羅在該撒利亞被關在監裡有兩年多，並受審，但王和巡撫，並百尼基與同坐的人，都認為保羅並沒有犯甚麼該死該綁的罪，然後將他送往羅馬。

徒 25:1 新巡府非斯都上任後三天，就從該撒利亞去耶路撒冷，保羅仍被押在該撒利亞。

1052　該撒利亞腓立比 Caesarea-philippi
喜愛馬 Fond of horse，割開 Severed

●Banias，位於但城東方約 3 公里，夏瑣東北約 28 公里，呼烈湖之北約 18 公里，黑門山的西南麓，該城係由希律腓力王於 20 BC 時所擴建，作為他統治特拉可尼和以土利亞的首府，並改名為該撒利亞腓立比。城建在標高約 350 公尺的一個深谷中，在其東北角懸崖下，有一大山洞，洞內有一大水潭，清澈的泉水常年不斷的湧流而出，在洞外成為小溪，今名巴尼亞河，是約但河的四個主要源頭之一。在主前二世紀時，希臘人稱其 Banias 或 Pan，成為崇拜希臘農神潘的中心，今日仍可以見到很多從山壁上鑿出的壁龕，龕中刻有異邦人的神像和羅馬皇帝的像。在出土的遺物中，有十二世紀十字軍所建之碉堡，可見此城在當時的軍事上頗具重要性。

太 16:13，可 8:27 耶穌到了該撒利亞腓立比的境內，就問門徒說，人說我人子是誰，他們說，有人說是施洗約翰，有人說是以利亞，又有人說是耶利米，或是先知裡的一位，耶穌說，你們說我是誰，西門彼得回答說你是基督，是永生神的兒子。

※同民13:21，撒下 10:8 中之利合 Rehob 0401-1，摩西所派的探子所到北方之一地。
※同撒下 10:6 中之伯利合 Beth-rehob 0348。

1053　路比(人) Lubims
渴 Thirst，受磨難 Afflicted

●位置不明，可能是在非洲利比亞的西北部，地中海的南岸。

代下 12:3，16:8 猶大王羅波安第五年，埃及王示撒上來攻打耶路撒冷，跟從他出埃及的路比人，蘇基人，和古實人，多得不可勝數。

鴻 3:9 先知論尼尼微說，你豈比挪亞們強呢，古實和埃及是他無窮的力量，弗人和路比族

是他的幫手。

※可能同創 10:13 中的路低人 Ludim 1054。

1054　路低人　Ludim
爭鬥 Strife，致煽惑者 To the firebrands

●路低人是含之孫，麥西的長子，他最初的領土可能是在非洲利比亞的東北部，地中海的南岸。

創 10:13，代上 1:11
　　　　含之孫，麥西長子及其後裔所居之地區和族名。

※可能同代下 12:3 中之路比 Ludim 1053，兩者英文名相同。

1055-1路斯　Luz
杏仁樹 Almond tree，剛愎的 Perverse

●Beitin，路斯是伯特利原來的名字，位於耶路撒冷之北約 16 公里，示羅西南約 15 公里，是一宗教重地。詳細內容請參見伯特利 0364-1 條。

創 28:19 雅各清晨起來，把所枕的石頭立作柱子，澆油在上面，他就給那地方取名叫伯特利，但那地方起先名叫路斯。

創 35:6 雅各從巴旦到了路斯，就是伯特利，他在那裡築了一座壇，就給那地方取名叫伊勒伯特利，就是伯特利之神的意思。

創 48:3 雅各對約瑟說，全能的神在路斯向我顯現，賜福與我。

書 16:2 約瑟子孫的境界是從伯特利到路斯，接連到亞基人的境界。

士 1:22 約瑟家上去攻打伯特利，得了那城，那城起先叫路斯。

※伯特利 Bethel 0364-1。

1055-2路斯　Luz

●位置不明，難以查考。在亞述人之紀錄中，赫人之地是包括巴勒斯坦和敘利亞在內的地區，範圍甚廣。

士 1:22 約瑟家攻取了伯特利，城中一人往赫人之地去，築了一座城，起名叫做路斯。

1056　路德　Lud
爭鬥 Strife，致煽惑者 To the firebrands

●路德是挪亞之孫，閃的第四個兒子，大多數學者認為他最初領土是在小亞細亞的西部，位置大約與羅馬帝國時的呂底亞省相同，即今日土耳其的西部沿海地區，是閃族在西亞惟一的一支。

創 10:22，代上 1:17
　　　　閃的第四個兒子路德及其後裔所居之地和族名。

結 27:10 有波斯人，弗人和路德人在推羅人的軍營中作戰士。

結 30:5 因路德與埃及結盟，預言都要與埃及一同倒在刀下。

1057　路司得　Lystra
溶解，解除 Dissolving
以奉獻贖罪 Ransoming

●Zoldera，位於土耳其的中部，當時是屬於呂高尼省，位於以哥念東南約 30 公里，特庇西北約 92 公里，距國際大道約 12 公里。城建在一個高約 50 公尺的土丘上。是羅馬人的主要殖民地，所以負有保護那個地區的羅馬利益和維持律法與秩序的重大責任，因此就成了一個軍事和文化中心，但商業並不發達。

徒 14:6 巴拿巴及保羅，自以哥念逃往呂高尼的路司得，和特庇兩個城，和週圍的地方傳福音。路司得城裡一個生來癱腿的，保羅治愈了他，眾人就大聲說，有神藉著人形，降臨在我們的中間了。

徒 14:19 但有些猶太人，從安提阿和以哥念來，挑唆眾人，就用石頭打保羅，以為他是死了，便拖到城外，門徒正圍著他，他就起來，走進城去，第二天，同巴拿巴往特庇去，……就回路司得，以哥念，安提阿去。

徒 16:1 保羅來到特庇，又到路司得，為提摩太行了割禮。

1058　達莫　Tadmor
棕樹城 City of palms

●可能的位置有兩處：

一、可能是創 14:7 中之哈洗遜他瑪，即是 Ain Husb [Hazeva]，(今日 Ir Ovot 城之南)，位於別是東南約 62 公里，波斯加之西約 36 公里，死海南端的東南南方約 31 公里，正在希伯崙通往以旬迦別的大道上，是迦南地與紅海及非洲等地的重要交通孔道，又因亞拉巴谷中盛產銅和鐵的礦砂，故也是工商業及軍事的重鎮。

二、可能是羅馬人的 Palmyra，就是今日的 Tudmur 大城，位於大馬色東北約 221 公里，哈馬東南東方約 160 公里，是一個在高四千餘公尺台地上的大的綠洲，地處從大馬色往米所波大米的一條重要貿易路線上，長久以來都是商旅們的重要停留站，而成為一個富裕的城市，並且也是軍事重鎮。有多次考古的發掘，最近的一次是在 1954 年，可信是一個在主前二千年代間就已存在的城市。

王上 9:18，代下 8:4
　　　　所羅門王建造基色，下伯和崙，巴拉並國中曠野裡的達莫，並建造所有的積貨城，並屯馬兵的城。

※可能是創 14:7 中的哈洗遜他瑪 Hazazon-tamar 0733-
　1.當北方四王南征時，在哈洗遜他瑪殺敗了住在此地
　亞摩利人。

※可能同結 47:19 中的他瑪 Tamar 0097，是先知所預言
　以色列人及迦南的南界。

1059　寧林(溪)　Nimrim
清淨的溪流 Clear stream
豹 Leopard，叛逆者 Rebellious ones

●Wadi en-Numeirah 溪，是約但河東側的一個支流，
發源於雅謝城南，全長約 25 公里，入口處在死海以北
約 13 公里。沿河有伯寧拉城。

　賽　15:6，耶 48:34
　　　　　　　先知預言摩押必覆亡說，因為寧林的水成
　　　　　　　為乾涸，青草枯乾，一無所有。

1060　寧拉　Nimrah
乾淨的水 Clear water
豹 Leopard，清澈的 Limpid
他是叛逆的 He was rebellious

●T.el-Beibil，位於耶利哥東北東方約 20 公里，希實本
西北約 20 公里，旱溪 Wadi Shuayb 的北岸。

　民　32:3　迦得和流便兩支派向摩西所要求分給之一
　　　　　　　城。

※同民 32:36 中的伯寧拉 Beth-nimrah 0365，迦得子孫
　所建的八個堅固城之一，其地原為亞摩利王西宏所
　有。

1061　寧錄(地)　Nimrod
有膽量 Brave，反叛 Rebel

●寧錄是含之孫，古實的第六個兒子，他的發源地就
是示拿地，可稱為寧錄地，位於兩河流域的下游，即
巴比倫地之舊名。詳情請參看示拿 0212 條。他日後又
往亞述去建了許多城，可能也稱為寧錄地，亦請參閱
亞述 0488 條之說明。

　創　10:8，代上 1:10
　　　　　　　古實又生寧錄，他國的起頭是巴別，以
　　　　　　　力，亞甲，甲尼，都在示拿地。他從那地
　　　　　　　出來往亞述去，建造尼尼微，利河伯，迦
　　　　　　　拉，和尼尼微中間的利鮮，這就是那大
　　　　　　　城。

　彌　5:6　　他們用刀劍毀壞亞述地和寧錄地的關口。

1062　幔利　Mamre
能力 Strength，肥沃 Fertile
真神朋友的高處
The high place of friend (of God)

●Raaet el-Khalil，位於古希伯崙城東北方約 3 公里，
1920 年曾在此作考古的發掘工作，發現有主前九世紀

前屬於以色列人的陶器，另有希律王時期的一堵牆，
和君士坦丁皇帝所建一座紀念堂的廢墟，還有一口
井，井中留有朝聖者所拋擲之金錢和禮物，據早期朝
聖者的記載，此地原有一棵大的橡樹，但今日已不復
見。有時幔利也代表希伯崙城。餘請參見 0440 條之說
明。

　創　13:18　亞伯蘭與羅得分開後，就搬了帳棚來到希
　　　　　　　伯崙幔利橡樹那裡居住，又為耶和華築了
　　　　　　　一座壇。

　創　14:13　羅得被擄時，亞伯蘭正在亞摩利人幔利的
　　　　　　　橡樹那裡。

　創　18:1　耶和華的使者在幔利橡樹那裡向亞伯蘭顯
　　　　　　　現，預言他次年必生一子。

　創　23:19　亞伯拉罕將他的妻子撒拉葬在迦南地，幔
　　　　　　　利前的麥比拉田間的洞裡。幔利就是希伯
　　　　　　　崙。

　創　25:9　亞伯拉罕死後葬在幔利前的麥比拉洞。

　創　35:27　雅各來到他父親以撒那裡，到了基列亞巴
　　　　　　　的幔利，乃是亞伯拉罕和以撒寄居的地
　　　　　　　方，基列亞巴就是希伯崙。

　創　49:30，50:13
　　　　　　　雅各在埃及死後，也將屍體運回安葬在幔
　　　　　　　利前的麥比拉的洞裡。

※希伯崙 Hebron 0440，基列亞巴 Kiriath-arba 0952。

1063　實忻　Shilhim
火箭，投射物 Missiles

●T.Farah [T.Sharuhen]，是一個高約 45 公尺的廢墟土
堆，位於別是巴之西約 35 公里，迦薩以南約 23 公
里，比梭溪 Brook Besor 的西側。餘請參見沙魯險
0468 條之說明。

　書　15:32　猶大支派在儘南邊所得為業的二十九座城
　　　　　　　中的一座。

※同書 19:6 中的沙魯險 Sharuhen 0468，係西緬自猶大
　支派所取得的一城。

※同代上 4:31 中的沙拉音 Shaaraim 0466-2，係西緬支
　派所居住之一城。

1064　實弗米(人)　Shiphmite

●位置不明。可能是指來自示番 Shepham 0214，或是
息末 Siphmonth 0842 的人，較可能是一個族名。

　代上 27:27 為大衛掌管葡萄園的是實弗米人撒巴底。

1065　瑣巴(地)　Zobah
森林，農場 Plantation，營地 Station

●瑣巴王國是在掃羅和大衛的時代前後一個亞蘭人的
小王國，但其位置及範圍均難以確定，其主要疆土大
約在大馬色以北，哈馬以南，兩利巴嫩山脈之間，名
叫貝卡 Biqa 的山谷地區之中，而且不斷的向其鄰邦侵

略。

撒上 14:47 掃羅執掌以色列的國權，常常攻擊他四圍的一切仇敵，就是摩押人，亞捫人，以東人和瑣巴諸王，並非利士人。

撒下 8:3，代上 18:3，詩 60
　　　瑣巴王哈大底謝往伯拉河去，要奪回他的國權，大衛就攻打他，直到哈馬，又打敗了來幫助他的大馬色的亞蘭人。

撒下 10:6，代上 19:6
　　　亞捫人知道大衛憎惡他們，就招募伯利合的亞蘭人，和瑣巴的亞蘭人來抵擋大衛，結果仍被大衛擊敗。

撒下 23:36 大衛的勇士以甲是瑣巴人。

王上 11:23 神又使以利亞大的兒子利遜興起，作所羅門的敵人，他先前逃避主人哈大底謝，大衛擊殺瑣巴人的時候，利遜招聚了一群人，自己作他們的頭目，往大馬色居住，在那裡作王，所羅門活的時候，哈達為患之外，利遜也作以色列的敵人。

※同代下 8:3 中之哈馬瑣巴 Hamath-zobab 0724。

1066-1瑣安　Zoan
離開 Departure，低地 Lowland
●Kh.San-el-Hager 廢墟，即是鎮安城，位於尼羅河三角洲的東北部，靠近孟沙拉湖，在安城的東北約 105公里，其附近有一名叫 San 的現代化村莊。瑣安可能即是古代的泰尼斯 Tanis，是一個有五千年以上歷史的古城，曾是下埃及的首都，在喜克索時代改名叫愛華尼斯 Avaris，喜克索人被逐出後，蘭塞王二世可能仍以此城為首都，此一重要城市一直繁榮到亞力山太城建成後，方日漸衰落。

賽 19:11 先知預言埃及說，瑣安的首領，極其愚昧，法老大有智慧的謀士，所籌劃的，成為愚謀。

賽 30:14 責備猶大人說，他們的首領已在瑣安，他們的使臣已在哈內斯。

結 30:14 我必使比伥羅荒涼，在瑣安中使火著起。

※同民 13:22 中之鎮安 Zoan 1165。

1066-2瑣安(田) Zoan
●是埃及尼羅河三角洲東部一塊至今仍然十分肥沃富庶的地區，又名叫歌珊，但詳細位置和大小不明，可能的範圍是從 Wadi Tumilat 谷地，及尼羅河延伸到 Timsah 湖，長寬各約 50 公里。

詩 78:12 他在埃及地，在瑣安田，在他們祖宗的眼前，施行奇事。

※同創 47:10 中的歌珊地 Goshen 1103-1。
※同創 47:11 中的蘭塞地 Rameses 1178-1。

1067　瑣拉　Zorah
鞭笞 Scourge，大黃蜂 Hornet
●Sarah[T.Zora]，位於耶路撒冷以西約 23 公里，伯示麥以北約 3 公里，城在梭烈谷北岸的一個小山之上，因它可以控制梭烈谷，與伯示麥等城一樣，都很具有戰略價值。

書 15:33，19:41
　　　原是分給猶大支派所得為業，高原第一組的十四座城之一，後來再分給但支派為業，並成為但人的主要根據地。

士 13:1 參孫是但族的瑣拉人，他在瑣拉和以實陶中間的瑪哈尼但，耶和華的靈初次感動他，他死後葬在瑣拉和以實陶中間他父親的墳墓裡。

代上 2:53，4:2
　　　猶大又從基列耶琳的諸族中生出瑣拉人和以實陶人來。

代下 11:10 是羅波安為保障所修築的十五座堅固城之一。

尼 11:29 回歸後猶大人所居之一城。

1068　瑣利人　Zorites
大黃蜂 Hornet
●有可能是指居住在瑣拉的居民。請見瑣拉 Sarah 1067 條的說明。

代上 2:54 薩瑪的子孫是伯利恆人，尼陀法人，亞他錄人，伯約押人，一半瑪拿哈人，瑣利人等。

1069　瑣珥　Zoar
微小 Littleness，Smallness
●es-Safi，位於死海的南端，撒烈溪的北岸，別是巴的東南東方約 64 公里，底本西南約 60 公里。

創 13:10 羅得舉目看見約但河的全平原，直到瑣珥，都是滋潤的，當時如同耶和華的園子，也像埃及地。

創 14:2 是被北方四王所攻打的南方五個城邦之一，當時的瑣珥王名比拉，瑣珥城也名叫比拉。

創 19:20 羅得在逃離所多瑪之時，見瑣珥城又近又小，就與他的兩個女兒逃到那裡，住在一個山洞之中。神並沒有連同所多瑪一併毀那城。

申 34:3 摩西上到毘斯迦山頂，耶和華將應許之全地指給他看，從但直到瑣珥。

賽 15:5 摩押的貴胄因躲避毀滅，就逃到瑣珥等地。

耶 48:34 希實本人因災禍發的哀聲，從瑣珥直達到何羅念。

※比拉Bela 0063。

地名詳解

1070　瑣腓(田)　Zophim
守望者　Watchman
●大約是在毘斯迦山的附近，但其確實的位置和範圍難以查證。可能是 Tela at-Safa，位於毘斯迦的山頂。

　民　23:14　摩押王巴勒領假先知巴蘭到了瑣腓田，上了毘斯加山頂。

1071　瑣希列(石)　Zoheleth
蛇石　Serpent's stone
●位於耶路撒冷的汲淪溪西側，欣嫩谷的南坡，隱羅結及 Silvan 小村附近，有一處今日名叫 Zahweilah 突出的懸崖，可能就是當日的瑣希列，距基訓泉約 700 公尺。

　王上　1:9　大衛的兒子亞多尼雅自尊，說，我必作王。一日，他在隱羅結旁的瑣希列磐石那裡宴請他的眾弟兄，並所有作王臣僕的猶大人。

1072　瑪律　Maroth
痛苦　Bitterness
●可能是 Beit Ummar，位於希伯崙的北方約 9 公里，伯利恆西南約 14 公里。

　彌　1:12　先知論撒瑪利亞和耶路撒冷說，瑪律的居民心甚憂急，切望得到好處，因為災禍從耶和華那裡到了耶路撒冷的城門。

※可能同書 15:59 中的瑪臘 Maarath 1083，是猶大支派所得之一城。

1073　瑪拉　Marah
苦味　Bitter，他背叛了　He rebelled
●Ain Hawarah 水泉，位於以琳之北約 11 公里，蘇伊士市的南方約 75 公里，紅海的東岸，亞瑪拉河之南，在一條通往古代採綠松石礦場的路旁。

　出　15:23　以色列人在曠野走了三天，找不到水，到了瑪拉，也不能喝那裡的水，因為水是苦的，不能飲用，百姓因而發怨言，摩西將一棵樹丟在水裡，水就變甜了，耶和華在此地為他們定了律例典章，又在那裡試驗他們，然後起行去以琳的水邊安營。

　民　33:8　以色列人經過紅海到了書珥曠野，又在伊坦曠野中走了三天的路程，就安營在瑪拉(過紅海後的第一個安營處)，再去以琳。

1074-1　瑪代(族)　Madai
中間的國　Middle country
我的長衣　My gruments
●瑪代是挪亞之孫，雅弗的第三子，該族原係游牧民族，可能原居在裡海以南，伊朗北部，撒格羅山脈以北的山區，是高約1000公尺以上之高原，所產之馬頗為有名。據巴比倫人的記載，瑪代人在主前約 2458

年，佔據巴比倫，並建立瑪代國，約有 224 年之久。

　創　10:2，代上 1:5
　　　　雅弗的第三的兒子所居之地及其國族名。

1074-2　瑪代(國)　Medes
●其前身即是瑪代 Madai (1074-1)，請參看前條。自835 BC 年起，瑪代常被亞述所入侵，有時佔據其地，有時使其納貢，725 BC 瑪代反抗亞述，其王被撒珥根所擄，充軍到哈馬，722 BC 年，撒珥根攻佔撒瑪利亞，擄掠以色列人到瑪代諸城，並將瑪代人移往撒瑪利亞。652 BC 瑪代出兵攻打亞述的首都尼尼微，不但被西古提人打敗，更被西古提人統治了二十八年，612 BC 瑪代聯合巴比倫人和西古提人，攻陷了尼尼微，將其徹底焚毀，亞述帝國遂覆亡。550 BC 波斯王古列二世，他是瑪代王亞士帖基的外孫，他打敗了瑪代，反使瑪代成為波斯之屬地，古列二世厚待亞士帖基，立他為瑪代省長，但實際無異有若君王，所以但以理常將瑪代和波斯並提，實際上兩者成了一個聯邦，史稱瑪代波斯帝國。539 BC 波斯滅了巴比倫，居亞撒列，聖經中稱大利烏，被封為迦勒底王。以後之發展，請參見波斯 0658 條之說明。自從主前六世紀起，就有猶太人被擄來此，雖然有些回歸猶太地，但仍有部份留下，在新約的時代，人數相當的眾多。

　王下　17:6，18:11
　　　　何細亞第九年，亞述王撒縵以色攻取了撒瑪利亞，將以色列人擄到亞述，把他們安置在哈臘，與歌散的哈博河邊，並瑪代人的城邑。

　拉　6:2　於是大利烏王降旨，就在瑪代省，亞馬他城的宮內，尋得一卷，其中記著說，古列王元年，他降旨要建造耶路撒冷神的殿。

　斯　1:3　亞哈隨魯作王，從印度直到古實統管一百二十七省，在書珊城的王宮登基，在位的第三年，為他的一切首領臣僕設擺筵席，有波斯和瑪代的權貴，就是各省的貴冑與首領，在他面前。

　斯　10:2　亞哈隨魯王的宰相，猶太人末底改的事，都寫在瑪代和波斯王的歷史上。

　賽　13:17，21:2
　　　　先知論巴比倫說，我必激動瑪代人來攻擊他們，瑪代人不注重銀子，也不喜愛金子。

　耶　25:25　先知以怒杯喻列國之災說，心利的諸王，以攔和瑪代的諸王，都要喝。

　耶　51:11　耶和華定意攻擊巴比倫，將他毀滅，所以激動了瑪代君王的心，因這是耶和華報仇，就是為自己的殿報仇。

　但　5:28　但以理講解牆上的文字說，伯沙撒王的國要分裂，歸與瑪代人和波斯人，當夜迦勒底王伯沙撒被殺，瑪代人大利烏，年六十

二歲，攻取了迦勒底國。

但　8:20　但以理所看見的異象中，雙角的公綿羊，就是瑪代和波斯王。

但　9:1，11:1

瑪代族，亞哈隨魯的兒子大利烏，立為迦勒底國的王。

徒　2:9　瑪代人是在耶路撒冷參加五旬節的猶太人之一。

※在 TCV 中釋為米底亞。

1075　瑪各(地)　Magog
歌革之地 Region of Gog，Land of Gyges (King of Lydia in the 7th century BC)

●瑪各是挪亞之孫，雅弗的次子，約西弗稱他們是西古提人 Scythians(一般稱塞西亞人)，是一支野蠻凶猛的游牧民族，最初原居住在裡海及高加索山北一帶，後來把歌蔑人自裡海之北逐出，移居其地，又在主前 632 年，越過高加索山，入侵瑪代、亞述、米所波大米、敘利亞、迦南、遠及埃及等地，此一族人支派甚多，時沒時現，其中最著名的是帕提亞人。但亦有學者認為瑪各是愛琴海中的 Lydia 島。

創　10:2，代上1:5

雅弗的次子瑪各所居之地區及民族之名。

結　38:2　先知預言說，人子啊，你要向瑪各地的歌革，就是羅施，米設，土巴的王發預言攻擊他。

啟　20:8　那一千年完了，撒但必從監牢裡被釋放，出來要迷惑地上四方的列國，就是歌革和瑪各，叫他們聚集爭戰，他們的人數多如海沙。

1076　瑪吉(地)　Machir
已賣 Sold，售賣者 Salesman

●按書 17:1 中之說明，瑪拿西的長子，基列之父瑪吉，得了基列和巴珊，故可認為瑪吉就是基列和巴珊兩地區。

士　5:14　女士師底波拉之歌中說，有掌權的從瑪吉下來。

1077　瑪沙　Mashal
被壓迫的 Depressed

●T.Kisam [T.Kison]，位於亞柯的東南約 8 公里處，約念之北約 19 公里。

代上 6:74　利未支派的革順族，從亞設支派的地業中所取之一城。

※同書 19:26，21:30 中的米沙勒 Mishal 0277。

1078　瑪施　Mash
拉出來 Drawn down，試驗過了的 Tried

●瑪施是閃之孫，亞蘭的第四個兒子，他的發源地有可能是今日的 Mesene，位於幼發拉底河之河口處，靠近 Charax 城。

創　10:23，代上 1:17

閃之孫，亞蘭的第四子瑪施及其後裔所居地區和民族名。

1079　瑪迦(國)　Maachath
壓迫 Oppression

●位於約但河和呼烈湖的東邊，黑門山的南麓和東麓的坡地上，南鄰基述王國，東鄰瑪拿西，但其領土的範圍和邊界皆難以查考。是一個獨立的亞蘭人小王國，早自亞摩利人的王噩佔領巴珊以前，就已存在，並且維持到約書亞時代，直到大衛王年間。他們與以色列人一直都保持著良好的關係。

申　3:14　瑪拿西的子孫睚珥，佔了亞珥歌伯全境，直到基述人和瑪迦人的交界。

書　12:5　巴珊王噩所管之地包括黑門山，撒迦，巴珊全地，直到基述人和瑪迦人的境界。

書　13:11　約但河以東的兩個半支派所得之地包括有，基列地，基述人，瑪迦人的地界，並黑門全山，巴珊全地直到迦撒。但以色列人卻沒有逐出基述人，瑪迦人，這些人仍住在以色列中。

撒下 10:6，代上 19:6

亞捫人知道大衛憎惡他們，就打發人去，招募伯利合的亞蘭人，和瑣巴的亞蘭人，步兵二萬，與瑪迦王的人一千，來對抗大衛。

撒下 23:34　大衛王的勇士中有瑪迦人以利法列。

王下 25:23　巴比倫王立基大利作猶大省的省長，尼陀法人單戶篾，和瑪迦人雅撒尼亞等人都到米斯巴，去見基大利，後來他們把基大利殺了，就逃往埃及去了。在耶 40:8 中，瑪迦人的名字是耶撒尼亞。

代上 4:19　猶大支派迦勒的後裔荷第雅，他所生的兒子是迦米人基伊拉，和瑪迦人以實提摩之祖。

代上 19:6　亞捫人要攻擊大衛王，就從米所波大米，亞蘭瑪迦，瑣巴等地雇了三萬三千輛戰車，和瑪迦王並他的軍兵，安營在米底巴前。

※同代上 19:6 中的亞蘭瑪迦 Aram-Maacah 0588。

1080　瑪雲　Maon
獸穴 Den，住所 Dwelling

●T.Main 廢墟，位於希伯崙以南約 14 公里，別是巴的東北約 34 公里，城建在一個小山的山頂上，靠近 Wadi Sayyal 的發源處。瑪雲曠野即是城四周之地。

書　15:55　猶大支派所得為業之一城，是山地第三組十座城中的一座。

撒上 23:24 大衛逃到瑪雲曠野南邊的亞拉巴，掃羅也追來瑪雲的曠野。

撒上 25:2 大衛的妻子亞比該的前夫，拿八是瑪雲人，是個大戶，產業在迦密。

1081　瑪頓　Madon
廣大 Extensiveness，爭鬥 Strif

●Qarn Hattin [H.Qarne Hittim]，位於基尼烈城西南約 10 公里，夏瑣西南約 25 公里，他泊山的北方約 14 公里。

書　11:2　夏瑣王聯合起來對抗約書亞的城邦之一。

書　12:19 被約書亞所擊殺的三十一個王之一。

1082　瑪撒　Massah
試探 Test，發昏 Fainted

●確實的位置不明，應是利非訂或是其附近。在傳統上均認為是現今名叫 W.Refayid 的廢墟和綠洲，綠洲在西乃山之西北方約 36 公里，有一條旱溪通至西乃山的西北麓。

出　17:7　以色列人在利非訂安營，百姓因沒有水喝，又發怨言，並與摩西爭鬧，摩西用杖擊打何烈磐石，就有水從磐石中流出來，供百姓飲用，他就給那地起名叫瑪撒，就是試探的意思，又叫米利巴，是爭吵的意思。

申　33:8　論利未說；你在瑪撒曾試驗他在米利巴水與他爭論。

詩　95:8　你們不可硬著心，像當日在米利巴，就是在曠野的瑪撒。

◎其他相同經文參考：申 6:16，9:22

※利非訂 Rephidim 0416，何烈(的磐石) Horeb 0392-2，米利巴 Meribah 0276-1。

1083　瑪臘　Maarath
荒蕪 Desolation

●Beit Ummar，位於希伯崙的北方約 9 公里，伯利恆西南約 14 公里。

書　15:59 猶大支派所得為業之一城，是山地第四組六座城中的一座。

※可能同彌 1:12 中之瑪律 Maroth 1072。

1084　瑪他拿　Mattanah
禮物 Gift

●Kh.el-Medeiyineh，位於希實本的東南約 26 公里，底本的東北約 16 公里。

民　21:18 以色列人到了比珥，再從曠野往瑪他拿去，再去拿哈列。

1085　瑪利沙　Mareshah
要地 Head place

●T.Sandahannah [T.Maresha]，位於希伯崙之西約 21 公里，亞實突東南約 28 公里，拉吉的東北方約 5 公里，栽他谷及庫北巴旱溪之間，所居之地可控制平原進入山區的孔道，而且在南北向的大道上，可說是四通八達，地勢十分險要，所以是一軍事重地。在舊約時代曾被羅波安王和亞撒王兩度增防為堅城，亞撒王並在此擊敗古實的大軍。1900 年在此作大規模的考古發掘，主要發現的遺物是屬於主前五世紀以後者，證實此城在被擄期間，是以東人的首府，主前三世紀時是以土買人販賣奴隸的中心，瑪加比時代成為生產橄欖油的中心，並可出口至埃及。在主前四十年被毀後未再重建。現存的廢墟中有長方形的房屋，和成直角佈置整齊的街道，有在當時相當先進的搾橄欖油之設備二十多具，工廠是設在地下的土洞之中。在住屋之下方多掘有深達20公尺之蓄水池，又建有地下鴿舍，蓄鴿的目的是供食用和收取鴿糞作為肥料。

書　15:44 猶大支派所得為業，高原第三組的九座城之一。

代下 11:8　猶大王羅波安為保障所修築的十五個堅固城之一。

代下 14:9　古實王拉謝領了一百萬軍兵出來攻擊猶大人，到了瑪利沙，亞撒王在瑪利沙的洗法谷擺陣迎戰，結果謝拉戰敗，就逃到基拉耳。

代下 20:37 先知以利以謝是瑪利沙人，他預言約沙法王及亞哈謝王合建往他施去的船隻，必被神所破壞。

彌　1:15　瑪利沙的居民哪，我必使那奪取你的來到你這裡。

1086　瑪拉拉　Maralah
地震 Earthquake，戰抖 Trembling

●T.Thorah [T.Shor]，位於米吉多的北方約 8 公里，約念之東約 6 公里。

書　19:11 西布倫支派所得為業，位於西方邊境上之一城。

1087　瑪哈未　Mahavite
傳播者 Propagators，聚集者 Assembles
生存者 Living ones

●位置不明，可能是一個族名，但他們的來歷和居住的位置皆無從查考。

代上 11:46 大衛的勇士耶利拜，約沙未雅，都是瑪哈未人。

1088 瑪哈念　Mahanaim
兩座軍營 Two camps

●位置不能確定，有好幾個不同說法，較可能的是 T.er-Reheil，位於雅博河之北岸，毘努伊勒以東約 11

公里，疏割之東約 19 公里。另一處是 Tell Hejaj，位於雅博河的南岸約 2 公里，示劍之東約 40 公里，拉巴西北約 32 公里。第三處是 T.edh-Dhahab el- Gharbi，位於示劍之東約 38 公里，疏割之東約 6 公里，雅博河的一個河灣的北岸，毘努伊勒則在東鄰的一個河灣的南岸，兩城相距約一公里。

創　32:2　雅各仍舊行路，神的使者遇見他，雅各看見他們就說，這是神的軍兵，於是給那地方起名叫瑪哈念(就是二軍兵的意思)。

書　13:26　迦得支派分得產業的境界中的一部份是，從希實本，到拉抹米斯巴和比多寧，又從瑪哈念，到底壁的境界。

書　13:30　瑪拿西半支派的境界中的一段是，從瑪哈念起，包括巴珊全地。

書　21:38，代上 6:80
　　　　　利未支派的米拉利族，從迦得支派的產業中，分得瑪哈念和屬城的郊野為地業。

撒下　2:8　掃羅的元帥押尼珥，將掃羅的兒子伊施波設帶過河，到瑪哈念，立他作王。

撒下　2:12　押尼珥和伊施波設的僕人，從瑪哈念出來，往基遍去，在基遍與大衛的僕人作戰，結果大敗，押尼珥和跟隨他的人，整夜經過亞拉巴，過約但河走過畢倫，到了瑪哈念。

撒下 17:24　大衛為逃避押沙龍，到了瑪哈念，押沙龍死後，又從瑪哈念回耶路撒冷。

撒下 19:32　大衛王住在瑪哈念的時候，基列人巴西萊就拿食物來供給王，他原是大富戶。

王上　2:8　大衛往瑪哈念去的那日，有巴戶琳的便雅憫人示每，用狠毒的言語咒罵大衛。

王上　4:14　所羅門王的十二個行政區中，在瑪哈念有亞希拿達管理。

歌　6:13　你們為何要觀看書拉密女，像觀看瑪哈念跳舞的呢。

1089　瑪迦斯　Makaz
終點 End，邊界 Boundry
極度 Extremity，斷絕 Cutting off

●Kh.el-Mukheizin，位於基遍之西約 25 公里，亞實突東北約 25 公里。

王上　4:9　所羅門王所設立的第二行政區中之的一城，由便底甲管理。

1090　瑪拿轄　Manahath
休息之地 A resting place
殖民地 Settlement

●el-Malhah [Manahat]，位於耶路撒冷西南西方約 6 公里，伯利恆北北西約 6 公里。

代上　8:6　便雅憫的子孫，以忽的兒子作迦巴的族長，被擄到瑪拿轄，他的兒子們也同時被擄。

1091　瑪拿哈(人) Manahathites
一休息之地 A resting place
殖民地 Settlement

●可能是瑪拿轄 Manahath 地方之人，瑪拿轄是 el-Malhah [Manahat]，位於耶路撒冷西南西方約 6 公里，伯利恆之北西北約 6 公里處。

代上　2:52　基列耶琳之祖朔巴的子孫是哈羅以，和一半米努哈人(即瑪拿哈人)。

代上　2:54　薩瑪的子孫是伯利恆人，尼陀法人，伯約押人，一半瑪拿哈人，瑣利人。

※米努哈 Manuhoth 0278。
※同代上中的瑪拿轄 Manahath 1090。

1092-1瑪拿西(東半支派)　Manasseh
忘記 Forgetting

●瑪拿西河東半支派所分得的土地，記載在書 12:6 等章節之中，主要是雅博河以北一半的基列地，以及雅木河以北的巴珊地，南和西面與迦得為鄰，東方為沙漠。北界約是在大馬色城以南約40公里處。主要的城邑有哥蘭、亞斯他錄、以得來、基納、迦撒和睚珥等的六十個城，其面積是相當的大，而且基列和巴珊都是肥美富饒，寬廣的高原。

申　3:13，29:8，書 12:6，13:7
　　　　　摩西把基列地的一半，和巴珊全地，就是噩王的國，給了瑪拿西半支派。

申　34:2　在尼波山，毘斯迦山頂，耶和華把基列全地直到但，拿弗他利全地，以法蓮，瑪拿西的地，猶大全地直到西海，南地和棕樹城耶利哥的平原，直到瑣珥，都指給他看。

書　1:12，4:12
　　　　　流便人，迦得人和瑪拿西半支派的人，都在約但河東得了地業。

書　13:29　瑪拿西東半支派所得地業之清單。

書　20:8，21:27
　　　　　瑪拿西東支派把哥蘭和比施提拉兩座城，給了利未支派的革順族為地業，基中的哥蘭被定為逃城。

書　22:1　在戰爭完了的時候，約書亞召了流便人，迦得人和瑪拿西半個支派的人，告訴他們可以回約但河東去了，並為他們祝福，在回約但河東的路上，兩個半個支派的人，就在約但河那裡，築了一座壇，就引起約但河以西各支派的疑懼，並發生衝突。

王下 10:33　在那些日子，耶和華才割裂以色列國，使哈薛攻擊以色列的境界，乃是約但河東，基列全地，從靠近亞嫩谷邊的亞羅珥起，就是迦得人，流便人，瑪拿西人之地。

代上　5:18　流便人，迦得人和瑪拿西半個支派的勇士，共有四萬多人與夏甲人，伊突人等族爭戰，他們擄掠了夏甲人的牲畜和人民，就住在敵人的地上，直到被擄的時候。

代上 6:71　革順族在瑪拿西半支派的地中，得了巴珊的哥蘭，亞斯他錄兩座城。

代上 12:37　流便人，迦得人，和瑪拿西半個支派的勇士，共有十二萬人，都誠心來到希伯崙，要立大衛作以色列的王。

代上 27:20　大衛王時，管基列地瑪拿西那半支派的是易多。

1092-2 瑪拿西(西半支派)　Manasseh

●瑪拿西河西半支派的土地，記載在書 17:7 等之章節中，約略是在米吉多平原及加拿河之間，北方連接以薩迦及西布倫，西接亞設及地中海，南接以法蓮，東鄰約但河。所占之面積相當大，而且又在亞設和以薩迦兩個支派中得了一些城，這些城都是戰略重地，可見這半個支派是相當的強盛。

書　17:7　瑪拿西西半支派所得地業之清單。

書　17:11，士 1:27　瑪拿西在以薩迦，和亞設境內，有伯善，以伯蓮，多珥，隱多珥，他納和米吉多等城鎮，只是瑪拿西的子孫，不能趕出這些城的居民，迦南人偏要住在那裡。

書　21:25　瑪拿西把他納和迦特臨門等兩座城，給了利未支派的哥轄族為地業。

士　6:15　士師基甸是瑪拿西支派亞比以謝族的人，他招聚瑪拿西人，亞設人，西布倫人和拿弗他利人跟隨他，一同擊打米甸人。

代上 6:62　革順族在以薩迦，亞設，拿弗他利，巴珊內瑪拿西等支派的地中共得了十三座城。:70 革順族在瑪拿西半支派的地中，得了亞乃，和比連兩城及其郊野。

代上 9:3　先從巴比倫回來，住在耶路撒冷的人中，有猶大人和瑪拿西人等。

代上 12:31　瑪拿西半個支派的勇士，共有一萬八千人，都誠心來到希伯崙，要立大衛作以色列的王。

代上 27:20　大衛王時，管瑪拿西半支派的，是約珥。

代下 30:1　猶大王希西家差遣人，並寫信給瑪拿西和各支派的人，要到耶路撒冷，耶和華的殿守逾越節，又把瑪拿西和各地的柱像和木偶打碎，邱壇拆毀淨盡。

代下 34:6　猶大王約西亞，把瑪拿西和各處的邱壇，木偶，日像，雕像，鑄造的像都毀除，打碎成灰。

結　48:6　以西結所預言流便支派的地業是在以法蓮之南，猶大之北。

1093　瑪得緬　Madmen
糞堆　Dungheap

●Kh.Dimneh，位於死海之東約 17 公里，底本以南約 24 公里，吉珥哈列設之北約 12公里。

耶　48:2　先知預言摩押必受罰說，瑪得緬哪，你也必默默無聲，刀劍必追趕你。

1094　瑪基大　Makkedah
牧者之地　Place of herdsman

●Kh.el-Kheishum，位於亞實突以東約 26 公里，伯利恆以西約 24 公里，在以拉谷的北岸，是一個可以控制該谷的軍事重鎮。

書　10:10　亞摩利五王在基遍被約書亞擊敗後，逃到瑪基大洞裡，但仍被捉住處死，約書亞就奪取了瑪基大，再從瑪基大前往攻打立拿。

書　12:16　是約書亞所擊殺的三十一個王之一。

書　15:41　猶大支派所得為業，高原第二組的十六座城中的一座。

1095　瑪黑拉　Mahalab

●Kh.el-Mahalib，位於推羅以北約 8 公里，西頓之南約 28 公里，立坦尼河流入地中海的海口處。

書　19:29　亞設支派所得之一城。(僅出現在 TCV 中的城名)

※同士 1:31 中的亞黑拉 Ahlab 0552，亞設沒有趕出亞黑拉等處的迦南人。

1096　瑪士利加 Masrekah
葡萄園地　Plantation of vine

●位置不明，應是在以東的地區之內。

創 36:36，代上 1:47　以東王哈達死了，瑪士利加人桑拉，接續他作王，他的京城名叫亞未得。

1097　瑪吉希錄 Makheloth
聚集地　Place of assembly

●位置不明，難以查考。

民　33:25　以色列人從哈拉大起行，安營在瑪吉希錄(離開西乃後第十個安營處)，再前往他哈。

1098-1瑪哈尼但　Mahaneh-dan
但支派的軍營 Camp of Dan

●詳細位置不能確定，是在瑣拉和以實陶兩城之間的某處，但此兩城相隔僅僅 3 公里而已。

士　13:25　瑣拉的但族人參孫，他在瑪哈尼但，就是在瑣拉和以實陶中間，耶和華的靈才感動他。

1098-2瑪哈尼但　Mahaneh-dan

●詳細位置不明，應是在基列耶琳的東邊不遠之處。

士　18:12　但族人六百名，自瑣拉和以實陶上到基列耶琳，在基列耶琳的後邊安營，因此那地方名叫瑪哈尼但。

1099　瑪革提施 Maktesh
臼 Mortar，中空 Hollow

●是耶路撒冷城內或城外的一個地名，但位置不詳，可能是指摩利亞山山腳下的三條谷地中的一條，或是一處外商居住和交易的地方，也可能是某一磨房的所在，或者是形狀中空，與石臼相似之房屋。

番　1:11　先知預言猶大必受罰說，瑪革提施的居民要哀號，因為迦南的商民都滅亡了，凡搬運銀子的都被剪除。

1100　瑪得米那 Madmenah
堆肥肥料堆 Compost heap，城鎮 Town

●位置不明，大約是在耶路撒冷北方附近的一處地方。

賽　10:31　先知預言亞述王進攻耶路撒冷說，瑪得米那人躲避，基柄的居民逃遁。

1101　歌伯 Gob
蝗蟲 Locusts

●位置不明。可能即是古時的基色，即是 Tell Jazar [T.Gezer]，位於耶路撒冷西北西方約 31 公里，約帕東南約 27 公里。

撒下 21:18　大衛年間以色列人在歌伯與非利士人打仗，大衛的勇士殺了四個迦特偉人的兒子。

※可能同代上 20:4 中之基色 Gezer 0903-1。

1102　歌亞 Goath
牛鳴之地 Place of lowing

●位置不明，應是在耶路撒冷的角門與汲淪溪之間。

耶　31:39　耶和華說，日子將到，這城必為耶和華建造，從哈楠業樓，直到角門，準繩要往外量出，直到迦立山，又轉到歌亞，拋屍的全谷，和倒灰之處，並一切田地，直到汲淪溪。

1103-1　歌珊(地)　Goshen
前線，邊疆 Frontier，拉近 Drawing near

●詳細位置和大小均不明，大約是在尼羅河三角洲的東部，可能延伸到今日的蘇彝士運河的西岸，比東和蘭塞兩城可能包括在內，是一塊至今仍然十分肥沃富饒的地區。

創　45:10　約瑟對他的兄長說，要他的父親和弟兄們快到埃及來，都可以住在歌珊地，因為還有五年的饑荒。

創　47:1　約瑟對法老說，我的父親和弟兄從迦南地來了，如今在歌珊地，法老後來准他們住在歌珊地。

創　46:28　雅各帶著全家和一切所有，共有六十六

人，來到歌珊地。

創　47:27　以色列人住在埃及的歌珊地，他們在那裡置了產業，並且生養眾多。

出　8:22　摩西使全埃及都滿了蒼蠅，只有以色列人住的歌珊地沒有。

出　9:26　摩西向天伸杖，耶和華就打雷下雹，有火閃到地上，那時雹與火攙雜，在埃及遍地，雹擊打壞了田間所有的人和牲畜，並一切的菜蔬和樹木，惟獨以色列人住的歌珊地沒有冰雹。

※同創 47:11 中的蘭塞地 Rameses 1178-1。
※同詩 78:12 中的鎖安田 Zoan 1066-2。

1103-2　歌珊(城,地)　Goshen

●ed-Dahariyeh，歌珊城位於希伯崙的西南約 18 公里，別是巴東北約 23 公里，歌珊地則是指該城附近的地區，可能也是南地東部地區的統稱。

書　10:41　約書亞從加低斯巴尼亞攻擊到迦薩，又攻擊歌珊全地，直到基遍。

書　11:16　約書亞奪了那全地，就是山地，一帶南地，歌珊全地，高原，亞拉巴，以色列的山地和山下的高原。

書　15:51　猶大支派所得的一城，是山地第一組的十一座城中的一座。

1104　歌散　Gozan
避難所 Refuge，食物 Food

●T.Halaf，位於哈蘭以東約 120 公里，尼尼微之西約 270 公里，幼發拉底河以北的一大支流 W. Habur 河的上游的西岸，現今敘利亞和土耳其南方的交界處。

王下 17:6　亞述攻取了撒瑪利亞，將以色列人擄到亞述，安置在哈臘，與歌散的哈博河邊，並瑪代人的城邑。

王下 19:12　是亞述王所毀滅的一國，並用其戰績來威脅以色列人。

代上 5:26　亞述王普勒和提革拉毘色列，把流便，迦得和瑪拿西支派的人擄到哈臘，哈博與歌散的邊。

1105　歌篾　Gomer
完全 Complete，熱 Heat

●歌篾是挪亞之孫，雅弗之子，他們或許就是 Cimmeranians 人，最初是住在黑海及高加索山脈以北，是希臘人所謂之極北之處，後來被西古提人逐出，遷移到凡湖的附近定居，不久又南侵進入亞洲，威脅到亞述帝國，被以撒哈頓所擊敗，再轉向小亞細亞，佔據加帕多家，但不久又被逐出。

創　10:2，代上 1:5　
　　　雅弗的長子歌篾，他所居之地區及族名。

結　38:6　預言歌革將受災說，歌篾人，和他的軍
　　　　　隊，北方極處的陀迦瑪族，和他的軍隊，
　　　　　都同著你。

1106　歌拉珊　Chorashan
冒煙的火爐　Smoking furnace

●Kh.Asan，位於別是巴西北約 7 公里，迦薩東南約 42
公里。

撒上 30:30 大衛將奪自亞瑪力人的掠物，分送給歌拉
　　　　　珊等城的人，因他們與大衛素有來往。

※同書 19:7，代上 4:32中之亞珊 Ashan 0492-2，是屬
　於西緬支派之城。

※同書 21:16 中之亞因 Ain 0483-1，是後來自西緬支派
　的地業中分給利未支派的亞倫族的一城。

1107　歌羅西　Colosse
懲罰 Punishment，怪異 Monstrosities.

●Chonas，位於老底嘉的東南東方約 18 公里，希拉波
立東南約 26 公里，以弗所以東約 170 公里，現今土耳
其的西南部，R.Maeander 河的上流，與其支流 R.Lycus
交匯處的肥沃谷地之中。在主前六世紀前，曾是一個
很興盛的城市，以產紫色羊毛織品致富，但其重要性
日漸被老底嘉城所取代，到新約時代已成了一個小城
鎮，有很多猶太人在此，到主後十二世紀時，城被土
耳其人所毀。

西　1:2　使徒保羅和兄弟提摩太，寫信給歌羅西的
　　　　　聖徒。

1108　赫(人)　Hittites,Heth
恐怖 Fears

●一、赫是含之孫，迦南的次子，他的發源地難以確
定，可能是在亞蘭北部一小片地方。

二、在聖經中曾有四十多處提到赫人，但是在聖經以
外的正史中卻沒有他們的記載，以致到本世紀初，批
評聖經的人，都把他們視爲虛構的民族。直到 1906
年，在 Boghaz-koi 發掘，才得到了驚人的發現。在廢
墟的庫房中存有二萬餘件文書，記載了赫人和其他國
族間的歷史，其中有一套赫人的法典，可能比希伯來
的法典還早一百年，並且有了煉鐵和製造輕戰車的技
術，反映出他們的文化程度，在工農商各方面的水
準，遠比同時期的以色列人高了很多。這一個重要的
發現，改變了學者們對赫人的認識，也對聖經中四十
多處的經文，得到了印證，其結論是早在主前兩千年
以前，在小亞細亞的加帕多家和弗呂家地區，Haly 河
上游，就已出現了一個強盛的赫人帝國，建都在
Khattusa，就是現今的 Boghaz-koi 廢墟，他們日漸向
東、西、南三面不斷的擴張，長期了佔領小亞細亞，

到 1800 BC 前後，已佔領了腓尼基的北部，再逐漸的
向南入侵，在 1600 BC 曾短期佔領巴比倫，在 1288
BC，赫人與埃及爲領土之爭，在奧倫特河的基低斯城
之大戰後，訂立了互不侵犯條約，其內容除公布在埃
及家納克神廟的牆上之外，也同時保存在赫人的皇家
紀錄之中，1190 BC 赫人帝國被海上民族所滅。但是在
敘利亞的北部，仍留存有一些獨立的城邦，他們原是
赫人帝國藩屬，舊約中稱他們是「赫人諸王」，亞述人
稱「赫人之地」，正史則稱爲「新赫人王國」，他們後
來逐漸被亞述收爲附庸，到 717 BC，迦基米設城被亞
述所攻克後，新赫人王國就完全被消滅了。在亞伯拉
罕的時代，赫人散居迦南各地，很可能是其商人或是
僑民。

創　10:15，代上 1:13
　　　　　含之孫，古實之次子赫所居之地區，民族
　　　　　和國家之名。

創　15:20　耶和華與亞伯蘭立約，說，我已賜給你的
　　　　　後裔，從埃及河直到伯拉大河之地，就
　　　　　是基尼人，赫人等十族人之地。

創　23:3　撒拉死後，亞伯拉罕向赫人以弗崙，購買
　　　　　田頭上的麥比拉洞，以安葬撒拉。

創　26:34，27:46，36:2
　　　　　以掃四十歲的時候，娶了兩個赫人女子爲
　　　　　妻，他們常使以撒和利百加心裡愁煩，所
　　　　　以以撒不希望雅各也娶赫人的女子爲妻。

出　3:8，3:17
　　　　　是神所要滅絕，並將其地賜給以色列人應
　　　　　許地上的一支民族。(其他相同的章節有
　　　　　出 23:23，23:28，33:2，34:11，申 7:1，
　　　　　20:17，書 3:11，24:11，尼 9:8 等。)

民　13:29 探子報告說，亞瑪力人住在南地，赫人，
　　　　　耶布斯人，亞摩利人，住在山地。

書　1:4　凡你們腳掌所踏之地，我都照我所應許
　　　　　摩西的話賜給你們了，從曠野，和這利巴
　　　　　嫩，直到伯拉大河，赫人的全地，又到大
　　　　　海日落之處，都要作你們的境界。

書　9:1　約但河西住山地，高原，並對著利巴嫩山
　　　　　沿大海一帶的諸王，就是赫人，亞摩利
　　　　　人，迦南人，比利洗人，希未人，耶布斯
　　　　　人的諸王，聽見這事，就都聚集，同心合
　　　　　意的，要與約書亞爭戰。

書　11:3　夏瑣王耶賓聽見這事，就聯合西方的迦南
　　　　　人，與山地的亞摩利人，赫人，比利洗
　　　　　人，耶布斯人，一同來到米倫的水邊，要
　　　　　與以色列人爭戰。

士　1:26　一個人他協助約瑟家攻下了伯特利，但將
　　　　　那人和他全家放走，那人往赫人之地去，
　　　　　築了一座城，起名叫路斯。

士　3:5　以色列人竟住在迦南人，赫人等族中間，
　　　　　與他們通婚，並事奉他們的神。

撒上 26:6　大衛和赫人亞希米勒，從掃羅的頭旁，拿

了他的槍和水瓶走了，沒有人知道。

撒下 11:3 以連的女兒，赫人烏利亞的妻子拔示巴。

撒下 23:39，代上 11:41
赫人烏利亞是大衛王的一個勇士。

王上 9:20，代下 8:7
至於國中所剩下不屬以色列人的亞摩利人，赫人等族的人，就是以色列人不能滅絕的，所羅門挑取他們的後裔，作服苦的奴僕，直到今日。

王上 10:29，代下 1:16
所羅門王向赫人諸王，亞蘭諸王購買車馬。

王上 11:1 所羅門王在法老的女兒之外，又寵愛許多外邦女子，就是摩押等，和赫人的女子。

王下 7:6 因為主使亞蘭人的軍隊聽見車馬的聲音，他們就彼此說，這必是以色列王賄買赫人諸王，和埃及人的諸王，來攻擊我們，所以在黃昏的時候他們起來逃跑了。

拉 9:1 這事作完了，眾首領來見我，說，以色列人沒有離絕迦南人，赫人，比利洗人，耶布斯人等人，仍效法這些國的民，行可憎的事，為自己和兒子娶了這些外邦的女子為妻。

結 16:3 主耶和華對耶路撒冷如此說，你根本，你出世，是在迦南地，你父親是亞摩利人，你母親是赫人。

1109   瑾鎖 Gimzo
大槭樹 Sycamore， 種植地 Plantation

●Jimzu [Gimzo]，位於伯特利之西約 28 公里，約帕東南約 23 公里。

代下 28:18 猶大王亞哈斯年間，非利士人也來侵佔高原，和猶大南方的城邑，攻取了伯示麥，亞雅崙，基低羅，梭哥，亭納，瑾鎖和屬瑾鎖的鄉村。

1110   摩弗 Moph
善之居所 Abode of good
合於禮貌的 Presentability

●Mit Rahineh 小村，位於尼羅河的西岸約 3 公里，距三角洲的頂點約 27 公里，古城約是在 3100 BC 前，由統一上下埃及的 Mems 王所建，所以又名叫孟斐斯 Memphis，是第四、五、七、八等王朝的首都，即使待首都遷往底比斯之後，此處仍是宗教和商業的重鎮，以及下埃及的政治中心，及至 670 BC 被波斯帝國佔據後，也是一個國際性的大都市，人口眾多，經濟繁榮，直到亞歷山太城興起，方才日漸衰落，今日則是一片荒涼，僅有帝王之古墓，即金字塔，可供憑弔而已。

何 9:6 先知責猶大人背約棄善說，看哪，他們逃

避災難，埃及人必收殮他們的屍首，摩弗人必葬埋他們的骸骨。

※同賽 19:13 中之挪弗 Noph 0858.

1111-1 摩利(橡樹) Moreh， Oak of
教師 Teacher， 山上的衛城Hill citadel
早來的雨 Former rain

●大約是在示劍城的附近，但確實的位置不明。大樹常常是聖地和聖所的所在地的明顯標記。(英文聖經中也有把橡樹譯為平原的)

創 12:6 亞伯蘭初到迦南地，到了示劍地方，摩利橡樹那裡，神向他顯現說，我要把這地賜給你的後裔，亞伯蘭就在那裡為向他顯現的神築了一座壇。

申 11:30 基利心山和以巴路山是與吉甲相對，靠近摩利橡樹。

1111-2 摩利(崗) Moreh，Hill of

●Nebi Dahi 小山崗，位於米吉多東北約 16 公里，耶斯列城之北約 6 公里，米吉多平原的東端，又名叫小黑門山 Little Hermon，山頂海拔 515 公尺，東西長約4公里，南北寬約 1.5 公里。山之西南麓有書念，北麓有拿因，東北麓有隱多珥等城。哈律泉在其南約 7公里。

士 7:1 基甸在哈律泉旁安營，米甸營在他們北邊的平原，靠近摩利崗。

1112-1 摩押(人,國) Moab
從父而來 From father
父親的後裔 Progeny of a father

●摩押人是羅得從長女所生的兒子摩押的後代，摩押約生於 2066 BC 前後。摩押最初的領土大約是南從撒烈溪一直到基列山的南麓，東北方與亞捫相鄰，東方則為沙漠地帶，西方則是死海，全境可分為三區，主要的一區是自撒烈溪至亞嫩河之間，是摩押人長期保有之地，第二區是亞嫩河以北，希實本以南，死海以東的地區，第三區是與耶利哥隔絕但河相對的摩押平原，這後面的兩區先被亞摩利人，後則被以色列的流便支派佔領，有時則被摩押所收復。故按地理的自然疆界或是廣義的說，摩押地是此三區之統稱，一般按地理區域分時，是指第一和第二兩區，如果是指摩押國時，則多數時期是指亞嫩河以南之地區。

摩押地實際上是一片整塊的台地，高出地中海約 900公尺，雨量雖不及基列的充足，但是地形遠比基列平整，極宜於畜牧和農業的發展，所以被流便視為人見人愛的美地，君王大道自南向北穿過，也給他們帶來了財富和軍事上的利益，區內早期就有希實本、米底巴、比悉、巴力勉、底本、亞羅珥、基列亭、吉珥哈

列設等重要的城邑。

摩押曠野可能就是摩押東方邊境上的沙漠地帶。

創　19:37　羅得的兩個女兒，都從他父親懷了孕，從大女兒生的兒子，給他取名叫摩押，就是摩押人始祖。

創　36:35　以東王哈達在摩押地殺敗米甸人。

民　21:11，33:44

以色列人從阿伯起行，安營在以耶亞琳，與摩押相對的曠野，向日出之地。

民　21:13　亞嫩河是摩押的邊界，在摩押和亞摩利人搭界的地方。:15 並向亞珥城眾谷的下坡，是靠近摩押的境界。

民　22:3　摩押人因以色列人甚多，也知道他們向亞摩利人所行的一切，就大大懼怕，心內憂急，就請巴蘭來詛咒以色列人。

民　25:1　以色列人住在什亭，百姓與摩押女子行起淫亂。

申　2:8　以色列人經過以拉他，以旬迦別，轉向摩押曠野的路去，耶和華吩咐摩西說，不可擾害摩押人，也不可與他們爭戰。

申　2:10　摩押人稱摩押地的原住民為以米人，他們民數眾多，身體高大，像亞衲人一樣。

申　23:3　亞捫人，或是摩押人，不可入耶和華的會，他們的子孫雖過十代，也永不可入耶和華的會。

申　34:1　摩西死在摩押地，耶和華將他葬在摩押地，伯毘珥對面的谷中。

士　3:12　以色列人又行耶和華眼中看為惡的事，耶和華就使摩押強盛，攻擊以色列人，於是以色列人服事摩押王伊磯倫十八年，士師以笏殺了伊磯倫和一萬摩押人，國中太平了八十年。

得　1:1　猶大伯利恆的以利米勒，因遭遇饑荒，就帶著妻子和兩個兒子，往摩押地去寄居，他的一個兒子娶了摩押女子路得為妻。

撒上　12:9　他們卻忘記他們的神耶和華，他就把他們付與夏瑣將軍西西拉的手裡，和非利士人並摩押王的手裡，於是這些人常來攻擊他們。

撒上　14:47　掃羅執掌以色列的國權，常常攻擊他四圍的一切仇敵，就是摩押人，亞捫人等，他無論往何處去，都打敗仇敵。

撒上　22:3　大衛為逃避掃羅王的追殺，就將他的父母送到摩押的米斯巴，請摩押王准他們往在那裡，大衛在山寨住多少日子，他的父母也住在摩押王那裡多少日子。

撒下　8:2，代上　18:2

大衛又攻打摩押人，摩押人就歸服大衛，給他進貢。

王上　11:1　所羅門王在法老的女兒之外，又寵愛許多外邦女子，就是摩押女子，亞捫等人的女子。:7 他又為摩押可憎的神基抹，在耶路撒冷對面的山上築壇。

王下　1:1　亞哈王死後，摩押背叛以色列，不再向以色列進貢。

王下　3:21　以色列王約蘭，聯合猶大王約沙法和以東王，同去攻擊摩押，摩押被擊敗，摩押王便將那應當接續他作王的長子，在城上獻為燔祭。

王下　13:20　以利沙死了，到了新年，有一群摩押人犯境。

王下　24:2　猶大王約雅敬年間，耶和華使迦勒底軍，亞蘭軍，摩押軍和亞捫人的軍，來攻擊約雅敬，毀滅猶大。

代下　20:1　此後，摩押人和亞捫人，又有米烏尼人，一同來攻擊約沙法。

尼　13:1　當日人念摩西的律法書給百姓聽，遇見書上寫著說，亞捫人和摩押人永不可入神的會，因為他們沒有拿食物和水來迎接以色列人，且雇了巴蘭來詛他們，但我們的神使那咒詛變為祝福。

詩　60:8，108:9

摩押是我的沐浴盆。

詩　83:6　住帳棚的摩押人。

※賽15和16章，耶48章，結25:8，摩2:1，番2:8 等，都是先知預言摩押必受罰遭報，必覆亡的默示。

1112-2 摩押(平原)　Plains of Moab

●摩押平原是指約但河東，死海的東北方上的一小塊平原，與耶利哥相對，包括伯耶施末和亞伯什亭在內。

民　22:1　以色列人起行，在摩押平原，約但河東，對著耶利哥安營。

民　26:3　摩西和祭司以利亞撒，在摩押平原與耶利哥相對的約但河邊，點數以色列人。

民　31:12　以色列人把從米甸人那裡所擄的人，所奪的財物，牲畜，都帶到摩押平原，在約但河邊與耶利哥相對的營盤，交給摩西和會眾。

民　33:48　以色列人從亞巴琳山起行，安營在摩押平原，約但河邊耶利哥對面，他們在摩押平原沿約但河邊安營。

申　34:1　摩西從摩押平原登上尼波山，耶和華把應許之全地都指給他看。

1112-3 摩押(城)　City of Moab

●摩押在千餘年間有好幾個京城，如吉珥哈列設、亞珥、底本、米底巴和希實本等。但在此節中所提的京城，則可能是今日名叫 Kh.el-Medeiyineh 的廢墟，位於亞嫩河的北岸，底本東南約 17 公里，吉珥哈列設之東北約 36 公里。

民　22:36　巴勒聽見巴蘭來了，就往摩押京城去迎接他，這城是在邊界上，亞嫩河旁。

※可能同申 2:36，書 13:9，16 中「谷中的城」，和撒下

24:5 中「迦得谷中的城」。

1113　摩撒　Mozah
搾出 Wringing，泉源 Spring head

●有兩個可能之地，一個是 Qakiniyeh，位於耶路撒冷西北西約 6 公里，伯特利西南約 15 公里，是新約時代的 Colonia Amasa 城，是以馬忤斯可能所在地之一。也可能是 Kh. Beit Mizza [H.ha-Mozah]，位於耶路撒冷的西北西方約 12 公里，伯特利西南約 14 公里，往臺拉維夫的公路幹道邊。

　　書　18:26 便雅憫支派所得為業第二組的十四座城之一。

1114　摩西拉　Mosera
腳鐐 Fetters，改正 Correction

●即是何珥山，但其位置不能確定。很可能是加低斯東北方約 15 公里的 Imaret el -Khreisheh 山。

　　申　10:6 以色列人從比羅比尼亞干起行，到了摩西拉，亞倫死在那裡，他的兒子以利亞撒接續他供祭司的職分，他們又從那裡起行到了谷歌大。

　　※同民 20:22 中的何珥山 Hor 0393-1。
　　※同民 33:30 中的摩西錄 Moseroth 1115，是以色列人出埃及途中安營處之一。

1115　摩西錄　Moseroth
腳鐐 Fetters，懲戒，改正 correction

●即是何珥山，但其位置不能確定。很可能是加低斯東北方約 15 公里的 Imaret el -Khreisheh 山。

　　民　33:30 以色列人從哈摩拿起行，安營在摩西錄（離開西乃山後的第十五個安營處），再前往比尼亞干。

　　※同民 20:22 中的何珥山 Hor 0393-1。
　　※可能同申 10:6 中之摩西拉 Mosera 1114，是亞倫去世之處。

1116　摩利亞　Moriah
耶和華顯現的地方
The place of the appearance of Yahweh
耶和華有預備之處
The place where Yahweh provides

●摩利亞的確實位置，雖然缺乏考古學上之證據，但學者們一致同意，今日耶路撒冷的聖殿區內，回教徒所奉之大巖石圓頂清眞寺 Dome of the Rock，就是建築在摩利亞的山頂上。寺內正中的大白石，相傳就是亞伯拉罕獻以撒的那塊大石，猶太人稱之為 Rock of foundation。所羅門王、以斯拉和希律王所建之聖殿相信也是在同樣的地方。回教徒認為此石是穆罕默德升天之處，所以建了此寺，此寺又名叫奧瑪清眞寺

Mosque of Omar，寺的平面呈八角形，曾經多次的大修及改建，但仍保持了它原來的面貌，堪稱是中東地區，回教最美麗和最寶貴的建築之一。如今聖殿區屬於以色列，但產權和管理權仍屬以色列的阿拉伯人所有。

　　創　22:1 神令亞伯拉罕帶以撒往摩利亞地去，在神所指示的山上，把他獻為燔祭，他們走了三天就到了。

　　代下 3:1 所羅門王就在耶路撒冷，耶和華向他父親大衛顯現的摩利亞山上，就是耶布斯人阿珥楠的禾場上，大衛王所指定的地方為耶和華建殿。

1117　摩利沙(人)　Moresheth
所有物 Possession.

●T.el-Judeideh [T.Goded]，位於希伯崙西北約 22 公里，亞實突東南約 25 公里，洗法谷 V. Zephathah 的北岸。

　　耶　26:18，彌 1:1 先知彌迦是摩利沙人，他曾在約坦王，亞哈斯王和希西家王之時，得到耶和華的默示，論以色列及猶大。

　　※同彌 1:14 中的摩利設迦特 Moresheth-gath 1119。

1118　摩拉大　Moladah
生育 Birth，源頭 Origin

●Khereibet el-Waten [H.Yittan]，位於別是巴東北約 7 公里，希伯崙西南約 35 公里。也可能是 T.el-Milh，位於別是巴東方約 18 公里，鹽谷 Valley of Salt 之北。是西緬支派最東之城鎮。

　　書　15:26，19:2 係原先分給猶大支派為業，後來歸給西緬支派之一城鎮。

　　代上 4:28 西緬人住在別是巴，摩拉大等城邑，直到大衛作王的時候，都屬西緬人所有。

　　尼　11:25 在建殿後為歸回之猶大人所居住的一城。

1119　摩利設迦特　Moresheth-gath
迦特的所有物 Possession of Gath

●T.el-Judeideh [T.Goded]，位於希伯崙西北約 22 公里，亞實突東南約 25 公里，洗法谷 V.Zephathah 的北岸。

　　彌　1:14 論撒瑪利亞和耶路撒冷說，猶大啊，你要將禮物送給摩利設迦特，和亞革悉的眾族。

　　※同耶 26:18 中的摩利沙 Moresheth 1117，是先知彌迦的故鄉。

1120　播薛　Bozez
發光 Shinning，高處 Height

●是一處高聳的峭壁，位於小村 Gabath-Saoule 的東側，Wadi Suweinit 旱溝的東北邊上，密抹之南約 1.6 公里，迦巴之東約 2 公里。與對面的峭壁形成了一處險要的隘口。

撒上　14:4　約拿單要從隘口過到非利士防營那裡去，這隘口兩邊各有一個山峰，一峰名播薛，一名西尼，一峰向北與密抹相對，一峰向南與迦巴相對。

1121　撒分　Zaphon
北方 North

●T.Qos，位於伯善東南約 29 公里，疏割之北約 6 公里，Wadi Rajeh 的北岸。

書　13:27　迦得支派所分得為地業之一城。

士　12:1　以法蓮人聚集，來到撒分，對耶弗他說，你去與亞捫人爭戰，為甚麼沒有招我們同去呢?(TCV版)

1122　撒立　Sarid
救主 Survivor，生存 Survives

●T.Shadud [T.Shaddud]，位於約念的東方約 12 公里，米吉多東北約 10 公里，米吉多平原的北境。

書　19:10　西布倫支派所得地業在東部邊境上之一城。

1123-1撒冷　Salem
安全 Safe，平安 Peace

●多數的學者認為即是耶路撒冷，為其簡稱。請參看 0790 條的說明。

創　14:18　亞伯蘭殺敗北方四王回來後，在沙微谷有撒冷王麥基洗德，帶著餅和酒出來迎接，他是至高神的祭司，他為亞伯蘭祝福，亞伯蘭就把所得來的，拿出十分之一來，給麥基洗德。

詩　76:2　神在撒冷有他的帳幕，在錫安有他的居所。

來　7:1　這麥基洗德，就是撒冷王，又是至高神的祭司，本是長遠為祭司的，他當亞伯拉罕殺敗諸王回來的時候，就迎接他，給他祝福，亞伯拉罕也將自己所得來的，取十分之一給他，他頭一個名字繙出來，就是撒冷王，就是平安王的意思。

1123-2撒冷　Salim
平安 Peace，完美 Perfect

●可能之處有二，兩者相距約2公里。比較可能的一處是 Umm el-Amdan，位於伯珊的南方約 10 公里，離約但河僅 2 公里，哀嫩在其南約 1.5 公里，其地已低於海

平面，附近有很多泉水。另一是 T.er-Radgha[T.Shalem]，位於伯珊之南約 12 公里。

約　3:23　約翰在靠近撒冷的哀嫩也為百姓施洗。

1124　撒狄　Sardis
遺留物 Things remaining

●Sart 小村，位於士每拿之東約 74 公里，以弗所東北約 80 公里，Hermus 河的南岸，城建在 Tmolus 山脈的中央，高出平原有450公尺，三面都有峭壁，自古以來就是一個有天險保障的衛城，控制了整個赫馬斯平原。赫馬斯平原土地肥沃，是畜牧和農業時代的黃金地帶，河谷中在早期有金沙，其主要的工業為紡織及金飾和寶石加工，所以是一個非常重要而富庶的大城，帝國的軍事大道通過此城，更增加它在軍事上的重要性。城是鐵器時代中期所建，一度是呂底亞省的首都，在波斯帝國時，也是一個政治的中心，主後十七年間，毀於大地震，後由羅馬皇帝提庇留助其重建，很快就恢復了繁榮。此城建有僅次於以弗所拜亞底米女神的大廟(建於主前第四世紀)，人民以奢華淫亂而聞名。城中住有很多的猶太人，他們的會堂規模宏大，位於市區重要的地段中。

啟　1:11　小亞細亞的七個教會之一。

啟　3:1　你要寫信給撒狄教會的使者，說，我知道你的行為，按名你是活的，其實是死的，你要儆醒，堅固那剩下將要衰微的，因我見你的行為，在我神面前沒有一樣是完全的。

1125　撒南　Zaanan
群眾之地 Place of Flock

●位置不明，可能是在猶大高原內。

彌　1:11　先知責以色列人拜偶像干罪受罰說，撒南的居民不敢出來。

※同書 15:37 中的洗楠 Zenan 0753。

1126-1撒們(山) Zalmon
黑暗 Dark，相似 Resemblance

●位置無法確定。因在示劍的附近，而且山上有樹林，故有可能是基利心山。

士　9:48　亞比米勒砍了撒們山上的樹枝，燒死了躲入巴力比利土廟衛所中，全部示劍樓的人，男女約有一千人。

1126-2撒們　Zalmon

●位置無從查考，應該是在約但河以東，可能是 Jebel Hauran，或者是 Jabel Druze (有黑山之意)。

詩　68:14　全能者在境內趕散列王的時候，勢如飄雲在撒們。

1127　撒迦　Salcah
移動 Moving
他拉起了誘餌 He lifted up the blind

●Salkhad 城，位於基列拉末正東約 67 公里，以得來東南東約 59 公里，浩蘭山的南麓，距約但河約 110 公里，是在一個死火山錐頂上的城鎮，地勢高而險要，控制了肥沃的巴珊地的入口，和往北去大馬色的通道，也扼守迦南往波斯灣的大路，至今仍可在該處見到古羅馬軍事大道和大水池的遺跡。

申　　3:10　基列全地，巴珊全地，直到撒迦和以得來，都是巴珊王噩的國之城邑。

書　　12:5，13:11
又有巴珊王噩，他管之地是黑門山，撒迦，巴珊全地，直到基述人和瑪迦人的境界，並基列的一半。

代上 5:11　迦得的子孫在流便對面，住在巴珊，延到撒迦。

1128　撒烈(溪)　Zered
灌木 Shrubbery
異國人被制服 The stranger subdued
柳樹的激流 Torrent of the willows

●Wadi el-Hesa，位於死海的東南，是一條旱溪，走向由東向西，長約八十餘公里，古時此一溪流並未與死海相連。

民　　21:12 以色列人從以耶亞巴琳起行，安營在撒烈谷，從那裡起行安營在亞嫩河那邊。

申　　2:13　自從離開加低斯巴尼亞，到過了撒烈溪的時候，共有三十八年。

1129　撒益　Zair
窄狹之地 Narrow place，　小 Little

●Siir，位於希伯崙的東北方約 6 公里，伯利恆之南約 15 公里，該地區內有充分的泉水，可供應四週的田地。

王下 8:21　約蘭年間，以東背叛猶大，約蘭率領所有的戰車，往撒益去，夜間起來，攻打圍困他的以東人，猶大兵就逃跑，各自回家去了，這樣以東人背叛猶大，脫離他的權下。

※同書 15:54 中的洗珥 Zior 0751，是猶大支派所分得之一城。

1130　撒摩島　Samos
多沙的懸崖 A sandy bluff，　高地 Height

●小亞細亞西岸近海處之一小島，與大陸最近處尚不足2公里，現仍名撒摩，位於以弗所的外海西南方約 35 公里，米利都以北約 30 公里，島東西長約 46 公里，寬 20 公里，其首府名叫 Vathi。島上主要生產紅土陶製品，所產之酒名叫 Levantin，屬於高級酒類。曾於 530 BC 前後繁榮達其極點，且居諸島之首，在保羅到達時，仍是一個興盛的商業中心，也是羅馬帝國的自由城。他們奉拜女神 Juno，其大廟名叫 Heraeon。

徒　　20:15 保羅從米推利尼開船，次日到了基阿的對面，又次日在撒摩靠岸。

1131　撒弗他(地)　Sabtah
攻打 Striking

●撒弗他是含的孫，古實的第三個兒子，他和他的後裔最初所居之地，其確實的位置仍未能確定，近日有學者認為是在非洲南部沿岸，即是也門的 Hadramaut 的西部地區。以往有的學者認為是在非洲的某處。

創　　10:7，代上 1:9
含的孫，古實的第三個兒子撒弗他，及其後代所居之地區名和民族名。

1132　撒利但　Zaredah
變冷，冷卻 Cooling
他們的悲痛 Their distress.

●T.Umm Hamad，位於疏割西南約 6 公里，亞當城東北約 5 公里，示劍以東約 29 公里，據考古的出土物中，有甚多主前十二至十三世紀前之銅器，證明了該處確實曾是一個鑄造銅器的所在，而且該處亦是一個農業生產豐富的地區。

代下 4:17　戶蘭在約但平原，疏割和撒利但中間，為所羅門王鑄製各式聖殿用的銅器。

※同士 7:22 中的西利拉 Zererah 0323。

※同王上 7:46 中的撒拉但 Zarethan 1134，當以色列人過約但河時，河水便在撒拉但旁的亞當城那裡停住，立起成壘。

※同王上 4:12 中的撒拉他拿 Zarethan 1141，所羅門王的第五行政區靠近撒拉他拿。

1133　撒拉米　Salamis
被搖動 Shaken，　溶解 Dissolve

●是今日塞浦路斯島東岸的大城 Famagusta 以北約 5 公里處之一廢墟，約是在主前十一世紀時所建，是塞浦路斯島的主要港口，主要是把銅、木材、陶瓷器和農產品等輸出到歐，亞和非洲，因而成為一個繁榮的港都，建有可容一萬五千人的戲院、著名的大理石廣場、體育場等。在多利買時代，有大量的猶太人移來此處，因此有幾所猶太會堂。到了新約時代，它成為羅馬帝國在賽島之首府，116 年猶太人叛亂，屠殺了羅馬及希臘人近二十萬，而遭羅馬帝國嚴厲的鎮壓，致使城中幾已無居民存留，332 年城又被地震所毀，重建後復於 647 年被亞拉伯的 Saracens 人所毀。在廢墟中，有使徒巴拉巴的墳墓和以他為名的修道院。

徒　　13:5　保羅及巴拉巴被聖靈所差遣坐船往居比路去，到了撒拉米，就在猶太人各會堂傳講神的道，然後經過全島直到帕弗。

1134　撒拉但　Zaretan
變冷，冷卻 Cooling
他們的悲痛 Their distress

●T.Umm Hamad，位於疏割西南約 6 公里，亞當城東北約 5 公里，示劍以東約 29 公里，在考古出土物中，有很多主前十二至十三世紀前之銅器，證明了該處確實曾是一個鑄造銅器之地，而且該處亦是一個農業生產豐富的地區。

書　　3:16　以色列人到了約但河，當腳一入水，那從上往下流的水便在極遠之地，撒拉但旁的亞當城那裡停住，立起成壘……於是百姓在耶利哥的對面過去了。

王上 7:46　戶蘭在約但河平原疏割和撒拉但中間，為所羅門王鑄製各式聖殿用的銅器。

※同王上 4:12 中的撒拉他拿 Zarethan 1141，所羅門王的第五行政區靠近撒拉他拿。

※同代下 4:17 中的撒利但 Zarethan 1132，是一製聖殿用銅器之處。

※同士 7:22 中的西利拉 Zererah 0323。

1135-1 撒挪亞 Zanoah
沼澤地 Marshy place

●Kh.Zanu [H.Zanoah]，位於耶路撒冷的西南西方約 23 公里處，希伯崙西北約 23 公里，以拉谷的北岸，城建在一小山之上，其東、北、西三方面皆甚陡峭。

書　15:34　猶大支派所得為業，在高原的第一組的十四座城之一。

尼　　3:13　在重修耶路撒冷城牆時，哈嫩和撒挪亞的居民，修造谷門，立門，安門扇和門鎖，又建築城牆一千肘，直到糞廠門。

尼　11:30　重建聖殿之後猶大人所定居之一城。

1135-2 撒挪亞 Zanoah

●Kh.Zanuta，位於希伯崙的西南南方約 11 公里，別是巴的東北約 30 公里。

書　15:56　猶大支派所得為業之一城，是山地第三組十座城之一。

1136　撒拿音　Zaanannim
旅行 Journeying，流浪 Wandering

●Khan et-Tujjar 小鎮，位於伯善之北約 33 公里，基尼烈城西南約 11 公里，他泊山東北約 13 公里。撒拿音的橡樹之位置不詳，應該是在城的附近。

書　19:33　拿弗他利的境界是從希利弗，從撒拿音的橡樹，從亞大米尼吉……

士　　4:11　基尼人希百利，到靠近基低斯，撒拿音的橡樹旁支搭帳棚。

1137　撒勒法　Zarephath
煉金屬之處 Smelting place

●Sarafand，位於推羅之北約 21 公里，西頓以南約 15 公里，地中海的東岸，建城很早，曾以出產精細的玻璃製品及染料聞名。現在在當地有一座教堂，據說便是供應先知以利亞的寡婦所住之房屋。

王上 17:8，路 4:26
以利亞從基立溪去到西頓的撒勒法，有一個寡婦供應他。

俄　　　20　在迦南人中被擄的以色列人眾人，必得地直到撒勒法。

1138　撒摩尼(島)　Salmone
穿了衣服的 Clothed

●Cape Sidheros 海岬，即是今日克特利島東北方伸入海中的尖端部份。

徒　27:7　保羅所乘的船就貼著革哩底背風岸，從撒摩尼對面行過，到了佳澳。

1139　撒摩拿　Zalmonah
蔭處 Shady place
黑暗 Dark，建議 Representation

●es-Salmaneh，位於普嫩西北約 20 公里，別是巴東南約 74 公里，底本西南約 88 公里處。

民　33:41　以色列人出埃及的第三十五個安營地，是自何珥起行，再去普嫩。

1140　撒弗提迦 Sabteca
攻打 Striking

●撒弗提迦是含之孫，古實的第五子，其最初的領土必定是在非洲，但其位置不明，大部份的學者認為是在現今的衣索比亞，位於紅海東岸，與葉門隔海相對。也有人認為是在努比亞 Nubia，或者是在阿拉伯的南部的某處。

創　10:7，代上 1:9
含之孫，古實的第五個兒子撒弗提迦及其後代所居之地區名和民族名。

1141　撒拉他拿 Zaretan
變冷，冷卻 Cooling
他們的悲痛 Their distress

●T.Umm Hamad，位於疏割西南約 6 公里，亞當城東北約 5 公里，示劍以東約 29 公里。

王上 4:12　所羅門王的第五處行政區，是靠近撒拉他拿，耶斯列下邊的伯善全地。

※同士 7:22 中的西利拉 Zererah 0323。

※同王上 7:46 中的撒拉但 Zarethan 1134，當以色列人
　過約但河時，河水便在撒拉但旁的亞當城那裡停
　住，立起成壘。

※同代下 4:17 中的撒利但 Zarethan 1132，是一製聖殿
　用銅器之處。

1142　撒瑪利亞(城,地) Samaria
守望塔之平安 Peace of the watch tower
守望者之精神 Guardianship

●一、城、山：撒瑪利亞城今日是名叫 Sebastiyeh 的
一個廢墟，位於示劍西北約 12 公里，得撒之西約 16 公
里，古城是以色列王暗利於 880 BC 所建，作爲他的新
都。城雄踞於撒瑪山之山頭之上，山高90米，隆起於
廣闊的山谷之中，毗鄰巴勒斯坦中部高原，山雖不
高，但足以瞭望遠處，又能設防自衛，從該城出發，
南可達示劍，北到米吉多，西可抵地中海岸富庶的平
原，因此佔據了這個守望台，無疑是控制了巴勒斯坦
中部一帶，由南到北及往西海岸地區的行軍和經商路
線，確實是一個建都極佳之處。在 1908、1931 和 1967
年間，曾三度發掘，許多青銅前期與鐵器早期的社區
遺址相繼出土，共有六個建築期，第一期顯示了一個
前所未有的大城，宮中有寬大的庭院和水池，裝飾華
麗，象牙刻工精湛，殆出自腓尼基巧匠之手，衛城西
至東長 178 公尺，北至南寬 51 公尺，基址包括暗利和
亞哈的皇宮。722 BC毀於亞述人之手，並將人民擄
去，又把巴比倫人等移來代替以色列人，此後該城又
數度易主，歷經亞述、波斯、巴比倫、希臘等帝國，
成爲他們的殖民地和軍事行政中心，331 BC 被亞歷山
大大帝攻佔，將城希臘化，撒瑪利亞因此叛亂，但
立被鎮壓，爲了懲罰他們，就把居民逐往示劍等地，
又移來六千馬其頓人居住，成了一個希臘的殖民地，
不久撒瑪利亞完全被希臘化，因不斷的希臘化，在 108
BC 招致被哈斯摩尼王朝所夷平，此後有一段時間成爲
無人居住的荒原。66 BC 羅馬的龐貝重建此城，30 BC
大希律再予擴建，並更名爲 Sebastiyeh，主前 25 年，
希律王建造了一所聖殿，奉獻給羅馬帝國的奧古斯都
大帝。在衛城中設計有長廊式的街道、戲院、競技場
與長達4公里的護城牆，但是在 66 年，猶太的第一次
革命中被毀。到四世紀時，成爲主教牧區中心，五世
紀時建有禮拜堂和修道院各一間，614 年城被波斯人所
毀，十字軍時代，牧區再被建立，同時在村的東邊再
築一新的禮拜堂，1300 年禮拜堂可能是由於地震之故
再度被毀。今日在這個古城的附近，除了一個阿拉伯
人的村落之外，便是一列列的石柱和廢墟。新約時代
主耶穌和腓利相繼到此佈道。

二、地：

1. 撒瑪利亞地：即是撒瑪利亞城週的地區地或其管轄
之屬地，範圍不大，而且範圍和邊界皆不明確。又
因撒瑪利亞城是以色列的京城，所以有時亦代表以
色列全部或北國之領土。

2. 撒瑪利亞山地：位於沙崙平原之東，約但河谷之
西，迦密山和耶斯列平原以南，加拿河以北間之
地，中央高，東西兩側較低，平均高約 600 公尺，
雖然說是山地，但與南北之山地相比，顯然較低，
有若盆地，故也有撒瑪利亞盆地之稱，東部地區的
坡度大，多石而 乾旱，十分貧瘠，西側則多水源，
土地相當肥沃，富於各種農產品。

3. 撒瑪利亞地區：在羅馬帝國之時，是猶太省北部的
一個地區，撒瑪利亞的範圍不易確定，大約是在加
利利之南，地中海和約但河之間，以及加拿河以北
之地。

三、國：當以色列分裂之後，北國即是以色列國，在
把首都遷往撒瑪利亞之後，北國有時也稱撒瑪利亞
國。

四、人：主前 722 年，亞述王消滅了北國以色列，幾
將全部的以色列人都擄到亞述去，又把亞述和它屬國
的人移來，不久餘下的以色列人就和移來的人混合，
這就產生了撒瑪利亞人。猶大人回歸後，認爲他們與
外族通婚是不聖潔的。而且撒瑪利亞人只奉行摩西五
經，又在基利心山上建有聖殿，信仰上大有差別，特
別是他們阻礙重建聖殿的工作，所以兩者的仇恨就日
漸加深。在 331 BC 他們被自撒瑪利亞城逐出後，就來
到示劍之東的拿布路斯城，在新約時代撒瑪利亞人和
猶太人是不相往來的，至今日雖然在法律上是平等
的，但仍被猶太人所歧視，這個民族目前只剩下寥寥
二百餘人，而且也毫無生氣，十分保守，又不與其他
的民族通婚，由於血統太過接近，有些小孩生下來就
是白癡。在他們小小的會堂中，仍保有摩西五經的手
抄本，可能已有一千年左右的歷史，被視他們爲珍
寶。

王上 13:32 老先知說，因爲神人奉了耶和華的命令，
　　　　　指著伯特利的壇，和撒瑪利亞各城有邱壇
　　　　　的殿，所說的話，必定應驗。

王上 16:24 以色列王暗利用二他連得銀子，向撒瑪買
　　　　　了撒瑪利亞山，在山上造城，給所造的城
　　　　　起名叫撒瑪利亞。

王上 18:2 耶和華的話臨到以利亞，說，你去，使以
　　　　　色列王亞哈得見你，那時撒瑪利亞有大饑
　　　　　荒。

王上 20:1 亞蘭王便哈達，聚集他的全軍上來圍攻撒
　　　　　瑪利亞，耶和華神使亞蘭人大敗。

王上 22:37 以色列王亞哈在基列的拉末戰死，眾人將

他送到撒瑪利亞，就葬在那裡，又有人把他的車，在撒瑪利亞的池旁清洗，狗來舐他的血，正如耶和華所説的話。

王下 1:2 亞哈王在撒瑪利亞，一日從樓上掉下來，就病了，他差遣使者去問以革倫的神巴力。

王下 2:25 以利沙從伯特利上迦密山，又從迦密山回到撒瑪利亞。

王下 5:3 亞蘭王的元帥乃縵長了大痲瘋，一個被擄到亞蘭的以色列小女子，説服他去見撒瑪利亞的先知以利沙。

王下 6:19 亞蘭王為了捉拿先知以利沙，就打發大軍去圍困多坍城，以利沙使亞蘭人的眼目昏迷，被以利沙領了撒瑪利亞城中，以色列王宴請他們後，就放了他們回去，亞蘭軍從此不再犯以色列境了。

王下 6:24 此後亞蘭王便哈達上來圍困撒瑪利亞，城中發生大饑荒，但是亞蘭人按先知以利沙的豫言忽然逃跑，以色列王也被踐踏而死。

王下 10:1 以色列王亞哈有七十個兒子在撒瑪利亞，耶戶令人將他們都殺了，把首級送到耶斯列耶戶那裡，成就了耶和華藉他僕人以利亞所説的話。

王下 13:6 約阿施在撒瑪利亞作以色列王十七年，他行耶和華眼中看為惡的事，並且在撒瑪利亞留下亞舍拉，於是耶和華的怒氣向以色列人發作，將他們屢次交在亞蘭王哈薛和他兒子便哈達的手裡，只給約哈斯留下五十馬兵和一萬步兵。

王下 17:1，18:10
何細亞在撒瑪利亞作以色列王九年，他行耶和華眼看為惡的事，亞述王撒縵以色上來攻擊他，何細亞就服事他，給他進貢。後來何細亞背叛，差人去見埃及王梭，亞述王知道了，就把他鎖禁在監裡，亞述王上來攻擊以色列遍地，上到撒瑪利亞，圍困三年，才攻取了撒瑪利亞，將以色列人擄到亞述，把他們安置在哈臘，與歌散的哈博河邊。

王下 23:18 猶大王約西亞，把從前以色列諸王在撒瑪利亞的城邑，建築邱壇的殿都廢去了，將祭司殺在壇上。

代下 18:2 猶大王約沙法大有尊榮貲財，就與以色列王亞哈結親，過了幾年，他下到撒瑪利亞去見亞哈王，再一同去攻打基列的拉末。

代下 22:9 耶戶討伐亞哈家的罪的時候，猶大王亞哈謝下到耶斯列去探看約蘭的病，耶戶尋找他，亞哈謝藏在撒瑪利亞，耶戶找到他，就將他殺了。

代下 25:13 被猶大王亞瑪謝所打發回去，不許他們一同出征的那些軍兵，就攻打猶大各城，從撒瑪利亞直到伯和崙，殺了三千人，搶了

許多財物。

代下 28:8 以色列王比加，一日殺了猶大人十二萬，都是勇士，又擄掠了二十萬人和許多的財物，帶到撒瑪利亞去了，後來因以法蓮幾個族長的勸告，才將擄來的人送回耶利哥去了。

拉 4:10 由河西省長利宏領頭，上書奏請波斯王亞達薛西，控告並阻止猶太人建殿的同黨中，由尊大的亞斯那巴所遷移，安置在撒瑪利亞城，並大河西一帶地方的人。

尼 4:2 參巴拉聽見我們修造城牆，就發怒，大大惱恨，嗤笑猶大人，對他的弟兄和撒瑪利亞的軍兵説，這些軟弱的猶大人作甚麼呢？

賽 7:9 耶和華令以賽亞，對猶大王亞哈斯作預言説，六十五年之內，以法蓮必然破壞，不再成為國民，以法蓮的首城是撒瑪利亞，撒瑪利亞的首領是利瑪利的兒子。

賽 8:4 以賽亞將生一子，耶和華對他説，在這小孩子不曉得叫父叫母之先，大馬色的財寶和撒瑪利亞的擄物，必在亞述王面前搬了去。

結 16:46 先知責備耶路撒冷説，你母親是赫人，你父親是亞摩利人，你的姐姐是撒瑪利亞，你的妹妹是所多瑪。

摩 3:9 耶和華如此説，牧人怎樣從獅子口中搶回兩條羊腿，或半個耳朵，住撒瑪利的以色列人躺臥在床角上，他們的得救也不過如此。

摩 4:1 他們住撒瑪利亞山，如巴珊母牛的阿，當聽我的話，你們欺負貧寒的壓碎窮乏的，主耶和華指著自己的聖潔起誓説，日子快到，人必用鉤子將你們鉤去。

太 10:5 耶穌差遣十二個人去，吩咐他們説，外邦人的路，你們不要走，撒瑪利亞人的城，你們不要進，寧可往以色列家迷失的羊那裡去。

路 10:33 一個人從耶路撒冷到耶利哥去，在路上被強盜打得半死，只有一個好心過路的撒瑪利亞人救了他。

路 17:11，徒 17:11
耶穌往耶路撒冷去，經過撒瑪利亞和加利利，進入一個村子，醫治了十個長大痲瘋的，但只有一個撒瑪利亞的人，回來大聲歸榮耀與神。

約 4:3 耶穌離了猶太，又往加利利去，必須經過撒瑪利亞，他在撒瑪利亞的敘加那裡的雅各井，向一個撒瑪利亞的婦人傳講福音，那城裡有好些撒瑪利亞人因為那婦人作見證信了耶穌，於是撒瑪利亞人來見耶穌，求他在他們那裡住下，他便在那裡住了兩天。

徒 1:8 耶穌對他們説，但聖靈降臨在你們身上，

你們就必得著能力，並要在耶路撒冷，猶太全地和撒瑪利亞，直到地極作我的見證。

徒　8:4　腓利下到撒瑪利亞城去，宣講福音。那城有一個人，名叫西門的，向來在那城裡行邪術，使撒瑪利亞城裡的大小都聽他的，及他信了腓利所傳的耶穌，受了洗，就常與腓利在一起，使許多撒瑪利亞人都信了主。

徒　8:25　使徒既證明主道，而且傳講，就回耶路撒冷去，一路在撒瑪利亞好些村莊傳揚福音。

徒　9:31　那時猶太，加利利，撒瑪利亞，各處的教會都得平安，被建立，凡事敬畏主，蒙聖靈的安慰，人數就多了。

徒　9:52　耶穌被接上升的日子將到，他就定意向耶路撒冷去，便打發使者在他前頭走，他們到了撒瑪利亞的一個村莊，要為他預備，那裡的人不接待他，因他面向耶路撒冷去。

1143　撒摩特喇　Samothrace
特喇海中的高山 Samos of Thrace
碎布標記 A sign of rags

●今日仍用原名，是位於愛琴海北部色雷斯海域中的一個似山的小島，其面積不足一百平方公里，但其山峰高約 1600 公尺，是航行途中一個明顯的標誌，羅馬帝國軍事大道在海中所設的一個大站，西距馬其頓的腓立比，東距每西亞的特羅亞各約 100 公里，航行各需一天，所以是其間天然的中繼站。該島又是一神祕宗教克比瑞 Cabiri 的所在地。

徒　16:11　保羅和西拉從特羅亞開船，一直行到撒摩特喇，第二天就到了尼亞波利，從那裡來到腓立比。

1144　德拉(地)　Diklah
棗樹 Date-palms

●德拉是閃的第五代孫，約坍的第七個兒子，他最初的領土可能是今日麥加大城以南，名叫 Nakhla 的一小塊地區，該處盛產棗子。

創　10:27，代上 1:21　閃之第五代孫，約坍第七子德拉及其子孫所居之地名和族名。

1145　魯希　Luhith
藥片 Tablet，舖了地版的 Floored

●位置不明，可能是在拉巴及瑣珥之間的一個小山坡。

賽　15:5　先知預言摩押必覆亡說，我心為摩押悲哀，他的貴冑逃到瑣珥，到伊基拉，施利施亞，他們上魯希坡，隨走隨哭。

1146　魯瑪　Rumah
高 High

●Kh.Rumeh [H.Ruma]，位於基利烈城西南約 24 公里，亞柯東南約 24 公里。

王下　23:36　猶大王約雅敬的母親魯瑪人。

1147　錫安(山)　Zion
乾石 Dry rock
光耀的，愉快的 Sunny
顯著 Conspicuousness
乾焦之地 Parched place

●錫安本是一個保障或是碉堡的名字，按聖經的記載，就是耶布斯城，或者是城中具有代表性及重要的防衛城堡。耶布斯的資料請參看 0783 條的說明。耶布斯被大衛佔領之後，就改名叫耶路撒冷，又叫大衛的城、錫安的保障、錫安山、錫安城等名字。日後逐漸的，特別是在詩歌和預言中，成為耶路撒冷城、聖山，甚至是以色列國的代表。按聖經中的記載，錫安山很明顯的是在原來耶布斯城，就是今日聖殿區東南角的南方。但是今日耶路撒冷城的人卻是指聖殿區西南角的南方，錫安城門外之地區為錫安山。原因是在主後 1173 年，有名叫土特拉的，他力指在現今古城牆的西南角附近，發現了大衛王的墳墓之後，(按尼 3:16 所記，大衛王的墓是在耶布斯城的東邊，汲淪溪之東) 開始稱它為錫安山，實際上與聖經之記載有出入。

撒下 5:7，代下 11:5　大衛到了耶路撒冷，要攻打住在那地方的耶布斯人，然而大衛攻取錫安的保障，就是大衛的城。

王上 8:1，代下 5:2　所羅門王將以色列的長老，各支派的首領，並以色列的族長，招聚到耶路撒冷，要把耶和華的約櫃，從大衛的城，就是錫安運上來。

王下 19:21　以賽亞預言耶和華的拯救說，錫安的處女蔑視你，嗤笑你，⋯⋯必有餘剩的民，從耶路撒冷而出，必有逃脫的人，從錫安而來，耶和華的熱心，必成就這事。

詩　2:6　我已立我的君王在錫安，我的聖山上了。

詩　9:11　我必在錫安的城門，因你的救恩歡樂。

詩　48:2　錫安山，大君王的城，在北面居高華美，為全地所喜悅。

賽　16:1　勸摩押納貢說，你們當將羊羔奉給那地掌權的，從西拉往曠野，送到錫安城的山。

太　21:5　要對錫安的居民說，看哪，你的王來到你這裡，是溫柔的。

約　12:15　錫安的民哪，不要懼怕，你的王騎著驢駒來了。

羅　9:33　就如經上所記，「我在錫安放一塊絆腳的石頭，跌人的磐石，信靠他的人必不至於

羞愧」。

羅　11:26　以色列全家都要得救，如經上所記，「必
　　　　　有一位救主，從錫安出來，要消除雅各家
　　　　　的一切罪惡」。

希　12:22　你們乃是來到錫安山，永生神的城邑，就
　　　　　是天上的耶路撒冷。

彼前 2:6　因為經上說，「看哪，我把所揀選所寶貴
　　　　　的房角石，放在錫安，信靠他的人，必不
　　　　　至於羞愧」。

啟　14:1　我又觀看，見羔羊站在錫安山。

1148　橄欖山　Mount of Olives

●耶路撒冷城東的一條小山脈，兩者間有汲淪溪相
隔，東麓已接近猶大曠野的乾旱地區，山脈走向是自
南向北，長約 4 公里，共有三個山峰，最北也是最高
的一個山峰名叫 Ras el -Mesharif，峰高 821 公尺，是
Mount Scopus 的一部份，中間的山峰名叫 et-Tur，峰高
811公尺，一般所稱的橄欖山，就是指這一段的地區。
南段則是今日的 Silwan 村，名叫 Mount of Corruption
或 Mount of Offense。據考證，此山原為一遍佈橄欖
樹、棕樹、無花果樹的青翠山嶺，但在提多王圍攻耶
路撒冷時，盡毀此山及附近之林木，故在新約時代以
迄至今日，山上之樹木並不多。因主耶穌在受難前的
一段時日，在此教訓人、行神蹟、禱告和休息，故很
快就成為基督徒敬拜的中心，在拜占庭時代，據說已
有了二十四座聖堂。現在山上比較重要的觀光聖堂計
有下列八處，均分述在 1190-1204 之說明內：

1. 升天堂 Church of The Ascension。
2. 主禱文禮拜堂 The Church of The Pater Noster。
3. 主泣堂 Church of Dominus Flevit。
4. 萬國堂 Church of All Nations。
5. 客西馬尼巖窟 Grotto of Gethsemane。
6. 聖母墓堂 Church of the Tomb of the Virgin，或聖母升
　天堂 Church of Assumption。
7. 拉撒路紀念堂 Church of St.Lazarus。
8. 抹大拉的馬利亞堂 Church of St.Mary Magdalene。

撒下 15:30　大衛逃避押沙龍，過了汲淪溪，蒙頭赤
　　　　　　腳，上橄欖山，一面上，一面哭，跟隨他
　　　　　　的人，也都蒙著頭哭著上去。

亞　14:4　那日他的腳必站在耶路撒冷前面朝東的橄
　　　　　欖山上，這山必從中間分裂，自東至西，
　　　　　成為極大的谷，山的一半向北挪移，一半
　　　　　向南挪移，你們要從我山的谷中逃跑，因
　　　　　為山谷必延到亞薩。

太　21:1，可 11:1，路 19:29
　　　　　耶穌和門徒將近耶路撒冷，到了伯法其，
　　　　　在橄欖山那裡，耶穌打發兩個門徒，將一
　　　　　匹驢駒牽來，供他騎著進耶路撒冷。

太　24:3，可 13:3
　　　　　耶穌在橄欖山上坐著，門徒暗暗的來說，
　　　　　請告訴我們，甚麼時候有這些事，你降臨
　　　　　和世界的末了，有甚麼豫兆呢。

太　26:30，可14:26
　　　　　耶穌為門徒設立聖餐之後，他們唱了詩，
　　　　　就出來往橄欖山去。

路　21:37，約 8:1
　　　　　耶穌每天在殿裡教訓人，每夜出城在橄欖
　　　　　山住宿。

路　22:39　耶穌出來，照常往橄欖山去，門徒也跟隨
　　　　　他，到了那個地方，就對他們說，你們要
　　　　　禱告，免得入了迷惑，於是離開他們，約
　　　　　有扔一塊石頭那麼遠，跪下禱告。

徒　1:12　有一座山名叫橄欖山，離耶路撒冷不遠，
　　　　　約有安息日可走的路程。

※同王上 11:7 中的「在耶路撒冷對(東)面的山」，及王
　下 23:13 中的「在耶路撒冷前(東面)，邪僻山右
　邊」。

1149　默瑪　Michmas
隱藏的某事物 Something hidden
貧乏被留下 Poverty was left

●Mukhmas，廢墟和小村，位於耶路撒冷北北東方約
11 公里，伯特利東南約 7 公里，在 Wady Suweinit 的
北岸，附近的地形崎嶇不堪，並且有一條南北向的山
溝，是一條險要的隘口。

拉　2:27，尼 7:31
　　　　　首批自巴比倫回歸的猶大人中，有默瑪人
　　　　　一百二十三名。

※同撒上13:1 中的密抹 Michmash 0967。

1150　撻馬太(地)　Dalmatia
欺詐的 Deceitful

●即是以利哩古，是羅馬帝國的一個省，約是今日的
南斯拉夫的全境，及阿爾巴利亞的北部，和意大利隔
亞得里亞海相對，東接班挪尼亞及Moesia，南接馬其
頓，境內多山，沿海港灣林立，港口尤多，居民野蠻
好鬥，主前四和三世紀間，經常騷擾馬其頓和羅馬等
鄰邦，並專以海上打劫為業，被希臘人視為半開化之
民族，野蠻而貪財，是所有人的公敵，羅馬帝國屢剿
不清，直到主前 33 年為羅馬帝國所降伏，成為羅馬的
一省。

提後 4:10　提多到撻馬太去傳福音。

※同羅 15:19 中的以利哩古 Illyricum 0155，保羅述說
　他傳道之廣，遠至以利哩古。

1151　賽耳底(灘)　Syrtis
流沙 Quicksand

●非洲北部海岸邊之淺海海域，位於義大利的正南方，距克特利島約 500 公里，西西里島的西方約 400 公里，距高大島約 460 公里。分大小兩處，東邊的叫做大賽耳底 Great Syrtis，在古利奈西方的海灣，現今名叫 Gulf of Aidra 靠近 Cyrenaica。西邊的是小賽耳底 Lesser Syrtis，在 Tripolis 以西，名叫 Gulf of Cabes 靠近 Byzacene。這兩處水域內，因有急速變動的流沙和淺灘，又有流向不定之激流和巨浪，所以自古就被航海者視成極為險阻的海域。

徒 27:18 保羅在被押往羅馬的途中，離開佳澳港後，在高大島附近，因敵不住風，又恐怕在賽耳底沙灘上擱了淺，就落下篷來，任船飄去。

1152-1 隱干寧　En-gannim
花園中之噴泉水池 Fountain of gardens

●位置不明。有可能是 Beit Jamal，在伯示麥之南方約 3 公里處。

書 15:34 猶大支派所得，在高原第一組中的十四座城之一。

1152-2 隱干寧　En-gannim

●Jenin，是今日以色列之重要城市，位於耶斯列之南約 12 公里，他納東南約 10 公里，在通往海法 Haifa 的主要幹道上，但在歷史上似從來沒有軍事上的價值。也可能是 Kh. Beit Jann 廢墟，位於伯善之北約 23 公里，加利利湖之西約 7 公里。

書 19:21，21:29
原係分給以薩迦支派為業的一城，後來歸利未支派的革順族所有。

※同代上 6:73 中之亞年 Anem 0484。
※同王下 9:27 中之伯哈干 Beth-haggan 0358。

1153 隱示麥　En-shemesh
太陽溪 Spring of the sun

●Ain Hod 小溪，位於耶路撒冷之東約 3 公里，橄欖山之山麓，耶路撒冷往耶利哥之公路的南側。

書 15:7，18:17
猶大及便雅憫兩支派所得地業之交界上之一溪流名。

1154 隱多珥　En-dor
多珥的泉源 Fountain of Dor
寓所的水源 Fountain of dwelling

●Kh.Safsafeh [H.Zafzafot]，位於伯善西北約 20 公里，米吉多東北約 19 公里，摩利山之北麓，北距他泊山約 6 公里，基利波山在其南約 18 公里，兩者之間隔有耶斯列谷及摩利山。女先知底波拉和巴拉在此擊敗耶賓王。

書 17:11 瑪拿西支派所得為業的三處山崗之一，位於以薩迦支派地業的中部。

撒上 28:7 掃羅因懼怕非利士人，從基利波山的營地，繞過書念非利士人的防區，到隱多珥去求告交鬼的婦人，招撒母耳的靈魂求助。

詩 83:9 求你待他們如待米甸，如在基順河待西西拉和耶賓一樣，他們在隱多珥滅亡，成了地上的糞土。

1155 隱哈大　En-haddah
峭急的溪流 Sharp spring
快樂之泉 Fountain of joy

●el-Hadatheh [T.En Hadda]，位於雅比聶南南西方約 3 公里，伯珊之北約 21 公里。

書 19:21 以薩迦支派所得為業的十六座城之一，位於其北方的邊境上。

1156 隱夏瑣　En-hazor
村莊中的水池 Fountain of the village

●Hazzur，位於呼烈湖以西約 22 公里，基底斯之西約 16 公里，夏瑣西北約 22 公里，加利利地區的山區中，Wadi Azziyed 上游的南岸。

書 19:37 拿弗他利支派所得為業的十九座堅固城之一。

1157-1 隱基底　En-gedi
野山羊之水泉 Fountain of the wild goat
小羊之水泉 The spring of the kid

●T.el-Jurn [En Gedi]，位於死海西岸，希伯崙東南東方約 28 公里，西弗之東約 25 公里，廢墟是在高於死海海面約 200 公尺的一處山腰平台上，四面都是危崖絕壁，山洞很多，是野羊出沒之處，至今仍有好幾處泉水自岸壁湧出，水量甚豐，是猶大曠野中的一個綠洲，土地肥沃，有許多棕櫚樹、葡萄和一些香料樹生長。隱基底是考古學上一處重要發掘點，在 1961 至 1965 年間所得的資料顯示，有一座主前三千年代時神廟的廢墟，說明此處是一個宗教中心，但非城市，人口稀少，直到主前十世紀，大衛時代和後兩百年間，都並未留下人口密集的證據，這一點與掃羅追殺大衛的史實相吻合。主前七世紀才被人開發建設，大事墾殖，基於全年的溫度都是在攝氏二十度上下，在這種特有的溫暖的氣候中，可以種植出罕有的香科植物鳳仙花和葡萄。在第二聖殿時代它又是椰樹和棗樹的種植中心。可惜被回教徒佔領後，這些作物均相繼絕跡。到了哈斯摩尼時代，它成為以土買的行政中心，是其全盛的時期，後來日漸衰微，至主後四世紀，又

有很多猶太人來此定居,建立會堂,會堂的地板是用細工鑲嵌的十二宮圖,到公元七世紀回教徒佔領後,就一直都沒有人定居。考古學家發掘出來的共有五個面層,第五層是早期的社區,是製造香膏的中心,但被尼布甲尼撒所毀,第四、三、二,層相繼屬於波斯、希臘與希律時代,第一層則是羅馬拜占庭的社區,但顯示日漸荒涼,遺址中尚有一用泉水推動的麵粉磨的殘留物。由於地近死海,從未有大量人口居住過,新約時代大約只有一千餘居民,1949 年以色列獨立戰爭中,軍隊自其南乘船收復了隱基底,1956年在廢墟的附近成立集產農場,名叫 Ain Jidi,那時只有三百九十人。到今日已設有青年旅舍及郊野公園,集產農場提供有空調的豪華客房,另設有淡水泳池與硫磺溫泉,已成為以色列的旅遊勝地。

書　15:62 猶大支派在曠野中所得為業的六座城之一。

撒上 23:29,24:1
　　　大衛為躲避掃羅的追殺,逃到隱基底的曠野,住在隱基底的山寨裡。

歌　1:14 我以我的良人為一棵鳳仙花,在隱基底的葡萄園中。

結　47:10 必有漁夫站在河邊,從隱基底直到隱以革蓮,都作曬網之處,那魚各從其類,好像大海的魚甚多。

1157-2 隱基底 En-gedi

●位置尚未能確定,可能是今日名叫 Ain el-Arus 的小綠洲,位於死海的西南方約 10 公里,亞克拉濱坡之東北約 22 公里。也有可能是今日 Ir Ovot 城南之 Haseva Ain Husb,在死海南端的東南南方約 31 公里,正在希伯崙通往以甸迦別的大道上。

代下 20:2 摩押人和亞捫人一同來攻擊猶大,有人告訴約沙法王說,如今他們在哈洗遜他瑪,就是隱基底。

※哈洗遜他瑪 Hazazon Tamar 0733-2,當北方四王南征時,四王在哈洗遜他瑪殺敗了住在此地亞摩利人。

※可能同結 47:14 中的他瑪 Tamar 0097。

※可能同王上 9:18,及代下 8:4 中的達莫 Tadmor 1058,是所羅門王所建造在沙漠中的一個重鎮。

1158 隱羅結 En-rogel
漂布匠之水池 Fuller's forntain.

●Bir Ayyub,位於耶路撒冷東南角,欣嫩谷和汲淪溪匯合處,現在仍有一口古井,名叫約押井或是耶利米井。

書　15:7,18:16
　　　是猶大及便雅憫兩支派交界上之地名。

撒下 17:17 約拿單等人在隱羅結那裡等候,不敢進

城。

王上 1:9 亞多尼雅在隱羅結旁的瑣希利磐石處宴請他的諸弟兄,並所有作王臣僕的猶大人。

1159 隱以革蓮 En-eglaim
小母牛之泉 Spring of heifer
兩小牛之飲水處 Fountain of two calves

●Ain Feshkha 溫泉,位於死海的西岸,隱基底的北方約 27 公里,昆蘭廢墟以南約 2公里。

結　47:10 必有漁夫站在河邊,從隱基底直到隱以革蓮,都作曬網之處,那魚各從其類,好像大海的魚甚多。

1160 隱他普亞 En-tappuah
他普亞之水泉 Fountain of Tappuah
蘋果樹之水池 Fountain of the apple tree

●Tell Sheikh Abu Zarad,位於示羅西北約 7 公里,示劍西南約 14 公里,他普亞城東北約 2 公里。

書　17:7 瑪拿西支派地業邊界附近的一個地區,是往北到隱他普亞居民之地,但是瑪拿西只得他普亞城,他普亞地則歸以法蓮所有。

1161 隱哈歌利 En-hakkore
求告者 Crier
呼叫者的泉源 Fountain of the callers

●位置不明,可能即是利希城Beit Atab,位於伯示麥以東約 6 公里,耶路撒冷之西約 18 公里。

士　15:19 參孫被捆綁了帶到利希,耶和華的靈大大感動他,他臂上的繩就像火燒一樣,從他手上脫落了下來,他用一塊驢腮骨擊殺了一千個非利士人,那地便叫拉末利希,參孫甚覺口渴,神就使利希的窪處裂開,有水從其中流出來,參孫喝了精神復原,因此那泉名叫隱哈歌利,那泉直到今日還在利希。

※利希 Lehi 0403。

※拉末利希 Ramoth-lehi 0649。

1162-1 臨門 Rimmon
石榴 Pomegranate
雷神(大馬色及敘利亞地區所奉之神)
The Thunderer,高 High

●Kh.Khuweilfeh [T.Halif],位於別是巴的北方約 16 公里,希伯崙西南約 31 公里,Wadi Shariah 谷之上端。

書　15:32 猶大支派在儘南邊所得為業的二十九座城之一,後來再分歸西緬支派為業。

代上 4:32 西緬人的五個城邑是以坦,亞因,臨門,陀健,亞珊,還有屬城的鄉村,直到巴力,這是他們的住處。

亞　14:10 先知撒迦利亞預言說,從北邊的迦巴到耶

路撒冷南邊的臨門，整個地區要被削成平
地。

※同書 19:7 中之利門 Rimmon 0404。

※同尼 11:29 中之音臨門 En-Rimmon 0827，係回歸後
猶大人定居之一城。

1162-2 臨門 Rimmon

●Rummaneh [H.Rimona]，位於亞柯東南約 25 公里，
基尼烈城西南約 23 公里，約念東北約 23 公里。

書 19:13 西布倫支派所得為業之一城。

※同書 21:35 中之丁拿 Dimnah 0001。

※同代上 6:77 中之臨摩那 Rimmono 1163，係後來分給
利未支派米利拉族之一城。

1162-3 臨門 Rimmon

●今日名叫 Rammun 一個小村，位於伯特利之東約 5
公里，示羅之南約 14 公里。

士 20:45 基比亞的便雅憫人被以色列人殺了一萬八
千人，其餘的人向曠野逃跑，往臨門磐而
去。

士 21:35 全會眾打發人到臨門磐的便雅憫人那裡，
向他們說和睦的話。

1163 臨摩挪 Rimmono
他的石榴 His pomegranate

●Rummaneh [H.Rimona]，位於亞柯東南約 25 公里，
基尼烈城西南約 23 公里，約念東北約 23 公里。

代上 6:77 利未支派的米利拉族，自西布倫支派地業
中所得之一城。

※同書 21:35 中之丁拿 Dimnah 0001，米利拉族自西布
倫所得之一城。

※同書 19:13 中的臨門 Rimmon 1162-2，西布倫所得之
一城。

1164 臨門帕烈 Rimmon-parez
爭吵的高地 High place of breach
破裂的石榴 Pomegranat of the breach

●位置不明，無從查考。

民 33:19 以色列人從利提瑪起行，安營在臨門帕烈
（離開西乃山後第四安營處），再前往立
拿。

1165 鎖安 Zoan
離開 Departure，低地 Lowland

●Kh.San-el-Hager 廢墟，即是瑣安城，位於尼羅河三
角洲的東北部，靠近孟沙拉湖，在安城的東北約 105
公里，其附近有一名叫 San 的現代化村莊。鎖安可能
即是古代的泰尼斯 Tanis，是一個有五千年以上歷史的
古城，曾是下埃及的首都，在喜克索時代改名叫愛華

尼斯 Avaris，喜克索人被逐出後，蘭塞王二世可能仍
以此城為首都，此一重要城市一直繁榮到亞力山大城
建成後，方日漸衰落。

民 13:22 原來希伯崙城被建造比埃及的鎖安城早七
年。

※同賽 19:11 中之瑣安，其英文名同為 Zoan 1066-1。

1166 彌特尼(人) Mithnite

●位置不明，有可能是一族名。

代上 11:43 大衛的勇士約沙法是彌特尼人。

1167 羅底(島) Rhodes
似玫瑰的 Rosy

●Rodhos 小島，位於土耳其的東南角約 19 公里的海
中，哥士島東南約 80 公里，帕大喇以西約 110 公里，
其首府在島的北端，亦名 Rodhos，島長約 87 公里，寬
約 32 公里，全屬山地，其谷地卻極為肥沃，出產豐
富，並以其優良的天然海港和先進的公共建設而著
稱，是古代商業、文學和藝術中心之一，並為羅馬之
海上律法提供大部份之先例。在主前二世紀前後，是
其政治勢力之最高峰，曾控制了小亞細亞的西南部的
迦利亞和呂家。傳說建有橫跨港口的亞波羅巨像，高
有 37 公尺，是古代世界七大奇觀之一，完工後不久，
就被地震毀去雙膝以上之部份。

徒 21:1 保羅一行人到了哥士，第二天到了羅底，
從那裡到帕大喇。

※可能同創 10:4 中的多單 Rodanim 0254，是雅弗之孫
多單所居之地和民族名。

1168 羅馬(城,國) Rome
力量 Strength

●羅馬城即是現今義大利的首都羅馬，城建於 753
BC，原是以城為中心的一個小城邦，歷經二百四十三
年，共有七個王，因其治理過虐，在 510 BC 被推翻後
改行共和政體，由貴族們組成之元老院共同執政，並
且開始擴張國土，逐漸的佔領了義大利的全境，又三
次擊敗迦太基，再取得了西西里、撒丁利亞和科西嘉
等三島，及西班牙、北非的迦太基和其屬地，羅馬就
在地中海的西部稱雄，然後進軍東方，190 BC 戰勝敘
利亞，168 BC 亡馬其頓，64 BC 亡西流基，30 BC 亡
多利買，原來希臘帝國之領土全收入羅馬的版圖，自
27 BC 起，屋大維被推舉為皇帝，改名奧古斯都，羅
馬就進入了帝國時代。當時的羅馬帝國以現今之義大
利為主體，其版圖包括了地中海的沿岸地區，西至今
日的西班牙、葡、德、法等國，和北非沿岸諸國，東
則到達裡海和印度洋的邊上，南方包括敘利亞、巴勒
斯坦，直到埃及全地。當時羅馬封大希律為猶太王，

實際屬於羅馬的一個省。自尼祿王開始，基督徒就備受迫害，314 年君士坦丁大帝取得政權，即改奉基督教爲國教，並將羅馬帝國的命令規章應用在宗教上，成了政教合一，324 年，他把朦朧的古城拜占庭擴建，改名叫君士坦丁堡，成爲他的新首都，395 年羅馬帝國分裂成東西兩個帝國，教會也同時分裂成東正教和西正教。東羅馬帝國又稱拜占庭帝國，以君士坦丁堡爲首府，原(西)羅馬帝國仍以羅馬城爲首府，410 年西哥德人攻佔羅馬，455 年汪達爾人再度入侵，西羅馬於是覆亡，分裂成了許多獨立的小國，但是歐洲仍是在羅馬文化和宗教的傳承下，保持一種聯合的狀態，教會(西正教)以羅馬城的梵諦岡爲教廷，也成爲拉丁文化主要的保存機構，法國對西正教一直表示尊敬，八世紀末，查理曼大帝改稱自己的國家爲神聖羅馬帝國。

東羅馬帝國延續了一千一百年之久，它的首都君士坦丁堡實在是羅馬城的翻版，有七個山頭、十四個行政區，其政府和公用設施建造得和羅馬城的一樣，甚至還從羅馬城移了很多人來，使其新都有純粹的拉丁氣氛，到了十五世紀，君士坦丁堡的人仍自稱是羅馬人，君士坦丁堡也是東羅馬教會，即東正教之教廷，俄羅斯之教會屬君士坦丁堡管轄，土耳其佔領君士坦丁堡後，莫斯科大公就宣稱他是君士坦丁皇帝的繼承人，莫斯科城也自稱是第三個羅馬城。

1453 年土耳其的鄂圖曼王朝滅了東羅馬帝國，羅馬帝國就完全結束。

約	11:48	祭司長和法利賽人聚集在公會，說，這人行了好些神蹟，我們怎麼辦呢？若這樣由著他，人人都要信他，羅馬人也要來奪我們的土地，和我們的百姓。
約	19:20	彼拉多用牌子寫了一個名號，安在十字架上，寫的是猶太人的王，拿撒勒人耶穌，並且是用希伯來，羅馬，希利尼，三樣之文字寫的。
徒	2:10	五旬節時所用的方言之一。
徒	16:12	保羅從特羅西亞開船，行經撒摩特喇，尼亞波利，來到腓立比，就是馬其頓這一方的頭一個城，也是羅馬的駐防城。
徒	18:2	因為革老丟命猶太人都離開羅馬。
徒	19:21	保羅計劃說，他也必須往羅馬去看看。
徒	22:28	保羅有羅馬人的民籍。
徒	23:11	當夜主站在保羅旁邊說，放心罷，你怎樣在耶路撒冷為我作見證，也必在羅馬為我作見證。
徒	25:16	巡撫非斯都說，無論甚麼人，被告還沒有和原告對質，未得機會分訴所告他的事，就先定他的罪，這不是羅馬人的條例。
徒	28:14	保羅到了羅馬城。
羅	1:7	羅馬書是保羅寫給羅馬人的書信。

1169　羅德　Lod
裂縫 Fissure

●el-Ludd [Lod] 或 Doispolis，就是今日以色列首都臺拉維夫的國際機場所在地，位於約帕東南方約 18 公里，伯特利以西約 32 公里，Nahr.al-Kabir 河的南岸，地處於下伯和崙和亞雅崙谷隘口的入口處，爲一交通要道，自古已有兩條大道在此相交，一條自約帕通耶路撒冷，另一條沿海大道，連接巴比倫及埃及，是一個極具有商業和軍事價值的城鎮。在新約時代改稱呂大，是以畜牧、紡織、漂染、陶器業著稱。也是猶太人研究律法的中心之一。在十字軍時代中，是一個重要的軍事據點。

代上	8:12	便雅憫的沙麥建立阿挪和羅德二城。
拉	2:33，尼 7:37	被擄的羅德人，哈第人，及阿挪人的後代，首批自巴比倫返本鄉者，共七百二十五人人。(但在尼希米記中是為 七百二十一人).
尼	11:35	自巴比倫回歸後的便雅憫人所定居之一城。

※同徒 9:32 中的呂大 Lydda 0423，使徒彼得曾在此地區中傳道，並治癒了一個生來就癱瘓的人。

1170　羅施　Rosh
搖動 To shake，首腦 Head

●確實位置不明。可能是在小亞細亞。亦有人認爲是 Russia，即是俄羅斯。

結	38:2，39:1	先知預言歌革將受重災說，人子阿，你要面向瑪各地的歌革，就是羅施，米設，土巴的王，發預言攻擊他，要與他為敵。

1171　羅底巴　Lo-debar
無牧草之地 Pastureless

●Umm ed-Dabar，位於伯善東北約 12 公里，以得來之西約 46 公里，約但河東岸約 4公里，Wadi al-Arab 的南岸。另有學者認爲是 Tell el-Hammeh，位於示劍之東約 32 公里，亞當城東北約 14 公里，雅博河的北岸。

撒下	9:4	大衛王從羅底巴瑪吉家，將掃羅的兒子米非波設召來耶路撒冷，並恩待他。
撒下	17:27	大衛王逃到瑪哈念，羅底巴人瑪吉拿被褥，碗盆及食物給他。

※同書13:26中的底壁 Debir 0618-2，是迦得支派所得為業之一城。

1172　羅基琳　Rogelim
漂布者 Fullers，踐踏者 Treaders

●Bersinya，位於基列拉末之西約 24 公里，伯善以東約 26 公里。

撒下	17:27	大衛逃到瑪哈念，基列的羅基琳人巴西萊

供應他食物和用具。

撒下 19:31 押沙龍死後，八十歲的羅基琳人巴西萊又
　　　　　送大衛過約但河。

1173　蘇甲人　Suchathites
一分枝 A branch，籬笆匠 Hedgers
游牧之人 Bush-men

●位置不明。可能是一民族名，居住在雅比斯。

代上 2:55　猶大和迦勒的後代，薩瑪的子孫中，有住
　　　　　在雅比斯眾文士家的特拉人，示米押人，
　　　　　蘇甲人，這都是利甲家之祖哈末所生的。

1174　蘇西人　Zuzims
顯著的 Prominent
漂泊的生物 Roving creatures

●即是哈麥地的原住民，當時是居住在約但河東岸，
雅博河北岸的基列山區之中。

創　14:5　北方四王在南征途中，在哈麥殺敗了蘇西
　　　　　人。

1175　蘇弗　Zuph
蜂巢 Honeycomb

●蘇弗和拉瑪瑣非中的瑣非，在中文和英文中，都是
同一個古字兩種不同的譯法，所以蘇弗地即是以拉瑪
城為中心的一個地區，拉瑪城是今日名叫 Renits 的一
小鎮，位於示羅以西約 26 公里，伯特利西北約 25 公
里。

撒上 9:5　掃羅奉父命去找尋失去的驢，……到了蘇
　　　　　弗地，就去見神人。

※同撒上 1:1 中的拉瑪瑣非 Ramathaim-zophim 0650.

1176　蘇法　Suphah

●位置無從查證。有可能是指紅海，因為在 KJV 中為
what he did in the Red sea，and in the brooks of
Arnon，可譯成「他在紅海和亞嫩河所成就的事」

民　21:14　戰記上說，蘇法的哇哈伯，與亞嫩河的
　　　　　谷，並向亞珥城眾谷的下坡，是靠近摩押
　　　　　的境界。

1177　蘇基人　Sukkiims
住茅屋之人 Hut-dwellers

●位置不明。可能是一個非洲的民族名。

代下 12:3　埃及王示撒在猶大王羅波安五年，帶領路
　　　　　比人，蘇基人和古實人，攻取了猶大的堅
　　　　　固城，就來到耶路撒冷。

1178-1 蘭塞(地)　Rameses
太陽神 The sun god
邪惡者是執旗者 Evil is the standard-bearer

●就是歌珊地，其詳細位置和大小均不明，大約是在
尼羅河三角洲的東部，可能延伸到今日的蘇彝士運河
的西岸，比東和蘭塞兩城可能包括在內，是一塊至今
仍然十分肥沃富饒的地區。

創　47:11　約瑟遵照法老的命令，把國內最好的地，
　　　　　就是蘭塞境內的地，給了他的父親和弟兄
　　　　　居住，作為產業。

出　12:37，民 33:3
　　　　　正月十五日，就是逾越節的次日，以色列
　　　　　人從蘭塞起行往疏割去。

※同創 47:10 中的歌珊地 Goshen 1103。
※同詩 78:12 中的鎖安田 Zoan 1066-2。

1178-2 蘭塞(城)　Raamses

●Qautic在瑣安城之南約20公里，安城東北約75公里，
考古發現有薛提一世(1303 BC)以來所建的王宮、官員
房舍、廟宇和公共看臺等之遺跡。但被許克索人所毀
並棄置許久，及至蘭塞二世(1290 BC)之時，方又重建
成為一個駐軍之地。

出　1:11　埃及王苦待以色列人，令他們為法老建造
　　　　　兩座積貨城，就是比東的蘭塞。

※同民 13:22 中之鎖安 Zoan 1178。
※同賽 19:11 中的瑣安 Zoan 1066-1。

1179　鹽谷　Valley of Salt

●有數同名之處，大部份學認為是指死海以南，亞拉
巴裂谷或是曠野，即是以東中間的谷地。另一處則是
在別是巴城南邊的一條旱溪，也是名叫 Valley of salt。

撒下 8:13，代上 18:12，詩 60
　　　　　大衛在鹽谷擊殺了以東人一萬八千人回
　　　　　來，就得了大名。

王下 14:7，代下 25:11
　　　　　猶大王亞瑪謝在鹽谷殺了以東人一萬，又
　　　　　攻取了西拉，改名叫約帖。

1180　鹽海　Salt Sea

●即是今日的死海，是約但河裂谷所形成的第三個內
陸湖，它南北長約 84 公里，最寬處約 16 公里，湖水
水面低於地中海面約 400 公尺，在離北端約 50 公里南
方的東岸有一三角形之半島，名叫漓三半島，向西突
出約有12公里，離西岸僅約四公里，半島將湖分為南
北兩半，北部的湖底極深，最深處在東北角，計低於
湖面約 400 公尺以上，在漓三半島南方的湖底則甚
淺，深只有2、3公尺，湖邊並有廣闊的鹽性沼澤，而
且其範圍時有變化。在亞伯拉罕時代，漓三半島以
南，是高出海面的肥沃平原，但不久後就被淹沒。
湖水主要由北端的約但河流入，河水很是混濁，另外

尚有東岸之亞嫩河，和西岸的隱基底的水泉，以及一些小的旱溪，但水量均甚微少，水流入之後即不再流出，只靠大量的自然蒸發，才以得保持湖水水量之平衡，所以水中的固體物質與日俱增，結果是水質中含有高達 25%的固體溶解物，多為鹽類，其含量較一般的海洋多出四倍餘，因此湖內全無生物，就全無漁業上的價值。而且其沿岸皆甚狹窄，東西兩邊各為摩押和猶大山地，高出湖水水面達700公尺以上，所以兩岸均甚陡峭，岸邊多是礫石和石塊，間有石灰及石漆沼澤坑，不良於行，故沿岸並沒有陸上交通的功用。湖邊也沒有大的城鎮，近年來有公司從此湖水中提鍊出鹽、肥料和化學原料，收入可觀，故經濟價值很高。

創　14:3　北方的四王南來攻打南方五王之時，南方五王都在西訂谷，就是鹽海會合。

民　34:3　迦南地的邊界部份是，南界要從鹽海東頭起，繞到亞克拉濱坡的南邊，接連到尋，直通加低斯巴尼亞的南邊，東界是要下到約但河，通到鹽海為止。

申　3:17　摩西將亞拉巴，和靠近約但河之地，從基尼烈直到亞拉巴海，就是鹽海，並毘斯迦山根東邊之地，都給了流便人和迦得人。

書　3:16　當以色列人的腳一入水，那從上往下流水，便在亞當城那裡停住，立起成壘，那往亞拉巴的海，就是鹽海，下流的水，全然斷絕。

書　12:3　以色列人所得之地中有，約但河東邊的亞拉巴，直到基尼烈海，又到亞拉巴的海，就是鹽海。

書　15:2　猶大支派所得之地的邊界是，在儘南邊，到以東的交界，是從鹽海的儘邊，就是朝南的海汊起，……東界是從鹽海南邊到約但河口。

賽　16:8　先知哀歎摩押說，因為希實本的田地，和西比瑪的葡萄樹，都衰殘了，列國的君主折斷其上美好的枝子，這枝子長到雅謝，延到曠野，嫩枝向外探出，直探過鹽海。

※西訂谷 Valley of Siddim 0309。

※亞拉巴海 Sea of Arbab 0536-2。

※現稱死海，另外尚有下列各名稱；瀝青海 Lake Asphalt，東海 Eastern Sea，沙漠海，羅得海。

1181　鹽城 City of Salt

●可能就是現今的昆蘭廢墟 Kh.Qumran，位於耶路撒冷之東約 24 公里，耶利哥以南約 16 公里，Wadi Buqeiah 內，經過考古的發掘，出土的有四個層面，最深的一層可追溯到主前八世紀，相信猶大的烏西雅王曾在此「建築望樓，挖了許多水井」，是當時一個相當重要的大城鎮。第二層相信是愛色尼教派的遺跡，大約在南北 100 公尺，東西約 80 公尺的範圍內，配置了

餐廳、抄經室、調理室、倉庫、貯水槽、水路、製陶場、洗濯場、塔屋等，大部份的建築都是兩層的結構，但是使用這些房屋的人，絕大多數是在附近的帳篷和洞窟中住宿，他們一面從事農耕、畜牧、製陶等行業，一面潛修，嚴守愛色尼教派的戒律清規，過著獨身的生活。他們在此生活了一百餘年，到主前三十一年，或是因地震及其他原因而被迫離開，二十七年後再度回來居住，傳說施洗約翰也是屬愛色尼教派的，是在昆蘭地區長大。直到主後六十八年，此地被羅馬人所毀，居民大都被殺，在被羅馬人攻擊之前，他們便將一些手抄的聖卷暗藏在附近的山洞中，就是在 1947 年所尋獲著名的「死海古卷」，就是在昆蘭地區的洞穴之中所發現的。

書　15:61　猶大支派在曠野所得為業的六座城之一。

1182　示非拉 Shephalah

●在中文和合本的聖經中，有二十餘處提到「高原」一辭，它雖然是一個普通名詞，但實在是指一個特定的地區。在英文聖經中：KJV 中譯作 Lowland，意思是低地或低原，在 TEV中譯作 Foothills，現代中文版 (TCV) 中譯作「高原」、「丘陵」、「山麓」和「山腳下」等。現將有關的章節，詳列各不同的譯名在下表中，以供參考。如此眾多的名稱，而且從字義看來，還有相當的矛盾存在，其原因是由於觀察者的所在的位置不同，而產生了不同的命名。因為它的位置是在沿海平原和猶大山地之間的一塊平整台地，高度在兩者之間。所以在猶大山地看時，它是低地，在平原看時，它卻是高原。為了統一，喬治史密斯 (George Adam Smith) 首先以示非拉 Shephalah 一名來代替。以它的地形來說，是相當於我們所謂之「岡丘」，不同於高山，它包括有些平原在內，就是岡陵起伏之地區，高度在四五公尺之間。它所包括的地方，可以參考書 15:33 至 44 節中所述高原區內三組，共計三十九座城所在之地區。其東界是一條狹長，從北到南的山谷，把示非拉從猶大高地分出來，約是從亞雅崙、以實陶、撒挪亞、他普亞、亞杜蘭、基伊拉、尼悉、益弗他、亞實拿、伯以薛、直到底壁。南以基拉耳谷為界，西部以立拿，拉吉，洗革拉為界，因此這塊地略呈一三角形，南北長約 57 公里，尖端在亞雅崙之北，底在基拉耳谷，最寬處約 32 公里。這塊土地並不頂肥美，古時盛產桑樹，也可栽種橄欖和葡萄及牧放牛羊，在平原和谷地，出產相當多的麥子。綜合而論，這並不是一個很富庶的地區，到晚近也只是種植一些並無大價值的灌木叢林而已。但是在此一區域之內有四條連接山地和沿海平原重要的谷道，自北往南是：

亞雅崙谷、梭烈谷、以拉谷和洗法谷。因此，此一地區就成了一處戰略的緩衝地帶，對山居的猶大人來說，示非拉就像掩護堡壘的斜坡一樣，是對抗非利士人的第一道防線。然而從非利士人那方面來說，則是他們征服山地的第一步。雙方都殷切的想擁有此一區域，但事實上誰也未能如願，而是在此地區進行著無休止拉鋸式的浴血戰。

章節		和合	KJV	TEV	TCV
申	1:7	高原	Lowland	Lowlands	高原
書	9:1	高原	Lowland	Foothills	高原
	10:40	高原	Lowland	Foothills	丘陵
	11:2	高原	Lowland	Foothills	丘陵
	11:16	高原	Lowland，	Foothills	丘陵
	12:8	高原	Lowlands	Foothills	丘陵
	15:33	高原	Lowland	Foothills	丘陵
士	1:9	高原	Lowland	Foothills	山腳下
王上	10:27	高原	Lowland	Foothills	
代上	27:28	高原	Lowlands	Foothills	山腳下
代下	1:15	高原	Lowland		
	9:27	高原	Lowland	Foothills	
	26:10	高原	Lowlands	Foothills	山腳下
	28:18	高原	Lowland	Foothills	山腳下
耶	17:26	高原	Lowland	Foothills	丘陵
	32:44	高原	Lowland	Foothills	山麓
	33:13	高原	Lowland	Foothills	山麓
俄	1:19	高原	Lowland	Foothills	山腳下
亞	7:7	高原	Lowland	Foothills	山腳下

1183　希律堡　Herodium

●位於耶路撒冷之南約 13 公里，伯利恆東南約 6 公里，是希律王在主前四十年爲紀念擊敗猶太人獲勝而建，作爲他的隱密行宮，又稱樂園山 Hill of Paradise，遠望似一座火山，比地面高出60公尺，實際卻是一座堅若堡壘的皇宮，它是將山之中央挖空，後再在其中建築而成，四週築有高大之擋土牆，擋土牆外再覆之以土，使它成爲一座火山的樣子，不但可掩人耳目，而且也是堅固的防護設施，可謂設計之巧妙。擋土牆內又築有城牆一道，兩牆中間是通道迴廊，兩牆均呈圓形，內外徑各爲 45 及 65 公尺，城牆四面均建有瞭望塔，作爲駐軍之用，東塔是圓形的，其他三面則是半圓形。城牆中間的東側建有33×12公尺的大廳，西側的正中是十字形的中庭，中庭兩側是浴場和猶太教堂，其他設施尚多，如餐廳、寢室、地下室、蓄水池等等。宮內的設施，眞是美輪美奐，窮奢極侈，裝飾用的列柱、雕刻和壁畫等，則是混合了希臘和東方拿

巴天人的色彩。此外在山丘之外的平地中，又建有一座皇宮和其他附屬物，皇宮長100公尺以上，宮外有一座長寬各爲70×45 的大水池，池中尚存有涼亭的基座，池的四週留有空地，再以列柱圍了起來。希律王一生善妒多疑，奸險狡滑，他動大工建此堡壘行宮，無非是要安全和能盡情享樂，他死後據說也葬於此，但至今仍未能尋到他的墓室。

1184　海法　Haifa
美麗的港口

●位於亞柯灣的南端，迦密山的北麓。原是腓尼基人的一個小漁港，至第三世紀才成爲一個大鎮，636 年爲阿拉伯人所據，1100 年爲十字軍佔領，1191 被回教人所毀，就荒蕪了五百餘年。在第一次世界大戰後，英國人就大肆建設，作爲統治巴勒斯坦的首府，自此開始有了猶太人移民歸來，逐漸的成了一座純猶太人的大城，以色列獨立之後，更使得海法蓬勃發展，有一日千里之勢，現已成爲今日以色列的第三大城，是工業和商業的中心，和最重要的商港，港口可容巨輪，碼頭設備完善，建有造船廠、煉油廠，四郊都是各式工廠。海法也是一個重要的文化和藝術城，設有大學、圖書館、博物館、音樂廳等先進文化設施。

1185　雅各井　Jacob's Well

●位於示劍東南約 600 公尺，此井之水來自一個地下水泉，井口很小，但愈往下愈寬，直徑竟達 2.5 公尺，深有 35 公尺以上，在此水井之上原有之第四世紀的聖堂，是君士坦丁大帝之母海倫娜太后所建，但早已毀壞，十字軍又在其上建築，不久又被土耳其人毀去，1860年希臘東正教建造現之地下聖堂，1914 年開始建一新堂，但工程半途而廢，至今尚未復工。

　約　4:6　主耶穌在敘加的雅各井與撒瑪利亞的婦人談道。

1186　亞革大馬　Akel Dama
血田　Field of Blood

●傳統上認爲是在欣嫩子谷的南側，西羅亞水池之南約 320 公尺，距與汲淪溪交會處約 200 公尺，其地的紅色泥可用作製陶的陶土。現今該處有希臘東正教在 1874 年所建的一座修道院，名叫 Monastery of St.Onuphrius。院的右邊滿佈了新約時代墓穴。

　太　27:7　他們商議，就用那銀錢買了窰戶的一塊田，爲要埋葬外鄉人，所以那塊田，直到今日還叫作血田。

　徒　1:18　這人用他作惡的工價，買了一塊田，以後身子仆倒，肚腹崩裂，腸子都流出來，

耶路撒冷的人給那塊田起名叫亞革大馬，就是血田的意思。

1187　馬撒大　Masada
山寨，堡壘 Mountain fortress

●es-Sebbe，位於別是巴之東約 39 公里，隱基底以南約 17 公里，距死海約 2.5 公里，是一個船形的高台，山頂平台部份之南北長約 610 公尺，東西寬約 300 公尺，高於地面約 425 公尺，平台四週則是懸崖絕壁，幾無法攀登。山下則是遼闊的曠野，是一個天然難攻易守之山寨。在荒棄達一千四百年之後，1932 年才有人來此研究1963 年起作大規模的考古發掘，根據記載，最早是由馬加比的 Alexander Jannaeus，在 103 BC 時所建的軍營，為的是保護猶大的東南地區。棄置多年後，40 BC 大希律王帶著他的家人和軍隊約有八百人，避難來此，37 BC 希律從羅馬受封為猶太之王的王位回來之後，就在馬撒大的山上大肆修建，使它成為一個堅固的軍事基地，可屯駐一萬兵士，存糧足供食用十年之久。尤其是設有非常巧妙，收集雨水的水壩和渠道，使極為稀有的雨水流入山腹之中所挖掘出的水池，其容量可達三十餘萬噸，並可自山頂取水，不受外面敵人之阻撓，在戰爭時都可長期供給用水無慮。在山頂平台四週，沿著懸崖邊上，築有長1400餘公尺的雙層城牆，牆與士兵的居處相連，確實是一個牢不可破的大型軍事基地。同時也建有多處極豪華的宮殿，其規模驚人的大。此外還設有公務區和官員之住處等等，從建有三處羅馬式的浴室看來，其設施都極盡豪華奢侈之能事。主後 63 年，反抗羅馬的戰爭發生，猶太的奮銳黨人自羅馬軍手中奪得此山寨，成為猶太人的軍事基地，他們擁有從羅馬軍的軍械庫中奪來的武器，使猶太軍力大振，70 年，耶路撒冷被攻陷，城被焚毀，馬撒大成了猶太人的最後的基地。72 年，羅馬派第十軍團開始攻打馬撒大，約有一萬五千名士兵，他們在山下築牆圍困，又築土堤供重錘攻城，猶太人頑抗七個月之後，在城將被攻破之前夜，城中之守軍和眷屬全部共九百六十人，集體自殺，並焚毀房屋，但是卻留下大量的食物，用以說明他們的自殺並非缺糧所致，而是不願被俘受辱，也不願苟且偷生。這是猶太人反抗羅馬戰爭史上最悲壯慘烈的一頁。此後羅馬軍在此停留不久後離去，不再有人居住，到五、六世紀時，又有一些拜占庭之僧人來此，並建了一座小禮拜堂，但也未能久居，自此棄置至今。

1188　彼特拉 Petra
岩石 Rock

●Siq，位於別是巴東南方約 115 公里，阿卡巴灣之北約 98 公里，是一個四週被高山環繞的盆地，盆地長約 1600公尺，寬約1000公尺，週圍是高在三、四百公尺以上的絕壁，對外的交通僅有東面的一條峽谷，長約一公里半，其寬度只能容兩三人或是一匹馬通過，兩側是壁陡之石壁，垂直聳立有70至100公尺以上，所以是一個天然的隱密之處。其位置正在東西和南北向兩條主要的商道的交叉點上，在很早已是以東人的一個興盛的商業城市，在東面的山頂上發現有古以東人獻活祭的祭壇。約在主前三百年，亞拉伯的拿巴天人在逐出以東人之後，就以此地作為其首都，大肆建設，因為拿巴天帝國的版圖北及大馬色和外約但，南及阿卡巴灣以南，其人民都是出色的商人，有龐大組織的商隊，運輸貨物往來諸國之間，於是彼特拉迅速成為一個國際化的商業城市，市內萬商雲集，有包括來自中亞、地中海和巴比倫等地的商賈，市況繁榮無比。106 年，羅馬佔領彼特拉，並定為其亞拉伯行省的首府，所以它仍然維持了其優越的地位。直到七世紀時，回教征服了猶太等地，彼特拉因回教徒的破壞和商路的改變而衰落，其間棄置了一千三百年方才再被發現。今日在盆地中，現尚存有宮殿、裝飾門、市場、神殿、劇場、浴室等之遺跡，是一個典型的希臘城市，而最著名和引人入勝的，卻是在粉紅色的崖壁上所鑿出數百個的祭殿和墳墓，其規模從簡單的洞穴到外觀壯麗無比的宮殿，其中有一座名叫法老王的寶庫的墳墓，其正面高約 45 公尺，寬約 30 公尺，外形像一座羅馬式的大廟，裡面尚有大廳和小室兩間。其雕刻都很工整精緻，尤其是在夕陽的照耀下，一片粉紅色，美麗非凡，有若身在仙境之中，故彼特拉有夢幻城之稱。

1189　巴勒斯坦 Palestine
非利士人之地

●在聖經中並沒有巴勒斯坦此一地名，它的範圍各家的說法不一，而且也隨時代而有所變化，直到第一次世界大戰以後，才由國際聯合會所勘定，其公認的範圍是：地中海東岸，約但河以西，敘利亞和黎巴嫩以南，埃及的西奈半島之北，東鄰約但王國。故其幅員與舊約聖經中的原迦南地相近，所以可認為即是迦南地。又因是神所應許賜給以色列人的土地，故亦稱以色列地及應許之地。這片土地在主前十五世紀以前，住了統稱是迦南人的十個民族，所以當時稱為迦南城，待以色列人進迦南，取得這地之後，就改稱是以色列地。到後來以色列的南北兩國相繼滅亡後，才逐

漸改用巴勒斯坦來稱迦南地。

巴勒斯坦是阿拉伯文，本意是非利士人之地，所指的只是迦南地南部沿海的一片窄小的平原，在後來希臘人和羅馬人用來稱迦南全地，這實在是一個錯誤，因為這會令人發生主權上的錯覺，認為那原是非利士人的領土，而非以色列人的祖地，所產生的結論是以色列人並無權在此生存和建國。

其地理情形就請參看 0797 條之說明，此處不再重述。現將巴勒斯坦的歷史簡要的敘述如下：

1. 巴比倫帝國時期 (587～538 BC)：巴比倫擊敗了亞述，建立了更大的帝國，586 BC 耶路撒冷被巴比倫徹底的毀滅，拆了聖殿，將人民和財寶擄去，猶大王國到此結束。

2. 波斯帝國時期 (538-～332 BC)：波斯帝國滅巴比倫、敘利亞和巴勒斯坦成為波斯的一省。古列大帝在 538 BC 准許猶太人回歸建殿，首批人在設巴薩之帶領下，回歸的約有五萬人，444 BC 尼希米再帶一批人回國，此期間重建聖殿和城牆，與撒瑪利亞人常發生衝突。

3. 希臘時期 (332-63 BC)：亞歷山大擊敗波斯，建立希臘帝國，321 BC 他死後帝國分裂，巴勒斯坦先受埃及多利買之治統，198 BC 起受波斯西流基之統治，直到 166 BC 止，其間政治，宗教和文化都徹底的希臘化，猶太人受到極大之迫害。

4. 馬加比和哈斯蒙王朝 (167～63 BC)：因反抗在宗教上的迫害，猶太人馬加比家族起義，驅逐羅馬人，收復失土，建立哈斯摩王朝，其版圖幾與大衛時相同。

5. 羅馬帝國時期 (63 BC～AD 324)：羅馬帝國興起，取得希臘所有的土地，63 BC 攻佔巴勒斯坦，置猶太省，37 BC 任命大希律作猶太人的王，希律死後不久，於主後六年起，再改由羅馬帝國直接統治，猶太人和基督徒備受迫害，也不斷反抗，70 年羅馬的提多將軍徹底破壞了耶路撒冷城，人民被殺或被擄去羅馬，132 年哈德良皇帝重建耶路撒冷，並改名叫 Aelia Capitolina，又在聖殿的原址上建築了一座羅馬神廟，禁止猶太人進入，違者處死，因此又引起猶太人之叛亂，結果失敗得更慘(136AD)，猶太人悉數被逐出耶路撒冷，猶太人一切根基均被剷除。此後的兩百年間，耶路撒冷成為一徹頭徹尾的外邦人城市。

6. 拜占庭帝國時期 (324～636)：君士坦丁即位為羅馬皇帝之後，宣佈基督教為羅馬的國教，並遷移首都到拜占庭，這是一段基督教興盛的時代，持續有三百年之久。326 年君士坦丁之母海倫娜前來朝聖，在巴勒斯坦建了數個教堂，很多的教堂和修道院都是在此時期所興建。但在 529 年有撒瑪利亞之亂，614 年又被波斯人入侵，教堂多被毀壞，基督徒受迫害。

7. 阿拉伯回教帝國時期 (636～1099)：阿拉伯的回教徒進佔巴勒斯坦、猶太人和基督徒均遭受迫害，許多教堂被毀或改建成清真寺。

8. 十字軍時期 (1099～1263)：歐洲的基督徒組十字軍遠征巴勒斯坦，要從回教手中收復聖地，1099 年攻克耶路撒冷，但同時屠殺回教徒和猶太人，他們建立耶路撒冷拉丁王國，巴勒斯坦興盛了約九十年，1187 年，耶路撒冷被埃及的回教王撒拉丁所攻佔，十字軍在聖地的勢力日減，長期不斷的與埃及發生拉鋸戰，但大部份時間僅保有沿海的幾個城市，1291 年十字軍完全被迫退出巴勒斯坦。

9. 馬穆魯克人時期 (1263～1517)：在埃及和敘利亞不斷衝突時期間，埃及的馬穆魯克人佔據了巴勒斯坦約兩百六十年，天主教的聖方濟會在此期間進入聖地，他們在保護聖蹟的工作上，盡了很多的努力，貢獻甚多。

10. 鄂圖曼帝國 (1517～1918)：土耳其的鄂圖曼王朝攻佔巴勒斯坦，巴勒斯坦的人口日漸減少，土地荒廢，但在十七世紀末，開始有猶太人移回。

11. 英國委託管時期 (1918～1948)：第一次世界大戰結束，土耳其戰敗，巴勒斯坦被委託英國代管，直到 1948 年，以色列復國為止。

1190　八福山
Beatiudes, Mount of the

●Tabgha，現在是阿拉伯人的一個小村，位於加利利湖西岸湖畔，基利烈城之東約 1 公里，迦百農以西約 2.5 公里。Tabgha 是阿拉伯文，是希臘文 Heptapegon 訛音，意思是 Seven springs，即是七個湧泉。至今七個湧泉仍然有水流出，其中三處水量仍甚大，其他的四個則較小。在此一阿拉伯人之小村，傳說是有三個主耶穌曾蒞臨可記念之處，雖然都缺乏足夠的證據，但都建有教堂記念，而且也是天主教徒和基督教徒常到之處。

1190-1 八福堂
Church of the Sermon on the Mount

●位於村之北，離湖岸約有300公尺，有一座八角形有圓頂的教堂，是 1936 年義大利教會為記念主耶穌在此宣講登山寶訓或八福(太 5:1-12)所建，在大廳四週八面牆的上方，各寫有一條福份之綱要。堂外視野遼闊幽美，有很平緩的斜坡可直通往湖畔，是人們聚集的好地方。

1190-2 五餅二魚堂
Church of the Multiplication of the Loaves and Fishes

●位於八福堂的西南方約七十餘公尺，是德國聖本篤會於 1982 年在五世紀古堂之廢墟上所建，爲的是記念主耶穌在此地以五餅二魚供五千人吃飽(太 14:15-21)所行的神蹟。古堂的地面有兩幅五世紀所精工鑲嵌成的地坪，其中一幅是一隻盛有餅的籃子，兩側各有魚一條，這圖案非常有名，在聖地各處均可見到。另外的一幅是繪有花草和小鳥，也是非常的珍貴。堂內有一凸起之大石，傳說即是分餅之處。此堂簡稱爲變多堂。

1190-3 聖彼得受職堂
Church of the Primacy of Peter

●位於加利利的湖畔，八福堂之南約250公尺，是方濟會在 1934 年以黑色玄武岩所建成一座甚小的聖堂，堂外有一半圓形，有梯階座位，可供聚會之小庭園，靠湖邊有兩座銅像，高的是主耶穌，跪在主面前的是彼得，所述之故事記載在約 21:15-18，「主耶穌三次問彼得說，你愛我比這些更深麼，……你餧養我的小羊」。天主教根據這段經文，認爲這就是主耶穌賜給彼得教會元首職權之處。堂內有一岩石，石邊立有木板，上寫 Mensa Christi，意思是基督的桌子，相傳是主耶穌復活後和門徒早餐之處。(約 21:5-13)

1191　隱喀琳　En Keren
葡萄園的水泉 The spring in the vineyard.

●路 1:39 那時候馬利亞起身，急忙往山地裡去，來到猶大的一座城，進了撒迦利亞的家，問以利沙伯的安。這節經文中所指的城，相傳就是隱喀琳，是祭司撒迦利亞的家，所以也是施洗約翰的出生之地。此城位於耶路撒冷之西約5公里餘，基列耶琳之東南約5公里餘，現今是一個猶太人的小鎮，風景幽美，如詩如畫，群山環繞，遍佈橄欖樹和葡萄園，沿路還有很多不知名的果樹，鎮內有兩座教堂和一處水泉，分述如下：

1191-1 施洗約翰紀念堂
Church of St.John the Baptist

●相傳是施洗約翰的出生地，但聖經中並無此一記載。早在主前五世紀時，在此已建有一座聖堂，曾數度被毀和重建，至 1674 年，聖方濟會再在廢墟上建築一座甚宏偉之大禮拜堂和修道院，堂左有一地窟，窟中設有小堂，傳說就是約翰雙親祭司撒迦利亞和其妻以利沙伯的家，堂中的地面有一顆個大理石的星，就是約翰的出生之處。

1191-2 聖母泉
Fountain of the Virgin

●從施洗約翰紀念堂出來，在步行往問安堂的路上不遠之左手邊，有一座石頭建成的小亭，亭中有容納泉水流出的水槽，水量至今足供村民之用，此村也因這水泉而得名，又相傳聖母馬利亞曾在此取水，故又被稱爲聖母泉。

1191-3 問安堂
Church of the Visitation

●自聖母泉向前行不遠，就有一座小山，在半山腰有一處相當廣大的建築群，即是問安堂，是方濟會於 1938 年起修建，1955 年才完工，堂中的壁畫和精嵌的馬賽克地坪，使得問安堂成爲聖地最華麗的教堂。問安堂是爲紀念路 1:29-56 的一段經文而建，堂內的壁畫都是述說聖母的故事，在聖堂入口對面的牆上，貼有四十一塊以不同文字所書寫了尊主頌(路 1:46)的石版，所以此堂也稱尊主爲大堂 Church of the Magnificat。

1192　十架苦路
Stations of the Cross，Via Dolorosa

主耶穌被猶太人從大祭司該亞法那裡解往衙門，受彼拉多的審判，(約 18:28 至 19:37)從受鞭打起，直到被釘死在十字架上，這一段的故事發生的地方，傳統上稱之爲十架苦路，並且沿途分爲十四個站，雖然這條路線不一定正確，但是僅爲體驗主耶穌受苦的情形，應該並無太大的差異。現將各站分述如下：

第一站、主耶穌被鞭打：主耶穌先在衙門接受彼拉多的審判，彼拉多說我查不出他有甚麼罪來，但猶太人仍堅持要殺耶穌，彼拉多就將耶穌鞭打了。傳說中的鞭刑堂 The Chapel of the Flagellation，即是主耶穌受鞭打之處，鞭刑堂位於安東尼堡，現在方濟會聖經學院內，是在 1927 年由方濟會在古代十字軍堡疊廢墟之上所建，堂內有很多美麗的壁畫和彩色玻璃花窗，都是紀念主受難珍貴的藝術品。

第二站、主耶穌被判刑，背上十字架，往各各他去主耶穌被鞭打之後，彼拉多對眾人說，你們看這個人，又兩次對猶太人說，我查不出他有甚麼罪來，但是猶太人仍然堅持要殺耶穌，彼拉多就帶耶穌出來，到了一個地方，名叫厄巴大，就判了耶穌釘十字架的死刑。厄巴大在鞭刑堂西南約十餘公尺，現在是天主教方濟會的錫安之母修道院的地窖。地窖旁有一名叫判刑堂的小堂，即是宣判之處。再往西南約十餘公

尺，就有一座名叫「看這個人 The Chapel of the Ecco Homo」的羅馬教堂，彼拉多說看這個人的意思可能是說，你們看這個人已經受夠了鞭打和屈辱，你們應該有點惻隱之心。在這個教堂之外的窄巷裡，即是在十架苦路進入街道起點的附近，窄巷的上方橫跨有半個石拱，很是刺目，另外的半個石拱則是在教堂之內，教堂的結構巧妙的把舊有的拱和牆溶合成一體，由此可想見耶路撒冷城一再被破壞和在廢墟中重建的情景。

第二站起到第九站、都在一條寬約五、六公尺的窄巷裡，兩傍都是古老的建築，也有很多的小店，路面鋪有石版，但並不平整，全長約有450公尺。

第三站、主耶穌第一次跌倒： 從第二站到第三站是下坡路，前行約170公尺後，行程轉入左側的窄巷，就到了一座亞美利亞天主教的小教堂之前，此教堂建於十九世紀，在教堂大門的門楣上方，刻有第三站的文字，和主耶穌背負十字架跌倒的浮雕。

第四站、主耶穌遇見他的母親之處：自第三站前行約十餘公尺，就是前述小教堂的另一個門，在門楣上方刻有主耶穌和他母親上半身的浮雕，門的左上方飾有第四站字樣的石版。

第五站、西門為主耶穌背負十字架之處：再前行約三十公尺，行程再轉入右方的窄巷 ，並開始變成上坡路，此處有方濟會的小聖堂，其左邊的門楣上刻有第五站，和希臘文古利奈人西門背十字架的文字。

第六站、相傳是 Veronica 以絲巾為主耶穌擦去臉上的汗水之處：再往前行了50公尺，就到了一座希臘東正教小禮拜堂的門前，在木製的大門上，貼有鑄鐵製成第六站的文字。傳說絲巾在擦汗之後，巾上就顯現出主耶穌面容，在堂內之祭台上方牆上掛有此巾的照片，絲巾則現保存在羅馬的聖彼得教堂中。

第七站、主耶穌第二次跌倒之處：再往前行八十餘公尺，就是一個十字路口，在當時，這裡可能有一座名叫正義門的城門，現在則有一個屬方濟會的小禮拜堂，在其大門的門楣上貼有第七站的鐵板。

第八站、許多耶路撒冷的婦女為主耶穌痛哭之處：再前行約50公尺，到了一個丁字路口，在右邊有一座希臘東正教教堂，在其外牆的石壁上刻有一個十字架和第八站的字樣，十字架已部份變成黑色，下方還一個小孔。苦路到此因有上述教堂之阻隔，不能循序往下站 ，只能折回到十字路口後再向右轉，沿街道走到聖墓堂。

第九站、主耶穌第三次跌倒之處：是在一座埃及天主教修道院入口處的一支柱旁。

其餘的五站則在聖墓堂之內， 另在 1195 條中說明。

1193 錫安山上諸堂
Churches on Zion

●在耶路撒冷舊城西南，錫安門外的一片地面即是錫安山，(雖然現今正式被稱其為錫安山 ，但事實上這並不合於聖經之記載)，現有四處可參觀之地，分述如下：

1193-1 晚餐廳
Cenacle

●相傳是主耶穌在受難前與十二個門徒在此共進晚餐(路 22:7-20)之處，也是在主耶穌復活後，兩次向門徒顯現之處(約 20:19 及 26)，五旬節時聖靈也是降臨在此廳(徒 2:1-4)。初期教會很多事件相傳都是發生在此處，在一世紀時可能成為一間基督徒的會堂，但在 70 和 135 年兩次戰亂中被毀，在四世紀時重建和擴大，稱為使徒樓房教堂Upper Church of Apostles，在五世紀時稱為錫安，眾教會之母堂 Zion, Mother of all the Church，可能是聖地的第一座和當時最大之教堂。十字軍時，又在其七世紀被毀的殘址上建了一座長約 38 公尺，寬約 58 公尺之大禮拜堂，名叫錫安山的聖馬利亞大殿，但不久就被馬穆拉克人所毀。現有之房屋即是建築在其廢墟之上。此廳是方濟會在十四世紀時所建的一座兩層樓的房屋 ，1985 年曾加以整修，上層是一大堂，即是晚餐廳，長 15 公尺，寬 9 公尺半，中間有三支大柱 ，是典型的後哥德式建築。

1193-2 大衛王之墓
Tomb of David

●晚餐廳的樓下，實際是一個地下室，相傳就是大衛王的墓，(但是根據王上 2:10 和尼 3: 16 所記載，大衛王是葬在大衛城，即是耶布斯城，也是就俄斐勒山)，是猶太人僅次於西牆的聖地，地下室呈一長方形，低矮而幽暗，棺柩在室之一端，上面覆蓋有深紅色的厚絨布，布上繡有大衛之星和文字，棺柩上陳列了好幾個王冠、經卷和其他法器。

1193-3 聖母安眠堂
Church of the Dormition，Dormition Abbey

●在晚餐廳之西側，有一座宏偉的大禮拜堂，相傳是聖母在主耶穌復活後即久居於此，然後在此長眠。1898 年德國威廉二世國王前來耶路撒冷朝聖， 買下這塊土地，並由德國的信徒出資，在此建了這座大堂，直到 1910 方始完成，大殿分兩層，上層為主殿，裝飾華麗，下層中央有一小亭，亭中的床上安放著以櫻桃木和象牙雕刻成聖母的睡像。此堂現屬聖本篤會所

有。又在橄欖山有一座聖母墓教堂，也名叫聖母升天堂的大教堂，傳說是聖母升天和棺柩停放之處。請參看 1194-6 條之說明。

1193-4 雞鳴堂
Church of St.Peter in Gallicantu

●位於錫安山東側的山腰，是一座十四世紀的圓頂方型建築，相傳原來是大祭司該亞法的官邸所在地，所以是在主耶穌晚上被捉拿後，當夜受審並被囚之處(太 26:57)。當夜門徒都已逃走，只有彼得跟隨而來，終夜等候在大廳之外的園子裡，但是在眾士兵和僕人前，曾三次否認與主相識，天亮雞鳴後彼得頓然發現自己的軟弱，就痛哭起來(太 26:69-75) 的地方。 1912 年在此掘出一所豪華的住宅，其中有宮殿、地牢、庭院、馬槽和石磨等，都是屬於 37 BC 至 70 AD 之物。此樓現屬亞美利亞教會所有。有學者認為該亞法的官舍是在聖母安眠堂之西，只是至今仍無確切之證據。

1194　橄欖山上諸紀念堂

1194-1升天紀念堂
Church of The Ascension

●升天堂位於橄欖山的山頂附近，相傳是主耶穌復活後，帶領門徒到橄欖山，為門徒祝福之後，便升到天上去了的地方(徒 1:9-12)。現有一個被高牆圍著的圓形廣場，廣場中央有一座破舊而小的圓頂清真寺，直徑約4公尺，呈八角形，每邊有一拱門，但都被堵塞，只有正面開了一道很小的門，僅可容一、二人出入，其圓形屋頂顯得十分的粗糙，寺內很是幽暗，空無一物，只是在地面有一片岩石，石上有略似腳掌之凹痕，傳說是主升天時留下的腳印。據考證，在四世紀時，此處即建有一座拜占庭式的教堂，但在 614 年被波斯人毀掉，十字軍時再重建，其規模很大，後來被毀後再改成目前所見的小的回教寺，現是屬於回教徒所有。由現今寺外的空地和圍牆，和夾在圍牆中尚留下的一些大理石柱和柱基，可看出原有的聖殿必較現有圍牆更為寬大。另外在不遠處橄欖山的山頂，高聳著俄羅斯天主教修女院的鐘樓的巨塔，是一個極明顯橄欖山的地標，是 1885 年所建，也聲稱是救主升天之處。

1194-2主禱文堂
The Church of The Pater Noster

●在升天堂之南不遠處，就是吾父在天堂，傳統說這是主耶穌教導門徒禱告之處(路 11:1-4，太 6:9-13) 故又稱主禱文堂。君士坦丁大帝之母海倫娜太后，為紀念

主耶穌的訓誨及再來的預言，在此建造了一座紀念堂，此堂曾數度被毀又重建，1868 年，法國的奧理琳公主將該地購贈法國，1875 年她為迦密修女在該址上修建了一座女修道院，1910 年考古隊在該地挖出歷代教堂的遺跡，1918 年法國用從各國捐獻得的款項，計劃修建一座世界性的紀念堂，但至今尚未能完成。只是在已經完成的廊道的牆上，分別貼有以六十二種文字所銘刻主禱文瓷磚片。故此堂又稱為主禱文紀念堂。在迴廊中央的牆上，嵌有中文的主禱文，是 1977 年中國天主教的朝聖團所獻。

1194-3主泣堂
Church of Dominus Flevit

●位於橄欖山西坡半腰，在吾父在天堂和萬國堂的中途，有一間屬於方濟會美麗的小紀念堂 ，那橄欖形高聳的圓頂，有若一粒淚珠，相傳在小堂門前的一塊大石上，就是主耶穌在騎驢進京城的途中，坐下為耶路撒冷將臨的事哀哭之處(路 19:37-42)，從堂內一扇半圓形，以鐵條作成花格子的大花窗中，遙望耶路撒冷全城，莊嚴美麗，使人肅然起敬，讚嘆不已。此堂建於 1891 年，是建在原十字軍的小紀念堂和十六世紀回教徒所建寺院的廢墟之上。附近有古時基督徒的墳場。

1194-4萬國堂
Church of All Nations

●在橄欖山西側山麓，大路之旁邊，有一座屬於方濟會，富麗堂皇的大紀念堂，相傳此堂是建在客西馬尼園的故址內，故也名叫客西馬尼教堂。據考證，在此處早於 385 年即建有一座美麗的小聖堂，但在 614 年被波斯人所毀，十字軍時代又蓋了一座，百餘年後又被破壞。此一新堂建於 1924 年，因建築費用是各國天主教徒所奉獻，所以一般均稱為名叫萬國堂，堂內祭壇前有一塊方形大白石，名叫 Rock of Agony，傳說是主耶穌在被捕前伏在其上禱告之處，故此堂又名 Basilica of Agony。在堂外左側有一個幽雅的花園，園中有八棵橄欖樹，其中的兩棵的樹齡據說有三千年之久，至今仍每年結實不息。

1194-5客西馬尼巖窟
Grotto of Gethsemane

●在萬國堂以北不遠處，有一座名叫聖母墓的紀念堂，在其大門右方有一條窄巷，可通往客西馬尼窟。此一巖窟在 1956 年方才被發現，洞最高處有3公尺許，長17公尺，寬9公尺，發現時洞中存有一整套的搾橄欖油機和水井等。洞窟中也有一塊凸起的巨石，傳

說是耶穌當日禱告之處，其他的條件也比較合當時之情景，因之此處廣受基督教人士之重視，認爲此處才是眞正的客西馬尼園的所在處。　請參看客西馬尼0739條之說明。

1194-6 聖母墓紀念堂Church of the Tomb of the Virgin，或聖母升天堂 Church of Assumption.

●位於萬國堂之北，只隔了一條馬路，即是聖母墓紀念堂。現今是屬於希臘東正教和亞美尼亞教會所共有，是一座拜占庭式之大教堂，進門後有四十五級梯階下到地下室，在左側是聖母的棺柩，右側則是敬拜聖母的雙親之處。

1194-7拉撒路紀念堂 Church of St.Lazarus

●位於橄欖山東麓，當時叫做伯大尼，現今名叫 el-Azariyeh 的小村之中，相傳拉撒路的墳墓就在堂下的洞窟之內。按照可靠的記載，在三世紀時，在此就建有一小堂，五世紀時因地震損壞，十字軍時加建規模頗大的紀念堂，但在兩三百年後就自然的毀損，回教人又在其上建寺，現今之紀念堂是方濟會在 1953 年在原址的廢墟上所建。1965 年希臘東正教在其北又建了一座聖堂，有紅色的圓拱屋頂和一座很高的尖塔鐘樓，也是爲紀念拉撒路而建。

1194-8抹大拉的馬利亞紀念堂 Church of St. Mary Magdalene

●遠望橄欖山，最引人注目的建築之一，就是有七個金黃色洋蔥頭屋頂的建築，那是 1888年，俄國沙皇亞歷山大三世爲紀念他的母親而建，非常優美，是一座莫斯科式教堂的經典之作。現歸白俄羅斯修女院所管理。

1195 花園墓 Garden Tomb

● 1876 年，英國的哥頓將軍，在大馬色城門外東北方約兩、三百公尺處，發現有一名叫加略山 Calvary 的小山，在它崢嶸的山崖上有三個小洞穴，遠看就像是一個人頭骷髏，而且在它的旁邊的花園中，有一個在發現時就是空著的墳墓，他就宣稱這是眞正各各他的所在地，由於其他條件也比較合於經上之記載，故普獲基督教之認同。1892 年，在英國創立「花園墓協會 Garden Tomb Association」，買下了此一地區，將小山和空墓一帶之地經營成一座純樸清幽而美麗的花園，供人來此默思和祈禱，此一花園與其他宏偉，裝飾繁華的教堂大異其趣。在花園內，每逢主日都有英語的崇拜舉行。

1196 聖墓紀念堂 Church of the Holy Sepulchre

●位於耶路撒冷舊城西北基督教徒區的中間，相傳是主耶穌被釘、被埋葬和復活之處。據考證135 年羅馬皇帝哈德良在此建有一丘比得之神廟，以圖湮滅聖蹟。326 年君士坦丁大帝的母親海倫娜太后，拆去此神廟，在相傳是各各他山和其附近埋葬主耶穌的墳墓之上，建造了一座大的紀念堂，此堂在 614 年被羅馬人所毀，中間曾兩度重建和被毀，到 1149 年，十字軍重建了存留至今之大紀念堂。在 1852 年，土耳其政府爲排解糾紛，頒佈法令將此一大建築物分交六個宗教團體管理，此六個團體長久以來，不斷的在大廳內外加建和改建，互相爭奪地盤又不合作的情形下，使大廳成了一個暗淡無光，大而不當，七零八落，毫無秩序的地方。

現仍繼續十架苦路之秩序，說明如下：

第十站：他們脫了主耶穌的外袍。

第十一站：他們把主耶穌釘在十字架上。

第十二站：十字架被豎立起來，主耶穌死在十字架上。

第十三站：主耶穌被從十字架上取下來。

此四站均是在各各他發生，現今的位置是在大廳入口的右側的樓上，有兩個聖堂，中間有一個大石柱，右邊屬天主教，左邊屬希臘東正教所有，祭壇前有三個神龕，分別叫做 Altar of the Nails of the Cross、Altar of Stabat Mater和Altar of the Crucifixion。

第十四站：主耶穌的屍體被安放在石版上，被纏上細麻布，等候安葬。此塊石版稱爲傅油石台，位於大殿入口之正前方，是一塊長方形，粉紅色的石版，上方吊有七個香爐。

在傅油台的左前方，就是大殿之主體，在大圓頂之下，建有一個長方形的小亭，稱爲聖墓小堂，即是主耶穌的墳墓，也是主復活之處，堂內雖然被裝飾得十分繁華，但並不美觀，尤其是掛了許多不同式樣的常明燈，顯得雜亂無章。

其他還有十餘處小堂和祭壇等稱爲聖蹟之處，筆者認爲沒有介紹之必要。

管理此一建築的團體計有：羅馬拉丁教會 (以方濟會爲代表)、希臘東正教、亞美利亞教、敘利亞教會、埃及教會及阿彼西尼亞教會。

1197　伯利恆諸堂

●以下所述之諸堂，實在是連接在一起的，只是建築時期不一，也分屬不同的教派所有。

1197-1 主誕堂
Church of the Nativity

●位於伯利恆城的中央，傳說是主耶穌誕生之處，135年羅馬人在此建一邪神廟，以混淆視聽，326年君士坦丁在此興建一座紀念堂以紀念主耶穌的誕生，529年被撒瑪利亞人所毀，540年查士丁尼一世(Justinian I)再建了存在直到今日的大紀念堂，它歷經多次的戰火而得以倖免，這確實是全世界最古老的基督教建築物了。

紀念堂門前有一片大廣場，鋪有平整的大石版，右側是亞美利亞修道院的高牆，正面中央是主誕堂的大門。這座紀念堂的正面並無一般教堂的式樣，卻是像一堵城牆，牆面也不整齊，從不同石塊的大小和顏色看來，顯然是經過很多次的修理，呈現了一千多年歲月的痕跡。紀念堂原有三個拱形的大門，其中兩個早已被封閉，現有的一個入口是出乎意料的窄小，是用三條石塊在原有的拱門內所架成，僅可容一人通過，據說是為防止有人騎馬撞入，而把原有大門部份堵塞所致。教堂內則十分宏偉，牆壁上沒有彩繪，堂中也沒有坐椅，顯得空曠單調，只有正面的祭壇和其他的聖堂相似。正堂長40公尺，寬24公尺，左右各有兩排圓石柱，將堂分成正殿和四條廊道。在它祭壇兩側各有樓梯，可通到祭壇下方的地窟，地窟並非一個整體，而是有好幾個大窟，以隧道相連，主要的一窟中，一片有十四隻角的星形銀片貼在地面，標示主耶穌降生之處，有一個石頭鑿成的馬槽放在右方。地窟還有很多的祭壇和遺跡，不再一一述說。

1197-2 聖凱瑟琳教堂
Church of St. Catherine

●緊靠在主誕堂的左側的大建築，就是聖凱瑟琳教堂，屬於方濟會所有，是1882年在十二世紀十字軍所建教堂的遺址上所重建，有典型的十字軍式的拱頂和大柱，乳白色的大殿，給人明亮祥和、莊嚴肅穆的感覺，祭壇右方也有梯子通往主耶穌出生的地窟，此堂是一年一度舉行聖誕節午夜彌撒之處。

在大堂之門前，也是主誕堂之左側，有一個小園院，院中有教父耶柔米 St.Jerome 全身的塑像，立在兩條石柱之上。

1197-3 亞美利亞修道院
Armenian Monastery

●緊鄰在主誕堂的右側，就是教父耶柔米的修道院，他在此居住了有三十五年之久。他使伯利恆成為一個偉大的修道中心，著名的武加太 Vulgate 拉丁文聖經譯本，就是他在此處完成的。以上所述的兩個教堂和一座修道院，是連在一起，其外觀像是一個的大的建築體，但實屬三個不同的教派所有，而且各有不同的信仰體系和崇拜的儀式，就以主耶穌的誕生日期來說，就有不同的傳統，天主教是訂在十二月二十五日，希臘東正教訂在元月六日，亞美尼亞天主教訂在元月十八日，就足以了解各自為政之情形。

1198　拿撒勒城諸紀念堂

1198-1 報喜堂
Church of the Annunciation

●位於拿撒勒古代鄉村的最南端，原是一個山洞，相傳天使加百列到馬利亞的家中，向她報喜之處(路 1:26-38)。最早的紀念小堂是建於 365 BC，但到六世紀時已不復存在，十字軍時又建了一座較為壯觀的大堂，不久就被埃及的回教徒夷為平地，方濟會在 1877 年再建一堂，到 1955 年已必須大修，於是將舊堂拆除，重新建築了現今之大紀念堂，直到 1969 年方落成，是一座宏偉的現代化建築，外觀簡潔優美，是現今中東和遠東最大和最美麗的聖堂。這是一座兩層樓的建築，下層是一間沒有柱子之大殿，巧妙的保存了原有紀念堂中的諸多的聖物，其中有馬利亞所居的土洞、祭壇、牆壁、石柱等，大殿中央的上方留有一個很大八角形的開口，位置正在圓錐形屋頂之下，可以採光，也可從上層俯視。上層是一間更大的主堂，在鏤空花格窗所組成的圓錐形屋頂下，顯得格外的巍峨雄偉，堂內佈置了天主教傳統的許多聖物等設備，在四週的牆上，掛有巨幅的圖畫，都描繪是有關童貞女懷孕生子的故事，是由各國教會所繪贈，每幅都具有各國不同的風格，實在美不勝收。

1198-2 聖約瑟堂
Church of St. Joseph

●在報喜堂的對面，就是聖約瑟堂，相傳在該堂的地窖之中，就是主耶穌的雙親約瑟和馬利亞的家，也是約瑟的木工場和主耶穌成長之地。現今之紀念堂是方濟會於 1914 年，在古老建築的遺址上所建。

1198-3 聖加百列堂
Church of St. Gabriel

●在報喜堂之西不遠，有一座在 1769 年重建的希臘東正教的紀念堂，在紀念堂的前庭院中，有一個拱門形的石亭，是一股泉水的出口處，這一泉水至今仍供應村民之需，相傳馬利亞在此取水，故尊稱為聖母泉 The Spring of the Virgin。又按東正教之傳統，此處是天使加百列向馬利亞顯現報喜之處。

1198-4 基督聖桌堂
Church of the Rock

●在報喜堂的西方，靠近山邊之處，有一座方濟會在 1961 年所建的聖堂，堂中有一塊很大的岩石，相傳是主耶穌復活後在此與門徒共餐之處，所以此堂又名 The Church of Mensa Chris (Table of The Lord)。

1199 變像堂
Basilica of the Transfiguration

●位於他泊山之山頂，相傳是主耶穌登山禱告時，他的面貌就改變了，衣服潔白放光，同時有摩西和以利亞顯現之處(路 9:28-36)。1924 年方濟會在原有建築之廢墟上重建此一紀念堂，外表十分莊嚴美觀，堂內更是五光十色，金碧輝煌，充滿雕刻和繪畫。紀念堂的四週仍可見到很多的古老建築和廢墟。請參看 0093-1條。

1200 聖殿區大廣場
The Esplanade of the Temple

●位於耶路撒冷舊城之東南，原是所羅門王所闢建，37 BC 起大希律擴大聖殿區，把摩利亞山的四週填高，使與原來山頂平齊，而具有了現在之規模，中央建有大殿，四週圍有城牆，牆內略呈一長方形，東牆長約 460 公尺，牆外山麓邊即是汲淪溪，南牆長約 280 公尺，城南外東段即是古城耶布斯，西段仍包圍在猶太區之內，西牆長約 490 公尺，牆外南段屬猶太人區，北段是回教區，北牆長約 310 公尺，牆外也是回教區，區內現屬回教徒管理，可供參觀之處甚多，主要計有以下三個：

1200-1 大岩石圓頂清真寺
Dome of the Rock

●位於聖殿區之中央，是一個八角形，中間有圓拱頂的大回教寺，寺內正中央的大白石，相傳就是亞伯拉罕獻以撒的那塊大石，猶太人稱之為 Rock of foundation。早在 950 BC，所羅門王就在此建了第一座大聖殿，稱第一聖殿，但在 586 BC 為巴比倫人所毀，

所羅巴伯再於 515 BC 修建大殿，稱第二聖殿，希律王在 37 BC 年在原址上建了第三座更大更壯麗的大聖殿，主耶穌十二歲時曾在殿中與教師們應對，日後又在殿中行了許多可紀念的事蹟。但在 70 年被羅馬的提多將軍所毀。132 年前後羅馬哈德良皇帝在其上建一神廟，並且不許猶太人入內，325 年君士坦丁大帝即位後，改基督教為羅馬的國教，此神廟就被改成禮拜堂，613年此堂被波斯人所破壞，637 年阿拉伯回教王國的卡里夫奧瑪在原址上興建了一座木造的回教寺，故此寺又名叫奧瑪清真寺 Mosque of Omar，691 年馬力克王拆除木屋，興建了存留至今的清真寺，並認定寺中之大岩石就是回教教主穆罕默德騎飛馬升天之處，而且也是亞伯拉罕獻以撒為祭之處，因此耶路撒冷就成了回教的第三個重要的聖城，1099 年十字軍攻入耶路撒冷後，這回教寺就改成了一座禮拜堂，命名為上主大殿 Temple of the Lord。1187 年，十字軍失敗後，又再改回成回教寺以迄今。寺的正殿呈一八角形，直徑有53公尺，外牆高12公尺，中央有一金碧輝煌半球形的圓頂，直徑有21公尺，高達三十五公尺，是耶路撒冷城最醒目之標誌，寺的內外皆裝飾得美輪美奐，是回教和阿拉伯人的藝術瑰寶。

1120-2 亞撒清真寺
Mosque of Al-Aksa

●位於聖殿區之南，最初也是由奧瑪所建的木造大寺，747 年因年久損壞，由瓦立德所重建，1099 年十字軍攻取耶路撒冷後，先成為拉丁王國的皇宮，定名叫所羅門大殿 Temple of Solomon，後再改作聖殿騎士的總部，他們為此寺增添了很多的修飾，至今仍可看見，1936 年曾大修了一次，但並未作任何重大之改變。寺長82公尺，寬55公尺，正殿中有七排美麗的大理石柱，後方有一圓頂，比大岩石清真寺之圓頂稍小而較低，顏色呈灰藍而泛有銀色的光彩，所以也稱銀頂寺。此寺是用作集體崇拜，而大岩石寺則作個人敬拜之用。

1120-3 所羅門之馬廄
Solomon's Stables

●聖殿區東南角，亞撒清真寺的東側，有一個石梯，沿梯而下，可抵達一個地下室，有八十八支石柱，分成十二行，托起了上面的地坪，是大希律為倍增聖殿區的面積而建，在十字軍佔領期間曾作為騎士的馬廄，故稱聖殿騎士之馬廄 Templar's Stables。又因亞撒寺稱為所羅門大殿，所以此處又稱為所羅門之馬廊。但似與所羅門王並無任何之關聯。

1201　哭牆
Wailing Wall

●哭牆是聖殿區西面城牆中的一小段，故又名叫西牆 Western Wall，原是大希律王所建，作爲聖殿區平台的擋土牆。主後七十年，羅馬軍破壞了聖殿區內所有的建築和城牆，但是並未損及台基以下的擋土牆。在羅馬時代，猶太人被禁止進入耶路撒冷城。到拜占庭時代，每年只有一次在聖殿被毀的紀念日，才容許猶太人到西牆邊停留，猶太人選擇在此處祈禱，是因爲他們仍被禁止進入聖殿區，只有此處則是可以停留，而且也是離聖殿的至聖所最近之處，他們在此爲聖殿被毀，族人流離失所的悲慘命運而哀哭，故稱此一小段的城牆爲哭牆。約在七百年前，開始有猶太人遷回耶路撒冷，多集中在現今之猶太區，奧圖曼的蘇里曼蘇丹正式劃給他們一塊長約20公尺，寬3公尺的地方，作爲敬拜之用。直到 1967 年的六日戰爭，以色列軍從約旦手中取得耶路撒冷全城，就在此一段城牆的下方，拆除了一些房屋和神廟，加寬和加深的開闢了現在的這個廣場，擴大至長約60餘公尺，寬約40公尺，作爲一處平日祈禱的場所，也是國家重大慶典舉行之處，平日經常有很多的猶太人在此撫牆祈禱、讀經、哀悼，甚至悲哭。由於原有所羅門和希律所建之大殿均被毀，原址上現存的是回教的清眞寺，猶太人至今尚未能確定原本聖所的位置，無法重建一處聖殿可供敬拜之用，因此此段城牆和廣場，就代替了聖殿成爲了猶太人當今最神聖的聖地。

1202　西牆和南牆
Western and Southern Wall

●現今在西牆的牆外，佈滿了房屋，但是在考古學家近年來沿著牆邊不斷的發掘下，有了相當多的收獲，使得對大希律王所建聖殿區的圍牆有了清楚的認識。由哭牆左方的入口進入地下之考古區，不久就通過一個古老石拱橋的下方，這個石橋是進入聖殿區的一個主要通道 ，爲記念發現的人，所以命名叫 Wilson's Arch，橋拱的下方非常的寬大，有如一個籃球場。再往下行10公尺左右，到達牆邊之後，就是希律時代所築的環城街道，先往北沿牆邊而行，通道都很窄，大部份開挖面僅容一、二人通過，但仍然可以感覺到其工程的浩大，道面鋪有巨大的石版，街道旁有引水道和一些水池，在北行的盡頭被一塊大石所阻，大石上仍有開採時之鑿痕，其地已接近西牆之尾端。往南行則穿過哭牆的下方，可達南牆，南牆之外有一片露天的石頭廢墟，從糞場門旁就可以看見，現今闢建成一

座名叫俄斐勒的考古公園。在西牆的南端，牆面上有明顯突出的拱橋殘留部份，那是進入聖殿區的另一個主要的入口，是一個梯階狀的拱橋，爲記念發現的人，故命名爲 Robinson's Arch， 這兩個石拱橋都是爲跨越泰羅邊谷而建。另外在南牆可以看見兩組寬大的石階梯，是另外兩處入口。在西牆邊的一個地下室裡，有一座巨大的聖殿區和四週建築物模型，可以自由的換成希律時代和現代的兩種不同的情況，兩相比較，不但可以看到原有聖殿區之宏偉，也可感覺到這兩千年間變化之大，像是 Wilson's Arch 如此巨大而重要的石拱橋，竟然會被掩埋在地下，甚至被人遺忘，眞是不可思議。也可以了解西牆外現有之房屋，是建築在層層的古老廢墟之上，而且廢墟之厚度在10至20公尺之間。

1203　城堡和大衛塔
The Citadel and Tower of David

●城堡位於舊城之西側，約帕門內之南，城堡是大希律王所興建的皇宮，以及防守西方的防禦工事，四週有堅固高大的城牆，牆外還有寬而且深的護城河，宮內據說也是美輪美奐，豪華奢侈。城堡占地之形狀呈一甚不規則之長方形，長約100公尺，寬約48公尺，有三個巨塔，四週的房屋大多尙完好，中間的院子中則是殘垣斷壁，但可看出其設計之複雜和精巧。提多大將佔領耶路撒冷時，曾保留作爲兵營，但在 614 年被羅馬人所毀，十字軍時重建，作爲重要駐守之堡壘，現今大部份的結構都是 1540 年奧圖曼的蘇里曼大帝重修整建而成，東北角上的巨塔是十七世紀時加建，命名爲大衛塔，保留至今，是耶路撒冷城最醒目的地標之一。此一城堡現闢作爲博物館，名爲大衛塔博物館 Tower of David Museum，陳列有耶路撒冷城和此城堡之有關歷史資料，晚間尚有聲光的表演。從此城堡可以登上城牆，沿著城垛上窄狹的通道，環繞著亞美尼亞區走到錫安門。另有幾處也可以登上城牆，繞城一周約需兩小時左右。

1204　古代市場
Cardo

●1947 年以色列立國之時，立即遭到阿拉伯諸國的圍攻，耶路撒冷受到極大的破壞，但是這卻給了考古學家一個探索此地的絕佳的機會，他們在猶太人區內，竟然發現了主前八世紀及一世紀的古老城牆。就在猶太區西側，Habad St.和 Jewish Quarter Rd. 兩條路間下方約3、4公尺處，發現了一條羅馬時代的主要街道和市場，現有兩處已復原的街道和廣場的遺跡正展示

著，可見到鋪有的石版的街道，兩側商店的遺跡，和柱廊等，又在其北有一條有石拱頂蓋的古老街道，不但已復原，而且有一家家的小店正在營業，兩側現有二十餘間記念品商店和小餐館，是一處很具有古代風味的地方。在街道中央，有兩座相隔不遠，突出地面的豎井，豎井之內相當的深，井中設有照明大燈，可以看見井內主前第七和第二世紀城牆的片段實體，又在市場之右側的廢墟堆中，有兩處挖得極深的坑，坑中有主前第八和第七世紀時城牆。從這處的遺跡，就可以想見兩、三千多年來的變化，耶路撒冷現有的房屋是建築在層層的廢墟之上，同時也可以體味到考古工作之艱鉅和辛苦。

地名索引

亞柯

米沙勒

押煞

仲崙

伯示麥

夏瑣

加利利湖

拉甲

亞斯他錄

雅

木

河

以得來

約

伯善

利合

河

地名索引　使用說明

索引是編有八個欄位的表格，現選大家都熟悉的約書亞記中記載之以色列人攻打耶利哥的故事作為例子，說明每一欄的功用：

| 008 | 2:1 | 耶利哥 | Jericho | 0785 | 書圖一 | H5 |

1．第一欄是列的編號，可按約書亞記出現之第8個地名之序號。

2．第二欄是聖經的章節，「2:1」表示約書亞記二章一節。

3．第三欄是中文的地名耶利哥、第四欄是英文地名Jericho。

4．第五欄是耶利哥城在「地名詳解」中的編號0785，按筆劃之順序。

5．第六欄是敘述這段歷史所繪地圖的編號，「書圖一」表示約書亞記的第一張地圖，可以從地圖與解說的書眉上很容易即翻到。

6．第七欄是耶利哥在「書圖一」地圖中的位置，英文字「H」表示橫向的座標，均寫在地圖的上方及下方，數字「5」表示縱座標，均註明在地圖的左右兩側，「H5」即是指耶利哥是在「H」和「5」所組成的方框中。（為避免與1的阿拉伯數字混淆，故取消i的編號）

7．第八欄是備註，一般只對地區、河海，和未能繪入圖中的地名加以簡單的說明。

本書的特點之一就是「讀到那裡、資料就在那裡」，當您讀到約書亞記二章1節，發現有個地名叫「耶利哥」，您就可以翻到約書亞記的索引，按章節的秩序很快就可以在第二欄中找到「2:1」，又在第三欄看見「耶利哥」，這表示您找對了。如果您是要查看地圖，就可從第六欄查到繪有耶利哥的地圖。至於耶利哥在地圖中的位置，只要從第七欄中找到「H5」，就可先在圖的上方找出「H」，再往下找出「5」，耶利哥就在那一個方框之中，過程十分容易。如果您要查耶利哥其他的資料，就可按編號「地名詳解」中去查看。耶利哥在詳解中的編號是「0785」，這可以經由傳統的方法，分別從中文和英文的編碼中查得，但是很費事，尤其是中文查法更是不易。本書則是提供了一個簡單的方法。就是凡在有「耶利哥」索引的第五欄就記有「0785」，例如民22:1、書3:16、王上16:34等。所以本書將節省您很多的時間和精力，也符合「讀到那裡，資料就在那裡」的特點。

索引並沒有列入所有地名，同書卷已出現之地名不再作重覆的說明，故在編號上會偶有跳號的情形。

本書附錄有英文地名索引、英文地名對照表及參考書目。英文地名對照表乃因聖經地名多自原文英譯而來，在不同版本之參考書籍中，有拼法上之差異，為提供讀者查詢資料的方便，特別附上。

編號	經節	中文地名	英文地名	詳解編號	圖號	地圖位置	備註
創世記							
001	2:8	伊甸	Eden	0225-1	創圖一	B1 或 C3	位置不明，傳統上認爲是在兩河流域的上游或下游。
002	2:11	比遜河	Pishon	0071	創圖一	？	位置不明。
003	2:11	哈腓拉	Havila	0719-1	創圖一	C3？	可能是在現今科威特及其南方的地區。
004	2:13	基訓河	Gihon	0916-1	創圖一	？	位置不明。
005	2:13	古實	Cush	0185-1	創圖一	C2？	可能是位於底格里斯河之東岸，Der 城附近的地區。
006	2:14	希底結河流	Hiddekel	0447	創圖一	BC13	即是今日伊拉克境內之底格里斯河。
007	2:14	亞述	Assyria	0488	創圖一	BC2	即是古代之亞述王國，是以尼尼微城爲中心的地區。
008	2:14	伯拉河	Euphrate	0335	創圖一	BC13	即是今日伊拉克的幼發拉底河。
009	4:16	挪得	Nod	0861	創圖一	？	位置無從查考。
010	4:17	以諾	Enoch	0126	創圖一	？	位置無從查考。
011	8:4	亞拉臘山	Ararat	0537-1	創圖一	C1	在土耳其的東方邊境上，山頂高 5165 公尺，終年積雪。
012	10:2	雅弗	Japheth	1020	創圖二	未繪	黃色圓弧內之地，約是蘇聯和歐洲南部、小亞細亞及沿岸島嶼。
013	10:2	歌篾	Gomer	1105	創圖二	G1	大約是黑海及高加索山脈以北的廣大地區。
014	10:2	瑪各	Magog	1075	創圖二	H1	大約是裡海及高加索山脈以北的地區。
015	10:2	瑪代	Madai	1074-1	創圖二	H2	大約是裡海以南，伊朗北部的札格羅山以北的地區。
016	10:2	雅完	Javan	1021	創圖二	F2	包括希臘半島和愛奧尼亞群島。
017	10:2	土巴	Tubal	0013	創圖二	G2	大約是土耳其中南部的地區，位於米設之東。
018	10:2	米設	Meshech	0269	創圖二	G2	大約是土耳其的中部，靠地中海北岸的地區。
019	10:2	提拉	Tiras	0995	創圖二	F1	大約是愛琴海北岸，及黑海西岸間的地區。
020	10:3	亞實基拿	Ashkenaz	0587	創圖二	GH1	可能是在高加索地區、黑海和裡海之間。
021	10:3	利法	Riphath	0407	創圖二	G1？	土耳其之北部，靠近黑海南岸之沿海地區。
022	10:3	陀迦瑪	Togarmah	0673	創圖二	G1	大約是黑海的東南岸，凡湖以北的地區。
023	10:4	以利沙	Elishah	0135-1	創圖二	E1	大約包括北非的迦太基、西西里島和義大利南部。
024	10:4	他施	Tarshish	0095	創圖二	D1？	多認爲即是現今的西班牙的南部。
025	10:4	基提	Kittim	0920	創圖二	G2	即是地中海東側的塞浦路斯島。
026	10:4	多單	Dodanim	0254	創圖二	F2？	地中海的 Rhodes 島，以及鄰近之小島。
027	10:6	含	Ham	0421	創圖二	未繪	紅色圓弧之地，主要集中在非洲，亦有在迦南、示拿地等。
028	10:6	古實	Cush	0185-2	創圖二	FG3	埃及亞斯旺以南的地區，和蘇丹的北部。
029	10:6	麥西	Mizraim	0987	創圖二	未繪	即是埃及，包括拿弗土希和帕斯魯細兩地區。
030	10:6	弗	Put	0260	創圖二	F2	大約是尼羅河三角洲之西和利比亞的東北部。
031	10:6	迦南	Canaan	0797	創圖二	G2及圖A	大約是地中海西岸的地區。
032	10:7	西巴	Seba	0303	創圖二	G4？	可能是白及藍尼羅河間，以 Meror 城爲中心的地區。
033	10:7	哈腓拉	Havilah	0719-2	創圖二	H4	可能是葉門西方的紅海沿岸。
034	10:7	撒弗他	Sabtah	1131	創圖二	J3？	約是亞拉伯半島南部，阿曼西部地區。
035	10:7	拉瑪	Raamah	0641-1	創圖二	J3？	大約是亞拉伯半島的東南，即是今日的阿曼東部。
036	10:7	撒弗提迦	Sabtechah	1140	創圖二	H4？	可能是今日的衣索比亞，位於紅海東岸，與葉門隔海相對。
037	10:7	示巴	Sheba	0210-1	創圖二	H4	阿拉伯半島的西南角，即現今的葉門西部。
038	10:7	底但	Dedan	0614-1	創圖二	G3	大約是阿拉伯半島西北部，其中心是 el-Ula 的綠洲。
039	10:8	寧錄	Nimrod	1061	創圖二	H2及圖B	位於兩河流域的中間地區。
040	10:10	巴別	Babel	0030	創圖二B	M9	即是古巴比倫城。
041	10:10	以力	Erech	0105	創圖二B	M9	
042	10:10	亞甲	Accad	0479-1	創圖二B	M9？	位於巴比倫之東，底格里斯河的北岸。

編號	經節	中文地名	英文地名	詳解編號	圖號	地圖位置	備註
043	10:10	甲尼	Calneh	0207-1	創圖二B	M9	
044	10:10	示拿	Shinar	0212	創圖二B	M9	兩河流域的南部，是巴比倫帝國的發源地。
045	10:11	亞述	Assyria	0488	創圖二B	L8	
046	10:11	尼尼微	Nineveh	0194	創圖二B	L8	
047	10:11	利河伯	Rehoboth.Ir	0414-1	創圖二B	未繪	似為尼尼微大城的一部份。
048	10:11	迦拉	Calah	0796	創圖二B	L8	
049	10:12	利鮮	Resen	0409	創圖二B	L8	
050	10:12	路低	Ludim	1054	創圖二	F2	非洲利比亞的東北部，地中海的南岸。
051	10:13	亞拿米	Anamim	0542	創圖二	F3	埃及的西部，名叫el-Kharga Oasis 狹長的大綠洲。
052	10:13	利哈比	Lehabim	0417	創圖二	E2	非洲利比亞的西北部，地中海的南岸。
053	10:13	拿弗土希	Naphtuhim	0853	創圖二	G2	埃及尼羅河下游的三角洲地區，即是下埃及。
054	10:14	帕斯魯細	Pathrusim	0611	創圖二	G3	埃及的尼羅河流域，自亞斯旺以南，但不包括三角洲在內。
055	10:14	迦斯路希	Casluhim	0818	創圖二	??	位置不明，可能是在埃及的南部某處。
056	10:14	迦斐託	Caphtor	0812	創圖二	F2	即今日位於地中海中央的克里特島Crete。
057	10:14	非利士	Philistia	0676	創圖二A	K7	迦南地南部沿海平原，但在當時非利士人尚未移民來此。
058	10:15	西頓	Sidon	0315	創圖二A	K6	西頓城附近之地區。
059	10:15	赫	Hittites	1108	創圖二A	K5	其發源地可能在敘利亞北部一小片地方，後移往小亞細亞。
060	10:16	耶布斯	Jebus	0783	創圖二A	K7	耶路撒冷及其附近地區。
061	10:16	亞摩利人	Amorites	0558	創圖二A	??	其最初的發源地不明，但很早已在示拿和以東出現。
062	10:16	革迦撒	Girgashite	0822	創圖二A	??	發源地的位置不明，後來係分散在迦南地的各處。
063	10:17	希未人	Hivites	0429	創圖二A	??	發源地的位置不明，後來係分散在迦南地的各處。
064	10:17	亞基人	Arkites	0498-1	創圖二A	K6	地中海邊一個名叫Arqa的小城及附近的地區。
065	10:17	西尼人	Sinites	0304-1	創圖二A	K6	地中海邊Arqa及Ugarit兩城之間的一個小城及附近的地區。
066	10:18	亞瓦底	Arvad	0522	創圖二A	K5	敘利亞境內離海岸約3公里的Ruad島，及其附近的地區。
067	10:18	洗瑪利	Zemarite	0758	創圖二A	K6	敘利亞境內的Sumra城，及其附近的地區。
068	10:18	哈馬	Hamath	0700	創圖二A	K5	敘利亞北部的哈馬城 Hamah，及其附近的地區。
069	10:19	基拉耳	Gerar	0940	創圖二A	K7	
070	10:19	迦薩	Gaza	0805	創圖二A	K7	
071	10:19	所多瑪	Sodom	0624	創圖二A	K7?	位置不明，在傳統上多認是在死海的南部，日後被毀。
072	10:19	蛾摩拉	Gomorrah	1046	創圖二A	K7?	位置不明，在傳統上多認是在死海的南部，日後被毀。
073	10:19	押瑪	Admah	0630	創圖二A	K7?	位置不明，在傳統上多認是在死海的南部，日後被毀。
074	10:19	洗扁	Zeboiim	0750	創圖二A	K7?	位置不明，在傳統上多認是在死海的南部，日後被毀。
075	10:19	拉沙	Lasha	0638	創圖二A	K7?	位於死海東岸邊。
076	10:21	閃	Shem	0828	創圖二	未繪	綠色圓弧內之地，約是亞拉伯半島和裡海以南的地區。
077	10:21	希伯	Eber	0432	創圖二	H2	可能是迦勒底的吾珥，或是哈蘭的巴旦·亞蘭。
078	10:22	以攔	Elam	0127-1	創圖二	H2	略等於今日伊朗西部，和伊拉克相鄰的庫茲斯坦省。
079	10:22	亞述	Assyria	0488	創圖二	GH2	同創 007。
080	10:22	亞法撒	Arphaxad	0531-1	創圖二	GH2	可能是在尼尼微東北方的山區之中。
081	10:22	路德	Lud	1056	創圖二	F2	今日土耳其的西部沿海地區，是閃族在西亞惟一的一支。
082	10:22	亞蘭	Aram	0514	創圖二	G2	自大馬色地區起，今日敘利亞的東北部。
083	10:23	烏斯	Uz	0878-1	創圖二	G2?	可能是敘利亞中部Jebel ed Drus山之南麓。
084	10:23	戶勒	Hul	0021	創圖二	G2?	可能是敘利亞的南部的Leja地區，烏斯之南。
085	10:23	基帖	Gether	0906	創圖二	J1?	可能是在Bactria，即今日阿富汗的東北部。

編號	經節	中文地名	英文地名	詳解編號	圖號	地圖位置	備註
086	10:23	瑪施	Mash	1078	創圖二	H2	可能是在幼發拉底河之河口處，靠近Charax城。
087	10:24	沙拉	Salah	0458	創圖二	??	位置不明，可能是在亞拉伯半島的某處。
088	10:25	法勒	Peleg	0661	創圖二	G2?	Phalga城，在Chaboras河與幼發拉底河交會之處。
089	10:25	約坍	Joktan	0769	創圖二	H3	大約是亞拉伯的中部地區。
090	10:26	亞摩答	Almodad	0559	創圖二	HJ3	大約是在亞拉伯的中南部。
091	10:26	沙列	Sheleph	0457	創圖二	H4?	葉門的Salipeni城，及其附近的地區，位於示巴和哈薩瑪非之間。
092	10:26	哈薩瑪非	Hazarmaveth	0730	創圖二	HJ4	約是南葉門中部的Hadhramaut省，農產豐富，盛產香料。
093	10:26	耶拉	Jerah	0781	創圖二	G23	亞拉伯沙漠北部，大馬色和麥加的中間的Tayma大綠洲。
094	10:27	哈多蘭	Hadoram	0709	創圖二	??	位置不明，可能是在亞拉伯半島某一處。
095	10:27	烏薩	Uzal	0880	創圖二	H4?	可能是今日葉門的首都Sana及其附近的地區。
096	10:27	德拉	Diklah	1144	創圖二	H3?	可能是今日麥加城以南的Nakhla的小綠洲。
097	10:28	俄巴路	Obal	0687	創圖二	H4?	可能是葉門西海岸邊的Hodeida港，及其附近的地區。
098	10:28	亞比瑪利	Abimael	0570	創圖二	??	位置不明，可能是在亞拉伯之境內。
099	10:28	示巴	Sheba	0210-2	創圖二	H4?	可能已與含族的示巴混合，共處一地，說明與創037同。
100	10:29	阿斐	Ophir	0665	創圖二	HJ4	非洲東南角的索馬利亞，隔紅海與葉門相對。
101	10:29	哈腓拉	Havilah	0719-3	創圖二	H3	可能是在波斯灣西北岸，現今科威特的南方地區。
102	10:29	約巴	Jobab	0767	創圖二	J3?	可能是在亞拉伯半島的東面，阿曼的中部。
103	10:30	米沙	Mesha	0265	創圖二	??	位置不明，可能在古代巴比倫的南邊，即亞拉伯的北境。
104	10:30	西發	Sephar	0313	創圖二	??	位置不明。
105	11:2	示拿	Shinar	0212	創圖二B	M9	同創044。
106	11:9	巴別	Babel	0030	創圖二B	M9	
107	11:28	迦勒底	Chaldees	0811	創圖三	D2	當時只包括兩河流域下游，以吾珥城為中心之地區。
108	11:28	吾珥	Ur	0422	創圖三	D2	
109	11:31	迦南	Canaan	0797	創圖二A	全	同創031。此時是2089BC，迦南似仍在埃及的勢力範圍之內。
110	11:32	哈蘭	Haran	0706	創圖三	B1	
111	12:6	示劍	Sichem	0216	創圖四	H4	
112	12:6	摩利橡樹	Moreh	1111-1	創圖四	H4	在示劍城的附近，但確實的位置不明。
113	12:8	伯特利	Bethel	0364-1	創圖四	H5	
114	12:8	艾	Ai	0299	創圖四	H5	
115	12:9	南地	Negeb	0691	創圖四	FH67	希伯崙和加低斯之間的一片荒地，乾旱少雨。
116	12:10	埃及	Egypt	0835-1	創圖三	A3	即是今日的埃及，當時南方的領土僅到亞斯旺為止。
117	13:7	比利洗人	Perizzites	0077	創圖五	未繪	散居在迦南地的原住民。
118	13:10	約但平原	Jordan	0768	創圖五	J35	此處指加利利湖以南，約但河以東的河谷。
119	13:10	瑣珥	Zoar	1069	創圖五	H6	
120	13:10	所多瑪	Sodom	0624	創圖五	H6	同創071。
121	13:10	蛾摩拉	Gomorrah	1046	創圖五	H6	同創072。
122	13:18	希伯崙	Hebron	0440	創圖五	H5	
123	13:18	幔利橡樹	Mamre	1062	創圖五	H5?	可能是在希伯崙東北方約3公里。
124	14:1	示拿	Shinar	0212	創圖三	D3	同創044。
125	14:1	以拉撒	Ellasar	0140	創圖三	D3	
126	14:1	以攔	Elam	0127-1	創圖三	D3	同創078。
127	14:1	戈印	Goyim	0023-1	創圖三	D2?	位置難以查證，可能是巴比倫東北方某一地區。

編號	經節	中文地名	英文地名	詳解編號	圖號	地圖位置	備註
128	14: 2	押瑪	Admah	0630	創圖六	H6?	位置不明，可能是在死海的東南方，與所多瑪相距不遠。
129	14: 2	洗扁	Zeboiim	0750	創圖六	H6?	位置不明，可能是在死海的東南方，與所多瑪相距不遠。
130	14: 2	比拉	Bela	0063	創圖六	H6	瑣珥的別名。
131	14: 2	西訂谷	Siddim	0309	創圖六	H6	指死海南部，當時可能是一可耕作的平原，盛產鹽及石漆。
132	14: 2	鹽海	Salt Sea	1180	創圖六	HJ56	即是今日的死海，當時漓三半島以南尚未被水淹沒。
133	14: 5	亞特律加寧	Ashteroth-Karnaim	0596	創圖六	J3	可能是亞特律和加寧兩個城，均在雅木河之北。
134	14: 5	利乏音人	Rephaims	0413-1	創圖六	JK3	當時居住在巴珊地區的原住民，身軀高大。
135	14: 5	哈麥	Ham	0701	創圖六	J3	
136	14: 5	蘇西人	Zuzims	1174	創圖六	J34	哈麥地的原住民，當時居住在約但河東岸，雅博河北岸。
137	14: 5	沙微基列亭	Shaveh Kiriathaim	0470	創圖六	J5	指基列亭城四週之平原，即亞嫩河及希實本之間。
138	14: 5	以米人	Emims	0107	創圖六	J5	是當時住在死海之東，撒烈溪之北，希實本以南的居民。
139	14: 6	何利人	Horites	0389	創圖六	JH79	即是西珥山的原住民。
140	14: 6	西珥山	Seir	0311-1	創圖六	H79	死海東南，亞拉巴谷以東的一條山脈。
141	14: 6	伊勒巴蘭	El-paran	0238	創圖六	G9	
142	14: 7	安密巴	En-mishpat	0258	創圖六	G7	即是加低斯。
143	14: 7	加低斯	Kadesh	0172	創圖六	G7	
144	14: 7	亞瑪力人	Amalekites	0557	創圖六	FG7	當時加低斯地區的遊牧民族，來歷不明。
145	14: 7	哈洗遜他瑪	Hazazon-tamar	0733-1	創圖六	H7	
146	14: 7	亞摩利人	Amorites	0558	創圖六	H7	是當時迦南地的主要原住民族之一，有時也代表所有的迦南人。
147	14:13	希伯來人	Hebrew	0439	創圖六	未繪	指閃的後裔，希伯的子孫，特別是指亞伯拉罕及其後代。
148	14:14	但	Dan	0385-2	創圖六	J2	
149	14:15	大馬色	Damascus	0010	創圖六	K1	
150	14:15	何把	Hobah	0388	創圖六	K1?	位置不明，應是在大馬色的北方。
151	14:17	沙微谷	Shaveh	0463	創圖六	H5?	約是耶路撒冷的東方，汲淪溪上游較寬廣處。
152	14:17	王谷	King's Valley	0022	創圖六	H5?	即是前條的沙微谷。
153	14:18	撒冷	Salem	1123-1	創圖六	H5	多數人認為即是耶路撒冷。
154	15: 7	迦勒底	Chaldees	0811	創圖三	D2	同創107。
155	15: 7	吾珥	Ur	0422	創圖三	D2	同創108。
156	15:18	埃及河	R.of Egypt	0835-2	創圖四	EF67	位於西乃半島北部，分支多，但除在雨季時外，經常是乾涸的。
157	15:18	伯拉河	Euphrates	0335	創圖三	CD13	同創008。
158	15:19	基尼人	Kenites	0899	創圖四	H6	是一支半遊牧民族，主要集中在死海的東南方。
159	15:19	基尼洗人	Kenizzites	0928	創圖四	??	散居在迦南地，似無集中之處，來歷亦無從查考。
160	15:19	甲摩利人	Kadmonites	0209	創圖四	??	散居在迦南地，無集中之處，可能是東方來的遊牧民族。
161	15:20	赫人	Hittites	1108	創圖四	H5	散居在迦南地，部份居住在希伯崙，是主要的原住民族之一。
162	15:20	比利洗人	Perizzites	0077	創圖四	未繪	同創117。
163	15:20	利乏音人	Rephaims	0413-1	創圖四	未繪	迦南地原住民，散居巴珊、亞捫、摩押及以法蓮山地附近。
164	15:21	亞摩利人	Amorites	0558-1	創圖四	未繪	此處指住在迦南地山區中的人民，餘同創061。
165	15:21	迦南人	Canaanites	0797	創圖四	未繪	此處指迦南地中住在海邊和平原的人民，餘同創031。
166	15:21	革迦撒人	Girgashites	0822	創圖四	未繪	散居在迦南地，無集中之處，來歷亦無從查考。

編號	經節	中文地名	英文地名	詳解編號	圖號	地圖位置	備註
167	15:21	耶布斯人	Jebusites	0783	創圖四	H5	指當時耶路撒冷及其附近地區的居民。餘同創 060。
168	16:7	書珥路	Shur	0868-1	創圖七	D8H5	起自安城經書珥曠野，前往迦南的一條古代商業大道。
169	16:14	庇耳拉海萊	Beer-Lahai-roi	0452	創圖七	F7?	位置不能確定。
170	16:14	加低斯	Kadesh	0172	創圖七	G7	
171	16:14	巴列	Bered	0028	創圖七	??	位置不明。
172	18:1	幔利	Mamre	1062	創圖五	H5	同創 123
173	18:16	所多瑪	Sodom	0624	創圖五	H6	同創 071。
174	18:20	蛾摩拉	Gomorrah	1046	創圖五	H6	同創 072。
175	19:22	瑣珥	Zoar	1069	創圖五	H6	
176	19:37	摩押人	Moabites	1112-1	創圖五	JK56	在死海以東地區的居民，是羅得的後代。
177	19:38	亞捫人	Ammonites	0494	創圖五	K35	居住在基列以東、希實本及巴珊之間的民族是羅得的後代。
178	20:1	南地	Negeb	0691	創圖四	FH6	同創115。
179	20:1	書珥曠野	Shur	0868-1	創圖四	E67	埃及的東側，西乃半島西北部的一個曠野。
180	20:1	基拉耳	Gerar	0940	創圖四	G6	
181	21:14	別是巴曠野	Beer-sheba	0398	創圖七	G6	別是巴城附近的曠野。
182	21:21	巴蘭曠野	Paran	0036-1	創圖七	FG89	西乃半島中部東側的曠野，西北方鄰書珥曠野。
183	21:33	非利士	Philistia	0676	創圖七	FG56	迦南地南部的沿海平原。
184	22:2	摩利亞	Moriah	1116	創圖八	H5	可能是今日耶路撒冷的聖殿區，是在耶布斯城北方山頭。
185	23:2	基列亞巴	Kirjath-arba	0952	創圖四	H5	就是希伯崙原來的名字。
186	23:2	希伯崙	Hebron	0440	創圖四	H5	
187	25:9	麥比拉	Machpelah	0989	創圖四	H5?	位置不明，可能在希伯崙的城內或城外。
188	24:10	米所波大米	Mesopotomia	0294	創圖三	BC1	幼發拉底河及底格里斯河兩條河流之間的地區。
189	24:10	拿鶴的城	City of Nahor	0855	創圖三	B1?	可能即是哈蘭城。
190	25:18	哈腓拉	Havilah	0719-4	創圖三	??	此一哈腓拉的位置，很難確定，可能是在巴蘭曠野。
192	25:18	亞述的道	Assyria	0488	創圖三	??	應是從埃及通往亞述的國際大道中的一條，但位置不明。
193	25:20	巴旦亞蘭	Padan-aram	0052	創圖三	BC1	是以古代的哈蘭城及歌散城為中心的一個大平原。
194	25:20	亞蘭人	Aram	0514	創圖三	B12	同創 082。
195	26:1	非利士人	Philistine	0676	創圖八	G5F6	參創183，此時之非利士人是當地的原住民。
196	26:17	基拉耳谷	V.Gerar	0940	創圖八	G6	是比梭河的北支，基拉耳城則在其北岸。
197	26:20	埃色	Esek	0836	創圖八	G6?	位置不明，應是在基拉耳谷之內。
198	26:21	西提拉	Sitnah	0327	創圖八	G6?	位置不明，應是在基拉耳谷之內。
199	26:22	利河伯	Rehoboth	0414-2	創圖八	G6?	位置不明，應是在基拉耳谷之內。
200	26:23	別是巴	Beer-sheba	0398	創圖八	G6	
201	26:33	示巴	Sheba	0210-4	創圖八	G6	即是別是巴城，參創200。
202	27:43	哈蘭	Haran	0706	創圖三	B1	
203	28:19	伯特利	Bethel	0364-1	創圖九	H5	
204	28:19	路斯	Luz	1055-1	創圖九	H5	即是伯特利。
205	31:21	基列	Gilead	0904-1	創圖九	J34	約但河以東、希實本以北、雅木河以南的山區。
206	31:47	迦累得	Galeed		創圖九	J4?	即是米斯巴，見下條。
207	31:49	米斯巴	Mizpah	0285-1	創圖九	J4?	位置不明，應是在雅博河以南的基列山區之中。
208	32:2	瑪哈念	Mahanaim	1088	創圖九	J4	
209	32:2	西珥地	Seir	0311	創圖九	HJ7	即是以東地，見下條。
210	32:2	以東	Edom	0111	創圖九	HJ7	位於死海以南，阿卡巴灣之間，亞拉巴峽谷兩側不毛之山地。

編號	經節	中文地名	英文地名	詳解編號	圖號	地圖位置	備註
211	32:22	雅博河	Jabbok	1023	創圖九	J4	發源自摩押地的北部，在亞當城之北注入約但河。
212	32:30	毘努伊勒	Penuel	0764	創圖九	J4	
213	33:17	疏割	Succoth	1013-1	創圖九	J4	
214	33:18	示劍	Shechem	0216	創圖九	H4	
215	35:16	以法他	Ephrath	0141-1	創圖九	H5	即是伯利恆。
216	35:19	伯利恆	Bethlehem	0349-1	創圖九	H5	
217	35:21	以得台	Migdal Edar		創圖九	??	位置不明，應在伯利恆及希伯崙之間的某處。
218	35:27	基列亞巴	Kirjath-arba	0952	創圖九	H5	
219	35:27	幔利	Mamre	1062	創圖九	H5	同創123。
220	35:27	希伯崙	Hebron	0440	創圖九	H5	
221	36:20	何利人	Horite	0389	創圖六	J79	同創139。
222	36:32	亭哈巴	Dinhabah	0680	創圖十	??	位置無從查考，但應該是在以東的境內。
223	36:33	波斯拉	Bozrah	0660-1	創圖十	J7	
224	36:34	提幔	Teman	0998	創圖十	J8	
225	36:34	摩押人	Moab	1112-1	創圖十	J6	同創176。
226	36:35	米甸人	Midian	0264	創圖十	HJ10	住在亞拉伯半島的西部、阿卡巴灣東岸地區的游牧民族。
227	36:35	亞未得	Avith	0523	創圖十	??	位置無從查考，但應該是在以東的境內。
228	36:35	瑪士利加人	Masrekah	1096	創圖十	??	來源和位置皆不明。
229	36:37	利河伯	Rehoboth	0414-3	創圖十	??	位置無從查考，但應該是在以東的境內。
230	36:39	巴烏	Pau	0033	創圖十	??	位置無從查考，但應該是在以東的境內。
231	36:43	以東	Edom	0111	創圖十	GJ79	同創210。
232	37:12	示劍	Shechem	0216	創圖十一	H4	
233	37:14	希伯崙谷	V.Hebron	0440	創圖十一	H5	希伯崙位於兩山之間，故可能即是指希伯崙城或其附近。
234	37:17	多坍	Dothan	0252	創圖十一	H4	
235	37:25	以實瑪利人	Ishmaelite	0161	創圖十一	未繪	在此處即是指米甸人。
236	37:25	基列	Gelead	0904-1	創圖十一	J34	同創205。
237	37:25	埃及	Egypt	0835-1	創圖十二	全圖	同創116。
238	38: 1	亞杜蘭	Adullamite	0530	創圖十一	G5	
239	38: 5	基悉	Chezib	0919	創圖十一	G5	
240	38:12	亭拿	Timnah	0678-1	創圖十一	G5	
241	38:14	伊拿印	Enaim	0228	創圖十一	??	位置不能確定，應是在亭拿和基悉之間。
242	41:45	安	On	0256	創圖十二	A1	
243	45:10	歌珊	Goshen	1103-1	創圖十二	A1	位於尼羅河三角洲東部的一片地，但詳細位置和大小不明。
244	46: 1	別是巴	Beer-sheba	0398	創圖十一	G6	
245	46:15	巴旦亞蘭	Padan-aram	0052	創圖三	B1	同創193。
246	47:11	蘭塞	Rameses	1178-1	創圖十二	A1	即是歌珊地，同創243。
247	48: 3	路斯	Luz	1055-1	創圖十一	H5	
248	48: 7	巴旦	Padan	0027	創圖三	B1	即是巴旦亞蘭，見創193。
249	48: 7	以法他	Ephrath	0141-2	創圖十一	H5	即是伯利恆。
250	48: 7	伯利恆	Bethlehem	0349-1	創圖十一	H5	
251	48:22	亞摩利人	Amorite	0558-1	創圖十一	未繪	此處可能是指迦南地之人。
252	49:13	西頓	Sidon	0315	創圖三	B2	
253	49:30	幔利	Mamre	1062	創圖十一	H5	同創123。

編號	經節	中文地名	英文地名	詳解編號	圖號	地圖位置	備註
254	49:30	麥比拉	Machpelah	0989	創圖十一	H5	在希伯崙的城內。
255	50:11	亞達	Atad	0501	創圖十一	?	位置不明，甚至有人認爲是在約但河的西岸某處。
256	50:11	亞伯麥西	Abel-mizaim		創圖十一	?	即是亞達，見前條。

出埃及記

編號	經節	中文地名	英文地名	詳解編號	圖號	地圖位置	備註
001	1:1	埃及	Egypt	0835	出圖一	N14	即是今日的埃及，但疆界較小，當時的國勢甚強。
002	1:7	以色列人	Israel	0131	出圖一	未繪	即是雅各的子孫。
003	1:11	比東	Pithom	0064	出圖一	O2?	
004	1:11	蘭塞	Raamses	1178-2	出圖一	O2	
005	1:15	希伯來	Hebrew	0439	出圖一	未繪	就是以色列人，雅各的後代。
006	2:15	米甸	Midian	0264	出圖一	Q34	位於亞拉伯半島的西部，阿卡巴灣的東岸。
007	3:1	何烈山	Horeb	0392-1	出圖一	P4	就是西乃山，高度爲2244公尺。
008	3:8	迦南人等	Canaanites	0797	出圖一	未繪	此六族人所居地就是迦南地，其餘五族請分別見赫人1108，亞摩利人0558，比利洗人0077，希未人0429，耶布斯人0783。
009	4:27	神的山	Maunt of God		出圖一	P4	即是西乃山，又叫何烈山。
010	8:22	歌珊	Goshen	1103-1	出圖一	NO2	位於尼羅河三角洲東北的一片地，但大小和位置不明。
011	10:19	紅海	Red sea	0766-1	出圖一	O34	即埃及和西乃半島之間的蘇伊士灣。
012	12:37	蘭塞	Rameses	1178-1	出圖一	NO2	即是歌珊地，請參看出010。
013	12:37	疏割	Succoth	1013-2	出圖二	O2	
014	13:17	非利士地的路	Road to Philista	0676	出圖二	OP2	自埃及東北角沿地中海岸經非利士地的一條國際大道。
015	13:18	紅海曠野的路	Road to Red Sea	0766	出圖二	O24	指西乃半島沿著蘇伊士灣海岸，往西乃山去的路。
016	13:20	以倘	Etham	0117	出圖二	O2?	
017	14:2	比哈希錄	Pi-Hahiroth	0086	出圖二	O2?	
018	14:2	密奪	Migdol	0968-1	出圖二	??	位置不詳，也許是一守望台，在比哈希錄城附近。
019	14:2	巴力洗分	Baal-zephon	0046	出圖二	?	可能是比哈希錄城附近一個名叫巴力洗分的神廟。
020	15:4	紅海	Red sea	0766-2	出圖二	O2?	可能是在尼羅河三角洲的東北，孟沙拉湖的東南端的湖汉。
021	15:14	非利士	Philista	0676	出圖二	PQ1	位於約帕及埃及小河之間的一片沿海平原。
022	15:15	以東	Edom	0111	出圖二	Q23	死海及阿卡巴灣間，亞拉巴峽谷兩側不毛之山地。
023	15:15	摩押	Moab	1112	創圖五	JK56	死海以東，撒烈溪以北的一片肥沃的高地。
024	15:22	書珥曠野	Shur	0868-2	出圖二	OP2	西乃半島的西北部的曠野，西接埃及。
025	15:23	瑪拉	Marah	1073	出圖二	O3?	
026	15:27	以琳	Elim	0122	出圖二	O3?	
027	16:1	西乃山	Mount of Sinai	0302-1	出圖二	P4	西乃半島南部的第二高山，山高2244公尺。
028	16:1	汛曠野	Sin	0262	出圖二	OP3	書珥曠野以南的曠野，東鄰巴蘭曠野，南鄰西乃曠野，但邊界不詳。
029	17:1	利非訂	Rephidim	0416	出圖二	P4	
030	17:6	何烈的磐石	Hored	0392-2	出圖二	P4?	在利非訂地區，但位置不明。
031	17:7	瑪撒	Massah	1082	出圖二	P4?	在利非訂地區，但位置不明。
032	17:7	米利巴	Meribah	0276-1	出圖二	P4?	在利非訂地區，但位置不明。
033	17:8	亞瑪力人	Amalek	0557	出圖二	P2	是以掃的後裔，住在加低斯西南一帶，詳創圖十。
034	18:1	米甸	Midian	0264	出圖二	Q34	同出006。
035	19:1	西乃曠野	Sinai	0302-2	出圖二	P4	西乃山四週之曠野，包括西乃半島的南部。
036	23:23	亞摩利人等	Amorite	0558	出圖二	未繪	同出008之迦南人。

編號	經節	中文地名	英文地名	詳解編號	圖號	地圖位置	備註
037	23:31	紅海	Red sea	0766-3	出圖二	PQ34	指紅海的阿卡巴灣，位於西乃半島和阿拉伯半島之間。
038	23:31	非利士海	S.Philistines	0676	出圖二	P1	即是地中海靠非利士地的海域。

民數記

編號	經節	中文地名	英文地名	詳解編號	圖號	地圖位置	備註
001	1:1	埃及	Egypt	0835	民圖五	N23	約是今日的埃及，當時對迦南的控制力正逐漸的減弱。
002	1:1	西乃曠野	Sinai	0302-2	民圖一	P24	以西乃山為中心的一片曠野，包括西乃半島的南部。
003	10:12	巴蘭曠野	Paran	0036-1	民圖一	P23	位於西乃半島中部東側，西北鄰書珥，南方鄰西乃曠野。
004	10:29	米甸人	Midianite	0264	民圖一	Q34	位於亞拉伯半島的西部，阿卡巴灣的東岸。
005	11:3	他備拉	Taberah	0101	民圖一	P4?	位置不明，有可能即是基博羅哈他瓦。
006	11:34	基博羅哈他瓦	Kibro-hattaayah	0963	民圖一	P4?	位置不明，應是在西乃山的東北，哈洗錄以南的地區。
007	11:35	哈洗錄	Hazeroth	0712	民圖一	P3	
008	12:1	古實人	Ethiopia	0185-3	創圖十二	A4	埃及亞斯旺以南之地，約為今日之蘇丹。
009	13:1	迦南地	Canaan	0797	民圖二	全圖	約為今日之巴勒斯坦。
010	13:17	南地	Negeb	0691	民圖二	RS4	希伯崙以南，加低斯以北間的一片荒地，乾旱少雨。
011	13:21	尋曠野	Zin	0993	民圖二	R5	位於南地的東南角上，東接以東，南接巴蘭曠野。
012	13:21	利合	Rehob	0401-1	民圖二	S2	
013	13:21	哈馬口	Hamath	0716	民圖二	T1	位於奧倫提斯河之發源處，是進入哈馬地區的惟一隘口。
014	13:22	希伯崙	Hebron	0440	民圖二	S4	
015	13:22	亞衲人	Anak	0490	民圖二	未繪	散居約但河兩岸，來歷不明，主要集中希伯崙及底壁等城。
016	13:22	鎖安	Zoan	1165	民圖五	O2	
017	13:24	以實各谷	Eshcol	0148	民圖二	S4?	詳細的位置不明，可能是在希伯崙北方約3公里處。
018	13:26	加低斯	Kadesh	0172	民圖二	R5	
019	13:29	亞瑪力人	Amalek	0557	民圖二	未繪	主要居住在加低斯西南一帶的游牧民族。
020	13:29	亞衲人等	Anaks	0490	民圖二	未繪	同民015，其餘五族請分別見 赫人1108，亞瑪力人0557，耶布斯人0783，亞摩利人0558，迦南人0797。
021	13:29	約但河	Jordan	0768	民圖二	S34	今以色列境內的約但河，主要指加利利湖到死海的一段。
022	14:25	紅海	Red sea	0766-3	民圖三	R6	即阿卡巴灣，係紅海的東北方的分支。
024	14:45	何珥瑪	Hormah	0395	民圖三	R4	
025	20:13	米利巴	Meribah	0276-2	民圖三	??	位置不明，是加低斯地區中之一地。
026	20:22	何珥山	Hor	0393-1	民圖三	R5	位置未確定，可能是加低斯東北方的Jebel Madeira山。
027	21:1	亞拉得	Arad	0534	民圖三	S4	
028	21:1	亞他林路	Atharim	0524	民圖三	??	是自加低斯往亞拉得的一條大道，但路線不明。
029	21:10	阿伯	Oboth	0664	民圖三	S5	
030	21:11	以耶亞巴琳	Iye Abarim	0163	民圖三	S5?	
031	21:11	摩押	Moab	1112-1	民圖三	S4	是撒烈溪和亞嫩河間之地區，以北的土地已被西宏所佔。
032	21:12	撒烈谷	Zared	1128	民圖三	S5	
033	21:13	亞嫩河	Arnon	0509	民圖三	S4	
034	21:13	亞摩利人	Amorite	0558	民圖三	未繪	散居在迦南地，同時也統治了約但河東的兩個小國。
035	21:14	蘇法	Suphah	1176	民圖三	R6?	位置不明，可能是指紅海。
036	21:14	哇哈伯	Waheb	0736	民圖三	S4?	位置不明，可能是指亞嫩河。
037	21:15	亞珥	Ar	0493	民圖三	S4	
038	21:16	比珥	Beer	0067-1	民圖三	??	位置不詳，應在摩押地，亞嫩河之北。
039	21:18	瑪他拿	Mattanah	1084	民圖三	S4	

編號	經節	中文地名	英文地名	詳解編號	圖號	地圖位置	備註
040	21:19	拿哈列河	Nahaliel	0851	民圖三	S4?	可能是 Wadi Zerqa Main 旱溪。
041	21:19	巴末	Bamoth	0026	民圖三	S4	
042	21:20	毘斯迦山	Pisgah	0763	民圖三	S4	
044	21:23	雅雜	Jahaz	1026	民圖三	S4	
045	21:24	雅博河	Jabbok	1023	民圖三	S3	
046	21:24	亞捫人	Ammon	0494	民圖三	T34	位於基列以東，希實本以北，巴珊以南。
047	21:25	希實本	Heshbon	0445	民圖三	S4	
049	21:29	基抹	Chemosh	0909-1	民圖三	??	位置不明，可能是代表摩押。
050	21:30	底本	Dibon	0612-1	民圖三	S4	
051	21:30	挪法	Nophah	0860	民圖三	??	位置不明。
052	21:30	米底巴	Medeba	0279	民圖三	S4	
053	21:32	雅謝	Jaazer	1025-1	民圖三	S3	
054	21:33	巴珊	Bashan	0032	民圖三	ST3	位於加利利湖以東的一片高原，全區富饒肥沃。
055	21:33	以得來	Edrei	0145-1	民圖三	T3	
056	22:1	摩押平原	Moab	1112-2	民圖四	J5	約但河東，死海東北方的一小塊平原，包括什亭在內。
057	22:1	約但河	Jordan	0768	民圖四	J35	同民 021。
058	22:1	耶利哥	Jericho	0785	民圖四	H5	
059	22:4	米甸	Midian	0264	民圖一	Q34	原住亞拉伯半島西岸，此時摩押有相當多的米甸人。
060	22:4	毘奪	Pethor	0761	創圖三	B1?	可能位於哈蘭城以西約80公里。
061	22:36	摩押京城	City of Moab	1112-3	民圖四	J6?	位於亞嫩河旁。
062	22:36	亞嫩河	Arnon	0509	民圖四	J6	同民 033。
063	22:39	基列胡瑣	Kiriath-huzoth	0953	民圖四	??	位置不明，可能是在亞嫩河旁某處。
064	23:7	亞蘭	Aram	0514	民圖二	TU12	自大馬色地區起，直到幼發拉底河東邊的巴旦亞蘭。
065	23:14	瑣腓田	Zophereth	1070	民圖四	J5?	大約應該是在毘斯迦山的附近。
066	23:28	毘珥	Peor	0760	民圖四	J5?	確實的位置不明，應是亞巴琳山脈中之某一山峰。
067	24:18	以東	Edom	0111	民圖三	S56	位於死海及阿卡巴灣間之山地，但多礦產。
068	24:28	西珥	Sier	0311-1	民圖三	S56	即是以東，同民 067。
069	24:20	亞瑪力人	Amalek	0557	民圖四	未繪	同民 019。
070	24:21	基尼人	Kenites	0899	民圖四	H6	主要集中死海西南岸，他們是半遊牧民族，也是匠人。
071	24:22	亞述	Asshur	0488	創圖三	C1	是以尼尼微城為中心之一古代強國。
072	24:24	基提	Kittim	0920	創圖三	A1	地中海東側的塞浦路斯島。
073	24:24	希伯	Eber	0432	創圖二	H2	是以吾珥城為中心的一個地區。
074	25:1	什亭	Shittim	0024-1	民圖四	J5	
075	27:12	亞巴琳山	Abarim	0519	民圖二	S4	即是毘斯迦山。
076	27:14	尋曠野	Zin	0993	民圖三	RS5	同民 011。
077	27:14	加低斯米利巴	Meriban at Kadesh	0179	民圖三	R5	
078	32:1	雅謝地	Jazer	1025	民圖四	J4	
079	32:1	基列	Gilead	0904-1	民圖四	J34	約但河以東，希實本以北，雅木河以南的山區。
080	32:3	亞大錄	Ataroth	0518	民圖四	J5	即是亞他錄民092。
081	32:3	底本	Dibon	0612	民圖四	J6	同民 050。
082	32:3	寧拉	Nimrah	1060	民圖四	J5	即是伯寧拉民096。
083	32:3	希實本	Heshbon	0445	民圖四	J5	同民 047。
084	32:3	以利亞利	Elealeh	0154	民圖四	J5	
085	32:3	示班	Shebam	0213	民圖四	J5	即是西比瑪民100。

編號	經節	中文地名	英文地名	詳解編號	圖號	地圖位置	備註
086	32:3	尼波	Nebo	0187-2	民圖四	J5	
087	32:3	比穩	Beon	0074	民圖四	J5	即是巴力免民099。
088	32:8	加低斯巴尼亞	Kadesh-barnea	0178	民圖三	R5	即是加低斯，見民018。
089	32:9	以實各谷	Eshcol	0148	民圖二	S4?	同民017。
090	32:33	亞摩利	Amorite	0558	民圖四	未繪	同民034。
091	32:33	巴珊	Bashen	0032	民圖四	JK3	同民054。
092	32:34	亞他錄	Ataroth	0526	民圖四	J5	與民080之亞大錄為同一地。
093	32:34	亞羅珥	Aroer	0565-1	民圖四	J6	
094	32:35	亞他錄朔反	Atro-shophan	0591	民圖四	??	位置不明，應在迦得支派地業的範圍之內。
095	32:35	約比哈	Jogbehah	0776	民圖四	J4	
096	32:36	伯寧拉	Beth-nimrah	0365	民圖四	J5	同民082之寧拉。
097	32:36	伯哈蘭	Beth-haran	0359	民圖四	J5	
098	32:37	基列亭	Kiriathaim	0946-1	民圖四	J5	
099	32:38	巴力免	Baal-meon	0037	民圖四	J5	同民087之比穩。
100	32:38	西比瑪	Shibmah	0317	民圖四	J5	同民085之示班。
101	32:41	哈倭特睚珥	Havoth-jair	0734	民圖四	J3	可能是在雅木河之南的基列地的北部。
102	32:42	基納	Kenath	0917	民圖二	T3	
103	32:42	挪巴	Nobah	0857-1	民圖二	K3	同民102之基納。
104	33:1	埃及	Egypt	0835	民圖五	N13	在摩西的時代，從強而漸衰微，對迦南之控制力漸弱。
105	33:3	蘭塞地	Rameses	1178-1	民圖五	NO2	即是歌珊地，位於尼羅河三角洲東部，但位置和大小不明。
106	33:5	疏割	Succoth	1013-2	民圖五	O2	
107	33:6	以倘	Etham	0117	民圖五	O2	
108	33:7	比哈希錄	Pi-hahiroth	0086	民圖五	O2	
109	33:7	巴力洗分	Baal-zephon	0046	民圖五	未繪	在比哈希錄城附近一個名叫巴力洗分的神廟。
110	33:7	密奪	Migdol	0968-1	民圖五	O2?	在比哈希錄城的附近。
111	33:8	海	Sea		民圖五	O2	指紅海,即蘆葦海,位於尼羅河三角洲東北,見0766-2條。
112	33:8	書珥曠野	Shur	0868-2	民圖五	OP2	西乃半島西北部之曠野，西接埃及，東部以埃及小河為界。
113	33:8	伊坦曠野	Etham	0224	民圖五	O23	
114	33:8	瑪拉	Marah	1073	民圖五	O3	
115	33:9	以琳	Elim	0122	民圖五	O3	
116	33:10	紅海邊	Red sea	0766-1	民圖五	O3	指紅海的西北支的蘇伊士灣東邊的海岸。
117	33:11	汛曠野	Sin	0262	民圖五	OP3	指紅海邊之南的一片曠野，東鄰巴蘭曠野，南鄰西乃曠野。
118	33:12	脫加	Dophkah	0984	民圖五	P3	
119	33:13	亞錄	Alush	0512	民圖五	P3?	
120	33:14	利非訂	Rephidim	0416	民圖五	P4	
121	33:15	西乃曠野	Sinai	0302-1	民圖五	P4	同民002。
122	33:16	基博羅哈他瓦	Kibroth-hattaavah	0963	民圖五	P5	
123	33:17	哈洗錄	Hazeroth	0712	民圖五	P3	
124	33:18	利提瑪	Rithmah	0419	民圖五	??	
125	33:19	臨門帕烈	Rimmon-parez	1164	民圖五	??	位置不明，無從查考。
126	33:20	立拿	Libnah	0222-1	民圖五	??	位置不明，無從查考。
127	33:21	勒撒	Rissah	0897	民圖五	??	位置不明，無從查考。
128	33:22	基希拉他	Kehelathah	0959	民圖五	??	位置不明，無從查考。
129	33:23	沙斐山	Shapherd	0462-1	民圖五	??	位置不明，無從查考。

編號	經節	中文地名	英文地名	詳解編號	圖號	地圖位置	備註
130	33:24	哈拉大	Haradah	0711	民圖五	??	位置不明，無從查考。
131	33:25	瑪吉希錄	Makheloth	1097	民圖五	??	位置不明，無從查考。
132	33:26	他哈	Tahath	0094	民圖五	??	位置不明，無從查考。
133	33:27	他拉	Tarah	0092	民圖五	??	位置不明，無從查考。
134	33:28	密加	Mithcah	0965	民圖五	??	位置不明，無從查考。
135	33:29	哈摩拿	Hashmonah	0720	民圖五	??	位置不明，無從查考。
136	33:30	摩西錄	Moseroth	1115	民圖五	??	位置不明，無從查考。
137	33:31	比尼亞干	Bene-jaakan	0085	民圖五	??	位置不明，無從查考。
138	33:32	曷哈及甲	Hor-hagidgad	0746	民圖五	??	位置不明，無從查考。
139	33:33	約巴他	Jotbathah	0775-1	民圖五	Q3	
140	33:34	阿博拿	Abronah	0667	民圖五	??	位置不明，無從查考。
141	33:35	以旬迦別	Ezion-gaber	0153	民圖五	Q3	
142	33:36	尋曠野	Zin	0993	民圖五	Q2	同民011。
143	33:36	加低斯	Kadesh	0172	民圖五	P2	
144	33:37	何珥山	Hor	0393-1	民圖五	Q2	同民026。
145	33:37	以東	Edom	0111	民圖五	Q23	同民067。
146	33:40	迦南	Canaan	0797	民圖二	全圖	同民009。
147	33:40	南地	Negeb	0691	民圖五	PQ2	同民010。
148	33:40	亞拉得	Arad	0534	民圖五	Q1	
149	33:41	撒摩拿	Zalmonah	1139	民圖五	Q2	
150	33:42	普嫩	Punon	1042	民圖五	Q2	
151	33:43	阿伯	Oboth	0664	民圖五	Q2	
152	33:44	以耶亞巴琳	Iye-abarim	0163	民圖五	Q2	
153	33:45	摩押	Moab	1112-1	民圖五	Q1	同民031。
154	33:45	底本迦得	Dibon-gad	0621	民圖五	附圖Q1	
155	33:46	亞門低比拉太音	Almom-diblathaim	0599	民圖五	附圖Q1	
156	33:47	尼波	Nebo	0187	民圖五	附圖Q1	
157	33:47	亞巴琳山	Abarim	0519	民圖五	附圖Q1	同民075。
158	33:48	摩押平原	Moab	1112-2	民圖五	附圖Q1	同民056。
159	33:48	耶利哥	Jericho	0785	民圖五	附圖Q1	
160	33:49	伯耶施末	Beth-jeshimoth	0378	民圖五	附圖Q1	
161	33:49	亞伯什亭	Abel-shittimoth	0572	民圖五	附圖Q1	
162	34:3	尋曠野	Zin	0993	民圖二	R5	同民011。
163	34:3	以東	Edom	0111	民圖二	S5	同民067。
164	34:3	鹽海	Salt sea	1180	民圖二	S4	
165	34:3	亞克拉濱	Akrabbim	0576	民圖二	S5	
166	34:4	加低斯巴尼亞	Kadesh-barnea	0178	民圖二	R5	即是加低斯，見民018。
167	34:4	哈薩亞達	Hazar-addar	0727	民圖二	R5	
168	34:4	押們	Azmon	0627	民圖二	R5	
169	34:5	埃及小河	Wadi Egypt	0835	民圖二	R5	
170	34:6	大海	Great sea		民圖二	RS14	即是地中海。
171	34:7	何珥山	Hor	0393-2	民圖二	T1?	可能是利巴嫩山脈中，西北方靠海岸的某一個山峰。
172	34:8	哈馬口	Entrance of Hamath	0716	民圖二	T1	同民013。
173	34:8	西達達	Zedad	0329	民圖二	T1	

編號	經節	中文地名	英文地名	詳解編號	圖號	地圖位置	備註
174	34:9	西斐崙	Ziphron	0328	民圖二	U1	
175	34:9	哈薩以難	Hazar-enan	0726	民圖二	U1	
176	34:10	示番	Shepham	0214	民圖二	??	位置無從查考，似應在巴珊地的邊緣上某處。
177	34:10	亞延	Ain	0489	民圖二	S3?	位置不能確定。
178	34:10	利比拉	Riblah	0412-1	民圖二	??	位置不明，應是在加利利海東北方，哥蘭高地的邊境上。
179	34:10	基尼烈湖	Chinnereth	0951-1	民圖二	S3	即是現今以色列北部的加利利海，湖中水產豐富。

申命記

編號	經節	中文地名	英文地名	詳解編號	圖號	地圖位置	備註
001	1:1	約但河	Jordan	0768	申圖一	S56	
002	1:1	疏弗	Suph	1012	申圖二	R6?	可能指紅海的北支阿卡巴灣。
003	1:1	亞拉巴	Arabah	0536-1	申圖一	S56	此處指死海以北一段的約但河谷。
004	1:1	巴蘭曠野	Paran	0036-1	申圖二	R56	位於西乃半島中部東側，西北鄰書珥，南接西乃曠野。
005	1:1	陀弗	Tophel	0669	申圖一	??	位置不明。
006	1:1	拉班	Laban	0640	申圖一	??	位置不明。
007	1:1	哈洗錄	Hazeroth	0712	民圖五	P3	
008	1:1	底撒哈	Dizahah	0620	申圖一	??	位置不明。
009	1:2	何烈山	Horeb	0392-1	民圖五	P4	就是西乃山。
010	1:3	西珥山	Seir	0311-1	申圖一	S7	死海東南至阿卡巴灣間的山區。
011	1:3	加低斯巴尼亞	Kadesh-barnea	0178	申圖一	R7	
012	1:3	埃及	Egypt	0835	創圖十二	全圖	即是今日的埃及，當時對迦南的控制力漸弱。
013	1:4	希實本	Heshbon	0445	申圖一	S6	
014	1:4	以得來	Edrei	0145-1	申圖一	T3	
015	1:4	亞斯他錄	Astaroth	0584	申圖一	S2	
016	1:4	巴珊	Bashan	0032-1	申圖一	TS5	加利利湖以東迄至沙漠間的一片肥沃的高地。
017	1:4	摩押地	Moab	1112-1	申圖一	S6	死海東北方，耶利哥的對面，又稱為摩押平原。
018	1:7	亞摩利人山地	Amorite	0558	申圖一	S56	此處即是指迦南地，特別指山地。
019	1:7	亞拉巴	Arabah	0536-1	申圖一	S56	此處指死海以北的約但河谷。
020	1:7	山地	Mountains		申圖一	R6	猶大、以法蓮及撒瑪利亞等山地，可能包括加利利山地。
021	1:7	高原	Lowland		申圖一	S56	指猶大山地及非利士地間的一片台地，即示非拉。
022	1:7	南地	Negeb	0691	申圖一	RS67	希伯崙和加低斯之間的一片曠野。
023	1:7	迦南人	Canaanite	0797	申圖一	RS56	指非利士、沙崙和亞柯各沿海諸平原中所住之各民族。
024	1:7	利巴嫩	Lebanon	0411-1	民圖二	ST34	包括今日的黎巴嫩和安替黎巴嫩兩個山脈，及附近地區。
025	1:7	伯拉河	Euphrates	0335	申圖一	UV12	即是幼發拉底河。
026	1:24	以實各谷	Eshcol	0148	申圖一	S4?	可能是在希伯崙北方約3公里處的一處谷地。
027	1:27	亞摩利人	Amorite	0558	申圖一	ST56	此處是代表迦南地的各民族。
028	1:28	亞衲人	Anakim	0490	申圖一	未繪	散居在約但河兩岸，主要集中在希伯崙、底壁等城。
029	1:40	紅海的路	Red sea	0766-3	申圖二	R6?	指往紅海去的路，可能有兩種走法。
030	1:44	西珥	Seir	0311-1	申圖二	RS56	同申010。
031	1:44	何珥瑪	Hormah	0395	申圖二	R4	
032	1:46	加低斯	Kadesh	0172	申圖二	R5	
034	2:8	亞拉巴路	Arabah	0536-1	申圖二	RS56	指前往或經由亞拉巴谷之路。
035	2:8	以拉他	Elath	0139	申圖二	R6	
036	2:8	以旬迦別	Ezion-gebe	0153	申圖二	S6	

編號	經節	中文地名	英文地名	詳解編號	圖號	地圖位置	備註
037	2:8	摩押曠野	Moab	1112-1	申圖二	S4	此時僅佔有亞嫩河以南之地區。
038	2:9	亞珥	Ar	0493	申圖二	S4	
039	2:10	以米人	Emims	0107	申圖二	未繪	居住在沙微基列亭和亞珥，即是摩押地的原住民族。
040	2:11	利乏音人	Rephaites	0413-1	申圖二	未繪	迦南地之原住民，主要在巴珊，亞捫，摩押及以法蓮山地。
041	2:12	何利人	Horims	0389	申圖二	未繪	是在以東人尚未佔據前，西珥地區的原住民。
042	2:13	撒烈溪	Zered	1128	申圖二	S5	
043	2:19	亞捫人	Ammon	0494	申圖二	T34	居住在基列以東，希實本以北的居民，是羅得的後代。
044	2:20	散送冥	Zamzummims	0986	申圖二	未繪	是亞捫人未佔領以前，該地區的原住民。
045	2:23	迦斐託	Caphtor	0812	創圖二	F2	地中海中央的克里特島。
046	2:23	迦薩	Gaza	0805	申圖二	R4	
047	2:23	亞衛人	Avims	0511	申圖二	R4	來歷不明，是非利士人遷來之前，迦薩地區的原住民。
048	2:24	亞嫩谷	Arnon	0509	申圖二	ST4	
049	2:24	希實本	Heshbon	0445	申圖二	S4	
050	2:26	基底莫曠野	Kedemoth	0934	申圖二	S4	
051	2:32	雅雜	Jahaz	1026	申圖二	S4	
052	2:36	亞羅珥	Aroer	0565-1	申圖二	S4	
053	2:36	基列	Gilead	0904-1	申圖二	S34	約但河以東，希實本以北，雅木河以南的山脈和山地。
054	2:37	雅博河	Jabbok	1023	申圖二	ST3	
055	3:1	巴珊	Bashan	0032	申圖二	ST23	同申016。
056	3:1	以得來	Edrei	0145	申圖二	T3	
057	3:4	亞珥歌伯	Ar-gob	0582	申圖二	ST23	在此處所指者，很明顯的就是巴珊地，同申016。
058	3:8	黑門山	Hermon	1038	申圖二	S2	但城東北方的山脈，是約但河主要的源頭。
059	3:9	西頓	Sidon	0315	申圖二	S2	
060	3:9	西連	Sirion	0312	申圖二	S2	即是黑門山，見申058。
061	3:9	示尼珥	Senir	0219	申圖二	S2	即是黑門山，見申058。
062	3:10	撒迦	Salecah	1127	申圖一	T5	
063	3:11	拉巴	Rabbah	0633-1	申圖二	S4	亞捫人的首都。
064	3:14	基述人	Geshurite	0913-1	申圖二	S3	是當時加利利海東岸的一個獨立小國。
065	3:14	瑪迦人	Maacathite	1079	申圖二	S2	是當時加利利海東北方的一個獨立小國。
066	3:14	哈倭特睚珥	Havvoth-jair	0734	申圖二	ST23	應是在雅木河之北，基述及瑪迦之東的巴珊地。
067	3:17	亞拉巴	Arabah	0536-1	申圖二	S34	此處是指從加利利海起到死海間約但河以東之谷地。
068	3:17	基尼烈湖	Kinnereth	0951	申圖二	S3	即是現今以色列北部的加利利海。
069	3:17	亞拉巴海	Sea of Arabah	0536-2	申圖二	S4	即是今日以色列境內的死海，又名鹽海。
070	3:17	鹽海	Salt Sea	1180	申圖一	ST34	同申024。
071	3:17	毘斯迦山	Pisgah	0763	申圖三	J5	是亞巴琳山脈中的第二個高峰。
072	3:25	利巴嫩山	Lebanon	0411	申圖一	ST34	
073	3:29	伯毘珥	Beth-peor	0362	申圖三	J5	
074	4:10	何烈山	Horeb	0392	民圖五	P4	同申009。
075	4:43	比悉	Bezer	0069	申圖二	S4	
076	4:43	拉末	Ramoth	0634-1	申圖二	T3	
077	4:43	巴珊	Bashan	0032-1	申圖二	ST23	同申055。
078	4:43	哥蘭	Golan	0831	申圖二	S3	
079	4:46	希實本	Heshbon	0445	申圖二	S4	
080	4:48	亞嫩谷	Arnon	0509	申圖二	ST4	同申048。

編號	經節	中文地名	英文地名	詳解編號	圖號	地圖位置	備註
081	4:48	亞羅珥	Aroer	0565-1	申圖二	S4	
082	4:48	西雲山	Siyon	0314	申圖二	S2	即是黑門山，見申 058。
083	4:48	黑門山	Hermon	1038	申圖二	S2	同申 058。
084	6:16	瑪撒	Massah	1082	民圖五	P4	
085	7:1	赫人等	Hittites	1108	民圖五	未繪	革迦撒人0822，亞摩利人0558，迦南人0797，比利洗人0077，希未人0429，耶布斯人0783。
086	9:2	亞衲人	Anakim	0494	民圖五	未繪	同申 028。
087	9:22	他備拉	Taberah	0101	民圖五	??	位置不明，有可能即是基博羅哈他瓦。
088	9:22	基博羅哈他瓦	Kibro-hattaayah	0963	民圖五	P4?	位置不明，應是在西乃山東北，哈洗錄以南的地區之內。
089	9:23	加低斯巴尼亞	Kadesh-barnea	0178	民圖五	P2	
090	10:6	比羅比尼亞干	Beeroth-bene-jaakan	0090	民圖五	??	位置不明。
091	10:6	摩西拉	Mosera	1114	民圖五	??	位置不明，可能是何珥山，但前後站口之名稱不符。
092	10:7	谷歌大	Gudgodah	0472	民圖五	??	位置不明。
093	10:7	約巴他	Jotbathah	0775-2	民圖五	Q3	
094	11:4	紅海	Red sea	0766-2	民圖五	O2	可能是尼羅河三角洲的東北角，孟沙拉湖的東南端的湖汊。
095	11:24	曠野	Wildness		申圖一	R7	指南地東方和南方的諸曠野。
096	11:24	利巴嫩	Lebanon	0411	申圖一	ST34	同申 024。
097	11:24	伯拉大河	Euphrates	0335	申圖一	UV12	同申 025。
098	11:24	西海	West Sea		申圖一	RS16	即是地中海。
099	11:29	基利心山	Gerizim	0948	申圖二	S3	示劍西南，高出地面約210公尺，當時林木茂密。
100	11:29	以巴路山	Ebal	0130	申圖二	S3	示劍西北，高出地面約460公尺，是個無樹木的岩石山。
101	11:30	亞拉巴	Arabah	0536-1	申圖二	S34	指約但河谷。
102	11:30	吉甲	Gilgal	0247-2	申圖二	S3	在示劍的南方。
103	11:30	摩利橡樹	Moreh	1111-1	申圖二	S3	在示劍城的附近，但確實的位置不詳。
104	18:16	何烈山	Horeb	0392	民圖五	P4	同申 009。
105	23:3	亞捫人	Ammonite	0494	申圖二	T34	同申 043。
106	23:3	摩押人	Moabite	1112-1	申圖二	S4	同申 037。
107	23:4	米所波大米	Mesopotomia	0294	創圖三	BD12	即是兩河流域的地區，在今日伊拉克境內。
108	23:4	毘奪	Pethor	0761	申圖一	V1	
109	23:7	以東	Edom	0111	申圖一	RS7	位於死海及阿卡巴灣之間的不毛山地，多礦產。
110	25:17	亞瑪力人	Amalekite	0557	申圖一	未繪	是當時加低斯西南方和南地等地的游牧民族。
111	26:5	亞蘭人	Aram	0514	申圖一	U24	此處似特指巴旦亞蘭地區。
112	29:7	希實本	Heshbon	0445	申圖一	S6	
113	29:7	巴珊	Bashan	0032-1	申圖一	ST5	同申 016。
114	29:23	所多瑪等	Sodom	0624	申圖一	S6??	位置皆不明，蛾摩拉 1046，押瑪 0630，洗扁 0750。
115	31:4	亞摩利	Amorite	0558	申圖一	ST56	同申 027。
116	32:49	亞巴琳	Abarim	0519	申圖三	J5	死海以東的一座小山。
117	32:49	尼波	Nebo	0187-1	申圖三	J5	
118	32:49	耶利哥	Jericho	0785	申圖三	H5	
119	32:49	何珥山	Hor	0393-1	民圖五	Q2?	位置不確定，可能是加低斯東北的Jebel Madeira山。
120	32:51	尋曠野	Zin	0993	民圖五	Q2	位於南地的東南角上，東接以東，南接巴蘭曠野。
121	32:51	加低斯	Kadesh	0172	民圖五	P2	
122	32:51	米利巴水	Meribah	0276-2	民圖五	P2	位置不明，應該是在加低斯巴尼亞的附近。
123	33:2	西乃曠野	Sinai	0302	民圖五	OP24	以西乃山為中心的一片曠野，包括西乃半島的南部。

地名索引

編號	經節	中文地名	英文地名	詳解編號	圖號	地圖位置	備註
124	33:2	西珥	Seir	0311-1	民圖五	Q2	就是以東，同申010。
125	33:2	巴蘭山	Paran	0036-2	民圖五	P23	
126	33:5	耶書崙	Jeshurum	0787	民圖五	未繪	是以色列的別號，一種暱稱，不是地名。
127	33:8	瑪撒	Massah	1082	民圖五	P4	
128	34:1	摩押平原	Moab	1112-2	申圖三	J5	約但河東，耶利哥城對面的一塊平原。
129	34:1	毘斯迦山	Pisgah	0763	申圖三	J5	同申071。
130	34:1	基列	Gilead	0904	申圖一	S56	同申053。
131	34:1	但城	Dan	0385-2	申圖一	S4	
132	34:2	拿弗他利	Naphtali	0854	申圖一	S45	加利利湖及呼勒湖以東，亞設以西之間的山地。
133	34:2	以法蓮	Ephraim	0142	申圖一	S5	示劍之南和伯特利之間的山區。
134	34:2	瑪拿西	Manasseh	1092	申圖一	S5	位於西布倫和以薩迦之南，以法蓮之北。
135	34:2	猶大	Judah	1010	申圖一	RS67	耶路撒冷之南的一大片土地，包括西緬支派領土在內。
136	34:2	西海	West Sea		申圖一	RS16	即是地中海。
137	34:3	南地	Negeb	0691	申圖一	RS67	同申022。
138	34:3	棕樹城	City of Palms	1009-1	申圖二	S4	即是耶利哥城，因其城西有一大片的棕樹林而得名。
139	34:3	耶利哥平原	Jericho	0785	申圖三	H5	位於耶利哥城和約但河之間，與摩押平原隔河相對。
140	34:3	瑣珥	Zoar	1069	申圖三	S6	
141	34:6	伯毘珥	Beth-peor	0362	申圖三	J5	

約書亞記

編號	經節	中文地名	英文地名	詳解編號	圖號	地圖位置	備註
001	1:2	約但河	Jordan	0768	申圖一	S56	
002	1:4	曠野	Wildness		申圖一	RS7	指應許地之南境，即是南地和西奈半島的諸曠野。
003	1:4	利巴嫩	Lebanon	0411-1	申圖一	ST34	代表應許之西北境，即是今日之利巴嫩兩山脈和其四境。
004	1:4	伯拉大河	Euphrates	0335	申圖一	UV1	代表應許地的北界，即是今日伊拉克的幼發拉底河。
005	1:4	赫人全地	Hittite	1108	申圖一	未繪	敘利亞之北部。
006	1:4	大海	Great Sea	0005	申圖一	RS16	代表應許地的西界，即是今日的地中海。
007	2:1	什亭	Shittim	0024	書圖一	J5	
008	2:1	耶利哥	Jericho	0785	書圖一	H5	
009	2:10	埃及	Egypt	0835	創圖十二	全圖	即今之埃及，但國境較小，當時對迦南的控制力已大減。
010	2:10	紅海	Red Sea	0766-2	出圖一	O2	可能是尼羅河三角洲的東北角，孟沙拉湖的東南端湖汊。
011	2:10	亞摩利人	Amorite	0558	書圖一	未繪	迦南地原住民，散居河的兩岸，並在河東建有兩個王國。
012	3:11	迦南人等	Canaanites	0797	書圖一	未繪	神所應許將趕出迦南地的諸民族，餘為赫人1108，希未人0429，比利洗人0077，革迦撒人0822，亞摩利人0558，耶布斯人0783。
013	3:16	撒拉但	Zarethan	1134	書圖一	J4	
014	3:16	亞當城	Adam	0507	書圖一	J4	
015	3:16	亞拉巴海	Sea of Arabah	0536-2	書圖一	HJ56	即是今日以色列境內的死海。
016	3:16	鹽海	Salt Sea	1180	書圖一	HJ56	就是亞拉巴海，今日之死海，見書015。
017	4:13	耶利哥平原	Jericho	0785	書圖一	H5	耶利哥城與約但河之間的一平原，隔河和摩押平原相對。
018	4:19	吉甲	Gilgal	0247-1	書圖一	H5	
019	5:1	亞摩利人	Amorite	0558	書圖一	未繪	此處僅指約但河西，住在山地的諸原住民。
020	5:1	迦南人	Canaanite	0797	書圖一	未繪	此處僅指約但河西，住在平地和海邊的諸原住民。
021	5:3	除皮山	Hill of Skin	0820	書圖一	??	位置不明，無從查考。

編號	經節	中文地名	英文地名	詳解編號	圖號	地圖位置	備註
022	7: 2	伯特利	Bethel	0364-1	書圖一	H5	
023	7: 2	伯亞文	Beth-aven	0350-1	書圖一	??	位置不明，可能是在艾城的附近。
024	7: 2	艾城	Ai	0299	書圖一	H5	
025	7: 5	示巴琳	Shebarim	0218	書圖一	??	位置不明。
026	7:21	示拿	Babylonish	0212	創圖三	D2	即是兩河流域之南部地區。
027	7:24	亞割谷	Achor	0500-1	書圖一	H5?	可能是在耶利哥城之北約 2 公里。
028	8:14	亞拉巴	Arabah	0536-1	書圖一	??	指艾城東邊的平原。
029	8:30	以巴路山	Ebal	0130	書圖一	H4	示劍城西北，高出附近地面約460公尺，是個岩石禿山。
030	8:33	基利心山	Gerizim	0948	書圖一	H4	示劍城西南，高出附近地面約210公尺，當時林木茂密。
031	9: 3	基遍	Gibeon	0922-1	書圖一	H5	
032	9: 7	希未人	Hivites	0429	書圖一	未繪	迦南的原住民，集中基遍、基非拉、比錄、基列耶琳等城。
033	9:10	希實本	Heshbon	0445	書圖一	J5	
034	9:10	亞斯他錄	Ashtaroth	0584	書圖三	J3	
035	9:10	巴珊	Bashan	0032-1	書圖三	JK3	加利利湖以東，迄至沙漠間之高原山區，全區富饒肥沃。
036	9:17	基非拉	Chephirah	0944	書圖一	H5	
037	9:17	比錄	Beeroth	0073	書圖一	H5	
038	9:17	基列耶琳	Kirjath-jearim	0954	書圖一	H5	
039	10: 1	耶路撒冷	Jerusalam	0790	書圖一	H5	
040	10: 3	希伯崙	Hebron	0440	書圖一	H5	
041	10: 3	耶末	Jarmuth	0780-1	書圖一	G5	
042	10: 3	拉吉	Lachish	0637	書圖一	G5	
043	10: 3	伊磯倫	Eglon	0233	書圖一	G5	
044	10: 6	吉甲	Gilgal	0247-1	書圖一	H5	
045	10:10	伯和崙	Beth-horon	0354	書圖一	H5	
046	10:10	亞西加	Azekah	0528	書圖一	G5	
047	10:10	瑪基大	Makkedah	1094	書圖一	G5	
048	10:12	亞雅崙谷	Aijalon	0550-3	書圖一	H5	亞雅崙城及下伯和崙間的一條谷道，是最重要的隘道。
049	10:29	立拿	Libnah	0222-2	書圖一	G5	
050	10:33	基色	Gezer	0903-1	書圖一	G5	
051	10:38	底壁	Debir	0618-1	書圖一	H6	
052	10:41	加低斯巴尼亞	Kadesh-barnes	0178	書圖一	F7	
053	10:41	迦薩	Gaza	0805	書圖一	F6	
054	10:41	歌珊地	Goshan	1103-2	書圖一	G6	可能是南地東部地區的統稱。
055	11: 1	夏瑣	Hazor	0839-4	書圖二	J2	
056	11: 1	瑪頓	Madon	1081	書圖二	H3	
057	11: 1	伸崙	Shimron	0383	書圖二	H3	
058	11: 1	押煞	Achshaph	0629	書圖二	H3	
059	11: 2	基尼烈湖	Chinnereth	0951-1	書圖二	J3	即是加利利湖。
060	11: 2	亞拉巴高原	Arabah	0536-1	書圖二	J33	此處指加利利湖以南的約但河谷，似無高原之意。
061	11: 2	多珥山崗	Dor	0253	書圖二	G34	指多珥城及其附近之地，多珥城是在一沙丘之上。
062	11: 3	黑門山	Hermon	1038	書圖二	J2	但城東北方之山脈，是約但河的主要發源地。
063	11: 3	米斯巴地	Mizpah	0285-2	書圖二	J2	範圍不明，是黑門山西方山麓的一條窄長谷地。
064	11: 5	米倫水邊	Merom	0266	書圖二	H3	加利利湖東北角上的Wadi Leimum，其源頭有一城名米倫。
065	11: 8	西頓	Sidon	0315	書圖二	H1	

編號	經節	中文地名	英文地名	詳解編號	圖號	地圖位置	備註
066	11：8	米斯利弗瑪音	Misrephoth-maim	0296	書圖二	H2	
067	11：8	米斯巴平原	Mizpah	0285-2	書圖二	J2	同書063，範圍不明，該地區似為一谷地而不是平原。
068	11：16	亞拉巴	Arabah	0536-1	書圖三	J34	指約但河谷，自基利烈湖至亞拉巴海的一段。
069	11：16	以色列山地	Israel	0131-2	書圖三	S34	是指伯特利以北的山地，以別於其南方的猶大山地。
070	11：17	上西珥	Seir	0311-1	書圖三	??	可能是指死海的西南方的山地。
071	11：17	哈拉山	Halak	0696	書圖三	??	可能是Jebel Halaq山脈，位於是在亞克拉濱坡之西。
072	11：17	利巴嫩平原	Lebanon	0411-2	書圖三	ST12	位於黑門山脈及利巴嫩山脈之間的谷地，似非平原。
073	11：17	巴力迦得	Baal-gad	0047	書圖三	S2	
074	11：21	希伯崙	Hebron	0440	書圖三	S4	
075	11：21	底壁	Debir	0618-1	書圖三	H6	
076	11：21	亞拿伯	Anab	0543	書圖三	R4	
077	11：21	猶大山地	Judal	1010-2	書圖三	S4	指是伯特利以南的山地，以別於其北方的以色列山地。
078	11：21	亞衲人	Anakim	0490	書圖三	未繪	迦南地原住民，來歷不明，集中在希伯崙及非利士地。
079	11：22	迦薩	Gaza	0805	書圖三	R4	
080	11：22	迦特	Gath	0799	書圖三	R4	
081	11：22	亞實突	Ashdod	0556	書圖三	R4	
082	12：1	亞嫩谷	Arnon	0509	書圖三	ST4	即是以亞嫩河為中心線的谷地。
083	12：1	亞拉巴	Arabah	0536-1	書圖三	S34	指兩湖之間，約但河東側的河谷。
084	12：2	希實本	Heshbon	0445	書圖三	S4	
085	12：2	亞羅珥	Aroer	0565-1	書圖三	S4	
086	12：2	基列	Gilead	0904-1	書圖三	S34	約但河以東，希實本以北，雅木河以南的山脈和山地。
087	12：2	亞捫	Ammon	0494	書圖三	T34	基列以東，希實本以北，及巴珊以南之地，東至沙漠。
088	12：2	雅博河	Jabbok	1023	書圖三	ST3	發源自摩押地的北部，在亞當城附近流入約但河。
089	12：3	亞拉巴	Arabah	0536-1	書圖三	S34	指兩湖之間，約但河東側的河谷。
	12：3	亞拉巴	Arabah	0536-2	書圖三	S34	死海或鹽海。
090	12：3	基尼烈海	Chinnereth	0951-1	書圖三	S3	
091	12：3	鹽海	Salt Sea	1180	書圖三	S4	
092	12：3	伯耶西末	Beth-jeshimoth	0377	書圖三	S4	
093	12：3	毘斯迦山	Pisgah	0763	書圖三	S4	亞巴琳山脈中的第二個高峰，高約800公尺。
094	12：4	巴珊	Bashan	0032-1	書圖三	ST23	同書035。
095	12：4	利乏音人	Rephaim	0413-1	書圖三	未繪	迦南地的原住民，分散在巴珊、亞捫、摩押及以法蓮山地。
096	12：4	亞斯他錄	Ashtaroth	0584	書圖三	T3	
097	12：4	以得來	Edrei	0145-1	書圖三	T3	
098	12：5	撒迦	Salecah	1127	書圖三	T3	
099	12：5	基述人	Geshur	0913-1	書圖三	S3	是當時加利利湖東岸的一個獨立小國。
100	12：5	瑪迦人	Maacah	1079	書圖三	S4	是當時加利利湖東北的一個獨立小國。
101	12：7	利巴嫩平原	Lebanon	0411-2	書圖三	ST12	同書072。
102	12：9	耶利哥	Jericho	0785	書圖四	H5	
103	12：9	艾城	Ai	0299	書圖四	H5	
104	12：10	耶路撒冷	Jerusalem	0790	書圖四	H5	
105	12：10	希伯崙	Hebron	0440	書圖四	H5	
106	12：11	耶末	Jarmuth	0780-1	書圖四	G5	
107	12：11	拉吉	Lachish	0637	書圖四	G5	
108	12：12	伊磯倫	Eglon	0233	書圖四	G5	

編號	經節	中文地名	英文地名	詳解編號	圖號	地圖位置	備註
109	12:12	基色	Gezer	0903-1	書圖四	G5	
110	12:13	底壁	Debir	0618-1	書圖四	H6	
111	12:13	基德	Geder	0925	書圖四	??	位置不明。
112	12:14	何珥瑪	Hormah	0395	書圖四	G6	
113	12:14	亞拉得	Arad	0534	書圖四	H6	
114	12:15	立拿	Libnah	0222-2	書圖四	G5	
115	12:15	亞杜蘭	Adullam	0530	書圖四	G5	
116	12:16	瑪基大	Makkedah	1094	書圖四	G5	
117	12:16	伯特利	Bethel	0364	書圖四	H5	
118	12:17	他普亞	Tappuah	0102-1	書圖四	H4	
119	12:17	希弗	Hepher	0431	書圖四	G4	
120	12:18	亞弗	Aphek	0482-1	書圖四	G4	
121	12:18	拉沙崙	Lasharon	0646	書圖四	??	位置無從查考，可能是在沙崙平原中。
122	12:19	瑪頓	Madon	1081	書圖四	H3	
123	12:19	夏瑣	Hazor	0839-4	書圖四	J2	
124	12:20	伸崙米崙	Shimron-meron	0384	書圖四	H3	同書 057 的伸崙。
125	12:20	押煞	Achshaph	0629	書圖四	H3	
126	12:21	他納	Taanach	0096	書圖四	H3	
127	12:21	米吉多	Megiddo	0272	書圖四	H3	
128	12:22	基低斯	Kedesh	0935-1	書圖四	J2	
129	12:22	迦密山	Carmel	0802-2	書圖四	GH3	起自亞柯灣南，向東南延伸至多坍附近與中央山脈連接。
130	12:22	約念	Jokneam	0772	書圖四	H3	
131	12:23	多珥山崗	Dor	0253	書圖四	G34	同書 061。
132	12:23	多珥	Dor	0253	書圖四	G3	
133	12:23	吉甲	Gilgal	0247-4	書圖四	G4	
134	12:23	戈印	Goyim	0023-2	書圖四	??	應是一人名，不是地名。
135	12:23	得撒	Tirzah	0971	書圖四	H4	
136	13: 2	非利士	Philistines	0676	書圖三	R4	埃及小河及約帕間的沿海平原，有五個大的城為其代表。
137	13: 2	基述	Geshuri	0913-2	書圖三	R4?	約是在埃及小河以北的沿海地區，但確實的位置不明。
138	13: 3	埃及	Egypt	0835	創圖十二	全圖	同書 009。
139	13: 3	西曷河	Shihor	0308-1	書圖三	R45	即埃及小河，為一旱溪，其支流向西南分佈甚廣。
140	13: 3	以革倫	Ekron	0143	書圖三	R4	
141	13: 3	迦南人	Canaanite	0797	書圖三	未繪	同書 020。
142	13: 3	迦薩	Gaza	0805	書圖三	R4	
143	13: 3	亞實突	Ashdod	0556	書圖三	R4	
144	13: 3	亞實基倫	Ashkelon	0586	書圖三	R4	
145	13: 3	迦特	Gath	0799	書圖三	R4	
146	13: 3	亞衛人	Avim	0511	書圖三	R4?	來歷不明，是非利士人遷來之前，迦薩地區的原住民。
147	13: 4	西頓	Sidon	0311	書圖三	S2	
148	13: 4	米亞拉	Mearah	0282	書圖三	??	位置不明，可能是在推羅和西頓間的一個可住人之洞穴。
149	13: 4	亞弗	Aphek	0482-4	書圖三	S1	
150	13: 4	亞摩利人	Amorite(s)	0558	書圖三	未繪	亞摩利人在此代表迦南人，以北則屬迦巴勒人之地。
151	13: 5	迦巴勒	Gebal	0806-1	書圖三	S1	
152	13: 5	利巴嫩	Lebanon	0411-1	書圖三	ST12	同書 003。

編號	經節	中文地名	英文地名	詳解編號	圖號	地圖位置	備註
153	13:5	黑門山	Hermon	1038	書圖三	T2	同書 062。
154	13:5	巴力迦得	Baal-gad	0047	書圖三	S2	
155	13:5	哈馬口	Hamath	0716	書圖三	T1	
156	13:6	米斯利弗瑪音	Misrephoth-maim	0296	書圖三	S2	
157	13:9	亞嫩谷	Arnon	0509	書圖五	JK6	
158	13:9	亞羅珥	Aroer	0565-1	書圖五	J6	
159	13:9	米底巴平原	Medeba	0279	書圖五	J5	希實本及亞嫩河之間的一片高原，以米底巴城爲中心。
160	13:9	底本	Dibon	0612-1	書圖五	J6	
161	13:10	希實本	Heshbon	0445	書圖五	J5	
162	13:10	亞捫	Ammon	0494	書圖五	K45	同書 087。
163	13:11	基列地	Gilead	0904-1	書圖五	J34	同書 086。
164	13:11	基述	Geshur	0913-1	書圖五	J3	同書 099。
165	13:11	瑪迦	Maacah	1079	書圖五	J2	同書 100。
166	13:11	黑門山	Hermon	1038	書圖四	JK2	同書 062。
167	13:11	巴珊地	Bashan	0032	書圖五	JK3	同書 035。
168	13:11	撒迦	Salcah	1127	書圖三	T3	
169	13:12	巴珊國	Bashan	0032-1	書圖五	JK34	屬亞摩利王噩，除巴珊地之外，尚包括雅博河北的基列地。
170	13:12	亞斯他錄	Ashtaroth	0584	書圖五	J3	
171	13:12	以得來	Edrei	0145-1	書圖五	K3	
172	13:12	利乏音人	Rephaim	0413-1	書圖五	未繪	
173	13:17	希實本平原	Heshbon	0445	書圖五	J5	即是希實本城附近的土地。
174	13:17	底本	Dibon	0612-1	書圖五	J6	
175	13:17	巴末巴力	Bamoth-baal	0051	書圖五	J5	
176	13:17	伯巴力勉	Beth-baal-meon	0369	書圖五	J5	
177	13:18	雅雜	Jahaz	1026	書圖五	J5	
178	13:18	基底莫	Kedemoth	0934	書圖五	J5	
179	13:18	米法押	Mephaath	0281	書圖五	J5	
180	13:19	基列亭	Kirjathaim	0946-1	書圖五	J5	
181	13:19	西比瑪	Sibmah	0317	書圖五	J5	
182	13:19	細列哈沙轄	Zereth-shahar	0983	書圖五	J5	
183	13:20	伯毘珥	Beth-peor	0362	書圖五	J5	
184	13:20	毘斯迦山坡	Pisgah	0763	書圖五	J5	
185	13:20	伯耶西末	Beth-jeshimoth	0377	書圖五	J5	
186	13:21	米甸	Midian	0264	民圖五	K3	阿卡巴灣東岸地區，此時是摩押地主要民族之一。
187	13:25	雅謝地	Jazer	1025-1	書圖五	J4	大約是在基列地的南部或是其南方。
188	13:25	基列	Gilead	0904-1	書圖五	J34	同書 086，此處指雅博河以南的地區。
189	13:25	亞捫	Ammon	0494	書圖五	K45	同書 087，一半可能是指在雅博河以西之地。
190	13:25	拉巴	Rabbah	0633-1	書圖五	J5	
191	13:25	亞羅珥	Aroer	0565-3	書圖五	J5	
192	13:26	拉抹米斯巴	Ramath-mizpeh	0651	書圖五	J4	
193	13:26	比多寧	Betonim	0076	書圖五	J5	
194	13:26	瑪哈念	Mahanaim	1088	書圖五	J4	
195	13:26	底壁	Debir	0618-2	書圖五	J3	
196	13:27	伯亞蘭	Beth-haram	0352	書圖五	J5	

編號	經節	中文地名	英文地名	詳解編號	圖號	地圖位置	備註
197	13:27	伯寧拉	Beth-nimrah	0365	書圖五	J5	
198	13:27	疏割	Succoth	1013-1	書圖五	J4	
199	13:27	撒分	Zaphon	1121	書圖五	J4	
200	13:27	基尼烈海	Sea of Chinnereth	0951-1	書圖五	J3	同書 059。
201	13:30	巴珊	Bashan	0032-1	書圖五	JK3	
202	13:30	睚珥	Jair	1049	書圖五	J3	雅木河之南基列地的北方，也可能是雅木河北之巴珊地。
203	13:31	基列	Gilead	0904-1	書圖五	J34	同書 086，此一半是指雅博河以北的部份。
204	13:31	亞斯他錄	Ashtaroth	0584	書圖五	J3	同書 034。
205	13:31	以得來	Edrei	0145-1	書圖五	K3	同書 097。
206	13:32	耶利哥	Jericho	0785	書圖五	H5	同書 008。。
207	13:32	摩押平原	Moab	1112-2	書圖五	J5	死海東北約但河東的一小平原，與耶利哥隔約但河相對。
208	14:6	吉甲	Gilgal	0247-1	書圖六	H5	同書 018。
209	14:6	加低斯巴尼亞	Kadesh-barnea	0178	書圖六	G7	
210	14:12	亞衲	Anakim	0490	書圖六	未繪	同書 078。
211	14:13	希伯崙	Hebron	0440	書圖六	H5	同書 074。
212	14:15	基列亞巴	Kirjath-arba	0952	書圖六	H5	即希伯崙。
213	15:1	以東	Edom	0111	書圖六	H7	死海及阿卡巴灣間，多為不毛之丘陵山地，但多礦產。
214	15:1	尋曠野	Zin	0993	書圖六	H7	南地東南，東接以東，南接巴蘭曠野，但確實範圍不明。
215	15:2	鹽海	Salt Sea	1180	書圖六	HJ56	即死海，同書 016。
216	15:3	亞克拉濱坡	Akrabbim	0576	書圖六	H7	是一處極為險峻的山口隘道。
217	15:3	希斯崙	Hezron	0444	書圖六	G7?	
218	15:3	亞達珥	Adar	0554	書圖六	G7?	
219	15:3	甲加	Karka	0206	書圖六	??	位置不明，應是在亞達珥及押們之間。
220	15:4	押們	Azmon	0627	書圖六	F7	
221	15:4	埃及小河	Wadi Egypt	0835	書圖六	EF67	
222	15:6	伯曷拉	Beth-hoglah	0360	書圖六	J5	
223	15:6	伯亞拉巴	Beth-arabah	0373	書圖六	J5	
224	15:6	波罕磐石	Bohan	0656	書圖六	??	位置無可考，似應在伯亞拉巴及亞割谷之間。
225	15:7	亞割谷	Achor	0500-2	書圖六	H5	死海西北，距岸約3公里，約與海岸平行，長約十餘公里。
226	15:7	底壁	Debir	0618-3	書圖六	H5	
227	15:7	亞都冥	Adummim	0549	書圖六	H5	
228	15:7	吉甲	Gilgal	0247-3	書圖六	??	位置不明，應在亞都冥坡的對面，即坡的下方不遠之處。
229	15:7	隱示麥泉	En-shemesh	1153	書圖六	H5	
230	15:7	隱羅結	En-rogel	1158	書圖六	H5	
231	15:8	欣嫩子谷	Hinnom	0653	書圖六	H5	
232	15:8	耶布斯	Jebusite	0783	書圖六	H5	
233	15:8	耶路撒冷	Jerusalem	0790	書圖六	H5	
234	15:8	欣嫩谷	Hinnom	0653	書圖六	H5	即欣嫩子谷。
235	15:8	利乏音谷	Rephaim	0413-2	書圖六	H5	耶路撒冷西南約5公里，並向西南延伸到伯利恆西北方。
236	15:9	尼弗多亞泉	Nephtoah	0198	書圖六	H5	
237	15:9	以弗崙	Ephron	0133	書圖六	H5	
238	15:9	巴拉	Baalah	0031-1	書圖六	H5	即是基列耶琳。
239	15:9	基列耶琳	Kiriath-jearim	0954	書圖六	H5	
240	15:10	西珥山	Seir	0311-2	書圖六	??	位置不詳，約是在耶琳山及巴拉間的一座小山。

編號	經節	中文地名	英文地名	詳解編號	圖號	地圖位置	備註
241	15:10	耶琳山	Jearim	0782	書圖六	H5	
242	15:10	基撒崙山	Chesalon	0939	書圖六	H5	即耶琳山。
243	15:10	伯示麥	Beth-shemesh	0344-1	書圖六	G5	
244	15:10	亭納	Timnah	0679-1	書圖六	G5	
245	15:11	以革倫	Ekron	0143	書圖六	G5	
246	15:11	施基崙	Shikkeron	0744	書圖六	G5	
247	15:11	巴拉山	Baalah	0031-2	書圖六	G5	
248	15:11	雅比聶	Jabneel	1029-1	書圖六	G5	
249	15:12	大海	Great Sea	0005	書圖六	G5	
250	15:13	基列亞巴	Kirjath-arba	0952	書圖六	H5	
251	15:13	希伯崙	Hebron	0440	書圖六	H5	
252	15:15	底壁	Debir	0618-1	書圖六	H6	
253	15:15	基列西弗	Kiriath-sepher	0957	書圖六	G6	即是底壁。
254	15:15	南地	Negeb	0691	書圖六	GH6	希伯崙和加低斯之間的一片荒原，乾旱少雨，間或能放牧。
255	15:21	甲薛	Kabzeel	0208	書圖六	G6	
256	15:21	以得	Eder	0119-2	書圖六	??	位置不明。
257	15:21	雅姑珥	Jagur	1030	書圖六	G6	
258	15:22	基拿	Kinah	0914	書圖六	??	位置不明。
259	15:22	底摩拿	Dimonah	0619	書圖六	??	位置不明。
260	15:22	亞大達	Adadah	0517	書圖六	G6	
261	15:23	基低斯	Kedesh	0935-2	書圖六	G7	可能就是加低斯巴尼亞。
262	15:23	夏瑣	Hazor	0839-1	書圖六	??	位置不明。
263	15:23	以提楠	Ithnan	0147	書圖六	??	位置不明。
264	15:24	西弗	Ziph	0305-1	書圖六	G7	
265	15:24	提鍊	Telem	0999	書圖六	??	位置不明。
266	15:24	比亞綠	Bealoth	0082-1	書圖六	??	位置不明。
267	15:25	夏瑣哈大他	Hazor-hadattah	0841	書圖六	H6	
268	15:25	加略希斯崙	Kerioth-hezron	0177	書圖六	H6	
269	15:25	夏瑣	Hazor	0839-2	書圖六	H6	
270	15:26	亞曼	Amam	0497	書圖六	??	位置不明。
271	15:26	示瑪	Shema	0215	書圖六	G6	
272	15:26	摩拉大	Moladah	1118	書圖六	H6	
273	15:27	哈薩迦大	Hazar-gaddah	0728	書圖六	??	位置不明。
274	15:27	黑實門	Heshmon	1039	書圖六	??	位置不明。
275	15:27	伯帕列	Beth-pelet	0355	書圖六	??	位置不明。
276	15:28	哈薩書亞	Hazar-shual	0729	書圖六	G6	
277	15:28	別是巴	Beersheba	0398	書圖六	G6	
278	15:28	比斯約他	Biziothiah	0089	書圖六	??	位置不明。
279	15:29	巴拉	Baalah	0031-3	書圖六	G6	
280	15:29	以因	Iim	0109	書圖六	??	位置不明。
281	15:29	以森	Ezem	0121	書圖六	G6	
282	15:30	伊勒多臘	Eltolad	0239	書圖六	??	位置不明。
283	15:30	基失	Chesil	0900	書圖六	G6	
284	15:30	何珥瑪	Hormah	0395	書圖六	G6	同書112。

編號	經節	中文地名	英文地名	詳解編號	圖號	地圖位置	備註
285	15:31	洗革拉	Ziklag	0757	書圖六	G6	
286	15:31	麥瑪拿	Madmannah	0988	書圖六	G6	
287	15:31	三撒拿	Sansannah	0003	書圖六	G6	
288	15:32	利巴勿	Lebaoth	0410	書圖六	??	位置不明。
289	15:32	實忻	Shilhim	1063	書圖六	F6	
290	15:32	亞因	Ain	0483-1	書圖六	??	位置不明。
291	15:32	臨門	Rimmon	1162-1	書圖六	G6	
292	15:33	以實陶	Eshtaol	0149	書圖六	H5	
293	15:33	瑣拉	Zorah	1070	書圖六	G5	
294	15:33	亞實拿	Ashnah	0555-1	書圖六	G5	
295	15:34	撒挪亞	Zanoah	1135-1	書圖六	G5	
296	15:34	隱干寧	En-gannim	1152-1	書圖六	??	位置不明。
297	15:34	他普亞	Tappuah	0102-2	書圖六	??	位置不明。
298	15:34	以楠	Enam	0124	書圖六	G5	
299	15:35	耶末	Jarmuth	0780-1	書圖六	G5	
300	15:35	亞杜蘭	Adullam	0530	書圖六	G5	
301	15:35	梭哥	Socoh	0975-1	書圖六	G5	
302	15:35	亞西加	Azekah	0528	書圖六	G5	
303	15:36	沙拉音	Shaaraim	0466-1	書圖六	??	位置不明。
304	15:36	亞底他音	Adithaim	0578	書圖六	H5	
305	15:36	基底拉	Gederah	0933	書圖六	G5	
306	15:36	基底羅他音	Gederothaim	0960	書圖六	??	位置不明。
307	15:37	洗楠	Zenan	0753	書圖六	??	位置不明。
308	15:37	哈大沙	Hadashah	0707	書圖六	G5	
309	15:37	麥大迦得	Migdal-gad	0990	書圖六	G5	
310	15:38	底連	Dilean	0617	書圖六	G6	
311	15:38	米斯巴	Mizpeh	0285-3	書圖六	G5	
312	15:38	約帖	Joktheel	0771-1	書圖六	??	位置不明。
313	15:39	拉吉	Lachish	0637	書圖六	G5	
314	15:39	波斯加	Bozkath	0659	書圖六	G5	
315	15:39	伊磯倫	Eglon	0233	書圖六	G5	
316	15:40	迦本	Cabbon	0793	書圖六	G5	
317	15:40	拉幔	Lahmam	0642	書圖六	G5	
318	15:40	基提利	Chitlish	0936	書圖六	G5	
319	15:41	基低羅	Gederoth	0932	書圖六	??	位置不明。
320	15:41	伯大袞	Beth-dagon	0338-1	書圖六	G5	
321	15:41	拿瑪	Naamah	0847-1	書圖六	??	位置不明。
322	15:41	瑪基大	Makkedah	1094	書圖六	G5	
323	15:42	立拿	Libnah	0222-2	書圖六	G5	
324	15:42	以帖	Ether	0115-1	書圖六	G5	
325	15:42	亞珊	Ashan	0492-1	書圖六	??	位置不明。
326	15:43	益弗他	Jiphtah	0888	書圖六	H5	
327	15:43	亞實拿	Ashnab	0555-2	書圖六	G5	
328	15:43	尼悉	Nezib	0189	書圖六	G5	

編號	經節	中文地名	英文地名	詳解編號	圖號	地圖位置	備註
329	15:44	基伊拉	Keilah	0930	書圖六	G5	
330	15:44	亞革悉	Achzib	0540-1	書圖六	G5	
331	15:44	瑪利沙	Mareshah	1085	書圖六	G5	
332	15:45	以革倫	Ekron	0143	書圖六	G5	
333	15:46	亞實突	Ashdod	0556	書圖六	G5	
334	15:47	迦薩	Gaza	0805	書圖六	F6	
335	15:47	埃及小河	Wadi of Egypt	0835-2	書圖六	EF67	
336	15:48	沙密	Shamir	0459-1	書圖六	G6	
337	15:48	雅提珥	Jattir	1034	書圖六	H6	
338	15:48	梭哥	Socoh	0975-2	書圖六	G6	
339	15:49	大拿	Dannah	0006	書圖六	H6	
340	15:49	基列薩拿	Kiriath-sannah	0955	書圖六	G6	
341	15:49	底壁	Debir	0618-1	書圖六	H6	即是基列薩拿。
342	15:50	亞拿伯	Anab	0543	書圖六	G6	
343	15:50	以實提莫	Eshtemoh	0160	書圖六	H6	
344	15:50	亞念	Anim	0487	書圖六	H6	
345	15:51	歌珊	Goshen	1103-2	書圖六	G6	
346	15:51	何倫	Holon	0390-1	書圖六	H5	
347	15:51	基羅	Giloh	0927-1	書圖六	H5	
348	15:52	亞拉	Arab	0486	書圖六	H6	
349	15:52	度瑪	Dumah	0740-1	書圖六	G6	
350	15:52	以珊	Eshan	0116	書圖六	G6	
351	15:53	雅農	Janum	1024	書圖六	??	位置不明。
352	15:53	伯他普亞	Beth-tappuah	0370	書圖六	H5	
353	15:53	亞非加	Aphekah	0533	書圖六	H6	
354	15:54	宏他	Humtah	0428	書圖六	??	位置不明。
355	15:54	基列亞巴	Kiriath-arba	0952	書圖六	H5	
356	15:54	希伯崙	Hebron	0440	書圖六	H5	
357	15:54	洗珥	Zior	0751	書圖六	H5	
358	15:55	瑪雲	Maon	1080	書圖六	H6	
359	15:55	迦密	Carmel	0802-1	書圖六	H6	
360	15:55	西弗	Ziph	0305-2	書圖六	H6	
361	15:55	淤他	Juttah	0977	書圖六	H6	
362	15:56	耶斯列	Jezreel	0789-1	書圖六	H6	
363	15:56	約甸	Jokdeam	0773	書圖六	H6	
364	15:56	撒挪亞	Zanoah	1135-2	書圖六	H6	
365	15:57	該隱	Kain	1050	書圖六	H6	
366	15:57	基比亞	Gibeah	0941-1	書圖六	??	位置不明。
367	15:57	亭納	Timnah	0679-2	書圖六	H5	
368	15:58	哈忽	Halhul	0695	書圖六	H5	
369	15:58	伯夙	Beth-zur	0334	書圖六	H5	
370	15:58	基突	Gedor	0911	書圖六	H5	
371	15:59	瑪臘	Maarath	1083	書圖六	H5	
372	15:59	伯亞諾	Beth-anoth	0353	書圖六	H5	

編號	經節	中文地名	英文地名	詳解編號	圖號	地圖位置	備註
373	15:59	伊勒提君	Eltekon	0240	書圖六	H5	
374	15:60	基列巴力	Kiriath-baal	0956	書圖六	H5	即是基列耶琳。
375	15:60	基列耶琳	Kiriath-jearim	0954	書圖六	H5	
376	15:60	拉巴	Rabbah	0633-2	書圖六	H5	
377	15:61	伯亞拉巴	Beth-arabah	0373	書圖六	J5	
378	15:61	密丁	Middin	0964	書圖六	H5	
379	15:61	西迦迦	Secacah	0325	書圖六	H5	
380	15:62	匿珊	Nibshan	0898	書圖六	H5	
381	15:62	鹽城	City of Salt	1181	書圖六	H5	
382	15:62	隱基底	En-gedi	1157-1	書圖六	H6	
383	16: 1	耶利哥	Jericho	0785	書圖七	H5	
384	16: 1	伯特利	Bethel	0364-1	書圖七	H5	
385	16: 2	路斯	Luz	1055-1	書圖七	H5	即是伯特利，同書 022 及 084。
386	16: 2	亞基人	Archite	0498-2	書圖七	未繪	可能即是亞他綠或是其附近之處。
387	16: 2	亞他綠	Ataroth	0525-1	書圖七	H5	不同於書 396，此亞他綠在其南。
388	16: 3	押利提人	Japhletes	0631	書圖七	未繪	可能是在下伯和崙的西北方某處。
389	16: 3	下伯和崙	Beth-horon	0354	書圖七	H5	
390	16: 3	基色	Gezer	0903-1	書圖七	G5	
391	16: 5	亞他綠亞達	Ataroth-addar	0590	書圖七	H5	即是亞他綠，同書 387。
392	16: 5	上伯和崙	Beth-horon	0354	書圖七	H5	
393	16: 6	密米他	Michmethath	0969	書圖七	H4	
394	16: 6	他納示羅	Taanath-shiloh	0103	書圖七	H4	
395	16: 6	雅挪哈	Janoah	1033	書圖七	H4	
396	16: 7	亞他綠	Ataroth	0525-2	書圖七	H4	不同於書 387，此亞他綠在其北。
397	16: 7	拿拉	Naarah	0845	書圖七	H5	
398	16: 8	他普亞	Tappuah	0102-1	書圖七	H4	
399	16: 8	加拿河	Kanah	0168-1	書圖七	GH4	
400	17: 1	基列	Gilead	0904-1	書圖四	S34	
401	17: 1	巴珊	Bashan	0032-1	書圖四	ST3	
402	17: 7	亞設	Asher	0499	書圖七	GH3	推羅至迦密山間之沿海平原。
403	17: 7	示劍	Shechem	0216	書圖七	H4	
405	17: 7	隱他普亞	En-tappuah	1160	書圖七	H4	
406	17: 7	他普亞地	Tappuah	0102-1	書圖七	H4	他普亞城附近之地。
407	17: 7	他普亞城	Tappuah	0102-1	書圖七	H4	
408	17:10	以薩迦	Issachar	0150	書圖七	H34	耶斯列平原西部和其西之地。
409	17:11	伯善	Beth-shan	0337	書圖七	H4	
410	17:11	以伯蓮	Ibleam	0138	書圖七	H4	
411	17:11	多珥	Dor	0253	書圖七	G3	
412	17:11	隱多珥	En-dor	1154	書圖七	H3	
413	17:11	他納	Taanach	0096	書圖七	H3	
414	17:11	米吉多	Megiddo	0272	書圖七	H3	
415	17:15	以法蓮山地	Ephraim	0142-4	書圖七	H45	北起自加拿河，南至伯特利之間的山地。
416	17:15	比利洗人	Perizzities	0077	書圖七	未繪	散居迦南地之一民族，主要是以法蓮山地。
417	17:15	利乏音人	Rephaim	0413-1	書圖七	未繪	同書 095。

編號	經節	中文地名	英文地名	詳解編號	圖號	地圖位置	備註
418	17:16	耶斯列平原	Jezreel	0789-3	書圖七	H34	位於耶斯列城之西的一片平原，略呈三角形狀。
419	18:1	示羅	Shiloh	0217	書圖八	H4	
420	18:12	耶利哥	Jericho	0785	書圖八	H5	
421	18:12	伯亞文曠野	Beth-aven	0350-4	書圖八	??	位置不明，應是在伯特利的東北方。
422	18:13	路斯	Luz	1055	書圖八	H5	
424	18:13	亞他綠亞達	Ataroth-addar	0590	書圖八	H5	
425	18:13	下伯和崙	Beth-horon	0354	書圖八	H5	
426	18:14	基列巴力	Kiriath-baal	0956	書圖八	H5	
427	18:15	基列耶琳	Kirjath-jearim	0954	書圖八	H5	
428	18:15	尼弗多亞	Nephtoah	0198	書圖八	H5	
429	18:16	欣嫩子谷	Hinnom	0653	書圖六	H5	
430	18:16	利乏音谷	Rephaim	0413-2	書圖八	H5	
431	18:16	欣嫩谷	Hinnom	0653	書圖六	H5	
432	18:16	耶布斯	Jebusites	0783	書圖八	H5	
433	18:16	隱羅結	En-rogel	1158	書圖六	H5	
434	18:17	隱示麥	En-shemesh	1153	書圖八	H5	
435	18:17	亞都冥	Adummim	0549	書圖八	H5	
436	18:17	基利綠	Geliloth	0950	書圖八	??	可能同書228之吉甲。
437	18:17	波罕磐石	Bohan	0656	書圖八	??	
438	18:18	亞拉巴	Arabah	0536-3	書圖八	J5	伯亞拉巴城的簡稱。
	18:18	亞拉巴	Arabah	0536-1	書圖八	J35	指約但河谷。
439	18:19	伯曷拉	Beth-hoglah	0360	書圖八	J5	
440	18:19	鹽海	Salt Sea	1180	書圖八	HJ5	
441	18:21	耶利哥	Jericho	0785	書圖八	H5	
442	18:21	伊麥基悉	Emek-keziz	0242	書圖八	??	位置不明。
443	18:22	伯亞拉巴	Beth-arabah	0373	書圖八	J5	
444	18:22	洗瑪臉	Zemaraim	0759-1	書圖八	H5	
445	18:22	伯特利	Bethel	0364-1	書圖八	H5	
446	18:23	亞文	Avvim	0477-1	書圖八	H5	即是當時的艾城，同書024。
447	18:23	巴拉	Parah	0031-6	書圖八	H5	
448	18:23	俄弗拉	Ophrah	0689-1	書圖八	H5	
449	18:24	基法阿摩尼	Chephar-ammoni	0961	書圖八	H5	
450	18:24	俄弗尼	Ophni	0688	書圖八	H5	
451	18:24	迦巴	Geba	0792	書圖八	H5	
452	18:25	基遍	Gibeon	0922	書圖八	H5	
453	18:25	拉瑪	Ramah	0641-2	書圖八	H5	
454	18:25	比錄	Beeroth	0073	書圖八	H5	
455	18:26	米斯巴	Mizpah	0285-4	書圖八	H5	
456	18:26	基非拉	Chephirah	0944	書圖八	H5	
457	18:26	摩撒	Mozah	1113	書圖八	H5?	
458	18:27	利堅	Rekem	0405	書圖八	??	位置不明。
459	18:27	伊利毘勒	Irpeel	0235	書圖八	H5?	
460	18:27	他拉拉	Taralah	0098	書圖八	H5	
461	18:28	洗拉	Zelah	0748	書圖八	H5	

編號	經節	中文地名	英文地名	詳解編號	圖號	地圖位置	備註
462	18:28	以利弗	Eleph	0136	書圖八	??	位置不明。
463	18:28	耶路撒冷	Jerusalem	0790	書圖八	H5	
464	18:28	基比亞	Gibeah	0941-2	書圖八	H5	
465	18:28	基列	Kiriath	0904-3	書圖九	H5	即是基列耶琳，同書038。
466	19:2	別是巴	Beersheba	0398	書圖九	G6	
467	19:2	示巴	Sheba	0210-4	書圖九	G6	即是別是巴，同書277。
468	19:2	摩拉大	Moladah	1118	書圖九	G6	
469	19:3	哈薩書亞	Hazar-shual	0729	書圖九	G6	
470	19:3	巴拉	Balah	0031-4	書圖九	G6	
471	19:3	以森	Ezem	0121	書圖九	G6	
472	19:4	伊利多拉	Eltolad	0234	書圖九	??	位置不明。
473	19:4	比土力	Bethul	0075	書圖九	G6	
474	19:4	何珥瑪	Hormah	0395	書圖九	G6	
475	19:5	洗革拉	Ziklag	0757	書圖九	G6	同書285。
476	19:5	伯瑪加博	Beth-marcaboth	0379	書圖九	G6	
477	19:6	哈薩蘇撒	Hazar-susah	0731	書圖九	G6	
478	19:6	伯利巴勿	Beth-lebaoth	0371	書圖九	??	位置不明。
479	19:7	沙魯險	Sharuhen	0468	書圖九	F6	
480	19:7	亞因	Ain	0483-2	書圖九	??	
481	19:7	利門	Rimmon	0404	書圖九	G6	
482	19:7	以帖	Ether	0115-2	書圖九	??	位置不明。
483	19:7	亞珊	Ashan	0492-2	書圖九	G3?	
484	19:8	巴拉比珥	Baalath-beer	0053	書圖九	??	位置不明。
485	19:8	南地	Negeb	0691	書圖九	G6	
486	19:8	拉瑪	Ramah	0641-3	書圖九	??	位置不明。
487	19:10	撒立	Sarid	1122	書圖十	H3	
488	19:11	瑪拉拉	Maralah	1086	書圖十	??	位置不明。
489	19:11	大巴設	Dabbesheth	0009	書圖十	H3	
490	19:11	約念	Jokneam	0772	書圖十	H3	
491	19:12	吉斯綠他泊	Chisloth-tabor	0251	書圖十	H3	
492	19:12	大比拉	Daberath	0008	書圖十	H3	
493	19:12	雅非亞	Japhia	1031	書圖十	H3	
494	19:13	迦特希弗	Gath-hepher	0814	書圖十	H3	
495	19:13	以特加汛	Ittah-kazin	0158	書圖十	??	位置不明。
496	19:13	臨門	Rimmon	1162-2	書圖十	H3	
497	19:13	尼亞	Neah	0188	書圖十	??	位置不明。
498	19:14	哈拿頓	Hannathon	0714	書圖十	H3	
499	19:14	伊弗他伊勒	Iphtah-el	0243	書圖十	H3	山谷名，位置不能確定。
500	19:15	加他	Kattath	0165	書圖十	??	位置不明。
501	19:15	拿哈拉	Nahalal	0850	書圖十	H3	其位置明顯的是在亞設的境內。
502	19:15	伸崙	Shimron	0383	書圖十	H3	
503	19:15	以大拉	Idalah	0129	書圖十	??	位置不明。
504	19:15	伯利恆	Bethlehem	0349-2	書圖十	H3	
505	19:18	耶斯列	Jezreel	0789-2	書圖十	H3	

編號	經節	中文地名	英文地名	詳解編號	圖號	地圖位置	備註
506	19:18	基蘇律	Chesulloth	0943	書圖十	H3	同書491中的吉斯綠他泊。
507	19:18	書念	Shunem	0866	書圖十	H3	書念前的河即是基順河。
508	19:19	哈弗連	Hapharaim	0710	書圖十	H3	
509	19:19	示按	Shion	0211	書圖十	??	位置不明。
510	19:19	亞拿哈拉	Anaharath	0581	書圖十	H3	
511	19:20	拉壁	Rabbith	0644	書圖十	H3	同書492中的大比拉。
512	19:20	基善	Kishion	0921	書圖十	H3	
513	19:20	亞別	Ebez	0485	書圖十	??	位置不明。
514	19:21	利篾	Remeth	0408	書圖十	J3	
515	19:21	隱干寧	En-gannim	1152-2	書圖十	H4	
516	19:21	隱哈大	En-haddah	1155	書圖十	H3	
517	19:21	伯帕薛	Beth-pazzez	0356	書圖十	??	位置不明。
518	19:22	他泊城	Tabor	0093-3	書圖十	??	位置不明。
519	19:22	沙哈洗瑪	Shahazumah	0469	書圖十	??	位置不明。
520	19:22	伯示麥	Beth-shemesh	0344-2	書圖十	H2	
521	19:25	黑甲	Helkath	1037	書圖十	H3	
522	19:25	哈利	Hali	0694	書圖十	H3	
523	19:25	比田	Beten	0060	書圖十	H3	
524	19:25	押煞	Achshaph	0629	書圖十	H3	
525	19:26	亞拉米勒	Alammelech	0579	書圖十	??	位置不明。
526	19:26	亞末	Amad	0480	書圖十	??	位置不明。
527	19:26	米沙勒	Mishal	0277	書圖十	H3	位置不明。
528	19:26	迦密山	Carmel	0802-2	書圖十	GH3	
529	19:26	希曷立納河	Shihor-libnath	0448	書圖十	GH3	
530	19:27	伯大袞	Beth-dagon	0338-2	書圖十	??	位置不明。
531	19:27	細步綸	Zebulun	0982	書圖十	??	位置不明。
532	19:27	伊弗他伊勒	Iphtah-el	0243	書圖十	H3	同書499。
533	19:27	伯以墨	Beth-emek	0342	書圖十	H3	
534	19:27	尼業	Neiel	0190	書圖十	H3	
535	19:27	迦步勒	Cabul	0809-1	書圖十	H3	
536	19:28	義伯崙	Ebron	1045	書圖十	H2	
537	19:28	利合	Rehob	0401-2	書圖十	H2	
538	19:28	哈們	Hammon	0697-1	書圖十	H2	
539	19:28	加拿城	Kanah	0168-2	書圖十	H2	
540	19:28	西頓	Sidon	0315	書圖三	H2	
541	19:29	拉瑪	Ramah	0641-4	書圖十	H2	
542	19:29	推羅	Tyre	0973	書圖十	H2	
543	19:29	何薩	Hosah	0391	書圖十	H2	
544	19:29	亞革悉	Achzib	0540-2	書圖十	H2	
545	19:30	烏瑪	Ummah	0879	書圖十	H3	可能即是亞柯。
546	19:30	亞弗	Aphek	0482-2	書圖十	H3	
547	19:30	利合	Rehob	0401-3	書圖十	H3	
548	19:33	希利弗	Heleph	0441	書圖十	H3	
549	19:33	撒拿音橡樹	Zaanannim	1136	書圖十	H3	

編號	經節	中文地名	英文地名	詳解編號	圖號	地圖位置	備註
550	19:33	亞大米尼吉	Adami-nekeb	0589	書圖十	H3	
551	19:33	雅比聶	Jabneel	1029-2	書圖十	H3	
552	19:33	拉共	Lakkum	0636	書圖十	J3	
553	19:33	亞斯納他泊	Aznoth-tabor	0597	書圖十	H3	
554	19:33	戶割	Hukkok	0020-1	書圖十	H3	
555	19:35	西丁	Ziddim	0301	書圖十	J3	
B56	19:35	側耳	Zer	0896	書圖十	??	位置不明。
557	19:35	哈末	Hammath	0692	書圖十	J3	
558	19:35	拉甲	Rakkath	0635	書圖十	J3	
559	19:35	基尼烈城	Chinnereth	0951-2	書圖十	J3	
560	19:36	亞大瑪	Adamah	0516	書圖十	H3	
561	19:36	拉瑪	Ramath	0641-5	書圖十	H3	
562	19:36	夏瑣	Hazor	0839-4	書圖十	J2	
563	19:37	基低斯	Kedesh	0935-1	書圖十	J2	
564	19:37	以得來	Edrei	0145-2	書圖十	??	位置不明。
565	19:37	隱夏瑣	En-hazor	1156	書圖十	H2	
566	19:38	以利穩	Iron	0137	書圖十	H2	
567	19:38	密大伊勒	Migdal-el	0970	書圖十	??	位置不明。
568	19:38	和璉	Horem	0602	書圖十	H2	
569	19:38	伯亞納	Beth-anath	0351	書圖十	H3	
570	19:38	伯示麥	Beth-shemesh	0344-3	書圖十	H2	
571	19:41	瑣拉	Zorah	1067	書圖八	G5	
572	19:41	以實陶	Eshtaol	0149	書圖八	H5	
573	19:41	伊珥示麥	Ir-shemesh	0237	書圖八	G5	
574	19:42	沙拉賓	Shaalabbin	0467	書圖八	G5	
575	19:42	亞雅崙城	Aijalon	0550-1	書圖八	H5	
576	19:42	伊提拉	Jethlah	0232	書圖八	??	位置不明。
577	19:43	以倫	Elon	0118	書圖八	??	位置不明。
578	19:43	亭拿他	Timnah	0681	書圖八	G5	
579	19:43	以革倫	Ekron	0143	書圖八	G5	
580	19:44	伊利提基	Eltekeh	0236	書圖八	G5	
581	19:44	基比頓	Gibbethon	0942	書圖八	G5	
582	19:44	巴拉	Baalath	0031-5	書圖八	G5	
583	19:45	伊胡得	Jehud	0227	書圖八	G4	
584	19:45	比尼比拉	Bene-berak	0084	書圖八	G4	
585	19:45	迦特臨門	Gath-rimmon	0815-1	書圖八	G4	
586	19:46	美耶昆	Me-jarkon	0779	書圖八	??	位置不明。
587	19:46	拉昆	Rakkon	0639	書圖八	??	位置不明。
588	19:46	約帕	Joppa	0770	書圖八	G4	
589	19:47	利善	Lesham	0406	書圖十	J2	
590	19:47	但	Dan	0385	書圖十	J2	即是利善。
591	19:50	以法蓮山地	Ephraim	0142-4	書圖七	H45	加拿河和伯特利間之山地。
592	19:50	亭拿西拉	Timnath-serah	0683	書圖七	H5	
593	19:51	示羅	Shiloh	0217	書圖七	H4	

編號	經節	中文地名	英文地名	詳解編號	圖號	地圖位置	備註
594	20:7	拿弗他利山地	Naphtali	0854	書圖十一	HJ23	約與加利利地相當。
595	20:7	加利利	Galilee	0171	書圖十一	HJ23	加利利湖和約但河上游以西之山地。
596	20:7	基低斯	Kedesh	0935-1	書圖十一	J2	
597	20:7	示劍	Shechem	0216	書圖十一	H4	
598	20:7	猶大山地	Judah	1010-2	書圖十一	H56	
599	20:7	希伯崙	Hebron	0440	書圖十一	H5	
600	20:8	比悉	Bezer	0069	書圖十一	J5	
602	20:8	拉末	Ramoth	0634-1	書圖十一	K3	
603	20:8	巴珊	Bashan	0032-1	書圖十一	JK23	
604	20:8	哥蘭	Golan	0831	書圖十一	J3	
605	21:11	基列亞巴	Kirjath-arba	0953	書圖十一	H5	
606	21:11	亞納	Anak	0490	書圖十一	未繪	
607	21:13	立拿	Libnah	0222-2	書圖十一	G5	
608	21:14	雅提珥	Jattir	1034	書圖十一	H6	
609	21:14	以實提莫	Eshemoa	0160	書圖十一	H6	
610	21:15	何崙	Holon	0394	書圖十一	H5	
611	21:15	底壁	Debir	0618-1	書圖十一	G6	
612	21:16	亞因	Ain	0483-4	書圖十一	H6	
613	21:16	淤他	Juttah	0977	書圖十一	H6	
614	21:16	伯示麥	Beth-shemesh	0344-1	書圖十一	G5	
615	21:17	基遍	Gibeon	0922-1	書圖十一	H5	
616	21:18	迦巴	Geba	0792	書圖十一	H5	
617	21:18	亞拿突	Anathoth	0544	書圖十一	H5	
618	21:18	亞勒們	Almon	0548	書圖十一	H5	
619	21:21	基色	Gezer	0903-1	書圖十一	G5	
620	21:22	基伯先	Kibzaim	0937	書圖十一	H4	
621	21:22	伯和崙	Beth-horon	0354	書圖十一	H5	
622	21:23	伊利提基	Eltekeh	0236	書圖十一	G5?	
623	21:23	基比頓	Gibbethon	0942	書圖十一	G5	
624	21:24	亞雅崙	Aijalon	0550-1	書圖十一	H5	
625	21:24	迦特臨門	Gath-rimmon	0815-1	書圖十一	G4	
626	21:25	他納	Taanach	0096	書圖十一	H3	
627	21:25	迦特臨門	Gath-rimmon	0815-2	書圖十一	H4	
628	21:27	比施提拉	Be-eshterah	0088	書圖十一	J3	
629	21:28	基善	Kishion	0921	書圖十一	H3	
630	21:28	大比拉	Daberath	0008	書圖十一	H3	
631	21:29	耶末	Jarmuth	0780-2	書圖十一	J3	
632	21:29	隱干寧	En-gannim	1152-2	書圖十一	H4	
633	21:30	米沙勒	Mishal	0277	書圖十一	H3	
634	21:30	押頓	Abdon	0628	書圖十一	H2	
635	21:31	黑甲	Helkath	1037	書圖十一	H3	
636	21:31	利合	Rehob	0401-3	書圖十一	H3	
637	21:32	哈末多珥	Hammoth-dor	0722	書圖十一	J3	
638	21:32	加珥坦	Kartan	0175	書圖十一	H2	

編號	經節	中文地名	英文地名	詳解編號	圖號	地圖位置	備註
639	21:34	約念	Jokneam	0772	書圖十一	H3	
640	21:34	加珥他	Kartah	0174	書圖十一	??	位置不明。
641	21:35	丁拿	Dimnah	0001	書圖十一	H3	
642	21:35	拿哈拉	Nahalal	0850	書圖十一	H3	
643	21:36	比悉	Bezer	0069	書圖十一	J5	
644	21:36	雅雜	Jahaz	1026	書圖十一	J5	
645	21:37	基底莫	Kedemoth	0934	書圖十一	J5	
646	21:37	米法押	Mephaath	0281	書圖十一	J5	
647	21:38	瑪哈念	Mahanaim	1088	書圖十一	J4	
648	21:39	希實本	Heshbon	0445	書圖十一	J5	
649	21:39	雅謝	Jazer	1025-1	書圖十一	J4	
650	22:9	迦南地	Canaan	0797	書圖十一	全	
651	22:9	示羅	Shiloh	0217	書圖十一	H4	
652	22:9	基列	Gilead	0904-1	書圖十一	J35	
653	24:1	示劍	Shechem	0216	書圖十一	H4	
654	24:4	西珥山	Seir	0311-1	創圖十	GJ79	
655	24:4	埃及	Egypt	0835	民圖五	NO15	
656	24:6	紅海	Red sea	0766-2	民圖五	O2	
657	24:8	亞摩利人等	Amorites	0558	民圖五	未繪	
658	24:9	摩押	Moab	1112-1	民圖五	Q1	
659	24:10	耶利哥	Jericho	0785	民圖五	Q1	
660	24:10	大河的那邊	Great River	0004	創圖三	D2	指迦勒底的吾珥地區。
661	24:30	以法蓮山地	Ephraim	0142-4	書圖七	H5	
662	24:30	亭拿西拉	Timnath-serah	0683	書圖七	H5	
663	24:30	迦實山	Gaash	0804	書圖七	??	位置未明。

士師記

編號	經節	中文地名	英文地名	詳解編號	圖號	地圖位置	備註
001	1:1	迦南人	Canaanites	0797	士圖一	未繪	迦南地除以色列人外十支原住民之統稱。
002	1:4	比利洗人	Perizzites	0077	士圖一	未繪	民族名，散居迦南各地。
003	1:4	比色	Bezek	0061-1	士圖一	??	位置不明。
004	1:7	耶路撒冷	Jerusalem	0790	士圖一	H5	
005	1:10	猶大人	Judah	1010	士圖一	未繪	即是猶大支派的人民，居住在耶路撒冷以南。
006	1:10	希伯崙	Hebron	0440	士圖一	H5	
007	1:10	基列亞巴	Kiriath-arba	0952	士圖一	H5	即是希伯崙的原來名字。
008	1:11	底壁	Debir	0618-1	士圖一	H6	
009	1:11	基列西弗	Kiriath-sepher	0957	士圖一	H6	即是底壁原來的名字。
010	1:16	基尼人	Kenite	0899	士圖一	H6	集中在死海西南岸附近的地區。
011	1:16	棕樹城	City of Palms	1009-1	士圖一	H5	就是古耶利哥城的別名。
012	1:16	亞拉得	Arad	0534	士圖一	H6	
013	1:16	猶大曠野	Judah	1010	士圖一	H6	死海西岸，猶大山地的東麓，是一片荒原。
014	1:17	洗法	Zephath	0749-1	士圖一	G6	即是何珥瑪。
015	1:17	何珥瑪	Hormah	0395	士圖一	G6	
016	1:18	迦薩	Gaza	0805	士圖一	F6	

編號	經節	中文地名	英文地名	詳解編號	圖號	地圖位置	備註
017	1:18	亞實基倫	Ashkelon	0586	士圖一	G5	
018	1:18	以革倫	Ekron	0143	士圖一	G5	
019	1:20	亞衲人	Anakim	0490	士圖一	未繪	
020	1:21	便雅憫	Benjamin	0684	士圖一	H5	大約是在伯特利及耶路撒冷之間。
021	1:21	耶布斯	Jebusites	0783	士圖一	H5	即是耶路撒冷。
022	1:22	伯特利	Bethel	0364-1	士圖一	H5	
023	1:23	路斯	Luz	1055-1	士圖一	H5	即是伯特利。
024	1:26	赫人之地	Hittites	1108	士圖一	未繪	或指迦南地及敘利亞。
025	1:26	路斯	Luz	1055-2	士圖一	??	位置不詳。
026	1:27	瑪拿西	Manasseh	1092-2	士圖二	H4	約略是在耶斯列平原及加拿河之間。
027	1:27	伯善	Beth-shan	0337	士圖二	J4	
028	1:27	他納	Taanach	0096	士圖二	H3	
029	1:27	多珥	Dor	0253	士圖二	G3	
030	1:27	以伯蓮	Ibleam	0138	士圖二	H4	
031	1:27	米吉多	Megiddo	0272-1	士圖二	H3	
032	1:29	基色	Gezer	0903-1	士圖二	G5	
033	1:30	西布倫	Zebulum	0319	士圖二	H3	約略是在耶斯列平原之西半部。
034	1:30	基倫	Kitron	0915	士圖二	??	位置不明。
035	1:30	拿哈拉	Nahalol	0850	士圖二	H3	
036	1:31	亞設	Asher	0499	士圖二	H23	約是沙崙平原北部，亞柯平原，北至推羅附近。
037	1:31	亞柯	Acco	0491	士圖二	H3	
038	1:31	西頓	Sidon	0315	士圖二	H1	
039	1:31	亞黑拉	Ahlab	0552	士圖二	H2	
040	1:31	亞革悉	Aczib	0540-2	士圖二	H2	
041	1:31	黑巴	Helbah	1035	士圖二	??	位置不明。
042	1:31	亞弗革	Aphek	0529	士圖二	H3	
043	1:31	利合	Rehob	0401-3	士圖二	H3	
044	1:33	拿弗他利	Naphtali	0854	士圖二	HJ23	約是耶斯列平原以北的加利利地區。
045	1:33	伯示麥	Beth-shemesh	0344-3	士圖二	H2	
046	1:33	伯亞納	Beth-anath	0351	士圖二	H3	
047	1:34	亞摩利人	Amorites	0558	士圖二	未繪	
048	1:34	但	Dan	0385	士圖一	G5	約是基列耶琳以東至海。
049	1:35	希烈山	Heres	0434	士圖一	G5	
050	1:35	亞雅倫	Aijalon	0551	士圖一	H5	同亞雅崙 0550-1。
051	1:35	沙賓	Shaalbim	0464	士圖一	G5	
052	1:36	亞克拉濱坡	Akrabbim pass	0576	民圖二	S5	
053	1:36	西拉	Sela	0306-3	民圖二	??	死海西南的一處關口，位置不詳。
054	2:1	吉甲	Gilgal	0247-5	士圖一	??	位置不明。
055	2:1	波金	Bokim	0657	士圖一	??	在伯特利與示羅之間。
056	2:1	埃及	Egypt	0835	創圖十二	全	
057	2:9	亭拿希烈	Timnath-heres	0682	士圖一	H5	
058	2:9	迦實	Gaash	0804-1	士圖一	??	確實的位置不詳，應是在亭拿希烈城的南邊。
059	3:3	非利士人	Philistines	0676	士圖二	FG56	居住在埃及小河及約帕間的沿海平原中。
060	3:3	利巴嫩山	Lebanon	0411	士圖二	HJ12	

編號	經節	中文地名	英文地名	詳解編號	圖號	地圖位置	備註
061	3:3	希未人	Hivites	0429	士圖二	未繪	部份居住在黑門山麓和利巴嫩山一帶。
062	3:3	巴力黑們山	Baal-hermon	0050-1	書圖二	ST2	即是黑門山。
063	3:3	哈馬口	Hamath	0716	書圖二	T1	
064	3:8	米所波大米	Mesopotomia	0294	創圖三	CD12	即是兩河流域的地區，在伊拉克境內。
065	3:12	摩押	Moab	1112-1	創圖五	JK56	
066	3:12	亞捫	Ammonites	0494	創圖五	K4	
067	3:12	亞瑪力人	Amalekites	0557	創圖十	EG78	最初是在西乃和南地等地的游牧民族。
068	3:13	棕樹城	City of Palms	1009	士圖三	H5	即是耶利哥。
069	3:19	吉甲鑿石之地	Gilgal	0247-1	士圖三	??	可能是在耶利哥和吉甲附近某地。
070	3:26	西伊拉	Seirah	0320	士圖三	??	位置不明，似應在以法蓮山地。
071	3:27	以法蓮山地	Ephraim	0142-4	士圖三	H45	約是加拿河至伯特利間之山地。
072	3:28	約但河	Jordan	0768-	士圖三	J25	
073	4:2	夏瑣	Hazor	0839-4	士圖三	J2	
074	4:2	夏羅設	Harosheth	0840	士圖三	H3	
075	4:5	拉瑪	Ramah	0641-2	士圖三	H4	
076	4:5	伯特利	Bethel	0364-1	士圖三	H5	
077	4:6	拿弗他利	Naphtali	0854	士圖三	H23	同士044。
078	4:6	基低斯	Kedesh	0935-1	士圖三	J2	不同於081，此一基低斯是在加利利湖的北方。
079	4:6	他泊山	Tabor	0093-1	士圖三	H3	
080	4:7	基順河	Kishon	0907	士圖三	H3	
081	4:9	基低斯	Kedesh	0935-3	士圖三	H3	不同於078，此一基低斯是在他泊山的南麓。
082	4:11	基尼人	Kenites	0899	士圖一	H6	同士010。
083	4:11	撒拿音	Zaanannim	1136	士圖三	H3	
084	5:4	西珥山	Seir	0311	創圖十	HJ79	同以東地。
085	5:4	以東地	Edom	0111	創圖十	GJ79	死海至阿卡巴灣間東側之山地。
086	5:5	西乃山	Sinai	0302-1	出圖一	P4	
087	5:14	以法蓮	Ephraim	0142	士圖三	H45	約略是加拿河之南和伯特利之間的地區。
088	5:14	瑪吉	Amalek	1076	士圖三	未繪	可能是代表基列和巴珊等兩地區。
089	5:14	西布倫	Zebulun	0319	士圖三	H3	同士033。
090	5:15	以薩迦	Issachar	0150	士圖三	H3	概略的是耶斯列谷以北，及以斯得倫平原的東部。
091	5:17	基列人	Gilead	0904-1	士圖三	J35	指住在基列地的以色列人，即迦得和瑪拿西支派的人。
092	5:19	米吉多水	Megiddo	0272-2	士圖三	H3	即是基順河，同士080。
093	5:19	他納	Taanach	0096	士圖三	H3	
094	5:23	米羅斯	Meroz	0290	士圖三	??	位置不明。
095	6:1	米甸人	Midian	0264	民圖一	Q34	阿卡巴灣的西岸。
096	6:3	亞瑪力人	Amalekites	0557	創圖十	EG79	最初是在西乃和南地等地的游牧民族。
097	6:3	東方人	Eastern people		士圖四		可能是當時敘利亞沙漠中之遊牧民族，即阿拉伯人。
098	6:4	迦薩	Gaza	0805	士圖一	F6	
099	6:11	俄弗拉	Ophrah	0689-2	士圖四	H3	
100	6:33	耶列斯平原	Jezreel	0789-3	士圖四	H3	位於耶斯列城之西的一片平原，略呈三角形狀。
101	6:35	瑪拿西	Manasseh	1092-2	士圖四	H4	
102	7:1	哈律泉	Harod	0698	士圖四	H3	
103	7:1	摩利岡	Moreh	1111-2	士圖四	H3	
104	7:3	基列山	Mount of Gilead	0904-4	士圖四	??	可能是基利波山。

編號	經節	中文地名	英文地名	詳解編號	圖號	地圖位置	備註
105	7:22	西利拉	Zererah	0323	士圖四	J4	
106	7:22	伯哈示他	Beth-shittah	0376	士圖四	??	位置不明，在西利拉的附近。
107	7:22	他巴	Tabbath	0091	士圖四	J4	
108	7:22	亞伯米何拉	Abel-meholah	0593-1	士圖四	J4	
109	7:24	伯巴拉	Beth-barah	0341	士圖四	??	在約但河東，位置不明。
110	7:25	俄立磐石	Oreb	0685	士圖四	??	位置不明，在伯巴拉的附近。
111	7:25	西伊伯酒醡	Zeeb	0321	士圖四	??	位置不明，在伯巴拉的附近。
112	8:5	疏割	Succoth	1013-1	士圖四	J4	
113	8:8	毘努伊勒	Penuel	0764	士圖四	J4	
114	8:10	加各	Karkor	0166	士圖四	未繪	位於死海東方約180公里處，今日名爲Qarqar。
115	8:11	挪巴	Nobah	0857-2	士圖四	??	在約但河東，位置不明。
116	8:11	約比哈	Jogbehah	0776	士圖四	J4	
117	8:13	希列斯坡	Heres	0438	士圖四	??	位置不明，應該是約但河東的某一處險坡或隘道。
118	8:18	他泊	Tabor	0093-1	士圖四	H3	
119	8:24	以實瑪利人	Ishmaelites	0161	民圖一	Q34	廣義的是指一般的商旅。
120	8:31	示劍	Shechem	0216	士圖四	H4	
121	9:6	米羅人	Beth-millo	0271-1	士圖四	??	位置不明。可能是示劍城附近之一地。
122	9:7	基利心山	Gerizim	0948	士圖四	H4	
123	9:15	利巴嫩	Lebanon	0411-1	士圖二	HJ12	同士 060。
124	9:21	比珥	Beer	0067-2	士圖四	H3	
125	9:37	米惡尼尼	Meonenim	0293	士圖四	??	位置不明。
126	9:41	亞魯瑪	Arumah	0563	士圖四	H4	
127	9:48	撒們山	Zalmon	1126-1	士圖四	??	可能即是基利心山。
128	9:50	提備斯	Thebez	1004	士圖四	H4	
129	10:1	沙密	Shamir	0459-2	士圖四	H4?	
130	10:4	哈倭特睚珥	Havvoth-jair	0734	士圖五	J3	巴珊地南部，基列地的北部。
131	10:5	加們	Kamon	0167	士圖五	J3	
132	10:6	亞蘭	Aram	0514	申圖一	TV24	自大馬色地區起，直到幼發拉底河。
133	10:6	西頓	Sidon	0315	士圖七	H1	
134	10:6	摩押	Moab	1112-1	創圖五	JK56	同士 065。
135	10:6	亞捫	Ammonites	0494	創圖五	K4	
136	10:6	非利士人	Philistines	0676	士圖二	FG56	
137	10:9	猶大人	Judah	1010	士圖五	H56	
138	10:9	便雅憫	Benjamin	0684	士圖五	H5	
139	10:9	以法蓮	Ephraim	0142-5	士圖五	H4	
140	10:11	埃及人	Egyptians	0835	創圖十二	全圖	
141	10:12	亞瑪力人	Amalekites	0557	創圖十	EG78	
142	10:12	馬雲人	Maonites	0891	士圖五	??	位置不明。
143	10:17	米斯巴	Mizpah	0285-5	士圖五	J4	
144	11:3	陀伯	Tob	0670	士圖五	K3	
145	11:13	亞嫩河	Arnon	0509	士圖五	J6	
146	11:13	雅博河	Jabbok	1023	士圖五	JK4	
147	11:16	曠野	Desert		出圖一	OQ24	即是書珥、汛、西乃、巴蘭、尋等之曠野。
148	11:16	紅海	Red Sea	0766-3	出圖一	O2	以色列人渡海之處，靠近蘭塞城。

編號	經節	中文地名	英文地名	詳解編號	圖號	地圖位置	備註
149	11:17	加低斯	Kadesh	0172	出圖一	P2	
150	11:17	以東	Edom	0111	出圖一	Q23	死海南端和阿卡巴灣北端間之地區。
151	11:20	雅雜	Jahaz	1026	士圖五	J5	
152	11:26	希實本	Heshbon	0445	士圖五	J5	
153	11:26	亞羅珥	Aroer	0565-1	士圖五	J6	不同於士156，此一亞羅珥在其南。
154	11:29	米斯巴	Mizpah	0285-5	士圖五	J4	
155	11:33	米匿	Minnith	0268	士圖五	J5?	
156	11:33	亞羅珥	Aroer	0565-3	士圖五	J5	不同於士153，此一亞羅珥在其北。
157	11:33	亞備勒基拉明	Abel-keramim	0598	士圖五	J5	
158	12:8	伯利恆	Bethlehem	0349-2	士圖七	H3	
159	12:12	亞雅崙	Aijalon	0550-2	士圖七	H3	
160	12:13	比拉頓	Pirathon	0080	士圖七	H4	
161	13:25	瑪哈尼但	Mahaneh-dan	1098-1	士圖六	??	在瑣拉和以實陶兩地之間。
162	13:25	瑣拉	Zorah	1067	士圖六	G5	
163	13:25	以實陶	Eshtaol	0149	士圖六	H5	
164	14:1	亭拿	Timnah	0678-2	士圖六	G5	
165	14:19	亞實基倫	Ashkelon	0586	士圖六	G5	
166	15:8	以坦磐	Etam	0113-1	士圖六	??	位置不明，可能是在瑣拉東南東方約四公里處。
167	15:9	利希	Lehi	0403	士圖六	H5	
168	15:17	拉末利希	Ramath-lehi	0649	士圖六	H5	即是利希，見士167。
169	15:19	隱哈歌利	En-hakkore	1161	士圖六	H5	即是利希，見士167。
170	16:1	迦薩	Gaza	0805	士圖六	F6	
171	16:3	希伯崙	Hebron	0440	士圖六	H5	
172	16:4	梭烈谷	Sorek	0976-1	士圖六	GH5	
173	17:7	伯利恆	Bethlehem	0349-1	士圖七	H5	
174	18:7	拉億	Laish	0643-1	士圖七	J2	即是後來的但城。
175	18:7	西頓人	Sidonians	0315	士圖七	H1	代表腓尼基人。
176	18:12	基列耶琳	Kirjath-jearim	0954	士圖七	H5	
177	18:12	瑪哈尼但	Mahaneh-dan	1098-2	士圖七	??	在基列耶琳的東邊。
178	18:28	伯利合	Beth-rehob	0348	士圖七	J2	
179	18:31	示羅	Shiloh	0217	士圖七	H4	
180	18:31	但	Dan	0385-2	士圖七	J2	
181	19:10	耶布斯	Jebus	0783	士圖七	H5	
182	19:10	耶路撒冷	Jerusalem	0790	士圖七	H5	
183	19:12	基比亞	Gibeah	0941-2	士圖七	H5	
184	19:12	拉瑪	Ramah	0641-2	士圖七	H5	
185	20:1	別是巴	Beer-sheba	0398	士圖二	G6	
186	20:1	基列地	Gilead	0904-1	士圖七	J35	希實本以北，雅木河以南的山區。
187	20:1	米斯巴	Mizpah	0285-4	士圖七	H5	
188	20:33	巴力他瑪	Baal-tamar	0044	士圖七	??	位置不明，大約在耶路撒冷的東北。
189	20:33	馬利迦巴	Maareh-gebo	0894	士圖七	??	位置不明，大約是在迦巴的西方。
190	20:45	臨門磐	Rimmon	1162-3	士圖七	H5	
191	20:45	基頓	Gidom	0923-1	士圖七	??	位置不明，應是在基比亞以北，靠近臨門。
192	21:8	基列雅比	Jabesh-gilead	0958	士圖七	J4	

編號	經節	中文地名	英文地名	詳解編號	圖號	地圖位置	備註
193	21:19	利波拿	Lebonah	0415	士圖七	H4	
194	21:19	伯特利	Bethel	0364-1	士圖七	H5	
195	21:19	示劍	Shechem	0216	士圖七	H4	

撒母耳記上

編號	經節	中文地名	英文地名	詳解編號	圖號	地圖位置	備註
001	1:1	以法蓮山地	Ephraim	0142-4	撒上圖一	H45	加拿河至伯特利以西之山地。
002	1:1	拉瑪瑣非	Ramathaim-zuphite	0650	撒上圖一	H4	即是拉瑪。
003	1:3	示羅	Shiloh	0217	撒上圖一	H4	
004	1:19	拉瑪	Ramah	0641-6	撒上圖一	H4	
005	2:27	埃及	Egypt	0835	創圖十二	全圖	即今之埃及，但國境較小，當時對迦南的控制力很弱。
006	3:20	但	Dan	0385	撒上圖四	J2	
007	3:20	別是巴	Beer-sheba	0398	撒上圖四	G6	
008	4:1	非利士人	Philistines	0676	撒上圖一	G5	埃及小河至約帕間的沿海平原。
009	4:1	以便以謝	Eben-ezer	0157-1	撒上圖一	G4	
010	4:1	亞弗	Aphek	0482-1	撒上圖一	G4	
011	4:6	希伯來人	Hebrew	0439	撒上圖一	未繪	即是以色列人。
012	5:1	亞實突	Ashdod	0556	撒上圖一	G5	
013	5:8	迦特	Gath	0799	撒上圖一	G5	
014	5:10	以革倫	Ekron	0143	撒上圖一	G5	
015	6:9	伯示麥	Beth-shemesh	0344-1	撒上圖一	G5	
016	6:17	迦薩	Gaza	0805	撒上圖一	F6	
017	6:17	亞實基倫	Ashkelon	0586	撒上圖一	G5	
018	6:21	基列耶琳	Kirjath-jearim	0954	撒上圖一	H5	
019	7:5	米斯巴	Mizpah	0285-4	撒上圖一	H5	
020	7:11	伯甲	Beth-car	0333	撒上圖一	??	位置不明，應是在米斯巴的附近。
021	7:12	善	Shen	0991	撒上圖一	??	位置不明，應是在米斯巴的附近。
022	7:12	以便以謝	Eben-ezer	0157-2	撒上圖一	??	位置不明，應該是在米斯巴的附近不遠之處。
023	7:14	亞摩利人	Amorites	0558	撒上圖一	未繪	代表除非利士外迦南之各族。
024	7:16	伯特利	Bethel	0364-1	撒上圖一	H5	
025	7:16	吉甲	Gilgal	0247-1	撒上圖一	H5	
026	8:4	拉瑪	Ramah	0641-6	撒上圖一	H4	
027	9:4	沙利沙地	Shalisha	0465	撒上圖二	H4	或許是沙利沙城四周之地。
028	9:4	沙琳地	Shaalim	0461	撒上圖二	GH5	或許是沙賓城四周之地。
029	9:4	便雅憫地	Benjamin	0684	撒上圖二	H5	伯特利及耶路撒冷間，與猶大、但、以法蓮為鄰。
030	9:5	蘇弗地	Zuph	1175	撒上圖二	H45	拉瑪四周之地，拉瑪城同撒上 004。
031	10:2	泄撒	Zelzah	0654	撒上圖二	??	位置不明。
032	10:3	他泊橡樹	Tabor	0093-3	撒上圖二	??	在伯特利及伯利恆之間的某處。
033	10:5	神的山	Hill of God		撒上圖二	H5	即是基比亞城。
034	10:17	米斯巴	Mizpah	0285-4	撒上圖二	H5	
035	10:26	基比亞	Gibeah	0941-2	撒上圖二	H5	
036	11:1	亞捫人	Ammonites	0494	撒上圖三	K45	在希實本以北，基列以東，巴珊以南的地區。
037	11:1	基列雅比	Jabesh-gilead	0958	撒上圖三	J4	
038	11:1	雅比人	Jebeah	1019	撒上圖三	J4	即是基列雅比，為其簡稱。

編號	經節	中文地名	英文地名	詳解編號	圖號	地圖位置	備註
039	11:8	比色	Bezek	0061-2	撒上圖三	未繪	
040	11:8	以色列人	Israel	0131	撒上圖三	未繪	猶大支派以外的十一個支派人民的統稱。
041	11:8	猶大人	Judah	1010-1	撒上圖三	未繪	僅代表猶大支派的人民。
042	12:9	夏瑣	Hazor	0839-4	撒上圖五	J2	
043	12:9	摩押	Moab	1112-1	撒上圖五	J6	亞嫩溪以南到撒烈溪間之地。
044	13:2	密抹	Michmash	0967	撒上圖四	H5	
045	13:2	伯特利山	Bethel	0364-2	撒上圖四	??	可能是伯特利城東南方的某一山嶺。
046	13:3	迦巴	Geba	0792	撒上圖四	H5	
047	13:5	伯亞文	Beth-aven	0350-2	撒上圖四	??	位置不明，可能即是伯特利。
048	13:7	約但河	Jordan	0768	撒上圖四	J45	
049	13:7	迦得地	Gad	0800-1	撒上圖五	J45	約但河東的全部河谷，雅博河和希實本間之地。
050	13:7	基列地	Gilead	0904-1	撒上圖五	J45	約但河以東，希實本和雅木河間之山地。
051	13:17	俄弗拉	Ophrah	0689-1	撒上圖四	H5	
052	13:17	書亞	Shual	0865-2	撒上圖四	??	應是在密抹之北數公里處。
053	13:18	伯和崙	Beth-horon	0354	撒上圖四	H5	
054	13:18	洗波音谷	Zeboim	0756	撒上圖四	??	可能在羅得之北，靠近非利士地之北方邊境。
055	14:2	米磯崙	Migron	0289-1	撒上圖四	??	基比亞的附近，耶路撒冷之北約5公里。
056	14:3	示羅	Shiloh	0217	撒上圖五	H4	
057	14:4	播薛	Bozez	1120	撒上圖四	H5	
058	14:4	西尼	Seneh	0304-2	撒上圖四	H5	
059	14:22	以法蓮山地	Ephraim	0142-4	撒上圖四	H4	同撒上001。
060	14:31	亞雅崙	Aijalon	0550-1	撒上圖四	H5	
061	14:47	摩押人	Moab	1112-1	撒上圖五	JK6	同撒上043。
062	14:47	亞捫人	Ammonites	0494	撒上圖五	K45	同撒上036。
063	14:47	以東人	Edom	0111	撒上圖五	HJ67	死海以南至阿卡巴灣之間。
064	14:47	瑣巴人	Zobah	1065	撒下圖三	C34?	大馬色以北，哈馬口四周之地。
065	14:47	非利士人	Philistines	0557	撒上圖五	G56	同撒上008。
066	14:48	亞瑪力人	Amalekites	0557	撒上圖六	EF7	西乃和南地等地的游牧民族，來歷不明。
067	15:4	提拉因	Telaim	1001	撒上圖六	??	位置不明，應是在南地之內。
068	15:5	亞瑪力的城	City of Amalek	0557	撒上圖六	??	位置不明，應是在加低斯之南某處。
069	15:6	基尼人	Kenites	0899	撒上圖六	H67	主要的集中地是在死海西南岸附近的地區。
070	15:7	哈腓拉	Havilah	0719-4	撒上圖六	??	位置不明，可能是在巴蘭曠野。
071	15:7	書珥	Shur	0868-1	撒上圖六	E7	西乃半島的西北部，西接埃及的曠野。
072	15:12	迦密	Carmel	0802-1	撒上圖六	H6	
073	15:12	吉甲	Gilgal	0247-1	撒上圖六	H5	
074	15:34	拉瑪	Ramah	0641-6	撒上圖六	H4	
075	15:34	基比亞	Gibeah	0941-2	撒上圖六	H5	
076	16:1	伯利恆	Bethlehem	0349-1	撒上圖六	H5	
077	17:1	梭哥	Socoh	0975-1	撒上圖六	G5	
078	17:1	亞西加	Azekah	0528	撒上圖六	G5	
079	17:1	以弗大憫	Ephes-dammim	0152	撒上圖六	??	梭哥和亞西加兩地之間某處。
080	17:2	以拉谷	Elah	0112	撒上圖六	G5	
081	17:4	迦特人	Gath	0799	撒上圖六	G5	
082	17:12	以法他人	Ephrathite	0141-1	撒上圖六	H5	即是伯利恆，以法他是其原名，位置同撒上075。

編號	經節	中文地名	英文地名	詳解編號	圖號	地圖位置	備註
083	17:52	以革倫	Ekron	0143	撒上圖六	G5	
084	17:52	沙拉音	Shaaraim	0466-1	撒上圖六	??	似應在梭哥及立拿之間，以拉谷內之某處。
085	17:54	耶路撒冷	Jerusalem	0790	撒上圖六	H5	
086	18:19	米何拉人	Meholathite	0273	士上圖四	J4	即是亞伯米何拉的人。
087	19:18	拉瑪	Ramah	0641-6	撒上圖七	H4	
088	19:19	拿約	Naioth	0846	撒上圖七	??	是拉瑪城內一地或房屋名，詳細位置不明。
089	19:22	西沽	Secu	0307	撒上圖七	??	
090	20:19	以色	Ezel	0106	撒上圖七	??	似應在基比亞城之郊外某不遠之處。
091	21:1	挪伯	Nob	0859	撒上圖七	H5	
092	22:1	亞杜蘭	Adullam	0530	撒上圖七	G5	
093	22:3	米斯巴	Mizpah	0285-6	撒上圖七	??	位置不明，有可能是摩押的吉珥哈列設。
094	22:5	猶大地	Judah	1010	撒上圖七	GH56	大約是耶路撒冷之南的一大片土地。
095	22:5	哈列樹林	Hareth	0699	撒上圖七	H6?	
096	22:6	拉瑪	Ramah	0641-2	撒上圖七	H5	
097	23:1	基伊拉	Keilah	0930	撒上圖七	G6	
098	23:14	西弗曠野	Ziph	0305-2	撒上圖七	H6	
099	23:19	哈基拉山	Hachilah	0718	撒上圖七	??	位置不明。
100	23:24	瑪雲	Maon	1080	撒上圖七	H6	
101	23:24	亞拉巴	Arabah	0536-1	撒上圖七	H6	位於隱基底之南，死海西岸的邊上。
102	23:28	西拉哈瑪希羅結	Sela-hammahlekoth	0332	撒上圖七	??	可能是瑪雲曠野中的一塊石頭。
103	23:29	隱基底	En-gedi	1157-1	撒上圖七	H6	
104	25:1	拉瑪	Ramah	0641-6	撒上圖七	H4	
105	25:1	巴蘭曠野	Paran	0036-1	民圖一	P23	可能是瑪雲曠野之誤。
106	25:2	迦密	Carmel	0802-1	撒上圖七	H6	
107	25:43	耶斯列	Jezreel	0789-1	撒上圖七	H6	
108	25:44	迦琳	Gallim	0803	撒上圖七	H5	
109	27:1	非利士人	Philistines	0676	撒上圖八	FG56	同撒上 008。
110	27:2	迦特人	Gath	0799	撒上圖八	G5	
111	27:6	洗革拉	Ziklag	0757	撒上圖八	G6	
112	27:8	基述	Geshurites	0913-2	撒上圖八	??	可能是一族名，在南地中之某處。
113	27:8	基色	Gezrites	0903-2	撒上圖八	??	可能是一族名，在南地中之某處。
114	27:8	亞瑪力人	Amalekites	0557	撒上圖六	EF7	同撒上 066。
115	27:8	書珥	Shur	0868-2	撒上圖六	E67	
116	27:8	埃及	Egypt	0835-1	創圖十二	全圖	即是今日的埃及，但國境較小。
117	27:10	耶拉篾	Jerahmeel	0786	撒上圖八	??	應在南地地區之內，也可能是一族名。
118	27:10	基尼	Kenites	0899	撒上圖六	H67	同撒上 069。
119	28:3	拉瑪	Ramah	0641-6	撒上圖八	H4	
120	28:4	書念	Shunem	0866	撒上圖九	H3	
121	28:4	基利波山	Gilboa	0949	撒上圖九	H4	沿耶斯列河南的一條山脈。
122	28:7	隱多珥	En-dor	1154	撒上圖九	H3	
123	29:1	亞弗	Aphek	0482-1	撒上圖八	G4	
124	29:1	耶斯列	Jezreel	0789-2	撒上圖九	H3	
125	30:9	比梭溪	Besor	0070	撒上圖八	FG6	
126	30:14	基利提	Cherethites	0945	撒上圖八	G56?	位置不明，可能是迦特附近的一個民族。

編號	經節	中文地名	英文地名	詳解編號	圖號	地圖位置	備註
127	30:14	迦勒地	Caleb	0801	撒上圖八	GH6?	希伯崙和底壁之間的地區。
128	30:27	伯特利	Bethel	0364-3	撒上圖八	G6	
129	30:27	南地的拉末	Ramoth	0634-2	撒上圖八	??	位置不明。
130	30:27	雅提珥	Jattir	1034	撒上圖八	H6	
131	30:28	亞羅珥	Aroer	0565-2	撒上圖八	G6	
132	30:28	息末	Siphmoth	0842	撒上圖八	??	應是在南地之區內。
133	30:28	以實提莫	Eshtemoa	0160	撒上圖八	H6	
134	30:29	拉哈勒	Rachal	0648	撒上圖八	H6	可能即是迦密。
135	30:30	何珥瑪	Hormah	0395	撒上圖八	G6	
136	30:30	歌拉珊	Chorashan	1106	撒上圖八	G6	
137	30:30	亞撻	Athach	0510	撒上圖八	G6	
138	30:31	希伯崙	Hebron	0440	撒上圖八	H5	
139	31:10	伯珊	Beth-shan	0336	撒上圖九	H4	
140	31:11	基列雅比	Jabesh-gilead	0958	撒上圖九	J4	
141	31:12	雅比	Jabesh	1019	撒上圖九	J4	

撒母耳記下

編號	經節	中文地名	英文地名	詳解編號	圖號	地圖位置	備註
001	1:1	亞瑪力人	Amalekites	0557	撒下圖三	A78	是當時在加低斯附近的游牧民族，來歷不明。
002	1:1	洗革拉	Ziklag	0757	撒下圖一	G6	
003	1:6	基利波山	Gilboa	0949	撒上圖九	H34	起自耶斯列城的南面，與摩利山相對，海拔高497公尺。
004	1:18	猶大地	Judah	1010	撒下圖一	GH65	大約是耶路撒冷之南的一大片土地。
005	1:20	迦特	Gath	0799	撒下圖一	G5	
006	1:20	亞實基倫	Ashkelon	0586	撒下圖一	G5	
007	1:20	非利士人	Philistines	0676	撒下圖一	G36	原集中在約帕以南的沿海平原中，在掃羅的時代中，已入侵到中央山脈的東部，直到大衛時方被逐出。
008	2:1	希伯崙	Hebron	0440	撒下圖一	H5	
009	2:2	耶斯列	Jezreel	0789-1	撒下圖一	H6	
010	2:2	迦密	Carmel	0802-1	撒下圖一	H6	
011	2:4	基列雅比	Jabesh-gilead	0958	撒下圖一	J4	
012	2:8	瑪哈念	Mahanaim	1088	撒下圖一	J4	
013	2:9	基列	Gilead	0904-1	撒下圖一	J35	約但河以東，希實本以北，雅木河以南的山脈和山地。
014	2:9	亞書利	Ashuri	0545	撒下圖一	??	位置不明，可能是在基列和耶斯列之間。
015	2:9	耶斯列	Jezreel	0789-2	撒下圖一	H3	耶斯列城以西之平原，在掃羅去世時被非利士人佔領。
016	2:9	以法蓮	Ephraim	0142-3	撒下圖一	H45	以法蓮支派之領土，約略是示劍及伯特利之間的山區。
017	2:9	便雅憫	Benjamin	0684	撒下圖一	H5	便雅憫支派之地業，略是在伯特利及耶路撒冷之間。
018	2:9	以色列	Israel	0131	撒下圖一	未繪	此處指除猶大支派以外的十一個支派。
019	2:12	基遍	Gibeon	0922	撒下圖一	H5	
020	2:16	希利甲哈素林	Helkath-hazzurim	0449	撒下圖一	??	在基遍池旁的一處場地，確實位置不詳。
021	2:24	基亞	Giah	0905	撒下圖一	??	位置不明，應該是在基遍的附近。
022	2:24	亞瑪山	Ammah	0508	撒下圖一	??	位置不明，應該是在基遍的附近。
023	2:29	亞拉巴	Arabah	0536-1	撒下圖一	J35	此處係指約但河谷。
024	2:29	約但河	Jordan	0768	撒下圖一	J35	此處指加利利湖到死海的一段河流。
025	2:29	畢倫	Bithron	0979	撒下圖一	??	位置不明，可能是約但河東側，東西向的某一峽谷。
026	2:32	伯利恆	Bethlehem	0349-1	撒下圖一	H5	

編號	經節	中文地名	英文地名	詳解編號	圖號	地圖位置	備註
027	3:3	基述	Geshur	0913-1	撒下圖一	J3	是當時加利利海東岸的一個獨立小國，邊界不明確。
028	3:10	但	Dan	0385	撒下圖一	J2	但到別是巴常用以表示以色列全地。
029	3:10	別是巴	Beer-sheba	0398	撒下圖一	G6	
030	3:16	巴戶琳	Bahurim	0039	撒下圖一	H5	
031	3:26	西拉井	Sirah	0306-1	撒下圖一	未繪	可能在希伯崙的北方近處。
032	4:2	比錄	Beeroth	0073	撒下圖一	H5	
033	4:3	基他音	Gittaim	0929	撒下圖一	G5	
034	4:7	亞拉巴	Arabah	0536-1	撒下圖一	J35	同撒下 023。
035	4:10	洗革拉	Ziklag	0757	撒下圖一	G6	
036	5:1	希伯崙	Hebron	0440	撒下圖一	H5	
037	5:5	耶路撒冷	Jerusalem	0790	撒下圖二	H5	
038	5:6	耶布斯	Jebusites	0783	撒下圖二	H5	耶路撒冷在大衛佔領前的名字，原由耶布斯人所有。
039	5:7	錫安	Zion	1147	撒下圖二	H5	即是耶路撒冷，同撒下 037。
040	5:7	大衛的城	David's City	0012	撒下圖二	H5	即是耶路撒冷，同撒下 037。
041	5:9	米羅	Millo	0271-2	撒下圖二	未繪	耶路撒冷城內之某一建築。
042	5:11	推羅	Tyre	0973	撒下圖一	H2	
043	5:18	利乏音谷	Rephaim	0413-2	撒下圖二	H5	始於耶路撒冷西南，向南延伸，止於伯利恆之西北。
044	5:20	巴力毘拉心	Baal-perazim	0057	撒下圖二	H5	
045	5:25	迦巴	Geba	0792	撒下圖二	H5	在代上14:16中作基遍。
046	5:25	基色	Gezer	0903-1	撒下圖一	G5	
047	6:2	巴拉猶大	Baalah of Judah	0054	撒下圖二	H5	即是基列耶琳。
048	6:6	拿艮禾場	Nacon	0844	撒下圖二	未繪	可能是在基列耶琳以東不遠之處。
049	6:7	毘斯列烏撒	Perez-uzzah	0765	撒下圖二	未繪	同上條。
050	6:10	迦特人	Gittite	0799	撒下圖二	G5	
051	7:6	埃及	Egypt	0835-1	創圖十二	全	即今之埃及，但國境較小，南方僅到亞斯旺為止。
052	8:2	摩押	Moab	1112-1	撒下圖三	BC6	當時的領土僅在撒烈溪及亞嫩河之間。
053	8:3	瑣巴	Zobah	1065	撒下圖三	C34	是當時大馬色以北一個亞蘭的小帝國。
054	8:5	大馬色	Damascus	0010	撒下圖三	C4	是以大馬色城為中心的一個亞蘭人的帝國。
055	8:5	亞蘭	Arameans	0514	撒下圖三	CE24	約是自大馬色地區起，到大河以東的巴旦亞蘭地區。
056	8:8	比他	Betah	0059	撒下圖三	C3?	位置不明。
057	8:8	比羅他	Berothai	0083-1	撒下圖三	C4?	
058	8:9	哈馬	Hamath	0700	撒下圖三	C2	是以哈馬城為中心的一個亞蘭的帝國。
059	8:12	亞捫	Ammonites	0494	撒下圖三	C5	約是希實本以北，基列以東，巴珊以南，屬亞捫人所有。
060	8:13	鹽谷	Valley of Salt	1179	撒下圖三	B78?	可能是在以東中部、死海及阿卡巴灣間之谷地和曠野。
061	8:13	亞蘭	Aram	0514	撒下圖三	??	可能是以東之誤。
062	8:14	以東	Edom	0111	撒下圖三	AC78	死海及阿卡巴灣間。
063	8:18	基利提人	Kerethites	0945	撒下圖三	未繪	位置不明，可能是迦特附近的一個民族。
064	8:18	比利提人	Pelethites	0078	撒下圖三	未繪	位置不明，可能是迦特附近的一個民族。
065	9:4	羅底巴	Lo-debar	1171	撒下圖三	B5	
066	10:5	耶利哥	Jericho	0785	撒下圖三	B6	
067	10:6	伯利合	Beth-rehob	0348	撒下圖三	B4	
068	10:6	瑪迦	Maachath	1079	撒下圖三	B4	一亞蘭人的小王國，位於黑門山之南，基述之北。
069	10:6	陀伯	Tob	0670	撒下圖三	C5	以陀伯城為中心的一個亞蘭人的小王國。
070	10:8	利合	Rehob	0401-1	撒下圖三	B4	即是伯利合，同撒下 067。

編號	經節	中文地名	英文地名	詳解編號	圖號	地圖位置	備註
071	10:16	希蘭	Helam	0437	撒下圖三	C5	以希蘭城為中心的一個亞蘭人的小王國。
072	11: 1	拉巴	Rabbah	0633	撒下圖三	C6	
073	11: 3	赫人	Hittite	1108	撒下圖三	未繪	迦南地一主要民族，散居各地。
074	11:21	提備斯	Thebez	1004	士圖四	H4	
075	13:23	以法蓮城	Ephraim	0142-1	撒下圖四	H5	
076	13:23	巴力夏瑣	Baal-hazor	0049	撒下圖四	H5	
077	13:37	基述	Geshur	0913-1	撒下圖三	B4	同撒下 027。
078	14: 2	提哥亞	Tekoa	1003	撒下圖四	H5	
079	14:23	耶路撒冷	Jerusalem	0790	撒下圖四	H5	
080	15: 6	以色列人	Israel	0131	撒下圖四	未繪	即全部十二支派的以色列人，包括猶大支派在內。
081	15: 7	希伯崙	Hebron	0440	撒下圖四	H5	
082	15:12	基羅人	Gilohite	0927	撒下圖四	H5	
083	15:17	伯墨哈	Beth-merhak	0367	撒下圖四	未繪	位置不明確，應是在耶路撒冷及橄欖山之間。
084	15:19	迦特人	Gath	0799	撒下圖二	A5	
085	15:23	汲淪溪	Kidron	0471	撒下圖四	未繪	位於耶路撒冷城之東，橄欖山之西。
086	15:30	橄欖山	Mount of Olives	1148	撒下圖四	未繪	位於耶路撒冷城之東。
087	15:32	亞基人	Archite	0498-2	撒下圖四	H5?	可能是亞他綠亞達。
088	16: 5	巴戶琳	Bahurin	0039	撒下圖四	H5	
089	17:11	但	Dan	0385	撒下圖四	B3	
090	17:11	別是巴	Beer-sheba	0398	撒下圖四	A5	
091	17:17	隱羅結	En-rogel	1158	撒下圖四	未繪	位於耶路撒冷之東南角。
092	17:22	約但河	Jordan	0768	撒下圖四	J35	同撒下 024。
093	17:24	瑪哈念	Mahanaim	1088	撒下圖四	J4?	
094	17:25	以實瑪利人	Ishmaelite	0161	撒下圖四	未繪	常為亞拉伯沙漠遊牧民族的總稱。
095	17:26	基列地	Gilead	0904-1	撒下圖四	J35	同撒下 013。
096	17:27	羅底巴	Lo-dabar	1171	撒下圖四	J3	
097	17:27	羅基琳	Rogelim	1172	撒下圖四	J3	
098	18: 6	以法蓮樹林	Wood of Ephraim	0142-2	撒下圖四	??	其確實位置無從查考，應是哈瑪念以北的一個樹林。
099	18:18	王谷	King's valley	0022	撒下圖四	??	可能是在耶路撒冷以東，汲淪溪中的某一段谷地。
100	18:21	古示人	Cushites	0185-3	撒下圖四	未繪	同古實，即埃及，見撒下051。
101	19:15	吉甲	Gilgal	0247-1	撒下圖四	H5	
102	20: 1	便雅憫人	Benjamin	0684	撒下圖五	未繪	約略在伯特利及耶路撒冷之間。
103	20: 1	以色列人	Israel	0131-1	撒下圖五	未繪	此處代表猶大支派在外的十一個支派。
104	20: 2	猶大人	Judah	1010	撒下圖五	GH56	此處僅代表猶大支派的人民。
105	20: 8	基遍	Gibeon	0922	撒下圖五	H5	
106	20:14	伯瑪迦	Beth-maachah	0366	撒下圖五	HJ2	是以亞比拉城為中心的一個地區。
107	20:14	亞比拉	Abel	0520	撒下圖五	J2	
108	20:14	比利人	Berites	0062	撒下圖五	??	詳細位置不明，可能是北方的人，即加利利的西北方。
109	20:21	以法蓮山地	Ephraim	0142	撒下圖五	HJ45	示劍及伯特利之間的山地。
110	20:26	睚珥	Jairite	1049	撒下圖五	J3	雅木河之南，基列地的北方。
111	21: 2	亞摩利人	Amorites	0558	撒下圖五	未繪	一般代表迦南地的各族，此處特指希未人。
112	21: 2	基遍	Gibeonites	0922	撒下圖五	H5	同撒下018。
113	21: 8	米何拉	Meholathite	0273	撒下圖五	J4	
114	21:12	基列雅比	Jabesh-gilead	0958	撒下圖五	J4	

編號	經節	中文地名	英文地名	詳解編號	圖號	地圖位置	備註
115	21:12	基利波山	Gilboa	0949	撒下圖五	H4	同撒下 003。
116	21:12	伯珊	Beth-shan	0336	撒下圖五	J4	
117	21:14	洗拉	Zelah	0748	撒下圖五	H5	
118	21:15	非利士人	Philistines	0676	撒下圖五	G5	同撒下 006。
119	21:18	歌伯	Gob	1101	撒下圖五	G5?	可能即是基色 Geze 0913-2，參撒下 046。
120	21:18	戶沙人	Hushathite	0019	撒下圖六	H5?	
121	21:19	伯利恆人	Bethlehemite	0349-1	撒下圖六	H5	
122	21:20	迦特	Gath	0799	撒下圖六	G5	
123	23:8	他革捫人	Tachmonite	0100	撒下圖六	??	位置不明，可能是一族名。
124	23:8	伊斯尼人	Eznite	0230	撒下圖六	??	位置不明，可能是一族名。
125	23:9	亞合人	Ahohite	0481	撒下圖六	??	位置不明，可能是一族名。
126	23:11	拉哈人	Hararite	0696-2	撒下圖六	??	位置不明，也可能就是對從山區來的人的一種簡稱。
127	23:13	亞杜蘭	Adullam	0530	撒下圖六	G5	
128	23:13	利乏音谷	Rephaim	0413-2	撒下圖六	H5	同撒下 043。
129	23:20	甲薛	Kabzeel	0208	撒下圖六	G6	
130	23:25	哈律人	Harodite	0698	撒下圖五	H3	
131	23:26	帕勒提	Paltite	0609	撒下圖六	??	位置不詳，應在猶大地之南部。
132	23:26	提哥亞	Tekoa	1003	撒下圖六	H5	
133	23:27	亞拿突人	Anathothite	0544	撒下圖六	H5	
134	23:28	尼陀法人	Netophahite	0196	撒下圖六	H5	
135	23:29	基比亞	Gibeah	0941	撒下圖六	H5	
136	23:30	比拉頓人	Pirathonite	0080	撒下圖六	H4	
137	23:30	迦實溪人	Gaash	0804-2	撒下圖六	??	位置不明，可能是在示劍之南。
138	23:31	伯亞拉巴	Beth-arabah	0373	撒下圖六	J5	
139	23:31	巴魯米人	Burhumite	0043	撒下圖六	??	位置不明，可能是一族名。
140	23:32	沙本人	Shaalbonite	0456	撒下圖六	G5?	
141	23:34	瑪迦人	Maachathite	1079	撒下圖三	B3	同撒下 068。
142	23:34	基羅人	Gilonite	0927	撒下圖六	H5?	
143	23:35	迦密人	Carmel	0802-1	撒下圖六	H6	
144	23:35	亞巴	Arbite	0476	撒下圖六	H6?	
145	23:36	瑣巴	Zobah	1065	撒下圖三	C34	同撒下 053。
146	23:36	迦得人	Gadite	0800-1	撒下圖六	J45	位於約但河之東，瑪拿西及流便之間。
147	23:37	亞捫	Ammonite	0494	撒下圖三	C5	同撒下 059。
148	23:37	比錄	Beerothite	0073	撒下圖六	H5	
149	23:38	以帖	Ithrite	0115-3	撒下圖六	G5?	
150	23:39	赫	Hittite	1108	撒下圖五	未繪	同撒下 073。
151	24:2	但	Dan	0385	撒下圖五	J2	
152	24:2	別是巴	Beersheba	0398	撒下圖五	G6	
153	24:5	迦得谷	River of Gad	0800-2	撒下圖五	??	位置不明，很可能就是雅博河。
154	24:5	亞羅珥	Aroer	0565-3	撒下圖五	J5	
155	24:5	雅謝	Jazer	1025-1	撒下圖五	J4	
156	24:6	基列	Gilead	0904-1	撒下圖五	J35	同撒下 013。
157	24:6	他停合示	Tahtim-hodshi	0104	撒下圖五	??	位置不明。
158	24:6	但雅安	Dan-jaan	0386	撒下圖五	??	位置不明，應是在迦南地之北部。

編號	經節	中文地名	英文地名	詳解編號	圖號	地圖位置	備註
159	24:6	西頓	Sidon	0315	撒下圖五	H1	
160	24:7	推羅	Tyre	0973	撒下圖五	H2	
161	24:7	希未	Hivites	0429	撒下圖五	J2	黑門山麓和利巴嫩一帶，是希未人的主要集中地之一。
162	24:16	耶布斯人	Jebusite	0783	撒下圖五	H5	即是耶路撒冷之原名。

列王紀上

編號	經節	中文地名	英文地名	詳解編號	圖號	地圖位置	備註
001	1:3	書念	Shunam	0866	王上圖二	H3	
002	1:9	隱羅結	En-rogel	1158	王上圖一	A3	是一個水泉。
003	1:9	瑣希列	Zoheleth	1071	王上圖一	A3?	是隱羅結泉附近的一塊岩石，但位置不能確定。
004	1:33	基訓泉	Gihon	0916-2	王上圖一	A2	是耶布斯主要的水源，位於汲淪溪的西側。
005	1:35	以色列人	Israel	0131	王上圖二	未繪	此處指猶大支派以外的十一個支派。
006	1:35	猶大	Judah	1010	王上圖二	未繪	此處僅指猶大支派，而不包括其他的十一個支派在內。
007	1:38	基利提人	Kerethites	0945	王上圖二	未繪	是大衛王的衛隊，可能來自迦特附近。
008	1:38	比利提人	Pelethites	0078	王上圖二	未繪	是大衛王的衛隊，可能來自迦特附近。
009	2:07	基列人	Gileadite	0904-2	王上圖二	J35	約但河東，巴珊及希實本之間的山地。
010	2:08	巴戶琳	Bahurim	0039	王上圖二	H5	
011	2:08	瑪哈念	Mahanaim	1088	王上圖二	J4	
012	2:08	約但河	Jordan	0768	王上圖二	J25	發源自今日黎巴嫩山谷，經加利利湖後再流入死海。
013	2:10	大衛城	David's city	0012-1	王上圖二	A2	即是耶布斯，是日後耶路撒冷大城的一部分。
014	2:10	希伯崙	Hebron	0440	王上圖二	H5	
015	2:10	耶路撒冷	Jerusalem	0790	王上圖二	H5	
016	2:26	亞拿突	Anathoth	0544	王上圖二	H5	
017	2:27	示羅	Shiloh	0217	王上圖二	H4	
018	2:37	汲淪溪	Kidron	0471	王上圖一	A13	起自耶城東北角，沿城東側向南流，再流入死海。
019	2:39	迦特	Gath	0799	王上圖二	G5	
020	3:01	埃及	Egypt	0835-1	創圖十二	全	即今之埃及，當時可能是第二十一王朝的末期。
021	3:04	基遍	Gibeon	0922-1	王上圖二	H5	
022	4:08	以法蓮山地	Ephraim	0142-4	王上圖三	H45	耶斯列平原及伯特利間之山地。
023	4:09	瑪迦斯	Makaz	1089	王上圖三	G45	
024	4:09	沙賓	Shaalbim	0464	王上圖三	G5	
025	4:09	伯示麥	Beth-shemesh	0344-1	王上圖三	G5	
026	4:09	以倫伯哈南	Elon-beth-hanan	0164	王上圖三	H5?	可能即是以倫。
027	4:10	亞魯泊	Arubboth	0562	王上圖三	H4	
028	4:10	梭哥	Socoh	0975-3	王上圖三	H4	
029	4:10	希弗	Hepher	0431	王上圖三	G4	
030	4:11	多珥山崗	Dor	0253	王上圖三	G3	即多珥城附近之地區，多沙丘山崗。
031	4:12	他納	Taanach	0096	王上圖三	H3	
032	4:12	米吉多	Megiddo	0272-1	王上圖三	H3	
033	4:12	撒拉他拿	Zarethan	1141	王上圖三	J4	即撒拉但，同王上 062。
034	4:12	耶斯列	Jezreel	0789-2	王上圖三	H3	耶斯列城之西的一片平原，略呈三角形狀。
035	4:12	伯善	Beth-shan	0337	王上圖三	J4	
036	4:12	亞伯米何拉	Abel-meholah	0593	王上圖三	J4	
037	4:12	約念	Jokneam	0772	王上圖三	H3	

編號	經節	中文地名	英文地名	詳解編號	圖號	地圖位置	備註
038	4:13	基列	Gilead	0904-1	王上圖三	J34	
039	4:13	拉末	Ramoth	0634-1	王上圖三	K3	
040	4:13	巴珊	Bashan	0032-1	王上圖三	JK23	加利利湖及呼勒湖以東，迄至沙漠之間的高原山區。
041	4:13	亞珥歌伯	Argob	0582	王上圖三	JK3?	在此處似為巴珊地的一部份，而且範圍不夠清楚。
042	4:14	瑪哈念	Mahanaim	1088	王上圖三	J4	
043	4:15	拿弗他利	Naphtali	0854	王上圖三	HJ23	加利利湖及呼勒湖以東，亞設以西之間的山地。
044	4:16	亞設	Asher	0499	王上圖三	H23	亞柯平原及拿弗他利之間的山區。
045	4:16	亞祿	Aloth	0502	王上圖三	??	位置不明，應是在亞設境內或其鄰近之處。
046	4:17	以薩迦	Issachar	0150	王上圖三	HJ3	位於耶斯列和拿弗他利之間。
047	4:18	便雅憫	Benjamin	0684	王上圖三	H5	位於耶路撒冷及伯特利之間。
048	4:19	亞摩利	Amorites	0558	王上圖三	J56	此指西宏的王，略等於流便支派之地。
049	4:21	大河	Euphrates	0004	王上圖四	E1	即是伯拉河，今名幼發拉底河，在伊拉克之境內。
050	4:21	非利士	Philistia	0676	王上圖四	A5	此時已被征服。
051	4:21	埃及	Egypt	0835-1	創圖十二	全	同王上 020。
052	4:24	提弗薩	Tiphsah	1000	王上圖四	E1	
053	4:24	迦薩	Gaza	0805	王上圖四	A5	
054	4:25	但	Dan	0385-2	王上圖四	B3	
055	4:25	別是巴	Beer-sheba	0398	王上圖四	A5	
056	4:33	利巴嫩	Lebanon	0411-1	王上圖四	B23	即是今日的黎巴嫩山脈，及其附近之地區。
057	5:01	推羅	Tyre	0973	王上圖四	B3	
058	5:06	西頓	Sidon	0315	王上圖四	B3	
059	5:18	迦巴勒	Gebal	0806-1	王上圖四	B2	
060	7:46	約但平原	Jordan	0768	王上圖二	J35	指從加利利到死海的一段之河谷。
061	7:46	疏割	Succoth	1013-1	王上圖二	J4	
062	7:46	撒拉但	Zarethan	1134	王上圖二	J4	
063	8:01	耶路撒冷	Jerusalem	0790	王上圖一	全	此時已建妥聖殿，城區已擴至東北角上的摩利亞山。
064	8:01	大衛城	David's city	0012-1	王上圖一	A2	即原耶布斯城。
065	8:01	錫安	Zion	1147	王上圖一	A2	即是大衛城。
066	8:09	埃及	Egypt	0835-1	創圖十二	全	同王上 020。
067	8:09	何烈山	Horeb	0392	民圖五	P4	即西乃山，位於西乃半島之南部。
068	8:65	哈馬口	Hamath	0716	王上圖四	C2	
069	8:65	埃及小河	Wadi of Egypt	0835-2	王上圖四	A67	位於西乃半島北部的一條旱溪，分支多而占地甚廣。
070	9:02	基遍	Gibeon	0922-1	王上圖二	H5	
071	9:11	加利利地	Galilee	0171-2	王上圖二	H23	亞柯平原以東，約但河谷以西的一片山地。
072	9:13	迦步勒	Cabul	0809-2	王上圖二	H23?	位置不明，只知是在加利利地區之內。
073	9:15	米羅	Millo	0271-2	王上圖一	A2?	位置和意思不明，可能是在大衛城北方某處。
074	9:15	夏瑣	Hazon	0839-4	王上圖四	B4	
075	9:15	米吉多	Megiddo	0272-1	王上圖四	B5	
076	9:15	基色	Gezer	0903-1	王上圖四	A6	
077	9:15	迦南人	Canaanite	0797	王上圖四	未繪	迦南地的各原住民族之總稱。
078	9:17	下伯和崙	Low Beth-horon	0354	王上圖四	H6	
079	9:18	巴拉	Baalath	0031-5	王上圖四	B5	
080	9:18	達莫	Tadmor	1058	王上圖四	E3	
081	9:19	利巴嫩	Lebanon	0411-1	王上圖四	B34	同王上 056。

編號	經節	中文地名	英文地名	詳解編號	圖號	地圖位置	備註
082	9:20	亞摩利人	Amorites	0558	王上圖四	未繪	迦南地的十族原住民之一，散居河之兩岸。
083	9:20	赫人	Hittites	1108	王上圖四	未繪	迦南地的十族原住民之一，散居西岸各地。
084	9:20	比利洗人	Perizzites	0077	王上圖四	未繪	迦南地的十族原住民之一，多住在以法蓮山地。
085	9:20	希未人	Hivites	0429	王上圖四	未繪	迦南地的十族原住民之一，多在基遍等城和黑門山麓。
086	9:20	耶布斯人	Jebusites	0783	王上圖四	未繪	迦南地的十族原住民之一，住在耶布斯城及城郊。
087	9:26	以東地	Edom	0111	王上圖四	AC78	死海及阿卡巴灣間的一片山地。
088	9:26	紅海	Red sea	0766-3	王上圖四	A7	此指西乃半島以東的紅海東北支的阿卡巴灣。
089	9:26	以祿	Eloth	0125	王上圖四	A8	
090	9:26	以旬迦別	Ezion-geber	0153	王上圖四	B8	
091	9:28	俄斐	Ophir	0686	王上圖四	未繪	可能是紅海邊的葉門地區，或更遠之處。
092	10:01	示巴	Sheba	0210-2	王上圖四	未繪	可能是阿拉伯半島的西南角，今之葉門的西部地區。
093	10:22	他施	Tarshish	0095	王上圖四	未繪	可能是西班牙之南部地區。
094	10:28	埃及	Egypt	0835-3	王上圖四	未繪	可能是土耳其一個名叫 Musri 之處，該地盛產良馬。
095	10:29	亞蘭	Arameans	0514	王上圖四	CE13	約是自大馬色地區起，直到幼發拉底河邊。
096	11:01	摩押	Moab	1112-1	王上圖四	BC6	死海以東，亞嫩河及撒烈溪之間的高地。
097	11:01	亞捫	Ammon	0494	王上圖四	C56	基列以東，巴珊及希實本之間之地區。
098	11:01	西頓	Sidon	0315	王上圖四	B4	
099	11:18	米甸	Midian	0264	王上圖四	B8	亞拉伯半島西部，阿卡巴灣東岸的地區。
100	11:18	巴蘭	Paran	0036	王上圖四	B78	西乃半島之曠野，與書珥、汛、西乃曠野為鄰。
101	11:23	瑣巴	Zobah	1065	王上圖四	C34	大馬色以北的一個亞蘭人王國。
102	11:24	大馬色	Damascus	0010	王上圖四	C4	
103	11:26	洗利達	Zeredah	0755	王上圖五	H4	
104	11:27	米羅	Millo	0271-2	王上圖一	A2?	同王上 073。
105	11:29	耶路撒冷	Jerusalem	0790	王上圖五	H5	
106	11:29	示羅	Shiloh	0217	王上圖五	H4	
107	11:40	埃及	Egypt	0835-1	創圖十二	全	同王上 020。
108	12:01	示劍	Shechem	0216	王上圖五	H4	
109	12:17	猶大	Judah	1010	王上圖五	GH56	王國分裂後之南國，僅有猶大一支派之領土。
110	12:19	以色列	Israel	0131-1	王上圖五	GJ25	王國分裂後之北國，包括猶大以外十一個支派在內。
111	12:25	以法蓮山地	Ephraim	0142-4	王上圖五	H4	同王上 022。
112	12:25	毘努伊勒	Penuel	0764	王上圖五	J4	
113	12:29	伯特利	Bethel	0364-1	王上圖五	H5	
114	12:29	但	Dan	0385-2	王上圖五	J2	
115	13:32	撒瑪利亞	Samaria	1142	王上圖五	GH34	有時代表北國，有時僅代表撒瑪利亞地區。
116	14:15	大河	River	0004	王上圖四	E1	同王上 049。
117	14:17	得撒	Tirzah	0971	王上圖五	H4	
118	15:13	汲淪溪	Kidron	0471	王上圖一	A13	同王上 018。
119	15:17	拉瑪	Ramah	0641-2	王上圖六	H5	
120	15:20	以雲	Ijon	0123	王上圖六	J2	
121	15:20	亞伯伯瑪迦	Abel-beth-maachah	0592	王上圖六	J2	
122	15:20	基尼烈	Chinnereth	0951-3	王上圖六	H3	可能是指加利利湖西岸之地區。
123	15:20	拿弗他利	Naphtali	0854	王上圖六	H23	同王上 043。
124	15:22	迦巴	Geba	0792	王上圖六	H5	
125	15:22	米斯巴	Mizpah	0285-4	王上圖六	H5	

編號	經節	中文地名	英文地名	詳解編號	圖號	地圖位置	備註
126	15:27	以薩迦人	Issachar	0150	王上圖六	HJ3	同王上 046。
127	15:27	非利士	Philistia	0676-1	王上圖六	G56	同王上 050。
128	15:27	基比頓	Gibbethon	0942	王上圖六	G5	
129	16:28	撒瑪利亞	Samaria	1142	王上圖六	H4	
130	16:31	西頓	Sidon	0315	王上圖六	H2	
131	16:34	耶利哥	Jericho	0785	王上圖六	H5	
132	17:01	基列	Gilead	0904-1	王上圖七	J35	同王上 009。
133	17:01	提斯比	Tishbe	1005	王上圖七	J4	
134	17:03	約但河	Jordan	0768	王上圖七	J35	同王上 012。
135	17:03	基立溪	Kerith	0901	王上圖七	J4	約但河東的一條小溪，提斯比城在其北岸。
136	17:09	撒勒法	Zarephath	1137	王上圖七	H2	
137	18:19	迦密山	Mount of Carmel	0802-2	王上圖七	H3	基順河之西南沿岸的一條山脈，長約50公里。
138	18:40	基順河	Kishon	0907	王上圖七	H3	迦密山東北麓的一條河流，下游長年有水。
139	18:45	耶斯列	Jezreel	0789-2	王上圖七	H3	
140	19:03	別是巴	Beer-sheba	0398	王上圖七	G6	
141	19:08	何烈山	Horeb	0392	民圖五	P4	同王上 067。
142	19:15	大馬色	Damascus	0010	王上圖七	K1	
143	19:15	亞蘭	Aram	0514	王上圖七	JK12	
144	19:16	亞伯米何拉	Abel-meholah	0593	王上圖七	J4	
145	20:26	亞弗	Aphek	0482-3	王上圖八	J3	
146	21:26	亞摩利人	Amorites	0558	王上圖八	未繪	同王上 046。
147	22:03	拉末	Ramoth	0634-1	王上圖八	K3	即是基列的拉末，同王上 039。
148	22:47	以東	Edom	0111	王上圖八	HJ7	同王上 087。
149	22:48	他施	Tarshish	0095	王上圖八	未繪	
150	22:48	俄斐	Ophir	0686	王上圖八	未繪	
151	22:48	以旬迦別	Ezion-geber	0153	王上圖四	B8	
153	22:50	大衛城	David's City	0012-1	王上圖八	H5	即是耶路撒冷，同王上 013。

列王紀下

編號	經節	中文地名	英文地名	詳解編號	圖號	地圖位置	備註
001	1:1	摩押	Moab	1112-1	王上圖八	JK6	亞嫩河及撒烈溪間之地，現已叛，領土可能往北延伸。
002	1:1	以色列	Israel	0131	王上圖八	GK25	約是在伯特利以北及河東之地，又稱撒瑪利亞及北國。
003	1:2	撒瑪利亞	Samaria	1142	王上圖八	GK25	以色列國在撒瑪利亞建都，故又稱撒瑪利亞國及北國。
004	1:2	以革倫	Ekron	0143	王上圖八	G5	
005	1:3	提斯比	Tishbite	1005	王上圖八	J4	
006	1:17	猶大	Judah	1010	王下圖二	GH56	約是伯特利以南之地，又稱南國。
007	2:1	吉甲	Gilgal	0247-2	王下圖一	H4	
008	2:2	伯特利	Bethel	0364	王下圖一	H5	
009	2:4	耶利哥	Jericho	0785	王下圖一	H5	
010	2:6	約但河	Jordan	0768	王下圖一	J35	於以色列之東界，主要指加利利湖到死海的一段。
011	2:25	迦密山	Carmel	0802	王下圖一	H34	基順河西南岸的一條山脈。
012	3:8	以東曠野	Edom	0111	王下圖三	RS5	指死海以南的一片不毛山地。
013	3:25	吉珥哈列設	Kir-hareseth	0250	王下圖二	J6	
014	4:8	書念	Shunam	0866	王下圖一	H3	

編號	經節	中文地名	英文地名	詳解編號	圖號	地圖位置	備註
015	4:42	巴力沙利沙	Baal-Shalisha	0058	王下圖一	H4	
016	5:1	亞蘭	Aram	0514	王下圖三	SU13	大馬色地區及大河間之地區。
017	5:12	大馬色	Damascus	0010	王下圖三	T2	
018	5:12	亞罷拿	Abana	0560	王下圖三	T2	流經大馬色市區的一條小河。
019	5:12	法珥法	Pharpar	0662	王下圖三	T2	流經大馬色市以南的一條小河。
020	5:22	以法蓮山地	Ephraim	0142-4	王下圖一	H45	加拿河及伯特利間的山地。
021	6:13	多坍	Dothan	0252	王下圖一	H4	
022	7:6	赫人	Hittites	1108	王下圖一	未繪	可能指小亞細亞北部的赫人帝國。
023	7:6	埃及人	Egyptian	0835-1	王下圖七	C5	今之埃及，但國境較小，南方僅到亞斯旺為止。
024	8:2	非利士地	Philistia	0676-2	王下圖二	H56	約是約帕以南沿海之地。
025	8:17	耶路撒冷	Jerusalem	0790	王下圖二	H5	此時所羅門已建安聖殿，城區擴至東北角的摩利亞山。
026	8:21	撒益	Zair	1129	王下圖二	H5?	
027	8:22	立拿	Libnah	0222	王下圖二	G5	
028	8:24	大衛城	David's City	0012-1	王下圖二	H5	即是耶路撒冷城，同王下 025。
029	8:28	基列	Gilead	0904-1	王下圖二	JK35	約但河東岸，雅木河及希實本間之山地。
030	8:28	拉末	Ramoth	0634-1	王下圖二	K3	
031	8:29	耶斯列	Jezreel	0789-2	王下圖二	H3	
032	9:27	以伯蓮姑珥	Gur Ibleam	0162	王下圖二	H3?	位置不明，可能是靠近以伯蓮城的一處陡坡。
033	9:27	米吉多	Megiddo	0272	王下圖二	H3	
034	10:1	撒瑪利亞	Samaria	1142	王下圖二	H4	
035	10:29	伯特利	Bethel	0364	王下圖二	H5	
036	10:29	但	Dan	0385	王下圖二	J2	
037	10:32	以色列國	Israel	0131-1	王下圖二	GK25	同王下 002。
038	10:33	亞嫩谷	Arnon	0509	王下圖二	JK56	死海以東的一條主要河流的谷地。
039	10:33	亞羅珥	Aroer	0565-1	王下圖二	J6	
040	10:33	巴珊	Bashan	0032	王下圖二	JK23	加利利湖及沙漠間的一片富庶山地。
041	10:33	迦得人	Gadites	0800-1	王下圖二	J45	雅博河及希實本間，和約但河東的全部河谷。
042	10:33	流便人	Reubenites	0873-1	王下圖二	J56	死海以東，希實本及亞嫩河間之地。
043	10:33	瑪拿西人	Manassehites	1092-1	王下圖二	J34	僅指東半支派，巴珊地和雅博河以北之基列山地。
044	11:4	迦利人	Carites		王下圖二	未繪	可能是從小亞細亞西南雇來的傭兵。
045	12:1	別是巴	Beer-sheba	0398	王下圖二	G6	
046	12:17	亞蘭	Aram	0514	王下圖二	JK2	同王下 016。
047	12:17	迦特	Gath	0799	王下圖二	G5	
048	12:20	悉拉	Silla	0972	王下圖二	未繪	耶路撒冷城內一地，位置不明。
049	12:20	米羅宮	Beth-millo	0271	王下圖二	未繪	耶路撒冷城內一地，位置不明。
050	13:17	亞弗	Aphek	0482-3	王下圖三	S4	
051	13:20	摩押	Moab	1112-1	王下圖三	ST4	同王下 001。
052	14:7	鹽谷	Valley of Salt	1179	王下圖三	S56?	可能是死海及阿卡巴灣間的一條谷地。
053	14:7	以東人	Edomites	0111	王下圖三	RS56	同王下 012。
054	14:7	西拉	Sela	0306-2	王下圖三	S5	
055	14:7	約帖	Joktheel	0771-2	王下圖三	S5	即是西拉。
056	14:9	利巴嫩	Lebanon	0411-1	王下圖三	S2	即今之黎巴嫩山脈。
057	14:11	伯示麥	Beth-shemesh	0344-1	王下圖三	B5	
058	14:13	耶路撒冷	Jerusalem	0790	王下圖三	S5	同王下 025。

編號	經節	中文地名	英文地名	詳解編號	圖號	地圖位置	備註
059	14:19	拉吉	Lachish	0637	王下圖三	R5	
060	14:22	以拉他	Elath	0139	王下圖三	R6	
061	14:23	撒瑪利亞	Samaria	1142	王下圖三	S3	
062	14:25	哈馬口	Hamath	0716	王下圖三	T1	
063	14:25	亞拉巴海	Arabah	0536-2	王下圖三	S4	即是死海或鹽海，見1153。
064	14:25	迦特希弗人	Gath-hepher	0814	王下圖三	S3	
065	14:28	大馬色	Damascus	0010	王下圖三	T2	
066	14:28	哈馬	Hamath	0700	王上圖四	C1	
067	15:14	得撒	Tirzah	0971	王下圖四	H4	
068	15:16	提斐薩	Tiphsah	1006	王下圖四	H4?	
069	15:19	亞述	Assyria	0488	王下圖七	全	以尼尼微城爲中心的大國，當時國勢漸強，已入侵迦南。
070	15:29	以雲	Ijon	0123	王下圖四	J2	
071	15:29	亞伯伯瑪迦	Abel-beth-maachah	0592	王下圖四	J2	
072	15:29	亞挪	Janoah	0495	王下圖四	H3	
073	15:29	基低斯	Kedesh	0935-1	王下圖四	J2	
074	15:29	夏瑣	Hazor	0839-4	王下圖四	J2	
075	15:29	基列	Gilead	0904-1	王下圖四	JK35	同王下029。
076	15:29	加利利	Galilee	0171-1	王下圖四	H3	僅指加利利湖的東岸地區。
077	15:29	拿弗他利	Naphtali	0854	王下圖四	HJ13	指加利利以北，亞柯平原以東之山地。
078	15:37	亞蘭	Aram	0514	王下圖四	JK13	同王下016。
079	16:9	吉珥	Kir	0248	王下圖六	??	位置不明，應該是巴比倫南部之一地。
080	17:4	埃及	Egypt	0835	王下圖七	C5	同王下023。
081	17:6	哈臘	Halah	0704	王下圖七	E4	可能是在哈博河邊，歌散地區附近。
082	17:6	歌散	Gozan	1104	王下圖七	D4	
083	17:6	哈博河	Habor	0702	王下圖七	DE4	幼發拉底河北側的一個大支流，流經歌散地區。
084	17:6	瑪代	Medes	1074	王下圖七	EF34	裡海以南，亞述以東，主要是撒格羅山區。
085	17:24	巴比倫	Babylon	0038	王下圖七	E4	當時是亞述的一個地區，位於兩河流域的南部。
086	17:24	古他	Cuthah	0182	王下圖七	E4?	
087	17:24	亞瓦	Avva	0478	王下圖七	D4?	位置不明，可能在哈馬和大馬色之間某處。
088	17:24	哈馬	Hamath	0700	王下圖七	D4	同王下066。
089	17:24	西法瓦音	Sepharvaim	0331	王下圖七	D4?	位置不明，可能在哈馬和大馬色之間某處。
090	17:24	撒瑪利亞	Samaria	1142	王下圖四	H4	同王下003。
091	17:28	伯特利	Bethel	0364-1	王下圖四	H5	同王下008。
092	18:8	非利士人	Philistines	0676-1	王下圖五	G56	同王下024。
093	18:8	迦薩	Gaza	0805	王下圖五	E6	
094	18:14	拉吉	Lachish	0637	王下圖五	G5	
095	18:34	亞珥拔	Arpad	0546	王下圖七	D4	
096	18:34	希拿	Hena	0433	王下圖七	E4	
097	18:34	以瓦	Ivvah	0108	王下圖七	??	
098	19:8	立拿	Libnah	0222	王下圖五	G5	
099	19:9	古實	Ethiopia	0185-3	創圖十二	A4	即是今日的蘇丹，位於埃及以南。
100	19:12	歌散	Gozan	1104	王下圖七	D4	同王下082。
101	19:12	哈蘭	Haran	0706	王下圖七	D4	
102	19:12	利色	Rezeph	0402	王下圖七	D4	

編號	經節	中文地名	英文地名	詳解編號	圖號	地圖位置	備註
103	19:12	提拉撒	Telassar	1002	王下圖七	D4	
104	19:12	伊甸	Eden	0225-2	王下圖七	D4	是當時一個甚小而短暫的王國，其首都即提拉撒。
105	19:21	錫安	Zion	1147	王下圖五	H5	即是耶路撒冷城，見王下025。
106	19:23	利巴嫩	Lebanon	0411-1	王下圖七	D4	同王下056。
107	19:36	尼尼微	Nineveh	0194	王下圖七	E4	
108	19:37	亞拉臘	Ararat	0537	王下圖七	E3	土耳其的東北境，今之烏拉圖地區。
109	21:11	亞摩利	Amorites	0558	王下圖六	未繪	此處是代表迦南人。
110	21:19	約提巴	Jotbah	0778	王下圖六	H3	
111	22:1	波斯加	Bozkath	0659	王下圖六	G5	
112	23:1	猶大	Judah	1010	王下圖六	GH56	同王下006。
113	23:1	耶路撒冷	Jerusalem	0790	王下圖六	H5	同王下025。
114	23:4	汲淪溪	Kidron	0471	王上圖一	A13	耶路撒冷城東側的一條旱溪。
115	23:4	伯特利	Bethel	0364-1	王下圖六	H5	
116	23:8	迦巴	Geba	0792	王下圖六	H5	
117	23:8	別是巴	Beer-sheba	0398	王下圖五	G6	
118	23:10	欣嫩子谷	Ben Hinnom	0653	王上圖一	A3	耶路撒冷城西側和南側的一條谷地。
119	23:10	陀斐特	Topheth	0674	王上圖一	A3?	耶路撒冷城外欣嫩谷中之一高處，但詳細位置不明。
120	23:13	西頓人	Sidonians	0315	王下圖七	D4	
121	23:13	摩押	Moab	1112-1	王下圖五	J6	同王下001。
122	23:13	亞捫	Ammon	0494	王下圖五	J45	希實本以北，基列以東，巴珊以南的地區。
123	23:29	埃及	Egypt	0835-1	王下圖七	C5	同王下023。
124	23:29	伯拉河	Euphrates	0335	王下圖七	DF35	即是今日伊拉克的幼發拉底河，長約2300公里。
125	23:29	亞述	Assyria	0488	王下圖七	全	同王下069。
126	23:29	米吉多	Megiddo	0272	王下圖五	H3	
127	23:31	立拿	Libnah	0222	王下圖五	G5	
128	23:33	哈馬	Hamath	0700	王下圖七	D4	以哈馬城為中心的一個地區。
129	23:33	利比拉	Riblah	0412	王下圖七	D4	
130	23:36	魯瑪	Rumah	1118	王下圖六	H3	
131	24:1	巴比倫	Babylon	0038	王下圖八	全	此時已擊敗亞述和埃及，取得其全部之土地。
132	24:2	迦勒底	Chaldea	0811	王下圖八	E4	即是巴比倫，同王下085。
133	24:2	亞蘭	Aram	0514	王下圖八	D4	大馬色地區及大河間之地區。
134	24:2	摩押人	Moabites	1112-1	王下圖八	D5	同王下001。
135	24:8	埃及小河	Wadi of Egypt	0835-2	王下圖六	D5	西乃半島北角的一條旱溪。
136	25:4	亞拉巴	Arabah	0536-1	王下圖六	J35	此處是指耶利哥平原附近的約但河河谷。
137	25:5	耶利哥平原	Jericho	0785	王下圖六	H5	耶利哥城與約但河之間的一個小平原。
138	25:23	尼陀法	Netophathite	0196	王下圖六	H5	
139	25:23	瑪迦	Maacathite	1079	王下圖六	J2	位於但城之南，約但河之東，原是一小國之地。
140	25:23	米斯巴	Mizpah	0285-4	王下圖六	H5	

歷代志上

001	1:11	路低人	Ludim	1054	創圖二	F2	非洲利比亞的東北部，地中海的南岸。
002	1:11	亞拿米人	Anamim	0542	創圖二	F3	尼羅河之西的一個狹長大綠洲。
003	1:11	利哈比人	Lehabim	0417	創圖二	E2	非洲利比亞的西北部，地中海的南岸。

編號	經節	中文地名	英文地名	詳解編號	圖號	地圖位置	備註
004	1:11	拿弗土希人	Naphtuhm	0853	創圖二	G2	尼羅河下游的三角洲地區，即是下埃及。
005	1:12	帕斯細魯人	Pathrusim	0611	創圖二	G3	亞斯旺以北的尼羅河流域，但不包括三角洲在內。
006	1:12	迦斯路希人	Casluhim	0818	創圖二	??	位置不明，可能是在埃及的南部某處。
007	1:12	迦斐託人	Caphtorim	0812	創圖二	F2	克里特島 Crete，位於地中海中央，今屬希臘。
008	1:12	非利士人	Philistines	0676-1	創圖二A	K7	迦南南部的沿海平原，但當時非利士人尚未移民來此。
009	1:13	迦南人	Canaan	0797	創圖二A	全	地中海西岸，是迦南及其後裔十一支民族所居之地。
010	1:13	西頓人	Sidon	0315	創圖二A	K6	西頓城及其四週之地區。
011	1:13	赫人	Hittites	1108	創圖二A	K5	可能是敘利亞北部的一小片土地。
012	1:14	耶布斯人	Jebusites	0783	創圖二A	K7	耶路撒冷及其附近地區，後來成為一個強大的帝國。
013	1:14	亞摩利人	Amorites	0558	創圖二A	??	其最初的發源地不明，但後來成為一強大的民族。
014	1:14	革迦撒人	Girgashites	0822	創圖二A	??	並無一定定居之處，分散在迦南地的各處。
015	1:15	希未人	Hivites	0429	創圖二A	??	散居迦南地，主要在基遍等城，黑門山麓和利巴嫩一帶。
016	1:15	亞基人	Arkites	0498-1	創圖二A	K6	黎巴嫩山腳下，地中海邊的 Arqa 小城及四週地區。
017	1:15	西尼人	Sinites	0304-1	創圖二A	K6	黎巴嫩山麓，地中海邊的 Sinna 城及其四週地區。
018	1:16	亞瓦底人	Arvadites	0522	創圖二A	K5	敘利亞境內，地中海邊的 Ruad 島，離海岸約三公里。
019	1:16	洗瑪利人	Zemarites	0758	創圖二A	K6	敘利亞境內的 Sumra 城和其四週之地區。
020	1:16	哈馬人	Hamathites	0700	創圖二A	K5	敘利亞北部的哈馬城和其四週之地區。
021	1:43	以色列人	Israelites	0131-1	創圖十	未繪	雅各的後裔，就是十二個支派的人。
022	1:43	以東	Edom	0111	創圖十	GJ79	死海及阿卡巴灣間，亞拉巴谷兩側不毛的山地。
023	1:43	亭哈巴	Dinhabah	0680	創圖十	??	位置無從查考。
024	1:44	波斯拉	Bozrah	0660-1	創圖十	J7	
025	1:45	提幔地	Temanites	0998	創圖十	J8	
026	1:46	摩押	Moab	1112-1	創圖十	J6	最初是在死海東岸，基列山麓到撒烈溪間之地區。
027	1:46	米甸人	Midian	0264	創圖十	HJ10	亞拉伯半島西部，阿卡巴灣東岸的地區。
028	1:46	亞未得	Avith	0523	創圖十	??	位置無從查考，但應該是在以東的境內。
029	1:47	瑪士利加	Masrekah	1096	創圖十	??	位置不明，應是在以東的地區之內。
030	1:48	大河	River	0004	創圖十	??	可能是幼發拉底河，也可能是以東境內外的一條河流。
031	1:48	利河伯人	Rehoboth	0414-3	創圖十	??	位置不明。
032	1:50	巴伊	Pai	0029	創圖十	??	應在以東的境內，但位置不明。
033	2:02	迦南人	Canaan	0797	代上圖一	未繪	泛指不屬以色列、迦南地的原住各民族。
034	2:10	猶大人	Judah	1010	代上圖一	未繪	此處僅指猶大支派的人。
035	2:17	以實瑪利人	Ishmaelite	0161	代上圖一	未繪	阿拉伯沙漠北境之遊牧民族，同米甸，在阿卡巴灣之東。
036	2:22	基列	Gilead	0904-1	代上圖一	J35	約但河東，雅木河及希實本間之山地。
037	2:23	基述	Geshur	0913-1	代上圖一	J3	加利海以東的一個獨立小王國。
038	2:23	亞蘭	Aram	0514	代上圖一	JK12	約是大馬色地區及幼發拉底河間之地區。
039	2:23	基納	Kenath	0917	代上圖四	L3	
040	2:24	迦勒以法他	Caleb-ephrath	0819	代上圖一	H5?	可能就是伯利恆。
041	2:34	埃及人	Egyptian	0835-1	代下圖二	??	可能是土耳其一個名叫Musri的地方，該地盛產良馬。
042	2:52	米努哈人	Manuhoth	0278	代上圖二	H5	可能是瑪拿轄城的人。
043	2:53	基列耶琳	Kirjath-jearim	0954	代上圖二	H5	
044	2:53	以帖人	Ithrites	0115-3	代上圖二	??	位置不明。
045	2:53	布特人	Puthites	0202	代上圖二	??	位置不明，可能是一族名。
046	2:53	舒瑪人	Shumathites	1017	代上圖二	??	位置不明，可能是一族名。
047	2:53	密來人	Mishraites	0966	代上圖二	??	位置不明，可能是一族名。

編號	經節	中文地名	英文地名	詳解編號	圖號	地圖位置	備註
048	2:53	瑣拉人	Zorathites	1067	代上圖二	G5	
049	2:53	以實陶人	Eshtaolites	0149	代上圖二	G5	
050	2:54	伯利恆人	Bethlehem	0349-1	代上圖二	H5	
051	2:54	尼陀法人	Netophathites	0196	代上圖二	H5	
052	2:54	亞他綠	Ataroth	0525-3	代上圖二	H5	
053	2:54	伯約押人	Beth-joab	0361	代上圖二	??	位置不明，可能是一族名。
054	2:54	瑪拿哈人	Manahathites	1091	代上圖二	H5?	可能是瑪拿轄城的人。
055	2:54	瑣利人	Zorites	1068	代上圖二	G5?	可能是瑣拉城的人。
056	2:55	雅比斯人	Jabez	1028	代上圖二	??	位置不明，可能是一族名。
057	2:55	特拉人	Tirathites	0883	代上圖二	??	位置不明，可能是一族名。
058	2:55	示米押人	Shimeathites	0220	代上圖二	??	位置不明，可能是一族名。
059	2:55	蘇甲人	Sucathites	1173	代上圖二	??	位置不明，可能是一族名。
060	2:55	基尼人	Kenites	0899	代上圖二	未繪	散居迦南各地，主要集中在死海西南岸附近的地區。
061	3:1	希伯崙	Hebron	0440	代上圖一	H5	
062	3:1	耶斯列人	Jezreel	0789-1	代上圖一	H6	
063	3:1	迦密	Carmel	0802-1	代上圖一	H6	
064	3:2	基述人	Geshur	0913-1	代上圖一	J3	同代上 037。
065	3:4	耶路撒冷	Jerusalem	0790	代上圖一	H5	
066	4:12	利迦人	Recah		代上圖一	??	位置不明，可能是族名。
067	4:14	革夏納欣人	Ge-harashim	0825	代上圖一	??	位置不明，可能是在羅得和阿挪間，有匠人之谷之稱。
068	4:19	迦米人	Garmite	0795	代上圖一	??	位置不明，可能是一個宗族之名。
069	4:19	瑪迦人	Maacathites	1079-2	代上圖一	??	位置不明。
070	4:22	哥西巴	Cozeba	0832	代上圖一	G5	
071	4:22	摩押	Moab	1112-1	代上圖一	JK6	同代上 026。
072	4:23	尼他應	Netaim	0193	代上圖一	??	位置無從查考，但應在猶大地中。
073	4:23	基底拉	Gederah	0933	代上圖一	G5	
074	4:24	西緬人	Simeon	0316	代上圖三	FG67	位於猶大地業之西南部的中間。
075	4:28	別是巴	Beer-sheba	0398	代上圖三	G6	
076	4:28	摩拉大	Moladah	1118	代上圖三	G6	
077	4:28	哈薩書亞	Hazar-shual	0729	代上圖三	G6	
078	4:29	辟拉	Bilhah	1047	代上圖三	G6	
079	4:29	以森	Ezem	0121	代上圖三	G6	
080	4:29	陀臘	Tolad	0672	代上圖三	??	位置不明。
081	4:30	彼土利	Bethuel	0622	代上圖三	G6	
082	4:30	何珥瑪	Hormah	0395	代上圖三	G6	
083	4:30	洗革拉	Ziklag	0757	代上圖三	G6	
084	4:31	伯瑪嘉博	Beth-marcaboth	0380	代上圖三	G6	
085	4:31	哈薩蘇撒	Hazar-suaim	0731	代上圖三	G6	
086	4:31	伯比利	Beth-birei	0340	代上圖三	??	位置不明。
087	4:31	沙拉音	Shaaraim	0466-2	代上圖三	F6	
088	4:32	以坦	Etam	0113-2	代上圖三	??	位置不明。
089	4:32	亞因	Ain	0483-2	代上圖三	??	位置不明。
090	4:32	臨門	Rimmon	1162-1	代上圖三	G6	
091	4:32	陀健	Token	0671	代上圖三	??	位置不明。

地名索引

編號	經節	中文地名	英文地名	詳解編號	圖號	地圖位置	備註
092	4:32	亞珊	Ashan	0492-2	代上圖三	??	位置不明。
093	4:33	巴力	Baal	0025	代上圖三	G7	
094	4:39	基多口	Gedor	0902-1	代上圖三	??	位置無從鑑定，應是在西緬地業之東某處。
095	4:40	含族	Hamites	0421-2	代上圖三	未繪	此或指亞拉伯沙漠中屬於含的某一支派。
096	4:41	米烏利人	Meunites	0284	代上圖三	未繪	可能位於死海東方，以東東邊的地區。
097	4:42	西珥山	Seir	0311	創圖十	GJ79	自死海南端起，向南延到阿卡巴灣的一條山脈。
098	4:43	亞瑪力人	Amalekites	0557	創圖十	EG79	以東以西的游牧民族。
099	5:6	流便	Reubenites	0873-1	代上圖四	JK5	約是死海以東，亞嫩河及希實本之間，迦得之南。
100	5:6	亞述	Assyria	0488	王下圖七	全	原是個小國，現已統一兩河流域，並佔領埃及以東之地。
101	5:8	亞羅珥	Aroer	0565-1	代上圖四	J6	
102	5:8	尼波	Nebo	0187-2	代上圖四	J5	
103	5:8	巴力免	Baal-meon	0037	代上圖四	J5	
104	5:9	伯拉河	Euphrates	0335	王下圖六	DF35	即是幼發拉底河。
105	5:9	基列	Gilead	0904-1	代上圖四	J35	約但河東，希實本及雅木河間的山脈和山地。
106	5:10	夏甲人	Hagrites	0838	代上圖四	??	位置不明，應是基列東邊的沙漠中。
107	5:11	迦得	Gadites	0800-1	代上圖四	JK35	此時之疆土似包括雅木到希實本之間。
108	5:11	巴珊	Bashan	0032-1	代上圖四	JL23	大馬色地區以南及雅木河間之高地。
109	5:11	撒迦	Salecah	1127	代上圖四	L3	
110	5:16	沙崙	Sharon	0460-2	代上圖四	??	位置不明。
111	5:18	瑪拿西	Manasseh	1092-1	代上圖四	JK23	此時之疆域似在大馬色地區及雅木河之間。
112	5:19	伊突人	Jetur	0226	代上圖四	??	位置不明，應是基列東邊的沙漠中。
113	5:19	拿非施人	Naphish	0849	代上圖四	??	位置不明，應是基列東邊的沙漠中。
114	5:19	挪答人	Nodab	0862	代上圖四	??	位置不明，應是基列東邊的沙漠中。
115	5:23	巴力黑們	Baal-hermon	0050-2	代上圖四	J2	
116	5:23	示尼珥	Senir	0219	代上圖四	JK12	即是黑門山，同代上116。
117	5:23	黑門山	Hermon	1038	代上圖四	JK12	但城和大馬色間之山脈，是約但河的發源地。
118	5:26	哈臘	Halah	0704	王下圖七	D3	位置不明，可能是在哈博河邊，歌散附近的地區。
119	5:26	哈博河	Habor	0702	王下圖七	E4	幼發拉底河上游北側的一個大支流，流經歌散地區。
120	5:26	哈拉	Hara	0696-3	王下圖七	E4	底格里斯河中段之東的山岳地帶，是當時亞述的一省。
121	5:26	歌散	Gozan	1104	王下圖七	D4	
122	6:10	耶路撒冷	Jerusalem	0790	書圖十一	H5	
123	6:19	利未人	Levites	0400	書圖十一	未繪	利未人的地業分散在各支派之間，共四十八座城。
124	6:55	猶大地	Judah	1010	書圖十一	GH56	大約是耶路撒冷以南的一大片土地。
125	6:55	希伯崙	Hebron	0440	書圖十一	H5	
126	6:57	立拿	Libnah	0222-2	書圖十一	G5	
127	6:57	雅提珥	Jattir	1034	書圖十一	H6	
128	6:57	以實提莫	Eshtemoa	0160	書圖十一	H6	
129	6:58	希崙	Hilen	0435	書圖十一	H5	同何崙。
130	6:58	底壁	Debir	0618-1	書圖十一	H6	
131	6:59	亞珊	Ashan	0492	書圖十一	H6	同亞因。
132	6:59	伯示麥	Beth-shemesh	0344-1	書圖十一	G5	
133	6:60	便雅憫	Benjamin	0684	書圖十一	H5	大略是伯特利及耶路撒冷之間的一小片土地。
134	6:60	迦巴	Geba	0792	書圖十一	H5	
135	6:60	阿勒篾	Alemeth	0668	書圖十一	H5	同亞勒們。

編號	經節	中文地名	英文地名	詳解編號	圖號	地圖位置	備註
136	6:60	亞拿突	Anathoth	0544	書圖十一	H5	
137	6:62	瑪拿西(東)	Manasseh	1092-1	書圖十一	J24	大約是雅博河以北的山地，及巴珊地。
		瑪拿西(西)	Manasseh	1092-2	書圖十一	GH34	大約略在基順河和加拿河之間。
138	6:62	以薩迦	Issachar	0150	書圖十一	H3	大約是耶斯列平原東半和約但河間之地。
139	6:62	亞設	Asher	0499	書圖十一	H23	大約是迦密山以北的沿海平原。
140	6:62	拿弗他利	Naphtali	0854	書圖十一	HJ23	大約是以加利利為主，並其北之山地。
141	6:63	流便	Reuben	0873	書圖十一	JK56	大約是死海以東，希實本及亞嫩河間之地。
142	6:63	迦得	Gad	0800-1	書圖十一	JK35	大約是瑪哈念及希實本間和約但河全部東側的河谷。
143	6:63	西布倫	Zebulun	0319	書圖十一	H3	大約是耶斯列平原的西半部其北的一小片土地。
144	6:67	以法蓮	Ephraim	0142-5	書圖十一	GH45	大約是伯特利及加拿河間之地，東與但為鄰。
145	6:67	示劍	Shechem	0216	書圖十一	H4	
146	6:67	基色	Gezer	0903-1	書圖十一	G5	
147	6:68	約緬	Jokmeam	0774	書圖十一	H4	同基伯先。
148	6:68	伯和崙	Beth-horon	0354	書圖十一	H5	
149	6:69	亞雅崙	Aijalon	0550-1	書圖十一	H5	
150	6:69	迦特臨門	Gath-rimmon	0815-2	書圖十一	G4	
151	6:70	亞乃	Aner	0475	書圖十一	H3	同他納。
152	6:70	比連	Bileam	0065	書圖十一	H4	同以伯蓮。
153	6:71	巴珊	Bashan	0032	書圖十一	JK23	加利利湖及呼勒湖以東，迄至沙漠之間的高原。
154	6:71	哥蘭	Golan	0831	書圖十一	J3	
155	6:71	亞斯他錄	Ashtaroth	0584	書圖十一	J3	
156	6:72	基低斯	Kedesh	0935-3	書圖十一	H3	同基善。
157	6:72	大比拉	Daberath	0008	書圖十一	H3	
158	6:73	拉末	Ramoth	0634-3	書圖十一	J3	同耶末。
159	6:73	亞年	Anem	0484	書圖十一	H4	同隱干寧
160	6:74	瑪沙	Mashal	1077	書圖十一	H3	同米沙勒。
161	6:74	押頓	Abdon	0628	書圖十一	H2	
162	6:75	戶割	Hukkok	0020-2	書圖十一	H3	同黑甲。
163	6:75	利合	Rehob	0401-3	書圖十一	H3	
164	6:76	加利利	Galilee	0171-2	書圖十一	HJ23	大約是耶斯列平原以北的一片山地，東鄰約但河。
165	6:76	基低斯	Kedesh	0935-1	書圖十一	J2	
166	6:76	哈們	Hammon	0697-2	書圖十一	J3	同哈末多珥。
167	6:76	基列亭	Kirjathaim	0946-2	書圖十一	H2	同加珥坦。
168	6:77	臨摩挪	Rimmono	1163	書圖十一	H3	同丁拿。
169	6:77	他泊	Tabor	0093-2	書圖十一	H3	
170	6:78	耶利哥	Jericho	0785	書圖十一	H5	
171	6:78	約但河	Jordan	0768	書圖十一	J35	
172	6:78	比悉	Bezer	0069	書圖十一	J5	
173	6:78	雅哈撒	Jahzah	1032	書圖十一	J5	同雅雜。
174	6:79	基底莫	Kedemoth	0934	書圖十一	J5	
175	6:79	米法押	Mephaath	0281	書圖十一	J5	
176	6:80	拉末	Ramoth	0634-1	書圖十一	K3	
177	6:80	瑪哈念	Mahanaim	1088	書圖十一	J4	
178	6:81	希實本	Heshbon	0445	書圖十一	J5	

編號	經節	中文地名	英文地名	詳解編號	圖號	地圖位置	備註
179	6:81	雅謝	Jazer	1025-1	書圖十一	J4	
180	7:14	亞蘭人	Aramean	0514	代上圖一	JK12	同代上 038。
181	7:21	迦特	Gath	0799	代上圖五	G5	
182	7:24	上伯和崙	Upper Beth-horon	0354	代上圖五	H5	
183	7:24	下伯和崙	Lower Beth-horon	0354	代上圖五	H5	
184	7:24	烏羨舍伊拉	Uzzen-sherah	0881	代上圖五	??	位置不明，可能是在上下伯和崙的附近。
185	7:28	以法蓮	Ephraim	0142-3	代上圖五	GH45	原有之疆域，同代上 144。
	7:28	以法蓮	Ephraim	0142-3	代上圖五	GH35	擴張後之疆域，約是米吉多至伯和崙間之地區。
186	7:28	伯特利	Bethel	0364-1	代上圖五	H5	
187	7:28	拿蘭	Naaran	0848	代上圖五	H5	
188	7:28	基色	Gezer	0903-1	代上圖五	G5	
189	7:28	示劍	Shechem	0216	代上圖五	H4	
190	7:28	迦薩	Gaza	0805	代上圖五	F6	
191	7:29	瑪拿西人	Manasseh	1092-2	代上圖五	GH34	原有之疆域約是基順河及加拿河間之地區。
	7:29	瑪拿西人	Manasseh	1092-2	代上圖五	未繪	後來似乎全部被以法蓮支派所併。
192	7:29	伯善	Beth-shan	0337	代上圖五	J4	
193	7:29	他納	Taanach	0096	代上圖五	H3	
194	7:29	米吉多	Megiddo	0272-1	代上圖五	H3	
195	7:29	多珥	Dor	0253	代上圖五	G3	
196	8:1	便雅憫	Benjamin	0684	代上圖六	H5	原有之領土約是伯特利及耶路撒冷之間。
	8:1	便雅憫	Benjamin	0684	代上圖六	GH45	後來領土約是伯和崙及耶路撒冷之間，並略向東擴張。
197	8:06	迦巴	Geba	0792	代上圖六	H5	
198	8:06	瑪拿轄	Manahath	1090	代上圖六	H5	
199	8:08	摩押	Moab	1112-1	代上圖一	JK6	約但河東，亞嫩河及撒烈溪間之地。
200	8:12	阿挪	Ono	0666	代上圖六	G4	
201	8:12	羅得	Lod	1169	代上圖六	G5	
202	8:13	亞雅崙	Aijalon	0550-1	代上圖六	H5	
203	8:28	耶路撒冷	Jerusalem	0790	代上圖六	H5	
204	8:29	基遍	Gibeon	0922-1	代上圖六	H5	
205	9:1	猶大人	Judah	1010	代上圖一	未繪	同代上 034。
206	9:1	巴比倫	Babylon	0038-2	王下圖八	全	即是新巴比倫帝國，於625BC滅亞述，巴比倫城為其首都。
207	9:16	尼陀法人	Netophathites	0196	代上圖一	H5	
208	10:1	非利士人	Philistines	0676-1	代上圖一	G56	此時已被大衛擊敗，領土只餘迦薩城四週之地。
209	10:1	以色列	Israel	0131-1	代上圖一	未繪	此指由掃羅所統領的十一個支派，猶大族不在內。
210	10:1	基利波山	Gilboa	0949	代上圖一	H34	是撒瑪利亞和加利利之間的一條山脈。
211	10:11	基列雅比	Jabesh-gilead	0958	代上圖一	J4	
212	10:12	雅比	Jabesh	1019	代上圖一	J4	即是基列雅比城的簡稱。
213	11:1	希伯崙	Hebron	0440	代上圖一	H5	
214	11:4	耶布斯	Jebus	0783	代上圖一	H5	即耶路撒冷，特指城的東南角，是城中最古老的部份。
215	11:5	錫安	Zion	1147	代上圖一	H5	即耶路撒冷，特指城的東南角，是城中最古老的部份。
216	11:5	大衛的城	City of David	0012-1	代上圖一	H5	即耶路撒冷，特指城的東南角，是城中最古老的部份。
217	11:8	米羅	Millo	0271-2	代上圖一	未繪	耶路撒冷古城的一處堡壘或宮殿，但位置不明。
218	11:12	亞合人	Ahohite	0481	撒下圖六	??	位置不明，較可能是一個族名。
219	11:13	巴斯達閔	Pas-dammim	0056	撒下圖六	??	位置不明，可能是在梭哥和亞西加的中間。

編號	經節	中文地名	英文地名	詳解編號	圖號	地圖位置	備註
220	11:15	亞杜蘭洞	Adullam	0530	撒下圖六	G5	亞杜蘭城附近的一個洞窟，但位置不詳。
221	11:15	利乏音谷	Rephaim	0413-2	撒下圖六	H5	耶路撒冷西南邊的一條谷地。
222	11:16	伯利恆	Bethlehem	0349-1	撒下圖六	H5	
223	11:22	甲薛	Kabzeel	0208	撒下圖六	G6	
224	11:22	摩押	Moab	1112-2	代上圖一	J6	同代上 026。
225	11:23	埃及人	Egyptian	0835-1	創圖十一	全	
226	11:27	哈律人	Harorites	0698	撒下圖五	H3	
227	11:27	比倫人	Pelonites	0068	撒下圖五	??	位置不明，較可能是一個族名。
228	11:28	提哥亞	Tekoa	1003	撒下圖六	H5	
229	11:28	亞拿突	Anathoth	0544	撒下圖六	H5	
230	11:29	戶沙人	Hushathite	0019	撒下圖六	H5?	
231	11:29	尼陀法人	Netophathite	0196	撒下圖六	H5	
232	11:31	基比亞	Gibeah	0941-2	撒下圖六	H5	
233	11:31	比拉頓人	Pirathonite	0080	撒下圖六	H4	
234	11:32	迦實溪人	Gaash	0804	撒下圖六	??	位置不明。
235	11:32	亞拉巴人	Arbathite	0536-3	撒下圖六	J5	
236	11:33	巴路米人	Baharumite	0042	撒下圖六	未繪	耶路撒冷之東北約兩公里處。
237	11:33	沙本人	Shaalbonit	0456	撒下圖六	G5	
238	11:34	基孫人	Gizonite	0918	撒下圖六	??	位置不明。
239	11:34	哈拉人	Hararite	0696-2	撒下圖六	??	位置不明。
240	11:36	米基拉人	Mecherathite	0283	撒下圖六	??	位置不明，可能是瑪迦 1060 之誤。
241	11:37	迦密人	Carmelite	0802-1	撒下圖六	H6	
242	11:39	亞捫人	Ammonite	0494	代上圖一	JK45	基列以東，巴珊及希實本間之地區。
243	11:39	比錄人	Berothite	0073	撒下圖六	H5	
244	11:40	以帖人	Ithrite	0115-3	撒下圖六	??	位置不明。
245	11:41	赫人	Hittites	1108	撒下圖六	未繪	同代上 011。
246	11:43	彌特尼人	Mithnite	1166	撒下圖六	??	位置不明，有可能是一族名。
247	11:44	亞斯他拉人	Ashterathite	0580	代上圖一	K3	
248	11:44	亞羅珥人	Aroerite	0565-1	代上圖一	J6	
249	11:45	提洗人	Tizite	0996	撒下圖六	??	位置不明。
250	11:46	瑪哈未人	Mahavite	1087	撒下圖六	??	位置不明。
251	11:47	米瑣八人	Mezobaite	0288	撒下圖六	??	位置不明。
252	12:1	洗革拉	Ziklag	0757	代上圖一	G6	
253	12:3	基比亞人	Gibeathite	0941-2	撒下圖六	H5	
254	12:3	亞拿突人	Anathothite	0544	撒下圖六	H5	
255	12:4	基遍人	Gibeonite	0922-1	撒下圖六	H5	
256	12:4	基得拉人	Gederathite	0931	撒下圖六	G5	
257	12:5	哈律弗人	Haruphite	0713	撒下圖六	??	位置不明，可能是一族名。
258	12:6	可拉人	Korahites	0180	撒下圖六	??	位置不明，可能是族名。
259	12:7	基多	Gedor	0902-2	撒下圖六	??	位置不明。
260	12:15	約但河	Jordan	0768	撒下圖六	J35	
261	12:19	非利士人	Philitines	0676-1	代上圖一	G56	此時其勢力正強，佔有大部的沿海平原和伯善等城。
262	12:23	希伯崙	Hebron	0440	撒下圖六	H5	
263	13:2	以色列人	Israel	0131-1	代上圖一	未繪	此處代表全部，即十二支派，並包括猶大支派在內。

編號	經節	中文地名	英文地名	詳解編號	圖號	地圖位置	備註
264	13:5	西曷河	Shihor	0308	撒下圖三	A57	即是埃及小河。
265	13:5	哈馬口	Entrance of hamath	0716	撒下圖三	C2	
266	13:5	基列耶琳	Kirjath-jearim	0954	代上圖一	H5	
267	13:6	巴拉	Baalah	0031-1	代上圖一	H5	就是基列耶琳。
268	13:9	基頓	Chidon	0923-2	代上圖一	??	位置不明，應是在基比亞之北。
269	13:9	毘列斯烏撒	Perez-uzzah	0765	代上圖一	??	即是基頓。
270	13:13	迦特人	Gittie	0799	代上圖一	G5	
271	14:1	推羅	Tyre	0973	代上圖一	H2	
272	14:3	耶路撒冷	Jerusalem	0790	代上圖一	H5	
273	14:9	利乏音谷	Rephaim	0413-2	撒下圖二	H5	同代上221。
274	14:11	巴力毘拉心	Baal-perazim	0057	撒下圖二	H5	
275	14:16	基遍	Gibeon	0922-2	代上圖一	H5	
276	14:16	基色	Gezer	0903-1	代上圖一	G5	
277	15:1	大衛城	City of David	0012-1	代上圖一	H5	即是耶路撒冷。
278	16:18	迦南地	Canaan	0797	代上圖一	未繪	
279	18:1	非利士人	Philistine	0676-1	撒下圖三	A6	此時已被大衛擊敗，領土只餘迦薩城四週之地。
280	18:2	摩押	Moab	1112-1	撒下圖三	BC6	此時已被大衛征服。
281	18:3	瑣巴	Zobah	1065	撒下圖三	C34	當時大馬色以北的一個亞蘭帝國，此時已被大衛征服。
282	18:3	伯拉河	Euphrates	0335	王下圖六	DF35	即是幼發拉底河。
283	18:3	哈馬	Hamath	0700	撒下圖三	C2	
284	18:5	大馬色	Damascus	0010	撒下圖三	C4	
285	18:5	亞蘭	Arameans	0514	撒下圖三	CD34	同代上038。
286	18:8	提巴	Tebah	0994	撒下圖三	C2	
287	18:8	均	Chun	0427	撒下圖三	C3	即是提巴。
288	18:11	以東	Edom	0111	撒下圖三	AC78	同代上022。
289	18:11	亞捫人	Ammonites	0494	撒下圖三	C5	同代上226。
290	18:11	亞瑪力人	Amalek	0557	撒下圖三	A78	同代上098。
291	18:12	鹽谷	Valley of Salt	1181	撒下圖三	B78	可能是死海以南的亞拉巴谷。
292	18:17	基利提人	Kerethites	0945	撒下圖三	未繪	位置不明，可能是迦特附近的一個民族。
293	18:17	比利提人	Pelethites	0078	撒下圖三	未繪	位置不明，可能是迦特附近的一個民族。
294	19:5	耶利哥	Jericho	0785	撒下圖三	B6	
295	19:6	米所波大米	Mesopotamia	0295	創圖三	BD12	幼發拉底河和底格里斯河兩條河流之間廣大的土地。
296	19:6	亞蘭瑪迦	Aram-maacah	0588	撒下圖三	B4	即是瑪迦，見下條之說明。
297	19:7	瑪迦	Maachath	1079-1	撒下圖三	B4	是當時一個亞蘭人的獨立小國。
298	19:7	米底巴	Medeba	0279	撒下圖三	B6	
299	20:1	拉巴	Rabbah	0633-1	撒下圖三	C6	
300	20:4	基色	Gezer	0903-1	撒下圖三	A6	
301	20:4	戶沙人	Hushathite	0019	撒下圖三	H5	
302	21:2	別是巴	Beer-sheba	0398	代上圖一	G6	
303	21:2	但	Dan	0385	代上圖一	J2	
304	21:15	耶布斯人	Jebusite	0783	代上圖一	H5	即是耶路撒冷城。
305	21:29	基遍	Gibeon	0922-1	代上圖一	H5	
306	22:3	西頓人	Sidonians	0315	代上圖一	H1	
307	22:3	推羅人	Tyrians	0973	代上圖一	H2	

編號	經節	中文地名	英文地名	詳解編號	圖號	地圖位置	備註
308	26:31	基列	Gilead	0904-1	代上圖一	J35	同代上 036。
309	26:31	雅謝	Jazer	1025-1	代上圖一	J4	
310	27:4	亞哈希人	Ahohite	0539	代上圖七	??	位置不明，較可能是一個族名。
311	27:8	伊斯拉人	Izrahite	0231	代上圖七	??	位置不明，較可能是一個族名。
312	27:9	提哥亞人	Tekoite	1003	代上圖七	H5	
313	27:10	比倫人	Pelonite	0068	代上圖七	??	位置不明。
314	27:12	亞拿突人	Anathothite	0544	代上圖七	H5	
315	27:13	尼陀法人	Netophathite	0196	代上圖七	H5	
316	27:14	比拉頓人	Pirathonite	0080	代上圖七	H4	
317	27:16	流便人	Reubenites	0873	代上圖一	JK5	約是死海以東，亞嫩河及希實本之間，迦得之南。
318	27:16	西緬人	Simeonites	0316	代上圖一	FG67	位於猶大地業之西南部的中間。
319	27:17	利未人	Levites	0400	代上圖一	未繪	利未人的地業分散在各支派之間，共四十八座城。
320	27:18	猶大	Judah	1010	代上圖一	GH56	大約是耶路撒冷以南的一大片土地。
321	27:18	以薩迦	Issachar	0150	代上圖一	H3	大約是耶斯列平原東半和約但間之地。
322	27:19	西布倫	Zebulun	0319	代上圖一	H3	大約是耶斯列平原的西半部和其北的一小片土地。
323	27:19	拿弗他利	Naphtali	0854	代上圖一	HJ23	大約是以加利利為主，並其北之山地。
324	27:20	以法蓮	Ephraim	0142-5	代上圖一	GH45	大約是伯特利及加拿河間之地，東與但為鄰。
325	27:20	瑪拿西(東)	Manasseh	1092-1	代上圖一	J24	大約是雅博河以北的山地，及巴珊地。
326	27:21	瑪拿西(西)	Manasseh	1092-2	代上圖一	GH34	大約在基順河和加拿河之間。
327	27:21	便雅憫	Benjamin	0684	代上圖一	H5	大略是伯特利及耶路撒冷之間的一小片土地。
328	27:22	但	Dan	0385-1	代上圖一	J2	
329	27:27	拉瑪人	Ramathite	0641-2	代上圖七	H5	
330	27:27	實弗米人	Shiphmite	1064	代上圖七	??	位置不明，較可能是一個族名。
331	27:28	基第利人	Gederite	0938	代上圖七	G5	
332	27:29	沙崙	Sharon	0460-2	代上圖七	??	位置不明。
333	27:30	以實瑪利人	Ishmaelite	0161	代上圖七	未繪	同代上 035。
334	27:30	米崙人	Meronothite	0267	代上圖七	H5	
335	27:31	夏甲人	Hagrite	0838	代上圖七	未繪	同代上 106。
336	27:33	亞基人	Archite	0498-2	代上圖七	H5	
337	29:04	俄斐	Ophir	0686	代上圖七	??	位置未能確定，多數認為是在紅海邊靠近葉門一地區。
338	29:27	希伯崙	Hebron	0440	代上圖七	H5	同代上 053。

歷代志下

001	1:2	以色列	Israel	0131	代下圖一	未繪	係指全部，即十二支派的人，包括猶大支派在內。
002	1:3	基遍	Gibeon	0922-1	代下圖一	H5	
003	1:4	基列耶琳	Kirjath-jearim	0954	代下圖一	H5	
004	1:4	耶路撒冷	Jerusalem	0790	代下圖一	H5	指耶布斯城，此時尚未建聖殿。
005	1:16	埃及	Egypt	0835-1	創十圖一	全	即是今日的埃及，但國境較小。
006	1:17	赫人	Hittites	1108	代下圖一	未繪	位於小亞細亞一支強大的赫人民族。
007	1:17	亞蘭	Aram	0514	王上圖四	CE13	約是大馬色地區及幼發拉底河間之地。
008	2:3	推羅	Tyre	0973	代下圖一	H2	
009	2:7	猶大地	Judah	1010	代下圖一	GH56	約是耶路撒冷之南的一大片土地。
010	2:8	利巴嫩	Lebanon	0411	王上圖四	B23	即今日黎巴嫩山脈和沿海之地區。

編號	經節	中文地名	英文地名	詳解編號	圖號	地圖位置	備註
011	2:14	但	Dan	0385-1	代下圖一	J2	
012	2:16	約帕	Joppa	0770	代下圖一	G4	
013	3:1	摩利亞山	Moriah	1116	未繪		位於今日耶路撒冷聖城殿區內。
014	3:1	耶布斯人	Jebusite	0783	代下圖一	H5	原耶布斯城(即耶路撒冷)之原住民。
015	3:6	巴瓦音	Parvaim	0040	代下圖一	??	可能是亞拉伯半島南端的葉門。
016	4:17	約但平原	Jordan	0768	代下圖一	J35	即是約但河從加利利到死海的一段之河谷。
017	4:17	疏割	Succoth	1013-1	代下圖一	J4	
018	4:17	撒利但	Zarethan	1132	代下圖一	J4	
019	5:2	耶路撒冷	Jerusalem	0790	代下圖一	H5	此時已建妥聖殿，城區已擴至東北角上的摩利亞山。
020	5:2	大衛城	City of David	0012-1	代下圖一	H5	即原耶布斯城(即是耶路撒冷)。
021	5:2	錫安	Zion	1147	代下圖一	H5	即原耶布斯城(即是耶路撒冷)。
022	5:4	利未人	Levites	0400	代下圖一	未繪	利未人共有四十八座城，但分散在各支派的土地中。
023	5:10	埃及	Egypt	0835-1	創圖十一	全	即今之埃及，但國境較小，此時國力甚弱。
024	5:10	何烈山	Horeb	0392	出圖一	P4	即是西乃山，位於西乃半島的南部。
025	7:8	哈馬口	Hamath	0716	王上圖四	C3	
026	7:8	埃及小河	Wadi of Egypt	0835-2	王上圖四	A68	西乃半島北部的一條旱溪。
027	8:3	哈馬瑣巴	Hamath-zobah	0724	王上圖四	C34	可能是哈馬口附近的一個小國或民族。
028	8:4	達莫	Tadmor	1058	王上圖四	E3	
029	8:4	哈馬	Hamath	0700	王上圖四	C2	
030	8:5	上伯和崙	Upper Beth-horon	0354	代下圖一	H5	
031	8:5	下伯和崙	Lower Beth-horon	0354	代下圖一	H5	
032	8:6	巴拉	Baalath	0031-5	王上圖四	G6	
033	8:7	亞摩利人	Amorites	0558	王上圖四	未繪	迦南地的原住民中的一族，散居各地。
034	8:7	比利洗人	Perizzites	0077	王上圖四	未繪	迦南地的原住民中的一族，散居各地。
035	8:7	希未人	Hivites	0429	王上圖四	未繪	迦南地的原住民中的一族，多居基遍等地的北方。
036	8:17	以東	Edom	0111	王上圖四	AC78	死海及阿卡巴灣之間，多為不毛山地。
037	8:17	以旬迦別	Ezion-geber	0153	王上圖四	B8	
038	8:17	以祿	Eloth	0125	王上圖四	A8	
039	8:18	俄斐	Ophir	0686	王上圖四	??	一產金之地，位置不明。
040	9:1	示巴	Shebah	0210-1	王上圖四	??	可能是現今葉門的東部。
041	9:14	亞拉伯	Arabia	0535	王上圖四	CE27	阿拉伯半島西北部，即迦南地東邊的沙漠地區。
042	9:21	他施	Tarshish	0095	王上圖四	未繪	可能是西班牙的南部。
043	9:26	大河	River	0004	王上圖四	E1	即是伯拉河或幼發拉底河，位於伊朗境內。
044	9:26	非利士	Philistines	0676-1	王上圖四	A6	約帕以南，埃及小河以北的沿海平原。
045	9:26	埃及	Egypt	0835-1	王上圖四	A78	同代下 023。
046	9:28	埃及	Egypt	0835-3	王上圖四	??	位置不明，可能是現今土耳其境內一地，盛產良馬。
047	9:29	示羅人	Shilohite	0217	王上圖五	H4	
048	10:1	示劍	Shechem	0216	王上圖五	H4	
049	10:16	以色列	Israel	0131-1	王上圖五	GJ25	分裂後的北國，包括除猶大支派在外的十個支派。國土概略為伯特利以北，及河東之地。
050	10:17	猶大	Judah	1010	王上圖五	GH56	分裂後的南國，包括猶大和西緬，國土僅佔有耶路撒冷以南之地區。
051	11:1	便雅憫	Benjamin	0684	王上圖五	H5	約是伯特利及耶路撒冷之間，西鄰但，東鄰死海。
052	11:6	伯利恆	Bethlehem	0349-1	王上圖五	H5	

編號	經節	中文地名	英文地名	詳解編號	圖號	地圖位置	備註
053	11:6	以坦	Etam	0113	王上圖五	H5	
054	11:6	提哥亞	Tekoa	1003	王上圖五	H5	
055	11:7	伯夙	Beth-zur	0334	王上圖五	H5	
056	11:7	梭哥	Soco	0975-1	王上圖五	G5	
057	11:7	亞杜蘭	Adullam	0530	王上圖五	G5	
058	11:8	迦特	Gath	0799	王上圖五	G5	
059	11:8	瑪利沙	Mareshah	1085	王上圖五	G5	
060	11:8	西弗	Ziph	0305-2	王上圖五	H6	
061	11:9	亞多萊音	Adoraim	0571	王上圖五	H5	
062	11:9	拉吉	Lachish	0637	王上圖五	G5	
063	11:9	亞西加	Azekah	0528	王上圖五	G5	
064	11:10	瑣拉	Zorah	1067	王上圖五	G5	
065	11:10	亞雅崙	Aijalon	0550-1	王上圖五	H5	
066	11:10	希伯崙	Hebron	0440	王上圖五	H5	
067	11:14	利未人	Levites	0400	王上圖五	??	同代下 022。
068	12:2	埃及	Egypt	0835-1	創圖十一	全	同代下 023。
069	12:3	路比人	Lubims	1053	王上圖五	??	位置不明，可能是非洲北部的一支民族。
070	12:3	蘇基人	Sukkites	1177	王上圖五	??	位置不明，可能是非洲北部的一支民族。
071	12:3	古實人	Ethiopia	0185-3	王上圖五	未繪	約是今之蘇丹，也可能是基拉耳附近的一支遊牧民族。
072	12:13	亞捫人	Ammonites	0494	王上圖五	J45	基列以東，巴珊及希實本間之地。
073	13:2	基比亞	Gibeah	0941-1	王上圖五	H5	
074	13:4	以法蓮山地	Ephraim	0142-4	王上圖五	GH4	約是加拿河及伯特利之間之山地。
075	13:4	洗瑪臉	Zemaraim	0759-2	王上圖五	H5	
076	13:19	伯特利	Bethel	0364-1	王上圖五	H5	
077	13:19	耶沙拿	Jeshanah	0784	王上圖五	H4	
078	13:19	以法拉音	Ephrain	0156	王上圖五	H5	
079	13:19	以弗倫	Ephron	0132	王上圖五	H5	即是以法拉音，同代下 078。
080	14:9	古實人	Ethiopia	0185-3	王上圖六	未繪	古時埃及亞斯旺以南之地，約為今日之蘇丹。
081	14:9	瑪利沙	Mareshah	1085	王上圖六	G5	
082	14:10	洗法谷	Zephathah	0749-2	王上圖六	G5	以拉谷以南的一條乾溪，瑪利沙在其南約 2.5 公里。
083	14:13	基拉耳	Gerar	0940	王上圖六	G6	
084	15:8	猶大	Judah	1010	王上圖六	GH56	約是耶路撒冷以南，死海以東之地。
085	15:8	便雅憫地	Benjamin	0684	王上圖六	H5	約略是在伯特利及耶路撒冷之間，西鄰但，東鄰死海。
086	15:9	瑪拿西(東)	Manasseh	1092-1	王上圖六	J24	大約是雅博河以北的山地，及巴珊地。
		瑪拿西(西)	Manasseh	1092-2	王上圖六	GH34	大略在基順河和加拿河之間。
087	15:9	西緬人	Simeon	0316	王上圖六	G6	位於猶大地業之西南部的中間。
088	15:16	汲淪溪	Kidron	0471	王上圖六	未繪	耶路撒冷城東側的一條乾溪。
089	16:1	拉瑪	Ramah	0641-2	王上圖六	H5	
090	16:2	大馬色	Damascus	0010	王上圖六	K1	
091	16:2	亞蘭	Aram	0514	王上圖六	JK1	同代下 007。
092	16:4	以雲	Ijon	0123	王上圖六	J2	
093	16:4	但	Dan	0385-2	王上圖六	J2	
094	16:4	亞伯瑪音	Abel-main	0573	王上圖六	J2	即亞伯伯瑪迦。
095	16:4	拿弗他利	Naphtali	0854	王上圖六	HJ23	大約是以加利利為主，並其北之山地。

編號	經節	中文地名	英文地名	詳解編號	圖號	地圖位置	備註
096	16:6	迦巴	Geba	0792	王上圖六	H5	
097	16:6	米斯巴	Mizpah	0285-4	王上圖六	H5	
098	17:11	非利士人	Philistines	0676-1	王上圖八	G36	同代下 044。
099	17:11	亞拉伯人	Arabs	0486	王上圖八	未繪	同代下 041。
100	18:2	撒瑪利亞	Samaria	1142	王上圖八	H4	
101	18:2	基列	Gilead	0904-1	王上圖八	J35	
102	18:2	拉末	Ramoth	0634-1	王上圖八	K3	
103	19:4	別是巴	Beer-sheba	0394	王上圖八	G6	
104	20:1	亞蘭	Aram	0514	王上圖八	JK12	此處可能是以東之誤，以東詳參 036。
105	20:1	摩押人	Moabites	1112-1	王上圖八	JK6	亞嫩河及撒烈溪間之高地。
106	20:1	亞捫人	Ammonites	0494	王上圖八	K45	同代下 072。
107	20:1	米烏尼人	Meunites	0284	王上圖八	未繪	可能是以東和米甸東方的地區。
108	20:2	哈洗遜他瑪	Hazazon-tamar	0733-2	王上圖八	H6	就是隱基底，同代下 108。
109	20:2	隱基底	En-gedi	1157-2	王上圖八	H6	
110	20:10	西珥山	Seir	0311-1	王上圖八	HJ7	即是以東地內的南北向的一條山脈。
111	20:16	洗斯坡	Pass of Ziz	0752	王上圖八	H5	死海西岸的一條旱溪，在隱基底之北入海，坡降陂急。
112	20:16	耶魯伊勒	Jeruel	0791	王上圖八	??	位置不明，是在提亞哥及隱基底間的一小曠野。
113	20:20	提哥亞	Tekoa	1003	王上圖八	H5	
114	20:26	比拉迦谷	Valley of Beracah	0081	王上圖八	H56	死海西岸的一條旱溪，在隱基底之南入海，坡降陂急。
115	20:36	他施	Tarshish	0095	王上圖八	未繪	位置不明，傳統上多認為即是現今的西班牙的南部。
116	20:36	以旬迦別	Ezion-geber	0153	王上圖四	B8	
117	20:37	瑪利沙	Mareshah	1085	王上圖八	G5	
118	21:1	大衛城	City of David	0012-1	王下圖二	H5	即是耶路撒冷城。
119	21:8	以東人	Edom	0111	王下圖二	HJ7	同代下 036。
120	21:10	立拿人	Libnah	0222-2	王下圖二	G5	
121	21:16	非利士人	Philistines	0676-1	王下圖二	G56	同代下 044。
122	22:5	拉末	Ramoth	0634-1	王下圖二	K3	即是基列拉末。
123	22:5	亞蘭	Aramean	0514	王下圖二	JK23	同代下 007。
124	22:6	耶斯列	Jezreel	0789-2	王下圖二	H3	
125	22:9	撒瑪利亞	Samaria	1142	王下圖二	H4	
126	24:1	別是巴	Beer-sheba	0398	王下圖二	G6	
127	24:23	大馬色	Damascus	0010	王下圖四	K1	
128	25:11	鹽谷	Valley of Salt	1179	王下圖三	S56?	可能是死海以南的亞拉巴曠野，以東中部的地區。
129	25:11	西珥	Seir	0311-1	王下圖三	RS56	同代下 110。
130	25:13	伯和崙	Beth-horon	0354	王下圖三	S4	同代下 030，031。
131	25:18	利巴嫩	Lebanon	0411	王下圖三	ST12	同代下 010。
132	25:21	伯示麥	Beth-shemesh	0344-1	王下圖三	R4	
133	25:27	拉吉	Lashish	0637	王下圖三	R4	
134	25:28	猶大京城	City of Judah	1010	王下圖三	S4	即是耶路撒冷，參代下 004。
135	26:2	以祿	Eloth	0125	王下圖三	R6	
136	26:6	迦特	Gath	0799	王下圖三	R4	
137	26:6	雅比尼	Jabneh	1027	王下圖三	R4	
138	26:6	亞實突	Ashdod	0556	王下圖三	R4	
139	26:7	姑珥巴力	Gur-baal	0604	王下圖三	S4	

地名索引

編號	經節	中文地名	英文地名	詳解編號	圖號	地圖位置	備註
140	26:7	米烏尼人	Meunites	0284	王下圖三	T5?	同代下 107。
141	26:8	埃及	Egypt	0835-1	創圖十一	全	同代下 023。
142	27:3	俄斐勒山	Ophel	0690	王下圖四	未繪	在耶路撒冷城聖殿區之南邊，舊城之北。
143	27:4	猶大山地	Judean	1010	王下圖四	H56	伯特利以南的山地，以別於其北方的以色列山地。
144	28:03	欣嫩子谷	Ben-hinnom	0653	王下圖四	未繪	耶路撒冷城西南兩側的谷地，在東南角與汲淪溪會合。
145	28:15	棕樹城	City of Palms	1009	王下圖四	H5	即是耶利哥城，因當時的城郊有一大片的棕樹林。
146	28:15	耶利哥	Jericho	0785	王下圖四	H5	
147	28:16	亞述	Assyria	0488-1	王下圖六	全	原是一小古國，現已併吞兩河流域諸國，並進軍埃及。
148	28:18	伯示麥	Beth-shemesh	0344-1	王下圖四	G5	
149	28:18	亞雅崙	Aijalon	0550-1	王下圖四	H5	
150	28:18	基低羅	Gederoth	0932	王下圖四	??	位置不明，可能在非利士地的東鄰。
151	28:18	梭哥	Soco	0975-1	王下圖四	G5	
152	28:18	亭納	Timnah	0679-1	王下圖四	G5	
153	28:18	瑾鎖	Gimzo	1109	王下圖四	G5	
154	29:16	汲淪溪	Kidron	0471	王下圖五	未繪	同代下 088。
155	30:5	別是巴	Beer-sheba	0398	王下圖五	G6	
156	30:5	但	Dan	0385-2	王下圖四	J2	
157	32:5	米羅	Millo	0271	王下圖五	未繪	耶路撒冷城內一座堡壘或宮殿，但位置不明。
158	32:9	拉吉	Lachish	0637	王下圖五	G5	
159	32:30	基訓	Gihon	0916-2	王上圖一	A2	是希西家水道的源頭，位於耶城之東，汲淪溪之東。
160	32:31	巴比倫	Babylon	0038-1	王下圖八	全	於625BC滅亞述，佔有其大部份的領土，亦稱迦勒底帝國。
161	35:20	埃及	Egypt	0835-1	王下圖八	DE5	同代下 023。
162	35:20	伯拉河	Euphrates	0335	王下圖七	EF45	即是幼發拉底河，長約2300公里，流入波斯灣。
163	35:20	迦基米設	Carchmish	0816	王下圖七	D4	
164	35:22	米吉多	Megiddo	0272	王下圖五	H3	
165	36:17	迦勒底人	Chaldeans	0811	王下圖七	全	即是巴比倫人。
166	36:20	波斯	Persia	0658	代下圖二	全	539BC滅巴比倫等國，建立了從印度到埃及的大帝國。

以斯拉記

編號	經節	中文地名	英文地名	詳解編號	圖號	地圖位置	備註
001	1:1	波斯	Persia	0658	拉圖一	全	539 BC 滅巴比倫和呂底亞，建立了空前的大帝國。
002	1:1	猶大省	Judah	1010	拉圖一	E45	是波斯帝國的一省，約是猶大、便雅憫和以法蓮等三地。
003	1:2	耶路撒冷	Jerusalem	0790	拉圖二	H5	城在586BC時被巴比倫所毀，當時是一片荒涼。
004	1:5	猶大	Judah	1010	拉圖二	GH5	歸回後的猶大人住在欣嫩谷及別是巴之間。
005	1:5	便雅憫	Benjamin	0684	拉圖二	GH45	歸回後住在伯特利及欣嫩谷、迦巴及阿挪之間。
006	1:5	利未人	Levites	0400	拉圖二	未繪	歸回後住伯吉甲、迦巴、押瑪弗、尼陀法等城。
007	1:11	巴比倫	Babylon	0038	拉圖一	F45	539BC 被波斯所滅，成爲一個省。
008	2:3	以色列	Israel	0131	拉圖一	未繪	是以色列人的總稱，包括猶大人在內。
009	2:20	吉罷珥人	Gibbar	0249	拉圖二	H5	即是基遍城。
010	2:21	伯利恆	Bethlehem	0349-1	拉圖二	H5	
011	2:22	尼陀法	Netophah	0196	拉圖二	H5	
012	2:23	亞拿突	Anathoth	0544	拉圖二	H5	
013	2:24	亞斯瑪弗	Azmaveth	0585	拉圖二	H5	又名押瑪弗和伯亞斯瑪弗。
014	2:25	基列耶琳	Kirjath-jearim	0954	拉圖二	H5	

編號	經節	中文地名	英文地名	詳解編號	圖號	地圖位置	備註
015	2:25	基非拉	Chephirah	0944	拉圖二	H5	
016	2:25	比錄	Beeroth	0073	拉圖二	H5	
017	2:26	拉瑪	Ramah	0641-2	拉圖二	H5	
018	2:26	迦巴	Geba	0792	拉圖二	H5	
019	2:27	默瑪	Michmas	1149	拉圖二	H5	又名密抹。
020	2:28	伯特利	Bethel	0364-1	拉圖二	H5	
021	2:28	艾	Ai	0299	拉圖二	H5	
022	2:29	尼波	Nebo	0187-3	拉圖二	H5	
023	2:30	末必	Magbish	0205	拉圖二	G5?	
024	2:33	羅得	Lod	1169	拉圖二	G5	
025	2:33	哈第	Hadid	0703	拉圖二	G5	
026	2:33	阿挪	Ono	0666	拉圖二	G4	
027	2:34	耶利哥	Jericho	0785	拉圖二	H5	
028	2:35	西拿	Senaah	0310	拉圖二	H5	
029	2:59	特米拉	Tel Melah	0884	拉圖一	??	位置無從查考，可能是猶大人在巴比倫開墾的一個城市。
030	2:59	特哈薩	Tel Harsha	0885	拉圖一	??	位置無從查考，可能是猶大人在巴比倫開墾的一個城市。
031	2:59	基綠	Cherub	0926	拉圖一	??	位置無從查考，可能是猶大人在巴比倫開墾的一個城市。
032	2:59	押但	Addan	0626	拉圖一	??	位置無從查考，可能是猶大人在巴比倫開墾的一個城市。
033	2:59	音麥	Immer	0826	拉圖一	??	位置無從查考，可能是猶大人在巴比倫開墾的一個城市。
034	2:61	基列人	Gileadite	0904-1	拉圖三	J35	指迦得和瑪拿西支派的人。
035	3:7	西頓	Sidon	0315	拉圖三	H1	
036	3:7	推羅	Tyre	0973	拉圖三	H2	
037	3:7	利巴嫩	Lebanon	0411-1	拉圖三	HJ12	
038	3:7	約帕	Joppa	0770	拉圖二	G4	
039	4:2	亞述	Assyria	0488	拉圖一	F4	612 BC 被巴比倫所滅。成為波斯的一省。
040	4:7	亞蘭文	Aramaic	0514	拉圖一	未繪	是當時國際所通用之文字。
041	4:9	底拿	Dinaites	0616	拉圖一	EH34?	可能是亞米尼亞 Armenian 地區。
042	4:9	亞法薩提迦人	Apharsathchites	0594	拉圖一	??	位置不明，應該是在原亞述帝國的領土之內。
043	4:9	他毘拉	Tarpelites	0099	拉圖一	??	有可能是亞蘭，也有可能是一個波斯的官員的職稱。
044	4:9	亞法撒	Apharsites	0531-2	拉圖一	??	位置不明，應該是在原亞述帝國的領土之內。
045	4:9	亞基衛	Archevites	0547	拉圖一	F5	即古代之以力大城。
046	4:9	巴比倫	Babylon	0038	拉圖一	F45	此指巴比倫地區的人。
047	4:9	書珊迦	Susanchite	0870	拉圖一	F4	即是書珊城。
048	4:9	底亥人	Dehavites	0613	拉圖一	??	位置不明。
049	4:9	以攔	Elamites	0127	拉圖一	F45	波斯灣以北，底格里斯河以東之山地，現今的庫茲斯坦。
050	4:10	撒瑪利亞	Samaria	1142	拉圖三	H4	
051	4:10	河西	Beyond the river	0655	拉圖一	E4	是波斯帝國的一省，包括有敘利亞、撒瑪利亞和猶大。
052	5:6	亞法薩迦	Apharsachites	0577	拉圖一	??	位置不明，但應是在巴比倫帝國之境內。
053	5:12	迦勒底	Chaldean	0811	拉圖一	F45	即是巴比倫地區，位於兩河流域的南部，波斯灣西岸。
054	5:13	巴比倫王	Babylon	0038	拉圖一	F45	此指波斯王，因他佔領巴比倫，所以也是巴比倫的王。
055	6:2	瑪代省	Media	1074	拉圖一	F4	是波斯的一省，位於裡海以南的撒格羅山區。
056	6:2	亞馬他	Achmetha	0541	拉圖一	F4	
057	6:22	亞述王	Assyria	0488	拉圖一	F4	即是波斯王，因為統治了亞述，所以也是亞述的王。
058	8:15	亞哈瓦	Ahava	0538	拉圖一	??	是被擄的猶大人在巴比倫所居某一河邊的城市。

編號	經節	中文地名	英文地名	詳解編號	圖號	地圖位置	備註
059	8:17	迦西斐雅	Casiphia	0813	拉圖一	??	位置無從查考，但大約是在巴比倫的境內。
060	9:1	迦南人	Canaanites	0797	拉圖三	未繪	是在以色列人尚未進入迦南地以前，各原住民族的總稱。
061	9:1	赫人	Hittites	1108	拉圖三	未繪	是以色列人未進迦南前的一支原住民，散居迦南各地。
062	9:1	比利洗人	Perizzites	0077	拉圖三	未繪	是以色列人未進迦南前的一支原住民，散居迦南各地。
063	9:1	耶布斯人	Jebusites	0783	拉圖三	H5	耶路撒冷地區的原住民。
064	9:1	亞捫人	Ammonites	0494	拉圖三	JK45	基列以東，巴珊及希實本之間的地區。
065	9:1	摩押人	Moabites	1112	拉圖三	JK6	死海以東，亞嫩河及撒烈溪間之地區。
066	9:1	埃及人	Egyptians	0835	拉圖一	DE5	即是今日的埃及，但國境較小，南方僅到亞斯旺為止。
067	9:1	亞摩利人	Amorites	0558	拉圖三	未繪	是以色列人未進迦南前的一支原住民，散居迦南各地。

尼希米記

編號	經節	中文地名	英文地名	詳解編號	圖號	地圖位置	備註
001	1:1	書珊	Susa	0867	拉圖一	F4	
002	1:2	猶大人	Judah	1010	拉圖一	未繪	以色列人的總稱。
003	1:2	耶路撒冷	Jerusalem	0790	拉圖一	E4	城在586BC時被巴比倫所毀，當時是一片荒涼。
004	1:3	猶大省	Judah	1010	拉圖一	E45	是波斯帝國的一省，約是猶大、便雅憫和以法蓮等三地。
005	1:6	以色列人	Israelites	0131-1	拉圖一	未繪	猶大人和以色列人的總稱。
006	2:7	河西省	Beyond the river	0655	拉圖一	E4	是波斯帝國的一省，包括有敘利亞，撒瑪利亞和猶大。
007	2:10	和倫人	Horonites	0601	拉圖三	??	可能是伯和崙之人。
008	2:10	亞捫人	Ammonites	0494	拉圖三	JK45	基列以東，巴珊及希實本之間的地區。
009	2:19	亞拉伯人	Arabia	0535	拉圖一	EF5	亞拉伯沙漠中的遊牧民族。
010	3:2	耶利哥	Jericho	0785	尼圖二	H5	
011	3:5	提哥亞	Tekoa	1003	尼圖二	H5	
012	3:7	基遍	Gibeon	0922	尼圖二	H5	
013	3:7	米倫	Meronoth	0266-2	尼圖二	H5	
014	3:7	米斯巴	Mizpah	0285-4	尼圖二	H5	
015	3:13	撒挪亞	Zanoah	1135-1	尼圖二	G5	
016	3:14	伯哈基琳	Beth-haccerem	0375	尼圖二	H5	
017	3:15	西羅亞	Siloam	0330-2	尼圖一		位於今日耶路撒冷城南。
018	3:15	大衛城	City of David	0012-1	尼圖二	H5	即是耶路撒冷城。
019	3:16	伯夙	Beth-zur	0334	尼圖二	H5	
020	3:17	利未人	Levites	0400	尼圖二	未繪	利未人共有四十八座城，分散在以色列各地。
021	3:17	基伊拉	Keilah	0930	尼圖二	G5	
022	3:26	俄斐勒	Ophel	0690	尼圖一	??	確切位置不詳，約是在聖殿區的南方，汲淪溪的西岸。
023	4:2	撒瑪利亞	Samaria	1142	拉圖一	H4	
024	4:7	亞實突	Ashdod	0556	拉圖三	G5	
025	6:2	阿挪平原	Plain of Ono	0666	拉圖三	G4	阿挪城四週之平原。
026	7:6	巴比倫	Babylon	0038-1	拉圖一	F46	625BC 滅亞述，定都巴比倫城，539BC 被波斯所滅。
027	7:26	伯利恆人	Bethlehem	0349-1	尼圖二	H5	
028	7:26	尼陀法人	Netophah	0196	尼圖二	H5	
029	7:27	亞拿突人	Anathoth	0544	尼圖二	H5	
030	7:28	伯亞斯瑪弗	Beth-azmaveth	0381	尼圖二	H5	即是亞斯瑪弗。
031	7:29	基列耶琳人	Kirjath-jearim	0954	尼圖二	H5	
032	7:29	基非拉人	Kephirah	0944	尼圖二	H5	

編號	經節	中文地名	英文地名	詳解編號	圖號	地圖位置	備註
033	7:29	比錄人	Beeroth	0073	拉圖二	H5	
034	7:30	拉瑪人	Ramah	0641-2	拉圖二	H5	
035	7:30	迦巴人	Geba	0792	拉圖二	H5	
036	7:31	默瑪人	Michmash	1149	拉圖二	H5	即是密抹。
037	7:32	伯特利人	Bethel	0364-1	拉圖二	H5	
038	7:32	艾人	Ai	0299	拉圖二	H5	
039	7:33	尼波人	Nebo	0187-3	拉圖二	H5	
040	7:36	耶利哥人	Jericho	0785	拉圖二	H5	
041	7:37	羅得人	Lod	1169	拉圖二	G5	
042	7:37	哈第人	Hadid	0703	拉圖二	G5	
043	7:37	阿挪人	Ono	0666	拉圖二	G4	
044	7:38	西拿人	Senaah	0310	拉圖二	H5	
045	7:61	特米拉	Tel Melah	0884	拉圖一	??	位置無從查考，可能是猶大人在巴比倫開墾的一個城市。
046	7:61	特哈薩	Tel Harsha	0885	拉圖一	??	位置無從查考，可能是猶大人在巴比倫開墾的一個城市。
047	7:61	基綠	Kerub	0926	拉圖一	??	位置無從查考，可能是猶大人在巴比倫開墾的一個城市。
048	7:61	亞頓	Addon	0504	拉圖一	??	位置無從查考，可能是猶大人在巴比倫開墾的一個城市。
049	7:61	音麥	Immer	0826	拉圖一	??	位置無從查考，可能是猶大人在巴比倫開墾的一個城市。
050	7:63	基列	Gileadite	0904-1	拉圖三	J35	指迦得和瑪拿西支派的人。
051	9:7	迦勒底	Chaldeans	0811	拉圖一	F45	即是巴比倫地區。
052	9:7	吾珥	Ur	0422	拉圖一	F5	
053	9:8	迦南人	Canaanites	0797	拉圖三	未繪	是在以色列人尚未進入迦南地前，各原住民族的總稱。
054	9:8	赫人	Hittites	1108	拉圖三	未繪	是以色列人未進迦南前的一支原住民，散居迦南各地。
055	9:8	亞摩利人	Amorites	0558	拉圖三	未繪	是以色列人未進迦南前的一支原住民，散居迦南各地。
056	9:8	比利洗人	Perizzites	0077	拉圖三	未繪	是以色列人未進迦南前的一支原住民，散居迦南各地。
057	9:8	耶布斯人	Jebusites	0783	拉圖三	H5	耶路撒冷地區的原住民。
058	9:8	革迦撒人	Girgasite	0822	拉圖三	未繪	是以色列人未進迦南前的一支原住民，散居迦南各地。
059	9:9	埃及	Egypt	0835-1	拉圖一	DF5	即是今日的埃及，但國境較小，南方僅到亞斯旺為止。
060	9:9	紅海	Red sea	0766-2	出圖一	O2	以色列人渡海之處，可能是尼羅河三角洲的東北角。
061	9:13	西乃山	Sinai	0302-1	出圖一	P4	
062	9:22	希實本	Heshbon	0445	出圖一	J5	
063	9:22	巴珊	Bashan	0032	出圖一	JK23	加利利湖之東，大馬色及基列間之山地。
064	9:32	亞述	Assyria	0488-1	拉圖一	F4	以尼尼微和亞述城為首都的一個強國。
065	11:3	以色列人	Israelites	0131	尼圖三	未繪	此處指全部歸回的以色列人。
066	11:3	利未人	Levites	0400	尼圖三	未繪	歸回後居住在尼陀法、伯吉甲、迦巴、押瑪弗等城。
067	11:4	猶大人	Judah	1010	尼圖三	GH56	歸回後的猶大人住在欣嫩谷及別是巴之間。
068	11:4	便雅憫人	Benjamin	0684	尼圖三	GH45	歸回後住在伯特利及欣嫩谷，迦巴及阿挪之間。
069	11:25	基列亞巴	Kirjath-arba	0954	尼圖三	H5	即是希伯崙。
070	11:25	底本	Dibon	0612-2	尼圖三	??	位置不明。
071	11:25	葉甲薛	Jekabzeel	1048	尼圖三	G6	
072	11:26	耶書亞	Jeshua	0788	尼圖三	G6	
073	11:26	摩拉大	Moladah	1118	尼圖三	H6	
074	11:26	伯帕列	Beth-pelet	0355	尼圖三	??	位置不明。
075	11:27	哈薩書亞	Hazar-shual	0729	尼圖三	G6	
076	11:27	別是巴	Beer-sheba	0398	尼圖三	G6	

編號	經節	中文地名	英文地名	詳解編號	圖號	地圖位置	備註
077	11:28	洗革拉	Ziklag	0757	尼圖三	G6	
078	11:28	米哥拿	Meconah	0287	尼圖三	??	位置不明，似在洗革拉及音臨門之間的某處。
079	11:29	音臨門	En-rimmon	0827	尼圖三	G6?	
080	11:29	瑣拉	Zorah	1067	尼圖三	G5	
081	11:29	耶末	Jarmuth	0780-1	尼圖三	G5	
082	11:30	撒挪亞	Zanoah	1135-1	尼圖三	G5	
083	11:30	亞杜蘭	Adullam	0530	尼圖三	G5	
084	11:30	拉吉	Lachish	0637	尼圖三	G5	
085	11:30	亞西加	Azekah	0528	尼圖三	G5	
086	11:30	欣嫩谷	Hinnom	0653	尼圖三	H5	
087	11:31	迦巴	Geba	0792	尼圖三	H5	
088	11:31	密抹	Michmash	0967	尼圖三	H5	
089	11:31	亞雅	Aija	0503	尼圖三	H5	
090	11:31	伯特利	Bethel	0364-1	尼圖三	H5	
091	11:32	亞拿突	Anathoth	0544	尼圖三	H5	
092	11:32	挪伯	Nod	0861	尼圖三	H5	
093	11:32	亞難雅	Ananiah	0566	尼圖三	H5	
094	11:33	夏瑣	Hazon	0839-3	尼圖三	H5	
095	11:33	拉瑪	Ramah	0641-2	尼圖三	H5	
096	11:33	基他音	Gittaim	0929	尼圖三	G5	
097	11:34	哈疊	Hadid	0703	尼圖三	G5	
098	11:34	洗編	Zeboim	0754	尼圖三	??	位置不明，可能在羅得之北，靠近非利士地之北方邊境。
099	11:34	尼八拉	Neballat	0192	尼圖三	G5	
100	11:35	羅得	Lod	1169	尼圖三	G5	
101	11:35	阿挪	Ono	0666	尼圖三	G4	
102	11:35	匠人之谷	V. of Craftsmen	0473	尼圖三	G4?	確實之位置不明，可能是在羅得和阿挪之間。
103	12:22	波斯人	Persian	0658	拉圖一	全	539 BC 滅巴比倫和呂底亞，建立了空前的大帝國。
104	12:29	尼陀法	Netophathite	0196	尼圖一	H5	
105	12:29	伯吉甲	Beth-gilgal	0345	尼圖一	H5	
106	12:29	押瑪弗	Azmaveth	0632	尼圖一	H5	
107	13:1	亞捫人	Ammonite	0494	拉圖三	JK45	基列以東，巴珊及希實本之間的地區。
108	13:1	摩押人	Moabite	1112-1	拉圖三	JK6	死海以東，亞嫩河及撒烈溪間之地區。
109	13:06	巴比倫	Babylon	0038-3	拉圖一	F45	
110	13:16	推羅	Tyre	0973	拉圖三	H3	
111	13:23	亞實突	Ashdod	0556	拉圖三	G5	
112	13:28	和倫人	Horonite	0601	拉圖三	H5?	可能是伯和崙城之人。

以斯帖記

編號	經節	中文地名	英文地名	詳解編號	圖號	地圖位置	備註
001	1:1	印度	India	0245	拉圖一	HJ5	約是今日的巴勒斯坦國之地，東鄰印度半島。
002	1:1	古實	Ethiopia	0185-3	拉圖一	DE5	約是今日埃及南部和蘇丹，位於亞斯旺以南。
003	1:2	書珊	Susa	0867	拉圖一	F4	
004	1:3	波斯	Persia	0658	拉圖一	全	也是帝國的一個省，位於波斯灣的東岸。
005	1:3	瑪代	Media	1074	拉圖一	F4	是波斯帝國的一個省，位於裡海之南。

編號	經節	中文地名	英文地名	詳解編號	圖號	地圖位置	備註
006	2:5	猶大人	Judah	1010	代下一	未繪	猶大人和以色列人的統稱。
007	2:5	便雅憫人	Benjamin	0684	代下一	H5	伯特利和耶路撒冷間的一小片地。
008	2:6	巴比倫	Babylon	0038-1	王下七	全	625BC 滅亞述，定都巴比倫城，539BC 被波斯所滅。
009	2:6	耶路撒冷	Jerusalem	0790	代下一	H5	
010	3:1	亞甲	Agagites	0479-2	拉圖一	??	可能是亞瑪力王亞甲的後代。

約伯記

編號	經節	中文地名	英文地名	詳解編號	圖號	地圖位置	備註
001	1:1	烏斯	Uz	0878	伯圖一	L4?	可能是亞拉伯中部，靠近麥地那綠洲。
002	1:15	示巴	Sabeans	0210-3	伯圖一	M6?	可能是亞拉伯半島的西南，今之葉門。
003	1:17	迦勒底	Chaldeans	0811	伯圖一	LM3	位於兩河流域南部，波斯灣西岸，巴比倫帝國的發源地。
004	2:11	提幔	Temanite	0998	伯圖一	K3	位於以東中部。
005	2:11	書亞	Shuhite	0865-3	伯圖一	L3?	可能是幼發拉底河流域的某地區。
006	2:11	拿瑪	Naamathite	0847-2	伯圖一	M6	可能是亞拉伯半島的極南部。
007	6:19	提瑪	Tema	0997	伯圖一	L4	是以提瑪城為中心的一個大綠洲。
008	22:24	俄斐	Ophir	0686	伯圖一	??	位置不明，多數認爲是在紅海邊，靠近葉門之一地區。
009	28:19	古實	Ethiopia	0185-3	伯圖一	KL45	約是今日埃及南部和蘇丹，位於亞斯旺以南。
010	32:2	布西	Buzites	0201	伯圖一	L3	可能是亞拉伯半島北部的一個民族。
011	40:23	約但河	Jordan	0768	伯圖一	K3	即是今日以色列東方的邊界約但河。

詩篇

編號	經節	中文地名	英文地名	詳解編號	圖號	地圖位置	備註
001	2:6	錫安	Zion	1147	詩圖一	H5	指當時的耶路撒冷城或以色列。
002	8:1	迦特	Gittith	0799-2	詩圖一	??	意思不明，可能是指迦特城，或是指小調或酒曲。
003	22:12	巴珊	Bashan	0032-1	詩圖一	JK23	加利利湖以東，大馬色及基列間之山地，出產豐富。
004	29:5	利巴嫩	Lebanon	0411-1	詩圖一	HJ12	即今之黎巴嫩山脈，盛產香柏樹，材質優良。
005	29:6	西連	Sirion	0312	詩圖一	JK12	即是黑門山，山頂終年積雪，是約但河的源頭。
006	29:8	加低斯	Kadesh	0172	詩圖二	E6	
007	42:6	約但地	Jordan	0768	詩圖一	全	即是以色列地或是今日的巴勒斯坦。
008	42:6	黑門嶺	Hermon	1038	詩圖一	JK12	即是黑門山，山頂終年積雪，是約但河的源頭。
009	42:6	米薩山	Mizar	0270	詩圖一	??	可能是黑門山脈的一個支嶺，也有人認爲是錫安山。
010	45:9	俄斐	Ophir	0686	詩圖二	??	位置不明，多認爲是在紅海邊、葉門或更遠之處。
011	45:12	推羅	Tyre	0973	詩圖一	H2	
012	48:7	他施	Tarshish	0095	創圖二	D1?	位置不能明確認定，多認爲是西班牙的南部。
013	48:11	猶大	Judah	1010	詩圖一	GH57	指全猶大和以色列之地。
014	51:18	耶路撒冷	Jerusalem	0790	詩圖一	H5	大衛的詩中僅指大衛城，其他則指當時的耶路撒冷城。
015	52:1	以東	Edom	0111	詩圖一	HJ7	死海及阿卡巴灣間之地區，多屬不毛之曠野。
016	54:1	西弗	Ziphites	0305-2	詩圖一	H6	
017	56:1	非利士人	Philistines	0676-1	詩圖一	FG56	約帕以南沿海平原中之居民，長期與以色列人爲敵。
018	56:1	迦特	Gath	0799-1	詩圖一	G5	
019	60:1	亞蘭	Aram	0514	詩圖二	F56	大馬色與幼發拉底河之間的地區。
020	60:1	瑣巴	Zobah	1065	詩圖二	F5	哈馬口附近的一個亞蘭人王國。
021	60:1	鹽谷	V. of Salt	1179	詩圖一	H7?	可能指南亞拉巴谷地。
022	60:6	示劍	Shechem	0216	詩圖一	H4	

編號	經節	中文地名	英文地名	詳解編號	圖號	地圖位置	備註
023	60:6	疏割谷	Succoth	1013-3	詩圖一	J4	可能是指疏割城南的雅博河河谷。
024	60:7	基列	Gilead	0904-1	詩圖一	J35	約但河東，雅木河及希實本間之山地。
025	60:7	瑪拿西(東)	Manasseh	1092-1	詩圖一	JK24	大約是巴珊地和雅博河以北的山地。
	60:7	瑪拿西(西)	Manasseh	1092-2	詩圖一	GH4	大約是基順河和加拿河間之地。
026	60:7	以法蓮	Ephraim	0142-3	詩圖一	GH45	大約是加拿河和伯特利間之地。
027	60:7	猶大	Judah	1010	詩圖一	GH56	大約是耶路撒冷以南之地。
028	60:8	摩押	Moab	1112-1	詩圖一	JK6	死海以東，亞嫩河及撒烈間之地。
029	63:1	猶大曠野	Judah	1010	詩圖一	H56	死海西岸及猶大山地中間的一片荒原，乾旱無水。
030	68:8	西乃山	Sinai	0302	詩圖二	E7	
031	68:14	撒們	Zalmon	1126-2	詩圖一	??	位置無從查考，應是在約但河以東。巴珊地區內。
032	68:15	巴珊山	Bashan	0032-1	詩圖一	??	可能指巴珊東側的浩蘭山，其最高山峰有1820公尺。
033	68:31	埃及	Egypt	0835-1	詩圖一	E7	即是今日的埃及，但國境較小，南方僅到亞斯旺為止。
034	68:31	古實	Ethiopia	0185-3	賽圖二	L8	埃及以南之地區，大約是今日的蘇丹。
035	72:10	他施	Tarshish	0095	創圖二	D1?	同詩012，係指當時最西邊，也是最遠的地方。
036	72:10	示巴	Shebah	0210-2	創圖二	H4	阿拉伯半島的西南角，約是葉門的西部。
037	72:10	西巴	Seba	0303	創圖二	G4?	可能是在白尼羅河及藍尼羅河之間。
038	72:16	利巴嫩	Lebanon	0411-1	詩圖一	HJ12	同詩004。
039	76:2	撒冷	Salem	1123-1	詩圖一	H5	即是耶路撒冷的簡稱。
040	76:2	錫安	Zion	1147	詩圖一	H5	同詩001。
041	78:12	瑣安	Zoan	1066-1	詩圖二	L6	
042	78:60	示羅	Shiloh	0217	詩圖一	H4	約書亞時代在此設會幕，是敬拜神的中心。
043	81:7	米利巴水	Meribah	0276-1	詩圖二	未繪	位於西乃山之西北。
044	83:6	以東人	Edom	0111	詩圖一	HJ7	同詩015。
045	83:6	以實瑪利	Ishmaelites	0161	詩圖二	未繪	常作為亞拉伯沙漠遊牧民族的總稱。
046	83:6	夏甲人	Hagrites	0838	詩圖二	未繪	在亞拉伯半島某地，但位置不明。
047	83:7	迦巴勒	Gebal	0806-2	詩圖二	??	位置不明。
048	83:7	亞捫	Ammon	0494	詩圖一	K45	基列以東，希實本及巴珊間之地區。
049	83:7	亞瑪力人	Amalek	0557	詩圖二	未繪	是當時西乃和南地等地的游牧民族，來歷不明。
050	83:7	非利士人	Philistines	0676-1	詩圖一	G56	同詩017。
051	83:7	推羅	Tyra	0973	詩圖一	H2	
052	83:8	亞述	Assyria	0488	詩圖二	G5	兩河流域以北，以尼尼微為中心的一個古強國。
053	83:9	米甸	Midian	0264	詩圖二	F7	亞拉伯半島的西部，阿卡巴灣東岸的地區。
054	83:9	基順河	Kishon	0907	詩圖二	H34	
055	83:10	隱多珥	Endor	1154	詩圖一	H3	
056	84:5	錫安大道	Zion	1147	詩圖一	未繪	即是各通往耶路撒冷的大道。
057	84:6	流淚谷	Baca	0874	詩圖一	??	位置不明。
058	87:4	拉哈伯	Rahab	0647	詩圖一	E7	是埃及的別號，多用在詩歌中。
059	87:4	巴比倫	Babylon	0038-1	詩圖二	GH6	兩河流域南部，以巴比倫為中心的一個古大國。
060	87:4	古實	Ethiopia	0185-3	賽圖二	L8	同詩034。
061	89:12	他泊山	Tabor	0093-1	詩圖一	H3	位於加利利湖之西，高約560公尺。
062	89:12	黑門山	Hermon	1038	詩圖一	JK12	即是黑門山，山頂終年積雪，是約但河的源頭。
063	92:12	利巴嫩	Lebanon	0411-1	詩圖一	HJ12	同詩004。
064	95:8	米利巴	Meribah	0276-1	詩圖二	未繪	同詩048。
065	95:8	瑪撒	Massah	1082	詩圖二	未繪	即是米利巴水，同詩071。

編號	經節	中文地名	英文地名	詳解編號	圖號	地圖位置	備註
066	105:11	迦南	Canaan	0797	詩圖一	全	約是今日之巴勒斯坦，是以色列人未進入前之名稱。
067	105:23	含地	Land of Ham	0421	詩圖二	E7	指埃及。
068	106:7	紅海	Red Sea	0766-2	民圖五	O2	可能是尼羅河三角洲東北，孟薩拉湖東南端的湖汊。
069	106:19	何烈山	Horeb	0392	詩圖二	E7	即是西乃山。
070	108:7	示劍	Shechem	0216	詩圖一	H4	
071	108:7	疏割谷	Succoth	1013-3	詩圖一	J4	同詩 023。
072	108:8	基列	Gilead	0904-1	詩圖一	J35	同詩 024。
073	108:8	瑪拿西	Manasseh	1092-2	詩圖一	GH4	同詩 025。
074	108:8	以法蓮	Ephraim	0142-3	詩圖一	GH45	同詩 026。
075	108:8	猶大	Judah	1010	詩圖一	GH56	同詩 027。
076	108:9	摩押	Moab	1112-1	詩圖一	JK6	同詩 028。
077	108:9	以東	Edom	0111	詩圖二	EF67	同詩 015。
078	108:9	非利士	Philistia	0676-1	詩圖一	GH56	同詩 017。
079	114:3	約但河	Jordan	0768	詩圖一	J35	
080	116:19	耶路撒冷	Jerusalem	0790	詩圖一	H4	同詩 014。
081	120:5	米設	Meshech	0269	詩圖二	E5	約為現今土耳其的中部，靠地中海北岸的地區。
082	120:5	基達	Kedar	0924	詩圖二	F6	亞捫和摩押以東之沙漠地區。
083	132:6	以法他	Ephrathah	0141-2	詩圖一	H5	就是基列耶琳。
084	132:6	基列耶琳	Kirjath-jearim	0954	詩圖一	H5	
085	133:3	黑門山	Hermon	1038	詩圖一	JK12	山頂終年積雪，是約但河的源頭。
086	135:11	亞摩利人	Amorites	0558	詩圖一	未繪	當時在約但河東建有兩個國家。
087	135:11	巴珊	Bashan	0032	詩圖一	JK23	同詩 003。
088	135:11	迦南	Canaan	0797	詩圖一	全	同詩 066。
090	137:1	巴比倫的河	Babylon	0038	詩圖二	GH6	指幼發拉底河，或是巴比倫地附近的支流。
089	137:8	巴比倫的城	Babylon	0038	詩圖二	G6	

雅歌

編號	經節	中文地名	英文地名	詳解編號	圖號	地圖位置	備註
001	1:5	耶路撒冷	Jerusalem	0790	雅圖一	H5	所羅門王口中的耶城只指大衛城和其北的聖殿區。
002	1:5	基達	Kedar	0924	詩圖二	F6	亞捫和摩押以東之沙漠地區。
003	1:14	隱基底	En-gedi	1157-1	雅圖一	H6	
004	2:1	沙崙	Sharon	0460-1	雅圖一	G34	迦密山西南麓至約帕之間的沿海平原地區。
005	2:17	比特山	Bether	0066	雅圖一	??	位置不明，可能是任一險峻之山區。
006	3:9	利巴嫩	Lebanon	0411-1	雅圖一	HJ12	即今之黎巴嫩山脈，盛產香柏樹，材質優良。
007	3:11	錫安	Zion	1147	雅圖一	H5	即是耶路撒冷城，同歌 001。
008	4:1	基列	Gilead	0904-1	雅圖一	J35	約但河東，雅木河及希實本間之山地。
009	4:8	亞瑪拿	Amana	0561	雅圖一	K1?	黑門山的一山峰，高約2500公尺，山頂終年積雪。
010	4:8	示尼珥	Senir	0219	雅圖一	JK12	即是黑門山，同歌011。
011	4:8	黑門山	Hermon	1038	雅圖一	JK12	
012	6:4	得撒	Tirzah	0971	雅圖一	H4	
013	6:13	書拉密	Shulammite	0869	雅圖一	H3	可能是書念。
014	6:13	瑪哈念	Mahanaim	1088	雅圖一	J4	
015	7:4	希實本	Heshbon	0445	雅圖一	J5	
016	7:4	巴特拉併	Bath-rabbim	0055	雅圖一	J5	古希實本城門外的一個著名而美麗的水池。

編號	經節	中文地名	英文地名	詳解編號	圖號	地圖位置	備註
017	7:4	大馬色	Damascus	0010	雅圖一	K1	
018	7:5	迦密山	Carmel	0802-2	雅圖一	GH3	起自亞柯灣之南，向東南延伸與中央山脈連接。
019	8:11	巴力哈們	Baal-hamon	0045	雅圖一	??	位置不詳，無從查考。

以賽亞書

編號	經節	中文地名	英文地名	詳解編號	圖號	地圖位置	備註
001	1:1	猶大	Judah	1010	賽圖一	GH56	分裂後的南國，人民以猶大為主，擁有伯特利以南的土地。有時也指所有十二個支派全部的以色列人。
002	1:1	耶路撒冷	Jerusalem	0790	賽圖一	H5	是當時以色列的政治和宗教的中心。
003	1:3	以色列	Israel	0131-1	賽圖一	HK25	分裂後的北國，人民包括猶大除外的十個支派，擁有伯特利以北及河東之地，722BC被亞述所滅。有時也代表十二個支派全部的以色列人。
004	1:8	錫安	Zion	1147	賽圖一	H5	即是耶路撒冷城。
005	1:9	所多瑪	Sodom	0624	賽圖一	H5?	位置不明，可能已湮沒在死海之南部某處。
006	1:9	蛾摩拉	Gomorrah	1046	賽圖一	H5?	位置不明，可能已湮沒在死海之南部某處。
007	2:6	非利士	Philistines	0676	賽圖一	FG56	約帕以南沿海平原中之居民，長期與以色列人為敵。
008	2:13	利巴嫩	Lebanon	0411-1	賽圖一	HJ12	即今之黎巴嫩山脈，盛產香柏樹，材質優良。
009	2:13	巴珊	Bashan	0032-1	賽圖一	JK23	加利利湖以東，大馬色及基列間之山地，出產豐富。
010	2:16	他施船隻	Tarshish	0095	創圖二	D1?	指可航行遠洋的大型船隻。
011	7:1	亞蘭	Aram	0514	賽圖二	M5	大馬色和幼發拉底河之間的地區。
012	7:2	以法蓮	Ephraim	0142-3	賽圖一	GH45	約是加拿河及伯特利間之地區。又北國之王多由以法蓮支派而出，故常用以法蓮代表以色列國。
013	7:8	大馬色	Damascus	0010	賽圖一	K1	是亞蘭的首府。
014	7:9	撒瑪利亞	Samaria	1142	賽圖一	H4	北國建都在此，故北國有撒瑪利亞國之稱。
015	7:17	亞述	Assyria	0488	賽圖二	NO45	此時已征服中亞各國，722BC 滅了以色列國。
016	7:18	埃及	Egypt	0835-1	賽圖二	L67	即今之埃及，但國土較小，當時是強國之一。
017	8:6	西羅亞	Siloah	0330-1	尼圖一		在耶布斯城的南角的一個水池和水道。
018	8:7	大河	River	0004	賽圖二	NP36	即今之幼發拉底河，是兩河流域西側的一條。
019	9:1	西布倫地	Zubulun	0319	賽圖一	H3	約是基順河以北，耶斯列平原之西半和部份加利利山地。
020	9:1	拿弗他利	Naphtali	0854	賽圖一	HJ23	約是加利利湖及約但河西，基設以東的山地。
021	9:1	約但河外	Jordan	0768	賽圖一	JK35	位於約但河之東，是亞述帝國之一省，約等於基列地。
022	9:1	加利利	Galilee	0171	賽圖一	HJ23	是亞述帝國之一省，約等於拿弗他利地。常受外敵入侵。
023	9:4	米甸	Midian	0264	賽圖二	M6	亞拉伯半島的西部，阿卡巴灣東岸的地區。
024	9:21	瑪拿西(東)	Manasseh	1092-1	賽圖一	JK24	大約是巴珊地和雅博河以北的山地。
	9:21	瑪拿西(西)	Manasseh	1092-2	賽圖一	GH4	大約是基順河和加拿河間之地。
025	10:9	迦勒挪	Calno	0810	賽圖二	O5	
026	10:9	迦基米施	Carchemish	0817	賽圖二	N4	
027	10:9	哈馬	Hamath	0700	賽圖二	M5	以哈馬城為首府的地區。
028	10:9	亞珥拔	Arpad	0546	賽圖二	M4	
029	10:26	俄立	Oreb	0685	賽圖一	??	位置不明，應該是在約但河之東的地區。
030	10:28	亞葉	Aiath	0505	賽圖三	H5	
031	10:28	米磯崙	Migron	0289-2	賽圖三	H5	
032	10:28	密抹	Michmash	0967	賽圖三	H5	
033	10:29	迦巴	Geba	0792	賽圖三	H5	

地名索引

編號	經節	中文地名	英文地名	詳解編號	圖號	地圖位置	備註
034	10:29	拉瑪	Ramah	0641-2	賽圖三	H5	
035	10:29	基比亞	Gibeah	0941	賽圖三	H5	
036	10:30	迦琳	Gallim	0803	賽圖三	H5	
037	10:30	萊煞	Laishah	1018	賽圖三	H5	
038	10:30	亞拿突	Anathoth	0544	賽圖三	H5	
039	10:31	瑪得米那	Madmenah	1100	賽圖三	??	在耶路撒冷之北，但確實位置不明。
040	10:31	基柄	Gebim	0910	賽圖三	??	在耶路撒冷之北，但確實位置不明。
041	10:32	挪伯	Nob	0859	賽圖三	H5	
042	10:34	利巴嫩	Lebanon	0411-1	賽圖一	HJ12	同賽 008。
043	11:11	巴忒羅	Pathros	0041	賽圖二	L67	尼羅河中的一段，係自底比斯到挪弗。
044	11:11	古實	Ethiopia	0185-3	賽圖二	L7	埃及以南之地區，約等於今日的蘇丹。
045	11:11	以攔	Elam	0127	賽圖二	P5	波斯灣以北，底格里斯河下游東北方的平原及山區。
046	11:11	示拿	Shinar	0212	賽圖二	O56	即是巴比倫和迦勒底。同賽055。
047	11:11	哈馬	Hamath	0700	賽圖二	M5	
048	11:13	以法蓮	Ephraim	0142-3	賽圖一	GH45	同賽 012。
049	11:14	非利士	Philistina	0676-1	賽圖一	FG56	約帕以南沿海平原中之居民，長期與以色列人為敵。
050	11:14	以東	Edom	0111	賽圖二	M6	死海及阿卡巴灣間之地區，多屬不毛之曠野。
051	11:14	摩押	Moab	1112-1	賽圖二	M6	死海以東，亞嫩河及撒烈溪間之地。
052	11:14	亞捫	Ammonites	0494	賽圖二	M5	基列以東，希實本及巴珊間之地區。
053	11:15	埃及海汊	Egyptian sea	0835-1	賽圖二	LM6	即是埃及和西乃半島中間的紅海或蘇伊士灣。
054	11:15	大河	River	0004	賽圖二	NP36	同賽018。
055	13:1	巴比倫	Babylon	0038	賽圖二	O56	兩河流域南部，以巴比倫為中心，當時是亞述的一個省。
056	13:12	俄斐	Ophir	0686	賽圖二	??	位置不明，多認為是在紅海邊、葉門附近或更遠之處。
057	13:17	瑪代	Medes	1074-2	賽圖二	OP45	裡海和底格里斯河間之地，是古代中亞的一個大國。
058	13:19	迦勒底	Chaldeans	0811	賽圖二	O56	波斯灣西岸，兩河流域南部之地區，此處代表巴比倫。
059	13:19	所多瑪	Sodom	0624	賽圖一	H5?	
060	13:19	蛾摩拉	Gomorrah	1046	賽圖一	H5?	
061	13:20	亞拉伯	Arab	0535	賽圖二	MN56	舊約中的亞拉伯僅代表今日阿拉伯半島的西北部。
062	14:25	亞述	Assyrian	0488	賽圖二	NO45	同賽015。
063	15:1	摩押	Moab	1112-1	賽圖四	全	此時可能已擴張到了雅謝以北的地區。
064	15:1	亞珥	Ar	0493	賽圖四	J6	
065	15:1	基珥	Kir	0912	賽圖四	J6	即是吉珥哈列設。
066	15:2	巴益	Bayith	0034	賽圖四	??	位置不明。
067	15:2	底本	Dibon	0612-1	賽圖四	J6	
068	15:2	尼波	Nebo	0187-2	賽圖四	J5	
069	15:2	米底巴	Medeba	0279	賽圖四	J5	
070	15:4	希實本	Heshbon	0445	賽圖四	J5	
071	15:4	以利亞利	Elealeh	0154	賽圖四	J5	
072	15:4	雅雜	Jahaz	1026	賽圖四	J5	
073	15:5	瑣珥	Zoar	1069	賽圖四	H6	
074	15:5	伊基拉	Eglath	0229	賽圖四	??	位置不明，應是在摩押的境內。
075	15:5	施利施亞	Shelishiyah	0745	賽圖四	??	位置不明，應是在摩押的境內。
076	15:5	魯希坡	Luhith	1145	賽圖四	??	位置不明，可能是在拉巴及瑣珥之間的一個小山城。
077	15:5	何羅念	Horonaim	0396	賽圖四	J6?	

編號	經節	中文地名	英文地名	詳解編號	圖號	地圖位置	備註
078	15:6	寧林河	Nimrim	1059	賽圖四	J5	約但河東側的一個支流，入口處在死海以北約13公里。
079	15:7	柳樹河	Brook of Willow	0747	賽圖四	??	位置不明，可能在撒烈溪附近。
080	15:8	以基蓮	Eglaim	0146	賽圖四	??	位置不明，應是在摩押的境內。
081	15:8	比珥以琳	Beer-elim	0087	賽圖四	??	位置不明，應是在摩押極北的邊境上。
082	15:9	底們	Dimon	0615	賽圖四	??	位置不明，應是在摩押的境內。
083	16:1	西拉	Sela	0306-2	賽圖二	M6	
084	16:1	曠野	Wilderness		賽圖二	M6	從以東到耶路撒冷，中間有巴蘭、汛、猶大、南地等曠野。
085	16:1	錫安	Zion	1147	賽圖一	H5	同賽 004。
086	16:2	亞嫩河	Arnon	0509	賽圖四	J56	死海以東的一條主要河流。
087	16:7	吉珥哈列設	Kir-hareseth	0250	賽圖四	J6	
088	16:8	西比瑪	Sibmah	0317	賽圖四	J6	
089	16:8	雅謝	Jazer	1025-1	賽圖四	J4	
090	16:8	鹽海	Dead sea	1180	賽圖一	HJ56	即是今日的死海，又名亞拉巴海，低於海平面約400公尺。
091	17:1	大馬色	Damascus	0010	賽圖一	K1	
092	17:2	亞羅珥	Aroer	0565-4	賽圖一	??	位置不明，應是在大馬色的附近。
093	17:3	以法蓮	Ephraim	0142-3	賽圖一	GH45	同賽 012。
094	17:3	亞蘭	Aram	0514	賽圖二	M5	大馬色間幼發拉底河之間的地區。
095	17:5	利乏音	Rephaim	0413-2	賽圖二	H5	位於耶路撒冷城的西南的一條谷地。
096	18:1	古實河	The river of Ethiopia	0185-4	賽圖二	L67	即是尼羅河。
097	19:1	埃及	Egypt	0835-1	賽圖二	L6	同賽 016。
098	19:7	尼羅河	Nile	0191	賽圖二	L67	非洲最長的河流，河水定期泛濫，帶來沃土，極利於農作。
099	19:11	瑣安	Zoan	1066-1	賽圖二	L6	
100	19:13	挪弗	Memphis	0858	賽圖二	L6	
101	19:17	猶大地	Judah	1010	賽圖二	L56	此或是指猶大人在埃及居留之地，有五座城在巴忒羅。
102	19:18	迦南方言	Canaan	0797	賽圖一	未繪	即是猶大語言，包括希伯來文和亞蘭文。
103	19:23	亞述	Assyria	0488	賽圖二	NO45	同賽 015。
104	20:1	亞實突	Ashdod	0556	賽圖一	G5	當時是埃及的附庸。
105	20:3	埃及	Egypt	0835-1	賽圖二	L6	671BC亞述攻克埃及，並佔領十九年之久。
106	20:3	古實	Ethiopia	0185-3	賽圖二	L7	同賽 044。
107	21:2	以攔	Elam	0127	賽圖二	P56	同賽 045。當時是亞述的一個省。
108	21:2	瑪代	Medes	1074-2	賽圖二	OP45	同賽 057。
109	21:9	巴比倫	Babylon	0038	賽圖二	O56	同賽 055。
110	21:11	度瑪	Dumah	0740-2	賽圖二	N6	是以度瑪城為中心的一個綠洲。
111	21:11	西珥	Seir	0311-1	賽圖二	M6	亞拉巴谷以東的山脈，自死海南端起向南延到阿卡巴灣。
112	21:13	亞拉伯	Arabia	0535	賽圖二	MN56	舊約中的亞拉伯僅指今日阿拉伯半島的西北部。
113	21:13	底但	Dedan	0614-1	賽圖二	M6	大約是阿拉伯半島西北部，靠紅海東岸的地區。
114	21:14	提瑪	Tema	0997	賽圖二	N6	是以提瑪城為中心的一個綠洲。
115	21:16	基達	Kedar	0924	賽圖二	M6?	可能是亞捫和摩押以東之沙漠地區。
116	22:1	異象谷	V. of Vision	0978	賽圖一	H5	可能是指耶路撒冷，因有眾山環繞。
117	22:6	吉珥	Kir	0248	賽圖二	??	位置不明，應該是在巴比倫南部某一地。
119	22:9	大衛城	City of David	0012-1	賽圖一	H5	即是耶路撒冷城。
120	22:10	耶路撒冷	Jerusalem	0790	賽圖一	H5	是南國的首都和宗教中心。
121	23:1	推羅	Tyre	0973	賽圖一	H2	此預言在約兩百年後應驗。
122	23:1	他施	Tarshish	0095	創圖二	D1?	係指當時最西邊，也是最遠的地方。

地名索引

編號	經節	中文地名	英文地名	詳解編號	圖號	地圖位置	備註
123	23:1	基提地	Kittim	0920	賽圖二	LM5	即是現今的塞浦路斯島，位於地中海的東邊。
124	23:2	西頓	Sidon	0315	賽圖一	H1	腓尼基的一個主要港口大城，有時表示腓尼基。
125	23:3	西曷	Shihor	0308-2	賽圖二	??	可能是尼羅河以東的某一條運河。
126	23:3	尼羅河	Nile	0191	賽圖二	L67	同賽 098。
127	23:11	迦南	Canaan	0797	賽圖一	全	即以色列地，約是推羅以南，地中海東岸之地。
128	23:13	迦勒底	Chaldean	0811	賽圖二	O56	即是巴比倫，同賽055。
129	24:23	錫安	Zion	1147	賽圖一	H5	同賽 004。
130	25:10	摩押	Moab	1112-1	賽圖四	全	同賽 051。
131	27:12	以色列人	Israelites	0131-1	賽圖一	未繪	同賽 004。
132	27:12	大河	River	0004	賽圖二	NP36	同賽 018。
133	27:12	埃及小河	W. of Egypt	0835-2	賽圖二	M6	西乃半島東北的一條旱溪。
134	28:1	以法蓮	Ephraim	0142-4	賽圖一	GH45	同賽 012，此指北國。
135	28:21	毘拉心	Perazim	0762	賽圖一	H5	大衛在此兩度擊敗非利士人。
136	28:21	基遍谷	Gibeon	0922-2	賽圖一	??	位置不明，可能就是在基遍城的附近。
137	29:1	亞利伊勒	Ariel	0574	賽圖一	H5	是耶路撒冷城的別稱。
138	29:17	利巴嫩	Lebanon	0411-1	賽圖一	HJ12	同賽 008。
139	30:2	埃及	Egypt	0835-1	賽圖二	L6	同賽 016。
140	30:4	瑣安	Zoan	1066-1	賽圖二	L6	同賽 099。
141	30:4	哈內斯	Hanes	0708	賽圖二	L6	
142	30:7	拉哈伯	Rahab	0635	賽圖二	L6	拉哈伯是神話中的海怪，代表埃及。
143	30:33	陀斐特	Topheth	0674	賽圖一	??	耶路撒冷城外欣嫩谷側之一高處，但詳細位置不明。
144	33:9	沙崙	Sharon	0460-1	賽圖一	G34	迦密山西南麓至約帕之間的沿海平原地區。
145	33:9	巴珊	Bashan	0032-1	賽圖一	JK23	同賽 009。
146	33:9	迦密	Carmel	0802-2	賽圖一	GH3	山脈起自亞柯灣之南，向東南延伸至與中央山脈連接。
147	34:5	以東	Edom	0111	賽圖二	M6	同賽 050。
148	34:6	波斯拉	Bozrah	0660-1	賽圖二	M6	
149	36:1	亞述	Assyria	0488	賽圖二	NO45	
150	36:1	猶大	Judah	1010	賽圖一	GH56	此處指伯特利以南，以耶路撒冷爲首都的南國。
151	36:2	拉吉	Lachish	0637	賽圖一	G5	
152	36:11	亞蘭語	Aramaic	0514	賽圖二	未繪	亞蘭文和亞蘭話是當時國際通用的語言。
153	36:19	哈馬	Hamath	0700	賽圖二	M5	
154	36:19	亞珥拔	Arpad	0546	賽圖二	M4	
155	36:19	西法瓦音	Sephavaim	0331	賽圖二	M5	
156	36:19	撒瑪利亞	Samaria	1142	賽圖一	H4	
157	37:8	立拿	Libnah	0222-2	賽圖一	G5	
158	37:9	古實	Ethiopia	0185-3	賽圖二	L67	同賽 044。
159	37:12	歌散	Gozan	1104	賽圖二	N4	
160	37:12	哈蘭	Haran	0706	賽圖二	N4	
161	37:12	利色	Rezeph	0402	賽圖二	N5	
162	37:12	提拉撒	Tel Assar	1002	賽圖二	N4	
163	37:12	伊甸人	Eden	0225-2	賽圖二	N4	是當時哈蘭地區的一個甚小而且短暫的亞蘭王國。
164	37:13	希拿	Hena	0433	賽圖二	N5	
165	37:13	以瓦	Ivvah	0108	賽圖二	??	位置不明。
166	37:24	利巴嫩	Lebanon	0411-1	賽圖二	M5	同賽 008。

編號	經節	中文地名	英文地名	詳解編號	圖號	地圖位置	備註
167	37:37	尼尼微	Nineveh	0194	賽圖二	O4	此時是亞述帝國的首都。
168	37:38	亞拉臘地	Ararat	0537-2	賽圖二	NO34	位於土耳其的東方邊境，亞拉臘山四週之地。
169	39:1	巴比倫	Babylon	0038-2	賽圖二	O56	同賽055。
170	42:11	基達	Kedar	0924	賽圖二	M56	同賽115。
171	42:11	西拉	Sela	0306-2	賽圖二	M6	
172	43:3	西巴	Seba	0303	創圖二	H4	阿拉伯半島的西南角，約是葉門的西部。
173	43:14	迦勒底	Chaldean	0811	賽圖二	O56	同賽058。
174	49:12	秦國	Sinim	0889	賽圖二	??	可能是色弗尼。
175	49:12	希尼	Sinim	0430	賽圖二	??	即是秦國，可能是色弗尼。
176	51:3	伊甸	Eden	0225-1	創圖二	??	位置無法確定，在傳統上認為是在兩河流域某處。
177	52:4	亞述	Assyria	0488	賽圖二	NO45	同賽015。
178	60:6	米甸	Midian	0264	賽圖二	M6	同賽023。
179	60:6	以法	Ephah	0114	賽圖二	??	位置不明。
180	60:6	示巴	Sheba	0210-2	創圖二	G4?	可能是在白尼羅河及藍尼羅河之間。
181	60:7	尼拜約	Nebaioth	0197	賽圖二	M6	可能是在以東的東側之地區。
182	60:9	他施	Tarshish	0095	創圖二	D1?	同賽010。
183	63:1	以東	Edom	0111	賽圖二	M6	同賽050。
184	63:1	波斯拉	Bozrah	0660-1	賽圖二	M6	
185	65:10	沙崙平原	Sharon	0460-1	賽圖一	G34	同賽144。
186	65:10	亞割谷	V. of Achor	0500-1	賽圖一	H5?	可能是在耶利哥以北約2公里處。
187	66:19	普勒	Pul	1041	賽圖二	??	位置不明，似為一非洲的民族，也甚可能是弗Put之誤。
188	66:19	路德	Lud	1056	耶圖二	F2	土耳其西部沿海地區，是閃族在西亞惟一的一支。
189	66:19	土巴	Tubal	0013	賽圖二	F5	約是土耳其的中南部地區。
190	66:19	雅完	Javan	1021	耶圖二	C45	約是希臘半島和愛奧尼亞群島。

耶利米書

編號	經節	中文地名	英文地名	詳解編號	圖號	地圖位置	備註
001	1:1	便雅憫	Benjamin	0684	耶圖一	H5	約略是在伯特利及耶路撒冷之間。
002	1:1	亞拿突	Anathoth	0544	耶圖一	H5	利未人的城。
003	1:2	猶大	Judah	1010	耶圖一	GH56	分裂後的南國，領土約是在伯特利以南之地。
004	1:3	耶路撒冷	Jerusalem	0790	耶圖一	H5	猶大國政治和宗教的中心。
005	2:3	以色列	Israel	0131-1	耶圖一	HJ24	有時代表全部十二支派之人，有時指分裂後的北國，其領土約是伯特利以北及河東，早在722 BC已被亞述所滅。
006	2:6	埃及	Egypt	0835-1	耶圖二	E68	當日之疆土較小，南方只到亞斯旺為止。
007	2:10	基提	Kittim	0920	耶圖二	E56	即今之塞浦路斯島，位於地中海的東邊。
008	2:10	基達	Kedar	0924	耶圖二	F6?	可能是亞捫和以東之東，亞拉伯的東北部。
009	2:16	挪弗	Noph	0858	耶圖二	E7	
010	2:16	答比匿	Tahpanhes	1014	耶圖二	E6	
011	2:18	西曷	Shihor	0308-2	耶圖二	E68?	可能是指尼羅河，或其東側的一個支流。
012	2:18	亞述	Assyria	0488	耶圖二	G5	原是以尼尼微為首都的一個古國，現之國土則已擴張東從波斯灣直到埃及。已於612BC被巴比倫所滅。
013	2:18	大河	River	0004	耶圖二	FH56	即幼發拉底河，是兩河流域西側的一條，長約2300公里。
014	3:2	亞拉伯	Arab	0535	耶圖二	FH67	今阿拉伯半島西北部，即迦南地東邊的沙漠地區。

編號	經節	中文地名	英文地名	詳解編號	圖號	地圖位置	備註
015	3:14	錫安	Zion	1147	耶圖一	H5	即是耶路撒冷城。
016	4:15	但	Dan	0385-2	耶圖一	J2	
017	4:15	以法蓮山	Ephraim	0142-6	耶圖一	H45	約是指從示劍往南伸展到伯特利的山脈。
018	6:1	提哥亞	Tekoa	1003	耶圖一	H5	
019	6:1	伯哈基琳	Beth-haccherem	0375	耶圖一	H5	
020	6:20	示巴	Shebah	0210-2	創圖二	H4	約是在阿拉伯半島的西南角，即現今的葉門。
021	7:12	示羅	Shiloh	0217	耶圖一	H4	
022	7:31	欣嫩子谷	Ben-hinnom	0653	耶圖一	H5	位於耶路撒冷城之西南兩側的很深的谷地。
023	7:31	陀斐特	Topheth	0674	耶圖一	未繪	是欣嫩谷南段或其間一段。
024	8:22	基列	Gilead	0904-1	耶圖一	J35	約但河東，希實本及巴珊間之山地。
025	9:26	以東	Edom	0111	耶圖二	EF67	死海及阿卡巴灣間之山地，多為不毛。
026	9:26	亞捫	Ammon	0494	耶圖二	F6	基列以東，巴珊及希實本間之地。
027	9:26	摩押	Moab	1112-1	耶圖二	F6	原僅佔有亞嫩河及撒烈溪間之地，現已擴張到雅謝地區。
028	10:9	他施	Tarshish	0095	創圖二	D1	可能是今西班牙的南部。
029	10:9	烏法	Uphaz	0876	耶圖二	??	位置不明。
030	11:21	亞拿突人	Anathoth	0544	耶圖一	H5	指住在亞拿突的利未人。
031	12:5	約但河	Jardan	0768	耶圖一	J25	
032	13:4	伯拉河	Perath	0335	耶圖二	FH56	即幼發拉底河，是兩河流域西側的一條，長約2300公里。
033	13:23	古實	Ethiopian	0185-3	耶圖二	E8	大約是今日的蘇丹，位於埃及的亞斯旺以南。
034	18:14	利巴嫩	Lebanon	0411-1	耶圖二	F6	即今之黎巴嫩山脈和其西之沿海之地。
035	20:4	巴比倫	Babylon	0038-2	耶圖二	GH6	當時已滅了亞述，佔領了亞述所有的土地。
036	21:4	迦勒底	Chaldeans	0811	耶圖二	GH6	常用來代表巴比倫。
037	22:20	巴珊	Bashan	0032-1	耶圖一	JK23	加利利湖以東，雅木河以北之高原。盛產小麥和牛羊。
038	22:20	亞巴琳	Abarim	0519	耶圖一	J5	死海東北岸的一片陡峭坡地，有若山脈，其間有尼波山。
039	23:13	撒瑪利亞	Samaria	1142	耶圖一	H4	城之四週稱撒瑪利亞地，北國亦稱撒瑪利亞國。
040	23:14	所多瑪	Sodom	0624	耶圖一	H6?	是一已湮沒了的古城，大約位於死海的南部。
041	23:14	蛾摩拉	Gomorrah	1046	耶圖一	H6?	是一已湮沒了的古城，大約位於死海的南部。
042	25:20	烏斯	Uz	0878-3	耶圖二	F6?	可能是亞拉伯中部，靠近麥地那綠洲。
043	25:20	非利士	Philistia	0676-1	耶圖二	G56	約是約帕以南的沿海平原，有五個主要的城市。
044	25:20	亞實基倫	Ashkelon	0586	耶圖一	G5	
045	25:20	迦薩	Gaza	0806	耶圖一	F6	
046	25:20	以革倫	Ekron	0143	耶圖一	G5	
047	25:20	亞實突	Ashdod	0556	耶圖一	G5	
048	25:22	推羅	Tyre	0973	耶圖二	F6	
049	25:22	西頓	Sidon	0315	耶圖二	F6	
050	25:23	底但	Dedan	0614-1	耶圖二	F7	約是阿拉伯半島的西北部，靠近紅海東岸的地區。
051	25:23	提瑪	Tema	0997	耶圖二	F7	
052	25:23	布斯	Buz	0203	耶圖二	F7?	可能是阿拉伯半島的西北部，度瑪和提瑪間之地。
053	25:24	亞拉伯	Arabia	0535	耶圖二	FG67	同耶 014。
054	25:25	心利	Zimri	0018	耶圖二	??	位置不明，可能是阿拉伯沙漠中的一個部落。
055	25:25	以攔	Elam	0127	耶圖二	H6	波斯灣以北，底格里斯河下游東北方的平原和山區。
056	25:25	瑪代	Media	1074	耶圖二	H56	裡海和底格里斯河間之地，是古代中亞的一個古強國。
057	25:26	示沙克	Sheshach	0221	耶圖二	GH6	即是巴比倫，是被擄的猶大人稱巴比倫的一種暗語。
058	26:6	示羅	Shiloh	0217	耶圖一	H4	

編號	經節	中文地名	英文地名	詳解編號	圖號	地圖位置	備註
059	26:18	摩利沙	Morasthite	1117	耶圖一	G5	
060	26:18	錫安	Zion	1147	耶圖一	H5	同耶 015。
061	26:18	耶路撒冷	Jerusalem	0790	耶圖一	H5	
062	26:20	基列耶琳	Kirjath-jearim	0954	耶圖一	H5	
063	26:21	埃及	Egypt	0835-1	耶圖二	E67	同耶 006。
064	27:6	巴比倫	Babylon	0038-2	耶圖二	GH6	此時已兩次擄掠耶路撒冷，希底家是其傀儡王。
065	28:1	基遍人	Gibean	0922-1		H5	
066	29:24	尼希蘭人	Nehelamite	0195	耶圖一	??	其地名無可考，亦可能是一個族名。
067	29:27	亞拿突	Anathoth	0544		H5	
068	31:5	撒瑪利亞	Samaria	1142	耶圖一	H4	同耶 039。
069	31:6	以法蓮山	Ephraim	0142-6	耶圖一	H45	同耶 017。
070	31:15	拉瑪	Ramah	0641-2	耶圖二	H5	
071	31:39	迦立山	Gareb	0794	耶圖一	H5?	是預言中將來耶路撒冷疆界上之一座山，位置不明。
072	31:39	歌亞	Goah	1102	耶圖一	??	是預言中將來耶路撒冷疆界上之一地，但位置不明。
073	31:40	汲淪溪	Kidron	0471	王上一		耶路撒冷城東的一條深谷。
074	32:04	迦勒底	Chaldean	0811	耶圖二	GH6	同耶 036。
075	32:35	欣嫩子谷	Ben-hinnom	0457	耶圖一	H5	同耶 022。
076	34:7	拉吉	Lashish	0637	耶圖一	G5	
077	34:7	亞西加	Azekah	0528	耶圖一	G5	
079	35:11	亞蘭	Arameam	0514	耶圖二	F56	大馬色地和幼發拉底河間之地區。
080	38:7	古實	Ethiopian	0185-3	耶圖二	E8	同耶 033。
081	39:4	亞拉巴	Arabah	0536	耶圖二	J35	即是約但河谷，此處指死海以北的一段。
082	39:5	耶利哥平原	P.of Jericho	0785	耶圖一	HJ5	耶利哥和約但河西岸的一片平原，長約10公里。
083	39:5	哈馬地	Hamath	0700	耶圖二	F56	哈馬城所屬之地區。
084	39:5	利比拉	Riblah	0412-2	耶圖二	F6	
085	40:6	米斯巴	Mizpah	0285-4	耶圖一	H5	
086	40:8	尼陀法	Netophathite	0196	耶圖一	H5	
087	40:8	瑪迦	Maachathite	1079	耶圖一	J2	在呼勒湖東的一個獨立小王國。
088	40:11	摩押	Moab	1112-1	耶圖二	J6	同耶 027。
089	40:11	亞捫	Ammon	0494	耶圖二	J45	同耶 026。
090	40:11	以東	Edom	0111	耶圖二	EF67	同耶 025。
091	41:5	示劍	Shechem	0216	耶圖一	H4	
092	41:5	示羅	Shiloh	0217	耶圖一	H4	
093	41:5	撒瑪利亞	Samaria	1142	耶圖一	H4	同耶 039。
094	41:12	基遍	Gibeon	0922-1	耶圖一	H5	
095	41:17	伯利恆	Bethlehem	0349-1	耶圖一	H5	
096	43:7	埃及	Egypt	0835-1	耶圖二	E67	同耶 006。
097	43:7	答比匿	Tahpanhes	1014	耶圖二	E6	同耶 010。
098	43:13	伯示麥	Beth-shemesh	0344-4	耶圖二	E6	
099	44:1	密奪	Migdol	0968-2	耶圖二	E6?	
100	44:1	挪弗	Noph	0858	耶圖二	E7	同耶 009。
101	44:1	巴忒羅	Pathro	0041	耶圖二	E7	即是古時的上埃及，指尼羅河自開羅至亞斯旺間之地。
102	46:2	伯拉河	Euphrates	0335	耶圖二	FH56	同耶 032。
103	46:2	迦基米施	Carchemish	0817	耶圖二	F5	

編號	經節	中文地名	英文地名	詳解編號	圖號	地圖位置	備註
104	46:7	尼羅河	Nile	0191	耶圖二	F68	非洲最長的河流，河水定期泛濫，帶來沃土，極利於農作。
105	46:9	古實	Ethiopian	0185-3	耶圖二	E8	同耶033。
106	46:9	弗	Put	0260	耶圖二	D67	可能是在埃及的西北部，尼羅河三角洲的西方，今日利比亞之地。
107	46:9	呂彼亞	Lydia	0425	耶圖二	D67	即是弗
108	46:9	路德族	Lud	1056	耶圖二	C6	土耳其西部沿海地區，是閃族在西亞惟一的一支。
109	46:11	基列	Gilead	0904-1	耶圖一	J35	同耶024。
110	46:18	他泊山	Tabor	0093-1	耶圖一	H3	一個圓錐形的孤山，高出附近的地面約450公尺。
111	46:18	迦密山	Carmel	0802-2	耶圖一	GH3	起自亞柯灣之南，向東南延伸至與中央山脈連接。
112	46:25	挪	No	0856	耶圖二	E8	
113	47:1	迦薩	Gaza	0805	耶圖一	F6	同耶045。
114	47:1	非利士	Philistines	0676-1	耶圖一	FG56	同耶043。
115	47:4	推羅	Tyre	0973	耶圖一	H2	
116	47:4	西頓	Sidon	0315	耶圖二	F6	
117	47:4	迦斐託	Caphtor	0812	耶圖二	CD56	即今地中海中央之克里特島。
118	47:5	亞實基倫	Ashkelon	0586	耶圖一	G5	同耶044。
119	48:1	摩押	Moab	1112-1	賽圖四	JK56	同耶027。
120	48:1	尼波	Nebo	0187-2	賽圖四	J5	
121	48:1	基列亭	Kirjathaim	0946-1	賽圖四	J5	
122	48:1	米斯迦	Misgab	0286	賽圖四	??	位置不明，應是在摩押的境內某一高地。
123	48:2	希實本	Heshbon	0445	賽圖四	J5	
124	48:2	瑪得緬	Madmen	1093	賽圖四	J6	
125	48:3	何羅念	Horonaim	0396	賽圖四	J6?	
126	48:5	魯希坡	Luhith	1145	賽圖四	??	位置不明，可能是在拉巴及瑣珥之間。
127	48:13	伯特利	Bethel	0364	耶圖一	H5	
128	48:18	底本	Dibon	0612-1	賽圖四	J6	
129	48:19	亞羅珥	Aroer	0565-1	賽圖四	J6	
130	48:20	亞嫩河	Arnon	0509	賽圖四	JK56	死海東側的主要河流，分支廣，主流長約40公里。
131	48:21	何倫	Holon	0390-2	賽圖四	??	位置不明，應在死海以東摩押地區之內。
132	48:21	雅雜	Jahazah	1026	賽圖四	J5	
133	48:21	米法押	Mephaath	0281	賽圖四	J5	
134	48:22	伯低比拉太音	Beth-diblathaim	0382	賽圖四	J5	
135	48:23	伯迦末	Beth-gamul	0363	賽圖四	J6	
136	48:23	伯米恩	Beth-meon	0346	賽圖四	J5	
137	48:24	加略	Kerioth	0169-2	賽圖四	J5	
138	48:24	波斯拉	Bozrah	0660-2	賽圖四	J5	
139	48:31	吉珥哈列設	Kir-hareseth	0250	賽圖四	J6	
140	48:32	西比瑪	Sibmah	0317	賽圖四	J5	
141	48:32	雅謝	Jazer	1025-1	賽圖四	J4	
142	48:32	雅謝海	Sea of Jazer	1025-2	賽圖四	J4?	位置不明，可能是在雅謝城的附近。
143	48:34	以利亞利	Elealeh	0154	賽圖四	J5	
144	48:34	瑣珥	Zoar	1069	賽圖四	H6	
145	48:34	伊基拉施利施亞	Eglath-shelishiyah	0254	耶圖三	??	位置不明，應是在摩押的境內。
146	48:34	寧林河	Nimrim	1059	賽圖四	J5	約但河東側的一個支流，入口處在死海之北約12公里。

編號	經節	中文地名	英文地名	詳解編號	圖號	地圖位置	備註
147	48:46	基抹	Chemosh	0909	賽圖四	??	位置不明，應是在摩押的境內。
148	49:1	亞捫	Ammon	0494	賽圖四	J45	同耶 026。
149	49:1	迦得之地	Gad	0800	賽圖四	J5	原擁有希實本以北之地，此時雅謝以南已被摩押所佔。
150	49:2	拉巴	Rabbah	0633-1	賽圖四	J5	
151	49:3	希實本	Heshbon	0445	賽圖四	J5	
152	49:3	愛地	Ai	1040	賽圖四	J6?	似有可能是亞珥 Ar。
153	49:7	提幔	Teman	0998	耶圖二	F6	
154	49:8	底但	Dedan	0614	耶圖二	F7	同耶 050。
155	49:13	波斯拉	Bozrah	0660-1	耶圖一	M6	
156	49:18	所多瑪	Sodom	0624	耶圖一	H6?	同耶 040。
157	49:18	蛾摩拉	Gomorrah	1046	耶圖一	H6?	同耶 041。
158	49:19	約但河	Jordan	0768	耶圖一	J25	同耶 031。
159	49:21	紅海	Red Sea	0766-3	耶圖二	E7	
160	49:23	大馬色	Damascus	0010	耶圖二	F6	
161	49:23	哈馬	Hamath	0700	耶圖二	F6	同耶 083。
162	49:23	亞珥拔	Arpad	0546	耶圖二	F5	
163	49:28	巴比倫	Babylon	0038-2	耶圖二	GH6	同耶 035。
164	49:28	基達	Kedar	0924	耶圖二	F6?	同耶 008。
165	49:28	夏瑣	Hazor	0839-4	耶圖一	??	位置不明。
166	49:28	迦勒底	Chaldean	0811	耶圖二	GH6	同耶 036。
167	49:34	以攔	Elam	0127	耶圖二	H6	同耶 055。
168	50:17	亞述	Assyria	0488	耶圖二	G5	同耶 012
169	50:19	迦密山	Carmel	0802-2	耶圖一	GH3	同耶 111。
170	50:19	巴珊	Bashan	0032-1	耶圖一	J23	同耶 037。
171	50:19	以法蓮	Ephraim	0142-6	耶圖一	HJ45	同耶 017。
172	50:19	基列	Gilead	0904-1	耶圖一	J35	同耶 024。
173	50:21	米拉大翁	Merathaim	0291	耶圖二	GH6	即是當時的巴比倫帝國，係另一種稱呼。
174	50:21	比割	Pekod	0072	耶圖二	??	位置不明。
175	50:28	錫安	Zion	1142	耶圖一	H5	同耶 015。
176	51:1	立加米	Leb Kamai	0223	耶圖二	GH6	係猶大人稱迦勒底的暗語。
177	51:11	瑪代	Medes	1074	耶圖二	H56	同耶 056。
178	51:27	亞拉臘	Araret	0537-2	耶圖二	GH45	位於土耳其東北的邊境，現烏拉圖地區。
179	51:27	米尼	Minni	0263	耶圖二	G5?	今伊朗之西部，凡湖以南之地區。
180	51:27	亞實基拿	Ashkenaz	0587	耶圖二	GH4	黑海和裡海間之地區。
181	51:41	示沙克	Sheshach	0221	耶圖二	GH6	同耶 057。
182	51:63	伯拉河	Euphrates	0335	耶圖二	FH56	同耶 032。
183	52:1	立拿	Libnah	0222-2	耶圖一	G5	
184	52:7	亞拉巴	Arabah	0536	耶圖一	J45	同耶 081。
185	52:8	耶利哥平原	Jericho	0785	耶圖一	JH5	同耶 082。
186	52:9	哈馬地	Hamath	0700	耶圖一	F56	同耶 083。
187	52:9	利比拉	Riblah	0412	耶圖二	F6	同耶 084。
188	52:12	耶路撒冷	Jerusalem	0790	耶圖一	H5	同耶 034。

編號	經節	中文地名	英文地名	詳解編號	圖號	地圖位置	備註
耶利米哀歌							
001	1:3	猶大	Judah	1010	耶圖一	GH56	分裂後的南國，人民以猶大支派為主，擁有伯特利以南的土地。有時也僅指猶大支派的人或全體以色列人。
002	1:4	錫安	Zion	1147	耶圖一	H5	即是耶路撒冷城。
003	1:7	耶路撒冷	Jerusalem	0790	耶圖一	H5	是猶大國的首都和宗教中心，也代表猶大國。
004	2:2	雅各	Jacob		耶圖一		神令雅各改名以色列，故即是以色列人之另一個稱呼。
005	4:6	所多瑪	Sodom	0624	耶圖一	H5?	位置不明，可能已湮沒在死海之南部某處。
006	4:21	烏斯	Uz	0878-3	耶圖二	F6?	可能是亞拉伯中部，靠近麥地那綠洲。
007	4:21	以東	Edom	0111	耶圖二	EF67	死海及阿卡巴灣間之地區，多屬不毛之曠野。
008	5:6	埃及	Egypt	0835-1	耶圖二	E67	當日之疆土較小，南方只到亞斯旺為止。
009	5:6	亞述	Assyria	0488	耶圖二	G5	亞述於612BC被巴比倫所滅，它最早的土地現是一個省。
以西結書							
001	1:1	迦巴魯河	Chebar	0807	結圖一	GH6	可能是巴比倫城東南方的一條人工河流。
002	1:3	迦勒底	Chaldean	0811	結圖一	GH6	兩河流域南部，是巴比倫帝國的發源地，常代表巴比倫。
003	2:3	以色列人	Israel	0131-3	結圖一	未繪	此指被擄的以色列人。
004	3:15	提勒亞畢	Tel Abile	1008	結圖一	??	位置不明。應是在迦巴魯河邊某處。
005	4:1	耶路撒冷	Jerusalem	0790	結圖一	F6	
006	4:6	猶大	Judah	1010	結圖一	EF6	分裂後的南國，人民以猶大為主，擁有伯特利以南的土地。有時也僅指猶大支派的人。
007	6:14	第伯拉他	Diblath	0981	結圖一	F6?	可能即是利比拉。
008	12:13	巴比倫城	Babylon	0038-3	結圖一	G6	
009	16:3	迦南	Canaan	0797	結圖一	EF6	即是今日的巴勒斯坦，是以色列人未佔領前之名字。
010	16:3	亞摩利人	Amorites	0558	結圖一	未繪	迦南地的原住民之一。
011	16:3	赫人	Hittites	1108	結圖一	未繪	迦南地的原住民之一。
012	16:26	埃及人	Egyptians	0835-1	結圖一	E68	即今之埃及，但國土較小，南到亞斯旺為止。
013	16:27	非利士人	Philistines	0676	結圖二	G56	約帕以南沿海平原中之居民，長期與以色列人為敵。
014	16:27	亞述人	Assyrians	0488	結圖二	G5	於612BC被巴比倫所滅，它原有的土地現是一個省。
015	16:46	撒瑪利亞	Samaria	1142	結圖二	H4	北國以色列亦稱撒瑪利亞國。
016	16:46	所多瑪	Sodom	0624	耶圖一	H6?	是一已湮沒了的古城，大約位於死海的南部。
017	16:57	亞蘭	Aram	0514	結圖一	F56	大馬色和幼發拉底河之間的地區。
018	17:3	利巴嫩	Lebanon	0411-1	結圖一	F6	即今之黎巴嫩山脈和沿海平原。
019	17:12	巴比倫國	Babylon	0038-1	王下七	全	此時已滅亞述，國土從波斯灣直到埃及。
020	20:29	巴麻	Bamah	0035	結圖二	??	位置不明，可以是任何高山密林。
021	21:20	亞捫	Ammonites	0494	結圖一	F6	
022	21:20	拉巴	Rabbah	0633-1	結圖一	F6	亞捫之首都，在581BC被巴比倫攻佔。
023	23:23	比割人	Pekod	0072	結圖二	??	位置不明，可能是在底格里斯河東近海之某處。
024	23:23	書亞人	Shoa	0865-1	結圖二	G6	可能是在底格里斯河以東。
025	23:23	哥亞人	Koa	0830	結圖二	??	位置不明，可能是在巴比倫的北部之某地。
026	25:8	摩押人	Moab	1112-1	結圖一	F6	死海以東，亞嫩河及撒烈溪間之地。
027	25:8	西珥人	Seir	0311	結圖一	F67	即是以東人，死海及阿卡巴灣間之地區。
028	25:9	伯耶西末	Beth-jeshimoth	0377	結圖二	J5	
029	25:9	巴力免	Baal-meon	0037	結圖二	J5	

編號	經節	中文地名	英文地名	詳解編號	圖號	地圖位置	備註
030	25:9	基列亭	Kirjathaim	0946-1	結圖二	J5	
031	25:12	以東	Edom	0111	結圖一	EF67	死海及阿卡巴灣間之地區，多屬不毛之曠野。
032	25:13	提幔	Teman	0998	結圖一	F7	
033	25:13	底但	Dedan	0614-2	結圖一	F7	位置不明，應是在以東地內。
034	25:15	非利士人	Philistines	0676	結圖二	G56	同結 013。
035	25:15	基利提	Kerethites	0945	結圖二	??	位置不明，可能是迦特附近的一個民族。
036	26:2	推羅	Tyre	0973	結圖一	F6	
037	27:5	示尼珥	Senir	0219	結圖一	F6	即是黑門山。
038	27:6	巴珊	Bashan	0032-1	結圖一	F6	加利利湖以東，雅木河以北之高原，盛產小麥和牛羊。
039	27:6	基提	Kittim	0920	結圖一	E56	即是現今的塞浦路斯島，位於地中海的東邊。
040	27:7	以利沙	Elishah	0135-2	結圖一	E56	可能是指今日的意大利南部至迦太基，或是現今的塞浦路斯島。
041	27:8	西頓	Sidon	0315	結圖一	F6	
042	27:8	亞發	Arvad	0506	結圖一	F6	
043	27:9	迦巴勒	Gebal	0806-1	結圖一	F6	
044	27:10	波斯	Persia	0658	結圖一	HJ67	位於波斯灣以東之地。
045	27:10	路德	Lydia	1056	結圖一	D5	土耳其西部沿海地區，是閃族在西亞惟一的一支。
046	27:10	弗	Put	0260	結圖一	CD67	可能是在埃及的西北部，尼羅河三角洲的西方。
047	27:12	他施	Tarshish	0095	創圖二	D1?	位置不能明確認定，多認為是西班牙的南部。
048	27:13	雅完	Javan	1021	結圖一	C5	約是希臘半島和愛奧尼亞群島。
049	27:13	土巴	Tubal	0013	結圖一	F5	約是土耳其的中南部地區。
050	27:13	米設	Meshech	0269	結圖一	E5	大約是土耳其的中部，靠近地中海北岸的地區。
051	27:14	陀迦瑪	Togarmah	0673	結圖一	G45	大約是黑海的東南岸，凡湖以北的地區。
052	27:15	底但	Dedan	0614-3	結圖一	D5?	此處似指土耳其西南角的羅底小島。
053	27:16	亞蘭	Aram	0514	結圖一	F56	同結 017。
054	27:17	米匿	Minnith	0268	結圖二	J4?	
055	27:18	大馬色	Damascus	0010	結圖一	F6	
056	27:18	黑本	Helbon	1036	結圖一	F6	
057	27:19	威但	Vedan	0738	結圖一	??	位置無從查考，可能是在以東地。
058	27:21	亞拉伯	Arabia	0535	結圖一	FH6	舊約中的亞拉伯僅代表今日阿拉伯半島的西北部。
059	27:21	基達	Kedar	0924	結圖一	F6	可能是基押和以東之東，亞拉伯的東北部。
060	27:22	示巴	Shebah	0210-1	創圖二	H4	位於阿拉伯半島的西南角，即現今的葉門。
061	27:22	拉瑪	Raamah	0641-1	創圖二	J3	約是亞拉伯半島的東南角，即今日阿曼的東部。
062	27:23	哈蘭	Haran	0706	結圖一	F5	
063	27:23	干尼	Canneh	0014	結圖一	H6?	可能即是寧錄所建的四城中的甲尼城。
064	27:23	伊甸	Eden	0225-3	結圖一	??	位置不明，可能是在葉門西南方的海岸。
065	27:23	亞述	Asshur	0488	結圖一	G5	同結 014。
066	27:23	基抹	Kilmad	0909-2	結圖二	??	位置不明，應是在摩押之境內。
067	28:13	伊甸	Eden	0225-1	創圖二	??	位置不明，傳統上認為是在兩河流域的上游或是下游。
068	27:07	埃及	Egypt	0835-1	結圖一	E67	586BC巴比倫征服埃及，把人擄去，四十年後才放回。
069	29:10	色弗尼	Syene	0298	結圖一	E8	
070	29:10	古實	Ethiopia	0185-3	結圖一	E8	略為今之蘇丹。
071	29:14	巴忒羅	Pathros	0041	結圖一	E78	尼羅河中的一段，自色弗尼到挪弗，同上埃及。
072	29:18	推羅	Tyre	0973	結圖一	F6	585BC巴比倫攻打推羅十三年，但無功而退。

編號	經節	中文地名	英文地名	詳解編號	圖號	地圖位置	備註
073	30:5	弗	Put	0260	結圖一	CD67	同結 047。
074	30:5	路德	Lydia	1056	結圖一	D5	同結 046
075	30:5	古巴	Chub	0181	結圖一	??	可能是尼羅河三角洲以西到利比亞之地區。
076	30:13	挪弗	Noph	0858	結圖一	E7	
077	30:14	瑣安	Zaon	1066-1	結圖一	E6	
078	30:14	挪	No	0856	結圖一	E8	即底比斯。
079	30:14	訓	Sin	0890	結圖一	E6	
080	30:17	亞文	Aven	0477-2	結圖一	E6	即安城。
081	30:17	比伯實	Bubastis	0079	結圖一	E6	
082	30:18	答比匿	Tahpanhes	1014	結圖一	E6	
083	31:3	亞述	Assyria	0488	結圖一	G5	同結 014。
084	31:3	利巴嫩	Lebanon	0411-1	結圖一	F6	同結 018。
085	31:9	伊甸	Eden	0225-1	創圖一	??	位置不明，傳統上認為是在兩河流域的上游或是下游。
086	32:2	埃及	Egypt	0835-1	結圖一	E68	同結 012。
087	32:11	巴比倫	Babylon	0038-1	結圖一	GH6	同結 019。
088	32:24	以攔	Elam	0127-1	結圖一	H6	波斯灣以北，底格里斯河下游東北方的平原和山區。
089	32:26	米設	Meshech	0269	結圖一	E5	同結 050。
090	32:26	土巴	Tubal	0013	結圖一	F5	同結 049。
091	32:29	以東	Edom	0111	結圖一	EF67	同結 031。
092	32:30	西頓	Sidon	0315	結圖一	F6	
093	33:21	耶路撒冷	Jerusalem	0790	結圖一	F6	
094	35:2	西珥	Seir	0311	結圖一	EF67	同結 027。
095	36:35	伊甸	Eden	0225-1	創圖一	??	位置不明，傳統上認為是在兩河流域的上游或是下游。
096	38:2	瑪各	Magog	1075	創圖二	H1	約是裡海及高加索山脈以北的地區。
097	38:2	羅施	Rosh	1170	結圖一	??	位置不明。
098	38:5	古實	Ethiopia	0185-3	結圖一	E8	同結 070。
099	38:6	歌篾	Gomer	1105	創圖二	G1	約是黑海及高加索山脈以北的地區。
100	38:6	陀迦瑪	Togarmah	0673	結圖一	G45	同結 051。
101	38:13	示巴	Sheba	0210-1	創圖一	H4	同結 060。
102	38:13	底但	Dedan	0614-1	結圖一	F7	約是亞拉伯半島的西北部，靠近紅海的東岸地區。
103	38:13	他施	Tarshish	0095	創圖二	D1	同結 047。
104	39:11	哈們歌革	Hamon-gog	0723	結圖一	??	位置不明。
105	39:16	哈摩那	Hamonah	0721	結圖一	??	位置不明。
106	39:18	巴珊	Bashan	0032-1	結圖一	F6	同結 038。
107	43:3	迦巴魯河	Chebar	0807	結圖一	GH6	同結 001。
108	43:7	錫安	Zion	1147	結圖二	H5	即耶路撒冷城。
109	47:8	亞拉巴	Arabah	0536-1	結圖二	J45	即是約但河河谷。
110	47:8	鹽海	Salt Sea	1180	結圖二	HJ56	即是死海。
111	47:10	隱基底	En-gedi	1157-1	結圖二	H6	
112	47:10	隱以革蓮	En-eglaim	1159	結圖二	H5	
113	47:15	大海	Great Sea	0005	結圖三	QS14	即是地中海。
114	47:15	希特倫	Hethlon	0443	結圖三	T1?	
115	47:15	西達達	Zedad	0329	結圖三	T1	
116	47:16	哈馬	Hamath	0700	結圖一	F6	

編號	經節	中文地名	英文地名	詳解編號	圖號	地圖位置	備註
117	47:16	比羅他	Berothah	0083-2	結圖三	T2	
118	47:16	西伯蓮	Sibraim	0322	結圖三	U1?	
119	47:16	大馬色	Damascus	0010	結圖三	T2	
120	47:16	浩蘭	Hauran	0872	結圖三	TU23	即是巴珊。
121	47:16	哈撒哈提干	Hazer-hatticon	0735	結圖三	U1	
122	47:17	哈薩以難	Hazar-enan	0726	結圖三	U1?	可能即是哈撒哈提干。
123	47:18	基列	Gilead	0904-1	結圖三	S34	約但河東，希實本及巴珊間之山地。
124	47:19	他瑪	Tamar	0097	創圖十	H7	
125	47:19	米底巴加低斯	Meribah-kadesh	0295	結圖三	R5	
126	47:19	埃及小河	Wadi of Egypt	0835-2	結圖三	QR45	西乃半島北部的一條旱溪，分支多而占地甚廣。

但以理書

編號	經節	中文地名	英文地名	詳解編號	圖號	地圖位置	備註
001	1:1	猶大	Judah	1010	但圖一	F6	即是猶大支派組成的南國，605BC 第一次被擄，在復在 586BC被巴比倫所滅。
002	1:1	巴比倫	Babylon	0038-1	但圖一	EH57	於612BC滅亞述，586BC滅猶大，成為當時第一強國。
003	1:1	耶路撒冷	Jerusalem	0790	但圖一	F6	即是今日的耶路撒冷古城，在586BC被巴比倫所毀。
004	1:2	示拿	Shinar	0212	但圖一	GH6	兩河流域的南部，是巴比倫帝國的發源地。
005	1:3	以色列人	Israelites	0131-1	但圖一	F6	此指包括猶大在內十二個支派的以色列人。
006	1:4	迦勒底	Chaldea	0811	但圖一	GH6	即示拿，是巴比倫帝國的發源地，常代表巴比倫。
007	2:2	迦勒底人	Chaldea	0811	但圖一	未繪	指以占卜、觀星象等為業之人。
008	2:4	亞蘭	Aramaic	0514	但圖一	F56	約是今日敘利亞，亞蘭語是當時國際通用的語言。
009	2:48	巴比倫省	Babylon	0038-5	但圖一	GH6	約是示拿，是當時的一個省。
010	3:1	杜拉平原	Dura	0453	但圖一	??	位置不明，應是在巴比倫城的附近。
011	5:28	瑪代	Medes	1074	但圖一	H56	位於裡海南面山區，與波斯結盟，後建瑪代波斯帝國。
012	5:28	波斯	Persians	0658	但圖一	H67	539BC滅巴比倫，建立波斯帝國，國土從印度到埃及。
013	8:2	以攔	Elam	0127	但圖一	H6	位於底格里斯河之東。
014	8:2	書珊	Susa	0867	但圖一	H6	是波斯帝國的首都之一。
015	8:2	烏萊	Ulai Canal	0877	但圖一	H6	書珊城郊的一條河。
016	8:21	希臘	Greece	0436	但圖一	C5	約是今日的希臘，及愛琴海邊的一些島嶼。
017	9:15	埃及	Egypt	0835-1	但圖一	E68	即今之埃及，但國土較小，南到亞斯旺為止。
018	10:4	希底結	Hiddekel	0447	但圖一	GH56	即是今日的底格里斯河。
019	10:5	烏法	Uphaz	0876	但圖一	??	位置不明。
020	11:30	基提	Kittim	0920	但圖一	E45	即是現今的塞浦路斯島，位於地中海的東邊。
021	11:41	以東	Edom	0111	但圖一	EF67	死海及阿卡巴灣間之山地，多為不毛。
022	11:41	摩押	Moab	1112-1	但圖一	F6	死海以東，亞嫩河及撒烈溪間之地。
023	11:41	亞捫	Ammon	0494	但圖一	F6	基列以東，巴珊及希實本間之地。
024	11:43	呂彼亞人	Libyans	0425	但圖一	CD7	大約是埃及以西之地。
025	11:43	古實	Cush	0185-3	但圖一	E8	大約是今日的蘇丹，位於埃及的亞斯旺以南。

何西阿書

編號	經節	中文地名	英文地名	詳解編號	圖號	地圖位置	備註
001	1:1	猶大	Judah	1010-1	但圖一	F6	此時以色列已分裂成兩個國家，猶大支派即大衛家組成猶大國，又稱南國，以耶路撒冷為國都，其他的十個支派組成以

編號	經節	中文地名	英文地名	詳解編號	圖號	地圖位置	備註
							色列國，又稱爲北國，後期以撒瑪利亞爲國都，故又稱撒瑪利亞國。
002	1:1	以色列	Israel	0131-1	但圖一	F6	請參看何 001 之說明，於 722 BC 亡於亞述。
003	1:4	耶斯列	Jezreel	0789-2	何圖一	H3	
004	1:5	耶斯列平原	Jezreel	0789-3	何圖一	H3	位於耶斯列城之西的一片平原，略呈三角形狀。
005	2:15	亞割谷	Achor	0500-1	何圖一	H5	可能位於吉甲東北約2公里的河床內。
006	2:15	埃及	Egypt	0835-1	但圖一	E68	即今之埃及，是當時的強國之一，與亞述對峙。
007	4:15	吉甲	Gilgal	0247-1	何圖一	H5	
008	4:15	伯亞文	Beth-aven	0350-3	何圖一	H5	按書中的意思，是指伯特利的一種謔稱。
009	4:17	以法蓮	Ephraim	0142-5	何圖一	GH45	北國之王多由以法蓮支派而出，故常用表以色列國。
010	5:1	米斯巴	Mizpah	0285-5	何圖一	J4	
011	5:1	他泊山	Tabor	0093-2	何圖一	H3	係一圓錐形的石灰岩山，高出附近的地面約450公尺。
012	5:8	基比亞	Gibeah	0941-2	何圖一	H5	
013	5:8	拉瑪	Ramah	0641-2	何圖一	H5	
014	5:13	亞述	Assyria	0488	但圖一	G5	是當時最強大的帝國，於722BC滅了北國以色列。
015	6:8	基列	Gilead	0904-6	何圖一	??	以法蓮之一城，但位置不明。
016	6:9	示劍	Shechem	0216	何圖一	H4	
017	7:1	撒瑪利亞	Samaria	1142	何圖一	H4	城四週之地稱撒瑪利亞地。
		撒瑪利亞	Samaria	1142	何圖一	H4	以色列國在撒瑪利亞建都，故又稱撒瑪利亞國
018	9:6	摩弗	Moph	1110	但圖一	E7	
019	9:10	巴力毘珥	Baal-peor	0048	何圖一	J5	
020	9:13	推羅	Tyre	0973	何圖一	H2	
021	10:14	伯亞比勒	Beth-arbel	0374	何圖一	J3	
022	10:15	伯特利	Bethel	0364-1	何圖一	H5	
023	11:8	押瑪	Admah	0630	何圖一	H5?	位置不明，可能已湮沒在死海之南部某處。
024	11:8	洗扁	Zeboiim	0750	何圖一	H5?	位置不明，可能已湮沒在死海之南部某處。
025	12:12	亞蘭地	Aram	0514	但圖一	F56	大馬色和幼發拉底河之間的地區。
026	14:5	利巴嫩	Lebanon	0411-1	但圖一	F6	即今之黎巴嫩山脈和其西之沿海之地。

約珥書

編號	經節	中文地名	英文地名	詳解編號	圖號	地圖位置	備註
001	2:1	錫安	Zion	1147	何圖一	H5	即是耶路撒冷。
002	2:3	伊甸	Eden	0225-1	創圖一	??	位置不明，傳統上認爲是在兩河流域的上游或是下游。
003	2:27	以色列	Israel	0131-1	何圖一	F6	以色列和猶大人之統稱。
004	2:32	耶路撒冷	Jerusalem	0790	何圖一	H5	
005	3:2	約沙法谷	Jehoshaphat	0777	何圖一	未繪	可能是汲淪溪，或其中的一段，位於耶路撒冷的東側。
006	3:4	推羅	Tyre	0973	何圖一	H2	
007	3:4	西頓	Sidon	0315	何圖一	H1	
008	3:4	非利士	Philistine	0676-1	何圖一	FG56	約是埃及小河以北迄至約帕間的沿海平原。
009	3:1	猶大	Judah	1010	何圖一	F6	同珥 003。
010	3:6	希臘人	Greeks	0436	但圖一	C45	約是今日的希臘。
011	3:6	雅完	Javan	1021	但圖一	C45	約是希臘半島和愛奧尼亞群島。
012	3:8	示巴人	Sabeans	0210-3	創圖二	H4	位於阿拉伯半島的西南角，即現今的葉門。
013	3:18	什亭谷	V.of Shittim	0024-2	何圖一	??	位置不明，據推測應是在耶路撒冷之東，約但河以西。

編號	經節	中文地名	英文地名	詳解編號	圖號	地圖位置	備註
014	3:19	埃及	Egypt	0835-1	但圖一	E68	即今之埃及，但國土較小，南到亞斯旺為止。
015	3:19	以東	Edom	0111	但圖一	EF56	死海及阿卡巴灣間之地區，多屬不毛之曠野。

阿摩司書

編號	經節	中文地名	英文地名	詳解編號	圖號	地圖位置	備註
001	1:1	猶大	Judah	1010	何圖一	F6	此時以色列已分裂成兩個國家，猶大支派即大衛家組成猶大國，又稱南國，以耶路撒冷為國都，其他的十個支派組成以色列國，又稱為北國，後期以撒瑪利亞為國都，故又稱撒瑪利亞國，兩國國土約以伯特利為界，伯特利屬北國。
002	1:1	以色列	Israel	0131-1	何圖一	F6	同前條猶大。有時也代表十二個支派的人。
003	1:1	提哥亞	Tekoa	1003	何圖一	H5	
004	1:2	錫安	Zion	1147	何圖一	H5	即是耶路撒冷城。
005	1:2	耶路撒冷	Jerusalem	0790	何圖一	H5	是南國的首都和宗教中心。
006	1:2	迦密山	Carmel	0802-2	何圖一	GH3	起自亞柯灣之南，向東南延伸至與中央山脈連接。
007	1:3	大馬色	Damascus	0010	何圖一	K1	
008	1:3	基列	Gilead	0904-1	何圖一	J35	約但河東，希實本及巴珊間之山地。
009	1:5	亞文平原	Aven	0477-3	何圖一	??	位置不詳，約是在大馬色以西，利巴嫩山脈間之一谷地。
010	1:5	伯伊甸	Beth-eden	0347	但圖一	FG5	是當時的一個甚小而且短暫的王國。
011	1:5	亞蘭	Aram	0514	但圖一	F56	約是今日敘利亞地區。
012	1:5	吉珥	Kir	0248	但圖一	??	位置不明，應該是巴比倫南部之一地。
013	1:6	迦薩	Gaza	0805	何圖一	F6	
014	1:6	以東	Edom	0111	但圖一	EF67	死海及阿卡巴灣間之地區，多屬不毛之曠野。
015	1:8	亞實突	Ashdod	0556	何圖一	G5	
016	1:8	亞實基倫	Ashkelon	0586	何圖一	G5	
017	1:8	以革倫	Ekron	0143	何圖一	G5	
018	1:8	非利士	Philistines	0676	何圖一	FG56	約是埃及小河以北迄至約帕間的沿海平原。
019	1:9	推羅	Tyre	0973	何圖一	H2	
020	1:12	提幔	Teman	0998	但圖一	F6	
021	1:12	波斯拉	Bozrah	0660-1	但圖一	F6	
022	1:13	亞捫	Ammon	0494	何圖一	JK45	基列以東，巴珊及希實本間之地。
023	1:14	拉巴	Rabbah	0633-1	何圖一	J5	
024	2:1	摩押	Moab	1112-1	何圖一	JK6	死海以東，亞嫩河及撒烈溪間之地。
025	2:2	加略	Kerioth	0169-2	何圖一	J5	
026	2:9	亞摩利	Amorite	0558	何圖一	未繪	以色列地的原住民。
027	2:10	埃及	Egypt	0835-1	但圖一	E67	即今之埃及，但國土較小，南到亞斯旺為止。
028	3:9	撒瑪利亞	Samaria	1142	何圖一	H4	城四週之地稱撒瑪利亞地，北國亦稱撒瑪利亞國。
029	3:14	伯特利	Bethel	0364-1	何圖一	H5	
030	4:1	巴珊	Bashan	0032-1	何圖一	JK23	加利利湖以東，雅木河以北之高原。盛產小麥和牛羊。
031	4:3	哈門	Harmon	0693	何圖一	??	位置不明。
032	4:4	吉甲	Gilgal	0247-1	何圖一	H5	
033	4:11	所多瑪	Sodom	0624	何圖一	??	早在亞伯拉罕時代已被毀之城，可能位於死海的南部。
034	4:11	蛾摩拉	Gomorrah	1046	何圖一	??	同前所多瑪條。
035	5:5	別是巴	Beer-sheba	0398	何圖一	G6	
036	6:2	甲尼	Calneh	0207-2	但圖一	F5?	可能是亞珥拔的東南方約16公里處。

編號	經節	中文地名	英文地名	詳解編號	圖號	地圖位置	備註
037	6:2	哈馬	Hamath	0700	但圖一	F6	
038	6:2	迦特	Gath	0799	何圖一	G5	
039	6:14	亞拉巴	Arabah	0536-1	何圖一	J35	約但河谷又名亞拉巴，死海又稱亞拉巴海。
040	6:14	哈馬口	Hamath	0716	但圖一	F6	
041	8:8	尼羅河	Nile	0191	但圖一	E68	埃及的之主要河流。
042	8:14	但	Dan	0385-2	何圖一	J2	
043	9:7	古實	Ethiopia	0185-3	但圖一	E8	埃及以南之地區，約等於今日的蘇丹。
044	9:7	迦斐託	Caphtor	0812	但圖一	CD56	今日的克里特島，位於地中海的中間。

俄巴底亞書

編號	經節	中文地名	英文地名	詳解編號	圖號	地圖位置	備註
001	:1	以東	Edom	0111	但圖一	EF67	死海及阿卡巴灣間之地區，多屬不毛之曠野。
002	:8	以掃山	Esau	0120	何圖一	??	在此用以代表以東，但山的位置不明。以掃家即以東人。
003	:9	提幔	Teman	0998	但圖一	F6	以東的大城，代表以東。
004	:11	耶路撒冷	Jerusalem	0790	何圖一	H5	猶大國的首都和宗教中心。
005	:12	猶大	Judah	1010	何圖一	GH56	猶大和以色列人的統稱。
006	:17	錫安	Zion	1147	何圖一	H5	即是耶路撒冷古城。
007	:17	雅各家	Jacob		何圖一	FH56	指猶大支派，猶大國或南國。
008	:18	約瑟家	Joseph		何圖一	GK25	指以色列國或北國。
009	:19	非利士	Philistines	0676	何圖一	FG56	約是埃及小河以北迄至約帕間的沿海平原。
010	:19	以法蓮地	Ephraim	0142-3	何圖一	GH45	約是加拿河之南及伯特利之間的山區。
011	:19	撒瑪利亞	Samaria	1142	何圖一	H4	城四週之地稱撒瑪利亞地，北國亦稱撒瑪利亞國。
012	:19	便雅憫人	Benjamin	0684	何圖一	H5	約略是在伯特利及耶路撒冷之間。
013	:19	基列	Gilead	0904-1	何圖一	J35	約但河東，希實本及巴珊間之山地。
014	:20	迦南	Canaan	0797	何圖一		
015	:20	以色列人	Israelites	0131-1	何圖一	GK14	以色列和猶大人的統稱。
016	:20	撒勒法	Zarephath	1137	何圖一	H2	
017	:20	西法拉	Sepharad	0324	但圖一	??	位置不明。

約拿書

編號	經節	中文地名	英文地名	詳解編號	圖號	地圖位置	備註
001	1:1	尼尼微	Nineveh	0194	但圖一	G5	亞述帝國的首都，此時亞述正興起，威脅著以色列和猶大。
002	1:3	他施	Tarshish	0095	創圖二	D1	可能是西班牙的南部。
003	1:3	約帕	Joppa	0770	但圖一	F6	

彌迦書

編號	經節	中文地名	英文地名	詳解編號	圖號	地圖位置	備註
001	1:1	猶大	Judah	1010	何圖一	EF6	此時以色列已分裂成兩個國家，猶大支派即大衛家組成猶大國，又稱南國，以耶路撒冷為國都，其他的十個支派組成以色列國，又稱為北國，722BC北國被亞述所滅。
002	1:1	摩利沙	Moresheth	1117	何圖一	G5	
003	1:1	撒瑪利亞	Samaria	1142	何圖一	H4	城四週之地稱撒瑪利亞地，北國亦稱撒瑪利亞國。
004	1:1	耶路撒冷	Jerusalem	0790	何圖一	H5	猶大國的首都在耶路撒冷，故常用耶路撒冷來代表南國。
005	1:5	以色列	Israel	0131-1	何圖一		同彌001。

編號	經節	中文地名	英文地名	詳解編號	圖號	地圖位置	備註
006	1:10	迦特	Gath	0799	何圖一	G5	
007	1:10	伯亞弗拉	Beth-aphrah	0372	何圖一	??	位置不明，可能在非利士地某處。
008	1:11	沙斐	Shaphir	0462-2	何圖一	??	位置不明，無從查考。
009	1:11	撒南	Zaanan	1125	何圖一	??	位置不明，可能是在猶大高原內。
010	1:11	伯以薛	Beth-ezel	0343	何圖一	G6	
011	1:12	瑪律	Maroth	1072	何圖一	H5?	
012	1:13	拉吉	Lachish	0637	何圖一	G5	
013	1:13	錫安	Zion	1147	何圖一	H5	即是耶路撒冷古城。
014	1:14	摩利設迦特	Moresheth-gath	1119	何圖一	G5	
015	1:14	亞革悉	Achzib	0540-1	何圖一	G5	
016	1:15	瑪利沙	Mareshah	1085	何圖一	G5	
017	1:15	亞杜蘭	Adullam	0530	何圖一	G5	
018	2:12	波斯拉	Bozrah	0660-1	但圖一	F6	
019	4:10	巴比倫	Babylon	0038-2	但圖一	GH6	指兩河流域南部的巴比倫地區或日後的巴比倫帝國。
020	5:2	伯利恆	Bethlehem	0349-1	何圖一	H5	
021	5:2	以法他	Ephratah	0141-2	何圖一	H5	即是伯利恆，以法他是其原名。
022	5:5	亞述	Assyrian	0488	但圖一	G5	原是以尼尼微為首都的一個古國，現之國土則已擴張東從波斯灣直到埃及。
023	5:6	寧錄	Nimrod	1061	但圖一	G6	指亞述地。
024	6:5	摩押	Moab	1112-1	何圖一	JK6	死海以東，亞嫩河及撒烈溪間之地。
025	6:5	什亭	Shittim	0024-1	何圖一	J5	
026	6:5	吉甲	Gilgal	0247-1	何圖一	H5	
027	7:14	迦密山	Carmel	0802-2	何圖一	G3	起自亞柯灣之南，向東南延伸至與中央山脈連接。
028	7:14	巴珊	Bashan	0032-1	何圖一	J23	加利利湖以東，雅木河以北之高原。盛產小麥和牛羊。
029	7:14	基列	Gilead	0904-1	何圖一	J35	約但河東，希實本及巴珊間之山地。

那鴻書

編號	經節	中文地名	英文地名	詳解編號	圖號	地圖位置	備註
001	1:1	尼尼微	Nineveh	0194	但圖一	G5	亞述帝國的首都，於614BC被巴比倫所毀。
002	1:1	伊勒歌斯	Elkoshite	0241	何圖一	J3?	
003	1:4	巴珊	Bashan	0032-1	何圖一	J23	加利利湖以東，雅木河以北之高原；盛產小麥和牛羊。
004	1:4	迦密山	Carmel	0802-2	何圖一	GH3	起自亞柯灣之南，向東南延伸至與中央山脈連接。
005	1:4	利巴嫩	Lebanon	0411-1	但圖一	F6	即今之黎巴嫩山脈和其西之沿海之地。
006	1:12	猶大	Judah	1010-1	何圖一	未繪	代表全部，即十二支派的猶大人，包括以色列支派在內。
007	2:2	以色列	Israel	0131-1	何圖一	未繪	同鴻006。
008	3:8	挪亞們	No-amon	0863	但圖一	E8	即是底比斯。
009	3:9	古實	Ethiopia	0185-3	但圖一	E8	埃及以南之地區，約等於今日的蘇丹。
010	3:9	埃及	Egypt	0835-1	但圖一	E67	即今之埃及，但國土較小，南到亞斯旺為止。
011	3:9	弗	Put	0260	但圖一	D67	可能是在埃及的西北，尼羅河三角洲的西方之地區。
012	3:9	路比	Lubims	1053	但圖一	C6?	位置不明，可能是非洲北部的一支民族。
013	3:18	亞述	Assyria	0488	但圖一	G5	兩河流域以北，以尼尼微為中心的一個強國，此時亞述已興起，勢力正盛，先知預言它的敗亡。

編號	經節	中文地名	英文地名	詳解編號	圖號	地圖位置	備註
哈巴谷書							
001	1:6	迦勒底	Chaldean	0811	但圖一	GH6	兩河流域南部，是巴比倫帝國的發源地，常代表巴比倫。
002	2:17	利巴嫩	Lebanon	0411-1	但圖一	F6	即今之黎巴嫩山脈和其西的沿海之地。
003	3:3	提幔	Teman	0998	但圖一	F6	
004	3:3	巴蘭山	Paran	0036-2	但圖一	??	位置無從查證，似可指西乃半島南部中任何一山峰。
005	3:7	古珊	Cushan	0184	但圖一	??	位置不明，可能是亞拉伯沙漠中的一個民族。
006	3:7	米甸	Midian	0264	但圖一	EF7	位於亞拉伯半島的西部，阿卡巴灣東岸的地區。
007	3:15	紅海	Red Sea	0766-3	但圖一	EF7	
西番雅書							
001	1:1	猶大	Judah	1010	何圖一	F6	此時以色列已分裂成兩個國家，猶大支派即大衛家組成猶大國，又稱南國，以耶路撒冷為國都，其他的十個支派組成以色列國，又稱為北國，北國在722BC被亞述所滅。
002	1:4	耶路撒冷	Jerusalem	0790	何圖一	H5	是當時南國的首都和宗教中心。
003	1:11	瑪革提斯	Maktesh	1099	何圖一	??	代表耶路撒冷，是城內一地，但位置不明。
004	2:4	迦薩	Gaza	0805	何圖一	F6	
005	2:4	亞實基倫	Ashkelon	0586	何圖一	G5	
006	2:4	亞實突	Ashdod	0556	何圖一	G5	
007	2:4	以革倫	Ekron	0143	何圖一	G5	
008	2:5	基利提	Kerethite	0945	何圖一	??	位置不明，可能是迦特附近的一個民族。
009	2:5	非利士	Philistines	0676	何圖一	FG56	約帕以南沿海平原中之居民，長期與以色列人為敵。
010	2:8	摩押	Moab	1112-1	何圖一	JK5	死海以東，亞嫩河及撒烈溪間之地。
011	2:8	亞捫	Ammonites	0494	何圖一	JK45	基列以東，巴珊及希實本間之地。
012	2:9	以色列	Israel	0131-1	何圖一	未繪	此處代表全部，即十二支派的以色列人。
014	2:9	所多瑪	Sodom	0624	何圖一	H5?	早在亞伯拉罕時代已被毀之城，可能位於死海南部。
015	2:9	蛾摩拉	Gomorrah	1046	何圖一	H5?	同番014。
016	2:12	古實	Ethiopia	0185-3	但圖一	E8	埃及以南之地區，約等於今日的蘇丹。此指埃及。
017	2:13	亞述	Assyria	0488	但圖一	G5	兩河流域以北，以尼尼微為中心的一個古強國。
018	2:13	尼尼微	Nineveh	0194	但圖一	G5	亞述之首都。
019	3:14	錫安	Zion	1147	何圖一	H5	即耶路撒冷古城。
哈該書							
001	1:1	猶大省	Judah	1010	但圖一	EF6	是當時波斯帝國的一個行省，大約是等於原猶大西緬、便雅憫和以法蓮等四個支派的領土。
002	2:5	埃及	Egypt	0835-1	但圖一	E68	即今之埃及，但國土較小，南到亞斯旺為止。
撒迦利亞書							
001	1:3	以色列	Israel	0131-1	何圖一	未繪	代表全部，以色列十二個支派的人，包括猶大在內。
002	1:12	耶路撒冷	Jerusalem	0790	何圖一	H5	586BC耶路撒冷已被毀，此時開始重建。
003	1:12	猶大	Judah	1010	何圖一	GH56	即是原來猶大國之地。
004	1:14	錫安	Zion	1147	何圖一	H5	即是耶路撒冷城。

編號	經節	中文地名	英文地名	詳解編號	圖號	地圖位置	備註
005	1:19	猶大人	Judah	1010	何圖一	未繪	代表全部，以色列十二個支派的人，包括猶大在內。
006	2:7	巴比倫	Babylon	0038-2	但圖一	GH6	兩河流域南部，是巴比倫帝國之本土。
007	5:11	示拿地	Shinar	0212	但圖一	GH1	兩河流域南部，是巴比倫帝國之本土。
008	7:2	伯特利	Bethel	0364-1	何圖一	H5	
009	9:1	哈得拉地	Hadrach	0717	但圖一	F5	哈得拉城附近之地。
010	9:1	大馬色	Damascus	0010	何圖一	K1	
011	9:2	哈馬	Hamath	0700	但圖一	F6	
012	9:2	推羅	Tyre	0973	但圖一	F6	
013	9:2	西頓	Sidon	0315	但圖一	F6	
014	9:5	亞實基倫	Ashkelon	0586	何圖一	G5	
015	9:5	迦薩	Gaza	0805	何圖一	F6	
016	9:5	以革倫	Ekron	0143	何圖一	G5	
017	9:6	亞實突	Ashdod	0556	何圖一	G5	
018	9:6	非利士	Philistia	0676	何圖一	FG56	約是埃及小河以北迄至約帕間的沿海平原。
019	9:7	耶布斯人	Jebusites	0783	何圖一	H5	耶路撒冷之原住民。
020	9:10	以法蓮	Ephraim	0142-5	何圖一	GH45	北國之王多由以法蓮支派而出，故常用以法蓮代表以色列國，以法蓮支派地業之疆界，約略是加拿河及示劍之南迄至伯特利之間的山區。
021	9:13	希臘	Greece	0436	但圖一	C45	即今日的希臘，並包括附近的一些島嶼。
022	10:10	埃及	Egypt	0835-1	但圖一	E68	即今之埃及，但國土較小，南到亞斯旺為止。
023	10:10	亞述	Assyria	0488	但圖一	G5	兩河流域以北的地區，612BC被巴比倫所滅。
024	10:10	基列	Gilead	0904-1	何圖一	J35	雅木河和希實本間之山區。
025	10:10	利巴嫩	Lebanon	0411-1	但圖一	F6	即今之黎巴嫩山脈和沿海平原。
026	10:11	尼羅河	Nile	0191	但圖一	E68	位於非洲東北，是非洲最長的河流。
027	11:2	巴珊	Bashan	0032-1	何圖一	JK23	加利利湖以東，雅木河以北之高原。盛產小麥和牛羊。
028	11:3	約但河	Jordan	0768	何圖一	J35	
029	12:11	米吉多平原	Megiddo	0272	何圖一	H3	即是耶斯列平原。
030	12:11	哈達臨門	Hadad-rimmon	0725	何圖一	??	位置不明，可能是在耶斯列城的附近。
031	14:4	橄欖山	Mount of Olives	1148	何圖一	H5	位於耶路撒冷之東，中間有汲淪溪分隔，為一自南向北，長約4公里之山脈。
032	14:5	亞薩	Azel	0513	何圖一	??	位置不明，應是在耶路撒冷附近。
033	14:10	迦巴	Geba	0792	何圖一	H5	
034	14:10	臨門	Rimmon	1162-1	何圖一	G6	
035	14:10	亞拉巴	Arabah	0536-1	何圖一	J35	希伯來文的亞拉巴即是約但河谷。
036	14:21	迦南人	Canaanites	0797	何圖一	未繪	是在以色列人尚未進入迦南地以前各原住民族的總稱，在此則代表不信神，不潔淨的人。

瑪拉基書

編號	經節	中文地名	英文地名	詳解編號	圖號	地圖位置	備註
001	1:1	以色列	Israel	0131-1	何圖一		代表全部，包括猶大在內，即十二支派的以色列人。
002	1:4	以東	Edom	0111	何圖一	EF67	死海及阿卡巴灣間之地區，多屬不毛之曠野。
003	2:11	耶路撒冷	Jerusalem	0790	何圖一	H5	於586BC被巴比倫所毀，515BC新殿完成，445BC城牆修復。
004	2:11	猶大	Judah	1010	何圖一		代表全部，即十二支派的以色列人。
005	4:4	何烈山	Horeb	0392-1	但圖一	E7	即是西乃山。

編號	經節	中文地名	英文地名	詳解編號	圖號	地圖位置	備註
馬太福音							
001	1:11	巴比倫	Babylon	0038	王下圖七	全	指兩河流域的南部，在巴比倫帝國時，曾數次擄去許多的猶太人，故成為猶太人散居的一個地區。
002	2:1	猶太	Judea	1011	福圖一	GK45	新約時代的猶太王國之領土包括有猶太省、加利利和特拉可尼，猶太省又包括撒瑪利亞、猶太和以土買三個地區，此處指後者之猶太地區。
003	2:1	伯利恆	Bethlehem	0349-1	福圖一	H5	
004	2:1	耶路撒冷	Jerusalem	0790	福圖一	H5	即是今日的耶路撒冷，是當時政治和宗教的中心。
005	2:6	猶大地	Judah	1010	福圖一	GK45	是舊約中猶大支派的領土，包括耶路撒冷以南之地。
006	2:13	埃及	Egypt	0835-1	徒圖一	CD5	即是今日的埃及，但國境較小，南方僅到亞斯旺為止。
007	2:18	拉瑪	Ramah	0641	福圖一	H5	舊約中的地名。
008	2:20	以色列地	Israel	0131-2	福圖一	未繪	指當時之猶太王國之地。
009	2:22	猶太	Judea	1011	新圖一	GH36	指主前四至主後六年亞基老所統治的猶太省，領土包括撒瑪利亞，猶太和以土買三個地區。
010	2:22	加利利地	Galilee	0171-2	福圖一	HJ3	當時的加利利省，由希律安提帕所統治。
011	2:22	拿撒勒	Nazareth	0852	福圖一	H3	
012	3:1	猶太曠野	Judea	1011	福圖二	J45	包括約但河下游和死海的西岸的荒原。
013	3:5	約但河	Jordan	0768	福圖二	J35	即是今日的約旦河，特指加利利至死海的一段。
014	4:13	迦百農	Capernaum	0808	福圖二	J3	
015	4:13	西布倫	Zebulun	0319	福圖四	H3	舊約時代的地區名，約是加利利的西南部。
016	4:13	拿弗他利	Naphtali	0854	福圖四	HJ23	舊約時代的地區名，約是加利利的中部和東部。
017	4:18	加利利海	Galilee	0171-1	福圖二	J3	即是今日的加利利湖。
018	4:24	敘利亞	Syria	0742	福圖二	GJ23	是當時羅馬帝國的一個省，大略的位置是包括今日的敘利亞、黎巴嫩及亞柯平原。
019	4:25	低加波利	Decapolis	0387	福圖二	HJ34	包括十餘個在約但河東已高度希臘化的城邦。
020	4:25	約但河外	Beyond the Jordan	0768	福圖二	J45	指約但河以東之地，特指腓力所統治的比利亞。
021	8:28	加大拉	Gadarenes	0170	福圖三	J3?	位置有爭議，有兩可能之處。
022	10:4	加略	Iscariot	0169-1	新圖一	H6	
023	10:5	撒瑪利亞人	Samaritans	1142	福圖三	H34	以色列滅亡後百姓被擄去，所留下來的以色列人和外來異族混雜而生的後代就是撒瑪利亞人，他們與猶太人相互仇視。所居之處約在加利利和加拿河之間，當時該處也是猶太省的一區，以撒瑪利亞城為首府。
024	10:15	所多瑪	Sodom	0624	新圖一	H5?	早在亞伯拉罕時已被毀的城市，可能是在死海的南部。
025	10:15	蛾摩拉	Gomorrah	1046	新圖一	H5?	早在亞伯拉罕時已被毀的城市，可能是在死海的南部。
026	11:21	哥拉汛	Korazin	0833	福圖三	J3	
027	11:21	伯賽大	Bethsaida	0368-2	福圖三	J3?	有同名的兩城，此城可能是在約但河西，迦百農之北。
028	11:21	推羅	Tyre	0973	福圖三	H2	
029	11:21	西頓	Sidon	0315	福圖三	H1	
030	12:41	尼尼微	Nineveh	0194	新圖二	E4	
031	14:34	革尼撒勒	Gennesaret	0824-2	福圖三	J3	加利利湖畔，以革尼撒勒城為中心的一小片平原。
032	15:39	馬加丹	Magadan	0893	福圖三	J3	加利利湖畔，以馬加丹城為中心的一小片平原。
033	16:13	該撒利亞腓利比	Caesarea Philippi	1052	福圖三	J2	
034	20:29	耶利哥	Jericho	0785	福圖四	H5	
035	21:01	伯法其	Bethphage	0357	福圖四	H5	位於耶路撒冷以東的橄欖山山上。

編號	經節	中文地名	英文地名	詳解編號	圖號	地圖位置	備註
036	21:01	橄欖山	Mount of Olives	1148	福圖五		位於耶路撒冷之東，兩者間隔有汲淪溪。
037	21:05	錫安	Zion	1147	福圖四	H5	即是耶路撒冷城。
038	21:17	伯大尼	Bethany	0339-2	福圖四	H5	
039	26:36	客西馬尼	Gethsemane	0739	福圖五		位於橄欖山之山腰某處，但確實之位置不詳。
040	27:32	古利奈	Cyrene	0186	新圖二	C4	
041	27:33	各各他	Golgotha	0246	福圖五		在傳統上認為是在今日耶路撒冷城的聖墓堂內。
042	27:56	抹大拉	Magdalene	0652	福圖三	J3	即是太032之馬加丹。
043	27:57	亞利馬太	Arimathea	0575	新圖一	H4	

馬可福音

編號	經節	中文地名	英文地名	詳解編號	圖號	地圖位置	備註
001	1:5	猶太	Judean	1011	新圖一	GK45	新約時代的猶太王國之領土包括有猶太省、加利利和特拉可尼。猶太省又包括撒瑪利亞、猶太和以土買三個地區，此處是指猶太省。
002	1:5	耶路撒冷	Jerusalem	0790	福圖二	H5	即是今日的耶路撒冷城，是當時政治和宗教的中心。
003	1:5	約但河	Jordan	0768	福圖二	J35	即是今日的約旦河，特指加利利湖至死海的一段。
004	1:9	加利利地	Galilee	0171-2	福圖二	HJ3	指當時的加利利省，由希律安提帕所統治。
005	1:9	拿撒勒	Nazareth	0852	福圖二	H3	
006	1:16	加利利海	Galilee	0171-1	福圖二	HJ3	即是今日的加利利湖，海邊即是指加利利的湖畔。
007	1:21	迦百農	Capernaum	0808	福圖二	J3	
008	3:8	以土買	Idumea	0128	新圖一	GH56	是猶太省的南部，約是別是巴與希伯崙間之地。
009	3:8	約但河外	Beyond the Jordan	0768	福圖三	J45	指約但河以東之地，特指腓力所統治的比利亞。
010	3:8	推羅	Tyre	0973	福圖三	H2	
011	3:8	西頓	Sidon	0315	福圖三	H1	
012	3:19	加略	Iscariot	0169-1	新圖三	H6	
013	5:1	格拉森	Gerasenes	0871	福圖三	J3?	即是加大拉，但其位置尚有爭議，有兩可能之處。
014	5:20	低加波利	Decapolis	0387	福圖三	HJ34	包括十餘個高度希臘化的城邦，大部份位於約但河東。
015	6:45	伯賽大	Bethsaida	0368-2	福圖三	J3?	此一伯賽大位於約但河之西岸。但位置不明確。
016	6:53	革尼撒勒城	Gennesaret	0824-2	福圖三	J3	加利利湖畔，以革尼撒勒城為中心的一小片平原。
017	7:26	希利尼	Greek	0442	福圖三	未繪	即是希臘人。
018	8:10	大瑪努他	Dalmanutha	0011	福圖三	J3	即是馬加丹。
019	8:22	伯賽大	Bethsaida	0368-1	福圖三	J3	此一伯賽大位於約但河之東岸。
020	8:27	該撒利亞腓立比	Caesarea Philippi	1052	福圖三	J2	
021	10:46	耶利哥	Jericho	0785	福圖四	H5	
022	11:1	伯法其	Bethphage	0357	福圖四	H1	
023	11:1	伯大尼	Bethany	0339	福圖四	J3	
024	11:1	橄欖山	Mount of Olives	1148	福圖五		位於耶路撒冷之東，兩者間隔有汲淪溪。
025	14:32	客西馬尼	Gethsemane	0739	福圖五		位於橄欖山之山腰某處，但確實之位置不詳。
026	15:21	古利奈人	Cyrene	0186	新圖二	C4	
027	15:22	各各他	Golgotha	0246	福圖五		在傳統上認為是在今日耶路撒冷城的聖墓堂內。
028	15:40	抹大拉	Magdalene	0652	福圖三	J3	即是馬加丹，同可018。
029	15:43	亞利馬太	Arimathea	0575	新圖一	H4	

編號	經節	中文地名	英文地名	詳解編號	圖號	地圖位置	備註
路加福音							
001	1:5	猶太	Judea	1011	福圖一	GK45	猶太王大希律的領土包括有猶太省、加利利和特拉可尼。猶太省又包括撒瑪利亞、猶太和以土買三個地區，故可代表三者之一。
002	1:16	以色列人	Israel	0131-1	福圖一	未繪	代表所有的以色列人和猶太人。
003	1:26	加利利	Galilee	0171-2	福圖一	HJ3	指當時猶太國的加利利省。
004	1:26	拿撒勒	Nazareth	0852	福圖一	H3	
005	2:02	敘利亞	Syria	0742	新圖一	HJ13	是羅馬帝國的一個省，但其巡撫握有控制猶太王國之權。
006	2:04	伯利恆	Bethlehem	0349-1	福圖一	H5	
007	2:22	耶路撒冷	Jerusalem	0790	福圖一	H5	即是今日的耶路撒冷，是當時政治和宗教的中心。
008	3:1	猶太	Judea	1011	新圖一	GK45	主後六年希律亞基老被廢，猶太省由羅馬帝國直接統治。
009	3:1	以土利亞	Ituraea	0151	新圖一	J12	可能是呼勒湖以北的一小片土地。
010	3:1	特拉可尼	Trachonitis	0887	新圖一	JK23	加利利以東，約是舊約時代的巴珊地區。
011	3:1	亞比利尼	Abilene	0569	新圖一	JK12?	可能是以土利亞以東，大馬色以西的一片土地。
012	3:3	約但河	Jordan	0768	福圖二	J35	即是今日的約旦河，特指加利利至死海的一段。
013	4:23	迦百農	Capernaum	0808	福圖二	J3	
014	4:26	西頓	Sidon	0315	福圖三	H1	
015	4:26	撒勒法	Zarephath	1137	福圖三	H2	
016	4:27	敘利亞	Syria	0742	福圖三	JK12	即是古時的亞蘭王國，以大馬色爲首府。
017	5:1	革尼撒勒湖	Gennesaret	0824-1	福圖二	J3	即是加利利湖。
018	6:6	加略	Iscariot	0169-1	新圖一	H6	
019	6:17	推羅	Tyre	0973	福圖三	H2	
020	7:11	拿因	Nain	0843	福圖三	H3	
021	8:2	抹大拉	Magdalene	0652	福圖三	J3	
022	8:26	格拉森	Gerasenes	0871	福圖三	J3	即是馬加丹。
023	9:10	伯賽大	Bethsaida	0368-1	福圖三	J3	位於約但之東。
024	9:52	撒瑪利亞	Samaritan	1142	福圖三	GJ34	以色列滅亡後百姓被擄去，所留下來的以色列人和外來異族混雜而生的後代就是撒瑪利亞人，他們與猶太人相互仇視。所居之處約在加利利和加拿河之間，當時該處也是猶太省的一區，以撒瑪利亞城爲首府。
025	10:12	所多瑪	Sodom	0624	新圖一	H5?	早在亞伯拉罕時已被毀的城市，可能是在死海的南部。
026	10:13	哥拉汛	Korazin	0833	福圖二	J3	
027	10:13	伯賽大	Bethsaida	0368-2	福圖二	J3??	位於約但河之西，但位置未能確定。
028	10:30	耶利哥	Jericho	0785	福圖三	H5	
029	11:30	尼尼微	Ninevites	0194	新圖二	E4	
030	19:29	伯法其	Bethphage	0357	福圖四	H5	位於耶路撒冷以東的橄欖山山上。
031	19:29	伯大尼	Bethany	0339	福圖四	H5	
032	19:37	橄欖山	Mount of Olives	1148	福圖五		位於耶路撒冷之東，兩者間隔有汲淪溪。
033	23:26	古利奈人	Cyrene	0186	新圖二	C4	
034	23:51	亞利馬太	Arimathea	0575	新圖二	H4	
035	24:13	以馬忤斯	Emmaus	0159	新圖一	H5?	有四個可能之處。

編號	經節	中文地名	英文地名	詳解編號	圖號	地圖位置	備註
約翰福音							
001	1:19	猶太人	Jews	1011	福圖一	未繪	具有猶太血統的人，包括居住在猶太和散佈在各地者。
002	1:19	耶路撒冷	Jerusalem	0790	福圖二	H5	即是今日的耶路撒冷，是當時政治和宗教的中心。
003	1:28	約但河外	Beyond the Jordan	0768	福圖二	J45	指約但河以東之地，特指腓力所統治的比利亞。
004	1:28	伯大尼	Bethany	0339-1	福圖二	J5	位於約但河東。
005	1:31	以色列人	Israel	0131	福圖二	未繪	此處代表所有的以色列人和猶大人。
006	1:43	加利利地	Galilee	0171-2	福圖二	HJ3	指當時的加利利省，由希律安提帕所統治。
007	1:44	伯賽大	Bethsaida	0368-2	福圖二	J3?	有同名的兩城，此城可能在約但河西，但位置未能確定。
008	1:45	拿撒勒	Nazareth	0852	福圖二	H3	
009	2:1	迦拿	Cana	0798	福圖二	H3	
010	2:12	迦百農	Capernaum	0808	福圖二	H3	
011	3:23	撒冷	Salim	1123-2	福圖二	J4	
012	3:23	哀嫩	Aenon	0737	福圖二	J4	
013	4:4	撒瑪利亞	Samaria	1142	福圖二	H34	以色列滅亡後百姓被擄去，所留下來的以色列人和外來異族混雜而生的後代就是撒瑪利亞人，他們與猶太人相互仇視。所居之處約在加利利和加拿河之間，當時該處也是猶太省的一區，以撒瑪利亞城為首府。
014	4:5	敘加	Sychar	0741	福圖二	H4	
015	4:22	猶太地	Judea	1011	福圖二	GH45	新約時代的猶太王國之領土包括有猶太省、加利利和特拉可尼。猶太省又包括撒瑪利亞、猶太和以土買三個地區，此處指後者之猶太地區。
016	5:2	畢士大池	Betheada	0980	福圖五		在聖殿區之北。
017	6:1	加利利海	Galilee	0171-1	福圖三	J3	即是今日的加利利湖。
018	6:1	提比哩亞海	Tiberias	1007-1	福圖三	J3	即是加利利湖，同前條。
019	6:23	提比哩亞城	Tiberias	1007-2	福圖三	J3	
020	6:71	加略	Iscariot	0169-1	新圖一	H6	
021	7:35	希利尼	Greeks	0442	新圖二	C34	即是希臘，包括馬其頓和亞該亞兩地。
022	7:42	伯利恆	Bethlehem	0349-1	福圖四	H5	
023	8:1	橄欖山	Mount of Olives	1148	福圖五		位於耶路撒冷之東，兩者間隔有汲淪溪。
024	9:7	西羅亞池	Siloam	0330-2	福圖五		位於耶路撒冷地之東南角。
025	11:48	羅馬	Romans	1168	新圖二	AB45	指義大利，即為羅馬帝國之本土。
026	11:54	以法蓮	Ephraim	0142-3	福圖四	H5	
027	12:15	錫安	Zion	1147	福圖四	H5	即是耶路撒冷城。
028	18:1	汲淪溪	Kidron	0471	福圖五		在耶路撒冷城之東的河谷。
029	19:13	厄巴大	Gabbatha	0017	福圖五		可能是在安東尼堡之內。
030	19:17	各各他	Golgotha	0246	福圖五		在傳統上認為是在今日耶路撒冷城的聖墓堂內。
031	19:38	亞利馬太	Arimathea	0575	新圖一	H4	
032	20:1	抹大拉	Magdalene	0652	福圖三	J3	即是馬加丹。
使徒行傳							
001	1:4	耶路撒冷	Jerusalem	0790	新圖一	H5	即是今日的耶路撒冷，是當時政治和宗教的中心。
002	1:6	以色列國	Israel	0131-1	新圖一	未繪	以色列的版圖變化甚大，一般是以從但是巴到但來表示。
003	1:8	猶太地	Judea	1011	新圖一	GK45	新約時代的猶太王國之領土包括有猶太省、加利利和特拉可

編號	經節	中文地名	英文地名	詳解編號	圖號	地圖位置	備註
							尼、猶太省又包括撒瑪利亞、猶太和以土買三個地區，此處指後者之猶太地區。
004	1:8	撒瑪利亞	Samaria	1142	新圖一	H34	是猶太省中的一區，位於加利利和猶太之間。
005	1:11	加利利人	Galilee	0171-3	新圖一	HJ3	指耶穌的門徒，他們大多是加利利人，加利利是當時的一個省，由希律安提帕所統治。
006	1:12	橄欖山	Mount of Olives	1148	福圖五	H5	位於耶路撒冷之東，兩者間隔有汲淪溪。
007	2:5	猶太人	Jews	1011	新圖一	未繪	具有猶太血統的人，包括居住在猶太和散佈在各地者。
008	2:9	帕提亞	Parthians	0610	徒圖一	E4	位於波斯和瑪代之西，裡海之東南之地，前身是一有五百年之久的大帝國，居民屬於西古提族中的一支。
009	2:9	瑪代	Medes	1074	徒圖一	E4	位於裡海以南，伊朗北部的撒格羅山區。
010	2:9	以攔	Elamites	0127-1	徒圖一	E4	位於底格里斯河之東北，瑪代和波斯之間。
011	2:9	米所波大米	Mesopotamia	0294	徒圖一	DE45	即是幼發拉底河和底格里斯河兩河間之地區，農產豐富，是古文明發源地之一。
012	2:9	加帕多家	Cappadocia	0176	徒圖一	D4	約是現今土耳其的中心部份，是當時的一個省。
013	2:9	本都	Pontus	0204	徒圖一	D3	約是黑海的南岸，是當時的一個省。
014	2:9	亞西亞	Asia	0527	徒圖一	CD4	約是土耳其的西半部，在當時是羅馬帝國的一個大省包括每西亞、呂彼亞、迦利亞、弗呂家等。
015	2:10	弗呂家	Phrygia	0261	徒圖一	D4	是當時亞西亞的一區，位於其東部。
016	2:10	旁非利亞	Pamphylia	0864	徒圖一	D4	位於土耳其南、地中海的北岸，是一個省。
017	2:10	埃及	Egypt	0835	徒圖一	CD5	即是今日的埃及，但國境較小，南方僅到亞斯旺為止。
018	2:10	古利奈	Cyrene	0186	徒圖一	C45	
019	2:10	呂彼亞	Libya	0425	徒圖一	BC5	係指不包括埃及和南非在內的非洲其他地區。
020	2:10	羅馬	Rome	1168	徒圖一	BC34	指義大利，羅馬帝國之本土。
021	2:11	革哩底	Cretans	0823	徒圖一	C4	今日之克里特島。
022	2:11	亞拉伯	Arabs	0535	徒圖一	FG67	位於巴勒斯坦和敘利亞之東的沙漠地區。
023	3:06	拿撒勒	Nazareth	0852	新圖一	H3	
024	4:36	居比路	Cyprus	0605	新圖二	D4	即是今日地中海東部的塞浦路斯島。
025	6:1	希利尼話	Grecian	0442	徒圖一	未繪	希利尼話就是希臘話，當時散居在羅馬各屬地的猶太人，都是使用希臘文。
026	6:1	希伯來人	Hebrews	0439	徒圖一	未繪	代表居住在猶太本地，使用亞蘭文的猶太人。
027	6:5	安提阿	Antioch	0257-1	徒圖一	D4	此城位於敘利亞。
028	6:9	利百地拿	Libertines	0420	徒圖一	??	位置不明，可能是被擄至某地的猶太人，經釋放成為自由人後所建之會堂。
029	6:9	亞力山太	Alexandria	0567	徒圖一	D5	
030	6:9	基利家	Cilicia	0947	徒圖一	D4	位於土耳其東南部，是當時的一個省。
031	7:2	哈蘭	Haran	0706	徒圖一	B1	
032	7:4	迦勒底	Chaldeans	0811	徒圖一	D2	位於兩河流域南部，波斯灣西岸地區，是巴比倫的發源地。
033	7:11	迦南	Canaan	0797	徒圖一	AB2	即是今日的巴勒斯坦，位於地中海的西岸，西頓以南之地。
034	7:16	示劍	Shechem	0216	新圖一	A2	
035	7:29	米甸	Midian	0264	新圖二	D5	位於亞拉伯半島的西部，阿卡巴灣東岸的地區。
036	7:30	西乃山	Sinai	0302	新圖二	D5	
037	7:36	紅海	Red Sea	0766-2	新圖二	O2	可能是尼羅河三角洲的東北角，孟薩拉湖的東南端的湖汊，靠近蘭塞城，當時係一生長蘆葦的湖泊。
038	7:43	巴比倫	Babylon	0038	王下圖七	全	巴比倫於586BC滅猶大國，將猶大人擄到巴比倫的各地。

編號	經節	中文地名	英文地名	詳解編號	圖號	地圖位置	備註
039	8:26	迦薩	Gaza	0805	徒圖二	F6	
040	8:27	埃提阿伯	Ethiopians	0837	伯圖一	K56	舊約中的古實，位於埃及之南部及蘇丹的北部。
041	8:40	亞鎖都	Azotus	0564	徒圖二	G5	即舊約中的非利士大城亞實突。
042	8:40	該撒利亞	Caesarea	1051	徒圖二	G3	
043	9:02	大馬色	Damascus	0010	徒圖三	F6	
044	9:11	大數	Tarsus	0007	徒圖三	E5	
045	9:32	呂大	Lydda	0423	徒圖二	G5	
046	9:35	沙崙	Sharon	0460-1	徒圖二	G4	位於迦密山西南麓至約帕之間的沿海平原地區。
047	9:38	約帕	Joppa	0770	徒圖二	G4	
048	10:1	義大利	Italian	1044	徒圖一	BC34	即是現今的義大利，是當羅馬帝國的本土，也是一個省。
049	11:19	腓尼基	Phoenicia	1016	徒圖三	F6	地中海東岸，約是今日的黎巴嫩，舊約時代是以推羅及西頓為其代表的城市。
050	11:19	居比路	Cyprus	0605	徒圖三	E56	同徒 024。
051	11:19	安提阿	Antioch	0257-1	徒圖三	F5	此城位於敘利亞。
052	11:20	古利奈	Cyrene	0186	徒圖一	C4	
053	11:20	希利尼	Greek	0442	徒圖三	未繪	即是希臘人，也是外邦人的統稱。
054	12:20	推羅	Tyre	0973	徒圖三	F6	
055	12:20	西頓	Sidon	0315	徒圖三	F6	
056	13:4	西流基	Seleucia	0326	徒圖四	F6	
057	13:5	撒拉米	Salamis	1133	徒圖四	E5	
058	13:6	帕弗	Paphos	0607	徒圖四	E6	
059	13:13	旁非利亞	Pamphylia	0864	徒圖四	E5	基利家省之西，地中海北岸的一個小省。
060	13:13	別加	Perga	0397	徒圖四	E5	
061	13:14	彼西底	Pisidian	0623	徒圖四	E5	加拉太省西南部的地區。
062	13:14	安提阿	Antioch	0257-2	徒圖四	E5	此城位於彼西底。
063	13:51	以哥念	Iconium	0144	徒圖四	E5	
064	14:6	呂高尼	Lycaonian	0426	徒圖四	E5	加拉太省東南部地區，在彼西底之東。
065	14:6	路司得	Lystra	1057	徒圖四	E5	
066	14:6	特庇	Derbe	0882	徒圖四	E5	
067	14:25	亞大利	Attalia	0515	徒圖四	E5	
068	15:23	敘利亞	Syria	0742	徒圖五	F56	是當時羅馬帝國的一個省，約是今日的敘利亞和黎巴嫩。
069	15:23	基利家	Cilicia	0947	徒圖五	EF5	同徒 030。
070	16:6	亞西亞	Asia	0527	徒圖五	DE45	同徒 014。
071	16:6	弗呂家	Phrygia	0261	徒圖五	DE5	同徒 015。
072	16:6	加拉太	Galatia	0173	徒圖五	EF45	是羅馬的一個省，分加拉太、呂高尼和弗呂家三個地區。
073	16:7	每西亞	Mysia	0455	徒圖五	D45	現今土耳其之西北部，是羅馬帝國亞西亞內之一省。
074	16:7	庇推尼	Bithynia	0451	徒圖五	DE4	黑海西南岸的一省。
075	16:8	特羅亞	Troas	0886	徒圖五	D5	
076	16:9	馬其頓	Macedonia	0892	徒圖五	C45	羅馬的一省，現今希臘的北部，是希臘帝國的發源地。
077	16:11	撒摩特喇	Samothrace	1143	徒圖五	D5	愛琴海東北方一小島。
078	16:11	尼亞波利	Neapolis	0199	徒圖五	C4	
079	16:12	腓立比	Philippi	1015	徒圖五	C4	
080	16:12	羅馬	Rome	1168	新圖二	全	當時羅馬帝國的領土遍及地中海和黑海沿岸，東至裡海。
081	16:14	推雅推喇	Thyatira	0974	徒圖五	D6	

編號	經節	中文地名	英文地名	詳解編號	圖號	地圖位置	備註
082	17:1	暗妃波里	Amphipolis	1043	徒圖五	C4	
083	17:1	亞波羅尼亞	Apollonia	0595	徒圖五	C4	
084	17:1	帖撒羅尼迦	Thessalonica	0606	徒圖五	C4	
085	17:10	庇哩亞	Beroea	0450	徒圖五	C4	
086	17:15	雅典	Athens	1022	徒圖五	C5	
087	17:19	亞略巴古	Areopagus	0583	徒圖五	未繪	雅典城中的一個小山。
088	18:1	哥林多	Corinth	0834	徒圖五	C5	
089	18:2	本都	Pontus	0204	徒圖五	EF45	同徒 013。
090	18:12	亞該亞	Achaia	0553	徒圖五	C5	羅馬的一省，約是希臘的南部，在馬其頓之南。
091	18:18	堅革哩	Cenchrea	0992	徒圖五	C5	
092	18:19	以弗所	Ephesus	0134	徒圖五	D5	
093	18:22	該撒利亞	Caesarea	1051	徒圖五	E6	
094	18:24	亞力山太	Alexandria	0567	徒圖一	D5	
095	19:10	亞西亞	Asia	0527	徒圖六	DE45	同徒 014。
096	19:10	希利尼人	Greeks	0442	徒圖六	未繪	同徒 025。
097	20:2	希臘	Greece	0436	徒圖六	C5	指當時的亞該亞省，位於馬其頓之南。
098	20:3	敘利亞	Syria	0742	徒圖六	F56	同徒 068。
099	20:4	特庇	Derbe	0882	徒圖六	E5	
100	20:13	亞朔	Assos	0496	徒圖六	D5	
101	20:14	米推利尼	Mitylene	0292	徒圖六	D5	
102	20:15	基阿	Kios	0908	徒圖六	D5	
103	20:15	撒摩	Samos	1130	徒圖六	D5	
104	20:15	米利都	Miletus	0275	徒圖六	D5	
105	21:1	哥士	Cos	0829	徒圖六	D5	
106	21:1	羅底	Rhodes	1167	徒圖六	D5	
107	21:1	帕大喇	Patara	0608	徒圖六	D5	
108	21:2	腓尼基	Phoenicia	1016	徒圖六	F6	同徒 048。
109	21:3	推羅	Tyre	0973	徒圖六	F6	
110	21:7	多利買	Ptolemais	0255	徒圖六	F6	
111	21:39	基利家	Cilicia	0947	徒圖七	EF5	同徒 030。
112	21:39	大數	Tarsus	0007	徒圖七	F5	
113	22:05	大馬色	Damascus	0010	徒圖七	F6	
114	22:25	羅馬人	Romans	1168	新圖二	全	指具有羅馬帝國公民權之人。
115	23:31	安提帕底	Antipatris	0259	徒圖七	F6	
116	27:1	義大利	Italy	1044	徒圖七	AB45	即義大利半島，是羅馬帝國的本土。
117	27:2	亞大米田	Adramyttium	0568	徒圖七	D5	
118	27:2	馬其頓人	Macedonian	0892	徒圖七	C56	同徒 076。
119	27:2	帖撒羅尼迦	Thessalonica	0606	徒圖七	C4	
120	27:3	西頓	Sidon	0315	徒圖七	F6	
121	27:4	居比路	Cyprus	0605	徒圖七	E56	同徒 024。
122	27:4	旁非利亞	Pamphylia	0864	徒圖七	E5	同徒 016。
123	27:5	呂家	Lycia	0424	徒圖七	DE5	土耳其西南，地中海北岸的一個小省。
124	27:5	每拉	Myra	0454	徒圖七	E5	
125	27:6	亞力山太	Alexandrian	0567	徒圖七	E6	

編號	經節	中文地名	英文地名	詳解編號	圖號	地圖位置	備註
126	27:7	革尼土	Cnidus	0821	徒圖七	D5	
127	27:7	革哩底	Crete	0823	徒圖七	CD56	同徒 021。
128	27:7	撒摩尼	Salmone	1138	徒圖七	D5	是革哩尼島東北方伸入海的岬角。
129	27:8	佳澳	Fair Havens	0600	徒圖七	C6	
130	27:8	拉西亞	Lasea	0645	徒圖七	D6	
131	27:12	非尼基	Phoenix	0675	徒圖七	C5	
132	27:16	高大	Cauda	0895	徒圖七	C6	是一個小海島。
133	27:17	賽耳底	Syrtis	1151	徒圖七	AB6	非洲北部海岸邊之沙灘名，是非常危險的海域。
134	27:27	亞底亞海	Adriatic	0532	徒圖七	BC56	西西里島以東至革哩底島之西，北至義大利的威尼斯一帶的地中海之水域。
135	28:1	米利大	Melita	0274	徒圖七	A5	即今之馬爾他島，位於西西里島之南。
136	28:12	敘拉古	Syracuse	0743	徒圖七	B5	
137	28:13	利基翁	Rhegium	0418	徒圖七	B5	
138	28:13	部丟利	Puteoli	0985	徒圖七	A4	
139	28:14	羅馬	Rome	1168	徒圖七	A4	
140	28:15	亞比烏	Appius	0521	徒圖七	A1	
141	28:15	三館	Three Inns	0002	徒圖七	A1	

羅馬書

編號	經節	中文地名	英文地名	詳解編號	圖號	地圖位置	備註
001	1:7	羅馬	Rome	1168	新圖二	BC34	即是今日的義大利，是羅馬帝國的本土，羅馬城就是今日義大利的首都羅馬。
002	1:14	希利尼人	Greek	0442	新圖二	未繪	指羅馬帝國內說希臘話的外邦人。
003	1:16	猶太人	Jews	1011	新圖二	未繪	指具有猶太血統之人，除猶太本土外，尚散居羅馬各地。
004	9:27	以色列人	Israel	0131-1	新圖二	未繪	同猶太人。
005	9:29	所多瑪	Sodom	0624	新圖一	H6	早在亞伯拉罕時代已被毀的城市，可能位於死海南部。
006	9:29	蛾摩拉	Gomorrah	1046	新圖一	H6	早在亞伯拉罕時代已被毀的城市，可能位於死海南部。
007	9:33	錫安	Zion	1147	新圖一	H5	即是耶路撒冷城。
008	15:19	耶路撒冷	Jerusalem	0790	新圖一	H5	即今之耶路撒冷，是當時的政治和宗教的中心。
009	15:19	以利哩古	Illyricum	0155	新圖二	C3	位於馬其頓之北，約是現今南斯拉夫和阿爾巴尼亞的北部。
010	15:24	士班雅	Spain	0016	新圖二	A34	即是今日的西班牙，當時尚包括葡萄牙在內。
011	15:26	馬其頓	Macedonia	0892	新圖二	C3	羅馬的一省，現今希臘的北部，是希臘帝國的發源地。
012	15:26	亞該亞	Achaia	0553	新圖二	C4	羅馬的一省，約是希臘的南部，在馬其頓之南。
013	16:1	堅革哩	Cenchrea	0992	徒圖五	C5	
014	16:5	亞西亞	Asia	0527	新圖二	CD34	約是土耳其的西半部，在當時是羅馬帝國的一個大省，包括每西亞、呂彼亞、迦利亞、弗呂家等。

哥林多前書

編號	經節	中文地名	英文地名	詳解編號	圖號	地圖位置	備註
001	1:2	哥林多	Corinthian	0834	新圖二	C4	
002	1:22	猶太人	Jews	1011	新圖二	未繪	具有猶太血統的人，包括猶太本土和散佈在羅馬各地者。
003	1:22	希利尼人	Greeks	0442	新圖二	未繪	指希臘人和已希臘化了的外邦人。
004	10:18	以色列人	Israel	0131-1	新圖二	未繪	即是猶太人。
005	15:32	以弗所	Ephesus	0134	新圖二	C4	

編號	經節	中文地名	英文地名	詳解編號	圖號	地圖位置	備註
006	16:1	加拉太	Galatian	0173	新圖二	D34	是羅馬的一個省，分爲加拉太、呂高尼和弗呂家三個地區。
007	16:3	耶路撒冷	Jerusalem	0790	新圖二	D5	
008	16:5	馬其頓	Macedonia	0892	新圖二	C3	羅馬的一省，現今希臘的北部，是希臘帝國的發源地。
009	16:15	亞該亞	Achaia	0553	新圖二	C4	羅馬的一省，約是希臘的南部，在馬其頓之南。
010	16:19	亞西亞	Asia	0527	新圖二	CD34	約是土耳其的西半部，在當時是羅馬帝國的一個大省

哥林多後書

編號	經節	中文地名	英文地名	詳解編號	圖號	地圖位置	備註
001	2:12	特羅亞	Troas	0886	新圖二	C3	
002	11:22	希伯來人	Hebrews	0439	新圖二	未繪	是代表居住在猶太本土，使用亞蘭文的猶太人。
003	11:32	大馬色	Damascus	0010	新圖二	D4	

加拉太書

編號	經節	中文地名	英文地名	詳解編號	圖號	地圖位置	備註
001	1:2	加拉太	Galatian	0173	新圖二	D34	是羅馬的一個省，分爲加拉太、呂高尼和彼西底三個地區。
002	1:17	耶路撒冷	Jerusalem	0790	新圖二	D5	
003	1:17	亞拉伯	Arabia	0535	新圖二	DE45	即是現今的阿拉伯大沙漠，當時尚包括西乃半島在內。
004	1:17	大馬色	Damascus	0010	新圖二	D4	
005	1:21	敘利亞	Syria	0742	新圖二	D4	是當時羅馬帝國的一個省，約是今日的敘利亞和黎巴嫩。
006	1:21	基利家	Cilicia	0947	新圖二	D4	位於土耳其東南部，是當時的一個省。
007	1:22	猶太	Judea	1011	新圖一	全	指猶太本土，包括加利利、撒瑪利亞、猶大和以土買。
008	2:3	希利尼人	Greek	0442	新圖二	未繪	指希臘人和已希臘化的外邦人。
009	2:11	安提阿	Antioch	0257-1	新圖二	D4	此城位於敘利亞。
010	2:13	猶太人	Jews	1010	新圖二	未繪	具有猶太血統的人，包括猶太本土和散佈在羅馬各地者。
011	4:24	西乃山	Sinai	0302-1	新圖二	D5	
012	6:16	以色列人	Israel	0131-1	新圖二	未繪	即是猶太人。

以弗所書

編號	經節	中文地名	英文地名	詳解編號	圖號	地圖位置	備註
001	1:1	以弗所	Ephesus	0134	新圖二	C4	
002	2:12	以色列人	Israel	0131	新圖二	未繪	具有猶太血統之人，即是猶太人。

腓立比書

編號	經節	中文地名	英文地名	詳解編號	圖號	地圖位置	備註
001	1:1	腓立比	Philippi	1015	新圖二	C3	
002	3:5	希伯來人	Hebrews	0439	新圖二	未繪	代表居住在猶太本地，使用亞蘭文的猶太人。
003	4:15	馬其頓	Macedonia	0892	新圖二	C3	羅馬的一省，現今希臘的北部，是希臘帝國的發源地。
004	4:16	帖撒羅尼迦	Thessalonica	0606	新圖二	C3	

歌羅西書

編號	經節	中文地名	英文地名	詳解編號	圖號	地圖位置	備註
001	1:2	歌羅西	Colosse	1107	新圖二	D4	
002	2:1	老底嘉	Laodicea	0297	新圖二	D4	
003	3:11	希利尼人	Greek	0442	新圖二	未繪	希臘人和已希臘化的外邦人。

編號	經節	中文地名	英文地名	詳解編號	圖號	地圖位置	備註
004	3:11	猶太人	Jews	1011	新圖二	未繪	具有猶太血統的人，包括猶太本土和散佈在羅馬各地者。
005	3:11	西古提人	Scythian	0318	新圖二	DE2	新約時代黑海和裡海北岸之居民，生活和文化水準甚低，可代表野蠻人。
006	4:13	希拉波立	Hierapolis	0446	新圖二	D4	

帖撒羅尼迦前書

編號	經節	中文地名	英文地名	詳解編號	圖號	地圖位置	備註
001	1:1	帖撒羅尼迦	Thessalonica	0606	新圖二	C3	
002	1:7	馬其頓	Macedonia	0892	新圖二	C3	羅馬的一省，現今希臘的北部，是希臘帝國的發源地。
003	1:7	亞該亞	Achaia	0553	新圖二	C4	羅馬的一省，約是希臘的南部，在馬其頓之南。
004	2:2	腓立比	Philippi	1015	新圖二	C3	
005	2:13	猶太人	Jews	1011	新圖二	未繪	具有猶太血統的人，包括猶太本土和散佈在羅馬各地者。
006	3:1	雅典	Athens	1022	新圖二	C4	

提摩太前書

編號	經節	中文地名	英文地名	詳解編號	圖號	地圖位置	備註
001	1:3	馬其頓	Macedonia	0892	新圖二	C3	羅馬的一省，現今希臘的北部，是希臘帝國的發源地。
002	1:3	以弗所	Ephesus	0134	新圖二	C4	

提摩太後書

編號	經節	中文地名	英文地名	詳解編號	圖號	地圖位置	備註
001	1:15	亞西亞	Asia	0527	新圖二	CD34	約是土耳其的西半部，在當時是羅馬帝國的一個大省，包括每西亞、呂彼亞、迦利亞、弗呂家等。
002	1:17	羅馬	Rome	1168	新圖二	B3	
004	3:11	安提阿	Antioch	0257-2	新圖二	D4	此城位於彼西底。
005	3:11	以哥念	Iconium	0144	新圖二	D4	
006	3:11	路司得	Lystra	1057	新圖二	D4	
007	4:10	帖撒羅尼迦	Thessalonica	0606	新圖二	C3	
008	4:10	加拉太	Galatia	0173	新圖二	D34	是羅馬的一個省，分為加拉太、呂高尼和彼西底三個地區。
009	4:10	撻馬太	Dalmatia	1150	新圖二	C3	即是以利哩古，位於馬其頓之北。
010	4:13	特羅亞	Troas	0886	新圖二	C3	
011	4:20	哥林多	Corinth	0834	新圖二	C4	
012	4:20	米利都	Miletus	0275	新圖二	C4	

提多書

編號	經節	中文地名	英文地名	詳解編號	圖號	地圖位置	備註
001	1:5	革哩底	Crete	0823	新圖二	C4	是地中海中部的一個大島，今名克里特 Crete。
002	3:12	尼哥波立	Nicopolis	0200	新圖二	C4	

希伯來書

編號	經節	中文地名	英文地名	詳解編號	圖號	地圖位置	備註
001	3:16	埃及	Egypt	0835-1	新圖二	CD5	即是今日的埃及，但國境較小，南方僅到亞斯旺為止。
002	7:1	撒冷	Salem	1123-1	新圖一	H5	多數人認為即是耶路撒冷，撒冷是其簡稱。
003	11:29	紅海	Red Sea	0766-2	出圖一	O2	可能是尼羅河三角洲的東北角，孟薩拉湖的東南端的湖，靠

編號	經節	中文地名	英文地名	詳解編號	圖號	地圖位置	備註
							近蘭塞城，當時係一生長蘆葦的湖泊。
004	11:30	耶利哥	Jericho	0785	新圖一	H5	
005	12:22	錫安山	Zion	1147	新圖一	H5	即是耶路撒冷城。
006	13:24	義大利	Italy	1044	新圖二	BC34	即是今日的義大利半島，當時是羅馬帝國的本土。

彼得前書

001	1:1	本都	Pontus	0204	新圖二	D3	約是黑海的南岸，是當時的一個省。
002	1:1	加拉太	Galatia	0173	新圖二	D34	是羅馬的一個省，分為加拉太、呂高尼和彼西底三個地區。
003	1:1	加帕多家	Cappadocia	0176	新圖二	D4	約是現今土耳其的中心部份，是當時的一個省。
004	1:1	亞西亞	Asia	0527	新圖二	CD34	約是土耳其的西半部，在當時是羅馬帝國的一個大省，包括每西亞、呂彼亞、迦利亞、弗呂家等。
005	1:1	庇推尼	Bithynia	0451	新圖二	D3	羅馬帝國在黑海西南岸的一省。
006	2:6	錫安	Zion	1147	新圖一	H5	即是耶路撒冷城，是政治和宗教的中心。
007	5:13	巴比倫	Babylon	0038	新圖二	E45	指兩河流域的南部，巴比倫帝國的發源地。

彼得後書

001	2:6	所多瑪	Sodom	0624	新圖一	H6	早在亞伯拉罕時代已被毀之城，可能是在死海的南部。
002	2:6	蛾摩拉	Gomorrah	1046	新圖一	H6	早在亞伯拉罕時代已被毀之城，可能是在死海的南部。

猶大書

001	1:5	埃及	Egypt	0835-1	新圖二	CD5	即是今日的埃及，但國境較小，南方僅到亞斯旺為止。
002	1:7	所多瑪	Sodom	0624	新圖一	H6	早在亞伯拉罕時代已被毀之城，可能是在死海的南部。
003	1:7	蛾摩拉	Gomorrah	1046	新圖一	H6	早在亞伯拉罕時代已被毀之城，可能是在死海的南部。

啓示錄

001	1:4	亞西亞	Asia	0527	啓圖一	DE45	約是土耳其的西半部，在當時是羅馬帝國的一個大省，包括每西亞、呂彼亞、迦利亞、弗呂家等。
002	1:9	拔摩	Patmos	0625	啓圖一	D5	土耳其西邊海中的一個小島。
003	1:11	以弗所	Ephesus	0134	啓圖一	D5	
004	1:11	士每拿	Smyrna	0015	啓圖一	D5	
005	1:11	別迦摩	Pergamum	0399	啓圖一	D5	
006	1:11	推雅推喇	Thyatira	0974	啓圖一	D5	
007	1:11	撒狄	Sardis	1124	啓圖一	D5	
008	1:11	非拉鐵非	Philadelphia	0677	啓圖一	D5	
009	1:11	老底嘉	Loadicea	0297	啓圖一	D5	
010	2:9	猶太人	Jews	1011	新圖二	未繪	以色列人的後裔或信奉猶太教的人。
011	2:9	以色列人	Israelites	0131-1	新圖二	未繪	即是猶太人。
012	9:11	希伯來	Hebrews	0439	新圖二	未繪	即是當時居住在猶太本土的猶太人所用的亞蘭語言。
013	9:11	希利尼	Greeks	0442	新圖二	未繪	即希臘話，是當時散居在羅馬各屬地的猶太人所用者。
014	9:14	伯拉河	Euphrates	0335	新圖二	DE45	即是幼發拉底河。

編號	經節	中文地名	英文地名	詳解編號	圖號	地圖位置	備註
015	11:8	所多瑪	Sodom	0624	新圖一	H6	早在亞伯拉罕時代已被毀之城，可能位於死海之南部。
016	11:8	埃及	Egypt	0835-1	新圖二	CD5	即是今日的埃及，但國境較小，南方僅到亞斯旺為止。
017	14:1	錫安山	Zion	1147	新圖二	D5	即是耶路撒冷城。
018	14:8	巴比倫	Babylon	0038	新圖二	E5	
019	16:16	哈米吉多頓	Armageddon	0732	新圖二	H3??	位置不明，有可能是米吉多山，因名字相近，而且它是舊約中著名的大戰場之一，另亦有人認為是羅馬或者是耶路撒冷。

英文地名索引

A

Abana	0560	亞罷拿(河)
Abarim	0519	亞巴琳(山)
Abdon	0628	押頓
Abel	0520	亞比拉
Abel-beth-maachah	0592	亞伯伯瑪迦
Abel-keramim	0598	亞備勒基拉明
Abel-maim	0573	亞伯瑪音
Abel-meholah	0593	亞伯米何拉
Abel-shittim	0572	亞伯什亭
Abez	0485	亞別
Abilene	0569	亞比利亞(省)
Abimael	0570	亞比瑪利(人)
Abronah	0667	阿博拿
Accad	0479-1	亞甲(人,國)
Acco	0491-1	亞柯
Acco	0491-2	亞柯(平原)
Achaia	0553	亞該亞(省)
Achmetha	0541	亞馬他
Achor	0500-1	亞割(谷)
Achor	0500-2	亞割(谷)
Achshaph	0629	押煞
Achzib	0540-1	亞革悉
Achzib	0540-2	亞革悉
Adadah	0517	亞大達
Adam	0507	亞當
Adamah	0516	亞大瑪
Adami-nekeb	0589	亞大米尼吉
Adar	0554	亞達珥
Addan	0626	押但
Addon	0504	亞頓
Adithaim	0578	亞底他音
Admah	0630	押瑪
Adoraim	0571	亞多萊音
Adramyttium	0568	亞大米田
Adria	0532	亞底亞(海)
Adullam	0530	亞杜蘭
Adummim	0549	亞都冥(坡)
Aenon	0737	哀嫩
Agagites	0479-2	亞甲(人)
Ahava	0538	亞哈瓦(河)
Ahlab	0552	亞黑拉
Ahohite	0481	亞合(人)
Ahohite	0539	亞哈希(人)
Ai	0299	艾
Ai	1040	愛
Aiath	0505	亞葉
Aija	0503	亞雅
Aijalon	0550-2	亞雅崙
Aijalon	0550-2	亞雅
Aijalon	0550-3	亞雅崙(谷)
Aijalon	0551	亞雅倫
Ain	0483-1	亞因
Ain	0483-2	亞因
Ain	0483-3	亞因
Ain	0483-4	亞因
Ain	0489	亞延
Akrabbim	0576	亞克拉濱(坡)
Alemeth	0668	阿勒篾
Alexandria	0567	亞力山太
Allammelech	0579	亞拉米勒
Almodad	0559	亞摩答(人)
Almon	0548	亞勒們
Almon-diblathaim	0599	亞門低比拉太音
Aloth	0502	亞祿
Alush	0512	亞錄
Amalek	1076	瑪吉(地)
Amad	0480	亞末
Amalekites	0557	亞瑪力(人)
Amam	0497	亞曼
Amana	0561	亞瑪拿(山峰)
Ammah	0508	亞瑪
Ammon	0494	亞捫(地)
Amorites	0558	亞摩利(人)
Amphipolis	1043	暗妃波里
Anab	0543	亞拿伯
Anaharath	0581	亞拿哈拉
Anak	0490	亞衲(人)
Anamim	0542	亞拿米(人)
Ananiah	0566	亞難雅
Anathoth	0544	亞拿突
Anem	0484	亞年
Aner	0475	亞乃
Anim	0487	亞念
Antioch	0257-1	安提阿(敘利亞)
Antioch	0257-2	安提阿(彼西底)
Antipatris	0259	安提帕底
Apharsachite	0577	亞法撒迦(人)
Apharsathchites	0594	亞法薩提迦(人)
Apharsites	0531-2	亞法撒(地)

Baal-hamon	0045	巴力哈們	Betah	0059	比他
Baal-hazor	0049	巴力夏瑣	Beten	0060	比田
Baal-hermon	0050-1	巴力黑們(山)	Beth-anath	0351	伯亞納
Baal-hermon	0050-2	巴力黑們	Beth-anoth	0353	伯亞諾
Baal-meon	0037	巴力兔	Bethany	0339-1	伯大尼
Baal-peor	0048	巴力毘珥	Bethany	0339-2	伯大尼
Baal-perazim	0057	巴力毘拉心	Beth-arbel	0374	伯亞比勒
Baal-shalisha	0058	巴力沙利沙	Beth-aven	0350-1	伯亞文
Baal-tamar	0044	巴力他瑪	Beth-aven	0350-2	伯亞文
Baal-zephon	0046	巴力洗分	Beth-aven	0350-3	伯亞文
Babel	0030	巴別	Beth-aven	0350-4	伯亞文
Babylon	0038	巴比倫	Beth-azmaveth	0381	伯亞斯瑪弗
Baharumite	0042	巴路米(人)	Beth-baal-Meon	0369	伯巴力勉
Bahurim	0039	巴戶琳	Beth-barah	0341	伯巴拉
Balah	0031-4	巴拉	Beth-birei	0340	伯比利
Bamah	0035	巴麻	Beth-car	0333	伯甲
Bamoth	0026	巴末	Beth-dagon	0338-1	伯大袞
Bamoth-baal	0051	巴末巴力	Beth-dagon	0338-2	伯大袞
Barhumite	0043	巴魯米(人)	Beth-diblathaim	0382	伯低比拉太音
Bashan	0032-1	巴珊(地)	Beth-eden	0347	伯伊甸
Bashan	0032-2	巴珊(山)	Bethel	0364-1	伯特利
Bath-rabbim	0055	巴特拉併	Bethel	0364-2	伯特利(山)
Bayith	0034	巴益	Bethel	0364-3	伯特利
Bealoth	0082-1	比亞綠	Beth-emek	0342	伯以墨
Bealoth	0082-2	比亞綠	Bether	0066	比特(山)
Beer	0067-1	比珥	Bethesda	0980	畢士大
Beer	0067-2	比珥	Beth-ezel	0343	伯以薛
Beer-elim	0087	比珥以琳	Beth-gamul	0363	伯迦末
Beer-lahai-roi	0452	庇耳拉海萊	Beth-gilgal	0345	伯吉甲
Beeroth	0073	比錄	Beth-haccerem	0375	伯哈基琳
Beeroth-bene-jaakan	0090	比羅比尼亞干	Beth-haggan	0358	伯哈干
Beersheba	0398	別是巴	Beth-haram	0352	伯亞蘭
Be-eshterah	0088	比斯提拉	Beth-haran	0359	伯哈蘭
Bela	0063	比拉	Beth-hoglah	0360	伯曷拉
Bene-berak	0084	比尼比拉	Beth-horon	0354	伯和崙
Bene-jaakan	0085	比尼亞干	Beth-jesimoth	0377	伯耶西末
Benjamin	0684	便雅憫(人,地)	Beth-jesimoth	0378	伯耶施末
Beon	0074	比穩	Beth-joab	0361	伯約押(人)
Berachah	0081	比拉迦	Beth-le-aphrah	0372	伯亞弗拉
Berea	0450	庇哩亞	Beth-lebaoth	0371	伯利巴勿
Bered	0028	巴列	Bethlehem	0349-1	伯利恆
Berites	0062	比利(人)	Bethlehem	0349-2	伯利恆
Berothah	0083-2	比羅他	Beth-maachah	0366	伯瑪迦
Berothai	0083-1	比羅他	Beth-marcaboth	0379	伯瑪加博
Besor	0070	比梭(溪)	Beth-marcaboth	0380	伯瑪嘉博

Beth-meon	0346	伯米恩	Cabul	0809-2	迦步勒(地)
Beth-merhak	0367	伯墨哈	Caesarea	1051	該撒利亞
Beth-millo	0271-1	米羅(人)	Caesarea-philippi	1052	該撒利亞腓立比
Beth-nimrah	0365	伯寧拉	Calah	0796	迦拉
Beth-pazzez	0356	伯帕薛	Caleb	0801	迦勒(地)
Beth-pelet	0355	伯帕列	Caleb-ephratah	0819	迦勒以法他
Beth-peor	0362	伯毘珥	Calneh	0207-1	甲尼
Beth-phage	0357	伯法其	Calneh	0207-2	甲尼
Beth-rehob	0348	伯利合	Calno	0810	迦勒挪
Bethsaida	0368-1	伯賽大	Camon	0167	加們
Bethsaida	0368-2	伯賽大	Cana	0798	迦拿
Beth-shan	0336	伯珊	Canaan	0797	迦南(地)
Beth-shan	0337	伯善	Canneh	0014	干尼
Beth-shemesh	0344-1	伯示麥	Capernaum	0808	迦百農
Beth-shemesh	0344-2	伯示麥	Caphtor	0812	迦斐託(島)
Beth-shemesh	0344-3	伯示麥	Cappadocia	0176	加帕多加(省)
Beth-shemesh	0344-4	伯示麥	Carchemish	0816	迦基米設
Beth-shittah	0376	伯哈示他	Carchemish	0817	迦基米施
Beth-srabah	0373	伯亞拉巴	Carmel	0802-1	迦密
Beth-tappuah	0370	伯他普亞	Carmel	0802-2	迦密(山)
Bethuel	0622	彼土利	Casiphia	0813	迦西斐雅(地)
Bethul	0075	比土力	Casluhim	0818	迦斯路希(地)
Beth-zur	0334	伯夙	Cenchrea	0992	堅革哩
Betonim	0076	比多寧	Chaldea	0811	迦勒底(地)
Beyond the river	0655	河西省	Chebar	0807	迦巴魯(河)
Bezek	0061-1	比色	Chemosh	0909-1	基抹
Bezek	0061-2	比色	Chephar-haammoni	0961	基法阿摩尼
Bezer	0069	比悉	Chephirah	0944	基非拉
Bileam	0065	比連	Cherethite	0945	基利提(人)
Bilhah	1047	辟拉	Cherith	0901	基立(溪)
Bithron	0979	畢倫	Cherub	0926	基綠
Bithynia	0451	庇推尼(省)	Chesalon	0939	基撒崙
Bizjothiah	0089	比斯約他	Chesil	0900	基失
Bochim	0657	波金	Chesulloth	0943	基蘇律
Bohan	0656	波罕	Chezib	0919	基悉
Bozez	1120	播薛	Chidon	0923-2	基頓(禾場)
Bozkath	0659	波斯加	Chilmad	0909-2	基抹(人)
Bozrah	0660-1	波斯拉	Chinnereth	0951-1	基尼烈(湖)
Bozrah	0660-2	波斯拉	Chinnereth	0951-2	基尼烈(城)
Buz	0203	布斯(人)	Chinnereth	0951-3	基尼烈(地)
Buzites	0201	布西(人)	Chios	0908	基阿(島)
			Chisloth-tabor	0251	吉斯綠他泊
C			Chitlish	0936	基提利
Cabbon	0793	迦本	Chittim	0920	基提(島)
Cabul	0809-1	迦步勒	Chorashan	1106	歌拉珊

Patara	0608	帕大喇	Rabbah	0633-1	拉巴
Pathros	0041	巴忒羅	Rabbah	0633-2	拉巴
Pathrusim	0611	帕斯魯細(地)	Rabbith	0644	拉壁
Patmos	0625	拔摩(島)	Rachal	0648	拉哈勒
Pau	0033	巴烏	Rahab	0647	拉哈伯
Pekod	0072	比割	Rakkath	0635	拉甲
Peleg	0661	法勒(人)	Rakkon	0639	拉昆
Pelethites	0078	比利提(人)	Ramah	0641-2	拉瑪
Pelonite	0068	比倫(人)	Ramah	0641-3	拉瑪
Penuel	0764	毗努伊勒	Ramah	0641-4	拉瑪
Peor	0760	毗珥	Ramah	0641-5	拉瑪
Perazim	0762	毗拉心(山)	Ramah	0641-6	拉瑪
Perez-Uzzah	0765	毗列斯烏撒	Ramathaim-zophim	0650	拉瑪瑣非
Perga	0397	別加	Ramath-lehi	0649	拉末利希
Pergamum	0399	別迦摩	Ramath-mizpeh	0651	拉抹米斯巴
Perizzites	0077	比利洗(人)	Rameses	1178-1	蘭塞(地)
Persia	0658	波斯(地)	Ramoth	0634-1	拉末
Pethor	0761	毗奪	Ramoth	0634-2	拉末
Pharpar	0662	法珥法(河)	Ramoth	0634-3	拉末
Philadelphia	0677	非拉鐵非	Red Sea	0766-1	紅海
Philippi	1015	腓立比	Red Sea	0766-2	紅海
Philistia	0676-1	非利士(人,地)	Red Sea	0766-3	紅海
Philistia	0676-2	非利士(路)	Rehob	0401-1	利合
Phoenicia	1016	腓尼基(地)	Rehob	0401-2	利合
Phoenix	0675	非尼基	Rehob	0401-3	利合
Phrygia	0261	弗呂家(省)	Rehoboth	0414-2	利河伯
Pibeseth	0079	比伯實	Rehoboth	0414-3	利河伯
Pi-hahiroth	0086	比哈希錄	Rehoboth.Ir	0414-1	利河伯
Pirathon	0080	比拉頓	Rekem	0405	利堅
Pisgah	0763	毗斯迦(山)	Remeth	0408	利篾
Pishon	0071	比遜(河)	Rephaim	0413-1	利乏音(人)
Pisidia	0623	彼西底	Rephaim	0413-2	利乏音(谷)
Pithom	0064	比東	Rephidim	0416	利非訂
Pontus	0204	本都(地)	Resen	0409	利鮮
Prath	0335	伯拉(河)	Reuben	0873	流便(地)
Ptolemais	0255	多利買	Reuben	0875	流便的溪水
Puhites	0202	布特(人)	Rezeph	0402	利色
Pul	1041	普勒	Rhegium	0418	利基翁
Punon	1042	普嫩	Rhodes	1167	羅底(島)
Put	0260	弗(人)	Riblah	0412-1	利比拉
Puteoli	0985	部丟利	Riblah	0412-2	利比拉
			Rimmon	0404	利門
R			Rimmon	1162-1	臨門
Raamah	0641-1	拉瑪	Rimmon	1162-2	臨門
Raamses	1178-2	蘭塞(城)	Rimmon	1162-3	臨門

Rimmono	1163	臨摩挪
Rimmon-parez	1164	臨門帕列
Riphath	0407	利法(人)
Rissah	0897	勒撒
Rithmah	0419	利提瑪
Rogelim	1172	羅基琳
Rome	1168	羅馬(城,國)
Rosh	1170	羅斯
Rumah	1146	魯瑪

S

Sabean	0210-3	示巴(人)
Sabtah	1131	撒弗他(地)
Sabtechah	1140	撒弗提迦(地)
Salah	0458	沙拉(地)
Salamis	1133	撒拉米
Salcah	1127	撒迦
Salem	1123-1	撒冷
Salim	1123-1	撒冷
Salmone	1138	撒摩尼(島)
Salt Sea	1180	鹽海
Samaria	1142	撒瑪利亞(城,地)
Samos	1130	撒摩(島)
Samothrace	1143	撒摩特喇(島)
Sansannah	0003	三撒拿
Sardis	1124	撒狄
Sarid	1122	撒立
Scythian	0318	西古提(人)
Seba	0303	西巴(人)
Secacah	0325	西迦迦
Sechu	0307	西沽(井)
Seir	0311-1	西珥(山,地)
Seir	0311-2	西珥(山)
Seirah	0320	西伊拉
Sela	0306-2	西拉
Sela	0306-3	西拉
Sela-hammahlekoth	0332	西拉哈瑪希羅結
Seleucia	0326	西流基
Senaah	0310	西拿
Seneh	0304-2	西尼
Senir	0219	示尼珥(山)
Sephar	0313	西發(地)
Sepharad	0324	西法拉
Sepharvaim	0331	西法瓦音
Shaalabbin	0467	沙拉賓

Shaalbim	0464	沙賓
Shaalbonite	0456	沙本(人)
Shaaraim	0466-1	沙拉音
Shaaraim	0466-2	沙拉音
Shahazimah	0469	沙哈洗瑪
Shalim	0461	沙琳(地)
Shalisha	0465	沙利沙(地)
Shamir	0459-1	沙密
Shamir	0459-2	沙密
Shaphir	0462-2	沙斐
Sharon	0460-1	沙崙(地)
Sharon	0460-2	沙崙(地)
Sharuhen	0468	沙魯險
Shaveh	0463	沙微 (谷)
Shaveh-kiriathaim	0470	沙微基列亭
Sheba	0210-1	示巴(地)
Sheba	0210-2	示巴(地)
Sheba	0210-5	示巴(地)
Shebah	0210-4	示巴(地)
Shebam	0213	示班
Shebarim	0218	示巴琳
Shechem	0216	示劍
Sheleph	0457	沙列(地)
Shelishiyah	0745	施利施亞
Shem	0828	閃(族)
Shema	0215	示瑪
Shen	0991	善
Shepham	0214	示番
Shepher	0462-1	沙斐 (山)
Sheshach	0221	示沙克
Shibmah	0317	西比瑪
Shicron	0744	施基崙
Shihor-libnath	0448	希曷立納(河)
Shilhim	1063	實忻
Shiloh	0217	示羅
Shimeathites	0220	示米押(人)
Shimron	0383	伸崙
Shimron-meron	0384	伸崙米崙
Shinar	0212	示拿(地)
Shion	0211	示按
Shiphmite	1064	實弗米(人)
Shittim	0024-1	什亭
Shoa	0865-1	書亞
Shual	0865-2	書亞
Shuhite	0865-3	書亞(人)

其他

附錄 之一

英文地名對照表

1. 表中1、2、3、4、5、6、之數字等係指參考書目之編號，在下表中的則是代表地名的來源。

2. 本表僅包括城鎮、河流、山峰等，至於地區則請參看第5、6項和其他之參考書籍。未能確定的地名均未列入此表。

3. 括弧內的字是指希伯來文英譯後之地名，在不同版本中拼法之差別很少。

4. 現在之地名都是從阿拉伯文譯成英文，在不同的版本中往往有拼法上之差異，在下表中全都分別列出，以供參考，表中的粗體字表示本書所採用之地名。

5. 表中之六位數字如165272等係 Palestine-Syrian grid of coordinates (編註：此為巴勒斯坦和敘利亞考古地理的座標系統)之座標，單位為公里，前三位數代表橫座標，後三位數代表縱座標，由此系統就可以用直三角形的公式來計算弦長，即可得出兩地之距離。此一資料只有在第3及第4兩書中才有，而且僅僅只包括巴勒斯坦和敘利亞地區兩者，凡有此數字者，其位置均十分正確，但是精準度仍在兩公里之內。

6. 表中的一些「？」問號，是代表資料尚有未解決的問題，同時這些書都已經有相當的年代。其中只有 Oxford Bible Atlas是1993年出版的，資料最新，而且地名在該書的地圖上都有確定的位置，所以大部份的「？」可能已經不具有太大的意義。至於仍有疑問的，則在詳解中用「可能的位置是」或「位置尚有爭議」等予以說明。

7. 參考書目

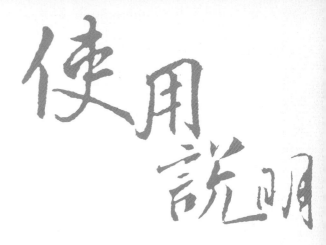

(1).Oxford 1993. 1, **Oxford Bible Atlas**, by Herbert G.May, 3rd Edition, 1993, Oxford University Press .

(2).**Bible Atlas**, by Yohanan Aharoni, Revised Edition, 1977, MacMillan Publishing Company.

(3).**The Land of the Bible**，Yohanan Aharoni., 1979, The Westminster Press.

(4).**Student Map Manual**, by J.Monson, 1979, Zondervan Publishing House.

(5).**The Zondervan Pictorial Encyclopedia of the Bible**, General Editor: Merrill C.Tenney, 1976, The Zondervan Publishing House.

(6).**Unger's Bible Dictionary**, by Merrill F.Unger, 3rd Edition, 1985, Moody.

A

Abana	0560	亞罷拿(河)	1,5,6,**Nahr Barada**
Abdon	0628	押頓	1,2,3,**Kh.'Abdeh[T.'Avdon]** 2,'Ain Ibl 4,Kh.Abda [T.Avdon] 165272
Abel	0520	亞比拉	1,3,**T.Abil [T.Avel Bet Ma'akha]**　231231
Abel-beth-maachah	0592	亞伯伯瑪迦	1,T.Abil 2,3,4,5,**Abil el-Qamh [T.Avel Bet Ma'akha]** 204296 6,Abil el-Kumh
Abel-keramim	0598	亞備勒基拉明	3,4,?5,**Naur**　228142
Abel-maim	0573	亞伯瑪音	1,T.Abil 2,5,**Abil el-Qamh [T.Avel Bet Ma'akha]** 6,Abil el-Kumh
Abel-meholah	0593	亞伯米何拉	1,3,4,**T.Abu Sus** 2,?Kh.T.el-Hilu　203197 6,T.el-Maqlub
Abel-shittim	0572	亞伯什亭	1,2,3,4,6,**T.el-Hammam**　214138 5,T.Kefrein
Abronah	0667	阿博拿	2,?4,?**Umm Rashrash** 4,[Elat] 145884
Acco	0491-1	亞柯	1,2,3,4,5,**T.el-Fukhkhar [T.'Akko]**　158258
Achmetha	0541	亞馬他	1,5,6,**Hamadan**
Achor	0500-2	亞割(谷)	1,**el-Biqei'a** 5,el-Buqe'ah SW of Jericho 6, wadi Daber and Wadi Mukequent
Achshaph	0629	押煞	1,2,3,4,**Kh.el-Harbaj [T.Regev]** 158240 5,6,T.Kisan
Achzib	0540-1	亞革悉	1,2,3,5,**Kh.T.el-Beida [H.Lavnin]**　145116
Achzib	0540-2	亞革悉	1,2,3,4,5,**ez-Zib [T.Akhziv]**　159272 6,es-Zib
Adadah	0517	亞大達	1,**'Ar'arah** 3,5,Kh.'Ararah[H'Aroer] 148062
Adam	0507	亞當	1,2,3,5,**T.ed-Damiyeh**　4, T.ed-Damiya 201167 6,T.ed-Damieh
Adamah	0516	亞大瑪	1,**Abu esh-Shiba** 2,3,?4,?Qarn Hattin[Qarne Hittim] 193245 6,T.ed-Damiyeh
Adami-nekeb	0589	亞大米尼吉	1,5,6,**Kh.Damiyeh [T.Adami]** 2,3,4,Kh.et-Tell[T.Adami] 193239
Adar	0554	亞達珥	5,Kh.el-qudeirat 2,3,4,**Ain Qudeis**
Adithaim	0578	亞底他音	1,**Kh.el-Haditheh**
Adoraim	0571	亞多萊音	1,2,3,4,5,**Dura**　152101
Adramyttium	0568	亞大米田	1,**Edremit**

Adullam	0530	亞杜蘭	1,2,5,6,**T.esh-Sheikh Madhkur [H.Adullam]** 3,4,esh-Sheikh Madhkur [H.Adullam] 150117
Adummim	0549	亞都冥(坡)	1,2,5,6,**Tal'at ed-Damm**
Aenon	0737	哀嫩	1,**Springs N.of Kh.Umm el ʻUmdan** 4,Umm el ʻUmdan 199199
Ahlab	0552	亞黑拉	1,2,3,5,**Kh.el-Mahalib** 172303
Ai	0299	艾	1,3,5,6,**et-Tell** 2,4,Kh.et-Tell 174147
Aiath (Aialon)	0505	亞葉	1,5,6,**et-Tell** 2,3,?4?,Kh.Haiyan 175145
Aija	0503	亞雅	5,6,Alt.of Ai
Aijalon	0550-1	亞雅崙	1,2,3,6,**Yalo** 2,[H.Ayyalon] 4,Yalu 152138
Aijalon	0550-2	亞雅崙	1,**Kh.el-Lon**
Aijalon	0550-3	亞雅崙(谷)	1,**W.Selman**
Aijalon	0551	亞雅倫	1,2,3,6,**Yalo** 2,[H.Ayyalon] 4,Yalu 152138
Ain	0489	亞延	6,**Ain el-Azy**?
Akrabbim	0576	亞克拉濱(坡)	1,5,**Naqb es-Safa**
Alemeth	0668	阿勒篾	1,3,4,**Kh.'Almit** 176136
Alexandria	0567	亞力山太	1,**Iskandariyeh**
Almon	0548	亞勒們	1,2,3,4,6,**Kh.Almit** 176136
Almon-diblathaim	0599	亞門低比拉太音	1,2,3,4,**Khirbet Deleilat esh-Sherqiyeh** 228116 6,Deleilat el-Gharbiyeh
Amphipolis	1043	暗妃波里	1,Nechori,Amfipolis
Anab	0543	亞拿伯	1,3,**Kh.'Anab es-Seghireh** 2,Kh.'Anab el-Kebireh 4,Kh.Annab es-Saghira 145091 6,Kh.Anab
Anaharath	0581	亞拿哈拉	1,5,**en-Na'ura**? 2,3,?4?,[T.Rekhesh]T.el-Mukharkhash? 194228 6,en-naurah
Ananiah	0566	亞難雅	1,3,4,**el-'Azariyeh** 174131 5,el'Aziriyeh
Anathoth	0544	亞拿突	1,2,3,4,**Ras el-Kharrubeh** 174135 5,Ras el-Harrubeh
Anim	0487	亞念	1,2,3,4,5,**Kh.Ghuwein et-Tahta [H.'Anim]** 156084 6,Kh.Ghuwein
Antioch (Syria)	0257-1	安提阿	1,**Antahiyeh** [Antahya]
Antioch (Pisidia)	0257-2	安提阿	1,**Yalvaq**

Antipatris	0259	安提帕底	1,5,**Ras el-'Ain**
Aphek	0482-1	亞弗	1,2,3,5,6,**Ras el-'Ain** 2,3,4,[**T.Afeq**] 4,Ras el-Ein 143168
Aphek	0482-2	亞弗	1,2,3,4,5,6,**T.Kurdaneh [T.Afeq]** 160250
Aphek	0482-3	亞弗	1,Fig 3,4,?**Kh.el-'Asheq?**['En Gev] 210243
Aphek	0482-4	亞弗	1,3,5,6,**Afqa** 231382
Aphekah	0533	亞非加	1,**Kh.Kana'an**
Aphik	0529	亞弗革	1,6,**T.Kurdaneh [T.Afeq]**
Apollonia	0595	亞波羅尼亞	1,**Pollina**
Ar	0493	亞珥	1,2,4,**el-Misna'** 224076
Arab	0486	亞拉	1,2,5,6,**Kh.er-Rabiyeh**
Arabah	0536-1	亞拉巴(地區)	1,**el-Ghor**
Arad	0534	亞拉得	1,2,3,6,**T.'Arad [T.'Arad]** 4,T.Urad[T.Arad] 162076
			1,Kh.er-Rabiyeh 2,3,4,[**T.Malhata]T.el-Milh**] 152069
Ararat	0537-2	亞拉臘(地)	1,**Urartu**, r.eq.later Armenia
Arimathea	0575	亞利馬太	1,2,4,5,**Rantis** 151159 6,Rentis
Arnon	0509	亞嫩(河)	1,**Wadi Mojib** 2,Wadi Mujib
Aroer (Moab)	0565-1	亞羅珥	1,3,4,5,6,**Ara'ir** 2,'Aro'er 228097
Aroer (Negeb)	0565-2	亞羅珥	1,6,**'Ar'arah [H.'Aroer]** 2,3,4,5,Kh. 'Ar'arah [H.'Aroer] 148062
Arpad	0546	亞珥拔	1,6,**T.Erfad** 2,T.er-Refad 5,T.Refad
Arubboth	0562	亞魯泊	1,6,**'Arrabeh** 5,'Arrabeh or T.er-Ras
Arumah	0563	亞魯瑪	1,**Kh.el-'Ormeh** 2,3,Kh.el-'Ormah 4,el-Uma 180172
Arvad	0506	亞發(島)	1,**Ruwad** Erwad, 3,er-Ruad 229473 5,Ruad 6,Ruwad
Arvad	0522	亞瓦底(島)	1,**Ruwad** Erwad, 3,er-Ruad 229473 5,Ruad 6,Ruwad
Ashan (Simeon)	0492-2	亞珊	1,5,**Kh.Asan**
Ashdod	0556	亞實突	1,2,4,**Isdud [T.Ashdod]** 3,Esdud [T.Ashdod] 117129
Ashkelon	0586	亞實基倫	1,2,3,**'Asqalan[T.Ashqelon]** 107118
Ashnah	0555-1	亞實拿	1,5,**'Aslin**
Ashnah	0555-2	亞實拿	1,5,**Idhna**
Ashtaroth	0584	亞斯他錄	1,2,3,4,**T.'Ashtarah** 243244

Ataroth	0518	亞大錄	1,2,3,4,5,**Kh.'Attarus** 213109
Ataroth	0525-1	亞他綠	1,**Kefr Aqab**
Ataroth	0525-2	亞他綠	1,**T.Mazar** 5,T.el-Mazar?
Ataroth	0526	亞他錄	1, **Kh.Attarus**
Ataroth-addar	0590	亞他綠亞達	1,**Kefr Aqab** 4,?Raddana 169146
Athach	0510	亞撻	1,Kh.'ater[**T.Eter**] 5,**Kh.el'Ater** 6,Kh.Attir
Attalia	0515	亞大利	1,**Antalya**
Ava,Avva	0478	亞瓦	1,**T.Kefr 'Aya**
Aven	0477-2	亞文	1,T.Husn
Azekah	0528	亞西加	1,5,**T,Zakariyeh [T.'Azeqa]** 2,3,4,Kh.T,Zakariyeh [T.'Azeqa] 144123
Azmaveth	0585	亞斯瑪弗	1,2,3,**Hizmeh** 175138 4,Ras Dhukeir(Hizma) 174137 5,el-Hizmeh
Azmaveth	0632	押瑪弗	1,2,3,**Hizmeh** 175138 4,Ras Dhukeir(Hizma) 174137 5,el-Hizmeh
Azmon	0627	押們	1,**Qeseimeh** 2,3,?Ain Muweilih 4,Ein Muweila 085010 5,Ain el-Qaseimeh
Aznoth-tabor	0597	亞斯納他泊	1,4,**Kh.Umm Jubeil [T.Aznot Tavor]** 2,3,Kh.el-Jubeil [T.Aznot Tavor] 186237 6,Amm Jebeil
Azotus	0564	亞鎖都	1,**Isdud**

B

Baal-gad	0047	巴力迦得	1,5,**Hasbaiya**?
Baal-hazor	0049	巴力夏瑣	1,2,3,4,**T.'Asur** 177153 5,Jebel el-Asur
Baal-meon	0037	巴力兔	1,2,5,6,**Ma'in**
Baal-peor	0048	巴力毘珥	1,**Kh.'Ayun Musa**
Baal-perazim	0057	巴力毘拉心	1,el-Araj 4,?**ez-Zuhur** 167127 5,**Sheikh Bedr** NW of Jerusalem
Baal-shalishah	0058	巴力沙利沙	1,5,**Kefr Thilth**
Baal-tamar	0044	巴力他瑪	1,**Ras et-Tawil**? 6,**Erhah**?
Baalah	0031-1	巴拉	1,2,**T.el-Azhar**
Baalah	0031-2	巴拉(山)	1,5,**Mughar** 2,?el-Mughar

Baalah	0031-3	巴拉	1,**Kh.Abu Tulul**
Baalath	0031-5	巴拉	1,**Qatra**
Baalath-beer	0053	巴拉比珥	2,??4,?**Bir Rakhmeh[Beer Yeroham]**, 138043
Baale-judah	0054	巴拉猶大	1,**T.el-Azhar** 5,same as Kiriath-jearim
Baharumite	0042	巴路米(人)	5,**Ras et-Temim**
Bahurim	0039	巴戶琳	2,?**Ras el-Temim** 4,Ras et-Tumein? 174133 5,Ras et-Tmim
Balah	0031-4	巴拉	1,**Kh.Abu Tulul**
Bamoth	0026	巴末	1,5,**Kh.el-Quweiqiyed**
Bamoth-baal	0051	巴末巴力	1,5,**Kh.el-Quweiqiyed**
Barhumite	0043	巴魯米(人)	5,**Ras et-Temim**
Beer	0067-2	比珥	1,6,**el-Bireh**
Beer-lahai-roi	0452	庇耳拉海萊	5,Ain Kadis at **Ain Muweileh?**
Beeroth	0073	比錄	1,2,**Nebi Samwil?** 5,Nebi Samwil?or el-gib or T.en-Nasbeh
Becroth-bene-jaakan	0090	比羅比尼亞干	1,5,**Birein**
Beersheba	0398	別是巴	1,3,4,5,**T.es-Seba'[T.Beer Shev'a]** 134072
Beersheba,Valley	0398	別是巴	1,5,**Wadi Bir es-Seba'**
Bela	0063	比拉	2,**es-Safi**
Bene-berak	0084	比尼比拉	1,3,4,**Ibn Beraq [H.Bene-beraq]** 133160 5,el-Kheiriyeh 6,Ibn Abrak
Bene-jaakan	0085	比尼亞干	1,**Birein**
Beon	0074	比穩	1,5,**Ma'in**
Berachah	0081	比拉迦	1,**Wadi Ghar** 5,Wadi Bereikut
Bered	0028	巴列	6,**el-Khulasah?**
Berea	0450	庇哩亞	1,**Verria**
Berothah	0083-2	比羅他	2,3,5,6,**Bereitan** 257372
Besor	0070	比梭(溪)	1,5,6,**Wadi Ghazzeh [Habesor]** 2,4,[Nahal Ha-Besor] Wadi Shelaleh
Beten	0060	比田	1,2,3,4,**Kh.Ibtin**(Abtun)**[H.Ivtan]** 160241 6,Abtun
Beth-anath	0351	伯亞納	1,2,3,4,?5,?**Safed el-Battikh**? 190289
Beth-anoth	0353	伯亞諾	1,3,5,**Kh.Beit'Anun** 2,Kh.Beit'Anum 4,Kh.Beit Einum 162107

Beth-arabah	0373	伯亞拉巴	5,**Ain el-Gharabeh**
Beth-arbel	0374	伯亞比勒	1,2,3,6,**Irbid** 229218
Beth-aven	0350-3	伯亞文	1,**Beitin**
Beth-azmaveth	0381	伯亞斯瑪弗	1,2,3,6,**Hizmeh** 175138 5,el-Hizmeh
Beth-baal-Meon	0369	伯巴力勉	1,2,3,4,5,6,**Ma'in** 219120
Beth-dagon	0338-1	伯大袞	1,6,**Kh.Dajun [Bet Dagan]** 2,3,4,[Bet Dagon] Beit Dajan 134156
Beth-dagon	0338-2	伯大袞	4,Beit jann? 185263
Beth-diblathaim	0382	伯低比拉太音	1,2,5,**Kh.Deleilat esh-Sherqiyeh** 228116
Beth-emek	0342	伯以墨	1,2,3,6,**T..Mimas** 2,3,[T.Bet Ha-'Emeq] 164263 5,T.el-Mimas
Beth-ezel	0343	伯以薛	1,5,6,**Deir el-Asal**
Beth-gamul	0363	伯迦末	1,2,3,4,**Kh.ej-Jumeil** 235099 5,el-Jemeil 6,Ummer Rasas
Beth-gilgal	0345	伯吉甲	1,**Kh.el-Mefjir?**
Beth-haccerem	0375	伯哈基琳	1,2,3,4,**Kh.Salih [Ramat Rahel]** 170127 5,Ain Karem 6,'Ain Karim
Beth-haggan	0358	伯哈干	2,3,4,5,**Jenin** 178207
Beth-haram	0352	伯亞蘭	1,**T.Iktanu** 214136
Beth-haran	0359	伯哈蘭	1,2,3,4,5,**T.Iktanu** 214136
Beth-hoglah	0360	伯曷拉	1,5,6,**'Ain Hajlah** 2,?3,?4,?Deir Hajlah 197136
Beth-horon,Upper	0354	伯和崙	1,2,3,4,5,**Beit ʻUr el-foqa** 160143
Beth-horon,Lower	0354	伯和崙	1,2,3,4,5,**Beit ʻUr et-Tahta** 158144
Beth-jesimoth	0378	伯耶施末	1,2,3,4,5,6,**T.el-'Azeimeh** 208132
Beth-le-aphrah	0372	伯亞弗拉	2,3,?4,?**et-Taiyibeh** 153107
Beth-maachah	0366	伯瑪迦	6,T.Abil
Beth-marcaboth	0379	伯瑪加博	5,Kh.Umm ed-Deimineh
Beth-meon	0346	伯米恩	1,2,5,**Ma'in**
Beth-nimrah	0365	伯寧拉	1,2,3,4,5,**T.el-Bleibil** 210146
Beth-pelet	0355	伯帕列	2,?4,? **T.es-Saqati [T.Shoqet]** 141079
Beth-peor	0362	伯毘珥	1,2,**Kh.'Ayun Musa** 5,Kh.esh-Sheikh-Jayil
Beth-phage	0357	伯法其	1,Kefr et-Tor 2,Kafr et-Tur 5,**Kefr et-Tur**

Beth-rehob	0348	伯利合	1,5,Banias 6,T.el Qadi
Beth-shan	0336	伯珊	1,2,3,4,5,**T.el-Husn [T.Bet Shean]** 197212
Beth-shemesh	0344-1	伯示麥	1,2,3,4,5,6,**T.er-Rumeileh [T.Bet Shemesh]** 147128
Beth-shemesh	0344-2	伯示麥	1,2,3,4,5,**Kh.Sheikh esh-Shamsawi [H.Shemesh]** 199232
Beth-shemesh	0344-3	伯示麥	1,4,5,**Kh.T.er-Ruweisi** 2,??3,?**[T.Rosh]**Kh.T.er-Ruweisi 181271
Beth-shemesh	0344-4	伯示麥	1,T.**Husn**
Beth-shittah	0376	伯哈示他	5,?**Shattah**
Beth-tappuah	0370	伯他普亞	1,2,3,4,5,6,**Taffuh** 154105
Beth-zur	0334	伯夙	1,2,3,**Kh.Tubeiqa** [Beit Sur] 4,5,Kh.et-Tubeiqa 159110
Bethany	0339-1	伯大尼	5,?**Qasr el-Yehud**
Bethany	0339-2	伯大尼	1,2,**el-'Azariyeh** 5,el-Aziriyeh 6,Azariyeh
Bethel	0364-1	伯特利	1,2,3,4,5,**Beitin** 172148
Bethel	0364-3	伯特利	1,**Kh.er-Ras**
Bethlehem	0349-1	伯利恆	1,3,4,5,**Beit Lahm** 4,[Bet Lehem] 169123
Bethlehem	0349-2	伯利恆	1,2,3,4,6,**Beit Lahm [Bet Lehem Hagelilit]** 168238
Bethsaida	0368-1	伯賽大	1,2,**el-'Araj**?? 5,Ain et-Tabghah
Bethuel	0622	彼土利	1,**Kh.er-Ras** 5,Kh.el-Qaryatein
Bethul	0075	比土力	1,**Kh.er-Ras** 5,Kh.el-Qaryatein
Betonim	0076	比多寧	1,2,3,4,5,6,**Kh.Batneh** 217154
Bezek	0061-1	比色	1,**Kh.bezqa**? 5,Bezqa ?
Bezek	0061-2	比色	1,Kh.Ibzuq 2,3,4,5,6,**Kh.Ibziq** 187197
Bezer	0069	比悉	1,2,3,4,5,**Umm el'-Amad** 235132
Bileam	0065	比連	1,5,6,**T.Bel'ameh**
Bilhah	1047	辟拉	1,**Kh.Abu Tulul**
Bozkath	0659	波斯加	1,**Dawa'imeh**
Bozrah (Edom)	0660-1	波斯拉	1,2,3,4,6,**Buseirah** 208016 5,Buseireh
Bozrah (Moad)	0660-2	波斯拉	1,**Umm el-'Amad**

C

Cabul	0809-1	迦步勒	1,2,5,6,**Kabul** 2,[Kavul]

Caesarea	1051	該撒利亞	1,**Qeisariyeh** 　[**Qeisari**] 　2,[H.Qesari]Qaisariyeh 4,Qisariya[H.Qesari] 140212
Caesarea-philippi	1052	該撒利亞腓立比	1,2,4,5,6,**Banias** 215294
Calah	0796	迦拉	1,2,5,**Nimrud**
Calno	0810	迦勒挪	1,Kullankoy
Camon	0167	加們	1,2,3,4,5,**Qamm** 218221
Cana	0798	迦拿	1,5,**Kh.Qana** 2,[H.Qana]Kh.Qanah 6,Kanah
Canneh	0014	干尼	1,Bir 'Ali
Capernaum	0808	迦百農	1,2,4,5,6,**T.Hum [Kefar Nahum]** 204254
Caphtor	0812	迦斐託(島)	1,2,**Crete**
Carchemish	0816	迦基米設	1,2,5,**Jerablus**
Carmel	0802-1	迦密	1,6,Kermel 2,3,Kh.el-Kirmil 4,Kh.el-Karmil 162092
Carmel	0802-2	迦密(山)	1,**Jebel Mar Elyas**
Chephar-hammoni	0961	基法阿摩尼	1,**Kafr' Ana**
Chephirah	0944	基非拉	1,**T.Kefireh** 2,[T.Kefira]Kh.Kefireh 3,5,Kh.el-Kefireh 4,Kh.el-Kafira 160137
Cherith ,Brook	0901	基立(溪)	1,6,**Wadi Yabis** 5,Wadi Qelt
Chesalon	0939	基撒崙	1,2,3,4,5,6,**Kesla [Kesalon]** 154132
Chesil	0900	基失	1,**Kh.er-Ras** 5,Kh.el-Qarjetein
Chesulloth	0943	基蘇律	1,3,4,5,6,**Iksal** 180232
Chezib	0919	基悉	1,5,**Kh.T,el-Beida [H.Lavnin]**
Chinnereth	0951-2	基尼烈(城)	1,**T.el-'Ureimeh [T.Kinrot]** 2,3,5,[T.Kinrot]Kh.el-Oreimeh 200252
Chisloth-tabor	0251	吉斯綠他泊	1,2,3,**Iksal** 2,[Kislot Tavor]
Chitlish	0936	基提利	1,**Kh.el-Maqhaz**
Chittim	0920	基提(島)	1,**Cyprus**
Chorazin	0833	哥拉汛	1,5,**Kh.Kerazeh** 2,Kh.Karraza 4,Kh.Kerraza[Korazim] 203257 6,Kerazeh
City of David	0012-1	大衛(的)城	1,**Jerusalem**
City of David	0012-2	大衛的城	1,**Bethel**
City of Palm Trees	1009	棕樹城	1,**Jericho**

City of Salt	1181	鹽城	1,2,**Kh.Qumran** 193127
Cnidus	0821	革尼土	1,nr.**Cape Krio**
Colossae	1107	歌羅西	1,nr.**Khonai**
Corinth	0834	哥林多	1,**Corinth**
Crete	0823	革哩底(島)	1,**Crete**
Cun	0427	均	2,3,?**Ras Ba'albek** 283406
Cuthah	0182	古他	1,2,5,6,**T.Ibrahim**
Cyprus	0605	居比路(島)	1,**Cyprus**
Cyrene	0186	古利奈	1,**Cirene**

D

Dabbasheth	0009	大巴設	1,2,3,4,**T.esh-Shammam [T.Shem]** 164230
Daberath	0008	大比拉	1,Kh. Dabur　2,3,5,**Daburiyeh** 4,Dabburiya 185233 6,Deburieh
Dalmanutha	0011	大馬努他	5,Nr.**Mejdel** 6,Ain el-Barideh
Dan	0385-2	但(地，城)	1,2,3,4,5,**T.el-Qadi [T.Dan]** 211294 6,T.el Kady
Dannah	0006	大拿	1,**Deir esh-Shemesh? or Simya?**
Debir	0618-1	底壁	1,3,4,Kh.Rabud 151093 2,5,6,?[T.Bet Mirsham]T.Beit Mirsim
Debir	0618-2	底壁	1,Umm el-Dabar
Debir	0618-3	底壁	1,Thoghret ed-Debr
Dedan	0614-1	底但(地)	1,Oasis,**el-'Ula**
Derbe	0882	特庇	1,Kerti Huyuk
Dibon	0612-1	底本	1.2.3,4,5,Dhiban 224101
Dibon-gad	0621	底本迦得	4,5,Dhiban 22410
Dilean	0617	底連	1,5,T.en-Najileh　6,T.en Negileh
Dimnah	0001	丁拿	1,5,**Rummaneh[H.Rimona]**
Dizahab	0620	底撒哈	2,3,?**Dhahab** 104769 5,edh-Dheibeh 6,Mersa Dahab
Dophkah	0984	脫加	2,5,**Serabit el-Khadem**
Dor	0253	多珥	1,5,el-Burj 2,3,4,**[T.Dor]Kh.el-Burj** 142224 6,Tantura
Dothan	0252	多坍	1,4,**T.Duthan** 2,T.Dotan 3,T.Dothan 172202　5,T.Dotha
Dumah	0740-2	度瑪	2,**Dumet ej-Jendal** 5,Dumat al Gandal 6,Dumat el Jeudel

| Dumah | 0740-1 | 度瑪 | 1,5,ed-Domeh 2,4,**Kh.Domeh ed-Deir** 3,Kh.ed-Deir Domeh 148093 6,Daumeh |

E

Ebal	0130	以巴路	1,**Jebel Eslamiyeh** 2,Jebel Islamiyeh
Eben-ezer	0157-1	以便以謝	1,4,**'Izbet Sartah** 146167 5,Majdel Yaba
Ebron	1045	義伯崙	1,**Kh.'Abdeh[T.'Avdon]**
Eder	0119-2	以得	5,?el-'Adar
Edrei	0145-1	以得來	1,2,3,5,Der'a 253224 6,**Ed-Dera'-ah**
Edrei	0145-2	以得來	5,?**T.Khureibeh**
Eglaim	0146	以基蓮	2,?**Rujm el-Jalameh**
Eglon	0233	伊磯倫	1,2?,3,4,?5,**T.el-Hesi[T.Hesi]** 124106
Egypt	0835-2	埃及(河)	1,2,**Wadi el-'Arish**
Ekron	0143	以革倫	1,2,3,4,5,**Kh.el-Muqanna'[T.Miqne]** 136131 6,Akir
El-paran	0238	伊勒巴蘭	3,**'Aqabah** 150882
Elah	0112	以拉(谷)	1,5,**Wadi es-Sant** 6,Wady es-Sunt
Elam	0127-2	以攔	1,4,**Kh.Beit ‘Alam** 4,[H.Bet Elem] 145109
Elath	0139	以拉他	1,(5?),6,T.el-Kheleifeh 2,'4,**Aqabah** 150882
Elealeh	0154	以利亞利	1,2,3,4,5,6,**el-'Al** 228136
Ellasar	0140	以拉撒	6,**Senkereh**?
Eloth	0125	以祿	1,(5?)T.el-Kheleifeh 3,**'Aqabah** 150882
Eltekeh	0236	伊利提基	1,2,3,4,?**T.esh-Shallaf[T.Shalaf]**? 128144 5?,Kh.el-Muqenna 6,**Kh.el-Mukanna'**
Eltekon	0240	伊勒提君	1,5,**Kh.ed-Deir**
En-dor	1154	隱多珥	1,2,3,**Kh.Safsafeh[H.Zafzafot]** 2,[Kh.Safsafeh] 4,Kh.es-Safsafa[H.En Dor] 187227
En-eglaim	1159	隱以革蓮	1,**'Ain Feshkha** 6,Ain Hajlah
En-gannim	1152-2	隱干寧	1,6,**Jenin** 2,3,?4,Kh.Beit Jann 196235 5,Beit Jemal
En-gedi	1157-1	隱基底	1,**T.ej-Jurn['En Gedi,]**T.Goren 2,Ain Jidi 3,'Ain Jidi[en Gedi] 187097 6,'Ain Jidy
En-haddah	1155	隱哈大	1,2,3,4,6,**el-Hadatheh[T.'En Hadda]** 196232
En-hazor	1156	隱夏瑣	1,**Hazzur** 6,Kh.Hasireh?

En-rimmon	0827	音臨門	1,3,Kh.**Khuweilfeh[T.Halif]** 137087　6,Umm er-Rummamin
En-rogel	1158	隱羅結	1,2,5,**Bir Ayyub** 4,Bir Aiyub[En Rogel] 172130
En-shemesh	1153	隱示麥	1,2,3,5,'**Ain Hod** 2,[En Hod] 4,Ein Haud 175131　6,Ain-Haud
En-tappuah	1160	隱他普亞	5,**T.Sheikh Abu Zarad**
Ephes-dammim	0152	以弗大憫	5,**Beit Fased? or Kh.Damun?**　6,Beit Fased
Ephraim	0142-1	以法蓮(城)	1,6,**et-Taiyibeh**
Ephrain	0156	以法拉音	1,**et-Taiyibeh**　6,Taiyibeh
Ephrath	0141-1	以法他	1,**Beit Lahm**
Ephrath	0141-2	以法他	1,**T.el-Azhar**
Ephron	0132	以弗倫	1,**et-Taiyibeh**
Erech	0105	以力	1,6,**Warka**
Eshan	0116	以珊	1,**Kh.Sam'a**
Eshtaol	0149	以實陶	1,5,6,Eshwa'　2,3,4,**[Eshtaol]Ishwa'**　151132
Eshtemoh	0160	以實提莫	1,2,3,4,es-Samu'　4,**[Eshtemoa]**156089 5,es-Semu'a 6,**Semua**
Etam	0113-3	以坦	1,2,3,4,5,**Kh.el-Khokh**　3,166121 4,167121 6,el-Euruk
Ether	0115-1	以帖	1,2,**Kh.'Ater[T.'Eter]** 4,Kh.el-Ata[T.Eter]138113 5,Kh.el-'Atr 6,Kh.el-'Ater
Ezem	0121	以森	5,6,**Umm el-'Azam?** or el-Aujeh
Ezion-geber	0153	以旬迦別	1,2,3,4,**T.el-Kheleifeh**　147884

F

| Fair Havens | 0600 | 佳澳 | 1,Limenes Kali　6,**Limeonas kalois** |

G

Gadara	0170	加大拉	1,4,5,Umm Qeis (Muqeis)　2,**Umm el-Qeis** 214229　6,Um-Keis
Gallim	0803	迦琳	1,**Kh.Ka'kul**
Gath	0799	迦特	1,2,3,4,5,**T.es-Safi[T.Zafit]** 135123 6,T.es-Safiyeh
Gath-hepher	0814	迦特希弗	1,2,3,5,Kh.ez-Zurra'[T.Gat Hefer] 180238 6,Neby-Yunas
Gath-rimmon	0815-1	迦特臨門	1,3,5,**T.el-Jerisheh[T.Gerisa]**　4,T.Jarisha[T.Gersta] 132166
Gath-rimmon	0815-2	迦特臨門	5,same as Bileam
Gaza	0805	迦薩	1,**el-Ghazza** 2,['Aza]Ghazzeh 3,Ghazzeh 4,el-Ghuzze[Aza] 099101 6,Ghuzzeh

Geba	0792	迦巴	1,2,3,4,5,6,**Jeba'** 175140
Gebal	0806-1	迦巴勒(人)	1,2,4,**Jebeil** 210391 6,Gebeil
Gebim	0910	基柄	6,**Kh.ed-Duweir?** or **Bath el-Battash**?
Gederah	0933	基底拉	1,5,6,**Jedireh**
Gedor	0902-2	基多(人)	1,2,**Kh.Jedur** 5,Kh.Gedur
Gedor	0911	基突	1,2,3,4,**Kh.Jedur** 158115 6,Jedur
Gennesaret	0824-1	革尼撒勒(湖)	1,Bahr Tabariyeh
Gennesaret	0824-2	革尼撒勒(城)	1,**T.el-'Ureimeh**
Gerar	0940	基拉耳	1,4,5,**T.Abu Hureira[T.Haror]** 2,3,T.Abu Hureireh[T.Haror] 112087 6,T.el-Jemmeh
Gerizim	0948	基利心(山)	1,Jebel et-Tor 2,4,Jebel et-Tur 176179 6,Jebel el-Tor
Gezer	0903-1	基色	1,2,3,4,6,**T.Jezer**(T.Abu Shusheh)**[T.Gezer]** 142140　5,T.el-Jezer
Gibbar	0249	吉罷珥	1,**el-Jib**
Gibbethon	0942	基比頓	1,4,**T.el-Melat[T.Malot]** 2,3,5,T.Melat[T.Malot] 137140
Gibeah	0941-1	基比亞(猶)	5,el Jab'ah 6,**Jebah**
Gibeah	0941-2	基比亞(便)	1,2,3,4,5,6,**T.el-Ful** 172136
Gibeon	0922-1	基遍	1,2,3,4,5,**el-Jib** 167139
Gihon	0916-2	基訓(泉)	1,Ain Sittna Miriam
Gilgal	0247-1	吉甲	1,2,4,**Kh.el-Mafjar** 3,5,Kh.el-Mefjer 193143
Gilgal	0247-2	吉甲	1,**Kh.'Alyata**(Jiljilah)? 5,Jiljilah
Gilgal	0247-4	吉甲	1,**Jiljilah**
Giloh	0927	基羅	1,5,**Kh.Jala** 6,Kh.Gala
Gimzo	1109	瑾鎖	1,2,3,4,5,6,**Jimzu** 3,**[Gimzo]** 145148
Gittaim	0929	基他音	1,3,4,**T.Ras Abu Humeid** 2,Ras Abu Hamid 140145
Golan	0831	哥蘭	1,2,3,4,**Sahem el-Jolan** 238243
Goshen	1103-2	歌珊(城,地)	1,**ed-Dahariyeh**? 2,?4,?[T.Halif]T.Khuweilifeh　137087 5,T.el Dhahiriyeh
Gozan	1104	歌散	1,5,6,**T.Halaf**
Gur-baal	0604	姑珥巴力	1,**T.Ghurr**

H

Habor	0702	哈博(河流)	1,2,5,6,**Khabur**
Hachilah	0718	哈基拉(山)	6,**El Kolah**,where there is a high hill with a ruin,called Yukin
Hadashah	0707	哈大沙	1,**Kh.el-Judeideh**
Hadid	0703	哈第	1,2,3,4,5,**el-Haditheh[T.Hadid]** 145152 6,Haditheh
Halak	0696-1	哈拉	2,5,**Jebel Halaq**?
Halhul	0695	哈忽	1,2,3,4,5,6,**Halhul** 160109
Hali	0694	哈利	2,?3,4,[**T.'Alil] Kh.Ras** ʻAli 164241
Ham	0701	哈麥	1,2,3,4,**Ham** 226213
Hamath	0700	哈馬	1,**Hamath** 2,3,Hama 312503 6,Hamah
Hammath	0692	哈末	1,3,4,5,**Hammam Tabariyeh[Hame Teveriya]** 201241 6,Hummam
Hammom	0697-1	哈們	1,2,3,4,5,**Umm el-'Awamid** 164281
Hammom	0697-2	哈們	1,2,3,**Hammam Tabariyeh[Hame Teveriya]** 201241
Hammoth-dor	0722	哈末多珥	1,2,5,**Hammam Tabariyeh[Hame Teveriya]** 201241
Hanes	0708	哈內斯	2,**Ihnasiye el-Medineh**
Hannathon	0714	哈拿頓	1,2,3,5,**T.el-Bedeiwiyeh[T.Hannaton]** 4,T.el-Badawiya[T.Hannaton] 174243
Haphraim	0710	哈弗連	2,3,5,**et-Taiyibeh** 4,et-Taiyiba 192223
Haran	0706	哈蘭	1,**Harran** 2,5,Haran
Harod	0698	哈律(泉)	2,6,['En Harod]**'Ain Jalud**
Harosheth	0840	夏羅設	1,**T.el-'Amr** 5,T. 'Amr 6,T.'Amar
Hashmonah	0720	哈摩拿	6,nr.int.of **Wady el-Jerafeh with wady el-Jeib**
Hauran	0872	浩蘭(地)	1,el-Hauran
Hazar-addar	0727	哈薩亞達	1,5,Kh.el-Qudeirat? 2,3,?4,?**Ain Qedeis** 100999
Hazar-enan	0726	哈薩以難	2,3,**Qaryatein** 360402 5,Hadr 6,Kiryatein
Hazar-gaddah	0728	哈薩迦大	6,?Kh.Ghazza
Hazar-shual	0729	哈薩書亞	1,**el-Watan**
Hazazon-tamar	0733-1	哈洗遜他瑪	1,3,'Ain Husb 3,[Hazeva] 173024
Hazeroth	0712	哈洗錄	2,5,'**Ain Khadra**

Hazor	0839-1	夏瑣	1,el-Jebariyeh?
Hazor	0839-3	夏瑣	1,5,6,**Kh.Hazzur**
Hazor	0839-4	夏瑣	1,2,4,5,**T.el-Qedah**,(&T.Waqqas)[**T.Hazor**] 2,[T.Hazor]T.Qedah 203269
Hebron	0440	希伯崙	1,2,3,**el-Khalil** 2,[**Hevron**] 4,er-Rumeida(el-Khalil)[Hevron] 160103 6,el-Khulil
Helam	0437	希蘭	1,2,5,6,**'Alma**
Helbah	1035	黑巴	5,**Kh.el-Mahalib?** 6,Mahalliba
Helbon	1036	黑本	1,5,**Halbun** 2,Khalbun
Heleph	0441	希利弗	1,2,3,4,**Kh.'Irbada[H.'Arpad]** 189236 5,Kh.'Arbathah
Helkath	1037	黑甲	1,2,3,4,**T.el-Qassis[T.Qashish]?** 160232 5,Kh.el-Harbaj
Hena	0433	希拿(國)	6,?**Ana**
Hepher	0431	希弗	1,**T.Ifshar[T.Hefer]** 2,4,T.el-Ifshar[T.Hefer]? 3,.el-Ifshar[T.Hefer]? 141197
Hermon	1038	黑門(山)	1,6,**Jebel esh-Sheikh**
Heshbon	0445	希實本	1,3,4,5,6,**Hesban** 2,4,Hisban 226134
Hethlon	0443	希特倫	5,6,**Heitela**
Hilen	0435	希崙	1,**Kh.'Alin**
Hinnom	0653	欣嫩,欣嫩子(谷)	1,**Wadi er-Rababeh** 6,Wady Jehennam of Wady er-Rubeb
Holon	0390-1	何倫	1,5,**Kh.'Alin**
Holon	0394	何崙	1,5,**Kh.'Alin**
Hor	0393-1	何珥 (山)	1,n.of Kadesh 2,??'4,?**Imaret el-Khureisheh** 104017
Hor	0393-2	何珥 (山)	2,?Ras Shakkah 3,**Ras Shaqqah?** 213402
Horeb	0392-1	何烈 (山)	1,(a),**Jebel Musa**,(b),Jebel Helal
Horem	0602	和璉	1,**Kh.Qatamum**
Hormah	0395	何珥瑪	1,2,3,**Kh.el-Meshash[T.Masos]** 146069 5,T.el-Milh
Horonaim	0396	何羅念	2,3,?4,?**el-Iraq** 211055 6,?el-'Arak
Hosah	0391	何薩	1,3,**T.Rashidiyeh** 170293
Hukkok	0020-1	戶割	1,2,3,4,**Kh.el-Jemeijmeh[H.Gamom]** 175252 5,Yaquq 6,Yakuk
Hukok	0020-2	戶割	1,**T.el-Qassis[T.Qashish]**

Hushah	0019	戶沙	2,?4,?**Husan** 162124

I

Ibleam	0138	以伯蓮	1,6,**T.Bel'ameh** 2,3,Kh.Bel'ameh 4,Kh.Balama 177205 5,Kh.Bil'ameh
Iconium	0144	以哥念	1,Qoniyah 5,**Konya** 6,Konia of Konieh
Idalah	0129	以大拉	5,**Kh.el-Hawarah?** 6,Kh.el-Huwara
Iim	0109	以因	6,?**Deir el-Ghawi**
Ije-abarim	0163	以耶亞巴琳	2,3,4,**el-Medei;yineh** 223041
Ijon	0123	以雲	1,2,3,**T.ed-Dibbin** 205308 5,T.Dibbin 6,el-Khiam
Iron	0137	以利穩	1,2,3,4,5,**Yarun** 189276 6,Jarun
Ir-shemesh	0237	伊珥示麥	2,[**T.Bet Shemesh**]T.er-Rumeileh

J

Jabesh	1019	雅比	1,2,3,4,5,**T.el-Maqlub** 214201 6,T.el-Meqbereh and T.Abu Kharaz
Jabesh-gilead	0958	基列雅比	1,2,3,4,5,**T.el-Maqlub** 214201
Jabneel	1029-1	雅比聶	1,2,3,**Yebna** 4,Yibna 2,[Yibne] 3,4,[**Yavne**] 126141 5,Yavne
Jabneel	1029-2	雅比聶	1,3,4,5,**T.en-Na'am[T.Yin'am]** 198235
Jabneh	1027	雅比尼	1,**Yebna[Yavne]** 6,Jebuah
Jagur	1030	雅姑珥	1,6,**T.Ghurr**
Jahaz	1026	雅雜	1,2,3,4,?**Kh.el-Medeiyineh** 236110
Jahzah	1032	雅哈撒	2,**Kh.el-Medeiyineh?**
Janoah	0495	亞挪	1,2,3,4,5,**Yanuh** 173265
Janohah	1033	雅挪哈	1,2,3,4,5,6,**Kh.Yanun** 184173
Japhia	1031	雅非亞	2,3,4,5,6,**Yafa** 176232
Jarmuth	0780-1	耶末	1,2,4,Kh.Yarmuk[T.Yarmut]　3,**Kh.el-Yarmuk[T.Yarmut]** 147124 6,Yarmuk
Jarmuth	0780-2	耶末	1,3,**Kokab el-Hawa** 2,?[**Kokhav Hayarden**]Kaukab el-Hawa 199222
Jattir	1034	雅提珥	1,2,3,4,**Kh.'Attir[H.Yatir]** 151084 6,'Attir
Jazer	1025-1	雅謝(地)	1,6,**Kh.Jazzir** 2,3,4,?Kh.es-Sar? 228150 5,Kh.Sar?
Jehud	0227	伊胡得	4,5,**el-Yahudiya[Yehud]** 139159 6,Yazur

Jekabzeel	1048	葉甲薛	1,**Kh.Hora** 2,?4,?[T.'Ira]Kh.Gharreh 148071
Jericho	0785	耶利哥	1,2,4,6,**T.es-Sultan** 192142
Jeshanah	0784	耶沙拿	1,2,3,5,**Burj el-Isaneh** or el-Burj 4,Burj el-Lisana 174156
Jeshua	0788	耶書亞	1,4,**T.es-Sa'wa[T.Jeshu'a]** 2,3,?6,?T.es-Sa'weh[T.Jeshu'a] 149076
Jezreel	0789-1	耶斯列	1,**Kh.Terrama**
Jezreel	0789-2	耶斯列	1,2,3,4,5,6,**Zer'in[T.Yizre'el]** 181218
Jiphtah	0888	益弗他	1,**Tarqumiyeh** 6,Jimrin?
Jiphtah-el	0243	伊弗他伊勒(谷)	1,2,**Wadi el-Melek?** 6,?Wady Abilin
Jogbehah	0776	約比哈	1,Jubeihat 2,3,4,**el-Jubeihat** 231159 5,Kh.el-Ajbeihat 6,Jubeihah
Jokdeam	0773	約甸	1,5,**Kh.Raqa'**
Jokmeam	0774	約緬	1,2,T.Qeimun[T.Yoqneam] 3,T.Qeimun 195171 2,**T.el-Mazar**
Jokneam	0772	約念	1,2,3,4,5,**T.Qeimun[T.Yaqneam]** 160230 6,T.Kaimon
Joktheel	0771-2	約帖	3,**es-Sela** 205020
Joppa	0770	約帕	1,2,3,4,**Yafa[Yafo]** 126162
Jotbah	0778	約提巴	1,2,3,4,**Kh.Jefat 2,3,[H.Yodefat]** 176248
Jotbathah	0775-1	約巴他	2,?**Tabbeh** 3,4,Tabeh? 139878 5,Ain Tabah
Jotbathah	0775-2	約巴他	2,'**Ain el-Ghadian?**
Juttah	0977	淤他	1,2,3,4,5,**Yatta** 158095 6,Jutta or Jitta

K

Kabzeel	0208	甲薛	1,5,**Kh.Hora?** 2,[T.'Ira]**Kh.Gharreh?**
Kadesh	0172	加低斯	1,5,Ain Qedeis 6,'Ain Kadeis 2,3'4,5,?**Ain el-Qudeirat** 096006
Kain	1050	該隱	1,5,6,**Kh.Yaqin** 2,3,?en-Nebi Yaqin 165100 4,Kh.Bani Dar 164100
Kanah	0168-1	加拿(河)	1,2,Wadi Qanah 2,[Nahal Mikhmar] 5,**Wadi Qana** 6,Riv.Aujeh
Kanah	0168-2	加拿	1,**Qanan** 3,4,Qana 178290 5,Qanah
Karkaa	0206	甲加	2,3,?'**Ain el-Qeseimeh** 4,?Ein el-Quseima[Quseima]089007
Karkor	0166	加各	1,2,**Qarqar**

Kartan	0175	加珥坦	1,5,**Kh.el-Qureiyeh** 2,3,[T.Raqqat]Kh.el-Quneitireh 199245 6,Kh.el-Kureiyeh
Kattath	0165	加他	5,**Kh.Quteineh?**
Kedemoth	0934	基底莫	1,2,3,4,?'**Aleiyan** 233104 5,Qasr ez-Za'feran
Kedesh	0935-1	基低斯(加)	1,2,3,**T.Qades[T.Qedesh]** 199279 5,T.Kades
Kedesh	0935-3	基低斯(以薩迦)	1,**Kh.Qasyun[T.qishyon]**
Keilah	0930	基伊拉	1,2,3,4,**Kh.Qila** 2,[H.Qe'ila] 150113 6,Kh.Kila
Kenath	0917	基納	1,2,3,**Qanawat** 302241 6,Kanawat
Kerioth	0169-2	加略	1,2,3,**el-Qerreiyat** 215105 5,Sailya RSV,city 6,Kh.el-Karyathein
Kerioth-hezron	0177	加略希斯崙	1,**Kh.el-Qaryatrin[T.Qerriyot]**? 5,Kh el-Qaryatein
Kibzaim	0937	基伯先	5,T.Qaimun 2,**T.el-Mazar**
Kidron	0471	汲淪(溪)	1,**Wadi Sitti Maryam** 2,**Wadi en-Nar**
Kinah	0914	基拿	3,**Kh.Taiyib[H.Tov]?** 163081
Kir	0912	基珥	1,2,3,**el-Kerak** 217066 5,Kerak
Kir-haraseth	0250	吉珥哈列設	1,2,3,4,**el-Kerak** 217066 5,6,Kerak
Kirjath-arba	0952	基列亞巴	1,**el-Khalil**
Kirjath-baal	0956	基列巴力	1,**T.el-Azhar** 3,Deir el-Azar[Qiryat Ye'arim] 159135
Kirjath-jearim	0954	基列耶琳	1,2,5,**Deir el-Azhar[T.Qiryat Ye'arim]** 3,4,Deir el-Azar[Qiryat Ye'arim] 159135
Kirjath-sannah	0955	基列薩拿	1,3,**Kh.Rabud** 6,T.Beit Mirsim?
Kirjath-sepher	0957	基列西弗	1,3,**Kh.Rabud** 151093
Kirjathaim	0946-1	基列亭(流)	1,**Kh.el-Qureiyeh** 2,3,?4,Qaryat el-Mekhaiyet 220128 5,el-Qereiyat 6,el Kureiyat
Kirjathaim	0946-2	基列亭(拿)	1,**Kh.el-Qureiyeh** 5,Kh.el-Quyeiyeh
Kishion	0921	基善	1,Kh.el-Qureiyeh 2,?Kh Qasyun 3,**Kh.Qasyun[T.Qishyon]** 187229
Kishon	0907	基順(河)	1,2,**Nahr el-Muqatta'** 2,[Nahal Qishon]
Kitron	0915	基倫	6,**T.el-Far?**

L

| Laban | 0640 | 拉班 | 2,3,?**T.Abu Seleimeh** 065071 |

Lachish	0637	拉吉	1,**T.ed-Duveir** 2,3,4,T.ed-Duveir[**T.Lachish**] 135108 5,6,T.ed-Duweir
Lahmam	0642	拉幔	1,5,6,**Kh.el-Lahm**
Laish	0643	拉億	1,2,5,**T.el-Qadi** 2,[**T.Dan**] 6,T.el-Kady
Laishah	1018	萊煞	1,5,el-'Issawiyeh 6,**el-Isawiyeh**
Lakkum	0636	拉共	1,5,**Kh.el-Mansurah** 4,Kh.Mansura[H.Kush] 202233
Laodicea	0297	老底嘉	1,**Eskihisar**
Lebonah	0415	利波拿	1,5,6,Lubban 2,3,4,**el-Lubban** 173164
Lehi	0403	利希	1,**Beit 'Atab?**
Libnah	0222-2	立拿	1,2,3,**T.Bornat[T.Burna]?** 138115　4,**Kh.T.el-Beida[H.Lavnin]** 145116 5,6,**T.es-Safi**
Lo-debar	1171	羅底巴	2,?3,4,?5,**Umm ed-Dabar** 207219
Lod	1169	羅得	1,Ludd 2,3,4,**el-Ludd[Lod]**　140151 5,Lod
Luz	1055-1	路斯	1,**Beitin**
Lydda	0423	呂大	1,6,Ludd 2,3,4,**el-Ludd[Lod]**
Lystra	1057	路司得	1,**Zoldera**

M

Maarath	1083	瑪臘	1,5,6,**Beit Ummar**
Madmannah	0988	麥瑪拿	1,3,4,**Kh.Tartrit** 143084　2,5,Kh.Umm ed-Deimneh 6,Miniay or Minieh
Madmen	1093	瑪得緬	1,2,3,6,**Kh.Dimneh** 4,Kh.Dimna 217077
Madmennah	1100	瑪得米那	1,3,4,**Kh.Tartrit** 143084　2,5,Kh.Umm ed-Deimneh
Madon	1081	瑪頓	1,5,**Qarn Hattin[H.Qarne Hittim]** 6,Madin nr.Hattin
Magadan	0893	馬加丹	5,**Kh.Mejdel** 6,el-Mejdel
Magbish	0205	末必	4,**Kh.el-Makhbiya**,Kh.Deir el-Mus 5,Kh.el-Mahbiyet
Mahalah	1095	瑪黑拉	1,2,**Kh.el-Mahalib**
Mahanaim	1088	瑪哈念	1(o),**T.er-Reheil?**,1,**Tell Hejaj?** 2,3,4,5,**T.edh-Dhahab el-Gharbi?** 214177 5,Kh.Mahneh? 6,Maneh?
Makaz	1089	瑪迦斯	1,5,**Kh.el-Mukheizin**
Makkedah	1094	瑪基大	1,**Kh.el-Kheishum** 5,Kh.el-Mukheizin? 6,el-Mughar
Mamre	1062	幔利	1,4,5,**Ramat el-Khalil** 160107

Manahath	1090	瑪拿轄	1,3,**el-Malhah[Manahat]** 4,el-Maliha[Manahat] 167128
Maon	1080	瑪雲	1,2,3,4,5,6,**T.Ma'in** 162090
Marah	1073	瑪拉	6,**'Ain Hawarah**
Maralah	1086	瑪拉拉	3,**T.Thorah[T.Shor]** 4,T.Tora[T.Shor] 166228 5,T.Ghalta
Mareshah	1085	瑪利沙	1,2,3,4,5,**T.Sandahannah[T.Maresha]** 140111
Maroth	1072	瑪律	5,**Beit Ummar?**
Mattanah	1084	瑪他拿	1,5,6,**Kh.el-Medeiyineh**
Me Jarkon	0779	美耶昆	2,?5,**Nahr el-'Auja[Yarqon]**
Medeba	0279	米底巴	1,5,**Madaba** 2,3,4,Madeba 225124
Megiddo	0272-1	米吉多	1,2,3,4,5,6,**T.el-Mutesellim[T.Megiddo]** 167221
Melita	0274	米利大(島)	1,6,**Malta**
Mephaath	0281	米法押	2,?3,?4,?**T.Jawah** 239140 5,Jawah 6,T.Jawa
Merom	0266-1	米倫(水)	1,**Wadi Meiron-Wadi Leimum** 2,??'Ain el-Khirbeh
Meronoth	0266-2	米倫(人)	1,**Beit Unia?** 3,4,?T.el-Khirbeh? 190275
Meroz	0290	米羅斯	6,**Kh.Marus?**
Michmash	0967	密抹	1,2,3,4,5,6,**Mukhmas** 176142
Michmas	1149	默瑪	1,2,3,4,5,**Mukhmas** 176142
Michmethah	0969	密米他	2,3,4,5,**Kh.Makhneh el-Foqa** 175176 6,Kh.Juleijil
Middin	0964	密丁	1,2,3,5,?**Kh.Abu Tabaq** 188127
Migdal-el	0970	密大伊勒	6,?**Mujeidil**
Migdal-gad	0990	麥大迦得	2,?3,?4,?5,**Kh.el-Mejdeleh[H.Migdal Gad]** 140105
Migdol	0968-2	密奪	1,**T.el-Heir**
Migron	0289-1	米磯崙	5,6,**T.el-Full**
Migron	0289-2	米磯崙	1,**T.Miriam**
Minnith	0268	米匿	6,Mineh
Mishal	0277	米沙勒	1,4,**T.Keisan[Kison]** 2,3,?[T.Kison]T.Kisan 164253
Misrephoth-maim	0296	米斯利弗瑪音	1,5,**Kh.el-Musheirefeh,** 6,Kh.el-Musheirifeh
Mithcah	0965	密加	6,?**Wadi Abu Takiyeh**
Mitylene	0292	米推利尼	6,**Metelin**
Mizpah	0285-2	米斯巴(平原)	6,**Mutelleh?**

Mizpah	0285-3	米斯巴	6,**T.es-Safiyeh**
Mizpah	0285-4	米斯巴	1,2,3,4,5,6,**T.en-Nasbeh** 170143
Mizpah	0285-5	米斯巴	2,?**Kh.Jal'ad**
Moladah	1118	摩拉大	1,2,?3,?4,?**Khereibet el-Waten[H.Yittan]** 142074
Moreh	1111-2	摩利(崗)	1,**Nebi Dahi** 2,Jebel ed-Dahi 6,Jebel Dahy
Moresheth-gath	1119	摩利設迦特	1,?3,?5,**T.el-Judeideh[T.Goded]**? 2,T.el-Judeidah[T.Goded]? 141115 6,Kh.el-Basel
Mount Baalah	0031-2	巴拉(山)	1,**Mughar** 6,Mount Jearim
Mozah	1113	摩撒	1,**Qakiniyeh** 2,?**Kh.Beit Mizza** 6,Koloniyeh
Myra	0454	每拉	6,**Myra**

N

Naamah	0847-1	拿瑪	1,**Kh.Fered?** 5,Kh.Fared
Naaran	0848	拿蘭	1,2,4,**T.el-Jisr** 190144 5,T.el-Gisr 6,Ain Duq
Naarath	0845	拿拉	1,3,**T.el-Jisr** 190144 5,T.el-Gisr 6,Ain Duq
Nahaliel	0851	拿哈列(河)	1,**Wadi Zerqa Ma'in**
Nahallal	0850	拿哈拉	1,5,6,**T.en-Nahl**
Nain	0843	拿因	1,2,4,**Nein** 183226 5,6,Nain
Nazareth	0852	拿撒勒	1,**en-Nasireh** 4,en-Nasira[**Nazerat**] 178234 6,en-Nazirah
Neah	0188	尼亞	6,**Nimrin?** W.of Kurn Hattin
Neapolis	0199	尼亞波利	1,**Kavala** 5,6,Kavalla
Neballat	0192	尼八拉	1,2,3,4,**Beit Nabala[H.Nevallat]** 146154 5,Beit Nebala
Nebo	0187-1	尼波(山)	1,**Jebel en-Nebu** 2,Jebel Nabba
Nebo	0187-2	尼波	1,**Kh.el-Mekhaiyet?** 2,?3,?**Kh.'Ayun Musa** 220131
Nebo	0187-3	尼波	1,4,?5,**Nuba** 220131
Neiel	0190	尼業	1,5,Kh.Ya'nin 2,3,4,**Kh.Ya'nin[H.Ya'anin]** 171255 6,Kh.Yahin
Nephtoah	0198	尼弗多亞(泉)	1,2,3,4,5,**Lifta** 2,3,4,[**Me Neftoah**] 168133 6,Ain Lifta
Netophah	0196	尼陀法	1,Kh.Bedd Falih 2,?3,?4,?**Kh. Bedd Faluh** 171119
Nezib	0189	尼悉	1,2,3,4,5,6,**Kh.Beit Nesib** 151110
Nibshan	0898	匿珊	1,2,3,?4,?5,**Kh.el-Maqari** 186123
Nimrim	1059	寧林(溪)	1,**Wadi en-Numeirah** 2,Wadi Numeirah 5,Wadi Nimrin

			6,Wady Nemeirah
Nineveh	0194	尼尼微	1,T.Quyunjiq and T.Nabi Yunus
No	0856	挪	1,2,**Karnak,Luxor**
No-amon	0863	挪亞們	1,2,**Karnak,Luxor**
Nob	0859	挪伯	1,et-Tor 2,?3,?4,?**el-'Isaweyeh** 173134 5,Ras Umm et-Tal 6,Ras Umm et-Tala
Nobah	0857-1	挪巴	3,5,**Qanawat** 302241
Noph	0858	挪弗	1,**Mit Rahneh**
Nophah	0860	挪法	6,**Nowakis?**

O

Oboth	0664	阿伯	1,**'Ain el-Weiba?** 6,Oasis el-Weiba
On	0256	安	1,**T.Husn** 5,6,Heliopolis
Ono	0666	阿挪	1,5,6,**Kefr ‘Ana[Ono]** 2,3,4,Kafr' Ana[Ono] 137159
Ophni	0688	俄弗尼	5,**Gophna** 6,Jifna or Jufna
Ophrah	0689-1	俄弗拉	1,2,3,5,6,**et-Taiyibeh** 178151
Ophrah	0689-2	俄弗拉	1,[‘Afula] 2,3?,**el-Afuleh**[‘Afula] 177223

P

Paphos	0607	帕弗	1,6,**Baffo**
Parah	0031-6	巴拉	1,5,**Kh.el-Fara**[?T.Qurein] 2,Kh.'Ain Farah 4,Kh.Abu Musarrah(Ein Fara)177137 6,Farah
Penuel	0764	毘努伊勒	1,Tulul edh-Dhahab 2,4,5,**T.edh-Dhahab esh-Sherqiyeh** 215176
Perazim	0762	毘拉心(山)	1,**Sheikh Bedr**
Perez-uzzah	0765	毘列斯烏撒	6,**Kh.el-Uz?** or the ruins of Uz
Perga	0397	別加	1,**Murtana**
Pergamum	0399	別迦摩	1,**Bergama**
Pharpar	0662	法珥法(河)	2,**Nahr el-Awaj**
Philadelphia	0677	非拉鐵非	1,6,**Alashehir**
Philippi	1015	腓立比	1,**Filibedjik**
Phoenix	0675	非尼基	1,**Porto Loutro**
Pi-hahiroth	0086	比哈希錄	5,nr.**T.Defneh**

Pibeseth	0079	比伯實	1,T.Basta 5,**T.Basteh**
Pirathon	0080	比拉頓	1,2,3,4,**Far'ata** 164177 5,Fer'ata
Pisgah	0763	毘斯迦(山)	1,Ras Siyagha 2,?4,?**Ras es-Siagha** 218130
Pithom	0064	比東	1,2,6,**T.er-Retabeh?**
Punon	1042	普嫩	1,3,4,5,6,**Feinan** 197004
Puteoli	0985	部丟利	1,6,**Pozzuoli**

R

Rabbah	0633-1	拉巴	1,3,4,5,6,**Amman** 238151
Rabbah	0633-2	拉巴	1,**nr.Suba**
Rakkath	0635	拉甲	1,2,3,4,5,**Kh.el-Quneitireh[T.Raqqat]** 199245
Rakkon	0639	拉昆	5,6,**T.er-Reqqeit?** 6,6m N of Joppa
Ramah	0641-2	拉瑪	1,2,3,4,5,**er-Ram** 172140
Ramah	0641-4	拉瑪	1,**Ramieh** 5,er-Ramiyeh? 6,Remeh?
Ramah	0641-5	拉瑪	1,5,6,er-Rameh 2,3,4,**Kh.Zeitun er-Rameh** 187259 6,Rameh
Ramah	0641-6	拉瑪	1,**Renits** 6,
Ramath-mizpeh	0651	拉抹米斯巴	3,4,?**Kh.Jelad**? 223169
Ramathaim-zophim	0650	拉瑪瑣非	1,**Renits** 6,er-Ram
Ramoth	0634-1	拉末	1,2,4,6,T.Ramith 244210 5,T.er-Ramith
Ramoth	0634-3	拉末	1?,3?5,**Kokab el-Hawa[Kokhav-Hayarden]** 199222
Rehob	0401-1	利合	1,**Banias** 6,T.el-Kadhy
Rehob	0401-2	利合	1,2,3,4,**T.el-Balat** 177280
Rehob	0401-3	利合	1,2,3,?4,5,**T.el-Gharbi[T.Bira]** 166256
Rehoboth	0414-2	利河伯	1,5,**Ruheibeh** 2,Rukheibeh 4,Kh.Ruheibe**[H.Rehovot]** 108048 6.Wady Ruhaibeh
Remeth	0408	利篾	1,3,?**Kokab el-Hawa[Kokhav-Hayarden]** 199222 4,Kaukab el-Hawa[T.Remet]199221
Rephaim	0413-2	利乏音 (谷)	1,**el-Buqei'a** 2,6,Baqa'
Rephidim	0416	利非訂	2,?5,?**Wadi Rufaid**
Rezeph	0402	利色	1,**Rezzafeh** 2,Resafeh 5,Rasafa
Rhegium	0418	利基翁	1,5,6,**Reggio**
Riblah	0412-2	利比拉	1,2,3,5,**Ribleh** 296427 6,Rible

Rimmon	0404	利門	1,**Kh.Khuweilfeh**
Rimmon	1162-1	臨門	1,**Kh.Khuweilfeh** 5,Kh.er-Ramamin
Rimmon	1162-2	臨門	1,3,4,5,**Rummaneh[H.Rimona]** 179243 6,Umm er-Rumamin
Rimmon	1162-3	臨門	1,2,4,5,6,**Rammun** 178148
Rimmono	1163	臨摩挪	1,5,**Rummaneh[H.Rimona]**
Rogelim	1172	羅基琳	1,2,3?,4,?5,?**Bersinya?** 223215
Rumah	1146	魯瑪	1,2,**Kh.Rumeh[H.Ruma]** 3,4,Kh.er-Rumeh[H.Ruma]177243 5,Kh.er-Rameh

S

Salamis	1133	撒拉米	1,**N.of Famagusta**
Salcah	1127	撒迦	1,2,3,5,**Salkhad** 311212
Salim	1123-1	撒冷	1,2,**Umm el-'Amdan?** 5,Salumias
Samaria,city	1142	撒瑪利亞(城)	1,2,3,4,**Sebastiyeh** 2,4,[Shomron] 168187
Sansannah	0003	三撒拿	1,2,3,4,5,**Kh.esh-Shamsaniyat[H.Sansanna]** 140083
Sardis	1124	撒狄	1,**Sart**
Sarid	1122	撒立	1,2,3,4,5,**T.Shadud[T.Shaddud]** 172229
Secacah	0325	西迦迦	1,2,3?,4,?5?,**Kh.es-Samrah** 187125
Sela	0306-2	西拉	1,2,3,4,**es-Sela'** 205020 5,Petra
Senaah	0310	西拿	1,**Kh.'Auja el-Foqa**
Senir	0219	示尼珥(山)	1,**Hermon**
Shaalabbin	0467	沙拉賓	1,2,3,4,5,**Selbit[T.Sha'alevim]** 148141
Shaalbim	0464	沙賓	3,5,**Selbit[T.Sha'alevim]** 148141
Shaaraim	0466-1	沙拉音	4,**Kh.esh-Sharia?** 145124
Shaaraim	0466-2	沙拉音	1,**T.Far'ah**(south)[**T.Sharuhen**] 2,T+el-F
Shamir	0459-1	沙密	1,5,**el-Bireh**
Shamir	0459-2	沙密	2,**Sebastiyeh[Shomron]**
Sharuhen	0468	沙魯險	1,**T.Far'ah**(south)[**T.Sharuhen**] 3,5,T.el-Far'ah[T.Sharuhen] 100076 4,T.el-Ajjul 093097
Shebam	0213	示班	1,**Qurn el-Kibsh**
Shechem	0216	示劍	1,2,4,**T.Balata** 3,T.Balatah 176179
Shema	0215	示瑪	1,**Kh.el-Far**

Shihor-libnath	0448	希曷立納(河)	1,**Wadi Zerqa** 6,Nahr Zerka
Shikkeron	0744	施基崙	1,2,3,4,5,**T.el-Ful** 132136 6,Beit Shit
Shilhim	1063	實忻	1,**T.Far'ah**(south)[**T.Sharuhen**]
Shiloh	0217	示羅	1,Seilun 2,3,4,5,**Kh.Seilun** 177162
Shimron	0383	伸崙	1,Kh.Sammuniyeh 2,3,4,**Kh.Sammuniyeh[T.Shimron]** 170234 5,T.es-Semuniya
Shimron-meron	0384	伸崙米崙	1,Kh.Sammuniyeh 2,3,**Kh.Sammuniyeh[T.Shimron]** 170234 5,T.es-Semuniya
Shittim	0024-1	什亭	1,5,**T.el-Hammam**
Shunem	0866	書念	1,2,3,5,6,**Solem[Shunem]** 4,Sulam 181223
Sibmah	0317	西比瑪	1,2,**Qurn el-Kibsh** 5,Kh.Qarn el-Qibsh
Sidon	0315	西頓	1,2,3,**Saida** 184329
Sinai	0302-1	西乃(山)	1,2,**Jebel Musa**
Socoh	0975-1	梭哥	1,2,3,4,**Kh.'Abbad[H.Sokho]** 147121
Socoh	0975-2	梭哥	1,2,3,5,6,**Kh.Shuweikeh** 4,Shuweika 153194
Socoh	0975-3	梭哥	1,T.er-Ras(Kh.Shuweiket)2,3,**Kh.Shuweiket er-Ras** 4,Kh.Shuweika 150090 5,Kh.Shuweikeh
Sorek	0976	梭烈(谷)	1,2,5,**Wadi es-Sarar[Soreq]**
Succoth	1013-1	疏割	1,2,3,4,5,**T.Deir ʿAllah** 208178 6,T.Ashsas
Succoth	1013-2	疏割	1,T.el-Mashkuta 5,6,**T.el-Maskhutah**
Susa	0867	書珊	1,2,**Shush** 2,Shushan
Sychar	0741	敘加	1,2,'4,6,**Askar** 177180 5,El-Askar

T

Taanach	0096	他納	1,5,**T.Ta'annak** 2,3,T.Tinnik 171214 4,T.Tinnik 170214
Taanath-shiloh	0103	他納示羅	2,3,4,**Kh.Ta'na el-Foqa** 185175 6,Kh.Ta'na
Tabbath	0091	他巴	1,5,6,**Ras Abu Tabat?** 2,?Ras Abu Tabbat
Tabor	0093-1	他泊(山)	1,Jebel et-Tor 2,4,6,**Jebel et-Tur 4,[Har Tavor]** 186232
Tadmor	1058	達莫	5,**Palmyra** 6,Tudmur
Tahpanhes	1014	答比匿	1,T.Dafanneh 2,T.Dafane 5,T.Defneh 6,**T.Defenneh**
Tamar	0097	他瑪	1,2,3,**Ain Husb[Hazeva]** 4,Ein Husb[Mezad Hazeva] 173024 6,Thamara

Tappuah	0102-1	他普亞	1,3,4,5,6,**Sheikh Abu Zarad** 172168
Tappuah	0102-2	他普亞	6,?**Beit-Nettif**
Taralah	0098	他拉拉	1,**Kh.Irha** 6,Beit-Tirza in Wady Ahmed
Tekoa	1003	提哥亞	1,**Tequ'** 2,3,Kh.Tequ' 4,Kh.et-Tuqu 170115 6,Ta'kua
Tema	0997	提瑪	1, 2,**Teima**
Teman	0998	提幔	1,3?5,?,**Tawilan** 2,4,Tuwilan 197971
Thebez	1004	提備斯	1,4,6,**Tubas** 185192
Thessalonica	0606	帖撒羅尼迦	1,**Salonica(Thessaloniki)**
Thyatira	0974	推雅推喇	1,**Akhisar**
Tiberias	1007-2	提比哩亞(城)	1,**Tabariyeh**
Timnah	0678-1	亭拿	1,3,6,**Tibnah** 5,Kh.Tibneh
Timnah	0678-2	亭拿	1,2,3,4,**T.el-Batashi[T.Batash]** 141132
Timnah	0679-1	亭納	1,2,3,4,**T.el-Batashi[T.Batash]** 141132
Timnah	0679-2	亭納	1,3,**Tibnah** 5,Kh.Tibneh
Timnah	0681	亭拿他	1,3,**Tibnah**
Timnath-heres	0682	亭拿希烈	1,**Kh.Tibneh** 2,3,Kh.Tibnah 160157 5,Kafr Haris 6,Tibnah
Timnath-serah	0683	亭拿西拉	1,**Kh.Tibneh** 2,3,4,Kh,Tibnah 160157 5,Kafr Haris 6,Tibnah
Tiphsah	1000	提弗薩	1,5,**Dibseh**
Tirzah	0971	得撒	1,**T.Far'ah**(north) 2,4,6,Kh.el-Far'ah 3,Kh.T.el-Far'ah 182188 5,T.el-Far'a
Tob	0670	陀伯	1,2,3,**et-Taiyibeh** 5,al-Tabiya 6,Taiyibeh
Tophel	0669	陀弗	5,Tafile 6,**Tafileh**
Tyre	0973	推羅	1,2,3,4,**es-Sur** 168297

U

| Ulai | 0877 | 烏萊(河) | 5,**upper Kherkhah R. and lower Karun R.** |
| Ur | 0422 | 吾珥 | 1,el-Muqeiyar 2,el-Muqayyr 5,Mugeyer 6,**al-Muqayyar** |

Z

Zaanannim	1136	撒拿音	1,5,**Khan et-Tujjar** 4,Shajarat el-Kalb[Hushat Yaala] 200232
Zair	1129	撒益	1,5,**Si'ir** 6,Sa'ir
Zalmonah	1139	撒摩拿	1,2,3,?4,?**es-Salmaneh?** 188021 5,Bir Madhkur

Zanoah	1135-1	撒挪亞	1,2,3,4,5,**Kh.Zanu'[H.Zanoah]** 150125 6,Zanuh
Zanoah	1135-2	撒挪亞	1,Kh.Zannuta 5,**Kh.Zanuta** or Kh Beit Amra
Zaphon	1121	撒分	1,**T.el-Qos** 2,3,4,5,T.es-Sa'idiyeh 204186 6,T.el Kos
Zarephath	1137	撒勒法	1,2,3,5,**Sarafand** 176316 6,Sarafend
Zarethan	1132	撒利但	1,2,3,4,T.**Umm Hamad** 205172 5,T.es Sa'idiyeh
Zarethan	1134	撒拉但	1,2,3,4,T.**Umm Hamad** 205172
Zarethan	1141	撒拉他拿	1,2,3,4,T.**Umm Hamad** 205172
Zedad	0329	西達達	3,5,?6,**Sadad** 330420
Zela	0748	洗拉	1,5,6,**Kh.Salah**
Zelzah	0654	泄撒	6,**Beit Jala?**
Zemaraim	0759-1	洗瑪臉	6,**Kh.es-Samrah?**
Zemaraim	0759-2	洗瑪臉	1,2,3,?4,?**Ras et-Tahuneh** 170147 5,Ramallah and el-Bireh
Zephathah	0749-2	洗法(谷)	1,**Wadi es-Safiyeh?**
Zered	1128	撒烈(溪)	1,2,5,**Wadi el-Hesa**
Zeredah	0755	洗利達	1,2,3,4,**Deir Ghassaneh** 159161 5,T.es Sa'idiyeh
Zererath	0323	西利拉	1,**T.Umm Hamad**
Zereth-shahar	0983	細列哈沙轄	1,2,3,**Zarat** 4,?ez-Zarat 203111
Ziklag	0757	洗革拉	1,2,3,4,?**T.esh-Shari'ah[T.Sera']** 119088 5,6,T.el Khuweilfeh
Zior	0751	洗珥	1,**Si'ir** 6,Sa'ir(Si'ir)
Ziph	0305-1	西弗	1,2,3,4,5,6,**T.Zif** 162098
Ziph	0305-2	西弗	1,6,**ez-Zeifeh** 5,Kh.ez-Zeifeh
Ziphron	0328	西斐崙	2,3,**Hawwarin** 347407
Ziz	0752	洗斯(坡)	1,**Wadi Hasasah**
Zoan	1066-1	瑣安	2,**San el-Hajar**
Zoar	1069	瑣珥	1,2,3,4,**es-Safi** 194049
Zorah	1067	瑣拉	1,2,3,5,**Sar'ah** 3,[T.Zor a] 4,Sara[T.Zora] 148131

附錄 之二

參考書目

一、地圖部份

1.***Oxford Bible Atlas***, by Herbord G.May, 3rd Edition, 1993, Oxford University Press .

2.***Bible Atlas***, by Yohanan Aharoni, Revised Edition, 1977, MacMillan Publishing Company.

3.***The Moody Atlas of Bible Lands***, by Barry J.Beitzel, 1985, The Moody Bible Institute.

4.***Student Map Manual***, by J.Monson, 1979, Zondervan Publishing House.

5.***The Land of the Bible***，Yohanan Aharoni, 1979, The Westminster Press.

二、考古部份

1.***Dictionary of Biblical Archaeology***, by Edward M.Blaiklock, 1983, Zondervan Publishing House.

2.***Biblical Archaeology in Focus***, by Keith N.Schoville, sixth printing, 1991, Baker Book House Company.

3.*聖經考古學*，夏華、谷照凡譯，東南亞神學院出版，1986。原作:Biblical Archaeology, by G.Ernest Wright, 1986, The Westminster Press.

4.*古代的紀錄與聖經*，蕭維元譯，1967，浸信會出版部。原作:by Dr.J.Mckee Adams, 1945,美國伯魯特門印書館出版。

5.***The Holy Land (An Archaeological Guide)***, by Jerome Murphy-O'Conneo, 3rd edition 1992, Oxford University Press .

三、史地部份

1.***Unger's Bible Dictionary***, by Merrill F.Unger, 3rd Edition, 1985, Moody Bible Institute.

2.***The Zondervan Pictorial Encyclopedia of the Bible***, General Editor; Merrill C.Tenney, 1976, The Zondervan Publishing House.

3.***The Illustrated Bible Dictionary***, J. D. Douglas.1988, Tyndale House Publishers.

4.*聖經地理*，呂榮輝譯，1983，基督教文藝出版社。原作:***The Geography of the Bible***,by Denis Baly, 1974, Harper & Row Publishers,Inc.

5.*聖經背景*，蕭維元譯，1985二版，浸信會出版社。原作:***Biblical Backgrounds***, by James Mckee Adams, 1938, Broadman Press.

6.*聖經人地名意義彙編*，陳瑞庭編著，1989，六版，歸主出版社。

7.*舊約綜覽*，馬傑偉譯，1988，種籽出版社。原作: ***Old Testment Survey,*** by William Sanford LaSor, 1982, Wm.B.Eerdmans Publishing Co.

8.*以色列史綜覽*，張宰金、梁潔瓊譯，1987，中華福音神學院出版。原作:*A Survey of Israel's History*, by Leon Wood,1970 Zondervan Publishing House.

9.*舊約新語*，賴建國、陳興蘭譯，1986，中華福音神學院出版。原作: *The Old Testment Speaks,* by Samuel J. Schultz, Harper & Row Publishers,Inc.

10.*新約背景*，梁汝照、李月娥譯，1986，種籽出版社。原作:*New Testment Times,*by Merrill C.Tenny, 1965, Wm.B.Eerdmans Publishing Co.

11.*新約背景*，陳潤棠著，1994，校園書房出版社。

12.*威克里夫聖經註釋卷*一、二、三，黃漢森等譯，1985，種籽出版社。原作:*The Wycliffe Bible Commentary*, by Kyle M.Yates, 1962, Moody Press.

13.*兩約中間史略*，謝友王著，1982，種籽出版社。

14.*使徒行傳*，李本實譯，1987，浸宣出版社。原作:*The Book of the Acts*,by F.F.Bruce。

15.*聖經歷史手冊*，信義神學院譯，1982三版，道聲出版社。原作:*A Manual of Bible History*, by Milliam G.Blaikie。

四、依據之聖經版本

1.*新舊約全書*(和合本)，1963 聖經公會在香港印發

五、參考之聖經版本

1. *聖經*(現代中文譯本TCV)，1989 聯合聖經公會

2. *The Holy Bibl*e, KJV, 1977, Zondervan Publishing House.

3. *Holy Bible* ,Today's English Version 1989聯合聖經公會

圖片說明（*前面數字為頁次，地名後之數字為地名詳解編號*）

8. 上：從汲淪溪東望萬國堂(1194-4)，左側相傳就是客西馬尼園(0739)。　下：五餅二魚圖(1190-2)。

9. 希律王所建的引水道，從迦密山輸水到該撒利亞城(1051)。

10. 上：拉撒路復活壁畫圖(1194-7)。　下：猶大賣耶穌壁畫圖。

13. 上：猶太教之成年禮於耶路撒冷之哭牆舉行((0790)。
　　下：古猶太人的「梯田」；圖為現代修築的橄欖園之隅。

14. 上：迦百農(0808)的會堂遺蹟。　下：十架苦路的第四站，主耶穌遇見母親之處(1192)。

15. 上：位於伯利恆主誕堂地穴中的銀星，據說是主耶穌出生的地點(1197-1)。
　　下：從橄欖山南端西望耶路撒冷(1148)。

55. 位於哥林多城廢墟旁的亞波羅神廟遺蹟(0834)。

57. 位於該撒利亞腓立比(1052)城山洞外神廟之遺蹟。

63. 猶太曠野荒涼之一景(1011)。

67. 約旦境內彼特拉之洞穴(1188)。

69. 耶利哥(0785)西南方山腰之引水道，在猶太曠野(1101)水極珍貴，雖涓涓細流都要愛惜。

75. 西乃山之一景(0302-1)。

77. 迦百農(0808)的會堂遺蹟。

79. 西乃山之另一景(0302-1)。

83. 圖左為耶路撒冷城的一部份，此門所代表的建築物與城牆成直交，可能是登上城牆之建築物的門(0790)。

85. 升天堂(1194-1)外所遺留古老升天堂的柱和牆。

87. 可能是塞浦路斯島上一個希臘東正教教堂的一部份。

89. 從基利心山上遠眺城建在山上。

91. 遙望加利利湖的西北部(0171-1)。

93. 前景：依照在別是巴所發現的古代祭壇而製成的一個複製品，現今陳列在別是巴(0398)。
　　背景：迦百農遺址中的遺物；黑色的是玄武岩所製成，白色的是石灰岩(0808)。

95. 米吉多廢墟上的柳樹。

97. Wadi Kelt(0901)北岸的 St.George修道院，由此可見猶太曠野(1011)崎嶇峻峭之一般。

101. 塞浦路斯島上的一碉堡。

103. 主禱文堂(1194-2)，從右邊第三及第四拱門內，可見到中文的主禱文。

109. 塞浦路斯島的一個地下房舍的遺蹟(1052)。

113. 耶路撒冷古城內羅馬時代的街道和市場(1204)遺蹟。

115. 聖殿區西側的哭牆(1201)。

117. 耶利哥廢墟中一個不明用途的圓形建築物，據說已有八千年以上的歷史(0785)。

119. 前景：羅馬時代沿海大道的里程碑。　後景：隱喀琳(1191)，相傳是施洗約翰的故鄉。

121. 以色列KIBBUTS之一景。

123. 雞鳴堂之高塔(1193-4)。

125. 加利利湖和湖中之遊艇(0171-1)。　後景：阿卡巴灣,以埃交界處。

127. 古耶路撒冷城之模型，上方是聖殿區之南牆，接下來的是耶布斯城的原址(0783)。

129. 位於Kursi即是格拉森(0871)的一個拜占庭式古會堂的遺蹟。

133. 約帕古城現今仍存在的街道，右側的石梯可通他處(0770)。

135. 前景：騎驢的婦人。後景：荊棘樹。

137. 聖彼得堂(1190-3)之一角，及加利利湖之一景(0171-1)，對岸是哥蘭高地(0831)，即古代的巴珊(0032-1)。

139. 在該撒利亞城中一所十字軍所建之城門遺蹟(1052)。

141. 在但城(0385-2)廢墟附近考古工作進行中的情形。

143. 在亞柯城中的一處客店，樓下用作牲口和貨物存放之處，樓上住人(0491-1)。

145. 前景：以色列考古博物館珍藏死海古卷處。　後景：發現死海古卷的昆蘭第四號洞穴(1181)。

147. 位於橄欖山腰的主泣堂(1194-3)，造型有若一粒淚珠。

149. 哥林多城廢墟水池(0834)。

151. 羅馬時代所遺留下來的諸多半圓形劇場之一。

153. 位於耶路撒冷城南之西羅亞池(330-1)。

155. 升天堂(1194-1)外所遺留古老升天堂的柱和牆。
157. 耶路撒冷古城牆之東南角，遠方的高塔是希伯來大學所在之處，建於橄欖山上。
161. 位於他泊山上的變像紀念堂(1199)。
163. 亞弗(0482-3)城之廢墟。
169. 昆蘭(1181)廢墟之一景。
181. 米斯巴‧拉屹(Mizpeh Ramon)建於鐵器時代的廢墟，設有四個房間的屋子。
201. 古廢墟之一。
204. 位於聖殿區的一個小亭。
207. 用不同時代所鑿成的石頭而修復的城牆之一部份。
212. 位於拿撒勒城的報喜堂之一隅(1198-1)。
215. 位於迦密山上先知以利亞的塑像，腳下所踏的是巴力的先知(0802-2)。
217. 位於耶路撒冷古城之南的雞鳴堂(1193-4)。
219. 前景：位於約帕公園的信心之門(0770)。 中景：耶路撒冷城牆的西南角(0790)。
　　　後景：位於橄欖山上之升天堂(1194-1)。
222. 但城(0385-2)古城牆之遺蹟。
225. 前景：雞鳴堂之高塔(1193-4)。 後景：耶斯列平原，為以色列最富庶地區之一。
229. 位於以色列國會外五公尺餘銅鑄之七燈台，是以色列的國徽，也是精神象徵之一。
233. 前景：埃及法老石柱像(0835-1)。 後景：埃及洛克索神廟(0835-1)。
238. 位於耶路撒冷古城西的大衛堡和大衛塔(1203)。
239. 壁畫二幅。
241. 相傳是約帕硝皮匠西門的故居，使徒彼得曾住在那裡(0770)。
243. 約帕港現今的情況(0770)。
247. 從橄欖山的南端遙望耶路撒冷城(1148)，圖右之建築物為金頂清真寺，又稱Dome of The Rock。
249. The Church of St. Ann。
255. 古猶太人的墳墓，右前方是墓門，左後方的圓石可以滾過來把門封住。
259. 豪華浴室的地下結構。
261. 位於Kursi即是格拉森(0871)的一個拜占庭式古會堂的遺蹟。
263. 尋的曠野(0993)。
272. 哥林多的Octavia (屋大維婭為屋大維皇帝之妹，安東尼之妻)廟(0834)。

（以上圖說承蒙呂榮輝院長親自校正，特此致謝）

編　後　語

　　當我們在編輯過程中審核此書內容資料之正確性時，真是發覺人若愈深入地知道什麼，他就愈會感覺自己什麼都不知道。

　　本書經由多位牧者前輩審評之結果，常因個人資料出處之差異，而有多種不同之結論。這使得我們愈編愈感困擾，甚至想停手再花費更多時間審核查尋。然而這麼做之結果仍會衍生出另一層之差異。因此，藉編後語再次呼籲主內眾牧者、傳道、弟兄姊妹在初版的書籍中，若有發現待研討或爭議性較高之資料，煩請不吝來電或傳真說明，本會將蒐集查證後做最妥善之處理。所謂「初生之犢不畏虎」，作者的著述精神實在值得鼓勵，而他一直強調這是他個人研經之筆記，而非一專門學術性之工具書；亦誠如呂榮輝院長所提的，此書之出版純粹作為一拋磚引玉之工作，以激發華人更多著書立作，提供全球華人教會在搜尋研經之輔佐書籍時，有更多中國人自己所寫的參考資料。

簡明聖經史地圖解

著 作 者：梁天樞
出 版 者：橄欖基金會
發 行 人：李正一
輔讀校稿：于力工牧師、呂榮輝牧師、周神助牧師、莊百億長老（按姓氏筆畫順序）
總 編 輯：林秋香
主　　編：唐立娟
編　　輯：李曉玉、康慧玲
排版編輯：陳聆智
影像合成：鄭貴恆
美術編輯：鄭貴恆、巫義媛
光碟製作：林錫爵、鄭貴恆、巫義媛
圖片提供：梁天樞、陳光洋、陳加樂、COREL Photo-CD
發 行 所：財團法人基督教橄欖文化事業基金會
　　　　　台北市杭州南路二段 15 號 5 樓
　　　　　電話：(02)23933277　　傳眞：(02)23933168
　　　　　郵政劃撥：0540755-6 號
承 印 者：橄欖基金會印務部
總 代 理：財團法人華人基督教文宣基金會
　　　　　台北市文山區溪口街 89 號
　　　　　電話：(02)29323571．29307738　　傳眞：(02)29307740
　　　　　郵政劃撥：18939315 號

行政院新聞局登記證局版臺業字第 2600 號
中華民國八十七年二月初版一刷
中華民國八十七年四月一版二刷　　　・版權所有・

Concise Bible Atlas & Place Names

by Tein-Shu Liang

Originally Printed in R.O.C.

Copyright © 1998 by Olive Christian Foundation

P.O.BOX 990 Taipei, Taiwan, R.O.C.

Tel:(02)23933277　Fax:(02)23933168

All Rights Reserved

Feb. 1998 1st Edition

Apr. 1998 1st Edition 2nd Printing

Agent: Chinese Christian Literary

　　　Mission Foundation

　　　No. 89, Hsikou St. Wenshau Disc

　　　Taipei, Taiwan, R.O.C.

　　　Tel:(02)29323571．29307738

　　　Fax:(02)29307740

Cat. No. 21343
ISBN 957-556-327-1

簡明聖經史地圖解／梁天樞著．；--一版二刷.--
〔台北市〕橄欖基金會，民 87〔1998〕
704 面；26.5 公分.--
ISBN 957-556-327-1（線裝）

1.基督教—聖經史地
　I. 梁天樞著

241.08
241.09